運気＆ラッキーカラー、ラッキーフード、ラッキースポット

 金のイルカ座

○ チャレンジの年
（2年目）

> **ラッキーカラー**
> イエロー、オレンジ

> **ラッキーフード**
> カレー、アップルパイ

> **ラッキースポット**
> 大きな書店、ゴルフ場

 **金のカメレオン座**

▲ 整理の年

> **ラッキーカラー**
> 濃いグリーン、ブラウン

> **ラッキーフード**
> 炊き込みご飯、甘納豆

> **ラッキースポット**
> 老舗の旅館、ハイキングのできる山

 金の時計座

▼ 乱気の年

> **ラッキーカラー**
> パープル、紺色

> **ラッキーフード**
> ジンギスカン、大学芋

> **ラッキースポット**
> 牧場、渋い商店街

 銀のイルカ座

○ チャレンジの年
（1年目）

> **ラッキーカラー**
> 黄緑、ピンク

> **ラッキーフード**
> 焼き肉、プリン

> **ラッキースポット**
> 映画館、都会

 **銀のカメレオン座**

× 裏運気の年

> **ラッキーカラー**
> ブルー、レッド

> **ラッキーフード**
> おでん、ようかん

> **ラッキースポット**
> アンティークショップ、マッサージ店

 銀の時計座

▽ ブレーキの年

> **ラッキーカラー**
> 藤色、ワインレッド

> **ラッキーフード**
> ハンバーガー、蜂蜜れもん

> **ラッキースポット**
> 渋い遊園地、お祭り

 金の鳳凰座

☆ 開運の年

> **ラッキーカラー**
> ライトブルー、イエロー

> **ラッキーフード**
> もつ鍋、ケーキ

> **ラッキースポット**
> 避暑地、百貨店

 **金のインディアン座**

△ 準備の年

> **ラッキーカラー**
> ピンク、藤色

> **ラッキーフード**
> 寿司、杏仁豆腐

> **ラッキースポット**
> 話題のスポット、海のあるリゾート地

 **金の羅針盤座**

■ リフレッシュの年

> **ラッキーカラー**
> 淡いイエロー、淡いピンク

> **ラッキーフード**
> 豚の生姜焼き、フルーツゼリー

> **ラッキースポット**
> おいしいお店、お笑いライブ

 銀の鳳凰座

◎ 幸運の年

> **ラッキーカラー**
> オレンジ、ライトブルー

> **ラッキーフード**
> ハンバーグ、柑橘類

> **ラッキースポット**
> 歴史ある場所、ボウリング場

 **銀のインディアン座**

● 解放の年

> **ラッキーカラー**
> レッド、オレンジ

> **ラッキーフード**
> ビーフシチュー、チョコレート

> **ラッキースポット**
> ショッピングモール、海

 **銀の羅針盤座**

□ 健康管理の年

> **ラッキーカラー**
> ターコイズブルー、濃いオレンジ

> **ラッキーフード**
> チキンソテー、いちご

> **ラッキースポット**
> 体験教室、老舗ホテル

12タイプ別

2023年の運勢

金

銀

ゲッターズ飯田の
五星三心占い
（ご せい さん しん）
2023
令和5年
完全版

この本を手にしたあなたへ

『ゲッターズ飯田の五星三心占い2023完全版』を手に取って頂きありがとうございます。この本は『ゲッターズ飯田の五星三心占い2023』（朝日新聞出版）全12タイプの本を1冊にまとめたものになっており、僕の原稿をできるだけそのままの形で本にしたものです。そのため多少の読みにくさや同じようなことの繰り返しがありますが、皆さんが少しでも前向きになれるように心を込めて書いたものなので、じっくり読んで参考にしてください。

この本では、2023年の自分の運気だけではなく、他の人の運気も調べることができます。あなたは人生を一人で生きているわけではなく、あなたに影響を与える人や振り回す人、関わる人が周りに必ずいるはずです。その相手がどんな運気か、どんなタイプかなどを占いという一面から見ておくと、全てを理解できなくても、時にはハッキリとした答えが見えたり、悩みや不安がなくなる場合もあります。是非自分だけではなく周りの人を占って運気を知り、役立ててください。

毎年読んで頂いている人でも「読み返してみるとやっぱり当たってました」「あそこで決断するべきだった」など、時期が過ぎてから読んで驚く人や反省する方がいます。それも占いの楽しみ方の一つではありますが、できれば運気の良いときには決断、行動、買い物、出会いを増やすといい

ので、運気カレンダーの「☆（開運）」「◎（幸運）」の月、日を意識して過ごしてください。この積み重ねで本当に運気は良くなりますが、逆に「▼（乱気）」「×（裏運気）」の月、日は流れに任せるべきところです。ここで大きな決断をしたり、買い物や出会いを増やしてしまうと、せっかくの運気の流れが止まってしまったり、運気の良い時期に思ったより良い結果に繋がらない場合があります。できれば乱気、裏運気の月、日は行動は控えて、学ぶべきことを見つけると良いでしょう。また、乱気、裏運気の年、月、日は自分の裏側が出てくる時期であり、自分でも思っていなかった行動に走ってしまうことや、逆に意外な能力を発揮できる場合があるので、自分の裏側のタイプが何か知っておくといいでしょう。何よりも乱気、裏運気の月、日に入る前に心構えができると面倒なことや苦労が少なく感じられることもあるでしょう。

今年は昨年よりも相性のページがボリュームアップし、恋にも仕事にも役立つようなヒントが増えました。2023年の開運3カ条、毎月の開運3カ条、命数の開運3カ条を目標や指針として過ごすと運気の流れもゆっくり良くなっていくと思います。この本を読んで使って楽しんで、いい一年をお過ごしください。

ゲッターズ飯田

五星三心占いについて

6万人以上を無償で占ってきたゲッターズ飯田が編み出した独自の占い。具体的には、「五星」が中国に昔から伝わる「五行」の「木・火・土・金・水」の5つに陰陽の考えを加えたもので10パターン。「三心」は心の動きを表し、「天・海・地」の3つが

あり、これにも陰陽があると考えて6パターン。さらに金銀（表裏）の考えが加わり12パターンとなります。「五星」の数（10パターン）と「三心」の数（12パターン）を掛け合わせ、120タイプで細かく分析したものが「五星三心占い」です。

五星 = 5つに分類した欲望

「五星」は五行の考えのほか、人が生まれ持つ5種類の欲望も示しています。命数の下ヒトケタの違いによって、それぞれが生まれ持つ欲望の種類は違ってきます。下ヒトケタ1と2が「自我欲」、3と4が「食欲・性欲」、5と6が「金欲・財欲」、7と8が「権力・支配欲」、9と0が「創作欲」です。また、命数下ヒトケタの奇数が攻めの強い「陽タイプ」、偶数が守りの強い「陰タイプ」となります。

自我欲	食欲・性欲	金欲・財欲	権力・支配欲	創作欲
陰　陽	陰　陽	陰　陽	陰　陽	陰　陽

➡ 計**10**パターン

三心 = 3つに分類した心のリズム

「三心」は、「天・海・地」がそれぞれに持つ心のリズムを示しています。「天」は精神的欲望を、「海」は肉体的欲望、「地」は物質的欲望を求めた心の動きを表します。また、三心をそれぞれ陰陽に分けた段階で、わかりやすく6つのキャラクターを立てています。それぞれのタイプ名は星座に由来しています。また、「金」は攻めの強い「陽タイプ」、「銀」は守りの強い「陰タイプ」となります。

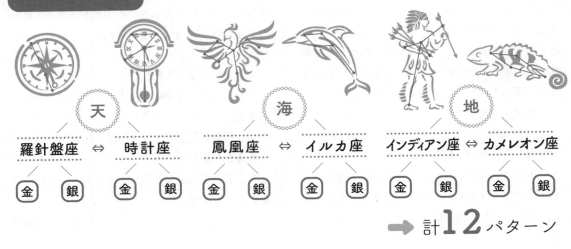

天		海		地	
羅針盤座 ⇔ 時計座		鳳凰座 ⇔ イルカ座		インディアン座 ⇔ カメレオン座	
金　銀　金　銀		金　銀　金　銀		金　銀　金　銀	

➡ 計**12**パターン

タイプの出し方

STEP 1

命数を調べる

生年月日ごとに【命数】と呼ばれる数字があります。これにより自分の性質や運気を調べることができます。

1. P.10からの「命数早見表」で「自分の生まれた年」を探します。
2. 横軸で「自分の生まれた月」を探します。
3. 縦軸で「自分の生まれた日」を探します。
4. ②と③が交差した位置にある数字が、あなたの【命数】です。

例：1988年10月13日生まれの場合

① 1988年生まれの命数ページを見つける。

② 月を表す横軸で10を見つける。

③ 日を表す縦軸で13を見つける。

④ ②と③が交差するマス目の数は31。よって、命数は「31」になります。

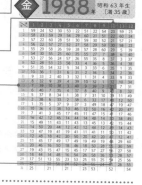

STEP 2

生まれた西暦年が偶数か奇数か調べる

タイプはさらに金と銀に分かれます。生まれた西暦年を確認しましょう。

偶数 金　奇数 銀

※金銀は命数の偶数・奇数ではなく、生まれた西暦年で決まります。偶数は2で割りきれる数字、奇数は割りきれない数字のこと。

STEP 3

【命数】から自分のタイプを調べる

命数によって、大きく6つのタイプに分かれます。下記の一覧から探してください。

命数 1~10	命数 11~20	命数 21~30	命数 31~40	命数 41~50	命数 51~60
羅針盤座	インディアン座	鳳凰座	時計座	カメレオン座	イルカ座

やってみよう！

例：1988年10月13日生まれの場合

STEP1 命数早見表で命数「31」を見つける。

STEP2 生まれ年の1988年は偶数だから「金」。

STEP3 「31」が当てはまるのは「時計座」。

→ 金の時計座となる

こちらのサイトから入力して診断することもできます

3

この本の使い方

タイプ別に運気がわかる！

羅針盤座(金/銀)、インディアン座(金/銀)、鳳凰座(金/銀)、時計座(金/銀)、
カメレオン座(金/銀)、イルカ座(金/銀)の運勢がわかります。

基本の総合運＆12年周期の運気グラフ

タイプの基本の総合運、恋愛＆結婚運、仕事＆金運がわかります。また、12年をひと区切りにしたグラフも。現在の運気、来年、再来年の運気はどうか、長い目で運気を捉えることができます。

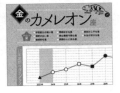

2023年の年間運気

2023年に各タイプに訪れるいろんな出来事を、総合、恋愛、結婚、仕事、お金、健康、家庭の視点から詳しく解説しています。1年の心構えとなるアドバイスが盛りだくさん！

タイプ別相性＆年代別アドバイス

各タイプを10代、20代、30代、40代、50代、60代以上と年代別に細かく分けて開運アドバイス。また、12タイプ別の相性がわかるページも。2023年の対人関係を円滑に運ぶために、お役立ちです。

毎月・毎日運気カレンダー

運気グラフから月間開運3カ条、月ごとの運気の解説、毎日の行動の指針となる開運アドバイスが書かれた運気カレンダーまで。2022年11月〜2023年12月までの14カ月間の運気を細かく解説しています。

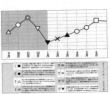

命数別に運気がわかる！

120タイプの命数ごとに、2023年の運気がこと細かくわかります。
※命数とは、「命数早見表」(P.10〜)で出た番号です。

あなたの命数をチェック！
P.10〜で出た数字が何か確認しましょう。その番号があなたの生まれ持った【命数】となります。

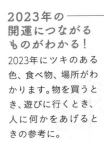

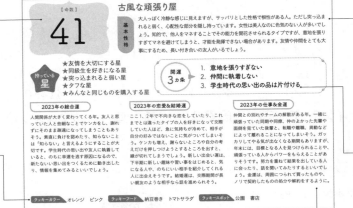

そもそも「どんな人」かがわかる！
120タイプごとに、どんな性格を持った人かを示した「基本性格」。同じ座でも、命数ごとに違う性質を持っています。

2023年の「開運3カ条」がわかる！
「開運3カ条」とは1年を過ごすにあたり、心がけるポイント。タイプ別の年間開運3カ条と内容が被る場合は、一層気をつけて。

2023年の開運につながるものがわかる！
2023年にツキのある色、食べ物、場所がわかります。物を買うとき、遊びに行くとき、人に何かをあげるときの参考に。

2023年の運気がわかる！
2023年の総合運、恋愛＆結婚運、仕事＆金運が書かれています。大まかな運気の流れを把握し、日々の生活に役立ててください。

五星三心占いの特徴 裏運気とは

五星と三心が同時に入れ替わる！

運気のリズムが12年で1周すると考えられている「五星三心占い」。その内の10年は表の運気が続き、その後2年は「裏運気」こと、裏の運気に入ります。裏の運気とは具体的に、乱気、裏運気のときを指し、自分の裏側の才能が発揮されたり、裏の才能に目覚めたりする時期です。裏運気とは決して悪い運気ではなく、試練を乗り越え、成長できるときだと捉えてください。ちなみに、裏の運気(乱気、裏運気)は、年、月、日すべてに存在します。

例：「命数33／金の時計座」の人の裏運気の調べ方

下記図のように、タイプ、金銀、下ヒトケタが変わるので
　金の時計座 ➡ 銀の羅針盤座に変わる
　命数の下ヒトケタ「3」➡「4」に変わる
つまり、**裏運気のときには「銀の羅針盤座／命数は4」**となる。
（左下の「裏の命数表」参照）

同じようにみると……
「命数48／銀のカメレオン座」⟷「命数17／金のインディアン座」
「命数59／金のイルカ座」⟷「命数30／銀の鳳凰座」

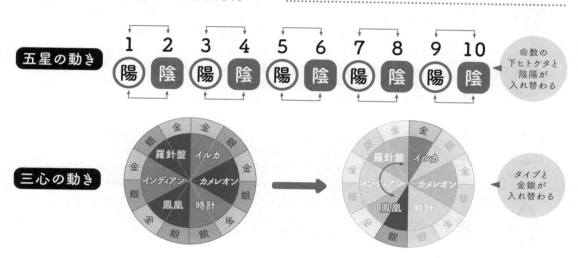

五星の動き

1	2	3	4	5	6	7	8	9	10
陽	陰	陽	陰	陽	陰	陽	陰	陽	陰

命数の下ヒトケタと陰陽が入れ替わる

三心の動き

タイプと金銀が入れ替わる

裏の命数を知ると裏運気の時期が過ごしやすくなる

裏の命数のアドバイスが役立つ！

「命数別2023年の運勢」で自分の生まれ持った命数だけでなく、裏の命数の項目も読んでみましょう。自分の裏の欲望を知れ、裏運気の時期(年、月、日)を乗り越える手立てとなります。裏の命数とは、下記の「裏の命数表」で自分の命数が指す矢印の先にある数字のことです。

※自分の生まれ持った命数は、P.10〜の「命数早見表」で調べてください。

探し方

自分の命数の矢印の先にあたる数字が裏の命数です。

「命数1／金の羅針盤座」の裏の命数は「32／銀の時計座」

同じようにみると……
「命数18／銀のインディアン座」
➡「命数47／金のカメレオン座」

「命数25／金の鳳凰座」
➡「命数56／銀のイルカ座」

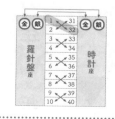

五星三心占い ＊ 運気記号の説明

「12年周期の運気グラフ」に出てくる、運気の記号の意味を解説します。

 開運の年 開運

五星三心占いの中で、最も運気のいい年。世界はあなた中心に動いていると思えるほど、よい流れになります。過去の努力や積み重ねが高く評価される最高の1年。積極的な行動が大事で、新たな目標を決めてスタートを切ると幸運が続くでしょう。

 幸運の年 幸運

前半は、忙しくも充実した時間が増え、経験を活かすことで幸運をつかむことができる年。後半は新たな挑戦が必要です。これまでの経験や学んできたこと、築いてきた人脈が活かされ、周囲から注目されて求められる機会が増える1年になるでしょう。

 解放の年 解放

プレッシャーや嫌なこと、相性の悪いものから解放されて気が楽になり、才能や魅力が輝きはじめる年。長年希望していた方向に進め、運命的な出会いや人生を大きく変える出来事が起こりやすく、思いきった判断や決断をするのにも最適な年です。

 チャレンジの年 チャレンジ

「新しい」と感じることになんでも挑戦して、体験や経験を増やすことが大事な年。過去に縛られず、積極的に行動し、行動範囲を広げていきましょう。少しでも気になったことには飛び込んでみて、失敗してもそこから学んでおくことが大切です。

 健康管理の年 健康管理

前半は、覚悟を決めて行動をとり、今後の目標を定める必要がある年。後半は、健康診断や人間ドックに行くことが大切になります。求められることが増え、自分でもやりたいことを見つけられる時期になるため多忙になりますが、体のメンテナンスを忘れないように。

 準備の年 準備

遊ぶことで運気の流れがよくなる年。「しっかり仕事をして、しっかり遊ぶ」を目標にすると、思った以上にいい1年になるでしょう。些細なミスが増える時期なので、何事も準備や確認を怠らないことが大事になります。ケガや事故にも気をつけて。

 ブレーキの年 ブレーキ

「前半は攻め、後半は守り」と運気が上半期と下半期で入れ替わる年。前半は行動力と決断力が大事。夢や希望に向けて突き進んでみるといいでしょう。後半は貯金と現状維持が大切で、次に学ばなければならないことが出てきたりします。

 リフレッシュの年 リフレッシュ

求められることが増えて慌ただしくなる年。運気が大きく沈むというより、これまで全力で走りすぎてきたことから息切れをしてしまうような時期です。体を休ませたり、ゆっくりしたりする日や時間をしっかり作ることが大事でしょう。

 整理の年 整理

前半は、不要なものの整理が必要。物だけでなく人間関係の整理も必要となり、不要な縁が断ち切られる場合も多いです。後半は、次の目標を見つけ、チャレンジして人脈を広げることが大事になります。過去に執着しなければ大きく成長できる1年に。

 裏運気の年 裏運気

自分の思い（欲望）が真逆に出る年。本来なら興味のない物事が気になり、これまでならしないような判断をしたり、進まないような方向に行ってしまったりすることが。予想外のことが多いですが、自分の弱点や欠点を知り大きく成長できるきっかけがあるでしょう。

 乱気の年 乱気

五星三心占いの中で、最も注意が必要な年。決断に不向きで、上手に流され、求められることに応えていくことが大事になります。学ぶ時期と思い、自分の至らない部分を認めて成長につなげましょう。体調を崩しやすいため、無理は避けること。

五星三心占い ＊ 運気記号の説明

「毎月・毎日運気カレンダー」に出てくる、運気の記号の意味を解説します。

☆ 開運 — 開運の月

運気のよさを感じられて、能力や魅力を評価される月。今後のことを考えた決断をするにも最適です。運命的な出会いがある可能性も高いので、人との出会いを大切にしましょう。幸運を感じられない場合は、環境を変えてみることです。

◎ 幸運 — 幸運の月

努力を続けてきたことがいいかたちとなって表れる月。遠慮せずにアピールし、実力を全力で出しきるといい流れに乗れるでしょう。また、頑張りを見ていた人から協力を得られることもあり、チャンスに恵まれる可能性も高くなります。

● 解放 — 解放の月

よくも悪くも目立つ機会が増え、気持ちが楽になる出来事がある月。運気が微妙なときに決断したことから離れたり、相性が悪い人との縁が切れたりすることもあるでしょう。この時期は積極性が大事で、遠慮していると運気の流れも引いてしまいます。

○ チャレンジ — チャレンジの月

新しい環境に身を置くことや変化が多くなる月。不慣れなことも増えて苦労を感じる場合も多いですが、自分を鍛える時期だと受け止め、至らない部分を強化するように努めましょう。新しい出会いも増えて、長い付き合いになったり、いい経験ができたりしそうです。

□ 健康管理 — 健康管理の月

求められることが増え、疲れがどんどんたまってしまう月。公私ともに予定がいっぱいになるので、計画をしっかり立てて健康的な生活リズムを心がける必要があるでしょう。特に、下旬から体調を崩してしまうことがあるので、無理はしないように。

△ 準備 — 準備の月

準備や情報の不足、確認ミスなどを自分でも実感してしまう月。次の日の準備やスケジュールの確認を忘れずに。ただ、この月は「しっかり仕事をして計画的に遊ぶ」ことも大切なので、しっかり遊ぶことで運気がよくなるでしょう。

▽ ブレーキ — ブレーキの月

中旬までは積極的に行動し、前月にやり残したことを終えておくといい月。契約などの決断は中旬までに。それ以降に延長される場合は縁がないと思って見切りをつけるといいでしょう。中旬以降は、現状を守るための判断が必要となります。

■ リフレッシュ — リフレッシュの月

体力的な無理は避けたほうがいい月。「しっかり仕事をしてしっかり休む」ことが大事です。限界を感じる前に休み、スパやマッサージなどで癒やされることも必要。下旬になるとチャンスに恵まれるので、体調を万全にしておいていい流れに乗りましょう。

▲ 整理 — 整理の月

裏運気から表の運気に戻ってくる月。本来の自分らしくなることで、不要なものが目について片づけたくなります。どんどん捨てると運気の流れがよくなるでしょう。下旬になると出会いが増え、前向きに捉えられるようになります。

✕ 裏運気 — 裏運気の月

裏目に出ることが多い月。体調を崩したり、今の生活を変えたくなったりします。自分の裏側の才能が出る時期でもあり、これまでと違う興味や関係を持つことも。不慣れなことや苦手なことを知ることはいい勉強になるので、しっかり受け止め、自分に課題が出たと思うようにしましょう。

▼ 乱気 — 乱気の月

五星三心占いで最も注意が必要な月。人間関係や心の乱れ、判断ミスが起きやすく、現状を変える決断は避けるべきです。ここでの決断は、幸運、開運の時期にいい結果に結びつかない可能性が高くなります。新しい出会いには特に注意。運命を狂わせる相手になるでしょう。

五星三心占い ＊ 運気記号の説明

「毎月・毎日運気カレンダー」に出てくる、運気の記号の意味を解説します。

☆ 開運	開運の日	運を味方にできる最高の日。積極的に行動することで自分の思い通りに物事が運びます。告白、プロポーズ、入籍、決断、覚悟、買い物、引っ越し、契約などをするには最高の日で、ここで決めたことは簡単に変えないことが大事です。
◎ 幸運	幸運の日	秘めていた力を発揮することができる日。勇気を出した行動でこれまで頑張ってきたことが評価され、幸運をつかめるでしょう。恋愛面では相性がいい人と結ばれたり、すでに知り合っている人と縁が強くなったりするので、好意を伝えるといい関係に進みそう。
● 解放	解放の日	面倒なことやプレッシャーから解放される日。相性が悪い人と縁が切れて気持ちが楽になったり、あなたの魅力が輝いて、才能や努力が注目されたりすることがあるでしょう。恋愛面では答えが出る日。夜のデートはうまくいく可能性が高いでしょう。
○ チャレンジ	チャレンジの日	新しいことに積極的に挑戦することが大事な日。ここでの失敗からは学べることがあるので、まずはチャレンジすることが大事。新しい出会いも増えるので、知り合いや友人の集まりに参加したり、自ら人を集めたりすると運気が上がるでしょう。
□ 健康管理	健康管理の日	計画的に行動することが大事な日。予定にないことをすると夕方以降に体調を崩してしまうことがあるでしょう。日中は、何事にも積極的に取り組むことが大事ですが、慎重に細部までこだわって。挨拶や礼儀などをしっかりしておくことも大切。
△ 準備	準備の日	何事にも準備と確認作業をしっかりすることが大事な日。うっかりミスが多いので、1日の予定を確認しましょう。この日は遊び心も大切なので、自分も周囲も楽しませて、なんでもゲーム感覚で楽しんでみると魅力が輝くこともあるでしょう。
▽ ブレーキ	ブレーキの日	日中は積極的に行動することでいい結果に結びつきますが、夕方あたりから判断ミスをするなど裏運気の影響がジワジワ出てくる日。大事なことは早めに終わらせて、夜はゆっくり音楽を聴いたり本を読んだり、のんびりするといいでしょう。
■ リフレッシュ	リフレッシュの日	心身ともに無理は避け、リフレッシュを心がけることで運気の流れがよくなる日。特に日中は疲れやすくなるため、体を休ませる時間をしっかりとり、集中力の低下や仕事の効率の悪化を避けるようにしましょう。夜にはうれしい誘いがありそう。
▲ 整理	整理の日	裏運気から本来の自分である表の運気に戻る日。日中は運気が乱れやすく判断ミスが多いため、身の回りの整理整頓や掃除をしっかりすることが大事。行動的になるのは夕方以降がいいでしょう。恋愛面では失恋しやすいですが、覚悟を決めるきっかけもありそうです。
✕ 裏運気	裏運気の日	自分の裏の才能や個性が出る日。「運が悪い」のではなく、普段鍛えられない部分を強化する日で、自分でも気がつかなかった能力に目覚めることもあります。何をすれば自分を大きく成長させられるのかを考えて行動するといいでしょう。
▼ 乱気	乱気の日	五星三心占いで最も注意が必要な日。判断ミスをしやすいので、新たなことへの挑戦や決断は避けることが大事。今日の出来事は何事も勉強だと受け止め、不運に感じることは「このくらいですんでよかった」と考えましょう。

＝ 運気の影響がない日…よくも悪くも運気に左右されない日。

五星三心占い

命数早見表

→ 命数 1 ～ 10　　**羅針盤**座

→ 命数 11 ～ 20　**インディアン**座

→ 命数 21 ～ 30　**鳳凰**座

→ 命数 31 ～ 40　**時計**座

→ 命数 41 ～ 50　**カメレオン**座

→ 命数 51 ～ 60　**イルカ**座

命数とは

　五星三心占いでは、生年月日ごとに割りあてられた【命数】と呼ばれる数字によって、タイプが振りわけられます。次のページ以降で、「生まれた年」を探してください。その年の表の横軸の「生まれた月」と縦軸の「生まれた日」が交差するところの数字が、あなたの【命数】です。続いて「金」「銀」の分類を調べます。生まれた西暦年の数字が偶数なら「金」、奇数なら「銀」となります。最後に【命数】が6つのどのタイプにあてはまるか確認しましょう。

命数ごとの運気は、各タイプ内の【命数別2023年の運勢】ページでチェックしてください。

【命数】

41

基本性格

古風な頑張り屋

大人っぽく冷静な感じに見れると弱く、心配性な部ょう。知的で、他人をマすぎてマネを避けてしま事にするため、長い付き

持っている
星

★友情を大切にする星
★同級生を好きになる星
★突っ込まれると弱い星
★タフな星
★みんなと同じものを購入する星

開運
3ヵ条

金 1936 年 — 昭和11年生 ［満87歳］

日＼月	1	2	3	4	5	6	7	8	9	10	11	12
1	12	47	13	43	18	53	24	55	25	56	24	58
2	11	56	14	52	25	54	23	54	26	55	21	55
3	30	55	21	51	26	51	22	53	23	54	22	56
4	29	54	22	60	23	52	21	52	24	53	29	53
5	28	54	23	59	24	59	30	51	21	52	30	54
6	27	51	30	58	21	60	29	60	22	51	27	51
7	26	52	27	57	22	57	28	59	29	60	28	52
8	25	59	28	56	29	58	27	57	30	59	35	9
9	24	60	25	55	30	55	26	58	37	8	36	10
10	23	57	26	54	27	56	25	5	38	7	33	7
11	22	58	23	53	28	3	34	6	35	6	34	8
12	21	5	24	2	35	4	33	3	36	5	31	5
13	40	4	31	1	36	1	32	4	33	4	32	6
14	39	1	32	10	35	2	31	1	34	3	39	3
15	38	2	39	7	36	9	40	2	31	2	36	4
16	35	9	40	6	33	10	39	3	32	1	33	1
17	34	10	38	5	34	10	36	4	39	10	34	2
18	33	7	37	9	31	9	35	1	40	5	41	20
19	40	8	36	10	32	8	34	2		14	42	19
20	39	3	35	7	39	7	37	19	41		49	18
21	38	4	34	8	36	10	46	20	46	13	50	17
22	37	11	33	15	43	15	45	17	45	14	45	16
23	46	12	42	16	44	14	44	16	44	11	46	15
24	45	19	41	13	41	13	43	13	43	12	43	14
25	44	20	50	14	42	12	42	19	42	19	44	13
26	43	17	49	11	49	11	41	11	41	20	41	12
27	42	18	48	12	50	18	50	12	50	17	42	11
28	41	15	47	17	47	19	49	19	49	18	59	30
29	50	16	46	20	48	6	48	20	58	25	60	29
30	49		45	17	45	5	47	27	57	26	57	28
31	48		44		46		56	28		23		27

銀 1937 年 — 昭和12年生 ［満86歳］

日＼月	1	2	3	4	5	6	7	8	9	10	11	12
1	26	51	30	58	21	60	29	60	22	51	27	51
2	25	60	27	57	22	57	28	59	29	60	28	52
3	24	59	28	56	29	58	27	58	30	59	35	9
4	23	57	25	55	30	55	26	57	37	8	33	10
5	22	58	30	54	27	56	25	6	38	7	33	7
6	21	5	23	53	28	3	34	5	35	6	34	8
7	40	6	24	2	35	4	33	5	36	5	31	5
8	39	3	31	1	32	1	31	4	33	3	32	3
9	38	4	32	10	33	2	31	1	34	3	39	3
10	37	1	39	9	34	9	40	2	31	2	40	4
11	36	2	40	8	31	10	39	9	32	1	37	1
12	35	7	37	7	32	7	38	10	39	10	38	2
13	34	8	38	6	39	8	37	7	40	9	45	19
14	33	5	35	5	32	9	36	8	47	18	46	20
15	32	6	36	2	39	6	35	15	48	17	50	18
16	39	13	33	1	44	10	44	20	45	16	47	15
17	48	14	33	20	47	15	41	17	45	15	47	15
18	47	11	42	16	48	14	50	18	14	48	48	15
19	44	20	41	13	45	13	42	19	12	45	45	13
20	43	17	50	14	46	12	42	20	18	46	46	13
21	42	18	49	11	49	11	41	11	41	17	43	12
22	41	15	48	12	50	20	50	14	50	17	44	11
23	50	16	47	19	47	19	49	19	49	18	59	30
24	49	13	46	20	48	18	48	20	58	25	60	29
25	48	14	45	17	45	27	27	57	26	57	57	28
26	47	21	44	18	46	26	56	28	56	23	58	27
27	56	22	43	25	53	23	55	25	24	55	55	26
28	55	29	52	26	54	22	54	26	54	21	54	25
29	54		51	23	51	21	53	23	22	53	53	24
30	53		60	24	52	30	52	24	29	54	54	23
31	52		59		59		51	21		30		22

金 1938 年 — 昭和13年生 ［満85歳］

日＼月	1	2	3	4	5	6	7	8	9	10	11	12
1	21	6	23	53	28	3	34	5	35	6	34	8
2	40	5	24	2	35	4	33	4	36	5	31	5
3	39	4	31	1	36	1	32	3	33	3	32	6
4	38	4	36	10	33	2	31	2	34	3	39	4
5	37	1	33	9	37	9	40	1	31	2	40	4
6	36	2	40	8	31	10	40	10	32	1	37	1
7	35	9	37	7	32	7	37	9	39	10	38	2
8	34	10	38	6	39	8	37	7	40	9	45	19
9	33	7	39	5	38	4	36	4	47	18	46	20
10	32	8	34	7	37	6	35	18	48	17	43	17
11	31	15	33	3	38	13	44	15	45	16	43	18
12	50	14	34	12	41	13	44	13	46	15	41	15
13	49	11	41	11	48	11	42	14	43	14	42	16
14	48	12	42	20	45	12	41	11	44	13	49	13
15	47	19	49	17	46	19	50	2	41	12	50	14
16	44	20	50	16	43	20	49	19	42	11	43	11
17	43	17	48	15	44	20	48	20	49	20	44	12
18	42	18	47	19	41	19	45	11	50	19	51	29
19	49	13	46	20	42	18	44	12	58	24	52	29
20	48	14	45	17	49	17	43	19	57	22	59	28
21	47	21	44	18	46	26	56	30	56	22	60	27
22	56	22	43	25	53	25	55	27	55	29	59	26
23	55	29	52	26	54	24	54	26	54	29	53	25
24	54	30	51	23	51	23	53	25	23	54	54	23
25	53	27	60	24	52	22	52	24	29	54	54	23
26	52	28	59	21	59	21	51	21	51	30	51	22
27	51	25	58	22	60	28	60	22	60	27	52	21
28	58	26	57	29	57	27	59	29	59	28	9	40
29	59		56	30	58	26	58	8	35	10	10	39
30	58		55	27	55	25	57	7	36	7	7	38
31	57		54		56		6	38		33		37

銀 1939 年 — 昭和14年生 ［満84歳］

日＼月	1	2	3	4	5	6	7	8	9	10	11	12
1	36	1	40	8	31	10	39	10	32	1	37	1
2	35	10	37	7	32	7	38	9	39	10	38	2
3	34	9	38	6	39	8	37	8	40	9	45	19
4	33	8	35	5	40	5	36	16	47	18	46	20
5	32	8	36	4	37	6	35	16	48	17	43	17
6	31	15	33	3	37	13	44	15	45	16	43	18
7	50	16	34	12	41	13	44	14	46	15	41	15
8	49	13	41	11	48	11	42	14	43	14	42	16
9	48	14	42	20	43	12	41	11	44	13	49	13
10	47	11	49	19	44	19	50	2	49	12	47	14
11	46	12	50	18	41	20	49	19	42	11	47	11
12	45	19	49	17	48	17	48	20	49	20	48	12
13	44	18	48	16	49	18	47	17	50	19	55	29
14	43	15	45	15	42	15	46	18	57	28	56	30
15	42	16	46	14	49	16	45	25	58	27	60	28
16	49	23	43	11	54	23	54	55	26	60	60	28
17	58	24	44	30	47	24	53	27	56	25	57	25
18	57	21	52	29	58	22	60	28	24	58	58	26
19	54	30	51	23	55	23	59	25	23	55	55	23
20	53	27	60	24	52	22	58	24	52	56	56	23
21	52	28	59	21	51	21	51	23	51	54	53	22
22	51	25	58	22	60	30	60	24	59	54	54	21
23	60	26	57	29	57	29	59	29	58	10	10	39
24	59	23	56	30	58	28	58	30	8	57	10	39
25	58	24	55	27	55	27	57	7	36	7	36	38
26	57	31	54	28	56	36	6	6	33	8	8	37
27	6	32	53	35	3	33	5	5	34	9	34	36
28	5	39	2	36	4	32	4	6	31	6	31	35
29	4		1	33	1	31	9	3	4	39	4	34
30	3		10	34	2	40	2	34	3	39	3	33
31	2		9		1		31	40		32		32

命数 ▶ | 1-10 羅針盤座 | 11-20 インディアン座 | 21-30 鳳凰座 | 31-40 時計座 | 41-50 カメレオン座 | 51-60 イルカ座

金 1940年 昭和15年生 〔満83歳〕

日\月	1	2	3	4	5	6	7	8	9	10	11	12
1	31	16	34	12	45	14	43	14	46	15	41	15
2	48	15	41	11	46	11	42	13	43	14	42	16
3	49	14	42	20	43	12	41	12	44	13	49	13
4	48	13	49	19	44	19	50	11	41	12	50	14
5	47	11	50	18	41	20	49	20	42	11	47	11
6	46	12	47	17	42	17	48	19	49	20	48	12
7	45	19	48	16	49	18	47	18	50	19	55	29
8	44	20	45	15	50	15	46	18	57	28	56	30
9	43	17	46	14	47	16	45	25	58	27	53	27
10	42	18	43	13	48	23	54	26	55	26	54	30
11	41	25	44	22	55	24	53	23	56	25	51	25
12	60	26	51	21	56	21	52	24	53	24	52	26
13	59	21	52	30	53	22	51	21	54	23	59	23
14	58	22	59	29	56	29	60	22	51	22	60	24
15	57	29	60	26	53	30	59	29	52	21	53	21
16	57	30	57	25	54	29	57	58	24	59	30	22
17	53	27	57	24	51	29	55	21	60	29	1	39
18	52	28	56	30	52	28	54	22	7	34	2	39
19	59	25	55	27	59	27	53	39	7	33	9	38
20	58	24	54	28	60	36	6	40	4	32	10	37
21	57	31	53	35	3	35	5	37	5	34	7	36
22	6	32	2	36	4	34	4	38	4	31	6	35
23	5	39	1	33	1	33	3	33	3	32	3	34
24	4	40	10	34	2	32	2	34	2	39	4	33
25	3	37	9	31	9	31	1	31	1	40	1	32
26	2	38	8	32	10	38	10	32	10	37	2	31
27	1	35	7	39	7	39	9	39	8	38	19	50
28	10	36	6	40	8	36	8	40	18	45	20	49
29	9	33	5	37	5	35	7	47	17	46	17	48
30	8		4	38	6	44	16	48	16	43	18	47
31	7		3		13		15	45		44		46

銀 1941年 昭和16年生 〔満82歳〕

日\月	1	2	3	4	5	6	7	8	9	10	11	12
1	45	20	47	17	42	17	48	19	49	20	48	12
2	44	19	48	16	49	18	47	18	50	19	55	29
3	43	18	45	15	50	15	46	17	57	28	56	30
4	42	18	50	14	47	16	45	26	58	27	53	27
5	41	25	47	13	43	23	54	25	55	26	54	30
6	60	26	44	22	52	24	53	24	56	25	51	25
7	59	21	56	21	56	21	52	23	53	24	52	26
8	58	24	52	30	53	22	51	24	54	23	59	23
9	57	21	59	29	54	29	60	22	51	22	60	24
10	56	22	60	28	51	30	59	29	52	21	57	21
11	55	29	57	27	52	27	58	30	59	30	58	22
12	54	21	58	26	59	28	57	27	60	29	5	39
13	53	25	55	25	60	25	56	28	7	38	6	40
14	52	26	56	24	59	26	55	35	8	37	3	37
15	51	33	53	21	60	33	4	36	5	36	4	35
16	8	34	54	40	7	34	3	37	6	35	1	35
17	7	31	2	39	8	34	10	38	3	34	8	36
18	6	32	1	33	5	33	9	35	4	33	5	34
19	3	37	10	34	6	32	8	36	2	33	6	33
20	2	38	9	31	3	31	1	33	1	37	3	32
21	1	35	8	32	10	40	10	34	10	36	4	31
22	10	36	7	39	7	39	9	31	9	38	11	50
23	9	33	6	40	8	38	8	40	18	45	20	49
24	8	34	5	37	5	37	7	47	17	46	17	48
25	7	41	4	38	6	46	16	48	16	43	18	47
26	17	42	3	45	13	45	15	45	15	44	15	46
27	15	49	12	46	14	42	14	46	14	41	16	45
28	14	50	11	43	11	41	13	43	13	42	13	44
29	13		20	44	12	50	12	44	12	49	14	43
30	12		19	41	19	50	11	41	11	50	11	42
31	11		18		20		20	42		47		41

金 1942年 昭和17年生 〔満81歳〕

日\月	1	2	3	4	5	6	7	8	9	10	11	12
1	60	25	44	22	55	24	53	24	56	25	51	25
2	59	24	51	21	56	21	52	23	53	24	52	26
3	58	23	52	30	53	22	51	22	54	23	59	23
4	57	21	59	29	54	29	60	21	51	22	60	24
5	56	22	60	28	51	30	59	30	52	21	57	21
6	55	29	57	27	52	27	58	29	59	30	58	22
7	54	30	58	26	59	28	57	28	60	29	5	39
8	53	27	55	25	60	25	56	28	7	38	6	40
9	52	28	56	24	57	26	55	35	8	37	3	37
10	51	35	53	23	58	33	4	36	5	36	4	35
11	10	36	54	32	5	34	3	33	6	35	1	35
12	9	31	1	31	6	31	2	34	3	34	2	36
13	8	32	2	40	3	32	1	31	4	33	9	33
14	7	39	9	39	6	39	10	32	1	32	10	34
15	6	40	10	36	3	40	9	39	2	31	7	31
16	3	37	7	35	4	37	8	34	9	40	4	32
17	2	38	7	34	1	39	7	31	10	39	11	49
18	1	35	6	40	2	38	4	32	17	48	12	50
19	8	34	5	37	9	37	3	49	17	43	19	48
20	7	41	4	38	10	46	12	50	16	42	20	47
21	16	42	3	45	12	45	15	47	15	47	17	46
22	15	49	12	46	14	44	14	48	14	44	18	45
23	14	50	11	43	11	43	13	43	13	41	13	44
24	13	47	20	44	12	42	12	44	12	42	14	43
25	12	48	19	41	19	41	11	41	11	50	11	42
26	11	45	18	42	20	50	20	42	20	47	12	41
27	20	46	17	49	17	47	19	49	19	48	29	60
28	19	43	16	50	18	46	18	50	28	55	30	59
29	18		15	47	15	45	17	57	27	56	27	58
30	17		14	48	16	54	26	58	26	53	28	57
31	26		13		25		25	55		54		56

銀 1943年 昭和18年生 〔満80歳〕

日\月	1	2	3	4	5	6	7	8	9	10	11	12
1	55	30	57	27	52	27	58	29	59	30	58	22
2	54	29	58	26	59	28	57	28	60	29	5	39
3	53	28	55	25	60	25	56	27	7	38	6	40
4	51	21	56	24	57	26	55	35	8	37	3	37
5	51	35	53	23	58	33	4	35	5	36	4	38
6	10	36	54	32	5	34	3	34	6	35	1	35
7	9	33	1	31	6	31	2	31	3	34	2	36
8	8	34	2	40	3	32	1	32	4	33	9	33
9	7	31	9	39	4	39	10	32	1	32	10	34
10	6	32	10	38	1	40	9	31	2	31	7	31
11	5	39	7	37	2	37	8	40	9	40	8	32
12	4	40	8	36	9	38	7	37	10	39	15	49
13	3	35	5	35	10	35	6	38	17	48	16	50
14	2	36	6	34	1	36	5	45	18	47	13	47
15	1	43	3	50	17	44	4	47	16	46	14	48
16	18	44	4	50	17	44	3	47	16	45	17	46
17	17	41	1	49	18	44	12	48	13	44	18	46
18	16	42	11	48	15	43	19	45	14	43	15	45
19	13	49	20	44	16	46	18	46	12	48	16	44
20	12	48	19	41	13	41	17	43	11	47	13	43
21	11	45	18	42	20	50	20	44	20	44	14	44
22	20	46	17	49	17	49	19	41	19	41	21	51
23	19	43	16	50	18	48	18	50	28	50	30	60
24	18	44	15	47	15	47	17	57	27	55	27	60
25	17	51	14	48	16	56	26	53	26	53	28	58
26	25	52	13	55	23	55	25	55	25	54	25	55
27	25	59	22	56	24	52	24	56	24	51	26	54
28	24	60	21	53	21	51	23	53	23	52	23	54
29	23		30	54	22	60	22	52	22	59	24	53
30	22		29	51	29	60	21	51	21	60	21	52
31	25		28		30		30	52		57		51

命数 ▶ | 1-10 羅針盤座 | 11-20 インディアン座 | 21-30 鳳凰座 | 31-40 時計座 | 41-50 カメレオン座 | 51-60 イルカ座

金 1944年　昭和19年生〔満79歳〕

日＼月	1	2	3	4	5	6	7	8	9	10	11	12
1	10	35	1	31	6	31	2	33	3	34	2	36
2	9	34	2	38	3	32	1	32	4	33	9	33
3	8	33	9	39	4	39	10	31	1	32	10	34
4	7	32	10	38	1	40	9	40	2	31	7	31
5	6	31	7	37	2	37	8	39	9	40	8	32
6	5	39	8	36	9	38	8	38	10	39	15	49
7	4	40	5	35	10	35	9	35	17	48	16	50
8	3	37	6	34	7	36	5	45	18	47	11	47
9	2	38	3	33	8	43	14	46	15	46	14	48
10	2	45	4	42	15	44	13	43	16	45	11	45
11	19	46	11	41	16	41	12	44	13	44	12	46
12	19	43	12	50	13	42	11	41	14	43	19	43
13	18	42	19	49	14	49	20	42	11	42	20	44
14	17	49	20	48	13	50	19	49	12	41	17	41
15	16	50	17	45	14	47	18	50	19	50	14	42
16	13	47	18	44	11	48	17	41	20	49	21	59
17	15	48	16	43	12	48	14	42	27	58	22	60
18	11	45	15	47	19	47	13	59	28	53	29	58
19	18	46	14	45	19	56	22	60	26	52	30	57
20	17	51	13	55	25	57	25	57	25	51	27	56
21	26	52	22	56	24	54	24	58	27	51	28	55
22	25	59	21	53	21	53	23	55	23	52	23	54
23	24	60	28	54	22	52	22	54	22	59	24	53
24	23	57	29	51	29	51	21	51	21	60	21	52
25	22	58	28	52	30	60	30	52	30	57	22	51
26	21	55	27	59	27	59	29	59	29	58	39	10
27	30	56	26	60	28	56	28	60	38	5	40	9
28	29	53	25	57	25	55	27	7	37	6	37	8
29	28	54	24	58	26	4	36	8	36	3	38	7
30	27		23	5	3	35	5	35	4	35	4	6
31	36		32		34		34	6		1		5

銀 1945年　昭和20年生〔満78歳〕

日＼月	1	2	3	4	5	6	7	8	9	10	11	12
1	4	39	8	36	9	38	7	38	10	39	15	49
2	3	38	5	35	10	35	6	37	17	48	16	50
3	2	37	6	34	7	36	5	46	18	47	13	47
4	1	45	3	33	8	43	14	45	15	46	14	48
5	20	46	8	42	15	44	13	44	16	45	11	45
6	19	43	11	41	16	41	12	43	13	44	12	46
7	18	44	12	50	13	42	11	42	14	43	19	43
8	17	41	19	49	14	49	20	41	11	42	20	44
9	16	42	20	48	11	50	19	50	12	41	17	41
10	15	49	17	47	12	47	18	50	19	50	18	42
11	14	50	18	46	19	48	17	41	20	45	25	59
12	13	45	15	45	20	45	16	48	27	58	26	60
13	12	46	16	44	17	46	15	55	28	57	23	57
14	11	53	13	43	20	53	24	56	25	56	24	58
15	30	54	14	60	17	54	23	53	26	55	21	55
16	27	51	21	59	28	55	22	53	23	54	28	56
17	26	52	28	58	25	53	29	54	24	53	25	53
18	25	59	30	54	26	52	21	53	21	57	26	53
19	22	58	29	51	23	51	27	53	21	57	23	52
20	30	55	28	52	24	60	30	56	34	56	24	51
21	30	57	27	59	27	59	29	55	29	55	31	10
22	29	53	26	60	28	58	28	52	38	5	32	9
23	28	54	25	57	25	57	27	7	37	6	37	8
24	27	1	24	58	26	6	36	8	36	3	38	7
25	36	2	23	5	33	5	35	5	35	4	35	6
26	35	9	32	6	34	4	34	6	34	1	36	5
27	34	10	31	3	31	1	33	3	33	2	33	4
28	33	7	40	4	32	10	32	4	32	9	34	3
29	32		39	1	9	31	1	31	1	31	10	2
30	31		38	2	40	8	40	7	32	1	31	1
31	40		37		37		39	9		8		20

金 1946年　昭和21年生〔満77歳〕

日＼月	1	2	3	4	5	6	7	8	9	10	11	12
1	19	44	11	41	16	41	12	43	13	44	12	46
2	18	43	12	50	13	42	11	42	14	43	19	43
3	17	42	19	49	14	49	20	41	11	42	20	44
4	15	49	11	47	12	47	19	49	12	41	17	41
5	15	49	11	47	12	47	18	49	19	50	18	42
6	14	50	18	46	19	48	17	48	20	49	25	59
7	13	47	15	45	20	45	15	47	27	58	26	60
8	12	48	16	44	17	46	15	55	28	57	23	57
9	11	55	13	43	18	53	24	56	25	56	24	58
10	30	56	14	52	15	54	23	53	26	55	21	55
11	29	53	21	51	26	52	24	53	23	54	22	56
12	28	52	22	60	23	52	21	51	24	53	29	53
13	27	59	29	59	24	59	22	51	21	52	30	54
14	26	60	30	58	20	60	29	59	22	51	27	51
15	25	57	27	55	24	57	28	60	29	60	28	52
16	22	58	28	54	21	58	27	51	30	59	31	9
17	21	55	26	53	26	52	37	9	32	10	36	10
18	30	56	25	57	29	57	23	9	38	7	39	4
19	21	1	24	58	30	6	32	10	36	2	40	7
20	36	2	23	5	37	5	31	7	35	1	37	6
21	35	9	32	6	34	4	34	8	34	10	38	5
22	34	10	31	3	31	3	33	5	33	9	35	4
23	33	7	40	4	32	2	32	9	32	10	31	3
24	32	8	39	1	39	1	31	1	31	10	31	2
25	31	5	38	2	40	10	40	2	40	7	32	1
26	40	6	37	9	37	9	39	9	39	8	49	20
27	39	3	36	10	38	8	38	10	48	15	50	19
28	38	4	35	7	35	5	37	17	47	16	47	18
29	37		34	8	36	14	46	18	46	13	48	17
30	46		33	15	43	15	45	15	45	14	45	16
31	45		42		44		44	16		11		15

銀 1947年　昭和22年生〔満76歳〕

日＼月	1	2	3	4	5	6	7	8	9	10	11	12
1	14	49	18	46	19	48	17	48	20	49	25	59
2	13	48	15	45	20	45	16	47	27	58	26	60
3	12	47	16	44	17	46	15	56	28	57	23	57
4	11	56	13	43	18	53	24	55	25	56	24	58
5	30	54	14	52	25	54	23	54	26	55	21	55
6	29	53	21	51	26	51	22	53	23	54	22	56
7	28	54	22	60	23	52	21	52	24	53	29	53
8	27	51	29	59	24	59	30	52	21	52	30	54
9	26	52	30	58	21	60	29	51	22	51	27	51
10	25	59	17	57	22	57	28	60	29	60	28	52
11	24	60	18	56	29	58	27	57	30	59	35	9
12	23	57	25	55	20	55	26	5	38	7	33	10
13	22	56	26	54	27	56	25	5	37	8	34	8
14	21	3	23	53	20	3	34	6	35	6	34	8
15	40	4	24	2	37	4	33	3	36	5	31	5
16	37	1	31	9	38	1	38	8	33	4	38	3
17	36	2	39	8	35	9	31	5	34	3	35	3
18	35	9	40	7	36	2	38	6	31	2	36	4
19	32	10	39	1	33	1	37	3	31	7	33	3
20	31	5	38	2	34	10	36	4	40	6	34	1
21	40	6	37	9	31	9	39	1	39	5	41	20
22	39	3	36	10	38	8	38	2	48	15	42	19
23	38	4	35	7	35	7	37	17	47	16	47	18
24	37	11	34	8	36	16	46	18	46	13	48	17
25	46	12	33	15	43	15	45	15	45	14	45	16
26	45	19	42	16	44	14	44	16	44	11	46	15
27	44	20	41	13	41	13	43	13	43	12	43	14
28	43	17	50	14	42	20	42	14	42	19	44	13
29	42		49	11	49	11	41	11	41	20	41	12
30	41		48	12	50	10	50	7	42	11	49	11
31	50		47		47		49	19		18		30

命数 ▶　1-10 羅針盤座　11-20 インディアン座　21-30 鳳凰座　31-40 時計座　41-50 カメレオン座　51-60 イルカ座

金 1948年 昭和23年生 [満75歳]

日\月	1	2	3	4	5	6	7	8	9	10	11	12
1	29	54	22	60	23	52	21	52	24	53	29	53
2	28	53	29	59	24	59	30	51	21	52	30	54
3	27	52	30	58	21	60	29	60	22	51	27	51
4	26	51	27	57	22	57	28	59	29	60	28	52
5	25	59	28	56	29	58	27	58	30	59	35	9
6	24	60	25	55	30	55	26	57	37	8	36	10
7	23	57	26	54	27	56	25	6	38	7	33	7
8	22	58	23	53	28	3	26	5	38	7	33	7
9	21	5	24	2	35	4	33	3	36	5	31	5
10	40	6	31	1	36	1	32	4	33	4	32	6
11	39	3	32	10	33	2	31	1	34	3	39	3
12	38	4	39	9	34	9	40	2	31	2	40	4
13	37	9	40	8	33	10	39	9	32	1	37	1
14	36	10	37	7	34	7	38	10	39	10	38	2
15	35	7	38	4	31	8	37	7	40	9	41	19
16	32	8	35	3	32	5	36	2	47	18	42	20
17	31	5	35	4	39	4	33	19	44	17	49	17
18	40	6	34	8	40	16	42	20	45	12	50	17
19	37	13	33	15	47	15	41	17	45	11	47	16
20	46	12	42	16	44	14	44	18	42	20	48	15
21	45	19	41	13	41	13	43	15	43	12	45	14
22	44	20	50	14	42	12	42	16	42	19	44	13
23	43	17	49	11	49	11	41	11	41	20	41	12
24	42	18	48	12	50	12	50	12	50	17	42	11
25	41	15	47	19	47	19	49	19	48	18	59	30
26	50	16	46	20	48	18	48	20	58	25	60	29
27	49	13	45	17	45	15	47	27	57	26	57	28
28	48	14	44	18	46	24	56	28	56	23	58	27
29	47	21	43	25	55	23	55	26	55	24	55	26
30	56		52	26	53	22	54	25	54	21	56	26
31	55		51		54		53	23		22		24

銀 1949年 昭和24年生 [満74歳]

日\月	1	2	3	4	5	6	7	8	9	10	11	12
1	23	58	25	55	30	55	26	57	37	8	36	10
2	22	57	26	54	27	56	25	6	38	7	33	7
3	21	6	23	53	28	3	34	5	35	6	34	8
4	40	6	24	2	35	4	33	4	36	5	31	5
5	39	3	31	1	36	1	32	3	33	4	32	6
6	38	4	32	10	33	2	31	2	34	3	39	3
7	37	1	39	9	34	9	40	1	31	2	40	4
8	36	2	40	8	31	10	39	9	32	1	37	1
9	35	9	37	7	32	9	38	10	39	10	38	2
10	34	10	38	6	39	8	37	7	40	9	45	19
11	33	7	35	5	40	5	36	8	47	18	46	20
12	32	6	36	4	37	6	35	15	48	17	43	17
13	31	13	33	3	38	13	44	16	45	16	44	18
14	50	14	34	12	47	13	43	13	46	15	44	18
15	49	11	41	19	48	11	42	14	43	14	42	16
16	46	12	42	18	45	12	41	15	41	13	45	13
17	45	19	50	17	46	19	48	16	41	14	46	14
18	44	20	49	11	43	11	47	13	42	11	43	12
19	41	15	48	12	44	20	44	14	50	16	44	11
20	50	16	47	19	41	19	44	17	49	15	51	30
21	49	13	46	20	48	15	43	15	58	24	52	29
22	48	14	45	17	45	12	42	16	57	26	59	28
23	47	21	44	18	46	26	56	28	56	23	58	27
24	46	22	43	25	55	25	55	25	55	26	55	26
25	55	29	52	54	52	24	54	26	54	21	56	26
26	54	30	51	23	51	21	53	23	53	22	53	24
27	53	27	60	24	52	30	52	24	52	54	54	23
28	52	28	59	21	59	29	51	21	51	30	51	22
29	51		58	22	60	28	60	22	60	27	52	21
30	60		57	29	57	27	59	29	59	8	9	40
31	59		56		58		58	30		35		39

金 1950年 昭和25年生 [満73歳]

日\月	1	2	3	4	5	6	7	8	9	10	11	12
1	38	3	32	10	33	2	31	2	34	3	39	3
2	37	2	39	9	34	9	40	1	31	2	40	4
3	36	1	40	8	31	10	39	10	32	1	37	1
4	35	9	37	7	32	7	38	8	39	10	38	2
5	34	10	38	6	39	8	37	8	40	9	45	19
6	33	7	35	5	40	5	36	7	47	18	46	20
7	32	8	36	4	37	6	35	16	48	17	43	17
8	31	15	33	3	38	13	44	16	45	16	44	18
9	50	16	34	12	47	14	43	13	46	15	41	15
10	49	13	41	11	48	11	42	14	43	14	42	16
11	48	14	42	20	45	12	41	15	44	13	49	13
12	47	19	49	19	46	19	50	16	41	12	50	14
13	46	20	50	18	41	20	49	19	42	11	47	11
14	45	17	47	17	42	17	48	20	49	20	48	12
15	44	18	48	14	41	18	47	17	50	19	55	29
16	41	15	45	13	42	15	46	12	57	28	52	30
17	50	16	45	12	49	17	45	29	58	27	59	27
18	49	23	44	18	50	26	52	30	55	60	60	28
19	46	22	43	15	57	25	51	27	55	21	57	26
20	55	29	52	26	58	24	60	28	54	30	58	25
21	54	30	51	23	52	23	53	25	53	29	55	24
22	53	27	60	24	52	22	52	26	56	22	56	23
23	51	25	58	21	59	21	51	21	51	30	51	22
24	51	25	58	22	60	30	60	22	60	27	52	21
25	60	26	57	29	57	29	59	29	59	9	40
26	59	23	56	30	58	28	58	30	8	10	39
27	58	24	55	27	55	37	57	37	6	7	36	38
28	57	31	54	28	56	34	6	38	6	33	8	37
29	6		53	35	3	33	5	33	5	36	5	36
30	5		2	36	4	34	6	4	32	6	31	6	35
31	4		1		3		33	32		34

銀 1951年 昭和26年生 [満72歳]

日\月	1	2	3	4	5	6	7	8	9	10	11	12
1	33	8	35	5	40	5	36	7	47	18	46	20
2	32	7	36	4	37	6	35	16	48	17	43	17
3	31	16	33	3	38	13	44	15	45	16	44	18
4	50	15	34	12	45	14	43	14	46	13	41	15
5	49	13	41	11	46	11	42	13	43	14	42	16
6	48	14	42	20	43	12	41	15	44	13	49	13
7	47	11	49	19	44	19	50	16	41	11	50	14
8	46	12	50	18	41	20	49	20	42	11	47	11
9	45	19	47	17	42	17	48	17	49	20	48	12
10	44	20	48	16	49	18	47	17	50	19	55	29
11	43	17	45	15	50	15	46	18	57	28	56	30
12	60	18	46	14	47	16	55	15	58	27	53	27
13	41	23	43	13	48	23	54	16	55	26	54	28
14	60	24	44	22	55	24	53	23	56	25	51	25
15	59	21	51	21	56	21	52	14	53	23	52	26
16	56	22	52	28	53	22	60	25	54	22	55	23
17	55	29	60	27	54	22	60	26	51	26	56	23
18	54	30	59	26	51	57	52	52	52	71	53	21
19	51	27	58	22	59	30	56	26	60	26	54	21
20	60	26	57	29	52	29	55	21	59	25	1	40
21	59	23	56	30	58	28	58	22	8	34	2	39
22	58	24	55	27	55	27	57	39	7	9	38
23	57	31	54	28	56	36	6	40	6	33	6	37
24	6	32	53	35	3	35	5	36	5	34	3	35
25	5	39	2	36	4	34	4	33	4	3	34
26	4	40	1	33	1	33	3	32	3	32	3	34
27	2	37	10	34	2	32	1	31	2	39	4	33
28	2	38	9	31	9	39	1	40	1	32
29	1		8	32	10	38	10	32	10	2	2	31
30	10		7	39	10	37	9	31	9	38	19	50
31	9		6		8		40	45		49

命数 ▶ 1-10 羅針盤座　11-20 インディアン座　21-30 鳳凰座　31-40 時計座　41-50 カメレオン座　51-60 イルカ座

金 1952年　昭和27年生〔満71歳〕

日\月	1	2	3	4	5	6	7	8	9	10	11	12
1	48	13	49	19	44	19	50	11	41	12	50	14
2	47	12	50	18	41	20	49	20	42	11	47	11
3	46	11	47	17	42	17	48	19	49	20	48	12
4	45	20	48	16	49	18	47	18	50	19	55	29
5	44	20	45	15	50	15	46	17	57	28	56	30
6	43	17	46	14	47	16	45	26	58	27	53	27
7	42	18	43	13	48	23	54	26	55	26	54	28
8	41	25	44	22	55	24	53	27	56	25	51	25
9	60	26	51	21	56	21	52	24	53	24	52	26
10	59	23	52	30	53	22	51	21	54	23	59	23
11	58	24	59	29	54	29	60	22	51	22	60	24
12	57	21	60	28	51	30	59	29	52	21	57	21
13	56	30	57	27	54	27	58	30	59	30	58	22
14	55	27	58	26	51	28	57	27	60	29	5	39
15	54	28	55	23	52	25	56	22	7	38	2	40
16	51	25	56	22	59	26	55	38	8	37	9	37
17	60	26	54	21	60	36	2	40	5	36	10	38
18	59	33	53	35	3	35	1	37	6	31	7	36
19	6	34	2	36	8	34	10	38	4	40	8	35
20	5	39	1	33	1	33	3	35	3	39	5	34
21	4	40	10	34	2	32	2	36	2	39	6	33
22	3	37	9	31	9	31	1	31	1	40	1	32
23	2	38	8	32	10	40	10	32	10	32	2	31
24	1	35	7	39	7	39	9	39	9	38	19	50
25	10	36	6	40	8	38	8	40	18	45	20	49
26	9	33	5	37	5	37	7	47	17	46	17	48
27	8	34	4	38	6	44	16	48	16	43	18	47
28	7	41	3	45	13	43	15	45	15	44	15	46
29	16	42	12	46	14	42	14	46	14	41	16	45
30	15		11	43	11	41	13	43	13	42	13	44
31	14		20		12		12	44		49		43

銀 1953年　昭和28年生〔満70歳〕

日\月	1	2	3	4	5	6	7	8	9	10	11	12
1	42	17	46	14	47	16	45	26	58	27	53	27
2	41	26	43	13	48	23	54	25	55	26	54	28
3	60	25	44	22	55	24	53	24	56	25	51	25
4	59	23	51	21	56	21	52	23	53	24	52	26
5	58	24	52	30	53	22	51	54	54	23	59	23
6	57	21	59	29	54	29	60	21	51	22	60	24
7	56	22	60	28	51	30	59	30	52	21	57	21
8	55	29	57	27	52	27	58	30	59	30	58	22
9	54	30	58	26	59	28	57	27	60	29	5	39
10	53	27	55	25	60	25	56	28	7	38	6	40
11	52	28	56	24	57	26	55	35	8	37	3	37
12	51	33	53	23	58	33	4	36	5	36	4	38
13	10	34	54	32	5	34	3	33	6	35	1	35
14	9	31	1	31	8	31	2	34	3	34	2	36
15	8	32	2	38	5	32	1	31	4	33	9	33
16	5	39	9	37	6	39	10	36	1	32	6	34
17	4	40	9	36	3	31	7	33	2	31	3	31
18	3	37	8	32	4	40	6	34	9	34	4	31
19	10	36	7	39	1	39	5	31	9	35	11	50
20	9	33	6	40	2	46	4	42	18	44	12	49
21	8	34	5	37	9	37	4	49	17	46	19	48
22	7	41	4	38	6	46	16	50	16	43	20	47
23	16	42	3	45	13	45	15	45	15	44	11	46
24	15	49	12	46	14	44	14	44	14	41	12	45
25	14	50	11	43	11	43	13	43	13	42	13	44
26	13	47	20	44	12	42	12	44	12	49	14	43
27	12	48	19	41	19	49	11	41	11	50	11	42
28	11	45	18	42	20	48	20	42	20	47	12	41
29	20		17	49	17	47	19	49	19	48	29	60
30	19		16	50	18	46	18	50	28	55	30	59
31	18		15		15		17	57		56		58

金 1954年　昭和29年生〔満69歳〕

日\月	1	2	3	4	5	6	7	8	9	10	11	12
1	57	22	59	29	54	29	60	21	51	22	60	24
2	56	21	60	28	51	30	59	30	52	21	57	21
3	55	30	57	27	52	27	58	29	59	30	58	22
4	54	30	58	26	59	28	57	28	60	29	5	39
5	53	27	55	25	60	25	56	27	7	38	6	40
6	52	28	56	24	57	26	55	36	8	37	3	37
7	51	35	53	23	58	33	4	35	5	36	4	38
8	10	36	54	32	5	34	3	33	6	35	1	35
9	9	33	1	31	6	31	2	34	3	34	2	36
10	8	34	2	40	3	32	1	31	4	33	9	33
11	7	31	9	39	4	39	10	32	1	32	10	34
12	6	40	10	38	1	40	9	39	2	31	7	31
13	5	37	7	37	2	37	8	40	9	40	8	32
14	4	38	8	36	1	38	7	37	10	39	15	49
15	3	35	5	33	2	35	6	38	17	48	16	50
16	10	36	6	32	9	36	5	45	18	47	13	47
17	9	43	4	31	10	46	14	50	15	46	20	48
18	18	44	3	45	17	45	11	46	16	53	17	45
19	15	49	12	46	18	44	20	48	14	50	18	45
20	14	50	11	43	15	43	19	45	13	45	15	44
21	13	47	20	44	12	42	12	46	12	46	16	43
22	12	48	19	41	19	41	11	43	11	50	13	42
23	11	45	18	42	20	50	20	42	20	47	12	41
24	20	46	17	49	17	49	19	49	19	48	29	60
25	19	43	16	50	18	48	18	50	28	55	30	59
26	18	44	15	47	15	47	17	57	27	56	27	58
27	17	51	14	48	16	54	26	58	26	53	28	57
28	26	52	13	55	23	53	25	55	25	54	25	56
29	25		22	56	24	54	24	56	24	51	26	55
30	24		21	53	21	51	23	53	23	52	23	54
31	23		30		22		22	54		59		53

銀 1955年　昭和30年生〔満68歳〕

日\月	1	2	3	4	5	6	7	8	9	10	11	12
1	52	37	56	24	57	26	55	36	8	37	3	37
2	51	36	53	23	58	33	4	35	5	36	4	38
3	10	35	54	32	5	34	3	34	6	35	1	35
4	9	33	1	31	6	31	2	33	3	34	2	36
5	8	34	2	40	3	32	1	32	4	33	9	33
6	7	31	9	39	4	39	10	31	1	32	10	31
7	6	32	10	38	1	40	9	40	2	31	7	31
8	5	39	7	37	2	37	8	40	9	40	8	32
9	4	40	8	36	9	38	7	37	10	39	15	49
10	3	37	5	35	10	35	6	38	17	48	16	50
11	2	38	6	34	7	36	5	45	18	47	13	47
12	1	43	3	33	8	43	14	46	15	46	14	48
13	20	41	4	42	15	44	13	44	16	45	11	46
14	19	41	11	41	18	41	12	43	13	44	12	46
15	18	42	12	48	15	42	11	44	14	41	19	43
16	15	49	19	47	16	49	20	46	11	42	16	41
17	14	50	11	46	13	41	19	43	12	43	13	41
18	13	47	20	42	14	50	16	44	19	50	14	42
19	20	46	19	49	11	49	15	41	19	45	21	60
20	13	43	16	50	12	48	14	42	28	54	22	59
21	18	44	15	47	19	47	17	59	27	53	29	58
22	17	51	14	48	16	56	26	60	26	53	30	57
23	26	52	13	55	13	55	25	55	25	54	25	56
24	25	59	22	56	24	54	24	56	24	51	26	55
25	24	60	11	53	11	53	23	53	23	52	23	54
26	23	57	30	54	22	52	22	54	22	59	24	53
27	22	58	29	51	29	59	21	51	21	60	21	52
28	21	55	28	52	30	58	30	52	30	57	22	51
29	30		27	59	27	57	29	59	29	58	39	10
30	29		26	60	28	56	28	60	38	5	40	9
31	28		25		25		27	7		6		8

命数 ▶ 1-10 羅針盤座　11-20 インディアン座　21-30 鳳凰座　31-40 時計座　41-50 カメレオン座　51-60 イルカ座

金 1956年 昭和31年生 〔満67歳〕

日\月	1	2	3	4	5	6	7	8	9	10	11	12
1	7	32	10	38	1	40	9	40	2	31	7	31
2	6	31	7	37	2	37	8	39	9	40	8	32
3	5	40	8	36	9	38	7	38	10	39	15	49
4	4	39	5	35	10	35	6	37	17	48	16	50
5	3	37	6	34	7	36	5	46	18	47	13	47
6	2	38	3	33	8	43	14	45	17	46	14	48
7	1	45	4	42	15	44	13	43	16	45	11	45
8	20	46	11	41	16	41	12	44	13	44	12	46
9	19	43	12	50	13	42	11	41	14	43	19	43
10	18	44	19	49	14	49	20	42	11	42	20	44
11	17	41	20	48	11	50	19	49	12	41	17	41
12	16	42	17	47	12	47	18	50	19	50	18	42
13	15	47	18	46	11	48	17	47	20	49	25	59
14	14	48	15	45	12	45	16	48	27	58	26	60
15	13	45	16	42	19	46	15	59	28	57	29	57
16	20	46	14	41	20	53	24	60	25	60	30	58
17	19	53	13	60	27	55	21	60	26	55	27	55
18	28	54	22	56	28	54	30	58	23	60	28	55
19	25	51	21	53	25	53	29	55	23	59	24	54
20	24	60	30	54	22	52	22	56	22	58	26	53
21	23	57	29	51	29	51	21	53	21	60	23	52
22	22	58	21	52	30	60	30	52	30	57	22	51
23	21	55	27	59	27	59	29	59	29	58	39	10
24	30	56	26	60	28	58	28	60	38	5	40	9
25	29	53	25	57	25	57	27	7	37	6	37	8
26	28	54	24	58	26	6	36	8	36	3	38	7
27	27	1	23	5	33	3	35	5	35	4	35	6
28	36	2	32	6	34	2	34	6	34	1	36	5
29	35	9	31	3	31	1	33	3	33	2	33	4
30	34		40	4	32	10	32	4	32	33	34	3
31	33		39		39		31	4		10		3

銀 1957年 昭和32年生 〔満66歳〕

日\月	1	2	3	4	5	6	7	8	9	10	11	12
1		46	3	33	8	43	14	45	15	46	14	48
2	20	45	4	42	15	44	13	44	16	45	11	45
3	19	44	11	41	16	41	12	43	13	44	12	46
4	18	44	12	50	13	42	11	42	14	43	19	43
5	17	41	19	49	14	49	20	41	11	42	20	44
6	16	42	20	48	11	50	19	50	12	41	17	41
7	15	49	17	47	12	47	18	49	19	50	18	42
8	14	50	18	46	19	48	17	41	20	49	25	59
9	13	47	15	45	16	48	27	58	26	60	—	—
10	12	48	16	57	17	46	15	55	28	57	23	57
11	11	55	13	43	18	53	24	56	25	56	24	58
12	30	54	14	52	25	54	23	53	26	55	21	55
13	29	51	21	51	26	51	22	54	23	54	22	56
14	28	52	22	60	25	52	21	51	24	53	29	53
15	25	59	29	57	26	59	30	52	21	52	30	54
16	24	60	30	58	23	60	29	51	22	51	23	51
17	23	57	27	55	24	60	26	54	29	60	24	52
18	30	58	27	59	21	59	25	51	30	55	31	10
19	29	53	26	60	22	58	24	52	38	4	32	9
20	27	1	24	58	26	6	27	9	37	3	40	8
21	36	2	23	5	33	5	36	7	35	4	37	6
22	35	9	32	6	34	4	34	6	34	1	36	5
23	33	7	40	3	31	3	33	5	33	2	33	4
24	32	8	39	1	39	1	31	4	31	3	34	3
25	40	6	37	9	37	7	39	8	39	20	19	20
26	39		36	10	6	38	10	48	15	50	18	
27	38	6	37	7	39	9	39	8	47	18		
29	39		36	10	7	38	10	48	15	50	19	
30	38		35		37	7	37	47	47	18		
31	37		34		36		46	18		13		17

金 1958年 昭和33年生 〔満65歳〕

日\月	1	2	3	4	5	6	7	8	9	10	11	12
1	16	41	20	48	11	50	19	50	12	41	17	41
2	15	50	17	47	12	47	18	49	19	50	18	42
3	14	49	18	46	19	48	17	48	20	49	25	59
4	13	47	15	45	20	45	16	47	27	58	26	60
5	12	48	16	44	17	46	15	56	28	57	23	57
6	11	55	13	43	18	53	24	55	25	56	24	58
7	30	56	14	52	25	54	23	54	26	55	21	55
8	29	53	21	51	26	51	22	54	23	54	22	56
9	28	54	22	60	25	52	21	51	24	53	29	53
10	27	51	29	59	26	59	30	52	21	52	30	54
11	26	52	30	58	27	60	29	59	22	51	27	51
12	25	57	27	57	28	57	28	60	29	60	28	52
13	24	58	28	56	29	58	27	57	30	59	35	9
14	23	55	25	55	22	55	26	58	37	8	36	10
15	29	3	23	51	30	3	34	10	35	7	33	7
16	38	4	23	10	35	5	33	9	38	8	40	8
17	37	1	32	6	38	4	40	8	33	4	37	5
18	34	10	31	3	35	3	40	9	34	9	38	5
19	33	7	40	3	35	2	38	6	32	8	36	3
20	32	8	39	4	36	2	38	6	32	7	33	3
21	32	8	39	1	31	3	31	7	33	7	34	1
22	40	6	37	9	37	9	40	4	40	7	34	1
23	40	3	36	10	9	38	8	38	9	8	36	2
24	39	3	36	10	9	38	10	48	15	50	19	
25	38	4	37	7	37	47	16	47	16	47	18	
26	37	11	34	8	46	16	46	18	46	13	48	17
27	46	12	33	15	45	15	45	15	45	14	45	15
28	45	19	42	16	44	14	44	16	44	11	46	15
29	44		41	13	41	13	43	13	43	14	43	14
30	43		50	14	42	12	42	12	42	19	44	13
31	42		49		49		41	11		20		12

銀 1959年 昭和34年生 〔満64歳〕

日\月	1	2	3	4	5	6	7	8	9	10	11	12
1	11	56	13	43	18	53	24	55	25	56	24	58
2	30	55	14	52	25	54	23	54	26	55	21	55
3	29	54	21	51	26	51	22	53	23	54	22	56
4	28	54	22	60	23	52	21	52	24	53	29	53
5	27	51	29	59	24	59	30	51	21	52	30	54
6	26	52	30	58	21	60	29	60	22	51	27	51
7	25	59	27	57	22	57	28	59	29	60	28	52
8	24	60	28	56	29	58	27	51	30	59	35	10
9	23	57	25	55	30	55	36	58	37	8	36	10
10	22	58	26	54	27	56	25	55	38	7	33	7
11	21	5	23	53	28	3	34	6	35	6	34	8
12	40	4	24	2	35	4	33	5	36	5	31	5
13	39	1	31	1	36	1	32	4	33	4	32	6
14	38	2	32	10	35	2	31	1	34	3	39	3
15	37	9	39	7	36	9	40	2	31	2	31	4
16	34	10	40	6	33	10	39	3	32	1	33	1
17	33	7	38	5	34	10	38	10	39	10	34	2
18	32	8	37	9	31	9	35	1	40	9	41	19
19	39	3	36	10	32	8	34	2	48	14	42	19
20	38	4	35	7	37	7	43	13	45	13	49	17
21	37	11	34	8	16	16	46	20	46	12	50	17
22	46	12	33	15	45	15	45	15	45	14	45	16
23	45	19	42	16	44	14	44	16	44	11	46	15
24	44	20	41	13	43	13	43	13	43	12	43	14
25	43	17	50	14	42	12	42	12	42	19	44	13
26	42	18	49	11	49	11	41	11	41	20	41	12
27	41	15	48	12	50	20	50	18	50	17	42	11
28	50	16	47	19	47	17	49	19	49	18	59	30
29	49		46	20	48	16	48	25	58	25	60	29
30	48		45	17	47	17	47	26	57	26	58	28
31	47		44		46		56	28		23		27

金 1960年 昭和35年生 ［満63歳］

日＼月	1	2	3	4	5	6	7	8	9	10	11	12
1	26	51	27	57	22	57	22	59	29	60	28	52
2	25	60	28	56	29	58	27	58	30	59	35	9
3	24	59	25	55	30	55	26	57	37	8	36	10
4	23	58	26	54	27	56	25	6	38	7	33	7
5	22	58	23	53	28	3	34	5	35	6	34	8
6	21	5	24	2	35	4	33	4	36	5	31	5
7	40	6	31	1	36	1	32	4	33	4	32	6
8	39	3	32	10	33	2	31	1	34	3	39	3
9	38	4	39	9	34	9	40	2	31	2	40	4
10	37	1	40	8	31	10	39	9	32	1	37	1
11	36	2	37	7	32	7	38	10	39	10	38	2
12	35	9	38	6	39	8	37	7	40	9	45	19
13	34	8	35	5	32	5	36	8	47	18	46	20
14	33	5	36	4	39	6	35	15	48	17	43	17
15	32	6	33	1	40	13	44	20	45	16	50	18
16	39	13	33	20	47	14	43	17	46	15	47	15
17	48	14	42	19	50	11	48	19	43	18	48	16
18	47	11	41	13	45	13	49	11	44	11	45	14
19	44	12	50	14	46	12	48	12	42	18	46	13
20	43	11	49	11	49	11	41	11	41	13	43	12
21	42	18	48	12	50	20	50	14	50	14	44	11
22	41	15	47	19	47	19	49	11	49	18	59	30
23	50	16	46	20	48	18	48	20	58	20	60	29
24	49	13	45	17	45	17	47	27	57	26	57	28
25	48	14	44	18	46	26	56	26	58	27	58	27
26	47	21	43	25	53	25	55	25	55	24	55	26
27	56	22	52	26	54	22	54	26	54	21	56	25
28	55	29	51	23	51	21	53	23	53	22	53	24
29	54	30	60	24	52	30	52	24	52	29	54	23
30	53		59	21	59	29	51	21	51	30	51	22
31	52		58		60		60	22		27		21

銀 1961年 昭和36年生 ［満62歳］

日＼月	1	2	3	4	5	6	7	8	9	10	11	12
1	40	5	24	2	35	4	33	4	36	5	31	5
2	39	4	31	1	36	1	32	3	33	4	32	6
3	38	3	32	10	33	2	31	2	34	3	39	3
4	37	1	39	9	34	9	40	1	31	2	40	4
5	36	2	40	8	31	10	39	10	32	1	37	1
6	35	9	37	7	32	7	38	9	39	10	38	2
7	34	10	38	6	39	8	37	8	40	9	45	19
8	33	7	35	5	36	5	36	15	47	18	46	17
9	32	8	36	4	37	6	35	16	48	17	43	17
10	31	15	33	1	38	13	44	13	45	16	44	18
11	50	16	34	11	45	14	43	13	46	15	41	15
12	49	11	41	11	46	11	42	14	44	13	42	13
13	48	12	42	20	43	12	41	11	44	13	49	13
14	47	19	49	19	46	19	50	12	41	12	50	14
15	46	20	50	16	43	20	49	19	42	11	47	11
16	45	17	47	15	44	11	48	11	49	20	44	12
17	42	18	48	14	41	14	45	11	50	19	51	29
18	49	15	46	12	42	18	44	12	47	24	52	29
19	44	16	45	11	43	17	43	29	57	23	59	28
20	47	21	43	18	40	26	56	30	56	22	60	27
21	56	22	43	53	25	55	27	55	24	57	26	26
22	55	29	52	21	54	24	54	28	54	21	58	25
23	54	30	51	23	51	23	53	23	53	22	53	24
24	53	27	60	24	52	22	52	24	52	29	54	23
25	52	28	59	21	59	21	51	21	51	30	51	22
26	51	25	58	22	60	30	60	22	60	27	52	21
27	60	26	57	29	57	27	59	29	59	28	9	40
28	59	23	56	30	58	26	58	30	8	35	10	39
29	58		55	27	55	27	57	37	7	36	7	38
30	57		54	28	56	4	6	38	6	33	8	37
31	6		53		3		5	35		34		36

金 1962年 昭和37年生 ［満61歳］

日＼月	1	2	3	4	5	6	7	8	9	10	11	12
1	35	10	37	7	32	7	38	9	39	10	38	2
2	34	9	38	6	39	8	37	8	40	9	45	19
3	33	8	35	5	40	5	36	7	47	18	46	20
4	32	8	36	4	37	6	35	16	48	17	43	17
5	31	15	33	3	38	13	44	15	45	16	44	18
6	50	16	34	12	45	14	43	14	46	15	41	15
7	49	13	41	11	46	11	42	13	44	13	42	16
8	48	14	42	12	43	11	41	11	44	13	49	13
9	47	11	49	19	44	19	50	12	41	12	50	14
10	46	12	50	18	41	20	49	19	42	11	47	11
11	45	19	47	17	42	17	48	11	49	20	48	12
12	44	18	48	16	43	16	47	17	50	19	45	29
13	43	15	45	15	50	15	46	18	57	28	56	30
14	42	16	46	14	47	16	45	25	58	27	53	27
15	41	23	43	11	50	23	54	26	55	26	54	28
16	58	24	44	30	57	24	53	26	58	25	57	25
17	57	21	52	29	54	24	60	28	53	24	58	22
18	56	22	51	23	55	23	59	21	54	23	55	24
19	53	27	60	24	56	22	58	26	52	28	56	23
20	52	28	59	21	53	21	53	23	51	27	53	22
21	51	25	57	22	60	30	60	24	60	26	54	21
22	60	26	57	29	57	29	59	21	59	28	1	40
23	59	23	56	30	58	26	58	30	8	35	10	39
24	58	24	55	27	55	27	57	37	7	36	7	38
25	57	31	54	28	56	36	6	38	6	33	8	37
26	6	32	53	35	3	35	5	34	5	34	5	36
27	10	30	7	36	4	32	4	36	4	31	6	35
28	4	40	1	33	1	31	3	33	3	32	3	34
29	3			10	34	2	2	34	2	39	4	33
30	2		9	31	8	39	1	31	1	40	1	32
31	1		8		10		10	32		37		31

銀 1963年 昭和38年生 ［満60歳］

日＼月	1	2	3	4	5	6	7	8	9	10	11	12
1	50	15	34	12	45	14	43	14	46	15	41	15
2	49	14	41	11	46	11	42	13	43	14	42	16
3	48	13	42	20	43	12	41	12	44	13	49	13
4	47	11	49	19	44	19	50	11	41	12	50	14
5	46	12	50	18	41	20	49	20	42	11	47	11
6	45	19	47	17	42	17	48	19	49	20	48	12
7	44	20	48	16	49	16	47	18	50	19	55	29
8	43	17	45	15	50	15	46	18	57	28	56	30
9	42	18	46	14	47	16	45	25	58	27	53	27
10	41	25	43	13	48	23	54	26	55	26	54	28
11	60	26	44	22	55	24	53	23	56	25	51	25
12	59	21	51	21	56	21	52	24	53	24	52	22
13	58	22	52	30	53	21	51	21	54	23	59	23
14	57	29	59	29	56	29	60	22	51	22	60	24
15	53	30	60	26	53	25	59	29	52	21	57	21
16	53	27	57	25	54	24	58	24	59	30	54	22
17	52	28	57	24	51	29	57	21	60	29	1	39
18	51	25	56	30	52	23	54	22	7	24	2	40
19	58	24	55	27	59	27	53	39	7	33	9	38
20	57	31	54	28	60	36	2	40	6	32	10	37
21	6	32	53	35	3	35	5	32	5	37	7	36
22	5	39	2	36	4	34	4	38	4	34	8	35
23	4	40	1	33	1	33	3	33	3	32	3	34
24	3	37	10	34	2	32	2	34	2	39	4	33
25	2	38	9	31	8	39	1	31	1	40	1	32
26	1	35	8	32	10	40	10	32	10	37	2	31
27	10	36	7	40	7	37	9	39	9	38	19	50
28	9	33	6	40	8	36	8	40	18	45	20	49
29	8		5	37	5	35	7	47	17	46	17	48
30	7		4	38	6	4	16	48	16	43	18	47
31	16		3		13		15	45		44		46

金 1964年　昭和39年生〔満59歳〕

日＼月	1	2	3	4	5	6	7	8	9	10	11	12
1	45	20	48	16	49	18	47	18	50	19	55	29
2	44	19	45	15	50	15	46	17	57	28	56	30
3	43	18	46	14	47	16	45	26	59	27	53	27
4	42	17	43	13	48	23	54	25	55	26	54	28
5	41	25	44	22	55	24	53	24	56	25	51	25
6	60	26	51	21	56	21	52	23	53	24	52	26
7	59	23	52	30	53	22	51	21	54	23	59	23
8	58	24	59	29	54	29	60	22	51	22	60	24
9	57	21	60	28	51	30	59	29	52	21	57	21
10	56	22	57	27	52	27	58	30	59	30	58	22
11	55	29	58	26	59	28	57	27	60	29	5	39
12	54	30	55	25	60	25	56	28	7	38	6	40
13	53	25	56	24	59	26	55	35	8	37	3	37
14	52	26	53	23	60	33	4	36	5	36	4	38
15	51	33	54	40	7	34	3	35	6	35	1	35
16	8	34	2	39	8	31	2	38	3	34	8	36
17	7	31	1	38	5	33	9	35	4	33	5	33
18	6	32	10	34	6	32	8	36	2	38	6	33
19	3	39	9	31	3	31	7	33	1	37	3	32
20	2	38	8	32	10	40	4	34	10	36	4	31
21	1	35	7	39	7	39	9	31	9	38	11	50
22	10	36	6	40	8	38	8	40	18	44	20	49
23	9	33	5	37	5	37	7	47	17	41	17	48
24	8	34	4	38	6	46	16	48	16	43	18	47
25	7	41	3	45	13	45	15	45	15	44	15	46
26	16	42	12	46	14	44	14	46	14	41	16	45
27	15	49	11	43	11	43	13	43	13	42	13	44
28	14	50	20	44	12	50	12	44	12	49	14	43
29	13	47	19	41	19	41	11	41	11	50	11	42
30	12		18	42	20	48	20	42	20	47	12	41
31	11		17		17		19	49		48		60

銀 1965年　昭和40年生〔満58歳〕

日＼月	1	2	3	4	5	6	7	8	9	10	11	12
1	59	24	51	21	56	21	52	23	53	24	52	26
2	58	23	52	30	53	22	51	22	54	23	59	23
3	57	22	59	29	54	29	60	21	51	22	60	24
4	56	22	60	28	51	30	59	30	52	21	57	21
5	55	29	57	27	52	27	58	29	59	30	58	22
6	54	30	58	26	59	28	57	28	60	29	5	39
7	53	27	55	25	60	25	56	27	7	38	6	40
8	52	28	56	24	59	26	55	35	8	37	3	37
9	51	35	53	23	58	33	4	33	5	36	4	38
10	10	36	54	32	5	34	3	33	6	35	1	35
11	9	33	1	31	6	31	2	34	3	34	2	36
12	8	32	2	40	3	32	1	32	4	33	9	33
13	7	39	9	39	4	39	10	32	1	32	10	34
14	6	40	10	38	3	40	9	39	2	31	7	31
15	3	37	7	35	4	37	8	40	9	40	4	32
16	2	38	8	34	1	38	7	31	10	49	11	49
17	1	35	6	33	2	32	4	32	18	48	12	50
18	8	36	5	40	9	37	3	49	18	43	19	48
19	7	41	4	39	10	46	12	50	16	42	20	47
20	16	42	3	47	15	45	15	42	15	41	17	46
21	15	49	12	46	14	44	14	48	14	41	18	45
22	14	50	11	43	11	43	13	45	13	42	15	44
23	13	47	20	50	18	44	12	44	12	49	14	43
24	12	48	19	42	19	41	11	41	11	50	11	42
25	11	45	18	42	20	50	20	42	20	47	12	41
26	20	46	17	49	17	49	19	49	19	48	29	60
27	19	43	16	50	18	46	18	50	28	53	30	59
28	18	44	15	47	15	45	17	57	27	56	27	58
29	17		14	48	16	54	16	58	26	53	28	57
30	26		13	55	23	53	25	57	25	54	25	56
31	25		22		24		24	56		51		55

金 1966年　昭和41年生〔満57歳〕

日＼月	1	2	3	4	5	6	7	8	9	10	11	12
1	54	29	58	26	59	28	57	28	60	29	5	39
2	53	28	55	25	60	25	56	27	7	38	6	40
3	52	27	56	24	57	26	55	36	8	37	3	37
4	51	35	53	23	58	33	4	35	5	36	4	38
5	10	36	54	32	5	34	3	34	6	35	1	35
6	9	33	1	31	6	31	2	33	3	34	2	36
7	8	34	2	40	3	39	10	32	1	32	10	34
8	7	31	9	39	4	39	10	32	1	32	10	34
9	6	32	10	38	1	40	9	39	2	31	7	31
10	5	39	7	37	2	37	8	40	9	40	8	32
11	4	40	8	36	9	38	7	37	10	39	15	49
12	3	35	5	35	10	35	6	38	17	48	16	50
13	2	36	6	34	7	36	5	45	18	47	13	47
14	1	43	3	33	10	43	14	46	15	46	14	48
15	20	44	4	50	17	44	13	43	16	45	11	45
16	17	41	11	49	18	41	13	44	18	44	12	46
17	16	42	11	48	15	43	19	45	14	51	15	44
18	15	49	20	44	16	42	18	46	11	42	13	43
19	12	48	19	41	13	41	17	43	12	41	14	42
20	11	45	18	42	14	50	20	44	20	46	14	41
21	20	46	17	49	11	49	19	41	19	45	21	60
22	19	43	16	50	18	48	28	42	28	55	22	59
23	18	44	15	47	15	47	17	57	27	56	27	58
24	17	51	14	48	11	56	26	58	26	53	28	57
25	26	52	13	55	23	55	25	55	25	54	25	56
26	25	59	22	56	24	54	24	56	24	51	26	55
27	24	60	21	53	21	51	23	53	23	52	23	54
28	23	57	30	54	22	60	22	54	22	59	24	53
29	22		29	51	29	59	21	51	21	60	21	52
30	21		28	52	30	58	30	52	30	57	22	51
31	30		27		27		29	59		58		10

銀 1967年　昭和42年生〔満56歳〕

日＼月	1	2	3	4	5	6	7	8	9	10	11	12
1	9	34	1	31	6	31	2	33	3	34	2	36
2	8	33	2	40	3	32	1	32	4	33	9	33
3	7	32	9	39	4	39	10	31	1	32	10	34
4	6	39	10	38	1	40	9	40	2	31	7	31
5	5	39	7	37	2	37	8	39	9	40	8	32
6	4	40	8	36	9	38	7	38	10	39	15	49
7	3	37	7	35	10	35	6	37	17	48	16	50
8	2	38	6	34	7	36	5	45	18	47	13	47
9	1	45	3	33	8	43	4	46	15	46	14	48
10	20	46	4	42	15	44	13	46	16	45	11	45
11	19	43	11	41	16	42	12	43	13	44	12	46
12	18	42	12	50	11	50	11	42	20	43	19	43
13	17	49	13	49	14	49	20	42	11	20	20	44
14	16	50	20	48	13	50	19	51	12	41	17	41
15	14	47	17	47	14	47	18	50	18	42	18	42
16	12	48	18	44	11	48	14	41	20	49	21	59
17	11	45	16	43	12	48	16	42	27	48	22	60
18	20	46	15	47	19	47	13	60	28	52	29	57
19	17	44	14	60	20	55	22	57	25	52	30	57
20	26	52	13	55	27	55	24	57	25	51	27	55
21	25	59	22	56	21	54	23	54	24	60	28	55
22	24	60	21	53	22	51	23	53	23	59	25	54
23	22	57	30	54	22	52	54	22	52	60	24	53
24	22	58	29	51	29	51	21	51	21	60	21	52
25	21	55	28	52	30	60	30	52	30	57	22	51
26	30	56	27	59	27	57	29	59	29	58	39	10
27	29	53	26	60	28	58	28	60	38	5	40	9
28	28	54	25	57	25	55	27	7	37	6	37	8
29	27		24	58	26	4	36	8	36	3	38	7
30	36		23	7	33	3	35	5	35	4	35	6
31	35		32		34		34	6		1		5

 命数 ▶ 1-10 羅針盤座　11-20 インディアン座　21-30 鳳凰座　31-40 時計座　41-50 カメレオン座　51-60 イルカ座

金 1968 年　昭和43年生　[満55歳]

日＼月	1	2	3	4	5	6	7	8	9	10	11	12
1	4	39	5	35	10	35	6	37	17	48	16	50
2	3	38	6	34	7	36	5	46	18	47	13	47
3	2	37	3	33	8	43	14	45	15	46	14	48
4	1	46	4	42	15	44	13	44	16	45	11	45
5	20	46	11	41	16	41	12	43	13	44	12	46
6	19	43	12	50	13	42	11	42	14	43	19	43
7	18	44	19	49	14	49	20	42	11	42	20	44
8	17	41	20	48	11	50	19	49	12	41	17	41
9	16	42	17	47	12	47	18	50	19	50	18	42
10	15	49	18	46	19	48	17	47	20	49	25	59
11	14	50	15	45	20	45	16	48	27	58	26	60
12	13	47	16	44	17	46	15	55	28	57	23	57
13	12	46	13	43	20	53	24	56	25	56	24	58
14	11	53	14	52	27	54	23	53	26	55	21	55
15	30	54	21	59	28	51	22	58	23	54	28	56
16	27	51	21	58	25	52	21	55	24	53	25	53
17	26	52	30	57	26	52	28	56	21	52	26	54
18	25	59	29	51	23	54	27	53	27	57	23	52
19	22	60	28	52	24	60	26	54	30	56	24	51
20	21	55	27	59	27	59	29	51	29	55	31	10
21	30	56	21	60	28	58	28	52	38	5	32	9
22	29	53	25	57	25	57	27	7	37	6	37	8
23	28	54	24	58	26	6	36	8	36	3	38	7
24	27	1	23	5	33	5	35	5	35	4	35	6
25	36	2	32	6	34	4	34	6	34	1	36	5
26	35	9	31	3	31	3	33	3	33	2	33	4
27	34	10	40	4	32	10	32	4	32	9	34	3
28	33	7	39	1	39	9	31	1	31	10	31	2
29	32	8	38	2	40	8	40	2	40	7	32	1
30	31		37	9	37	7	39	9	39	8	49	20
31	40		36		38		38	10		15		19

銀 1969 年　昭和44年生　[満54歳]

日＼月	1	2	3	4	5	6	7	8	9	10	11	12
1	18	43	12	50	13	42	11	42	14	43	19	43
2	17	42	19	49	14	49	20	41	11	42	20	44
3	16	41	20	48	11	50	19	50	12	41	17	41
4	15	49	17	47	12	47	18	49	19	50	18	42
5	14	50	18	46	19	48	17	48	20	49	25	59
6	13	47	15	45	20	45	16	47	57	58	26	60
7	12	48	16	44	17	46	15	56	28	57	23	57
8	11	55	13	43	18	53	24	53	25	56	21	55
9	30	56	14	52	25	54	23	53	26	55	21	55
10	29	53	21	51	26	51	22	54	23	54	22	56
11	28	54	22	60	23	52	21	51	24	53	29	53
12	27	59	29	59	24	59	30	52	21	52	30	54
13	26	60	30	58	21	60	29	59	22	51	27	51
14	25	57	27	57	24	57	28	60	29	60	28	52
15	24	58	28	54	21	58	27	57	30	59	31	9
16	21	55	25	53	22	55	26	52	37	8	32	10
17	30	56	25	60	29	57	23	9	38	7	39	7
18	27	3	24	59	30	6	32	10	35	2	40	7
19	36	2	32	3	37	5	31	7	35	1	37	6
20	35	9	32	6	38	4	34	4	34	10	38	5
21	34	10	31	3	31	3	33	5	33	2	35	4
22	33	5	40	4	32	2	32	6	32	9	34	3
23	32	8	39	1	39	1	31	1	31	10	31	2
24	31	5	38	2	40	10	40	2	40	7	32	1
25	40	6	37	9	37	9	39	9	39	8	49	20
26	39	3	36	10	38	8	38	10	48	15	50	19
27	38	4	35	7	35	5	37	17	47	16	47	18
28	37	11	34	8	36	14	46	18	46	13	48	17
29	46		33	15	43	13	45	15	45	14	15	16
30	45		42	16	44	12	44	16	44	11	46	15
31	44		41		41		43	13		12		14

金 1970 年　昭和45年生　[満53歳]

日＼月	1	2	3	4	5	6	7	8	9	10	11	12
1	13	48	15	45	20	45	16	47	27	58	26	60
2	12	47	16	44	17	46	15	56	28	57	23	57
3	11	56	13	43	18	53	24	55	25	56	24	58
4	30	56	14	52	25	54	23	54	26	55	21	55
5	29	53	21	51	28	51	22	53	23	54	22	56
6	28	54	22	60	23	52	21	52	24	53	29	53
7	27	51	29	59	24	59	30	51	21	52	30	54
8	26	52	30	58	21	60	29	59	22	51	27	51
9	25	59	27	57	22	57	28	60	29	60	28	52
10	24	60	28	56	29	58	27	57	30	59	35	9
11	23	57	25	55	30	55	26	58	37	8	36	10
12	22	58	26	54	27	56	25	55	38	7	33	7
13	21	3	23	53	28	3	34	1	35	6	34	8
14	40	4	24	2	37	4	33	2	36	5	31	5
15	39	1	31	9	38	1	32	4	31	5	32	6
16	36	2	32	6	35	2	31	1	34	4	38	4
17	35	9	40	7	36	2	38	6	31	2	36	4
18	34	10	39	1	33	1	37	3	32	1	33	2
19	31	5	38	2	34	10	36	4	39	10	34	1
20	40	6	37	9	31	9	39	1	39	5	41	20
21	39	3	36	10	32	8	38	2	48	14	42	19
22	38	4	35	7	35	7	37	4	47	16	49	18
23	37	11	34	8	36	6	46	18	46	13	45	16
24	46	12	33	15	43	15	45	15	45	14	45	16
25	45	19	42	16	44	14	44	11	46	15		
26	44	20	41	13	41	13	43	13	43	12	43	14
27	43	17	50	14	42	22	42	14	42	19	44	13
28	42	18	49	11	49	19	41	11	41	20	41	12
29	41		48	12	50	18	50	12	50	17	42	11
30	50		47	19	47	17	49	19	49	18	59	30
31	49		46		48		48	20		25		29

銀 1971 年　昭和46年生　[満52歳]

日＼月	1	2	3	4	5	6	7	8	9	10	11	12
1	28	53	22	60	23	52	21	52	24	53	29	53
2	27	52	29	59	24	59	30	51	21	52	30	54
3	26	51	30	58	21	60	29	60	22	51	27	51
4	25	59	27	57	22	57	28	59	29	60	28	52
5	24	60	28	56	29	58	27	58	30	59	35	9
6	23	57	25	55	30	55	26	57	37	8	36	10
7	22	58	26	54	27	56	25	56	38	7	33	7
8	21	5	23	53	28	3	34	5	35	6	34	8
9	40	6	24	2	35	4	33	6	36	5	31	5
10	39	3	31	1	36	1	32	4	33	4	32	6
11	38	4	32	10	33	2	31	1	34	1	39	3
12	37	9	39	9	34	9	40	2	31	2	40	4
13	36	10	40	8	31	10	39	9	32	1	37	1
14	35	7	37	7	34	7	38	10	39	10	38	2
15	34	8	38	4	31	8	37	7	40	9	45	19
16	31	5	35	3	32	5	36	2	47	16	42	20
17	40	6	36	2	39	7	35	19	48	17	49	17
18	39	13	34	8	40	8	42	20	45	16	47	18
19	46	12	33	15	47	5	41	11	45	15	48	15
20	45	19	42	16	48	14	50	18	44	20	48	15
21	44	20	41	13	41	13	43	13	43	14		
22	43	17	50	14	42	11	42	14	41	11	47	12
23	42	15	49	11	49	11	41	11	41	20	41	12
24	41	16	48	12	50	20	50	12	50	17	42	11
25	50	16	47	19	47	19	49	19	49	18	59	30
26	49	13	46	20	48	18	48	20	58	25	60	29
27	48	14	45	17	45	15	47	27	57	26	57	28
28	47	21	44	18	46	24	56	28	56	23	58	27
29	56		43	25	53	23	55	25	55	24	55	26
30	55		52	26	54	22	54	26	54	21	56	25
31	54		51		51		53	23		22		24

命数 ▶ 1-10 羅針盤座　11-20 インディアン座　21-30 鳳凰座　31-40 時計座　41-50 カメレオン座　51-60 イルカ座

金 1972年 昭和47年生 〔満51歳〕

日＼月	1	2	3	4	5	6	7	8	9	10	11	12
1	23	58	26	54	27	56	25	6	38	7	33	7
2	22	57	23	53	28	3	34	5	35	6	34	8
3	21	6	24	2	35	4	33	4	36	5	31	5
4	40	5	31	1	36	1	32	3	33	4	32	6
5	39	3	32	10	33	2	31	2	34	3	39	3
6	38	4	39	9	34	9	40	1	31	2	33	4
7	37	1	40	8	31	10	39	9	32	1	37	1
8	36	2	37	7	32	7	38	10	39	10	38	2
9	35	9	38	6	39	8	37	7	40	9	45	19
10	34	10	35	5	40	5	36	8	47	18	46	20
11	33	7	36	4	37	6	35	15	48	17	43	17
12	32	8	33	3	38	13	44	16	45	16	44	18
13	31	13	34	12	47	13	43	13	46	15	41	15
14	50	14	41	11	48	11	42	14	43	14	42	16
15	49	11	42	18	45	12	41	15	44	13	49	13
16	46	12	50	17	46	12	50	16	41	12	46	14
17	45	19	49	16	43	17	47	13	42	11	43	11
18	44	20	48	15	44	20	48	14	50	16	44	11
19	41	17	47	19	41	19	48	17	57	11	51	30
20	50	16	46	20	48	18	48	12	58	24	52	29
21	49	13	45	17	45	17	47	29	57	26	59	28
22	48	14	44	18	46	26	46	28	56	23	58	27
23	47	21	43	25	53	25	55	25	55	24	55	26
24	56	22	52	24	54	54	26	54	21	56	25	
25	55	29	51	23	51	23	53	23	53	22	53	24
26	54	30	60	24	52	30	52	24	52	24	54	23
27	53	27	59	21	59	29	51	21	51	30	51	22
28	52	28	58	22	60	28	60	22	60	27	52	21
29	51	25	57	29	57	27	59	29	59	28	9	40
30	60		56	30	58	26	58	30	8	35	10	39
31	59		55		55		57	37		36		38

銀 1973年 昭和48年生 〔満50歳〕

日＼月	1	2	3	4	5	6	7	8	9	10	11	12
1	37	2	39	9	34	9	40	1	31	2	40	4
2	36	1	40	8	31	10	39	10	32	1	37	1
3	35	10	37	7	32	7	38	9	39	10	38	2
4	34	10	38	6	39	8	37	8	40	9	45	19
5	33	7	35	5	40	5	36	7	47	18	46	20
6	32	8	36	4	37	6	35	16	48	17	43	17
7	31	15	33	3	38	13	44	15	45	16	44	18
8	50	16	34	12	45	14	43	13	46	15	41	15
9	49	13	41	11	46	11	42	14	43	14	42	16
10	48	14	42	20	43	12	41	11	44	13	49	13
11	47	11	49	19	44	19	50	12	41	12	50	14
12	46	20	50	18	41	20	49	19	42	11	47	11
13	45	17	47	17	42	17	48	20	49	20	55	29
14	44	18	48	16	41	18	47	17	50	19	55	30
15	41	15	45	15	42	15	46	18	57	28	52	27
16	50	16	46	12	45	16	45	25	58	27	59	27
17	49	23	44	11	50	21	52	30	55	26	60	25
18	56	24	43	25	47	25	51	27	56	21	57	26
19	55	29	52	21	54	24	60	28	54	30	58	25
20	54	30	51	23	53	23	59	53	53	29	56	24
21	53	27	60	22	52	23	53	25	53	29	56	23
22	52	28	59	21	59	21	53	22	60	30	51	22
23	51	25	58	22	60	30	22	60	27	52	21	
24	60	26	57	29	57	59	29	59	28	28	9	40
25	59	23	56	30	58	28	58	30	4	35	10	39
26	58	24	55	27	55	25	57	37	7	36	7	38
27	57	31	54	28	54	6	38	6	3	8	37	
28	6	32	53	3	33	5	35	5	34	5	36	
29	5		2	36	4	32	4	36	4	31	6	35
30	4		1	33	1	31	3	35	3	32	3	34
31	3		10		2		34		39		33	

金 1974年 昭和49年生 〔満49歳〕

日＼月	1	2	3	4	5	6	7	8	9	10	11	12
1	32	7	36	4	37	6	35	16	48	17	43	17
2	31	16	33	3	38	13	44	15	45	16	44	18
3	50	15	34	12	45	14	43	14	46	15	41	15
4	49	13	41	11	46	11	42	13	43	14	42	16
5	48	14	42	20	43	12	41	12	44	13	49	13
6	47	11	49	19	44	19	50	11	41	12	50	14
7	46	12	50	18	41	20	49	20	42	11	47	11
8	45	19	47	17	42	17	48	19	49	20	48	12
9	44	20	48	16	41	18	47	17	50	19	55	29
10	43	17	45	15	50	15	46	18	57	28	56	30
11	42	18	46	14	47	16	45	25	58	27	53	27
12	41	23	43	13	48	23	54	26	55	26	54	28
13	60	24	44	25	55	24	53	23	56	25	51	25
14	59	21	51	21	56	21	52	24	53	24	52	26
15	58	22	52	22	55	22	51	21	54	23	59	23
16	55	29	59	27	52	29	60	26	51	22	56	24
17	54	30	59	26	51	21	53	23	52	21	53	21
18	53	27	58	22	54	30	56	24	59	30	54	21
19	60	26	57	29	51	29	55	21	59	25	1	40
20	59	23	56	30	52	28	58	22	8	34	2	39
21	58	24	55	27	27	57	39	7	33	9	40	37
22	57	31	54	28	56	36	6	40	6	24	10	37
23	5	39	2	3	3	35	5	35	5	34	5	36
24	5	39	2	36	4	34	4	36	4	31	6	35
25	4	40	1	33	1	33	3	33	3	32	3	34
26	3	37	10	34	2	32	2	34	2	39	4	33
27	2	38	9	31	9	31	1	31	1	40	1	32
28	1	35	8	32	10	38	10	32	10	37	2	31
29	10		7	39	7	37	9	39	9	38	19	50
30	9		6	40	8	40	18	45	10	49		
31	8		5		7		47		46		48	

銀 1975年 昭和50年生 〔満48歳〕

日＼月	1	2	3	4	5	6	7	8	9	10	11	12
1	47	12	49	19	44	19	50	11	41	12	50	14
2	46	11	50	18	41	20	49	20	42	11	47	11
3	45	20	47	17	42	17	48	19	49	20	48	12
4	44	20	48	16	49	18	47	17	50	19	55	29
5	43	17	45	15	50	15	46	17	57	28	56	30
6	42	18	46	14	47	16	45	26	58	27	53	30
7	41	25	43	13	48	23	54	25	55	26	54	28
8	60	26	44	22	55	24	53	23	56	25	51	25
9	59	23	51	21	56	21	52	24	53	24	52	26
10	58	24	52	30	53	22	51	51	54	23	59	23
11	57	21	59	29	54	29	60	22	51	22	56	21
12	56	30	60	28	51	30	59	29	52	21	57	21
13	55	27	57	27	52	27	58	30	59	30	58	22
14	54	28	58	26	51	28	57	27	60	29	5	39
15	53	25	55	23	52	25	56	28	7	38	6	40
16	60	26	56	22	55	26	55	39	8	37	9	38
17	59	33	54	21	60	36	4	40	5	36	10	37
18	8	34	53	35	7	35	1	37	6	35	7	35
19	7	31	2	38	8	34	10	38	4	40	8	35
20	4	40	1	33	5	33	9	35	3	39	5	34
21	3	37	10	34	2	32	6	35	2	36	6	33
22	2	38	9	31	9	31	3	36	3	36	3	32
23	1	35	8	32	10	38	2	36	10	37	19	50
24	10	36	7	39	7	39	9	39	9	38	19	50
25	9	33	6	40	8	38	6	40	18	45	20	49
26	8	34	5	37	5	37	5	37	17	46	17	48
27	7	41	4	38	4	33	4	38	16	43	18	47
28	16	42	3	45	1	43	13	45	15	44	15	46
29	15		12	46	12	44	14	44	14	46	16	45
30	14		11	43	11	43	13	43	13	42	15	44
31	13		20		12		12	44		49		43

命数 ▶ | 1-10 羅針盤座 | 11-20 インディアン座 | 21-30 鳳凰座 | 31-40 時計座 | 41-50 カメレオン座 | 51-60 イルカ座

金 1976年 昭和51年生〔満47歳〕

日\月	1	2	3	4	5	6	7	8	9	10	11	12
1	42	17	43	13	48	23	54	25	55	26	54	28
2	41	26	44	22	55	24	53	24	56	25	51	25
3	60	25	51	21	56	21	52	23	53	24	52	26
4	59	24	52	30	53	22	51	22	54	23	59	23
5	58	24	59	29	54	29	60	21	51	22	60	24
6	57	21	60	28	51	30	59	30	52	21	57	21
7	56	22	57	27	52	27	58	30	59	30	58	22
8	55	29	58	26	59	28	57	27	60	29	5	39
9	54	30	55	25	60	25	56	28	7	38	6	40
10	53	27	56	24	57	26	55	35	8	37	3	37
11	52	28	53	23	58	33	4	36	5	36	4	38
12	51	35	54	32	5	34	3	33	6	35	1	35
13	10	34	1	31	8	31	2	34	3	34	2	36
14	9	31	2	40	5	32	1	31	4	33	9	33
15	8	32	9	37	6	39	10	36	1	32	6	34
16	5	39	8	36	3	40	9	33	2	31	3	31
17	4	40	8	35	4	40	6	34	9	40	4	32
18	3	37	7	39	1	39	5	31	9	35	11	50
19	10	38	6	40	2	38	4	32	18	44	12	49
20	9	33	5	37	5	37	19	49	17	43	19	48
21	8	34	4	38	6	46	16	50	16	43	20	47
22	7	41	3	45	13	45	15	45	15	44	15	46
23	16	42	12	46	14	44	14	46	14	41	16	45
24	14	49	11	43	11	43	13	43	13	42	13	44
25	14	50	20	44	12	42	12	44	12	49	14	43
26	13	47	19	41	19	49	11	41	11	50	11	42
27	12	48	18	42	20	48	20	42	20	47	12	41
28	11	45	17	49	17	47	19	49	19	48	29	60
29	20	46	16	50	18	46	18	50	28	53	30	59
30	19		15	47	15	45	17	57	27	56	27	58
31	18		14		16		26	58		53		57

銀 1977年 昭和52年生〔満46歳〕

日\月	1	2	3	4	5	6	7	8	9	10	11	12
1	56	31	60	28	51	30	59	30	52	21	57	21
2	55	30	57	27	52	27	58	29	59	30	58	22
3	54	29	58	26	59	28	57	28	60	29	5	39
4	53	27	55	25	60	25	56	27	7	38	6	40
5	52	28	56	24	57	26	55	36	8	37	3	37
6	51	35	53	23	58	33	4	35	5	36	4	38
7	10	36	54	32	5	34	3	34	6	35	1	35
8	9	33	1	31	6	31	2	34	3	34	2	36
9	8	34	2	40	3	32	1	31	4	33	9	33
10	7	31	9	39	4	39	10	32	1	32	10	34
11	6	32	10	38	1	40	9	39	2	31	7	31
12	5	37	7	37	2	37	8	40	9	40	8	32
13	4	38	8	36	9	38	7	37	10	39	15	49
14	3	35	5	35	2	35	6	38	17	48	16	50
15	10	36	6	32	9	36	5	45	18	47	19	47
16	9	43	3	31	10	43	14	50	15	46	20	48
17	18	44	3	50	7	43	11	47	16	45	17	45
18	15	41	2	46	11	44	20	42	13	50	18	45
19	14	50	11	43	15	43	19	49	15	13	15	44
20	17	47	20	44	16	42	12	48	12	48	16	43
21	12	48	19	41	19	41	11	41	11	50	13	42
22	11	45	18	42	20	50	20	44	20	47	12	41
23	20	46	17	49	19	49	19	49	19	44	29	60
24	19	43	16	50	18	48	18	50	28	55	30	59
25	18	44	15	47	15	47	17	57	27	56	27	58
26	17	51	14	48	16	56	26	58	26	53	28	57
27	26	52	13	55	23	53	25	55	25	54	25	56
28	25	59	22	56	24	52	24	56	24	51	26	55
29	24		21	53	21	51	23	53	23	52	23	54
30	23		30	54	22	59	22	59	22	59	24	53
31	22		29		29		21	51		60		52

金 1978年 昭和53年生〔満45歳〕

日\月	1	2	3	4	5	6	7	8	9	10	11	12
1	51	36	53	23	58	33	4	35	5	36	4	38
2	10	35	54	32	5	34	3	34	6	35	1	35
3	9	34	1	31	6	31	2	33	3	34	2	36
4	8	40	2	40	3	32	1	32	4	33	9	33
5	7	31	9	39	4	39	10	31	1	32	10	34
6	6	32	10	38	1	40	9	40	2	31	7	31
7	5	39	7	37	2	37	8	39	9	40	8	32
8	4	40	8	36	9	38	7	37	10	39	15	49
9	3	37	5	35	10	35	6	38	17	48	16	50
10	2	38	6	34	7	36	5	45	18	47	13	47
11	1	45	3	33	8	43	14	44	15	46	14	48
12	19	41	4	42	15	42	13	43	13	44	12	49
13	18	42	11	41	2	41	12	44	14	43	19	43
14	17	49	12	50	19	42	11	41	14	43	19	43
15	14	50	20	47	19	45	20	42	11	41	14	41
16	14	47	19	43	16	50	16	44	19	43	21	42
17	13	47	18	45	18	50	16	41	19	50	14	41
18	12	48	17	49	11	49	15	41	20	49	21	60
19	19	43	16	50	12	48	14	42	28	54	22	59
20	18	44	15	47	19	47	59	27	53	29	58	58
21	17	51	14	48	16	56	26	60	26	52	30	57
22	26	52	13	55	23	55	25	55	25	54	27	56
23	25	59	22	56	24	54	24	56	24	51	28	55
24	24	60	21	53	21	53	23	53	23	52	23	54
25	23	57	30	54	22	52	22	54	22	59	24	53
26	22	58	29	51	29	51	21	51	21	60	21	52
27	21	55	28	52	30	58	30	52	30	57	22	51
28	30	56	27	59	27	57	29	59	29	58	39	10
29	29		26	60	28	56	28	60	38	5	40	9
30	28		25	57	25	55	27	57	37	6	37	8
31	27		24		26		36	3		7		7

銀 1979年 昭和54年生〔満44歳〕

日\月	1	2	3	4	5	6	7	8	9	10	11	12
1	6	31	10	38	1	40	9	40	2	31	7	31
2	5	40	7	37	2	37	8	39	9	40	8	32
3	4	39	8	36	9	38	7	38	10	39	15	49
4	3	37	5	35	10	35	6	37	17	48	16	50
5	2	38	6	34	7	36	5	46	18	47	13	47
6	1	45	3	33	8	43	14	15	15	46	14	48
7	20	46	4	42	15	44	13	44	16	45	11	45
8	19	43	11	41	16	41	12	44	13	44	12	43
9	18	44	12	50	17	50	11	42	14	43	19	43
10	17	41	19	49	14	49	20	41	11	42	20	44
11	16	42	20	48	11	48	19	49	12	41	17	41
12	15	49	17	47	12	47	18	50	19	50	25	59
13	14	48	18	46	19	48	17	47	20	49	25	59
14	13	45	15	45	16	46	16	55	27	58	26	60
15	12	46	16	42	19	46	15	55	28	57	27	57
16	19	53	13	41	20	53	23	60	25	56	30	58
17	28	54	13	60	19	55	23	56	26	55	27	55
18	27	51	22	56	28	54	30	55	23	54	28	56
19	24	60	21	53	25	53	29	55	23	59	23	54
20	23	57	30	54	22	52	22	59	22	59	24	53
21	22	58	29	51	29	51	21	51	21	60	23	52
22	21	55	28	52	30	60	30	52	30	57	24	51
23	30	56	27	59	27	57	29	59	29	58	38	10
24	29	53	26	60	28	58	28	60	38	5	40	9
25	28	54	25	57	25	57	27	7	37	6	37	8
26	27	1	24	58	26	6	36	8	36	3	38	7
27	26	2	23	15	33	2	35	3	35	4	33	6
28	35	9	32	6	34	2	34	6	34	1	36	5
29	34		31	3	31	3	33	3	33	2	33	4
30	33		40	4	32	10	32	9	32	9	34	3
31	32		39		39		31	1		10		2

金 1980年 昭和55年生［満43歳］

日\月	1	2	3	4	5	6	7	8	9	10	11	12
1	1	46	4	42	15	44	13	44	16	45	11	45
2	20	45	11	41	16	41	12	43	13	44	12	46
3	19	44	12	50	13	42	11	42	14	43	19	43
4	18	43	19	49	14	49	20	41	11	42	20	44
5	17	41	20	48	11	50	19	50	12	41	17	41
6	16	42	17	47	12	47	17	49	19	50	18	42
7	15	49	18	46	19	48	17	47	20	49	25	59
8	14	50	15	45	20	45	16	48	27	58	26	60
9	13	47	16	44	17	46	15	55	28	57	23	57
10	12	48	13	43	18	53	24	56	25	56	24	58
11	11	55	14	52	25	54	23	53	26	55	21	55
12	30	56	21	51	26	51	22	54	23	54	22	56
13	29	51	22	60	25	52	21	51	24	53	29	53
14	28	52	29	57	26	59	30	52	21	52	30	54
15	27	59	30	56	23	60	29	53	22	51	27	51
16	24	60	28	55	24	60	28	54	29	60	24	52
17	23	57	27	59	21	59	27	51	30	59	31	9
18	22	58	26	60	22	58	24	52	38	4	32	9
19	29	55	25	57	29	57	23	9	37	3	39	8
20	28	54	24	58	26	6	36	10	36	2	40	7
21	27	1	23	5	33	5	35	7	35	4	37	6
22	36	2	32	6	34	4	34	6	34	1	36	5
23	35	9	31	3	31	3	33	3	33	2	33	4
24	34	10	40	4	32	2	32	4	32	9	34	3
25	33	7	39	1	39	1	31	1	31	10	31	2
26	32	8	38	2	40	8	40	2	40	7	32	1
27	31	5	37	9	37	7	39	9	39	8	49	20
28	40	6	36	10	38	6	38	10	48	15	50	19
29	39		35	7	35	9	37	17	47	16	47	18
30	38		34	8	36	14	46	18	46	13	48	17
31	37		33		43		45	15		14		16

銀 1981年 昭和56年生［満42歳］

日\月	1	2	3	4	5	6	7	8	9	10	11	12
1	15	50	17	47	12	47	18	49	19	50	18	42
2	14	49	18	46	19	48	17	48	20	49	25	59
3	13	48	15	45	20	45	16	47	27	58	26	60
4	12	48	16	44	17	46	15	56	28	57	23	57
5	11	55	17	43	18	53	24	55	25	56	24	58
6	30	56	14	52	25	54	23	54	26	55	21	55
7	29	53	21	51	26	51	22	53	23	54	22	56
8	28	54	22	60	23	52	21	51	24	53	29	53
9	27	51	29	59	24	59	30	52	21	52	30	54
10	26	52	30	58	21	60	29	59	22	51	27	51
11	25	59	27	57	22	57	28	60	29	60	28	52
12	24	58	28	56	29	58	27	57	30	59	35	9
13	23	55	25	55	22	55	26	58	37	8	36	10
14	22	56	26	54	29	56	25	5	38	7	33	7
15	21	3	23	3	30	3	34	10	35	6	40	8
16	38	4	24	10	37	4	33	8	36	5	37	5
17	37	1	32	9	38	4	40	8	33	4	38	6
18	36	2	31	3	35	3	39	5	34	9	35	4
19	33	9	40	4	36	2	38	6	34	8	36	3
20	34	10	39	1	39	1	31	3	31	7	33	2
21	31	5	38	2	40	2	40	4	40	7	34	1
22	40	6	37	9	37	9	39	9	39	8	49	20
23	39	3	36	10	38	8	38	10	48	15	50	19
24	38	4	35	7	35	7	47	17	47	16	47	18
25	37	11	34	8	36	46	16	46	13	48	17
26	46	12	33	15	43	15	45	15	45	14	45	16
27	45	19	42	16	44	16	44	16	44	11	46	15
28	44	20	41	13	41	13	43	13	43	12	43	14
29	43		50	14	42	14	42	14	19	44	13
30	42		49	11	49	19	41	11	41	20	41	12
31	41		48		50		50	12		17		11

金 1982年 昭和57年生［満41歳］

日\月	1	2	3	4	5	6	7	8	9	10	11	12
1	30	55	14	52	25	54	23	54	26	55	21	55
2	29	54	21	51	26	51	22	53	23	54	22	56
3	28	53	22	60	23	52	21	52	24	53	29	53
4	27	51	29	59	24	59	30	51	21	52	30	54
5	26	52	24	58	21	60	29	60	22	51	27	51
6	25	59	27	57	22	57	28	59	29	60	28	52
7	24	60	28	56	29	58	27	58	30	59	35	9
8	23	57	25	55	30	55	26	57	37	8	36	10
9	22	58	26	54	27	56	25	5	38	7	33	7
10	21	5	23	53	28	3	34	6	35	6	34	8
11	40	6	24	2	35	4	33	6	36	5	31	5
12	39	1	31	1	36	1	32	3	33	4	32	6
13	38	2	32	10	33	2	31	1	34	3	39	3
14	37	9	39	9	40	9	40	2	31	2	40	4
15	36	10	40	6	33	10	39	9	32	1	37	1
16	35	7	37	5	34	7	38	4	39	10	38	2
17	32	8	37	4	31	9	35	1	40	9	41	19
18	31	5	36	10	32	8	34	2	47	16	42	19
19	38	4	35	7	39	7	33	19	47	13	49	18
20	37	11	34	8	40	16	46	20	46	12	50	17
21	46	12	33	15	43	15	45	15	45	14	47	16
22	45	19	42	16	44	14	44	16	44	11	48	15
23	44	20	41	13	41	13	43	13	43	12	45	14
24	43	17	50	14	42	12	42	14	42	19	44	13
25	42	18	49	11	49	11	41	11	41	20	41	12
26	41	15	48	12	50	20	50	12	50	17	42	11
27	50	16	47	19	47	17	49	19	49	18	59	30
28	49	13	46	20	48	16	48	20	58	25	60	29
29	48		45	17	47	15	47	17	57	26	57	28
30	47		44	18	46	24	56	28	56	23	58	27
31	56		43		53		55	25		24		26

銀 1983年 昭和58年生［満40歳］

日\月	1	2	3	4	5	6	7	8	9	10	11	12
1	25	60	27	57	22	57	28	59	29	60	28	52
2	24	59	28	56	29	58	27	58	30	59	35	9
3	23	58	25	55	30	55	26	57	37	8	36	10
4	22	58	26	54	27	56	25	5	38	7	33	7
5	21	5	23	53	28	3	34	6	35	6	34	8
6	40	6	24	3	35	4	33	4	36	5	31	5
7	39	3	31	1	36	1	31	3	33	4	32	6
8	38	4	32	10	33	2	31	2	34	3	39	3
9	37	1	39	9	34	9	40	1	31	2	40	4
10	36	2	40	8	31	10	39	9	32	1	37	1
11	35	9	37	7	38	7	38	10	39	10	38	2
12	34	10	38	6	35	8	37	9	40	9	35	19
13	33	7	35	5	40	5	36	8	47	18	46	20
14	32	6	36	4	39	6	35	15	48	17	43	17
15	31	13	34	1	40	13	44	16	45	16	44	18
16	47	14	42	19	47	14	43	17	45	14	48	15
17	47	11	42	19	47	14	43	14	43	14	48	15
18	46	12	41	13	49	13	49	15	44	15	45	13
19	43	17	50	14	50	12	48	14	48	16	46	14
20	42	18	49	11	43	20	47	11	47	17	44	11
21	41	15	48	12	43	20	47	11	50	14	44	11
22	50	16	47	19	41	19	49	11	49	18	51	30
23	49	13	46	20	48	17	48	20	58	25	52	29
24	48	14	45	17	45	17	47	27	57	26	57	28
25	47	21	44	18	46	26	56	28	56	23	58	28
26	56	22	43	25	53	25	55	25	55	21	55	26
27	55	29	52	26	54	21	54	23	54	22	56	25
28	54	30	51	23	51	21	53	21	53	22	53	24
29	53		60	24	52	22	52	22	52	24	54	23
30	52		59	21	59	21	51	21	51	30	51	22
31	51		58		60		60	22		27		21

命数 ▶ | 1-10 羅針盤座 | 11-20 インディアン座 | 21-30 鳳凰座 | 31-40 時計座 | 41-50 カメレオン座 | 51-60 イルカ座

金 1984年 昭和59年生 [満39歳]

日＼月	1	2	3	4	5	6	7	8	9	10	11	12
1	40	5	31	1	36	1	32	3	33	4	32	6
2	39	4	32	10	33	2	31	2	34	3	39	3
3	38	3	39	9	34	9	40	1	31	2	40	4
4	37	2	40	8	31	10	39	10	32	1	37	1
5	36	2	37	7	32	7	38	9	39	10	38	2
6	35	9	38	6	39	8	38	8	40	9	45	19
7	34	10	35	5	40	5	36	8	47	18	46	20
8	33	7	36	4	37	6	35	7	48	17	43	17
9	32	8	33	3	38	13	44	16	45	16	44	18
10	31	15	34	12	45	14	43	13	46	15	41	15
11	50	16	41	11	46	11	42	14	43	14	42	16
12	49	13	42	20	43	12	41	14	44	13	49	13
13	48	12	49	19	46	19	50	12	41	12	50	14
14	47	19	50	16	43	20	49	19	42	11	47	11
15	46	20	47	15	44	17	48	14	49	20	44	12
16	43	17	47	14	41	19	47	11	50	19	51	29
17	42	18	46	20	42	18	44	16	57	28	52	30
18	41	15	45	17	49	17	43	29	57	27	59	28
19	48	16	44	18	50	26	52	30	56	22	60	27
20	47	21	43	25	53	25	55	27	55	21	59	26
21	56	22	52	26	54	24	54	28	54	21	58	25
22	55	29	51	23	51	23	53	23	53	22	53	24
23	54	30	60	24	52	22	52	24	52	29	54	23
24	53	27	59	21	59	21	51	21	51	30	51	22
25	52	28	58	22	60	30	60	22	60	27	52	21
26	51	25	57	29	57	27	59	29	59	28	9	40
27	60	26	56	30	58	28	58	30	8	35	10	39
28	59	23	55	27	55	25	57	37	7	36	7	38
29	58	24	54	28	56	34	6	33	8	37		
30	57		53	35	33	5	35	5	34	6		36
31	6		2		4		4	36		31		35

銀 1985年 昭和60年生 [満38歳]

日＼月	1	2	3	4	5	6	7	8	9	10	11	12
1	34	9	38	6	39	8	37	8	40	9	45	19
2	33	8	35	5	40	5	36	7	47	18	46	20
3	32	7	36	4	37	6	35	16	48	17	43	17
4	31	15	33	3	38	13	44	15	45	16	44	18
5	50	16	38	12	45	14	43	14	46	15	41	15
6	49	13	41	11	46	11	42	13	43	14	42	16
7	48	14	42	20	43	12	41	14	44	13	49	13
8	47	11	49	19	44	19	50	12	41	12	50	14
9	46	12	50	18	41	20	49	19	42	11	47	11
10	45	19	47	17	42	17	48	20	49	20	48	12
11	44	20	48	16	49	18	47	17	50	19	55	29
12	43	15	45	15	50	15	46	18	57	28	56	30
13	42	16	46	14	47	16	45	25	58	27	53	27
14	41	23	43	13	50	23	54	26	55	26	54	28
15	58	24	44	30	57	23	53	27	56	25	57	25
16	57	21	51	29	58	21	52	28	53	24	58	23
17	56	22	51	28	55	23	59	54	23	55	23	
18	55	29	60	24	56	22	58	22	51	28	56	23
19	52	28	59	21	53	21	57	23	51	27	53	22
20	51	25	58	22	60	30	60	24	52	26	54	21
21	60	26	57	29	59	29	59	21	59	28	1	40
22	59	23	56	30	58	28	58	30	8	35	10	39
23	58	24	55	27	55	27	57	37	7	36	7	38
24	57	31	54	28	56	36	6	38	6	33	8	37
25	6	32	53	35	35	5	35	5	34	5	34	5	36
26	5	39	2	36	4	32	4	36	4	31	6	35
27	4	40	1	33	1	31	3	33	3	32	3	34
28	3	37	10	34	2	40	2	34	2	39	4	33
29	2		9	31	9	39	1	1	40	1		32
30	1		8	32	10	38	10	32	10	37	2	31
31	10		7		7		9	39		38		50

金 1986年 昭和61年生 [満37歳]

日＼月	1	2	3	4	5	6	7	8	9	10	11	12
1	49	14	41	11	46	11	42	13	43	14	42	16
2	48	13	42	20	43	12	41	12	44	13	49	13
3	47	12	49	19	44	19	50	11	41	12	50	14
4	46	12	50	18	41	20	49	20	42	11	47	11
5	45	19	41	17	42	17	48	19	49	20	48	12
6	44	20	48	16	49	18	47	18	50	19	55	29
7	43	17	45	15	50	15	46	17	57	28	56	30
8	42	18	46	14	47	16	45	25	58	27	53	27
9	41	25	43	13	48	23	54	26	55	26	54	28
10	60	26	44	22	57	24	53	23	56	25	51	25
11	59	23	51	21	56	21	52	24	53	23	52	26
12	58	22	52	30	53	22	51	21	54	24	59	23
13	57	29	59	29	54	29	60	22	51	21	60	24
14	56	30	60	28	53	30	59	29	52	21	57	21
15	55	27	57	25	54	27	58	30	59	30	58	22
16	52	28	58	24	51	28	57	21	60	29	1	39
17	51	25	56	23	52	24	54	22	37	38	2	40
18	60	26	55	27	59	27	53	39	8	33	9	38
19	57	31	54	28	60	36	2	40	6	32	10	37
20	6	32	53	35	57	35	1	31	7	31	7	36
21	5	39	2	36	4	34	4	34	8	38	8	35
22	4	40	1	33	1	33	3	35	3	32	3	34
23	3	37	10	34	2	32	2	34	2	39	4	33
24	2	38	9	31	9	31	1	31	1	40	1	32
25	1	35	8	32	10	40	10	32	10	37	2	31
26	10	36	7	39	7	39	9	39	9	38	19	50
27	9	33	6	40	8	40	8	40	18	45	20	49
28	8	34	5	37	5	35	7	47	17	46	17	48
29	7		4	38	6	44	16	48	16	45	18	47
30	16		3	45	13	43	15	45	15	44	15	46
31	15		12		14		14	46		41		45

銀 1987年 昭和62年生 [満36歳]

日＼月	1	2	3	4	5	6	7	8	9	10	11	12
1	44	19	48	16	49	18	47	18	50	19	55	29
2	43	18	45	15	50	15	46	17	57	28	56	30
3	42	17	46	14	47	16	45	26	58	27	53	27
4	41	25	43	13	48	23	54	25	55	26	54	28
5	60	26	48	22	55	24	53	24	56	25	51	25
6	59	23	51	21	56	21	52	23	53	24	52	26
7	58	24	52	30	53	22	51	22	54	23	59	23
8	57	21	59	29	54	29	60	22	51	22	60	21
9	56	22	60	28	51	30	59	21	52	21	57	21
10	55	29	57	27	52	27	58	30	59	30	58	22
11	54	30	58	26	59	28	57	27	60	29	5	39
12	53	25	55	25	60	25	56	28	37	38	6	40
13	52	26	56	24	57	26	55	35	8	37	3	37
14	51	33	53	23	60	33	4	36	5	36	4	38
15	10	34	54	40	7	34	3	33	6	35	1	35
16	7	31	1	39	8	31	2	38	3	34	2	33
17	6	32	1	38	5	33	1	35	4	33	9	32
18	5	39	10	34	6	32	8	36	1	32	9	34
19	2	38	9	31	3	33	7	33	1	37	3	31
20	1	35	8	32	4	40	6	34	10	36	4	31
21	10	36	7	39	1	39	9	35	9	35	11	50
22	9	33	6	40	8	38	8	32	18	45	12	49
23	8	34	5	37	5	47	7	47	17	46	19	47
24	7	41	4	38	6	46	16	48	16	43	18	47
25	16	42	3	45	13	45	15	45	15	44	15	46
26	15	49	12	46	14	44	14	44	14	41	16	45
27	14	50	11	43	11	43	13	43	13	42	13	44
28	13	47	20	44	12	50	12	50	12	49	14	43
29	12		19	41	19	49	11	11	50	11		42
30	11		18	42	20	48	20	47	20	41	12	41
31	20		17		17		19	49		48		60

金 1988年 昭和63年生 〔満35歳〕

日＼月	1	2	3	4	5	6	7	8	9	10	11	12
1	59	24	52	30	53	22	51	22	54	23	59	23
2	58	23	59	29	54	29	60	21	51	22	60	24
3	57	22	60	28	51	30	59	30	52	21	57	21
4	56	22	57	27	52	27	58	29	59	30	58	22
5	55	29	58	26	59	28	57	28	60	29	5	39
6	54	30	55	25	60	25	55	27	7	38	6	40
7	53	27	56	24	57	26	55	35	8	37	3	37
8	52	28	53	23	58	33	4	36	5	36	4	38
9	51	35	54	32	5	34	3	33	6	35	1	35
10	10	36	1	31	6	31	2	34	3	34	2	36
11	9	33	2	40	3	32	1	31	4	33	9	33
12	8	32	9	39	4	39	10	32	1	32	10	34
13	7	39	10	38	3	40	9	39	2	31	7	31
14	6	40	7	35	4	37	8	40	9	40	8	32
15	5	37	8	34	1	38	7	31	10	39	11	49
16	2	38	6	33	2	36	6	32	17	48	12	50
17	1	35	5	38	9	43	4	49	18	47	19	47
18	10	36	4	38	10	46	1	50	16	42	20	47
19	7	41	13	47	15	47	15	41	17	46	17	46
20	16	42	12	46	14	44	14	50	14	45	18	45
21	15	49	11	43	11	43	13	42	15	44	15	44
22	14	50	20	44	12	44	12	44	12	49	14	42
23	13	47	19	41	19	41	11	41	11	50	11	42
24	12	48	18	42	20	50	20	42	20	47	12	41
25	11	45	17	49	17	49	19	49	19	48	29	60
26	20	46	16	50	18	46	18	50	28	55	30	59
27	19	43	15	47	15	47	17	57	27	56	27	58
28	18	44	14	48	16	54	26	58	26	53	28	57
29	17	51	13	55	23	53	25	55	25	54	25	56
30	26		22	56	24	52	24	56	24	51	26	55
31	25		21		21		23	53		52		54

銀 1989年 昭和64年生／平成元年生 〔満34歳〕

日＼月	1	2	3	4	5	6	7	8	9	10	11	12
1	53	28	55	25	60	25	56	27	7	38	6	40
2	52	27	56	24	57	26	55	36	8	37	3	37
3	51	36	53	23	58	33	4	35	5	36	4	38
4	10	36	54	42	5	34	3	34	6	35	1	35
5	9	33	1	31	6	31	2	33	3	34	2	36
6	8	34	2	40	3	32	1	32	4	33	9	33
7	7	31	9	39	4	39	10	32	1	32	10	34
8	6	32	10	38	1	40	9	39	2	31	7	31
9	5	39	7	37	2	37	8	40	9	40	8	32
10	4	40	8	36	9	38	7	37	10	39	15	49
11	3	37	5	35	10	35	6	38	17	48	16	50
12	2	38	6	34	7	36	5	45	18	47	13	47
13	1	43	3	33	10	43	14	46	15	46	14	48
14	20	44	4	42	17	44	13	43	16	45	11	45
15	17	41	11	49	18	41	12	48	13	44	18	46
16	16	42	11	48	15	42	11	45	14	43	18	44
17	15	49	20	47	16	49	20	46	11	42	15	41
18	12	50	19	41	13	41	17	43	12	47	13	42
19	11	45	12	44	14	50	16	44	20	46	14	41
20	20	46	17	49	18	48	19	41	19	45	21	60
21	19	43	16	50	18	48	18	42	28	55	22	59
22	18	44	15	47	15	47	17	58	26	56	27	58
23	17	51	14	48	16	58	26	55	25	55	28	57
24	26	52	13	55	23	55	25	55	25	55	25	56
25	25	59	22	56	24	54	24	56	24	51	26	55
26	24	60	21	53	21	53	23	53	23	52	23	54
27	23	57	30	54	22	60	22	54	22	53	24	53
28	22	58	29	51	29	59	21	51	21	60	21	52
29	21		28	52	30	58	30	52	30	57	22	51
30	30		27	59	27	57	29	59	29	58	39	10
31	29		26		28		28	60		5		9

金 1990年 平成2年生 〔満33歳〕

日＼月	1	2	3	4	5	6	7	8	9	10	11	12
1	8	33	2	40	3	32	1	32	4	33	9	33
2	7	32	9	39	4	39	10	31	1	32	10	34
3	6	31	10	38	1	40	9	40	2	31	7	31
4	5	39	7	37	2	37	8	38	9	40	8	32
5	4	40	2	36	9	38	7	38	10	39	15	49
6	3	37	5	35	10	35	6	37	17	48	16	50
7	2	38	6	34	7	36	5	45	18	47	13	47
8	1	45	3	33	8	43	14	46	15	46	14	48
9	20	46	4	42	15	44	13	43	16	45	11	45
10	19	43	11	41	16	41	12	44	13	44	12	46
11	18	44	12	50	13	42	11	41	14	43	19	43
12	17	49	19	49	14	49	20	42	11	42	20	44
13	16	50	20	48	11	50	19	49	12	41	17	41
14	15	47	17	47	14	47	18	49	19	50	18	42
15	11	48	14	44	11	48	17	47	20	49	25	59
16	11	45	15	43	12	45	16	42	27	58	22	60
17	20	46	15	42	19	47	13	59	28	57	29	57
18	17	53	14	48	20	56	22	60	25	56	30	57
19	16	52	13	55	27	55	21	57	25	51	27	56
20	25	59	22	56	28	54	24	58	24	60	28	55
21	24	60	21	53	21	53	23	55	23	57	25	54
22	23	57	30	54	22	52	22	52	22	59	22	53
23	22	58	29	51	29	51	21	51	21	60	21	52
24	21	55	28	52	30	60	30	52	30	57	22	51
25	30	56	27	59	27	59	29	59	29	58	39	10
26	29	53	26	60	28	58	28	60	8	5	40	9
27	28	54	25	57	25	55	27	7	37	6	37	
28	27	1	24	58	26	4	36	8	36	3	38	7
29	36		23	5	33	3	35	35	4	35	6	
30	35		32	6	34	2	34	6	1	36	5	
31	34		31		31		33	3		2		4

銀 1991年 平成3年生 〔満32歳〕

日＼月	1	2	3	4	5	6	7	8	9	10	11	12
1	3	38	5	35	10	35	6	37	7	48	16	50
2	2	37	6	34	7	36	5	46	18	47	13	47
3	1	46	3	33	8	43	14	45	15	46	14	48
4	20	46	4	42	15	44	13	44	16	45	11	45
5	19	43	15	41	16	41	12	43	13	44	12	46
6	18	44	12	50	13	42	11	42	14	43	19	43
7	17	41	19	49	14	49	20	41	11	42	20	44
8	16	42	20	48	11	50	19	49	12	41	17	41
9	15	49	17	47	12	47	18	50	19	50	18	42
10	14	50	18	46	19	48	17	47	20	49	25	59
11	13	47	15	45	20	45	16	48	27	58	26	60
12	12	48	16	44	17	46	15	55	28	57	23	57
13	11	53	13	43	18	53	14	56	25	56	24	58
14	30	54	14	52	27	54	23	56	26	55	21	55
15	29	51	21	59	28	51	22	53	23	54	22	56
16	26	52	22	59	25	52	21	54	24	53	29	53
17	25	59	30	57	26	52	21	55	21	60	26	54
18	24	60	29	51	23	51	27	53	22	57	23	51
19	23	55	28	52	24	60	26	52	30	56	24	51
20	30	56	27	59	21	59	26	51	29	55	31	10
21	29	53	26	60	28	58	28	52	38	4	32	9
22	28	54	25	57	25	57	27	37	6	39	8	
23	27	1	24	58	26	6	36	7	35	4	7	
24	36	2	23	6	33	4	34	35	4	35	6	
25	35	9	32	6	34	4	34	6	34	1	36	5
26	34	10	31	3	31	1	33	3	33	2	33	4
27	33	7	40	4	32	9	31	4	31	10	31	3
28	32	8	39	1	39	9	31	1	31	10	31	2
29	31		38	2	40	8	40	2	40	7	32	1
30	40		37	9	37	7	39	9	39	8	49	20
31	39		36		38		38	10		15		19

命数 ▶ 1-10 羅針盤座　11-20 インディアン座　21-30 鳳凰座　31-40 時計座　41-50 カメレオン座　51-60 イルカ座

金 1992年 平成4年生 ［満31歳］

日\月	1	2	3	4	5	6	7	8	9	10	11	12
1	18	43	19	49	14	49	20	41	11	42	20	44
2	17	42	20	48	11	50	19	50	12	41	17	41
3	16	41	17	47	12	47	18	49	19	50	18	42
4	15	49	18	46	19	48	17	48	20	49	25	59
5	14	50	15	45	20	45	16	47	27	58	26	60
6	13	47	16	44	17	46	16	56	28	57	23	57
7	12	48	13	43	18	53	24	56	25	56	24	58
8	11	55	14	52	25	54	23	53	26	55	21	55
9	30	56	21	51	26	51	22	54	23	54	22	56
10	29	53	22	60	23	52	21	51	24	53	29	53
11	28	54	29	59	24	59	30	52	21	52	30	54
12	27	59	30	58	21	60	29	59	22	51	27	51
13	26	60	27	57	24	57	28	60	29	60	28	52
14	25	57	28	54	21	58	27	57	30	59	35	9
15	24	58	25	53	22	55	26	52	37	8	33	10
16	21	55	25	52	29	57	25	9	38	7	39	7
17	30	56	24	58	30	6	32	10	35	6	40	8
18	29	3	23	1	37	3	31	7	35	1	37	6
19	36	2	32	6	38	4	40	8	34	10	38	5
20	35	9	31	3	31	3	33	9	33	9	35	4
21	34	10	40	4	32	2	32	6	32	9	36	3
22	33	7	39	1	39	1	31	1	31	10	31	2
23	32	8	38	2	40	10	40	2	40	7	32	1
24	31	5	37	9	37	9	39	9	39	8	49	20
25	40	6	36	10	38	8	38	10	48	15	50	19
26	39	3	35	7	35	9	37	17	47	16	47	18
27	38	4	34	8	36	14	46	18	46	13	48	17
28	37	11	33	15	43	13	45	15	45	14	45	16
29	46	12	42	16	44	12	44	16	44	11	46	15
30	45		41	13	41	11	43	13	43	12	43	14
31	44		50		42		42	14		19		13

銀 1993年 平成5年生 ［満30歳］

日\月	1	2	3	4	5	6	7	8	9	10	11	12
1	12	47	16	44	17	46	15	56	28	57	23	57
2	11	56	13	43	18	53	24	55	25	56	24	58
3	30	55	14	52	25	54	23	54	26	55	21	55
4	29	53	21	51	26	51	22	53	23	54	22	56
5	28	54	22	60	23	52	21	52	24	53	29	53
6	27	51	29	59	24	59	30	51	21	52	30	54
7	26	52	30	58	21	60	30	59	22	51	27	51
8	25	59	27	57	22	57	28	60	29	60	28	52
9	24	60	28	56	29	58	27	57	30	59	35	9
10	23	57	25	55	30	55	26	58	37	8	36	10
11	22	58	26	54	27	56	25	5	38	7	33	7
12	21	55	23	53	28	3	34	6	35	6	34	8
13	40	4	24	2	37	4	33	3	36	5	31	5
14	39	1	31	1	38	1	32	4	33	4	32	6
15	36	2	32	8	35	9	31	3	34	3	35	3
16	35	9	40	7	36	9	40	6	31	2	36	4
17	34	10	39	4	33	1	39	3	32	1	33	1
18	31	7	38	2	34	10	36	4	39	6	34	1
19	40	6	37	31	31	9	35	1	39	5	41	20
20	39	3	36	10	38	8	34	2	48	14	42	19
21	38	4	35	4	35	7	37	10	47	16	49	18
22	37	11	34	8	36	16	46	18	46	13	48	17
23	46	12	33	15	43	15	45	15	45	14	45	16
24	45	19	42	16	44	14	44	16	44	11	46	15
25	44	20	41	13	41	13	43	13	43	12	43	14
26	43	17	50	14	42	12	42	14	42	19	44	13
27	42	18	49	11	49	11	41	11	41	20	41	12
28	41	15	48	12	50	18	50	12	50	17	42	11
29	50		47	19	47	19	49	19	49	18	59	30
30	49		46	20	48	16	48	20	58	25	60	29
31	48		45		45		47	27		26		28

金 1994年 平成6年生 ［満29歳］

日\月	1	2	3	4	5	6	7	8	9	10	11	12
1	27	52	29	59	24	59	30	51	21	52	30	54
2	26	51	30	58	21	60	29	60	22	51	27	51
3	25	60	27	57	22	57	28	59	29	60	28	52
4	24	60	28	56	29	58	27	58	30	59	35	9
5	23	57	29	55	30	55	26	57	37	8	36	10
6	22	58	26	54	27	56	25	6	38	7	33	7
7	21	5	23	53	28	3	34	5	35	6	34	8
8	40	6	24	2	35	4	33	3	36	5	31	6
9	39	3	31	1	36	1	32	4	33	4	32	6
10	38	4	32	10	33	2	31	1	34	3	39	3
11	37	1	39	9	34	9	40	2	31	2	40	4
12	31	10	40	8	31	7	39	9	32	1	37	1
13	35	7	37	7	32	7	38	10	39	10	38	2
14	34	8	38	6	31	8	37	7	40	9	45	19
15	31	5	35	3	32	5	36	8	47	18	46	20
16	40	6	36	2	39	6	35	19	48	17	49	17
17	39	13	34	1	40	16	42	20	45	16	50	18
18	46	14	33	15	47	15	41	17	46	19	47	16
19	45	19	42	16	48	19	50	18	44	20	48	15
20	44	20	41	13	45	13	43	15	43	19	45	14
21	43	17	50	14	42	12	42	16	42	16	46	13
22	42	18	49	11	49	11	41	13	41	13	43	12
23	41	15	48	12	50	12	50	12	50	17	42	11
24	50	16	47	19	47	19	49	19	49	18	59	30
25	49	13	46	20	48	18	48	20	58	25	60	29
26	48	14	45	17	45	17	47	17	57	26	57	28
27	47	21	44	18	46	18	46	28	56	23	58	27
28	56	22	43	25	53	23	55	25	55	24	55	26
29	55		52	26	54	22	54	26	54	21	56	25
30	54		51	23	51	21	53	23	53	22	53	24
31	53		60		52		52	24		29		23

銀 1995年 平成7年生 ［満28歳］

日\月	1	2	3	4	5	6	7	8	9	10	11	12
1	22	57	26	54	27	56	25	6	38	7	33	7
2	21	6	23	53	28	3	34	5	35	6	34	8
3	40	5	24	2	35	4	33	4	36	5	31	5
4	39	3	31	1	36	1	32	3	33	4	32	6
5	38	4	32	10	33	2	31	2	34	3	39	3
6	37	1	39	9	34	9	40	1	31	2	40	4
7	36	2	40	8	31	10	39	10	32	1	37	1
8	35	9	37	7	32	7	38	9	39	10	38	2
9	34	10	38	6	39	8	37	8	40	9	45	19
10	32	8	35	5	40	5	36	8	47	18	46	20
11	31	5	36	4	37	6	35	15	48	17	43	17
12	31	13	34	3	38	13	44	16	45	16	44	18
13	50	14	34	12	45	14	43	16	46	15	41	15
14	49	11	41	11	48	11	42	14	43	14	42	16
15	48	12	42	18	45	12	41	11	44	11	49	13
16	45	19	49	16	46	19	50	16	41	12	46	14
17	44	20	49	13	43	16	47	13	42	11	43	11
18	43	17	48	12	44	20	46	14	49	20	44	11
19	50	16	47	19	41	19	45	11	49	11	51	30
20	49	13	46	20	42	18	48	12	58	24	52	29
21	48	14	45	17	45	17	47	17	57	23	59	28
22	47	21	44	18	46	18	56	28	56	24	60	27
23	56	22	43	25	53	25	55	25	55	21	55	26
24	55	29	52	26	53	24	54	26	54	22	56	25
25	54	30	51	23	51	23	53	13	53	22	53	24
26	53	27	60	24	52	22	52	24	52	29	54	23
27	52	28	59	21	59	21	51	21	51	30	51	22
28	51	25	58	22	60	28	60	22	60	27	52	21
29	60		57	29	57	19	59	19	59	28	9	40
30	59		56	30	58	16	58	30	8	35	10	39
31	58		55		55		57	37		36		38

命数 ▶ 1-10 羅針盤座 ／ 11-20 インディアン座 ／ 21-30 鳳凰座 ／ 31-40 時計座 ／ 41-50 カメレオン座 ／ 51-60 イルカ座

金 1996年 平成8年生 ［満27歳］

日\月	1	2	3	4	5	6	7	8	9	10	11	12
1	37	2	40	8	31	10	39	10	32	1	37	1
2	36	1	37	7	32	7	38	9	39	10	38	2
3	35	10	38	6	39	8	37	8	40	9	45	19
4	34	10	35	5	40	5	36	7	47	18	46	20
5	33	7	36	4	37	6	35	16	48	17	43	17
6	32	8	33	3	38	13	43	15	45	16	44	18
7	31	15	34	12	45	14	43	13	46	15	41	15
8	50	16	41	11	46	11	42	14	43	14	42	16
9	49	13	42	20	43	12	41	11	44	13	49	13
10	48	14	49	19	44	19	50	12	41	12	50	14
11	47	11	50	18	41	20	49	19	42	11	47	11
12	46	20	47	17	42	17	48	20	49	20	48	12
13	45	17	48	16	41	18	47	17	50	19	55	29
14	44	18	45	13	42	15	46	18	57	28	56	30
15	43	15	46	12	49	16	45	29	58	27	53	27
16	50	16	44	11	50	26	54	30	55	26	60	28
17	49	23	43	25	57	25	51	27	56	25	57	25
18	58	24	52	26	58	24	60	28	54	30	58	25
19	55	29	51	23	55	23	59	25	53	29	55	24
20	54	30	60	24	52	22	52	26	52	28	56	23
21	53	27	59	21	59	21	51	23	51	30	53	22
22	52	28	58	22	60	30	60	22	60	27	52	21
23	51	25	57	29	57	29	59	29	59	28	9	40
24	60	26	56	30	58	28	58	30	8	35	10	39
25	59	23	55	27	55	27	57	37	7	36	7	38
26	58	24	54	28	56	34	6	38	6	33	8	37
27	57	31	53	35	3	33	5	35	5	34	5	36
28	6	32	2	36	4	32	4	36	4	31	6	35
29	5	39	1	33	1	31	3	33	3	32	3	34
30	4		10	34	2	40	2	34	2	39	4	33
31	3		9		9		1	31		40		32

銀 1997年 平成9年生 ［満26歳］

日\月	1	2	3	4	5	6	7	8	9	10	11	12
1	31	16	33	3	38	13	44	15	45	16	44	18
2	50	15	34	12	45	14	43	14	46	15	41	15
3	49	14	41	11	46	11	42	13	43	14	42	16
4	48	14	42	20	43	12	41	12	44	13	49	13
5	47	11	49	19	44	19	50	11	41	12	50	14
6	46	12	50	18	41	20	49	20	42	11	47	11
7	45	19	47	17	42	17	48	20	49	20	48	12
8	44	20	48	16	49	18	47	17	50	19	55	29
9	43	17	45	15	46	15	46	18	57	28	56	30
10	42	18	46	14	47	16	45	25	58	27	53	27
11	41	25	43	13	48	23	54	26	55	26	54	28
12	60	24	44	22	55	22	53	23	56	25	51	25
13	59	21	51	21	52	21	52	24	53	24	52	26
14	58	22	52	30	55	22	51	21	54	23	59	23
15	55	29	59	29	56	29	60	26	51	22	56	24
16	54	30	59	26	53	30	59	23	52	21	53	21
17	53	27	54	30	56	24	59	22	59	24	59	21
18	60	28	57	29	51	29	55	21	59	25	1	40
19	59	23	56	30	52	30	54	22	8	34	2	39
20	57	31	55	27	57	27	53	39	7	33	9	37
21	56	32	54	28	56	31	4	40	6	40	3	38
22	6	32	53	3	3	34	5	35	5	34	5	36
23	5	39	2	4	34	4	36	4	31	6	35
24	4	40	1	33	1	33	3	33	2	32	3	34
25	3	37	10	34	2	34	2	34	2	39	4	33
26	2	38	9	31	9	39	1	31	1	40	1	31
27	1	35	8	32	10	38	10	32	10	37	2	31
28	10	36	7	39	7	37	9	39	9	38	19	50
29	9		6	40	8	8	40	8	40	18	45	20	49
30	8		5	37	5	35	7	47	17	46	17	48
31	7		4		16		48		43		47

金 1998年 平成10年生 ［満25歳］

日\月	1	2	3	4	5	6	7	8	9	10	11	12
1	46	11	50	18	41	20	49	20	42	11	47	11
2	45	20	47	17	42	17	48	19	49	20	48	12
3	44	19	48	16	49	18	47	18	50	19	55	29
4	43	17	45	15	46	15	46	17	57	28	56	30
5	42	18	46	14	47	16	45	26	58	27	53	27
6	41	25	43	13	48	23	54	25	55	26	54	28
7	60	26	44	22	55	24	53	24	56	25	51	25
8	59	23	51	21	52	21	52	21	53	24	52	26
9	58	24	52	30	59	22	51	21	54	23	59	23
10	57	21	59	29	54	29	60	22	51	22	60	24
11	56	22	60	28	51	30	59	29	52	21	57	21
12	55	27	57	27	52	27	58	30	59	30	58	22
13	54	28	58	26	59	28	57	27	60	29	5	39
14	53	25	55	25	52	25	56	28	7	38	6	40
15	60	26	56	22	59	26	55	35	8	37	3	37
16	59	33	53	21	60	33	4	40	5	36	10	38
17	8	34	53	40	7	35	1	37	6	35	7	35
18	5	31	2	36	8	34	10	38	3	40	8	35
19	4	40	1	33	5	33	9	35	3	39	5	34
20	3	37	10	34	6	32	2	36	2	38	6	33
21	2		9	31	9	31	1	33	1	40	3	34
22	1	35	8	32	10	40	10	34	10	37	4	31
23	10	36	7	39	7	39	9	39	9	38	19	50
24	9	33	6	40	8	38	8	40	18	45	20	49
25	8	34	5	37	5	37	7	47	17	46	17	48
26	7	41	4	38	6	46	16	48	16	43	18	47
27	15	42	13	45	13	45	15	45	15	44	15	46
28	15	49	12	46	14	42	14	46	14	41	16	45
29	14		11	43	11	41	13	43	13	44	13	44
30	13		20	44	12	50	12	44	12	49	14	43
31	12		19		19		11	41		50		42

銀 1999年 平成11年生 ［満24歳］

日\月	1	2	3	4	5	6	7	8	9	10	11	12
1	41	26	43	13	48	23	54	25	55	26	54	28
2	60	25	44	22	55	24	53	24	56	25	51	25
3	59	24	51	21	56	21	52	23	53	24	52	26
4	58	24	52	30	53	22	51	22	54	23	59	23
5	57	21	53	29	54	29	60	21	51	21	60	24
6	56	22	60	28	51	30	59	30	52	21	57	21
7	55	29	57	27	52	27	58	29	59	30	58	22
8	54	30	58	26	59	28	57	27	60	29	5	40
9	53	27	55	25	56	28	7	38	6	40
10	52	28	56	24	57	26	55	35	8	37	3	37
11	51	35	53	23	58	33	4	36	5	36	4	38
12	10	34	54	32	55	31	3	34	2	35	1	35
13	9	31	1	31	6	31	2	34	1	33	2	36
14	8	32	2	40	3	32	1	31	4	33	9	33
15	7	39	9	37	4	39	10	32	1	32	10	34
16	6	40	10	36	3	40	9	33	2	31	3	31
17	3	37	7	35	4	40	6	34	9	40	4	32
18	2	38	7	39	1	39	5	31	10	39	11	50
19	9	33	6	40	2	38	4	32	18	44	12	49
20	8	34	5	37	9	37	7	40	17	43	19	48
21	7	41	4	38	6	46	16	50	16	42	20	47
22	16	42	3	45	13	45	15	44	15	47	17	46
23	15	49	12	46	14	44	14	44	14	41	16	45
24	14	50	11	43	11	43	13	43	13	42	13	44
25	13	47	20	44	12	42	12	44	12	49	14	43
26	12	48	19	41	19	41	11	41	11	50	11	42
27	11	45	18	42	20	48	20	42	20	47	12	41
28	20	46	17	49	17	47	19	49	19	48	19	60
29	19		16	50	18	46	19	50	28	55	20	59
30	18		15	47	15	45	17	57	27	56	27	58
31	17		14		16		26	58		53		57

命数 ▶ 　1-10 羅針盤座　　11-20 インディアン座　　21-30 鳳凰座　　31-40 時計座　　41-50 カメレオン座　　51-60 イルカ座

金 2000年 平成12年生 〔満23歳〕

日\月	1	2	3	4	5	6	7	8	9	10	11	12
1	56	21	57	27	52	27	58	29	59	30	58	22
2	55	30	58	26	59	28	57	28	60	29	5	39
3	54	29	55	25	60	25	56	27	7	38	6	40
4	53	27	56	24	57	26	55	36	8	37	3	37
5	52	28	53	23	58	33	4	35	5	36	4	38
6	51	35	54	32	5	34	4	34	6	35	1	35
7	10	36	1	31	6	31	2	34	3	34	2	36
8	9	33	2	40	3	32	1	31	4	33	9	33
9	8	34	9	39	4	39	10	32	1	32	10	34
10	7	31	10	38	1	40	9	39	2	31	7	31
11	6	32	7	37	2	37	8	40	9	40	8	32
12	5	37	8	36	9	38	7	37	10	39	15	49
13	4	38	5	35	2	35	6	38	17	48	16	50
14	3	35	6	32	9	36	5	45	18	47	13	47
15	2	36	3	31	10	43	14	50	15	46	20	48
16	9	43	3	50	17	45	13	47	15	45	17	45
17	18	44	12	46	18	44	20	45	13	44	18	46
18	17	41	11	43	15	41	19	45	13	49	15	44
19	14	50	20	44	16	42	14	46	12	48	16	43
20	13	47	19	41	19	49	11	47	13	47	13	42
21	12	48	18	42	20	41	20	44	20	47	14	41
22	11	45	17	49	17	49	19	49	19	48	29	60
23	20	46	16	50	18	48	18	50	28	55	30	59
24	19	43	15	47	15	47	17	57	27	56	27	58
25	18	44	14	48	16	56	26	53	28	53	28	57
26	17	51	13	55	23	53	25	55	25	54	25	56
27	26	52	22	54	24	52	24	56	24	51	26	55
28	25	59	21	53	21	51	23	53	23	52	23	54
29	24	60		54	22	60	22	54	22	59	24	53
30	23		29	51	29	59	21	51	21	60	21	52
31	22		28		30		30	52		57		51

銀 2001年 平成13年生 〔満22歳〕

日\月	1	2	3	4	5	6	7	8	9	10	11	12
1	10	35	54	32	5	34	3	34	6	35	1	35
2	9	34	1	31	6	31	2	33	3	34	2	36
3	8	33	2	40	3	32	1	32	4	33	9	33
4	7	31	9	39	4	39	10	31	1	32	10	34
5	6	32	10	38	1	40	9	40	2	31	7	31
6	5	39	7	37	2	37	8	39	9	40	8	32
7	4	40	8	36	9	38	7	37	10	39	15	49
8	3	37	5	35	10	35	6	38	17	48	16	50
9	2	38	6	34	7	36	5	45	18	47	13	47
10	1	45	3	33	8	43	14	46	15	46	14	48
11	20	46	4	42	15	44	13	43	16	45	11	45
12	19	41	11	41	16	41	12	44	13	44	12	46
13	18	42	12	50	15	42	11	41	14	43	19	43
14	17	49	19	49	16	49	20	42	11	42	20	44
15	14	50	20	41	13	50	19	43	12	41	15	41
16	13	47	17	50	14	58	18	44	19	50	16	42
17	12	48	17	41	11	57	15	41	20	49	21	59
18	19	45	16	50	12	48	21	42	54	22	54	59
19	18	44	15	47	16	56	26	60	26	52	30	57
20	17	51	14	48	16	56	26	60	26	52	30	57
21	26	52	13	55	23	51	25	57	25	54	27	56
22	25	59	22	52	24	54	24	56	24	51	26	55
23	24	60	21	53	21	53	23	52	23	52	23	54
24	23	57	30	54	22	52	22	54	22	59	24	53
25	22	58	29	51	29	51	21	51	21	60	21	52
26	21	55	28	52	30	58	30	52	30	57	22	51
27	30	56	27	59	27	57	29	59	29	58	39	10
28	29	53	26	60	28	56	28	60	38	5	40	9
29	28		25	32	25	27	7	37	6	37		8
30	27		24	58	26	36	8	36	3	38		7
31	36		23		33		35	5		4		6

金 2002年 平成14年生 〔満21歳〕

日\月	1	2	3	4	5	6	7	8	9	10	11	12
1	5	40	7	37	2	37	8	39	9	40	8	32
2	4	39	8	36	9	38	7	38	10	39	15	49
3	3	38	5	35	10	35	6	37	17	48	16	50
4	2	38	6	34	7	36	5	46	18	47	13	47
5	1	45	7	33	8	43	14	45	15	46	14	48
6	20	46	4	42	15	44	13	44	16	45	11	45
7	19	43	11	41	16	42	12	43	13	44	12	46
8	18	44	12	50	13	42	11	41	14	43	19	43
9	17	41	19	49	14	49	20	42	11	42	20	44
10	16	42	20	48	11	50	19	49	12	41	17	41
11	15	49	17	47	12	47	18	50	19	50	18	42
12	14	48	18	46	19	48	17	47	20	49	25	59
13	13	45	15	45	20	45	16	48	27	58	26	60
14	12	46	16	44	19	46	15	55	28	57	23	57
15	19	53	13	41	20	54	24	56	25	56	27	58
16	28	54	14	60	27	54	23	57	25	55	24	55
17	27	51	22	59	28	54	30	54	23	54	21	56
18	24	52	21	53	25	53	29	54	24	59	25	54
19	23	57	30	54	26	52	28	52	22	58	26	53
20	22	58	29	51	23	51	21	53	21	51	23	51
21	21	55	28	52	30	60	30	54	30	57	24	51
22	30	56	27	59	27	59	29	51	29	58	39	10
23	29	53	26	60	28	58	28	60	38	5	40	9
24	28	54	25	57	27	57	7	37	7	37	37	8
25	27	1	24	58	26	6	36	8	36	3	38	7
26	36	2	23	5	33	5	35	4	35	4	35	6
27	35	9	32	6	34	2	34	6	34	1	36	5
28	34	10	31	3	31	1	33	3	33	2	33	4
29	33		40	4	32	10	32	9	40	9	34	3
30	32		39	1	39	9	31	1	31	10	31	2
31	31		38		40		2	40		1		1

銀 2003年 平成15年生 〔満20歳〕

日\月	1	2	3	4	5	6	7	8	9	10	11	12
1	20	45	4	42	15	44	13	44	16	45	11	45
2	19	44	11	41	16	41	12	43	13	44	12	46
3	18	43	12	50	13	42	11	42	11	43	19	43
4	17	41	19	49	14	49	20	41	11	42	20	44
5	16	42	14	48	11	50	19	50	12	41	17	41
6	15	49	17	47	12	47	18	49	19	50	18	42
7	14	50	18	46	19	48	17	48	20	49	25	59
8	13	47	15	45	20	45	16	47	27	58	26	60
9	12	48	16	44	17	46	15	55	28	57	23	57
10	11	55	13	43	18	54	24	56	25	56	24	58
11	30	56	14	51	25	54	23	53	26	55	21	55
12	28	52	13	60	25	52	21	54	22	54	29	53
13	28	52	21	60	23	52	21	54	24	53	29	53
14	27	59	29	59	26	60	30	52	21	52	30	54
15	26	60	30	56	23	57	29	59	22	51	27	51
16	23	57	27	55	24	57	28	60	29	60	24	52
17	22	58	27	54	21	59	25	51	30	59	31	9
18	21	55	26	60	22	58	24	52	37	8	32	9
19	28	54	25	57	29	57	23	9	37	3	39	8
20	27	1	24	58	30	6	36	10	36	2	40	7
21	36	2	13	5	33	5	35	7	35	1	37	6
22	35	9	22	6	34	4	34	8	34		38	5
23	34	10	31	3	31	2	32	5	32	9	34	3
24	33	7	40	4	32	1	32	6	32		34	2
25	32	8	39	1	39	1	31	1	31	10	31	2
26	31	5	38	2	40	10	40	9	40	9	49	20
27	40	6	37	9	37	9	39	8	39	8	48	19
28	39	3	36	10	38	6	38	10	48	15	50	19
29	38		35	7	35	7	37	47	16	47	18	
30	37		34	8	36	6	46	11	46	13	48	17
31	46		33		43		45	15		14		16

命数 ▶ 1-10 羅針盤座　11-20 インディアン座　21-30 鳳凰座　31-40 時計座　41-50 カメレオン座　51-60 イルカ座

金 2004年　平成16年生　[満19歳]

日\月	1	2	3	4	5	6	7	8	9	10	11	12
1	15	50	18	46	19	48	17	48	20	49	25	59
2	14	49	15	45	20	45	16	47	27	58	26	60
3	13	48	16	43	17	46	15	56	28	57	23	57
4	12	48	13	43	18	53	24	55	25	56	24	58
5	11	55	14	52	25	54	23	54	26	55	21	55
6	30	56	21	51	26	51	21	53	23	54	22	56
7	29	53	22	60	23	52	21	51	24	53	29	53
8	28	54	29	59	24	59	30	52	21	52	30	54
9	27	51	30	58	21	60	29	59	22	51	27	51
10	26	52	27	57	22	57	28	60	29	60	28	52
11	25	59	28	56	29	58	27	57	30	59	35	9
12	24	58	25	55	30	55	26	58	37	8	36	10
13	23	55	26	54	29	56	25	5	38	7	33	7
14	22	56	23	51	30	3	34	6	35	6	34	8
15	21	3	24	10	37	4	33	7	36	5	37	5
16	38	4	32	9	38	4	32	8	33	4	38	6
17	37	1	31	3	35	3	39	5	34	3	35	3
18	36	2	40	4	36	2	38	6	32	8	36	3
19	33	7	39	1	33	1	37	3	31	7	33	2
20	32	8	38	2	40	10	40	4	40	6	34	1
21	31	5	37	3	37	9	39	1	39	8	41	20
22	40	6	36	10	38	8	38	10	48	15	50	19
23	39	3	35	7	35	7	37	17	47	16	47	18
24	38	4	34	8	36	16	46	18	46	13	48	17
25	37	11	33	15	43	15	45	15	45	14	45	16
26	46	12	42	16	44	12	44	16	44	11	46	15
27	45	19	41	13	41	11	43	13	43	12	43	14
28	44	20	50	14	42	20	42	14	42	19	44	13
29	43	17	49	11	49	19	41	11	41	20	41	12
30	42		48	12	50	10	50	12	50	17	42	11
31	41		47		47		49	19		18		30

銀 2005年　平成17年生　[満18歳]

日\月	1	2	3	4	5	6	7	8	9	10	11	12
1	29	54	21	51	26	51	22	53	23	54	22	56
2	28	53	22	60	23	52	21	52	24	53	29	53
3	27	52	29	59	24	59	30	51	21	52	30	54
4	26	52	30	58	21	60	29	60	22	51	27	51
5	25	59	27	57	22	57	28	59	29	60	28	52
6	24	60	28	56	29	58	28	58	30	59	35	9
7	23	57	25	55	30	55	26	58	37	8	36	10
8	22	58	26	54	27	56	25	5	38	7	33	7
9	21	5	23	53	28	3	34	6	35	6	34	8
10	40	6	24	2	35	4	33	3	36	5	31	5
11	39	3	31	1	36	1	32	4	33	4	32	6
12	38	2	32	10	33	2	31	1	34	3	39	3
13	37	9	39	9	36	9	40	2	31	2	40	4
14	36	10	40	8	33	10	39	9	32	1	37	1
15	33	7	37	5	34	7	38	4	39	10	34	2
16	32	8	38	4	31	9	37	1	40	9	41	19
17	31	5	36	3	32	8	34	2	47	18	42	20
18	38	6	35	2	39	7	33	19	47	13	49	18
19	37	11	34	8	40	16	42	20	46	12	50	17
20	46	12	43	15	45	15	41	15	45	11	47	16
21	45	19	42	16	44	14	44	18	44	11	48	15
22	44	20	41	13	41	13	43	13	43	12	43	14
23	43	17	50	14	42	12	42	11	42	19	44	13
24	42	18	49	11	49	11	41	11	41	20	41	12
25	41	15	48	12	50	20	50	12	50	17	42	11
26	50	16	47	19	47	17	49	19	49	18	59	30
27	49	13	46	20	48	16	48	20	58	25	60	29
28	48	14	45	17	45	15	47	27	57	26	57	28
29	47		44	18	46	24	56	28	56	23	58	27
30	56		43	25	23	55	55	24	55	24	55	26
31	55		52		54		54	26		21		25

金 2006年　平成18年生　[満17歳]

日\月	1	2	3	4	5	6	7	8	9	10	11	12
1	24	59	28	56	29	58	27	58	30	59	35	9
2	23	58	25	55	30	55	26	57	37	8	36	10
3	22	57	26	54	27	56	25	6	38	7	33	7
4	21	5	23	53	28	3	34	5	35	6	34	8
5	40	6	28	2	35	4	33	4	36	5	31	5
6	39	3	31	1	36	1	32	3	33	4	32	6
7	38	4	32	10	33	2	31	4	34	3	39	3
8	37	1	39	9	34	9	40	2	31	2	40	4
9	36	2	40	8	31	10	39	9	32	1	37	1
10	35	9	37	7	32	7	38	10	39	10	38	2
11	34	10	38	6	39	8	37	7	40	9	45	19
12	33	5	35	5	40	5	36	8	47	18	46	20
13	32	6	36	4	37	6	35	15	48	17	43	17
14	31	13	33	3	40	13	44	16	45	14	44	18
15	48	14	34	20	47	14	43	13	46	15	41	15
16	47	11	41	19	48	11	44	18	43	14	48	16
17	46	12	41	18	45	13	49	15	44	13	45	13
18	45	19	50	14	46	20	48	16	41	18	46	13
19	44	18	49	11	43	19	47	13	42	17	43	12
20	41	15	48	12	44	20	50	14	50	16	44	11
21	50	16	47	19	41	19	49	11	49	18	51	30
22	49	13	46	20	42	20	58	12	58	25	60	29
23	48	14	45	17	45	17	47	27	57	26	57	28
24	47	21	44	18	46	26	56	28	56	23	58	27
25	56	22	43	25	53	25	55	25	55	24	55	26
26	55	29	52	26	54	26	54	26	54	21	56	25
27	54	30	51	23	51	21	53	23	53	22	53	24
28	53	27	60	24	52	30	52	24	52	29	54	23
29	52		59	21	59	29	51	21	51	30	51	22
30	51		58	22	60	30	60	22	60	27	52	21
31	60		57		57		59			28		40

銀 2007年　平成19年生　[満16歳]

日\月	1	2	3	4	5	6	7	8	9	10	11	12
1	39	4	31	1	36	1	32	3	33	4	32	6
2	38	3	32	10	33	2	31	2	34	3	39	3
3	37	2	39	9	34	9	40	1	31	2	40	4
4	36	2	40	8	31	10	39	10	32	1	37	1
5	35	9	37	7	32	7	38	9	39	10	38	2
6	34	10	38	6	39	8	37	8	40	9	45	19
7	33	7	35	5	40	5	36	7	47	18	46	20
8	32	8	36	4	37	6	35	15	48	17	43	17
9	31	15	33	3	38	13	44	16	45	16	44	18
10	50	16	34	12	45	14	43	15	46	15	41	15
11	49	13	41	11	46	11	42	14	43	14	42	16
12	48	12	42	20	43	12	41	11	44	13	49	13
13	47	19	39	19	44	19	50	12	41	12	50	14
14	46	20	50	18	43	20	49	19	42	11	47	11
15	45	17	47	15	44	17	48	20	49	20	48	12
16	42	18	48	14	41	18	47	11	50	19	51	29
17	41	15	45	13	42	18	44	11	57	28	52	30
18	50	16	45	17	49	17	43	29	58	27	59	28
19	47	21	44	18	50	26	56	30	56	22	60	27
20	56	22	43	25	57	25	55	27	55	30	57	26
21	55	29	51	26	54	24	54	24	54	30	58	25
22	53	30	51	23	51	22	53	23	53	29	55	24
23	52	28	60	24	52	21	52	24	52	29	54	23
24	51	25	59	21	59	21	51	21	51	30	51	22
25	60	26	58	22	60	30	60	22	60	27	52	21
26	59	23	57	29	57	29	59	29	59	28	9	40
27	58	24	56	30	58	26	58	30	8	35	10	39
28	57		55	27	55	25	57	37	7	36	7	38
29	56		54	28	56	34	6		35		34	37
30	6		53	25	53	35	5		34		5	36
31	5		2		4		4	36		31		35

命数 ▶　1-10 羅針盤座　｜　11-20 インディアン座　｜　21-30 鳳凰座　｜　31-40 時計座　｜　41-50 カメレオン座　｜　51-60 イルカ座

金 2008年 平成20年生 ［満15歳］

日＼月	1	2	3	4	5	6	7	8	9	10	11	12
1	34	9	35	5	40	5	36	7	47	18	46	20
2	33	8	36	4	37	6	35	16	48	17	43	17
3	32	7	33	3	38	13	44	15	45	16	44	18
4	31	15	34	12	45	14	43	14	46	15	41	15
5	50	16	41	11	46	11	42	13	43	14	42	16
6	49	13	42	20	43	12	42	12	44	13	49	13
7	48	14	49	19	44	19	50	21	41	12	50	14
8	47	11	50	18	41	20	49	7	42	11	47	11
9	46	12	47	17	42	17	48	20	49	20	48	12
10	45	19	48	16	49	18	47	17	50	19	55	29
11	44	20	45	15	50	15	46	18	57	28	56	30
12	43	15	46	14	47	16	45	25	58	27	53	27
13	42	16	43	13	50	23	54	26	55	26	54	28
14	41	23	44	30	57	24	53	23	56	25	51	25
15	60	24	51	29	58	21	52	28	53	24	58	26
16	57	21	51	28	55	23	51	21	54	23	55	23
17	56	22	60	24	56	22	58	26	51	22	56	24
18	55	29	59	21	53	21	57	23	51	27	53	22
19	52	28	58	22	54	30	56	24	60	26	54	21
20	51	25	57	29	59	29	59	21	59	25	1	40
21	60	26	56	30	58	28	58	22	8	35	2	39
22	59	23	55	27	55	27	57	37	7	36	7	38
23	58	24	54	28	56	36	6	38	6	33	8	37
24	6	32	2	36	4	34	4	36	4	31	6	35
25	5	39	1	33	1	31	3	33	3	32	3	34
26	4	40	10	34	2	40	2	34	2	39	4	33
27	3	37	9	31	9	39	1	31	1	40	1	32
28	2	38	8	32	10	38	10	32	10	38	2	31
29	2		7	39	7	37	9	39	9	38	19	50
30	1		7	39	7	37	9	39	9	38	19	50
31	10		6		8		8	40		45		49

銀 2009年 平成21年生 ［満14歳］

日＼月	1	2	3	4	5	6	7	8	9	10	11	12
1	48	13	42	20	43	12	41	12	44	13	49	13
2	47	12	49	19	44	19	50	11	41	12	50	14
3	46	11	50	18	41	20	49	20	42	11	47	11
4	45	19	47	17	42	17	48	19	49	20	48	12
5	44	20	48	16	49	18	47	18	50	19	55	29
6	43	17	45	15	50	15	46	17	57	28	56	30
7	42	18	46	14	47	16	45	25	58	27	53	27
8	41	25	43	13	48	25	54	26	55	26	54	28
9	60	26	44	22	55	24	53	23	56	25	51	25
10	59	23	51	21	56	21	52	24	53	24	52	26
11	58	24	52	30	53	22	51	21	54	23	59	23
12	57	29	59	29	54	29	60	22	51	22	60	24
13	56	30	60	28	53	30	59	29	52	21	57	22
14	55	27	57	27	54	27	58	30	59	30	58	22
15	52	28	58	24	51	28	57	21	60	29	1	39
16	51	25	56	23	52	28	56	22	7	38	2	40
17	60	26	55	22	59	27	53	39	8	37	9	37
18	57	33	54	28	60	36	2	40	6	42	10	37
19	6	32	53	35	7	35	1	37	5	31	7	36
20	5	31	2	36	4	34	4	40	4	40	8	35
21	4	40	1	33	1	33	3	32	5	32	5	34
22	3	37	10	34	2	32	2	34	2	39	4	33
23	2	38	9	31	9	31	1	31	1	40	1	32
24	1	35	8	32	10	40	10	32	10	37	2	31
25	10	36	7	39	7	39	9	39	9	38	19	50
26	9	33	6	40	8	36	8	40	18	45	20	49
27	8	34	5	37	5	35	7	47	17	46	17	48
28	7	41	4	38	6	48	16	48	16	43	18	47
29	16		3	45	13	43	15	45	15	44	15	46
30	15		12	46	14	42	14	46	14	41	16	45
31	14		11		11		13	43		42		44

金 2010年 平成22年生 ［満13歳］

日＼月	1	2	3	4	5	6	7	8	9	10	11	12
1	43	18	45	15	50	15	46	17	57	28	56	30
2	42	17	46	14	47	16	45	26	58	27	53	27
3	41	26	43	13	48	23	54	25	55	26	54	28
4	60	26	44	22	55	24	53	24	56	25	51	25
5	59	23	51	21	56	21	52	23	53	24	52	26
6	58	24	52	30	53	22	51	22	54	23	59	23
7	57	21	59	29	54	29	60	21	51	22	60	24
8	56	22	60	28	51	30	59	22	52	21	57	22
9	55	29	57	27	52	27	58	29	59	30	58	21
10	54	30	58	26	59	28	57	27	60	29	5	39
11	53	27	55	25	60	25	56	28	7	38	6	40
12	52	26	56	24	57	26	55	35	8	37	3	37
13	51	33	53	23	60	33	4	36	6	36	4	38
14	10	34	54	32	7	34	3	33	6	35	1	35
15	7	31	1	39	8	31	2	34	3	34	8	36
16	6	32	2	38	5	32	1	35	4	33	5	33
17	5	39	10	37	6	32	8	36	1	32	6	34
18	2	40	9	31	3	31	7	33	2	37	3	32
19	1	35	8	32	4	38	4	34	10	36	4	31
20	10	36	7	39	7	39	9	31	9	35	11	50
21	9	33	6	40	8	38	9	32	18	45	12	49
22	8	34	5	37	5	37	7	47	17	46	17	48
23	7	41	4	38	6	48	16	48	16	43	18	47
24	16	42	3	45	13	45	15	45	15	44	15	46
25	15	49	12	46	14	44	14	46	14	41	16	45
26	14	50	11	43	11	43	13	43	13	42	13	44
27	13	47	20	44	12	50	12	44	11	49	14	43
28	12	48	19	41	19	49	11	41	11	50	11	42
29	11		18	42	20	48	20	42	20	47	12	41
30	20		17	49	17	47	19	49	19	48	29	60
31	19		16		18		18	50		55		59

銀 2011年 平成23年生 ［満12歳］

日＼月	1	2	3	4	5	6	7	8	9	10	11	12
1	58	23	52	30	53	22	51	22	54	23	59	23
2	57	22	59	29	54	29	60	21	51	22	60	24
3	56	21	60	28	51	30	59	30	52	21	57	21
4	55	29	57	27	52	27	58	29	59	30	58	22
5	54	30	52	26	59	28	57	28	60	29	5	40
6	53	27	55	25	60	25	56	27	7	38	6	40
7	52	28	56	24	57	26	55	36	8	37	3	37
8	51	33	53	23	58	33	4	36	6	36	4	38
9	10	36	54	32	7	34	3	33	6	35	1	35
10	9	33	1	31	8	31	2	34	3	34	2	36
11	8	34	2	40	3	32	1	31	4	33	9	33
12	7	31	9	39	3	39	10	32	1	32	10	34
13	6	40	10	38	4	40	9	39	2	31	7	32
14	5	37	3	37	3	37	8	40	9	40	8	32
15	4	38	8	34	1	38	7	31	10	39	15	49
16	1	35	5	33	2	32	6	32	17	48	12	50
17	10	36	6	33	9	49	18	49	18	47	19	47
18	9	43	4	38	10	46	12	46	15	44	20	47
19	8	42	3	45	17	45	11	45	11	41	17	46
20	15	49	12	46	18	44	14	44	14	50	18	45
21	14	50	11	43	11	43	13	43	13	45	15	44
22	13	47	20	44	12	42	12	44	11	49	16	43
23	12	48	19	41	19	41	11	41	11	50	11	42
24	11	45	18	42	20	50	20	42	20	47	12	41
25	20	46	17	49	17	49	19	49	19	48	29	60
26	19	43	16	50	18	48	18	50	28	55	30	59
27	18	44	15	47	15	45	17	57	27	56	27	58
28	17	51	14	48	16	54	16	58	26	53	28	57
29	26		13	55	13	53	25	55	25	54	25	56
30	25		22	56	24	52	24	56	24	51	26	55
31	24		21		21		23	53		52		54

命数 ▶ 1-10 羅針盤座 ｜ 11-20 インディアン座 ｜ 21-30 鳳凰座 ｜ 31-40 時計座 ｜ 41-50 カメレオン座 ｜ 51-60 イルカ座

金 2012年　平成24年生〔満11歳〕

日＼月	1	2	3	4	5	6	7	8	9	10	11	12
1	53	28	56	24	57	26	55	36	8	37	3	37
2	52	27	53	23	58	33	4	35	5	36	4	38
3	51	36	54	32	5	34	3	34	6	35	1	35
4	10	36	1	31	6	31	2	33	4	34	2	36
5	9	33	2	40	3	32	1	32	4	33	9	33
6	8	34	9	39	4	39	9	31	1	32	10	34
7	7	31	10	38	1	40	9	39	2	31	7	31
8	6	32	7	37	2	37	8	40	9	40	8	32
9	5	39	8	36	9	38	7	37	10	39	15	49
10	4	40	5	35	10	35	6	38	17	48	16	50
11	3	37	6	34	7	36	5	45	18	47	13	47
12	2	36	3	33	8	43	14	46	15	46	14	48
13	1	43	4	42	17	44	13	45	16	45	11	45
14	20	44	11	49	18	41	12	44	13	44	12	46
15	19	41	12	48	15	42	11	45	14	43	15	43
16	16	42	20	47	16	42	19	44	12	44	16	44
17	15	49	19	41	13	41	17	43	12	41	13	41
18	14	50	18	42	14	50	16	44	20	46	14	41
19	11	45	17	49	11	49	15	41	19	45	21	60
20	20	46	16	50	18	48	18	42	28	54	22	59
21	19	43	15	47	15	47	17	59	27	56	29	58
22	18	44	14	48	16	56	26	58	26	53	28	57
23	17	51	13	55	23	55	25	25	25	54	25	56
24	26	52	22	56	24	54	24	56	24	51	26	55
25	25	59	21	53	21	53	23	52	23	52	23	54
26	24	60	30	54	22	60	22	54	22	59	24	53
27	23	57	29	51	29	59	21	51	21	60	21	52
28	22	58	28	52	30	58	30	52	30	57	22	51
29	21	55	27	59	27	57	29	59	29	58	39	10
30	30		26	60	28	56	28	60	38	5	40	9
31	29		25		25		27	7		6		8

銀 2013年　平成25年生〔満10歳〕

日＼月	1	2	3	4	5	6	7	8	9	10	11	12
1	7	32	9	39	4	39	10	31	1	32	10	34
2	6	31	10	38	1	40	9	40	2	31	7	31
3	5	40	7	37	2	37	8	39	9	40	8	32
4	4	40	8	36	9	38	7	38	10	39	15	49
5	3	37	5	35	10	35	6	37	17	48	16	50
6	2	38	6	34	7	36	6	46	18	47	13	47
7	1	45	3	33	8	43	14	46	15	46	14	48
8	20	46	4	42	15	44	13	43	16	45	11	45
9	19	43	11	41	16	41	12	44	13	44	12	46
10	18	44	12	50	13	42	11	41	14	43	15	43
11	17	41	19	49	14	49	20	42	11	42	20	44
12	16	50	20	48	11	50	19	49	12	41	17	41
13	15	47	17	47	14	47	18	50	19	50	18	42
14	14	48	18	46	11	48	17	47	20	49	25	59
15	11	45	15	43	12	45	16	42	27	58	22	60
16	20	46	15	42	19	47	15	29	28	57	29	57
17	19	53	14	41	20	56	22	60	25	56	30	58
18	26	54	13	55	27	55	21	57	26	57	27	56
19	25	59	22	56	28	54	30	58	24	58	28	55
20	24	60	21	53	25	53	29	55	23	59	25	54
21	23	57	30	54	22	52	22	56	22	60	26	53
22	22	58	29	51	29	51	21	51	21	60	21	52
23	21	55	28	52	30	60	30	52	30	57	22	51
24	30	56	27	59	27	59	29	59	29	58	39	10
25	29	53	26	60	28	58	28	60	38	5	40	9
26	28	54	25	57	25	55	27	7	37	6	37	8
27	27	1	24	58	26	4	36	8	36	3	38	7
28	36	2	23	5	33	3	35	5	35	4	35	5
29	35		32	6	34	2	34	6	34	1	36	5
30	34		31	3	31	1	33	3	33	2	33	4
31	33		40		32		32	4		3		3

金 2014年　平成26年生〔満9歳〕

日＼月	1	2	3	4	5	6	7	8	9	10	11	12
1	2	37	6	34	7	36	5	46	18	47	13	47
2	1	46	3	33	8	43	14	45	15	46	14	48
3	20	45	4	42	15	44	13	44	16	45	11	45
4	19	43	11	41	16	41	12	43	13	44	12	46
5	18	44	12	50	13	42	11	44	14	43	19	43
6	17	41	19	49	14	49	20	41	11	42	20	44
7	16	42	20	48	11	50	19	49	12	41	17	41
8	15	49	17	47	12	47	18	50	19	50	18	42
9	14	50	18	46	19	48	17	47	20	49	25	59
10	13	47	15	45	20	45	16	48	27	58	26	60
11	12	48	16	44	17	46	15	55	28	57	23	57
12	11	53	13	43	18	53	24	56	25	56	24	58
13	30	54	14	52	27	54	23	53	26	55	21	55
14	29	51	21	51	28	51	22	54	23	54	22	56
15	26	52	22	58	25	52	21	55	24	53	25	53
16	25	59	29	57	26	59	30	54	21	52	26	54
17	24	60	29	57	23	51	29	53	22	51	23	51
18	21	57	28	52	24	60	26	54	29	52	24	51
19	30	56	27	59	21	59	25	51	29	55	31	10
20	28	53	26	60	28	58	28	52	38	4	32	9
21	28	54	25	57	25	57	27	9	37	6	39	8
22	27	1	24	58	26	6	36	8	36	3	38	7
23	36	2	31	5	33	5	35	4	35	4	35	6
24	35	9	32	6	34	4	34	3	34	1	36	5
25	34	10	31	3	31	3	33	2	33	2	33	4
26	33	7	40	4	32	2	32	4	32	9	34	3
27	32	8	39	1	39	9	31	1	31	10	31	2
28	31	5	38	2	40	2	40	2	40	7	32	1
29	40		37	9	37	1	39	9	39	8	49	20
30	39		36	10	38	6	38	10	48	15	50	19
31	38		35		35		37	17		16		18

銀 2015年　平成27年生〔満8歳〕

日＼月	1	2	3	4	5	6	7	8	9	10	11	12
1	17	42	19	49	14	49	20	41	11	42	20	44
2	16	41	20	48	11	50	19	50	12	41	17	41
3	15	50	17	47	12	47	18	49	19	50	18	42
4	14	50	18	46	19	48	17	47	20	49	25	59
5	13	47	15	45	20	45	16	48	27	58	26	60
6	12	48	16	44	17	46	15	56	28	57	23	57
7	11	55	13	43	18	53	24	55	25	56	24	58
8	30	56	14	52	27	54	23	53	26	55	21	55
9	29	51	21	51	28	51	22	54	23	54	22	56
10	28	54	22	60	25	52	21	51	24	53	29	53
11	27	51	29	59	24	59	30	52	21	52	51	54
12	26	60	30	58	21	60	29	59	22	51	27	51
13	25	57	27	57	28	57	28	60	29	60	28	52
14	24	58	28	56	21	58	27	57	30	59	35	9
15	23	55	25	53	22	55	26	58	37	8	36	10
16	30	56	25	52	29	57	25	9	38	7	39	7
17	29	3	24	51	30	56	32	10	35	6	40	8
18	38	4	23	51	27	55	31	7	36	1	37	6
19	35	9	32	6	38	4	40	8	34	10	38	5
20	34	10	31	3	35	3	33	5	33	9	35	4
21	33	7	40	4	32	2	32	6	32	10	36	3
22	32	8	39	1	39	1	31	2	31	10	33	2
23	31	5	38	2	40	2	40	2	40	7	32	1
24	40	6	37	9	37	9	39	9	39	8	49	20
25	39	3	36	10	38	8	38	10	48	15	50	19
26	38	4	35	7	35	7	37	17	47	16	47	18
27	37	11	34	8	36	4	46	14	46	13	46	17
28	46	12	33	15	43	13	45	15	45	14	45	16
29	45		42	16	44	12	44	15	44	11	45	15
30	44		41	13	41	1	43	13	43	12	43	14
31	43		50		42		42	14		19		13

命数 ▶　1-10 羅針盤座　｜　11-20 インディアン座　｜　21-30 鳳凰座　｜　31-40 時計座　｜　41-50 カメレオン座　｜　51-60 イルカ座

金 2016年　平成28年生　[満7歳]

日\月	1	2	3	4	5	6	7	8	9	10	11	12
1	12	47	13	43	18	53	24	55	25	56	24	58
2	11	56	14	52	25	54	23	54	26	55	21	55
3	30	55	21	51	26	51	22	53	23	54	22	56
4	29	53	22	60	23	52	21	52	24	53	29	53
5	28	54	29	59	24	59	30	51	21	52	30	54
6	27	51	30	58	21	60	30	60	22	51	27	51
7	26	52	27	57	22	57	28	60	29	60	28	52
8	25	59	28	56	29	58	27	57	30	59	35	9
9	24	60	25	55	30	55	26	58	37	8	36	10
10	23	57	26	54	27	56	25	5	38	7	33	7
11	22	58	23	53	28	3	34	6	35	6	34	8
12	21	3	24	2	35	4	33	3	36	5	31	5
13	40	4	31	1	38	1	32	4	33	4	32	6
14	39	1	32	8	35	2	31	1	34	3	39	3
15	38	2	39	7	36	9	40	6	31	2	36	4
16	35	9	39	6	33	1	39	3	32	1	33	1
17	34	10	38	2	34	10	36	4	39	10	34	2
18	33	7	37	9	31	9	35	1	39	5	41	20
19	40	6	36	10	32	8	34	2	48	14	42	19
20	39	3	35	7	35	7	37	19	47	13	49	18
21	38	4	34	8	36	16	46	20	46	13	50	17
22	37	11	33	15	43	15	45	15	45	14	45	16
23	46	12	42	16	44	14	44	16	44	11	46	15
24	45	19	41	13	41	13	43	13	43	12	43	14
25	44	20	50	14	42	12	42	14	42	19	44	13
26	43	17	49	11	49	19	41	11	41	20	41	12
27	42	18	48	12	50	18	50	12	50	17	42	11
28	41	15	47	19	47	19	49	19	49	18	59	30
29	50	16	46	20	48	16	48	20	58	25	60	29
30	49		45	17	45	15	47		57	26	57	28
31	48		44		46		56	28		23		27

銀 2017年　平成29年生　[満6歳]

日\月	1	2	3	4	5	6	7	8	9	10	11	12
1	26	51	30	58	21	60	29	60	22	51	27	51
2	25	60	27	57	22	57	28	59	29	60	28	52
3	24	59	28	56	29	58	27	58	30	59	35	9
4	23	57	25	55	30	55	26	57	37	8	36	10
5	22	58	26	54	27	6	25	6	38	7	33	7
6	21	5	23	53	28	3	35	5	35	6	34	8
7	40	6	24	2	35	4	33	5	36	5	31	5
8	39	3	31	1	36	1	32	4	33	4	32	6
9	38	4	32	10	33	2	31	2	34	3	39	3
10	37	1	39	9	34	9	40	2	31	2	40	4
11	36	2	40	8	31	10	39	9	32	1	37	1
12	35	7	37	7	32	7	38	10	39	10	38	2
13	34	8	38	6	31	8	37	7	40	9	45	19
14	33	5	35	3	32	5	36	8	47	18	46	20
15	40	6	36	2	39	6	35	19	48	17	49	17
16	39	13	34	1	40	16	44	20	45	16	50	18
17	48	14	33	15	47	15	41	17	46	15	47	15
18	45	11	42	16	14	14	50	18	44	20	48	15
19	44	20	41	13	45	13	49	15	43	19	41	14
20	43	17	50	14	42	12	42	16	42	18	42	13
21	42	18	49	11	41	11	41	13	41	20	43	12
22	41	15	48	12	50	20	50	12	50	17	42	11
23	50	16	47	19	47	19	49	11	49	18	59	30
24	49	13	46	20	48	16	48	20	58	25	60	29
25	48	14	45	17	45	14	47	57	57	26	57	28
26	47	21	44	18	46	24	56	28	56	23	58	27
27	56	22	43	25	53	23	55	25	55	24	55	26
28	55	29	52	26	54	22	54	26	54	21	56	25
29	54		51	23	51	21	53	23	53	22	53	24
30	53		60	24	57	30	52	25	52	27	54	23
31	52		59		59		51	24		30		22

金 2018年　平成30年生　[満5歳]

日\月	1	2	3	4	5	6	7	8	9	10	11	12
1	21	6	23	53	28	3	34	5	35	6	34	8
2	40	5	24	2	35	4	33	4	36	5	31	5
3	39	4	31	1	36	1	32	3	33	4	32	6
4	38	4	32	10	33	2	31	2	34	3	39	3
5	37	1	33	9	34	9	40	1	31	2	40	4
6	36	2	40	8	31	10	39	10	32	1	37	1
7	35	9	37	7	32	7	38	10	39	10	38	2
8	34	10	38	6	39	8	37	7	40	9	45	19
9	33	7	35	5	40	5	36	8	47	18	46	20
10	32	8	36	4	37	6	35	15	48	17	43	17
11	31	15	33	3	38	13	44	16	45	16	44	18
12	50	14	34	2	45	14	43	15	46	15	41	15
13	49	11	41	1	42	11	41	16	43	14	42	13
14	48	12	42	20	45	12	41	11	44	13	49	13
15	45	19	49	17	46	19	50	11	41	12	46	14
16	44	20	50	16	43	20	49	11	49	13	43	11
17	47	17	48	15	44	11	42	20	50	11	44	12
18	50	18	47	19	41	19	45	11	50	15	51	30
19	49	13	46	20	42	18	44	11	58	24	52	29
20	48	14	45	17	47	17	47	29	57	23	59	28
21	47	11	44	18	46	26	56	30	56	23	60	27
22	56	22	43	25	25	25	55	29	55	24	55	26
23	55	29	52	26	54	24	54	21	56	21	56	25
24	54	30	51	23	51	23	53	22	53	22	53	24
25	53	27	60	24	52	22	52	24	52	29	54	23
26	52	28	59	21	50	21	51	21	51	30	51	22
27	51	25	58	22	60	28	60	22	60	27	52	21
28	60	26	57	29	57	29	59	29	59	28	49	40
29	59		56	30	58	26	58	30	8	35	10	39
30	58		55	27	56	25	57	7	7	36	7	38
31	57		54		56		6	38		33		37

銀 2019年　平成31年生　令和元年生　[満4歳]

日\月	1	2	3	4	5	6	7	8	9	10	11	12
1	36	1	40	8	31	10	39	10	32	1	37	1
2	35	10	37	7	32	7	38	9	39	10	38	2
3	34	9	38	6	39	8	37	8	40	9	45	19
4	33	7	35	5	40	5	36	7	47	18	46	20
5	32	8	40	4	37	6	35	16	48	17	43	17
6	31	15	33	3	38	13	44	15	45	16	44	18
7	50	16	34	2	45	14	43	16	46	15	41	15
8	49	13	41	11	46	11	42	16	43	14	42	16
9	48	14	42	12	43	12	41	11	44	13	49	13
10	47	11	49	19	44	19	50	12	41	11	50	14
11	46	12	50	18	41	20	49	11	42	12	47	11
12	45	19	47	17	42	17	48	20	49	20	48	12
13	44	18	48	16	49	18	47	17	50	19	55	29
14	43	15	45	15	50	15	46	18	57	28	56	30
15	42	16	46	12	49	16	45	28	58	27	53	27
16	49	23	43	11	50	25	54	30	55	30	54	28
17	58	24	43	30	57	27	56	27	56	27	57	25
18	57	21	52	26	58	24	60	28	53	30	58	25
19	54	30	51	23	55	23	59	25	53	29	51	24
20	53	27	60	24	56	22	52	26	51	30	60	22
21	52	28	59	2	56	21	52	29	51	30	53	22
22	51	25	58	2	2	60	30	60	27	54	21	
23	60	26	57	29	53	21	59	29	59	28	6	40
24	59	23	56	30	58	28	30	8	35	10	36	39
25	58	24	55	27	57	27	7	37	8	7	36	38
26	57	31	54	28	56	36	6	6	33	8	37	
27	6	32	53	35	35	5	5	35	5	34	5	36
28	5	39	2	36	4	36	4	36	4	31	6	35
29	4		1	33	1	31	1	33	3	31	2	34
30	3		10	34	2	40	2	32	3	39	4	33
31	2		9		9		1	31		40		32

命数 ▶　1-10 羅針盤座　11-20 インディアン座　21-30 鳳凰座　31-40 時計座　41-50 カメレオン座　51-60 イルカ座

金 2020年　令和2年生〔満3歳〕

日\月	1	2	3	4	5	6	7	8	9	10	11	12
1	31	16	34	12	45	14	43	14	46	15	41	15
2	50	15	41	11	46	11	42	13	43	14	42	16
3	49	14	42	20	43	12	41	12	44	13	49	13
4	48	14	49	19	44	19	50	11	41	12	50	14
5	47	11	50	18	41	20	49	20	42	11	47	11
6	46	12	47	17	42	17	47	19	49	20	48	12
7	45	19	48	16	49	18	47	17	50	19	55	29
8	44	20	45	15	50	15	46	18	57	28	56	30
9	43	17	46	14	47	16	45	25	58	27	53	27
10	42	18	43	13	48	23	54	26	55	26	54	28
11	45	25	44	22	55	24	53	23	56	25	51	25
12	60	24	51	21	56	21	52	24	53	24	52	26
13	59	21	52	30	55	22	51	21	54	23	59	23
14	58	22	59	27	56	29	60	22	51	22	60	24
15	56	30	60	26	53	30	59	23	52	21	53	21
16	54	30	58	25	54	30	58	24	59	24	54	22
17	53	27	57	29	51	29	55	21	60	29	1	39
18	52	28	56	30	52	28	54	22	8	34	2	39
19	59	28	54	27	59	27	53	39	7	33	9	38
20	58	24	54	28	56	36	6	40	6	32	10	37
21	57	31	53	35	3	35	5	37	5	34	7	36
22	6	32	2	36	4	34	4	36	4	31	6	35
23	5	39	1	33	1	33	3	33	3	32	3	34
24	4	40	10	34	2	32	2	34	2	39	4	33
25	3	37	9	31	9	31	1	31	1	40	1	32
26	2	38	8	32	10	38	10	32	10	37	2	31
27	1	35	7	39	7	37	9	39	9	38	19	50
28	10	36	6	40	8	36	8	40	18	45	20	49
29	9	33	5	37	5	35	7	47	17	46	17	48
30	8		4	38	6	46	16	48	16	43	18	47
31	7		3		13		15	45		44		46

銀 2021年　令和3年生〔満2歳〕

日\月	1	2	3	4	5	6	7	8	9	10	11	12
1	45	20	47	17	42	17	42	19	49	20	48	12
2	44	19	48	16	49	18	47	18	50	19	55	29
3	43	17	45	15	50	15	46	17	57	28	56	30
4	42	18	46	14	47	16	45	26	58	27	53	27
5	41	25	43	13	48	23	54	25	55	26	54	28
6	60	26	44	22	55	24	53	24	56	25	51	25
7	59	23	51	21	56	21	52	24	53	24	52	26
8	58	24	52	30	53	22	51	21	54	23	59	23
9	57	21	59	29	54	29	60	22	51	22	60	24
10	56	22	60	28	51	30	59	29	52	21	57	21
11	55	28	57	27	52	27	58	30	59	30	58	22
12	54	28	58	26	59	28	57	27	60	29	5	39
13	53	25	55	25	60	25	56	28	7	38	6	40
14	52	26	56	22	59	26	55	35	8	37	3	37
15	59	33	53	21	60	33	4	40	5	36	10	38
16	8	34	53	40	7	35	3	37	6	35	9	37
17	7	31	2	36	8	34	10	38	3	34	8	36
18	4	40	1	33	1	33	9	35	3	39	5	34
19	3	37	10	34	2	32	8	36	2	38	6	34
20	2	38	9	31	9	30	4	34	1	37	3	32
21	1	35	3	32	10	40	10	34	10	37	4	31
22	10	36	7	39	7	39	9	39	9	38	19	50
23	9	33	6	40	8	38	8	40	18	45	20	49
24	8	34	5	38	5	44	7	47	17	46	17	48
25	7	41	4	38	6	44	16	48	16	43	18	47
26	16	42	3	45	13	43	15	45	15	44	15	46
27	15	49	12	46	14	42	14	46	14	41	16	45
28	14	50	11	43	11	41	13	43	13	42	13	44
29	13		20	44	12	50	12	44	12	49	14	43
30	12		19	41	19	49	11	41	11	50	11	42
31	11		18		20		20	42		47		41

金 2022年　令和4年生〔満1歳〕

日\月	1	2	3	4	5	6	7	8	9	10	11	12
1	60	25	44	22	55	24	53	24	56	25	51	25
2	59	24	51	21	56	21	52	23	53	24	52	26
3	58	23	52	30	53	22	51	22	54	23	59	23
4	57	21	59	29	54	29	60	21	51	22	60	24
5	56	22	60	28	51	30	59	30	52	21	57	21
6	55	29	57	27	52	27	58	29	59	30	58	22
7	54	30	58	26	59	28	57	27	60	29	5	39
8	53	27	55	25	60	25	56	28	7	38	6	40
9	52	28	56	24	57	26	55	35	8	37	3	37
10	51	35	53	23	58	33	4	36	5	36	4	38
11	10	36	54	32	5	34	3	35	6	35	1	35
12	9	31	1	31	6	31	2	34	3	34	2	36
13	8	32	2	40	3	32	1	31	4	33	9	33
14	7	39	9	39	6	39	10	32	1	32	10	34
15	6	40	10	36	3	40	9	33	2	31	3	31
16	3	37	8	35	4	37	8	34	9	40	4	32
17	2	38	7	34	1	39	5	31	10	39	11	49
18	9	35	6	40	2	38	4	32	17	44	12	49
19	8	34	5	37	9	37	3	39	18	43	19	48
20	7	41	4	38	6	46	16	50	16	42	20	47
21	16	42	3	45	13	45	15	47	15	44	17	46
22	15	49	12	46	14	44	14	46	14	41	16	45
23	13	47	11	43	11	43	13	43	13	42	13	44
24	13	47	20	44	12	42	12	44	12	49	14	43
25	12	48	19	41	19	41	11	41	11	50	11	42
26	11	45	18	42	20	48	20	42	20	47	12	41
27	20	46	17	49	17	49	19	49	19	48	29	60
28	19	43	16	50	18	46	18	50	28	55	30	59
29	18		15	47	15	45	17	27	27	56	27	58
30	17		14	48	16	54	16	26	26	53	28	57
31	26		13		23		25	55		54		56

銀 2023年　令和5年生〔満0歳〕

日\月	1	2	3	4	5	6	7	8	9	10	11	12
1	55	30	57	27	52	27	58	29	59	30	58	22
2	54	29	58	26	59	28	57	28	60	29	5	39
3	53	28	55	25	60	25	56	27	7	38	6	40
4	52	28	56	24	57	26	55	36	8	37	3	37
5	51	35	53	23	58	33	4	35	5	36	4	38
6	10	36	54	32	5	34	3	34	6	35	1	35
7	9	33	1	31	6	31	2	33	3	34	2	36
8	8	31	2	39	3	39	1	32	4	33	9	33
9	7	32	9	39	4	39	10	31	1	32	10	34
10	6	32	10	38	1	40	9	39	2	31	7	31
11	5	39	7	37	2	37	8	40	9	40	8	32
12	3	38	8	35	10	35	6	38	17	48	16	49
13	3	35	5	35	10	35	5	38	17	48	16	50
14	2	36	6	34	9	36	5	45	18	47	13	47
15	9	43	3	31	10	43	14	46	15	46	14	48
16	18	44	4	40	13	44	13	47	16	45	13	45
17	17	41	12	49	18	44	20	48	13	44	18	45
18	14	42	11	43	11	43	19	45	14	49	15	44
19	13	47	20	44	16	42	18	46	12	48	16	43
20	12	48	19	41	13	41	13	43	16	48	14	41
21	11	45	18	42	20	50	20	44	20	47	14	41
22	20	46	17	49	17	49	19	41	19	48	21	60
23	19	43	16	50	18	48	18	50	28	55	30	59
24	18	44	15	47	15	47	17	27	27	56	27	58
25	17	51	14	48	16	56	16	26	26	53	28	57
26	26	52	13	55	13	55	25	25	25	54	25	56
27	25	59	22	56	24	52	24	56	24	51	26	55
28	24	60	21	53	21	51	23	53	23	53	23	54
29	23		30	54	22	60	22	22	52	24	24	53
30	22		29	51	29	59	21	51	21	60	23	52
31	21		28		30		30	52		57		51

 命数 ▶ 1-10 羅針盤座 ｜ 11-20 インディアン座 ｜ 21-30 鳳凰座 ｜ 31-40 時計座 ｜ 41-50 カメレオン座 ｜ 51-60 イルカ座

金の羅針盤座

持っている星

★ 礼儀正しい星
★ 品格のある星
★ 被害妄想しがちな星

★ 真面目な星
★ プライドが高い星
★ 人は苦手な星

★ 発想力がある星
★ ネガティブな星

12年周期の運気グラフ

2023年　24年　25年　26年　27年　28年

＼ 金の羅針盤座はこんな人 ／

基本の総合運

手のひらの上で北を指し示す羅針盤座。その羅針盤を持つ人によって運命が大きく変わってしまいます。親、先輩、上司など指導者が優秀ならば自然といい道に進めますが、間違えた指示を受けてしまうと道に迷うことがあるでしょう。そもそも上品で真面目、言われたことを守れるタイプ。プライドも高くしっかり者ですが、マイナスに物事を考えすぎてしまう傾向も。やさしい人ですが、本音ではどこか人が苦手なところがあるでしょう。ポジティブな発言をして前向きに行動するだけで、持ち前の真面目さを活かせるでしょう。

基本の恋愛＆結婚運

品のある頭のいい人ですが、相手にも真面目さや気品を求めすぎてしまうところがあるタイプ。完璧は望んでいないと言いながらも理想が自然と高くなってしまいます。自分から積極的に行動することも少なく、相手の告白を延々と待つことも。そもそも恋に臆病なので、なかなか心を開けなかったり、恥ずかしがってチャンスを逃しがち。結婚願望はありますが、仕事に火がつくとチャンスを逃すことが多く、なんでもひとりで頑張りすぎるところも。女性の場合、結婚後も仕事を続けてOKな相手とならうまくいくでしょう。

基本の仕事＆金運

どんな仕事もきっちり丁寧にできるタイプ。特に上司や先輩から的確な指示を受けた仕事では活躍することができるので、若いころにどれだけ仕事を受けるかが重要。真面目な性格ですが「好きな仕事以外はやりたくない」などと、雑用を避けたりしてしまうと、いつまでもチャンスに巡り合えず、苦労が絶えなくなります。サポート的な仕事やもの作りの仕事で才能を開花させられるでしょう。金運は、見栄での出費や独特な感性での買い物をしがちですが、体験や経験をすることに惜しみなく使う場合もあるでしょう。

■リフレッシュの年

「金の羅針盤座」の2023年は、「リフレッシュの年」。山登りで言うなら中腹にさしかかったあたり。求められることが増え、頑張りどころですが、休息も必要。自分のペースを守って進み、2024年に山の中腹を越え、いったん努力の結果が出ます。それを受けてさらなる決断をするために2023年は健康を保つことが重要です。2025～2026年は仕事も遊びも充実し、美しい山の景色を楽しめます。2027年に山頂へ。

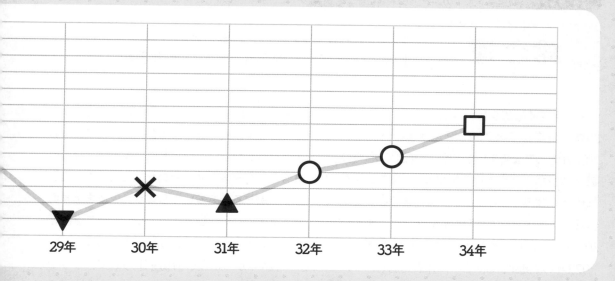

29年	30年	31年	32年	33年	34年

年の運気の概要

● 解放の年
プレッシャーや嫌なこと、相性の悪いことから解放されて気が楽になり、才能や魅力が輝きはじめる年。

△ 準備の年
遊ぶことで運気の流れがよくなる年。些細なミスが増える時期でもあるので、何事も準備を怠らないことが大事。

▲ 整理の年
前半は、人間関係や不要なものの整理が必要。後半は、チャレンジして人脈を広げることが大事です。

☆ 開運の年
過去の努力や積み重ねが評価される最高の年。積極的な行動が大事で、新たなスタートを切ると幸運が続きます。

○ チャレンジの年
「新しい」と感じることに挑戦をして体験や経験を増やすことが大事な年。過去の出来事に縛られないこと。

▽ ブレーキの年
「前半は攻め、後半は守り」と入れ替わる年。前半は行動力と決断力が大事。後半は、貯金と現状維持を。

✕ 裏運気の年
自分の思いとは真逆に出る年。予想外なことや学ぶべきことが多く、成長できるきっかけをつかめます。

◎ 幸運の年
前半は、忙しくも充実した時間が増え、経験を活かすことで幸運をつかめる年。後半は新たな挑戦が必要です。

□ 健康管理の年
前半は、覚悟を決めて行動し、今後の目標を定める必要がある年。後半は、健康に注意が必要です。

■ リフレッシュの年
求められることが増え慌ただしくなる年。体を休ませたり、ゆっくりしたりする時間をつくることが大切。

▼ 乱気の年
決断に不向きな年。流されながら、求められることに応えることが大事。体調を崩しやすいため、無理は避けて。

2023年の運気

■ リフレッシュの年

2023年開運 3ヵ条

1. ほどほどに仕事をしてしっかり休む
2. 「正しい」よりも「楽しい」ことを考える
3. たくさん笑う

ラッキーカラー 淡いイエロー　淡いピンク
ラッキーフード 豚の生姜焼き　フルーツゼリー　**ラッキースポット** おいしいお店　お笑いライブ

総合運

今年はしっかり体を休ませることが大事
年末には風向きが変わりうれしい出来事が

良くも悪くも真面目できっちりしている「金の羅針盤座」。2023年は、人付き合いが苦手でネガティブな発想になりやすい面が、心身の疲れにつながりやすい年ですが、「リフレッシュの年」なので、しっかり体を休ませることが大切です。体だけではなく心も休ませ、癒やしの時間をマメに作るようにしてください。2022年の「健康管理の年」に体調を崩したり、異変を感じた人もいると思いますが、今年1年をかけて、治療したり生活習慣の改善などを行いましょう。「元気だから大丈夫」と思っている人でも、ここ2〜3年は新しい環境や人間関係、ポジションの変化によりストレスが溜まっているため、その蓄積が体調不良や病気となって出てしまう可能性があります。今年無理をして頑張りすぎたり、異変をそのままにすると大きな病気の原因にもなってしまうので、早めに検査や人間ドックに行くようにしましょう。

仕事面では求められることがさらに増えるため、忙しい1年になってきます。言われたことを全て受け入れてしまうと、スケジュール的にも肉体的にも限界に。限界を感じる前に休息し、周囲に助けを求め、それでも無理な時はハッキリ「無理」と伝えるようにしましょう。ここ4〜5年の間、重い荷物を背負い坂道を上るような感じが続いていたと思いますが、その運気もこれで最後です。そのためこの1年が最もきつく感じる人も多いでしょう。坂道を上り切る力は十分ついているので、少しペースを落として、頑張りすぎないようにしましょう。

2024年からは重い荷物を下ろせて、ようやく心身共に楽になるはず。ただ、今年全力を出し切ってしまい、2024年の「解放の年」にやる気がなくなってしまっては、これまでの頑張りが水の泡になってしまうので注意してください。今年は少しのんびり構えて、時間が空いて暇になった時には「良い運気の流れに乗っている」と思うようにすると良いでしょう。休みの日に無理に予定を詰めないで、本を読んだり好きな音楽を聴いたり、舞台や美術展を観に行くなど、少し贅沢な時間を楽しむ1年にするように意識しておいてください。

「リフレッシュの年」は運気グラフでは下降しているので「運気が悪い」と思い込んでしまう人もいますが、「バネを強く押し込めば大きく跳ねる」のと同じです。今年は一度沈んだよう

に感じても、その分2024年に大きく跳ぶことができるので、少しの辛抱は必要だと思っておいてください。辛く苦しいというよりは、周囲からの期待が増えて、求められたり頼られてしまうため、キャパオーバーで身動きが取れなくなるかもしれません。「金の羅針盤座」の真面目で礼儀正しい面を利用されないように気をつけましょう。

最大の注意点は体調面です。異変を感じた時は早めに病院で検査してもらうと良いでしょう。毎年健康診断を受けているという人でも、今年はしっかりと人間ドックに行くことをオススメします。できれば1月、遅くても7月までには一度検査をしておきましょう。元気で何の問題もないと思っている人でも、肌荒れや肩こり、胃腸を壊したり、鼻炎に悩んだりしやすくなります。特に2022年になんとなく痛みを感じたり、違和感のあったところをそのままにしている人は、必ず検査をしてください。

1月は多少の無茶は仕方ありませんが、予定でいっぱいにしないようにしてください。睡眠時間を長く取れるように生活リズムの改善や定期的な運動をするようにしましょう。2月中旬から3月は、体調を崩して病気が見つかるなど異変が出やすい時期です。些細な異変だったとしても、できるだけ早めに病院に行くようにしましょう。睡眠不足になったり、疲れを溜めたりしないように工夫して過ごしてください。ストレス発散のために軽く汗を流す運動くらいは構いませんが、頑張りすぎて怪我をしないように気をつけましょう。

3月と9〜10月はメンタル面も乱れやすくなります。クレーム処理や理不尽な注文、上司や取引先のワガママに振り回されてイライラする可能性が。自分がキッチリしていたとしても、周囲の人のだらしないところやダメな部分に目がいってしまい、不満が爆発してしまうか

もしれません。相手を許す気持ちや「このくらいならいいか」と上手に流せるようにする訓練も大切。周囲にいる寛容な人や些細なことで動じない人を見習うようにして、自分もどこかで許してもらっていることを忘れないようにしましょう。

4月と6〜8月は、周囲からの要求が増えて忙しくなる時期。充実感よりも限界のほうを感じてしまうので、この期間はあらかじめ休みを確保して、ゆっくりする時間を作っておきましょう。少々の無茶をしても体調を崩すことは少ない時期ではありますが、頑張りすぎたり安請け合いなどはしないようにしましょう。

5月は油断から怪我やミスが増えやすくなります。疲れが溜まって集中力が欠ける時期なので、車やバイクの運転をする人は十分に気をつけましょう。自転車で転んで大怪我をするような可能性もあるので注意しましょう。

9〜11月は最後の難関です。それまで我慢していたことが爆発して、周囲に不満をぶつけてしまったり、イライラが言葉や態度に出てしまうので注意しておきましょう。健康第一と考え、食事も胃腸や体に良い物を選んでください。この時期はたくさん笑うのが一番のストレス解消なので、TVやネットでお笑い番組やコメディー映画、落語などを観たり、実際に舞台に足を運ぶと気持ちも心も一気に楽になるでしょう。12月は、うれしいことや気持ちが楽になる出来事があり、2024年の「解放の年」に入る予感を感じられるようになるでしょう。

「金の羅針盤座」は生真面目でネガティブに物事を捉えてしまうので、他の人なら気にしないようなことも、どんどんマイナス方向に考えがちです。苦しくなる方向に自ら進んでしまう癖があるので、少しでも落ち込んだり嫌な気持ちになったら「まあいいや」とつぶやく癖をつけてみましょう。悪いことが起きても「不運だ、

不幸だ、最悪だ」と思わないで「このくらいで済んで良かったな」と言うようにしましょう。できればこの言葉は、人前で口に出してみることをオススメします。日頃真面目でしっかりしているあなたが楽観的な言葉を口にすると、多くの人がホッとして気持ちが明るくなり救われるでしょう。

また「金の羅針盤座」はプライドの高いタイプですが、2023年はそのプライドを傷つけられるような出来事もあり、気持ちが沈んでしまうかもしれません。あなたの頑張りを奪っていくような人や、それほど努力していない人が評価されてしまうなど、ガッカリするような出来事もありそうですが、今年はまだあなたの順番ではないと思って、人のことは気にしないようにしましょう。ここで感情的になって転職したり、やる気を失ってしまってはこれまでの努力が無駄になってしまいます。納得いかない評価でも「お先にどうぞ」と譲るくらいの気持ちでいると良いでしょう。「傷つくようなプライドならいらない」と開き直ったり「プライドが傷つけられても死ぬわけでもない」と言えるくらい、自分を図太く鍛える年だと思っておきましょう。2023年は、頼りになる人に素直に甘えたり、相談したり話を聞いてもらうことも重要です。自分のために時間を使ってくれる人に感謝を忘れないようにしましょう。

今年は時間を見つけて、ヨガやエステをしたり、家でアロマやお香などを焚いて、リラックスできる空間や時間を作るようにしましょう。時には少し贅沢なホテルや旅館に泊まってのんびりすることもオススメです。普段ならなかなか行けない高級な美容エステに行ってみるなど、一流のサービスを受けてみると気持ちが楽になるでしょう。ただし美味しい物を食べすぎて胃腸の調子を崩したり、急激に太ってしまうこともあるので腹八分目を意識してください。

時間にゆとりがある時は料理をしたり、絵や文章を書いたり、クリエイティブなことに時間を使うといい気分転換になりそうです。オリジナルの料理を作ってみると思わぬ才能を発揮したり、絵や文章をSNSに上げてみたら高評価がついて満足することも。動画を撮って編集をしてみるのも楽しい時間になりそうです。ただし、料理は指の怪我や火傷に注意。SNSには心ない人もいるので、批評はされて当たり前だと思って受け流しましょう。

今年は、しっかり休んでしっかり疲れを取って、ホドホドに仕事をすることを目標にするといい運気です。ただし2023年が終わる時に「特に疲れもしないし、大したことのない1年だったな」と振り返るような過ごし方はやめましょう。ダラダラとのんきに過ごしてしまうと、過去3〜4年の苦労や努力を無駄にしてしまうことになります。2023年は体調に気をつけつつ、自分の得意なことや好きなことを見つけて、極める努力をしておきましょう。早い人だと2023年12月には風向きが大きく変わってくるのを感じるでしょう。ここを目標に自分磨きをしておけば、素敵な出会いや新しい恋にもつながります。健康を意識したダイエットや筋トレ、基礎代謝を上げる運動をするには良い年なので、無理のない程度に頑張っておきましょう。

今年にどれだけ必要とされるか、人との縁をどれだけつなぐことができるかが2024年に大きく影響してきます。何かお願いをされたら「押しつけられた」と思ってしまうマイナス思考をやめて、「これをお願いされるということは、これが自分の得意なこと？」とプラスに捉えてみましょう。2023年のあなたの努力をきっかけに、仲間との良い絆ができ、2024年の飛躍につながります。体調に気をつけつつ忙しさを楽しんで過ごすと良いでしょう。

開運のつぶやき ▶ ᴗᴗ 努力とは自分のためだけにするのではなく、恩返しのためにするもの。

恋愛運

今年出会う異性とは恋愛よりは友人モードで
2024年のモテ期に向けて自分磨きを

慌ただしい1年になるため、恋のチャンスがあってもタイミング悪く逃してしまいそうな時期。上手にスケジュールを管理して、少しの時間でも会えるように工夫をするのは良いことですが、疲れた顔でデートしたり体調が悪い時に遊びに出かけても、相手も気を使ってしまいそうです。あなたの様子からノリの悪さを感じた相手が「自分のことは好きではないんだろうな」と諦める原因になってしまうかも。恋人や気になる人とのデートは前夜にしっかり8時間以上寝たり、長時間にならないようにランチデートで終わらせたり、映画と食事だけのデートにするなど、疲れが出ないようなプランを考えてみましょう。お家デートも良いのですが、ダラダラ過ごすことで体調には問題がなくても精神的にイライラする原因になるので、帰りの時間を決めておくなどの工夫も必要でしょう。

新しい出会い運は、1月と12月が良いでしょう。1月は、昨年から仲良くなっている人がいれば、マメに連絡を取ってみるのがオススメ。相手からのアプローチを待つばかりで消極的なままだったり、相手の細かい欠点を気にしすぎると、いつまでも恋に発展しないので、ホドホドにするようにしましょう。また12月は、長い闇が終わり、急に光が差し始める時。年末にはあなたの人生を変えるような人や、大切な人を紹介してくれる人に出会える可能性があります。12月上旬には髪を切ってイメチェンしたり、服装も上品な感じにまとめて、恋愛を始める準備をしましょう。4月と6〜7月は、急展開で恋愛に発展する人が現れても、価値観の違いや相手との距離感の違いであっという間に気持ちが冷めて終わってしまいそう。素敵な人だと思ってもすぐに恋愛に発展させず、2024年まで友達のまま縁を温めておくとよさそうです。

「リフレッシュの年」で新しく出会って始まる交際は、相手が面倒な人だったり、精神的に頼りにならないような人だったり、あなたの心を乱すような残念な人の可能性が高いので、できるだけ様子を見てから交際に進むと良いでしょう。ただ、2023年の出会いは、リフレッシュのつもりで出かけた旅先のホテルや、気晴らしのために入ったお店や、体調がすぐれなくて受診した病院など思いがけないところにあります。予想もしない出会いから恋に発展することもあるので「ここで出会いがあるわけがない」と思い込まないで、しっかり相手を見るようにすると良いでしょう。

仕事が忙しくなってしまい、恋をする時間もデートに出かける時間もないくらい慌ただしい人も多いと思いますが、2024年には大きなモテ期がやってきます。今年1年は恋愛をしようと焦るよりは、異性を意識した生活を忘れないことや、健康的な生活を送るように心がけておいてください。相手との会話に困らないように情報を集めてみたり、興味のあることを掘り下げていろいろ調べてみることも大切です。「金の羅針盤座」は人見知りで、人が苦手なタイプが多いですが、いつまでもそこを言い訳にしないで、全ては2024年からのモテ期への準備のためだと思って、人との交流や付き合いを大切にしておくと良いでしょう。ネガティブな言葉や受け止め方をできるだけやめて、ポジティブな言葉を発するように意識して過ごしましょう。

開運のつぶやき ▶ 運気の良い日にイメチェンすることが大切。

結婚運

結婚の決断には不向きな1年
12月の素敵な出会いに期待を

「リフレッシュの年」は結婚を決断するには不向きな運気。特に2023年に出会った人と勢い任せで結婚するとトラブルが続いたり、体調を崩す原因になるほどストレスの溜まる結婚生活になる可能性も。すでに2022年に婚約していて、2023年の入籍が決まっている場合は問題ありませんが、その場合の入籍は1月が良いでしょう。1月を逃した場合は12月か、できれば2024年になってからの入籍がオススメです。

今年は忙しさや疲れから、相手の前で平常心でいられなくなったり、些細なことでイライラすることも増えてしまいそう。それが原因で相手の気持ちが離れてしまったり、相手の浮気の原因になってしまうこともあるので注意しましょう。仕事が多忙で恋人と会う時間が減ってしまいそうですが、それを嫌がるような相手だと「理解がない」「価値観が違う」と別れを考えてしまうこともあるかも。自分にも相手にも完璧を求めすぎないようにしましょう。

また今年は体調の変化が出る運気なので、授かり婚の可能性もあるでしょう。「金の羅針盤座」はルールや規則などをキッチリ守りたいタイプで順序を大切にするため、「デキ婚など絶対にしない」と思っているかもしれません。でも、あなたは真剣に将来を考えているのに相手がなかなか結婚に踏み込めないタイプだったり、既に同棲をして結婚を決めているけれどタイミングを逃しているようなカップルは、いいきっかけだと思ってみるといいでしょう。

そもそも「金の羅針盤座」は紹介やお見合いからの縁で結婚するかたちが良いタイプなので、年内の結婚にこだわらなければ、今年は体調に気をつけながらも仕事をしっかり頑張って、結果や努力を認められるような存在になることをオススメします。すると仕事関係者から人脈が広がって素敵な人に出会える可能性が高くなるでしょう。

仕事関係者からの紹介でいうと、1月に後輩や部下から飲み会などの誘いがありそうなので、面倒でも顔を出してみましょう。また、9〜10月はあなたの裏側にある「時計座」の影響を受けるため、情に脆くなってしまいそう。かわいそうな相手や頑張っている人を応援したくなったり、同情から関係を深めてしまう場合もあります。結婚とはほど遠い恋愛になってしまう可能性が高いので気をつけること。

期待できそうなのが12月です。忘年会などを主催していろいろな人に会ってみたり、話をする機会を作ってみると良いでしょう。その時に「いい人紹介しますよ」と冗談半分でも言われたら「お願いします」と素直に言えるようにしておくことが大事。妙なプライドを守ってしまうと縁もつながっていかないので、まずは周囲が良いと言う人に会ってみましょう。ただ、素敵な人と出会えても、会話が不慣れだったり盛り上がりに欠けてしまうとチャンスを逃してしまうかもしれません。今年はハッキリ物を言いすぎないようにして、ネガティブな発言は異性の前ではできるだけ少なくすること。何事も白黒ハッキリつけたがる部分もセーブして、少しはグレーゾーンを楽しむくらいの気持ちでいられるように訓練しておいてください。

まずは結婚を焦らないで、素敵な人を紹介してもらえるような生き方や考え方を心がけて、ポジティブな言葉を使うように意識して過ごしてみましょう。

開運のつぶやき ▶ 😎 明るく笑顔で、ポジティブな発言をしているだけで、人生はスムーズに進むもの。

仕事運

多忙で頑張りすぎてしまう恐れが
体調管理も仕事のうちと心得て

　求められることが増え、やるべき仕事が多くなり忙しい1年になる運気。特に物作りや技術職、手に職のある人にとっては充実した時期ですが、要求されるレベルが上がってしまったり、実力以上のことを任されてしまい、体力の限界や精神的な疲れに負けてしまいそうな時期でもあります。少人数や1人での仕事など、人との関わりが少ない仕事の場合はストレスは少なそうですが、人との関わりの多い仕事の場合は予想外に振り回されてしまう可能性があります。苦手な上司や先輩、取引先の無理難題、お客さんの理不尽な態度にイライラしたり、感情的になって仕事を投げ出したくなることもあるでしょう。

　真面目に仕事に取り組む姿勢は大切ですが、今年は、しっかり休んで疲れを溜めないことも仕事の1つだと思って過ごしましょう。限界を感じる前に、有休を使ってのんびりする日を作っておくのも良いでしょう。万が一、自分が体調を崩して現場を抜けたとしても支障のないように、周囲と連携をしておいたり、対応できる人材を育てておく必要もあるでしょう。

　1月は任される仕事が増えてしまう時期。求められたら全力で応えるのは良いことですが、あらかじめ納期までのスケジュールを考えて日程を計算しましょう。難しそうなら人を増やしてもらう交渉をするなど、少しでも負担を減らす工夫をするのも大切。プライドを守るために仕事を断ることができず、結局自分を苦しめてしまうこともあるので注意が必要です。

　2〜3月はつい頑張りすぎてしまう時期。そのせいで体調を崩してしまうとその後に響くので、この時期の残業や急な仕事は簡単に引き受けないほうが良いでしょう。どうしても断れない時は、半休を取ったり、休憩時間をしっかり取るなどして体調を崩さないようにしておくといいでしょう。4月と6〜7月にもあなたを信頼して任される仕事に恵まれます。ここは多少の無理をすればクリアできそうですが、温泉旅行やマッサージなど癒やしのための休日を決めておいてから仕事に取り組むと良いでしょう。

　5月は集中力が途切れてミスが増えてしまいそうです。大きな問題になるような失敗もあるので、再確認や最終チェックは怠らないようにしましょう。9〜10月は限界を感じて仕事を辞めたくなりそうですが、ここまで頑張ってきた努力を無駄にしないため、投げ出さないで流れに任せたほうが良いでしょう。12月には風向きが変わり、これまで頑張ってきて良かったと思えるような方向に進みます。本格的にやる気が出るきっかけが訪れそうです。

　仕事の悩みや疲れの原因の多くは、人間関係を作ることが苦手で、ネガティブに物事を捉えてしまう考え方の癖にあります。自分の考えや生き方のほうが正しいと決めつけたり、周囲で仕事をサボっていそうな人にイライラしないようにすることが大切です。相手の言葉をマイナスに受け止めすぎていないか、自分の発言がネガティブに聞こえていないか、冷静に判断する必要があるでしょう。生きていればソリの合わない人もいるので、すべての人に合わせなくても構いませんが、「相手にも相手なりの事情や立場があるから仕方がない」と考えることも必要です。仕事が完璧にできない人がいればその先の成長を楽しみにしたり、教える工夫をしてみたり、前向きに捉えて過ごしましょう。

開運のつぶやき ▶ イライラした時ほど「おかげさま」と思う練習をしてみると、気持ちが楽になる。

買い物・金運

大きな買い物や引っ越しは避けたほうが無難
勉強のつもりで少額の投資をスタートして

仕事の忙しさの割には収入面のアップは少ないため、不満やストレスにつながりそうですが、まずは現状に感謝することが大切です。2024年からは徐々に金運がアップしてくるので、現在の仕事を続けておくと良いでしょう。「金の羅針盤座」はお金の管理や運用の才能を持っています。今年は忙しくてお金の勉強をする時間がないかもしれませんが、移動時間や寝る前の10分などの隙間時間に、お金に関わる本を読んでみると、何をするべきか簡単にわかってくるでしょう。簿記の資格まで取得するほどではなくても、家計簿をつけたりお小遣い帳をつけるなどすると、お金の管理の面白さがわかってくるはず。少額からでいいので投資信託やNISA、つみたてNISAなどを始めてみるのもオススメです。「解放の年」となる2024年からは金額を少しずつ増やしていけそうなので、2023年はまずは勉強のつもりで、生活に支障のない範囲で試してみましょう。

今年は長く使う物や長期保有する物の購入は避けたほうが良いでしょう。特に車やバイク、自転車は、事故の原因やその後の運命を狂わせる原因にもなるので、購入はしないように。車の免許取得も、今年はできるだけ避けたほうが無難です。どうしても車の購入が必要な場合は、家族の中で運気のいい人に選んでもらうと大きな不運を避けられるでしょう。予算だけを伝えて、車種や色などはお任せにして、選んでもらいましょう。

他にも引っ越しはオススメできる時期ではありません。できれば2024年まで延期して、それまではお金を貯めておきましょう。転勤や転職、学校の関係など、どうしても引っ越しが必要な場合は、1月か12月であれば良さそう。ただ、2023年に住み始めた場所には長く住まないほうがいいので、2024年か2026年にまた引っ越しをするといいでしょう。家やマンションの購入は、2022年にすでに決まっている場合は問題ないので、☆（開運の日）、◎（幸運の日）、●（解放の日）の日に引っ越しをすると良いでしょう。

2023年は予想外の怪我や病気での出費が増えてしまう可能性があります。体調を崩してから出費するよりも、健康への投資と思って、事前に疲れを取ったり、遊びに行ってストレス発散をするほうが楽しくお金を使えるはず。ケチケチしないで自分の体のために良いと思えることをいろいろやっておきましょう。マッサージや整体、タイ古式マッサージなどに行ってみたり、パーソナルトレーナーのいるスポーツジムでストレッチを教えてもらうのも良いでしょう。ただし、運動はホドホドに。激しい運動をすると怪我をしやすい運気なので、少し汗を流す程度がオススメです。温泉やスパ、エステなどに行って、少し贅沢な時間を楽しんでみるのもリフレッシュになります。一流のサービスを受けてみると勉強にもなるので、自分へのご褒美の時間を楽しんでみると良いでしょう。

「金の羅針盤座」は人付き合いが苦手で、人間関係が疲れの原因になることが多いですが、2023年は一緒にいると笑わせてくれる友人や知り合いと遊んだり交流を持ってみましょう。マイナスなことばかり考えていると金運アップにもつながりません。思い切ってポジティブな人を食事や遊びに誘ってみると、ストレス発散になる上、良い影響を受けられるでしょう。

開運のつぶやき ▶ 👓 占いは「行動ありき」であり、行動するきっかけに使うもの。

美容・健康運

健康診断や歯科検診で体のメンテナンスを
お笑い番組やエステでリフレッシュ

2023年、最も注意してほしいのが健康運です。特に2022年に少しでも体調を崩している人は注意が必要。異変や痛みを感じる部分があっても「気のせいかな」と思って受診していなかった人は、早めに病院で検査をしてもらったり、人間ドックに行って調べてもらいましょう。また、検査をして問題がなかったという場合でも、念のためセカンドオピニオンを受けると良いでしょう。他の大きな病院で検査をしてもらったり、評判のいい先生のいる病院を紹介してもらいましょう。会社での健康診断がある人はそれほど問題はないと思いますが、しばらく健診を受けていない人は1月か遅くても7月までには検査に行くようにしてください。しばらく歯の治療に行っていない人は検査に行って歯石を取ってもらったり、ホワイトニングをすると良いでしょう。

また、2023年は忙しさと人間関係の疲れから胃腸の調子が悪くなりやすいので、ストレスが溜まったからといってやけ食いはしないこと。特に甘い物やお菓子を食べすぎてしまいやすいので1日の量を決めたり、寝る前や間食は控えるようにしましょう。鼻炎や気管、呼吸器系の病気にもなりやすい時期です。春は「花粉症かな」と思っていたら風邪がひどくなってしまったり、蓄膿症になってしまったり、軽い咳だと思っていたら気管支炎になっているなど普段なら悪化しないようなところでも注意が必要になるでしょう。

真面目なタイプなので医者の言うことをしっかり聞けるのはいいことですが、医者や薬に頼りすぎないことも大事。「この薬さえ飲めば大丈夫」と薬だけに頼って健康管理をおろそかにしないようにしてください。不調を感じても「これくらい大したことない」と思って動き回って治りが遅くなったり、薬の副作用で逆に体調が悪くなってしまう場合もあります。シャワーだけでなくバスタブにしっかり浸かって、睡眠時間を8時間は取れるように生活習慣を整えたり、寝る前の1時間はスマホを見ないようにして睡眠の質を高める工夫もしましょう。朝はカーテンを開けて日差しを入れて、15分でもいいので散歩をする習慣を身につけるのもオススメです。「金の羅針盤座」はそもそも体力はあるほうですが、今年はダイエットや筋トレを頑張りすぎないでください。無理せず続けられ、軽く汗を流すくらいの運動にしておきましょう。スポーツジムでパーソナルトレーナーをつけて、ストレッチ方法や健康的な体作りのアドバイスを受けるのもオススメです。

2023年は原因不明の肌荒れに悩まされる人もいるでしょう。これまで肌の調子を崩したことのない人でもコンディションが悪化しやすいので、美肌のエステに行ってみたり、スキンケアには気を使って過ごしてください。9〜10月は特に肌が弱くなるので食事のバランスに気を配り、ビタミンやミネラルをたっぷり摂りましょう。「金の羅針盤座」は、精神的に疲れやすいところがあるので、お笑い番組や動画、コメディー映画や落語、お笑いのライブなどを観に行ってたくさん笑ってみると心も体も一気にリフレッシュします。動画をダラダラ見ていると疲れるので、周囲にいるお笑いに詳しい人に「絶対笑える漫才あります？」などと聞いてみるといいでしょう。時間がある時は寄席やお笑いライブに足を運んでみると良いでしょう。

開運のつぶやき　▶　つまらないと思った時ほど、笑顔を忘れないように。

親子・家族運

家族にマイルールを押しつけるのはやめて
相手の良いところを見つめて感謝を

「金の羅針盤座」は家族のルールや規律を作ることが多く、片付けや掃除、洗濯、起床時間などいろいろキッチリしたいこだわりを家族にも押しつけてしまいがちです。ある程度できているだけでは満足できず、完璧を求めすぎるところから、家庭が気まずい空気になってしまうことも。しかもその空気を読むことはなく「自分が正しい」と決めつけるところもあるタイプです。そんなふうにしっかり者で几帳面なあなたが、2023年は疲れから体調を崩して、計画通りに家事や家庭のことができなくなって焦りそう。そんな時に協力してくれない家族にますますイライラして喧嘩や言い合いになってしまうこともありそうです。実際はあなたの作った規則を守らなくてもそんなに大きな問題にはならないはず。楽観的に物事を考える訓練の時期だと思っておくと良いでしょう。

また家族から体調の異変を指摘された場合は、早めに病院に行きましょう。「顔色悪くない？」「肌荒れてない？」「息が臭くない？」「変な体臭してない？」など、一瞬「失礼な！」と怒ってしまうような発言に、病気の兆候が隠れている可能性があります。今年は「いつもと違う感じがしたら、ハッキリ言って」と家族にお願いしておくと、大きな病気を未然に防ぐことができそうです。

夫婦関係では、疲れから相手の雑なところが目についてしまい喧嘩が増えたり、ハッキリ言いすぎてしまうので気をつけましょう。「金の羅針盤座」はせっかく綺麗に整えた場所はちょっと散らかされるだけでもイラッとくるタイプですが、これまでなら優しく言えたことも強く言いすぎてしまうことや論破するような形にな

ってしまうので気をつけてください。2023年はパートナーに何かと手助けをしてもらったり、協力してもらうことが増えるので、相手の良い部分を褒めて仲良くしておきましょう。2人で美味しい物を食べに行くと会話が弾むので、話題のお店やホテルでディナーなどをすると良い関係を保てそうです。

お子さんとの関係は、忙しくなるため接する時間が短くなり、これまで以上に厳しくなって、急かしすぎてしまいそう。思い通りにならない状況に我慢できずイライラしそうですが、親子だとしても別の人間です。相手はロボットではないので、子どもの生き方や考え方を尊重する気持ちを忘れないでおきましょう。また、子どもに見返りを求めると、ガッカリして不機嫌の原因にもなるので気をつけましょう。

両親とは、親孝行を兼ねて一緒に温泉旅行やリフレッシュの旅に出かけると良いでしょう。2023年は多忙で、会う機会は減ってしまいそうなので、意識して時間を作るようにしてください。行く場所から集合時間、移動の時間、観光スポットなどあなたがキッチリ決めたほうが満足度も高くなりますが、両親の歩くスピードを考慮したり、ハードすぎて逆に疲れを溜めないように気をつけたり、余裕のある予定を組んであげるとなお良いでしょう。

これまではあなたが家庭を守り、規則正しい生活を送れるようにサポートしてきたと思います。2023年はゆとりを持って、少しくらい予定と違っていても許すくらいの気持ちでいることが大事。何よりも家族のおかげで仕事を頑張れたり、体調の崩れを回避できる面もあるので、感謝を忘れないように過ごしましょう。

開運のつぶやき ▶ 👓 他人を許して、自分も許すと楽になる。過去の自分を許すことは大切。

年代別 アドバイス

世代が違えば、悩みも変わります。
日々を前向きに過ごすためのアドバイスです。

年代別アドバイス 10代
うっかりの怪我をしやすい年。遊びに行った先でドジな怪我をしたり、疲れのせいでニキビができたり肌が荒れてしまうことがあるでしょう。交友関係では正論を言いすぎて距離を空けられてしまったり、人間関係が面倒になってしまうかも。「なんで理解してくれないんだろう？」と思ってしまうこともありそう。SNSでの交流の方が、良い距離感で仲良くなれる人が出てきたり、アートやクリエイティブの才能を評価してくれる人が現れそうです。

年代別アドバイス 20代
仕事でも恋でもプライベートでも、人間関係でイライラしたりトラブルが増えてしまいそう。自分が正しいと思うとストレートに言い過ぎたり、正論を突きつけてしまうことがあるので気をつけましょう。疲れからのイライラも重なってしまうので、平常心を意識することが大事。ストレス発散のためにスポーツをすると良いですが、頑張りすぎて怪我をしないように。恋愛では、恋人に対して優しい言葉を意識しておきましょう。

年代別アドバイス 30代
疲れでイライラして平常心が保てなくなりそうな年。思ったよりもきつく聞こえてしまう言い方をしてしまったり、逆に相手からの言葉をマイナスに受け止めすぎてしまいそう。心身共に疲れているときなので、マメに休んだり好きな音楽を聴いたり、趣味の時間をしっかり作っておくと良いでしょう。いろいろ任される年ですが、自分がやるべきことなのか他の人にお願いすべきことなのか、冷静に判断してから引き受けるようにしましょう。

年代別アドバイス 40代
スタミナ不足を感じるなど疲れやすくなっている実感が湧きそうな年。家でできる筋トレやスクワットや軽いランニングなどをして鍛えておく必要があるでしょう。人間関係でのトラブルも起きやすいですが、許す気持ちを忘れないようにして、自分も他人も完璧ではないと思っておきましょう。過度に期待してガッカリするよりも、思ったよりもできたと思えるようにすると良いでしょう。相手の良い部分を見るように意識して過ごしましょう。

年代別アドバイス 50代
体力の低下や老いを感じる年。首や腰の痛み、肩こりに悩むことがありそう。ストレッチや軽い運動をマメにやっておくと良いでしょう。若い人に自分の考えをストレートに言いすぎると、「パワハラ」「モラハラ」と言われてしまうこともあるので、自分が正しいと思ったときほど言葉を選ぶようにしましょう。気分転換に以前から行きたかったホテルや旅館に行ってのんびりすると良いでしょう。

年代別アドバイス 60代以上
体調に少しでも異変を感じるときは、早めに病院に行くようにしましょう。もともと体が丈夫なタイプですが、自分の判断で「問題ない」と思い込んでいると、大きな病気や手術になったり、命に関わる場合もあるので気をつけましょう。生真面目で規律正しく生きるタイプですが、甘えたりサボったりしたい本音の部分を出していい年齢です。何事も「まあいいか」と言って、周囲が驚くくらい楽観的になってみると体調も良くなってくるでしょう。

命数別2023年の運勢

【命数】 1

ネガティブな頑張り屋

基本性格

負けず嫌いな頑張り屋。人と仲よくなることが得意ですが、本当は人が苦手。誰とでも対等に付き合いたいと思うところはありますが、真面目で意地っ張りで融通の利かないところがあり、人と波長を合わせられないタイプ。生意気な部分が出てしまい、他人とぶつかることも多いでしょう。心が高校1年生から成長しておらず、さっぱりとした性格ですが、ネガティブなことをすぐに考えてしまうところがあるでしょう。

持っている星

★負けを認められない星
★空気が読めない星
★頑張りすぎる星
★スポーツをするといい星
★友達の延長の恋の星

開運3カ条
1. 負けを認める
2. 素直に謝る
3. しっかり働いてしっかり休む

2023年の総合運

今年は素直に負けを認めて、道をライバルに譲るくらいの気持ちが大切。負けず嫌いなので、悔しい思いをするかもしれませんが、2024年以降に追いつき追い越せるので、焦らず少しペースを落としてみるといいでしょう。ここで頑張りすぎると、ガソリン切れになって今後走りきれなくなってしまうと思っておいてください。健康運は、胃腸が弱くなりやすいので、乳酸菌や発酵食品を意識して摂りましょう。

2023年の恋愛＆結婚運

生意気なことを言ってしまい、いい感じの恋に急ブレーキがかかってしまうかも。疲れからイライラしやすくなって、余計な一言が出る場合もあるので、注意しておきましょう。また、謝らない癖を直さないと今後も幸せになれません。恋人とケンカしたときなど、「謝りたくない」と思った場面ほど謝るようにしましょう。結婚運は、相手があなたの頑張りを認めてくれて向上心のある人なら、今年の12月から2024年にかけて結婚の話を盛り上げてみるといいでしょう。

2023年の仕事＆金運

仕事に集中しているときが、もっとも充実していると感じるタイプですが、今年は頑張りすぎて体調を崩してしまうことがありそうです。しっかり仕事をしたら、しっかり休むよう意識しておきましょう。今年は、周囲と協力することもとても大切になってきます。自分ひとりで結果を出そうとしないで、ときには人を頼るといいでしょう。周りの人への感謝の気持ちをもち、あなたが仲間に協力することも忘れないように。金運は、温泉でゆっくりしたり、マッサージに行ったりと、疲れをとることにお金を使いましょう。

ラッキーカラー 淡い水色　オレンジ　**ラッキーフード** ぶり大根　ほうれん草のおひたし　**ラッキースポット** 書店　フラワーショップ

【命数】 2

チームワークが苦手な野心家

基本性格

頭の回転が速く、何事も合理的に進めることが好きなタイプ。表面的な人間関係は築けますが、団体行動は苦手で好き嫌いが激しく出てしまう人です。突然、大胆な行動に走ってしまうことで周囲を驚かせたり、危険なことに飛び込んでしまったりすることもあるでしょう。ひとりでの旅行やライブが好きで、ほかの人が見ないような世界を知ることも多いはず。他人の話を最後まで聞かないところがあるので、しっかり聞くことが大事です。

持っている星

★合理主義の星
★追いかける星
★派手な星
★内弁慶の星
★話を最後まで聞かない星

開運3カ条
1. 相手の生き方を尊重する
2. 恋に刺激を求めない
3. 先走って行動しない

2023年の総合運

あなたのテンポと合わない人と一緒にいる時間が増え、周囲がモタモタしているように感じて、イライラしそうな年。世の中には要領の悪い人や遠回りをするタイプもいるので、自分の考え方ややり方だけが正しいと思い込まないようにしましょう。気分転換に旅行やライブに行くとよさそう。早めに計画を立てておくといいでしょう。健康運は、独自の健康法が逆に体調を崩す原因になることがあるので、気をつけましょう。

2023年の恋愛＆結婚運

今年の恋は、あなたには刺激的すぎたり、残念な結果になりそうなのでオススメできません。ただ、一度恋心に火がつくと、「占いなんて関係ない」と都合の悪いことは無視して飛び込んでしまいそう。一瞬は盛り上がっても、ストレスのたまる相手だったり価値観がまったく違ったりで、ケンカが絶えなくなることも。結婚運も、話を進めるには不向きな運気ですが、周囲が止めると逆に盛り上がってしまいそう。これまでの自らの行動を振り返って、自分だけの判断で動く怖さを思い出してみましょう。

2023年の仕事＆金運

判断能力が高く、合理的に考えられるタイプですが、今年は疲れから判断ミスをしたり、思い通りに進まない感じが増えて、落ち込むことがありそうです。自暴自棄になって、突然転職や離職に走るなど、無謀な行動をとることがあるので、冷静に判断するよう心がけましょう。今年は仕事はほどほどにして、旅行やライブに行く機会を増やしてもよさそう。金運は、欲張ると逆に大損するので、安易な儲け話には注意しましょう。

ラッキーカラー 黒　オレンジ　**ラッキーフード** チキンカレー　アスパラベーコン　**ラッキースポット** 公園　避暑地

【命数】3

上品でもわがまま

基本性格

陽気で明るく、サービス精神が旺盛。常に楽しく生きられ、上品な感じを持っている人です。人の集まりが好きですが、本音は人が苦手。ポジティブなのにネガティブと、矛盾した心を持っています。真面目に物事を考えるより楽観的な面を前面に出したほうが人生がスムーズにいくことが多く、不思議と運を味方につけられるでしょう。自分も周囲も楽しませるアイデアが豊富ですが、空腹になると何も考えられなくなりがちです。

持っている星

★気分屋の星
★エロい星
★サービス精神の星
★ダンスをするといい星
★スキンシップが多い星

開運3カ条

1. 「正しい」よりも「楽しい」ことを考える
2. ノリで恋に進まない
3. 気分で仕事をしない

2023年の総合運

「金の羅針盤座」のなかで、もっとも楽観的に物事を考えられるタイプですが、今年は疲れやすく些細なことでイラッとしてしまいそうです。イライラしたら、「まあいいや」と言葉にしてみると気持ちが楽になるでしょう。この1年は「正しさ」よりも、「自分も周囲も楽しめることは何か」を考えて行動してみて。健康運は、食べすぎや運動不足で体重が増えそうです。鼻炎になったり気管系も弱くなるので、異変を感じたら早めに病院に行きましょう。

2023年の恋愛&結婚運

今年の恋は、体だけの関係で終わってしまったり、残念な別れ方をすることになりそうなので注意が必要です。とくに、ノリがいいだけの相手と深い関係になると、痛い目に遭う可能性が高いため、軽はずみな行動には気をつけましょう。今年はダンスやヨガなどをして、健康的な体をつくりながら、自分磨きをしておくといいでしょう。本を読んで知識を増やすと、のちの恋にも役立ちそう。結婚運は、授かり婚率がかなり高い年なので、相手選びを間違えないようにしましょう。

2023年の仕事&金運

疲れから詰めが甘くなってミスが増えたり、気分で仕事をしていることが周囲に伝わってしまいそうです。「自分が正しい」と思い込んでいると現状がつらくなってしまうので、自分のいい加減な部分を素直に認めることが大切です。自分の機嫌は自分でとり、不機嫌な態度を出さないよう心がけましょう。金運は、使う金額を事前に決めておくように。勢いで買い物をするのはやめましょう。また、ストレス発散での甘いものの買いすぎには気をつけること。

ラッキーカラー ターコイズブルー　ピンク　**ラッキーフード** 雑穀米　なめこの味噌汁　**ラッキースポット** プラネタリウム　動物園

【命数】4

余計なひと言が多い真面目な人

基本性格

何事も素早く判断できる頭の回転が速い人。短気なところもありますが、おしゃべりが好きで勘が非常に鋭いタイプ。人情家で情にとてももろい人ですが、人間関係を作るのがやや下手なところがあり、恩着せがましい面や自分が正しいと思った意見を押しつけすぎてしまうクセがあるでしょう。感性が豊かで芸術系の才能を持ち、新しいアイデアを生み出す力もあります。寝不足や空腹で、簡単に不機嫌になってしまうでしょう。

持っている星

★情にもろい星
★情から恋に発展する星
★センスがいい星
★勘で買う星
★恩着せがましい星

開運3カ条

1. 言われてうれしい言葉を選ぶ
2. 情に流されない
3. 体力づくりをする

2023年の総合運

スタミナ不足を感じたり、疲れがたまりやすい年。些細なことでイラッとしたり、短気を起こしてしまいそう。言葉もキツくなりやすく、ストレートに言いすぎて人間関係がこじれてしまうことも。面倒なことに巻き込まれてストレスがたまる場合もあるので、人に泣きつかれても情に流されず、ダメなときはハッキリ断りましょう。健康運は、体の異変をそのままにしていると、手術することになる可能性が。早めに病院に行くようにしましょう。体力づくりも大切な時期です。

2023年の恋愛&結婚運

一目惚れをしたり、自分の直感を信じて恋をするタイプですが、今年は直感が外れたり、いいところまで進めても口ゲンカや余計な一言が原因で関係が終わってしまいそう。「自分が正しい」と思っても言いすぎないで、もっと相手の気持ちを想像して言葉を選ぶようにしましょう。9月か10月あたりの「かわいそう」からはじまる恋は、後悔することになるので気をつけること。結婚運は、恋人に恩着せがましいことを言うと、結婚が遠のきます。日ごろから相手に感謝を伝えるようにしましょう。

2023年の仕事&金運

要求されることが増えますが、体力的な限界を感じそうです。無理せず力を温存したり、日ごろから体力づくりをしておくのも「仕事のひとつ」だと思っておきましょう。また、周囲に強く言いすぎて人間関係で苦労することも。言葉ひとつで人は変わるものなので、相手を上手に動かす言葉や、自分が言われたらついつい手伝いたくなるような言葉を選ぶようにしましょう。その際、品を意識することも大切です。金運は、情に流されてお金を貸さないように。ストレス発散での浪費にも注意が必要です。

ラッキーカラー クリーム色　ブルー　**ラッキーフード** ニラ玉　じゃがいもグラタン　**ラッキースポット** フラワーショップ　劇場

ネガティブな情報屋

【命数】

5

基本性格

多趣味・多才でいろいろなことに詳しく、視野が広い人。根は真面目で言われたことを忠実に守りますが、お調子者のところがあり、適当なトークをすることがあります。一方で、不思議とネガティブな面もある人。おもしろそうなアイデアを出したり、情報を伝えたりすることは上手です。好きなことが見つかると没頭しますが、すぐに飽きてしまうところも。部屋に無駄なものが集まりやすいので、こまめに片づけたほうがいいでしょう。

持っている星

- ★商売人の星
- ★都会的な人が好きな星
- ★計画を立てる星
- ★お酒に注意の星
- ★多才な星

開運3カ条

1. 仕事では安請け合いをしない
2. お酒の席に注意する
3. 予定を詰め込まない

2023年の総合運

周囲から求められることも自分の興味があることも増え、予定がいっぱいになるので、過労に注意が必要な年。遊びや趣味の時間、飲み会への参加頻度などを例年よりも減らし、ゆっくりする時間をつくりましょう。あなたが思っている以上にやるべきことが増えたり、段取り通りに進まない状況になるので、計画はゆとりをもって立てておくといいでしょう。健康運は、膀胱炎に要注意。お酒が好きな人は、今年は休肝日をつくるか、お酒をやめたほうがよさそうです。

2023年の恋愛&結婚運

仕事のストレス発散や、みんなをねぎらう集まりなどのお酒の席で気持ちが緩み、ふだんなら興味のない人と関係が深まって後悔しそうな年。疲れからの判断ミスで薄っぺらい人に引っかかってしまうこともあるので、冷静に相手を見極めるようにしましょう。今年は周囲からの評判や意見を聞いて、異性を見る目を鍛える年にしましょう。結婚運は、結婚後のために貯金をしたり、来年に向けて計画を立てるといいときです。

2023年の仕事&金運

予定以上に忙しくなりそうな年。安請け合いをすると大変なことになるので、今年はスケジュールに余裕をもって仕事に取り組みましょう。職場の人との交流も大切になる時期ですが、連日、睡眠時間を大幅に削ってまで、無理して付き合わないように。金運は、ストレス発散で買い物をするのはいいですが、不要なものや高価なものをローンで購入すると、のちに生活が苦しくなるので気をつけましょう。

ラッキーカラー ホワイト　マリンブルー　**ラッキーフード** ニラもやし炒め　寿司　**ラッキースポット** 書店　温泉

謙虚な優等生

【命数】

6

基本性格

真面目でおとなしく、出しゃばらない人。やや地味なところはありますが、清潔感や品格を持ち、現実的に物事を考えられて、謙虚な心で常に1歩引いているようなタイプ。他人からのお願いが断れなくて便利屋にされてしまう場合もあるので、ハッキリ断ることも必要です。自分に自信がないのですが、ゆっくりじっくり実力をつけることができれば、次第に信頼、信用されるでしょう。臆病が原因で、交友関係は狭くなりそうです。

持っている星

- ★真面目でまっすぐな星
- ★押されたらすぐ落ちる星
- ★ネガティブな星
- ★小銭が好きな星
- ★自信がない星

開運3カ条

1. ワガママを受け入れすぎない
2. 限界を感じる前に助けを求める
3. 好きな音楽を聴いてのんびりする

2023年の総合運

お願いされると簡単に断れずにドンドン責任を背負ってしまうタイプですが、今年は受け入れすぎに注意しましょう。もともと、プライドの高さよりも自信のなさが勝ってしまうところがあるあなた。「断ると相手に迷惑をかけてしまうかも」などとマイナスに考えて頑張ると、今年は限界を感じてしまいそう。断るときはハッキリ伝え、限界がくる前にしっかり休みましょう。健康運は、ストレスが肌に出たり、精神的に参ってしまうかも。好きな音楽を聴くといいでしょう。

2023年の恋愛&結婚運

もともと押し切られると弱いタイプですが、今年は疲れやさみしさもあり、危険な人や振り回す人に近づいてしまいそう。判断力が落ちているので、ひとりで決めずに周囲の意見を聞いたり、「友人までの関係」くらいで止めておいたほうがよさそうです。告白されても、「断って嫌われたらどうしよう」と遠慮して相手に合わせすぎると、ストレスになるので気をつけましょう。結婚運は、2024年に結婚できると信じ、自分磨きをして笑顔で明るく過ごしておくといいでしょう。

2023年の仕事&金運

上司や役員など、断りにくい人から仕事を振られたり、急な案件をお願いされてしまいそうな年。限界まで仕事を詰め込んだり、体調を崩すまで頑張りすぎないように。無理なときはハッキリ断ることや、周囲に協力してもらうことも大切です。助けてもらうことは悪いことでも恥ずかしいことでもないので、素直に周囲に頭を下げてお願いしてみましょう。金運は、温泉やスパ、マッサージなど、体のケアのためにお金を使うといいでしょう。

ラッキーカラー 水色　ホワイト　**ラッキーフード** もつ鍋　ほうれん草のバターソテー　**ラッキースポット** 海　水族館

ラッキーカラー、フード、スポットはプレゼントやデート、遊ぶときの口実に使ってみて

【命数】7 おだてに弱い正義の味方

基本性格

自分が正しいと思ったことを貫き通す正義の味方のような人です。人にやさしく面倒見がいいのですが、人との距離をあけてしまうところがあります。正しい考えにとらわれすぎてネガティブになってしまうことも。行動力と実行力はありますが、おだてに弱く、褒められたらなんでもやってしまうところもあります。基本的に雑でドジなところがあるので、先走ってしまうことも多いでしょう。

持っている星
- ★正義の味方の星
- ★恋で空回りする星
- ★行動が雑な星
- ★褒められたらなんでもやる星
- ★細かな計算をせず買い物する星

開運3ヵ条
1. 「自分が正義」と思わない
2. 周りをほめる
3. 雑な行動をしない

2023年の総合運

「自分が正しい」と思ったら突き進むタイプですが、今年はそのパワーが切れてしまうので、充電が必要。発言を適度に抑えないと、自ら責任を背負いすぎて体調を崩すこともあるので気をつけましょう。ハッキリものを言いすぎたり、自分の価値観を周囲に押しつけすぎて、人間関係が気まずくなってしまうことも。「自分が正しいなら相手も正しい」と忘れないようにしましょう。健康運は、膝、足、腰に注意。のどの調子も崩しそうです。

2023年の恋愛&結婚運

好きな人に積極的になるのはいいですが、今年は例年以上に空回りしたり、タイミングが悪い感じになってしまいそう。自分ではていねいなつもりでも、雑な伝え方になっていたり言葉選びに失敗しやすいので、相手が困らないような伝え方や言い方をもっと考えるといいでしょう。また、疲れているときに押し切られて関係を深めると、面倒な相手だとわかって後悔する可能性があるため気をつけること。結婚運は、勢い任せで結婚を決めると大変なことになるので、慎重に進めましょう。

2023年の仕事&金運

自分のやり方を押し通すのもいいですが、周囲からもっとよい方法や効率のいいやり方を教えてもらったら、素直に耳を傾けましょう。聞く耳をもたないでいると、「この人には何を言っても無駄」と思われて、自ら苦労や無駄な作業を増やしてしまいます。また、上司や偉い人からおだてられて無理な仕事を引き受け、周囲に迷惑をかけてしまうこともあるので気をつけましょう。金運は、ケガで出費が増えてしまうことがありそう。交際費はケチケチしないようにしましょう。

ラッキーカラー 淡いグリーン ホワイト
ラッキーフード カレーうどん コロッケ
ラッキースポット 海 美術館

【命数】8 上品で臆病な人

基本性格

真面目で上品、挨拶やお礼などの常識をしっかり守る人。ルールやマナーにもうるさく、できない人を見るとガッカリしてしまうことも。繊細な性格でネガティブな考えが強く、勝手にマイナスに考えてしまうところもあります。その点は、あえてポジティブな発言をすることで人生を好転させられるでしょう。臆病で人間関係は苦手。特に、初対面の人と打ち解けるまでに時間がかかることが多いでしょう。

持っている星
- ★上品な星
- ★品のある人が好きな星
- ★マイナス思考な星
- ★肌と精神が弱い星
- ★人が苦手な星

開運3ヵ条
1. 他人に完璧を求めない
2. リアクションをよくする
3. スキンケアをしっかりする

2023年の総合運

心身ともに疲れやすい年。精神的な疲れがたまりやすくなり、周囲の雑な振る舞いや品のない言動にイライラしそう。あなたには常識でも、他人にとってはそうではないので、相手の成長を温かく見守ることも大切です。人間関係が疲れの原因になりやすいので、「人見知りだから」と言って逃げていないで、すべての人のいい部分やおもしろいところを探してみましょう。健康運は、肌が荒れたり、ストレスで体調を崩しそう。好きな香りを嗅いだり、エステに行くといいでしょう。

2023年の恋愛&結婚運

今年は、あなたの心身を疲れさせるような人のことが気になったり、思い通りに関係が進まなかったりしてイライラしそう。相手の嫌なところが目についたり、完璧を求めすぎて素敵な人でも嫌いになってしまうことも。「さみしいから」で交際に進むと面倒なことになりそうなので、「友人くらいの距離感」でいるほうがいいでしょう。リアクションをよくすると、2024年にいい縁ができそうです。結婚運は、理想を高くしすぎず現実的な人を想像しておきましょう。

2023年の仕事&金運

完璧に仕事をしたいタイプですが、疲れからミスが増えたり、実力以上の仕事を任されて焦ってしまうことがありそう。見栄を張らないで、ときには周りに協力をお願いしてみましょう。困ったときに知恵を借りるためにも、ふだんから日常会話を増やしてコミュニケーションをとったり、挨拶やお礼は自ら進んですることが大切です。旅行のお土産を渡すなど、会話のきっかけになりそうなことをするのもいいでしょう。金運は、周りの人がよろこぶことにお金を使うといいでしょう。

ラッキーカラー 水色 オレンジ
ラッキーフード 鯛めし 卵サンド
ラッキースポット 書店 庭園

ラッキーカラー、フード、スポットはプレゼントやデート、遊ぶときの口実に使ってみて

上品な変わり者

【命数】

9

基本性格

ほかの人とは違う生き方を自然としてしまう人。周囲から「変わっている」と言われることがありますが、自分では真面目に過ごしていると思っています。理論と理屈が好きですが、屁理屈や言い訳が多くなってしまうタイプ。芸術系の才能や新たなことを生み出す才能を持っているため、天才的な能力を発揮することも。頭はいいですが熱しやすく冷めやすいため、自分の好きなことがわからずにさまよってしまうことがあるでしょう。

持っている星

★発想力がある星
★恋は素直になれない星
★海外の星
★束縛から逃げる星
★時代を変える星

開運3カ条
1. 食事のバランスを整える
2. 突然物事を投げ出さない
3. 軽い運動をする

2023年の総合運

我慢することが増えたり、縛られているように感じて現状を投げ出したくなる年ですが、「この1年の辛抱」だと思って無謀な行動には走らないようにしましょう。自分の屁理屈を「正論」として押し通してばかりいると、人間関係でつまずいて疲れてしまうことも。周りの人の個性を認めることで、あなたの才能も認められはじめるでしょう。健康運は、目の疲れや肩こりに悩みそうなので、軽い運動をして食事のバランスを整えるようにしましょう。

2023年の恋愛&結婚運

恋愛に興味が薄いタイプなので、忙しくなって恋の時間が減っても気にならないと思いますが、今年は、あなたを束縛する人や支配するような人に出会いそうなので注意が必要です。結果的に苦しい思いをしたり、残念な気持ちになるだけなので、好奇心に火がついても勢いでの行動は控えること。今年は自分に見合う人や、一緒にいて楽な人はどんな人か観察しておきましょう。結婚運は、「結婚は、束縛することではなく、ともに苦労する人と一緒になること」と思って相手を見るといいでしょう。

2023年の仕事&金運

好きな職業に就いている場合は、忙しくも充実の1年になります。興味がない仕事をとりあえず続けている人は、忙しさが苦痛になって転職したい気持ちが強くなり、後先考えずに離職してしまいそう。今年転職をしても同じことの繰り返しになるので、2024年の夏までは、いまの職場で頑張ったほうがいいでしょう。金運は、金額を気にせず独自の価値観で買い物をしてしまい、浪費しやすいので気をつけること。おもしろがってお金の勉強をしてみるのがオススメ。

ラッキーカラー ラベンダー　ホワイト　**ラッキーフード** うな重　しょうがご飯　**ラッキースポット** 病院　劇場

真面目な完璧主義者

【命数】

10

基本性格

常に冷静に物事を判断できる、落ち着いた大人っぽい人。歴史や芸術が好きで、若いころから渋いものにハマるでしょう。他人に興味がなく、距離をあけてしまったり、上から目線の言葉が自然と出たりするところも。ひとつのことを極めることができ、職人として最高の能力を持っているので、好きなことを見つけたらとことん突き進んでみるといいでしょう。ネガティブな発想になりすぎてしまうのはほどほどに。

持っている星

★プライドが邪魔する星
★専門職の星
★知的好奇心の星
★年上に好かれる星
★教える星

開運3カ条
1. 「自分も相手も70点でいい」と思う
2. すべての人を尊敬できるようになる
3. 渋い温泉旅館に行く

2023年の総合運

完璧主義なタイプですが、今年は要求されることが増えて自分の理想通りに進められなくなったり、周囲に振り回されてイライラすることが増えてしまいそう。年配者や年上のワガママにも振り回されやすいので、無理をしないように。自分にも他人にも完璧を求めるよりも、「70点で十分」と思っておきましょう。助け合うことの大切さも忘れないこと。健康運は、視力低下や老眼などの目の異常や、首や肩の疲れ、痛みに悩みそう。日々ストレッチをしておきましょう。

2023年の恋愛&結婚運

仕事が忙しくなったり、趣味など自分の時間を過ごしたくなって、恋愛への興味が薄れやすい時期。相手を見る目が養われなくなってしまうので、妄想で恋を楽しんだり、周囲の人のいい部分を見つけ、ほめるようにしてみましょう。尊敬できる人を好きになるタイプですが、「尊敬できない人など世の中にはいない」ことを知ると、人に興味をもてそうです。結婚運は、将来が想像できる人なら結婚してもいいですが、この1年はようすをうかがったほうがいいでしょう。

2023年の仕事&金運

要求された以上のことができなかったり、忙しくて納得のいく仕事ができない感じになってしまいそう。完璧を求めることも重要ですが、ひとりの力でどうにかしようと思うよりも、協力をお願いしたり、チームで取り組んだりと、先輩や上司から知恵を借りることも大切です。プライドばかり守って、肝心の仕事が雑にならないように気をつけましょう。金運は、渋い温泉旅館でのんびりしたり、古都への旅行にお金を使うとよさそう。伝統的な習い事をはじめてみると、心身ともに落ち着くでしょう。

ラッキーカラー ホワイト　パープル　**ラッキーフード** じゃがいものポタージュ　ミートボール　**ラッキースポット** 書店　美術館

ラッキーカラー、フード、スポットはプレゼントやデート、遊ぶときの口実に使ってみて

金の羅針盤座 2023年タイプ別相性

気になる人との今年の相性は？　タイプを調べて付き合い方の参考にしましょう。

▶ 金のイルカ座との相性

相手の前進するパワーについていけない年。相手のワガママや要望に応えようとするのはいいですが、相手はあなたの状況を考える余裕がなく、自分が前に進むことで精一杯になっていそう。今年は限界を感じる前にハッキリ断ったり距離を置かないと、大変辛い状況になってしまうので気をつけましょう。　恋愛相手　あなたが弱っているところを狙ってくることがある相手なので、振り回されないように注意しましょう。遊ぶ時は疲れが溜まっていない時を選んだり、事前に睡眠をしっかり取るなど体調を整えておくといいでしょう。　仕事相手　探究心はあるけれど強い野心がないあなたと自我が強い相手とでは、一緒に仕事をすると良い感じで噛み合いそうですが、今年は相手の要望が多すぎて限界を感じてしまうかも。相手が上司の場合は無理を言われるのを覚悟したほうが良さそうです。部下の場合は目立つポジションを任せてみましょう。　今年はじめて出会った人　最も振り回されてしまう相手なのでイメージが悪くなりそう。相手の言葉に左右されやすく、相手の都合が悪くなると距離を置かれることもありますが、なかなか縁の切れない人になりそう。

▶ 金のカメレオン座との相性

相手は本来の魅力がまだ出てこない年なので、やる気のない態度に見えるかもしれませんが、いろいろもがきながら動き出す準備をしていると思っておくといいでしょう。一緒にいると疲れやすくなりますが、無駄を上手に省いてくれる人でもあるので、アドバイスを素直に聞き入れてみるといいでしょう。　恋愛相手　今年はパワーを恋に使っても仕事に使ってもヘトヘトになってしまうので、この相手と一緒にいると疲れてしまいそう。知り合いくらいの距離感で仲良くなっておいて、深い関係に進むのは2024年になってからのほうが良いでしょう。　仕事相手　お互いにもう一歩で人生が変わってくる年ですが、結果を焦ると苦しくなるので、今は目の前の仕事に協力して取り組むといいでしょう。相手が上司の場合は、年末から急にやる気になって忙しくなりそう。部下の場合は、できるだけ肯定して頑張らせてみましょう。　今年はじめて出会った人　後々あなたにとって大事な人になるので、今年だけの関係で判断しないようにしましょう。お互いにまだ本調子ではないと思ってゆっくり仲良くなるくらいのペースが良さそう。夢を語るのが苦手なら、この相手と話してみるといいかも。

▶ 銀のイルカ座との相性

あなたをリラックスさせてくれたり楽しませてくれる相手です。気持ちにゆとりを与えてくれたり、時には上手な力の抜き方やサボリ方も教えてくれそう。あなたの真面目すぎるところを優しく受け止めながらも、いい感じで流してくれるはず。ただし楽しく遊びすぎて出費が増える場合も。　恋愛相手　疲れから相手にイライラしてしまうことがありますが、柔軟性のあるこの相手と一緒にいると気持ちが楽になるでしょう。でも相手のワガママを受け入れすぎると振り回されるので注意が必要。デートは短時間で終わらせるくらいが良さそうです。　仕事相手　ゆとりがある時なら良い仕事ができる相手ですが、今年はあなたの疲れが原因で噛み合わない感じになってしまいそう。無理をしないで丁寧な仕事を心がけましょう。相手が上司の場合は変化についていく必要がありそう。部下の場合はやる気が出るように励ましてみて。　今年はじめて出会った人　出会ったタイミングが悪いのでお互いに第一印象が微妙になりそうですが、2024年になると急に仲良くなれたり距離が縮まりそう。今年は笑顔で挨拶したりお礼を言うようにして、印象を悪くしないように心がけておきましょう。

▶ 銀のカメレオン座との相性

「裏運気の年」の相手と「リフレッシュの年」のあなたとでは、お互いの能力を活かせなかったり、疲れさせてしまうことになりそうです。無理をして距離を縮めようとしないで、少し離れてみたり関わりを減らす必要もあるでしょう。今年をきっかけに完全に縁が切れてしまう場合もありそうです。　恋愛相手　相手はこれまでと全く違うタイプに恋をする年なので、急に火がついて近寄ってくることがあるかも。ただ、この恋は短期間で終わってしまったり、続いたとしてもあなたが疲れてしまう原因になる可能性が高いので、今年は異性の友人くらいの距離感が良さそうです。　仕事相手　疲れから仕事に集中できないあなたと、やる気がなく目の前の仕事に集中できない相手。一緒に組むとトラブルや面倒なことがおきやすくなるので注意が必要です。上司の場合は、見当違いの方向に進むので慎重に判断を。部下の場合は突然辞めてしまう可能性がありそう。　今年はじめて出会った人　出会ったタイミングが最も悪く、互いに好印象ではなかったり、すれ違いや価値観の違いを感じそう。今年の印象が悪いと、この先も一緒にいると疲れたり、ストレスの原因になる相手になってしまうかも。

開運のつぶやき　▶ 😷 他人の痛みに悲しめて、他人の幸せに喜べる人に幸運はやってくる。

▶ 金の時計座との相性

相手は「乱気の年」なので、一緒にいるだけで疲れてしまったり、理解に苦しむことになりそう。相手の心の乱れがあなたにも影響して、疲れたりストレスの原因になる場合もあるかも。相手の情に厚いところはいいですが、執着されてしまうと前に進めなくなったり、振り回されるので気をつけましょう。　恋愛相手　今年はこの相手とは進展が難しく、一緒にいると2人とも疲れてしまったり、ボロボロになってしまうようなこともありそう。お互いに精神的な支えにはなれない年ですが、励ましたり、前向きな言葉はかけておきましょう。　仕事相手　昨年までと印象が大きく変わる相手。相手の立場や状況が思っている以上に変化することが原因だと思って、温かい目で見守っておきましょう。相手が上司の場合は、不慣れなポジションや困難な仕事に立ち向かっているので協力してあげて。部下の場合は、過大評価しないほうが良いでしょう。　今年はじめて出会った人　今年は縁のない人だと割り切っておいたほうが気持ちが楽なので、知り合いくらいの距離感をキープして挨拶する程度の関係でいいかも。情をかけられて仲良くなりすぎると、体調を崩す原因にもなるので気をつけましょう。

▶ 金の鳳凰座との相性

最高の運気の相手なので仲良くしておくとお得な流れがありそうですが、相手のパワーに圧倒されることも多く、親しく付き合うのが苦しくなるかもしれません。長時間のお付き合いや夜中の遊びはホドホドにしておかないと、あなたが体調を崩してしまったり、疲れから仕事のミスをするようになりそう。　恋愛相手　異性の友達くらいの距離感が良いですが、相手があなたを「一緒にいると楽でいいな」と思うと恋心に火がつくでしょう。ただし、相手はモテ期に入っているので、恋のライバルが多いことを忘れないように。わずかなタイミングも逃さないようにしましょう。　仕事相手　相手の勢いを止めないことが大切。あなたの実力以上の仕事を任せてくるので、限界を感じる前に周囲に手伝ってもらうなどの対応をしましょう。相手が上司なら、しっかりついて行けるように体調を整えて。部下なら、信頼して仕事をたくさん任せてみましょう。　今年はじめて出会った人　あなたにとっては良い出会いですが、相手にとってあなたは元気がない人に映ってしまいそう。年末から2024年に良い関係になれる可能性があるので、元気なフリや前向きな話をしておくと良いでしょう。

▶ 銀の時計座との相性

あなたを救ってくれる最高の相手の1人で、良い友達関係を続けることができそうです。困った時は我慢しないで早めにこの相手に相談すると、アドバイスや手助けをしてもらえるでしょう。話を聞いてくれて精神的な支えになってくれたり、一緒にストレス発散になることに付き合ってくれそうです。　恋愛相手　相手の親切に甘えすぎないようにしましょう。面倒見が良くて優しいからと好意を寄せても、他にもこの相手を狙っている人が出てきます。頼ってばかりいると、ライバルに奪われてしまうかも。　仕事相手　相手は仕事運が好調な年なので、邪魔をしないようにしましょう。相手の力になろうとして無理に仕事を引き受けすぎることにも注意が必要です。相手が上司の場合は、仕事で困ったことがあったら早めに相談をしておくと解決できるでしょう。部下の場合は、自由に仕事をさせてみると良いでしょう。　今年はじめて出会った人　この1年は相手の運気がいいので良い関係が保てそうですが、年末から進むべき方向が変わったり、縁が突然切れてしまうことがあるでしょう。あなたが相手の相談に乗ったり手助けをする立場に変わりそうです。

▶ 銀の鳳凰座との相性

良い距離感を保ってくれる相手なので、一緒にいると楽でいいでしょう。どちらも本音では他人に関心が薄いので、一緒にいても余計なことを考えなくて済みそう。ただ、相手は注目されたり忙しくなる年なので、あなたにかまっていられないかも。無理をして合わせるとクタクタになってしまいそうです。　恋愛相手　恋が始まると2人だけの世界に閉じこもってしまうことがありますが、今年は相手が輝く年なので仕事の邪魔をしないように気をつけましょう。ベッタリしすぎると疲れが溜まってしまうこともありそうです。　仕事相手　相手は仕事で大きなチャンスをつかむ運気に入るので、うまくサポートをしてあげましょう。あなたも一緒に忙しくなると体力がついていかない場合があるので、体調管理はしっかりしてください。相手が上司の場合は、無茶を言ってきそうなので覚悟しておきましょう。部下なら、背中を押してあげましょう。　今年はじめて出会った人　仲良くなるまでに時間がかかったり、パワーのない人だと相手から思われてしまいそう。息は合うはずですが、打ち解けたり仲良くなるまで1～2年はかかると思っておいたほうが良いでしょう。

　開運のつぶやき　▶ 👓 「あなたに出会えて良かった」と相手に思ってもらえる人に運は味方する。

▶ 金のインディアン座との相性

もともと、一緒にいるとパワーを使う相手。今年は相手にパワー負けしたり気力が続かなくなりそうです。相手の陽気さと元気に引っ張られて、つい遊び過ぎてしまったり、休息をしっかり取らずに語り合ってしまうことがありそう。この相手と会う時は、終わりの時間や計画をしっかり決めてからにすると良いでしょう。 恋愛相手 本来は考え方が合わない2人ですが、今年は相手のパワーに惚れてしまったり、無邪気な感じが素敵に見えてしまいそう。相手は変化を好むので、新しいアイデアや最新情報を伝えてみるなどすると良い関係が続くでしょう。 仕事相手 本来この相手は仕事をバリバリこなすタイプなのですが、今年は少しゆったりモードになるので、一緒に仕事をすると少し楽ができそうです。相手が上司の場合は要求されることが増えたり、レベルの高いことを求められそう。部下の場合は、こっそりサボるので注意しましょう。 今年はじめて出会った人 今年よりも2024年以降のほうが縁が繋がってきそうな相手。今年はどちらも落ちつかないのでゆっくり話せなかったり、相手のことを理解できないままになるかも。ゆっくり仲良くなるようにしましょう。

▶ 金の羅針盤座との相性

同じ運気なので、本来なら魅力や才能を引き出せる相手。ただ今年はお互い疲れを感じやすく、無理な予定を立ててしまったり、急な仕事を引き受けすぎてしまったり、実力以上の仕事を背負ってしまいそう。一緒に健康面のチェックをし合ったり、リフレッシュの時間を楽しむと良いでしょう。 恋愛相手 似た者同士なので気持ちがわかる反面、お互いの真面目さや正義感が衝突の原因になってしまうこともありそう。今年のイライラは疲れから来るので、遊ぶ前はしっかり体を休ませておきましょう。無理なデートは避けておきましょう。 仕事相手 お互いにパワー不足を感じそう。努力してきたことにやっとチャンスが巡ってくることもありますが、焦って頑張りすぎてしまうかも。相手が上司の場合は、無理な仕事を押しつけてくることがあるので注意が必要。部下の場合は、不慣れな仕事はできるだけ任せないようにしましょう。 今年はじめて出会った人 2人の力を発揮したり魅力が輝くのは2024年からなので、今年は無理に仲良くならなくてもいいでしょう。数年後にはぶつかることも多くなる2人ですが、相手を尊重することや良い部分をしっかり見るようにしておきましょう。

▶ 銀のインディアン座との相性

相手は「解放の年」なので、あなたが思っている以上に忙しくなったり、予定がいっぱいになってしまいそう。一緒にいるといい意味で巻き込まれて刺激的ですが、その分疲れてしまったり予定を乱されてしまうことも。言うことがコロコロ変わる相手でもあるので、振り回されないように気をつけましょう。 恋愛相手 相手は大きなモテ期に入って魅力が輝く年なので、なかなか会うタイミングが作れないかも。マイペースですが気遣いの人でもあるので、マメに連絡をしておくと良い関係が続けられそうです。諦めない気持ちが大切。 仕事相手 マイペースに仕事をしていた相手が評価される年に入ります。一方、あなたは忙しくなる割には評価やチャンスに恵まれない感じがしそう。相手が上司なら、忙しくても遠ざけずに相手のペースを理解して仕事をするようにしましょう。部下の場合は批判的なことを言わないように。 今年はじめて出会った人 今年出会うこの相手は一緒にいると疲れてしまったり、本来なら気を使わなくていい相手なのに気疲れや緊張することがありそう。一度疎遠になってから再会したほうが、気楽に話せるようになったり、良い関係を築けそうです。

▶ 銀の羅針盤座との相性

一緒にいるとリラックスできる相手。価値観や人生観が似ているところがあり、お互いに登り坂を駆け上がっている時期でもあるので、苦労話にも共感できるでしょう。どちらも体調の心配がある時なので、一緒に休日をのんびり過ごしたり、リフレッシュを楽しむと良いでしょう。意識してポジティブな話をすること。 恋愛相手 一緒にいることで気持ちが楽になる相手。気を抜きすぎて余計な一言が出てしまうこともあるので、甘えすぎないようにしましょう。相手を楽しませようとするサービス精神を忘れないように。 仕事相手 お互い言われたことはしっかりできるタイプですが、言われないとやらないところが似ていたり、自分なりのやり方にこだわりすぎてしまいそう。相手が上司の場合は、無理な要望をしてくるので注意が必要。部下の場合は、実力不足に目がいきますが成長を期待しましょう。 今年はじめて出会った人 一緒にリフレッシュしたり、気晴らしをするには良い相手になりそう。お互いの趣味を楽しめるので、年齢に関係なく遊びに誘ってみて。お互いが相手の出方を待ってしまいがちですが、あなたから予定を聞いてみると良い関係が続けられそうです。

開運のつぶやき 👹 人にはときどき不便と不運が必要になる。感謝を忘れてしまうから。

金の羅針盤座 運気カレンダー

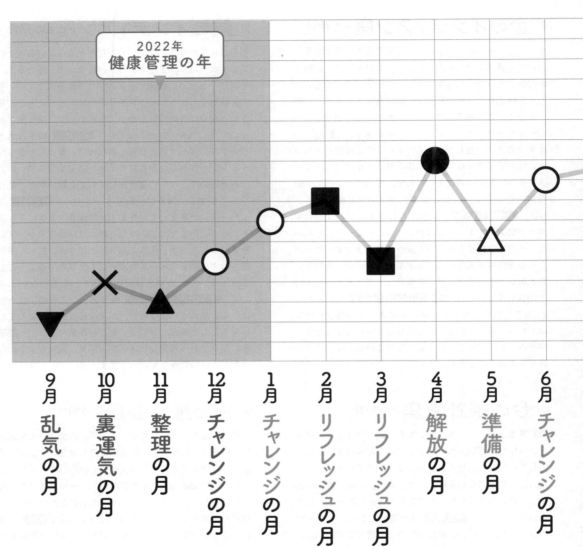

2022年
健康管理の年

| 9月 乱気の月 | 10月 裏運気の月 | 11月 整理の月 | 12月 チャレンジの月 | 1月 チャレンジの月 | 2月 リフレッシュの月 | 3月 リフレッシュの月 | 4月 解放の月 | 5月 準備の月 | 6月 チャレンジの月 |

○ 昨年からの勢いが続きそう フットワークを軽くして

■ 判断ミスをしやすい時期 誘惑に負けないように

■ 気分転換を大切に ネガティブになるかも

● 素敵な出会いがありそう 張り切って行動して

△ 楽しい時間が増えそう 珍しいミスには要注意

○ 問題解決にいい運気 苦手克服の努力をして

※このページの記号の説明は、「月の運気」を示しています。P.33の「年の運気の概要」とは若干異なります。

毎月の運気がどう変わっていくかチェック！
2023年の過ごし方の参考にしてください。

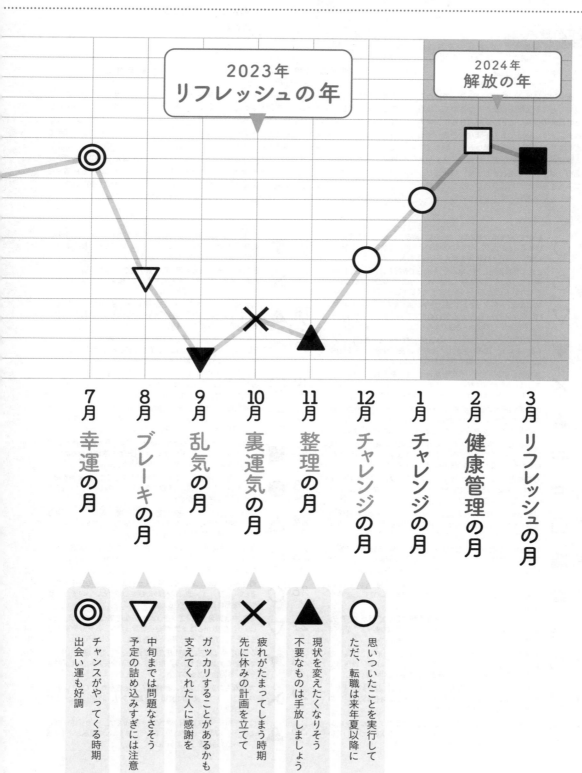

2023年
リフレッシュの年

2024年
解放の年

7月　幸運の月

8月　ブレーキの月

9月　乱気の月

10月　裏運気の月

11月　整理の月

12月　チャレンジの月

1月　チャレンジの月

2月　健康管理の月

3月　リフレッシュの月

◎　チャンスがやってくる時期　出会い運も好調

▽　中旬までは問題なさそう　予定の詰め込みすぎには注意

▼　ガッカリすることがあるかも　支えてくれた人に感謝を

×　疲れがたまってしまう時期　先に休みの計画を立てて

▲　現状を変えたくなりそう　不要なものは手放しましょう

○　思いついたことを実行して　ただ、転職は来年夏以降に

11月 2022

▲ 整理の月

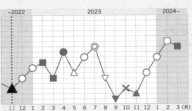

総合運

区切りをつけるにはいい時期。いい意味で諦めたり手放すことで軌道修正しやすくなるので、執着をやめて自分の得意なことや求められることに力を入れましょう。身近にある不要なものや時間をムダにしてしまう趣味からは思いきって離れること。人間関係の整理もするといいので、悪友やあなたを振り回す人から離れましょう。健康運は、ダイエットを始めるために食事のバランスを整えたり、間食をやめるなどするといい時期です。

恋愛＆結婚運

失恋しやすい時期。あなたから別れを告げることもあるでしょう。思い切って縁を切ったり、中途半端な関係の相手とは白黒はっきりさせましょう。相手まかせでは幸せが遠のいてしまうでしょう。片思いで進展がない人も、諦めて月末から新たな人を見るともっと素敵な人に会えるでしょう。結婚運は、話を固めるときではないですが、独身を終わらせるという前向きな考えがある人は入籍できそう。

仕事＆金運

仕事を辞めたくなったり、頑張りを否定されてしまう時期。人間関係が面倒になりそうですが、何事もプラス面を探して、合わない人とは距離を置くようにしましょう。合理的に仕事ができるように知恵を絞ったり、情報を仕入れましょう。金運は、出費が増える時期。気づいたらお金がないということもあるので家計簿を付けましょう。投資や大きなお金の動きはマイナスになりやすいので気をつけましょう。

1 火	○	経験をうまく活かせる日。今日は攻めることよりも引き際を見極めることが大切。うまくいかないときは付き合いの長い人に相談してみると解決策を教えてもらえそう。
2 水	○	これまで真面目に取り組んで頑張ってきた人ほど「自分は頑張っているのに」と言葉に出さないように。「頑張っている」と言わない人に次のチャンスがやってくるでしょう。
3 木	▽	午前中は、ゆっくりでも丁寧に仕事に取り組むといい結果につながりそう。午後から思わぬトラブルに巻き込まれてしまうかも。イライラしないで協力するときだと思いましょう。
4 金	▼	元気を失ったり、テンションが下がってしまいそうな日。疲れもありますが、頑張りすぎには注意が必要。頑張ることを目標にしないで、結果を出すことを目標にしましょう。
5 土	✕	急な誘いがあったり、予定が乱れてしまいそうな日。無理なときははっきり断って家でのんびりしたり、コメディ映画やお笑いの動画などを見て笑うと気分がすっきりするでしょう。
6 日	▲	大掃除に最高の日。年齢に合わないものや使わないもの、着ない服や履かない靴は一気に処分しましょう。もったいないと思わないで、目の前からなくなると気分もよくなるでしょう。
7 月	=	与えられた仕事だけをしないように。工夫して違う仕事を作ったり、効率よく仕事できるように努めましょう。言われたことだけをやっているといつまでも前向きになれないでしょう。
8 火	=	結果を出している人をしっかり観察して、少しでもいいのでマネをしてみましょう。同じことができなくても、マネをすることで得られることが必ずあるでしょう。
9 水	□	自分が何をしたいのか考えるといい日。しっかりとした目標ではなくても「何がしたいのか」を考えてみると、自分のやるべきことややりたいことが見えてくるでしょう。
10 木	■	集中力が途切れたり、疲れを感じやすい日。今日は短時間に集中してマメに休むようにしましょう。頭の回転が悪いときは目の疲れなので、目を閉じて周りをマッサージしましょう。
11 金	●	楽しいことを見つけられる日。仕事の楽しさを見つけられたり、人とのふれあいを楽しめそう。過剰に求めないで些細な幸せを見つけられるようにするといいでしょう。
12 土	△	遊びに出かけるといい日。小さな勇気でいい経験ができたり、楽しい時間を過ごせそう。ドジなケガや失敗もありますが、笑い話のネタだと思って前向きに受け止めましょう。
13 日	○	友人や知人と語るといい日。久しぶりに話すと前向きな気持ちになれそう。自分の頑張りをアピールせず、相手が頑張っていることを認めるとあなたの頑張りや才能も認められそう。
14 月	○	人を幸せにしたり、人様のお役に立つように過ごすといい日。自分のことよりもみんなが笑顔になるために何をするといいのか考えて行動してみるといいでしょう。
15 火	▽	午前中は、やる気になれたり前向きに行動できそう。午後は、余計なことを言われて立ち止まってしまいそうですが、いろいろな人の考え方があると思っておきましょう。
16 水	▼	今日は、予定通りに進まないことが当然だと思ったり、残念な結果が来ると心構えをしておきましょう。覚悟をしておけば多少の出来事は受け止められるでしょう。
17 木	✕	運まかせで行動すると痛い目に遭うので、経験を活かすように行動しましょう。今日は運が味方してくれないので実力で乗りきる日だと思っておきましょう。
18 金	▲	消去法を使ってみるといい日。何を今やるべきで、何を選択しないほうがいいのか、判断するといいでしょう。ムダな時間も減っていい判断ができそうです。
19 土	○	フットワークを軽くすることでおもしろい体験ができる日。じっとしていないで行動することを優先しましょう。新しいことにも少しでもいいので挑戦してみましょう。
20 日	○	遊びほど真剣に取り組むようにしましょう。約束があるなら10分前行動をして自分を入れておきましょう。遊びに一番一生懸命になれれば人生は楽しくなるでしょう。
21 月	□	仕事に誠実になることが大切な日。お客さんや取引先の損にならないように、素直に伝えましょう。結果は出なくても信頼を得られるようになって、後にプラスになるでしょう。
22 火	■	胃腸の調子が悪くなったり、座りっぱなしの人は腰痛や首の疲れを感じそう。今日は、無理せずしっかり休憩を取るように。早めに帰宅して睡眠時間を長めにとりましょう。
23 水	●	頼られることが増える日。今の自分ができることに最善を尽くすと評価が上がったり、満足できる1日を送れそう。いい結果を残すこともできそうです。
24 木	△	集中して仕事しているときに限って、邪魔が入ったり、余計なことを押しつけられてしまいそう。結果的にミスをしやすいので確認作業を怠らないようにしましょう。
25 金	○	自分の目標の邪魔になることは避けましょう。時間泥棒になっているアプリやSNSは思いきってやめるといいでしょう。悪友や振り回す人とも距離を置くといいでしょう。
26 土	○	買い物をするといい日。長く使うものよりも消耗品を優先するといいでしょう。他には経験にお金を使うといいので、映画や美術館に行くといいでしょう。
27 日	▽	午前中は気分よく過ごせそう。大切な用事は早めに済ませましょう。午後からは予定が変更になったり、ムダな時間を過ごしそう。予想外の渋滞などに巻き込まれてしまうかも。
28 月	▼	空回りしやすい日。頑張り方を変えるために一度立ち止まって冷静に判断しましょう。指示する上司や先輩の考えが間違っている場合もあるので、しっかり話を聞きましょう。
29 火	✕	大事なものを壊したり、操作ミスで迷惑をかけてしまいそう。今日は、いつも以上に慎重に行動したり、時間にゆとりを持っておくといいでしょう。
30 水	▲	今月を振り返って、何が大切で何が不要だったか判断してみましょう。時間をムダに使っていると思うことや問題があると感じる人とは距離を置くようにしましょう。

☆ 開運の日　◎ 幸運の日　● 解放の日　○ チャレンジの日
□ 健康管理の日　△ 準備の日　▽ ブレーキの日　■ リフレッシュの日
▲ 整理の日　✕ 裏運気の日　▼ 乱気の日　= 運気の影響がない日

12月 2022

○ チャレンジの月

開運 3 カ条

1. イメチェンする
2. 生活リズムを変える
3. 新しい出会いを増やす

総合運

視野が広がり、興味あることが増える時期。おもしろい話を聞いたり人脈が広がって、前向きに物事を捉えられるようになるでしょう。勉強したいことに飛び込むといい結果につながったり、大きく成長できるでしょう。イメチェンしたり環境を変えるにもいい時期なので、いろいろ調べてみましょう。健康運は、ストレス発散のために家でもいいので定期的に運動するといいでしょう。健康にいいものやサプリを試すのもいいでしょう。

恋愛＆結婚運

これまで気にならなかった異性のよさに気づけそうな時期。いい噂を聞いて興味が湧いたり、相手があなたのことを好きという情報が入ってくるかも。恋から遠のいている人は、異性を意識したイメチェンをしましょう。年齢と流行に合う感じにしてみるといいでしょう。結婚運は、大きな進展を期待するよりも、自分の時間を楽しんで、恋人と一緒にいるときも楽しめるようにするとよさそう。

仕事＆金運

仕事を前向きに捉えられて、やる気になれる時期。職場や環境にも変化があり、あなたの考え方や見方が変化するでしょう。仕事に役立つことを学び始めるにもいい時期なので挑戦してみましょう。職場の人とも進んで交流するといいので、先輩や上司を飲みや食事に誘いましょう。金運は、自分のイメージが変わる感じの買い物をしましょう。イメチェンや成長のための勉強に出費してみましょう。

1 木	○	いい話や前向きなことを聞いたときは、まず実行しましょう。「また今度」と言っていると、いつまでも何も変わらないでしょう。まずは行動して、違ったら後で軌道修正しましょう。
2 金	○	気になることを調べたり、違う方法を試すといい日。行動範囲が広がったり、フットワークを軽くすることでいい勉強や素敵な出会いがあるでしょう。何事も前向きに挑戦しましょう。
3 土	□	些細なことでもいいので、周りの人やお世話になった人が喜ぶことをするといい日。贈りものをしたり、ごちそうをしたり、何もできないなら感謝のメッセージを送りましょう。
4 日	■	腰痛や肩こり、目の疲れを感じやすい日。無理しないでしっかり体を休ませたり、のんびりできる場所に行くといいでしょう。好きな音楽を聴くのもいいでしょう。
5 月	●	あなたの魅力や能力を認めてもらえそうな日。マイナスに受け止めないで、何事もプラスに捉えてみるといいでしょう。異性からも注目されるようになりそうです。
6 火	△	なんとなく判断したり、深く考えずにした決断がトラブルの原因になってしまいそう。何か決めるときは少し先を考え、会話では言葉をしっかり選ぶように心がけましょう。
7 水	◎	よくも悪くも付き合いの長い人との縁を感じる日。悪友やマイナスに感じる人とは距離を置きましょう。親切にしてくれる人なら相手の話をしっかり聞くようにしましょう。
8 木	☆	今日はどんな仕事もこれまで以上に真剣に取り組むといい日。急な仕事や雑用でもしっかり丁寧に行うことで、今後のあなたの扱いが大きく変わることになるでしょう。
9 金	▽	午前中はいい判断ができて、仕事に集中できそう。仲間や周囲との関係も問題はなさそうです。夕方辺りから気持ちを揺さぶられたり、判断ミスをしやすいので気をつけましょう。
10 土	▼	予定が急に変更になったり、体調を崩してキャンセルすることになりそう。思い通りに進まない運気ですが、期待をしないで流れに身をまかせておくといいでしょう。
11 日	✕	操作ミスや間違って他の人にメッセージを送ってしまうなど、珍しいミスをして恥ずかしい思いをしそうな日。思った以上に行動が雑になりやすいので気をつけましょう。
12 月	▲	不要なデータを消去するにはいい日ですが、確認をしっかりしないと大事なものを消してしまうので注意しましょう。長年置きっぱなしのものは処分しましょう。
13 火	○	新しいことに目を向けると、おもしろいものを見つけられたり、興味が湧いてきそう。少しでもいいので調べたり挑戦したりしましょう。仕事でもアプローチを変えてみるといいでしょう。
14 水	○	変化を楽しむことが大切な日。なんとなく避けていたことや苦手なことに、少しでもいいので挑戦してみるといいでしょう。手応えやいいヒントにつながりそうです。
15 木	□	大きく明確な目標を決めるのではなく、なんとなく数年後に自分がどんな風になっていたいか想像するといい日。そこに近づくために今すぐにできることを見つけて行動しましょう。
16 金	■	体を休ませたり、疲れをためないようにコントロールすることも仕事の一部だと思いましょう。ミスが増えたりイライラするときは、疲れがたまっている証拠だと思っておきましょう。
17 土	●	素敵な新しい出会いがある日。知り合いや友人の集まりに参加したり、気になる人に連絡してみましょう。髪を切るといい日でもあるのでイメチェンするといいでしょう。
18 日	△	ボーッとして話を聞き逃したり、ミスをしやすい日。食事に行こうと思ってお店に行くのはいいですが、日曜日は休みだったりするので事前に調べてからにしましょう。
19 月	◎	温めていた企画を改めて考えたり、以前に挑戦しようと思って中途半端になっていたことに思い切って挑戦するといいでしょう。苦手を克服することもできそうです。
20 火	☆	仕事を遊びだと思って楽しんでみると、本当に楽しく仕事に取り組めそう。真面目に頑張るのもいいですが、自分の仕事の先で笑顔になったり感謝している人を想像してみましょう。
21 水	○	午前中はいい判断ができる日。モタモタしないで気になったことはどんどん挑戦しましょう。夕方以降は予定を乱されそうなので流れに身をまかせておきましょう。
22 木	▼	予定を乱されたり、疲れがたまりやすい日。小馬鹿にしてくる人や苦手な人と一緒になる時間もあるので、人との距離感を大切にするといいでしょう。
23 金	✕	不慣れや苦手なことに挑戦することになりそうですが、失敗から学んでみるといいでしょう。失敗を避けているといつまでも成長できなくなってしまいます。
24 土	▲	クリスマスイブですが、掃除したり身の回りを片づけるといい日。散らかったままの部屋では恋愛運がよくならないので、きれいに整えてから出かけるようにしましょう。
25 日	○	これまでとは違うクリスマスを楽しみそうな日。自分が喜ぶよりも、恋人や家族に喜んでもらえることを考えましょう。みんなが笑顔になる企画やプレゼントができそうです。
26 月	○	はじめて会う人から大切なことを学べたり、いい話が聞けそう。人の集まりや忘年会には顔を出しましょう。相手の話をしっかり聞いていい言葉を見つけましょう。
27 火	□	大掃除するといい日。不要なものを捨てるいい決断ができそうです。「もったいない」と思っているといつまでも片づかないので、使わないものはどんどん処分しましょう。
28 水	■	疲れが出てしまいそうな日。今日は無理しないでゆっくりしましょう。暴飲暴食を避けて、健康的な食事を意識しましょう。軽い運動やストレッチをするといいでしょう。
29 木	●	気になる人に連絡するといい日。いい返事を期待しなくてもメッセージを送っておくと、後でいい縁になりそうです。年始の予定を聞いてみるのもいいでしょう。
30 金	△	買い物に出かけるのはいいですが、間違ったものを購入したり、買い忘れをしそう。しっかりメモをとったり、写真を撮って同じものを買いに行くといいでしょう。
31 土	◎	友人や付き合いの長い人と大晦日を過ごすことになるかも。恒例のお店や場所に行くなどするといい思い出ができそう。気になる人に連絡をしてみるとノリで行動できそうです。

開運のつぶやき ▶ 👓「恥ずかしい」を「面白い」に変えられると幸運がやってくる。

55

1月
2023

○ チャレンジの月

総合運 昨年からの勢いが続きそう
フットワークを軽くして

昨年からの勢いが続いている月。興味のあることを見つけたら、積極的に行動してみましょう。できるだけフットワークを軽くすると、いい出会いや体験に恵まれそうです。また、生活リズムを変えたり、イメチェンや肉体改造をするにもいいタイミング。周囲で話が出たときは、積極的に聞いてみたり、実際に参加してみるのがオススメです。前向きな話には、楽しみながら挑戦するといいでしょう。

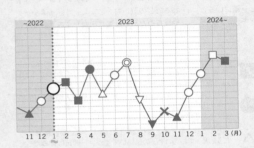

恋愛＆結婚運

新しい出会いが多く、素敵な人に会うことができそうな時期。知り合いや仲間の集まりに参加するのはいいですが、同じ人とばかり遊んでいないで、交友関係を広げるといいでしょう。珍しい人に声をかけてみたり、習い事をはじめるなどして、人間関係を変えるきっかけをつくることも大切です。気になる人がいるなら、今月、話題のスポットや映画に誘ってみるとよさそう。結婚運は、明るい未来の話を楽しくしておくことが大事な時期です。

仕事運

前向きに一生懸命仕事をしている人と一緒にいることで、パワーがもらえたり、ゆっくりですが、あなたの能力が開花していきそうです。逆に、愚痴や不満ばかり言う人の近くにいるとマイナスな方向に引っ張られてしまうので、距離をおき、相手の成長を温かく見守っておきましょう。新しい仕事を任されることもありますが、遠慮しないで引き受けてみて。期待に応えられるよう全力で取り組めば、いい勉強になり、成長にもつながるでしょう。

金運＆買い物運

急激な変化はあまりない時期ですが、のちの収入アップにつながるような勉強をはじめるにはいい時期。仕事に役立ちそうな本を読んだり、資格やスキルアップ、マネーの勉強をするのもオススメです。気になったことには挑戦してみるといいでしょう。買い物運は、調子が悪くなってきた家電などを買い替えるにはいいタイミング。新作の服や靴を探しに行くと、気になるものを見つけられそうです。

美容＆健康運

今月から軽い運動をはじめたり、瞑想やボーッとできる時間をつくってみると、体と心のバランスを整えられそうです。好きな香りの柔軟剤や入浴剤を使ったり、アロマなどを楽しんでみるのもいいでしょう。また、旬の野菜が入った鍋料理を食べたり、体が温まるものを意識して選んでみるのもオススメ。ビタミン不足にならないよう、デザートにはフルーツを選ぶようにするといいでしょう。

1 日	☆	今年の目標を具体的に決めたり、書き出して部屋に貼っておくと、願いを叶えることができそうです。現実的に達成できそうな内容なのかを冷静に考えてから、目標を立ててみるといいでしょう。
2 月	▽	新年の挨拶を兼ねて、知り合いや友人を遊びに誘ってみるといい日。今日会えなくても、日ごろから仲よくしてくれている人への、感謝の気持ちは忘れないようにしましょう。
3 火	▼	予想外のトラブルに遭いそうな日。時間を無駄に使ってしまったり、予定通りに進まないことが起きたりしてガッカリすることも。今日は「ゆっくり時間をかける日」だと割り切って過ごすといいでしょう。
4 水	✕	勢い任せで行動しないようにしましょう。気になったところに行ってみるのはいいですが、予約が必要なお店だったり、正月休みで営業していないようなこともありそうです。
5 木	▲	不要なものは身の回りに置かないようにしましょう。季節外れのものや、幼稚に見えるものも片付けましょう。思い切って処分することも大切です。
6 金	○	気になっていることがあるなら、今日はできるだけ行動に移してみましょう。「やらないと」と思いながらも、誰かに言われるまでなかなか重い腰を上げられないタイプなので、意識して自ら動くように。
7 土	○	いつもと違うタイプの人を遊びに誘ってみたり、連絡をしてみるといい日。少しの勇気が、交友関係を大きく変えることになりそうです。
8 日	□	髪を切りに行くといい日。何年も同じような髪型の人は、思い切ってイメチェンをしてみましょう。美容室を変えてみるのもオススメです。
9 月	■	食事のバランスを見直すにはいい日。お菓子や間食、甘いドリンクなど、最近食べたものをメモしてみると体に悪い食生活になっているかも。今日を機会に整えましょう。
10 火	●	明るい笑顔で楽しそうに仕事をすることで、周囲の心の支えになれたり、感謝される場面がありそうです。自分だけでなく、周りの人のためにも笑顔でいることを忘れないようにしましょう。
11 水	△	余計な一言が原因で気まずい空気になってしまいそうな日。正論を言うのはいいですが、周囲がガッカリするような情報は口にしないように気をつけましょう。
12 木	◎	今年になってまだ連絡していない友人や知人がいるなら、メッセージを送ってみるといいでしょう。週末に会う約束ができたり、いい近況報告を受けられそうです。
13 金	☆	いい判断ができる日。迷っていることがあるなら思い切って行動したり、相手に意見をしっかり伝えてみるといいでしょう。今日の頑張りはのちの評価につながりそうです。
14 土	▽	日中は、ランチデートや買い物に最適な運気。突然でも、気になる人を誘ってみるといいでしょう。夕方以降は、周囲に予定を乱されたり、振り回されてしまうことがありそうです。
15 日	▼	マイナスなことに目がいきすぎてしまいそうな日。友人や知人の話を楽しく聞けなかったり、うらやましく感じるだけになってしまいそう。前向きな発言を意識して増やしてみましょう。
16 月	✕	仕事でミスが続いたり、周りの期待にうまく応えられない場面があるかも。苦手な人と一緒にいる時間も増えそうですが、まずは目の前のことに集中するようにしましょう。
17 火	▲	苦手な仕事や面倒なことを後回しにしていると、あとで苦しくなるだけ。片付けや道具の手入れなども、すぐに手をつけるようにしましょう。
18 水	○	新しいアプリを入れてみると、思った以上に便利で使えるものになりそう。周囲の詳しい人に教えてもらったり、検索してみると、いいものに出会えるかも。
19 木	○	行動的になれる日。気になることには積極的に動くといいでしょう。共有スペースをきれいにしたり、ゴミを片付けたりと、みんなが笑顔になるようなことをすすんで行うことが大切です。
20 金	□	自分中心に物事を考えていると、ドンドン苦しくなるだけ。もっと全体や周囲の人のことを優先して判断してみると、あなたの気持ちも楽になっていくでしょう。
21 土	■	日ごろの疲れをしっかりとるといい日。予定が入っている場合は、こまめに休憩をするようにしましょう。何もなければ、家で好きな音楽を聴いてゆったりした時間を過ごすのがオススメです。
22 日	●	突然遊びに誘われることや、異性の知り合いから好意を寄せられることがありそうです。誘いに乗ってみると、勢いで交際がスタートしたり、うれしい流れになる場合も。
23 月	△	珍しいミスをしやすい日。忘れ物や寝坊をしたり、資料を忘れるなどのドジが重なってしまいそう。些細なことでもしっかり確認するようにしましょう。
24 火	◎	悩みや不安があるときは、親友や信頼できる上司に相談をしてみましょう。いいヒントをもらえたり、話すことで気持ちが楽になったりしそうです。助けてもらったら、感謝の気持ちを忘れないようにしましょう。
25 水	☆	少しですが、プレッシャーから解放されたり、ノルマを達成できてホッとできそうな日。自分へのご褒美を買ったり、おいしいものを食べると、また頑張れるようになるでしょう。
26 木	▽	笑顔を意識して、自分から挨拶をするといい日。相手が挨拶を返してくれなくても気にしないように。自ら心を開いてみると、いい人間関係がつくれるようになるでしょう。
27 金	▼	テンションが下がってしまいそうな日。余計なことを言われたり、嫌な突っ込みを受けてヘコむことがあるかも。ネガティブなことよりも、些細な幸せに目を向けて、気持ちを切り替えましょう。
28 土	✕	友人や知人に会うのはいいですが、マイナスな話をされて気分が悪くなってしまいそう。早めに切り上げ、映画やおもしろい動画などを観て自分を癒やすといいでしょう。
29 日	▲	掃除をするにはいい日。しばらく使っていないものは片付けて、磨けるものはピカピカにしてみると、気持ちもスッキリしそうです。
30 月	○	心も体も軽くなる日。積極的に仕事に取り組めたり、新しい方法を試すこともできそうです。いい人間関係をつくれる運気でもあるので、気になった人には自分から話しかけてみましょう。
31 火	○	自信をもって行動することで、道が切り開かれる日。遠慮したり、臆病になって踏みとどまらないように。「多少の失敗は当然」と思って、勇気を出して挑戦すれば、いい発見や成長につながるでしょう。

☆ 開運の日　◎ 幸運の日　● 解放の日　○ チャレンジの日　□ 健康管理の日　△ 準備の日　▽ ブレーキの日
■ リフレッシュの日　▲ 整理の日　✕ 裏運気の日　▼ 乱気の日　＝ 運気の影響がない日

2月

2023

■ リフレッシュの月

開運 **3** ヵ条

1. 正しい判断を心がける
2. 仕事には真剣に取り組む
3. 恋愛では誠実な人に注目する

総合運 判断ミスをしやすい時期
誘惑に負けないように

疲れや集中力の低下から、判断ミスをしやすい時期。自ら苦労を招く方向に進んでしまったり、誘惑に負けてしまうこともありそうです。先のことをもっと考えたり、未来予測をしてみるといいでしょう。信頼できる人や尊敬する人からのアドバイスも参考になるので、しっかり聞いておくことが大切です。ズルやルール違反などの不正をしたり、サボってしまうと、のちに苦しむ原因になるので気をつけましょう。

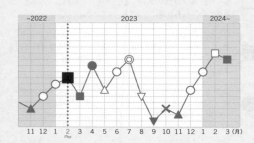

~2022　2023　2024~

11 12 1 2 3 4 5 6 7 8 9 10 11 12 1 2 3 (月)

恋愛＆結婚運

もてあそばれたり振り回される恋をしているなら、一度ブレーキを踏み、相手と距離をおくことが大切な時期です。あなたを雑に扱う人に思いを寄せても、いい恋には発展しません。冷静に考えて「ダメな人だ」と思うなら、縁を切る勇気も必要です。友人や知人から誠実さを感じられる人を紹介されたら、デートを重ねて、まずは友人になってみましょう。結婚運は、恋人との距離感を大切に。ひとりの時間も楽しめる大人になりましょう。

仕事運

やるべき仕事が増えて忙しくなりそうです。プレッシャーを感じる場面もありますが、ここ数年の努力で実力がアップしているので、思い切って挑戦したり真剣に取り組んでみると、壁をひとつ乗り越えられるでしょう。任された仕事から逃げてしまったり断ったりすると、のちの仕事運に大きく響くので、期待にはできるだけ応えるようにしましょう。前向きでポジティブな発言を増やすと、職場の雰囲気がよくなって、自分の力にもなりそうです。

金運＆買い物運

長期的に使うものや、高価なものを買うタイミングではないので、生活するうえで必要なもの以外は簡単に購入しないほうがいいでしょう。貯蓄に回すか、本や勉強になることにお金を使うのがオススメです。無駄な出費をすると癖になって、なかなかお金が貯まらなくなってしまいます。「このくらいならいいか」と課金したり、不要なサブスクにお金を使わないようにしましょう。投資などの資産運用は、まだ様子をうかがっておく時期です。

美容＆健康運

生活習慣を整えるにはいい月。睡眠時間や食事、生活リズムを改善していきましょう。軽い運動やストレッチをするのもオススメ。ゆとりがあれば、ヨガ教室やスポーツジムに通いはじめるのもいいでしょう。ダイエットはやや挫折しやすい時期なので、無理なく続けられそうなものやレコーディングダイエット、こまめに体重計に乗る癖をつけることなどからはじめるといいでしょう。前向きな言葉が書かれた本や、感動する映画に触れるのも健康によさそうです。

開運のつぶやき 🐸 他人の幸せや成功を喜べる人に、幸せと成功がやってくるもの。

1 水	□	今月の予定を立ててみるといい日。予定を詰め込みすぎていないか、慌ただしくなっていないか確認してみましょう。しっかり休む日や、のんびりする日を決めておくことも大切です。
2 木	■	肉体的にも、精神的にも疲れを感じそうな日。ゆっくりする時間や、ホッとひと息つける時間をつくりましょう。周囲との雑談が、気持ちを楽にしてくれることもありそうです。
3 金	●	ラッキーな出来事が起きそう。意識して行動範囲を広げたり、ちょっとしたイベントや誘いなどにも積極的に参加してみるといいでしょう。素敵な出会いにつながりそうです。
4 土	△	遊びに出かけるにはいい日。ただし、忘れ物や時間の見間違いなど、小さなミスが増えやすいので気をつけましょう。段差で転んだり、食べ物や飲み物をこぼすこともありそうです。
5 日	○	しばらく会っていなかった友人と偶然再会したり、突然の連絡がありそうな日。あなたから誘ってみるにもいい運気です。友人と語ることで、気持ちが楽になるでしょう。
6 月	○	勉強になる出来事があったり、いい経験を積むことができる日。損得で考えないで、まずは何事にも積極的に取り組むことが大切です。気になることを調べたり、詳しい人に話を聞いてみるといいでしょう。
7 火	▽	日中は、自分の意見や希望をしっかり伝えたほうがいいでしょう。すべてが思い通りにはなりませんが、あなたの考えが通ることがあるでしょう。夕方以降は、予想外に忙しくなりそうです。
8 水	▼	周囲に振り回されてイライラしたり、やる気を削がれることがありそうな日。「今日はうまくいかないことが多い日だ」と覚悟しておくといいでしょう。
9 木	×	突然ポジティブになれて前に進めそうですが、無謀な行動に突っ走ってしまうこともあるので気をつけましょう。雑に動くと、ケガやミスにつながってしまいそうです。
10 金	▲	手放したくなる日。突然気持ちが冷めることや、興味が薄れてしまうことがありそう。趣味をやめたり、人と縁を切るにはいいタイミングです。自分の成長に見合わないものとは離れましょう。
11 土	=	はじめて行く場所やお店で、いい発見がありそう。調べて気になっていたところに、友人を誘って行ってみるといいでしょう。新たなお気に入りの場所やお店を見つけることもできそうです。
12 日	=	迷っているなら行動に移してみるといい日。気になる習い事やイベント、ライブに参加したり、チケットをとってみるといいでしょう。「小さな一歩」が人生を変えていくでしょう。
13 月	■	テキパキ動くことでやる気もわいてくる日。ダラダラしていても無駄な時間が過ぎていくだけ。まずは目の前にあることから手をつけてみるといいでしょう。
14 火	■	疲れがたまってしまいそうな日。真面目に取り組むのはいいですが、頑張りすぎには気をつけましょう。休憩時間に少し仮眠をとると、その後の仕事に集中できそうです。
15 水	●	仕事にやりがいを感じられたり、周囲から頼りにされることがありそう。自分のポジションができて、満足もできる流れです。ただし、頑張りすぎて疲れをためないように気をつけましょう。
16 木	△	強い意見や誘惑に負けてしまいそうな日。強引な人に押し切られて、自分と違う意見にもあいまいな返事をしてしまうかも。つい仕事をサボったり、余計なことを考えすぎてしまうこともありそう。
17 金	○	付き合いの長い人に振り回されたり、愚痴や不満を聞くことになって疲れてしまいそう。「相手にもいろいろと事情がある」と思って、許してあげましょう。
18 土	○	買い物をするにはいい日ですが、不要なものを勢いで購入しないよう注意しましょう。欲しいものをメモしてから出かけるのがオススメです。不慣れなお店に行くと、ものを探すのに疲れてしまいそう。
19 日	▽	少し贅沢なランチをしたり、リラックスできる空間でのんびりするといい日。お昼にデートをするのもオススメです。夜は疲れやすくなるので、早めに帰宅するようにしましょう。
20 月	▼	休日の疲れが残ってしまったり、集中力が欠けてしまいそうな日。気分転換に少し体を動かしてみると、頭がスッキリするでしょう。ストレッチや屈伸、伸びをするのもオススメです。
21 火	×	予想外の出来事が起きやすい日。ふだんなら避けられるようなミスをしてしまうこともあるので、気をつけましょう。問題が起きたときは、すぐ周囲に報告と相談をすること。
22 水	▲	失くし物をしやすい日。ハンカチをどこかに落としたり、アクセサリーを失くしていることに、あとになって気がつくかも。食器なども割りやすいので、ものはていねいに扱うようにしましょう。
23 木	=	些細なことでもいいので、「新しい」と思えることに目を向けてみましょう。おもしろい発見をしたり、いい勉強になることがありそうです。気になるお店に行ってみるのもいいでしょう。
24 金	=	何事も勉強だと思って、不慣れなことや苦手だと思っていることに挑戦してみましょう。予想以上にうまくいかなくても、学べることを見つけられそうです。
25 土	■	計画的に行動することが大切な日。無計画に行動すると疲れたり、体調を崩す原因になってしまいそう。帰りの時間や、寝る時間も守るようにしましょう。
26 日	■	しっかり体を休ませるといい日。すでに予定が入っている場合は、ゆっくりする時間をつくっておくといいでしょう。好きな香りのアロマなどを焚いて、のんびりするのもオススメです。
27 月	●	良くも悪くも目立ってしまう日。周囲の見本となるよう、しっかりとした言葉遣いや振る舞いをすることが大切です。サボったり、ズルをすると叱られてしまうこともあるので気をつけましょう。恋ではチャンスがめぐってきそうです。
28 火	△	大きなドジをしやすい日。数字や時間の見間違いや勘違いで、恥をかいてしまうことも。今日はいつも以上に慎重かつていねいに行動しましょう。

☆ 開運の日　◎ 幸運の日　● 解放の日　○ チャレンジの日　□ 健康管理の日　△ 準備の日　▽ ブレーキの日
■ リフレッシュの日　▲ 整理の日　× 裏運気の日　▼ 乱気の日　= 運気の影響がない日

3月 2023

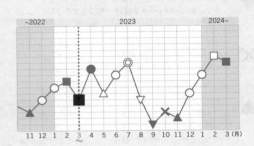

■ リフレッシュの月

総合運　ネガティブになるかも 気分転換を大切に

心身ともに疲れてしまったり、ネガティブな思考が強くなりそうな月。体調が崩れることや、浮かない気持ちになる日が増えてしまうので、気分転換をしたり、考え方や視点を変える必要があるでしょう。忙しくなって結果がうまく出ないときや、苦しい感じになった場合は周囲を見渡してみましょう。支えてくれる人ややさしくしてくれる人がいるはずです。そんな存在への感謝を忘れずに過ごすと、少し気持ちが楽になりそうです。

恋愛＆結婚運

月末には恋愛運がよくなってきますが、それまでは進展が難しいでしょう。ただ、精神的に弱っていたり心の支えが欲しくなって、甘えさせてくれる人に心を奪われることがありそう。間違った相手を好きになる場合もあるので要注意です。冷静に見極め、周囲の意見もよく聞きましょう。気になる人とは来月、デートができるようにしてみましょう。結婚運は、恋人に気分の落ち込みを見せないように、気持ちが乗らないときは会わない選択をすることも大切です。

仕事運

頼りにされるのはいいことですが、期待以上の結果が出なくて焦ってしまったり、プレッシャーに押しつぶされそうになることがあるかも。仕事のことばかり考えたり、過度に心配しないようにしましょう。気持ちを切り替えて、仕事とは関係ない人と楽しい時間を過ごすことも大切です。「休むことも仕事の一部」だと思い、しっかり休憩をして、休日は日ごろの疲れをとるようにしましょう。無駄な残業はできるだけ避けて、限界まで頑張らないように。

金運＆買い物運

出費がやや増えてしまいそうな時期。疲れやストレスのせいで正しい判断ができなくなり、不要なものを購入して後悔することがありそうなので要注意。今月は、マッサージや温泉旅行など、心も体もリフレッシュすることにお金を使うといいでしょう。少し贅沢な食事をしたり、休日にホテルのランチを楽しんでみるのもオススメです。投資などは、下旬に勘が働きそうなので、少し様子をうかがっておくといいでしょう。

美容＆健康運

体調をもっとも崩しやすい運気。事前に「そういう時期だ」と知っておいて、不調を避けましょう。今月は肉体的な無理はせず、こまめにストレス発散を。ゆったりとした曲を聴いたり、湯船にじっくり浸かってみたり、マッサージやエステに行く日を予定に入れておくのもオススメです。また、話を聞いてくれる人や、笑わせてくれる人に会うのもいいでしょう。数分でも、何もしないでボーッと過ごす時間を大切にしましょう。

1 水	＝	不安や心配事があるなら、ポジティブな友人に相談したり、周囲の人に話を聞いてもらうといいでしょう。前向きな発言をしてみると、気持ちが楽になるでしょう。
2 木	＝	計画をしっかり立てたり、1日の予定を確認してから行動しましょう。今月のお金の使い方もよく考えてみて。雑費は少し多めに設定しておくといいでしょう。
3 金	▽	日中は、順調に物事が進みそう。ただし、夕方あたりから急に忙しくなって残業することになったり、予定外の出来事が起きるかも。精神的に疲れてしまうようなトラブルにも巻き込まれやすいので、気をつけておきましょう。
4 土	▼	予定が入っていなければ、今日と明日は家でのんびり過ごすといいでしょう。突然遊びに誘われたときは、短時間にするか、ハッキリ断ったほうがよさそうです。
5 日	✕	好きな音楽を聴いたり、映画やお気に入りのテレビ番組、動画を見て過ごすといい日。軽くストレッチをするなど、体を動かす時間もつくって、ダラダラしすぎないようにしましょう。
6 月	▲	ボーッとする時間も大切ですが、今日は余計なことを考えていると、仕事でミスや忘れ物をしたり、大事なものを壊してしまうことがありそう。気を引き締めておきましょう。
7 火	＝	情報を集めたり、興味あることに目を向けるのはいいですが、マイナスに受け止めたり、自分との違いにガッカリしないように。前向きになれる情報を探すようにしましょう。
8 水	＝	行動力が増す日。1、2階くらいの移動ならエレベーターやエスカレーターを使わないで、階段を選んでみるといいでしょう。些細な心がけが、ダイエットや体力づくりにつながります。
9 木	■	残業しなくてもいいように、午前中にできるだけ仕事を進めておきましょう。夕方あたりからは、集中力が欠けたり、アクシデントに巻き込まれたりして、予定通りにいかなくなりそうです。
10 金	■	寝不足や疲れを感じやすい日。「元気だから」と頑張りすぎると、一気に疲れがたまってしまうことがあるので気をつけましょう。休憩をしっかりとって、気持ちの切り替えをすることも大事。
11 土	●	少しうれしい展開がありそうな日。気になっていた人から連絡がきたり、自分からメッセージを送ったら、いい返事がくることも。勢いで遊びに誘ってみるといいかも。
12 日	△	ドジなケガやうっかりミスに注意が必要な日。段差で転んだり、スマホを落として、傷つけてしまうこともありそう。時間の読みがあまく、あとで大慌てする場合もあるので、ゆとりをもって行動しましょう。
13 月	＝	苦手な上司や先輩、取引先からのプレッシャーで押しつぶされそうになるかも。「みんな同じ人間」だと思って、苦手意識をもたないように。「どうしたら相手によろこんでもらえるか、満足してもらえるか」を考えて行動してみましょう。
14 火	＝	仕事が忙しくなる日。今日の頑張りはのちの仕事運に影響します。目先の結果を求めるよりも、先を見て、いまできる最善をつくしてみるといいでしょう。あなたの姿を見てくれている人が、必ずいるはずです。
15 水	▽	日中は、予定通りに物事が進みやすく、問題が起きることは少ないでしょう。夕方あたりからは、周囲のワガママに振り回されることや、精神的に疲れるような出来事がありそう。上手に受け流す必要があるでしょう。
16 木	▼	当てが外れることや、頼りにしていた人がガッカリな結果を出したり、後輩や部下に振り回されてしまうことがありそう。愚痴や不満を言うのではなく、「自分を鍛えて、学べるいい機会だ」と前向きにとらえましょう。
17 金	✕	昨日の疲れが残ってしまったり、体調を崩しやすい日。今日は、無理をしないでペースも少し落としておくといいでしょう。夜は早めに帰宅するように。
18 土	▲	窓や鏡などのふき掃除をするといい日。磨けるものは、なんでもピカピカにしてみましょう。身の回りを片付けるにもいいタイミングです。ただし、うっかりものを壊してしまうことがあるので、手元や足元には注意すること。
19 日	＝	日用品を買いに行くにはいい日。春っぽい小物を購入したり、花を飾ってみるのもオススメです。はじめて行くお店で、気になるものを見つけることもできそうです。
20 月	＝	前向きな発言をしたり、何事もプラスに変換する気持ちが大切な日。真面目に受け止めてばかりいると、疲れやイライラの原因になるので、気楽に考えるようにしましょう。
21 火	■	「自分は間違っていない」と思っても、言葉を選んだりタイミングを見ることは大切。空気の読めない発言をして、気まずい感じになってしまうこともあるので気をつけましょう。
22 水	■	嫌味を言われたり、ガッカリするような発言をする人と一緒になることがありそうな日。「残念な人」だと割り切って、言葉の大切さを学ぶ機会にするといいでしょう。
23 木	●	勢いが大切な日。ノリを大事にしたり、楽しい空気をつくってみると、いい1日になりそうです。天然なところをイジられることもありますが、笑って楽しく過ごしましょう。
24 金	△	自分でもびっくりするようなミスをしやすい日。財布やスマホをカバンに入れ忘れたり、取引先の名前をド忘れしてしまうこともありそう。何事も、事前準備や確認をするようにしましょう。
25 土	＝	しばらく会っていなかった人に連絡をしてみるといい日。近況報告をしたり、一緒に桜を見に行ってみると、楽しめそうです。共通の思い出があるお店に行くのもオススメです。
26 日	＝	春物の準備をするといい日。失くしたと思っていたものや、しまったまま忘れていたお金が、引き出しやクローゼットの奥から出てくることがありそう。人からご馳走してもらうなど、小さなラッキーも起きそうです。
27 月	▽	午前中は気合を入れて、何事にも積極的に行動するといいでしょう。自分から挨拶をして、笑顔で楽しく仕事に取り組んでみて。夕方には、疲れて失速するかもしれませんが、勢いで乗り切れそうです。
28 火	▼	空回りしやすい日。よかれと思ったことが裏目に出てしまいそうです。「自分が正しい」と思っても、相手からは「余計なお節介」と思われる場合もあるので、気をつけましょう。しっかりとようすをうかがうことを忘れないように。
29 水	✕	精神的につらくなってしまいそうな日。態度の悪い人や言葉選びが下手な人に、影響されたり引きずられないで。もっと素敵な人や、憧れの人を意識するようにしましょう。
30 木	▲	仕事道具や引き出しのなかをきれいに整理整頓して、スッキリさせるといい日。何年も置きっぱなしになっているものは処分して、スペースをあけておきましょう。
31 金	＝	流行の情報を入手してみるといい日。最近話題のスイーツやパン、お菓子などを調べてみると、気になるものを見つけられそう。話のネタになって、役に立つ場合もあるでしょう。

☆ 開運の日　◎ 幸運の日　● 解放の日　○ チャレンジの日　□ 健康管理の日　▲ 準備の日　▽ ブレーキの日
■ リフレッシュの日　▲ 整理の日　✕ 裏運気の日　▼ 乱気の日　＝ 運気の影響がない日

4月 2023

● 解放の月

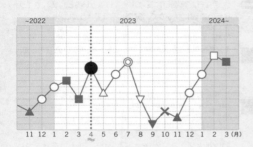

総合運 素敵な出会いがありそう
張り切って行動して

気持ちが楽になり、やる気になれることや、素敵な出会いに恵まれる時期。フットワークを軽くすることで、さらにいい縁がつながるでしょう。あなたを前向きにしてくれる人にも出会えそうです。新年度だからこそ、遠慮せず張り切って行動してみるといいでしょう。ただし、予定の詰め込みすぎには注意すること。明るく少し目立つ服装を意識して、髪型も少し変えてみると評判がよくなりそうです。ポジティブな発言も増やしていきましょう。

恋愛＆結婚運

昨年あたりから気になっている相手がいるなら、今月デートに誘ってみるといい関係に進めそうです。勇気が出なくて誘えなかったり、気持ちを伝えられていないなら、背中を押してくれそうな友人と一緒にいるときに勢いで誘ってみるといいでしょう。新しい出会い運もいいので、モテを意識した服装を選ぶようにしましょう。結婚運は、昨年中に話が出ている場合は、前向きな発言をするといい流れになりそうです。

仕事運

予想外の仕事に大抜擢されてしまったり、あなたの仕事ぶりに注目が集まりそうな時期。真面目に仕事に取り組む姿勢や、実力が評価される流れにもなるでしょう。能力以上の仕事を任されて忙しくなりすぎることもありますが、いまある力をできるだけ出し切ってみると、いい結果につながりそうです。周囲の協力やサポートへの感謝を忘れないようにして、自信をもって取り組みましょう。

金運＆買い物運

収入がアップするチャンスをつかめそうな時期。目の前の仕事に一生懸命に取り組むことや、数字やお金にもっとこだわって仕事をすることが大切です。資産運用がうまくいく時期でもあるので、投資信託やNISAの金額を少し上げてみるのもオススメ。まだはじめていない人は、少額でもいいのでスタートさせてみるといいでしょう。お得な買い物もできそうなので、運気のいい日に、時間をつくって服や靴を購入するといいでしょう。

美容＆健康運

先月体調を崩した人も、回復の兆しがでてきたり、少し体が楽になりそうです。健康的な生活リズムも取り戻せるでしょう。肌荒れに効く薬やサプリ、食事のバランスなどを教えてくれる人にも会えそうなので、試しに話を聞いてみるといいでしょう。美意識を高めるにもいい時期です。上品な服を購入すると、服に合うような姿勢や歩き方が身について、より美しくなれるでしょう。ヨガやジムに行くと、憧れの人となる先生や素敵な指導者に出会えそうです。

1 土	=	小さなウソでもかまわないので、友人を驚かせてみるといい日。エイプリルフールをうまく利用して、少しおふざけな感じを出してみると、楽しい1日になるでしょう。
2 日	□	気になる場所やイベントがあるなら、友人を誘って行ってみましょう。友人が思った以上にハマってくれたり、楽しんでくれそう。相手の気になっていることにも付き合ってみると、視野が広がるでしょう。
3 月	■	日々健康で元気でいられることに、感謝できる日。肌の不調や疲れを感じるときは、健康的な食事を意識したり、歩く距離を少し長くしてみるといいでしょう。日焼け対策は忘れずに。
4 火	●	周りの人が、あなたの魅力や能力に気づいてくれる日。挨拶やお礼をしっかりして、笑顔を心がけてみましょう。さらに注目されたり、異性からチヤホヤされることもありそうです。
5 水	△	判断ミスをしやすい日。ふだんとは違う道を選んで迷子になったり、無駄な時間を過ごしてしまいそう。ランチでメニューを選び間違えるような、小さなガッカリもあるかも。話のネタにするくらい、前向きな気持ちで受け止めましょう。
6 木	◎	新しいことに目を向けるのもいいですが、今日はこれまで自分のやってきたことを冷静に分析するといい日。自分の「得意・不得意」「好き・嫌い」をハッキリさせると、やるべきことが見えてくるでしょう。
7 金	◎	どんな人からも学ぶ気持ちが大事。勝手に「ダメな人」だと決めつけないで、相手のいい部分を探してみることが大切です。周囲からのアドバイスも、プラスに変換するよう心がけましょう。
8 土	▽	些細なことでも幸せを感じられる日。遊んでくれる友人や連絡をくれる人など、自分と関わってくれる人に感謝できると、楽しく過ごせるでしょう。夜は、急な連絡で呼び出されることがあるかも。
9 日	▼	不安や心配事、愚痴や不満を口にする前に、前向きな人の話を聞くようにするといいでしょう。楽しい話を聞くだけで、自然と元気になれたり余計なことも忘れられそう。自分も前向きな話ができるように努めてみて。
10 月	✕	面倒を見ていた人や、つくしていた人との距離があいてしまいそうな日。よかれと思ったことでも、余計なお世話になる場合があるので、相手の成長を「見守るくらいの距離感」を大切にしましょう。
11 火	▲	受けた恩は少しでも返すように努めることが大切な日。ご馳走してもらった経験があるなら、ちょっとしたお菓子でもいいのでお返ししたり、相手がよろこびそうなサポートをするよう心がけましょう。
12 水	○	興味のあることが増えたり、新たな情報が入る日。自分に必要なことは何かを冷静に分析し、都合の悪いことでも受け止めるようにしましょう。
13 木	○	いまに満足していても、「現状維持」では未来の苦労につながってしまいます。少しでも成長を目指したり、学ぶ姿勢を忘れないように。現状を維持するための努力は、大きく前進するより大変な場合があるものです。
14 金	□	自分でも「悪習慣だな」と思うことがあるなら、やめる努力をするといい日。スマホの見すぎ、余計なネット情報の入れすぎ、ゲームのやりすぎ、間食や飲酒なども少し控えるようにしましょう。
15 土	■	しっかり休むといい日。すでに予定が入っている場合は、こまめに休憩したり、食事は腹八分目にしましょう。夜は恋愛運がよくなってくるので、気になる人に連絡をすると、すぐにデートできるかも。
16 日	●	楽しい時間を過ごせる日。買い物やデート、気になる場所に行ってみると、いい思い出ができるでしょう。気になる人からの連絡を待っていないで、突然でも誘ってみると、いい返事が聞けそうです。
17 月	△	相手の話を「なんとなく」聞いていると、聞き逃したり、何をすべきかわからなくなってしまいそう。しっかり聞いているつもりでも、大事なことを忘れてしまう場合があるので、メモしておくといいでしょう。
18 火	◎	いろいろな経験を乗り越えて、いまがあることを思い出してみるといい日。成功だけが自信につながるのではありません。失敗を乗り越えた自分に自信をもって、挑戦する気持ちを忘れないようにしましょう。
19 水	◎	頑張りが評価される日。思った以上に注目されたり、結果を残すことができそう。些細な仕事でも最後まで気を緩めず、しっかり終えるようにしましょう。品を意識すると、さらにいい結果につながりそうです。
20 木	▽	日ごろの頑張りがいい結果につながる日。とくに日中は調子よく仕事ができそうなので、サボってしまわないように。夕方以降は、周囲の人に振り回されたり、後輩の面倒を見ることになりそうです。
21 金	▼	相手任せにしすぎると、ガッカリすることになる日。甘えていないで、自分ができることは全力で取り組みましょう。一生懸命に頑張った結果なら、周囲も認めてくれるはずです。
22 土	✕	ネガティブな発言を繰り返していると、友人に叱られてしまったり、恋人や好きな人と距離があいてしまいそう。できるだけプラスに切り返すよう頑張ってみると、思った以上に楽しくなるでしょう。
23 日	▲	部屋の掃除や整理整頓をするといい日。「身の回りが片付かないと運も恋人も去ってしまう」と思っておきましょう。使わずに置きっぱなしにしているものはドンドン処分しましょう。
24 月	○	新しいことに目を向けるといい日。新商品や話題のアイテム、サービスなどを調べてみましょう。新しく出るものには、「何かいいヒントが隠れている」と思っておくといいでしょう。
25 火	○	相手のいい部分を見つける努力が大切な日。どんな素敵な人にもマイナス面はあるもので、どんなに苦手で嫌いな人にもいい部分はあるもの。周囲の人のいいところを見つけられるように努めましょう。
26 水	□	何事も「白黒つけることがいいわけではない」と覚えておきましょう。グレーだからいいこともたくさんあるのを忘れないように。夜は疲れやすいので、無理は避けるようにしましょう。
27 木	■	疲れを感じるときは仮眠をしたり、休憩中に目を閉じてゆっくりする時間をつくりましょう。ストレッチや軽い運動をするのもいいですが、頑張りすぎて体を痛めないように気をつけましょう。
28 金	●	品を意識することでモテるようになる日。下品な言葉や行動には注意するようにしましょう。気になる人からのアプローチに、臆病にならないことも大切です。
29 土	△	上手に振り回されると楽しくなる日。自分の思い通りにすることばかり考えているとイライラしてしまいますが、流されたり振り回されることをおもしろがれると、いい1日になりそうです。
30 日	◎	しばらく会っていない友人と、偶然再会できそうな日。近況報告や情報交換をしてみるといい時間を過ごせそう。恋に発展する場合もあるでしょう。

☆ 開運の日　◎ 幸運の日　● 解放の日　○ チャレンジの日　□ 健康管理の日　△ 準備の日　▽ ブレーキの日
■ リフレッシュの日　▲ 整理の日　✕ 裏運気の日　▼ 乱気の日　＝ 運気の影響がない日

5月 2023

△ 準備の月

開運 **3** カ条

1. 確認を忘れない
2. 楽しいときはしっかり楽しむ
3. 職場の人や仕事関係者と食事に行く

総合運 楽しい時間が増える時期
珍しいミスには要注意

気持ちが少し楽になり、おもしろいことや楽しい時間も増える時期。余計な心配事がなくなったり、自分の考えすぎだったことにも気がつきそうです。苦手に思っていた人が意外とやさしかったり、親切にしてくれることもあり、ネガティブに考えすぎていたのがアホらしくなることも。ただし、珍しいミスをしやすいので、事前準備や最終確認は怠らないように。ドジな一面を見せることが周囲と仲よくなれるきっかけにもなるので、失敗もプラスになりそうです。

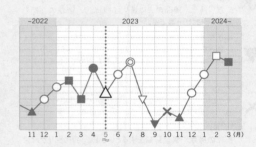

~2022　2023　2024~
11 12 1 2 3 4 5 6 7 8 9 10 11 12 1 2 3 (月)

恋愛＆結婚運

気になる人と気楽に話すことができ、相手にいい印象を与えられそうです。仲よくなるきっかけをつかめ、楽しく遊べたりデートができることも。ただ、モタモタしていると相手に恋人ができてしまう場合があるので、好意は早めに伝えておいたほうがいいでしょう。新しい出会い運は、ノリのいい人に会えそうですが、誠実さを感じられずあなたから引いてしまうかも。結婚運は、今月は話を進める時期ではないので、期待はしないほうがいいでしょう。

仕事運

仕事のコツをつかめたり、少し肩の力が抜けてリラックスして働けるようになる時期。真面目に取り組むのはいいですが、融通をきかせることや、力の抜きどころも覚えておくといいでしょう。ただし、力を抜きすぎてミスをすることも多いので、事前準備と確認作業は怠らないように。職場の人や仕事関係者との交流も大切な月。面倒でも顔を出しに行くと、思った以上に楽しい時間を過ごせたり、親睦を深められていいでしょう。

金運＆買い物運

レジャーや食事、趣味などにお金を使うことになる月。財布のヒモが少しくらい緩むのはいいですが、無計画な買い物や無駄遣いには気をつけましょう。とくに、趣味の習い事をはじめるのはいいですが、押しの強い営業に負けて長期的な契約を結んだり、いらないものを買って後悔しないよう、不要なものはハッキリ断ることが大切です。職場の人との交際費は無駄にはならないので、ケチケチしないように。投資などは慎重に判断しましょう。

美容＆健康運

ストレスを発散することができる月なので、肌や胃腸の調子はよくなりそうです。ただし、誘惑や遊ぶ時間が増え、疲れがたまってしまうことがあるので、連日の飲み会などはほどほどにしておきましょう。調子に乗りすぎて転んだり、小さなケガをすることも多い時期です。急いでいるときほど足下には気をつけましょう。美意識をもっておかないと、暴飲暴食をして体重が増えてしまいそうです。夜遅い時間の食事は避けましょう。

1 月	○	楽しく過ごせる日ですが、気を抜きすぎると大きな失敗につながってしまいそう。メリハリをしっかりつけることが大事なので、目の前のことに集中し、休むときはしっかり休むようにしましょう。
2 火	▽	日中は自信をもって行動することで、運を味方につけられたり、いい流れをつくれるでしょう。夕方あたりからは、人間関係が面倒になったり、周囲に振り回されてしまいそうです。
3 水	▽	面倒な出来事が多い日ですが、問題の原因は、あなたに油断や隙があるせいかも。嫌な予感のする場所には近づかないようにしましょう。
4 木	×	日ごろの習慣が悪い人は、その影響が出てしまう日。「運が悪い」で片付けないで、「不運に感じる原因は何か」をしっかり考えてみると、大事なことに気づけそうです。悪い習慣は改めるように努めましょう。
5 金	▲	今日は遊びに出かける前に、身の回りを片付けておくといいでしょう。散らかったままで出かけないで、少しでもきれいにしてから外出しましょう。時間がある場合は、大掃除にもいい日です。
6 土	＝	髪を切ったり、思い切ってイメチェンをしてみるといい日。ふだんなら行かない場所に足を運んでみると、おもしろい発見がありそうです。少しの勇気が人生を変えていくでしょう。
7 日	＝	本を購入して読んでみるといい日。いまのあなたに必要な情報や話を入手することができそうです。なんとなく避けていたジャンルの映画を観るのもオススメ。いい刺激や勉強になるでしょう。
8 月	□	どんなことにもプラス面とマイナス面があるもの。いい部分を見つける癖をつけるために、人や物事の「いいところはどこなのか」と探しながら生活してみるといいでしょう。
9 火	■	急な仕事を任されたり、実力以上の仕事をすることになってヘトヘトになりそうな日。残業をしないよう時間の使い方を考えて、無駄な時間を削るようにしましょう。
10 水	●	小さなラッキーがある日。上司や先輩にご馳走してもらえたり、いい感じにサポートしてもらえそう。幸せのカケラは小さいものですが、それを見つける楽しさを忘れないようにしましょう。
11 木	△	いまやるべきことに集中できず、仕事を雑に進めたり、後回しにしてしまいそうな日。少しくらいサボってもいいですが、周囲には迷惑をかけないように。仕事があることにも感謝しましょう。
12 金	○	付き合いの長い人との縁は大切ですが、今日は、相手の不機嫌に振り回されたり、面倒な感じになってしまいそう。仲がいいからといって、なんでも受け入れないようにしましょう。
13 土	○	買い物に行くのはいいですが、不要なものまで買ってしまいそうな日。誘惑に負けて、お菓子やお酒を買ってしまうこともありそうです。欲しいものだけメモしてから出かけるといいでしょう。
14 日	▽	日中は運気がいいので、友人や気になる人を誘ってランチやお茶をするのがオススメ。おもしろい話が聞けそうです。夜は明日に備えて早めに帰宅し、家でゆっくりするといいですが、急に予定が乱れることもありそう。
15 月	▼	マイナスな情報に振り回されそうな日。余計なことを考えすぎないで、周囲の人をよろこばせてみたり、自分の仕事の先で笑顔になっている人のことを想像するといいでしょう。
16 火	×	よかれと思ったことが裏目に出たり、空回りしやすい日。失敗しても、ヘコむのではなく「やり方やタイミングなどを変えるきっかけになった」と気持ちを切り替えるといいでしょう。
17 水	▲	身の回りを片付けるのはいいですが、他人のものを捨ててしまってトラブルになったり、大事なものを間違えて処分してしまうことがありそうです。しっかり確認してから処分するようにしましょう。
18 木	＝	若い人からいい情報をもらえたり、学べることがありそうです。最近の流行やオススメのアプリなどを教えてもらうといいでしょう。はじめて話す人から学べることもありそうです。
19 金	＝	好奇心をそそられるようなお店を見つけられそう。気になっているお店があるなら、仕事帰りに行ってみるといいでしょう。職場の人や知り合いを突然誘ってみると、おもしろい関係もできそうです。
20 土	□	計画を立てて行動するといい日。とくに、帰りの時間を決めておくことが大切です。ダラダラすると疲れがたまってしまうだけ。夜は、ゆっくりする時間をつくるといいでしょう。
21 日	■	今日は家でのんびりしたり、好きな音楽を聴きながら読書をするなど、ゆったりとした時間を過ごしましょう。すでに予定が入っている場合は、こまめに休むようにしましょう。
22 月	●	注目される日なので、いつもより真剣に仕事に取り組みましょう。夕方以降は、自分でも笑ってしまうようなミスをするかも。慎重な行動を心がけて。
23 火	△	忘れ物やうっかりミスが多い日。寝坊して焦ったり、大事なものを置き忘れてしまうこともありそう。今日はいつも以上にていねいかつ冷静に行動しましょう。
24 水	○	悪い癖が出やすい日。自分がやってしまいそうなミスは、事前に気をつけるようにしましょう。ただ、失敗を反省するのはいいですが、考えすぎないように。
25 木	○	いい仕事ができる日。肩の力がほどよく抜けて、うれしい結果につながりそう。困難なことがあっても、いい勉強になり、成長できそうです。数字や時間にも、もっとこだわって仕事をしてみましょう。
26 金	▽	日中は問題なく進みそうですが、夕方あたりから周囲の人の気分に振り回されたり、ミスが増えてしまいそう。焦りそうになったら、深呼吸をして落ち着いてから行動するように。
27 土	▼	お店の接客が雑だったり、苦手な人と接する時間が増えてしまうなど、ガッカリすることがありそうな日。今日は過度な期待をしないように。不満を抱くことがあったら、「面倒なところに目がいく自分がいるな」と思っておきましょう。
28 日	×	予想外の人から遊びに誘われたり、不思議な縁がつながりそうな日。一瞬うれしくても、面倒な相手の場合もあります。話を聞くのはいいですが、流されすぎないように。
29 月	▲	カバンや財布のなかをきれいに整理して、不要なカードやレシートは出しておきましょう。職場のデスクや作業場の回りにあるいらないものも片付けて、スッキリさせるといいでしょう。
30 火	＝	いい発見がある日。視野を広げられるので、周囲の人の話を聞いたり、オススメされた食べ物や飲み物を試してみるといいでしょう。自分の基準だけで生活することをやめると、人生が楽しくなるでしょう。
31 水	＝	行動力が増す日ですが、少しせっかちになったり、無謀な行動に走りやすいので、先のことをもっと想像してから行動するといいでしょう。失敗から学ぶ気持ちも忘れないように。

☆ 開運の日　◎ 幸運の日　● 解放の日　○ チャレンジの日　□ 健康管理の日　△ 準備の日　▽ ブレーキの日
■ リフレッシュの日　▲ 整理の日　× 裏運気の日　▼ 乱気の日　＝ 運気の影響がない日

6月 2023

○ チャレンジの月

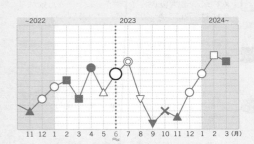

-2022 | 2023 | 2024~

11 12 1 2 3 4 5 6 7 8 9 10 11 12 1 2 3 (月)

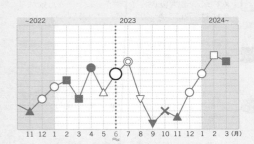

開運 3 カ条

1. 不慣れなことや苦手なことに挑戦する
2. 親友とおもしろい話をする
3. 懐かしい人に会う

総合運 問題解決にいい運気 苦手克服の努力をして

問題を解決するにはいい運気ですが、課題や弱点、欠点の改善に努めてこなかった人にとっては、問題が再発する時期でもあります。苦手をそのままにせず、少しでも克服する努力をしていた人は、周囲から信頼や協力を得られ、チャンスもめぐってくるでしょう。ただし頑張りすぎると、疲れが一気にたまったり、体調を崩す原因になることも。無理はせず、体調管理を忘れないようにしましょう。

恋愛＆結婚運

「チャンスを逃したかな」と思う相手がいるなら、ダメ元で連絡してみるといい時期。相手の出方を待っていても何も変わらないので、自ら動いてみること。今月中に動きも変化もなかった場合は、完全に諦める覚悟をしておきましょう。新しい出会い運は、期待は薄いですが、親友や付き合いの長い人からの紹介を大切にするといいでしょう。結婚運は、1年以上交際期間がある相手なら、将来の話を真剣にしておくと年末に動きがあるかも。

仕事運

仕事で後れをとっていたり、出遅れた感じがしている場合でも、今月の頑張り次第で取り戻せたり、周囲に追いつくことができそうです。忙しくなる時期ですが、実力をうまく発揮できて、手応えを感じられることもあるでしょう。少しですが、苦労が報われたと感じたり、いい結果を残せたりしそうです。ただ、やる気になるのはいいですが、仕事量を増やしすぎないように気をつけましょう。

金運＆買い物運

これまでの頑張りが評価されて、給料が少し増えたり、上司や先輩からご馳走してもらえることがありそうです。買い物では、使い慣れたものを買ったほうがいいので、新商品に目がくらんでも「安心・安定」のものを選ぶように。行きつけのお店で、いいサービスを受けられることもあるでしょう。投資などの資産運用では、友人や知り合いからいい情報を入手できそうです。これまでに損をしたぶんを少し取り戻せるなど、いい流れに乗れることも。

美容＆健康運

今年になって体調を大きく崩した人は、調子が悪くなってしまうことがあるので、無理をしないように。異変を感じたら早めに病院で検査をしておきましょう。とくに健康面に問題のない人は、半年後くらいを目標に、体力アップや肉体改造をはじめてみるといいでしょう。ただし、夏場にできそうにないプランは立てないように。また、友人との会話を楽しんでみるとストレス発散になりそうです。たくさん笑うと美容にもいいでしょう。

1 木	□	周囲からの指摘には素直になっておくといい日。耳が痛いことを言ってくれる人に感謝できないと、いつまでも成長できないばかりか、同じ失敗を繰り返してしまうでしょう。
2 金	■	仕事での疲れがたまってしまいそうな日。仕事終わりの飲酒は、悪酔いやケガの原因になるので控えめにしておきましょう。また、気になる相手にはメッセージを送ってみるといいでしょう。
3 土	●	おいしいものを食べに行ったり、遊びに出かけるといい日。ラッキーなことが起きたり、思った以上にいい思い出ができそうです。できるだけプラスの面を見つけるようにすると、さらに楽しめます。
4 日	△	小さなミスをしやすい日ですが、しっかり遊ぶことでストレスを発散できるので、友人を誘ってみるといいでしょう。おもしろい話が聞けたり、たくさん話ができてスッキリしそうです。
5 月	○	真剣に仕事に取り組んでみると、遅れを取り戻せたり、実力がアップしていることに気づけそうです。「頑張ってきた甲斐があった」と思えたら、周囲からの支えや応援にも感謝しましょう。
6 火	◎	充実した1日を過ごせる運気。受け身で待っていると、せっかくのいい運気を逃してしまうので、何事にも積極的に参加してみましょう。「何か手伝いましょうか?」と、自ら話しかけてみるといいでしょう。
7 水	▽	日中は、頑張った結果が出やすい日。あなたが思っている以上に、周囲から注目されることがあるでしょう。夕方以降は、疲れを感じたり集中力が途切れやすいので、小さなミスに気をつけましょう。
8 木	▼	予想外に忙しくなったり、周囲から仕事を押しつけられてしまうことがありそう。今日は、何事も早めに取り組んで、時間の余裕をつくっておくといいでしょう。
9 金	×	判断ミスをしやすい日。自分中心に考えないで、相手や周囲のことをもっと想像してみて。「正しいかどうか」よりも、「楽しいこと」を考えるようにしてみましょう。
10 土	▲	身の回りにある不要なものを処分するにはいい日。使わないものをフリマアプリで売ってみると、いいお金になりそう。試しに出品して、相場を見ておくといいでしょう。
11 日	○	はじめて行くお店や場所で、おもしろいことを発見できそうな日。近所を散歩したり、のんびりと散策を楽しんでみましょう。気になるお店を発見したら、とりあえず入ってみるといいでしょう。
12 月	○	いつもと同じものや同じ風景を、違った角度で見てみたり、もっと深く考えてみましょう。おもしろい発見につながることや、何気ない物事が楽しみに変化することがありそうです。明るい妄想をしてみるのもいいでしょう。
13 火	□	「考える前に行動」を意識してみると、いい結果につながる日。考えることも大切ですが、まずは手を動かしたり、気になる場所に足を運んでみるといいでしょう。夜は、湯船にしっかり浸かってから寝るようにしましょう。
14 水	■	寝不足や疲れを感じそうな日。今日は家でストレッチをしたり、ゆっくりする時間をつくって、疲れを残さないようにしましょう。いつもより早めに寝て、睡眠時間を多くとるといいでしょう。
15 木	●	小さなラッキーがある日。簡単には手に入らないようなものを購入できたり、ちょっとしたプレゼントをもらえるかも。周囲からやさしくしてもらえることもありそうです。小さな幸運に気づけると、大きな幸せもやってくるでしょう。
16 金	△	やる気がなかなか出にくい日。忘れ物やうっかりミスもしやすいので、事前準備と確認作業はしっかり行いましょう。ドジなケガにも気をつけること。
17 土	○	人との縁がつながりやすい日ですが、面倒な人や悪友とも出会ってしまうかも。嫌いな人とは距離をあけるようにするといいでしょう。親友に会いに行くと、運気の流れがよくなりそうです。
18 日	◎	お得な買い物ができたり、欲しかったものが安く手に入りそうな日。気になるお店に行ってみたり、ネットで検索してみるといいでしょう。お世話になった人にご馳走するにもいい日です。
19 月	▽	日中は、いい流れで仕事ができ、頭の回転もよくなりそう。視野も広がって、いい判断ができそうです。夕方以降は、マイナス情報に振り回されやすいので気をつけましょう。
20 火	▼	苦労や困難が、単純に不幸だとは限りません。「自分を成長させるために必要な試練」だと受け止めましょう。自分の至らない点を知ることも大切です。
21 水	×	優柔不断な人や、不機嫌さをアピールしてくる人に振り回されそうな日。「反面教師」だと思って、自分は同じようなことをしないように気をつけて。周囲から憧れられる人になりましょう。
22 木	▲	気持ちの整理が必要な日。過ぎたことをいつまでも考えないようにしましょう。自分のなかで「許したことにする」と区切りをつけてみると、前に進めるようになるでしょう。
23 金	○	「自分がどんなふうになりたいのか」を、もっと想像しながら生活してみるといい日。なんとなく仕事をするのではなく、目的をしっかり決めると、やるべきことが見えてくるでしょう。
24 土	○	未体験のことにチャレンジするにはいい日。友人や知人に誘われたら、少し面倒でも参加してみるといいでしょう。相手に合わせることで、知らない世界を知ることができて、意外と楽しめそうです。
25 日	□	計画的に過ごすといい日。とくに、帰宅の時間はしっかり守って、家でゆっくりする時間をつくりましょう。今日の疲れは今日のうちにとるようにしてください。
26 月	■	嫌々仕事に向かうと疲れてしまうだけ。元気よく挨拶をしたり、笑顔を心がけると自然とパワーが増してくるでしょう。周囲を励ましてみると、さらに元気になれそうです。
27 火	●	あなたの能力が役立つ日。周囲から頼りにされたら素直に協力し、教えられることがあったら、ケチケチしないで伝えましょう。少々お節介でも、あなたに善意があれば、相手に伝わるでしょう。
28 水	△	ドジな1日になってしまうかも。自分でも笑ってしまうような小さなミスから、笑えないような大きな失敗までありそうです。慎重かつ冷静に行動すれば、問題は避けられるでしょう。
29 木	◎	知識が役に立つ日。過去に学んだことで、周囲を助けられる場面がありそう。過去の体験が話のいいネタになることもあるので、思い出したことを話してみるのもいいでしょう。
30 金	◎	仕事運がいい日。待っているだけでは何も変わらないので、積極的に仕事に取り組んだり、自ら指示を仰ぐようにするといいでしょう。今日の結果が、のちに大きく響いてきそうです。

☆ 開運の日　◎ 幸運の日　● 解放の日　○ チャレンジの日　□ 健康管理の日　△ 準備の日　▽ ブレーキの日
■ リフレッシュの日　▲ 整理の日　× 裏運気の日　▼ 乱気の日　＝ 運気の影響がない日

7月

2023

◎ 幸運の月

開運 3 ヵ条

1. 計画的に休む
2. いい評価は素直によろこぶ
3. 「忙しい」を言い訳にしない

総合運 チャンスがやってくる時期
出会い運も好調

頑張りを認められて、チャンスがやってくる時期。評価されたり、周囲から求められる場面が増えるのはいいですが、忙しくなりすぎたり、予定がいっぱいでヘトヘトになってしまうこともありそうです。その日の疲れはその日のうちにとるように心がけるか、あらかじめ体を休ませる日を決めて、リフレッシュする予定を立てておきましょう。出会い運もいいので、短時間でも初対面の人に会えるように、忙しくても予定を調整しておくことが大切です。

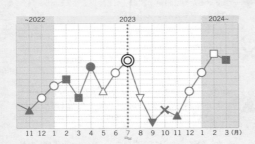

~2022   2023   2024~
11 12 1 2 3 4 5 6 7 8 9 10 11 12 1 2 3 (月)

恋愛＆結婚運

忙しくなる時期ですが、恋愛面ではチャンスがやってくるでしょう。「仕事が忙しいから」と言い訳したり、好意を寄せてくれる人を雑に扱っていると、せっかくのチャンスを逃してしまいます。帰りの時間をしっかり決めて、短時間でも遊ぶようにするといいでしょう。短い時間のほうが逆に恋が盛り上がる場合もありそうです。新しい出会い運も悪くはないですが、マメに連絡できないと縁が切れてしまいます。結婚運は、相手任せにしないようにしましょう。

仕事運

周囲から求められることが増えますが、「仕事を押しつけられている」と受け止めると苦しくなってしまうので、前向きにとらえることが大切。上司や先輩は「この人ならもっとできる」と信じているからこそあなたに業務を任せているので、できるだけ期待に応えられるよう頑張りましょう。ただし、体調は崩さないように。しっかり体を休ませることや、コンディションを整えることも仕事の一部だと思っておきましょう。

金運＆買い物運

ボーナスアップや、臨時収入がありそうな運気。両親からお小遣いをもらえたり、人からご馳走される機会も増えそうです。ただ、せっかくの臨時収入を浪費してしまい、逆に出費が増えることも。お金を使う前に、「将来に役立つものなのか」と冷静に考えるようにしましょう。また、温泉など、疲れを癒やすためにお金を使うのもオススメです。投資などの資産運用もいい流れになりそう。少し金額を上げてみると、年末か来年にうれしい結果が出るかも。

美容＆健康運

急激に体調が崩れるほどではありませんが、忙しくなる時期なので、徐々に疲れがたまってしまうことがありそうです。こまめに休んだり、休日は温泉やスパでゆっくりするといいでしょう。おいしいものを食べるなど、贅沢な時間を過ごしてストレス発散するのもオススメ。美容にお金をかけるのはいいので、エステや美容サロンに行ったり、美肌効果が期待できるものを購入してみましょう。

1 土	▽	日中は、必要なものを買いに出かけたり、気になる人とランチデートをするといい日。夕方以降は周囲に振り回されることが増えてくるので、早めに帰宅してのんびりするといいでしょう。
2 日	▼	過度な期待はガッカリするだけ。何事も「ほどほどの期待」がいいでしょう。今日は期待して観た映画が予想以上におもしろくなかったり、注文したメニューが口に合わなかったりすることがありそう。
3 月	✕	人間関係でつまずいて、気まずい空気になりそうな日。今日は自分のことよりも、相手によろこんでもらえることを優先しましょう。沈黙の時間があっても、焦らないように。
4 火	▲	粘るより引くことが大切な日。恋愛でも仕事でも、押してダメなら早めに引いてみるといいでしょう。相手もあなたのことが気になってきて、いい流れになりそうです。
5 水	○	人との交流を楽しんでみるといい日。困っていそうな人に話しかけたり、何気ない雑談をしてみて。思ったよりも盛り上がり、いい話を聞けそうです。
6 木	○	気になることが増える日。いろいろと手を出したり調べるのはいいですが、疲れる原因にもなってしまうので、気をつけましょう。とくにネット動画は、何も得られないまま、ただ時間だけが過ぎてしまうので要注意。
7 金	□	良くも悪くも区切りをつけるといい日。悪習慣だと思う行動を断ち切り、生活リズムを変えてみるといいでしょう。ダイエットや運動をスタートさせたり、食事のバランスを整えるよう意識しはじめるにもいいタイミングです。
8 土	■	今日は、心身ともにしっかりと休ませるのにいい日です。ダラダラせず、用事は午前中に終わらせて、30分くらい昼寝をするといいでしょう。あいた時間は、スマホを見ずに本を読んでゆっくりしましょう。
9 日	●	意外な人から遊びに誘われたり、急にデートをすることになりそうな日。何事も楽しむことが大切なので、マイナスなことは考えないようにしましょう。少しオーバーなくらいのリアクションをとるといいでしょう。
10 月	△	珍しいミスをしやすい日。忘れ物やうっかりミスには気をつけて。遅刻したり、時間を勘違いすることもありそうなので、1日の予定をしっかり確認しておきましょう。
11 火	◎	人のすぐれた点を見つけるといい日。知り合ってから長い人ほど、あらためて長所に注目してみましょう。友人や先輩、家族や恋人のいいところを10個ずつ挙げてみて。素敵な人に囲まれていることに気づけそうです。
12 水	◎	仕事で結果を出せたり、大事なことを任されそうな日。今日は、少しくらい忙しくても一生懸命に取り組んでみるといいでしょう。周囲からの協力も得られそうです。
13 木	▽	家族や周囲からの言葉をマイナスに受け止めずに、「よかれと思って言ってくれているのだ」と思うといいでしょう。厳しい指摘もプラスに変換しましょう。至らない部分があるのは当たり前なので、ガッカリしないように。
14 金	▼	空気の読めない発言をしたり、相手の話に割って入ってしまいがちな日。発言するときは言葉をしっかり選び、話を聞くときは最後までしっかり聞きましょう。相づちやリアクションも忘れないように。
15 土	✕	予定が急にキャンセルになったり、計画通りに進まなくてイライラすることがありそう。タイミングの悪いことが続く場合もありますが、「今日は不運を消化している」と、割り切ってとらえましょう。

16 日	▲	恋人とデートをするなら、今日は早めに切り上げるようにしましょう。不機嫌になってしまったり、ケンカの原因になる出来事がありそうです。友人とも気まずい感じになりやすいので、会話には十分注意しましょう。
17 月	○	物足りない感じがしたり、現状に少し不満が出てしまいそう。不満が出るのは全力を出していない証です。目の前のことに一生懸命取り組んで、「もっと結果を出すには?」「合理的な方法はないか?」と模索するといいでしょう。
18 火	○	多少の苦労は誰にでもあるもの。今日は自分を鍛える経験ができそうです。「心身を鍛えるには、多少の面倒事はあって当然」と思って乗り切りましょう。
19 水	□	急な仕事を任されたり、妙に期待をされてしまいそう。断りにくい空気でつい受け入れてしまい、負担に感じることがありそうです。「頼りにされている」とよろこんでみると、気持ちが楽になるでしょう。
20 木	■	頑張りすぎて疲れたり、仕事のペースを間違えて午後からグッタリしてしまいそう。疲れを感じるときは、目の周りをマッサージしたり、5分でも仮眠をとってみるといいでしょう。
21 金	●	プレッシャーから少し解放されて、気持ちが楽になる日。苦手な上司や先輩と距離をとることができたり、面倒な仕事が少なくなるなど、「ラッキー」と思えることがありそう。ただし、サボりすぎには気をつけましょう。
22 土	△	買い物に行ったのに財布を忘れたり、電子マネーのチャージが足りなくて焦ってしまうことがありそう。買う予定だったものを買い忘れるケースもあるので、注意しましょう。
23 日	◎	親友に会うことで気持ちが楽になりそうな日。一緒にいると楽しくなる人や、笑える話をしてくれる人に、連絡してみるといいでしょう。ストレスを発散できることに挑戦するにもいい日です。
24 月	◎	予想外にいい結果を残したり、ペースよく仕事を進められる日。淡々とこなせて、いい気分で1日を終えることができるでしょう。サポート役としても活躍できそうです。
25 火	▽	日中は、日ごろの頑張りをほめられたり、評価してもらえることがありそう。ほめられたら、しっかりよろこぶようにしましょう。夕方以降は、無神経な人からの言葉でヘコんでしまうことがあるので、早めに帰宅してのんびりしましょう。
26 水	▼	勘違いが原因で大きなミスをしやすい日。数字や金額、日付などのチェックを忘れないようにしましょう。不安に思うときは、周囲に確認することが大切。今日は、いつも以上に緊張感をもって仕事に取り組みましょう。
27 木	✕	周囲の話をするのはいいですが、冗談半分で言った悪口や愚痴が伝わってしまい、気まずい空気になることがあるので気をつけましょう。前向きで明るい話をするように心がけておくと、問題は避けられそうです。
28 金	▲	小さな約束でも、忘れたままにならないよう気をつけましょう。約束していたことを思い出したら、しっかり守るように。また、周囲の人への感謝の気持ちも忘れずに。
29 土	○	はじめて行く場所で、ストレスを発散できそうな日。人から誘われた場所や、評判のいいお店に行ってみるといいでしょう。ホテルでランチやディナーをするのもオススメです。
30 日	○	新しい出会いがある日。知り合いや友人の集まりに顔を出してみると、いい縁がつながるかも。周囲に恋人がいない人がいるなら、思い浮かぶ人を紹介してみると、楽しい1日になりそうです。
31 月	□	今月の反省をするにはいい日。自分の立てた目標にどれくらい近づけたのか、振り返ってみましょう。また、「今月の開運3カ条」や「今年の開運3カ条」「命数別の開運3カ条」をどのくらい意識できているか、チェックしてみて。

☆ 開運の日　● 幸運の日　● 解放の日　○ チャレンジの日　□ 健康管理の日　△ 準備の日　▽ ブレーキの日
■ リフレッシュの日　▲ 整理の日　✕ 裏運気の日　▼ 乱気の日　＝ 運気の影響がない日

2023 8月

▽ ブレーキの月

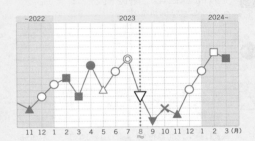

-2022　2023　2024~

11 12 1 2 3 4 5 6 7 8 9 10 11 12 1 2 3 (月)

開運 3 ヵ条

1. おいしいものを食べに行く
2. 興味をもった習い事をはじめる
3. 湯船にしっかり浸かる

総合運　中旬までは問題なさそう
予定の詰め込みすぎには注意

中旬までは問題の少ない月。興味をもった習い事をはじめたり、新しい出会いを求めて行動してみるといいでしょう。ただし、予定の詰め込みすぎや体力的な無理は避けるように。休みの日の予定を立てて、のんびりできる日を決めておきましょう。中旬以降は、人間関係で疲れたり、ストレスがたまることがありそうです。ネガティブな言葉や愚痴、不満ばかり口に出す人とは、できるだけ距離をおいたほうがいいでしょう。

恋愛＆結婚運

中旬までは、いい感じになっている人とさらに仲を深められますが、相手からの連絡を待っているだけでは進展しません。自ら連絡して、遊ぶ日やデートの予定を決めましょう。ここでいい関係になれないと、年末になるまで進展が難しくなりそうです。下旬になると、面倒な人や、あなたを疲れさせる人が近づいてくるので要注意。「おいしいものでも食べに行きましょう」などと気軽に誘うと、相手に好意をもたれて困ってしまうこともありそうです。

仕事運

思った以上にいい結果が出たり、評価してもらえる時期。仕事の幅も広がり忙しくなりそうですが、よい出会いもあるので、仕事以外の付き合いも大切にするといいでしょう。中旬以降は、体力的に苦しい仕事や急な案件が増えてくるので、ゆとりをもってこなせるようにスケジュールをしっかり管理しましょう。また、疲れからくるミスも増えてくるため、体を休ませることも仕事のひとつだと思っておきましょう。

金運＆買い物運

買い物がストレス発散になるなら、中旬までは欲しいものを買いに行ってもいいでしょう。ただし、ローンや分割払いは避けて、自分の収入に見合った商品を選ぶこと。おいしいものを食べに行くにもいい運気なので、気になるお店やホテルのレストランなどで少し贅沢をしてみるといいでしょう。仲間と一緒においしいスイーツのお店に行くのもオススメ。投資なども中旬までなら勘を信じて選んでみてもいいでしょう。来年のいい結果につながりそうです。

美容＆健康運

これまで体調に問題のなかった人でも、今月からは疲れを感じたり、体調に異変が出てくることがありそうです。睡眠時間を増やしたり、旬の野菜を食べたりして、疲労をできるだけためないように工夫して過ごしましょう。下旬からは、肌荒れなどのトラブルも出やすいので、スキンケアや日焼け対策はしっかりと。夏バテしたり、疲れからメンタルも弱くなりやすいので、リフレッシュできる時間をつくっておきましょう。

　開運のつぶやき ▶ 👓 どんな食事でも感謝して頂く人に運は味方する。

1 火	■	いつも通りに過ごしていても、疲れを感じたり、集中力が途切れてしまいそうな日。こまめに休むようにして、早めに帰宅しましょう。今日はゆっくり湯船に浸かり、遅くならないうちに寝るといいでしょう。
2 水	●	これまで周囲に親切にしてきた人は、やさしくされたり、協力してもらえそうです。反対に親切心が足りなかったり、間違ったやさしさだった場合は、厳しい結果や、ガッカリする出来事が起きてしまいそう。
3 木	△	余計なことを考えてしまい、目の前のことに集中できなくなりそう。小さなミスをしやすいので気をつけましょう。聞こえのいい情報や言葉に振り回されることもあるので要注意。
4 金	◎	実力をうまく発揮できたり、これまでの苦労がいいかたちで報われる日。細部にまでこだわって、キッチリ仕事をするようにしましょう。今日の頑張りは、いい結果につながります。
5 土	◎	買い物をするにはいい日。気になるお店に入ってみると、欲しいものを見つけられそう。とくに欲しいものがない場合は、少し贅沢だったり、おいしいものを食べに行くといいでしょう。
6 日	▽	午前中は運気がいいので、部屋の掃除をして、買い物や用事を早めに片付けておきましょう。午後からは、ゆとりをもって行動すると気分のいい1日になりそう。夜は、明日に備えてすぐに寝るようにしましょう。
7 月	▼	優先順位を間違えると、時間を無駄にしてしまいます。「何を優先させればいいのか」をよく考えて、手間のかかることを先に終わらせましょう。まとめてやろうとすると、どれも中途半端になってしまうかも。
8 火	✕	不満に目が向いてしまう日。マイナス面があれば必ずプラス面もあるもの。短所に目がいってしまうときは、長所を探すように、ものの見方を変えてみましょう。
9 水	▲	先走った行動はしないように。今日は周囲のようすをうかがったり、指示を待ったほうがいいでしょう。時間があるときには、身の回りを片付けて、何かあったらすぐに動けるように準備しておきましょう。
10 木	○	些細なことでもかまわないので、新しいことに注目するといい日。周囲をよく見渡してみると、いろいろと変化していることに気がつきそう。不慣れだったり、ふだんやらないことを試してみるのもいいでしょう。
11 金	○	前向きな言葉を選んだり、ポジティブな発言をするといい日。ウソでもいいので前向きなことを言ってみると、やる気がわいてくるでしょう。周囲の人との会話でも、いい言葉を選んでみて。
12 土	□	遊びに誘われたときに「行けたら行く」などと適当な受け答えをしないこと。行けないなら「行けない」とハッキリ伝えるようにしましょう。あいまいな返事をしても、お互いのためになりません。
13 日	■	体調が悪くなったり、不調のきっかけをつくってしまいそうな日。エアコンのききすぎた場所にいて風邪をひくことや、胃腸の調子を崩してしまうことも。今日は、無理をしないでゆっくり過ごしましょう。
14 月	●	急に遊びやデートの誘いがきそうな日。予定がとくにないなら、即OKしてみて。いい関係に発展することもありそうです。友人からの誘いの場合も、楽しい時間を過ごせるでしょう。
15 火	△	時間をしっかり見ておくことが大事な日。「余裕」と思って油断していると、遅刻をしたり、時間がなくなって焦ることがありそうです。何事も「10分前行動」を意識しておくといいでしょう。
16 水	◎	しばらく会っていなかった人から突然連絡がきたり、再会することになりそう。今日すぐに会えなくても、後日会う約束をしておくといいでしょう。外出先での偶然の出会いもあり得るので、周囲を見渡してみましょう。
17 木	◎	新しい趣味に挑戦したり、本を購入して読みはじめるといい日。今日スタートしたことは、あとで役立ったりお金になるなど、人生においてプラスになることが多いでしょう。
18 金	▽	午前中から積極的に行動することで、いい流れをつくれる日。のんびりしていると、周囲から「ダラダラしている」と思われるうえ、自分もやる気を失ってしまいます。夕方以降は、予定通りに進まないことが増えそうです。
19 土	▼	ネガティブな情報に振り回されたり、マイナス面に目がいってしまいそうな日。現状の「幸せ」に文句を言って、「不満」に変えないようにしましょう。無謀な行動にも走らないよう気をつけて。
20 日	✕	よかれと思ったことが裏目に出て、周囲の人を不機嫌にしたり、気まずい空気をつくってしまうかも。行動する前に「相手はよろこんでくれるのか」と、よく考えましょう。
21 月	▲	周囲のペースに合わせることが大事な日。「流れが速い」と感じる場合は、あなたの実力が足りていないのかもしれません。「遅い」と感じるなら、周囲にコツを教えてあげて。ダメな部分はどこなのかを探ってみるのもいいでしょう。
22 火	○	気分転換もかねて、ふだんとは違うお店のランチや、いつもなら飲むことのないドリンクを選んでみるといいでしょう。新商品を体験すると、おもしろい発見があったり、いい話のネタができそうです。
23 水	○	周囲に必ずいるポジティブな人や、つねに元気な人に注目してみるといい日。同じことはできなくても、発言や行動を真似してみるといいでしょう。少しでも近づけるように、相手を研究してみて。
24 木	□	悪習慣だと感じることや、惰性でダラダラ続けていることをやめるといい日。無駄にスマホでSNSや動画、ネットニュースを見ないように。「人生に必要ない」と感じるならいますぐやめて、違うことに時間を使いましょう。
25 金	■	夏の疲れが出てしまいそうな日。元気を出そうと思っても、食欲がわかなかったり、寝不足や夏バテを感じることがありそう。ゆっくりお風呂に入って、睡眠時間を長くとるようにしましょう。
26 土	●	うれしい出来事がある運気。よろこぶときは、素直に表現することが大切です。遠慮したり、臆病になっていると、チャンスを逃してしまいます。素敵な人と仲よくなれる可能性もあるでしょう。
27 日	△	小さなミスが重なったり、ドジな失敗が多くなりそうな日。テンションが下がってしまう出来事もあるので、不要な外出はしないほうがいいかも。家でゆっくり本を読んだり、映画を観たりするのがオススメです。
28 月	○	悪友との縁がつながりやすい日。意味もなく連絡がきたときは、簡単に会おうとしないほうがいいでしょう。昔の恋人からの連絡で心が揺れてしまう場合もありますが、もてあそばれないように気をつけましょう。
29 火	○	仕事運がいい日。目の前の仕事に真剣に向き合うと、いい結果につながるでしょう。頑張ったご褒美は、仕事の役に立つものや、スキルアップできそうな本がいいでしょう。
30 水	▽	午前中から、いい勘が働きそう。嫌な予感がするときは、上手に避けるようにするといいでしょう。夕方あたりからは、情に流されたり、周囲の人に振り回されやすいので気をつけましょう。
31 木	▼	ガッカリする人に会うことが多い日。自分基準で判断せず、相手の成長を見守るようにしましょう。今日は、あなたの弱点や欠点も人に見られやすい運気なので、隙ができないように気をつけて。

☆ 開運の日　◎ 幸運の日　● 解放の日　○ チャレンジの日　□ 健康管理の日　△ 準備の日　▽ ブレーキの日
■ リフレッシュの日　▲ 整理の日　✕ 裏運気の日　▼ 乱気の日　＝ 運気の影響がない日

71

9月 2023

▼ 乱気の月

開運 3 ヵ条

1. 他人に過度な期待をしない
2. 健康的な食事を心がけ、8時間以上寝る
3. 自分磨きをして、話のネタを探す

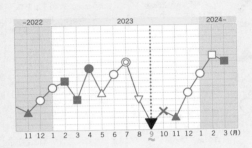

総合運 ガッカリすることがあるかも
支えてくれた人に感謝を

ガッカリすることがありそうですが、それはあなたが人に期待しすぎたり、求めすぎているだけ。相手にも事情があるので、「想定していたことができない場合もある」と思っておきましょう。現状に飽きたり不満をためる前に、支えてくれた人や育ててくれた人、成長を見守ってくれた人に感謝するようにしましょう。空回りしたり思い通りに進まなくても、ヘコむ必要はありません。もっと工夫して知恵を身につけるようにするといいでしょう。

恋愛＆結婚運

今月は、恋の進展を求めるよりも、自分磨きをしたり、人としての魅力を上げる努力をする時期だと思っておきましょう。もともと人に興味がないタイプですが、いろいろな人のいいところを探してみるといいでしょう。魅力を見つけたときは相手に伝えてみるなど、自ら会話のきっかけをつくるようにしましょう。相手の言葉をマイナスに受け止めないで、プラスに変換したり、「打たれ強くなるための鍛錬」だと思うといいでしょう。結婚運は、変化のないときなので期待しないように。

仕事運

すぐに結果を出そうとすると、焦って空回りし、やる気をなくす原因になってしまいそう。今月は周囲のサポートに回り、手伝いや雑用に専念するといいでしょう。少し遠回りするくらいの気持ちをもつことが大切です。大きなチャンスを逃したり、相手の口約束に振り回されたりしそうですが、ガッカリしないで「このくらいで済んでよかった」と前向きに考えるといいでしょう。無理をして頑張りすぎると、心身ともにヘトヘトになってしまうのでほどほどに。

金運＆買い物運

買い物でストレス発散をしてもいいですが、長く使うものは避けて、安いものや食品を中心に購入するといいでしょう。デパ地下で気になるものを買ったり、普段なら買わないようなフルーツやスイーツを購入してみるのもオススメ。また、映画や舞台鑑賞にお金を使うと、頑張っている人からパワーをもらえそう。お笑いのライブに行ってみるのもいいでしょう。投資などは期待外れになりやすくストレスの原因にもなるので、今月は深入りしないように。

美容＆健康運

体調を大きく崩したり、体に異変を感じることがある時期。様子をうかがっていないで、すぐに病院に行って検査を受けましょう。ただし、この時期は診断ミスも起こりやすいので、気になる場合はセカンドオピニオンを受けるように。しばらく人間ドックに行っていない場合は、申し込んでおくといいでしょう。美意識を高める気持ちは大切ですが、今月は健康なら少しくらいふっくらしても問題ありません。栄養をしっかりとるように心がけましょう。

開運のつぶやき ▶ 😷 運は順番で必ず巡ってくる。

1 金	✕	自分で思っている以上に疲れがたまっていたり、体調の異変を感じやすい日。今日は無理をしないこと。周囲から体調について指摘されたら、早めに病院で検査を受けるといいでしょう。
2 土	▲	食事や生活のバランスが悪くなっていないか、考えてみるといい日。ビタミン不足を感じるなら、野菜やフルーツを食べるようにしましょう。最近、疲れやすくなった場合は、軽い運動をはじめてみましょう。
3 日	＝	涼しい場所でのんびり日ごろの疲れをとったり、落ち着くカフェでゆっくり本を読んだりと、少し贅沢な時間を過ごしてみるといいでしょう。気になっていたレストランで食事をするにもいい日です。
4 月	＝	新しいことに目を向けるといい日。新商品のお菓子やパンを選んでみると、何か発見がありそう。定番ばかりにならないで、変化をもっと楽しむといいでしょう。自分の人生をもっと楽しく演出してみて。
5 火	■	否定的な人に会ったり、流れを止められそうな日。無理に逆らうと、疲れたり無駄な時間を過ごすハメになるので、流れに合わせてみるといいでしょう。夕食の食べすぎには気をつけて。
6 水	■	頑張りが空回りしたり、集中力が途切れてミスが増えてしまいそうな日。調子が悪いと感じるときは、無理をせず仕事を最小限に抑えて、休憩をしっかりとるようにしましょう。
7 木	●	調子のよさを感じたり、気持ちが少し楽になる日。苦手な人やプレッシャーをかけてくる人とも距離があきそう。自由な時間ができたら、スマホいじりなどで無駄遣いせず、自分の成長や勉強のために使いましょう。
8 金	△	真面目に取り組んでいても、緊張感がなくなりそうな日。ボーッとしたり珍しいミスをしやすいので気をつけましょう。炭酸水を飲むと、気が引き締まりそうです。
9 土	＝	やさしい親友や家族と過ごすのはいいですが、あなたを振り回すワガママな知り合いには注意が必要です。「急用ができて」とウソをついてでも、愚痴や不満の多い人とは距離をおくといいでしょう。
10 日	＝	本当に必要なものにお金を使っているのか、見直してみるといい日。余計な出費がストレスになっている場合もあります。無駄なサブスクを解約するなどして、固定費を下げるようにしましょう。
11 月	▽	日中は、楽しく仕事ができそう。ランチでも同僚と前向きな話が出てきるでしょう。ただし、夕方あたりからは気分にムラが出てしまいそうです。平常心が保てないときは、好きな音楽を聴いて心を落ち着かせましょう。
12 火	▼	小さなことが気になってしまいそうな日。自分のことならいいですが、他人の不正やサボりにもイライラしそう。自分ではどうすることもできないことは、気にしないようにしましょう。
13 水	✕	面倒なことが続きそうですが、「裏運気の日」は「自分を鍛えるいい経験ができる」と思って、覚悟しておきましょう。ただし、体力的な無理は避けたほうがよさそうです。
14 木	▲	周りの意見をしっかり聞いてみるといい日。反対されたり、突っ込まれることが多いなら、一度やり方を変えてみるといいでしょう。自分では気がつかないことを教えてくれる人への感謝は忘れないで。
15 金	＝	苦手な人や嫌いな人に注目するのではなく、やさしく親切にしてくれる人のために頑張ってみるといいでしょう。憧れることのできない人に影響されて、相手と同じような人間にならないように。
16 土	＝	新装開店のお店や、最近できたお店に行ってみるといい日。小さなお店であったとしても夢に向かって頑張っている店員さんに会うと、パワーをもらえて、あなたもやる気になれそうです。
17 日	■	今日は、温泉やスパ、マッサージに行くといい日。知り合いでヨガやダンスをやっている人がいるなら、教えてもらうのもオススメ。ストレス発散のために、カラオケではしゃぐのもいいでしょう。
18 月	■	謎の肌荒れやニキビ、口内炎など、周囲の人にはわかりにくい体調の変化がありそうです。あまり気にしすぎず、フルーツを多めに食べたり、たくさん笑って気分転換する時間をつくりましょう。
19 火	●	素敵な人の真似をするといい日。「笑顔で挨拶をする」「人の名前をすぐに覚える」など、素敵な人は細かいところまで気を配っているもの。すべては真似できなくても、少しでも近づけるように見習うといいでしょう。
20 水	△	ドジな1日になりそう。段差で転んだり、忘れ物や小さなミスをすることがあるかも。周囲から「珍しいね」と言われても、恥ずかしい思いをするからこそ成長できることもあるので、前向きにとらえましょう。
21 木	＝	できない約束はしないように。とくに、付き合いが長い相手ほど注意が必要です。お願いされたり頼りにされるのはいいですが、「これは難しいかな」と感じるなら、あいまいな対応で流さず、ハッキリ断りましょう。
22 金	＝	数字や時間にもっとこだわるといい日。「この仕事は1時間以内で終わらせる」など、自分のなかでルールを決めてみるといいでしょう。自分の仕事を時給で換算しないで、お給料は、「感謝の対価」だと思いましょう。
23 土	▽	買い物や用事はできるだけ午前中に済ませておきましょう。午後からはゆっくり過ごすのがオススメです。予定を詰め込まないで、のんびりする時間をつくったり、おいしいものを食べに行くといいでしょう。
24 日	▼	探しても見つからないものがありそう。急いでいるときに「どこにしまった?」と焦ることもありそうです。そうならないように、今後は日々掃除や片付けをしておきましょう。今日は、無駄な時間を過ごして疲れてしまうかも。
25 月	✕	急な仕事でオロオロしそうな日。慌てないで、堂々と対応することが大切です。自分で判断できないときは、ほかの人に相談したり、相手の気持ちをくみとって判断するといいでしょう。
26 火	▲	身近なものが壊れそうな日。お気に入りの食器やコップを割ったり、スマホを落として傷つけてしまうようなことがあるので、ていねいに行動するように心がけましょう。
27 水	＝	仕事に役立つ勉強をしたり、スキルアップを目指すといいでしょう。いきなり難しいことに挑戦しないで、まずは基本的なところからゆっくりスタートするといいでしょう。何事も基本が大切です。
28 木	＝	好きなこと以外には腰が重いタイプですが、今日はフットワークが軽くなりそう。前向きな話や楽しい話もできそうです。すがすがしい気分になれるような話を、自らしてみましょう。
29 金	■	流れに任せることを楽しむといい日。目標達成に向けて無理に進めるよりも、日々を楽しく、おもしろく過ごすことを目的にしてみましょう。そのほうが目的を簡単に達成できて、気分もよくなるでしょう。
30 土	■	頑張りすぎていた人は、体調を崩してしまいそうな日。今日の予定はキャンセルして、家でゆっくりしたり、昼寝をしたりするといいでしょう。元気な人も、調子に乗りすぎて体調を悪くしないように気をつけましょう。

☆ 開運の日　◎ 幸運の日　● 解放の日　○ チャレンジの日　■ 健康管理の日　△ 準備の日　▽ ブレーキの日　■ リフレッシュの日　▲ 整理の日　✕ 裏運気の日　▼ 乱気の日　＝ 運気の影響がない日

2023 10月

✕ 裏運気の月

開運 **3** ヵ条

1. 正しくても正論でも、言葉は選ぶ
2. 仮眠をとる
3. 笑顔を心がける

総合運
疲れがたまってしまう時期
先に休みの計画を立てて

心身ともに疲れがたまってしまう時期。些細なことでイライラしたり、冷静な判断ができないときは、疲れている証拠なのでしっかり休みましょう。今月は、先に休みの計画を立てて、ゆっくりする日やくつろぐ時間を決めておくといいでしょう。決して我慢や無理はしないこと。感情的になると人間関係が崩れてきて、さらに面倒なことになりそうです。寝不足だったり、少しでも機嫌が悪いと思うなら、人との距離をおきましょう。

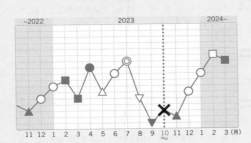

恋愛＆結婚運

好きな人の前で不機嫌な態度をとったり、言葉や行動が雑になってしまうことがあるので注意しましょう。本当のことだったとしても、なんでも口にしていいわけではないので、相手のことを考えて言葉を選ぶように。ネガティブな発言が原因で恋のチャンスを失ってしまう場合もあるので気をつけましょう。新しい出会い運は、意外な人とデートができそうですが、そのあとが続かないかも。結婚運は、結婚をして幸せそうな人を観察してみるといいでしょう。

仕事運

心配していたことが現実になってしまったり、予想外のトラブルが発生しやすい時期。無駄な残業や、周囲のミスのシワ寄せがくることもあり、心身ともにヘトヘトになってしまうかも。疲れからのミスも増えてしまうので、周囲に迷惑をかけないようにコンディションを整えることが大切です。ギリギリのスケジュールで進めないで、確認のための時間をとっておいたり、何か起きても対応できるようゆとりをもっておきましょう。

金運＆買い物運

節約のつもりで安いものを選んでも、そうした小さな出費が重なって結果的に支出が増えてしまいそうです。見栄を張ってお祝いを包みすぎたり、後輩や部下にご馳走しすぎてしまうこともあるでしょう。それでも人を笑顔にするための出費は気にしないように。スマホやパソコンが突然壊れて買い替えたり、仕事道具の調子が悪くなって修理費がかかることもありそうです。投資には不向きな運気なので、様子を見つつ勉強する時期にしておくといいでしょう。

美容＆健康運

油断していると体調を崩して風邪をひくことや、謎の肌荒れが出ることも多い時期。食事のバランスを整えて、軽い運動を忘れないようにしましょう。うがいや手洗いをこまめにしながらも、手が荒れやすくなるので保湿を忘れないように。お得な美容法を試すのもいいですが、ケチケチしすぎると逆に肌を傷めたり、お金だけかかって効果を実感できない場合もあるでしょう。「安いものはそれなりだ」と思っておきましょう。

1 日	●	アップダウンの激しい日。遊びに誘われてよろこんでいたら急にキャンセルになったり、おいしい料理を食べられたのに、店員の態度にガッカリするようなことが起きそうです。
2 月	△	空気の読めない発言をしやすい日。あなたはなんとも思っていなくても、周囲からは「変な人」と思われる可能性が高いかも。言葉に出す前に「人からどう思われるのか」をよく考えてから発言しましょう。
3 火	=	悪い癖が出たり、苦手な状況になってしまいそうな日。反省をしっかり活かしている人は問題ありませんが、成長が足りない人は、苦労や面倒を感じることがあるでしょう。
4 水	=	物事の数字や時間、日付などをしっかり確認するようにしましょう。大損するような契約をしたり、納期に間に合わない仕事などを安易に引き受けてしまうことがありそうです。最終確認も忘れないように。
5 木	▽	日中は、いい流れで仕事ができそうです。気持ちのいい生活を送るためには、自ら笑顔で挨拶をすることが大切。「相手が無視するから」などと、人のせいにして、自分も同じような人間にならないように気をつけましょう。
6 金	▽	人間関係で苦労しやすい日。「考え方の違う人がいるから、世の中はうまく回っている」と思うといいでしょう。自分の思いが伝わらなくてもガッカリしないように。
7 土	✕	休むなら、しっかり体を休ませたほうがいい日。ダラダラとスマホや動画を眺めて、時間を無駄にしてしまわないように。本を読むなど、自分の人生に少しでもプラスになるような行動をしましょう。
8 日	▲	身の回りを片付けるのはいいですが、手順が悪いと、逆に散らかってしまいそう。判断があいまいだと、部屋が捨てられないものであふれてしまいます。思い出があるものでも、「いまの自分には不要」と思ったら処分しましょう。
9 月	=	気になるお店に行ったり、本屋さんでおもしろそうな本を買って読んでみるといい日。好奇心が人生を楽しくしてくれるでしょう。小さな勇気を出すことと、ケチケチしないことが大切です。
10 火	=	理論や情報をどんなに集めても、実行しなければ意味がないもの。まずは動いてから、「集めた知識をうまく活かすにはどうすればいいか」を考えてみて。素直に行動する大切さを忘れないようにしましょう。
11 水	■	今日と明日は疲れやすくなったり、判断力や集中力が低下しやすいので気をつけましょう。食事は腹八分目にして、少し汗を流すくらいの運動をしておくといいでしょう。
12 木	■	目の疲れや肩こり、腰痛などが出やすい日。朝から軽くストレッチをしたり、体をほぐしておくといいでしょう。今日は、遅くならないうちに帰宅してゆっくり湯船に浸かり、早めに寝るようにしましょう。
13 金	●	前向きな言葉を発することで気持ちが楽になり、動き出せるようになる日。ネガティブなことを言う人に振り回されないようにしましょう。あなたの頑張りは必ず実を結び、評価してくれる人も現れるでしょう。
14 土	△	軽い口約束でも、守れない約束はハッキリ断りましょう。なんとなくOKすると、あとで面倒なことになったり、苦しむ原因になってしまいます。付き合う気のない人から好意を寄せられたりするなら、しっかり「無理」と言いましょう。
15 日	=	悩みや不安があるなら、前向きな友人や、いつも笑わせてくれる人に連絡をしてみるといいでしょう。「そんなことで悩んでいるの?」と笑い飛ばしてくれるはず。解決策や、考え方を変えるヒントをいろいろとくれそうです。
16 月	=	言われたことはキッチリできるタイプなので、指示をしっかり受けるといいでしょう。上司や先輩に「何かお手伝いしましょうか」と聞いてみるのもいいでしょう。積極的な行動が、のちの運命を変えていきます。
17 火	▽	自分の正義を通そうとしないで、周囲に合わせておくといい日。自分の考えとは違う方向に進むからこそ、いい流れになる場合もあるもの。「思い通りにいくことが、正しいこととは限らない」と覚えておきましょう。
18 水	▽	厳しい言葉の裏には、「あなたに成長してほしい」という気持ちが隠れているもの。とくに今日は、前向きに受け止めましょう。機嫌が悪い人と関わってしまったときは、「自分の精神力を鍛えてくれているな」とプラスに変換してみて。
19 木	✕	「自分の気持ちを察してほしい」と思うのは、あなただけでなく相手も同じ。伝えないと互いにわからないものなので、気持ちや考えは些細なことでも言葉にしましょう。
20 金	▲	うっかりでケガをしたり、肌荒れで悩んでしまいそうな日。体調に異変を感じるときは、無理をしないように。お笑い番組や芸人さんのネタを見て笑うと、体が少し楽になりそうです。些細なことでも笑ってみましょう。
21 土	=	少しでも変化を楽しんでみるといい日。新商品のドリンクやお菓子を買ったり、季節限定のメニューを選んでみましょう。話のネタや、いい体験ができそうです。
22 日	=	友人に合わせて遊んでみるといい日。乗り気でなくても、相手に合わせてみると、思った以上に楽しい時間を過ごせそう。新しい趣味を見つけることもできそうです。おもしろい出会いもあるかも。
23 月	■	組織や全体のことをもっと考えて判断するといい日。目先のことや損得だけで決めないようにしましょう。関わっている人や、その先にいる人のことなどを、いろいろと想像してみることが大事です。
24 火	■	心身ともに疲れやすい日。今日は無理をしないように。面倒な仕事を押しつけられることもあるので、覚悟しておきましょう。体に異変を感じた場合は、早めに病院で検査を受けるか、人間ドックの予約をしましょう。
25 水	●	協力してくれる人に感謝を忘れないようにしましょう。スムーズに仕事ができるのは、あなたを支えてくれる人や、周囲の人のおかげだということを覚えておいて。
26 木	△	珍しいミスをしやすい日。寝坊や遅刻をしたり、約束を忘れることがありそう。思った以上に集中力が低下しやすいので、1日の予定をしっかり確認しておくことが大切です。
27 金	=	朝からテンションの上がる曲を聴いてみるといい日。学生時代、頑張っていたときや素敵な恋をしていたときに、よく聴いていた音楽をかけてみるといいでしょう。楽しかったことを思い出してみましょう。
28 土	=	おいしいものを食べに行ったり、体験や経験にお金を使うといい日。美術館や、期間限定のイベントなどを観に行くといいでしょう。出費は増えますが、そのぶん得られることがありそうです。
29 日	▽	午前中のうちに買い物や用事を済ませておきましょう。少し贅沢なランチをしたり、ホームパーティーをするのもオススメです。夜は早めに寝て、明日に備えるように。
30 月	▽	寝不足になったり、疲れが残っている感じがしそう。10分でもストレッチをすると頭がスッキリするでしょう。今日は、強引な人に振り回されることもありますが、あえて振り回されることを楽しんでみるといいでしょう。
31 火	✕	疑問に思ったことを調べたり質問するのはいいですが、いろいろな角度からの考え方があることも忘れないようにしましょう。自分と同じ意見や、都合のいい情報だけを集めないこと。

☆ 開運の日　◎ 幸運の日　● 解放の日　○ チャレンジの日　■ 健康管理の日　△ 準備の日　▽ ブレーキの日
■ リフレッシュの日　▲ 整理の日　✕ 裏運気の日　▼ 乱気の日　= 運気の影響がない日

2023 11月

▲ 整理の月

開運 3 ヵ条

1. 好きな音楽を聴く
2. 不要なものは処分する
3. 笑わせてくれる人に会う

総合運 現状を変えたくなりそう
不要なものは手放しましょう

現状を変えたくなったり、投げ出したくなりそうな時期。取捨選択が大切になるタイミングなので、不要だと思うものは手放しましょう。ただし、単に重荷に感じるポジションを手放すのではなく、考え方を変えて取り組んだほうがいい場合もあるでしょう。自分の目的が何かをあらためて考えてみること。時間を無駄にしているものやデータを処分することも大事です。あなたを振り回す人と離れる覚悟をしたり、ときにはプライドを捨てる必要もありそうです。

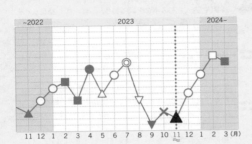

恋愛＆結婚運

恋に区切りがつきやすい時期。曖昧な関係はハッキリさせましょう。ただし、告白するならタイミングが大切です。中旬までは失恋しやすいため、「気持ちを伝えれば、相手は喜ぶはず」と安易に考えないように。下旬にはいい関係になれるチャンスが増えてくるので、来月のデートの約束をしておくといいでしょう。新しい出会い運は縁が薄いため無理しないこと。結婚運は、空回りしやすい時期。話をするのは来月以降にしましょう。

仕事運

中旬までは仕事を辞めたくなったり、やる気がなかなか出ない状況になりそうです。無理をするよりも、求められていることにゆっくり応えていきましょう。追い込みすぎると突然離職に走ったり、転職願望が強くなりそうです。下旬になれば気持ちが楽になり、頑張り方がわかってくるでしょう。会社の方針や職場の環境にも変化が訪れ、無駄な仕事が減っていくことも。嫌な人間関係からも離れられる兆しが見えてくるでしょう。

金運＆買い物運

ストレス発散で買い物をすると、散財したり、無駄なものが増えてしまいます。今月はいらないものや使わないものをできるだけ処分して、身の回りをスッキリさせましょう。自分がどれだけ無駄な買い物をし、使わないものを持っていたのかを自覚でき、今後のお金の使い方を考え直すことができるはずです。投資などの資産運用は思わぬ落とし穴があるので、今月は軽はずみに行わないようにしましょう。

美容＆健康運

心が非常にブレやすくなるので、ストレスの発散やメンタルのケアが必要な時期。やる気が出ないときはダラダラしてもかまいませんが、できれば笑わせてくれる人の話を聞いたり、親友に会うようにするといいでしょう。片思いの人に会えると、気持ちも楽になりそうです。下旬になると心も体も整ってくるので、調子がよければ散歩や軽い運動をするといいでしょう。美容面では、肌の保湿がとくに大切になる時期です。スキンケアは念入りに。

1 水	▲	気持ちの切り替えが大切な日。失敗や失恋をいつまでも引きずっていないで「過ぎて去ったから過去」と、気持ちを切り替えましょう。夜は、新しいことにチャレンジすると楽しくなりそうです。
2 木	=	人と距離をおいてしまうタイプですが、「人と話すのが好き」と言ってみると、いろいろな縁がつながってくるでしょう。臆病になったり、物事をネガティブにとらえないようにしましょう。
3 金	=	ハッキリ言ってくれる人への感謝は大事ですが、言われたことを真面目に受け止めすぎないようにしましょう。何かと言いすぎる人には、おもしろい言葉で返してみたり、突っ込んでみるといいでしょう。
4 土	■	自分の勘を信じて、身の回りの整理整頓をしましょう。不要なものは周囲に置かないようにし、時間の無駄になるアプリなどを消去すると、気分もスッキリするでしょう。
5 日	■	時間に追われて疲れてしまいそうな日。何事も早めにスタートし、ゆとりをもって行動しましょう。慌てるとケガをしたり、大失敗の原因にもなりかねません。
6 月	●	あなたの魅力が輝く日。頼りにされることをマイナスに受け止めないで、最善をつくすといいでしょう。あなたの頑張っている姿を見て、好意をもってくれる人が現れたり、いい縁につながる場合もありそうです。
7 火	△	小さなミスを連発しやすい日。些細なことなら問題はありませんが、文字の打ち間違いや書き間違いなどで無駄な時間を使って、疲れてしまいそう。何事も、ていねいに進めるように心がけておきましょう。
8 水	=	何事にも粘りが必要な日。簡単に諦めずに「もう少し頑張ってみよう」と思って取り組むと、壁をひとつ越えられるでしょう。苦手なことや不慣れなこともクリアできそうです。
9 木	=	うまくいかない理由をしっかり探ることが大事。失敗した人を叱ったり、イライラする前に、何が原因なのかを突き詰めましょう。同じような失敗がなくなると、いい流れで仕事や生活ができるようになるでしょう。
10 金	▽	行動を優先するといい日。気になったことがあるなら、余計なことを考える前にまずは動き出しましょう。周囲への手助けや協力も同じように自ら動いて。困った人を助けるのに理由はいりません。
11 土	▼	人に振り回されて疲れてしまいそうな日。多かれ少なかれ、余計な一言を言う人はいるもの。無駄に影響されたり、振り回されないようにすることが大切です。
12 日	✕	判断ミスをしやすい日。言動が裏目に出やすい運気なので、よかれと思ったことでも慎重に判断し、冷静に対応しましょう。自分の考えだけが正しいのではなく、相手も正しいということを忘れずに。
13 月	▲	やる気が出ないときほど、身の回りのことを片付けてみて。まず手を動かしてみると、自然とやる気がわいてくるでしょう。今日は、気になった場所をドンドンきれいにしましょう。
14 火	=	今日は、新しいことや不慣れなことを任されてしまいそう。気を引き締めておくと、多少の苦労も難なく乗り越えられそうです。いい経験ができて、あなたの成長にもつながるでしょう。
15 水	=	はじめて会う人といい関係になれたり、リラックスして話ができそうな日。いい情報を入手できることもあるので、自ら話しかけて、挨拶をするといいでしょう。
16 木	□	「幼稚だな」と思えるものは、ドンドン処分するといい日。子ども向けのキャラクターグッズや、昔の漫画など、冷静に考えたらいい大人が持たなそうなものは、見えないところにしまっておきましょう。
17 金	■	他人を見て「ラクしているな」と思うときは、自分もラクをしようとしているか、一生懸命に取り組んでいない証拠。どんな仕事でも苦労や困難があり、成功する人は必ず陰で努力しているものだと忘れないように。
18 土	●	急に遊びに誘われることがある日。遠慮しないで思い切って行動すると、楽しい1日になりそうです。不安や心配事も忘れるくらい、何事も笑顔で楽しむといいでしょう。いい出会いもありそうです。
19 日	△	遊び心が大切な日。行ってみたかった場所に訪れたり、ライブやイベントに参加してみるといいでしょう。気になったお店にはドンドン入ってみるなど、素直に好奇心に従って行動してみて。
20 月	○	実力を発揮しはじめる日。これまでやる気がわかなかったり、目的を見失っていた人ほど、今日からは力が出てきて、集中力も高まるでしょう。自分のことも周囲のことも信じて一生懸命取り組むと、楽しくなってくるでしょう。
21 火	○	財布やカバンのなかをきれいに整理整頓して、不要なものを持たないようにしましょう。小銭は貯金箱に入れたり、使わないカードは家に置いておくこと。「荷物は必要最小限」を心がけましょう。
22 水	▽	日中は、頭の回転がよくなり、勘も冴えそうです。少しくらい失敗してもいいので、思い切って行動したり、発言してみましょう。夜は急な誘いで、意外な人と食事や飲みに行くことになるかも。
23 木	▼	期待外れな出来事がありそうな日。他人には過度に期待しないことが大切です。何事もほどほどにし、自分の想像とは違うことが起きても、楽しむようにしましょう。
24 金	✕	周りの意見に振り回されて、疲れてしまいそうな日。ただし、いろいろな考え方があるものなので、自分と違う考え方をする人を嫌わないようにしましょう。うまく聞き流したり、上手に合わせておくことも大事です。
25 土	▲	大掃除をするといい日。よく考えると何年も使っていないものがあるなら、一気に処分しましょう。履いていない靴や着ていない服などは、欲しい人にあげたり、ネットで売ってみるといいでしょう。
26 日	○	はじめて行く場所で、いい体験や貴重な経験ができそうな日。気になっていたものの、まだ足を運んでいないところはたくさんあるはず。頑張れば行けるような距離なら、思い切って出かけてみましょう。
27 月	○	生活リズムを刷新するといい日。起きる時間や家を出る時間などを、10分でも変えてみると、見える景色も気持ちも変わりそうです。寝る時間を少し早めにしてみるのもいいでしょう。
28 火	□	何事も、白黒ハッキリさせることばかりがいいわけではありません。「グレーの色合い」を楽しむ姿勢も忘れないようにしましょう。いい意見が複数あるなら、混ぜてみることで、大切な発見につながることもあるでしょう。
29 水	■	寝不足や疲労を感じるときは、目の周りをマッサージしたり、目を閉じる時間をつくるといいでしょう。ランチは食べすぎず腹八分目にして、間食や飲酒も、今日は控えておきましょう。
30 木	●	スムーズに物事を進められたり、思った以上に周囲とうまく協力できそうな日。時間にゆとりがあるなら、ほかの人を手伝ってみましょう。のちにあなたも助けてもらえるようになるでしょう。

☆ 開運の日　◎ 幸運の日　● 解放の日　○ チャレンジの日　□ 健康管理の日　△ 準備の日　▽ ブレーキの日
■ リフレッシュの日　▲ 整理の日　✕ 裏運気の日　▼ 乱気の日　= 運気の影響がない日

12月 2023 ◎

○ チャレンジの月

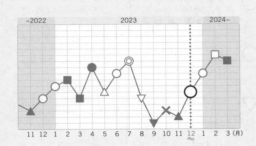

開運 3 ヵ条

1. 気になったことには、すぐチャレンジする
2. 新しい出会いを求めて動く
3. 「上品と思えるもの」を購入する

総合運 思いついたことを実行して
ただ、転職は来年夏以降に

思い切った行動に走るには最高のタイミング。先月や今月に思いついたことがあるなら、勇気を出して実行に移すことが大切です。イメチェンや部屋の模様替えくらいでもかまいませんが、できれば引っ越しをするなどして生活環境を思い切り変えてみるといいでしょう。ただし、転職は来年夏以降に考えたほうがいいので、不満があっても今は踏みとどまること。今月の新しい出会いで運命が大きく変わる可能性があるため、人の輪を広げておきましょう。

恋愛&結婚運

出会いを求めて積極的に行動することで、運命の相手やあなたに見合う人を見つけられる時期。習い事をはじめたり、結婚相談所に登録してみるといいでしょう。周囲に相手を紹介してくれそうな人がいるなら、お願いしてみるのもオススメ。また、今月出会った人からの紹介も期待できそうです。先輩や上司とも仲良くなっておくといいでしょう。結婚運は、今月は話が進みやすいので、プロポーズの予約をしたり、真剣に話をしてみましょう。

仕事運

忙しい時期に入りますが、もっとも苦しい状況は抜けています。転職や離職を考えるより、「ひと山越えて成長できた」と思って、来年夏までは今の職場で頑張ってみる覚悟が大切。不向きな仕事であればそのあたりで縁が切れて、次の仕事の縁が見えてくるでしょう。仕事の取り組み方を変えたり、新しいやり方や部署異動などの変化を受け入れられると、やる気も湧いてきそうです。一緒に働いている人との交流も積極的に楽しんでみましょう。

金運&買い物運

新しいお店でこれまでとは違う感じの服を購入すると、いい気分転換になるうえ、あなた本来の魅力がアップしそうです。少し遠出をしてでも、気になるお店や街に行ってみると素敵なものを見つけられるでしょう。品のあるものを選ぶと自然と運気も上がるので、「上品に見えるかどうか」を意識して購入するといいでしょう。投資などの資産運用は、今月から本格的に動いてみるといい運気。インデックスファンドやETFなどに注目してみましょう。

美容&健康運

気になるエステや、小顔や美肌になるサロンなどに行ってみるといいので、周囲の詳しい人に教えてもらいましょう。「1年間頑張ったご褒美」と思って楽しむと、心も体もリフレッシュできそうです。美容室を変えたり、上品で大人っぽい髪型にするのもいいでしょう。ネイルサロンでシンプルなネイルを試してみると気分もよくなりそうです。健康面では、朝や入浴後に少しでもストレッチをする習慣を身につけましょう。

開運のつぶやき ▶ 1年後に「結果的に良かったね」となれるように積み重ねなければならない。

1 金 △
小さなミスをしやすい日。すぐに気がつけば問題ないですが、ボーッとしていると叱られたり、やり直しに時間がかかって周囲に迷惑をかけてしまうことも。1日気を引き締めておきましょう。

2 土 ○
友人や、久しぶりに会う人と楽しい話ができそうな日。頑張っている人や前向きな人と話をすると、自然とパワーがもらえそうです。芝居を観に行くのもいいでしょう。

3 日 ◎
買い物をするにはいい日ですが、買いすぎには注意しましょう。ついつい余計なものや値段の高いものに手を出してしまいそうです。予算や買うものを決めてから出かけましょう。

4 月 ▽
午前中は、いい判断ができそう。気になった点を指摘すると感謝されることも。ただし夕方からは、午前中と同じ感じで言っても「余計なお世話」と受け取られてしまいそうです。タイミングや言い方に気をつけましょう。

5 火 ▼
苦手なタイプや噛み合わない人と一緒になりそうな日。自分の常識を押しつけたり、己の物差しだけで相手をはからないようにしましょう。「相手の正義」も理解するよう努めましょう。

6 水 ✕
油断していると、体調を崩したり風邪をひいてしまいそうな日。のんびりする時間をつくって、温かいものを飲むといいでしょう。今日は、ゆっくりと湯船に浸かったり、しょうが入りの飲み物や食べ物を選ぶとよさそう。

7 木 ▲
マイナスのイメージがあるものは処分するといい日。スマホに残っている昔の写真は、少しでも嫌な思い出があるなら消去しましょう。なんとなく置きっぱなしにしているものも片付けておきましょう。

8 金 ○
気になる情報を得られる日。視野を広くして、これまで接したことのないタイプの人の話もじっくり聞いてみるといいでしょう。少しでも興味をもった習い事があれば、金額などを調べてみましょう。

9 土 ○
気になる場所に思い切って出かけたり、何かを体験してみたりするといい日。なんとなく避けていたイベントやライブ、体験教室などに足を運んでみるのもオススメ。いまのあなたに必要な話が聞けて、前向きになれそうです。

10 日 □
引っ越しを考えているなら、今日不動産会社に行ってみると、いい物件が見つかりそう。模様替えや家具の買い替えを考えるにもいい日なので、いろいろと見比べておきましょう。

11 月 ■
多少思い通りにならないくらいでイライラしたり、ヘコまないように。マイナスな気分は疲れの原因になるだけ。些細なことを気にしないようにする図太さを身につけましょう。

12 火 ●
順調に物事が進むときほど、周囲への感謝を忘れないようにしましょう。いろいろな人のおかげで、いまの自分があることを覚えておいて、「自分だけが頑張っている」と思うことほど不幸なことはないです。

13 水 △
冗談や過去の失敗談などで人を笑わせるといい日。周囲から「意外だな」と思われてもいいので、今日は自分の隙を見せることが大事です。突っ込まれることを楽しんでみて。

14 木 ◎
伝統や文化など、昔から続いている物事から学べることがある日。先人の知恵や名言を調べてみると、やる気になれることもあるでしょう。受け継がれている技術の素晴らしさにも感動できそう。

15 金 ☆
重要な仕事や、「荷が重い」と感じるような役割を任されそうな日。真剣に取り組んでみると、結果につながったり、いい経験ができそうです。自分でも「頑張った」と思えたときには、ご褒美に買い物をするといいでしょう。

16 土 ▽
午前中は、的確な判断ができたり、頭の回転もよくなりそう。あなたをプラスに導いてくれる人にも会えるかも。友人や知人、気になる相手に連絡してみましょう。

17 日 ▼
人に会うのはいいですが、余計なことを言われ心を乱されてしまうかも。何事にもリスクはつきものなので、「プラス面とマイナス面があって当然」と思っておきましょう。

18 月 ✕
ソリの合わない人と一緒になってしまいそうな日。「嫌い」と思い込むと、余計に相手の嫌な部分が見えてしまうので気をつけましょう。「この人にも家族や親友がいる」と想像してみるといいでしょう。

19 火 ▲
苦手な仕事や難しいと思うことは後回しにして、すぐに終わりそうなことから手をつけるといいでしょう。集中力を保てたまま、いい勢いで進められ、苦手な仕事もクリアできそうです。

20 水 ○
変化を楽しんでみるといい日。ふだんなら興味のない世界の話題でも、しっかり話を聞くと、突然気になり出すことがありそう。臆病になったり、遠慮したりしないで、誘われる前に自ら参加を希望してみるといいでしょう。

21 木 ○
フットワークを軽くすることで、大事な出会いをつかめたり、いい経験ができそうな日。面倒だからと断ると、チャンスを逃してしまいます。ノリのよさをうまく発揮するといいでしょう。

22 金 □
気になる人に連絡したり、年末年始の計画を立てるにはいい日。職場の人や仕事関係者と、忘年会や新年会の話をしてみるといいでしょう。幹事を引き受けてみると、ためになる経験ができそうです。

23 土 ■
楽しく過ごすのはいいですが、ペースを間違えて途中でヘトヘトになったり、疲れから不機嫌な態度をとってしまいそう。疲れを感じる前に休むようにしましょう。

24 日 ●
素敵なクリスマスイブを過ごせそう。好きな人や友人、家族と楽しい話ができたり、予想外のうれしいプレゼントをもらうこともあるでしょう。うれしいときはしっかりよろこぶと、さらによろこばせてもらえそう。

25 月 △
サンタの格好をするなど、クリスマスのノリをしっかり楽しんでみて。「メリークリスマス!」と言いながらお菓子を渡してみると、みんなからよろこばれて、いい空気になりそう。少しくらい恥ずかしくても、勢いで乗り越えましょう。

26 火 ◎
友人や仲間に連絡をして、飲み会やホームパーティーの計画を立てておくといいでしょう。職場でも、この1年間お世話になった人へのお礼や感謝のメールを忘れないように。

27 水 ☆
買い物をするにはいい日。年末年始に必要なものをまとめ買いするといいでしょう。ただし、出費が多くなりやすいので、値段をしっかり見て予算内に収めるようにすること。今日から家計簿をつけるのもオススメです。

28 木 ▽
大掃除や正月の準備は、できるだけ日中に終わらせておきましょう。少しダラダラしていると、あっという間に1日が終わってしまいます。計画を立てて、時間通りに進めましょう。

29 金 ▼
急な呼び出しがあったり、ほかの人の大掃除を手伝うことになったりしそうな日。自分の用事も終わっていないのに、先輩や友人の家の片付けをするなんて場合も。今日は、「急な予定変更はあって当然」と思っておきましょう。

30 土 ✕
ご近所トラブルや、人間関係で面倒なことがありそうな日。不機嫌な人に振り回されてしまうケースも。買い物でも、行列に割り込まれたり、店員さんの態度にムッとする場面がありそうなので、覚悟しておきましょう。

31 日 ▲
大晦日ですが、大掃除をするにはいい運気。いらないものからドンドン処分するようにしましょう。すでに部屋がスッキリしている人は、不要なデータやアプリなどを消去するといいでしょう。

☆ 開運の日　● 幸運の日　● 解放の日　○ チャレンジの日　□ 健康管理の日　△ 準備の日　▽ ブレーキの日
■ リフレッシュの日　▲ 整理の日　✕ 裏運気の日　▼ 乱気の日　＝ 運気の影響がない日

銀の羅針盤座

- ★ 真面目な星
- ★ サプライズ下手な星
- ★ 几帳面な星
- ★ 他人任せな星
- ★ 品のある星
- ★ 好きなことがみつかると才能を発揮する星
- ★ プライドが高い星
- ★ マイナス思考の星

12年周期の運気グラフ

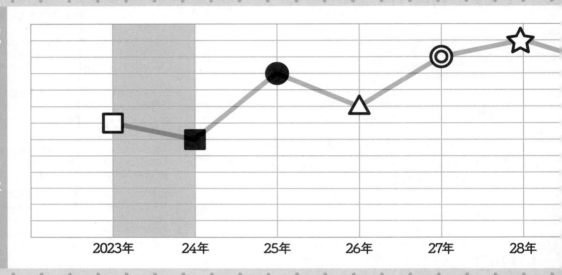

| 2023年 | 24年 | 25年 | 26年 | 27年 | 28年 |

＼ 銀の羅針盤座はこんな人 ／

基本の総合運

人の手の上に乗り、方向を指し示す「銀の羅針盤」。「金の羅針盤座」と同様、持つ人によって人生が大きく変わるため、親や上司などよき指導者に巡り合うことで運命を好転させられるタイプ。非常に真面目ですが、実はサボリ魔で、他人に深入りしたくないのが本音。よく言えば控え目な人ですが、後ろ向きでマイナス思考の持ち主。発言もマイナス気味で、受け取り方も不要にネガティブになることが多いでしょう。ウソでもいいので、ポジティブな発言を繰り返してみてください。それだけで運を味方につけられるでしょう。

基本の恋愛＆結婚運

しっかり者に見えますが、恋には非常に不器用で、相手の些細な言動をマイナスに捉えすぎたり、よかれと思ったサプライズやプレゼントが少しズレてしまったりすることが多いタイプ。甘えん坊で相手まかせのことが多いので、パワフルで積極的にリードしてくれる人を選び、相手の好みに合わせるとうまくいくでしょう。結婚願望はありますが、そこも相手まかせになりすぎてなかなか進まず、ネガティブな情報に振り回されやすいので気をつけて。真面目に悩むより、自分も相手も楽しませることを考えて過ごしましょう。

基本の仕事＆金運

真面目で丁寧に仕事をするため、職場での評判はいいのですが、決められたこと以上のことをするタイプではないので、自主的に動かなくてはならない仕事よりも、マニュアルがある職種や規則正しい仕事に就くといいでしょう。また、知的でアイデアが豊富にあり、慎重に計画を練ることができるので、企画やイベントの仕事でも能力を活かすことができます。金運は、上品なことに出費が増えるタイプ。些細な見栄での出費も多いので、本当に必要なものなのか、価値のあるものなのかを考えてお金を使うといいでしょう。

□ 健康管理の年

「銀の羅針盤座」の2023年は、「健康管理の年」。山登りで言うと中腹にさしかかった あたり。2021 〜 2022年で増やした経験と人脈を手に、次の目標を決める時期です。 2024年までは求められることが増え、下半期は疲れもたまるので健康を保ち、休息を とることも重要。2025年には、いったん努力の結果が出ます。それを受けてさらなる 決断をして登り続けると、2026 〜 2027年は仕事も遊びも充実し、2028年に山頂へ。

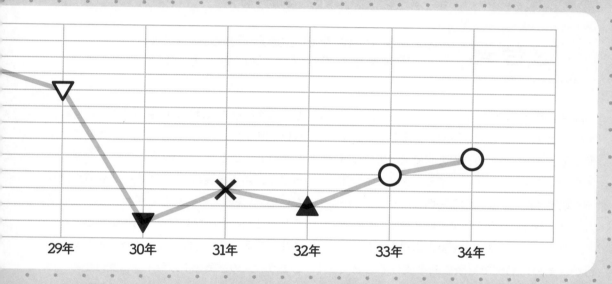

29年　　30年　　31年　　32年　　33年　　34年

年の運気の概要

● 解放の年
プレッシャーや嫌なこと、相 性の悪いことから解放されて 気が楽になり、才能や魅力が 輝きはじめる年。

△ 準備の年
遊ぶことで運気の流れがよく なる年。些細なミスが増える 時期でもあるので、何事も準 備を怠らないことが大事。

▲ 整理の年
前半は、人間関係や不要なも のの整理が必要。後半は、チ ャレンジして人脈を広げるこ とが大事です。

☆ 開運の年
過去の努力や積み重ねが評価 される最高の年。積極的な行 動が大事で、新たなスタート を切ると幸運が続きます。

○ チャレンジの年
「新しい」と感じることに挑 戦をして体験や経験を増やす ことが大事な年。過去の出来 事に縛られないこと。

▽ ブレーキの年
「前半は攻め、後半は守り」 と入れ替わる年。前半は行動 力と決断力が大事。後半は、 貯金と現状維持を。

✕ 裏運気の年
自分の思いとは真逆に出る年。 予想外なことや学ぶべきこと が多く、成長できるきっかけ をつかめます。

◎ 幸運の年
前半は、忙しくも充実した時 間が増え、経験を活かすこと で幸運をつかめる年。後半は 新たな挑戦が必要です。

□ 健康管理の年
前半は、覚悟を決めて行動し、 今後の目標を定める必要があ る年。後半は、健康に注意が 必要です。

■ リフレッシュの年
求められることが増え慌ただ しくなる年。体を休ませたり、 ゆっくりしたりする時間をつ くることが大切。

▼ 乱気の年
決断に不向きな年。流されな がら、求められることに応え ることが大事。体調を崩しや すいため、無理は避けて。

2023年の運気

2023年開運 3ヵ条

1. 興味のあることを見つけたら行動する
2. 交流を積極的に楽しむ
3. 生活習慣を整える

ラッキーカラー　ターコイズブルー　濃いオレンジ
ラッキーフード　チキンソテー　いちご　ラッキースポット　体験教室　老舗ホテル

総合運

人生や運命を軌道修正できる大切な年
目標を立ててポジティブに動き出して

「健康管理の年」の上半期は、これまでの人生を振り返り、自分の向き不向き、好きなことが何かをしっかり見定め、現実的で実現可能な目標を立ててスタートするタイミング。人生や運命を軌道修正できる大切な時期になります。一方、下半期は疲れから体調を崩しやすくなります。無理のない生活や生活習慣の見直しなどを行い、早めに病院で健康診断を受けることで悪化を避けましょう。過去を振り返って、自分の人生に納得できないと思う人ほど、2023年をきっかけに人生が大きく変わっていくことになります。最短で2年後（2025年）、平均的には5年後（2028年）、時間のかかる目標なら14年後の2037年を見据えると大きな夢を叶えることができるので、現在の自分の年齢から考えて、これからの人生でどんな目標を立てるべきなのか考え、覚悟を決めて動き出すと良いでしょう。

「銀の羅針盤座」は好きなことにのめり込むと、驚くような集中力で極める才能を持っています。2023年の上半期は、1%でも夢を実現できる可能性があるなら思い切って行動に移してみる価値があるでしょう。ただ「銀の羅針盤座」は受け身で怠け者の面もあります。言われないと動かないタイプで、周囲の人の発言に左右されるところも。自分の好きなことが見つかっても、親や周囲の人に「無理」「やめたほうがいい」「失敗する」などと言われると、心がくじけて前に進めなくなってしまい、せっかくの才能を活かせなくなってしまうこともあるでしょう。人の言葉をネガティブに受け止め、自分でブレーキを掛けてしまうところがありますが、リスクのない人生は存在しないと思ってください。幸せだけを得てマイナスを全部避けるなんてことはできないと悟って、本気で取り組みたいことがあるなら挑戦してみましょう。ここ1〜2年で人間関係が変わり、興味のあることや視野が広がったと思うので、気になったことは素直に行動してみてください。

今年の下半期は、生活習慣を整えて、食事のバランスに注意し、マメな運動や筋トレで健康的な体作りを行いましょう。2023年に太ってしまうとその後もなかなか痩せにくい体になってしまいます。逆に今年健康的な体作りをすると、その後も良い体型を維持できるので、下半期からと言わず2023年に入ったら早速、基礎

開運のつぶやき　現状への不満で腐る前に、行動した方がいい。行動しないから不満がたまるだけ。

体力作りを始めましょう。また、精神面も疲れやすくなる年なので、ストレス発散や癒しになることを見つけておいてください。

　1〜2月は、自分が挑戦したいことや進むべき道や仕事がハッキリしているのなら動き出しても良い時期です。夢や希望に向けて、お金を貯めるなど準備を始めましょう。自分の向き不向きや好きなことがまだわからないと思うなら、新しい人脈を広げたり、これまで興味のなかった世界を見るようにしましょう。友人や知人に誘われた場所に行く、オススメされた映画や舞台を観に行くなど、他の人が良いと言うことを素直に体験してみると、自分がやりたいことや興味のあることを見つけられそうです。

　3月は引っ越しや転職を決めたり、行動に移すのに最適な時期。ここでモタモタしてしまうと流れに乗り遅れてしまうので、臆病にならないように勇気を出してみることが大切です。要求されることが増え始める年でもあるので、実力以上のことを任されてしまい、3月下旬〜4月に体調に異変を感じることも。少しでも不調を感じる場合はそのままにしないで早めに病院に行ってください。臆病になってそのままにしていると、10〜11月に大きな病気が発覚することがあるので気をつけましょう。

　また今年は習慣や考え方、生き方を変えるには非常に良いタイミングで、3月、5月、8月に始めた習慣は長く続けられるようになります。体型が気になっているなら3月から目標をしっかり決めてダイエットや筋トレをスタートすると予想以上の成果を得られるはず。難しいと思われる資格やスキルアップのための勉強をこの月から始めてみるのも良いでしょう。5月は運命を変えるような出会いや体験ができる時期。良くも悪くも気持ちが楽になって行動しやすくなり、あなたの才能や魅力を評価して導いてくれる人が現れそうです。自分のやりたいこ

とや興味のあることを言葉に出すと良いので、夢を語ってみるとアドバイスをもらえて、良い縁がつながるでしょう。この時期は運気の流れが良くなるので、ネガティブな捉え方や発言は避けておきましょう。入籍、家やマンションや土地の購入、本格的な投資をスタートさせるにも良いタイミングです。自分の意思でしっかり決断するようにしましょう。5月のタイミングを逃したり、勇気が出なかった人は、7月にもう一度チャンスがやって来るので、ここで動き出しましょう。

　6月はうっかりの怪我や判断ミス、準備不足からの失敗をしやすい時期。慎重な判断や確認作業を怠らないようにしましょう。健康面では、夏の間に健康診断や人間ドックに行ってみると良いですが、その前に体に異変を感じた場合は早めに病院に行くようにしましょう。8月は運命を変えるラストチャンスになります。自分がどうなりたいのかしっかり思い定めましょう。この時期の覚悟がその後の人生を決めるので、明るい未来を想像して、自分を信じて行動すると良いでしょう。

　また、今年は9月中旬まではできるだけ人に会うことが大切です。「人見知りだから」と言っていても人生には何一つプラスにならないので、笑顔で明るく挨拶をしたり、少しくらいオーバーでも良いので相手の話はリアクション良く聞くようにしてみましょう。

　10〜11月は体調面の不安もありますが、裏の「時計座」の運気も出てくるため、情に脆くなり騙されることも。人に振り回されやすい時期でもあるので注意しましょう。情に流されて決めたことは後の人生を大きく狂わせることにもなりかねません。人生を左右するような大きな決断や、ローンを組んだりお金の貸し借りをすることには十分気をつけておきましょう。12月は人付き合いの中で切りたいと思ってい

開運のつぶやき ▶ ◡◡ 大切なのは、運よりも好奇心。

た人と縁を切れる運気が来ます。考え方や価値観の違いに気がつきながら、なかなか距離を置けずにいる人とはあなたから離れておくと良いでしょう。

「健康管理の年」は運命の流れを変えたり、本来の運気に戻すことができる大切な1年です。「銀の羅針盤座」の他人任せな面が出て、周囲に言われるままに動いてしまったり、面倒臭がって現状を変えようとしないネガティブな面が出ると、後の「解放の年（2025年）」「幸運の年（2027年）」「開運の年（2028年）」に運を味方にすることができなくなってしまいます。人の意見を待つのをやめて、今年から自分の人生は自分の責任で行動するように切り替えてください。今の自分はこれまでの自分の決断の上に成り立っていることに気づき、これからさらに良くするために何をすべきなのかを考え、視野を広げていきましょう。

仕事面では、人間関係が上手くいっていないとか、向上心に火が付かない職場なら上半期に転職すると良いでしょう。自分が興味のある仕事が他にあるなら思い切って動く価値のあるタイミングです。特にものづくり、制作、製造などクリエイティブ関係の仕事がオススメ。周囲を気にしすぎて行動に移せないままだと、上司や先輩にとって「使い勝手のいい便利な人」になってしまいます。しっかりしているタイプだからこそ上手く利用もされてしまうので、本当に自分がやりたい仕事かどうか真剣に考えておく必要があるでしょう。

ポジティブな発言をする習慣を作ってみるのも良いでしょう。前向きな言葉や話を本やインターネットで探して、口に出すようにしてみてください。最初は違和感があっても慣れて習慣になれば、人生が大きく変わってくるので是非お試しを。「銀の羅針盤座」は人間関係が苦手な人も多いですが、「人に会うのが好き」「人っ

て面白いよね」と嘘でも言い続けると人生が良い方向にドンドン進み始めるでしょう。

2023年は所作が綺麗になる習い事をするのにも最高の年です。華道、茶道、日舞、マナー教室などに足を運んでみると良いでしょう。逆に、今年は悪習慣も身につきやすくなります。不規則な生活が始まってしまうと、後に病気や人生を狂わせる原因にもなるので注意してください。間食癖がついてしまい、体形が大きく崩れる場合も。会社では、小さな不正やごまかしをすると後にそれが大きな問題にまで発展する場合があるので、悪意のある行動や自分の欲望に走らないようにしましょう。インターネット動画を見る時間があるのなら、代わりに評判のいい映画を観たり、美術館などにマメに足を運ぶようにするといい影響を受けられるようになります。上品な世界に足を踏み入れることで、本来の能力や魅力が開花するタイプなので、ハードルが高いと思われるような場所に思い切って行くことも大切です。

何事もキッチリするのは良いことですが、「正しい」よりも「楽しい」ことを日々意識して過ごしてみると人生が変わってきます。自分は真面目に取り組んでいるのに周囲がいい加減に見えて人間関係が苦手になっている人も多いと思いますが、ほどよく力を抜いたり、メリハリをつけることも覚えておくと良いでしょう。下半期は、体調に注意しつつ上手にストレス発散ができるように生活習慣を見直して、何事もポジティブに捉える訓練をしておきましょう。「マイナスに受け止めない、マイナスを発信しない」は「銀の羅針盤座」の一生のテーマだと思って、今年からプラスの考え方や発言ができるように努めてください。「銀の羅針盤座」は「まあいいや」と言い始めると、最高の運を味方にできるすごい星の持ち主だということを忘れないようにしましょう。

恋愛運

今年は恋を楽しむ気持ちが大切
5月と8月は運命的な出会いがあるかも

今年始まった恋は長く続く運気です。「銀の羅針盤座」は片思いが始まると、相手の出方をじっと待っていたかと思うと突然積極的になって空回りするなど、恋に不器用なタイプ。良くも悪くも過去の恋を引きずる傾向がありますが、今年からは自分の恋愛パターンを思い切って変えようとする強い気持ちが重要になります。過去の恋愛とこれからの恋愛を全く違うものにする決意を持って、自分の気持ちにもっと素直になりましょう。自分も相手もどちらも楽しく過ごすための工夫をしてみたり、自分のワガママや甘えのために恋人が存在しているわけではないと考えを改める必要もあるでしょう。

2023年は、今のあなたに見合う素敵な出会いが多い運気です。せっかくのチャンス期なのに「銀の羅針盤座」は人間関係が苦手だったり不慣れな人が多く、異性の観察や分析ができていないところがあります。周囲から「素敵な人ですよ」と言われても、理解しようとせずに「え？　どこがいいの？」と心を閉ざしてしまうというようなことが多いので、まずは周りがオススメしてくれる人と仲良くなれるように意識してみてください。5月と8月は運命的な出会いもあるので、1〜4月は、異性の友達を作ったり、気楽に話ができるように訓練しておいてください。習い事を始めてみると資格や技術も身につけられて一石二鳥になるので、出会いがありそうな習い事やスポーツに関わることを始めてみると良いでしょう。

逆に2023年になっても昔の恋をズルズル引きずって「男（女）はみんなこうだから」などひとくくりに決めつけていると、いつまでも成長できないままです。過去の恋があったから見

方が変わり出会える人がいるのだと思って、新しい人に目を向けるようにしてください。また、交際が始まると、お礼や感謝の言葉が素直に出なくなるところがあるので、今年からはうれしい時や楽しい時のリアクションは少しオーバーに、感謝の気持ちも素直に伝えるようにしましょう。また、自分が正しいと思い込むと平気で不倫をする人もいますが、自分は加害者で、被害者がいることを肝に銘じましょう。逆の立場だったらどれほど苦しいのか想像して、きっぱり別れておく必要があります。ズルズル続けると、その後良縁に恵まれなかったり、苦しい人生を送ることになるので気をつけましょう。浮気も同様に運命を狂わせるので止めておきましょう。

2023年からは恋を楽しむ気持ちが大切です。苦しい恋の思い出は、自分が勝手にマイナスに受け止め、ネガティブに考えているだけ。「人はわかり合えないのが当たり前」と思い、だからこそわかろうと努めることが大切なのだと考え方を改めてください。恋が始まったら甘えすぎない、尽くしすぎないようにして、1人で放っておかれても平気でいられるようになりましょう。また、喜ぶことを恥ずかしがっていると、相手も何をしていいのかわからなくなってしまいます。自分はどんなものが好きで、何をしたいのか、相手に自分の気持ちを伝えて、しっかり喜べるようになるといい恋につながるでしょう。恋に臆病になっているといい出会いも縁も遠のいてしまいます。素敵な恋愛をするにも勇気や度胸は必要です。恋をもっと楽しむ覚悟をすると、今年もその後もいい恋愛ができるようになるでしょう。

開運のつぶやき　👓　見返りを求めると不幸がやってきて、見返りを求めないと幸運がやってくる。

結婚運

思い切って結婚するには良い年
結婚相談所に登録するといい人に出会えるかも

ここ1〜2年、付き合っている恋人がいるのなら2023年は結婚するといい運気です。既に昨年あたりにプロポーズや将来の話をしているのなら、2023年2〜3月、5月、7〜9月中旬は入籍をするのにいいタイミングなので、☆（開運の日）、◎（幸運の日）の日や、お互いに運気の悪くない日、思い出のある日を選んでみると良いでしょう。特に相手が「銀のインディアン座」「金の鳳凰座」「銀の鳳凰座」「銀の時計座」なら迷うことなく結婚するタイミングだと思っておきましょう。まだ年齢が若いからと先送りするよりも、恋が盛り上がっているなら思い切って入籍して、結婚式や披露宴はその後で考えても良いでしょう。恋人には「今年結婚をすると、その後の運気も良くなるよ」と伝えて、占いを結婚のきっかけとして使ってみるのもオススメします。もし入籍まで進めない場合でも、婚約をするのにもいい運気です。その場合は2025年に結婚するのを目標にして準備を始めるといいでしょう。また、双方の両親に挨拶をして結婚前提の同棲をするのにもいいタイミングです。お互いの生活パターンや本当の性格がわかるのでいい勉強になりますが、あなたが家のことを一方的に頑張りすぎたり尽くしすぎないように注意してください。

2021年から2022年にかけて、仕事のポジションが変わったりして交友関係が変化した人もいると思います。その時期に初めて会った人から素敵な人を紹介してもらうといいでしょう。条件をあれこれ挙げるよりも、外見などの好みを簡単に伝えて、「真面目に仕事をしている人」など譲れない基本条件でシンプルにお願いしてみると良いでしょう。また「銀の羅針盤座」は、真剣に将来を考えるなら結婚相談所に登録をするといいタイプです。出会い系アプリやコンパではいい人を見極められる可能性が低いので、プロにお任せをしたほうが幸せな結婚ができるでしょう。

「健康管理の年」は「結婚は一生しない」など謎の宣言をすると本当に結婚ができなくなってしまうので絶対にやめておきましょう。勝手にネガティブに考えたり、結婚生活のマイナス情報に振り回されてしまわないように。人付き合いが不得意なのと結婚できないのとは全く関係のないことだと思っておいてください。また、本格的に結婚運が上がるのは2025年からなので、2023年に結婚に進めなくても深く考えすぎないようにしましょう。

結婚が現実的に考えられない人でも、2023年は結婚に向けて計画を立てることが重要な運気になります。2025年、2027〜2029年を結婚するタイミングだと思って恋愛や仕事に取り組みましょう。「自分は○○年に結婚する」と決めてみたり、実際に口に出すことも大事になります。周囲に言っておくと協力してくれる人も現れるでしょう。同時に、結婚をネガティブに考えないことも大事です。結婚すると束縛されるとか自由がなくなると思っていると前に進めなくなってしまいます。どんなことでもプラス面とマイナス面があることを忘れないようにしましょう。面倒や苦労を避けていては幸せを手にできないので、結婚にまつわるマイナス情報はインプットしすぎないようにすることも大事。結婚して幸せに過ごしている友人や先輩の家に遊びに行くと、思いがけずいい影響を受けて前に進むきっかけが作れそうです。

開運のつぶやき ▶ ◠◡ 良い占い結果は、「自ら行動して当てにいく」ことが大切。

仕事運

仕事の幅が広がり、求められるレベルが上がる年
遅くても8月までに将来について覚悟を決めて

2023年は仕事の幅が広がり、求められるレベルも上がってくる年です。特に上半期は忙しく、自分の実力不足を認識する一方で、成長しているという実感も得られそう。現在の仕事を真剣に頑張った先にどんな仕事やポジションが待っているか、なんとなく想像できるようにもなってくるでしょう。これまで真剣に仕事に向き合ってこなかった人は、今年から本気で取り組むことで仕事運をアップさせることができ、自分のやりたいことや向いている仕事を見つけることもできるでしょう。

「銀の羅針盤座」はそもそも几帳面に仕事をするタイプなので、上司や先輩などから信頼されますが、好きな仕事以外は自主的に取り組まなかったり、すぐにサボってしまうところもあるため、勘の鋭い人からは見抜かれてしまいます。真面目に頑張っていても重要な仕事を任せてもらえないとしたらそのせいかも。特に、人との関わりが多い仕事に就くと「銀の羅針盤座」の能力は上手く活かせないところがあります。不向きだと思う仕事や職場の場合は、転職や部署異動の希望を出すにはいいタイミングでしょう。ものづくりやアイデアを活かす仕事、デザインやアート、IT系、インターネットの仕事、あなたの上品さを活かした職場なら多少は人との関わりが多くても大丈夫でしょう。

1〜2月は、やるべきことが増えて学びの多い時期です。待ちの姿勢でいないで自ら進んで仕事に取り組むようにしましょう。多少失敗しても構わないので、自分なりの仕事のやり方を模索すると良いでしょう。3月は現在の仕事を続けるのか転職するのか、真剣に考えてみるといい時期。それほどやりたい仕事がないのなら、現在の仕事を継続しても問題はないので、現状で覚悟を決めるにもいいタイミングです。

4月は、不向きな仕事や無理な案件を引き受けすぎてしまい、体調を崩して限界を感じることも。ここはしっかり休んで頑張りすぎないようにペースを落としておきましょう。5月からはさらに忙しくなり、重要なことを任されそうですが、思ったよりも順調に進むので、仕事が楽しくなり面白みも感じられそうです。また、これまでの技術などを若い人に伝えるポジションや教育係などを任される人も。「銀の羅針盤座」に向いている仕事なので、最初は戸惑ったとしても丁寧に取り組む価値があるでしょう。

6月は事故が起きないような職場でも、うっかりでの怪我、たとえば段差で転んで手首を痛めてしまうようなことがあるので慎重に行動しておきましょう。7月は、付き合いの長い人から理不尽な要求や無理なお願いをされてしまうことがありますが、マイナスに受け止めないでおきましょう。信頼されていると思って全力で取り組むと、8月にはいい流れに乗れて成果に結び付きそうです。10〜11月は、心身共に疲れが出てしまう上、人間関係の乱れも重なってしまいそう。離職したくもなりますが、ここでの大きな決断は失敗しやすいので避けて、なんとか持ちこたえましょう。

2023年は今後をどうするか重要な判断をする必要がある年です。早ければ3月、遅くても8月には将来について考えて判断し、覚悟を決めて仕事に取り組むことが重要になります。今年ダラダラと仕事をすると、その後もつまらないままになるので、どんな仕事にも本気で取り組みましょう。

開運のつぶやき ▶ 〰 10年後の自分のための決断と覚悟が大切。

買い物・金運

投資や資産運用を学ぶ最高の運気
家やマンションなどの購入もおすすめ

これまでの人生でお金に困ったり苦労をしたというなら、本来の「銀の羅針盤座」の能力を活かせていないのかもしれません。2023年は、お金について真剣に勉強を始めて、いい意味でお金にこだわると、大金持ちになれたり、一生お金に困らない生き方ができるようになる重要な1年です。

これまでを振り返ってみると、お金の管理はしっかりできていて、貯金もそこそこあるという人のほうが多いと思います。しかし「銀の羅針盤座」には見栄っ張りな面があり、自分独自の価値観に火が付くと突然周囲が驚くほどお金を使ってしまうところがあります。日頃は節約できているのに、趣味や好きなことが見つかると後先を考えないでお金を使ってしまったり、派手な遊び方をする人もいるでしょう。

今年は投資や資産運用を一から学ぶのに最高の運気です。まずはお金に関わる本を読んで、少しでもできることからスタートしておくことが大事。特にNISAやつみたてNISA、iDeCoをまだ始めていないという人は、3月か5月の運気のいい日に合わせてスタートすると良いでしょう。すでに始めている人は一歩進んで、インデックスファンドやETFがどんなものか、インターネットなどで調べて勉強してみましょう。デメリットばかり考えて臆病になっていると、いつまでもお金を増やすことができません。まずは生活に支障のない範囲で少額から、勉強のつもりでチャレンジしてみましょう。現金で買い物するのが当たり前、銀行に預けておけば安心といったこれまでの固定観念から抜け出してみることも大切です。

3月は気になる投資や投資信託を始めてみるのにいいタイミングです。ただ、友人や知人からの怪しい儲け話には注意してください。うますぎる話には乗らず、常識的に考えられる利率の投資や投資信託を選ぶようにしましょう。5月と8月は、お金を貯めた後にどうするかを真剣に考えてください。お金を貯めたり運用したりするのは良いのですが、お金を増やすことだけが目的になってしまうのは避けましょう。今年は長期的に保有する物を購入するといい運気でもあるので、家やマンション、土地の購入には最適です。ゆとりがあれば不動産を購入して賃貸収入を得る準備をしましょう。また8月の☆（開運の日）の日に財布を購入すると金運がアップします。この日に、長年欲しかった物を購入したり、仕事で使う道具などもまとめて買い替えをすると良いでしょう。

今年は良い習慣も悪い習慣も身につきやすい運気になります。真剣にお金のことを考えるなら、たとえ少額でも不必要な出費をしないようにしましょう。不要なサブスクを解約して固定費を削減する、ゲームの課金をしない、保険を見直す、格安スマホに乗り換える、キャッシュレス決済を使うなど、出費を今一度見直してみましょう。美味しい物を食べに行くのはいいですが、あなたに見合わないお店はやめるなど、身の丈にあった支出を心がけることも大切です。そうやって節約したお金は、投資に回すようにしましょう。目標となる金額を決め、欲しい物が何か、何年後にどのくらい貯めるのが現実的なのかを考えてスタートすると、思った以上に順調に貯められるタイミングだと思ってください。几帳面な性格を上手に活かせば周囲が驚くようなお金を手にすることもできそうです。

開運のつぶやき ▶ 😎 成長と学習をすれば、今の問題はクリアできる。

美容・健康運

下半期は疲れがジワジワ出てきそう
不調を感じたら今年のうちに治療や療養を

「銀の羅針盤座」は基本的には体の丈夫な人が多いですが、ここ1〜2年の仕事の疲労や2023年の上半期の疲れが下半期にジワジワ出てきそうです。「健康管理の年」は、急激に体調を崩すというよりも、2024年の「リフレッシュの年」に向かって「体をゆっくり休めましょう」という1年になります。体力的な無理が続かなくなってしまったり、病気が見つかったり、体調不良を感じる人もいるでしょう。2023年に体調に異変を感じた場合は、しっかり治療や療養をしましょう。2024年の「リフレッシュの年」に大きな病気を避ける意味でも、他にも気になる部分があればしっかり調べてもらうと良いでしょう。

3月末から4月は、残業の連続など無理なスケジュールで仕事をしたり、この1年くらいで急激に仕事が増えたり、疲労している人は注意が必要な期間になります。仕事を頑張りすぎて肩や首の痛みで苦しんでしまうことがあるので、1〜2月のうちから家でストレッチをするなど軽い運動を始めてみましょう。肩や首を1日30回くらいは回す習慣を付けておくと良いでしょう。

6月は不注意に気をつけてください。お酒を飲んだ時に段差で転んで怪我をしたり、打撲や手首を痛めてしまうといったことも起きそう。珍しく慌てて行動した時に足の小指を激しくぶつけて骨折ということもあるので慎重に行動してください。最も注意したいのは10〜11月です。肌荒れや風邪、偏頭痛や尿路結石などに苦しむことがあるので、8〜9月に人間ドックに行ってしっかり検査してもらうとトラブルを避けられそうです。

2023年は美意識を高めるにもいい年なので、特に体に不調を感じない人は、より良い体作りをスタートしましょう。3月か5月からスポーツジムに通い始めるのがおすすめ。できればパーソナルトレーナーのいるジムに通ってみると思った以上に効果があります。「銀の羅針盤座」は「言われたことをキッチリ行う星」も持っているため、相性の良いパーソナルトレーナーについてもらって、励まされたり、時に厳しく言ってもらうとドンドン綺麗になっていけそうです。なかなかジムに行けないという人は、1人で始めるとサボってしまいがちなので、友人や知人と一緒にマラソンや軽い運動を始めると、お互いに励まし合いながら頑張れるでしょう。水泳を始めるにもいいタイミングなので、プールのあるジムや施設に定期的に行くようにすると、肩の痛みもなくなっていい運動にもなりそうです。

また、華道、茶道、日舞、弓道、合気道など所作が美しくなる習い事を始めるのにもいい運気。少しでも興味があるのなら、まずは体験教室に通ってみましょう。「銀の羅針盤座」は絵画やピアノ、合唱などもストレス発散になるので始めてみると良いでしょう。

今年は悪い習慣も身につきやすい1年です。間食や夜遅くまでの飲酒を避けて、睡眠時間を増やすように意識してください。特に下半期に入ってからは、不摂生な生活を続けると病気の原因になってしまいます。毎週が健康診断前だと思って過ごすといろいろなことに気を配れるのでオススメ。人間関係で疲れた時ほど、友人や知人と話したり、お笑いのライブを観てたくさん笑ってストレス発散をしましょう。

開運のつぶやき ▶ 👓 素敵な言葉を発する人のところに運は集まるもの。

親子・家族運

家族で協力するためのルールを作ると良い年
あなたの几帳面な性格を上手く利用してもらって

「銀の羅針盤座」は規則正しい生活リズムが好きで、家でもキッチリしているタイプです。几帳面でだらしないことが嫌いなので、家族にもちゃんとしてほしいと思っているはず。そのため自分の決めた規則やルールを家族に押しつけてしまったり、従わない人にはため息をついたり、怒りよりも悲しみのこもった言葉を発して相手を追い詰めるところもありそうです。また「銀の羅針盤座」は人付き合いが苦手なので、家族といえど反抗されたり無視されてしまうと気持ちが落ち込み、グズグズする時間が長くなってしまうでしょう。

2023年は、家族でルールを決めるには良い運気です。あなただけが頑張るのではなく、夫婦で協力したり、子どもにも手伝ってもらえるように話し合っておくと良いでしょう。自分でやったほうが納得がいくとしても、話し合いの結果任せると決めたのなら、完璧を求めず相手の成長を期待しましょう。

夫婦関係は、あなたが頑張りすぎたり尽くしすぎるのが暗黙のルールになっていると、変えるのが難しくなります。心のどこかで不満に思っていることがあるなら3月か5月に伝えてみると良いでしょう。その時は、「銀の羅針盤座」にはネガティブな言葉が出やすい癖があることや、相手の言葉をマイナスに受け止めすぎる癖があることを忘れないでおきましょう。そうしないと相談のはずが喧嘩になったり、あなたが勝手にヘコむだけになってしまいます。大切なのは、明るく元気に感謝を伝えること。「片付けてくれてありがとう」「靴は揃えるとやっぱり綺麗だね」と素直にお礼が言えるようになると、相手にも変化が現れるでしょう。

お子さんとの関係では、子どもを過度に心配する一方で、「自分の自由な時間が奪われている」という矛盾した考えを持つ人も多いでしょう。今年は一緒に料理やお菓子を作ってみたり、子どもと遊びながらあなたの得意なことをしてみてください。「子どもの話には何でもポジティブに返す遊び」にするなど、楽しみながらコミュニケーションを取ると、子どもから学べて親子で成長できそうです。

両親は、あなたを「しっかり者だけど甘えん坊」だと理解していると思います。甘えたい時は素直に甘えてみるのもいい親孝行になりそう。両親の誕生日や記念日には小さな物でも良いので贈り物をしたり、こまめに連絡をして近況報告をするのも良いでしょう。実家に飾るとよさそうな絵をプレゼントしたり、花や観葉植物を持っていくのも喜ばれます。自分のセンスを信じて選んでみると良いでしょう。秋は疲れを取るために温泉旅行に誘って少しのんびりしてみると、これまでの感謝も伝えられて良い時間を過ごせそうです。

「銀の羅針盤座」は根っからの甘えん坊で本当はサボることが好きなタイプ。本音では好きなこと以外は他人任せにしたいと思っているでしょう。でも言われたことがしっかりできる丁寧で几帳面なところもあり、そこを家族に上手く利用してもらうといいでしょう。掃除や料理を完璧にこなしたり、時間がある時はDIYで棚やオシャレな家具を作るなど、あなたの得意分野は家庭でこそ活かせるので、興味のあることには進んで取り組んでみましょう。家庭菜園や植物を育てると気持ちが晴れやかになるので、ベランダや庭で試してみてください。

年代別 アドバイス

世代が違えば、悩みも変わります。
日々を前向きに過ごすためのアドバイスです。

年代別アドバイス 10代

本気で動き出したら運命を変えることができる大事な年。興味のあることや学んでみたいことがあるなら即行動に移しましょう。未経験だからといって避けたり否定しないで、思い切って挑戦してみるといいでしょう。今年始めたことが4〜5年後の大きな幸せにつながる可能性があります。時間をかける価値がある運気なので、好きなことを極める努力を始めましょう。人脈を広げて尊敬できる人を見つけると良いでしょう。

年代別アドバイス 20代

一生の付き合いになる人や運命を変える人との出会いがある年。「人が苦手」「人見知り」と言うのではなく、「新しい人に会うのは楽しい」と言うようにして、人脈作りを楽しみましょう。気になる習い事を始めてみるのも良いでしょう。自ら友人を集めてみたり、飲み会の幹事を進んで引き受けたり、これまで他人任せにしていたことをやってみると良いでしょう。待っていないで自分から積極的に行動することを楽しんでみましょう。

年代別アドバイス 30代

人生設計や人生の目標をしっかり定めることが大事な年。「○○年には家を買う」「○○年までに体重を10キロ減らす」など具体的な目標を決め、そのために今年からできることを少しでもスタートしておくと良いでしょう。不向きと思う職場なら、転職をするにも良いタイミング。環境を変えるにもいい運気なので、引っ越しや部屋の模様替えなどをするのも良いでしょう。基礎体力作りのための運動も始めておきましょう。

年代別アドバイス 40代

本気で取り組めることを見つけると人生が大きく変わる年。仕事でも趣味でもいいので、何事にも真剣に向き合って一生懸命取り組むと、楽しくなって考え方も変わってくるでしょう。玄関掃除や床ふき、トイレ掃除を毎日したり、気が引き締まるような習慣を始めてみるのも良いでしょう。朝起きて軽い運動やヨガやストレッチをする時間を作って、寝る前に10分は本を読むようにすると良いでしょう。

年代別アドバイス 50代

今年から体に良さそうな生活習慣を身につけることが大事な年。ストレッチやスクワットをしたり、歩く距離を増やしてみたり、食事のバランスを整えたりしてみましょう。交友関係も広げておくといいので、ここ1〜2年の間に気になった習い事を始めてみたり、これまで身につけたスキルを教える教室を遊びでも良いので開いてみましょう。若い人との交友を楽しんでみるといい情報も入り、後に役立つことも教えてもらえそうです。

年代別アドバイス 60代以上

生活リズムや生活習慣の見直しをして、健康的な生活を送れるようにするといい年。毎日散歩をする習慣を作って、ストレッチやスクワットを行うようにしましょう。食事のバランスも偏りのないようにしておきましょう。肩こりが出やすくなるので、腕や肩、首を動かす運動も忘れないように。習い事を始めると一生の趣味になるので、気になったことを教わりに行ったり、本を読む習慣を身につけておきましょう。

命数別2023年の運勢

礼儀正しい頑張り屋

【命数】

1

基本性格

粘り強く真面目な頑張り屋。一度自分が「これだ」と見つけたことに最後まで一生懸命取り組みます。仲間意識が強く、友情を大切にしますが、友人に振り回されてしまうことも。心は高校1年生、青春時代のままで生きているような人。友人は多くなく、付き合いは狭くて深いタイプ。反発心があり、「でも」「だって」が多く、若いころは生意気だと思われてしまうことも。他人からの言葉をネガティブに捉えることも多いでしょう。

持っている星

★友人に影響を受ける星
★胃が弱い星
★テンションが高校生の星
★体力がある星
★少年っぽい人が好きな星

開運3カ条
1. 頑張っている同世代を見る
2. 素直になる
3. スポーツをはじめる

2023年の総合運

同世代で頑張っている人や、自分のなかでライバルと思える人を見つけることで、頑張れるようになる年。身近な人や同級生のなかで、結果を出していたり幸せになっていると思う人がいるなら、あなたも負けないように努力してみましょう。芸能人の舞台やプロスポーツを観に行ってみると、情熱に火がついてやる気にもなれそうです。健康運は、体が丈夫なぶん、胃腸をいたわらないところがあるので、意識して発酵食品や野菜を摂るように。

2023年の恋愛&結婚運

お礼や挨拶を欠かさず、素直に謝れるようになることが大事です。変に意地を張ったり反発していると、「ワガママな人」「生意気な人」と思われてしまうだけ。今年からは、異性だけでなくどんな人とも仲よくなれるよう努めるといいでしょう。スポーツや習い事をはじめたり、学校など定期的に人が集まる場所に通ってみると、いい縁がつながりそうです。結婚運は、気持ちを素直に言葉にしてみると話が進むでしょう。友達のように対等な夫婦になれそうです。

2023年の仕事&金運

負けず嫌いの頑張り屋で、忍耐力が必要な仕事も頑張れるタイプですが、2023年は反発心が強く出すぎてしまったり、上下関係や人間関係がうまくいかず、仕事がやりにくくなる場合があります。今年から敬語や挨拶、お礼をしっかりするよう心がけると、周囲からの扱いや接し方が変わって、仕事もスムーズに進むようになるでしょう。金運は、仕事に役立つものや効率が上がるもの、やる気になれるアイテムを購入しておきましょう。

ラッキーカラー イエロー　ピンク　**ラッキーフード** トンテキ　きんぴらごぼう　**ラッキースポット** タワー　スタジアム

地道なことが好きな無駄嫌い

【命数】

2

基本性格

上品で控えめに見えて、根は無駄なことや雑用が大嫌い。合理的に生きる男の子のようなタイプ。団体行動や人付き合いは苦手ですが、表面的な人間関係は上手なので、外側と中身が大きく違う人。頭の回転は速いですが、話の前半しか聞かずに先走ることが多いでしょう。自分に都合が悪いことを聞かない割に、ネガティブな情報に振り回されてしまうことも。危険なひとり旅など、無謀と思われるような大胆な行動に走るでしょう。

持っている星

★無駄が嫌いな星
★玉の輿に乗る星
★結論だけ聞く星
★一攫千金の星
★上手にサボる星

開運3カ条
1. 無駄を楽しむ
2. ヤケ食いやヤケ酒をしない
3. 後輩や部下の面倒を見る

2023年の総合運

無駄嫌いな合理主義で、甘えん坊なところもありますが、今年は目標に最短ルートで向かうよりも、あえて遠回りをしたり、無駄に見えることにもチャレンジしてみましょう。団体行動を楽しんだり、これまで避けていたことにも挑戦してみると、いろいろと勉強になることやおもしろい発見があるでしょう。時間をつくってライブや舞台、旅行に行くと気持ちも晴れそうです。健康運は、イライラしたときのヤケ食いやヤケ酒だけはやめるように。

2023年の恋愛&結婚運

恋に刺激やワクワクを求めるのはほどほどにして、周囲がオススメする人や安心できる人に目を向けるようにしましょう。過去の恋を反省し、見るポイントを変えてみると、今年からいい恋ができるようになりそうです。恋人に刺激を求めるよりも、デートでライブや旅行に行ったり、サプライズを楽しむなどして、ほかで発散する工夫をしましょう。結婚運は、あなたの気持ちが盛り上がっているうちに結婚を決めるといいでしょう。

2023年の仕事&金運

自分がどんな仕事をやりたいのか、どんなポジションにつきたいのか真剣に考えて、目標を立てるといい年。達成に向けて努力をしたり、ときには苦労や雑用をする覚悟も必要になるでしょう。人付き合いも大切になるため、今年から後輩や年下の面倒を見るなどして、仲よくなってみるといいでしょう。一発逆転をねらいすぎると、大切なことを見落としてしまいます。基本を大事にし、挨拶やお礼などは、これまで以上にていねいに行いましょう。金運は、投資をしっかり学んでおくのがオススメです。

ラッキーカラー イエロー　パープル　**ラッキーフード** 生春巻き　白身魚の刺身　**ラッキースポット** ライブハウス　映画館

さらに細かく自分と相手が理解できる！
生まれ持った命数別に2023年の運気を解説します。

【命数】3

明るいマイナス思考

基本性格

サービス精神が豊富で明るく、品のある人。自然と人が周りに集まってきますが、人が苦手という不思議な星の持ち主。自ら他人に振り回されにいきながらも、自分も周囲を自然と振り回すところがあります。おしゃべりでわがままな面がありますが、人気を集めるタイプです。超ポジティブですが、空腹になるとネガティブな発言が多くなり、不機嫌がすぐに顔に出るでしょう。笑顔が幸運を引き寄せます。

持っている星

★ワガママな星
★甘え上手な星
★愚痴と不満が多い星
★油断すると太る星
★おもしろい人を好きになる星

開運3カ条

1. 周囲をよろこばせる
2. 笑顔と上機嫌でいる練習をする
3. プラス面を探す

2023年の総合運

真面目でまっすぐな一方で、マイナスに物事を考えがちなところもあるあなた。今年は、自分と周囲を楽しませることにいつも以上に力を入れてみましょう。多少失敗しても「人をよろこばせること」をもっとおもしろがってみるといいでしょう。じつはいい加減で、地道な努力が苦手な一面もありますが、ダンスや音楽などを習ってみると、人生観が大きく変わってきそう。健康運は、ダイエットや肉体改造に本気で取り組むとうまくいく運気です。

2023年の恋愛&結婚運

笑顔の練習をしたり、相手の話を楽しく聞くようにすると、いい恋愛ができるようになるでしょう。気分が顔に出やすいので、「上機嫌でいる訓練」をしておく必要もあります。また、今年から恋愛のパターンを変えることも大切。過去に付き合った人や気になっていた人と似たような相手よりも、これまで興味の薄かったタイプの人をもっと観察してみるといいでしょう。結婚運は、「結婚できたらうれしい」と伝えておくとよさそう。

2023年の仕事&金運

不満や愚痴が出やすいタイプですが、物事のマイナス面ばかり探す癖をやめないと、どの職場でも嫌なところを見つけてしまいます。「自分の仕事は周囲やいろいろな人の役に立っている」とプラスの想像をしてみるといいでしょう。職場や仕事関係者と積極的に関わりをもっておくと、いい縁がつながって仕事が急におもしろくなったり、働く楽しさを理解できるようにもなりそう。金運は、少額の投資をするのがオススメ。自分の勘を信じてみましょう。

ラッキーカラー ゴールド　濃いピンク　**ラッキーフード** 真鯛のポワレ　きのこ炒め　**ラッキースポット** 高層ビル　コンサート

【命数】4

繊細でおしゃべりな人

基本性格

好きなことをとことん突き詰められる情熱家。頭の回転が速く、なんでも勘で決める人。温和で上品に見えますが、根は短気でやや恩着せがましいところも。芸術的な感性が豊かで表現力もありますが、おしゃべりでひと言多いタイプです。粘り強さはありますが基礎体力がなく、イライラが表面に出がち。寝不足や空腹になると機嫌が悪くなり、マイナス思考や不要な発言が多くなってしまうでしょう。

持っている星

★専門家になる星
★ストレスをためやすい星
★しゃべりすぎる星
★基礎体力づくりが必要な星
★サプライズに弱い星

開運3カ条

1. 言葉よりも行動で示す
2. 恩着せがましくならない
3. 基礎体力づくりをする

2023年の総合運

直感を信じて、進むべき道を変えるといい年。自分の気持ちに素直になるといいでしょう。口先だけにならないで、行動に移すことが大切です。ただし、体力の低下が激しいタイプなので、疲れから持ち前の能力を活かせない場面が増えてしまいそうです。今年からしっかり体を鍛えたり、定期的な運動をはじめておくと、才能やセンスを十分に発揮できるようになるでしょう。健康運は、スタミナがつくような運動を心がけるように。水泳やランニングをするのもオススメです。

2023年の恋愛&結婚運

一目惚れするのはいいですが、相手の出方を待っていないで自ら話しかけるなど、きっかけづくりをするようにしましょう。「自分はこんなに頑張ったのに」と恩着せがましくならず、相手がよろぶタイミングや、どんな話が盛り上がるのか、もっと考えてみるといいでしょう。気になる人に「相性がいいと思う」と伝えてみると、急にいい関係に進むこともありそうです。結婚運は、恋人の仕事を応援したり、頑張りをほめてみると進展しそう。明るい未来の話をするのもいいでしょう。

2023年の仕事&金運

アイデアを出したり感性を活かせる仕事、手先の器用さを活かす仕事をしている場合は、今年からいい流れに乗れそうです。ただし、人間関係を改善しないと、いつまでも不満と愚痴が出てしまいます。自ら笑顔で挨拶をしたり、日々の感謝を言葉に出すようにすると、仕事がやりやすくなり楽しくなってくるでしょう。問題が起きたときは相手の責任ばかりにしないで、自分のできることをすすんで行うように。金運は、浪費癖をやめて、少額でも投資をはじめるといいタイミングです。

ラッキーカラー 琥珀色　ホワイト　**ラッキーフード** スープカレー　ごぼうの甘辛煮　**ラッキースポット** 山　神社仏閣

品のある器用貧乏

【命数】

5

基本性格

損得勘定が好きで、段取りと情報収集が得意。幅広く物事を知っている、上品でオシャレな人。好きなことにはじっくり長くハマりますが、視野が広いだけに自分は何が好きなのか見つけられず、ふらふらすることもあるでしょう。多趣味なのはいいですが、部屋に無駄なものがたまりすぎてしまうことも。お調子者ですが、ややネガティブな情報に振り回されてしまうところと、人付き合いはうまいのに本音では人が苦手なところがあります。

持っている星

★お金も人も出入りが激しい星
★多趣味・多才な星
★お金持ちが好きな星
★散財する星
★好きなことが見つけられない星

開運3カ条

1. プラスの情報を集める
2. ポジティブな人に注目する
3. 人生設計を立て直す

2023年の総合運

マイナスな情報ばかり集めすぎず、何事にもいい面と悪い面があると思ってプラス面を探してみるといいでしょう。新しい趣味や習い事をはじめてみると、いい人脈を広げられたり、ポジティブな影響を与えてくれる人に出会えそうです。興味あることも増えるでしょう。計画や計算通りに進まないことを嘆くよりも、「自分の計画と計算の仕方を改めればいいだけ」と気楽に考えるように。健康運は、お酒の飲みすぎと膀胱炎に気をつけること。

2023年の恋愛&結婚運

理想の相手を追い求めるのはいいですが、過去にうまくいかなかったケースと同じようなタイプの人には、気をつけておきましょう。前向きな発言が多い人や、ポジティブな人に注目してみると、今年からいい恋ができるようになりそうです。周りの人のいいところを見つけて、素直にほめる癖をつけると、素敵な人を紹介してもらえるようになるでしょう。結婚運は、計画を立てるといいので、「何年の何月に届けを出したい」と恋人に伝えてみましょう。

2023年の仕事&金運

今年立てた計画は、思った以上に順調に進む運気です。現状に不満や納得のいかないことがあるなら、数年後に自分がどんな立場にいて、どんな仕事をやりたいのか現実的に考え、そのために必要なスキルや資格は何か、真剣に調べてみるといいでしょう。人付き合いも大切な年なので、フットワークを軽くして、人との交流をもっと楽しんでおくこと。金運は、買い物でのストレス発散よりも、お金を運用して増やすおもしろさに気がつけるようになりそうです。

ラッキーカラー パープル ホワイト **ラッキーフード** いかフライ キウイ **ラッキースポット** 噴水のある公園 商店街

受け身で誠実な人

【命数】

6

基本性格

真面目でやさしく、じっくりゆっくり物事を進めるタイプ。品はありますが、やや地味になってしまうところもあります。言われたことは完璧にこなせるでしょう。現実的に物事を考えるのはいいですが、臆病になりすぎたり、マイナス情報に振り回されてしまったりと、石橋を叩きすぎてしまうこともあるタイプ。初対面の人や人間関係を広げることが苦手で、常に一歩引いてしまうところがあるでしょう。

持っている星

★サポート上手な星
★一途な恋の星
★尿路結石の星
★根はMの星
★地味な星

開運3カ条

1. 自分の気持ちを素直に言葉にする
2. 相手のことを考えすぎない
3. 積極的に遊びに誘う

2023年の総合運

受け身で待ってばかりの人生を、思い切って変えることができる年。真面目で地道な努力を重ねられる一方で、自己主張が弱く、つねに一歩引いてしまったり、言いたいことをハッキリ言えずに殻に閉じこもってしまうところがあります。今年は、「嫌われても関係ない」と思って、勇気を出して発言したり、自ら人に話しかけて交友関係を広げてみるといいでしょう。健康運は、体をしっかり鍛えはじめると、理想のスタイルに近づけるタイミング。

2023年の恋愛&結婚運

2023年は、積極的に行動することが大切です。受け身で待ってばかりのいては、いい出会いも恋のきっかけも見つかりません。相手の気持ちを深読みしないで、まずは「仲のいい人」や「気楽に話せる友人」をつくるといいでしょう。何事も勝手にネガティブにとらえず、ポジティブに変換してみること。人につくしすぎて勝手に疲れがちですが、今年は「自分の負担にならない程度のやさしさ」を意識してみましょう。結婚は、結婚生活について真面目に話すよりも、楽しみにしていることを前向きに話してみて。

2023年の仕事&金運

自分には不向きな仕事だとわかっていても、忍耐強く続けてしまうタイプですが、ほかに興味のある仕事があるなら、周囲を気にせず転職するといいでしょう。収入面を心配して、いまの職場で我慢するよりも、今年は、自分に合う仕事を探すといいタイミングです。責任ある立場を避けてしまう場合もありますが、偉くなることで上の立場の人の気持ちが理解できて、いい勉強になるでしょう。金運は、節約ばかりではなく、NISAなどを活用し、運用の大切さを学んでおきましょう。

ラッキーカラー イエロー ホワイト **ラッキーフード** 鶏肉のカシューナッツ炒め 白身魚のフリッター **ラッキースポット** 映画館 科学館

ラッキーカラー、フード、スポットはプレゼントやデート、遊ぶときの口実に使ってみて

ネガティブで正義感が強い人

【命数】

7

基本性格

自分が正しいと思ったときの突っ走る力が強く、せっかちで行動力はありますが、やや雑。好きなことが見つかると粘り強さを発揮します。正義感があり、面倒見は非常にいいのに、不思議と人が苦手で人間関係を作るのに不器用な面があるでしょう。おだてに極端に弱く、褒められたらなんでもやってしまうところも。年上の人から好かれることが多く、その人次第で人生が大きく変わってしまうところがあるでしょう。

持っている星

★無謀な行動に走る星
★押しに弱い星
★人任せな星
★下半身が太りやすい星
★仕切りたがる星

開運3カ条
1. 進むべき方向を定める
2. たくさんの人をほめる
3. 品のある言葉を使う

2023年の総合運

自分が決めた道をまっすぐ突き進むタイプですが、今年は、方向性や目標を変えるには最高の年です。自分の向き不向きを考えたり、興味のある世界に思い切って飛び込んでみるといいでしょう。周囲に甘えず、人任せにしないで、自分の気持ちに素直に行動してみること。苦手な人やソリの合わない人から離れるにもいいタイミングです。健康運は、暴飲暴食をしないよう気をつけて。ていねいかつ品のある行動を心がけていれば、ケガも防げるでしょう。

2023年の恋愛&結婚運

空回りしたり、勝手に諦めてしまう癖を改善できる年。好きな人がいるなら、最低でも3回はデートに誘ってみましょう。たとえ断られても、気にしないように。自分の気持ちを伝えるときは、ストレートに言うのではなく、相手によろこんでもらえるタイミングを計ったり、雰囲気づくりをすることも忘れないで。年下との相性もいいので、ターゲットを広げておくことも大事です。結婚運は、「苦労をともにできる人だ」と思うなら、押し通してみてもいいでしょう。

2023年の仕事&金運

ほめられると頑張れますが、ほめられないとサボってしまうタイプのあなた。ほめられやすい環境をつくることが大切なので、あなたのほうからも、周囲の人をドンドンほめてみましょう。楽しい職場になって、ほめてもらえる回数も自然に増え、自分の能力をうまく活かすこともできそうです。独立や起業を考えているなら、思い切って挑戦するとうまくいくでしょう。後輩や部下を大切にしてみると、いい縁がつながることも。金運は、計画を立ててNISAなどの投資をはじめてみましょう。

ラッキーカラー グリーン　イエロー　**ラッキーフード** ボロネーゼ　海藻サラダ　**ラッキースポット** 夜景の見える場所　博物館

常識を守る高貴な人

【命数】

8

基本性格

礼儀正しく上品で、何事にも几帳面で丁寧なタイプ。臆病で人間関係を作るのが苦手ですが、上司や先輩、お金持ちから自然と好かれる人。やさしく真面目ですが、ネガティブに物事を捉えすぎるクセがあり、マイナスな発言が多くなりがち。言われたことを完璧にできる一方で、言われないとなかなかやらないところもあります。見栄っ張りなところもあり、不要な出費も多くなりそうです。

持っている星

★気品のある星
★人間関係が苦手な星
★約束やルールを守る星
★スキンケアが大事な星
★精神的に頼れる人が好きな星

開運3カ条
1. 「なんとかなる」と言う
2. 気になる人を遊びに誘う
3. 臨機応変な対応を身につける

2023年の総合運

上品に生活するのはいいですが、2023年は少し勇気と行動力をつけてみましょう。何事も「なんとかなる」と口に出してから挑戦するとよさそうです。失敗を避け、ていねいに物事を進めるのも間違いではありませんが、ときには勇気を出して大胆な行動をとることも大事。気になる習い事をはじめてみると、人生が変わっていくでしょう。人との会話も、臆病にならないでもっと楽しんでみましょう。健康運は、日焼けや肌荒れに十分気をつけること。

2023年の恋愛&結婚運

慎重に相手を見定めるのはいいですが、勇気を出さないとチャンスを逃すだけ。ダメ元でもデートに誘ったり、失恋覚悟で飛び込んでみると、恋も人生も楽しめるでしょう。待ってばかりいては何も変わらないので、細かなことを考えすぎないように。自分が思う「正しさ」を押しつけると相手が窮屈に感じてしまうため、ほどほどにして。相手のいい部分をもっと認めるようにしましょう。結婚運は、具体的な入籍日を話し合って決めてみると、前に進められるでしょう。

2023年の仕事&金運

自分がキッチリ仕事をしているぶん、周囲のサボっている人や雑な人にイライラしたり、関わりたくないと引いてしまうタイプ。「いろいろな人がいるおかげで自分が存在しているんだ」と思って、今年から積極的にコミュニケーションをとる努力をしてみましょう。笑顔で自分から挨拶をすることも大切です。臨機応変な対応が下手なところがあるので、上手な人の真似をするといいかも。金運は、見栄での出費を抑えて、ほかの人がよろこぶようなことにお金を使うといいでしょう。

ラッキーカラー ピンク　オレンジ　**ラッキーフード** 鶏そぼろ　西京焼き　**ラッキースポット** 美術館　映画館

ラッキーカラー、フード、スポットはプレゼントやデート、遊ぶときの口実に使ってみて

斬新な生き方をする臆病な人

【命数】
9

基本性格

上品で丁寧ですが、自由を求める変わり者。芸術面で周囲とは違った才能を持っています。企画やアイデアを出すことでひとつの時代を作れるくらい、不思議な生き方をします。表面的な人付き合いはできますが、本音は人が苦手で束縛や支配から逃げてしまうところも。一族の中でも変わった生き方をし、突然、これまでとはまったく違った世界に飛び込んでしまう場合も。熱しやすく冷めやすい人でしょう。

持っている星

★革命を起こす星
★長い恋が苦手な星
★超変態な星
★飽きっぽい星
★自由に生きる星

開運3カ条
1. 周囲の人の個性や才能を認める
2. あまのじゃくな言葉を発しない
3. 美術館などアートに関わる場所に行く

2023年の総合運

現在の環境に飽きや不満があるなら、引っ越しや転職をして、新たなことに挑戦するといい年。都会に引っ越したり、海外留学をしたり、芸術・アート系の習い事をはじめるなど、思い切って決断して、興味のある世界へ飛び込んでみましょう。すぐに動けない場合は、今年から貯金や勉強をスタートして、2025年に実行に移すことを目標にしてみるのもいいでしょう。健康運は、同じものばかり食べないでバランスのよい食事を意識するように。肩を動かす運動もオススメです。

2023年の恋愛&結婚運

あまのじゃくな言動を続けていては、いつまでも恋は進展しないもの。才能のある人や興味のわく人がいたら、自ら遊びに誘ってみるといいでしょう。相手の個性や素敵な部分は、素直にほめてみて。ただし、冷たい表現をしやすいので、よろこばれそうな言葉を選んだり、相手が興味をもちそうな情報を入手しておきましょう。結婚運は、もともと結婚願望が薄いタイプなので、あらかじめ「本気で結婚すべき年」を決めておくといいでしょう。

2023年の仕事&金運

転職するか、覚悟を決めていまの仕事を続けるかを判断すべき年。独立や起業をするタイミングでもありますが、お金の計算と人付き合いが苦手だと思うなら、会社勤めのほうがいいでしょう。芸術系の職種や、企画やアイデアを出す仕事に転職すると、才能を発揮できそうです。また、「個性を認めてほしい」と思うなら、まずは自分が周囲の人の才能を認めるようにしましょう。金運は、浪費癖を改めること。節約と少額の投資をはじめて、お金の流れを変えるといいでしょう。

ラッキーカラー レッド　パープル　**ラッキーフード** 肉まん　エリンギのバター焼き　**ラッキースポット** ショッピングモール　プラネタリウム

マイナス思考の研究家

【命数】
10

基本性格

常に冷静に物事を判断し、好きではじめたことは最後まで貫き通して完璧になるまで突き詰めることができる人。人に心をなかなか開きませんが、尊敬すると一気に仲よくなって極端な人間関係を作る場合も多いタイプ。ただ、基本的には人間関係は苦手です。考え方が古いので、年上や上司から好かれることも多いでしょう。偏食で好きなものができると飽きるまで食べすぎてしまうところも。疑い深く、ネガティブにもなりやすいでしょう。

持っている星

★年上から好かれる星
★理屈と理論の星
★完璧主義の星
★言い訳が多い星
★尊敬できないと恋できない星

開運3カ条
1. 習い事をはじめる
2. 自ら挨拶をする
3. 専門知識や手に職をつける努力をはじめる

2023年の総合運

尊敬できる人や、いい先生に出会えそうな年。興味のある世界に飛び込んでみると、自分の才能や、極めてみたいことを見つけられるでしょう。新しい趣味を探すつもりで行動範囲を広げると、大切な人に会えたり、おもしろい発見がありそうです。美術やものづくり、武道や古典芸能など、少しでも気になったことがあれば挑戦してみると、人生が豊かになるでしょう。健康運は、偏頭痛や肩こりに悩むことがありそうです。定期的に運動する習慣をつけるといいでしょう。

2023年の恋愛&結婚運

簡単に心を開かないほうですが、習い事をはじめてみると、素敵な人に出会えそうです。年上や先生、指導してくれる人に恋をすることも。自分のプライドを守っているといつまでも平行線のままなので、気楽に話しかけたり、食事や映画に誘ってみるといいでしょう。今年からは自ら動くようにすると、今後の恋愛観も変わりそうです。結婚運は、相手に完璧さを求めすぎないように。一緒にいて楽だと思えるなら、結婚を意識してみましょう。

2023年の仕事&金運

もともと職人肌のあなた。2023年は、専門知識や技術をしっかり身につけるために勉強したり、もっている技をさらに極める努力をはじめるといい時期。いまの仕事がそういった職種ではないなら、違う仕事を探すといいでしょう。また、職場や仕事関係者との交流をもっと楽しんでみることも大切です。「どんな人にも尊敬できるところはある」と思っておくとよさそう。後輩や部下を、自ら遊びに誘ってみるのもオススメです。金運は、投資信託やお金の勉強をスタートするにはいいタイミング。

ラッキーカラー ピンク　イエロー　**ラッキーフード** れんこんの甘辛炒め　えびグラタン　**ラッキースポット** 古都　劇場

　ラッキーカラー、フード、スポットはプレゼントやデート、遊ぶときの口実に使ってみて

銀の羅針盤座 2023年タイプ別相性

気になる人との今年の相性は？　タイプを調べて付き合い方の参考にしましょう。

▶ 金のイルカ座との相性

相手は前進する年なので、一緒にいると前向きになれたり、あなたにも挑戦する気持ちが出てくるでしょう。いい影響もありますが、相手の身勝手に振り回されてしまったり、一緒に遊びすぎて目的を見失うこともあるので、言われるがままにならないようにしましょう。遊ぶときにしっかり遊ぶのはいいですが、メリハリを付けてください。　恋愛相手　ワガママなところはありますが、一緒にいると人生が楽しくなる相手。あなたの余計な心配を力強く吹き飛ばしてくれますが、相手任せばかりにしないで、あなたからも遊びの提案をしたりデートに誘うようにすると良いでしょう。　仕事相手　お互いに一生懸命仕事をするいい関係を築けて、一緒に成長できる相手。相手が上司の場合は、ストレートな言い方をされてもパワハラだと思わないで、一生懸命な時期だと思うようにしましょう。部下の場合は、挑戦させると頑張ってくれそう。　今年はじめて出会った人　あなたにとってはいいタイミングの出会いですが、相手はドンドン先に進んでしまうので、いずれ道が変わっていき、距離が空いてしまいそう。今を楽しむいい遊び友達くらいの気持ちでいると良いでしょう。

▶ 金のカメレオン座との相性

本来なら頼りになる相手ですが、上半期は相手の気持ちが整っていないので、下半期からいい関係がゆっくり始まりそうです。一緒にいると勉強になり、相手の知識があなたに必要なこともわかるでしょう。ただし、一緒にいても得がないと思われてしまうと、今年は急に距離を置かれる場合があるので良い情報を集めておきましょう。　恋愛相手　相手の運気が微妙なので魅力的に見えず、別れを切り出したり離れてしまいそうですが、この2人の進展は2025年以降になるので、少しでも気になっているなら長い目で見ておくほうが良さそうです。　仕事相手　仕事のパートナーとしてはいい相性ですが、相手は上半期は仕事に意欲が湧かない時期なので様子を見ておきましょう。相手が上司の場合は、不得意なポジションや仕事を任されているので協力してあげましょう。部下の場合は、頭の良さを褒めてあげましょう。　今年はじめて出会った人　上半期の出会いだと縁が薄くなってしまいそうですが、夏から秋あたりの出会いだと自然と長い付き合いになりそう。学べることが多くあなたに必要な人でもあるので、ゆっくり仲良くなれるように知識を増やしておきましょう。

▶ 銀のイルカ座との相性

苦労から抜けて新しい世界を見る時期の相手と、次に進むべき道を見つける時期のあなたとでは、今年はいい情報交換ができるでしょう。遊び心もあり華やかで会話も楽しいので素敵な時間を過ごせそうですが、調子に乗りすぎて贅沢をすると、余計な出費が増えてしまう可能性が。　恋愛相手　今年のこの相手はあなたの気持ちを楽にしてくれたり、緊張を緩めてくれる大切な人です。あなたのネガティブ思考を吹き飛ばしてくれる相手でもあるでしょう。知り合って数年経っているならさらにいい相性なので、ノリを良くして勢いで交際に進めてみましょう。　仕事相手　一緒に仕事をすると相手の柔軟性やユーモアセンスなど見習うところが多く、今年はさらに面白い発見があっていい勉強になりそう。相手が上司の場合は、楽しく仕事をするフリをしておくと良い関係になれそう。部下の場合は、新しい仕事を任せるとやる気になりそう。　今年はじめて出会った人　今年のこの相手との出会いは、切っても切れない長い付き合いになりそうなタイミング。いつ会っても楽しい時間を作ってくれそう。あなたにいい影響をたくさん与えてくれますが、刺激的な遊びはホドホドにしておきましょう。

▶ 銀のカメレオン座との相性

グルメな相手なので美味しい物を食べに行ったり、情報交換をしているうちに仲良くなれそうです。ただし、相手は今年「裏運気の年」なので、急に縁が切れてしまったり、不仲になることもあります。あなたの問題ではないので気にしないように。人には言えない事情をいろいろ抱えていると思っておきましょう。　恋愛相手　相手は現状に不満や疑問を感じている時期なので、一緒に話していると愚痴大会になってしまいそうですが、逆にそれがいい関係になるきっかけにもなりそうです。言いたいことを言い合ってスッキリした後は、明るい未来の話をしていい関係を築きましょう。　仕事相手　相手は仕事や職場に不満が多い時期なので、雑なところが目に付いてしまいそう。上司の場合は、責任を背負いすぎているのでこっそり手伝ってあげて。部下の場合は、ネガティブ情報がきっかけで辞めてしまうことがあるので気をつけましょう。　今年はじめて出会った人　あなたが頑張らないと簡単に縁が切れてしまう相手です。数年経ってから大事な人だとわかるようになるので、今年や来年だけで相手を判断しないようにしましょう。年月を重ねることで相性が良くなる相手でしょう。

開運のつぶやき　▶ 「他人との比較を絶対にしない」とルール作りをして生きると人生は一気に楽になる。

▶ 金の時計座との相性

今年最も振り回されてしまう相手。相手は今年「乱気の年」に入り、人が変わったように心が乱れたり、努力が空回りして悩んでいそう。一緒にいるとマイナスな方向に進みすぎてしまうので注意が必要です。この相手と会う時は必要以上にポジティブな言葉を発するくらいの気持ちが大切。　恋愛相手　瞬間的な盛り上がりはありそうですが、そのぶん面倒なことも多くなりそうな相手。気分転換やストレス発散を一緒にするなど変化を楽しむようにするといいですが、相手の言葉の乱暴さが目立ってくるので恋が一気に冷めてしまいそうです。　仕事相手　相手はやることなすこと裏目に出てしまう時期なので、一緒に仕事をする時は面倒なことに巻き込まれると覚悟しておくと良いでしょう。相手が上司の場合は、気分で指示してくるので冷静な対応を心がけて。部下の場合は、不満が溜まっている時期なので結果よりも過程を褒めてあげましょう。　今年はじめて出会った人　相手が大変な状況に陥りやすい年なので手助けをすることでいい関係になることもありますが、長い付き合いになる可能性は低そうです。一緒にいる時くらいは楽しめるように工夫をしておくと良いでしょう。

▶ 金の鳳凰座との相性

今年最も運気が良く勢いのある相手なので、相手のペースを乱すようなことをすると距離を置かれてしまいそう。相手とあなたは物事に真面目に取り組む姿勢は似ていますが、相手のほうが忍耐力があります。尊敬するのはいいですが真似しようとは思わないで、あなたにできることを進めましょう。　恋愛相手　相手は魅力が輝く年に入っているので、恋のライバルが多く先を越されてしまいそう。相手の出方を待っていないで、ダメ元で気持ちを伝えてみると良いでしょう。相手はあなたが何を言っても変わらない頑固者なので、相手を変えようとしないようにしましょう。　仕事相手　相手に甘えていると厳しいことを言われてしまいそうですが、ショックを受けないで、単に伝えベタなのだと覚えておくと良いでしょう。相手が上司の場合は、事前準備や最終チェックをしっかりして。部下の場合は仕事のやり方をとやかく言わないようにしましょう。　今年はじめて出会った人　「金の鳳凰座」は第一印象で相手との関係を決めるタイプ。今年のあなたの迷いややる気のなさが伝わってしまうとマイナスかも。今年距離が空いてしまうと仲良くなることが難しくなるので、一生懸命な姿を見せて。

▶ 銀の時計座との相性

面倒見は良いのですが、考え方や価値観の違う相手です。この相手に振り回されると、進むべき道を間違えてしまう可能性があるので、接する機会は減らしたほうが良さそう。結果を出して次に進む相手と、これから進む道を決めるあなたとでは考えが合わないことを覚えておきましょう。　恋愛相手　モテ期最後の年の相手と、まだまだ魅力を出し切っていないあなたとでは、なかなか距離が縮まらないかも。相手は誰にでも優しいタイプなので、自分に好意があると勘違いしないように気をつけましょう。　仕事相手　仕事をドンドン進めて結果を出していく相手と、自分の進むべき道がまだハッキリしていないあなたとでは仕事のテンポが合わない感じ。相手のスピードについていけなくなることもあるでしょう。相手が上司の場合は、先を読んで早めに仕事を進めて。部下の場合は信頼して任せましょう。　今年はじめて出会った人　この1年くらいの付き合いの後は、距離が空いてしまったり、縁が切れてしまうことになりそう。相手はあなたが思っている以上に違う世界に飛び込んでいったり、人脈を広げて突き進んでいってしまいそう。離れることは気にしないほうが良いでしょう。

▶ 銀の鳳凰座との相性

相手は「幸運の年」に入り、実力が認められて魅力が輝く時期。付き合いが長いなら、一緒にいると前向きになれるでしょう。また、あなたを素直に受け入れてくれるので一緒にいて楽な感じになりそう。しばらく連絡を取っていない相手なら、突然でもいいので遊びに誘ってみると良いでしょう。　恋愛相手　あなたからのアピールではなかなか動かない相手。相手があなたに片思いをしているなら、今年はアプローチしてくるので様子を見ておきましょう。一緒にいる時は楽しく話を聞いて、いいリアクションをしておきましょう。　仕事相手　相手は結果を出すことができる年なので、しっかりついていくと良いでしょう。上司の場合は、指示通りに仕事をしっかり行うといいので、反論したり無駄に逆らわないようにしましょう。部下の場合は、得意な仕事を任せて才能を引き出しましょう。　今年はじめて出会った人　今年の出会いはやや縁が薄いので、あなたのほうから縁をつなぎ止めたり仲良くしようとする努力が必要です。相手はそもそも他人にそれほど興味がないタイプなので、自然と距離が空いてしまうかも。共通の趣味があるといい関係が続くでしょう。

　開運のつぶやき　▶ 👓 他人を簡単に嫌わない方がいい。立場も状況もあり、嫌われ役をする人もいるから。

▶ 金のインディアン座との相性

今年は遊ぶ機会が多くなるので、マメに連絡をしておくと良いでしょう。一緒にいるとポジティブな発想や言葉などがいい勉強になり、気持ちを前向きにしてくれます。あなたの成長に必要な人ですが、この相手はドジな失敗も多いのでうまくフォローしてあげましょう。ベッタリくっつくと逃げるので束縛はしないようにしましょう。　**恋愛相手** 恋を楽しむにはいい相手。こまめに連絡をして会う回数を増やすと、一気に恋に火がついて盛り上がりそう。真面目な交際というよりも、今年は2人の時間を楽しむことが大事。　**仕事相手** 仕事に身が入っていない相手ですが、仕事のスピードや判断力、発想力はいい勉強になるでしょう。相手が上司の場合は、言うことが急に変わるので対応できるように訓練しましょう。部下の場合は、ミスが多くやる気がない時期ですが、仕事終わりの飲み会で話すと言うことを聞きそうです。　**今年はじめて出会った人** 今年の出会いは、つながりが弱いタイミング。自分のほうが正しいと思い込んでいると相手の良さが見えてきません。相手を観察していろいろな生き方や考え方があると学んでみると良いでしょう。遊び友達くらいの距離感が最も楽な付き合い方かも。

▶ 銀のインディアン座との相性

一緒にいるとパワーがもらえて、いい影響を与えてくれる相手。相手は今年「解放の年」に入って大きなチャンスをつかんだり才能を認められる流れなので、この人の良さを周囲に伝えてみると感謝されそうです。悩みや不安を話すよりも、雑談でいいのでいろいろ語ってみると面白い話がたくさん聞けるでしょう。　**恋愛相手** あなたの想像以上にマイペースなため心をつかむことが難しく、近づいても簡単に距離を空けられてしまいそう。合わせようとしても疲れるだけなので、自分のペースを守りながら気楽な感じでこまめに連絡しておくと進展する可能性が。　**仕事相手** 相手は仕事で大きなチャンスをつかむ流れに乗っているので、後押しをしてあげましょう。ネガティブな話や情報は避けること。相手が上司の場合は、今年をきっかけに出世するなど大きな結果を残すので、指示にはしっかり応えて。部下の場合は、伸び伸びと仕事をさせましょう。　**今年はじめて出会った人** あなたにいい影響を与えてくれるので、長く付き合いたい相手。ただ、相手はあなたに対して執着がないので、新しいことに敏感になって面白い情報を伝えてあげるといい関係を長く続けられそうです。

▶ 金の羅針盤座との相性

同じ「羅針盤座」ですが、相手のほうが精神力があって粘り強く真面目です。今年は、相手が自分の限界を感じて失速してしまうことがありそうなので、無理をしないように気をつけてあげて、うまく手助けすると良いでしょう。健康情報の交換をしたり、一緒に散歩や軽い運動をするといいでしょう。　**恋愛相手** 波長が合いやすいと思って近づくのはいいですが、どちらも気を使いすぎて疲れてしまうとか、最初に感じた刺激が長く続かなくなってしまいそう。今年は特に相手が疲れているので、そっと距離を置いて様子を見るほうがいいかも。　**仕事相手** あなたにとっては頼りになるし、話がわかると思える相手ですが、相手からは忙しい時でも対応しなければならない人と思われているかも。相手が上司の場合は負担をかけないように、自分の仕事はキッチリ行いましょう。部下の場合は、無理をさせないようにしましょう。　**今年はじめて出会った人** 今年の出会いは、あなたからは問題がなくても、相手にとってはストレスや疲れの原因になってしまうことがあります。この相手に甘えすぎないようにしっかり自立し、言われる前に動くようにしておきましょう。

▶ 銀の羅針盤座との相性

同じタイプなので価値観が似ていて、考え方や発想も抵抗なく受け入れられそう。今年はお互いに進むべき道を決めたり、覚悟が必要な年。相手に相談するのはいいですが、リスクばかりに目がいって動けなくなることがあるので、プラス面の話もしておきましょう。下半期はどちらも健康に気をつけるようにしましょう。　**恋愛相手** 相性はいいのですが、同じタイプなので互いに相手の出方をうかがってしまうところも似ています。恋愛の進展には時間がかかってしまう2人なので、気になるなら礼儀正しくデートに誘ってみるといい関係に進めそう。　**仕事相手** 自分と近い考えで仕事をする相手なので、今年は「今後どうしていくか」を考えている時期なのも同じでしょう。お互いに他に向いていそうな仕事があるなら教え合うといいかも。上司も部下も自分と同じだと思って、何をしてもらえるとうれしいのかを想像して仕事すると良いでしょう。　**今年はじめて出会った人** 今年の出会いは、年齢や立場に関係なく長い付き合いになるタイミング。ネガティブな話が多くなってしまうので、意識してポジティブな話をするようにすると良いでしょう。礼儀正しく振る舞うと長い縁になりそう。

開運のつぶやき　▶ 😎 いい人生を送る人には感謝が常にある。

銀の羅針盤座 運気カレンダー

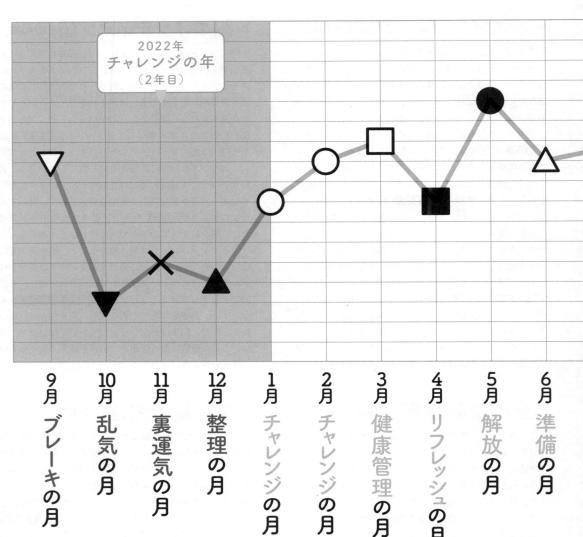

2022年
チャレンジの年
（2年目）

9月 ブレーキの月
10月 乱気の月
11月 裏運気の月
12月 整理の月
1月 チャレンジの月
2月 チャレンジの月
3月 健康管理の月
4月 リフレッシュの月
5月 解放の月
6月 準備の月

○ 直感を信じて行動して環境を変えるのも○K
○ 視野と人脈が広がる月　自分から行動を起こして
□ 今後のことを考えてみて　運命的な出会いがあるかも
■ 判断ミスをしやすい時期　疲労をためないようにして
● 実力を発揮できる月　興味あることに挑戦してみて
△ 恥ずかしい失敗をしそう　準備と確認はしっかりして

※このページの記号の説明は、「月の運気」を示しています。P.81の「年の運気の概要」とは若干異なります。

毎月の運気がどう変わっていくかチェック！
2023年の過ごし方の参考にしてください。

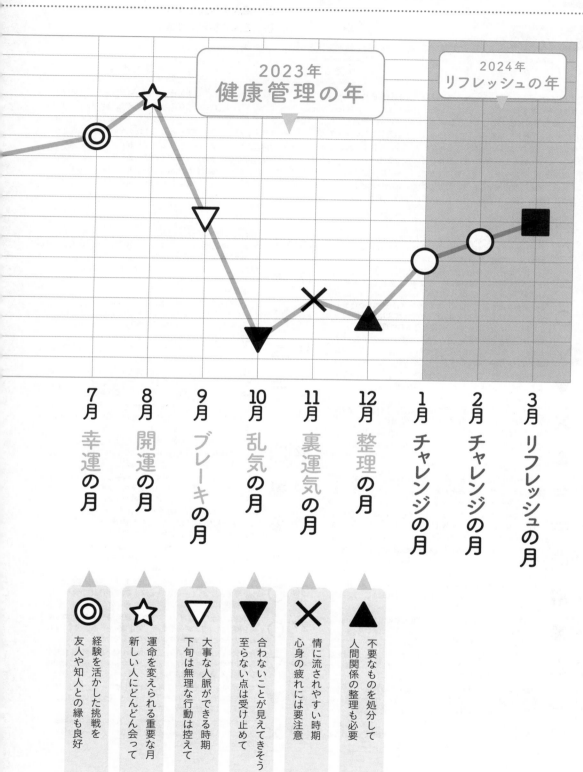

2023年
健康管理の年

2024年
リフレッシュの年

7月	8月	9月	10月	11月	12月	1月	2月	3月
幸運の月	開運の月	ブレーキの月	乱気の月	裏運気の月	整理の月	チャレンジの月	チャレンジの月	リフレッシュの月

◎ 経験を活かした挑戦を
友人や知人との縁も良好

☆ 運命を変えられる重要な月
新しい人にどんどん会って

▽ 大事な人脈ができる時期
下旬は無理な行動は控えて

▼ 合わないことが見えてきそう
至らない点は受け止めて

✕ 情に流されやすい時期
心身の疲れには要注意

▲ 不要なものを処分して
人間関係の整理も必要

101

11月 2022

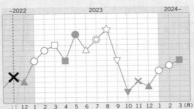

開運 3 カ条

1. 他人に過剰な期待をしない
2. 自分磨きや勉強をする
3. 頼れる人に相談をする

総合運

予想外に人に振り回されたり、裏切られたり陰口を言われていることを知ってしまいそう。心を乱されるような出来事が起きても気にしないで、「これでメンタルを鍛えられる」と前向きに思うことが大切。すべての人に好かれなくて当然なので、やさしくしてくれる人や親切な人に注目しましょう。健康運は、体調を崩しやすい時期なので、無理はしないで睡眠時間を増やしたり、健康的な生活リズムを意識して過ごしましょう。

恋愛＆結婚運

強引に進めると失恋するかも。今月は自分磨きをしたり、異性との会話に困らないように話のネタを増やすための行動をしましょう。裏運気の月は予想外の異性から好かれることがあります。外見が好みでない場合は、性格など相手のいい部分を探すと好きになれるかも。新しい出会いは縁が薄いですが、紹介の場合は素敵な人の可能性があります。結婚運は、期待が薄いので焦らないようにしましょう。

仕事＆金運

実力以上の仕事やノルマが増えて、予想以上に忙しくなる時期。職場の人間関係が嫌になったり、やる気の出ない時間も増えそう。後輩や部下に振り回されやすいので、コミュニケーションをしっかり取りましょう。苦しいときは先輩や上司に相談しましょう。金運は、儲け話は大損したり面倒なことになるので気をつけて。買い物は、不要なものを買ってしまうので、よく考えてからにしましょう。

1 火	△	取捨選択を間違えそうな日。困ったときは、今必要でないと思われることから消去していくとやるべきことが判断できそう。困ったときは頼れる人に相談しましょう。
2 水	=	付き合いの長い人や頼りになる人と話すことで、自分のやるべきことや得意なことが明確になりそうな日。雑談でもいいので休憩時間に話してみるといいでしょう。
3 木	○	いい結果を出す運気ではないですが、今日の頑張りや仕事の取り組み方次第で信頼を得られるので、誠実に取り組むようにしましょう。自分よりも相手の得を考えて判断しましょう。
4 金	▽	日中は、評価を気にするよりも、自分で満足できる仕事をしましょう。手を抜いている自分で思わないように。夕方からは強引な人に振り回されそうですが、そのおかげで学べることも。
5 土	▼	つまらないと思っているとつまらなく見えてしまうもの。何事もおもしろいと思うようにしましょう。自分の感覚をいつまでもつまらないままにしないようにしましょう。
6 日	×	予定が変更されたり、振り回されやすい日。思い通りに進むことばかりが楽しいわけではないので、予想外のことを楽しんだり、自分と違う考えや発想をおもしろがってみましょう。
7 月	▲	合理的に仕事を進めるといい日。余計なことをしないようにしましょう。サボろうとする気持ちがあると辛くなるだけ。一生懸命取り組むと仕事が楽しくなるでしょう。
8 火	=	「やらされている」「命令されている」と思うと苦しくなるので、自ら工夫したり、考え方を変えるといいでしょう。前向きに仕事をしている人から学びましょう。
9 水	=	これまで興味のなかった世界を体験するにはいい日。若い人の間で流行っていることを教えてもらったり、これまで聴かないでいたジャンルの歌を聴いてみるといいでしょう。
10 木	□	指示を待っていると仕事がどんどんつまらなくなるだけ。相手や会社のことを考えて進んで仕事しましょう。失敗しても学ぶ気持ちを忘れないようにしましょう。
11 金	■	寝不足を感じたり、集中力が途切れやすい日。マメに休んだり温かいお茶を飲んで、休憩時間はのんびりしましょう。胃腸によさそうなものを食べるのもいいでしょう。
12 土	●	アップダウンの激しい日。うれしい出来事に浮かれていると、突っ込まれたり水を差すようなことを言われてしまいそう。うれしいときほど気を引き締めるようにしましょう。
13 日	△	うっかりミスや確認忘れをしやすい日。間違えて同じものを買ったり、ドジなケガをしやすいので気をつけましょう。決断するときほどしっかり確認するように心がけましょう。
14 月	○	経験を活かせる日ですが、情熱と誠意がなければせっかくの運気も台無しになってしまいそう。与えられた仕事で期待以上の結果が出せるように一生懸命取り組みましょう。
15 火	○	頑張っている人を認めることであなたも認められるでしょう。周囲の人の個性や才能も認めると、いい人間関係を作れるようになったり、あなたも認められるようになるでしょう。
16 水	▽	日中はゆとりを持って行動するといい日になるでしょう。いつもより少し早めに出社したり、早めに仕事に取りかかりましょう。夕方は忙しくなって丁度よくなりそうです。
17 木	▼	空回りすることが多く、せっかく進めていたことがムダになったり、がっかりする結果になりそう。マイナスに考えるだけではなく、確認やチェックをしっかりしましょう。
18 金	×	よかれと思ってしたことが裏目に出てしまいそうな日。会話のタイミングが悪いこともあるので、無理に輪の中に入ろうとしなくていいでしょう。今日は様子を窺うようにしましょう。
19 土	▲	大掃除をするにはいい日ですが、不要だからと思って処分したものが後で必要になることがあります。身の回りの整理整頓をして、分からないものは後で判断するようにしましょう。
20 日	=	小さな幸せを見つけることが大切な日。現状への不満や不安を考えるよりも、満足してみるといいでしょう。考え方を変えてみると感謝できることが身の回りにいっぱいあるでしょう。
21 月	=	同じ方法やルーティンの生活だと飽きてしまうだけ。自分で変化を楽しんでみたり、新しいことに挑戦してみましょう。失敗や手応えのないところから学ぶようにしましょう。
22 火	□	時間や数字にもっとこだわって仕事するといい日。自分で時間を決めて仕事をきっちり終わらせてみるといいでしょう。不要な経費を使わないように意識するのも大切。
23 水	■	ストレスがたまったり疲れやすい日。苦手な上司や不得意な人と一緒にいる時間が増えてしまいそう。仕事終わりは、ストレス発散になることに時間を使うといいでしょう。
24 木	●	周囲にいるやさしい人の存在や、これまでお世話になった人のことを忘れないように。少しでも恩返しや喜んでもらえる報告ができるように努めるといい日になるでしょう。
25 金	△	集中力が途切れやすく、簡単なことをミスしやすいので気をつけましょう。誤字脱字や入力ミスなどでムダな時間を使いそう。丁寧に仕事を進めるように意識しましょう。
26 土	○	友人や知人からの誘いを待っていないで、自ら連絡しましょう。相手もあなたからの連絡を待っている可能性があります。近況報告や雑談を楽しむと気持ちが楽になるでしょう。
27 日	○	買い物に出かけるにはいいですが、消耗品や長く使わないものを買いましょう。映画や芝居、美術館など、経験することにお金を使うといい勉強や話のネタになるでしょう。
28 月	▽	何事にも遊び心が大切なことを忘れないように。楽しく会話する中でボケたり突っ込んだりして、いつも以上に明るく話せそう。冗談を楽しむと運気もよくなるでしょう。
29 火	▼	意見が通らず、批判や反発をされてしまいそう。今日は流れに身をまかせて、周囲の様子をしっかり窺うようにしましょう。変な反論は避けたほうがよさそうです。
30 水	×	これまでサボっていた部分を突っ込まれたり、自分の弱点や欠点が明るみに出てしまいそう。至らない点はしっかり認めて成長できるように努めましょう。

☆ 開運の日　◎ 幸運の日　● 解放の日　○ チャレンジの日
□ 健康管理の日　△ 準備の日　▽ ブレーキの日　■ リフレッシュの日
▲ 整理の日　× 裏運気の日　▼ 乱気の日　= 運気の影響がない日

2022 12月

▲ 整理の月

開運 3 カ条

1. 不要なものを捨て、執着しない
2. 本当に嫌なことは断る
3. 人との距離を置く

総合運

現状の生活に飽きたり、モヤモヤした感情になりそう。何もかも投げ出したくなる場合もありますが、ヤケを起こさず冷静に判断しましょう。「嫌なことは嫌」とはっきり言うことは大切なので、我慢しすぎているなら伝えること。身の回りにある不要なものを一気に断捨離すると気持ちが晴れるでしょう。健康運は、美意識を高めるために美容によくない習慣をやめて、食事のバランスを整えたり、軽い運動を始めましょう。

恋愛＆結婚運

恋を諦めて勝手に失恋したり、実際に好きな人に恋人ができてがっかりしそうな時期。ここで縁が切れる人とは「そもそも相性がよくない」と割り切りましょう。恋人ともケンカしたり、突然気持ちが冷めることもあるので、相手の言葉や態度をマイナスに受け止めすぎないように。新しい出会いは月末に少しありそう。結婚運は、話を進めるには難しい時期。相手の機嫌を損ねないように。

仕事＆金運

突然仕事を辞めたくなったり、現状から逃げたくなりますが、中旬以降にその気持ちは落ち着いてくるでしょう。目標を達成できなくても深く考えず、後で追いつけばいいと思いましょう。スマホを目につかない場所に置くなど、怠け癖に火をつけるものからは離れましょう。金運は、買い物を最小限に控えたほうがいい時期。思わぬ浪費になる場合もあるので不用意な契約もしないように。

1 木	▲	大切にしていたものをなくしたり、必要なデータを消してしまいそうな日。不注意なだけなので確認をしっかりして、分からない操作を行わないようにしましょう。
2 金	＝	待っていると余計な仕事をまかされてしまいそうな日。自ら進んで仕事を行えば、嫌な気持ちにならないでしょう。どんな仕事もいい経験で、今の自分に大切だと思って受け止めましょう。
3 土	＝	ボーッとする時間に好きな音楽を聴いたり、好きな漫画を読んでみるといい日。いい意味でムダな時間を作りましょう。リラックスできる友人と話をするのもいいでしょう。
4 日	□	バランスを整えるといい日。食事も人間関係もバランスが大切。頑張りすぎないように、関心を持ちすぎないようにするといいでしょう。
5 月	■	寝不足や疲れを感じやすい日。油断していると段差でつまずいたり、ケガの原因になるので気をつけて。目の周辺をマッサージしたり、軽くストレッチするといいでしょう。
6 火	●	些細なことでもいいので感謝することを見つけると気持ちが楽になる日。感謝の気持ちが足りないと、どんな幸福なことが起きても不満に変わってしまうでしょう。
7 水	△	ネットでの買い物に要注意。不要なものを買ったり、ゲームなどにムダな課金をしそう。判断ミスが続いてしまうので、先のことをもっと考えてから決断しましょう。
8 木	○	難しく感じる仕事でも、経験をうまく活かすことで問題を乗り切れたり、簡単にできそう。自分の実力がアップしていることに気づけるので、挑戦してみましょう。
9 金	○	頑張るのはいいですが、欲張らないようにしましょう。何事もほどほどのところで満足すると幸せに変わりますが、欲張ると不満に変わってしまうでしょう。
10 土	▽	午前中は、身の回りをどんどん片づけるといいので、勘を信じて不要なものと必要なものを分けましょう。夕方以降は、後輩や部下などに誘われて思っていた予定と変わりそうです。
11 日	▼	失敗しやすいですが、最初からうまくはいかないと思って挑戦するといいでしょう。成功すると思って失敗するよりも、失敗すると思って失敗して学ぶようにしましょう。
12 月	×	不得意な人と一緒になったり、順調に進んでいた仕事にブレーキがかかってしまいそうな日。焦らないで今できる最善のことを考えてやってみるといいでしょう。
13 火	▲	失ってはじめて、その価値や大切さに気がつける日。大事なものをなくしてしまったり、人との縁が切れてしまいそう。悲しむよりもそこから学ぶようにするといいでしょう。
14 水	＝	「自分の好きなこと、得意なこと、興味のあること」に素直に目を向け、行動するといい日。新しく気になることを見つけられそうなので視野を広げてみるといいでしょう。
15 木	＝	新しい出会いに期待するといい日。仕事関係者や知り合いの紹介でいろいろつながってくるでしょう。流行のSNSで思わぬ人とつながれることもあるでしょう。

16 金	□	情報の整理が必要な日。プラスの情報を集めているならマイナスの情報も集めてみましょう。どんなことでもいい面と悪い面があることを忘れないようにしましょう。
17 土	■	今日は疲れをしっかりとる日だと思って、マッサージや整体、タイ古式マッサージなどに行ってみましょう。家ではスマホをしまってボーッとする時間を作るのもいいでしょう。
18 日	●	急に友人から遊びの誘いがありそうな日。面倒だと思っても断らないで会いに行くと、いい出会いやお得な話を聞けそうです。好きな人に連絡を入れてみるにもいい運気です。
19 月	△	カバンに入れたつもりのものがなかったり、大事なものをしまった場所を忘れるなど、うっかりミスやド忘れをしやすいので気をつけて。メモをとったり写真を撮っておきましょう。
20 火	○	懐かしい曲を聴くとやる気になれる日。家を出る前に1〜2曲、自分が頑張っていたころに流行っていた音楽を聴いてみるといいでしょう。職場では実力をうまく発揮できそう。
21 水	○	お金や数字や時間にもっとこだわって仕事すると、いい結果につながったり、評価されるようになるでしょう。効率を考えて仕事することで満足できる結果も出せそうです。
22 木	▽	午前中は、勢いや勘まかせで行動していい日。遠慮したり指示を待っているとつまらなくなってしまいそう。午後は、上司や先輩の言葉に振り回されてしまいそう。
23 金	▼	勘違いや思い違いで恥ずかしい思いをしそうな日。ソリの合わない人は笑顔でかわしておきましょう。よかれと思っても空気を読んでから発言するようにしましょう。
24 土	×	過度に期待しなければ楽しいクリスマスになりそう。派手さはなくても楽しめる工夫をするといいでしょう。プレゼントはどんなものでも思いっきり喜んでおきましょう。
25 日	▲	大掃除にいい日なので、何年も使っていないものや置きっぱなしのものはどんどん処分するといいでしょう。着ない服やしばらく履いていない靴も処分しておきましょう。
26 月	○	髪を切ったりイメチェンをするといい日ですが、派手な感じではなく「シンプル」をテーマにするといいでしょう。模様替えもシンプルにするといいでしょう。
27 火	○	はじめて行くお店でいい買い物やお得なものを見つけられそうです。恒例のお店もいいですが、普段行かない場所やお店に行ってみるといいでしょう。
28 水	□	1日の計画を立ててから行動しましょう。1日の最後にどのくらい計画通りに進められたのか確認してみましょう。計算の甘さを知っておくといいでしょう。
29 木	■	薄着で過ごすと風邪をひいたり、疲れがたまってしまいそうな日。今日はゆっくり湯船に浸かって、早めに寝るようにしましょう。無理をすると次の日に響きそうです。
30 金	●	異性との出会いがある日。知り合いの忘年会に顔を出したり、仲間に連絡してみんなを集めてみるといいでしょう。思わぬ人に好意を寄せられることもありそうです。
31 土	△	遊びに出かけるのはいいですが、ドジな大晦日になってしまいそう。笑いのネタにするくらいの前向きな気持ちでいるといいでしょう。忘れ物には気をつけましょう。

開運のつぶやき　他人が与えてくれる優しさに敏感になるだけで幸せになれるもの。

1月

2023

○ チャレンジの月

1. 直感を信じて行動する
2. 視野を広げる
3. 「少しの勇気」を楽しんでみる

総合運　直感を信じて行動して
環境を変えるのも○K

自分の直感を信じて行動することで、いい出会いがあったり、大切な体験ができる時期。気になったことを調べたり、詳しい人に話を聞いてみると、興味の幅がさらに広がりそうです。実際に体験教室や習い事の見学に行くなど、一歩踏み込んでみるといいので、少し勇気を出してみましょう。環境を変えるにもよいタイミングです。引っ越しの準備をはじめたり、下調べをしてみるといいでしょう。

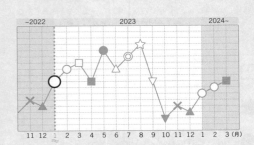

恋愛＆結婚運

友人や知人からの誘いに顔を出してみると、素敵な人に出会えそうです。ただし、一気に進展するような時期ではありません。友人や知り合いくらいの距離感で仲良くなっておくとのちに恋に発展することがあるので、連絡先を交換してときどき連絡をとるくらいがいいでしょう。気になる人がいる場合は、前向きな言葉を発しておくといい関係に進みやすくなりそう。結婚運は、ネガティブな発言がブレーキをかけてしまうことがあるので注意しましょう。

仕事運

新しいことを任せてもらえたり、仕事の流れが少し変わりそうな時期。これまでに経験のない仕事でも、勇気を出して挑戦してみることで、いい勉強になったり成長につながるでしょう。打診される前に、自ら手を挙げてみるのもオススメ。「変化」を意識してみると、仕事への意欲が増したり、目標を見つけることもできそうです。出社する時間を変えるなど、生活リズムを変えてみるのもいいでしょう。

金運＆買い物運

買い物に出かけた先で、いいものを見つけられそうな時期。自分の勘を信じて気になるお店に入ってみると、素敵なものに出会えそう。少し手が出ないようなアイテムの場合は、購入を今年の目標にすれば、やる気もアップするでしょう。金運は、家計簿やお小遣い帳をつけはじめると無駄な出費がおさえられそう。マネーの勉強をするにもいい時期なので、専門家の話を聞いてみるなど、資産運用や投資信託がどんなものかを学んでみましょう。

美容＆健康運

ダイエットや肉体改造、定期的な運動をスタートさせるにはいい時期。どんなふうになりたいか、イメージしてからはじめてみましょう。ハードな目標よりも、1年後になんとなく達成できたり、理想に近づけるくらいのゆるい感じがいいでしょう。また、周囲の詳しい人に聞いて、化粧品やスキンケアを新しくしてみると思った以上に効果がありそう。イメチェンするにもいいタイミングなので、髪を切るのもオススメです。

1日	◎	人との縁を楽しめそうな日。懐かしい人に偶然出会ったり、しばらく連絡がなかった人からの新年の挨拶がきっかけで、再び仲よくなれることがあるかも。気になる人にはあなたからメッセージを送ってみましょう。
2月	☆	長く使えそうなものを購入するといい日。仕事道具を買うと金運がアップします。日ごろの自分へのご褒美や、気分が上がりそうなものを選んでみるのもいいでしょう。
3火	▽	昨年くらいから少し仲よくなっている人がいるなら、連絡をしてみるとさらによい関係になれそうです。軽い気持ちで遊びや食事に誘ってみるといいでしょう。
4水	▼	マイナスな情報や妙なウワサに惑わされてしまいそうな日。正しくないことも多いので、ネットの情報は簡単に信じないようにしましょう。今日は、前向きな人と一緒にいると気持ちが楽になりそうです。
5木	✕	些細なトラブルが起きやすい。機械の不調やアプリの不具合などに悩まされるかも。買い替えをすることになり、急な出費にガッカリしてしまう場合も。
6金	▲	部屋の片付けをして、空気の入れ換えをするといい日。天気がいい場合は、家中の窓を開けて部屋の風通しをよくしてみると、気分もスッキリしそうです。
7土	○	雑誌や本を購入してみるといい日。ネットやテレビ以外で見つけた情報は、話のネタになったり、勉強になりそうです。時間を見つけて本屋さんに行ってみると、よい本に出会えるでしょう。
8日	○	あなたが「はじめまして」なら相手も同じ。初対面の人には自分から笑顔で挨拶をして、話しやすい雰囲気をつくりましょう。ときには、適当な会話を楽しむくらい気軽に接してみるといいでしょう。
9月	□	自分の意見をしっかり相手に伝えることは大切ですが、たとえ正論であっても言葉選びを間違えないように気をつけましょう。相手に伝わりやすい言い方を心がけることが大切です。
10火	■	精神的な疲れがたまりやすい日。周囲に気を使いすぎたり、不正をする人が気になってグッタリすることがありそう。カフェタイムをとって気持ちを切り替えるといいでしょう。
11水	●	やる気があふれてくる日ですが、急にいろいろなことに手を出してしまうと失敗につながってしまいそう。「自分の得意なことで相手をよろこばせる」ことに集中してみましょう。
12木	△	時間を見間違えたり、数字の確認を忘れてしまいそうな日。珍しいミスが続きやすいので、一つひとつのことをていねいに行うよう心がけましょう。
13金	◎	ただの友人だと思っていた人から好意を寄せられたり、デートの誘いがありそうな日。気になる人がいる場合は、相手に連絡してみると、週末にデートを楽しめそうです。
14土	☆	今日は、趣味にお金を使うと楽しい1日になりそう。とくに趣味がなければ、映画を観に行ったり、友人とお茶をしてのんびり過ごすといいでしょう。
15日	▽	日中は、楽しい時間を過ごせたり、物事が順調に進みそう。ランチデートや買い物に出かけるのもオススメです。夕方以降は疲れやすくなるので、早めに帰宅して、家でゆっくりするといいでしょう。
16月	▼	タイミングの悪さが続きそうな日。用事があるときに限って上司や先輩が席を外していたり、取引先からの電話に出られなかったりして、無駄な時間ができてしまうかも。
17火	✕	一瞬いい流れに乗れたとしても、今日つかんだチャンスはのちの苦労の原因になったり、面倒なことに変化する場合があるので、慎重に判断するようにしましょう。
18水	▲	失くし物や探し物をして、無駄な時間と労力を使うことになりそうな日。身の回りはできるだけきれいに整理整頓しておくようにしましょう。
19木	○	今年立てた目標が「三日坊主」で終わっていませんか？少しずつでもいいので努力を続けるのを忘れずに。サボっていた場合は、今日から再開するといいでしょう。
20金	○	意外な人から話しかけられたり、食事に誘われることがありそうな日。仲よくなってみると思った以上にいい関係になれるかも。気になる人がいるなら、あなたから誘ってみてもいいでしょう。
21土	□	計画的に過ごすといい日。ランチやディナーの予約をとっておくなど、事前にいろいろ決めてから行動するといいでしょう。夜は湯船にしっかり浸かって、早めに寝るようにしましょう。
22日	■	日ごろの疲れが表に出てきそうな日。肌の調子が悪くなることや、疲労が抜けない感じがあるかも。無理をしないで、ゆっくりする時間をつくったり、昼寝をしてみると心身ともにスッキリするでしょう。
23月	●	重要な仕事を任されたり、新たな業務をお願いされそうな日。自ら挑戦するにもいい運気なので、気になる仕事には積極的に手を挙げてみましょう。のちによい結果につながりそうです。
24火	△	ドジなミスをしやすい日。カバンをひっくり返して中身が全部出てしまったり、些細な段差で転んでケガをすることなどがあるかも。今日はいつも以上に品よく、ていねいに行動するように心がけましょう。
25水	◎	異性の友人に相談をしてみるといい日。参考になるアドバイスや、いい話を聞けそうです。その相手と恋に発展する場合も。休憩時間にメッセージを送ってみましょう。
26木	☆	仕事で手応えを得られたり、いい結果を出すことができそうな日。テキパキ仕事を進められる運気なので、ゆとりがあるときは周囲の手助けもするといいでしょう。
27金	▽	日中は、運を味方につけられそうです。追い風も感じられるので、勢いで決断をしてみたり、大事な仕事は先に済ませておきましょう。夕方以降は、予定が乱れてしまうかも。
28土	▼	空回りしやすい日。自分の気持ちが周囲にうまく伝わらないことがあるかも。今日は、ワガママを言わないで流れに身を任せておきましょう。
29日	✕	予定が急にキャンセルになったり、ガッカリするような出来事がありそうな日。何事も過度な期待はしないで、「少しでも思い通りになったらラッキー」だと割り切っておきましょう。
30月	▲	不要なものは持ち歩かないほうがいい日。カバンに余計なものが入っていないかチェックしておきましょう。財布のなかもきれいに整理しておくといいでしょう。
31火	○	職場の人と楽しくコミュニケーションをとることが大切な日。相手のいい部分を見つけてほめたり、前向きな話をしてみましょう。自分が言われたらうれしい言葉をかけてみるといいでしょう。

☆ 開運の日　◎ 幸運の日　● 解放の日　○ チャレンジの日　□ 健康管理の日　△ 準備の日　▽ ブレーキの日
■ リフレッシュの日　▲ 整理の日　✕ 裏運気の日　▼ 乱気の日　＝ 運気の影響がない日

2月

○ チャレンジの月

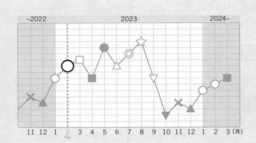

2023

開運 3 ヵ条

1. はじめての場所に行く
2. 新しいことに挑戦する
3. 興味のある人に話しかける

総合運　視野と人脈が広がる月
自分から行動を起こして

視野と人脈が広がる月。気になることや興味のあること
が増える時期でもあります。遠慮せずに少し勇気を出し
てみると、見える世界が大きく変わってくるでしょう。
誘いを待っていないで、自分から行動を起こすことを意
識しましょう。いい出会いがあったり、今後の運命を変
えるような素敵な経験もできそうです。マイナス面を気
にしながら行動するより、「どんな人生にもリスクはあ
るもの」と思って動くようにしてみましょう。

恋愛＆結婚運

行動範囲を広げると、素敵な相手に出会える運気。気
になる人を見つけても、じっとしていては何も変わり
ません。自分から連絡先を聞いてみたり、共通の話題
を探してみましょう。相手をよく観察して、どんな話
で盛り上がったか、何が好きなのか覚えておくことも
大切です。髪型を少し変えてみたり、華やかな服装を
意識してみると、出会いや恋の進展につながるでしょ
う。結婚運は、恋人と一緒にいるときにハッピーな雰
囲気を出すといい流れになりそうです。

仕事運

言われた仕事をやっているだけでは、不満がたまって
しまいます。「自分に何ができるのか」「今後どう成長
すべきなのか」を考え、ときには思い切った挑戦も必
要です。興味のある部署や気になっている仕事に就い
ている人に話を聞くと、やる気がわいてくるでしょう。
同僚や仕事関係者との交流も増える時期なので、集ま
りにはできるだけ顔を出しておくこと。話を盛り上げ
たり、聞き上手になったり、いいリアクションができ
ると、仕事にもつながりそうです。

金運＆買い物運

新しいものへの買い替えを考えているなら、今月は購
入するのにいいタイミングです。いつもと違うお店に
行ってみると、お得なサービスを受けられることも。
とくに欲しいものがない場合は、花を飾ったり、観葉
植物を買うのがオススメです。引っ越しやイメチェン、
部屋の模様替えなど、これまでの生活や住まいを変え
るようなことにお金を使うのもいいでしょう。資産運
用は、長期的な視点で行うといい結果につながりそう
です。

美容＆健康運

美意識を高めると健康維持にもつながるでしょう。無
理なダイエットは避け、基礎体力づくりや軽い筋トレ、
代謝を上げるような運動をはじめてみましょう。すぐ
にサボってしまうタイプですが、一緒に頑張れる友達
を見つけたり、ジムでトレーナーからアドバイスをも
らえたりすると、長く続けられそうです。いままでと
少し違う化粧品を試してみると、褒められたり、お気
に入りになりそうです。

　開運のつぶやき　同じ日は二度とないので、1日を大切に真剣に過ごすといい。

1 水	○	少しでも気になったことは、調べてみるといいでしょう。プラスとマイナス、両方の情報を見比べてみることが大切です。詳しい人に話を聞いてみるのもいいでしょう。
2 木	□	自分では正しいと思っていたことが周囲から受け入れられなかったとしても、考えすぎたり、周りを否定して嫌いにならないように。「人にはそれぞれの事情や生き方、考え方がある」と思っておきましょう。
3 金	■	室内で温まるのはいいですが、暖房がききすぎて汗をかいたり、のどの調子を悪くしてしまうことがありそう。油断して体調を崩さないよう気をつけましょう。
4 土	●	思ったよりも楽しい1日になりそうです。イベントやライブ、知り合いの集まりに参加してみると、いい出会いや、おもしろい体験がありそう。髪を切ったり、イメチェンをするにもいい運気です。
5 日	△	遊ぶと運気がアップする日。ただし、判断ミスをしやすいので、不要な出費をしないよう気をつけておきましょう。強引な異性に振り回されてしまう場合もありそうです。
6 月	◎	甘えすぎには注意が必要な日。付き合いの長い人や、仲のいい人に頼りすぎるところがあるので、今日は、あなたが相手を楽にさせてあげるくらいの気持ちで行動しましょう。日ごろの感謝を、意識して伝えてみて。
7 火	☆	あなたの得意なことで周囲がよろこんでくれそうな日。些細なことでもかまわないので、特技を少しアピールしてみるといいでしょう。仕事でも思った以上にいい結果を出せたり、評価につながることがありそうです。
8 水	▽	日中は、どんな仕事でも全力で取り組んでおくといいでしょう。最善をつくしてみると、仕事が楽しくなりそうです。夕方あたりからは、周囲に振り回されてしまうかも。
9 木	▼	機嫌が悪くなる出来事があったり、些細なことでイライラしてしまいそう。気分のアップダウンを感じるときは、お茶をして心を落ち着かせるなど、ひと息つくようにするといいでしょう。
10 金	✕	小さなトラブルが重なってしまいそうな日。確認漏れがあったり、ほかの人のミスに振り回されてしまうことも。先のことをもっと考えて行動するよう心がけましょう。
11 土	▲	部屋の掃除や片付けをするにはいい運気です。遊びに出かけるのもいいですが、思い通りにならないことがあったり、大事なものを失くしてしまう場合もありそうなので、気をつけておきましょう。
12 日	○	フットワークを軽くすることで、いい人脈ができたり、興味がもてることを見つけられそうです。小さなことでもいいので、「新しい」と思えることに挑戦してみましょう。
13 月	○	真面目に仕事へ取り組むのはいいですが、周囲と協力したり、流れに合わせることも忘れないように。今日は、場の空気を読むように努めるといいでしょう。
14 火	□	時間や数字をもっと気にするといい日。何事も予定の5分前に終わらせるようにするなど、いつもより時間を意識しながら仕事をしてみましょう。バレンタインのチョコも、計画を立ててから渡しましょう。
15 水	■	やや疲れを感じやすい日。無理をしないで、こまめに休憩をとるようにしましょう。目の周りをマッサージしたり、目を閉じる時間をつくってみるといいでしょう。温かい飲み物を飲むのもオススメです。
16 木	●	「結果的によかったな〜」と思える出来事がありそうな日。過去の苦労や失敗、積み重ねのおかげで、少しですが、いい方向に進んだ実感を得られそう。「人生に無駄なことはない」と覚えておきましょう。
17 金	△	自分でも笑ってしまうようなドジをしそうな日。つまずいて資料をばらまいたり、慌てて違うものを持って行ってしまうことがありそうなので、気をつけましょう。
18 土	◎	親友や付き合いの長い人と、充実した時間や楽しい1日を過ごせそうです。久しぶりにじっくり語り合ってみるといいでしょう。意識して前向きな話題を振ってみて。
19 日	☆	買い物をするにはいい日。気になるお店に入ってみると、質のいいものや、お得なアイテムを購入できそう。今日買うものは、できるだけ長く使えそうなものを選ぶといいでしょう。
20 月	▽	日中は、すぐに終わりそうなことや、簡単にできそうなものから済ませましょう。いい勢いに乗ったまま1日を終えられそうです。夜は、急な誘いがきたり、友人の長電話に付き合うことになるかも。
21 火	▼	よかれと思った行動が裏目に出てしまったり、気まずい雰囲気の原因になってしまいそう。今日は、周囲のようすをよくうかがってから行動するといいでしょう。
22 水	✕	前向きに物事を考えるのはいいですが、安易な方向に進んでしまったり、先のことをよく考えずに行動することがあるので気をつけましょう。
23 木	▲	失恋や別れなど、人との距離があいてしまいそうな日。「縁のない人とは離れてしまうものだ」と思っておきましょう。出会えたことに感謝をする気持ちが大切です。
24 金	○	些細なことでも、新しいことに挑戦するといい日。新商品のドリンクやお菓子を購入してみると、うれしい発見があったり、おいしいものを見つけられそう。周囲にもオススメしてみると、楽しい時間を過ごせるでしょう。
25 土	○	初デートをするにはいい日。少しでも気になっている人がいれば、連絡してみましょう。ふたりきりだと緊張してしまうなら、友人を誘って一緒に遊んでみるといいでしょう。
26 日	□	明日に疲れを残さないよう計算しながら過ごすといい日。家でダラダラするのではなく、温泉やスパ、マッサージなどに行って日ごろの疲れをとりましょう。
27 月	■	寝不足になったり、体が重く感じることがありそうな日。軽くストレッチをしてから出かけるとよさそうです。集中力が低下している場合もあるので、ていねいに仕事をしましょう。
28 火	●	いい意味で目立ちそうな日。華やかな服装を選んだり、清潔感を意識するようにしましょう。あなたの意見が通りやすい運気ですが、自分だけでなく全体のことをもっと考えて発言することが大切です。

☆ 開運の日　◎ 幸運の日　● 解放の日　○ チャレンジの日　□ 健康管理の日　△ 準備の日　▽ ブレーキの日
■ リフレッシュの日　▲ 整理の日　✕ 裏運気の日　▼ 乱気の日　＝ 運気の影響がない日

3月 2023

☐ 健康管理の月

開運 **3** ヵ条

1. 真剣に仕事に取り組む
2. 好きな人には好意を伝える
3. 生活習慣を整える

総合運 今後のことを考えてみて
運命的な出会いがあるかも

健康面も含めて、「今後どうするか」を真剣に考える必要がある時期。これまでの生活や流れに納得がいっていないなら、過去も人間関係も断ち切って、新たな人生をスタートさせてみましょう。引っ越しや転職、イメチェンをするのもいいですが、大きな分岐点となる時期でもあるので、軽はずみな行動は控えること。運命的な出会いもある月です。人脈を広げるよう努め、挨拶やお礼などはキッチリするようにしましょう。

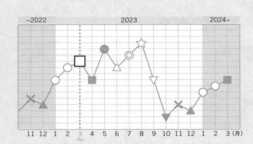

恋愛＆結婚運

急展開を望める運気ではないですが、気になる人に好意を伝えておくと、のちに交際に発展する可能性があります。些細なことでもかまわないので、自分からきっかけをつくるようにすると、流れを変えられるでしょう。相手の話を楽しく聞いたり、よく笑うようにするといいでしょう。新しい出会い運もいい時期です。今月はじめて出会った人とは長い付き合いになりそう。結婚運は、入籍や婚約、プロポーズの予約をするには最適な時期です。

仕事運

自分の進むべき方向や、やるべきことがハッキリしてくる月。これまで以上に真剣に仕事に取り組むことで、あなたの扱いが変わったり、出世や昇格、昇給につながるようになります。今月、頑張ってみる価値はあるでしょう。なんとなくはじめた仕事で不満ばかりがたまっている場合は、思い切って異動願いを出したり、興味のあることやしてみたいと思う仕事に飛び込んでみるといいでしょう。転職活動をスタートするにもいいタイミングです。

金運＆買い物運

お金の使い方をあらためたり、投資や資産運用について考えたり、貯金の目標額を定めるなど、お金のことを真剣に考える必要がある時期。少額でもいいのでNISAやiDeCoをはじめておくと、よい結果につながりそうです。買い物運は、長く使うものを購入するといい時期。買い替えを考えていたなら思い切って購入してみましょう。引っ越しを決断するにもいい運気です。家やマンションの購入も視野に入れて、貯金をはじめてみましょう。

美容＆健康運

ダイエットや筋トレをはじめたり、生活習慣を整えるには最高の月。短期間で結果を出そうとせず、1〜2年後を目標に、運動習慣と食生活を変えてみるといいでしょう。寝る時間や起きる時間を少し変え、ストレッチや軽い運動を取り入れるのもオススメです。ゆとりがあれば、ジムに通ったりスポーツの習い事をはじめてみましょう。いつもと違う美容室で、大人っぽい雰囲気にイメチェンしてみるのもいいでしょう。

1 水	△	小さな間違いや判断ミスをしやすい日。何事もしっかり確認したり、少し先のことを想像して行動するといいでしょう。書き間違いやタイプミス、機械の操作ミスや食べこぼしなどにも気をつけましょう。
2 木	◎	経験をうまく活かすことで、評価を上げられたり、いい結果を出せそう。得意なことには自信をもって取り組みましょう。ただし、成長が足りない場合は、同じ失敗をまたしてしまいそう。それも「自分の課題」ととらえるといいでしょう。
3 金	☆	周囲の人が協力してくれたり、いい情報を教えてくれそうな日。よろこぶときは素直に表現すると、いい人間関係を築けるでしょう。相手がよろこびそうな言葉を選ぶことも大切です。
4 土	▽	日中のうちに、買い物や片付けなどの用事を済ませておくといいでしょう。夕方あたりからは、予定が変わったり、急な誘いで忙しくなってしまうことがありそうです。
5 日	▼	行動的になるのはいいですが、ドジなケガや失敗をしやすい日なので、何事もていねいに行うようにしましょう。また、肌が荒れやすくなるため、フルーツや野菜を積極的にとって、スキンケアもしっかりするといいでしょう。
6 月	✕	空回りをしやすい日。よかれと思った行動が、トラブルや気まずい空気を生んでしまうことがありそう。もっと想像力を働かせてみるといいでしょう。うまくいっている人を見習うことも大事。
7 火	▲	安請け合いをすると、面倒なことになりそうな日。話を最後までしっかり聞いて、冷静に判断するようにしましょう。ときには、ハッキリ断ることも大切です。
8 水	○	新しい物事に目を向けることで、おもしろい発見ができる日。変化に臆病にならず、気になることを調べてみると、自然と楽しくなってくるでしょう。マイナス面ばかり気にしないに。
9 木	○	言われたことだけしていても不満がたまるだけ。自分なりのやり方を試したり、求められた以上の仕事をすすんでやってみるといいでしょう。工夫をして、効率よく進めることも大切です。
10 金	□	行動力が大切になる日。勇気を出して挑戦することで、道が切り開けるでしょう。気になる人がいるなら、自分から連絡をしてきっかけをつくりましょう。日曜日にデートをする約束ができると、最高の流れに乗れそうです。
11 土	■	疲れを感じたり、集中力が欠けやすい日。強引な人に振り回されてしまうこともありそうです。予定を詰め込みすぎないようにして、のんびりする時間をつくるといいでしょう。
12 日	●	デートをするには最高の日。気になる人を突然でもいいので誘ってみましょう。新しい出会い運もある。友人や知り合いからの急な誘いにも乗ってみると、良縁がつながりそうです。
13 月	△	時間や数字を間違えるなど、うっかりミスをしやすい日。慣れた仕事だと思って油断していると、ガッカリする結果になってしまいそう。気を引き締めて仕事に取り組みましょう。
14 火	◎	付き合いの長い人や親友、家族からの助言が役に立ちそうな日。自分のためだけでなく、信用してくれる人のために頑張ってみたり、周囲からの期待を裏切らないように心がけてみましょう。
15 水	☆	大きな目標を掲げるのもいいですが、自分の目的を見失わないようにしましょう。目的がとくにない場合は、まずはそれをしっかり考えてみると、いい流れに乗れるようになるでしょう。
16 木	▽	現状のいい部分を見つけることが大切。感謝の気持ちが少ないと、不満や文句が多くなってしまうもの。これまで支えてくれた人や、親切にしてくれた人の存在を忘れないようにしましょう。
17 金	▼	心や予定を乱されやすい日。不機嫌な人と一緒にいる時間が増えたり、ワガママに付き合わされてしまうかも。無理にあらがわないで流れに身を任せてみると、気持ちが楽になりそうです。
18 土	✕	期待外れな出来事が多い日。若い人の態度にムッとしそうになったら、「まだ若いね。頑張って」と心のなかで応援するくらいの余裕をもつといいでしょう。
19 日	▲	大掃除をするといい日。思い出にいつまでもしがみついていないで、思い切って処分するといいでしょう。幼稚なものや、年齢に見合わないものから整理するのがオススメです。
20 月	○	気になることを学びはじめるにはいい日。今後役立ちそうなことを勉強したり、本を読んでみるといいでしょう。本屋さんに立ち寄ると、気になる一冊を見つけられそうです。
21 火	○	周囲に合わせるのもいいですが、自分で判断して積極的に行動してみると、たくさんのことを学べそうです。気になることがあったら、待っていないですぐに挑戦してみるといいでしょう。
22 水	□	責任ある立場や重要なことを任されてしまいそうな日。苦手なことや面倒だと思うことも引き受けてみると、今後の人生が大きく変わってくるでしょう。「新しい出会い」にも敏感になりましょう。
23 木	■	食生活や生活リズムを整えるといい日。少し早く起きてストレッチをしたり、食事の栄養バランスなどを見直してみましょう。夜は異性からの誘いや連絡があるかも。予定をあけておくといいでしょう。
24 金	●	周囲から注目されたり、頼りにされてしまう日。「自分なんて」と遠慮しないで、求められたことにはできるだけ応えてみるといいでしょう。魅力や才能が開花したり、自分の能力の活かし方がわかってきそうです。
25 土	△	しっかり遊ぶことで運気が上がる日。うれしいときにはしっかりよろこんで、テンションを上げましょう。小さなミスもしやすい日ですが、笑いに変えるくらい、気持ちに余裕をもって。
26 日	◎	親友としっかり話をすることで気持ちが楽になったり、前向きになれそう。いい人を紹介してもらえることもあるので、ポジティブに恋愛話をしてみましょう。どんな会話もネガティブに受け止めないように。
27 月	☆	仕事運がいい日。思った以上に結果を残せたり、満足できる1日になりそう。ちょっとしたものをご馳走してもらえることもありそうです。先輩や上司に甘えてみると楽しい時間を過ごせるでしょう。
28 火	▽	日中は、いい勢いで進められる日。少し強引と思えるくらいがちょうどいいので、遠慮しないようにしましょう。夕方あたりからは、若い人に振り回されてしまうことがありそうです。
29 水	▼	真面目に物事を考えすぎると、イライラしてしまいそうです。「相手にもそれなりの事情があるのだろう」と思って、受け流しておきましょう。人の成長を期待できる大人になりましょう。
30 木	✕	サボっていたところを突っ込まれてしまいそうな日。油断しないでしっかり仕事に取り組みましょう。自分の至らない点を突っ込まれても、指摘してくれた人に感謝して、素直に耳を傾けることが大切です。
31 金	▲	大事な人と縁が切れることがある日。本当に縁のある人なら、またつながるので気にしないようにしましょう。ものが壊れたり、失くなってしまうこともありそうです。「自分の代わりに不運を引き受けてくれた」と思っておきましょう。

☆ 開運の日　◎ 幸運の日　● 解放の日　○ チャレンジの日　□ 健康管理の日　△ 準備の日　▽ ブレーキの日
■ リフレッシュの日　▲ 整理の日　✕ 裏運気の日　▼ 乱気の日　＝ 運気の影響がない日

4月 2023

■ リフレッシュの月

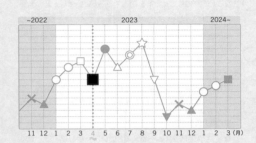

開運 3 カ条

1. 湯船にしっかり浸かる
2. 睡眠時間を普段より長くする
3. 食事は「腹八分目」にする

総合運　判断ミスをしやすい時期　疲労をためないようにして

タイミングが悪かったり、疲れから判断ミスをしやすい時期。睡眠をしっかりとって、疲労をためないようにしたり、過ぎたことをクヨクヨ考えないようにしましょう。嫌なことや不都合な出来事を他人のせいにしていると、いつまでも成長できません。自分の決断力のなさを反省するといいでしょう。下旬には、うれしい誘いや、いい出会いにつながるきっかけがありそうです。待っていないで、自分から誘ってみるといいでしょう。

恋愛＆結婚運

中旬までは関係がなかなか進展しなかったり、今年に入っていい感じになっていた相手に恋人ができて、ガッカリするようなことがありそうです。少しでも相手の好意を感じているなら、早めにデートの約束などを入れておくといいでしょう。下旬は、新しい出会いがあったりいい縁がつながる可能性があるので、フットワークを軽くしておくこと。結婚運は、疲れから恋人とケンカをすると、破談になったり気持ちが離れてしまう場合があるので気をつけましょう。

仕事運

疲れてボーッとしてしまったり、小さなミスが増えてしまいそうです。実力以上の仕事を任せてもらえそうなときに疲れた顔をしていると、やる気がないと判断されて、チャンスを逃してしまうので気をつけましょう。やる気のある雰囲気やゆとりのある感じを出したり、前向きな発言をしておくといいでしょう。仕事後の付き合いも増える時期ですが、無理をすると翌日に響いてしまうので、ほどよいところで帰ることも大切です。

金運＆買い物運

高価な買い物をするなら、今月は避けて来月にするといいでしょう。割引品や「お得」と感じるものでも、購入は辛抱すること。予約や契約事も、来月から進めるようにしましょう。貯金や投資、NISAの利用なども来月からのほうがいいので、いまはマネーの本を読んで勉強しておくといいでしょう。また、体調を崩して予想外の出費をする可能性があります。不注意によるケガなどにも十分気をつけておきましょう。

美容＆健康運

新年度の疲れが一気に出てしまう時期。ストレスを感じたり気疲れしたりと、思っている以上に疲労がたまっていそうです。マメに休憩をとって、しっかり体を休ませる日をつくっておきましょう。肌も荒れやすいので、スキンケアをしっかり行ったり、軽い運動をして汗を流すことも忘れずに。体の異変を放置すると後悔することがあるので、少しでも違和感を覚えたら早めに病院に行きましょう。

(グラフ内：~2022　2023　2024~　11 12 1 2 3 4 5 6 7 8 9 10 11 12 1 2 3(月))

1 土	＝	品を意識することで運気が上がるタイプですが、大人っぽくなりすぎないように気をつけましょう。年齢に見合った服装や髪型を選ぶよう心がけてみて。
2 日	○	気になる場所に足を運んでみるといい日。自分の好奇心に素直に従うことで、素敵な出会いや、おもしろい発見がありそうです。面倒だと思っても、まずは動いてみるといいでしょう。
3 月	□	今日は、「相手よりも先に挨拶すること」を心がけて過ごしましょう。些細なことですが、自ら率先して挨拶してみると、やる気が出たり周囲からの評価が思った以上によくなりそうです。
4 火	■	気疲れしやすい日ですが、気を使いすぎると周りの人もあなたに気を使ってしまうので、肩の力を抜いて見栄を張らないようにしましょう。失敗やうまくいかないことは、誰にでもあるものです。
5 水	●	順調に進んだときほど「周囲のおかげ」だと思って、謙虚な気持ちを忘れないようにしましょう。高く評価してくれる人の言葉は、素直に受け止めてよろこぶことも大切です。
6 木	△	珍しいミスをしやすい日。ボーッとしていると遅刻や忘れ物、報告漏れなど、小さなミスを連発してしまうかも。ドジなケガもしやすいので気をつけましょう。今日1日は、事前準備と確認作業を忘れないように。
7 金	○	「久しぶり」という連絡が数件届いたり、偶然懐かしい人に会いそうな日。昔の自分とは違うところを相手に見せられたり、いま頑張っていることを話せるといいでしょう。相手の頑張りからも刺激をもらえそうです。
8 土	○	日用品や消耗品を購入するのにいい日。身の回りでそろそろ切れそうなものをチェックして、買いに行ってみましょう。少し贅沢なランチやディナーをするにもいい日です。
9 日	▽	日中は、忙しくなったり、興味あることが増えそうです。行動的になっておくといいですが、夕方あたりからドッと疲れが出てしまうかも。今日は早めに帰宅して、湯船にしっかり浸かってから寝るようにしましょう。
10 月	▼	予想外のアクシデントに巻き込まれてしまいそうな日。部下や周囲の失敗のしわ寄せがきたり、渋滞や電車の遅延が原因で、遅刻をして叱られることもありそう。今日は、何が起きても冷静に対応するよう心がけておきましょう。
11 火	×	突然体調を崩したり、とくに問題がなくても、夕方あたりから集中力が途切れてしまうかも。無理せず早めに帰宅したほうがいいですが、急な残業が入ってしまうことがありそうです。
12 水	▲	身の回りから不要なものを片付けるといいでしょう。ただし、間違って大事なものも処分してしまったり、片付け中に食器を割るなど物を壊すことがありそうなので、気をつけて。
13 木	＝	新しいことを取り入れるといい日。自分よりも若い人から、話題のアプリや今後流行りそうなことを教えてもらうといいでしょう。あなたが先輩に何かを教える場合もありそうです。
14 金	＝	少しの勇気でいい流れに乗れる日。遠慮したり引いたりする必要はないので「前に出る勇気」と「一歩踏み込む勇気」を出してみるといいでしょう。礼儀と挨拶を忘れないようにしておけば、失敗しても嫌われることはないです。
15 土	■	楽しいことやおもしろいことが起きるのを他人任せにしないこと。「どうしたらもっと楽しくなるのか、おもしろいと思えるのか」を自分で工夫したり、考え方を変える必要があるでしょう。人生は、自分次第で簡単に楽しくなるものです。
16 日	■	温泉やスパに行ってのんびりしたり、マッサージやリラクゼーションサロンなどで、贅沢な時間を過ごしてみましょう。ただし、「ゆっくりできるから」と思っても、お酒やカフェインは控えておいたほうがいいでしょう。
17 月	●	あなたの意見やアイデアを周囲が聞いてくれる日。思ったことを素直に言うのはいいですが、「上品さ」を心がけてみると、さらに相手に伝わるようになりそうです。意識していい言葉を選ぶようにしてみて。
18 火	△	自分のことは後回しにして、周囲によろこんでもらえることを優先するといいでしょう。「自分は最後に笑顔になればいい」と思って行動してみると、いい1日を過ごせるでしょう。
19 水	○	経験を活かすことができる日ですが、過去の失敗が原因で、踏みとどまってしまうこともありそう。同じ失敗をしなければいいだけなので、勇気を出して行動してみましょう。
20 木	○	「関わっている人との出会いはすべて、必然で運命的なものだ」と気がつくことが大切な日。自分中心に考えないで、みんなで笑顔になるには「何を頑張って、どう協力すればいいのか」を考えて行動してみましょう。
21 金	▽	日中は、いい流れで仕事ができそうですが、夕方以降は疲れて失速してしまいそう。昼食後にゆっくりするなど、力を温存できるようペースをコントロールしておくといいでしょう。
22 土	▼	遊びの約束が急にキャンセルになったり、お店の予約ができていないなど、時間を無駄にしてしまいそう。タイミングの悪さを感じたり、謎の渋滞に巻き込まれる場合も。今日の経験から学べることもあるので、見逃さないように。
23 日	×	意外な人から誘われて会うのはいいですが、相手の愚痴や不満を聞くことになったり、面倒なことに巻き込まれてしまうかも。あらかじめ終わりの時間を決めてから会うようにするといいでしょう。
24 月	▲	やる気が出ないときほど、手を動かすといい日。目の前にあるものを片付けたり、簡単にできることから済ませてみましょう。不要なメールを消去するのもいいですが、間違って大事なデータまで消さないように気をつけましょう。
25 火	＝	初対面の人と話したり、これまで関わったことのない仕事を任されることがある日。「新しい流れ」はいい運気に乗っている証です。自ら新しいことに挑戦すると、運を引き寄せられるようになるでしょう。
26 水	＝	行動的になるといい日。もともと慎重に行動するタイプですが、今日はまず動いてみることで、いい流れに乗れそうです。指示を待ったり、のんびり過ごさないようにしましょう。
27 木	■	素直になるといい日。自分のやり方にこだわるのもいいですが、仕事でちょっとしたコツを教えてもらったら実践してみましょう。効率よく進められそうです。周囲からオススメされた本も読んでみて。
28 金	■	今月の疲れが出てしまいそうな日。風邪をひいたり、体調を崩してしまうことがあるので気をつけましょう。ランチの食べすぎや、辛いもの、生ものにも注意しておきましょう。
29 土	●	デートをしたり、デートの約束をするにはいい日。気になる人に連絡をしてみると、いい流れに乗れそうです。新しい出会い運も期待できる日なので、知り合いの集まりなどに参加してみるといいでしょう。
30 日	△	買い物に行くと、不要なものを買ってしまったり無駄な出費が増えるような日。「ここまで」という金額を決めてから、お金を使うといいでしょう。無駄遣いだと思ったことが、意外といい経験になる場合もありそうです。

☆ 開運の日　◎ 幸運の日　● 解放の日　○ チャレンジの日　□ 健康管理の日　△ 準備の日　▽ ブレーキの日
■ リフレッシュの日　▲ 整理の日　× 裏運気の日　▼ 乱気の日　＝ 運気の影響がない日

5月 2023

● 解放の月

開運 3 ヵ条

1. 遠慮しないで積極的に行動する
2. 好きな人に連絡する
3. 仕事には今まで以上に真剣に取り組む

総合運

実力を発揮できる月
興味のあることに挑戦してみて

ここ2～3年で身につけた実力を発揮できる月。遠慮したり、待ちの姿勢でいると、大事な運気の流れに乗れなくなるので、人から言われるのを待っていないで、積極的に行動しましょう。何をすべきか周囲に相談してみると、いいアドバイスや指示をもらえそうです。自分の好きなことを見つけられる可能性も高いので、興味のあるものには素直に挑戦してみることや、自らアピールするのもいいでしょう。今月の行動は、思った以上に注目されるでしょう。

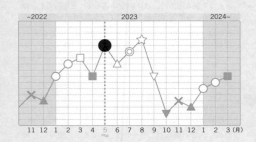

恋愛＆結婚運

相性のいい相手と出会える可能性が高い月。あなたに見合う人が好みのタイプとは限らないので、一緒にいて楽な人をもっと素直に受け入れてみるといいでしょう。気になる人がいるなら、自分から誘うことで相手の気持ちを動かせたり、流れを引き寄せることもできそうです。勇気を出して、連絡したり好意を伝えてみるといいでしょう。結婚運は、結婚を決めるにはいいタイミング。「プロポーズの予約」をしておきましょう。

仕事運

実力をうまく発揮できたり、あなたの能力に気がついてくれる人が現れて、チャンスをもらえる可能性がある時期。実力以上のことを任されることや、仕事にやる気がないと面倒や重圧を感じそうですが、いまできることに真剣に取り組むことが大切です。自分でも驚くような結果につながったり、仕事のおもしろさに気がつけることもあるでしょう。目立つポジションを任された場合は、堂々と振る舞えば運が味方してくれそうです。

金運＆買い物運

自分を輝かせるための買い物をするにはいい時期。年齢に見合う服や靴、カバンを購入したり、長期的に使えるものを選んでみるといいでしょう。家電や家具の買い替えもオススメ。引っ越しや部屋の模様替えをするにもいいタイミングなので、長年同じところに住んでいて恋人ができなかったり、仕事運が微妙だと感じているなら、引っ越しを考えてみましょう。金運は、今月からつみたてNISAや投資信託を、少額でもスタートさせておくといいでしょう。

美容＆健康運

先月に体調や肌の不調を感じていた人も、今月は調子を取り戻すことができそうです。とくに問題がなかった人は、絶好調で過ごせるでしょう。勢いで、スポーツジムやヨガ、ダンス教室などに通いはじめてみると、健康と美を一度に手に入れられそうです。ダイエットや肉体改造をスタートするにも最適なタイミング。ただし、ひとりだと怠けてしまうので、トレーナーをつけたり、一緒に頑張る友人を見つけるといいでしょう。

開運のつぶやき　覚悟のない人に幸せはやってこない。幸せな人には覚悟がある。

1月	◎	あなたの魅力や才能に周囲が気づいたり、チャンスを与えてくれる流れになりそう。遠慮したり、引いてしまうと運気の流れを止めてしまうので、勇気を出して飛び込んでみるといいでしょう。
2火	☆	背中を押してくれる人や大事な話をしてくれる人、協力してくれる人が現れそう。自分を信じて行動することで、運を味方につけられるでしょう。買い物をするにもいい日なので、気になるお店に行ってみましょう。
3水	▽	気になる人とこれまで進展がなかった場合でも、今日はチャンスをつかめそう。突然でもいいのでランチやお茶に誘ってみると、うれしい返事が聞けるでしょう。今日が難しくても、後日デートの約束ができるかも。
4木	▼	タイミングの悪さを感じたり、身内や友人に振り回されてしまいそうな日。期待外れなこともあるかもしれませんが、些細なことでガッカリしないように。今日は無理に逆らわずに、流れに身を任せておきましょう。
5金	✕	人と関わることが突然好きになったり、楽しい時間を過ごせそうですが、急に疲れが出ることや、無理にテンションを上げた反動がくるかも。ゆっくり湯船に浸かって、疲れをとるようにしましょう。
6土	▲	身の回りをスッキリさせるといい日。クローゼットのなかに何年も着ていない服や置きっぱなしのものがあるなら、処分するか、知り合いに譲るか、ネットで売ってしまうといいでしょう。
7日	○	小さなことでもいいので、新しい物事に挑戦してみるといい日。気になる習い事を調べてみたり、体験教室に行ってみるのもオススメです。少しの勇気が人生を変えていくでしょう。
8月	○	交友関係を広げるにはいい日。ふだん話をしない人と偶然仲よくなるチャンスがあったり、会話をする時間ができそう。思い切って食事や遊びに誘ってみると、いい約束ができそうです。
9火	□	「謙虚」と「遠慮」は大きく違うもの。謙虚な気持ちを忘れずに何事からも学ぶ姿勢は大切ですが、遠慮していると自分の魅力や能力を出しきれなくなってしまいます。遠慮せずにまずは行動してみると、いい結果につながるでしょう。
10水	■	頑張りすぎると疲れてしまう日。少しペースを落として、ゆとりをもって行動するようにしましょう。休憩中は目を閉じたり、仮眠をとっておくと楽になりそうです。
11木	●	良くも悪くも注目される日。遠慮すると流れに乗れなくなってしまうので、今日は調子に乗ってもいいでしょう。意見も通りやすい運気です。前向きな話をしたり、相手をほめることも忘れないようにしましょう。
12金	△	小さなミスをしやすい日。些細なことでもしっかり確認するようにしましょう。手を滑らせてスマホを落として傷つけたり、食べこぼしで服を汚してしまうようなこともあるので気をつけましょう。
13土	◎	気になる相手がいるなら、勇気を出してデートに誘ってみるといい日。もしくは、「食事でも」と軽い約束をしていた人に連絡してみるのもいいでしょう。恋に進展がありそうです。
14日	☆	買い物をするには最高な日。欲しいと思っていたものを思い切って買うのもいいですが、「かわいい」や「きれい」だけで選ばないように。「周囲から明るい感じに見えるか？」と想像して、購入するといいでしょう。
15月	▽	今日はあなたに協力してくれる人が集まりそう。前向きな発言をしたり、周囲を励ましたりして、よろこんでもらえるように行動してみましょう。「みんなの笑顔が自分の幸せ」だと気がつけるといいでしょう。
16火	▼	相手の言葉をマイナスに受け止めすぎてしまいそうな日。ポジティブに考える訓練だと思って、今日は何を言われても前向きにとらえるようにしましょう。嫌みや小言も、いい意味に変換してみて。
17水	✕	さびしい気持ちが強くなり、人との関わりを増やしたくなる日。小さなことでもしっかりよろこび、相手の素敵なところを見つけて、素直にほめてみるといいでしょう。
18木	▲	今日は、一歩引いて冷静に判断しながら行動することが大切な日。頑張りすぎると、空回りしたり、周囲に迷惑をかけてしまうかも。身の回りのものを壊してしまうこともありそう。
19金	○	工夫することで、楽しく仕事ができるようになったり、さらにいろいろな方法を試したくなることがありそう。いつもと同じことの繰り返しではつまらなくなるだけ。求められた以上の仕事や結果にこだわってみるといいでしょう。
20土	○	気になる映画やイベント、美術展などに行ってみるといい日。気になる人や友人を、突然でもいいので誘ってみましょう。待ちの姿勢をやめると、運を引き寄せられるようになるでしょう。
21日	□	いままでなんとなく避けていたことに挑戦してみるといい日。ふだん通り過ぎていたお店に入ったり、新メニューを注文してみるのもオススメ。新たな「お気に入り」を見つけられそうです。
22月	■	寝不足や疲れを少し感じそうな日。軽く体を動かしたり、ストレッチをする時間をつくるといいでしょう。ドジなケガをする可能性もあるので、段差には気をつけましょう。
23火	●	積極的に動くことで、運を味方につけられる日。待っているだけでは何も変わらないので、自分も周囲も笑顔にできるように行動するといいでしょう。恋の進展もあるかも。
24水	△	凡ミスが重なってしまいそうな日。朝から小さなミスをした場合は、注意して1日を過ごしましょう。とくに、書類の誤字脱字、数字や金額、日付の間違いなどにも気をつけて。
25木	◎	しばらく聴いていない懐かしい音楽を聴くことで、やる気になれそう。できるだけいい思い出のある年代の曲を選んでみるといいでしょう。偶然おもしろい人にも会えそうなので、外出先では周りをよく見ておきましょう。
26金	☆	時間や数字、お金のことをもっとシビアに考えてみるといい日。お金の使い方を見直したり、お金に関わる本を読んで勉強するにもいいタイミング。
27土	▽	ランチデートをするにはいい日。気になる相手に連絡してみると、短い時間でも会えるかもしれません。ダメな場合でも、後日会う約束ができるかも。夜は、予想よりも予定が乱れることがありそうです。
28日	▼	甘い話には要注意。お得だと思って簡単に飛びつくと、結果的に損したり、ガッカリすることになりそう。少しくらい損をしてもいいので、欲張って自分だけ得をしようと思わないように。
29月	✕	不勉強なところを突っ込まれてヘコんでしまいそうな日。未熟な部分は伸びしろだと思って、前向きに受け止めること。成長を見守ってくれている人のためにも頑張りましょう。
30火	▲	身の回りを片付けたり、仕事道具をきれいにするといい日。しばらく掃除していなかったところや、汚れに気づきながらも見て見ぬふりをしていたところをきれいにしましょう。
31水	○	少しでも変化を楽しむといい日。視野を広げる努力をしてみると、いい発見や素敵な出会いにつながりそう。生活リズムを少し変えてみるのもよさそうです。

☆ 開運の日　◆ 幸運の日　● 解放の日　○ チャレンジの日　□ 健康管理の日　△ 準備の日　▽ ブレーキの日
■ リフレッシュの日　▲ 整理の日　✕ 裏運気の日　▼ 乱気の日　＝ 運気の影響がない日

6月 2023

△ 準備の月

総合運 恥ずかしい失敗をしそう
準備と確認はしっかりして

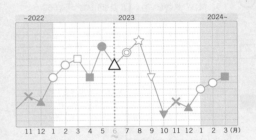

油断も隙も出やすい時期。やる気のない感じが周囲に伝わってしまい、突っ込まれたり、注意されることがありそうです。恥ずかしい失敗をしたり、周りに迷惑をかけてしまうことがあるので、事前準備と確認作業はしっかり行いましょう。誘惑にも負けやすいので、スマホや動画ばかり見て過ごして時間を無駄にしないように。「今月の目標」をつくって、本を読んだり、楽しみながらできるスポーツをはじめてみるといいでしょう。

恋愛＆結婚運

目移りしやすい時期。モテそうな雰囲気の人にもてあそばれたり、外見のいい人やテクニックのある人に弱くなってしまいそうです。うっかり踏み込んで、大切な人を見失ってしまわないよう気をつけましょう。外見がどんなによくても、中身や教養のない人に振り回されると傷つくだけなので、軽はずみに近づかないように。気になる人がいるなら、テーマパークなどに誘ってみましょう。結婚運は、恋人の前でたくさん笑ったり、相手を笑わせるといいでしょう。

仕事運

好きな仕事に就いている人は、楽しくできたり、遊びの延長で働けそうです。なんとなく仕事をしている人は、転職や離職をしたくなるくらいやる気を失ってしまい、失敗や寝坊、遅刻をしてしまうかも。単純な確認ミスをする場合もあるので、チェックを怠らないようにしましょう。気分転換に、職場の人と食事や遊びに行く機会をつくってみると、悩みや不安が解消されることもあるでしょう。楽しく仕事をする工夫を忘れないように。

金運＆買い物運

店員の押しに負けて不要なものを買ったり、契約をしてしまうなど、余計な買い物が増えそうなので気をつけましょう。今月は、お笑いライブやお芝居などのエンタメにお金を使うことや、アミューズメントパークなどに行くと、ストレス発散ができて、やる気も少しわいてくるでしょう。散財しやすい時期なので、使う金額をあらかじめ決めておくのがオススメです。投資などの資産運用は判断ミスをしやすいので、今月は様子を見ておきましょう。

美容＆健康運

間食が増えたり、深夜に甘いものやラーメンを食べるなど、誘惑に負けてしまいそうな時期。気がつくと体重が一気に増えていたり、肌の調子を崩してしまうことも。二日酔いで苦しむ場合もあるので、飲みに誘われたときは、ほどほどにしておきましょう。今月は、遊び感覚でできるスポーツやダンスなど、楽しみながらできるダイエットをするのがオススメです。美意識を緩めないためにも、体重計にこまめに乗ったり、鏡で何度も自分を見てみましょう。

1 木	○	身の回りにあるアートに目を向けてみましょう。絵画やポスター、キャッチコピーや文字の書体などにも注目を。「世の中にあるすべてのものはデザインされている」ということに気がつくと、人生が楽しくなるでしょう。
2 金	□	ひとつでもいいので、「今日は必ず○○をする」と決めてみましょう。「笑顔で挨拶をする」「ポジティブな発言をする」「言われる前に動く」などを目標にするといいかも。
3 土	■	過ぎたことを考えても、ストレスになってしまうだけ。「もう終わったことだから」と気持ちを切り替えるようにしましょう。軽い運動をすると、嫌なことも忘れられそうです。
4 日	●	「うれしいことが大きいと、失ったときに悲しくなる」という理由で、よろこびや達成感を得ることを避けてしまわないように。笑顔になるために行動すると、いい結果につながる日です。気になる相手に連絡をするにもいい運気。
5 月	△	小さなミスでいちいちへコまないで、そのあとにどう対応するかが重要です。失敗したことを隠したり、恥ずかしがらないように。「話のネタができた」と前向きに切り替えましょう。
6 火	▽	過去に思い切り笑ったことを、思い出してみるといい日。今日は、「思い出し笑い」が幸運を引き寄せてくれるでしょう。いろいろと思い出して、話せそうなら休憩中に周囲にも伝えてみるといいでしょう。
7 水	◎	良くも悪くも忙しくすることで、悩みや不安を忘れることができそう。ヒマだとネガティブなことを考えてしまうので、「忙しくも充実した1日」になるように、自ら工夫してみましょう。
8 木	▽	自分の好きなことや得意なことをアピールするといい日。周囲から驚かれるようなことでも、いまハマっていることや、過去にこだわっていたことなどを話してみると、思った以上に盛り上がりそうです。
9 金	▼	周囲の人に振り回されることや、知らないところで問題が起きていることがありそうです。流れに逆らわず、知恵をしぼって、最善をつくすようにしましょう。
10 土	✕	急に遊びに誘われるなど、予定とは違う流れになりそうな日。意外な展開を楽しめるかも。面倒なことも起きそうですが、視野や考え方を変える練習だと思ってみるといいでしょう。学べることや発見がありそうです。
11 日	▲	身の回りをきれいに整えたり、掃除をするにはいい日。髪を少し切りに行くのもオススメです。爪のケアや、ムダ毛の処理など、気になる部分のお手入れもしておくといいでしょう。
12 月	=	苦労や困難は、乗り越えるとよろこびに変わるもの。今日は、自ら苦労や困難に立ち向かい、苦手なことに挑戦してみるといいでしょう。不慣れなことを少しでも克服しようと努力しておくと、未来の笑顔につながるでしょう。
13 火	=	一歩前に進める日。手応えを感じられるほど一気に流れは変わりませんが、自分のレベルが少し上がっていることや、できることの幅が広がっているのを実感できそうです。
14 水	□	経験と苦しみは、セットであることを忘れないように。何かを経験すると、多かれ少なかれ、苦しいことや、つらいことがあるものです。そこを乗り越えるからこそ、得られるものがあるでしょう。
15 木	■	疲れを感じたり、疲れをためやすい日ですが、ダラダラするとさらに疲れてしまうだけ。やるべきことは早めに終わらせて、時間にゆとりをもっておくといいでしょう。
16 金	●	少しですがプレッシャーから解放されたり、苦手な上司や先輩と距離をおけて、気楽に仕事ができそうです。恋愛運もいい日なので、気になる相手に連絡してみると、週末にデートができるかも。
17 土	△	たくさん笑うことで気持ちがスッキリする日。なんでも話せる友人や、おもしろい知り合いに連絡をしてみるといいでしょう。会えない場合は、芸人さんのネタ動画やトーク番組を見て、笑って過ごしましょう。
18 日	○	久しぶりに会う人と楽しい時間を過ごせる日。お気に入りの場所やお店に行けることもありそう。いい思い出のある場所に出かけると、やる気がわいたり、元気が出そうです。
19 月	◎	いい経験ができたり、いい出会いがある日。じっと待っているだけでは運を逃すだけ。少しくらい面倒でも、積極的に行動することが大切です。今日の体験がのちの幸運につながることも多いので、気になることは挑戦しておきましょう。
20 火	▽	自分の失敗にガッカリしたり、反省しすぎてしまうかも。やってしまったことはしかたないので、「どうにかします」という姿勢で、自ら挽回する方法を考えてみるといいでしょう。わからないときは、素直に先輩に助けを求めましょう。
21 水	▼	期待外れなことがあったからといって、イライラしないようにしましょう。相手にも事情があったり、体調が悪い場合もあります。もっとやさしい目で、周囲を見つめるようにするといいでしょう。
22 木	✕	物事を真面目に考えすぎると、前に進めなくなってしまいます。楽観的に考えることで、行動できるようになるでしょう。ときには、いい加減な人の「よい部分」を真似てみましょう。
23 金	▲	気持ちの切り替えが大切な日。「自分の目的は何か」を思い出してみましょう。目的がないという人は、「今日だけの目標」を掲げてみるといいでしょう。達成する楽しみを感じられると、今日1日を乗り越えられそうです。
24 土	=	勘を信じて行動したり、気になったことを調べてみるといい日。おもしろそうなことを見つけられそうです。ライブやイベント、舞台などのチケットの予約や購入をするにもいい日。
25 日	=	臆病になる前に、「自分はなぜ臆病になっているのか」を分析するといいでしょう。多くは情報不足や勉強不足なだけ。経験が足りないからといって臆病にならないで、失敗から学ぶ気持ちをもって行動するといいでしょう。
26 月	□	嫌々仕事をすると、もっと嫌になるだけ。仕事があることに感謝して、身の回りのものや人に感謝できるようになると、人生は自然とおもしろくなってくるでしょう。今日は、感謝の気持ちをもって過ごしてみましょう。
27 火	■	予想外に忙しくなったり、集中力が途切れてしまいそうな日。休憩時間はスマホばかり見ていないで、しっかり目を休めましょう。仮眠をとるようにすると、頭がスッキリするでしょう。
28 水	●	これまで努力してきたことに運が味方する日。逆に、いままでサボっていた人は、サボったことが注目されてしまうでしょう。今日は、自分が本気で取り組んでいたのか、確認する日だと思っておきましょう。
29 木	△	何も起きていないのに、心配や恐れはいりません。もっと気楽に「なんとかなるし、なんとかしてきた」と思ってみると、多くはなんとかなるものです。
30 金	◎	寝る前くらいは、頑張った自分をほめるようにしましょう。そのためにも、今日は些細なことでも頑張るようにして、自分で自分をほめられるように過ごしてみましょう。

☆ 開運の日　◎ 幸運の日　● 解放の日　○ チャレンジの日　□ 健康管理の日　△ 準備の日　▽ ブレーキの日
■ リフレッシュの日　▲ 整理の日　✕ 裏運気の日　▼ 乱気の日　= 運気の影響がない日

7月

2023

◎ 幸運の月

総合運 経験を活かした挑戦を
友人や知人との縁も良好

未経験のことや新しい分野ではなく、ここ数年の経験を活かせることに挑戦するのにいい運気です。すでに手応えを感じているものがあるなら、本格的に動き出すといいでしょう。独立や起業をしたり、なんとなく続けていた趣味を副業にするにもいいタイミング。友人や知人との縁も深まりやすいので、一緒に遊ぶ機会も増えそうです。ソリが合わないと感じる人とは、今月から徐々に距離をおくようにするといいでしょう。

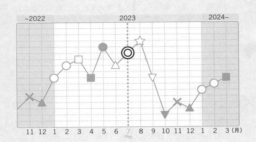

恋愛＆結婚運

片思いの恋にひと区切りつく時期。良くも悪くも自分の気持ちをハッキリさせることが重要になります。「告白すると友達ではいられなくなる」と思う人とはいずれ縁が切れるので、身近に好きな人がいるなら好意を伝えてみましょう。すでに知っている人とは交際に発展する確率が高いでしょう。新しい出会い運は、下旬に知り合いからのつながりで素敵な人に会えそう。結婚運は、婚約している場合は話が進みそうです。ポジティブな言葉を意識して。

仕事運

実力をうまく発揮できたり、得意なことをさらに極められる時期。新しい方法を試すよりも、これまでの積み重ねを信じ、思いきって行動するといいでしょう。実力がアップしていることや、相手の求めに応える能力がついていることに気づけそうです。苦手だと思っていたことにあらためてチャレンジすると、簡単にできることも。人間関係でもいいきっかけをつかめるので、自分から挨拶したり話しかけて、交流を深める努力をしましょう。

金運＆買い物運

長年欲しいと思っているものがあるなら、思いきって購入するにはいいタイミング。できれば長く使えるものを買うといいでしょう。引っ越しを決断したり、マンションや家、土地の購入もオススメです。つみたてNISAやiDeCoをはじめるにもいい時期なので、少額でスタートしてみるといいでしょう。また、少額でできる投資について調べてみると、数年後にうれしい結果につながることもありそうです。

美容＆健康運

なんとなくやめてしまっていた運動やダイエット、筋トレを再開してみると、今回は長く続けられそうです。挫折の反省を活かして、継続できるように工夫するといいでしょう。高すぎる目標は設定せず、「続けるにはどんな方法が向いているのか」を考えてみること。パーソナルトレーナーをつけたり、エステに行くなど、前向きなことを言ってくれるプロのお世話になると、いい結果につながりやすいでしょう。

1 土 ◎
長く使うものを購入するには最高にいい日。財布や仕事道具を買い替えるのもオススメです。しばらく恋人がいない人や苦労を感じている人は、引っ越しなど環境を変える決断をするにもいいタイミングです。

2 日 ▽
気になる相手がいるなら、午前中に連絡してみるとうれしい展開がありそう。遠慮していても何も変わらないので、今日は少し勇気を出してみましょう。夕方以降は、身近な人に予定や心を乱されてしまうかも。

3 月 ▽
土日の疲れが出たり、集中力が欠けてしまいそうな日。朝からストレッチをしたり、体を少し動かしておくといいでしょう。不機嫌な態度を表に出さないように気をつけましょう。

4 火 ✕
突然仕事が増えてしまったり、周囲のミスのしわ寄せがくることがある日。予想外のことが多い運気なので、自分の仕事は早めに片付けて、時間にゆとりをもっておくといいでしょう。

5 水 ▲
後回しにしていたことがたまっていると感じるなら、今日のうちに一気に終わらせるといいでしょう。散らかっている場所の片付けや、報告書の作成、事務手続きなどを済ませておきましょう。

6 木 ○
年下や若い人、後輩と話をすることで学べる日。最近の流行を聞いてみたり、考え方や発想の違いを知っておくといいでしょう。「人から教わること」を楽しんでみて。

7 金 ○
自分が成長していることを実感できそうな日。不慣れなことや苦手なことに挑戦してみると、思った以上にうまくできたり、昔ほどの抵抗もなく、すんなり受け入れられるでしょう。人との交流も楽しめそうです。

8 土 □
ネガティブな発言をしているつもりがなくても、周囲から「マイナスな受け止め方をする人」だと思われてしまうかも。物事をできるだけプラスにとらえて、ポジティブな言葉を選んで発するようにしましょう。

9 日 ■
疲れがたまっていることを感じそうな日。今日は家でのんびりしたり、ストレス発散をしてみましょう。軽く運動をするのもいいですが、ケガには気をつけて。

10 月 ●
仕事に真剣に取り組むと、うれしいチャンスがやってきたり、高く評価されそうです。言われた以上の結果を目指し、効率よく働けるように意識してみましょう。恋愛でもいい知らせがあるかも。

11 火 △
ダイエットや定期的な運動など、習慣になっていたことを、ついサボってしまいそうな日。「休むのは今日だけ」と決めて、明日からはしっかり続けるようにしましょう。

12 水 ◎
長く続けてきたことに運が味方する日。仕事を一生懸命頑張っていた人には、うれしいチャンスや、流れを変えるきっかけが訪れそうです。友人や知り合いと縁がつながる不思議な体験もあるかも。

13 木 ☆
想像以上にいい感じで仕事を進められたり、大きな結果を出せそうな日。自信をもって行動すると運を味方につけられるので、遠慮しないように。

14 金 ▽
午前中からいい流れで、仕事や用事を片付けられそう。大事な仕事や、手間がかかりそうなことから済ませておくといいでしょう。夕方以降は、急な誘いで予定が変わってしまうかも。

15 土 ▼
些細なことでケンカになったり、態度の悪い人と関わって、気分が一気に落ちてしまいそうな日。相手に振り回されないで、自分の機嫌は自分でとるように心がけましょう。

16 日 ✕
遊びの予定が急にキャンセルになったり、渋滞にハマったりして、無駄に時間が過ぎてしまいそうな日。「今日は予想外の出来事が多い日」だと思っておけば、イライラすることも少なくて済みそうです。

17 月 ▲
油断していると、小さな部品を失くしたり、確認用の書類やデータを見失ってしまうことがあるでしょう。置き忘れなどもしやすいので、気をつけて過ごしましょう。

18 火 ○
身も心も楽になって前に進めそうな日。気になることには、遠慮しないでいろいろと挑戦してみると、おもしろい発見があったり、学べることを見つけられそうです。いい情報を入手できることも。

19 水 ○
知り合いだけど自分からはあまり話しかけたことがない人に、声をかけてみるといい日。ランチや飲みに誘ってみると、思わぬ話で盛り上がったり、いい関係になれる場合がありそうです。

20 木 □
生活習慣を整えたり、ダイエットや運動をはじめたいなら、今日からスタートするのがいいでしょう。高い目標は設定しないで、なんとなく続けられる範囲ではじめてみましょう。

21 金 ■
今週の疲れが表に出てしまいそうな日。疲れを感じるときは、目の周りをマッサージしたり、ストレッチをするといいでしょう。スタミナがつくようなランチを食べるのもオススメです。

22 土 ●
異性の友人から突然連絡がありそう。軽い気持ちで会ってみたら、告白されたり、好意を伝えられることがあるかも。気になっている知り合いがいるなら、自分から連絡してみると、いいきっかけがつくれることもあるでしょう。

23 日 △
遊びに出かけるにはいい日。楽しい時間を過ごすのはいいですが、少しドジをしたり、誘惑に負けて余計な出費が増えてしまうことがあるので、気をつけましょう。

24 月 ◎
実力を評価されたり、頑張ってきたことが周りの役に立ちそうな日。自信がなくても、いまの力をできるだけ出し切ってみると、いい1日を送れるでしょう。

25 火 ☆
今後の目標を決めたり、「自分がやるべきことは何か?」をハッキリさせるといい日。もっと自分の好きなことに素直になってみることが大切です。ただし、「好きなことで周囲をよろこばせられるのか」も考えてみましょう。

26 水 ▽
午前中は、自分でも驚くほど集中できて、あっという間に時間が経っていそう。目の前の仕事をドンドン進めてみるといいでしょう。夕方からは逆にダラダラしてしまい、時間が長く感じられそうです。

27 木 ▼
よかれと思った行動が裏目に出たり、空気の読めない発言をしてしまいそう。言葉にする前に、「自分が言われてうれしいことか?」と冷静に判断するといいでしょう。

28 金 ✕
判断ミスをしやすい日。間違った方向に進んでしまったり、余計な行動で周囲に迷惑をかけることがあるので気をつけましょう。今日は、誰かのサポートに回るくらいの気持ちでいましょう。

29 土 ▲
掃除をするにはオススメの日。身の回りにある使わないものは処分することが大切です。もし、昔の趣味のものや、「もったいない」と置きっぱなしになっているものがあるなら、フリマで売ったり欲しい人に譲るといいでしょう。

30 日 ○
行きつけの美容院で髪を切ったり、お気に入りのお店へ買い物に行くといい日。うれしい出来事が起きたり、楽しい時間を過ごせそう。「常連さん」になる楽しさを感じられることも。

31 月 ○
少しでもいいので、何事もいつもより早めに行動してみるといい日。早めに出社するなど、ゆとりをもって動いておくことで、いい仕事ができたり、周囲との人間関係もよくなりそうです。

☆ 開運の日　◎ 幸運の日　● 解放の日　○ チャレンジの日　□ 健康管理の日　△ 準備の日　▽ ブレーキの日
■ リフレッシュの日　▲ 整理の日　✕ 裏運気の日　▼ 乱気の日　＝ 運気の影響がない日

8月 2023 ☀

☆ 開運の月

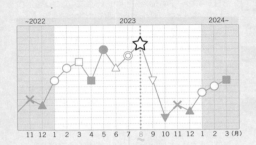

開運 3ヵ条

1. 新しい人脈をつくる
2. 仕事に役立つ勉強をする
3. 財布を買い替える

総合運 運命を変えられる重要な月
新しい人にどんどん会って

運命を変えられる重要な月。興味のあることや好きなことをすでに見つけている場合は、すぐに行動に移す必要があるでしょう。ときには、家族や友人、恋人との縁を切ってでも動くことが大切です。これまでの人生に納得していないなら、引っ越しや転職、イメチェンなどをして現状を変えるよう努めましょう。できるだけ新しい人に会うといいので、習い事をはじめたり、人の集まりにも参加してみること。目標や生きる目的もハッキリさせておきましょう。

恋愛＆結婚運

あなたの人生に必要な人と会える可能性が高い時期。今月だけは忙しくても飲み会やコンパに足を運び、苦手な人の集まりにも積極的に参加して、できるだけ多くの人と連絡先を交換してみましょう。運命の人や、運命の人を紹介してくれる人に会える確率が高くなります。しばらく恋人がいないなら髪型や雰囲気を変えてみましょう。普段から品を意識している人はラフな感じを、ラフな人は品を意識するといいでしょう。結婚にも最高のタイミングです。

仕事運

この2～3年、真剣に仕事をしてきた人には、大きなチャンスや重要な案件を任される流れがくるでしょう。また、出世する運気でもあります。遠慮しないで、持っている力を出し切るつもりで、本気で取り組みましょう。ほかのことに興味が湧いていて、今の仕事を変えたいと思っているなら、思いきって転職するにもいいタイミングです。今月の頑張りがこれからの仕事運を大きく左右するので、積極的に取り組み、結果を出せるよう努めましょう。

金運＆買い物運

今月の行動は、今後の収入に大きく影響することになります。仕事に役立つスキルを学んだり、お金についての本を読むなど、毎日30分以上勉強する習慣をつけましょう。投資や資産運用をはじめて、身につけたお金の活かし方を実践に移すことも必要です。買い物では、無駄遣いせず、まずは仕事や勉強に役立つもの、資産価値のあるものを購入しましょう。人に会うための出費やご馳走するお金はケチケチしないように。

美容＆健康運

美意識を高めることで、健康的な体を維持できるようになる大切な時期。脱毛、歯の矯正やホワイトニング、肌のケアなどにお金をかけるといい運気です。新しい美容院を探してみると、いいお店を見つけられそう。ダイエットや運動をスタートするにもいいタイミングなので、スポーツジムやヨガ、ダンス教室に通いはじめてみるといいでしょう。食や生活のリズムも整えておきましょう。体調に異変を感じているなら、漢方を試してみるのもオススメです。

開運のつぶやき 前に進むことは、良いことも悪いことも、受け入れるということ。

| 1 火 | □ | 「今月は、これからの運命を変えることになる重要な時期」だと意識しておいて。今日は、言われる前に行動し、興味のあることは素直に体験してみましょう。はじめて会う人には、自分から挨拶をするように。 |

| 2 水 | ■ | 外の暑さとエアコンのきいた屋内との温度差で体調を崩したり、汗で体を冷やして風邪をひいてしまうことがありそう。油断しないで、暑さと寒さ両方の対策をしてから出かけましょう。 |

| 3 木 | ● | 前向きになれる話を聞けたり、いい結果につながる報告を受けられそう。「これまで頑張ってきた甲斐があった」と思うこともあるでしょう。指示を待ったり、受け身にならないで、気になったことには積極的に行動しましょう。 |

| 4 金 | △ | 何も問題なく順調だと思うときほど、ミスをしていたり、何かを忘れている可能性があります。再確認や最終チェックをしっかり行うと、抜けている部分を見つけられそうです。 |

| 5 土 | ◎ | 以前から気になっていたお店や場所に行ってみたり、興味がある習い事をはじめるといい日。長い付き合いになりそうな人とも会えるので、今日はできるだけ活動的になっておきましょう。 |

| 6 日 | ☆ | 長く使えるものを買うといい日。仕事で使うものや、勉強になるものを優先的に購入するといいでしょう。本を買ったり、資格取得や趣味の習い事に申し込むにもいいタイミングです。 |

| 7 月 | ▽ | 午前中は、希望通りに物事が進み、周囲からの協力も得られるでしょう。実力も発揮できそうです。ただし、夕方あたりからは周りの意見に振り回され、無駄な時間を過ごしたり、面倒なことに巻き込まれてしまうかも。 |

| 8 火 | ▼ | ノリや勢いではなく、冷静に落ち着いて判断することが大切です。平常心を意識しておくと、間違った方向に進まずに済みそう。ただし、押しの弱さにつけ込まれることもあるので、断るときは強気でハッキリ伝えましょう。 |

| 9 水 | × | ネガティブな情報に振り回されて、不安なことや心配事が増えてしまいそうな日。楽観的な言葉を発することで気持ちが落ち着くでしょう。行動が雑になりやすいので、ていねいに振る舞うよう心がけて。 |

| 10 木 | ▲ | 「自分の頑張りをほめられるのは自分だけ」ということを忘れないように。結果がなかなか出なくても、長い間我慢していることがあるなら、頑張り続けた自分を寝る前にほめてあげましょう。気持ちが少し楽になるでしょう。 |

| 11 金 | ○ | 初対面の人と前向きな話ができたり、新しい取り組みをはじめられそう。変化を楽しんでみると、いい日になるでしょう。未経験のことを避けていると、いつまでも前に進めなくなってしまいます。 |

| 12 土 | ○ | 先のことを真剣に考えるといい日。いまのままでいいなら、現状を維持するための目標や覚悟が必要になるでしょう。状況を変えたいと思うなら、今日と明日は、生活習慣や環境を変えるために動きましょう。 |

| 13 日 | □ | 思い切った行動をするといい日。気になる習い事をスタートさせたり、何年も同じ部屋に住んでいるなら引っ越しを決めるのもいいでしょう。新しい髪形にしたり、服装のイメージを変えるのもオススメです。 |

| 14 月 | ■ | 時間にゆとりをもって行動するといい日。予定を詰め込みすぎると、疲れたり、行動が雑になってケガの原因をつくってしまいそう。ストレス発散にもいいタイミングなので、少し贅沢な場所で食事やお茶をするといいでしょう。 |

| 15 火 | ● | 恋愛運がいい日ですが、待っているだけでは何も変わりません。気になる相手や、いい関係に進めそうな人には、「今日、あいていたらごはん行きません?」と連絡してみましょう。会ったときは相手をほめてみるといいでしょう。 |

| 16 水 | △ | 寝不足や疲れから、集中力が途切れてしまいそうな日。小さな判断ミスや忘れ物、ドジな行動をしやすいので気をつけましょう。誘惑に負けて食べすぎてしまうこともありそうです。 |

| 17 木 | ◎ | 人との縁やこれまでの頑張りが、いいかたちでつながってくる日。遠慮しないで、思い浮かんだ人や、力になってくれそうな人に連絡してみるといいでしょう。夢に向かって一歩前進できることもあるでしょう。 |

| 18 金 | ☆ | 目標を達成しやすい日。高い目標を掲げて精一杯努力してみると、いい結果につながるでしょう。大事な出会いがあったり、いい体験ができる日でもあるので、些細なことにも本気で取り組みましょう。 |

| 19 土 | ▽ | ランチデートをするには最高な運気。気になる人がいるなら、朝から誘ってみましょう。とくにいなければ、午前中から買い物に出かけてみるのがオススメ。いいものと出会えたり、新たに興味がわくものを見つけられそうです。 |

| 20 日 | ▼ | ゆっくりしようと思っていたら急な誘いがあったり、忙しいはずだったのに急に予定がなくなりヒマになるなど、思いもよらないことが起きそうです。今日は流れに逆らわないで、突然の出来事も楽しんでみるといいでしょう。 |

| 21 月 | × | ルールやマナーを守らない人にイラッとしそう。憧れない人や嫌いな人に注目するほど人生はヒマではないので、余計なことでイライラしないように。人から憧れられる存在になることを目指して、行動してみましょう。 |

| 22 火 | ▲ | 失くし物をしたり、身の回りのものが壊れることがあるかも。クヨクヨしないで、「自分の身代わりになってくれた」と思いましょう。人との距離があいてしまうこともありますが、「縁のない人だった」とキッパリ諦めましょう。 |

| 23 水 | ○ | 「苦手」「嫌い」と思っていた人と話してみると、自分が勘違いしていたことに気づけるかも。相手のいい部分を見つけることができそうです。どんな人にもいいところがあるので、人の魅力を見つけ出す努力を忘れないように。 |

| 24 木 | ○ | 大切な経験ができる日。受け身で待っているだけではもったいないので、不慣れなことや苦手なことにも、少しでも挑戦してみましょう。仕事でもいると工夫することが大事。数字や結果に、もっとこだわってみるといいでしょう。 |

| 25 金 | □ | 困っている人を見つけたら素通りするのではなく、いまの自分にできる範囲で協力したり、応援するようにしましょう。見て見ぬふりをせず、「相手が自分だったら」を想像して、行動してみましょう。 |

| 26 土 | ■ | 今日は、家でのんびりしたり、日ごろの疲れをしっかりとるようにしましょう。家の用事は早めに済ませて、昼寝や、ゆっくり過ごすのがオススメ。おいしいものを食べに行くのもいいでしょう。 |

| 27 日 | ● | いろいろな人に会っておくといい日。とくに、初対面の人との出会いを増やしてみて。集まりやイベントに参加したり、知り合いに連絡して、人を集めてみるのもいいでしょう。運命を変える出会いがあるかも。 |

| 28 月 | △ | 珍しく寝坊や忘れ物をしやすい日。焦って慌てると、ケガをしたり、さらに大きな失敗をする可能性があるので気をつけましょう。何事もしっかり確認し、冷静に判断するよう心がけましょう。 |

| 29 火 | ◎ | 自分の実力や魅力をうまく出せる日。自信をもって堂々と行動し、少し強気になってみると、いい結果や満足できる流れになりそうです。付き合いの長い人からのアドバイスには、素直に耳を傾けましょう。 |

| 30 水 | ☆ | 仕事運がいい日。しっかり取り組むと、思った以上の結果が出たり、充実した時間を過ごせそうです。投資や買い物をするにもいい日なので、仕事終わりや休憩時間に、ネットで気になるものを調べてみるといいでしょう。 |

| 31 木 | ▽ | 言われないと動かないところがあるタイプですが、自ら「何かお手伝いしましょうか?」と尋ねてみると、感謝されたり、いい人間関係をつくれそうです。夜は疲れやすいので、早めに帰宅しましょう。 |

☆ 開運の日　◎ 幸運の日　● 解放の日　○ チャレンジの日　□ 健康管理の日　△ 準備の日　▽ ブレーキの日
■ リフレッシュの日　▲ 整理の日　× 裏運気の日　▼ 乱気の日　＝ 運気の影響がない日

9月 2023

▽ ブレーキの月

開運 **3** ヵ条

1. 興味のあることに素直に行動する
2. 先月やり残したことに挑戦する
3. 職場の付き合いを大切にする

総合運 大事な人脈ができる時期
下旬は無理な行動は控えて

ここ2〜3年で気になっていることや、興味が湧いたことがあるなら、今月中に挑戦するといいでしょう。後回しにしていると運気の流れに乗れなくなってしまいます。特に先月踏み込めずに後悔していることがある場合は、中旬までに行動に移しましょう。大事な人脈もできる時期なので、誘われるまで待っていないで、自ら人を集めるなど積極的に動くことが大切です。ただし、下旬は流れが変わってくるため、無理な行動は控えるようにしましょう。

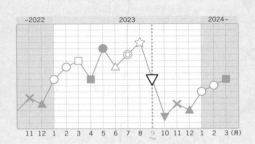

恋愛＆結婚運

少しでも気になる人がいるなら、デートに誘ったり告白してみましょう。中旬までに進展がない人とは縁もないので諦めたほうがいいでしょう。中旬までは新しい出会い運もあります。出会いを求めて行動し、相手のいい部分を見つけて褒めるようにしましょう。楽しい雰囲気やよく笑うことを意識すると、いい関係に発展しそうです。勢いで交際をはじめるにもいいタイミング。結婚運は、先月に話が盛り上がっているなら入籍してもいい時期です。

仕事運

人からの指示を待っているだけでは、いつまでも信用も信頼もされません。今月は、積極的に仕事に取り組む姿や、自ら指示を求める熱意を見せるといいでしょう。周囲ともうまく協力できて大きな結果を出せたり、満足のいく流れにもなりそうです。職場の人たちや仕事関係者とも仲良くなれて、楽しく働けるようになるでしょう。下旬になると、環境への飽きや不満が出てきそうです。疲れもたまってくるので無謀な判断はしないように。

金運＆買い物運

服や靴など、欲しいものがあるなら中旬までに購入するといいでしょう。少し先に使うものでも、この時期にまとめ買いしておくのがオススメです。気になる家具や家電を買ったり、スマホの買い替えにもいいタイミング。人付き合いが大事な時期でもあるので、ケチケチしないで飲み会や食事会に参加しましょう。投資では、少し強気に「4〜5年放置してもかまわない」くらいの姿勢で臨むといいでしょう。

美容＆健康運

体調に問題がないうちに基礎体力作りや定期的な運動を行うといいでしょう。スポーツジムでパーソナルトレーナーをつけたり、運動系のサークルに入るのもオススメ。ダンスやボイトレ、ヨガ教室に通ってみるのもいいでしょう。下旬からは体調を崩したり、異変を感じることがありそうです。気になることがあったら早めに病院に行くように。美意識を高めるのはいいですが、下旬から肌荒れが起きやすくなるのでスキンケアはしっかりしておきましょう。

1 金	▼	慌てると、さらに面倒なことになってしまう日。判断ミスをしやすいので、急いでいるときほど冷静に。「急がば回れ」を心がけて、落ち着いて行動しましょう。
2 土	✕	友人や知人に予定を乱されそうな日。のんびりするつもりだった人ほど、急な誘いがありそうです。愚痴や不満を聞くことになった場合は、うまく誘導して、前向きな話をするといいでしょう。
3 日	▲	無駄な出費や行動がないか、冷静に判断するといい日。「お金を出してまでコーヒーを飲みたいのか?」「この課金に意味はあるのか?」「間食がいるほど栄養不足か?」など、些細なことでも一度立ち止まって考えてみて。
4 月	○	新しい服を着たり、新しい道具を使いはじめると、気が引き締まりやる気になれそうです。文房具でもいいので、何か「新たなもの」を使ってみましょう。気になっている習い事をはじめてみるのもよさそうです。
5 火	○	気になることが増える日。視野が広がるのはよいですが、安易に誰かに聞く前に、もっと自分で考えたり、調べてみるといいでしょう。それでも理解できないときは、詳しい人にたずねるようにしましょう。
6 水	□	「言われる前に動く」を意識してみるといい日。思っている以上に力がついている実感や、いい結果を得られることがありそうです。誰かをうまくサポートできたり、チームで力を発揮することもあるでしょう。
7 木	■	最後までキッチリ仕事をするのはいいですが、限界まで突き詰めないようにしましょう。こまめに休憩したり、気分転換をすることも大切です。頑張りすぎると疲れが出て、次の仕事に響いてしまうことも。
8 金	●	思った以上に人から頼りにされたり、注目される。サボると悪い意味で目立ってしまいます。今日は、キッチリ仕事をして、笑顔で挨拶をするなど、みんなの見本になるような振る舞いを意識しましょう。
9 土	△	頭のなかでは今日の予定を立てていたのに、ド忘れすることがありそう。出先で、「あれ?　何しに来たんだろう」となったり、用事をすっかり忘れて帰ってくることも。やるべきことや買いたいものをメモしてから出かけましょう。
10 日	◎	遊ぶ予定のなかった友人と会うことがあるでしょう。良くも悪くも思い出話で盛り上がりそうです。「昔の自分がいまの自分になんと言うのか」を想像して、ほめてくれるのか、もっと頑張れと言うのか考えてみるといいでしょう。
11 月	☆	仕事に真剣に取り組むと、おもしろさに気がつける日。手を抜いたり、指示を待っていると、つまらなくなってしまうだけ。今日の努力はのちに必ずプラスになるので、頑張りましょう。
12 火	▽	日中は、物事が順調に進む運気です。大事な仕事や面倒なことほど、先に手をつけておきましょう。仕事が終わる間際に、トラブルや周囲のミスのシワ寄せがくることがありそうです。
13 水	▼	周囲の意見が、自分の考えと違っていても、あえて流れに身を任せておきましょう。逆らったり反論しても、相手に押し負けてしまいそうです。不本意な結果になっても、そこから学べることを見つけるようにしましょう。
14 木	✕	せっかくの時間を、スマホやネットサーフィンで無駄にしてしまいそうに。「時間とは命そのもの」であることを忘れないように。時間ができたときは、ダラダラしないで、読書や身の回りの片付けをするといいでしょう。
15 金	▲	使わないものを処分するといい日。使っていないアプリや不要な写真を消去したり、夏に着なかった服なども捨てましょう。職場にある使い古したものや、置きっぱなしのものも片付けておきましょう。
16 土	○	いままで関わりが薄かった人や、遊んだことがない人と会うことになりそうな日。今日は、いつもと違うリズムを楽しんでみるといいでしょう。好奇心の赴くままに行動すると、いい発見がたくさんありそうです。
17 日	○	おしゃれなお店でごはんを食べたり、ホテルのラウンジでお茶をするなど、少し贅沢な時間を過ごしてみましょう。ストレス発散や、気分のいい体験ができそうです。一流のサービスから学べることを探してみるのもいいでしょう。
18 月	□	生活習慣を少し変えるといい日。いつもよりも10分早く動きはじめるなど、ふだんのリズムを意識的に変えてみると、これまでの無駄に気づけそうです。夜は疲れがたまりやすいので、早めに帰宅してのんびりしましょう。
19 火	■	寝不足や体のだるさを感じそうな日。朝からストレッチをしておくと、少しはスッキリできそうです。肌荒れや髪のダメージなどが気になってしまうこともあるので、しっかりとケアしておきましょう。
20 水	●	何事ももっとポジティブに受け止めてみるといい日。期待以上を求めるよりも、「いまが最高」と思ってみると、気持ちが楽になり、人生も楽しくなってくるでしょう。まずは、「まあ、これでいいか」とつぶやいてみて。
21 木	△	リラックスして過ごすのはいいですが、今日は気持ちが緩みすぎてしまうかも。判断ミスもしやすい日のため、注意が必要です。聞き逃しや、ドジなミスもしがちなので、気を引き締めておきましょう。
22 金	◎	あなたの実力をしっかり発揮できる日。力を惜しみなく出し切るといいでしょう。自分のためではなく、相手や周囲の笑顔のために力を注ぐと、結果的に自分のためになるでしょう。
23 土	☆	買い物をするにはいい日。長く使えるものを選ぶといいので、家電や家具、仕事に使うものを優先して購入しましょう。お世話になった人にご馳走をするにもいい日です。
24 日	▽	ランチデートなど、日中に遊びに出かけるにはいい日。夕方以降は、相手に振り回されたり、渋滞などで無駄な時間を過ごしてしまうかも。予想外を楽しめるといいですが、疲れやすいので、早めに帰宅すること。
25 月	▼	やる気がなくなることを言われたり、相手の不機嫌に振り回されてしまいそうな日。イライラしたりガッカリしないで、「そんな日もある」と思って気持ちを切り替えましょう。
26 火	✕	仲のよかった人と離れたり、少し苦手だと感じる人と一緒になる時間が増えてしまいそうです。苦手な人に会ったときほど、「相手のいいところを探す練習にうってつけ」だと思いましょう。
27 水	▲	余計な情報は頭に入れないように。使うこともないネットの情報はカットして、いまの自分に関わってくれる人の気持ちや考えを、もっと想像して行動しましょう。「外国の天気よりも上司の機嫌」が重要です。
28 木	○	自分の勘を信じて行動することが大切。じっと待っていないで、「失敗してもいい」と思って動きはじめてみましょう。うまくいかないときは、その理由を考えて、己の至らない部分は認めて学ぶようにしましょう。
29 金	○	前向きな話をしてくれる人に出会えそう。「そんな考え方はできない」と嘆くより、少しでも真似してみることが大事です。「誰かができるなら、自分にもできる」と思って、ゆっくりでいいのではじめてみましょう。
30 土	□	計画的に行動するといい日。油断すると無駄な動きが増えて、夜や次の日に響いてしまいそうです。日ごろの疲れをとるために、温泉やスパ、マッサージに行くのもいいでしょう。

☆ 開運の日　◎ 幸運の日　● 解放の日　○ チャレンジの日　□ 健康管理の日　△ 準備の日　▽ ブレーキの日
■ リフレッシュの日　▲ 整理の日　✕ 裏運気の日　▼ 乱気の日　＝ 運気の影響がない日

10月
2023
▼ 乱気の月

開運 3 ヵ条

1. 過度な期待をしない
2. 「困ったときはお互いさま」と思う
3. しっかり入浴して、睡眠時間を長くとる

総合運
合わないことが見えてきそう 至らない点は受け止めて

自分に合わないことが見えてくる時期。他人のダメな部分や雑なところが目についたり、期待外れな結果が多くなって、ガッカリすることも増えそうです。「相手が悪い」と責めてばかりいても問題は解決しません。自分の見る目のなさや、過度に期待したことを反省し、今後繰り返さないようにしましょう。また、これまでサボっていた部分を突っ込まれたり、トラブルの原因を作ってしまうことも。至らない点は受け止めて、今後の課題にしましょう。

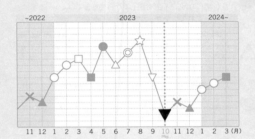

恋愛＆結婚運

恋人がいる人は、相手の浮気が発覚することがありそう。また、あなたが浮気相手だったり、不倫関係にあったことがわかる場合も。浮気未遂くらいならラッキーと思うように。相手に何かを伝えるときは「正しい」よりも「楽しい」を優先するといい恋愛ができるでしょう。新しい出会い運は、素敵な人に会える可能性は低いので異性の友人と遊ぶくらいにしておきましょう。結婚も進展する運気ではないので、現状に満足して楽しむようにするといいでしょう。

仕事運

いい感じで進んでいた仕事でトラブルが発生したり、急ブレーキがかかってしまいそうな月。発注先での問題や、大きなミスが見つかることもありそうです。取引先の急な変更やワガママに振り回されることも。あなたの実力不足を突っ込まれる場合もあるので、指摘を受けたら今後に活かすようにしましょう。「自分だけが頑張っている」と思うと苦しくなるだけ。今はチームで頑張ることや、助け合いの大切さを学ぶ時期だと思っておきましょう。

金運＆買い物運

故障や修理で出費が増えそうです。電子マネーやクレジットカードで買い物をするのはいいですが、請求額を見てゾッとすることになるかも。「安い」と思ったら、だまされていることもありそうです。特にネットショッピングでは気をつけること。契約先などを軽はずみに変えてしまうと、手間がかかって結果的に損をする場合もあるので要注意。投資にも不向きな時期ですが、勉強しておくのはいいでしょう。

美容＆健康運

体調を崩したり、体調不良の原因になることが起きそうな時期。スポーツでケガをすることや、自分へのご褒美で出かけた先でガッカリする出来事があるなど、ストレス発散のためにしたことが逆にストレスになってしまう場合も。サプリを飲むのもいいですが、効果が薄いおそれもありそうです。美意識が低下してしまう時期なので、入浴や睡眠を普段より少しでも長くできるように工夫して、生活習慣を改善するといいでしょう。

1 日	■	予定通りに進まずにイライラしたり、疲れがたまりそうな日。不機嫌な気持ちを周囲に伝えても、その不機嫌な空気を広げてしまうだけ。自分で気分転換する工夫をしましょう。
2 月	●	意見を求められたり、目立ってしまうことがある日。余計なことまで言ってしまいそうなので、発言するタイミングや言葉選びには慎重になりましょう。正しいことや真面目であることが、必ずしもいいとは限らないでしょう。
3 火	△	小さなミスが多くなる日。時間を見間違えたり、計算違いや誤字脱字を見落としたままメールを送ってしまうことがあるので、しっかり確認するように。今日は、少し早めに仕事にとりかかって、時間にゆとりをもっておきましょう。
4 水	=	目的をはたすためには、少し遠回りをする必要がある日。時間がかかってもいいので、キッチリ仕事をしたり、基本に忠実に取り組むようにしましょう。雑な仕事をしないように、気をつけること。
5 木	=	便利なことや簡単にできることほど、いろいろな人の知恵と工夫のおかげで生まれたのだと、忘れないように。世の中は、あなたを楽しませたり、よろこばせてくれることであふれています。そのことに気づけると、1日を楽しめるでしょう。
6 金	▽	真面目なフリをしているだけでは、周囲に実力がバレてしまうでしょう。ふだんの仕事に加えて、仕事に役立つ勉強をするのが「努力」です。言われたことだけやっているのは、努力とは言えないでしょう。
7 土	▼	連休を楽しむのはいいですが、予想外の展開があることを覚悟しておくといいでしょう。ゆとりをもって行動するのがオススメです。多少のトラブルに巻き込まれて、疲れてしまう場合のことも想定しておきましょう。
8 日	✕	人に過度な期待をすると、残念な気持ちになってしまいそうです。反面教師を見つけたと切り替えて、「自分が同じようなことをしなければいい」と思いましょう。マイナスな出来事を、プラスに変える工夫を忘れないように。
9 月	▲	身の回りを片付けたり、しばらく着ていない服を処分しましょう。幼稚な趣味は今日で終わりにするといいでしょう。無駄な時間を使うスマホアプリも消しておくこと。動画を簡単に見られないような設定にしておくのもオススメです。
10 火	=	正論を言うのはいいですが、それによって困る人や、被害を受ける人がいることも想像するように。正しい考え方をしたいなら、「相手が思う正義」にも考えをめぐらせることが大事です。
11 水	=	流行っていることを周囲から教えてもらえそうな日。おもしろい映画や漫画、本などを紹介されたら、メモをしてすぐに観たり読むようにしましょう。教えてくれた人にはお礼を伝え、感想を言うことも忘れずに。
12 木	■	何事も学ぼうとする気持ちが大切な日。世の中には、あなたが知らないことが、まだまだたくさんあります。「学んで理解すると、おもしろいことだらけ」ということを忘れないように。夜は疲れやすいので要注意。食べすぎにも気をつけて。
13 金	■	急に忙しくなったり、いつもと違うペースになって疲れてしまいそうな日。体力を温存しながら、こまめに休憩をとるようにしましょう。ランチの食べすぎで集中力が落ちることもあるので注意しましょう。
14 土	●	気になっていた人と仲よくなれたり、急に遊びに誘われそうですが、もてあそばれて後悔することがあるかも。疑問に感じる部分があるなら、深入りしないように。
15 日	△	自分でも「やってしまった」と反省するようなミスをしやすい日。財布を忘れて出かけてしまい、取りに戻ったことで予定が乱れる、なんてことも。周囲に迷惑をかけてしまう場合もあるので気をつけて。
16 月	=	親友や付き合いが長い人の存在に、感謝の気持ちがわく日。悩みや不安を相談してみると、いい言葉を教えてくれたり、励ましてもらえることが。家族の存在に感謝するような出来事もありそうです。
17 火	=	余計なものを買ってしまいそうな日。「これは必要!」と思って勢いで購入しても、結局使わないかも。もっと先のことまで考えて判断するようにしましょう。営業トークのうまい人にも気をつけて。
18 水	▽	良くも悪くも一区切りつけられる日。気持ちは楽になりそうですが、やる気も一緒に失ってしまうことがあるでしょう。人から求められることの大切さを忘れずに、自分の得意なことをアピールしておくといいでしょう。
19 木	▽	小さな壁に直面してやる気を失ったり、苦手だと思って逃げてしまいそうな日。避けていても同じことを繰り返すだけ。乗り越える覚悟を決めましょう。自分が苦手なことや不慣れなことを知るのは、いい自己分析になります。
20 金	✕	面倒見がよいのはいいですが、親切にしたつもりが、お節介に思われてしまうことも。それでもあなたに善意があるなら、押し通してみましょう。些細なことで怯まないように。
21 土	▲	大掃除や片付けをするにはいい日。窓の拭き掃除をしたり、ピカピカになるものはドンドン磨いて光らせましょう。便利グッズを使うのもいいですが、ぞうきんがけをして、いい汗を流すのもオススメです。
22 日	=	「新しい」と思うことに飛びついてみるといい日。多少の失敗は、おもしろがるくらいの気持ちでいるほうがいいでしょう。なんとなく気になった食べ物を選んでみると、「え〜」と驚いて笑えることがありそうです。
23 月	=	周囲と協力することを楽しんでみるといい日。相手を信用することで、あなたも信頼されるようになるものです。疑わない心や、相手を尊敬する気持ちを忘れないようにしましょう。
24 火	■	「なんのために働いているのか」と考えるよりも、頑張ったあとの明るい未来を想像したり、自分の仕事の先で笑顔になっている人のことを想像しましょう。自分も他人も幸せにするために、仕事をしていることを忘れないように。
25 水	■	頑張りすぎて疲れてしまいそうな日。今日は、少しペースを落としたり、最低限の仕事ができていればいいと思っておきましょう。ただ、いっときのペースダウンとサボりは違うので、癖にならないように気をつけること。
26 木	●	皮肉を言う人にショックを受ける前に、「冗談がすべっているだけ」と思っておきましょう。世の中には、おもしろいことを言っているつもりでも、実際はすべっている人がたくさんいるものです。「自分も気をつけよう」と思いましょう。
27 金	△	「あれ?」と思うような忘れ物やミスをしやすい日。初歩的なミスをして恥ずかしい思いをすることもありますが、本気で注意していれば避けられるでしょう。大事なものの置き忘れにも気をつけましょう。
28 土	=	「久しぶりにあの店に!」と張り切って行ってみると、潰れていてガッカリすることがありそう。出かける前にネットで調べておくといいでしょう。友人からの情報も大切にしましょう。
29 日	=	映画館や美術館に足を運んだり、芝居を観に行くといい日。気になるものがあるか、調べてみるといいでしょう。地域のイベントなどに行ってみると、いろいろと素敵な発見がありそう。頑張っている人からもパワーをもらえるでしょう。
30 月	▽	日中は、いい流れで仕事ができそうです。仲間の存在にも感謝して「ありがとうございます」を伝えるといいでしょう。夕方以降は、言動が空回りしたり、変なウワサに振り回されてしまうかも。
31 火	▼	相手にとってはたわいない冗談でも、あなたはショックを受けてしまうかも。適当なことを言う人もいるので、気にしないように。前向きないい言葉を、自ら発するように努めましょう。

☆ 開運の日　◎ 幸運の日　● 解放の日　○ チャレンジの日　□ 健康管理の日　△ 準備の日　▽ ブレーキの日
■ リフレッシュの日　▲ 整理の日　✕ 裏運気の日　▼ 乱気の日　= 運気の影響がない日

2023

11月

✕ 裏運気の月

開運 **3** ヵ条

1. 「裏目に出るかも」と思っておく
2. 信頼できる人に相談する
3. 一生懸命に掃除をする

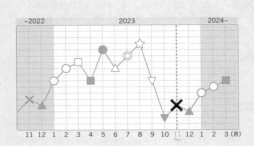

総合運　情に流されやすい時期
心身の疲れには要注意

普段なら興味を持たない人や関わりが薄い人のことが気になったり、情に流されてしまいやすい時期。やさしくしても相手から感謝されないことや、余計なお世話に思われてしまう場合もありますが、あなたに善意があるなら押し通してみるといいでしょう。夢を追いかけている人や頑張っている人の応援をしたくなったり、これまでとは違う人脈もできるタイミングです。変化を楽しむといいですが、心身ともに疲れやすい時期でもあるので注意は必要です。

恋愛＆結婚運

思い通りに恋が進展しない時期。予想外の人に恋をしたり興味が湧いてしまいそうです。手の届かないような人や年齢の離れた相手を好きになって、「これは違う」と思いながらハマってしまうことも。恋をするのはいいですが、無謀な告白は失恋に終わるだけなので気をつけましょう。すでに知り合っていて評判のいい人でも、デートをするなどして、どんな人かをよく知る必要はありそうです。結婚運は、進展しそうにないので気にしないように。

仕事運

苦しい状況に立たされたり、仕事に不満がたまってしまう時期。マイナス面が気になったり、他人の粗い仕事ぶりにイライラしたり、苦手な人と関わる時間が増えることも。今月は、結果を求めるよりも現状維持に努めて、流れに身を任せることが大切です。判断ミスで周囲に迷惑をかけてしまうこともあるので、よく確認すること。何かをする際は「裏目に出るかも」と覚悟しておきましょう。相談することは大事ですが、話す相手は間違えないように。

金運＆買い物運

一生懸命頑張っている人を応援するために、いらないものを買ったり、不要な契約をしてしまいそうな時期。本当に必要なのかよく考えて、断り切れないときはその場で決めず、後日返事をしましょう。ネットでの買い物も、よく調べないと高いものを選んでしまいそう。送料の確認や、ほかの商品との比較も忘れずに。投資などには不向きな時期ですが、ポイントでできるものならはじめてもよさそうです。ポイ活を楽しんでみましょう。

美容＆健康運

心を乱されやすく、ストレスがたまったり落ち込むことがありそうです。ウソでも明るく振る舞うように努めていれば、自然と元気になれるでしょう。おもしろい人に会っていろいろ話してみると、悩みや不安を吹き飛ばしてもらえそうです。親友に連絡をしてみるのもオススメ。体調も崩しやすいので、ゆとりをもった行動や健康的な食事を意識すること。運動を兼ねて部屋の掃除を一生懸命してみると、心も体も身の回りもスッキリしそうです。

開運のつぶやき ▶ 😷 楽しい思い出は「面倒」の先にあるもの。

1 水	✕	今月は体調を崩したり、異変を感じやすい時期。調子の悪さを感じたらそのままにしないで、早めに病院に行くようにしましょう。ストレスがたまっていると感じたときは、家でゆっくりお風呂に入ってのんびりしましょう。
2 木	▲	しばらく歯医者に行っていないなら、時間を見つけて予約を入れましょう。虫歯ができていないかをチェックして、歯石をとってもらうといいでしょう。ただし、うっかりミスをしやすい日なので、日付や時間を間違えないように。
3 金	=	誰かの誘いを待って時間を無駄にするよりも、自ら気になる場所に行ったり、友人を誘ってみるといい日。自分でも意外と思える人に連絡してみると、予想よりもあっさり返事がきて、会えることになるかも。
4 土	=	はじめての経験を楽しんでみるといい日。予想と違って少しガッカリする場合もありますが、今日の経験はのちにプラスになります。些細なマイナスは気にしないようにしましょう。
5 日	■	「生活習慣を整えたい」と少しでも思っているなら、身の回りを片付けて、不要なものや自分を誘惑するものは見えないところにしまいましょう。お菓子やお酒は、隠すなり人にあげるなどして、冷蔵庫に常備しないように。
6 月	■	真面目に取り組むのはいいですが、考えすぎたり、頑張りすぎて疲れてしまいそう。休憩など、一息入れる時間をつくるのも仕事の一部です。休むときは、スマホなど見ず、しっかりと体や目を休ませるようにしましょう。
7 火	●	ダメ元で提案した意見や企画が通りそうな日ですが、そのぶん忙しくなったり、責任を背負うことにもなりそうです。発言する前に、その後の負担をしっかり考えておくといいでしょう。
8 水	△	今日は、集中力が欠けやすい日です。慌てて行動するとケガをしたり、体をぶつけてしまうので気をつけましょう。思わぬものを忘れて焦ってしまう場合もあるので、確認作業をしっかり行うこと。
9 木	=	押しと粘りが必要な日。ダメ元でも自分の考えを押し通してみたり、いろいろな表現や言葉で交渉してみるといいでしょう。語彙力が足りないと感じたなら、本を読むなどして勉強しましょう。
10 金	=	頑張りを認めてもらえそうな日。今日は「余計なことかも」と思っても、気になったことは、自らすすんで行動するといいでしょう。苦手な先輩からほめられて、驚くようなこともあるかも。
11 土	▽	日中は運気がいいので、自分の用事は早めに片付けておきましょう。また、家族やお世話になった人に、些細なものでもプレゼントをしてみるといいでしょう。おいしいお菓子やパンを買って渡すのもオススメです。
12 日	▼	残念な思いや、空回りをしやすい日。ジタバタするとさらに面倒なことになったり、疲れるだけです。今日は流れに身を任せて無理をしないこと。ひとりの時間を楽しんだほうがよさそうです。
13 月	✕	疲れをためてしまいそうな日。無理しないで少しペースを落としたり、頑張りすぎないことが大事です。ウワサや陰口を耳にしてガッカリすることもありますが、余計な人に心を乱されないようにしましょう。
14 火	▲	無駄な動きを減らすように意識するといい日。ダラダラしないで、短時間で仕事を終わらせたり、無駄をショートカットする工夫をしてみましょう。身の回りで邪魔になっているものがあるなら、片付けて。
15 水	=	気持ちと体がうまく噛み合わない日。やる気はあるのに体が重たく感じられて、なかなか挑戦できなくなってしまうことも。ストレッチをしたり、少し体を動かしてみるとよさそうです。
16 木	=	今日は、自分も含め、人の弱点や欠点はそっとしておきましょう。誰しも得意分野や強みを活かして、世の中を渡っていけばいいだけ。不慣れなことや苦手なことを鍛えるのは、もう少し先でもいいでしょう。
17 金	■	「なんでもいい」「どちらでもいい」を口癖にしないようにしましょう。とくに、「どうでもいい」と思うことほど、即決断するように。「何食べたい?」と聞かれたときは、すぐに自分の気持ちを言いましょう。
18 土	■	今日は、しっかり体を休ませるといい日。思ったよりも疲れがたまっていて、集中力が低下しそうです。時間やスケジュールにはゆとりをもっておくといいでしょう。昼寝をしたり、マッサージを受けるのもオススメです。
19 日	●	楽しい時間を過ごせる日。気になった場所に行ってみたり、映画館や美術館、イベントなどへ足を運んでみるといいでしょう。神社仏閣でのんびりすると、気持ちが落ち着きそうです。渋い感じの喫茶店に行くのもいいかも。
20 月	△	些細なことでも確認することが大事です。持ち物や数字、日付などもしっかりチェックするようにしましょう。また、冗談のつもりでも、余計なことを言わないように気をつけること。
21 火	=	購入しただけで読んでいない本を読んだり、つい先送りにしてしまっていた筋トレやダイエットをはじめるにはいい日。後回しにしている仕事があるなら、先に手をつけておくといいでしょう。
22 水	=	余計な出費がないか、チェックするといい日。家計簿アプリを使いはじめるなどして、無駄な固定費を削るようにしましょう。お金に関する本を読んだり、動画で勉強するのもオススメです。
23 木	▽	突然遊びに誘われるなど、人とのつながりが強くなる日。面倒で断りたいときほど行ってみると、想像よりもいい思い出ができたり、いい話が聞けそうです。夜は疲れやすいので、お酒はほどほどにして、早めに帰るようにしましょう。
24 金	▼	人間関係で問題が起きたり、厳しいことを言われてヘコんでしまいそうな日。何を言われても、マイナスに受け止めすぎないことが大切です。人との距離感も間違えないように気をつけましょう。
25 土	✕	予想外の出来事が多い日。ダメ元で気になる人に連絡してみると、デートができたり、仲よくなれたりしそう。「おもしろい」と思ったときは素直に笑うなど、楽しい空気を出すよう意識するといいでしょう。
26 日	▲	身の回りを片付けるにはいいタイミングですが、間違って大事なものを捨ててしまうことがありそう。しまった場所を忘れてしまうこともあるので、写真を撮ったり、メモを残しておきましょう。
27 月	=	若い人や後輩と関わってみるといい日。何気ない雑談からおもしろい話を聞けたり、前向きな気持ちになれそうです。ふだん関わりが少ない人にも、遠慮しないようにしましょう。
28 火	=	憧れの人や尊敬できる人の話を聞いてみるといい日。相手と同じ苦労をしていなくても、いまがとても恵まれていることに気づけそう。「自分には、やるべきことがたくさんある」ということも見えてくるかも。
29 水	■	予定の詰め込みすぎには要注意。安請け合いをすると、慌ただしくなりすぎて、苦しくなるだけです。少しゆとりをもっておくか、ギリギリで行動しないで済むように工夫しておきましょう。
30 木	■	苦手な人と一緒になる時間が増えることや、実力以上のことを任されてしまいそうな日。頑張るのはいいですが、限界を感じる前に助けを求めたり、仕事のやり方について、アドバイスをもらうようにしましょう。

☆ 開運の日　◎ 幸運の日　● 解放の日　○ チャレンジの日　□ 健康管理の日　△ 準備の日　▽ ブレーキの日
■ リフレッシュの日　▲ 整理の日　✕ 裏運気の日　▼ 乱気の日　= 運気の影響がない日

12月 2023

▲ 整理の月

開運 3 ヵ条

1. 去る者は追わない
2. 年齢に見合わないものは処分する
3. 整理整頓を心がける

総合運 不要なものを処分して
人間関係の整理も必要

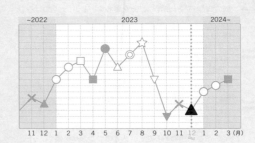

良くも悪くも区切りをつけるのにいいタイミングです。身の回りにあるいらないものや、年齢に見合わないものはドンドン処分しましょう。悪友やあなたを振り回す人と距離をおくなど、人間関係の整理も必要でしょう。ここで我慢したり無理に関係を続けてしまうと、悩みの原因になってしまうことも。簡単に縁が切れなければ、ほどよく離れるようにするといいでしょう。相手から距離をおかれた場合は「去る者は追わず」と思って、執着しないように。

恋愛&結婚運

中旬までは失恋する流れや、恋人と噛み合わない感じがありそうです。クリスマスあたりからはいい感じに戻る運気なので、意識して明るい話をしたり、ポジティブな言葉を発するといいでしょう。「縁を切りたい」と思いながらもズルズル付き合っている相手とは、今月のうちにキッパリ別れたほうが運命の人との出会いにつながるでしょう。結婚運は、下旬に少し動きがありそう。1年後を目標にすると前向きな話ができるでしょう。

仕事運

やる気が出ず、心身ともに疲れを感じ、突然仕事をやめたくなることがありそう。ただ、中旬を過ぎると気持ちが復活してきて「まあ、来年も頑張ろうかな」と思えてくるでしょう。仕事道具や職場をきれいにするなど、身の回りを整えることで前向きになれそうです。多くを望みすぎないようにすることも大事。転職を考えている場合は、今月決めると後悔することになるので、来年の夏以降に検討するのがオススメです。

金運&買い物運

着ない服や使わないもの、いらないものを処分するといい時期。置きっぱなしにしていないで、フリマアプリで売ったり、欲しい人に譲りましょう。読み終わった本をネットで売ってみると、思わぬ値段になる場合もありそうです。欲しいものは、下旬や来月に購入するのがオススメ。中旬までは値段の比較をしておくといいでしょう。投資などの資産運用は様子を見ておいたほうがいいので、情報集めと勉強に専念しましょう。

美容&健康運

ここ1〜2か月で体調を崩してしまった人も、中旬からは調子がよくなってきそうです。特に肌荒れが気になっていた人は、体調とともに落ち着いてくるでしょう。激しい運動はオススメできませんが、軽いダイエットをはじめるにはいいタイミングです。まずは、お菓子や間食などを控えるところからはじめてみましょう。歯のホワイトニングやムダ毛処理などにもオススメの時期です。知り合いにいい病院やサロンを紹介してもらいましょう。

1 金	●	求められることが増えますが、押しつけられているように感じてしまいそうな日。いまできる最善をつくしてみると、感謝されるようになるでしょう。誰かに必要とされている状況を、もっと前向きにとらえましょう。
2 土	△	油断しているとケガをしたり、段差で転んでしまうことがあるので気をつけましょう。食事のバランスの悪さが、ニキビなどの肌トラブルにつながりやすい日でもあります。今日は、体によさそうなものを意識して選びましょう。
3 日	＝	一緒にいると楽しい友人や先輩、後輩に連絡してみるといい。相手の誘いを待っていても何も変わらないので、自らメッセージを送ってみるといいでしょう。夜は出費が増えてしまうかも。
4 月	＝	今日の経験は、のちに役立ちます。結果をすぐに求めずに、どんなことにも真剣に取り組みましょう。言われた以上のことをすすんで行う意識も大切です。「余計なことを……」と言われても、何もしないよりはいいでしょう。
5 火	▽	何事も「苦手だ」と思い込まないように。苦手と感じるにはそれなりの原因があるはずなので、自分に足りない部分をしっかり分析するといいでしょう。コミュニケーション力を上げたいなら、笑顔で挨拶をすることからはじめてみて。
6 水	▼	ほめてほしいと思うなら、まずはあなたが相手のいいところをほめることが大切。ただし、今日は不思議とズレたほめ方をしてしまいないようにしましょう。相手をしっかり観察することを忘れないようにしましょう。
7 木	×	自分では「真面目でしっかりしている」と思っていても、そもそも空気が読めていないタイプのあなた。無理をしないで、空気が読めないなりに周囲がよろこびそうな話をしてみると、うまく気持ちが伝わるでしょう。
8 金	▲	大掃除とまでいかなくても、徐々に身の回りを片付けはじめるといいでしょう。使わないものや置きっぱなしのものは処分すること。ただし、間違って他人のものまで捨ててしまわないよう注意が必要です。
9 土	＝	ふだんは行かないお店でごはんを食べたり、少し遠出をするといい日。小旅行をするといい気分転換になりそうです。ゆとりがあれば1泊するといいかも。少しの勇気が、人生を変えるきっかけになるでしょう。
10 日	＝	ふだん自分から遊びに誘うことがないなら、そのルールを壊すといい日。気になる人にはドンドン連絡してみましょう。小さな挑戦がいい流れをつくってくれそうです。気になる習い事の体験教室に申し込むのもいいかも。
11 月	□	「なんとかなる」と言うことが大切。何事も試しにやってみないとわからないもの。マイナス思考になったり、真面目に考えすぎたりしないで、「人生は実験」と思い、もっと前向きに挑戦してみましょう。
12 火	■	頑張りすぎると疲れるだけ。ときどきの無茶はいいですが、無理は続かないでしょう。今日は少しペースを落としてもよさそうです。ただし、サボっていいわけではないので、自分に都合のいい解釈はしないように。
13 水	●	肩の力が抜けて、いい感じで仕事ができたり、周囲と話せたりしそうです。少しくらい雑な部分があるほうが、人生でいいことが多いもの。神経質になりすぎないで、「グレーなところがあって当然」だと思っておきましょう。
14 木	△	失くし物に注意が必要な日。書類や鍵が見つからず、「たしかにカバンに入れたはずなのに……」と焦ることがありそう。トイレにものを置き忘れてしまうことも。席を立つときは、持ち物の確認を忘れずに行いましょう。
15 金	○	付き合いの長い人からの一言が、心にズシッときそうな日。厳しい言葉をかけられたり、図星を指されてもヘコまないように。「自分の学びが足りていなかった」と認めて、ゆっくりでもいいので成長につなげましょう。
16 土	○	クリスマスプレゼントや、年末年始に使うものを買いに行くといい日。出費が多くなりそうですが、ストレス発散にもなっていいでしょう。少し大きめのショッピングモールに行ってみるのがオススメです。
17 日	▽	日中は、スポーツや体操をするなど、少し体を動かすのがオススメ。ストレッチや、買い物がてら散歩をしてみると、1日をスッキリした気持ちで過ごせるでしょう。夜は、家族や身内に振り回されてしまうことがあるかも。
18 月	▼	「あちらを立てれば、こちらが立たず」と、板挟みになって困ってしまいそうな日。自分で決めるより、先輩や上司など信頼できる人のアドバイスを大事にするといいでしょう。
19 火	×	物事が裏目に出やすい日。それでも、何もしないままよりも、よかれと思って行動したうえで失敗するほうがいいので、自分を信じて動いてみましょう。うまくいかなかった場合は、その原因をしっかり考えること。
20 水	▲	何事もシンプルに考えるといい日。無駄な動きや不要な考えをなくすよう心がけましょう。ダラダラしてしまう原因がスマホにあるなら、手の届かないところに置いたり、設定を変えるようにしましょう。
21 木	＝	「今日はどんなことが起きるかな?」と、できるだけ前向きな想像をしてみましょう。「今日も楽しい1日になる」とつぶやく癖をつけると、本当に楽しい出来事が起きるようになるでしょう。
22 金	＝	いい出会いやいい経験ができる日。ただし、あなたは面倒に感じてしまうかも。「面倒を乗り越えた先に、楽しい思い出や成長があるもの」と思って、厄介に感じたときほど思い切って飛び込んでみましょう。
23 土	□	計画的に行動して、疲れをためないようにしましょう。今日の疲れは明日に響く場合もあるので、ゆとりをもって動いておくこと。夜は早めに寝て、翌日に備えましょう。
24 日	■	暴飲暴食に注意が必要な日。おいしいからといって食べすぎたり、お酒を飲みすぎて大失敗することがあるので気をつけましょう。疲れを感じたときは、無理せず家でゆっくりしましょう。
25 月	●	急にクリスマスパーティーに誘われたり、予定が変わることがありそう。今日は、ノリや勢いを大切にしてみるといいでしょう。自ら誰かを誘ってみたり、みんながよろこびそうなことをやってみると、楽しい思い出もできそうです。
26 火	△	仕事を納めたと思って家でのんびりしていたら、「今日が仕事納めですよ」と言われるなど、うっかり予定を勘違いして焦ってしまうことがありそう。仕事関係者への挨拶も忘れないように。
27 水	○	よく考えたら今年は会っていなかったり、「今度飲みましょう」と約束したままになっている人に連絡してみるといい日。忘年会や同窓会などの集まりに参加すると、今後頑張る力をもらえそうです。
28 木	○	買い物をするには最適な日。年末年始に使うものや、服を購入するといいでしょう。見栄を張って高いものを買うのではなく、「高そうに見えるもの」を選んで、出費を抑えるのがオススメです。
29 金	▽	片付けや年賀状づくり、買い物などの用事は日中に終わらせて、夜はのんびりするといい日。ダラダラしていると、何もしないで1日が終わってしまいそう。好きな音楽をかけて掃除をするのもいいでしょう。
30 土	▼	期待外れな出来事があったり、外出先で人混みに巻き込まれてヘトヘトになってしまいそう。今日は、家でゆっくりする時間を増やしましょう。映画を観てのんびり過ごすのもオススメです。
31 日	×	予想と違う1日になりそうな日。のんびりした大晦日のつもりが、急に遊びに誘われることも。突然、予定がキャンセルになりさみしい大晦日になりそうなときは、自ら友人を誘ってみると、楽しい時間を過ごせるでしょう。

☆ 開運の日　◎ 幸運の日　● 解放の日　○ チャレンジの日　□ 健康管理の日　△ 準備の日　▽ ブレーキの日
■ リフレッシュの日　▲ 整理の日　× 裏運気の日　▼ 乱気の日　＝ 運気の影響がない日

金 のインディアン座

- ★陽気な星
- ★情報通の星
- ★繊細さに欠ける星
- ★マイペースの星
- ★図々しい星
- ★空想・妄想好きな星
- ★好奇心旺盛な星
- ★心は中学生の星

12年周期の運気グラフ

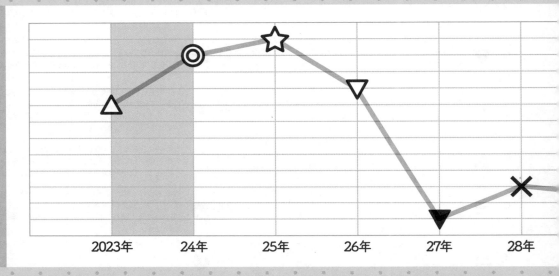

| | 2023年 | 24年 | 25年 | 26年 | 27年 | 28年 |

金のインディアン座はこんな人

基本の総合運

五星三心占いで唯一、人を表す「インディアン座」ですが、大人ではなく、好奇心旺盛で心は中学生のままの人です。幅広く情報を集めるため、周囲から「何でそんなこと知ってるの？」と言われるような新しいことを知っていたり、流行のさらに先を読むことができたりする人でもあるでしょう。妄想や空想が好きで、常にいろいろなことに興味を示しますが、飽きっぽいため、計画的に行動することが苦手です。人懐っこく、知り合いが多くなることで幸運をつかむことができるので、友人に執着しないほうがいいでしょう。

基本の恋愛＆結婚運

恋は恋、仕事は仕事、趣味は趣味と、すべてを同率にするため、若いころは恋にどっぷりハマることがあっても、社会に出るとそこまでの深い恋をする感じではなくなります。「恋も楽しいし仕事も頑張る、趣味の時間も欲しい」というタイプに。そのため恋人に寂しい思いをさせてしまい、相手が浮気する隙を作ってしまうことも。結婚願望は強くはないのですが、家族を大事にします。結婚後は、相手も自分の家族も大事にしますが、ほどよい距離感を大事にしようとする面も出てくるでしょう。

基本の仕事＆金運

フットワークの軽さを活かした仕事に就けると活躍できるので、販売や商社、営業に強いタイプ。営業先の偉い人と仲よくなり、お酒の席で大事な仕事をとることができるなど、学生時代よりも社会に出てからのほうが能力を発揮することができるでしょう。転職することで複数の技術を習得でき、人脈を広げて仕事に活かすこともできそうです。金運は、中学生のようなお金の使い方をするので、できれば定期的にお金を貯めることが大事。複数の銀行にお金を分けて預けておくと、自然と貯まるようになるでしょう。

「金のインディアン座」の2023年は、「準備の年」。山登りで言うと難所を乗り越えて、気持ちが楽になるところ。長い目で見ると、運気は上昇中です。「遊ぶことが大事な年」で、楽しんで笑顔になることが大事。2024年はさらに運気が上昇し、2025年にこれまでの積み重ねの成果が出ます。2024〜2025年にさらによろこびを感じるためにも、今年は遊びを満喫しつつも、何事も準備を怠らないようにしましょう。

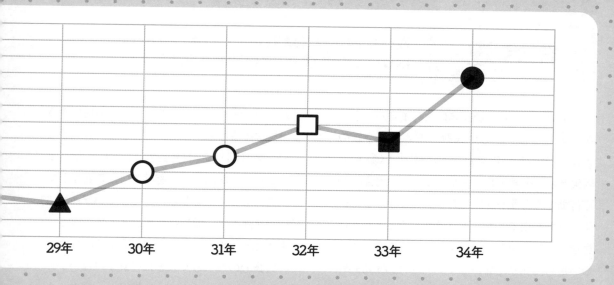

29年　30年　31年　32年　33年　34年

年の運気の概要

● 解放の年
プレッシャーや嫌なこと、相性の悪いことから解放されて気が楽になり、才能や魅力が輝きはじめる年。

△ 準備の年
遊ぶことで運気の流れがよくなる年。些細なミスが増える時期でもあるので、何事も準備を怠らないことが大事。

▲ 整理の年
前半は、人間関係や不要なものの整理が必要。後半は、チャレンジして人脈を広げることが大事です。

☆ 開運の年
過去の努力や積み重ねが評価される最高の年。積極的な行動が大事で、新たなスタートを切ると幸運が続きます。

○ チャレンジの年
「新しい」と感じることに挑戦をして体験や経験を増やすことが大事な年。過去の出来事に縛られないこと。

▽ ブレーキの年
「前半は攻め、後半は守り」と入れ替わる年。前半は行動力と決断力が大事。後半は、貯金と現状維持を。

✕ 裏運気の年
自分の思いとは真逆に出る年。予想外なことや学ぶべきことが多く、成長できるきっかけをつかめます。

◎ 幸運の年
前半は、忙しくも充実した時間が増え、経験を活かすことで幸運をつかめる年。後半は新たな挑戦が必要です。

□ 健康管理の年
前半は、覚悟を決めて行動し、今後の目標を定める必要がある年。後半は、健康に注意が必要です。

■ リフレッシュの年
求められることが増え慌ただしくなる年。体を休ませたり、ゆっくりしたりする時間をつくることが大切。

▼ 乱気の年
決断に不向きな年。流されながら、求められることに応えることが大事。体調を崩しやすいため、無理は避けて。

2023年の運気

2023年開運3ヵ条

1. メリハリをつけて遊ぶ
2. 事前準備と最終確認を忘れない
3. 仕事もプライベートも15分前行動をする

ラッキーカラー ピンク 藤色
ラッキーフード 寿司 杏仁豆腐 **ラッキースポット** 話題のスポット 海のあるリゾート地

総合運

遊べば遊ぶほど運気が上がる年
はじめての体験や人との関わりを楽しんで

人生で最も楽しく遊ぶ年になりますが、うっかりミスや恥ずかしい失敗も増える「準備の年」。ノリや勢いにまかせるだけでなく、情報収集と事前準備をしっかりして、先を考えてから行動するよう心がけておきましょう。とはいえ、計画を立ててキッチリ準備することが不得意な「金のインディアン座」は、好奇心に火がついたら後先考えないでドンドン行動する純粋な子どものようなタイプ。2022年の「解放の年」の流れを受け、2023年は調子に乗りすぎて足元がぐらつくことが多くなってきます。「今を楽しまなければ」と思うことは悪くありませんが、お金を使いすぎたり気分で離職や転職をして苦労を招いたり、恋愛では体だけの関係にハマってしまうような流れもあるので、本当に「今だけ」でいいのかと、少し先を想像してみましょう。

ただ、2023年は遊べば遊ぶほど全体的な運気が上がります。1年を振り返って「よく遊んだなあ」と思えるほうが、2024年の「幸運の年」、2025年の「開運の年」の運気も良くなるでしょう。逆に仕事ばかりの年になると2024年からの運気が沈んでしまうので、事前

に遊ぶ日を決める、計画を立ててその日に使う金額を決めるなど、ルールを設定してしっかり守り、メリハリを付けて遊ぶようにしましょう。これまでなんとなく避けていたことをしたり、気になっていながら行っていない場所やお店に足を運べば、面白い発見があるでしょう。そもそも心が中学生のまま成長していないので、好奇心のおもむくままに行動すればいい体験や出会いがありそうです。知り合いや友人を巻き込めば、いい思い出も作れるでしょう。

今年最も警戒したいのは事故や怪我と、勢いまかせの契約や高価な買い物での出費です。もともと行動が雑な「金のインディアン座」ですが、特に今年は打撲や転倒に要注意。スポーツにも注意が必要で、特に球技は突き指や骨折など怪我の原因に。外見が若く見えるタイプですが、体は年齢相応に衰えています。準備運動も忘れないようにしましょう。また、わずかな段差で転んで大怪我をすることもあるので、急いでいても足下はしっかり確認しましょう。特にお酒を飲んだ時は怪我をしやすく、また、今年はお酒で大失敗をする運気でもあります。飲み過ぎで体調を崩したり、怪我やなくし物をして

開運のつぶやき ▶ 遊びに真剣になれない人は、何も頑張れないし楽しめない。

しまうので、飲む量を決める、帰る時間を決めるなど、その場だけでなくその後も楽しめるよう考えてみましょう。途中で抜けるのは苦手なタイプですが、帰る時間を先に伝えておいて、「シンデレラなので魔法が解けてしまう」と冗談で場を和ませてから立ち去るくらいの方があなたらしくていいかもしれません。また、酒席での異性との接し方にも気をつけてください。もてあそばれたり体だけの関係で終わる場合もあるので、ノリのいい人との距離感を間違えないようにしましょう。

　信用を失うような遅刻、大事な資料の紛失、操作ミスでのデータ消去、機器を壊してしまうなど、あらゆる仕事上の失敗が考えられる年でもあります。どんな作業もマニュアル通りの操作や丁寧さを心がけ、失敗しそうなことは紙に書いて貼ったり、スマホの待ち受け画面にしておくといいでしょう。最終チェックは自分だけでなく、先輩や上司、時には後輩や部下にもしてもらいましょう。特に書類は日付の間違い、誤字脱字、記入漏れなど自分でも「あれ？」と思うようなミスをしがちです。また、小さな遅刻がたび重なると「だらしない人」と思われ信用を失ってしまいます。今年は誰よりも早く現場や職場に到着するよう心がけ、万が一遅れる時は早めに報告して謝罪しましょう。就寝前に翌日の準備をして、15分前行動を心がけるなど何でも早めに動くようにしてください。ゆとりがあれば30分前行動で、空いた時間はスマホを見ないで本を読んで知識を増やせば一石二鳥。語ることが好きな「金のインディアン座」なので、本の話題で周囲から愛される存在にもなれそうです。失言もしやすい年ですが、語ることがあなたの最大の魅力。口を慎むよりは、余計なことを言ったと気付いたらすぐに謝ったり訂正をしましょう。

　1月は怪我や二日酔い、暴飲暴食で体調を崩すなどしてしまいそう。「新年会だ！」と張り切るのはいいですが、今年は「1軒目で帰る」ルールを守りましょう。2軒目、3軒目と飲み続けるとお金がなくなるだけではなく、ひどい二日酔いや食あたり、打撲や擦り傷など謎の痛みを翌日抱えてしまうこともありそうです。2月からは急なモテ期を感じるくらい複数の人から遊びやデートに誘われ「なんで急に？」と思うような展開になりそう。すでに昨年くらいから仲よくなっている異性の友人がいるなら、勢いで交際してみると楽しめるでしょう。

　緊張感が走るのは3月で、自分でも驚くほどの寝坊や忘れ物をしやすい月です。目覚ましをかけていたのに会社からの電話で目覚めたり、約束をすっかり忘れて叱られたり、準備不足で会議がガタガタだったりと、「これは気を引き締めないと！」と思う出来事があります。忘れっぽいあなたはこの反省も3日もすると忘れて、今度は違うミスをして「今度こそ！」と思うことなどもありそう。財布をなくしたり、スマホを置き忘れたり、落として画面を割ってしまい、修理に出して戻ってきたその日にまた落として割るというような、ドジにドジが重なってしまうことも。この1年を象徴するような月になるので、本気で気を引き締めましょう。

　4月以降は問題も減っていき、職場の人や身近な人との交流もあり、日常を楽しめそうです。気になるイベントやライブ、旅行に出かけたりと、フットワークも軽くなります。ただし、仕事ではやる気がなくなり、突然転職や離職を考えてしまいそう。7～8月は特に無謀な行動に走りやすい時期です。今年は前向きな妄想が爆発しやすいので、勝算もないのに「独立する」「フリーランスで仕事をする」などと思い立ってしまいがち。まずは収入の見込みや仕事の増やし方を考え、お金の管理の難しさを学ぶ冷静さが必要でしょう。動きたい気持ちが湧

開運のつぶやき　▶　👓　思い通りの結果にならなくても、その過程で必ず得ているものがある。

く運気ですが、今年は「準備の年」だと心得て、情報収集にとどめておきましょう。

10〜12月は不思議と地元の友人や昔の同僚、過去に仲のよかった人と縁がつながります。ちょっとした同窓会的集まりを主催してみたり、誘われたら顔を出してみると思わぬ縁がつながって、再会とは面白くて楽しいものなのだという確認ができそう。恋人がいない人は、この縁で久しぶりに会った人と意気投合して交際に発展し、結婚まで話が進むという流れもありそうです。急に思い出した人がいたら連絡をしてみたり、数年前によく行っていた店に行ってみると、いい思い出がよみがえることもあるでしょう。

今年は大きな問題は起きませんが、小さな失敗を連発する年でもあり、1月の体調への注意から始まって、3月までにはこの1年で気をつけるべきことがハッキリしてきそうです。浪費には特に気をつけましょう。気がついたら財布が空っぽ、来月のカードの支払い額を見てゾッとするなどということがありそう。2023年の高額な買い物は、後の人生を苦しくする原因になるので、家やマンション、土地、車など長期保有する物の購入はできるだけ避けてください。中古で家を購入したら欠陥住宅でその後の出費がかさんだり、無謀なローン計画で支払いをスタートして途中で断念するケースもあります。また、車は人生を狂わせる原因にもなるので、買い替えや購入がどうしても必要な場合は、あなたが車を選ばず運気のいい人に選んでもらいましょう。できれば自転車やバイクの購入も避けて欲しい時期なので、この本を2022年中に手にしたあなたは、必要ならば2022年のうちに購入しておくといいでしょう。また、儲け話にも要注意。軽はずみに見知らぬ投資先に投資などしないようにしてください。マルチ商法やネズミ講などに引っかかると友人関係も

メチャクチャになり、友情もお金も失ってしまいます。ネットでの買い物や契約にも騙されそうな年なので、「安い！」と思っても簡単に飛びつかず冷静に判断しましょう。

夏場は運気が乱れて無謀な行動に走ったり、あなたの裏側にある「カメレオン座」の性質が出て急に不安になったり、現実的なことを考えてしまいそう。大きな判断ミスをしやすいので、じっくり考えたことでもこの時期は行動に移さないようにしましょう。特に転職や引っ越し、イメチェンなどは失敗して後悔することになりそう。現状を維持しておけば年末にはその不安や迷いはなくなってくるでしょう。

今年は仕事をホドホドにして、大きな成長や結果を期待しすぎないようにしましょう。12年に一度の「遊ぶことで学びと成長と出会いがある運気」だと思って、しっかり遊んで楽しみましょう。仕事ばかりの1年にしてしまうとその後の運気の流れが乱れたり、視野が狭くなり柔軟性に欠けるなどのマイナス面が出てきてしまいます。真剣に遊べる人は真剣に仕事ができ、真剣に人生を歩めるようになるので、遊びを「悪いもの」と捉えないようにしましょう。妄想好きなあなたですが、今年は頭の中で楽しむのではなく、実際に体験したり人との関わりを面白がってみることが大切です。友人や恋人や家族に、相手が驚き喜ぶことは何かと考えていろいろやってみるのもいいでしょう。

2023年は楽しい1年で、本来のあなたの陽気さが出る運気でもあります。恥ずかしい思いや失言もしやすいですが、何事も楽しむ気持ちを忘れないでください。人生を楽しむための生きがいを見つけたり、恋愛や趣味を楽しむ必要があるということも学べるでしょう。あなたを助けてくれたり失敗をフォローしてくれる人に感謝の気持ちを忘れないで、お礼や挨拶はこれまで以上にしっかりしておきましょう。

開運のつぶやき ▶ 👓 頑張るのはいいけれど、頑張り過ぎないことも大切。

恋愛運

遊びの恋も楽しめる人生最大のモテ期
2月の告白から交際スタートも

2022年からモテを感じている人も多いと思いますが、2023年はさらにモテる運気です。ただし、モテると言っても今年は「遊びの恋限定」だと思っておいてください。真剣な交際から結婚を考えている人にとっては「もてあそばれた」と思うような恋もありますが、「恋愛＝遊び」と割り切ってみると、12年で最大のモテ期を感じることができ、これまで恋を遠ざけていた人も異性との関わりが多くなって恋愛を楽しむことができるでしょう。痛い目に遭うのは避けたいなら、2022年に出会って仲よくなった人やもともとの友人、知り合って長い人との交際をオススメしますが、「都合のいい相手」になってしまうのと、「遊びの恋」は違うということを忘れないようにしましょう。

少しでも気になっている人がいるなら、2月のバレンタインを利用すると簡単に恋人になれるでしょう。今年は告白される運気でもあるので、思い切って交際をOKしてみると1年が楽しめそうです。もしこのタイミングがずれても、4月からの交際スタートもありそうです。5月も恋が進展しやすい運気ですが、趣味や興味があることに熱中しているとチャンスを逃してしまうので、周りにいる異性の動きなども観察してみるといいでしょう。10〜12月は、しばらく会っていなかった人から連絡をもらったら会いに行ってみたり、偶然再会した相手と遊ぶ機会を作ってみると、思わぬ告白をされたり恋に発展することがあるでしょう。

注意しておきたいのが3月のお酒の席。勢いで関係を持ってしまったり、なんとなくセフレになってしまうことがあるので注意しましょう。7〜8月に初めて会う相手は、束縛したり支配欲が強い人かも。短い恋になったり痛い目にも遭いやすい時期なので、相手選びを間違えないようにしましょう。

すでに恋人がいる場合は、あなたが他の人に目移りしたり、二股や浮気、不倫をするなどこれまでなら考えられないような行動に走ってしまうことがありそう。「一度だけなら」「嘘でごまかせば」「バレないから」などという気持ちは後の人生で後悔するような選択につながるので気をつけましょう。また、先に確認することも大事です。恋人がいるとか結婚しているなど、実は前もって相手がおわせているのに、あなたの思い込みで走り出してしまう場合もあるので気をつけましょう。

2月に思い切ったイメチェンをするのもオススメ。これまでとは違う美容室で髪を切って、服装も明るく華やかな感じを心がけましょう。若く見える「金のインディアン座」ですが、幼稚なものは身につけないで、年齢に見合う洋服をそろえましょう。バッグや靴も周囲にいる同年代が持っているような物に買い替えてみるといいでしょう。また「出会う相手は常に今の自分に見合っている人」ということを忘れず、周りに素敵な人が現れない時は自分のレベルを上げる努力をしてください。まずは言葉遣いを改めて、何でもペラペラしゃべらず、相手の気持ちを考え周囲からどう思われるかを想像してから話をするようにしましょう。あなた次第で簡単にモテを楽しめる1年なので、注目されチヤホヤされるのをしっかり楽しみつつ、自分に合うタイプや真剣に恋をしないタイプなど、相手を見極める目を養う年だと思って人間観察も楽しんでおきましょう。

開運のつぶやき ▶ 😎 運のいい人はいい言葉を使い、運の悪い人は悪い言葉を使う。

結婚運

結婚の準備をするにはいいタイミング
自分なりの「幸せな結婚」をイメージしてみて

遊びの恋は楽しめる「準備の年」ですが、結婚となると判断ミスをしそう。後に失敗だったと思う可能性が高いので、オススメできるタイミングではありません。ただし、すでに2022年に婚約をして結婚の話が進んでいるカップルの場合、2月中に入籍をするか、記念日での入籍を決めているなら問題はないでしょう。

2023年はノリのいい異性が周囲に集まってくる年でもあります。結婚には束縛感があると思っている人ほど「このノリの結婚なら楽しめそう」と、相手の価値観や経済状況などを気にしないで結婚に進んでしまうことがあり、数年後に後悔することになりそうです。「結婚は勢いだ！」と思って飛び込むのは、今は少し待ってください。また、今年は妊娠からの結婚となる人も多いので、相手選びを間違えないようにしましょう。2023年にプロポーズされたり結婚を真剣に考える場合は、2月ならいいタイミングです。そこにあてはまらない場合は、2024年以降に結婚したほうがいいでしょう。今年の「金のインディアン座」は、結婚ができない運気ではありませんが、入籍をあなたのタイミングに合わせないで、結婚相手の運気がいい日に合わせてみると後の問題は少なくなるでしょう。ただし、その場合は結婚生活で主導権を握るのは相手のほうということになるので、あまりワガママを言わないように気をつける必要があります。

「準備の年」なので、結婚の準備をするにはいいタイミングです。そもそも結婚願望があまり強くない「金のインディアン座」にとって、遊ぶ機会や異性との関わりが増える今年は、いろいろな相手や結婚の形を見るいい機会だと思っ

ておくのがよさそうです。既婚者の家に遊びに行ったり、身近にいる新婚さんを観察したり、話を聞いてみるといいでしょう。結婚後に幸せになっている人を見て、自分の結婚後を想像し、自分なりの「幸せな結婚」をイメージできるようになるのが準備の第一歩です。得意の妄想力で結婚後の自分や生活をいろいろ想像してみましょう。今のあなたに何が足りないのかも見えてきそうです。

それでも、どうしても2023年の結婚を望む場合は、すでに知っている人の中から選ぶのがいいでしょう。目的を「結婚」にしぼることができるのなら、異性の友人や仕事仲間の中から真面目な感じの人を選んであなたから誘い、押し切ってみるといいでしょう。思い描いていた理想の相手とはかけ離れた人になるとは思いますが、同性からの評判がいい人、面白みはないけれど真面目に仕事をする人、優しく親切な人というのが相手選びのポイントです。ここで外見の好みや将来性、楽しさなどを求めていると結婚には進めないでしょう。

恋人がいる人は無理に話を進めるよりも、まずは恋人と楽しい1年を過ごしてください。旅行やライブ、イベント、海や山など、これまで2人で行ったことのない場所に遊びに行くことで、相手のよさをさらに知ることができて、いい思い出ができそうです。今年一緒にたくさん笑って思い出作りができるカップルなら、2024年に自然と結婚へ話が進んでいきます。楽しく過ごす方法を考えて、一緒に笑えるように工夫するほうが結婚への近道になるでしょう。遊びの中からお互いの欠点や弱点もわかり、支え合うべきところが見えてくるでしょう。

開運のつぶやき ▶ 👓 他人が与えてくれる優しさに敏感になるだけで幸せになれるもの。

仕事運

仕事はホドホドでOK
今年の転職は判断ミスになる可能性が

　2022年にやっとコツをつかんで仕事が面白くなってきている人も多いと思いますが、「準備の年」である2023年は、仕事へのやる気が落ち着いてしまい、趣味やプライベートが楽しくて仕事に身が入らなくなってしまいそうな運気。仕事運が悪いわけではありませんが、今年はしっかり遊ぶことが大切です。遊んでばかりはよくないですが、仕事ばかりになるのもよくない運気なので、仕事はホドホドにして、仕事関係者を食事や飲みに誘ってみたり、家に遊びに行ったりと、一気に距離を縮めてみると楽しい時間を過ごせるでしょう。

　また、突然転職をしたくなる年ですが、今年の転職は判断ミスになるので避けてください。どうしても転職を望む場合は、2023年に決まった仕事は長続きしないと思って、2024年か2025年にもう一度転職する必要が出てくると覚悟しておいてください。

　また、今年は小さなミスが増える年です。特に遅刻は、これまでそんなことはしたことがない人でもやってしまう可能性が高いので要注意。書類やメールでも誤字脱字に注意して、特に数字や金額などは間違えないよう最終確認をしっかりするようにしましょう。約束したことをすっかり忘れてしまうというようなこともありそうです。すぐにメモするといいですが、そのメモを置き忘れてしまうドジなところもあるので、十分に気をつけておきましょう。指先を使う仕事をしている場合は、怪我には特に注意してください。パソコン仕事の人は、手首を痛めて仕事に支障が出てしまうことがあるかもしれません。指は使わない仕事だという人も、ドアに指を挟んだり、転んで手首を痛めてしまう

 こともありそうです。1月と3月は特に注意。職場での怪我ではなく、飲み会やプライベートで遊んでいての怪我が増えそうですが、結果として仕事に支障をきたすことになりそうです。

　3月は、仕事で大きな失敗をする可能性のある時期です。いつにも増して慎重に仕事をして、寝坊にも注意してください。この月は失言をする可能性も高いので、上司や先輩、取引先も含めて余計なことをしゃべらないよう心がけておきましょう。職場で話をしすぎて、後に気まずい空気になり職場に行きづらくなってしまうなどということもあるかもしれません。

　7～8月は、仕事への集中力が突然切れてしまいそう。職場や仕事への不満、将来の不安を考えすぎてしまう時期でもあります。余計な行動に走らないように、目の前の仕事に向き合って、ゆっくりでもいいので進めておきましょう。後先を考えないで離職に走ると後悔します。この時期は仕事は最低限にして、プライベートを楽しむように気持ちを切り替えておくといいでしょう。

　ミスが多くやる気を失いがちですが、今年はプライベートを楽しむ年なので、仕事は少しくらい調子が悪くても気にしないでください。無理な残業はせず、ホドホドで切り上げて遊びに行くなど割り切って過ごしましょう。遊びの中から仕事の面白さを発見できることもあり、時には仕事は遊びだと思える人こそ楽しく仕事をすることができそうです。年末には昔の同僚や先輩、上司と不思議な縁を感じることもありそうなので、思い出した人がいれば久しぶりでもメールを送っておきましょう。

開運のつぶやき　掃除をしたり身の回りを綺麗に整えてみると、その隙間に幸運が入ってくる。

買い物・金運

物よりも「体験」にお金を使って
高額出費やローンには要注意

好奇心が旺盛で気になる物を見つけると迷わずパッと購入することが多く、五星三心占いの12タイプの中でも浪費家が最も多いのが「金のインディアン座」。今年はさらに財布のヒモが緩み、お金が全く貯まらないどころか大出費してしまうことになりそうです。2023年は遊ぶことで運気が上がるので、金額を決めて計画的に遊ぶのなら問題はありません。ただ、スマホを落としたり壊したりして買い替えや故障での出費、財布や家の鍵を落とすなどのドジな出費も増えてしまいそう。中には車をこすったりぶつけたりして、修理代が痛い出費になってしまうことなどもあります。そんな不注意からの出費は本気で気をつけていれば避けられるので、例年以上に注意しましょう。

儲け話にも騙されやすい時期なので、「簡単に儲かる」などといった話には耳を貸さないようにしましょう。長期的な契約にも今年は注意が必要です。ローンを組んでの家やマンションや機器などの購入、美容エステなども勢いで契約しないよう気をつけてください。また、ネットでの買い物も失敗をしやすい時期です。これまで安心して利用していたネット通販でも、送料が高額になったり、届いた品が見本と違ってガッカリすることがあったり、返品をしようとして無駄な時間を取られてしまうこともありそう。慎重に購入するようにしましょう。

一方で、今年は遊び心を上手く利用するといい年でもあります。ネットに面白い動画を上げてみたら話題になったり、新しい動画アプリを面白半分に始めてみたら思わぬ収入になるというような流れをつかめそう。趣味の動画をぜひ撮ってみてください。ただし、今年スタートす

る仕事には思わぬ落とし穴がある運気なので、面倒なことになりそうなら即停止し、迷わず消去しましょう。お金儲けを考えるよりも、みんなが喜ぶことを考えるほうが仕事や商売のヒントになる場合もあります。趣味で作ったお菓子やアクセサリーをみんなに配ってみると「これどこで買ったの？」と聞かれて後に仕事につながるようなこともありそうです。

また、今年は「体験」にお金を使うといいので、旅行やライブ、温泉やスパやサウナ、美味しいものを食べに行くなど、時には少し贅沢をしてみましょう。これまでとは違うサービスを受けられていい勉強になったり、「またここに来たい」と頑張る励みになったりして、後に仕事のやる気にもつながっていきそうです。話題の人や有名な人のコンサートや舞台などのチケットを取ってみるのもいいでしょう。また、美術館や気になる展示を観に行くと素敵な絵に出会えたり、作品以外にも面白い出会いがありそうです。食事にしても、回転寿司もいいですが、カウンターでおまかせの握りをいただくお寿司屋さんに行ってみましょう。飲みたいときも居酒屋ではなく本格的なBARに行けば、お酒の本当の美味しさを学べるでしょう。

楽しくパッとお金を使ったり、行きつけの店に行く楽しさもありますが、お金の本当の価値を知るためにも、価値のある物、一流の物にお金を払うという意識を持ってみてください。レベルの高いサービスを受けるためにはそれなりの出費が必要だと実感して、視野を広げるきっかけを上手につかみましょう。お金を貯めたいと思っているなら、定額の投資信託を少額から始めるといいでしょう。

開運のつぶやき ▶ 自分とは違う価値観を知ることを楽しめる人に幸運はやってくる。

美容・健康運

行動が雑になり、美意識も乱れるかも
生活習慣を整えて

2023年は怪我と美意識の低下に要注意。そもそも「準備の年」とは「準備ができる年」ではなく、「準備さえしっかりすれば問題が避けられる年」という意味です。行動が雑になり失敗しやすい運気ともいえ、自然と美意識が乱れて誘惑に負けやすくなり、暴飲暴食が続いたり間食が増えたりします。1年後にはすっかり太ってしまって今の洋服が着られないというようなショッキングな状況になってしまうこともあるでしょう。勢いで大量の食べ物を購入したり、お店では注文し過ぎたりしないよう注意が必要です。残りそうな食べ物を「捨てるのはもったいないから」という意識で食べたりしないようにしてください。あなたの大事な体はゴミ箱ではないので、どんなに美味しい物でも無理して食べないようにすること。夕食は19時までに終えて、それ以降は就寝まで何も食べないようにするなど、生活のサイクルをしっかりと決めておくといいでしょう。

また、雑な行動から指や手首を怪我したり、膝やギックリ腰の治療が続いてしまうこともありそう。そういったトラブルを避けるためにも、慎重に丁寧に行動することを心がけておきましょう。寝坊をしてしまって焦って準備するときに足の小指をぶつけて骨折したり、階段で転んで大怪我をしたり、お酒を飲んでの怪我や打撲も増えるので、今年は上品に行動することを目標にしておくのもいいでしょう。

ダイエットをするなら、遊びと連動できる方法がオススメ。ダンスやヨガ、ボクササイズなどで楽しみながら体を動かしたり、友人や知人としゃべりながらできる軽いランニングを行ってみるといいでしょう。飽きっぽい「金のインディアン座」は1つの方法だけでは続かないタイプなので、複数の方法を並行して行ってみるのもよさそう。ただし、今年は油断しやすい年でもあるので、「こんなに運動したから今日はチートデイね」などと言って、運動後に食べ過ぎてしまわないよう気をつけましょう。

特に注意したい時期は1月です。新年会に出かけて新年早々大怪我をしたり、食べ過ぎて正月太りから1年が始まってしまうなどということがありそう。今年は無理なダイエットをするより、体型の現状維持を目指すくらいがいいでしょう。3月には油断をして、1年の目標やこの本を読んだこともすっかり忘れて太ってしまったり、怪我をしてしまうかも。「そういえばこの本に書いてあった！ ゲッターズ当たる〜」などと言わないようにしてください。最も注意すべきなのが7〜8月の「乱気の月」と「裏運気の月」で、この時期はグルメ心に火がついて美味しい物を食べ過ぎないようにしましょう。9月にはドジな怪我をしやすいので、気をつけておきましょう。

大きな病気が発覚するような運気ではありませんが、生活習慣が乱れやすいので、それが原因で怪我をしたり、後の病気の原因になってしまうこともあります。不摂生な生活を送りやすく、特にダラダラしやすい1年なので、家での飲酒はやめてお酒を飲むなら外だけにする、アイスやお菓子も外食した時のデザートだけにするなど、ルールを作って少し生活を変えるのもいいでしょう。慌てて行動しないことや、段差や階段など足下には十分注意をすること、そして家の中でも転倒の原因を作らないようマメに部屋を片付けるようにしましょう。

親子・家族運

家族みんなで遊びを楽しめる年
ただし、余計な一言には注意して

あなたの好奇心が旺盛になる年なので、家族で一緒に楽しめればいいのですが、「じゃ、みんなも楽しんで！」と家族をほうっておいて遊びやイベントに出かけてしまうことが多いのが「金のインディアン座」。あなたのマイペースぶりには家族も慣れていると思いますが、今年はせっかく運気がいいので、家族で旅行したり気になるお店をみんなでチェックして順番に行ってみるなど、家族であなたの運気を盛り上げると絆も深まるでしょう。また、ドジな怪我もしやすい年なので、家族のサポートを受けて「家族がいてくれてよかった」と思える出来事があるかもしれません。

ただし、家族といえども余計な一言には注意が必要です。特に今年は失言をしやすく、雑な物言いや言葉遣いが増えてしまう1年です。「家族なら理解できているでしょ」と思っていると、思わぬ誤解がケンカの原因になってしまうこともありそう。メールでも、相手に伝わりにくくなっていないかなど、きちんと確認してから送るようにしましょう。

夫婦関係は、一緒に旅行したり食事に行く機会なども増えて、楽しく過ごせそう。付き合い始めの頃のようなデートを楽しめたり、買い物も一緒に行ったりと、昨年よりも話をする時間や語り合う機会も増えそうです。あなたが気になる場所やお店を探して、面白そうなところに誘ってみるのもいいですが、相手の要望に合わせてみると、最初は「微妙かな？」と思った場所でも面白さや楽しさを教えてもらって視野が広がったり、あなたのほうがハマってしまうこともありそうです。

心は中学生のままなうえ、今年は遊ぶ運気の「金のインディアン座」。お子さんとの関係は盛り上がるでしょう。流行のゲームを一緒にやったり、クイズやなぞなぞを出し合ったり、お菓子作りや料理など、趣味や遊びを一緒に楽しむにはピッタリの年です。お子さんから教えてもらったゲームにあなたがハマって、勝てるようになるまで何度でも続けるなんてこともありそうです。一緒に遊ぶことで、お子さんは何が面白いのか、自分が子どもの頃とは何が違っているのかなど考えも深まり、面白い発見もたくさんありそうです。しつけを考えるときも少し遊びの要素を交ぜて、準備や片付けを親子で競争するなどお子さんが楽しく学べたり、面白がって頑張れる工夫をするとよさそうです。

両親との関係もいい流れになるので、旅行に行くときはぜひ誘ってみましょう。べったり一緒が好きではないので、食事の時間など集合時間だけを決めて、あとは自由に過ごすような旅行にするとお互いに楽しい時間を過ごせるでしょう。「どうせ誘っても来ないだろうな」と勝手に決めないで、声をかけてみてください。想像以上に旅行を満喫してくれるでしょう。

家族旅行など遊びに行った先では忘れ物をして焦ったり、「下着がない」「充電器がない」などで出費がかさんだり、乗る予定の電車やバスに乗り遅れたりと無駄な時間を過ごすこともありますが、それも旅の面白さだと思っておきましょう。仕事ではやる気が出なくて転職したい気持ちも湧きそうな年ですが、そんなときこそ家族と楽しむ時間を増やせばいい気晴らしになり、「もう少し頑張ってみようかな」と思えたりします。夫婦で話をする時間、家族で遊ぶ時間を積極的に作りましょう。

開運のつぶやき ▶ 😎 失敗も間違いも経験として次に活かそうとする人に運は味方する。

年代別 アドバイス

世代が違えば、悩みも変わります。
日々を前向きに過ごすためのアドバイスです。

年代別アドバイス 10代

興味のあることが増え、遊ぶ機会も増える楽しい1年。好奇心旺盛になるのはいいですが、危険な誘惑もあるので冷静な判断が必要です。うっかり騙されてしまったり、残念な思いをすることもあるのでノリだけで突っ走らないように。集中力が欠けているときほど遊びの時間を作ってその分頑張るようにしたり、不慣れや苦手なことほどゲームだと思ってみると良いでしょう。恋も楽しめる運気なので元気さをアピールしておくと良いでしょう。

年代別アドバイス 20代

いい意味で肩の力が抜けますが、気持ちが落ち着かない感じが続いてしまいそう。誘惑に負けて仕事のやる気を失ってしまうこともあるでしょう。恋を楽しんだり遊び仲間を増やしたり、何事も経験だと思って挑戦してみると楽しい時間を過ごせそう。お金の使い過ぎと危険な異性には注意が必要になるので、周囲からの忠告には耳を貸すようにしておきましょう。自分も周囲も楽しませてみると運を味方につけられるでしょう。

年代別アドバイス 30代

落ち着きのない1年になりそう。仕事の流れがやっと良くなり、自信を持って取り組めそうです。ただ、ノリや勢いでごまかせてしまい、力の抜き加減を覚えてしまうかも。他の仕事が素敵に見えて転職したくなりますが、軽はずみな行動には注意しておきましょう。異性から突然チヤホヤされることもあり、遊び心に火が付くのは良いですが、刺激的な人にハマってしまうことがあるので注意が必要。10年ぶりくらいのモテを感じるかも。

年代別アドバイス 40代

警戒心が緩んだり判断力が落ちる時期なので、軽はずみな判断には注意が必要。少しでも嫌な予感がするときは、しっかり確認をしたり、立ち止まって冷静に判断するようにしましょう。儲け話や甘い誘惑に引っかかってしまったり振り回されることがあるので注意が必要ですが、人生を楽しむための多少の刺激だと思っておくことも大事。多少出費が増えても今年は自分の気持ちに素直になって楽しんでみるといいでしょう。

年代別アドバイス 50代

「この年齢で今さら」と勝手に諦めないで気になったことに挑戦してみたり、興味のある場所に行ってみると良いでしょう。イメージと違ってガッカリすることがあったとしても、期待と違うことを面白がってみるのが大事。珍しいミスもしやすいので、確認をしっかりしないと周囲に大きな迷惑を掛けてしまうことがあるかも。見間違えや勘違いも多くなるので気をつけて過ごすようにしましょう。

年代別アドバイス 60代以上

ドジな怪我や忘れ物に要注意な年。小さな段差や階段で転んでしまって、足を怪我したり腰を痛めてしまうことがありそう。急に重たい物を持つとギックリ腰になることがあるので、朝からストレッチをしっかり行うようにしましょう。財布や家の鍵をなくしたり、約束をうっかり忘れてガッカリされることもあるので、次の日の予定や時間はしっかり確認しましょう。翌日に着る服など全て準備万端にしてから寝る習慣を身につけておきましょう。

命数別2023年の運勢

あなたの命数は
P.10からはじまる
命数早見表でチェック！

【命数】 11

好奇心旺盛な心は中学3年生

基本性格
負けず嫌いの頑張り屋。さっぱりとした性格で、女性の場合は色気がまったく出ない人が多く、男性はいつまでも少年のような印象を与えるでしょう。心が中学3年生くらいからまったく成長しておらず、無邪気で好奇心も旺盛です。やや反発心を持っているため、若いころは生意気な部分がありますが、裏表の少ない性格で誰にでもフレンドリーなところから、幅広く知り合いができるでしょう。妄想が激しくなりすぎるのはほどほどに。

持っている星
★裏表がない星
★マメな人に弱い星
★色気がない星
★胃腸が弱い星
★浪費癖の星

開運3カ条
1. 頑張りすぎない
2. 負けを素直に認める
3. スポーツや習い事をはじめる

2023年の総合運
頑張る気持ちが落ち着いて、遊ぶ時間や興味のあることが増える年。気になるスポーツをはじめたり、趣味を増やしてみると視野も広がっていいでしょう。今年は、負けず嫌いになるよりも、上手に負けることを覚えて、自分よりすごい人を素直に認めると、気持ちが楽になります。周りの頑張りにつられて頑張りすぎないようにしましょう。新たな遊び友達もできる時期なので、ノリの合う人を探してみて。健康運は、暴飲暴食で胃腸が疲れてしまうので注意すること。

2023年の恋愛＆結婚運
異性の友人が増え、そのなかから気になる人を見つけられたり、のちに恋に発展する人も出てきそうです。はじめから恋愛目線で見るのではなく、気楽に友達になってみたほうがいいでしょう。無理に相手に合わせず、マイペースを保っておくように。定期的に集まる場所をつくるのもオススメです。スポーツや習い事をはじめたり、行きつけの飲み屋やお店などをつくってみましょう。結婚運は、本気なら一度、結婚を前提とした同棲をするといいでしょう。

2023年の仕事＆金運
頑張り屋のあなたが頑張れなくなる年ですが、「肩の力を抜いて気楽に仕事ができる年」だと前向きにとらえてみてください。仕事の結果が出なくても焦らないで、プライベートを充実させるようにしましょう。体を鍛えたり、ダイエットに時間を使うなど、これまでと生活リズムを変えてみるのがオススメです。ここで無理して仕事を頑張りすぎると、2024年以降の仕事運が乱れてしまうので気をつけること。金運は、金遣いの荒い友人と一緒にいると、想像より出費が激しくなるでしょう。

ラッキーカラー イエロー　レッド　**ラッキーフード** いかのマリネ　チーズ　**ラッキースポット** タワー　水族館

【命数】 12

冒険が好きな楽観主義者

基本性格
刺激と変化を求める無邪気な人。心は高校1、2年生で止まったままの好奇心旺盛なタイプ。やや落ち着きがなく、無計画な行動へと突っ走ってしまうこともありますが、新しいことや時代の流れに素早く乗ることができ、ときに時代を作れる人です。誰も知らない情報をいち早く知っていたり、流行のさらに1歩先に進んでいることもあるでしょう。団体行動が苦手で、少人数や単独行動のほうが気楽でいいでしょう。

持っている星
★単独行動の星
★努力を見せない星
★一発逆転をねらう星
★独自の健康法にハマる星
★逃げると追いかけたくなる星

開運3カ条
1. 旅行やライブに行く
2. 好かれることを楽しむ
3. 失敗やミスは素直に認める

2023年の総合運
向上心のあるタイプですが、今年は刺激的な遊びにハマったり、欲を出しすぎて損をすることがあるので注意が必要です。話を最後まで聞かない癖が、トラブルの原因になることもあるので、人の話はいつも以上にしっかり聞くように。一方で、今年は思い立ったら即行動すると、おもしろい体験や出会いがありそうです。計画を立てずに突然旅行やライブに行ってみても楽しめるでしょう。健康面は、体幹を鍛えるトレーニングをするといいでしょう。

2023年の恋愛＆結婚運
そもそも自分が惚れていたいタイプなので、モテ期を感じることは少ないですが、今年は刺激的な人と仲よくなれたり短期間で関係を深められたりと、思ったよりも恋を楽しめそうです。ただし、遊ぶつもりが、逆に遊ばれてしまうこともあるので注意しましょう。とくに、お酒を飲んでいるときにノリで遊んだり、勢い任せで飛び込むと、その瞬間のドキドキはあっても長続きはしないでしょう。結婚運は、今年は安定した人との出会いは少ないので、慎重に判断しましょう。

2023年の仕事＆金運
合理的に物事を進めているつもりが、雑な行動や珍しいミスをして周囲に迷惑をかけてしまいそうな運気。恥ずかしい思いをしますが、逆にこれがきっかけで仲よくなれたり、話ができる流れになることも。仕事終わりや休日などに、プライベートで仲よくできる人も出てくるので、仕事以外の部分で楽しい時間を過ごせそう。失敗を隠したり他人の責任にしたりしないことが大切です。金運は、儲け話に要注意。一攫千金をねらうと大損することもありそうです。

ラッキーカラー オレンジ　レッド　**ラッキーフード** ピザ　しらす　**ラッキースポット** コンサート　リゾート地

ラッキーカラー、フード、スポットはプレゼントやデート、遊ぶときの口実に使ってみて

一生陽気な中学生

【命数】

13

基本性格

明るく陽気でおしゃべり、無邪気で楽観主義者。見た目も心も若く、中学2、3年生からまったく成長していないような人。楽しいことが好きで情報を集めたり、気になることに首を突っ込んだりすることが多いぶん、飽きっぽく落ち着きのない部分もあるでしょう。わがままなところもありますが、陽気な性格がいろいろな人を引きつけるので、不思議な知り合いができ、交友関係も自然と広くなるでしょう。空腹になると機嫌が悪くなる点には要注意。

持っている星

★無邪気な星
★夜の相性が大事な星
★言ったことを忘れる星
★扁桃腺が弱い星
★助けられる星

開運3カ条

1. 挨拶やお礼はしっかりする
2. モテを楽しむ
3. 年上の人と話をする

2023年の総合運

人生でもっとも調子に乗って遊んでしまう年。集中力が続かず、楽しそうなことや甘い誘惑に簡単に負けてしまうことも。モヤモヤするなら思いっ切り遊んだほうがスッキリしますが、根の適当さが出て、厳しい指摘をされることも増えそうです。ワガママな発言も増えるので、言葉遣いにも気をつけること。健康運は、食べすぎて一気に太りやすい時期。1年を通してダイエットを意識しておきましょう。ヨガやダンスなど楽しく続けられそうなことをいくつかするといいでしょう。

2023年の恋愛＆結婚運

モテをもっとも楽しめる年。いろいろな人から誘いを受け、ときには同時に複数の人と交際したり、関係をもってしまうことがある運気です。ただ、それが恋なのか、たんに欲望を満たしたいだけなのかはよく考えるように。自分を本当に大切にしてくれる人を見逃さないようにしましょう。恋人がいる人は、あなたの不機嫌な態度やワガママがケンカや別れの原因になるので注意すること。結婚運は、そもそも授かり婚率が高いタイプですが、今年は予想外の人と授かり婚をする可能性があります。相手選びに気をつけて。

2023年の仕事＆金運

大小さまざまなミスをする時期。周囲に迷惑をかけたときは真剣に謝りましょう。事前準備と最終確認は、これまで以上に入念に。一方、職場のムードメーカーになれる運気でもあります。取引先の偉い人や距離を縮めるのが難しそうな上司、経営者と仲よくなれたり、友達のような関係になることも。挨拶やお礼をしっかりしたうえで一歩踏み込んでみると、思った以上にかわいがられるでしょう。金運は、食べすぎたり、気分で買い物をしすぎて出費が増えそう。1週間に使う金額を決めておきましょう。

ラッキーカラー オレンジ　明るいレッド　**ラッキーフード** チーズオムレツ　フローズンヨーグルト　**ラッキースポット** 植物園　動物園

瞬発力だけで生きる中学生

【命数】

14

基本性格

何事も直感で決め、瞬発力だけで生きている人。独特の感性をもち、周囲が驚くような発想をすることもあるでしょう。空腹になると短気になります。生まれつきのおしゃべりで、何度も同じようなことを深く語りますが、根っから無邪気で心は中学生のまま。気になることにどんどんチャレンジするのはいいですが、粘り強さがなく、諦めが早すぎることもあるでしょう。人情家ですが、執着されることを自然と避けてしまうでしょう。

持っている星

★語りたがる星
★勘で買い物する星
★頭の回転が速い星
★短気な星
★センスのいい人が好きな星

開運3カ条

1. 失言に注意する
2. スタミナがつく運動をする
3. 次の日の準備をしてから寝る

2023年の総合運

直感を信じて遊んでしまいそう。余計な一言が増えたり、失言で恥ずかしい思いをすることもあるため、少し考えてから発言するようにしましょう。思いっ切りストレス発散をするのはいいので、興味のわいたことにドンドン挑戦してみて。ただ、そのぶん出費も激しくなりがちなので注意しておきましょう。また、楽しいからといって次の日のことを考えずに行動すると、疲れをためすぎてしまいます。就寝時間はキッチリ守るようにしましょう。

2023年の恋愛＆結婚運

一目惚れや直感で恋をするタイプですが、今年はその勘が鈍ったり、その場の雰囲気に流されてしまうことがありそう。誘惑に負けて、ほかの人に目移りしてしまう場合も。好きな人の前で余計なことまでしゃべって相手に引かれ、チャンスを逃すケースもあるので、自分が話すばかりでなく「聞き上手」になることも大切です。疲れた状態でデートに行かないように、前日はしっかり睡眠をとっておきましょう。結婚運も、今年は勘が鈍っているので、急に飛び込まずにようすをうかがいましょう。

2023年の仕事＆金運

冷静に考えれば順調に進んでいる仕事でも、不満やマイナス面にばかり目がいって、ストレスの原因になってしまいそう。注意不足でミスが増えてしまうことも。仕事終わりや休日など、プライベートでしっかりストレスを発散すると、仕事のミスが減りそうです。疲れから集中力が低下することもあるので、体力づくりのできる趣味をはじめてみるのもよさそう。金運は、出費が想像以上に激しくなる年。将来のためにも、毎月しっかりつみたてNISAや積み立て預金などに回しておきましょう。

ラッキーカラー オレンジ　ホワイト　**ラッキーフード** グラタン　ひじきと豆の煮物　**ラッキースポット** 水族館　劇場

情報収集が得意な中学生

【命数】
15

基本性格

あらゆる情報を入手することに長けた、多趣味多才な情報屋のような人。段取りと計算が得意でフットワークも軽く、いろいろな体験や経験をするでしょう。お調子者でその場に合わせたトークもうまいので、人脈は広がりますが、知り合いどまりくらいの人間関係を好むタイプです。家に無駄なものやガラクタ、昔の趣味のもの、服などが多くなりがちなので、こまめに片づけるようにして。損得勘定だけで判断するところもあるので、ほどほどに。

持っている星

★視野が広い星
★おしゃれな人を好きな星
★親友は少ない星
★流行の先を行く星
★脂肪肝の星

開運3カ条
1. 現在の環境に感謝する
2. ☆か◎の日だけに買い物をする
3. 仕事に役立ちそうな趣味をはじめる

2023年の総合運

もっとも調子に乗ってしまう年。計算通りに物事が進みすぎて環境に飽きたり、おもしろそうな情報がいろいろ入ってきて目移りしてしまいそう。趣味が広がるのはいいのですが、飽きるスピードも速くなってくるので、はじめる前に長く続けられそうかしっかり考えておきましょう。お酒の席も増え、楽しい時間を過ごせそうですが、連日連夜にはならないように。健康運は、予定を詰め込みすぎての寝不足には気をつけて。膀胱炎、お酒のトラブルにも要注意。

2023年の恋愛&結婚運

貧乏くさい人が嫌いでおしゃれで都会的な人を好むため、自然と遊び人やテクニックのある人に引っかかりやすいタイプ。今年は、好みの人といい感じになれますが、結局遊びの関係だけで終わってしまいそうです。真剣な交際相手とは縁が薄いですが、どんな人があなたをもてあそぶ相手なのかを見極める練習をする時期だと思っておきましょう。勢いで一夜の恋に走ってしまうこともあるので、お酒の席でのノリには注意が必要です。結婚運は、将来安心できる人を探しておきましょう。

2023年の仕事&金運

仕事は順調に進められますが、ゆとりができることで現在の環境への不満やマイナス面に目がいってしまいそう。飲み会やゴルフなど、仕事以外の付き合いを楽しんでみると、人脈が広がって仕事もやりやすくなるでしょう。これまで飲みや遊びに誘ったことのない人に話しかけてみたら、思った以上に仲よくなれることも。金運は、衝動買いが多くなるなど、予定外の出費が増えそう。同じような服ばかり買わないようにしましょう。

ラッキーカラー 水色　イエロー　**ラッキーフード** 焼きチーズカレー　たこ焼き　**ラッキースポット** 川　温泉

誠実で陽気な中学生

【命数】
16

基本性格

真面目でやさしく、地道にコツコツと積み重ねていくタイプ。好奇心旺盛で新しいことが好きですが、気になることを見つけても慎重なため情報収集ばかり、様子見ばかりで1歩前へ進めないことが多いでしょう。断り下手で不慣れなことでも強くお願いされると受け入れてしまい、なんとなく続けていたもので大きな結果を残すこともできる人。自信がなく、自分のことをおもしろくないと思い、ときどき無謀な行動に走っては後悔することも。

持っている星

★陽気だが自信はない星
★妄想恋愛の星
★地道なことが好きな星
★お酒に注意の星
★セールが好きな星

開運3カ条
1. ケチケチしないで遊ぶ
2. リアクションを少し大きくする
3. 小さな失敗でクヨクヨしない

2023年の総合運

真面目に努力するタイプですが、今年はパーッと遊んで視野を広げたり、自分の気持ちに素直に行動してみるといいでしょう。ケチケチしていると運気の流れが悪くなるので、旅行やライブ、飲み会などふだんなら避けている遊びにも挑戦するのがオススメです。いつもならしないような遅刻や寝坊をして焦ることもありそうですが、完璧な人はいないので、大事にならなければあまり落ち込まないように。健康運は、調子に乗りすぎたときのケガに注意しましょう。

2023年の恋愛&結婚運

異性との関わりが増えても、臆病になっているといつまでもチャンスを逃すだけ。今年は、恋を楽しむつもりで思い切って飛び込んでみましょう。明るい感じにイメチェンしたり、周囲の注目を集める努力をすることを恥ずかしがらないことも大切。もっと自分に自信をもつと簡単にモテるようになりそうです。気になる人がいたら自らデートに誘うなど、ドキドキを楽しんでみましょう。結婚運は、今年は結婚よりも恋を楽しむことだけを考えておきましょう。

2023年の仕事&金運

計算間違いをしたり、日付や数字を勘違いしたりと、ふだんならしないようなミスをしやすい年。遅刻や寝坊など、時間にもルーズになってしまうので注意しましょう。確認作業はこれまで以上にしっかり行うことが大切です。余計な妄想が膨らんで、突然仕事を辞めたくなることもありますが、行動するにはまだ早い時期。現状のプラス面を探したり、お世話になった人への恩返しを忘れないようにしましょう。金運は、遊ぶときはしっかりお金を使って楽しむといいでしょう。

ラッキーカラー イエロー　パープル　**ラッキーフード** キーマカレー　酢の物　**ラッキースポット** コンサート　水族館

　ラッキーカラー、フード、スポットはプレゼントやデート、遊ぶときの口実に使ってみて

妄想好きなリーダー

【命数】17

基本性格

実行力と行動力があり、気になることにはすぐに飛びつく人。視野が広くいろいろなことに興味を示しますが、ややせっかちなため飽きるのが早く、深く追求しないところがあり、雑な部分が増えてしまうでしょう。心が中学2、3年生のままで、おだてに極端に弱く、褒められたらなんでもやってしまうところがあります。正義感があり面倒見がいいので、先輩や後輩から慕われることも多く、まとめ役としても活躍するでしょう。

持っている星

★行動力がある星
★顔の濃い人が好きな星
★独立心がある星
★腰痛の星
★貸したお金は戻ってこない星

開運3カ条

1. 遊びに誘う
2. 年下と遊ぶ
3. 慌てて雑な行動をしない

2023年の総合運

行動力が増し楽しく過ごせる1年ですが、雑な行動が目立ってしまう運気でもあります。うっかりミスでドジを踏んだり、忘れ物や失くし物も多くなるので、落ち着いて行動するようにしましょう。何事もしっかり確認すること。おだてられて調子に乗りすぎたり、大きな判断ミスをしてしまうこともあるので、もち上げてくる人には注意が必要です。健康運は、打撲や足のケガに気をつけましょう。

2023年の恋愛&結婚運

好きな人に積極的になるなら、簡単に諦めたりせず、押し切るつもりで交際に発展する可能性も高いので、年下の友人をつくってみるのもいいでしょう。年下から甘えられたり、チヤホヤされることもありそうです。一方で、浮気心にも火がつきやすい時期なので、「少しくらい」と調子に乗りすぎないように。結婚運は、勢いで入籍したくなりそうですが、きちんと計画を立ててからにしましょう。

2023年の仕事&金運

無責任な行動に走ったり、仕事が雑になる年なので注意が必要。どんな些細な仕事でも、最終確認をしっかり行っておきましょう。気分で転職や離職をしたくなりますが、今年は判断ミスをしやすいので2024年まで待っておいたほうがいいでしょう。職場の人や仕事関係者とプライベートで遊んでみると、いい人間関係をつくれたり、年下ともうまく付き合えそうです。金運は、勢いで買いすぎてしまいそう。人にご馳走するのはいいですが、ほどほどにしておきましょう。

ラッキーカラー 黄緑　レッド　**ラッキーフード** カルボナーラ　甘納豆　**ラッキースポット** タワー　水族館

上品な中学生

【命数】18

基本性格

無邪気ながら上品で、礼儀正しい人。好奇心旺盛でいろいろなことに興味を示しますが、慎重に情報を集めて丁寧に行動するタイプ。楽観的に見えても気遣いすることが多く、精神的に疲れやすいところも。目上の人やお金持ちから好かれやすく、不思議な人脈もできやすいですが、根は図々しいところがあります。心は中学2、3年生から変わっていないため、どこか子どもっぽい部分があり、見た目も若い雰囲気でしょう。

持っている星

★他人と争わない星
★外見で恋をする星
★うっかりミスが多い星
★日焼けに弱い星
★白いものを買う星

開運3カ条

1. 小さな失敗をしても「まあいいか」と言う
2. 図々しくなってみる
3. コンサートや音楽フェスに行く

2023年の総合運

几帳面さが緩んで気持ちが楽になりますが、遅刻や寝坊、確認ミスなど、珍しい失敗も増える年。「しっかりしないと」という気持ちと、実際の行動が噛み合わない感じになりそうです。今年は、自分がどんな失敗をするのか分析し、そこから学んで成長することが大切。自分のミスが増えるぶん、他人の失敗も許せるようになりそう。ふだん行かないようなお店や避けていた遊びにも挑戦すると、世界が広がるでしょう。健康運は、スキンケアや日焼け対策を忘れてしまいそう。

2023年の恋愛&結婚運

警戒心が薄れて、ふだんなら仲よくならないようなタイプの異性と友達になれたり、いい関係に進めそう。いつもなら、相手に対して細かくチェックするのに、今年は「まあいいかな」と許せて予想外の人と交際することもありそうです。恋を楽しむためにも、臆病にならないようにしましょう。ただ、なかにはあなたをもてあそぶような人もいるので、注意が必要です。結婚運は、結婚したあとの生活を考えるよりも、一緒にいて楽しい相手を見極める年だと思っておきましょう。

2023年の仕事&金運

自分でもびっくりするような失敗をして恥ずかしい思いをしそう。人の名前を間違えたり、操作ミスをしたり、時間や約束を忘れることも。ボーッとしてしまい余計な妄想も膨らみやすい時期ですが、あまり考えすぎないようにしましょう。仕事関係者との付き合いが増えたり、プライベートでも仲よくなれる機会もあるので、少し図々しくなってみるといいでしょう。本音を語ってみると、思わぬ人から好かれることもありそうです。金運は、音楽フェスやライブ、避けていたお店などに行ってみるのがオススメ。

ラッキーカラー イエロー　ブルー　**ラッキーフード** 酢豚　ミネストローネ　**ラッキースポット** 水族館　お祭り

ラッキーカラー、フード、スポットはプレゼントやデート、遊ぶときの口実に使ってみて

好奇心旺盛な変わり者

【命数】
19

基本性格

好奇心が豊かで、気になることはなんでも調べる探求心と追求心を持っています。熱しやすく冷めやすいタイプで、常に新しいことや人とは違う何かを追い求めてしまう人。理屈好きで屁理屈も多いので、周囲からは変わった人だと思われることも。心は小学6年生くらいで止まったまま、子どものように無邪気な自由人。芸術面で創作の才能がありますが、飽きっぽいため、好きなことが見つかるまでいろいろなことをするでしょう。

持っている星

★好奇心旺盛な星
★特殊な才能に惚れる星
★不思議な話が好きな星
★束縛が大嫌いな星
★妙なものにお金を使う星

開運3カ条
1. 興味をもったことに挑戦する
2. 人脈を広げる
3. 避けていたジャンルの本を読む

2023年の総合運

現状の生活に飽きて、ほかに興味がわくことが増える年。飽きっぽく長続きしないところが強く出てしまいそうです。これまで続けてきたことも投げ出したくなりますが、年内はもうひと踏ん張りしておきましょう。一方、飽きっぽくなるぶん新たな発見をすることも。これまで挑戦できなかったことに取り組んだり、行けなかった場所に行ってみると、視野や人脈が一気に広がりおもしろくなってくるでしょう。健康運は、食事のバランスが悪くなり、生活習慣も乱れるので注意すること。

2023年の恋愛&結婚運

この1年で気になる人がコロコロ変わってしまいそうな運気。恋以外にも興味のわくことが増えるので、熱しやすく冷めやすい感じになるでしょう。少しでも束縛されると、突然冷めてしまうこともありそう。おもしろい人に出会えますが、長い付き合いにはならないので、「短く深い付き合いの時期」だと思っておくといいでしょう。これまでは、まったくターゲットにしていなかった人を好きになることもあるかも。結婚運は、考える余裕がなくなりそうな時期。

2023年の仕事&金運

違う仕事に興味がわいてしまいそうな年。突然仕事を辞めてフリーで働きたくなることも。無謀な行動に走る前に、まずは現在の仕事を大切にしましょう。転職にはまだ早いので、副業や次の仕事に役立ちそうなことを勉強しておくといいでしょう。いまの職場でも、あなたのアイデアや発想を活かしてみると、周囲がおもしろがってくれたり、これまでとは違う仕事を任せてもらえるかも。金運は、浪費が激しくなりすぎてお金に困ることがありそうです。

ラッキーカラー パープル イエロー **ラッキーフード** かに 納豆オムレツ **ラッキースポット** 川 劇場

理屈が好きな中学生

【命数】
20

基本性格

中学生のような純粋さと知的好奇心を持ち、情報を集めるのが好きな人。周囲から「いろいろ知っていますね」と言われることも多いでしょう。探求心もあり、一度好奇心に火がつくと深くじっくり続けることができます。見た目は若くても心は60歳なので、冷静で落ち着きがあります。ただし、理屈が多くなったり評論したりと、上から目線の言葉も多くなりがち。友人は少なくてもよく、表面的な付き合いはうまいですが、めったに心を開かない人。

持っている星

★他人に頼らない星
★めったに心を開かない星
★尊敬できる人を崇拝する星
★目の病気の星
★知識のある人を好きになる星

開運3カ条
1. 失敗から学ぶ
2. 年下の友人をつくってみる
3. 落語やお笑いのライブに行く

2023年の総合運

マイペースながら、自分の好きなことは完璧にしないと気が済まないタイプですが、今年は完璧だと思っていたことにも隙が生まれたり、雑な部分が出てしまいそう。視野が広がっていろいろな考え方を学べる時期なので、ふだん避けていた遊びに挑戦してみるといいでしょう。「多少の失敗は当然」と思って、興味のわいたことをやってみて。年の離れた人との交流も楽しめるので、いろいろ話してみましょう。健康運は、寝不足がケガの原因になるため注意しましょう。

2023年の恋愛&結婚運

これまでなら興味のなかったような人が急に気になったり、あなたの心の隙間に入ってくる人が現れそうな年。最初は面倒だと思っていた年下が妙にかわいく見えたり、頻繁に会うようになったら突然恋心に火がつくことも。短時間のデートでもいい関係に進められそうなので、妄想恋愛で終わる前に、プライドを捨てて遊びに誘ってみましょう。結婚運は、まずは一緒の時間を楽しむことや、相手を楽しませてみることが大切です。

2023年の仕事&金運

絶対にしないと思っていたようなミスをしてしまう運気。大きな見落としをする可能性もあります。ミスをしたときは言い訳せずにすぐ謝るようにしましょう。数分くらいの微妙な遅刻もしやすいので、早めの行動も大切です。上司や年上の人と親しくなるのもいいですが、今年は、とくに後輩や部下など、年下の人と仲よくなってみると、職場の雰囲気も変わって楽しく仕事ができるでしょう。金運は、おもしろそうな体験やライブやイベントに行くと、いい出会いがあったり、いい経験ができそうです。

ラッキーカラー イエロー ホワイト **ラッキーフード** 大豆の昆布煮 豚汁 **ラッキースポット** コンサート 美術館

ラッキーカラー、フード、スポットはプレゼントやデート、遊ぶときの口実に使ってみて

金のインディアン座 2023年 タイプ別相性

気になる人との今年の相性は？ タイプを調べて付き合い方の参考にしましょう。

▶ 金のイルカ座 との相性

陽気で前向きなこの相手と意気投合しやすい年。楽しい時間を過ごすのはいいですが、勢いまかせが過ぎるとミスやトラブルも起きやすいので、一緒にいる時は調子に乗りすぎないように注意が必要。相手のワガママに振り回されることもあり、全ていいことばかりではありませんが、今年の「いい遊び友達」だと思って割り切って付き合うといいでしょう。 恋愛相手 安心感はありませんが、ノリと勢いが合う相手。身勝手なところがある人なので、面倒で無視したくなる時もあるかも。真面目に向き合うよりも、2人の時間を楽しめればいい関係を続けられそう。 仕事相手 新たな挑戦をして環境を変えたくなっているこの相手にとって、あなたはいい加減な人に見えてしまいそうです。余計なアドバイスをしないで仕事終わりに遊ぶくらいの関係がよさそう。相手が上司の場合は、アイデアを出すといいでしょう。部下の場合は、相手の邪魔をしないようにしましょう。 今年はじめて出会った人 楽しく遊ぶ相手としてはいいのですが、あなたのペースを乱されると縁が遠のいてしまうでしょう。束縛されないくらいの距離感で、メリハリのある付き合いなら長く続きそうです。

▶ 金のカメレオン座 との相性

「準備の年」のあなたと「整理の年」の相手では、かみ合わない感じでノリや勢いも真逆になりそう。互いにミスをしたり確認を怠ったり、一緒にいるとトラブルが発生しやすいので気を引き締めましょう。ノリだけでなんとかしようとしないで、確認作業はいつも以上にしっかり行いましょう。 恋愛相手 お互いに心が安定していない時期なので、相手の気持ちが理解できずにすれ違いが多くなりそうです。話をする程度だったり複数の人と一緒にいるなら楽しい時間を過ごせそうですが、2人になるとどこか合わない部分が見えてしまいそう。 仕事相手 一緒にいることで、相手の仕事へのやる気のなさや雑な部分が目立ってしまう年。仕事終わりのコミュニケーションも空回りしやすいので、無理に誘わなくてもいいかも。相手が上司の場合は、調子に乗った姿を見せないように。部下なら、仕事のコツを教えられるといいでしょう。 今年はじめて出会った人 出会ったタイミングが悪く、かみ合わない2人。間に入る人がいると問題はなさそうなので、グループで会うくらいの距離感がよさそう。気が乗らない時は、断るよりも短時間で切り上げるくらいの付き合いにしましょう。

▶ 銀のイルカ座 との相性

興味のあることを探したり、新たな情報を見つけようとしている相手ですが、あなたと一緒にいるとつい遊び過ぎてしまったり、雑な情報に振り回されてしまいそう。楽しい時間を過ごすのはいいのですが、今年の場合は遊び過ぎて出費が激しくなったり、失う時間が多くなりすぎるので気をつけましょう。 恋愛相手 どこか合わないところをノリや勢いでごまかしながら楽しむような相手。お互いに急に冷めてしまったり、振り回すだけになってしまうので注意が必要。異性の友人くらいの関係がよさそうです。 仕事相手 せっかくやる気になり始めている相手なのに、あなたがやる気を削いでしまったり、遊びに誘惑して仕事のやる気を失わせてしまうことがあるので注意が必要。相手が上司の場合は、新しい企画やアイデアを積極的に出しましょう。部下の場合は、近づき過ぎずに応援しましょう。 今年はじめて出会った人 今年は次の展開に進んで行く人なので、つながりは弱くなりそう。時々会ったり、間に他の人がいる時はそれなりに楽しく過ごせますが、最終的にはわかり合えない感じになってしまうかも。距離を空けて付き合うくらいにするといいでしょう。

▶ 銀のカメレオン座 との相性

「裏運気の年」で心が乱れている相手。一緒にいると出費が激しくなったり、遊び過ぎたり、ハメをはずし過ぎてしまうことがあるので注意が必要です。考え方が似ている部分はありますが、お互いに「裏の関係」なので観察して共通点を見つけたり、違いを楽しんでみるとよさそう。「裏運気」の時期の自分にあてはめると、よい学びになりそうです。 恋愛相手 今年限定の恋の相手になる人。最初は運命の人かと思うくらいに盛り上がりますが、突然相手が冷めてしまったり、縁が切れるということがありそう。無理に執着する必要もないので、去る者追わずの気持ちでいましょう。 仕事相手 今年はお互い仕事に身が入っていないので、一緒にいるとミスにミスが重なってしまったり、問題が大きくなるので要注意。相手が上司の場合は、問題のある決断をしやすい時期なので、鵜呑みにしないで冷静に判断を。部下の場合は、ルーズになりやすいので注意しておきましょう。 今年はじめて出会った人 お互いに人とのつながりが弱い時なので、今後2〜3年は付き合いがあってもその後は自然と距離が空いてしまいそう。無理につなぎ止めなくてもいいので、気にしないようにしましょう。

開運のつぶやき ▶ 素直に助けを求められるのは甘えではなく、人として成長した証拠。

▶ 金の時計座との相性

相手のメンタルが崩れる年なので、悩みや不安を聞くのもいいですが、何も聞かずに遊んだり一緒に楽しい時間を過ごすのもよさそう。時間に余裕がある時に気楽に誘ってみましょう。新しい遊び方や考え方、価値観の違いの面白さを伝えてみると、救いになるかもしれません。ふざけてばかりもいいですが、真面目な姿も見せておきましょう。 恋愛相手 異性の友達くらいの感じで仲良くしていると、いずれ恋に発展する可能性がある相手です。ただ、今年は相手の心が不安定でネガティブになりやすいため、いい距離感を保つのが難しそう。相手の悩みや不安をじっくり聞いてあげましょう。 仕事相手 仕事に行き詰まりを感じたり、無理に役職になじもうと苦しんでいる相手。今年はなんとなくやる気にならないあなたなので、組んでもいい結果は望めないと開き直っておきましょう。相手が上司なら無理な注文が来ることが増えそう。部下とは仕事終わりを楽しんで。 今年はじめて出会った人 今年の出会いはタイミングが微妙ですが、しばらくはあなたが心の支えになれるので仲良くしておくといいでしょう。時には厳しい言葉で気合いを入れてあげることも優しさだと思っておきましょう。

▶ 金の鳳凰座との相性

運気が最高にいい相手なので一緒にいるのはいいですが、あなたのいい加減なところは突っ込まれてしまいそう。今年は相手をリラックスさせて楽しませるのがあなたの仕事だと思いましょう。遊びに誘って楽しい時間を過ごせるように工夫してみるといいでしょう。 恋愛相手 この相手から狙われてしまうと、束縛されたり支配される感じがしてやや面倒かも。ただ、もともとお互いに1人が好きなタイプなので、交際初期からしばらくすると自由な感じになるでしょう。最初にルールをしっかり決めれば、あなたに有利な恋愛ができそうです。 仕事相手 自分の仕事のやり方が最も正しいと思って突き進んでいる相手。今年はその結果が出る年なので、なんとなくやる気にならないあなたとはかみ合わない感じになりそう。相手が上司なら、お叱りや小言を言われてしまいますが今年は素直に聞きましょう。部下なら褒めて伸ばしましょう。 今年はじめて出会った人 あなたからのつながりは弱いですが、相手から興味を持たれてしまうと長い縁になりそう。興味を持ってもらえるならありがたいと思って接しておきましょう。面白い情報や最新の情報を教えてあげましょう。

▶ 銀の時計座との相性

今年はこのタイプと一緒にいることで嬉しい出来事や幸せを得ることができそうです。昨年辺りから仲良くなっている場合は大切にしておきましょう。行動力や視野の広さも似ていて、お互いの人脈をつなげてみるとさらに大きな輪になり、楽しい仲間が増えていくでしょう。 恋愛相手 異性の友達くらいの気持ちだったとしても、今年は相手の魅力に本気で惚れてしまいそう。急展開で距離が縮まったり、年末には結婚するくらいの流れになる相手でしょう。他の人を気にしていると逃げられてしまうので、今年はしっかり捕まえておきましょう。 仕事相手 マイペースのあなたでも、この相手のペースにはつられてしまい、一緒に一生懸命仕事に取り組んでしまうことがあるでしょう。あなたは今年は頑張り過ぎないほうがいいのでほどほどに。相手が上司の場合は上手く乗せられてしまいそう。部下なら、おだてて背中をドンドン押しましょう。 今年はじめて出会った人 急激に距離が近くなる人であり、あなたにとって重要な人になるでしょう。マメに連絡をして相談に乗ってもらったり、たくさん遊んでおくといいでしょう。あなたが図々しくなるくらいの感じのほうがよい関係が続くでしょう。

▶ 銀の鳳凰座との相性

今年から一気に前に進み結果が出始める相手と、運気の流れに乗って少しのんびりするあなたでは、今年は一緒にいないほうがよさそうです。熱量が違い過ぎて相手の考えに共感できなかったり、嫌な空気が流れてしまうかも。お互いのペースを守って距離を置いたほうがいい関係でいられそう。 恋愛相手 相手は本気の恋を望み、あなたは遊びの恋を楽しみたい時なので、2人の気分は一致しないでしょう。相手の押しを重く感じたり、面倒に思えてしまいそう。無理をしないで距離を空け、異性の知り合いくらいの感じを保つといいでしょう。 仕事相手 相手はやっと評価され始めて本気で仕事に取り組む年ですが、あなたは仕事よりもプライベートが充実する年。考え方も意見も合わなくて当然でしょう。相手が上司の場合は、仕事熱を面倒に感じそうですが、協力はしっかりしておきましょう。部下なら、実力をきちんと評価して。 今年はじめて出会った人 一度嫌われてしまうと、仲良くなるのは難しい相手。挨拶やお礼だけはしっかり行っておきましょう。かみ合わないのは今年だけなので、うまくやり過ごせれば来年以降は意見が違っても学べることの多い相手になりそうです。

開運のつぶやき ▶ 😷 足りないのは運ではなく、「相手を喜ばせたい」という素直な気持ち。

▶ 金のインディアン座との相性

同じ運気のこの相手とは、今年は楽しく遊んで愉快な日々を過ごせそう。一緒にいると楽しい思い出にもなりますが、調子に乗り過ぎると大きな事故につながる可能性もあるので気をつけましょう。遅刻や寝坊、約束を忘れるなどの失敗がお互いに続いてしまうので、気を引き締める時はしっかり引き締めましょう。　恋愛相手　ノリやテンションが似ているのでいい相性ですが、今年の恋は遊びで終わってしまうので、先のことを考えないで恋を楽しむには最高の相手でしょう。今年限定の恋人になってみるのもいいかも。本当に縁があるかどうかは来年になってからわかりそう。　仕事相手　お互い仕事では一区切りついた感じでやる気が下がってしまう年。無理に頑張らないでほどほどに仕事をして、仕事終わりを一緒に楽しんだり休日に遊ぶといいでしょう。相手が上司でも部下でも同じ気持ちなので、頑張り過ぎないで肩の力を抜いて仕事しましょう。　今年はじめて出会った人　遊ぶ時に思い浮かんだら迷わず連絡するといい相手。連絡をしたらハイテンションで仲良くできるでしょう。ただし、真面目な話はしないこと。お金のことにも関わらないようにしましょう。

▶ 銀のインディアン座との相性

今年は運気が絶好調になる相手。一緒にいると気持ちが楽になり、お互いによい影響を与えられそう。ただ、相手のほうが頭の回転が速く気遣いもできるタイプなので、自分が劣っていると感じてしまうかも。あなたにはあなたの魅力と才能があるので、持っている力を出し切ると相手は協力してくれるでしょう。　恋愛相手　一緒にいると調子に乗り過ぎたりリラックスし過ぎてしまう相手。今年の恋を楽しむには最高の相手ですが、お互いに子どもっぽいところがあるのでまとまりのない感じになるかも。マメに会えると互いに惹かれ合うようになりそうです。　仕事相手　相手はやっと本領発揮できる年なので、遊びの誘惑や仕事の邪魔はしないようにしてあげて。多少面倒な仕事でも任せてみるとドンドン結果を残してくれそう。相手が上司の場合は、相手に乗っかる気持ちで判断を信じましょう。部下なら、チャンスを与えてアドバイスしておきましょう。　今年はじめて出会った人　楽しい時間を過ごせて、何度でも語り合える相手。相手は遠慮しやすいタイプなので、あなたのほうから少し図々しく誘うといいでしょう。妄想話もできて、話す機会が最も多く長い付き合いになりそうです。

▶ 金の羅針盤座との相性

少し体を休ませてリフレッシュしたほうがいい相手と、ゆっくりと時間を過ごしてストレスを発散するといいあなた。今年は一緒にいるといいリズムで1年を過ごせそう。無理のないペースで遊べる遊び仲間になっておくといいでしょう。ただ、あなたのペースに相手が合わせて疲れさせてしまうことがあるので気をつけましょう。　恋愛相手　自分も相手も楽しませようと思って接していると恋に火がつくことがありそう。お互い体調を気遣いながらリラックスできる空間を楽しんでみるといいでしょう。年末になるとさらに波長が合いそうです。　仕事相手　お互いに全力で仕事に取り組む運気ではないので、大きな結果を望まないほうがよさそう。相手は少し無理をして頑張り過ぎるので、ほどよくサボる方法を教えておくといいでしょう。相手が上司の場合は、小さなことでも手助けをしてみて。部下なら、協力して楽しい職場を目指しましょう。　今年はじめて出会った人　今年はそれほど深い関係にならなくても、来年から流れが変わって急に仲良くなったり距離感が変わってくるので、気になる人なら来年につながるようにマメに連絡をしておくといいでしょう。

▶ 銀の羅針盤座との相性

人に言われると動く相手なので、遊びに誘えば今年は一緒に楽しい時間を過ごせそうです。あなたのポジティブな考え方や発想を教えてあげると、ややネガティブな相手の人生観を大きく変えることもできそう。深く考えないで、一緒にいる時にたくさん笑えるように楽しいことをやっておきましょう。　恋愛相手　あなたは遊びのつもりでも相手が本気になってしまったり、高価なプレゼントをくれることなどがありそう。主導権はあなたにあるので、気楽に付き合うことができて、ワガママも通せて楽しい恋愛ができそう。ただ、言ったことを忘れるとトラブルになるので注意が必要。　仕事相手　言われたことはしっかりできますが、興味のない仕事はバレないようにサボる人。ふわっとした感じに見えてキッチリ仕事をするのでサポートしてもらうにはいいでしょう。相手が上司なら、尊敬するといい学びがありそう。部下なら的確な指示を出しましょう。　今年はじめて出会った人　相手からは「楽しい人」と思われるか「いい加減な人」と思われるかのどちらかです。2025年に2人のその後がわかってくるので、それまではほどよい距離感で遊びに誘っておくとふんわりと長く続きそう。

金のインディアン座 運気カレンダー

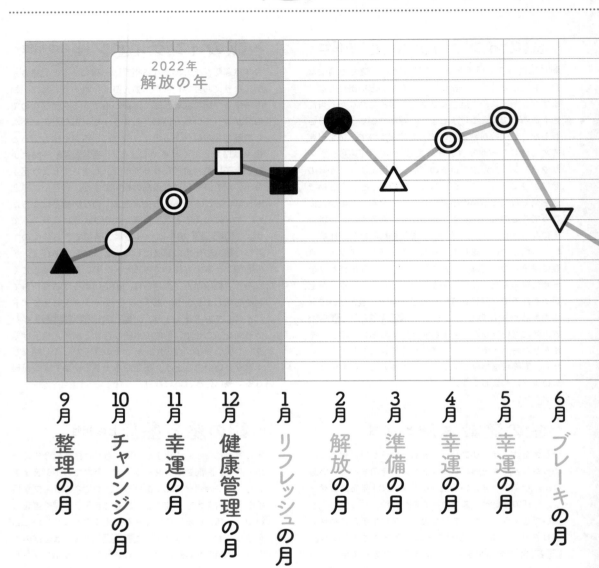

2022年
解放の年

9月 整理の月
10月 チャレンジの月
11月 幸運の月
12月 健康管理の月
1月 リフレッシュの月
2月 解放の月
3月 準備の月
4月 幸運の月
5月 幸運の月
6月 ブレーキの月

日ごろの疲れをとりましょう
健康的な生活を意識して

充実した日々を過ごせそう
楽しい出来事が増える月

準備と確認作業は念入りに
あなた本来の陽気さが出る月

準備と確認作業は念入りに
思い出した約束は守って
やる気や能力が高まる時期

ただし、ミスには注意して
予想外の人と仲よくなれそう

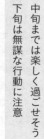
下旬は無謀な行動に注意
中旬までは楽しく過ごせそう

※このページの記号の説明は、「月の運気」を示しています。P.129の「年の運気の概要」とは若干異なります。

148

毎月の運気がどう変わっていくかチェック！
2023年の過ごし方の参考にしてください。

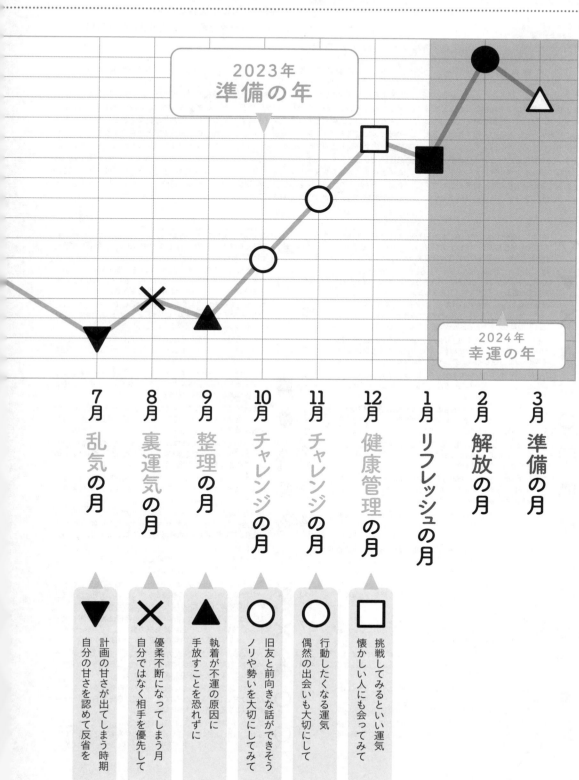

2023年
準備の年

2024年
幸運の年

7月 乱気の月
8月 裏運気の月
9月 整理の月
10月 チャレンジの月
11月 チャレンジの月
12月 健康管理の月
1月 リフレッシュの月
2月 解放の月
3月 準備の月

▼ 計画の甘さが出てしまう時期 自分の甘さを認めて反省を

✕ 優柔不断になってしまう月 自分ではなく相手を優先して

▲ 執着が不運の原因に 手放すことを恐れずに

◯ 旧友と前向きな話ができそう ノリや勢いを大切にしてみて

◯ 行動したくなる運気 偶然の出会いも大切にして

□ 挑戦してみるといい運気 懐かしい人にも会ってみて

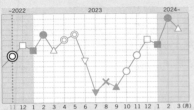

11月
2022

◎ 幸運の月

開運 3 カ条
1. 先輩や後輩を食事に誘う
2. 何事も試しに挑戦してみる
3. フットワークを軽くして交友関係を広げる

総合運
行動力がアップしていろいろなことにチャレンジしたくなる時期。不慣れや未経験なことほど挑戦することが大切。いきなり結果を出そうとしないで、試しに行動することが後の人生を大きく変えます。多少の失敗を恥ずかしいと思わないようにしましょう。交友関係を広げるといいので、年齢を気にしないで飲みや食事に誘いましょう。健康運は、定期的な運動を始めたり、目標を決めてダイエットや体力作りを始めるにはいい時期です。

恋愛＆結婚運
先月あたりから仲のいい人がいるなら、ひと押しすると勢いで交際できたりいい関係に進めそう。ここで遠慮するとタイミングを逃すのでマメに会えるように努めてみましょう。新しい出会い運もよく紹介も期待できるので、急な集まりにも張りきって参加して、出会った人とは必ず連絡先を交換しましょう。結婚運は、「将来（結婚）どうする？」と軽く聞いた流れから急に話がまとまりそう。

仕事＆金運
積極的に仕事に取り組めて、やる気と結果がついてくる時期。目の前の仕事に一生懸命になると、充実した日々を過ごせるでしょう。憧れの上司や先輩と仲良くなると、仕事が楽しくなったりコツを教われるかも。仕事関係者とプライベートで遊ぶことも大切なので思いきって誘いましょう。金運は、買い替えにいい時期。普段行かないお店に行きましょう。投資を始めるにもいい時期です。

1 火	▽	午前中は自分で進んで仕事に取り組むといいですが、午後からは周囲が仕事をしやすいようにしたり、「どうしたら動いてくれるだろうか」と考えながら仕事を進めるといいでしょう。
2 水	▼	他人の短所に目がいってイライラするときは「自分自身に負けているとき」だと思って相手のいい部分を探したり、短所を長所にできるように見方を変えてみましょう。
3 木	✕	嫌味や余計な一言を言われそう。マイナスに受け止めすぎないで、笑いに変えたり、上手に言い返してみるといいでしょう。人には不機嫌なときがあると思って許してあげましょう。
4 金	▲	うまくいかないことを考えるよりも、「自分の不慣れや弱点がわかった」と前向きに受け止めましょう。苦しいを楽しいに変換できるように意識して過ごすといい1日になるでしょう。
5 土	○	ひとりで楽しむのもいいですが、今日は友人や知人と一緒に楽しむといい日。何をしたらみんなで笑って楽しく過ごせるか考えてみるといいでしょう。
6 日	○	言葉ひとつで人生は変わるもの。友人や知人と語るときに、言い方や伝え方を変えるといい発見がありそう。いい出会いもある日なので、メイクや髪型、服装は気合いを入れて。
7 月	□	知恵と工夫を意識して仕事に取り組むことが大切な日。うまくいかなかったら違う知恵や工夫を試せばいいだけ。仕事がゲーム感覚になれば人生は楽しくなるでしょう。
8 火	■	ムダな苦労をしやすく、疲れがたまってしまいそうな日。頑張るのはいいですが、力を入れすぎないで少し肩の力を抜いたり、楽しんで仕事ができるように工夫しましょう。
9 水	●	目先の結果よりも信用を優先するといい日。正直な意見で自分が損しても、本当のことを相手に伝えましょう。今は叱られても正直な気持ちが信頼を得て、評価や仕事につながります。
10 木	△	小さな失敗をしやすい日。挑戦した失敗とただのドジとは大きく違うので、どうせ失敗するなら新しいことに挑戦したり、自分の学びになる失敗をしてみましょう。
11 金	◎	言い訳を先に考えないで、「どうしたらできるかな」と成功する方法やアイデアを出すといい日。これまでの経験をうまく活かせたり、知恵のある人からいい情報を得られそう。
12 土	☆	買い物をするにはいい日。服のイメージを変えたり、普段とは違うお店に入ってみるといいでしょう。髪を切るのにもいい日なので、思い切ってイメチェンしてみましょう。
13 日	▽	午前中から行動的になりそうので、用事は早めに済ませましょう。ランチデートにもいい日なので気になる人に連絡しましょう。食べながら一杯飲むくらいのノリがいいでしょう。
14 月	▼	勘が外れたり、噛み合わない感じになりそうな日。うまくいかないことから学べると思って前向きに捉えましょう。問題を隠したり逃げると面倒につながるので素直に報告しましょう。
15 火	✕	「でも」「だって」「どうせ」と言い訳をして面倒と思えることを避けないように。自分の至らない点を認めて、苦労や面倒を成長するきっかけにしましょう。
16 水	▲	ひとつのやり方にこだわるよりも、違うことを試すといい日。失敗して恥ずかしい思いをすることがありますが、不要なプライドを捨てられていいでしょう。
17 木	○	自分とは違う正解を持っている人の話を聞ける日。いろいろな考え方や仕事の進め方、目的の違いも勉強になります。他人の正解からいいアイデアを生み出せそうです。
18 金	○	大きな目標を達成できて満足するのはいいですが、小さなことでもしっかり満足できるようにしましょう。今日は些細なことの達成にしっかり満足してみましょう。
19 土	□	気になる相手に連絡するといい日。今日会えなくても、来月くらいに遊ぶ約束ができるといいでしょう。会えるときは、笑顔や楽しい空気を出しましょう。
20 日	■	今日は寝不足や疲れを感じそうな日。予定を詰め込みすぎないで、昼寝する時間を少しでも作ると頭がすっきりするでしょう。夜は急な誘いがありそうです。
21 月	●	妄想や空想が好きなタイプですが、仕事のやり方や目標に向かって具体的なアイデアを考えるといい日。周囲が驚くような方法を編み出したり、いいアイデアを採用してもらえそう。
22 火	△	好き嫌いで判断している間は、苦しい状況は変わらないもの。「自分の得意なことで周囲が助かっているのか、感謝されるのか」で判断するといいでしょう。
23 水	◎	人との縁を感じる日。珍しい人から連絡が来たときは、食事や飲みに誘ってみるといいでしょう。今夜会える人とは相性がよかったり、大事な話が聞けそう。
24 木	☆	嫌々仕事しても自分の成長にならないでしょう。感謝の気持ちを込めて取り組むと流れが大きく変わったり仕事が楽しくなります。同じ仕事をするなら感謝を忘れないようにしましょう。
25 金	▽	日中は順調に進みそうですが、夕方あたりから思い通りにならなかったり、おもしろくない環境になってしまいそう。考え方を変えておもしろくしてみるといいでしょう。
26 土	▼	急に予定が変わったり、ドタキャンやムダな時間を過ごしそう。あなたが寝坊して相手に迷惑をかけてしまうことも。慌ててケガをしないように気をつけましょう。
27 日	✕	1日をボーッと過ごしてもいいですが、今日はあえて不慣れや苦手に挑戦するといい日。裏運気の裏を狙ってみると予想外を楽しめそう。予想外の異性と遊べることもあるかも。
28 月	▲	ムダな苦労を避けることが大切な日。もっと効率よく仕事を進めたり、行動を少し変えてみるといいでしょう。不要な動きや余計なことを考える時間を減らしましょう。
29 火	○	どんなことでも楽しむといい日。どうしたら自分が楽しめるのか、日々の生活も仕事もゲームだと思って、自分独自のルールを作るなどすると楽しい1日になるでしょう。
30 水	○	急な仕事やまかされることが増える日。やるべきことが増えますが、行動範囲や視野も広がって楽しい経験ができそうです。面倒だと思っても思いきって挑戦してみましょう。

☆ 開運の日　◎ 幸運の日　● 解放の日　○ チャレンジの日
□ 健康管理の日　△ 準備の日　▽ ブレーキの日　■ リフレッシュの日
▲ 整理の日　✕ 裏運気の日　▼ 乱気の日　＝ 運気の影響がない日

12月 2022

□ 健康管理の月

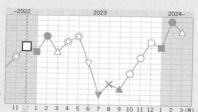

開運 3 カ条

1. 期待に応える
2. 好きな人には素直に気持ちを伝える
3. 遠慮しないで行動する

総合運

自分の進むべき道が見えたり、いい味方が集まる時期。本気で取り組みたいことを見つけられて、大きなチャンスも舞い込んできます。今月は遠慮しないで挑戦すること。特にこれまでの頑張りを評価してくれる相手の話はしっかり聞きましょう。健康運は、スタイルが気になっているなら、半年かけて理想に近づける努力を始めましょう。ハードなことよりも続けられる方法を選んで。下旬はうっかりのケガや風邪に気をつけましょう。

恋愛＆結婚運

片思いの相手や気になる人にマメに会うと、交際に発展したりいい関係に進めそう。告白までできなくても、好意を伝えてみるといいでしょう。新しい出会い運は運命の相手に出会える可能性が高いので、後輩や部下、お世話になっている人からの紹介や食事会は、急でもOKしましょう。結婚運は、入籍するには最高の運気。相手がもたもたするなら押しきって自らプロポーズしましょう。

仕事＆金運

驚くような仕事をまかされたり、チャンスをつかめそうな時期。楽しく仕事に取り組みましょう。先輩や昔の上司からいい話が来ることもありそう。この時期に遠慮すると運の流れを逃すことも。ときには思いきった勝負に出るのも大切です。金運は、買い物にいい時期。家や車など資産価値があるもの、いい服や靴など、長く使うものを購入しましょう。投資を始めるにも最高のタイミングです。

1 木	□	明確な目標を決めないで、自分はどんな風になりたいのか想像するといい日。そこに向かって何となくでもいいので今できることをやっておきましょう。
2 金	■	疲れを感じる前に休憩したり、ハイペースで仕事をしないようにしましょう。ゆっくりでもいいので長く続けられるように調整しながら仕事するといいでしょう。
3 土	●	好きな人と会ったり、勢いで交際をスタートできそうな日。積極的に行動するといいでしょう。買い物運もいい日なので、魅力がアップするような明るい色の服を選びましょう。
4 日	△	遊び心が運気をよくする日。何事も楽しんでみたり、前向きに受け止めてみましょう。誘いをOKして普段と違うノリを楽しみましょう。うっかりミスだけは気をつけて。
5 月	◎	いろいろな経験をして今があるので、今日の出来事も未来から見れば経験のひとつ。いい積み重ねをして未来の自分が笑顔になることを少しでもいいのでやっておきましょう。
6 火	☆	やり残しがないように全力で取り組むといい日。雑用だと思わず自分に与えられた仕事だと思って、きっちり行いましょう。他にもいい仕事や大事な仕事が舞い込んできそう。
7 水	▽	午前中は調子のよさを感じる日。目標を達成できることもあるでしょう。夕方あたりからは小さな判断ミスや心配事、タイミングの悪さを感じそう。一歩引いて冷静に判断しましょう。
8 木	▼	苦労や辛いことは誰にでもありますが、そこから学ぶことで成長できるでしょう。自分より困っている人がいたら些細なことでもいいのでできることを見つけて手助けしましょう。
9 金	✕	がっかりする報告を受けそうですが、「このくらいで済んでよかった」と気持ちを切り替えるとやるべきことが見えます。過ぎたことをいつまでも考えないで次を目指しましょう。
10 土	▲	大掃除をするのにいい日。使わないものや不要なものは今日で一気に処分しましょう。買ったけれど着ない服や読まない本は、人にあげるなどすると喜ばれるでしょう。
11 日	○	はじめて行く場所で素敵な出会いやいい経験ができそう。急な誘いでもOKして顔を出すといい縁がつながりそう。普段なら断るようなイベントやライブにも行ってみましょう。
12 月	○	自分のことや小さなことを考えないで、組織や全体のことを考えて行動するといい日。社会の流れや仕組みをいろいろ想像して、自分が役立つことを少しでも行いましょう。
13 火	□	「あとこれしかない」と思わないで「まだこれだけある」と思って前向きに挑戦しましょう。自分勝手に諦めたり、手を抜かないように。粘り強く根気強く続けてみましょう。
14 水	■	気持ちも体も楽にするといい日。予定を詰め込んだり無理を続けないように。力を加減したり、ときにはサボってもいいでしょう。限界まで頑張らないように心がけましょう。
15 木	●	あなたの頑張りで他の人が笑顔になったり、感謝される日。少しくらいの困難なら勢いで乗り越えられるでしょう。素敵な出会いもあるので、職場も含めて挨拶やお礼はしっかり。
16 金	△	小さなミスをしやすい日。確認や事前準備をしっかりしておけば、問題は簡単に避けられるでしょう。周囲を笑わせたり、おもしろ話をすると人気と運を集められそうです。
17 土	◎	付き合いの長い人から急な誘いがありそう。自ら連絡してご飯に誘ってみるのもいいでしょう。話の流れから素敵な人を紹介してもらえたり、前向きな話やいい仕事の話もできそうです。
18 日	☆	買い物に最高の日。長く使えるものや資産価値のあるものを買いましょう。財布や鞄の買い替えを考えているなら思いきっていいものを選んでみましょう。髪型を変えるにもいい日です。
19 月	▽	真面目に取り組むといい日。人生を楽しむためにも仕事に一生懸命取り組んだほうがいいでしょう。仕事が楽しくなれば人生は一気に豊かになるでしょう。
20 火	▼	運まかせの行動は慣れたほうがいい日。今日は、運気が悪いのではなく実力で勝負する日だと思いましょう。思い通りに進まないときは「これまで運がよかっただけ」と思いましょう。
21 水	✕	頑張っている人が評価されたら、素直に喜んで認めるようにしましょう。余計な一言を言わないように。表情にも出やすいので気をつけましょう。
22 木	▲	不要なデータを消去したり、いらないものを処分するにはいい日ですが、うっかり必要なものまで消してしまうことがあるので気をつけましょう。確認してから判断しましょう。
23 金	○	少しでもいいので新しいことに挑戦してみましょう。気になることを調べたり、新しくできたお店に行ってみるといい出会いやおもしろい経験ができそうです。
24 土	○	これまでとは違ったクリスマスイブを過ごせそう。いい思い出になるように工夫すると思った以上に盛り上がるでしょう。予定が空いている場合は友人を誘ってみるといいでしょう。
25 日	□	1日の予定をしっかり考えて行動するといい日。時間を決めていろいろ予測したり、逆算して何をするべきか判断しましょう。夜はゆっくりお風呂に入るといいでしょう。
26 月	■	些細なことでイライラしたときは疲れがたまっている証拠。無理をしないで休んだり、気分転換する時間を作りましょう。軽い運動をして汗を流すと気分もすっきりするでしょう。
27 火	●	異性との関係が一気に進展する日。気になる相手に連絡すると会えることになったり、急な連絡でタイミングよくご飯に行けそう。遠回しにしないで気持ちを伝えてみましょう。
28 水	△	年末年始の準備よりも、遊びに出かけたり、気になる場所に行ってみましょう。おもしろい経験ができたり、思いっきり笑っていい日になりそう。ドジなことには気をつけましょう。
29 木	◎	部屋の大掃除や片づけをするといい日です。なくしたと思ったものがいろいろ出てきそう。夕方以降は、忘れていたお金やアクセサリーなどが出てくることがありそうです。
30 金	☆	この1年頑張ったと思えるなら、午前中に思いっきり買い物するといいでしょう。午後なら、12〜16時は買い物を避けて、17時から閉店までの間に買い物するといいでしょう。
31 土	▽	日中は順調に進むので、掃除や年越しの準備、年賀状を書いておきましょう。夜は、予想外の人からの連絡で振り回されそうですが、できるだけ家でのんびり過ごしましょう。

開運のつぶやき ▶ 😷 感謝がない人は何も変わらない。感謝できれば明るい未来がある。

1月

2023

リフレッシュの月

開運 **3** ヵ条

1. 睡眠を8時間以上とる
2. 食事のバランスを整える
3. ストレス発散をする

総合運 健康的な生活を意識して
日ごろの疲れをとりましょう

今月は、暴飲暴食や不規則な生活をしていると、体調を崩してしまったり、ケガをすることがあるので気をつけましょう。健康的な生活リズムを意識して、不摂生と思われる行動はできるだけ避けておくことが大切です。とくに「乱気の日」と「裏運気の日」には無駄な外出はせず家でゆっくり過ごし、日ごろの疲れをしっかりとるように心がけましょう。睡眠時間も8時間以上は確保するといいでしょう。

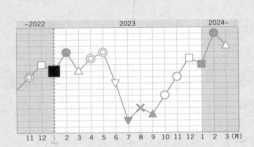

恋愛＆結婚運

恋愛が思った以上にうまく進まなくなってしまったり、気になる人との距離があいてしまいそうな時期。無理に進展を望むよりも、自分磨きに時間を使うといいでしょう。話のネタに困らないよう、本を読んだり映画を観たりして体験や経験を増やしておくと、のちに役立つことも。この機会に趣味を極めてみるのもよさそうです。結婚運は、疲れているときに無理して会うと、不機嫌が相手に伝わってしまいます。デートの前はしっかり寝ておきましょう。

金運＆買い物運

今月は、健康維持のためにお金を使うといいでしょう。マッサージや温泉、スパなどで癒やされたり、エステを受けて贅沢な時間を楽しんでみるのもオススメです。買い物がストレス発散になるので、気になったものを購入するのもいいですが、今月買ったものは、壊れたり汚れてしまって、長くは使えなくなる場合があるので気をつけましょう。投資や資産運用には不向きなタイミングなので、無理に手を広げないようにしましょう。

仕事運

疲れから集中力が切れて、ミスが増えてしまいそうな時期。一つひとつの仕事にていねいに取り組み、こまめに休憩をとるようにしましょう。休日はマッサージや温泉、スパなどに行ってゆっくり過ごすのもオススメです。きちんと疲れをとることも仕事の一部だと思うといいでしょう。予定も詰め込みすぎないようにし、ときにはほかの人に分担をお願いして、少し楽をすることも大切です。ひとりで背負い込みすぎないように気をつけましょう。

美容＆健康運

体調を崩してしまう可能性が高い月。今月は無理に予定を詰め込まないようにし、休む日を先に決めて、ゆっくり過ごすようにしましょう。体調に異変を感じる場合は、早めに病院に行って検査を受けるようにしてください。美意識を高めておくことも必要な時期なので、食事のバランスに気をつけたり軽い運動を心がけておくといいでしょう。

1 日	▼	新年早々失敗したり、ドジな出来事を起こしそうな日。とくに、お酒を飲みすぎるとケガや失言をする可能性があるので控えめにして。身内に余計なことを言われてケンカになることもありそうです。
2 月	✕	風邪をひいてしまったり、疲れを感じやすい日。人混みに行くのはできるだけ避けて、家でゆっくり過ごしましょう。手洗いとうがいはこまめにしておくこと。
3 火	▲	気持ちが安定せず、余計な妄想ばかりが膨らんでしまいそうな日。映画やドラマを観て気晴らしをするといいでしょう。軽い運動をしてみるのもオススメです。
4 水	=	新年の挨拶を忘れてしまった人には、メールでもいいので今日のうちに送っておきましょう。仲のいい人なら、挨拶をかねて食事に誘ってみるのもいいでしょう。
5 木	=	遊びの誘いをただ待っているだけでは、いつまでも新しい出会いは訪れないし、楽しいことも起きないもの。今日は、気になる場所に行ってみたり、友人や知人を遊びに誘うなど、自ら行動してみるといいでしょう。
6 金	□	「いずれやらなくてはいけない」と思うことは、後回しにしないで、できるだけ先に手をつけておくといいでしょう。身の回りの片付けや、事務仕事も早めに終わらせておきましょう。
7 土	■	体調を崩しやすい日。人が集まる場所に出かけるのはできるだけ避けること。すでに予定が入っている場合は、長時間にならないよう、早めに帰宅するようにしましょう。
8 日	●	気分の浮き沈みが激しくなりそうな日。うれしい出来事が起きても、浮かれているとあとで嫌な思いをすることがあるかも。調子に乗らないで冷静に状況をとらえるようにしましょう。
9 月	△	相手の話を最後まで聞かないことが、トラブルの原因になってしまいそう。人の話にはしっかりと耳を傾けて、いつも以上に慎重に行動するよう心がけておきましょう。
10 火	○	ダラダラしていると、かえって疲れがたまってしまいそう。些細なことでも、キビキビ動くように意識することが大切です。やる気が出ないときほど、手を動かしてみましょう。
11 水	○	大きな得は感じられなくても、小さな得をつかめる日。日常のなかの「小さなラッキー」を見つけるようにすると、1日が楽しくなりそうです。
12 木	▽	日中は運気がいいので、積極的に行動することが大切。仕事も、早めに片付けられそうなことには片っ端から手をつけて、ドンドン終わらせましょう。夕方以降は、考えがまとまらなくなってしまいそうです。
13 金	▼	予定外の仕事が突然やってきそうな日。思っている以上に大変になってしまう可能性があるので、自分の仕事は早めに片付けておくといいでしょう。
14 土	✕	今日と明日は体調を崩してしまう原因になりやすい日。無理に予定を詰め込みすぎず、ゆっくり過ごすようにしましょう。とくに暴飲暴食や寝不足には気をつけましょう。
15 日	▲	恋人や身近な人とケンカをしたり、気まずい空気になってしまうかも。自分で思っている以上に疲れがたまっている場合があるので、ゆっくりする時間をつくるようにしましょう。
16 月	=	周囲に勧められたお菓子やランチを食べてみるといい日。「自分では選ばないもの」を試して、意外な体験を楽しんでみるといいでしょう。
17 火	=	変化を楽しむといい日。起きる時間や出社時間を少し変えてみるといいかも。ふだん見ないテレビ番組を見てみると、いい勉強になったり、おもしろい人を見つけることができそうです。
18 水	□	「自分のペース」を守ることが大切な日。相手に合わせすぎたり、面倒な仕事を断れずに引き受けてしまうと、体調を崩したり、ストレスの原因になってしまいそうです。
19 木	■	疲れがたまってしまいそうな日。今日は、頑張りすぎに注意が必要です。休憩時間には温かい飲み物を飲んだり、ゆっくりできる時間をつくるようにしましょう。
20 金	●	突然、遊びに誘われたり、異性から連絡がありそうな日。仕事終わりで短い時間になってしまったとしても、顔を出しておくといいでしょう。
21 土	△	行動や判断が雑になってしまう日。忘れ物やうっかりミスをしやすいので、気をつけましょう。ドリンクを倒してしまったり、お気に入りの服を汚してしまうこともありそうです。
22 日	○	親友と楽しい時間を過ごせそうな日。しばらく遊んでいなかった人に連絡をとってみると、タイミングよく会うことができるかも。久しぶりに語り合えて、気持ちもスッキリするでしょう。
23 月	○	無駄な出費が増えてしまうかも。不要とわかっていながらも、誘惑に負けて購入したり、ついアプリに課金しすぎてしまうことがあるので気をつけて。
24 火	▽	自分中心に考えてばかりいると、さらに苦しい状況になったり、悩みや不安が増えてしまいます。周囲の人や相手のことをもっと想像して、行動するようにしましょう。
25 水	▼	余計なことをしゃべってしまいそうな日。つい口が軽くなって信用を失ってしまうことがあるので、今日は話の聞き役に徹するよう心がけておいて。
26 木	✕	体調に異変を感じやすい日。無理はしないでこまめに休み、不調を感じたら早退してもいいでしょう。ランチは胃腸にやさしいものを選ぶようにしましょう。
27 金	▲	身の回りをきれいに整理整頓しておきましょう。足元にものを置きっぱなしにしていると、つまずいてケガをする原因になることも。使ったものは元の場所に戻すようにしましょう。
28 土	=	興味がわくことを見つけられて、視野が広がりそうな日。話題の映画を観たり、気になる舞台やライブに足を運んでみるといいでしょう。
29 日	=	ストレス発散や気分転換をするにはいい日。カフェでゆっくりくつろいだり、家で好きな音楽をじっくり聴いてみるといいでしょう。本を読んでのんびりするのもオススメです。
30 月	□	やる気がアップしそうな日。ただし、頑張りすぎると次の日に体調を崩してしまうことがあるので、上手にセーブするようにしましょう。
31 火	■	心身ともに疲れを感じやすい日。のどに違和感が出てきたり、胃腸の調子も崩してしまいそう。今日は温かくして、無理をしないように過ごしましょう。

☆ 開運の日　◎ 幸運の日　● 解放の日　○ チャレンジの日　□ 健康管理の日　△ 準備の日　▽ ブレーキの日
■ リフレッシュの日　▲ 整理の日　✕ 裏運気の日　▼ 乱気の日　= 運気の影響がない日

2月

2023

● 解放の月

総合運　楽しい出来事が増える月
充実した日々を過ごせそう

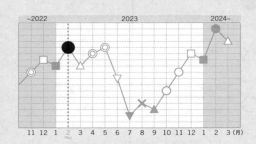

楽しい出来事や遊ぶ時間、仲間や友人と語る機会が多くなりそうです。あなたを中心に人が集まってきたり、求められることや頼りにされることも増えるでしょう。忙しくなりますが、充実した日々をすごせそうです。とくにプライベートや趣味を楽しめるようになるので、思い切り時間を使えるように工夫してみるといいでしょう。知り合いを集めたり、興味のあるイベントやライブなどに足を運ぶと、いい発見や出会いがあるでしょう。

恋愛＆結婚運

昨年、仕事が忙しくなりすぎてしまった人ほど、今月から急激に恋愛運がアップします。異性と関わる際や、恋愛に発展しそうな場面で引いてしまわないように。よく目が合う人やマメに連絡している人がいるなら、気軽にデートや食事に誘ってみると交際に発展する流れになりそう。相手をよろこばせたり、ノリのよさも大切です。結婚運は、この1年は恋人と楽しく過ごすことを大事にして、相手がよろこぶポイントを見つけるよう心がけるといいでしょう。

仕事運

昨年あたりから手応えを感じている人ほど、いいポジションにつけたり、仕事が楽しくなる流れになりそうです。周囲のサポートを受けられたり、上司からの評価がアップするような成果も出せるでしょう。あなたのマイペースなところも、いい意味で認められそうです。ただし、小さなミスが増えることがあるので、事前準備と最終確認は怠らないように。職場の人との交流も楽しむと、さらに仕事がやりやすくなったり、恋に発展することもありそうです。

金運＆買い物運

遊ぶ機会が増える時期。出費が少し多くなったり、勢いで買い物をすることも増えてしまいそうです。給料日前に財布が空になったり、貯金を崩してしまわないよう、計画的にお金を使うことを心がけましょう。一方で、メリハリをつけることも大切です。遊ぶときはケチケチせずに、それ以外の日は財布のヒモをしっかり締めておきましょう。投資や儲け話には簡単に乗らないようにしましょう。

美容＆健康運

楽しみながらダイエットや筋トレをすると、大成功しやすい時期です。注目を集める時期でもあるので、やや露出が多い服を着ると、体が自然と引き締まってくることもあるでしょう。ただ、楽しむ時間は大切ですが、暴飲暴食には注意が必要です。カラオケやダンス、ヨガなどでストレス発散をするといいでしょう。旅先で、エステやマッサージを受けて贅沢な時間を過ごすのもオススメです。

1 水	●	今日は、遠慮しないほうが自分の思い通りに進んだり、いい流れに変えることができそうです。冗談半分でも気になる人を遊びに誘ってみたり、仕事でも一押ししてみるといいでしょう。
2 木	△	気持ちが緩んでしまいそうな日。仕事をサボったり、力を抜いてしまうことも。「バレなければいい」などと思わずに、最低限の仕事だけはしっかり行うようにしましょう。
3 金	○	何事も、「これで終わり」と勝手に終えず、「何かもっとできることがあるのでは?」と、突き詰めて仕事をしてみるといいでしょう。すべてが自分の成長につながりそうです。
4 土	◎	買い物に出かけるにはいい日ですが、予算をオーバーしたり、勢いで買いすぎてしまうことがあるので気をつけましょう。誘惑に負けて、予想外の出費も増えそうです。
5 日	▽	ランチデートなど、昼間に遊びに出かけてみるといい日。おもしろい出来事があったり、楽しい時間を過ごせそう。夕方あたりからは、ハプニングに遭遇したり、タイミングの悪さを感じる流れになるかも。
6 月	▼	楽しくなってテンションが上がるのはいいですが、調子に乗りすぎたり、余計な一言を発してしまうことがありそうです。今日は少しおとなしくして、話の聞き役に回るといいでしょう。
7 火	✕	自分の弱点や欠点を突っ込まれてしまいそうな日。至らない点は誰にでもあるもの。少しでもいいので、克服できるよう努力することを忘れないように。
8 水	▲	使っていないものは一度片付けて、身の回りをスッキリさせましょう。いつまでも置きっぱなしの雑誌や、読みかけのままの本などは処分を。間違って大事なものを捨てないように気をつけて。
9 木	○	少しくらい問題が起きても、勢いでクリアできたり、前向きにとらえることができそうです。些細な失敗は気にせず、「完璧な人などいない」と開き直ってみましょう。
10 金	○	お試しをするといい日。「前例がないから」と避けるのではなく、「ちょっと試しに」と思って挑戦してみましょう。楽しみながら取り組んでみると、うまくいきそうです。
11 土	□	計画的に行動することが大切な日。流れに身を任せるのもいいですが、時間をしっかり決めて楽しんだり、終わりの時間を決めておいたほうがいいでしょう。明日に疲れを残さないように注意しましょう。
12 日	■	今日は、「しっかり疲れをとる日」だと思ってゆっくりするといいでしょう。外出してもいいですが、はしゃぎすぎるとケガをしたり、転んでしまうことがあるので気をつけましょう。
13 月	●	気持ちが楽になる日。プレッシャーから少し解放されそうです。遊び心が広がって、周囲をよろこばせることもできるでしょう。仕事を楽しめたり、大きなチャンスをつかむこともできる運気です。
14 火	△	バレンタインは楽しく過ごせる感じになりそう。気になる人に冗談半分でチョコを渡してみたり、相手の話を楽しく聞いてたくさん笑うと、関係が進展しやすくなるでしょう。
15 水	◎	いい結果を残せなかったり、失敗が続いていると感じる人は、名誉挽回のために頑張ってみるといい日。満足のいく結果を出せたり、手応えを感じられそうです。
16 木	◎	うれしい出来事が起きそうな日。先輩や上司にご馳走してもらえたり、お得に買い物ができたりするかも。ラッキーなサービスを受けられることや、ポイントが多くもらえることもありそうです。
17 金	▽	周囲のやさしさに敏感になっておくと、いい1日を過ごせるでしょう。話を聞いてくれたり、手伝いをしてくれる人への感謝の気持ちを忘れないように。
18 土	▼	ふだんなら冷静に判断できることでも、今日は浮かれすぎて判断ミスや操作ミスをしてしまうかも。不要なものを買ってしまったり、ドジなケガもしやすいので気をつけましょう。
19 日	✕	予定通りに物事が進まない日。せっかくのデートや遊びもテンションが上がらず楽しめなかったり、過度な期待が原因でガッカリすることもありそう。いつも上機嫌でいられるように意識してみましょう。
20 月	▲	今日は、整理整頓と掃除を先に済ませましょう。家が散らかったまま出社しないよう、少し早めに行動することが大切です。職場でも、道具の手入れをしたり、デスク周りをきれいにしておきましょう。
21 火	=	いつも以上にすすんで仕事に取り組むといいでしょう。誰も手を出さないことに「私がやります」と志願してみるのもオススメです。実力不足だったとしても、周囲がサポートしてくれるでしょう。
22 水	=	ひとつの方法がうまくいかなかったら、ほかのアイデアを試してみるといい日。言い方や言葉選びを変えるだけで、相手との関係が変わってくることもあるでしょう。
23 木	□	時間を意識して仕事をするといい日。ダラダラすると逆につらくなってしまうので、メリハリをつけて取り組みましょう。あいた時間はボーッとしてみると、頭の中が整理できそうです。
24 金	■	集中力が途切れたり、ミスが増えそうな日。自分が思っている以上に疲れがたまっている可能性があるので、こまめに休んだり、ゆっくりする時間をつくりましょう。
25 土	●	いいデートができるなど、楽しい1日を過ごせそう。複数の人から遊びに誘われたら、まとめてみんなで会ってみるのもいいでしょう。今日は、思い切り遊ぶことで運気がアップします。
26 日	△	忘れ物や失くし物に注意が必要な日。外出先で大事なものを失くして焦ったり、スマホを落として画面を割ってしまうなど、ドジな出来事が多くなりそう。
27 月	○	両親や祖父母、先祖のことを考えてみたり、人との「つながり」を想像するといい日。いまの自分が存在していることに感謝できたり、「生きていることが奇跡だ」と感動することもできそうです。
28 火	◎	仕事運がいい日。真面目に取り組むよりも、楽しく仕事を進めてみるといいでしょう。仕事も人生も「遊びやゲームのひとつ」だと思ってみることで、考え方も変わってきそうです。

☆ 開運の日　◎ 幸運の日　● 解放の日　○ チャレンジの日　□ 健康管理の日　△ 準備の日　▽ ブレーキの日
■ リフレッシュの日　▲ 整理の日　✕ 裏運気の日　▼ 乱気の日　= 運気の影響がない日

3月 2023

△ 準備の月

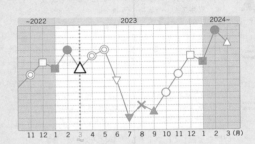

開運 3 カ条

1. しっかり遊んでしっかり仕事をする
2. 事前準備と確認作業を怠らない
3. みんなを笑顔にさせる

総合運

あなた本来の陽気さが出る月
準備と確認作業は念入りに

あなた本来の陽気さや無邪気さが出る月。遊ぶ時間や楽しい時間が増えますが、確認ミスやドジな失敗が重なることもありそうです。事前準備や下調べはとくに念入りにして、最終確認も怠らないようにしましょう。「しっかり遊んでしっかり仕事をする」をテーマに、生活にメリハリをつけるといいでしょう。あなたを惑わす誘いもありそうですが、「そんなに甘い話があるわけない」と冷静に判断して、いまを楽しむようにしましょう。

恋愛＆結婚運

不思議と異性から遊びやデートに誘われるなど、ついニヤニヤしてしまうようなことがありそうな時期。ただ、好みではない人からも、強引に誘われたり視線を感じることがあるので、やや嫌な思いをすることもあるかも。好意がなければハッキリと断ったり、距離をあけることが大切です。お酒に酔った勢いで一夜の恋をして、後悔することもあるので気をつけること。結婚運は、決断には不向きな時期。恋人と楽しむ時間を優先しましょう。

仕事運

気を引き締めておかないと、ミスや遅刻が増えてしまいそうです。数字や時間、金額の確認はこれまで以上に念入りにすること。仕事に不満がたまることや、やる気を失うこともある月。職場の人とコミュニケーションをとったり、趣味の時間を充実させると、再び集中できるようになりそうです。よからぬことを言う人の言葉や、ネットのあやふやな情報を鵜呑みにしないよう気をつけましょう。

金運＆買い物運

これまでは貯金できていても、今月は無駄な買い物や遊びでの出費が増えてしまいそう。「本当にいま必要なのか」と3日は考えて、それでも欲しいと思うなら購入するといいでしょう。勢いでの購入やローンは後悔しそうです。人と遊ぶときは、使う金額を事前に決めておくことが大切。ただし、この時期は、しっかり遊ぶことがストレス発散になるので、交際費がある程度かかることは覚悟しておきましょう。投資では判断ミスをしやすいので、注意しましょう。

美容＆健康運

楽しい時間を過ごしてストレス発散をするのはいいですが、暴飲暴食や、調子に乗りすぎてケガをすることがあるため要注意。とくにお酒で大失敗しそうなので、飲み会や家飲みの場ではほどほどを意識しましょう。ダンスなど、楽しみながら体を動かすと、いい汗を流せてスタイルも維持できそうです。美意識を高めるためにも、少し露出の多い服や目立つ服を選んでみると、気が引き締まっていいでしょう。

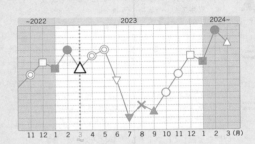

開運のつぶやき　自信がないから、自信をつけられるように努力する。

1 水	▽	日中は、集中力が続いて実力以上のパワーを発揮できたり、いい結果に満足できそう。ただし、夕方あたりからは、集中力ややる気が下がってしまうかも。周囲のおもしろい人を観察してみると、気持ちが楽になりそうです。
2 木	▽	予定通りに物事が進まず、ガッカリしそうな日。人生は、順調すぎることのほうが少ないもの。少しくらいのトラブルは、「いい勉強になった」と前向きにとらえましょう。
3 金	✕	現状に不安を感じたり、不安が不満に変わってしまいそう。余計なことばかり考えていないで、目の前のことに集中するといいでしょう。「よかれと思って意見を言ったら、叱られた」なんてこともあるので、気をつけましょう。
4 土	▲	身の回りを片付けると運気が上がる日。ただ、「いらない」と思ったもののなかに大事なものや借りもの、高価なものが混ざっている場合があるかも。しっかり確認してから、捨てるようにしましょう。
5 日	＝	遊ぶ約束はしたけれど、そのまま時間がたってしまった人に連絡をして、遊んでみるといいでしょう。初デートにもオススメな運気なので、気になる人を誘い出してみましょう。思った以上に楽しい時間を過ごせそうです。
6 月	＝	新しいことに目を向けてみると、楽しい発見がある日。少しでも気になったことがあったら調べてみましょう。初対面の人とは笑える話をしてみると、いい関係になれそうです。
7 火	□	あいまいな返事や安請け合いには注意が必要な日。自分に関係のない話だからと、しっかり聞かずに妄想を楽しんでいると、あとで面倒な事態やトラブルを発生させてしまうので気をつけましょう。
8 水	■	ドジなケガに要注意。ちょっとした段差につまずいたり、歩きスマホで壁に激突したり、引き出しやドアに指をはさんで痛い思いをすることがありそうです。今日は、慎重かつていねいな行動を心がけましょう。
9 木	●	異性からの視線を感じたり、遊びの誘いがくるなど、「急にどうした？」と思うようなことがありそう。仕事でも注目されやすい運気です。どんな仕事も楽しみながら取り組んでみると、いい味方が集まってくるでしょう。
10 金	△	自分でもびっくりするようなミスをしそうな日。日付や数字を間違えたり、発注や約束を忘れてしまうかも。何を忘れているかすら忘れてしまうくらいドジな日になりそうので、気をつけましょう。
11 土	○	親友やお世話になった人に連絡をするといい日。仲がいいからこそ、いいことも悪いこともハッキリ言えるような人と語ってみると、気持ちがスッキリして、たくさん笑うことができそうです。
12 日	○	デートをするには最高にいい日。好きな人の気持ちをつかめそうな運気なので、自分から連絡してみましょう。ただし、予想外の出費が増えることがあるため、覚悟しておきましょう。
13 月	▽	午前中は、仕事が思った以上にはかどりそうな運気。面倒なものや不得意な仕事を一気に片付けてしまいましょう。夕方以降は、周囲のトラブルや自分のミスが発覚して、時間に追われてしまうかも。
14 火	▼	面倒な人との関わりが増えてしまいそうな日。頑固で融通がきかない上司や、判断がコロコロ変わる先輩などに、イライラすることがあるかもしれません。「相手もよかれと思って言っている」ということを忘れないようにしましょう。
15 水	✕	他人のワガママなところを見て、残念な気持ちになってしまいそう。自分は同じことをしないように気をつけましょう。他人の欠点が目につくときは、どこか自分と似ている部分があるものだと覚えておきましょう。

16 木	▲	今日は、「何事も早めに取り組む」ようにしましょう。ミスが見つかっても、時間にゆとりがあれば取り戻すことができます。早めにはじめておくことで、しっかり確認する時間もつくれるでしょう。
17 金	＝	どんな仕事も、一生懸命に真剣に取り組んでみるといい日。少しくらい失敗しても、前向きに挑戦したことが評価されたり、いい勉強になることがありそうです。
18 土	＝	はじめて行くお店で楽しい時間を過ごせそうな日。急に気になったお店があるなら、足を運んでみるといいでしょう。新装オープンのお店や、これから流行りそうなところを探して行ってみるのもオススメです。
19 日	□	帰宅する時間と寝る時間だけは絶対に守るようにしましょう。翌日に疲れを持ち越さないことが大切です。調子に乗りすぎて、ヘトヘトになるまで遊ばないように。
20 月	■	寝不足を感じたり、集中力が低下してしまいそうな日。油断すると、ケガや事故につながるので気をつけましょう。朝から軽く体を動かしたり、伸びや屈伸をしておくといいでしょう。夜は、急な誘いがありそうです。
21 火	●	「大きな幸運」というよりも、「笑顔になれるような幸運」を感じられそうな日。ほめてくれる人や、あなたの個性や才能を認めてくれる人への感謝を忘れないようにしましょう。
22 水	△	自分でも「やってしまった」と思うような、イージーミスをしやすい日。反省する前に、しっかり対処するようにしましょう。自分中心に考えないで、全体や相手のことを考えて行動することが大切です。
23 木	○	「恩返しすべき人」のことを思い浮かべながら仕事をするといいでしょう。厳しい指導や、これまでの苦労が、自分の実力アップにつながっていると気づけそうです。
24 金	○	先輩や上司にご馳走をしてもらうなど、少しラッキーなことがありそうな日。おごってもらうばかりではなく、後日に、些細なものでもいいので、必ずお返しをするようにしましょう。
25 土	▽	ランチデートなど、午前中から遊びに出かけるといい日。15時くらいには帰宅して、家で好きな音楽を聴いたり、本を読む時間をつくるなどしてのんびり過ごすようにしましょう。
26 日	▼	今日は無駄な外出は避けて、映画や動画、テレビなどを見てゆっくり過ごすといいでしょう。妄想を楽しむのもいいので、明るい未来について想像してみましょう。外出するときは、うっかりからのケガや風邪に気をつけること。
27 月	✕	電車に乗り遅れたり、大事なものを失くしてしまいそうな日。問題が起きたことを他人のせいにしていると、同じことを繰り返します。しっかり反省をして、次に活かしましょう。
28 火	▲	忘れ物や失くし物には要注意。今日使う資料を置き忘れたり、約束の時間を間違えてしまうことがありそう。しっかり確認をして、早めに行動しましょう。
29 水	＝	おもしろそうな情報を入手できる日ですが、ウソだったり間違っている可能性もあります。正しいことなのかしっかり調べてから、周囲に伝えるといいでしょう。うっかり話して、あなたがウソつきと思われてしまうことがあるので気をつけて。
30 木	＝	フットワークを軽くすることでいい縁がつながったり、おもしろい体験ができそうな日。先輩や上司からの誘いは即OKして、ノリのよさをアピールしてみるといいでしょう。
31 金	□	忙しくしているほうが「充実している」と感じるタイプですが、予定の詰め込みすぎには注意しましょう。あれもこれもしようとすると、すべて雑になってしまいます。最後にはしっかり確認を行うように。

☆ 開運の日　◎ 幸運の日　● 解放の日　○ チャレンジの日　□ 健康管理の日　△ 準備の日　▽ ブレーキの日
■ リフレッシュの日　▲ 整理の日　✕ 裏運気の日　▼ 乱気の日　＝ 運気の影響がない日

4月

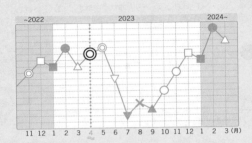

2023

◎ 幸運の月

開運 **3** ヵ条

1. 自分の癖を分析する
2. 思い出した約束は守る
3. 親友と遊ぶ

総合運 やる気や能力が高まる時期
思い出した約束は守って

やる気や能力が高まる時期ですが、雑な行動をしたり勢い任せにするのはほどほどにしておきましょう。同じような失敗を繰り返すと信用を失ってしまうので、自分の癖をしっかり把握して、不要な問題を避けるようにしましょう。また、「些細な約束」を果たすことが大事な時期です。軽い感じで話したことでも、思い出したら連絡してみるといいでしょう。「律儀な人」と思ってもらえて、そこからいい縁がつながることもありそうです。

恋愛＆結婚運

昨年末や新年早々に出会った人に連絡をすると、いい縁がつながる運気です。「ご飯でも行きましょう」と言っただけで終わっている人がいるなら、あなたから誘ってみるといい流れになりそう。そこまで気になっていない相手でも、友人を誘うくらいの軽い気持ちで連絡してみるといいでしょう。新しい出会いは期待が薄めですが、信頼できる人からの紹介ならよさそうです。結婚運は、話を固める時期ではありませんが、初デートの場所に行くと仲が深まるかも。

金運＆買い物運

なんとなく続けている趣味にお金が流れやすい時期。友人との付き合いでも出費が増えてしまいそう。高価な買い物をするタイミングではなく、楽しいことに時間を使ったり、もう一度行きたいと思っていた場所に旅行するのにいい運気です。投資をはじめとする資産運用では、思い入れのある企業を選んでみるといい結果につながることも。ただし今月は、楽しみながら「ポイ活」をするくらいの気持ちでいるのがいいでしょう。

仕事運

新年早々に調子がよかった人は、いい流れに乗って手応えを感じたり、結果を残すことができそうです。逆に、今年に入ってミスが多くなった人は、今月は失敗を繰り返しやすいので気をつけましょう。余計な妄想はほどほどにして、目の前の仕事に集中することが大切です。愚痴や不満を言うヒマがあるなら、自分の弱点や欠点を克服できるように努めましょう。付き合いの長い人からのアドバイスや手助けを素直に受け入れてみると、いい流れに乗れるでしょう。

美容＆健康運

体力の低下や、スタイルが悪くなったと感じるなら、今月からダイエットや運動をはじめてみるといいでしょう。できれば、一度成功したダイエットや過去に経験のある運動を再開するのがオススメ。流行していても新しい方法は取り入れないほうがよさそうです。イメチェンのために髪を切るなら、あなたのことをよく理解している美容師さんにお願いすると、若返らせてくれたり、予想よりもいい感じにしてくれそうです。

1 土	■	ドジなケガをしたり、エイプリルフールだとすっかり忘れて、小さなウソに振り回されてしまいそうな日。そのせいで疲れてしまうことも。今日はあまり予定を詰め込まないで、家でのんびり過ごしましょう。
2 日	●	片思いの相手がいるなら、あなたから連絡をして、素直な気持ちや好意を伝えてみるといいでしょう。とくに、一度いい関係に発展しそうなムードがあった人には、連絡するのにいいタイミングです。
3 月	△	寝坊や遅刻、忘れ物をしやすい日。自分でも「ドジだな」と思うようなミスをしてしまいそう。過去にぶつけた場所に、同じようにぶつかってしまうこともあるので、自分の行動パターンを分析しておきましょう。
4 火	○	自分が知らないことを理解して、調べたり成長につなげることが大切な日。知ったかぶりや知っているつもりでいると、あとで恥ずかしい思いをすることになります。知らないことはハッキリ「知らない」と言えるようにしましょう。
5 水	◎	得意なことをしっかりアピールするのはいいですが、自分も周囲も笑顔になれるようにすることが大切です。自慢話をしたり、ただ「目立ちたい」という気持ちでだけでは、周囲からガッカリされてしまうでしょう。
6 木	▽	周囲に支えられて、楽に過ごせる1日になりそうです。ただし、それに甘えてばかりでは、自分の成長を止めてしまうだけ。できることはすすんで行うようにし、不慣れなことや苦手なことに少しでも挑戦しておきましょう。
7 金	▼	いくら本当のことでも、なんでも口に出していいわけではありません。今日は口が滑りやすいので言葉選びには注意しましょう。とくに年齢の離れた人には、ていねいな言葉遣いをし、挨拶やお礼もキッチリするよう心がけましょう。
8 土	✕	予定通りに物事が進まず、イライラしたり、ガッカリしそうな日。「こんな日もあるかな」と思って流れに身を任せてもいいでしょう。ただし、予想外の出費には注意しましょう。
9 日	▲	スマホやパソコンの調子が悪くなってしまうなど、機械トラブルがありそうな日。ほかにも大事にしていたものが壊れてしまったり、お気に入りの服を汚してガッカリすることがありそうなので気をつけましょう。
10 月	○	新しい情報を入手するのはいいですが、余計な情報まで入れないようにしましょう。不要なことを考える原因になりそうな情報は、カットすることも大切。
11 火	○	同じようなことを繰り返し、慣れることで成長できるもの。飽きる前に、昔の自分なら時間がかかっていたことが、いまはスムーズにできるようになっていることに気がつくといいでしょう。
12 水	□	計画や予測を立てることが大事な日。先のことを想像して、「このあとどうなるのか」「自分はどう動けばいいのか」「何が必要で、何が足りないのか」を考えて行動するようにしましょう。
13 木	■	疲れがたまりやすく、お昼ごろには寝不足を感じることがありそうな日。休憩時間には、少しでもいいので仮眠をとったり、目を閉じる時間をつくってみるといいでしょう。ランチの食べすぎや間食はほどほどに。
14 金	●	親切にしてくれる人や、支えてくれる人の存在を忘れないように。小さなやさしさに鈍感でいると、いつまでも人生は楽しくなりません。やさしさに敏感になれると、どんなことにも感謝できるようになるでしょう。
15 土	△	大事なものを忘れたり、失くしてしまうことがある日。過去にそれで大失敗した人ほど注意が必要です。夕方以降は、友人やしばらく会っていなかった人と再会したり、連絡がくることがありそうです。
16 日	◎	「もう一度会いたい」と思う人に連絡をするといい日。相手も予定があいていたり、あなたに会いたいと思っているかもしれません。遠慮せずに、すぐ行動に移してみましょう。
17 月	◎	実力をいい感じに発揮できる日。苦手な人との距離もあき、のびのびできそうです。気になる人に連絡してみると、週末にデートすることになったり、遊ぶ約束を取りつけられるかも。
18 火	▽	午前中からテキパキ仕事をこなすといい日。後回しにすると時間がなくなってしまったり、突然忙しくなることがあるでしょう。周囲のワガママに振り回されないよう気をつける必要もありそうです。
19 水	▼	手を抜いてしまうと、やり直しになったり評価を落としてしまいそうな日。「このくらいでいいや」と思ったときほど気をつけましょう。最後まで気を緩めずに、しっかりやり遂げるようにしましょう。
20 木	✕	予想外の人と仲よくなれたり、いいきっかけをつかめそうです。ただ、余計な一言を言ってしまったり、間が悪い感じになってしまうことも。まずは自分からしっかり挨拶するようにし、相手との距離感を間違えないように。
21 金	▲	何事にも順序があるもの。ゆっくりでもかまわないので、できるところから仕事を片付けることが大切です。時間がある場合は、身の回りをきれいにするといいでしょう。こまめに掃除しておくと、のちに役立つことがありそうです。
22 土	○	先輩に連絡をしてみたり、遊びに誘ってみるといい日。いい話ができて、楽しい時間を過ごせそう。少し図々しいくらいがちょうどいいですが、挨拶やお礼はキッチリしておきましょう。
23 日	○	気になる本を購入して読みはじめるといい日。いい言葉や気になった文章は、メモをしておきましょう。気になる本がないときは、周囲がオススメしていたものを読んでみるといいでしょう。
24 月	□	今週や今日の予定をしっかり確認することが大切な日。なんとなく「いつもと同じだろう」と思っていると、ゴールデンウィーク前の対応でスケジュールに変動があることを見落としている可能性がありそうです。
25 火	■	油断していると、ちょっとしたケガをしたり体調を崩してしまいそう。急に重いものを持つと、腰を痛めてしまうこともあるので気をつけましょう。腰痛やギックリ腰の経験がある人ほど、今日は注意が必要です。
26 水	●	異性の友人から遊びに誘われたり、知り合いから連絡がありそうな日。予定が重なってしまったときは、みんなを集めて遊んでみるといいでしょう。仕事では、求められることが増えてしまいそうです。
27 木	△	小さなミスが重なってしまいそうな日。朝から時間を見間違えたり、忘れ物や失言などもしやすいので気をつけましょう。つねに「15分前行動」を意識していれば、大きな問題は避けられそうです。
28 金	◎	予感が当たりやすい日。嫌な予感がするときは、立ち止まって冷静に判断するようにしましょう。気になったお店に入ってみると、知り合いを見つけられるかも。その場で食事に誘ってみるといいでしょう。
29 土	◎	買い物をするといい日です。新しいお店よりも、よく行く安心できるお店がオススメ。ラッキーなサービスを受けられたり、お得な買い物ができるかも。
30 日	▽	ランチデートをしたり、午前中から遊びに出かけるといい日。夕方以降は無駄な出費が増えてしまいそうなので、早めに切り上げるようにしましょう。ダラダラ過ごすと、次の日に疲れが残ってしまいそうです。

☆ 開運の日　◎ 幸運の日　● 解放の日　○ チャレンジの日　□ 健康管理の日　△ 準備の日　▽ ブレーキの日
■ リフレッシュの日　▲ 整理の日　✕ 裏運気の日　▼ 乱気の日　＝ 運気の影響がない日

5月

2023

◎ 幸運の月

開運 3 カ条

1. 予算を決めて遊ぶ
2. プレゼントを贈る
3. 周囲を笑わせる

総合運 予想外の人と仲よくなれそう
ただし、ミスには注意して

人間関係が楽しくなったり、おもしろい出来事が増える時期。人との距離を縮められることや、予想外の人と遊んで仲よくなれることもあるでしょう。ただし、珍しいミスや判断ミスをしやすいので、調子に乗りすぎたり、しゃべりすぎないように気をつけること。上司や先輩、年上の人を遊びに誘ったり、家にお邪魔してみると、これまで以上にかわいがってもらえそうです。いろいろと相談して、じっくり語ってみるのもいいでしょう。

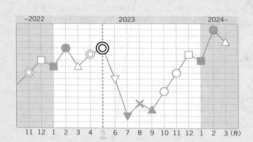

恋愛&結婚運

人との関わりが増えるのはいいですが、楽しい時間を過ごしただけで終わってしまい、恋には発展しないこともありそうです。交際したい人と優先的に会うようにしましょう。ノリと勢いで一気に進展する場合もあるため、少しの度胸も大切。新しい出会い運は、遊びと割り切れるならいい出会いがありそうですが、真剣な恋の相手にはならないかも。結婚運は、恋人とデートを楽しむことが結婚への近道になりそう。いつも上機嫌でいるようにしましょう。

仕事運

楽しく仕事ができる時期ではありますが、小さなミスが目立ってしまうことがありそうです。時間や数字などの確認や事前の準備は、これまで以上にしっかり行いましょう。仕事中に余計な妄想ばかりしていると、大失敗をして周囲に迷惑をかけてしまうこともあるので要注意。職場の人や取引先の人とのコミュニケーションはとりやすい運気なので、食事や飲みに誘って交流を深めるといいでしょう。この時期の転職は失敗しやすいので、いまは考えないように。

金運&買い物運

予想以上に出費が増えそうな運気。何に使ったかわからないくらい、気づいたら財布が空になっていたり、電子マネーに何度もチャージしていたりしそうです。飲み会や食事会を楽しむのはいいですが、終電を逃してタクシーに乗るハメにならないように。また、ゲームでふだんしない課金をして、大出費することも。「楽しい思い出づくり」と割り切ってみるのもいいでしょう。投資や資産運用は、判断ミスをしやすいので無理はしないこと。

美容&健康運

美意識が緩んでしまう月。楽しい時間を過ごせたり、ストレス発散ができたりしそうですが、食べすぎて体重が増えることや、肌の調子を崩してしまうこともありそうです。ドジなケガもしやすいので、段差や階段にはとくに気をつけましょう。お酒を飲んだときに打撲をして、あとで気がつくようなこともあるかも。ダイエットには、ゲーム感覚で体を動かすことや、ダンスがよさそうです。

160 　開運のつぶやき 　運気を知っても何も積み重ねなければ運気のいい時期には何もない。

1 月	▼	ミスや空回りが増えそうな日。「運が悪い」のではなく、不注意や準備不足、確認不足など、必ず自分に原因があるものです。運のせいにして逃げないように。
2 火	✕	話をするのはいいですが、余計な一言を言ったりしゃべりすぎたりして、周囲から面倒な人だと思われてしまうことがありそう。相手の話にはしっかり耳を傾けて、質問上手や聞き上手を目指してみましょう。
3 水	▲	何事もていねいに、最後までキッチリ終わらせるように意識しましょう。今日は、あなたが思っている以上に雑な行動をとってしまいそう。忘れ物にも気をつけましょう。
4 木	○	知り合いや友人の集まりがあるなら、積極的に参加してみるといい日。盛り上げ役になれたり、あなたの力でみんなを楽しませることができそうです。ドジなミスをしても、いい話のネタになるでしょう。
5 金	○	視野を広げるのはいいですが、目の前のことに集中しないと、小さなミスが増えてしまうでしょう。話を聞き逃すこともあるので、人の話は最後までしっかり聞くように。
6 土	□	予定を詰め込んだほうが心は安定するタイプですが、今日は時間の調整も必要。日中は予定がいっぱいでも、夕方あたりからは、ゆっくり時間を使ったり、何もせず好きな音楽を聴くなどして過ごすといいでしょう。
7 日	■	今日はしっかり休んで、明日以降のために準備をしておきましょう。何も考えずに遊びすぎると、体調を崩したり、疲れをためて後悔することになりそう。お酒も控えるようにしましょう。
8 月	●	自信をもって行動することで、運を味方につけられる日。どんなときでも堂々とすることが大切です。少しくらい強引になってみたり、ときにはハッタリを言うくらいの度胸も必要でしょう。
9 火	△	自分のミスは素直に認めて、同じ失敗をしないように気をつけましょう。しっかり確認する時間があれば問題は避けられるので、「15分前行動」を心がけておきましょう。
10 水	◎	過去にした小さな約束も、しっかり守るようにしましょう。飲みや食事に誘った人がいるなら、連絡してみるといいでしょう。この縁がのちに大切になってきそうです。
11 木	◎	後輩や部下、お世話になっている人にご馳走するといい日。ケチケチしないで、感謝の気持ちをかたちにして表すといいでしょう。ドリンク一杯やちょっとしたお菓子でもいいので、お礼の気持ちを示すことが大切です。
12 金	▽	何事も思った以上に順調に進む日。流れに身を任せるのもいいですが、夕方以降からは予想外に忙しくなったり、周囲のトラブルにも巻き込まれやすくなるので、気をつけて。
13 土	▼	今日と明日は、予定通りに物事が進まなくなりそう。「計画通りに進まないことを楽しむ」くらいの気持ちが大切です。忘れ物や置き忘れ、時間の確認ミスをしやすいので気をつけましょう。
14 日	✕	今日は、家族や友人、知人をよろこばせることに力を注いでみましょう。ホームパーティーにみんなを招いたり、最近あなたがお気に入りの食べ物をプレゼントするといいでしょう。
15 月	▲	朝から散らかっているところを片付けるのはいいですが、間違って大事なものを処分してしまわないよう気をつけましょう。手を滑らせて器を割ったり、機械に水をこぼしてしまうこともありそうです。
16 火	○	「自分の目的は何か」をしっかり考えて、日々の生活を送るようにしましょう。目標はコロコロ変わってもいいですが、目的は見失わないように。
17 水	○	苦手なことや不慣れなことに、少しでも挑戦してみるといい日。うまくやろうとするよりも、「ゲームをクリアしよう」というくらいの気持ちで楽しみながら取り組むと、少しコツがつかめるでしょう。
18 木	□	考える前に行動するのもいいですが、今日は事前にしっかり情報を集めたり、相手の話をきちんと聞いてから動くようにしましょう。先走って行動すると、疲れたり、無駄な動きが増えてしまいそうです。
19 金	■	午前中は集中できても、午後から疲れを感じてしまいそう。こまめに休んだり、休憩時間に仮眠をとっておくといいでしょう。ランチは食べすぎないように気をつけましょう。
20 土	●	複数の人から遊びに誘われることがある日。異性の友人からの誘いもありそうです。気になる人とデートすることもできる運気なので、あなたから連絡をしてみるといいでしょう。明るい服を着て出かけてみましょう。
21 日	△	スマホを置き忘れたり、財布を忘れるなど、忘れ物が多くなってしまいそう。気が緩んで、出費も多くなりそうなのでほどほどにしておきましょう。高価なアクセサリーは身につけないほうがよさそうです。
22 月	◎	付き合いの長い人との会話から、よいヒントを得られそう。昔話よりも、明るい未来の話をするといいでしょう。相手の長所をほめると、あなたもほめてもらえそうです。
23 火	◎	自分の実力以上の結果を出せる日ですが、周囲の人の協力に感謝を忘れないことが大事。期待にできるだけ応えるよう努めてみると、仕事が楽しくなりそうです。
24 水	▽	日中は順調に物事が進むので、積極的に仕事に取り組みましょう。大事な用事ほど早めに手をつけておくこと。夕方以降からは、うっかりミスが増えてしまいそう。
25 木	▼	時代の先を読めるタイプですが、周囲はあなたのスピードについてこられないでしょう。新しいことに注目するのはいいですが、周りの空気も読むようにしましょう。
26 金	✕	愚痴や不満を言っている間は、まだまだ自分の成長が足りない証。もっと真剣になって一生懸命取り組んでみると、仕事が楽しくなって充実感も得られるでしょう。
27 土	▲	掃除をするにはいい日ですが、今日は整理整頓くらいに留めておくといいでしょう。身の回りを整えることで、気分もよくなりそう。
28 日	○	はじめて行く場所でいい出会いがあったり、おもしろい話が聞けたり、素敵な体験ができそうです。少し遠くても、気になった場所には行ってみるといいでしょう。イメチェンをすると明るくなれそうです。
29 月	○	「何事にもプラス面があるもの」と心得ておきましょう。今日は、新しい考え方を受け入れたり、視野を広げられるきっかけを得られそうです。考え方や価値観が違う人との会話を楽しんでみるといいでしょう。
30 火	□	マイペースに過ごすタイプですが、今日は相手に合わせることを楽しんでみましょう。周囲がオススメするランチを食べてみたり、ふだんなら選ばないやり方を選択してみるといいでしょう。
31 水	■	妄想が膨らんで、考えることが多くなり疲れてしまいそう。ただ、悩むことと考えることとは大きく異なります。思い悩むばかりではなく、解決方法や改善策を学んで、しっかり考えられるようにしましょう。

☆ 開運の日 　◎ 幸運の日 　● 解放の日 　○ チャレンジの日 　□ 健康管理の日 　▲ 準備の日 　▽ ブレーキの日
■ リフレッシュの日 　▲ 整理の日 　✕ 裏運気の日 　▼ 乱気の日 　＝ 運気の影響がない日

6月

2023

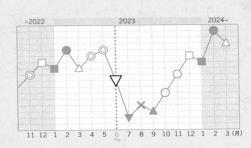

▽ ブレーキの月

開運 3 ヵ条

1. 興味をもったら素直に行動に移す
2. 仕事があることに感謝を忘れない
3. 小さな約束でも守る

総合運
**中旬までは楽しく過ごせそう
下旬は無謀な行動に注意**

中旬までは人間関係もよく、楽しく過ごせる時間が多くなりそう。フットワークも軽くなり、おもしろい人との出会いも増えるでしょう。自分から知り合いを遊びに誘ってもよさそうです。下旬になると、現状の生活に飽きてしまったり小さな悩みが出てくることがありますが、それはヒマな時間ができただけ。興味のあることに素直に取り組んでみたり、新しい趣味を見つけるといいでしょう。すべてを投げ出したくなることもありますが、無謀な行動には要注意。

恋愛＆結婚運

気になる人を積極的に遊びに誘ってみると、一気にいい関係に進めたり、交際をスタートさせることができそうです。ただし、複数の気になる人を天秤にかけたまま下旬を迎えると、チャンスを逃す可能性があるので要注意。好きな気持ちには素直になるようにしましょう。新しい出会い運もいいので、知り合いの集まりには、突然でも参加してみる価値があります。結婚運は、入籍はまだ先でも、真剣な話ができたりプロポーズされることがあるかも。

仕事運

周囲からの協力を得られたり、満足できる結果が出せる月。ただ、順調に進むぶんほかの仕事に興味が湧いたり、いまの仕事を変えてみたい気持ちが強くなってきそうです。下旬に突然、転職に向けて動き出したくなりそうですが、ここは踏み止まり、来年になってからあらためて考えたほうがいいでしょう。仕事へのモチベーションが上がらないときほど、職場の人や仕事関係者と遊んだり、食事に行く機会を増やして、いろいろと語ってみるといいでしょう。

金運＆買い物運

遊びや付き合いが増える時期なので、そのぶん出費も多くなってしまいそう。とくに大きな買い物をした記憶がないのに、財布からお金がなくなっていることも。一方で、ゲーム感覚でポイントを集めてみると、思った以上に貯められるでしょう。下旬になると、高価なものが欲しくなったり、見栄で出費してしまうことがありそうです。楽しい時間を過ごすのはいいですが、終電を逃して深夜にタクシーに乗るハメになることもあるので、気をつけましょう。

美容＆健康運

中旬までは笑うことも多くなり、自然とストレス発散ができるでしょう。予定を詰め込みすぎると、下旬に体調を崩したり疲れが出てきそうです。油断しているとケガをすることもあるので、お酒の席や、急いでいるときはとくに気をつけましょう。また、いい美容情報を入手できたり、知り合いの紹介でいい体験やお試しができそうです。髪を切るなら中旬までがオススメ。下旬になると違う髪型にしたくなりそうですが、失敗してしまうかも。

開運のつぶやき ▶ 「私は運がいい」と言う人のところに運は集まる。

1 木	●	小さな幸せを見つけられると、ドンドンいろいろな幸せに気づけるようになるでしょう。感謝の気持ちがあれば幸せは見つけられるので、すべての人やものに感謝してみましょう。
2 金	△	計画通りに進まない日。自分の失敗で周囲に迷惑をかけてしまうことも。余計な一言や調子に乗った発言もしやすいので、気をつけましょう。
3 土	◎	珍しいものが手に入ったり、掘り出しものを見つけられそうな日。なんとなく気になったお店には入ってみるのがオススメ。久しぶりに会う友人に合わせて行動してみると、いい発見がありそうです。
4 日	◎	恋人がいる人は、将来の話が出たり、うれしいサプライズがあるかも。新しい出会い運も好調なので、知り合いの集まりには顔を出しておくといいでしょう。髪を切るにもいい運気です。
5 月	▽	午前中は、勢いでいい判断ができそうな運気。午後からは、集中力が途切れたり、小さなミスが増えるので気をつけましょう。今日は早めに帰宅して、家でゆっくりする時間をつくりましょう。
6 火	▼	サボっているところを見られたり、欠点が目立ってしまいそうな日。今日は、目立たないように一歩引いて過ごし、目の前のことに真面目に取り組むようにしましょう。
7 水	×	ワガママな行動をしたり欲張ったりすると、周囲からの信頼や人気を落としてしまいます。自分だけでなく、みんなが笑顔になる方法を考えてみるといいでしょう。
8 木	▲	朝から身の回りをきれいにするといい日。時間があれば、拭き掃除をしてみるといいでしょう。ピカピカになるものはできるだけ磨いておきましょう。ふだん片付けない場所も、今日は思い切って掃除してみて。
9 金	○	生活リズムを少し変えたり、いつもより早めに出社するなど、些細なことでもいいので、ふだんとは違う流れで行動してみるといいでしょう。いい出会いや発見がありそうです。
10 土	○	これまで興味のなかったことに挑戦したり、調べてみるといい日。お得な情報や、有益な知識を得ることができそう。詳しい人に話を聞いてみると、楽しくなるでしょう。
11 日	□	明るい未来の妄想をするといい日。1、3、5、10年後の幸せな自分の姿を想像してみましょう。いまから努力して勉強すべきことや、逆に、いまのうちに止めなくてはいけないことが見えてくるでしょう。
12 月	■	疲れや寝不足を感じそうな日。頭がスッキリしないときは、できるだけ階段を使うなど、体を動かしておくといいでしょう。急に重たいものを持つと、腰を痛めてしまうこともあるので注意して。
13 火	●	気になる人がいるなら、夕食や飲みに誘ってみるといいでしょう。昼休みにメッセージを送っておくと、いいタイミングで会えたり、相手から誘ってもらえることがあるかも。
14 水	△	気楽に考えるのはいいですが、今日は甘く考えすぎてしまいそう。軽はずみな約束や口約束は、後悔することになるので避けましょう。
15 木	○	知り合いや友人をあらためて観察することが大切な日。外見や身なりではなく、相手のやさしさや内面をもっと見るように努めてみましょう。その人の新たな一面を知ることができそうです。
16 金	◎	充実した1日になりそう。自分の頑張りを自分でほめて、満足することが大事。ご褒美においしいものや好物を食べるといいでしょう。周囲にご馳走するのもオススメです。
17 土	▽	日中は運気がいいので、大事な用事は先に済ませておくといいでしょう。食品や日用品のストックをチェックして、買いに行くのもオススメです。夕方以降は、年上の人に振り回されてしまうことがあるので要注意。
18 日	▼	予想外のことに巻き込まれるなど、予定通りに物事が進まずイライラしそうな日。今日は、時間にゆとりをもって行動し、思い通りに進まないことを楽しむようにしましょう。
19 月	×	余計なことを考えすぎたり、集中力が途切れやすい日。ダラダラやると疲れるだけなので、休憩をしっかりとったら、時間を決めて一気に取りかかるといいでしょう。
20 火	▲	マイナスなイメージがあるものは、処分したり見えない場所にしまいましょう。過ぎた思い出にいつまでも縛られないで、「過去は過去、いまはいま」と割り切りましょう。
21 水	=	気持ちに変化がありそうな日。ふだんなら気にならないことが気になったり、現状のマイナス面が目についてしまいそう。自分の欠点や弱点を分析して、克服する努力を忘れないようにしましょう。
22 木	=	行動力が増す日ですが、余計な行動も増えるので注意が必要です。「人生では、多少の恥ずかしさに慣れておくことが大切だ」ということを忘れず、失敗から学ぶつもりで挑戦してみるといいでしょう。
23 金	□	目標を達成できたり、仕事が順調に進みそうな日。具体的な目標を掲げておくと、いい流れがつくれそう。夜は疲れやすくなるので、早めに帰宅してゆっくりしましょう。
24 土	■	油断していると体調を崩したり、遊びに行った先で転んでケガをすることもありそう。今日は慎重に行動するように心がけ、暴飲暴食は避けるようにしましょう。
25 日	●	意外な人から遊びに誘われたり、予想外の人から告白されることがあるかも。気になる人がいるなら自ら連絡してみると、チャンスをつかめそう。今日は、新しい出会い運もあるでしょう。
26 月	△	珍しく寝坊や遅刻をしやすい日。こまめに時間を見て行動するようにしましょう。できれば「15分前行動」を意識するのがオススメ。忘れ物もしやすいので、事前の準備と確認を忘れないように。
27 火	○	学んだことや経験してきたことが役に立つ日。「いままでの苦労は無駄ではなかった」と思えることがあったり、周囲に自分の知識を教えてみると感謝されることもありそうです。ケチケチしないでドンドン伝えてみましょう。
28 水	○	仕事ではいい結果を残せそうですが、自分ひとりの力だと思っていると人間関係が悪くなってしまうので、感謝の気持ちを忘れないように。ちょっとしたものでもかまわないので、お世話になった人にご馳走するといいでしょう。
29 木	▽	日中は運気の流れがいいので、ドンドン仕事を進めておきましょう。夕方あたりからは、小さなミスが増えたり、急な仕事を任されて忙しくなってしまいそう。断りにくい人からの誘いもあるかも。
30 金	▼	大事な約束や用事を忘れてしまったり、遅刻や忘れ物をしやすい日。今日は、いつも以上にていねいに行動し、確認を怠らないようにしましょう。余計な発言にも気をつけて。

☆ 開運の日　◎ 幸運の日　● 解放の日　○ チャレンジの日　□ 健康管理の日　△ 準備の日　▽ ブレーキの日
■ リフレッシュの日　▲ 整理の日　× 裏運気の日　▼ 乱気の日　= 運気の影響がない日

7月

2023

▼ 乱気の月

開運 **3** ヵ条

1. 計画を立てて行動する
2. どんなことからも学ぶ
3. クリアできそうな「小さな目標」を立てる

総合運 計画の甘さが出てしまう時期
自分の甘さを認めて反省を

計画の甘さやツメの甘さが出てしまう時期。準備不足や確認不足を突っ込まれたり、周囲に迷惑をかけることもありそう。「やる気が出ないから」「本気じゃないから」と言い訳をするよりも、自分の甘さを認めて反省を次に活かすことが大切です。今月は何事からも学ぶようにしましょう。急に資格取得を目指したり、無謀な挑戦に走りたくなる場合もありますが、ハードルを高く設定すると挫折するだけなので、達成できそうなことに挑戦しましょう。

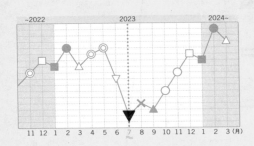

恋愛＆結婚運

恋人のいる人は、相手の雑な部分に目がいってしまい、ケンカの原因になったりイライラすることがありそうです。相手もあなたの雑な部分が目についているので、礼儀や挨拶はしっかりして、機嫌よく過ごすよう心がけましょう。隙もできやすく、浮気心に火がつく場合もあるので気をつけること。新しい出会い運は、刺激的な人にハマってしまうので要注意。結婚運は、余計な一言やワガママで破談になったり振り出しに戻りやすいので気をつけましょう。

金運＆買い物運

金銭感覚が狂いそうな時期。勢いで不要なものを買ったり、無駄な契約をしてしまうかも。似つかわしくない服や、自分には見合わないようなものを手に入れたいと思ったときには考え直しましょう。資格取得のための勉強や習い事をはじめてもいいですが、お金をかけすぎず、少額でできるものを探しましょう。投資や資産運用は危険を伴うので、手を出さずに様子をうかがっておきましょう。本を読んで準備をするくらいがよさそうです。

仕事運

実力不足を感じそうな時期。サボっていたところを指摘されたり、弱点や欠点を突っ込まれてしまうことも。やる気のない感じや不機嫌さが顔に出てしまうと、周囲との関係も悪くなるので、どんな仕事も楽しそうに取り組む姿勢が大切です。自分の至らない部分を知ることを不運や不幸ととらえるのではなく、「今後の課題が出た」と前向きに受け止めるようにしましょう。フォローやサポートをしてくれる人への感謝も忘れないように。

美容＆健康運

健康には十分注意が必要な時期。大きな病気というよりは、生活習慣が激しく乱れたり、暴飲暴食が連日になったりと、悪習慣が身についてしまうことがあるので要注意。「ストレス発散」と言いながら体に悪いことをしないように気をつけましょう。軽い運動をしたり、計画をしっかり立てて行動するといいでしょう。美意識も低下しやすいので、姿見で自分のスタイルをこまめにチェックして、体重も頻繁に量るようにしましょう。

開運のつぶやき ▶ 後悔していることから学べるもの。

1 土	✕	真面目さや、自分が正しいと思う生き方を守ることも大事ですが、今日は自分と周りの人がもっと笑顔になる方法を考えて行動するといいでしょう。ミスが増える日ではありますが、明るく受け止めて周囲に勇気を与えてみましょう。
2 日	▲	身の回りを片付けるのはいいですが、頑張りすぎて逆に散らかしたり、大事なものを間違えて捨ててしまったりしそうです。食器を割ってしまうこともあるので、雑な行動には気をつけて。
3 月	＝	「当たり前」だと思っていることほど、感謝が必要なことを忘れないように。「どんな人との出会いも貴重だ」と、心に留めておきましょう。
4 火	＝	クリアが難しい目標を立てるよりも、今日中にできそうな目標を決めて行動してみましょう。達成感を味わうと、今後も前向きに取り組めるようになるでしょう。小さな目標をいくつか立ててみるのもオススメです。
5 水	□	不慣れなことや苦手なことは、素直に頭を下げてお願いしましょう。意地を張る前に白旗をあげてしまうことも大事。自分の得意なことで周囲の人を助けるようにするといいでしょう。
6 木	■	悪習慣と思えることは避けるようにしましょう。間食や暴飲暴食も控えること。少し体を動かしたり、ストレッチの時間をつくるといいでしょう。
7 金	●	「幸せのカケラはとても小さい」と気がつけそうな日。小さな幸せでも大きくよろこべば、大きな幸せに変わっていくでしょう。小さな幸せを不満に変えてしまわないように。
8 土	△	大きなミスをしやすい日。数字や時間の確認は忘れずに行いましょう。操作ミスもしやすいので、余計なことはしないように。スマホを落として壊してしまうようなアクシデントも起きやすいため、気をつけましょう。
9 日	＝	親友や、付き合いの長い人に会うといい日。しばらく会っていない人に連絡をしてみるといいでしょう。前向きな話を聞けたり、応援してもらえたりして、やる気がアップしそうです。
10 月	＝	出費が多くなりそうな日。買い物には、欲しいものをメモしてから出かけるようにしましょう。外食すると、誘惑に負けて食べきれないくらい注文してしまうことがあるので気をつけましょう。
11 火	▽	午前中は、いい判断ができたり、いい結果を出せそうです。目の前のことに真剣に取り組んでみるといいでしょう。午後からは、徐々にやる気を失ったり、余計なことを言われてヘコんでしまうことがありそう。
12 水	▼	面倒なことを後回しにしていると、さらに面倒に感じてしまいそう。「めんどくさい」と思ったら、先に終わらせるように心がけましょう。小さな積み重ねが人生を変えていくでしょう。
13 木	✕	失敗が多い日。周囲に迷惑をかけたり、相手に叱られてしまうかも。しっかり反省して、同じことを繰り返さないように気をつけましょう。言葉選びも失敗しやすいので、よく考えてから発言すること。
14 金	▲	身の回りを片付けながら、仕事や生活をしましょう。スッキリした状態でいると仕事もはかどり、気分よく生活できるでしょう。使わないものはドンドン処分して。
15 土	＝	なんでも素早くできる人や、いい結果を出している人を見て焦らないように。マイペースだからこそできることもあります。自分のペースを楽しみながら物事を進めるようにしましょう。
16 日	＝	遊んだことのない人を誘ってみたり、これまで興味がないと思っていた場所やお店に行ってみるといいでしょう。楽しい発見があり、いい思い出もできそうです。「変化」をもっと素直に楽しんでみましょう。
17 月	□	無計画のまま勢い任せで行動していると、明日に響いてしまいそう。夜は、ゆっくりお風呂に浸かって、早めに寝るようにしましょう。
18 火	■	エアコンのききすぎや冷たいものの飲みすぎで、体調を崩してしまうかも。不調を感じやすい日なので、こまめに「手洗い・うがい」をして、軽く運動する時間もつくってみましょう。
19 水	●	自分の行動が自分の幸福につながっているのかを、しっかり考えてみましょう。いまの努力や頑張りが幸せに直結していない場合もあるので、冷静に判断しましょう。
20 木	△	小さなケガやうっかりミスをしやすい日。恥ずかしい思いをすることがあるので、食べこぼしや、後々残ってしまいそうなミスには気をつけて。名前の呼び間違いなどにも注意が必要です。
21 金	＝	経験してきたことを活かせる日。「苦労してよかった」と思える出来事や、失敗談で場が和むことがありそう。「人生には無駄なことはない」と覚えておきましょう。
22 土	＝	お金持ちに憧れるよりも、「お金の価値をしっかり理解している人」に憧れてみるといいでしょう。あなたもお金の価値や活かし方を学んでみるといいでしょう。お金は、自分のためだけでなく、人の笑顔のために使うようにしましょう。
23 日	▽	「少しの工夫」が人生をおもしろくするでしょう。余計な妄想ばかりしているなら、予定を詰め込んでいろいろな場所に行ってみたり、気になることに挑戦してみましょう。学べることをたくさん見つけられるはず。
24 月	▼	退屈したり、思い通りに進まないことがありそうな日。本屋さんに行ってみると、素敵な本やいい言葉を見つけられるでしょう。分厚い本は挫折する可能性があるので、よく考えてから購入しましょう。
25 火	✕	ガッカリする出来事が起こりそうな日。自分の失敗なら反省もできますが、周囲のトラブルに巻き込まれてしまう場合も。否定的な人の言葉に振り回されないようにしましょう。
26 水	▲	仕事道具や、身の回りにあるものをきれいに手入れするといい日。除菌シートで拭いてみると、びっくりするくらい汚れているかも。磨いたら光るところは、こまめに掃除をしておきましょう。
27 木	＝	午前中から行動的になっておくと、いい経験ができそうです。「多少の失敗は当たり前」だと思っておきましょう。人生には、「少々図太いくらいの勇気と度胸」が必要だということを忘れないように。
28 金	＝	「人生に練習はなく、つねに本番である」ことを忘れないで。真剣に取り組んだときの失敗と、練習だと思って適当にやった末の失敗では、学べることの大きさが違うでしょう。
29 土	□	マイペースに生きるのはいいですが、ときには周囲に合わせてみることも大事。新たな発見があったり、視野を広げるきっかけがつかめることもあるでしょう。今日は、流れに合わせて過ごしてみるといいでしょう。
30 日	■	今日は、家でのんびりしたり、ゆとりをもって行動するようにしましょう。マッサージやスパ、温泉などに行ってゆっくりするのもオススメです。暑いからといって、冷たいものを食べすぎないようにしましょう。
31 月	●	予想外の異性から連絡がきたり、知り合いの輪が一気に広がりそう。刺激的な人やおもしろい人にも出会えそうですが、深入りする感じにはならないかも。「異性の友人」くらいの気持ちで接するといいでしょう。

☆ 開運の日　◎ 幸運の日　● 解放の日　○ チャレンジの日　□ 健康管理の日　△ 準備の日　▽ ブレーキの日
■ リフレッシュの日　▲ 整理の日　✕ 裏運気の日　✕ 乱気の日　＝ 運気の影響がない日

8月

× 裏運気の月

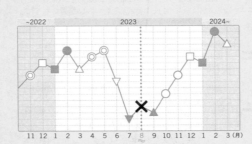

~2022　　　2023　　　2024~

11 12 1 2 3 4 5 6 7 8 9 10 11 12 1 2 3 (月)

開運 3 カ条

1. 年上の人の話を聞く
2. 聞き役に回り、余計な一言に注意する
3. 事前準備と確認をしっかり行う

総合運

優柔不断になってしまう月 自分ではなく相手を優先して

「裏運気の月」は、裏側にある「カメレオン座」の能力が開花してくる時期。現実的に物事を考えられるようになりますが、そのぶん不安になったり、弱点を突っ込まれてしまったり、優柔不断になって判断を誤ることがあるでしょう。失言をして人間関係が気まずくなったり、無計画な行動に走って自ら苦労を招いてしまうことも。今月は余計なことをしないで、本を読んだり、自分のことよりも相手のことを優先して行動するようにしましょう。

恋愛&結婚運

好きな人の前で不機嫌な態度をとったり、会話が噛み合わなくなりそうな時期。昨年や今年の上半期にいい関係になったと思っていた相手とも、距離があいてしまったり興味が薄れてしまいそう。余計な一言が原因で恋人や好きな人とケンカをしたり、気まずい関係になる場合もあるので、気分が乗らないときは会うのを控えたほうがいいでしょう。結婚運は、結婚に興味がなかった人ほど、急に結婚願望が高まる時期です。

仕事運

仕事や職場の不満に目がいったり、やる気が出なくなったりして、転職や離職を考えてしまいそうな時期。ただ、このタイミングで判断すると後悔することになるでしょう。秋になったら今月抱いた不満はすっかり忘れてしまうので、軽はずみな行動や発言には気をつけましょう。また、周囲を巻き込むトラブルを引き起こす場合もあるので要注意。大事な場面での大遅刻や大失態もあり得るので、気を引き締めて仕事に取り組みましょう。

金運&買い物運

油断していると出費が多くなったり、気がついたら財布が空っぽになってしまうことがありそう。カードで買い物をしすぎて、来月の請求額にゾッとすることも。今月は、しっかり計算して必要なものだけを購入しましょう。押しに弱くなる時期でもあるので、営業トークのうまい人に出会ったときはハッキリ断りましょう。儲け話や投資も大損する可能性があるので、軽はずみに行動しないようにしましょう。

美容&健康運

油断していると、ケガをしたり体調を崩してしまう時期。「暑いから」と、冷たいものを飲みすぎると胃腸の調子を悪くしそうです。運動不足にもなりやすいので、屋内の涼しいところで柔軟体操やヨガなどをするといいでしょう。外出の際は、肌を焼かないよう日焼け止めや日傘などの対策も忘れずに。ストレス発散だからといってお酒を飲む機会を増やしてしまうと、逆に体調を崩す原因になるのでほどほどに。

1 火	△	余計な妄想が膨らんでしまい、目の前のことに集中できなくなりそう。失言や失敗も自然と増えてくるので要注意。今日は、気持ちを引き締めて行動しましょう。
2 水	=	自分でも気がついている「悪い癖」が出てしまう日。些細なことで不機嫌になってしまうことがありそうです。軽はずみな一言も出やすいので、しゃべりすぎには気をつけること。余計な昔話をするのも避けましょう。
3 木	=	無駄遣いをしたくなってしまう日。どうせお金を使うなら、周囲の人によろこんでもらえることに使いましょう。お世話になった人にご馳走したり、プレゼントを贈るのもオススメです。
4 金	▽	頑張っていた仕事が一区切りついたり、無事に終わりを迎えられそう。自分ひとりの力でやり遂げたと勘違いしていると、あとで苦労するハメになるので、いろいろな人の協力や支えがあったことを忘れずに。
5 土	▼	リズムが悪くなったり、タイミングがズレてしまいそうな日。よかれと思ってした言動が、ズレていることや噛み合わないことがありそう。今日は、自主的に行動するよりも、周りの流れにうまく合わせるといいでしょう。
6 日	×	本を読んだり、勉強をするといい日。不慣れなことや苦手なことに挑戦してみると、思ったより集中できそう。今日学んだことや体験したことは、すぐに役に立たなくても、のちに話のネタになったり、活かせる場面があるでしょう。
7 月	▲	些細なミスだと思って報告しないままでいると、大きな問題になり信用を失ってしまうことに。小さなことでも、ほうっておかないようにしましょう。
8 火	=	これまで興味が薄かったことや、苦手だと思い込んでいたことに興味がわく日。少しでもチャレンジしてみると、いままでとは違う感じで受け止められそう。人間関係でも変化があるかも。
9 水	=	失敗を恐れて何もしないよりも、「多少は失敗するもの」と割り切り、思い切って行動してみましょう。ミスしたときもすぐに謝れば、叱られたとしても周囲からは「いいキャラ」だと思われるでしょう。
10 木	□	頑張るのはいいですが、目的や目標を忘れないようにしましょう。自己満足ではなく、正しい努力をするためにも、向かう方向を間違えないで。「なんとなく」でスタートしないように気をつけましょう。
11 金	■	今日は、体力的な無理は避けたほうがいい日。思ったよりも疲れがたまっているかも。暑いところで一気にバテてしまったり、エアコンのききすぎた場所で体調を崩してしまうこともあるので要注意。
12 土	●	大きな幸せを望むと、苦しくなってしまいます。少しでも思い通りになったらラッキーだと思って、小さな幸せに目を向けましょう。感謝できることを見つける癖をつけると、人生が楽しくなるでしょう。
13 日	△	失くし物をしやすい日。探しても見つからず、ガッカリしていたら「目の前にあった」なんてことも。慌てたときほど深呼吸をして、落ち着いて行動しましょう。自分の行動パターンも、冷静に分析するといいでしょう。
14 月	=	しばらく会えなかった人に連絡をして、話をする時間をつくってみるといいでしょう。自分の話ばかりしないで、相手の話を最後までしっかり聞くことも忘れないように。
15 火	=	出費は増えますが、少し贅沢をするといいでしょう。ふだんなら買わないような高級なパンや、値段の張る食べ物を選んでみるとよさそう。おいしかったものは周囲にオススメしてみて。
16 水	▽	礼儀や挨拶はこれまで以上にしっかりすること。店員さんや周囲の人へのエラそうな態度は、自ら不運を招いてしまうだけ。「お金を払う人が偉い」と思わないようにしましょう。
17 木	▼	失敗をごまかすためのウソや言い訳が、のちの自分を苦しめたり、気まずい空気をつくってしまいます。素直に報告し、キッチリ謝るようにしましょう。不機嫌な態度は表に出さないように。
18 金	×	珍しいことに興味がわくのはいいですが、実際に手を出したり、行動するには危険な日。うっかりお金をだましとられることや、無駄な時間を過ごすことになるので気をつけましょう。
19 土	▲	予定通りに進めない日。謎の渋滞にハマったり、行列に並ぶことになるので、人の多い場所は避けてのんびりできる場所に行くといいでしょう。置き忘れもしやすいので、席を立つときは持ち物や身の回りを確認して。
20 日	=	新しい情報を入手するのはいいですが、信じ込む前に、プラス面とマイナス面を考えましょう。違う情報を調べてみることも大事です。すぐに信じてしまうと、あとで恥ずかしい思いをするかも。
21 月	=	興味のわくことを見つけられる日。少し意識してみると、世の中には知らないことや新しいことが、まだまだいっぱいあることに気づけそうです。知らないことを調べてみると、いい発見もあるでしょう。
22 火	□	自分の話を聞いてほしいと思うなら、まずは相手の話を聞くこと。やさしくしてほしいと思うなら、自分が相手にやさしく接するように。「何事も、自分が相手に与えることが先」だと忘れないようにしましょう。
23 水	■	油断していると体調を崩したり、エアコンでのどを痛めてしまったりしそう。今日は無理せず、温かいお茶を飲むなどして過ごしましょう。暑い場所に長時間いることになる場合もあるので、対策をしっかりしておくこと。
24 木	●	小さなラッキーがある日。才能や魅力をほめられることがあるかも。しっかりよろこぶと、さらにほめてもらえそうです。ほめられたらほめ返すことも大切。人の才能を認めることも忘れないようにしましょう。
25 金	△	「割引」「ポイントアップ」につられていらないものを購入したり、不要な出費が増えてしまいそうな。今日は判断ミスをしやすいので、仕事でも軽はずみにOKしないようにしましょう。
26 土	=	親友や、付き合いの長い人と会うといい日。家に遊びに行ってじっくり語るのはいいですが、長時間しゃべりすぎないこと。しつこいところが出てしまいそうなので、早めに切り上げるようにしましょう。
27 日	=	買い物をするのにいい運気。とくに消耗品や食料の購入にいい日です。ただし、買いすぎてしまうことがあるので、必要なものはメモしてから出かけましょう。見栄を張って高いものを選ばないように。
28 月	▽	午前中は、問題なく順調に進みそう。現状に感謝を忘れないようにしましょう。「これくらい当たり前」「当然」と思って、些細なことに不満を抱いてしまうと、午後からイライラすることが増えそうです。
29 火	▼	自分のことよりも、これまで成長を見守ってくれた人や、仲よくしてくれた人のために頑張ってみるといい日。あなたを信頼してくれる人によろこんでもらえる生き方や仕事をするといいでしょう。
30 水	×	不安や心配になる出来事が起きても、多くは考えすぎによるもの。「問題を解決するために、何ができるのか」をしっかり考えましょう。弱点や欠点など至らない点は認めて、今後の課題にしましょう。
31 木	▲	大事なものを失くしたり、壊してしまうことがある日。機械トラブルも起きやすいので、余計な操作をしないようにしましょう。間違って大事なデータを消してしまうこともありそうです。

☆ 開運の日　◎ 幸運の日　● 解放の日　○ チャレンジの日　□ 健康管理の日　△ 準備の日　▽ ブレーキの日
■ リフレッシュの日　▲ 整理の日　× 裏運気の日　▼ 乱気の日　= 運気の影響がない日

9月

2023

▲ 整理の月

開運 3ヵ条

1. 執着をしない
2. こまめに掃除をする
3. 諦めも肝心

総合運
**執着が不運の原因に
手放すことを恐れずに**

今年になってからはじめたことに飽きてしまう時期。執着すると不運の原因になるので、お金や時間をかけたことでも、「もう必要ない」と思ったら手放しましょう。特にこの夏に仲良くなった人や新しくはじめた趣味からは離れるといいでしょう。「楽しいから」「おもしろいから」というだけで、時間とお金を無駄に使っていることがないか冷静に判断すること。定期的な仲間の集まりも、ときには参加を断って自分のペースを大切にしましょう。

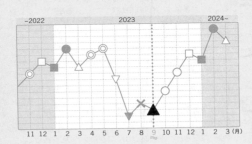

恋愛＆結婚運

今年になってから出会ったノリがいいだけの人とは、会っても時間の無駄になるので縁を切るか離れるようにしましょう。逆に、相手から距離をおかれることもありますが気にしないこと。新しい出会い運も、今月は縁が薄いので軽はずみに距離を縮めないほうがよさそうです。昨年から仲のいい人とは、下旬に遊ぶ約束をすると進展があるかも。結婚運も期待が薄い時期。相手の浮気が発覚したり、ケンカをしやすいので気をつけましょう。

仕事運

良くも悪くも仕事に区切りがつきそうな時期。ここ数か月のミスや、やる気のない感じが原因で、ポジションを外されたり他の仕事を任される流れになることも。今年度からはじまった仕事がここで一区切りついて終わることもありそうです。ただ、区切りがつくことで月末に新たな仕事が増える場合もあるので、気にしないようにしましょう。効率の悪さを改善するにはいいタイミング。無駄な動きを見直したり、集中できない原因を探してみましょう。

金運＆買い物運

今月の買い物は結果的に無駄遣いになることが多いので、衝動買いは避けたほうがよさそうです。買ったばかりの服にシミや傷をつけてダメにしたり、ピアスなど小さなものはすぐにどこかに落としてしまうようなことも。不要なものは知り合いにあげるといいでしょう。フリマアプリで売ってみると小銭が入りそうなので、試しに出品してみるのもオススメです。投資などは損をすることになるので様子を見ておきましょう。

美容＆健康運

夏にケガをしたり体調を崩した人は、今月までその影響を受けることがありそうです。下旬には少しずつ回復して調子が戻ってくるでしょう。特に問題のなかった人も、今月は小さなケガをしやすいので慌てて行動しないように気をつけましょう。ダイエットをするにはいいタイミングです。朝か寝る前にストレッチをしたり、なんとなく続けられそうな範囲で筋トレをするといいでしょう。思ったよりもうまく体重を落とせそうです。

1 金	=	苦手と思っていたことに、少し挑戦してみるといい日。とくに、食わず嫌いだったものを試しに食べてみると、思ったよりも楽しい発見がありそう。想像していた味と違ったり、大好きになるパターンもあるでしょう。
2 土	=	好奇心に素直に従って行動するといい日。世の中、未体験なことや知らないことのほうが圧倒的に多いもの。気になったお店やイベント、ライブなどに行ってみるといいでしょう。少しの勇気が人生をいい方向に変えそうです。
3 日	□	取捨選択のスピードを上げる訓練をするためにも、掃除をするといいでしょう。ものを見て、パッと「使う・使わない」「必要・不要」を決めて、ドンドン片付けるようにしましょう。
4 月	■	寝不足や疲労を感じそうな日。コーヒーを飲むなど、ゆっくりする時間をつくりましょう。休憩時間には仮眠をとって、しっかり体を休ませるといいでしょう。
5 火	●	熱弁してみると、意見が通ったり、周囲の気持ちを動かすことができそうです。アイデアや意見があるときは、「しゃべりが下手だから」などと思う前に、一生懸命伝えてみましょう。思ったよりも注目してもらえそうです。
6 水	△	怠けてしまったり、目の前のことに集中できなくなりそうな日。サボっている姿を見られてしまう場合も。やることはしっかり終わらせてから休むなど、メリハリをつけるようにしましょう。
7 木	=	「またやってしまった」と思うような悪い癖が出たり、過去に何度か失敗したことを、また繰り返してしまいそう。一度失敗したことがあるものはもちろん、慣れている物事も慎重に進めるようにしましょう。
8 金	=	自分の仕事の価値を時給換算しないように。やる気がなくなったり、不満をもってしまいそうです。お給料は「感謝された対価」だと思っておきましょう。今日はいつもより頑張ったなら、自分にご褒美を購入するといいでしょう。
9 土	▽	部屋の片付けや、買い物などの用事は午前中に終わらせて、午後からはのんびりするといいでしょう。夜に急な誘いがあって、予定が乱れることがありそうです。誘惑にも負けてしまうかも。
10 日	▼	妄想が好きなタイプですが、今日は悪い妄想が膨らんで、臆病になったり心配事が増えてしまいそう。余計なことを考えないで、明るい未来の空想をしたり、楽しかったことを思い出しましょう。
11 月	✕	誰しも「察してほしい」と思うわりに、自分は周囲の気持ちを察することができないもの。自分ができないことをほかの人に求めないようにしましょう。「人生は、思い通りにならないからこそおもしろい」のを忘れずに。
12 火	▲	ツメの甘さが出そうな日。完璧を求める上司や先輩から突っ込まれることがありそう。油断しないで最後までしっかり確認し、雑な行動をとらないよう気をつけましょう。
13 水	=	新しいことをはじめるのはいいですが、そのぶん手放すことや、諦めることも必要です。すべてを手に入れようとしないで、捨てたり、離れることも大事な行動だと忘れないように。
14 木	=	失敗を恐れて挑戦を避けるよりも、失敗から学んで成長するほうを選ぶことが大事。他人の失敗を笑うような、愚かな生き方をしないように。
15 金	□	「自分がまだ知らないことは多い」と自覚して、学ぶことや知識を増やすことをもっと素直に楽しむといいでしょう。仕事に役立ちそうな本を買って読んだり、本をたくさん読んでいる人の話を聞いてみるといいでしょう。
16 土	■	予定が詰まっているほうが気持ちは安定するタイプですが、今日は家でのんびりしたり、日ごろの疲れをしっかりとるようにしましょう。ヒマだからといって間食をしたり、昼からお酒を飲まないように。
17 日	●	疑う前に行動するといい日。あなたのことをほめてくれる人がいるなら、遊んでみたり、話をしてみるといいでしょう。相手によっては恋に発展する可能性も。あなたを信じてくれる人をまずは信じてみましょう。
18 月	△	人の話は最後までしっかり聞くようにしましょう。早とちりをして恥ずかしい思いをしたり、「あれ？　何やるんだっけ？」とあとで困らないように気をつけること。困ったときは、素直に周囲に聞くことが大事です。
19 火	○	学んできた知恵を活かすことができる日。「人生に無駄はない」と実感できそう。いろいろな人と話してみると、意外な共通点が見つかったり、雑談が盛り上がって仲よくなれることもあるでしょう。
20 水	○	数字や結果をもっと意識する必要がある日。会社の儲けや経費のことを考えて仕事をするといいでしょう。儲けを意識できない場合は、効率を上げる方法や時間の使い方について考えてみましょう。
21 木	▽	「憧れの人や尊敬している人なら、どう判断するのか」を想像してみましょう。その人ならどんなふうに仕事をしたり、どう対応するかを考えてみると、いい判断ができるでしょう。人から憧れられない行動をとらないように。
22 金	▼	予想外な出来事が起きそうな日。急に相手から怒られたり、大きな失敗をして信用を失ってしまうことも。今日は、いつもよりもていねいに行動するよう心がけましょう。
23 土	✕	今日と明日は掃除をしたり、身の回りを片付けるにはいい日。年齢に見合わないものや、昔の思い出の品は、目につかないところに片付けましょう。なんとなく使い続けているものも買い替えましょう。
24 日	▲	「捨てるものがない」と思うなら、不要なデータやアプリを消去しましょう。時間の無駄になるゲームやSNSも削除して。悪友と思われる人や、あなたの気持ちをもてあそぶような人とも、離れる決断をするといいでしょう。
25 月	○	新しく物事をはじめるときに情報を集めるのはいいですが、余計なことを知りすぎると行動できなくなってしまいます。無知でもまずは飛び込むことが大切。世の中には、知らないほうが動けることもあると覚えておきましょう。
26 火	○	些細なことでも変化を楽しんでみるといい日。ふだん避けていることに挑戦したり、手にとったことのない飲み物や食べ物を選んでみましょう。好奇心にもっと素直に従ってみましょう。
27 水	□	思ったよりも集中力が高まる日。今日は、大事な仕事や面倒な作業から先に手をつけておくといいでしょう。夜は、予想以上に疲れをためやすいので、無理はしないように。
28 木	■	小さなことでイライラしたときは、疲れている可能性が高いので、休憩をとるか目を閉じてゆっくりする時間をつくりましょう。ランチはスタミナがつきそうなものを選んでみるといいでしょう。
29 金	●	頑張りを評価されたり、大事な役割を任せてもらえる流れがきそう。遠慮すると流れに乗れなくなるので、ノリのよさをアピールしてみましょう。夜の付き合いも大切にするといいでしょう。
30 土	△	しっかり遊ぶことで気持ちが楽になる日。モヤモヤした気分を晴れやかにしてくれる友人や、尊敬できる先輩と食事やお茶をするのがオススメ。今日は、恋のチャンスもつかめそう。

☆ 開運の日　◎ 幸運の日　● 解放の日　○ チャレンジの日　□ 健康管理の日　△ 準備の日　▽ ブレーキの日
■ リフレッシュの日　▲ 整理の日　✕ 裏運気の日　▼ 乱気の日　= 運気の影響がない日

10月

2023

○ チャレンジの月

総合運　旧友と前向きな話ができそう
ノリや勢いを大切にしてみて

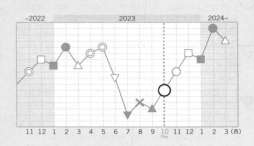

付き合いの長い人や久しぶりに会う人と前向きな話ができたり、趣味や仕事を一緒にはじめる流れになりそうな時期。新しいことに興味が湧いたときは、詳しい友人に話を聞いてみるとコツやいい情報を教えてもらえそうです。久しぶりに連絡してみたら思った以上に盛り上がって、プチ同窓会のようなつながりができることも。何事も素早く決断し行動する姿勢に運が味方するので、ノリや勢いを大切にしてみるといいでしょう。

恋愛＆結婚運

気になる人を見つけたらモタモタしないですぐにデートに誘ったり、次に会う約束をしましょう。自分から交際するきっかけを作るつもりで積極的に行動することが大切。新しい出会いは知り合いの縁からのつながりに期待できそう。飲み会などで知っている顔に遭遇して、そこから恋がはじまる場合も。昨年出会った人の中に気になる人がいれば、今月からこまめに連絡して会うといいでしょう。結婚運は、本気で考えているなら自然と動きはじめるでしょう。

仕事運

先月まではやる気が出なかったり転職を考えていた人でも、今月はやる気になるきっかけをつかめそう。あなたの実力を評価してくれる人が現れることも。頼まれたことは面倒でも素直に引き受けてみると、いい仲間や協力者が集まってきたり、自分の能力の活かし方に気づけるでしょう。新人教育など、これまで学んできたことを次の世代に伝える仕事もはじまりそうです。惜しみなく教えることで、あなたも周囲から守ってもらえるようになるでしょう。

金運＆買い物運

高価なものや大きな買い物は来年以降がオススメですが、服のイメージを変えたり、カバンや靴などを購入するにはいい時期。面白い体験をすると運気がよくなるので、デートではテーマパークなどに行ってみましょう。過去の旅先を再び訪れるのもいいでしょう。しばらく行っていないお店に足を運ぶと、いい発見があったりお得なサービスを受けられそうです。保険やサブスクの契約を見直すにもいいタイミング。投資はポイントでできるものがよさそうです。

美容＆健康運

ここ1年くらいで体重が増えたり、筋力が落ちたと思うなら、今月から1年かけて元に戻すように努力をはじめるか、体を引き締める目標を立てるといいでしょう。この1年で今後の体形が決まってしまうので、今月から頑張ればいいスタイルを維持できるでしょう。まずは軽い運動からはじめて、間食や飲酒は控えるように。美意識を高めるには、友人や知り合いが行っているエステやサロンなどを紹介してもらうのがオススメです。

1 日	◎	尊敬している先輩や、憧れの人に連絡してみると、遊ぶことができたり仲よくなれそう。しばらく遊んでいない友人とも、あなたから声をかければ、楽しい食事やおもしろい話ができそうです。
2 月	☆	あなたの味方が集まり、協力してもらえる日。素敵な人を紹介してもらえることもありそうです。仕事関係者とも、いい話や前向きな話ができるでしょう。職場で、誰かと恋に発展することもあるかも。
3 火	▽	自分の頑張り以上に周りの人が頑張ってくれそうな日ですが、甘えていると夕方に厳しいことを言われてしまうかも。自分のやるべき仕事は最低限しっかり行い、周囲のサポートも忘れないように。
4 水	▼	年上の人から学べることがある日。礼儀や挨拶をこれまで以上にキッチリすると、好かれるようになりそうです。雑な感じを出すとお叱りを受けることもありますが、叱ってもらえることに感謝を忘れないようにしましょう。
5 木	✕	幸運と不運が入り混じる日。ほめられてよろこんでいたら、調子に乗っていることを指摘されてヘコんでしまったり、「ご馳走してもらってラッキー」と思っていたら、面倒な仕事を引き受ける流れになってしまったりしそう。
6 金	▲	少しでもいいので、朝から身の回りを片付けてみると、やる気になれそう。職場でも、汚れている場所を磨いてきれいにしてみて。気持ちがスッキリして、仕事もはかどるようになるでしょう。
7 土	○	気になる場所に行ってみたり、これまで遊んだことのない人に連絡してみるといい日。気になったことはなんでも行動に移すと、いい発見や、いい縁につながるでしょう。遠慮はしないように。
8 日	○	フットワークを軽くすることで楽しめる日。昨日行けなかった場所やお店に行ってみたり、髪を切ってイメチェンするのもオススメです。変化を前向きにとらえて楽しんでみるといいでしょう。素敵な出会いもありそうです。
9 月	□	勢いで行動することが多いタイプですが、今日は家に帰る時間だけは決めておきましょう。予想外に遅くなって、次の日に疲れが残ってしまうことがありそうです。飲酒も控えたほうがいいでしょう。
10 火	■	昨日の疲れが残ることや、寝不足を感じそうな日。とくにランチ後に眠気に襲われそうなので、休憩時間に少しでも仮眠をとったり、静かに目を閉じる時間をつくっておきましょう。
11 水	●	いい意味で目立ってしまう日。何気なく言ったことが、大事な意見として通ってしまったり、重要なポジションを任されたりしそう。大きな契約をとって、ノルマを一気に達成できるようなことも。
12 木	△	忘れ物をしやすい日。定期券や財布を忘れたと思い家に戻ったら、「やっぱりカバンのなかにあった」などというドジをしやすいので、しっかり確認するようにしましょう。
13 金	◎	「自分よりも知識がある」と思う人に話を聞いてみるといいでしょう。「やっぱり本を読んでいる人はすごい」と感心していないで、自分でも努力すること。買っただけで読んでいない本は、斜め読みでもいいので目を通してみましょう。
14 土	☆	買い物をするにはいい日。買い替えを考えているものがあるなら、思い切って購入するといいでしょう。最新の家電を選んだり、最近できたお店に行くと、いいものを見つけられそうです。
15 日	▽	気になる人をランチデートやお茶に誘ってみるといい日。何気ない話が盛り上がるのはいいですが、熱く語りすぎてしまうことがありそう。夜は判断力が鈍ってくるので、早めに帰宅しましょう。

16 月	▼	やる気が出ない感じがしたり、余計な妄想が膨らんでしまう日。周囲にイライラしたり、ガッカリしないで、自分のやるべきことをキッチリ行いましょう。気持ちがスッキリしないときは、フルーツを食べると落ち着きそうです。
17 火	✕	些細なことでムッとしたり、感情的な言葉が出てしまいそうな日。失言したと気づいたら、「気まずいから」などとそのままにしないで、しっかり謝ること。お詫びに何かプレゼントするといいでしょう。
18 水	▲	指先が器用そうに見えて、じつは不器用なタイプ。今日の細かな作業は、とくに失敗しやすいので気をつけましょう。うっかり指を汚してしまうこともありそうです。苦手なことは、ほかの人に素直にお願いするといいかも。
19 木	○	周囲がオススメするものを食べたり、評判の本を読んでみると、いろいろな発見ができて楽しくなるでしょう。「好奇心の大切さ」をあらためて知ることができそう。あえてふだんと生活リズムを変えてみるのもよさそうです。
20 金	○	苦手だと思って避けるのではなく、違う角度から見てみるといいでしょう。おもしろい発見があったり、理解できるようになりそうです。「自分の考えが正しい」などと思わず、「相手も正しい」と考えを改めて。
21 土	□	現状の不満や足りない部分に目を向けないで、いまある幸せや満足できるところに注目するようにしましょう。視点を変えれば、見える世界は簡単に変わるもの。いまに満足できると、前に進むことができるようになるでしょう。
22 日	■	心身ともに疲れがたまっていることに気がつく日。今日は1日ゆっくりしたり、昼寝をするなどして、体を休ませましょう。予定が入っている場合は、ゆとりをもって行動するようにしましょう。
23 月	●	苦手な人と離れられたり、プレッシャーをかけてくる人と会わずに済みそうな日。気楽に仕事ができて、いい結果にもつながりそうです。自分の勘を信じて行動すると、いい縁もつかめるでしょう。
24 火	△	自分でも「あっ!」と思うようなミスをしやすい日。メールを送ったあとに記入漏れが見つかったり、送り先を間違えていることに気づくかも。約束を忘れて遅刻することもあるので要注意。
25 水	◎	自分の癖をしっかり分析できれば、行動も上手にコントロールできるもの。「このパターンだと仕事をサボってしまう」と思ったら、スマホを触るのをやめたり、余計な妄想を控えるようにしましょう。
26 木	☆	勉強や、自分の成長につながることにケチケチしないように。仕事に役立ちそうな本を購入したり、後輩や部下にご馳走をしてみるといいでしょう。お金をうまく活かすようにしましょう。
27 金	▽	自分の考えを信じるのではなく、「憧れの人や尊敬できる人ならどうするか」と想像してから決断すると、うまくいくでしょう。冷静に判断するコツをつかめそうです。
28 土	▼	100%完璧にはいかない日。強引な人に振り回されたり、ガッカリするような出来事が起きてしまうかも。今日は過度な期待をしないで、のんびり過ごすといいでしょう。
29 日	✕	恋人や身近な人の「残念な部分」に目がいってしまいそうな日。相手の雑な部分が見えるときは、自分の雑なところも相手に見えています。自分でも気をつけて、相手を許す気持ちを忘れないようにしましょう。
30 月	▲	小さな部品を失くしたり、小さな見落としが多くなりそうな日。何をするにも気をつけて、ていねいに行動しましょう。身の回りが散らかっていると失くし物をしやすいので、きれいに整えておきましょう。
31 火	○	苦手と思い込んで、いつまでも避けないこと。少しでも克服しようとする努力や、小さな勇気が、流れを変えるでしょう。「何事もなんとかなるし、誰かができているなら自分にもできる」と思って挑戦してみましょう。

☆ 開運の日　◎ 幸運の日　● 解放の日　○ チャレンジの日　□ 健康管理の日　△ 準備の日　▽ ブレーキの日
■ リフレッシュの日　▲ 整理の日　✕ 裏運気の日　▼ 乱気の日　＝ 運気の影響がない日

11月 2023

○ チャレンジの月

総合運　行動したくなる運気 偶然の出会いも大切にして

興味のあることが増えはじめる先月に対し、今月は行動に移したくなってくる運気。引っ越しやイメチェン、生活リズムの変更など、転職以外はドンドン実行に移すといいでしょう。この1年で経験した大小さまざまな失敗を本気で反省して、改善すべく努めることが大切です。また今月からは、しばらく会っていなかった人や懐かしい人との縁もつながってきます。偶然の出会いを大切にして、ふと思い浮かんだ人には連絡してみるといいでしょう。

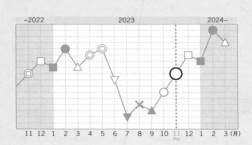

恋愛＆結婚運

今年に入ってから恋人ができた人は、相手への不満が増えたり飽きを感じてしまいそう。ズルズル付き合うよりも、嫌ならスパッと別れて来年の出会いに期待したほうがいいでしょう。今月は新しい出会い運は薄いですが、既に知り合っている人に連絡するといい関係に進めそう。突然連絡がきた場合はチャンスなので、あなたからもマメに連絡して会うように。結婚運は、来年の入籍への準備が大事になる時期。余計な一言で破談にならないようにしましょう。

仕事運

求められることが増えはじめ、やる気も自然に湧いてくる時期。忙しいほうが心が安定するタイプなので、いろいろと予定を詰め込みたくなりそうです。ただし、雑な部分が出たり、不慣れなことに関しては相変わらずミスが減らないので、克服する努力は忘れないようにしましょう。昔の上司や先輩から連絡がきたときは、仕事に役立つ話や引き抜きの話など、いい情報を聞ける可能性があるので会ってみるといいかもしれません。

金運＆買い物運

欲しかったものを見つけては即購入したり、目新しいものを「なんとなく」で購入していては、いつまでもお金の苦労がなくなりません。今月からはお金の使い方を変えて、節約したり不要な出費を減らす工夫をするといいでしょう。「なぜかお金がない」といった状況を避けるために、家計簿やお小遣い帳をつけて使途不明金が出ないようにしましょう。投資などは、詳しい知り合いに教えてもらえるならはじめてみてもよさそうです。

美容＆健康運

したりしなかったりになっているダイエットや筋トレを、再開するにはいいタイミング。毎日でなくてもいいので、「なんとなくダイエットしている」くらいの感覚で運気のいい日だけでも頑張ってみるといいでしょう。思ったより続いたり、効果が出たりしそうです。買ったままになっているジャージやダイエットグッズ、サプリなども使うように。ただ、過去にケガをした場所やよくぶつける部位には要注意。丁寧に行動するようにしましょう。

開運のつぶやき　他人に過度に期待するからヘコむだけ。期待するなら自分に期待したほうがいい。

1 水	○	気持ちに変化が出はじめる日。これまで興味がなかったことが気になったり、急に誘いの声がかかりそう。乗り気でなくても、話は聞いてみましょう。相手を信頼できるならノリで進んでみるといいでしょう。
2 木	□	いまの仕事に全力で取り組んでみると、楽しくできるようになり、悩みや不安もなくなりそう。時間が短く感じるくらいに予定を詰め込み、自分で忙しくしてみるといいでしょう。周囲の役に立つこともいろいろとやってみて。
3 金	■	しっかり体を休ませるといい日ですが、のんびりしながらも、ストレッチや体を少し動かす時間をつくるようにしましょう。健康的な食事も意識しておくといいでしょう。
4 土	●	異性との関係に急な進展がありそうな日。昨年はじめて出会った人のなかに気になる人がいるなら、連絡をしてみましょう。新しい出会い運もいいので、知り合いや友人の集まりには顔を出しておきましょう。
5 日	△	遊ぶときは思い切り遊ぶといいですが、忘れ物やドジなミスをしやすいため気をつけましょう。情報を集めきれていなかったり、準備不足を感じることも。事前に何が必要になりそうか、しっかり調べておきましょう。
6 月	◎	おいしかった記憶のあるお店に行ってみるといい日。ランチやディナーには、久しぶりのお店を選ぶといいでしょう。新メニューが最高においしかったり、いい思い出ができたりしそうです。
7 火	☆	自分の気持ちに素直に従うといい日。お世話になっている人に、些細なものでもいいのでプレゼントをしてみると、思った以上によろこばれそうです。服や靴を買うにもいい日なので、仕事帰りにチェックしてみましょう。
8 水	▽	日中は、運を味方につけられて楽しく過ごせそう。うれしいときはしっかりよろこぶと、さらにうれしいことが起こるでしょう。人に愛されるよろこびを忘れないように。夜は、余計なことを考えすぎてしまうかも。
9 木	▼	誘惑に負けそうな日。「あれもこれも食べたい」と余計なものを買いすぎたり、注文しすぎたり、仕事終わりにお酒を飲みすぎてしまうことがあるので気をつけましょう。明日二日酔いになってしまうことも。
10 金	✕	不慣れなことや苦手なことを任されてしまいそうですが、弱点を鍛える経験は、大きな成長につながります。気分で判断しないで、真面目に取り組んでみましょう。結果がイマイチでも気にしないように。
11 土	▲	気分転換や気持ちの切り替えも兼ねて、部屋の模様替えをし、年齢に見合わないものは一気に処分するようにしましょう。着ない服や置きっぱなしのものも片付けて。
12 日	○	いつもと違う日曜日を過ごすといい日。いつもなら行かない場所や、気になっていたお店に足を運ぶといいでしょう。「新しい」と思えることがあったら挑戦してみましょう。
13 月	○	新しいアイデアやいい工夫が思いつく日。気になった方法を試したり、いつもと違うことに挑戦してみるといいでしょう。いい情報も入手できそうです。
14 火	□	まずは行動することが大切な日。動きはじめる前にいろいろなことを考えるのもいいですが、行動しながら考えて、失敗から学び、成長するきっかけにしましょう。「動き出す勇気」を忘れないで。
15 水	■	疲れをためやすい日。ハイペースで仕事を進めないようにしましょう。頑張りすぎは禁物です。調子がよくてもしっかり休憩したほうが、結果的に効率も上がるでしょう。
16 木	●	想像通りに物事が進んだり、いい意味で目立って注目されそう。自分の勘を信じて真剣に取り組むと、いい流れで進められるでしょう。求められたことにはできるだけ応えてみると、楽しくもなりそうです。
17 金	△	気持ちにゆとりができるのはいいですが、余裕をもちすぎてミスをしたり、事前準備や最終確認を怠ってしまいそう。恥ずかしいミスもしやすいので、気をつけて過ごしましょう。
18 土	◎	懐かしい場所や外出先で、偶然の出会いがありそうな日。いい縁がつながるので、気になる場所に足を運んだり、連絡をくれた人とは会ってみるといいでしょう。片思いの恋にも進展があるかも。
19 日	☆	買い物をするにはいい日。お得な買い物ができたり、ポイントをたくさんためられたり。ほかにも、人からご馳走してもらえたり、突然親からお小遣いをもらえるなど、ラッキーなことがありそうです。
20 月	▽	日中は、順調に物事を進められそう。周囲の協力には感謝を忘れないようにしましょう。夕方あたりからは周囲に振り回されたり、誘惑に負けやすくなるので気をつけて。
21 火	▼	これまで頑張ってきたことがやり直しになるなど、疲れる出来事が起きそうな日。無理にあらがうよりも、流れに身を任せておくといいでしょう。
22 水	✕	都合の悪いことを無視していると、いつまでも力が身につかないままになってしまいます。耳の痛いことを言ってくれる人には感謝しましょう。「苦労した人ほど成長できる」ことを忘れないように。
23 木	▲	少し早めの大掃除をするといい日。ふだんなかなか掃除できない場所をきれいにしたり、何年も使っていないものを一気に処分しましょう。まだ使えるものは欲しい人に譲るといいので、後輩や周りに聞いてみましょう。
24 金	○	いろいろな人と話してみると、いいアイデアにつながったり、のちに話のネタになりそうです。今日は、自分の話をするより、聞き役になってみるといいでしょう。はじめて会う人からも、おもしろい話が聞けそうです。
25 土	○	少し図々しくなってみると、いい人脈ができる日。好きな先輩や仕事関係者に連絡をして、家に遊びに行ったり、食事に誘ってみるといいでしょう。積極的に行動する楽しさを学そうです。
26 日	□	「何食べたい?」と聞かれて、「なんでもいい」とは答えないようにしましょう。自分が何をしたいか、しっかり決断することが大切です。自分の食べたいものややりたいことに、もっと素直になってみましょう。
27 月	■	寝不足や疲れを感じやすい日。時間のあるときは、少し体を動かしてみるといいでしょう。ランチにスタミナのつくものを選ぶのもいいですが、食べすぎないように。
28 火	●	挨拶やお礼、礼儀をしっかりしておくといい日。元気に明るく笑顔で挨拶をしてみると、職場や周囲の空気がよくなるのを感じられるでしょう。周囲から憧れられる人になれるように過ごしてみましょう。
29 水	△	悪い癖が出てしまいそうな日。雑な行動をしたり、うっかりミスが増えるので気をつけましょう。ついつい仕事をサボってしまうことや、やる気のない感じを出して周囲から突っ込まれることもありそうです。
30 木	◎	失くしたと思っていたものが出てきたり、約束していたことを思い出したりしそうな日。気になる場所は整理整頓し、掃除してみるといいでしょう。些細なことでも約束は守るようにしましょう。

☆ 開運の日　◎ 幸運の日　● 解放の日　○ チャレンジの日　□ 健康管理の日　△ 準備の日　▽ ブレーキの日
■ リフレッシュの日　▲ 整理の日　✕ 裏運気の日　▼ 乱気の日　＝ 運気の影響がない日

12月

2023

☐ 健康管理の月

開運 3ヵ条

1. 気になっていることに挑戦する
2. お風呂にしっかり入って、長めに寝る
3. 些細な約束もきちんと守る

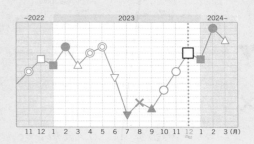

~2022　　2023　　2024~

11 12 1 2 3 4 5 6 7 8 9 10 11 12 1 2 3 (月)

総合運　挑戦してみるといい運気
懐かしい人にも会ってみて

10〜11月あたりから気になっていることがあるなら、今月は思い切って挑戦してみるといい運気。まずは行動することが大切ですが、まったく新しいことよりも一度経験したことのあるものにチャレンジしたほうがいい結果につながりやすいでしょう。冷静に判断しながら動いてみましょう。不思議と懐かしい人とのつながりも増える月。しばらく会っていない人に連絡したり、偶然再会したら遊びに誘ったりしてみると、いい運気の流れに乗れそうです。

恋愛＆結婚運

今年はじめて出会った相手とは遊びの関係で終わるか、進展しても残念な結果になりそう。今月は、2022年以前に出会っている人の中で気になっている人に連絡してみるといいでしょう。偶然会った場合は縁がある可能性が高いので、知り合いの集まりなどに誘われたら顔を出しましょう。不思議な再会があるかもしれません。結婚運は、一度話が進んでいたのにうやむやになっているカップルは進展しやすい運気。改めて将来の話をするといいでしょう。

仕事運

なんとなくやる気が出なかった人も、今月あたりから前向きになれて、やるべきことが見えたり増えてきたりする時期。徐々に実力を発揮できる流れになるでしょう。チャンスを作ってくれる人や大抜擢してくれる人も現れそうです。付き合いの長い人や以前からの知り合いが出世をして、あなたを引き上げてくれることもあるので、相談したり、食事や飲みに誘ってみるといいでしょう。新たな仕事や転職のきっかけになる場合もありそうです。

金運＆買い物運

高価なものや長期的に保有するものの購入は、来年以降がオススメ。いまは欲しいものをチェックしたり、価格を比較しておくといいでしょう。今月は、いつものお店で服や靴などを買うのがオススメです。また、旧友や知り合いとの飲み会や食事会にはケチケチしないこと。わざわざ遠出をしたり、時間やお金をかけてでも会いに行く価値があるでしょう。投資などの資産運用は今月から本格的に動き出すといいので、詳しい友人に話を聞いてみましょう。

美容＆健康運

中旬までは多少無理をしても元気に過ごせそうですが、下旬からは風邪をひいたり、疲れを感じやすくなりそう。年末年始に体調を崩した経験がある人は、特に気をつけましょう。忘年会や飲み会が連日連夜にならないように調整することも大切です。しばらく筋トレやダイエットから遠のいている人は、今月からスタートするといい結果につながりそうです。美意識を高めるといいので、ストレッチをしたり、入浴時間を少し長めにとりましょう。

1 金	☆	無理に力を入れたり、結果を出そうとしないように。肩の力を抜いて自然体で取り組んだほうが、いい結果につながり、評価も変わってくるでしょう。できないことを強引に行うよりも、できる範囲で最善をつくしましょう。
2 土	▽	気になることがあるなら即行動に移すといい日。とくに日中は運を味方につけられて、いい縁がつながりやすいので、フットワークを軽くしておきましょう。ただし、夜更かしは避けて、次の日に備えるように。
3 日	▽	現状に満足できているはずなのに、ほかにおもしろいことや変化を欲しがってしまう日。刺激を求めて行動するのはいいですが、刺激的すぎることに足を踏み入れないように注意しましょう。浪費にも気をつけること。
4 月	✕	行動が雑になってしまう日。スマホを落として傷つけたり、壁にぶつかって痛い思いをしたりしそう。言葉遣いも雑になりやすいので、品を意識して、ていねいに行動するよう心がけましょう。
5 火	▲	朝から身の回りを片付けたり、拭き掃除をするといい日。ゴミだとわかっているものはそのまま放置しないで捨てること。「誰かがやるだろう」の「誰か」に自分がなるようにしましょう。
6 水	○	毎日が同じような感じがしておもしろくないなら、自分でリズムを変えたり、新しいことに挑戦してみましょう。「苦手な感じがする」と思う人ほど、自ら話しかけてみるといいでしょう。
7 木	○	語ることが大好きですが、同じ話を何度もする癖があるタイプ。今日は違う角度から話をしたり、話の聞き役になってみるといいでしょう。知らないことを教えてもらえる楽しさを感じられそうです。
8 金	□	昨日と今日の考え方が真逆になったとしても、いまの自分がいいと思った方向に進んでみましょう。「正しいこと」よりも、「自分も周囲も楽しめること」を目指して進むとさらにいいでしょう。
9 土	■	しっかり疲れをとるといい日。無理に予定を詰め込んだり、慌ただしくしないようにしましょう。家の用事や片付けが終わったら、昼寝をしたり、ゆっくり本を読む時間をつくるといいです。スマホは少し離れた場所に置いてみて。
10 日	●	急に遊びに誘われたり、予定が変更になりそうな日。「ただの友人」だと思っていた人から告白されることや、好意を伝えられることも。一緒にいて楽だと思える相手なら、交際をはじめてもいいでしょう。
11 月	△	うっかりミスが増えそうな日。忘れ物を家に取りに帰ったら、じつはカバンやポケットのなかに入っていたり、余計な妄想をしていたら遅刻をする、なんてこともあるので気をつけましょう。
12 火	◎	出先で偶然の再会がありそう。話が盛り上がる相手なら、一緒に忘年会を企画して、久しぶりのメンバーを集めてみるといいでしょう。今後に役立つ話が聞けたり、いい流れに乗れそうです。
13 水	☆	真剣に仕事に取り組むといい日。思い通りの結果につながったり、楽しくなってきそうです。どんなことでも、工夫を加えてみるとドンドンおもしろくなってくるでしょう。仕事を続ける覚悟をもつことも大切です。
14 木	▽	日中は、問題なく順調に進められそう。ただし、ゆっくりしていると夕方あたりから急に忙しくなってしまうので、やるべきことは早めに片付けておくといいでしょう。
15 金	▼	口が滑りやすい日。余計なことを言いすぎたり、「失敗した」と思ったときは、すぐに謝罪しましょう。失敗をいつまでも引きずらないで、気持ちを切り替えることも大切です。
16 土	✕	思っていた通りには進みにくい日。楽しい場所に出かけたはずが、些細なことで不機嫌になってしまいそう。何事も「上機嫌でいるための試練」だと思って笑顔で乗り切りましょう。予想外の人から遊びに誘われることも。
17 日	▲	約束をすっかり忘れてしまったり、買ったものを置き忘れるなど、大きなドジをしてしまうかも。思っている以上に注意力が落ちているので、よく確認して、慎重に行動するようにしましょう。
18 月	○	頭の回転がよくなり、いい判断もできる日。自分の勘を信じて行動してみると、うれしい結果につながりそうです。未経験だからといって遠慮しないで、思い切って新しいことに飛び込んでみるといいでしょう。
19 火	○	長年付き合いのある人の話や、アドバイスが重要になる日。何気ない会話のなかに、いまのあなたに必要な言葉がありそうです。厳しい言葉でも前向きに受け止めるようにしましょう。
20 水	□	日ごろの感謝や、今年1年のお礼を伝えることが大切な日。直接「ありがとう」と言ったり、会えない人にはメールを送ってみるといいでしょう。これがきっかけでいい出会いや、恋に発展する場合もありそうです。
21 木	■	急に重いものを持って腰を痛めたり、乾燥でのどを痛めてしまいそうな日。朝から軽くストレッチをするようにし、のどを潤す飲み物や飴を用意しておくといいでしょう。周囲にも飴を配ってみて。
22 金	●	自分の能力や得意なことをアピールしてみるといい日。知っていることを伝えたり、教えてもらったことを話してみると、みんなによろこばれるでしょう。また、「ただの友人」と思っていた人から、告白されることもありそうです。
23 土	△	遊びに行くことでストレス発散になったり、おもしろい体験ができそうな日。時間があるなら、友人や知人、先輩を誘って気になる場所に行ってみましょう。
24 日	◎	楽しいクリスマスイブを過ごせそう。期待以上のプレゼントをもらえたり、おいしい料理を食べられたりしそう。予定がなくても友人に連絡してみると、楽しい時間になるでしょう。
25 月	☆	少し贅沢をするといい日。気になっていたけれど、値段が高くて手が出せなかった食べ物や体験に、思い切ってお金を使ってみましょう。高級なお酒を飲んでみるのもいいかも。
26 火	▽	日中は運気がいいので、少し強気で行動したり、気になったことはなんでもやってみましょう。夜は、余計な妄想が膨らんで心配事が出てきそう。話しやすい先輩に連絡すると、気持ちが楽になるでしょう。
27 水	▼	自分の言ったことや約束したことをすっかり忘れてしまったり、提出予定の書類を出さないまま、家に帰ってしまうことがありそう。何事もしっかり確認しながら、1日を過ごしましょう。
28 木	✕	ドジなケガには要注意。「このくらいの段差なら」とジャンプして捻挫したり、転んで膝を打ったりと、余計なことをして痛い目に遭いそう。調子に乗らず、ていねいに行動しましょう。
29 金	▲	大掃除をするにはいい日。古くなったものはドンドン捨てて、なんとなく置きっぱなしのものも処分しましょう。「いつか使うかも」と思うものは、使わないので、「いらないもの」と判断しましょう。
30 土	○	年末年始に必要なものは、毎年恒例のお店で使い慣れたものを買うといいでしょう。「試しに」と思ってなじみのないお店に行ったり、はじめてのものを購入すると、大失敗することもありそうです。
31 日	○	例年とは違う大晦日にしてみるといい日。恒例のテレビ番組を見ていないで、友人と過ごしたり、気になる場所に出かけてみるといいでしょう。

☆ 開運の日　● 幸運の日　● 解放の日　○ チャレンジの日　□ 健康管理の日　△ 準備の日　▽ ブレーキの日
■ リフレッシュの日　▲ 整理の日　✕ 裏運気の日　▼ 乱気の日　＝ 運気の影響がない日

銀 のインディアン座

持っている星

★ マイペースの星 ★ 他人の言動に敏感な星 ★ 理想が高い星

★ 束縛が苦手な星 ★ 3つのことを同時にできる星 ★ 妄想が激しい星

★ 社会に出てから花開く星 ★ 手先は不器用な星

12年周期の運気グラフ

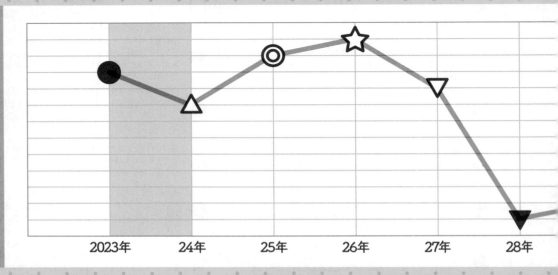

2023年　24年　25年　26年　27年　28年

銀のインディアン座はこんな人

基本の総合運

妄想や空想が激しく、常にいろいろと考えていますが、楽観主義で、他人の目や評価はあまり気にしないタイプ。かといって無神経ではなく、相手が何を考えているのかを察する力にも長けています。「人は人、自分は自分」「過去は過去、今は今、未来は未来」と割りきった考え方をし、何事にも執着せず飄々と生きています。学生時代の友人との縁を切ってでも、社会での知り合いを増やすことで能力や才能を開花させられるでしょう。心は中学2、3年生で止まったままで、見た目も若く見えることが多いでしょう。

基本の恋愛＆結婚運

妄想恋愛をしがちで、いろいろな相手で想像しているタイプ。そのため好きになる人の理想が高くなりやすく、特に才能豊かな人やセンスのいい人、好きなことに一生懸命で輝いている人を好きになることが多いでしょう。ただし、自分のペースを邪魔するような相手とは長続きしません。適度な距離感を保てて自由にさせてくれる人となら続くでしょう。結婚願望は強くはありませんが、周囲の友人がみんな結婚をしてしまったり、恋人が積極的で束縛しないタイプだったりすると、突然結婚することもあるでしょう。

基本の仕事＆金運

情報系や流動性のある仕事、ウェブや最新の技術、若い女性に関わる仕事、日々の変化が多い仕事などに向いています。少し不安定なくらいのほうが楽しめることも。知り合いの数が多いほど幸運を引き寄せるので、転職や副業で成功したりすることも多いタイプ。気になったらいろいろやってみるのが大事です。「三方の星」（3つ同時に進行することで成功する）を活かすといいでしょう。お金の無駄遣いをしやすく、不要な買い物が多いでしょう。同じ物を何度も買ったり、趣味や遊びに浪費することも多いのでほどほどに。

「銀のインディアン座」の2023年は、「解放の年」。山登りでたとえるなら、頂上目前の平坦な道に入ったところ。楽になれて、ここ数年で鍛えられたことに気づけるでしょう。ここからは無理をして頑張ったり、力をつけるというよりも、自分の能力や魅力を発揮することが大切。求められたり、頼りにされたときは、存分に力を発揮しましょう。夢や希望をつかんだり、そのチャンスがめぐってくるので、自信をもって行動を。

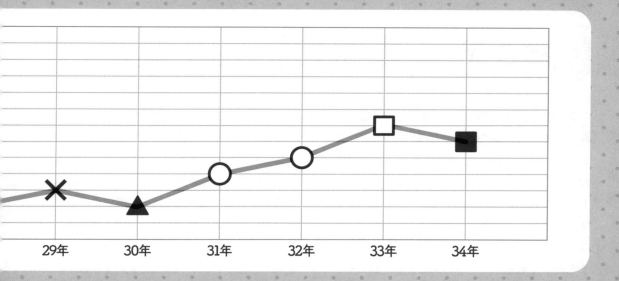

年の運気の概要	**● 解放の年** プレッシャーや嫌なこと、相性の悪いことから解放されて気が楽になり、才能や魅力が輝きはじめる年。	**△ 準備の年** 遊ぶことで運気の流れがよくなる年。些細なミスが増える時期でもあるので、何事も準備を怠らないことが大事。

△ 準備の年
遊ぶことで運気の流れがよくなる年。些細なミスが増える時期でもあるので、何事も準備を怠らないことが大事。

▲ 整理の年
前半は、人間関係や不要なものの整理が必要。後半は、チャレンジして人脈を広げることが大事です。

☆ 開運の年
過去の努力や積み重ねが評価される最高の年。積極的な行動が大事で、新たなスタートを切ると幸運が続きます。

○ チャレンジの年
「新しい」と感じることに挑戦をして体験や経験を増やすことが大事な年。過去の出来事に縛られないこと。

▽ ブレーキの年
「前半は攻め、後半は守り」と入れ替わる年。前半は行動力と決断力が大事。後半は、貯金と現状維持を。

✕ 裏運気の年
自分の思いとは真逆に出る年。予想外なことや学ぶべきことが多く、成長できるきっかけをつかめます。

◎ 幸運の年
前半は、忙しくも充実した時間が増え、経験を活かすことで幸運をつかめる年。後半は新たな挑戦が必要です。

□ 健康管理の年
前半は、覚悟を決めて行動し、今後の目標を定める必要がある年。後半は、健康に注意が必要です。

■ リフレッシュの年
求められることが増え慌ただしくなる年。体を休ませたり、ゆっくりしたりする時間をつくることが大切。

▼ 乱気の年
決断に不向きな年。流されながら、求められることに応えることが大事。体調を崩しやすいため、無理は避けて。

2023年の運気

2023年開運 3カ条

1. 流れに素直に乗ってみる
2. 「運が良い年だ」と思って行動する
3. 知り合いの輪を広げる

ラッキーカラー	レッド　オレンジ	
ラッキーフード	ビーフシチュー　チョコレート	ラッキースポット　ショッピングモール　海

総合運

最高の運気の幕開け
今年の出来事は全てプラスになると信じて

　7年間の苦労が終わり、あなたの魅力と才能が評価される最高の運気が始まる年。2022年は心身共につらい年で、役割や仕事を投げ出したくなったり、やる気をなくしたり、体調を崩したりとストレスが多かった人もいると思いますが、やっとその苦労のトンネルから抜けて、楽しく面白いことが始まる「解放の年」に入りました。そもそもマイペースなのが「銀のインディアン座」なので、運気がいいと言われても特に気にとめることもなく飄々と自由気ままに日々の生活を送るタイプですが、そんな生き方の中でなんとなく続けてきたことが才能として評価され、周囲の人の役に立つ力となってきます。急に大きな仕事に恵まれたり貴重な人脈も広がるので、2023年に来た話は「それってどうなの？」と疑問を抱いてもOKして流れに乗ってみるとこの先の人生がドンドン良くなっていくでしょう。

　魅力と才能は自分では気づかないことも多いので、信頼できる人が背中を押してくれたら素直に一歩踏み出してみてください。今年はチャンスに全力で取り組んでみると、思った以上の実力を発揮できる年です。「銀のインディアン座」は忙しいことを嫌うわりに、暇な時間ができると余計な妄想を膨らませて結果的に頭の中が忙しくなってしまうタイプなので、慌ただしくいろいろなことを並行してこなす生活のほうが楽しく過ごせるでしょう。「解放の年」に入ったのに「面倒事が増えた」などと言って、チャンスを与えてくれたことをネガティブに受け止めてしまうと、いい運気の流れを手放すことにもなってしまいます。今年の出来事は全て結果的に良くなると信じて、前向きにとらえるようにしましょう。面白い人脈もできる年なので、フットワークを軽くしていろいろな人に会うようにしてください。運命を変えるような人に会える可能性もあるので、自分のペースにこだわりすぎるのはやめましょう。

　また、「解放の年」になると相性の悪い人や不要な人との縁が突然切れたり疎遠になる場合がありますが、今年の別れはいい方向に進むのでネガティブに考えないようにしましょう。大きく成長するための別れもあり、その別れによって責任ある立場に就いて大切な経験をすることもあるでしょう。

　すでに2022年の年末あたりから何かいいこ

とが起きそうな予感がしている人もいると思いますが、1月は新年の目標や「こんな風になりたい」という願望を得意の想像で膨らませたり、身近な人に語ってみると良いでしょう。早い人では3月に運命が劇的に変わる流れが始まるので、恋愛でも仕事でも気になる人には連絡して距離を縮める努力をしたり、あなたを評価してくれる人の言葉に従ってみるといいでしょう。スタートするかどうかで悩んでいることがあるなら、決断にもいいタイミングなので、思い切った行動や引っ越し、イメチェンなどは1月、3月、6月にしておくといいでしょう。

仕事面でも風向きが変わってくるので、今年は自分の意見をしっかり伝えてみると周囲の協力が得られそう。プレッシャーから解放されて仕事が面白くなり、苦手な人とも離れられるので本来の力を発揮できるでしょう。5月に知り合いから連絡をもらったら、ぜひ会って話を聞いてみましょう。6〜7月中旬に知人からのつながりで新しい仕事や違う部署での仕事、少し面倒と思われるような話が舞い込んできたら、多少疑問を感じてもOKしてみてください。すぐに結果が出なくても、この期間のチャレンジや新たな人脈が後の人生を大きく変えることになるでしょう。恋愛面でも意中の相手と一気に距離を縮めることができ、素敵な恋人ができる時期。自分の気持ちに素直になることと、新たな出会いを求めて行動することが大切です。

11〜12月には、さらにこれまでとは違う流れが始まりそうです。知人から連絡が来たら、できるだけ会って話をしてみましょう。あなたの能力や魅力を高く評価して、いい縁をつないでくれそうです。この時期は多少不慣れなことや苦手なことでも尻込みせず、あなたを信頼してくれる人の言葉を信じてみると人生が面白くなり始めるでしょう。予想外に忙しくなり求められることも増える運気ですが、ここは無

理をしてでも受け入れてみることが重要です。「解放の年」に注意すべきことは少ないのですが、7月下旬〜8月は判断ミスに注意。押しに弱くなり誘惑に負けがちですが、この時期に面倒なことを断らないでOKしてしまうと後に苦しくなるかも。責任のあることを引き受けたり、恋愛で交際をスタートするのは避けておくといいでしょう。また、9〜10月中旬は「仕事を辞めたい」など現実逃避の願望に駆られることも。忙しい生活を嫌う「銀のインディアン座」は、満足できる方向に進んでいるのに求められすぎていると感じて逃げたくなったり、今の立場を手放したくなることがあります。この時期はマイナスな妄想をしているだけなので、年末まで頑張ってみれば「なんであのとき余計なことを考えたんだろう」と思えるでしょう。

また、2022年に体調に異変を感じながら特に何もなかった人は、1月下旬〜2月に体調を崩してしまうことがあるかも。痛みを我慢していたり、なぜか治ったと感じる症状がある人は一度検査や治療をしましょう。特に歯の痛みなどは「このくらいは大丈夫」と思っていると大変なことになる場合もあるので、1月に検診に行くことをオススメします。

運気がいいとはいえ、棚からぼた餅があるわけではありません。これまで積み重ねてきたことの答えが出始めるだけなので、努力してこなかった人には正直何も起きません。積み重ねのない人や、残念ながら悪い習慣を積み重ねてきた人には、その結果も出てしまうのが「解放の年」なので、人によっては厳しい結果が出ることもあるでしょう。自由に自分の生き方を通す「銀のインディアン座」の中には、周囲の忠告を無視してきた人もいると思いますが、その場合はチャンスがピンチになってしまうため、せっかくのいい流れをものにできず悔しい思いをすることもありそうです。また、日々の生活の

乱れを放置している人は、体調を崩したり病気が発覚したりしますが、2023年の発覚は回復が早かったりいい病院が見つかったりと、ラッキーな面もあるでしょう。

今年は注目を浴びるぶん、いろいろな人が寄ってくる年でもあります。人との関わりが増えて自分の時間が減ってしまい、好きなことに集中する時間がとれないこともあるでしょう。また、来る者拒まず去る者追わずの「銀のインディアン座」ですが、余計なことを押しつけてくる人も出てきます。その場の流れで重荷を引き受けないで、無理なことはハッキリ断りましょう。ここで判断ミスをするとせっかくの運気の流れに乗れない恐れもあります。

上半期で流れに乗って順調にいい結果を出す人もいるでしょう。それを見て妬んだりひがんだり、やっかみで足を引っ張る人などが現れる可能性もあります。本来は気にしないあなたですが、嫌なことはハッキリ伝えてそんな相手とは距離を空けるようにする必要もあるでしょう。ただしマイナス面の指摘やお叱りなどの厳しい言葉は真摯に受け止め、成長のために必要な助言だと前向きにとらえましょう。

恋愛面では今年から5年間のモテ期に入り、これまで恋から遠のいていた人にもチャンスが訪れ始めます。どんな原石も磨かなければ輝かないので、しっかり自分磨きを楽しみましょう。結婚を本気で願っている人は入籍する流れになるなど、幸せいっぱいの年。少し欲張るくらい積極的に行動しましょう。ただ、モテるのはいいですが、本命ではない人から言い寄られて断れず、なんとなく関係を深めてしまうと交際からそのままゴールインする流れがあります。本当に好きな相手ではないなら、ハッキリと断ったり早い段階で別れを告げる必要もあるでしょう。「バレなければいいか」と浮気などをすると、明るみに出て厳しい結果を受け入れ

なくてはならないケースも出てきそう。運気がいいからこそ善意で行動して、自分だけの満足にならないように気をつけましょう。

数年前から苦労が続きやる気がなかなか出ない中で、言われたことを淡々とこなしてきた人も多いと思いますが、今年は協力者や味方が集まってきます。必要な情報やチャンスにも自然と恵まれるので、集まりにはできるだけ参加し、自ら集まりを主催するのも良いでしょう。運気の流れに乗って幸せになるには勇気や度胸が必要なので、もっと自分をアピールしたり、もう一歩相手に踏み込むようにしてみると、偉い人や凄い人、尊敬する人と仲良くなれることもありそうです。遠慮して勝手に一歩引かないでいろいろ話してみると、意外と面白がられて良い人間関係を作れることもあるので、図々しくなってみるといいでしょう。

束縛されないように人との距離を空けて自由に生きるあなたですが、今年は人との関わりをもっと楽しんでみてください。後輩や部下と遊んだり、先輩や上司の家に遊びに行くなどしてこれまでより一歩深い関係を作ってみると良いでしょう。新しい友人を作るというより知り合いの輪を広げるイメージで行動し、「知り合いの知り合い」をつないでいくと、仕事も恋愛もいい方向に進みます。

また、今年は好奇心を抑えないで面白そうなイベントやライブ、舞台、習い事など気になることがあるなら遠慮しないで行動することが大事。「解放の年」の経験はその後の人生にプラスに働き、本来のあなたに合うものを教えてくれることが多いでしょう。不向きなことや本来は関わるべきではない方向に進んでいる人は、今年は面倒なことが度重なるので、思い切って軌道修正するためにも、自分に向いていると思う仕事に転職したり交友関係を変えるなどしてみるといいでしょう。

開運のつぶやき ▶ ☺ 幸運をつかむために大切なのは、素直な気持ちと行動力。

恋愛運

3月から大きなモテ期到来
運命の人に出会える可能性も

あなた次第で簡単に恋人ができる年。そもそも楽観的で明るくマイペースに生きている「銀のインディアン座」は、自然と異性からモテるタイプ。それなのに恋愛に興味を示さなかったり、マイペースな生活リズムが乱されることを避けたり、仕事に火がつくと恋愛よりも仕事優先になってしまったりして、これまでチャンスを逃してきた人も多いと思います。今年は、複数の人からのデートの誘いや告白など、モテて困ってしまうような状況もありそう。ただ、誰がいいのか迷っているうちに相手がしびれを切らして他に行ってしまうこともあるので、素直に好きな人、一緒にいて楽な人を選びましょう。さらに、仕事や趣味である程度忙しい相手なら、あなたの望むベッタリではない関係を作れるでしょう。気楽に付き合えると思って異性の友人や以前からの知り合いと交際することもありそうですが、相手が束縛したり支配欲のあるタイプの場合は長続きしません。付き合う前や早い段階で「束縛はしないで」「支配欲のある人は苦手」などとあなたの恋愛スタンスを話の中に交ぜて伝えておくといいでしょう。

新しい出会い運もよく、2023年は「運命の人」と言えるほど相性のいい人に会える可能性もあるでしょう。1月、3月、6〜7月中旬まで、または11〜12月にもいい出会いがあります。全く知らない人よりも、できれば知り合いの知り合いなど、間に知人がいるほうが関係は進みやすくなります。ただし、「銀のインディアン座」は最終的にはマメに会える人を好きになっていくので、少しでも気になる相手がいるなら情報を集めるよりマメに連絡して会うほうが良いでしょう。

「解放の年」に入るとあなたの魅力や才能が輝いてくるため、運気の良さを感じ取って近寄ってくる人も出てきます。その中に、好みではないけれどマメに会える相手がいたりすると、なんとなく交際に進んでしまう場合もありそう。「そんなに好きじゃないけど悪い人でもないし」などと思ってズルズルしているとそのまま続いてしまうこともありますが、どこか納得がいかない交際の場合は、8〜10月中旬で縁が切れるでしょう。ただ、自ら別れを告げないでいるとそのまま進んでしまうので、自分から別れを告げる優しさを忘れないようにしましょう。片思いの相手とは、今年進展がなければ縁がないということ。相性の悪い人という可能性が高いので、年内にきっぱりと諦めましょう。

3月から大きなモテ期が始まるので、3月上旬のうちに髪型や服装を年齢に見合うように明るくイメチェンしてみるのも良いでしょう。何よりも、2023年は人との出会いを楽しんでみるといい恋人ができます。今年から交際を始める相手は将来結婚につながる可能性も高いので、まだ結婚を考えていなくても、2人の将来をイメージしてみましょう。

モテる年ですが、相手に理想を求めすぎているといつまでも前に進めません。「銀のインディアン座」は妄想恋愛が激しく、ひとりで楽しんで終えてしまうことも多いタイプですが、今年は少し恋に真剣になってみてください。自分の一押しで簡単に交際がスタートする運気だと信じて行動すると良いでしょう。また、マメな相手に弱いタイプですが、あなたのほうがマメになるとモテる年なので、気になる人には気軽に連絡してみましょう。

開運のつぶやき　👓　口角を上げると、運気が上がる。運気が上がったと感じるまで続けてみるといい。

結婚運

結婚するには最高の年
勢いで入籍してもOK

本気で望んでいるならすんなり結婚できる年。「解放の年」は、あなたの魅力や才能が開花して本気で取り組んできたことに運が味方する運気なので、結婚願望の強い人ほどあっという間に話が進むでしょう。すでに2022年の年末に将来の話をしていたカップルであれば、早ければ3月に結婚するなど、いい流れでゴールインできそう。まだ話をしていないなら、今年に入ってからでもいいので将来の話を真剣にしたり、プロポーズの予約をすると順調に話が進みそうです。

恋人には1月にお互いの両親に挨拶したいと段取りを相談し、直接会えなくても動画通話やZoomなどで挨拶をしておくといいでしょう。入籍は3月と5〜6月が特にオススメです。あなたの運気が良い日に入籍するといいでしょう。特に、恋人が「金の鳳凰座」「銀の鳳凰座」「銀の時計座」の場合は、今年中の入籍がその後の幸せを保証してくれるくらい絶好のタイミングです。

「まだ恋人はいないけど2023年中に結婚したい」という人は、2022年11〜12月や2023年1月、3月に出会った人となら、一気に話を進められる可能性が高いでしょう。少しでも気になる人がいたらマメに会ってみることが大事。5〜7月中旬に交際がスタートできれば12月に入籍する可能性もあるので、相手の出方を待っていないで、一気に同棲を始めて、「結婚どうする?」と詰め寄ってみるのも良いでしょう。自分でも驚くようなスピードで、入籍までトントン拍子に進みそうです。今年中に結婚に至らない場合は、2025年か2026年の結婚になる確率が高くなるでしょう。

ただ、そもそも束縛が嫌いで結婚願望も比較的薄いのが「銀のインディアン座」。結婚できる運気なのに肝心のあなたに結婚したいという気持ちがなければ、結婚の流れは当然来ないでしょう。年齢の割には若く見えるところもあるタイプなので、「まだ早いかな」とズルズルと時間を過ごしてしまう人もいると思いますが、今年から真剣に結婚に向けて計画を立てることをオススメします。最短で今年、遅くても2027年を目標にして、占いの運気に合わせてみると良いでしょう。

今年は恋愛の先に、結婚を視野に入れてみることも大切です。普段なら「結婚を前提にお付き合いを」などと言われると、「付き合ってもいないのに結婚なんて言われても」と引いてしまってその流れに乗らないタイプですが、2023年は勢いで結婚することがその後の幸せにつながります。「この人かな?」となんとなく思った人や異性の友人と何度か会っているうちに付き合う流れになり、そのまま結婚に話が進むということもあるでしょう。結婚式や披露宴、新婚旅行などいろいろな手順や先のことはおいておいて、順番が違っていてもいいのでまずは先に結婚を決めましょう。その後に両親に挨拶をする形でも、きっと周囲も祝福してくれるでしょう。

何よりも結婚することをもっと楽しんでみること、プラスの妄想をいろいろしてみることも大切です。相手の20年後、30年後を想像して「子どもと楽しそうに遊んでいる」など未来が想像できるならいい結婚生活が送れるはず。まずは身近な候補者との将来が想像できるのか、試してみると良いでしょう。

開運のつぶやき ▶ ☁ 運は喜ぶ人にくるもの。嬉しい時は思いっきり喜んだほうがいい。

仕事運

頑張りが認められて出世する可能性
副業を始めるにもいいタイミング

仕事にやる気がないわけでも、バリバリ仕事をしたいわけでもなく、「なんとなく続けている」という人も多いのが「銀のインディアン座」。不向きな職種や苦手な分野で不満もありながら、それでも続けているという人も多いと思いますが、今年はこれまでの頑張りが認められて、ポジションや任される仕事が大きく変わってくる流れです。突然の出世と感じるかもしれませんが、年齢や勤続年数に見合うタイミングだったり、人事や上司からも「そろそろ任せてみよう」とあなたに期待が集まる時期なので、流れに逆らわないで素直に受け入れてみましょう。「ダメでもともと」と思いながら引き受けたとしても、自分でも驚くような結果が出たり、いい方向に進みそうです。いつのまにか思った以上に実力がついていたり、仕事の面白さに気づけたりして、「長く勤めていて良かった」と思えるようなこともあるでしょう。

不要なプレッシャーから解放され、ストレスのかかる仕事や苦手な上司や先輩から離れることもできて気持ちが一気に楽になり、重荷を下ろして自由に仕事ができるようにもなりそうです。特にここ1〜2年、面倒な責任を背負ったり、断れない流れで引き受けた仕事で苦しい状況が続いていた人ほど、2023年は区切りが一つついてスッキリする年になるでしょう。

ただ、自分のペースを乱されたくないという理由で新しい仕事や出世のチャンスを断ってしまうと、せっかくの「解放の年」の運気の良さに乗れなくなってしまいます。多少面倒だと思っても、あなたを認めてくれたり頼ってくれる人の期待にできるだけ応えようとすることがいい結果につながるでしょう。また、どうしても

現在の仕事に不満があり、次に挑戦したい仕事を見つけているという場合は11〜12月に転職するといいので、逆算して行動しておくと良いでしょう。

やっとあなたのポジションができ、大きな苦労が終わって実力を認められ始めるのが2023年です。今ある仕事にこれまで以上に真剣に取り組み、本気で仕事と向き合ってみることで大きく流れを変えることもできる重要な年になります。ただ、不向きな仕事に就いてしまっていると、その力もなかなか発揮できません。情報系、ITやメディア、最新技術の仕事など、新しい情報が入ってくる仕事や部署へ異動できれば、やりがいも一気に増すでしょう。また、想像力豊かな長所を活かしてアイデアを出す仕事や作家、ライターなどクリエイティブな仕事でも能力を発揮できるタイプなので、少しでも興味があるなら転職をするのも良いでしょう。

現在の仕事を続けるのも悪くはないですが、副業などで収入を上げることを始めてみるにもいいタイミングです。暇が好きだと言いながら、忙しくしているほうが充実するタイプなので、今年は友人の仕事の手伝いをしたり、趣味を仕事にするのも良いでしょう。動画編集を始めてみると、思わぬセンスが発揮できそうです。ただ、手先が不器用なので、細かい作業には向きません。また、「銀のインディアン座」は年上の年配男性が多い職場では能力を活かせない場合が多いので、美容関係など、若い人や女性の多い職場がオススメです。いずれにしろ今年は仕事運が良い流れに入る年なので、仕事を楽しめるような工夫をしてみるといい結果につながっていくでしょう。

開運のつぶやき ▶ 👓 成功とは他人に感謝されること。

買い物・金運

大きな収入アップは2〜3年後に期待
重要な人に会えるので付き合いにはケチらずに

仕事運が良くなる1年なので自然と収入もアップする流れになりますが、仕事の頑張りや責任が増えた割には、そこまで急激な収入アップにはなりません。不満があっても今は文句を言わないでおきましょう。大きな収入につながるまであと2〜3年はかかると思っておいてください。また、今年スタートしたことは、3年後くらいの収入アップにつながると思っておくといいでしょう。

「銀のインディアン座」はマイペースで子どものような心の持ち主です。中学生くらいから心が成長していないような人も多いですが、そのぶん新しい物を見つける目を持っていたり、妄想好きを生かして未来を想像する能力もあるので、投資や資産運用の才能に恵まれています。2023年は、投資を始めてみると大金持ちになる可能性もある年なので、まだ何も始めていない人は、まずはNISAを始めてみましょう。すでにNISAやつみたてNISAを始めている人なら、投資信託がどのようなものなのかを理解していると思いますが、さらなる投資としてETF（上場投資信託）やその他気になる投資を少額でもいいのでスタートさせておいてください。大切なのは、運気の良い今年のうちに投資や資産運用に慣れておくこと。お金は銀行に入れっぱなしが安心などと思い込んでいる人は、そのような考えを早く改めましょう。

ただ、「銀のインディアン座」はそもそも浪費癖を持っていて、「解放の年」はストレスから解放され気持ちが晴れやかになる流れで、湯水のようにお金を使ってしまうことがあるので注意が必要。まずは仕事に使う物から買い替えて、次に服やイメチェンなどにお金を使うよう

にしましょう。引っ越しをするにも最高の運気で、3月、5〜6月に気になる物件を見つけたら即行動してみてください。11〜12月の引っ越し運もいいので、時々ネットで物件情報を見ておくと良さそう。家やマンション、土地の購入にも最適な運気なので、ゆとりのある人は5〜6月に購入や契約をするといいでしょう。

注意する時期は4月です。不要な買い物や契約、衝動買いで大失敗したり、仕事や友人との付き合いで飲み会や食事会にお金をかけすぎてしまったり、財布をなくすという失敗もあるので気をつけましょう。また、8〜9月は突然「価値がある」と思い込んで不要な物を購入することがあるので注意してください。この時期はサブスクやゲームの課金など、固定費が上がるような判断も避けたほうが良いでしょう。

ただ、今年はあなたにとって重要な人に会える運気でもあるので、人との付き合いや人脈を広げるためのお金はケチケチしないようにしましょう。人に合わせてみることで視野が広がったり考え方を変えるきっかけを得ることもあるので、多少面倒でも誘われた場所に行ってみたり、一緒に旅行するなど遊ぶ楽しさをもっと広げてみると良いでしょう。

魅力が輝く年でもあるので、自分磨きもしっかりしましょう。少しいい美容室に行ってみたり、エステやスポーツジム、ヨガ教室、美肌サロンなどにもお金を使ってみるといいでしょう。服や身の回りの物で買い替えを考えているものがあれば、予算の範囲内で最新の物を購入するのがオススメ。値段や機能、お得になる情報を集めて、5〜6月の運気のいい日にまとめて買い替えをすると良いでしょう。

開運のつぶやき ▶ 👓 大きな幸運の前には小さな幸運が転がっている。

美容・健康運

美意識を高めるには最高な年
外見も内面も美しくして

「解放の年」は、ストレスから解放されて心も体も一気に楽になる運気なので、元気で健康的に過ごすことができるでしょう。予定を詰め込んで忙しくなることもありますが、やることがいっぱいある時期のほうがパワフルに行動できそうです。体を鍛えるにもいいタイミングなので、ダイエットをしたり、基礎代謝をアップさせたり、ストレッチや筋トレなどの定期的な運動をスタートさせましょう。ゆとりがあればパーソナルトレーナーを付けてしっかりアドバイスを受けると、効率良く健康的な体作りができそうです。

健康的に過ごせるのはいいことですが、元気になりすぎるこの時期は、暴飲暴食と過労に注意が必要です。今年は多少睡眠時間が減っても元気に過ごせそうですが、それが連日にならないように、体を休ませる日は事前に決めておきましょう。解放された気分から調子に乗りすぎていると、2月、4月はケガをしたり、体調を崩してしまうこともありそうです。楽しいからといってハメを外しすぎないよう心がけて、何事もホドホドにしておきましょう。また、8～9月は夏バテや遊びに行った先での小さなケガなどに注意が必要です。ただし気をつけていれば問題はないので、あまり深く考えすぎないようにしましょう。

美意識を高めるにも最高にいい年なので、自分の魅力を最高レベルまで高める努力を惜しまないようにしましょう。お金にゆとりがあるなら美肌や美白のエステ、ダイエット専門のサロン、美容室もこれまでよりもいいところを試してみることをオススメします。脱毛、歯列矯正やホワイトニングなども、3月に急に気になっ

たなら即トライしてみましょう。メイク教室や、自分に合う色を教えてくれるカラリストのアドバイスなども受けてみると良いでしょう。ただし、4月は余計な契約をして後悔する運気なので、ここでの判断は避けましょう。

「銀のインディアン座」の問題は、飽きっぽくて続かないところなので、せっかく今年始めるなら長く続けられそうな美容法が良いでしょう。1日に2リットルの水を飲むなど、なんとなく続けられそうな美容法をいろいろ試してみましょう。また、ゲーム感覚での運動やダイエットなら長続きしやすいので、運動ができる家庭用ゲーム機や少人数でできるスポーツを始めてみてください。これなら楽しんで続けられそうと思えることを探しましょう。

もともと年齢よりも若く見える人が多く、美意識が低いとは言いませんが、どこか雑なところがある「銀のインディアン座」。今年は華道や茶道、マナー教室に行って美しい所作を習ってみたり、お寺で修行をして内面から綺麗になることをめざすのも良さそうです。体験教室などに行くだけでも身が引き締まって良いでしょう。

2022年に大きく体調を崩して治療や療養をした人は、2023年は回復に向かい調子を取り戻せそうです。ここで無理をしたり、完治したと油断して不摂生な生活を始めないようにしましょう。子どもっぽい食べ物やお菓子ばかり食べたり、お酒にハマって体調を崩すことが多いので、今年からは少し気をつけてバランスのいい食生活を心がけてみましょう。気がついたら好きな物や同じ物ばかりを食べていたという生活を送らないように気をつけましょう。

開運のつぶやき ▶ 占いは背中を押すものであり、行動するきっかけに使うもの。

185

親子・家族運

運気のいい今年こそ家族を大切に
語り合う時間を作ることを意識して

「解放の年」に入るといろいろな人に注目されて遊びの誘いが増えたり、仕事で求められることも多くなり忙しくなります。ただ、どんな人との距離感も大切にするのが「銀のインディアン座」。束縛する人やあなたを独占しようとする人を上手に避け、距離感をキープできる人とほどよく仲よくすることができるでしょう。家族との関係も同じで、親や子どもや結婚相手がベッタリしてきても、自分のペースを優先して生活を送るタイプ。ただ、今年はあなたが家族の中心になる運気でもあるので、距離を置かれた家族が寂しい思いをしないように、時々でも語り合う時間を作るようにしましょう。

夫婦関係では、あなたが相手に甘えたり主導権を握るときもありますが、基本的には自由で束縛されない関係が理想。相手があなたに甘えていたり、逆に引っ張りすぎていると思うなら、自分のペースで過ごせるように話をするといいでしょう。ただ、あなたが感じている以上に、マイペースなあなたを相手がすでに認めている可能性も十分あるので、言い方やタイミングには注意しましょう。

お子さんとの関係では、自由にノビノビと子育てをしていて、お子さんにとってもそれがいいと思っているかもしれません。ですが、何事にも楽観的なあなたの受け止め方が、お子さんからすると「真剣に話しているのに」「適当に話を聞いている」と思えてしまうこともありそうです。あなたのプラス思考や、ポジティブに物事を考えるコツ、前向きに考えたほうが世の中は面白いという話をしてみると、親のあなたの生き方が素敵に見えたり、お子さんにいい影響を与えることもできそうです。

両親との関係では、あなたがマイペースであることをすでにわかってくれているため、突っ込んでいろいろ聞いてくることはないと思いますが、今年はこれまでの感謝を少しでも形にして表すといい年です。両親の気に入りそうな物や趣味の道具などを誕生日以外でもプレゼントしたり、食事に誘ってみると良いでしょう。オシャレにも敏感なので、両親に似合いそうな服や靴、カバンなどをプレゼントするのも良さそうです。

「家族に振り回される！」と嘆く人も「銀のインディアン座」には多いですが、家族はあなたを振り回しているのではなく、あなたのマイペースに家族が合わせてくれていたり、あなたの足りないところを補ってくれているということを忘れないようにしましょう。特にここ6〜7年は積み重ねの時期だったので苦労や困難を感じていた人も多いと思いますが、あなた1人が大変だったわけではありません。家族も多かれ少なかれ影響を受けたり、見えないところであなたの雑な部分をサポートしてくれていたことに感謝を忘れないようにしましょう。

「銀のインディアン座」は語ることが好きなタイプでもあるので、妄想や空想でもいいので家族で「もし○○なら」といろいろ話してみると盛り上がるでしょう。ちょっとしたことでクイズを出し合うのもオススメ。「この芸能人の本名は？」「この食べ物を英語で言うと？」など遊びながら勉強になることもあるでしょう。ただし、数年前から浮気や不倫などで愛のない夫婦関係が続いていたり、借金問題などで殺伐としている家庭の場合は、今年は一気に縁が切れてしまうこともあるでしょう。

開運のつぶやき ▶ 😎 「ありがとう」を口癖にするといい。

年代別 アドバイス

世代が違えば、悩みも変わります。
日々を前向きに過ごすためのアドバイスです。

**年代別
アドバイス
10代** ▶
交友関係が大きく変わり、いい意味で吹っ切れる年。実は距離を置きたいと思っていた友人や知人がいるなら、遠慮なく離れてみると気持ちが一気に楽になりそう。逆に、今年から良い距離感を保てる友人も見つけられるでしょう。恋のチャンスも多くなりますが、相手からの出方を待っていても変わらないので、気楽に話せる異性の友人になるつもりでいると良い関係に進めそう。恥ずかしがったり緊張しないように、同性だと思って接しましょう。

**年代別
アドバイス
20代** ▶
人生最大のモテ期到来と思っていい年。自分磨きをしっかりしながらも、異性の友人や知り合いをたくさん作ってみましょう。今年出会った人や恋愛相手が後の結婚相手になる場合もありますが、先を考えるよりも今をしっかり楽しんでおきましょう。仕事でも大事な役割を任せてもらえたり大抜擢がありそうなので、思い切って挑戦しておきましょう。何か1つでもいいので、12年後を目標にして習い事を始めてみるにも良いタイミングです。

**年代別
アドバイス
30代** ▶
幸せを掴んで人生の大逆転が始まる年。恋も仕事も夢も諦めないでください。今年は全てに全力で取り組んでみると、運を味方につけられて良い流れに乗ることができるでしょう。周囲からのアドバイスに素直に従って思い切って行動してみると、突然注目される存在になれたり、これまで我慢しながら身につけてきた力を発揮できるようになるでしょう。あなたが幸せになる番が来たと思って、できれば少し欲張るくらいが良いでしょう。

**年代別
アドバイス
40代** ▶
積み重ねてきたことの結果が出る最高の年。才能や努力を認められて注目を集める運気です。しっかり目立つことが大事なので、遠慮しないで自分の考えや意見を周囲に伝えてみましょう。また、年下の友人や新たな人間関係が人生を大きく変えてくれるので、知り合いの輪を広げてみたり、環境を変えて新たな挑戦を始めてみると良いでしょう。引っ越しして環境を変えたり、大きな買い物をするにも最高の運気です。

**年代別
アドバイス
50代** ▶
もう一花咲かせられるような運気の到来。仕事でもプライベートでも注目が集まり、これまでの経験を上手に活かすことができる年です。気になったことは即行動に移すと運を味方につけられたり、これまでの知り合いの輪が役立ったり、チャンスが広がることもあるでしょう。若い人と組んでみると良い勉強になったり、協力できる良い関係も作れそうです。チヤホヤされるときもありますが、上手に盛り上げられておくと良いでしょう。

**年代別
アドバイス
60代
以上** ▶
長年の苦労が終わってやっと心も体も楽になり、何事も前向きに進み出す年。遊びに誘われる機会が増えたり、あなたを必要としてくれる人が集まってくるでしょう。これまでの経験や知識を語ってみたり、役立てることがあるなら協力してみると楽しい1年を過ごせそう。良い意味で一区切りがついて重荷を下ろせるので、空いた時間には新しい趣味に取り組んだり、運動をして健康的な生活を送れるように習慣を変えてみるといいでしょう。

命数別2023年の運勢

【命数】11

マイペースな子ども大人

基本性格

超マイペースな頑張り屋。負けず嫌いなところがありますが、他人への関心が薄く、深入りしたりべったりされたりすることを避ける人。心は中学3年生からまったく成長しないままで、サバサバした性格と反発心があるので、「でも」「だって」が多くなってしまうでしょう。妄想が好きで常にいろいろなことを考えすぎてしまいますが、根が楽観的なので「まあいいや」とコロッと別のことに興味が移り、そこで再び一生懸命になるでしょう。

持っている星

★超マイペースな星
★身近な人を好きになる星
★反発心がある星
★胃腸が弱い星
★指のケガの星

開運3カ条
1. 粘りと意地を見せる
2. 異性の友人を増やす
3. 定期的に運動する

2023年の総合運

マイペースながらもしっかり努力するタイプのあなた。淡々としているため、負けん気の強さややる気が周囲に伝わりづらく、チャンスがなかなかやってこなかった人でもありますが、今年はスポットライトが当たり、これまでの頑張りをアピールできる運気です。しっかり目立って、勝ち気な自分を出してみるといいでしょう。何事も簡単に諦めないようにすることも大切。健康運は、夜中の食事は避け、定期的に運動をするといいでしょう。

2023年の恋愛&結婚運

異性の友人や仲のいい友人、2023年になってから出会ったのにすでに親友のような関係の人と交際する可能性が高い年。自分のペースを変えずに気楽な付き合いができるような、理想的な人に会えそうです。ただし、相手に反発したり、生意気なことを言いすぎるとチャンスを逃すので、うれしいときは素直によろこんで、感謝を表すようにするといいでしょう。結婚運は、甘えすぎず離れすぎない距離感の人と結婚できる運気です。

2023年の仕事&金運

実力を評価される最高の年。自信をもって仕事に取り組むことで、同期や同年代と大きく差をつけられます。出世したり、いい評価を受けられることもありそうです。粘りと意地が大切な年でもあるので、淡々と仕事をするよりも、あなたの底力を発揮できるよう努めましょう。いい仲間もできるので、応援やサポートしてくれる人のためにも、頑張ってみるといいでしょう。金運は、つみたてNISAをはじめるにはいいタイミング。詳しい友人に聞いてみましょう。

ラッキーカラー イエロー　ピンク　**ラッキーフード** まぐろの刺身　ごぼうサラダ　**ラッキースポット** アミューズメントパーク　公園

【命数】12

やんちゃな中学生

基本性格

淡々とマイペースに生きていますが、刺激と変化が大好きで、一定の場所でおとなしくしていられるタイプではないでしょう。表面的な部分と内面的な部分とが大きく違い、家族の前と外では別人のような部分もある人です。他人の話を最後まで聞かずに先走ってしまうほど無謀な行動が多いですが、無駄な行動は嫌います。団体行動を嫌がり、たくさんの人が集まると面倒に感じ、単独行動に走るところがあるでしょう。

持っている星

★斬新なアイデアを出す星
★刺激的な恋をする星
★旅行が好きな星
★ゴールを見ないで走る星
★都合の悪い話は聞かない星

開運3カ条
1. 遠慮しないで実力を見せつける
2. 自分の「最終目標」を決める
3. 思い切って環境を変える

2023年の総合運

あなたの逆転人生がはじまる年。陰で努力してきた人や、上手に実力を隠していた人にも注目が集まり、力を発揮できるときです。これまで評価されていなかった人ほど、流れが大きく変わります。遠慮せず、思い切った行動と決断をすることで、驚くような結果が出たり、大きなチャンスをつかめるでしょう。目先のことを考えるのも大切ですが、「最終的にどうなりたいのか」をもっと想像しておくといいでしょう。健康運は、独自の健康法でしっかり体調管理ができそう。

2023年の恋愛&結婚運

ねらった相手と交際できる可能性が高い年。好きな人に積極的になってみましょう。自分だけでなく相手の運気も調べるようにすると、短時間で思い通りに関係を進められそうです。イベントやライブ、飲み会などで新しい出会いがあるので、気になる場にはすすんで参加しておくといいでしょう。ただし、危険な人が寄ってきやすいタイミングでもあるので、相手へのリサーチを怠らないこと。結婚運は、結婚生活にはどんな刺激があるのか想像してみると、進展がありそう。

2023年の仕事&金運

この1年で状況が大きく変わり、周囲が驚くような結果を残すことができそうです。憧れの職業に転職できることも。いまの仕事で重要なポジションを任せてもらえたり、思い切った決断やアイデアで周りとの差を見せつけることもできるでしょう。実力をしっかりアピールすることが大切なので、遠慮せず積極的に発言し、バリバリ仕事をしていきましょう。金運は、投資をスタートするにはいい年。気になる商品があれば、はじめてみるといいでしょう。

ラッキーカラー イエロー　レッド　**ラッキーフード** とろろ　さんま　**ラッキースポット** 書店　ゴルフ場

　ラッキーカラー、フード、スポットはプレゼントやデート、遊ぶときの口実に使ってみて

さらに細かく自分と相手が理解できる！
生まれ持った命数別に2023年の運気を解説します。

愛嬌があるアホな人

【命数】

13

基本性格

明るく陽気な超楽観主義者。何事も前向きに捉えることができる一方で、自分で言ったことをすぐに忘れたり、話す内容が気分でコロコロ変わったりするシーンも。空腹に耐えられず、すぐ不機嫌になってわがままを言うことも多いでしょう。心は中学2、3年生からまったく成長しませんが、サービス精神豊富で周囲を楽しませることに長けています。運に救われる場面も多いでしょう。

持っている星

★超楽観的な星
★空腹で不機嫌になる星
★よく笑う星
★体型が丸くなる星
★楽しく遊べる人を好きになる星

開運3カ条

1. 明るい服を着る
2. 自分と周囲を楽しませる
3. 挨拶やお礼をしっかりする

2023年の総合運

楽しい時間が増える最高の年。自分だけでなく周りも一緒に楽しませたり、おもしろいことを見つけたら、ほかの人にも教えてみましょう。さらに運気の流れがよくなって、素敵な人脈ができそう。遠慮しないで持ち前の明るさと図々しさをドンドン出していくといいですが、うっかり口が滑ったり、気分が顔に出やすいタイプなので、気をつけておくこと。挨拶やお礼を欠かさず、品のよさを意識しましょう。健康運は、おいしいものの食べすぎに注意。食べたぶんはしっかり運動を。

2023年の恋愛&結婚運

恋多き1年になりそう。華やかな服を着て明るく元気にしているだけで、自然にモテるでしょう。ただし、おしゃべりがすぎるとワガママな人だと思われてしまうので、ときにはしっかり相手の話を聞くことも大切です。好きな人にはこまめに連絡するといいですが、途中で飽きられない程度にしておきましょう。相手との会話のなかで「一緒にいると楽しい」「おもしろいね」と伝えるようにするのもオススメです。結婚運は、ノリと勢いで進められる運気。結婚話を楽しげにしてみると、うまくいきそうです。

2023年の仕事&金運

職場のムードメーカーになれて、楽しく仕事ができる年。苦手な上司や先輩も異動になるなどして、うまく距離をあけられそう。同僚や仕事関係者とも、積極的に交流しておくといいでしょう。あなたからみんなを誘ってみると、さらに仕事がやりやすくなるかも。仕事をもっと楽しくするために知恵をしぼったり、工夫することで、うまくいくこともありそうです。金運は、派手に浪費しないよう要注意。自分と周りが「笑顔になること」にお金を使うといいでしょう。

ラッキーカラー レッド　ピンク　**ラッキーフード** 鉄火巻き　野菜炒め　**ラッキースポット** 朝の公園　レストラン

語りすぎる人情家

【命数】

14

基本性格

頭の回転が速く、語ることが好きなおしゃべりで常に一言多いタイプです。何度も同じ話を繰り返すことも。極端にマイペースで、心は中学3年生からまったく成長していない人です。短気で恩着せがましいところがあります。人情家で、他人のために考えて行動することが好きな一面がある一方で、深入りされるのを面倒に感じるタイプ。空腹と睡眠不足になると、不機嫌な態度になるクセもあるでしょう。

持っている星

★頭の回転が速い星
★直感で行動する星
★一言多い星
★体力がない星
★スリムな人を好きになる星

開運3カ条

1. 直感を信じて即行動する
2. 礼儀正しくする
3. 短気を起こさない

2023年の総合運

頭の回転が速くなり、キレもよくなる年。自分でも驚くほど直感が冴えていると感じることがあるでしょう。良くも悪くも流れが読める運気ですが、行動がともなわないとせっかくの勘のよさを活かせません。いい勘は信じて即行動、悪い勘はうまく避ける対応をしましょう。また、余計な一言で面倒事を引き寄せないよう、愚痴や不満を含め、下品な言葉や雑な表現を使わないこと。健康運は、定期的に運動をしてみましょう。ランニングなど、スタミナのつくスポーツがオススメです。

2023年の恋愛&結婚運

一目惚れから素敵な恋がスタートする年。相手の出方を待ったり、遠慮していないで、ピンときたらこまめに連絡して話す機会をつくると、思った以上に順調に関係を進められるでしょう。好みではない人から言い寄られてしまう場合もありそうですが、ハッキリ断っておくことが大切です。また、好きな人の前で愚痴や不満などのマイナスな言葉は使わないように。結婚運は、自分の直感を信じて飛び込んでみるといいでしょう。

2023年の仕事&金運

あなたの才能が開花する年。能力を認めてもらえたり、いいポジションを任されることになりそうです。念願だった仕事に関わる機会もあるかも。ストレスがたまる仕事がなくなったり、面倒な上司や先輩から離れられて、気疲れから解放されることもあるでしょう。言いたいことをハッキリ伝えるのはいいですが、礼儀や言葉遣いには気をつけて。頭のなかで考えてから発言するようにしましょう。金運は、投資がうまくいく運気です。長期的な目線ではじめておくと成功しそう。

ラッキーカラー ピンク　オレンジ　**ラッキーフード** さんまの竜田揚げ　牛肉のごぼう巻き　**ラッキースポット** 植物園　市場

多趣味・多才で不器用な中学生

【命数】
15

基本性格

多趣味・多才で情報収集能力が高く、いろいろなことを知っている人です。段取りと計算が得意ながら、根がいい加減なのでツメが甘い部分があるでしょう。基本的に超マイペースですが、先見の明があり、流行のさらに一歩先を行くところも。家に無駄なものやガラクタが集まりやすいので、いらないものはこまめに処分するようにしましょう。妄想話が好きなうえ、何度も同じような話をすることが多く、その心は中学3年生のままでしょう。

持っている星
★予定を詰め込む星
★趣味のものが多い星
★視野が広い星
★ペラい人にハマる星
★知り合いが多い星

開運3ヵ条
1. 知り合いを増やす
2. たくさん語る
3. 得すると思えるなら即行動する

2023年の総合運

おもしろいくらいにいろいろな情報が入り、人脈も広がる年。フットワークを軽くして気になる場所に足を運んでみると、楽しい経験ができそうです。さらにおもしろそうな物事や人との出会いもあるでしょう。情報を発信する人として注目されたり、過去の趣味や体験を、あなた自身の価値や才能として認めてもらえることも。多少安請け合いになってもいいので、できそうなことはとりあえずOKして取り組んでみましょう。健康運は、お酒の飲みすぎと膀胱炎に気をつけること。

2023年の恋愛&結婚運

理想のタイプに近い相手と交際できる運気。モテすぎて誰にするか迷っているとチャンスを逃したり、結果的に二股・三股になってしまう場合もあるので気をつけましょう。駆け引きが思い通りに進みやすいのはいいですが、相手をもてあそんでいるといつか自分が痛い目に遭うことになるかも。また、お酒の席で出会った軽いノリの人は、ようすをしっかり見て注意しておきましょう。結婚運は、きちんと段取りを決めておくことで、順調に話が進むでしょう。

2023年の仕事&金運

計画通りに物事が進みはじめ、気分よく過ごせる年。あなたがもっている情報や人脈が仕事に役立ってくるでしょう。仕事とプライベートの垣根がなくなってきて、周囲との交流も楽しめそうです。飲み会やゴルフなど、「大人の付き合い」をたしなんでおきましょう。また今年は、人生計画をしっかり立てておくことも大切です。今後の目標を決めると物事を順調に進められるでしょう。金運は、今後価値の上がりそうなものを、優先して購入するといいでしょう。

ラッキーカラー 淡いピンク　紺色　**ラッキーフード** ホタテバター焼き　マグロのユッケ　**ラッキースポット** 百貨店　書店

やさしい中学生

【命数】
16

基本性格

真面目で地味なことが好き。基本的に「人は人、自分は自分」と超マイペースですが、気遣いはできます。ただし、遠慮して一歩引いてしまう部分があるでしょう。中学まではパッとしない人生を送りますが、社会に出てからジワジワと能力を発揮するようになります。やさしすぎて便利屋にされることもありますが、友人の縁を思いきって切り、知り合いどまりの人間関係を作れると、才能を開花させられるでしょう。

持っている星
★なんとなく続ける星
★片思いが長い星
★真面目で誠実な星
★冷えに弱い星
★謙虚な星

開運3ヵ条
1. 自信をもって行動する
2. 恋に臆病にならない
3. 嫌なことはハッキリ断る

2023年の総合運

マイペースに真面目に取り組んできたことが評価される年。ただし、遠慮しているとチャンスを逃してしまいます。あえて、おだてには素直に乗ったり、現状を楽しんでみると、人生が大きく好転するでしょう。今年は大きな幸せをつかめるタイミングなので、臆病になっていないで覚悟を決め、思い切って行動するといいでしょう。苦手に感じていた人間関係から離れることもできそうです。健康運は、しっかり休む日をつくり、のんびりする時間を楽しむようにしましょう。

2023年の恋愛&結婚運

片思いの恋に動きがある年。あなたのモテ期でもあります。気になっている人に連絡をしてみると、いい返事が聞けそう。2、3度デートができたらもう両思いだと思って、躊躇せずに積極的になってみましょう。一方で、押し切られて好みではない人と交際に進んでしまう場合もありそうなので、気をつけること。いまの恋人と冷めた感じになっている場合は、別れを告げてもいいでしょう。結婚運は、相手と本音で話してみましょう。結婚願望を伝えて、入籍日などの具体的な話をすると、うまく進められそうです。

2023年の仕事&金運

信頼を勝ちとって大事な仕事を任せてもらえたり、上の立場になることがあったりと、これまで辛抱強く働いてきてよかったと思える年。上司や会社の方針が変わって、仕事がやりやすくなったり、不要な雑務がなくなるかも。苦労から抜け出せて気持ちが楽になり、逆に罪悪感を覚える場合がありそうですが、今年は「楽をしていい時期」だと覚えておきましょう。金運は、自己投資にはケチケチしないこと。投資をはじめるのもオススメです。

ラッキーカラー ピンク　藤色　**ラッキーフード** きんぴらごぼう　チャーハン　**ラッキースポット** 映画館　温泉

　ラッキーカラー、フード、スポットはプレゼントやデート、遊ぶときの口実に使ってみて

【命数】17　パワフルな中学生

基本性格
実行力と行動力、パワーがあるタイプ。おだてに極端に弱く、褒められたらなんでもやってしまう人でしょう。面倒見のいいリーダータイプですが、かなりのマイペースなので、突然、他人まかせの甘えん坊になってしまうことも。行動が雑なので、うっかりミスや打撲などにも注意が必要です。何事も勢いで済ませる傾向がありますが、その図々しい性格が不思議な知り合いの輪を作り、驚くような人と仲よくなることもあるでしょう。

持っている星
★面倒見がいい星
★無計画なお金遣いの星
★根は図々しい星
★ギックリ腰の星
★ほめてくれる人を好きになる星

開運3カ条
1. 年下の友人や知り合いを増やす
2. 周りをたくさんほめる
3. ていねいに行動する

2023年の総合運
行動力が増し、上手に周囲を仕切れるようになったり、いい後輩や部下ができて、楽しい1年になるでしょう。多少の壁なら突き破ることができるほど、いい流れにも乗れそうです。「自分が正しい」と思ったら、押し切ってみるといいでしょう。仲間が集まって人脈ができる運気なので、いろいろなところに顔を出しておきましょう。とくに年下の友人をつくるのがオススメ。健康運は、元気だからと調子に乗ると、かえってケガをしやすくなるので気をつけること。

2023年の恋愛&結婚運
2023年は、あなたのモテ期です。好きな人には遠慮しないで押し切ってみると、交際に進めそうです。逆に、相手に押し切られて交際をスタートする場合もあるかも。年下との相性がいいので、後輩や部下、年下の友人をチェックしておくといいでしょう。おだてに弱いタイプのため注意は必要ですが、今年はあなたが主導権を握れる年なので、口のうまい人にも自分の考えをドンドン言ってみましょう。結婚運は、勢いで結婚できる運気。話が盛り上がったら、すぐに届けを出すといいでしょう。

2023年の仕事&金運
仕事で大きな成果をあげられたり、リーダーや上司としていい役割を果たせそう。後輩や部下の面倒をうまく見られることや、互いに助け合うこともできるでしょう。同じ仕事が長く続いている人は、独立や起業に動き出してもいいタイミング。一気に出世できることもあるので、多少難しく思える仕事でも受け入れて頑張ってみるといいでしょう。自分でも驚くような結果を残せそうです。金運は、「雑な浪費」に要注意。周囲にご馳走するといいですが、豪快になりすぎないようにしましょう。

ラッキーカラー グリーン　レッド　**ラッキーフード** ナポリタン　チーズフォンデュ　**ラッキースポット** 書店　動物園

【命数】18　マイペースな常識人

基本性格
礼儀とマナーをしっかり守り、上品で気遣いができる人。マイペースで警戒心が強く、他人との距離を上手にとります。きっちりしているようで楽観的なので、時間にルーズなところや自分の言ったことをすぐに忘れてしまうところがあります。心は中学2、3年生から変わっていないため、見た目は若く感じられるところがあります。妄想や空想の話が多く、心配性に思われることもあるでしょう。

持っている星
★性善説の星
★肌が弱い星
★相手の出方を待つ星
★清潔感のあるものを買う星
★本当はドジな星

開運3カ条
1. プラスの妄想をする
2. 勇気ある行動を大切にする
3. 自分が正しいと思うことを言葉に出す

2023年の総合運
気持ちが楽になり前に進める年。あなたのマイペースながら几帳面で品のあるところを、気に入ってくれる人が現れそうです。ルールやマナーをしっかり守るところや、自分以外のことによく目が行き届いている部分も評価されるでしょう。妄想や空想をいいアイデアとして活かせる場面もあり、あなたの個性をうまく発揮できることも。健康運は、肌の調子がよくなり、気分も上がりそう。白湯や常温の水を多めに飲むといいでしょう。

2023年の恋愛&結婚運
あなたの細かいチェック項目をクリアできる素敵な人と交際に進める年。臆病になって自らチャンスを逃してしまいがちですが、今年は運気がいいタイミングなので、新しい出会いを求めて行動してみましょう。相手を警戒しすぎず、気になる人にはこまめに連絡するといいでしょう。一方で、強引な人から好意を寄せられて、困ってしまう場合もありそうです。結婚運は、計画を立てて恋人と共有してみると、順調に進められそう。勇気を出すことも大切になるでしょう。

2023年の仕事&金運
ていねいな仕事ぶりが評価されて、いいポジションに上がることができそう。上司や役員、年配者に気に入られて大抜擢される場合も。余計なことを考えないで、「成功する妄想」をしながら、思い切って挑戦するといいでしょう。また、周りに雑な仕事をする人や、横領などの不正をしている人を見つけたときは、上司に報告して体制やルールの改善を提案してみるように。金運は、品のあるものを購入するといいですが、出費が増えすぎないよう気をつけること。

ラッキーカラー ブルー　ピンク　**ラッキーフード** 春巻き　かつおのたたき　**ラッキースポット** 植物園　書店

ラッキーカラー、フード、スポットはプレゼントやデート、遊ぶときの口実に使ってみて

小学生芸術家

【命数】
19

基本性格

超マイペースな変わり者。不思議な才能と個性を持ち、子どものような純粋な心を備えていますが、あまのじゃくなひねくれ者。臆病で警戒心はありますが、変わったことや変化が大好きで、理屈や屁理屈、言い訳が多いタイプ。好きなことになると、驚くようなパワーや才能、集中力を発揮するでしょう。飽きっぽく継続力はなさそうですが、なんとなく続けていることでいい結果を残せるでしょう。妄想が才能となる人でもあります。

持っている星

★言い訳の星
★あまのじゃくな恋の星
★屁理屈の星
★お金が貯まらない星
★時代を変えるアイデアを出す星

開運3カ条
1. ほめられたら素直によろこぶ
2. 新しい出会いを求めて行動する
3. ほかの人の個性や才能をほめる

2023年の総合運

個性と才能を認められる年。「いまさら認められても」とひねくれないで、評価を素直に受け止めましょう。ほかの人の役に立ったり、よろこんでもらえるよう、あなたの知識やスキルをドンドン表に出していきましょう。思った以上に感謝されたり、絶賛されることもありそうです。人脈を広げたり、行ったことのない場所にはドンドン行きましょう。健康運は、食事バランスを整えること。同じものばかり食べないように。

2023年の恋愛&結婚運

周りや異性から注目されてモテる年。ただし、好意を寄せられると恥ずかしがって避けたり、あまのじゃくなところが出てしまうタイプなので、せっかくのモテ期を上手に楽しめない場合があるかも。もっと素直になって異性との関わりをおもしろがってみると、相手をすんなり受け入れられ、尊敬できる人とも交際できそうです。「束縛してくる人なら即別れる」くらいの気持ちで、気楽に付き合いをはじめてみましょう。結婚運は、もともと願望がかなり薄いタイプですが、今年結婚すると一生幸せになれるでしょう。

2023年の仕事&金運

独自のセンスと才能が徐々に認められる年。急に評価されたことから避けているとチャンスを逃すので、素直に評価を受け入れてみましょう。2023年は、自分の自由時間が多少減っても「求められた自分の能力を活かす好機」だと前向きにとらえてみるといいでしょう。長年、あなたの頑張りを見ていた人からいい話がきたら、きちんと感謝することも忘れないように。金運は、浪費が想像以上に激しくなってしまいそう。計画的にお金を使いましょう。

ラッキーカラー ピンク 藤色 **ラッキーフード** エビマヨ ナポリタン **ラッキースポット** 書店 美術館

マイペースな芸術家

【命数】
20

基本性格

理論と理屈が好きで、探求心と追求心のある人。常にいろいろなことを考えるのが大好きで、妄想や空想ばかりするクセがあります。表面的な人間関係は作れますが、本音は他人に興味がなく、芸術や美術、不思議な物事にハマることが多いでしょう。非常に冷静で大人な対応ができますが、テンションは中学3年生ぐらいからまったく変わっていないでしょう。尊敬できる人を見つけると、心を開いてなんでも言うことを聞くタイプです。

持っている星

★深い話が好きな星
★冷たい言い方をする星
★理屈っぽい星
★芸術にお金を使う星
★互いに成長できる恋が好きな星

開運3カ条
1. 年上の友人をつくる
2. 歴史ある場所に行く
3. 評価は素直によろこんで受け入れる

2023年の総合運

知識や学んできたことを活かせる年。年上の人から引き上げてもらえたり、「すごい協力者」も現れる運気です。今年は行動を優先するといいので、情報を集めるばかりではなく、気になったことに挑戦してみましょう。目上の人や年上の友達をつくるのもよさそうです。歴史ある名所や憧れのスポットに行けるなど、興味があった場所にも縁があるので、素直に楽しむようにしましょう。健康運は、ヘッドスパに行って、目も頭もスッキリさせるとよさそう。

2023年の恋愛&結婚運

尊敬できる人と交際できる運気。いい縁がつながりますが、プライドの高さが邪魔をして、告白できなかったりデートに誘えないままでいると、進展が難しくなってしまいます。しっかり気持ちを伝えなくても、こまめに会うようにすると、相手の気持ちをつかめるでしょう。また、余計な一言や冷たい表現を口走ると恋が冷めてしまうことがあるので、やさしい言葉遣いを心がけること。結婚運は、今年が最高のタイミングです。仕事や趣味、興味のあることに忙しい人も、まずは結婚を優先すると、気持ちが楽になるでしょう。

2023年の仕事&金運

長く勤めた職場でほど、あなたの技術や才能や知識が高く評価される年。上司や年配者、経営陣の人と仲よくなれるきっかけもありそうなので、少しくらい図々しいと思われても、自ら話しかけてみましょう。急にプライベートでも遊ぶような関係に発展する場合もありそう。意見が通りやすい運気でもあるので、仕事のアイデアや後輩の教育方法など、考えていたことを周囲に伝えてみるといいでしょう。金運は、独自の価値観が原因で、出費が増えそうです。

ラッキーカラー ピンク ラベンダー **ラッキーフード** さばの塩焼き 天津飯 **ラッキースポット** 神社仏閣 劇場

ラッキーカラー、フード、スポットはプレゼントやデート、遊ぶときの口実に使ってみて

銀のインディアン座 2023年 タイプ別相性

気になる人との今年の相性は？　タイプを調べて付き合い方の参考にしましょう。

▶ 金のイルカ座との相性

今年のあなたは、この相手のパワーや新たに挑戦する行動力を見習う必要があるでしょう。ワガママに振り回されることもありますが、あなたにとっていい経験や学びがありそうです。一緒にいることで、結果的にあなたのほうが得する流れにもなりそう。出費が増えてしまうのは仕方ないと思っておきましょう。　**恋愛相手**　楽しく一緒にいられる相手ですが、ワガママや支配欲が強いので、あなたが自由な感じでいるためにはある程度のルールが必要かも。相手の欲望を満たすだけの関係にならないよう気をつけましょう。連絡はマメに取ると良いでしょう。　**仕事相手**　新しい挑戦をする相手と、今年いろいろな結果が出始めるあなたとは好相性。多少の無理は受け入れてみると大きなチャンスに変わりそう。相手が上司の場合は、結果や儲けなど数字にこだわって仕事をしてみましょう。部下なら、対等な意識で付き合うといい結果が出せそう。　**今年はじめて出会った人**　長い付き合いになることであなたの人生を大きく変えてくれる大切な人。身勝手な面もありますが、マイペースを押し通したほうがお互いにいい距離感を保てそう。親友や一生の仲間になれるくらいいい関係になりそうです。

▶ 金のカメレオン座との相性

今年のあなたとは考え方も状況も大きく違う相手。数年前なら学ぶことの多かった相手ですが、今年はあなたが輝く年なので、考え方などは取り入れないほうがいいでしょう。あなたがノビノビできる運気にブレーキをかけてしまう相手なので、話半分に聞くくらいの感じで距離を空けたほうがよさそう。　**恋愛相手**　あなたはモテ期に入っていますが、相手は「整理の年」で輝いて見えないので自然と気持ちが冷めてしまいそう。はっきり別れを告げたり無理に会わないでいるほうが、相手の嫌なところを見なくていいかもしれません。　**仕事相手**　仕事の目的や考え方などが全く違うタイプだからこそいい勉強になる面もありそう。ただ、今年はあなたが相手に教える必要があるので、時代の流れや新しい情報を伝えてみると良いでしょう。相手が上司でも部下でも近づきすぎないで、あなたが仕事の見本となるようにテキパキ働きましょう。　**今年はじめて出会った人**　今年の出会いは、相手からは執着されやすく、あなたからは興味が持てない感じになるタイミング。反面教師だと思って観察するくらいにしておくと良いでしょう。自然と疎遠になってしまう確率が高そうです。

▶ 銀のイルカ座との相性

一歩前に進み始める運気の相手なので、一緒にいると新しい情報を教えてもらえたり、興味のあることが共通していて楽しい会話ができるでしょう。ただ、お互いが相手任せにしてしまって連絡をしないままになってしまうこともありそう。いい遊び友達で、語り合える相手なので、気になっているなら家に遊びに行くくらい図々しくなると良いでしょう。　**恋愛相手**　相手は華やかな人に惹かれるタイプなので、あなたの魅力が輝く今年は自然と近くに寄ってきそう。この相手は遊び上手なのでノリで誘ってみて。新たな遊び場が広がったり気楽な付き合いができそうです。　**仕事相手**　気楽に仕事ができる相手。要領の良さや上手に力を抜くところは見習ったほうが良いでしょう。今年はあなたが引っ張るとうまくいく相性なので、積極的に取り組みましょう。相手が上司の場合は楽しく仕事をするといい関係に。部下ならメリハリを付けると良いでしょう。　**今年はじめて出会った人**　価値観や考え方がお互いに理解できる相手。ベッタリではないですが、長い付き合いやなかなか切れない縁になりそう。付き合いが長くなると、最初の立場が逆転してくることが多いでしょう。

▶ 銀のカメレオン座との相性

「裏運気の年」の相手ですが、今年だけはノリや考え方が共通してくる部分がある相手。急激に仲良くなるか、最悪の関係になってしまうか極端なので、程良く距離を空けたほうが良さそう。知り合いくらいにとどめて、深い関係にはならないほうがいいでしょう。　**恋愛相手**　好きな食べ物が共通していたり、行きつけのお店が一緒だったり、グルメ話で盛り上がっていい関係に進めそう。ただ、相手は「裏運気の年」なので予想外のタイミングで縁が切れたり、相手に振り回されて気持ちが冷めてしまうことがありそう。　**仕事相手**　あなたは楽しく仕事ができる年ですが、相手はイヤイヤ取り組んでいるかも。同じ仕事をしていても気持ちが大きく違うので噛み合わない感じになりそうです。相手が上司でも部下でも、欠点や雑なところが目立つので、なるべくプラス面を見て、仕事終わりにコミュニケーションを取ると良さそう。　**今年はじめて出会った人**　あなたがドンドン進んで評価されていくため、この相手とは一気に距離が空いてしまいそう。関わりが年々薄くなっていきそうですが、立場が逆転する時も来るので冷たくしないで、遊びの知り合いくらいの距離感を保っておきましょう。

▶ 金の時計座との相性

「乱気の年」の相手なので、これまでとは印象が変わる年。やる気が伝わってこなかったり、言動に疑問を感じることが増えてしまうかも。相手は人が離れる運気でもあるので、あなたも自然と興味が薄れて離れることになりそう。ダメなものはダメだとはっきり伝えたり、対等な立場でいるようにするといい距離感を保てそう。

恋愛相手 相手の優しさや親切心を重荷に感じたり、急にネガティブな発言をする相手に魅力を感じなくなってしまいそう。考え方が合わないところも出てきます。我慢をしてもいいですが、恋が冷めたなら離れる決断も大切。 **仕事相手** これまでの的確な指示がなくなったり一緒に頑張る感じが薄れてしまう年。仲が良かった人ほど、今年はいろいろな事情で離れることになるかも。相手が上司の場合、状況が変わって困惑しているので協力してあげましょう。部下は、被害者意識が出やすい時なのでうまく励ますこと。 **今年はじめて出会った人** 本来なら長く一緒にいることでお互い勉強になり刺激し合える相手ですが、今年の出会いの場合はつながりが弱そうです。相手に甘えすぎないようにして、相手が優しく親切なら、同じだけ優しく親切にしましょう。

▶ 金の鳳凰座との相性

最高の運気同士なので、一緒にいるとラッキーな出来事があり、人生が大きく変わるチャンスをつかむこともできそう。お互い単独行動が好きでマイペースなところがありますが、今年はこの相手と一緒にいることで仕事運やお金の流れが良くなりそうです。時間のある時にはマメに誘ってみましょう。 **恋愛相手** この相手が身近にいるなら交際に発展しやすいでしょう。相手に最新情報を教えたり、異性の友達のようになってみると自然と盛り上がっていきそう。ペースがゆっくりなタイプなので、あなたが押し切ってみると良いでしょう。 **仕事相手** 一緒に仕事をするとやる気も湧いて、大きな結果も出せる最高の相手。貴重な体験もできるので、協力できる仕事や一緒にいる時間を増やすと良いでしょう。相手が上司なら、要望に全力で応えましょう。部下の場合は、アドバイスをして能力を最大限に引き出しましょう。 **今年はじめて出会った人** あなたに元気をくれたり、一生の付き合いになる可能性がある相手。今年の距離感がずっと続くので、今のうちにある程度近づいておくと良さそうです。マメに遊んでおくと、数年経ってもいい関係が続くでしょう。

▶ 銀の時計座との相性

いい刺激を与え合うことができる最高の相手。あなたは今年から絶好調、相手は絶頂から次に向かう年なので、一緒にいることでいいパワーを出すことができます。相手の頑張りから影響を受けてさらに力を発揮できたり、お互いに人脈を広げることもできそう。年末から相手の様子が変わってきますが、背中を押してあげましょう。

恋愛相手 今年は盛り上がる恋ができる相手。お互いに忙しくバタバタしそうですが、好きな気持ちがあるなら恋愛や人生の相談をしてみて。一気に距離が縮み、勢いで年末に入籍するなどということもあるでしょう。 **仕事相手** この相手のおかげでやる気になれたり、次に進むきっかけやチャンスを作ってもらえそう。あなたのキャラクターを楽しく認めてくれるでしょう。相手が上司なら、全力で応援とサポートをしましょう。部下ならチャレンジできるようにきっかけを作りましょう。 **今年はじめて出会った人** お互いにいいタイミングの出会いになるので、簡単には切れない縁になりそう。距離が空いても相手から連絡が来ることがあるでしょう。あなたのマイペースに相手はさみしい思いをすることも多いので、あなたから遊びに誘いましょう。

▶ 銀の鳳凰座との相性

あなたとは大きく異なりどっしり構えるタイプですが、今年は一緒にいることでお互いにいい影響を与えられそう。忙しい年なので関わりが減りそうですが、以前からの知り合いなら、時間を作って会ったり、話をすると良いでしょう。いい緊張感が持てて、勉強になる相手だと会うたびに思えそうです。 **恋愛相手** 相手の頑固さや、ルールを絶対に変えない生き方を理解できればいい関係になれる年。特に以前からの知り合いや友達なら、交際に発展する可能性は高いでしょう。相手に合わせるのが面倒だと思ってしまうと距離が空きそうです。 **仕事相手** 一緒に仕事をすることでいい勉強になりそうな緊張感のある相手ですが、学べることも多いので、仕事に対する考え方を学びましょう。相手が上司の場合は、言葉が少なく、厳しく聞こえますが、期待には全力で応えましょう。部下なら対話を大切にしましょう。 **今年はじめて出会った人** 一緒にいることで今後の人生が大きく変わるきっかけになる相手。信念の強さや頑固なこだわりが、あなたにとっていい刺激になりそうです。不思議と切れない縁になるので、疎遠になる時期があっても数年後に再会して仲良く話せそう。

▶ 金のインディアン座との相性

相手は陽気なタイプで人生を楽しんでいる年なので、近くにいるだけで元気になれて楽しく話ができそう。ただし、相手のドジに振り回されてしまうことがあるので、確認や最終チェックはあなたの仕事だと思っておくといいかも。2人でドジなミスをして笑い話になることも多い1年になりそうです。　恋愛相手　マメに連絡をくれて、デートでもリードしてくれる頼もしい人と思っていたら、実際はアホなところがいろいろあって突っ込みどころの多い人だとわかりそう。ノリが合うので勢いで付き合ったり深い関係になりそうです。　仕事相手　あなたの仕事運は最高にいい年ですが、相手は肩の力を抜きすぎて、なんとなくやる気が出ない年。無理に仕事を押しつけないで、様子を見ておくと良いでしょう。相手が上司でも部下でも、仕事よりもプライベートな付き合いを楽しんでみると仕事がやりやすくなるでしょう。　今年はじめて出会った人　最高の友達になれる相手。良くも悪くも語り合う機会が増えて、飲み明かす日も増えそうです。少し距離が空いても、数年後でも自然と話せてお互いに楽な距離感で過ごせる2人になるでしょう。面白そうな情報はマメに伝えてみると良いでしょう。

▶ 金の羅針盤座との相性

楽しいことが始まる年のあなたと、最後の試練の年の相手では同じテンションになるわけがなく、特に相手は心身共に疲れていて悩んでいる時期でもあるので、前向きな言葉で応援をすると良いでしょう。笑える話をして、悩みや不安を吹き飛ばしてあげると感謝されるでしょう。　恋愛相手　交際を考えるよりも、一緒にリラックスできる時間を過ごしておくのがいい時期。相手はあなたの話をしっかり聞いてくれるので、ついつい話が膨らんでしまうことも多そうですが、相手に疲れが見えた時には短時間で切り上げるようにしましょう。　仕事相手　あなたのペースを期待すると、相手には苦しい仕事になってしまいそう。自分と相手は違うということを忘れないで、ゆっくりのペースも大事だと思うようにしましょう。相手が上司の場合は、指示を待たないで積極的に仕事に取り組んで。部下なら、リラックスできるよう話しかけましょう。　今年はじめて出会った人　今年の出会いだとパッとしない印象かもしれませんが、2024年や2026年になってから縁がつながり仲良くなれるような人。相手はあなたと一緒にいるとポジティブになれて人生が大きく変わるので、いい影響を与えましょう。

▶ 銀のインディアン座との相性

同じ運気の相手なので、お互いの魅力や才能を開花させられるでしょう。一緒にいるとお互いが輝いてくるので、今年はマメに連絡をしてなるべく会っておきましょう。お互いに気を使いすぎるところがあるので、あなたから少し図々しく誘ってみること。遠慮しないほうが喜ぶ人だと思っておきましょう。　恋愛相手　最高の恋の相手。一緒にいるととても楽で、自然体でいられるでしょう。ただ、お互い様子を見すぎてしまうところがあるので、気になる人にはマメに会って好意を伝えると進展が早いでしょう。相手をほめて自信をつけてあげるといいかも。　仕事相手　お互いに仕事でチャンスに恵まれる年。どんな仕事でも立場でも、遠慮しないで勢いで突き進むといい結果につながり、人生が大きく変わるきっかけをつかめそう。相手が上司なら、友達だと思えるくらい話をしてみましょう。部下なら、才能を見抜いてあげましょう。　今年はじめて出会った人　切っても切れない深い縁になる相手。お互いのペースを乱すことがない距離感で長い付き合いになりそう。この相手と出会えただけでも運気の流れがいい証だと思って大事にしましょう。本音を語れる相手にもなりそうです。

▶ 銀の羅針盤座との相性

特に刺激も感じず、出会った時にピンとくるようなこともありませんが、相手は今年あなたの影響を受けて人生を大きく変えることになります。前向きな話をしたり、長所を素直にほめてあげると、相手が行動するきっかけになりそうです。あなたの雑な部分をうまくカバーしてくれることもあるでしょう。　恋愛相手　好みのタイプとは少し違う場合が多いですが、この相手を大切にして交際をしてみると、あなたをうまくサポートしてくれるでしょう。少しでも気になる人がいるなら、誘って押してみるとトントン拍子に交際できて、勢いでの結婚までありそうです。　仕事相手　丁寧な仕事をする人なので、あなたの欠点をうまくフォローしてくれそう。仕事相手というよりも友達だと思って接してみると、楽しく仕事ができそうです。相手が上司の場合は、細部までこだわって仕事をしましょう。部下の場合は、仕事の面白さを伝えてみて。　今年はじめて出会った人　薄く長く続くようなタイミングで出会っているので、思い出した時に連絡をしてみると良いでしょう。派手な盛り上がりがなく、仕事でのつながりがなくても、不思議と付き合いを続けることが苦にならない相手になりそうです。

開運のつぶやき ▶ 「自分には欠点や弱点がある」と思って精進する人に運は味方する。

銀のインディアン座 運気カレンダー

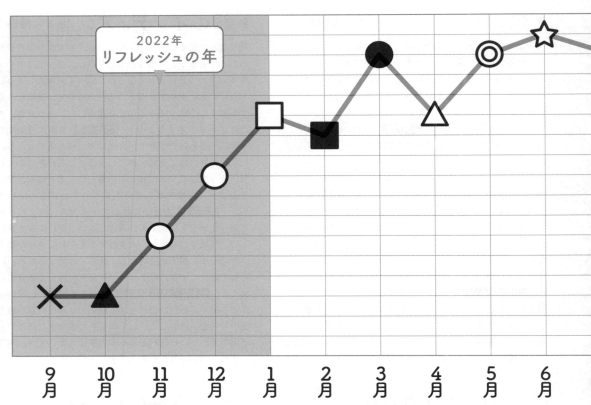

2022年
リフレッシュの年

| 9月 裏運気の月 | 10月 整理の月 | 11月 チャレンジの月 | 12月 チャレンジの月 | 1月 健康管理の月 | 2月 リフレッシュの月 | 3月 解放の月 | 4月 準備の月 | 5月 幸運の月 | 6月 開運の月 |

□ この月の行動次第で、4月以降の運気に差がつきそう

■ 忙しくなる来月に備えて

● 少し力をセーブしていい運気

● 運気の流れが変わる月 前向きに現実を受け止めて

△ 遊び心が高まる時期 肩の力の抜き過ぎには注意

◎ 能力が評価される月 今ある力を出し切って

☆ 最高の運気! 何事も積極的に行動して

※このページの記号の説明は、「月の運気」を示しています。P.177の「年の運気の概要」とは若干異なります。

毎月の運気がどう変わっていくかチェック！
2023年の過ごし方の参考にしてください。

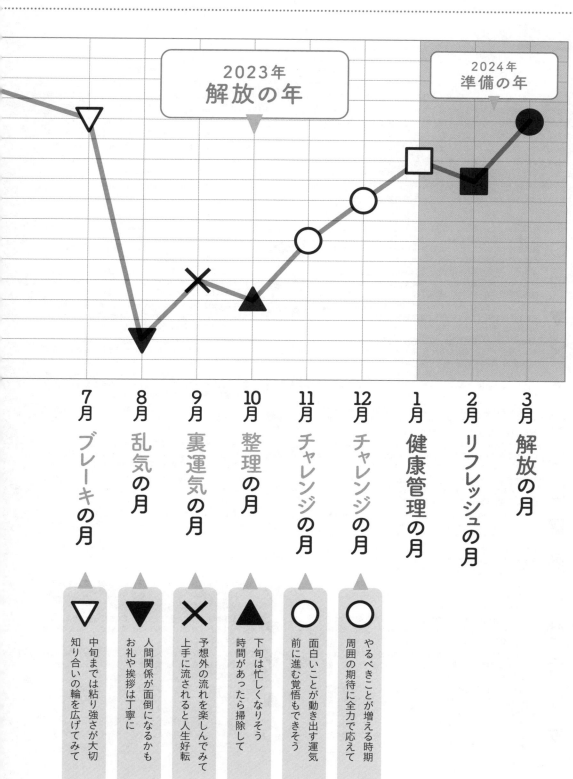

2023年
解放の年

2024年
準備の年

7月　ブレーキの月

8月　乱気の月

9月　裏運気の月

10月　整理の月

11月　チャレンジの月

12月　チャレンジの月

1月　健康管理の月

2月　リフレッシュの月

3月　解放の月

▽ 中旬までは粘り強さが大切
知り合いの輪を広げてみて

▼ 人間関係が面倒になるかも
お礼や挨拶は丁寧に

✕ 予想外の流れを楽しんでみて
上手に流されると人生好転

▲ 下旬は忙しくなりそう
時間があったら掃除して

◯ 面白いことが動き出す運気
前に進む覚悟もできそう

◯ やるべきことが増える時期
周囲の期待に全力で応えて

11月
2022

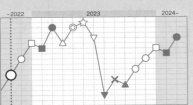

○ チャレンジの月

総合運

視野が広がりやる気になりはじめる時期。先月までのモヤモヤした気持ちがウソのように消えて前向きになったり、やるべきことが増えて悩んだり妄想している時間がなくなるでしょう。おもしろい人に会える時期なので、人の集まりに積極的に参加しましょう。先輩や後輩を集めて飲み会や食事会を開くのもいいでしょう。健康運は、今月から定期的な運動を始めたり基礎体力作りを始めるといいので、スクワットや腹筋などをしましょう。

恋愛＆結婚運

新しい出会いや恋に進む時期。片思いの相手を追いかけるだけでなく、新しく出会う人に注目すると素敵な人に会えるかも。他の人を見ることで、片思いの人が逆に好意を寄せてくれる場合も。出会いの場所には必ず顔を出しましょう。長い間恋人がいない人は思いきってイメチェンを。年齢に合う服装を心がけたり、部下や後輩と仲良くなりましょう。結婚運は、前向きな気持ちになれそう。

仕事＆金運

新しい仕事をまかされたり、やる気になれる時期。求められたことを引き受けたり、苦手なことに挑戦しましょう。些細なことでも本気で取り組むと、後の流れを大きく変えられたり評価してもらえます。いい仲間もできやすいので、仕事以外での付き合いも楽しんで。金運は、買い替えにいい時期。古くなったものは最新のものにしましょう。投資の情報を集めて少額でもスタートさせるといいでしょう。

1 火	○	大雑把な目標を決めてなんとなく動き出すといい日。しっかり目標を決めないで、間違っていたら軌道修正したり、いろいろ試すくらいの気持ちで気楽に取り組んでみて。
2 水	▽	日中は、実力をうまく発揮できたり、いい結果を出せそう。自分でも手応えがある仕事ができそうです。夕方あたりから、臨機応変な対応が必要になりそう。
3 木	▼	適当に会話するのはいいですが、余計な一言やできない約束をして信用を失ってしまいそう。言葉を選んだり、できないことは簡単に言わないように気をつけましょう。
4 金	×	変なプレッシャーを感じたり、能力を発揮できない環境になりそう。苦手な人と一緒になったり、監視されて仕事がやりにくくなりそう。今日は無事に終えることだけ考えて。
5 土	▲	部屋の掃除をしたり身の回りを片づけるといい日なので、きれいにする場所を決めておきましょう。集中力が途切れたときは、外出をしたり気分転換をするといいでしょう。
6 日	○	気になる場所に行くといい日。「どんな場所だろう」と思ったところに行ってみましょう。遠くで無理な場合は、計画を立ててみて。新装開店のお店に行くといい出会いがありそう。
7 月	○	気づいたことをどんどんやるといい日。出しゃばりと思われてもいいので積極的に行動したり目立ってみると、学べることが増えるでしょう。いい出会いのきっかけもつかめそう。
8 火	□	自分で納得して仕事をするようにしましょう。評価や比べられることを気にしないようにするといい仕事ができます。夜は、早めに帰宅して湯船にしっかり浸かるようにして。
9 水	■	思ったよりもストレスがたまっていることに気づいたり、疲れを感じそう。気分転換をしたり軽く体を動かすといいでしょう。ストレッチや筋トレをして汗を流すとすっきりするでしょう。
10 木	●	リラックスして仕事ができて、いい結果やうれしい流れになりそう。会議では自分の意見を言ってみて。生意気なことを言っても、素直な言葉なら周囲が動いてくれそうです。
11 金	△	少しくらい恥ずかしい思いをしたほうが、不要なプライドが捨てられるもの。わからないことは素直に教えてもらいましょう。小さな恥が人生を大きく変えていくでしょう。
12 土	◎	久しぶりに会う人と楽しい時間を過ごせそう。男女関係なく話したり楽しい人に連絡して、飲み会を主催しましょう。急な誘いでもあなたのために集まってくれる人がいるでしょう。
13 日	☆	買い物をするにはいい日。古くなったものを買い替えてみましょう。仕事道具を買い替えてもいいので見に行ってみて。髪を切るにもいい日です。
14 月	▽	午前中から頭の回転がよく、いい判断ができそう。勘を信じて思いきって行動するといいでしょう。ランチの後は眠気に襲われたり、テンションの下がる出来事が起きそう。
15 火	▼	余計なことを考えている間に時間だけが経ってしまいそう。わからないことは素直に聞くことが大切。自分勝手な判断は迷惑をかけたりトラブルの原因になるので気をつけて。
16 水	×	自分の弱点や欠点をしっかり理解することが大切な日。負けるケンカや余計な勝負はしないように。負けを認めたり、サポート役に徹するようにするといいでしょう。
17 木	▲	うまくやっている人を観察してマネするのはいいですが、同じことができないからとがっかりしないで、学ぶ気持ちを忘れないようにしましょう。勝手に諦めたりヘコまないように。
18 金	○	技や手持ちのカードを増やすつもりで、新たなことに挑戦してみましょう。すぐに身につかなくても、経験しておくことが人生にとって大切になるでしょう。
19 土	○	新しい出会いを求めて行動したり、変化を楽しんでみるといい日。普段なら行かないような場所に顔を出してみたり、好奇心の赴くままに行動してみるといい縁がつながりそうです。
20 日	□	自分の好きなことに時間を使うといい日。極めるくらいの気持ちで取り組んでみて。予定にない場合は、本音を語れる友人や親友に連絡して話をするといいでしょう。
21 月	■	起きるタイミングが悪かったり、朝ご飯を食べ損なって空腹で集中力が途切れてしまいそう。ランチ後は眠くなるので、思いきって仮眠をとると仕事に集中できそうです。
22 火	●	想定外の仕事の話が来たときは、余計なことを考えないで即OKするといい流れに乗れるでしょう。恋愛でも、今日連絡が来る異性とは交際に発展する可能性がありそう。
23 水	△	うっかりミスが多い日なので、確認をしっかりすること。妄想していると話を聞き逃してしまうので気をつけましょう。妄想は休憩時間や家に帰ってたっぷりしましょう。
24 木	◎	何か問題が起きても「これまでもなんとかなったから」と思って気楽に考えて。なんとかしてきたから今があることを忘れないで、勝手に焦らないように。
25 金	☆	仕事に真面目に取り組むといいですが、感謝の気持ちを忘れないで、目標にしっかり向かっているのか考えて仕事をしましょう。今日の頑張りは高く評価されるでしょう。
26 土	▽	気になる異性とランチデートするといい日。少し贅沢なお店を選んだり、以前から気になっていたお店を予約してみて。夜は、予定が急に変更になりそう。
27 日	▼	嫌な予感がするときは予定を変更してでも立ち止まりましょう。無理をすると不機嫌になる出来事に遭遇したり、ムダな時間を過ごすことになりそうです。
28 月	×	口論にまでならなくても、人間関係が面倒になったり、噛み合わない感じになりそう。挨拶やお礼や大人の対応をしっかりできるように心がけておきましょう。
29 火	▲	身の回りを整えてきれいにしておきましょう。散らかったままでは大切なものをなくしたり、探している時間で遅刻をしたり、信用を失う出来事があるかも。
30 水	○	おもしろそうな情報を入手したときは、試しにやってみて。思ったよりいい結果が出るかも。すぐにできる考え方の変え方や、言葉遣いの変え方を試してみるのもいいでしょう。

☆ 開運の日　◎ 幸運の日　● 解放の日　○ チャレンジの日
□ 健康管理の日　△ 準備の日　▽ ブレーキの日　■ リフレッシュの日
▲ 整理の日　× 裏運気の日　▼ 乱気の日　＝ 運気の影響がない日

12月 2022

○ チャレンジの月

開運 3ヵ条

1. 生活リズムや環境を変える
2. 人との出会いを大切にする
3. 新しいことに挑戦をする

総合運

やるべきことが増えて前向きに挑戦できる月。いい人脈も広がるので、新しい人には積極的に会いましょう。生活リズムや環境を変えるにもいい時期なので、長年同じところに住んでいていい結果に恵まれない人は引っ越しや模様替えを。普段避けてきた世界に飛び込むといい勉強になるかも。健康運は、予定を詰め込んでいるときほどしっかり睡眠をとりましょう。毎日続けられる程度の筋トレやストレッチをするといいでしょう。

恋愛＆結婚運

運命的な出会いがあったり、長い付き合いになる人に会える時期。後輩や部下、仲良くしている人から誘いがあったら、少しでも顔を出しましょう。気になる人に会えそうですが、数ヵ月後に縁が深まる可能性があるので、いい種まきだと思っていろいろな場所に行きましょう。気になる相手にはこれまでと違うアプローチが効果的。結婚運は、交際期間の長いカップルは今月進展があるので前向きな話を。

仕事＆金運

実力以上の仕事をまかされて予想外に忙しくなる時期。少し無茶をしてもいいですが、休むことも仕事だと思って。特に新しいことに一生懸命になると、大きな流れに乗れたり驚くような人脈を作れそう。少し図々しいくらいのほうがいい結果を出せるでしょう。金運は、新しいお店での買い物にいいタイミング。環境を変えるためにお金を使うのもいいでしょう。交際費もケチらないように。

1 木	○	挑戦を楽しむことでチャンスをつかめる日。些細なことでいいので、普段とは違う方法を試したり、突っ込まれてもいいのでみんなが喜ぶことをやってみましょう。
2 金	□	相手のいい思い出になれるような仕事をしたり、笑顔にするためにどうすればいいのか考えて行動するといい日。夜は疲れやすくなるので付き合いは避けて早めに帰宅して。
3 土	■	しっかり体を休ませるといい日。昼寝をしたり、のんびりする時間を作りましょう。急に重たいものを持つと腰を痛めてしまう場合もあるので気をつけましょう。
4 日	●	友人や知人から突然遊びの誘いがありそう。予定を変更してでも人に会ってみるといい話やいい縁がつながるかも。相性のいい人を紹介してもらえることもあるでしょう。
5 月	△	寝坊や遅刻やうっかりの操作ミスなどをしやすい日。今日はいつもよりも丁寧に行動するようにして、確認作業をしっかり行うようにしましょう。
6 火	◎	経験を上手に活かすことがいいアイデアにつながります。遠慮しないで考えを伝えてみましょう。偶然の出会いからいい縁もつながるので、思い出した人に連絡してみて。
7 水	☆	思いきった行動をするといい日。運が味方してくれるので、堂々と仕事に取り組んだり、思いきった挑戦をしてみて。恋でもいい印象を与えられるので押しが肝心です。
8 木	▽	午前中から頭の回転がよく、いい判断ができて仕事がはかどりそう。勢いまかせに行動してもいい結果につながりそうです。夜は、年上の人に振り回されることが起きそう。
9 金	▼	あなたを利用しようとする人が現れる日。利用される価値があるのはいいことですが、相手の得だけのために使われないように。人との距離感を間違えないようにしましょう。
10 土	×	余計な一言を言ったり、口が滑って秘密や大事な話をしてしまいそう。今日は聞き役に徹して、言いたいことがあってもグッと我慢する練習をするといいと思っておきましょう。
11 日	▲	部屋の大掃除や片づけをするにはいい日。使いかけのものや置きっぱなしのもの、賞味期限の切れた調味料などを一気に処分しましょう。着ない服も片づけましょう。
12 月	○	やる気が起きないときほど目の前の単純な仕事から手をつけると、自然とやる気になれます。だらだらするといい仕事につながらないので、気づいたことから手をつけてみて。
13 火	○	行動力がいい結果を生んでくれそうな日。待っていても時間がかかるだけなので、気になったことには挑戦してみて。いい出会いにもつながるでしょう。
14 水	□	マナーやルールをしっかり守ってみるといい日。きっちり過ごすことでいいリズムで生活ができるようになりそうです。悪習慣をやめるきっかけにもなりそうです。
15 木	■	疲れを感じそうな日。無理をしないでマメに休むようにしたり、早めに帰宅してのんびりしましょう。体調に異変を感じるなら早めに病院に行って検査をしてもらって。
16 金	●	異性から遊びに誘われたり、素敵な人を紹介してもらえそう。仕事でも求められることが増えて満足できそうなので、今日は些細なことでも積極的に取り組んでみて。
17 土	△	遊びに出かけるといい日ですが、調子に乗りすぎて転んだり、足首をひねってしまうことがあるので気をつけて。ドジな忘れ物もしやすいので要注意です。
18 日	◎	親友と縁のある日。珍しい人からメッセージが届いたら勢いで遊びに誘ってみて。外出先でもしばらく会っていない人と会いそう。縁を大切にするといいことにつながりそう。
19 月	☆	仕事運がいい日。実力を発揮でき、運を味方につけられるでしょう。驚くようなチャンスが巡ってきたり、今後を左右するような大事な話を聞くことができそうです。
20 火	▽	午前中は、些細なことでも積極的に行動するといい日。やる気のある感じがいい結果につながりそうになるでしょう。挨拶やお礼はいつも以上にしっかりしておきましょう。
21 水	▼	うまくいかないことがあったら、自分がどうするべきだったのか考える必要があるでしょう。他人や時代などのせいにしないようにしましょう。問題解決のために知恵を絞りましょう。
22 木	×	大人に振り回されてしまう日。自分では理解できない状況や理不尽なことを言われてしまうことがあります。ここは忍耐強く我慢をしたり、上手に受け流すようにしましょう。
23 金	▲	大事なものをなくしてしまったり、約束をすっかり忘れて迷惑をかけてしまうことがあるので気をつけましょう。確認忘れもあるのできっちり確認するようにして。
24 土	○	例年とは違うクリスマスイブを過ごせそうな日。相手を喜ばせるように工夫をしたり、いい思い出作りをしようと努めてみるといい1日になるでしょう。
25 日	○	少し遠出してもいいので、気になる場所に行くといい日。クリスマスのイベントやライブ、イルミネーションに感動できそう。行動力の大切さにも気づけそうです。
26 月	□	年末年始の計画を立てていない人は、なんとなくでもいいのでやりたいことや行きたい場所を探してみましょう。今夜は不要な夜更かしで体調を崩しやすいので気をつけて。
27 火	■	今月の頑張りが疲れとして出そうな日。口内炎になったり、肌の調子も悪くなりそう。無理をしないで健康的な食事や生活を心がけるといいでしょう。
28 水	●	異性との関係が進展しやすい日。相手からの連絡を待っていないで食事やデートに誘ってみて。仲間を集めて忘年会を行うにもいい運気です。
29 木	△	大掃除をするのはいいですが、間違って大事なものを壊したり、食器を割ってしまうことがあるので気をつけて。誘惑に負けてだらだら過ごすこともあるので気をつけましょう。
30 金	◎	身の回りを片づけるとなくしたと思っていたものが出てきたり、思い出の品を見つけられそう。懐かしい音楽を聴きながら掃除をすると思った以上にはかどるでしょう。
31 土	☆	買い物に出かけるにはいい日。超お得なものを買えたり、割引してもらえることもあるでしょう。服や靴、カバンなどを買いに出かけてみましょう。

開運のつぶやき 「こっちの道がダメならあっちの道」と切り替えられる人のほうが運が良いことが多い。

2023 1月

□ 健康管理の月

開運 3ヵ条

1. 「今月の頑張りが運命を変える」と思って行動する
2. 好きな人には好意を伝える
3. 自信のあることには思い切って動く

総合運 この月の行動次第で、4月以降の運気に差がつきそう

少しでも自信がある物事には、思い切って挑戦することが大切な月。この時期の行動次第で、5月以降の運気に大きく差がついたり、運命が大幅に変わる可能性があります。新しい出会いも大切にしたほうがいい期間なので、遠慮せずに、いろいろな人に会って話をしてみましょう。自分の得意なことや、夢や希望について真剣に語ってみると、いいアドバイスや大事な情報を教えてもらえることがあるでしょう。

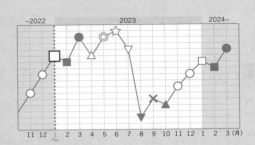

恋愛＆結婚運

好きな人に気持ちを伝えるのはいいですが、すぐに答えを聞こうとしては相手も困ってしまいます。まずは遠回しに告白してみたり、さりげなく好意を伝えて、相手に考える時間を与えるといいでしょう。これがきっかけで関係が一歩前に進められたなら、5月か6月くらいに交際に発展する可能性があります。それまではマメに会ったり、気楽に話せる関係をつくっておくといいでしょう。結婚運は、真剣に話をすることで進展しやすくなる時期です。

仕事運

自分の得意な仕事はしっかりアピールし、ほかの人に遠慮しないで積極的に取り組んでみましょう。「でしゃばっている」と思われるくらいのほうが、むしろいい評価や結果につながる場合があります。自信をもって行動し、与えられた仕事に全力をつくすといいでしょう。また、やりたい仕事があるなら周囲に話しておくと、導いてくれる人や縁をつないでくれる人がのちに現れる可能性が高くなるでしょう。

金運＆買い物運

急に収入がアップするような時期ではありませんが、今月の頑張りがのちの金運を大きく変えることになるので、仕事には一生懸命取り組むといいでしょう。また、お金の活かし方を学んで、今月から少額でもいいので投資をはじめておくと、のちに笑顔になれるときがきそうです。買い物運もいい時期なので、運気のいい日には買い物に出かけてみるといいでしょう。仕事に役立ちそうなものを優先して購入するのがオススメです。

美容＆健康運

今月から定期的な運動をはじめたり、美意識を高めておくことが大切です。ダイエットや基礎体力づくりをスタートさせると、思った以上にいい結果につながりそう。スクワットや腕立て伏せ、ストレッチなど、朝と晩に家でできるくらいの軽い運動から取り組んでみるといいでしょう。イメチェンをするのもオススメです。美容室を変えてみたり、年齢に見合った雰囲気を意識してみましょう。新しい化粧水やコスメなどを試すにもいいタイミングです。

1 日	▽	日中は、楽しく過ごせたりゆっくり時間を使えるでしょう。ただし、夕方あたりからは予定が乱れやすく、強引な人に誘われてしまうこともありそうです。
2 月	▼	他人に期待しているとガッカリするハメになりそう。家族や周囲に甘えないで、自分のことはすべて自分でするようにしましょう。日ごろ当たり前だと思っていることへの感謝も忘れないように。
3 火	✕	強引な人に予定を乱されたり、誘惑に負けてしまいそうな日。言い訳をしないで、自分の意思をもってしっかり判断するようにしましょう。
4 水	▲	嫌なことは「嫌です」とハッキリ断ることが大切な日。なんとなく流されたり相手や周囲に合わせてみるのもいいですが、今日は、自分の気持ちにもっと素直になって行動するといいでしょう。
5 木	○	ふだんとは違う生活リズムを楽しんでみるといい日。好奇心の赴くままに行動してみたり、気になるお店に入ってみると、いい発見やおもしろい出会いがありそうです。
6 金	○	直感が冴える日。気になった新商品を購入してみると、それが新たなお気に入りになったり、話のネタとして使えそうです。コンビニやスーパーに足を運んで、探してみましょう。
7 土	□	発言には注意が必要な日。なんとなく適当に言ったことを相手はしっかり覚えていて、のちに気まずい感じになってしまうかも。今日はあいまいな返事も控えるようにしましょう。
8 日	■	些細なことでイライラするときは、疲れている証拠。昼寝をしたり、ゆっくりお茶を飲んだり、好きな音楽を聴く時間をつくるようにしましょう。「短気は損をするだけ」と覚えておくこと。
9 月	●	運を味方につけられる最高の日。好きな人に好意を伝えてみたり、デートに誘ってみましょう。仕事には自信をもって取り組むと、高く評価されたり、いい結果につながりそうです。
10 火	△	雑な行動をする癖が出てしまいそうな日。忘れ物や遅刻をしたり、時間や数字の確認が甘くなってしまうかも。あとで恥ずかしい思いをすることになるので、気を引き締めておきましょう。
11 水	◎	やる気が出て、些細なことにも積極的になれる日。情熱に火がつく感じになるので、気になったことにはドンドン取り組み、全力をつくしてみるといいでしょう。
12 木	☆	今後の運命を変えるような体験や経験、素敵な出会いがありそうです。たとえマイナスな出来事があっても、結果的にプラスに変わり、「大切な日」となるので、今日は遠慮しないで行動しましょう。
13 金	▽	尊敬する人や年上の人に相談してみるといい日。思った以上にいい話が聞けたり、前向きな気持ちになれそうです。夕方以降は予定が乱れやすいので、用事は早めに片付けておきましょう。
14 土	▼	ドジが重なりそうな日。約束をすっかり忘れてしまったり、失言や失敗をして、楽しい雰囲気を壊してしまうことがあるので気をつけること。今日は、品よく、ていねいな行動を心がけましょう。
15 日	✕	何かと裏目に出やすい運気ですが、臆病にはならないで。今日は、「振り回されたり、知り合いの愚痴を聞く日」だと思って、友人に会ってみるといいでしょう。いい勉強になることがありそうです。
16 月	▲	時間と数字はしっかり確認したほうがいい日。ゆとりをもって行動しておくと、大きな問題は避けられそうです。忘れ物や失くし物もしやすいので気をつけましょう。
17 火	○	仕事に対して疑問があるなら、上司や先輩に話してみることが大事。希望通りにはいかなくても、状況が少し変わるきっかけになりそうです。
18 水	○	ふだんなら深い話をしない人と、思い切って語ってみるといい日。自分とは違う考え方や発想に触れられて、いい勉強になりそうです。敬意をもって、いろいろな人と接してみるといいでしょう。
19 木	□	流れに身を任せるのはいいですが、「イエス」と「ノー」はハッキリ言うようにしましょう。とくに嫌なことはしっかり伝えておかないと、あとで苦しい思いをすることになりそうです。
20 金	■	自分で思っている以上に、心身ともに疲れがたまっているかも。仕事のペースを落としたり、休憩時間に仮眠をとったり、目を閉じる時間をつくってみましょう。頭と目がスッキリしそうです。
21 土	●	好意を少し感じている相手や仲よくしてくれる人がいるなら、連絡をして食事やデートを楽しんでみるといいでしょう。突然の誘いでもOKしてもらえることがあるでしょう。
22 日	△	今日は、しっかり遊ぶといい日。気になる場所に行ってみたり、友人と深く語ってみるのもいいでしょう。何気ない時間が、人生を豊かにさせてくれることを実感できそうです。
23 月	◎	初心を思い出すといい日。仕事に対しやる気があふれていたころを振り返ってみましょう。自分でも思った以上に情熱に火がついて、再びやる気がわいてきそうです。
24 火	☆	あなたに協力してくれる人や、実力や能力を評価してくれる人に会える日。与えられた仕事には、一生懸命取り組んでおくことが大切です。気になっていることがあれば、相談してみるといいでしょう。
25 水	▽	意外なことが見えてきそうな日。厳しいと思っていた上司のやさしさを感じられたり、自分の力不足がゆえの指導だったことにも気づけるでしょう。見守ってくれたことへの感謝を忘れないようにしましょう。
26 木	▼	ゆとりがあると思って予定を詰め込んでいると、予想以上に忙しくなったり、周囲に迷惑をかけてしまうことがありそう。軽はずみな発言にも要注意。
27 金	✕	予定通りに進まない日。相手に振り回されたり、面倒な感じになってしまいそう。一度冷静になって、ゆっくりでいいので、いまできることを進めるようにしましょう。
28 土	▲	身の回りをきれいに整理整頓したり、掃除をするといい日。しばらく使っていないものや着ていない服があるなら、処分するか片付けるようにしましょう。
29 日	○	フットワークを軽くしてみることで、楽しい日になりそう。急な誘いでも即OKしたり、知り合いの集まりには積極的に参加してみるといいでしょう。
30 月	○	明るく笑顔でいることを心がけると、いい1日を過ごせるでしょう。あなたの笑顔が周囲の人を元気にしたり、前向きな気持ちにさせることがありそう。
31 火	□	今日約束したことは、のちに大きく影響してくるので、しっかりメモをとっておくこと。軽はずみなことは言わないほうがいいでしょう。今日、好きな人に連絡しておくと、のちにいい関係に進むこともありそうです。

☆ 開運の日　◎ 幸運の日　● 解放の日　○ チャレンジの日　□ 健康管理の日　△ 準備の日　▽ ブレーキの日
■ リフレッシュの日　▲ 整理の日　✕ 裏運気の日　▼ 乱気の日　＝ 運気の影響がない日

2月 2023

■ リフレッシュの月

開運 3カ条

1. 体をしっかり休ませる日をつくる
2. 睡眠を8時間以上とる
3. 大事な決断は来月に持ち越す

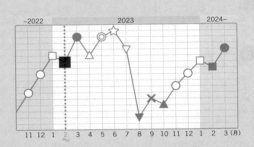

~2022　　　2023　　　2024~

11 12 1 2 3 4 5 6 7 8 9 10 11 12 1 2 3（月）

総合運
少し力をセーブしていい運気
忙しくなる来月に備えて

今月は、少し力をセーブしていい運気。来月から予想以上に忙しくなる流れに入るので、いまから頑張りすぎないようにしましょう。今月は、しっかり体を休ませて疲れをとり、ストレスを発散する時間をつくっておくこと。ただ、油断していると突然忙しくなったり、急な誘いにOKして疲れをため込んでしまうこともありそうです。運気がいい来月の「解放の月」を万全な体調で迎えるために、今月はその準備期間と思っておくといいでしょう。

恋愛&結婚運

予想外に仕事が忙しくなったり、興味のあることが増えてしまう時期なので、いつの間にか好きな人と遊ぶ時間がなくなっていたり、デートの予定を忘れてしまうことがありそうです。今月会えなくても、3月にデートや遊ぶ予定を入れられるようにしておくといいでしょう。できれば下旬に、美容室で髪を整えてもらうのがオススメです。結婚運は、忙しくて話を進められるような感じではなくなりそうです。来月に向けて準備をしておきましょう。

仕事運

あなたに仕事が集中しやすい時期。求められることをよろこぶのはいいですが、受け入れすぎて、体力的にキャパオーバーにならないよう気をつけましょう。体力に問題がなくても、精神的にヘトヘトになってしまう場合があります。しっかり休むことも仕事のうちだと思って、休みの日には予定を入れず、ゆっくりする日をつくっておきましょう。職場の付き合いも大切ですが、今月は顔を出すくらいにして、サッと帰るようにするといいでしょう。

金運&買い物運

大きな買い物や欲しいものの購入は、来月がオススメです。どうしても必要なもの以外、買うのは少し待っておきましょう。契約や引っ越しなども、3月まで待ってから判断するほうがいいでしょう。疲れをとったり、リラックスするためにお金を使うにはいい月。マッサージや整体、タイ古式マッサージ、ヘッドスパやエステなどに行ってみるとよさそうです。金運は、投資や資産運用を気にしすぎるとストレスになるので、あまり考えすぎないように。

美容&健康運

疲れを感じる前に、しっかりケアするようにしましょう。湯船にゆっくり浸かったり、睡眠を8時間以上とれるよう、生活習慣を整えることが大切です。健康的な食事も意識するようにしましょう。些細なことでイライラしてしまうときは、自分が思っている以上に疲労がたまっているサインです。肌の調子も悪くなりやすいので、白湯を飲んだり、ビタミン不足にならないよう気をつけましょう。

1 水	■	あなたを振り回す人と関わってしまいそうな日。相手を受け止めるのはいいですが、イラッとくるときは距離をおいたり、接する機会を減らす努力をしましょう。ホッとひと息つける時間もつくっておきましょう。
2 木	●	あなたに仕事が集中したり、周りから注目される流れになりそう。求められるのはいいことですが、頑張りすぎには注意しておきましょう。恋愛でもチャンスがめぐってきそうです。
3 金	△	勢いは出ますが、確認ミスをしたり、行動が雑になってしまいそうな日。数字や金額のチェックは怠らないようにしましょう。また、段差でつまずいたり、人とぶつかりやすいので、気をつけておくこと。
4 土	○	友人や知り合いと語ることで、気持ちが楽になる日。恥ずかしい話や懐かしい出来事を思い出して爆笑できそう。ストレス発散にもなっていいでしょう。
5 日	○	日用品や消耗品を購入するといい日。そろそろなくなりそうなものがないかチェックしてから、買い物に出かけるといいでしょう。ただし、余計なものまで勢いで買わないよう、気をつけること。
6 月	▽	満足できる結果が出たり、いい仕事ができたのは、支えてくれた人や成長を見守ってくれた人、ときに厳しく鍛えてくれた人のおかげだと思うこと。感謝の気持ちを忘れないようにしましょう。
7 火	▼	これまでサボっていた人やズルをしていた人には、厳しい1日になりそうです。欠点や弱点を突っ込まれてしまうことも。指摘は素直に受け入れて、自分の考え方や生き方を変えるきっかけにしましょう。
8 水	✕	油断しているとケガをしたり、体調を崩しやすい日。今日は無理をしないで、こまめに休んだり、早めに切り上げるようにしましょう。家でゆっくりする時間も確保するといいでしょう。
9 木	▲	挨拶は自分から先にすることが大切な日。気まずい人には、なおさら先に笑顔で挨拶するようにしましょう。相手を変えたいと思うなら、まずは自分が変わること。
10 金	=	真剣に仕事に取り組むことで、厳しい面やつらいことも出てきてしまいそう。何事も自分の成長につながると思って、前向きに動いてみるといいでしょう。
11 土	=	気晴らしに新作映画を観に行ったり、話題のお店やスポットに出かけてみるといいでしょう。予想以上に楽しい発見があったり、いい時間を過ごすことができそうです。
12 日	□	今日は、疲労をためないように意識して過ごしましょう。温泉やスパでのんびりするなど、リラックスタイムをつくるのもオススメ。本を読んだり、ボーッとする時間も大切です。
13 月	■	昨日の疲れが残ってしまいそうな日。寝不足だったり、起きるタイミングが悪かったりして、不機嫌な感じが出てしまうことも。軽く屈伸やストレッチをしてから、仕事をするようにしましょう。
14 火	●	重要な仕事を任されて、気合の入る1日になりそう。思った以上にやりがいを感じられることもあるでしょう。仕事を頑張るのはいいですが、バレンタインも忘れずに。少しでも気になる人には、チョコを渡しておくといいでしょう。
15 水	△	マイペースに仕事を進めれられるタイプですが、無理していないと思っていても注意が必要。今日は、疲れからミスをしたり、集中力が欠けやすいので、ていねいに過ごすことを意識しておきましょう。
16 木	○	経験を活かすにはいい日。トラブルにうまく対応できたり、問題が起きる前に回避することもできそう。自分の成長を実感できる場面もあるでしょう。
17 金	○	仕事運がいい日。出費が増えてしまう場合もありそうですが、ケチケチしているといい縁につながらないので、付き合いは大切にしましょう。たまには後輩や部下にご馳走をすると、いい関係をつくれそうです。
18 土	▽	ランチデートなど、日中は楽しい時間を過ごせそう。ついテンションが上がりすぎてしまうこともありそうです。夕方以降は、ダラダラしすぎて逆に疲れてしまうかも。
19 日	▼	明日のためにしっかり休んで、日ごろの疲れをとるようにしましょう。のんびりするのもいいですが、軽く体を動かして、ランチのあとに昼寝をする時間をつくってみると、体がスッキリしそうです。
20 月	✕	予想外の出来事が多くなりそうな日。落ち着いて冷静に判断すれば、クリアできそうです。大人な対応を心がけて、相手や周囲、全体のことをよく考えて判断するようにしましょう。
21 火	▲	お気に入りの食器を割ってしまったり、アクセサリーを落として失くしてしまうことがあるかも。大事なものが壊れたら、「自分の身代わりになってくれたんだ」と思って諦めるようにするといいでしょう。
22 水	=	これまでにない発見が多くなりそうな日。ふだん関わりの少ない人と話してみると、イメージが変わったり、楽しい時間をすごせそうです。いつもより視野を広げてみるといいでしょう。
23 木	=	勘を信じて行動するといい日。とくに、「新しい」と思えることがあったら、少し挑戦してみるといいでしょう。ただし、体に負担がかかりすぎることは避けておきましょう。
24 金	□	語るのはいいですが、年をとるにつれて、しつこくクドくなってしまうところがあるので気をつけて。熱くなっても、相手の話をうまく聞いたり、質問上手を目指してみるといいでしょう。
25 土	■	急に疲れを感じたり、体調を崩してしまいそうな日。風邪っぽいと思ったら早めに病院に行きましょう。元気な人も、今日は無理せず、のんびり過ごしましょう。
26 日	●	異性から突然連絡がきて、遊ぶことになりそうな日。勢いで交際をスタートできたり、「脈アリ」の雰囲気をつかめそう。あなたから気になる人に連絡をするにもいい日です。
27 月	△	油断しているとドジな1日になってしまいそう。忘れ物やうっかりミスには注意しましょう。相手の話を最後まで聞かないと失敗してしまう場合があるので、気をつけて。
28 火	◎	余計なことを思い出して、イライラしたりガッカリしないように。明るい未来を妄想して楽しんでみましょう。親友や知り合いのいい部分を見つけてほめてあげると、運気もアップしそうです。

☆ 開運の日　◎ 幸運の日　● 解放の日　○ チャレンジの日　□ 健康管理の日　△ 準備の日　▽ ブレーキの日
■ リフレッシュの日　▲ 整理の日　✕ 裏運気の日　▼ 乱気の日　= 運気の影響がない日

3月 2023

● 解放の月

開運 **3** カ条

1. 自信をもって行動する
2. 知り合いの異性にメッセージを送る
3. 何事にもプラス面を見つける

総合運 運気の流れが変わる月
前向きに現実を受け止めて

今月から、運気の流れや周囲の人のあなたに対する接し方が変わってきそうです。これまで誠実に生きてきたり、他人に感謝されるような行動をしてきた人ほど、うれしい出来事や大きなチャンスに恵まれるでしょう。「解放の年」の「解放の月」のため、能力や才能が開花しはじめますが、悪いことに力を注いでいた場合、悪事がバレることがありそうです。相性の悪い人とは縁が切れてしまうケースも。前向きに現実を受け止めるようにしましょう。

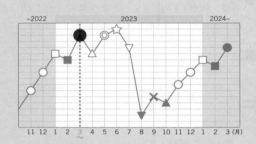

恋愛＆結婚運

好きな人に気持ちを伝えることで、交際に発展しやすい時期。告白やプロポーズをされることもありそうです。今年から仲よくなった人にもこまめに連絡するときっかけがつくれるでしょう。出会い運もいいので、飲み会や人の集まりには顔を出しておくことが大切です。連絡先を交換してそのままになっている人にも「お久しぶりです。お元気ですか？」などとメッセージを送ってみると、のちに交際に発展することも。結婚運は、入籍を決めるには最高の月です。

仕事運

重要な仕事を任されることや、あなたを信頼してくれる味方が集まる時期。重いフタが開いたように気持ちが楽になったり、苦手な人やプレッシャーからも解放されて、楽しく仕事ができるようになるでしょう。実力がアップしていることも実感できて、自信をもって仕事に取り組めそうです。あなたの意見が突然通りやすくなったり、後押ししてくれる人が現れることも。周囲の期待に応えるようにすることで、さらに大きなチャンスをつかめるでしょう。

金運＆買い物運

買い物をするには最高の運気。自分へのご褒美を買うのもいいでしょう。明るくおしゃれな雰囲気にイメチェンをしてみると、モテるようになったり周囲からの扱いも変わりそうです。幼稚なものは処分して、年齢に見合うものを持つといいでしょう。少し派手な服やアクセサリー、カバンや靴などを購入すると、出会い運や恋愛運がアップしそうです。資産運用を本格的にはじめるにもいいタイミングなので、気になっているものがあるなら投資してみましょう。

美容＆健康運

気持ちも体も楽になり、健康で楽しく過ごせる運気。ただし、これまで不摂生や不健康な生活をしていたり、昨年体調に異変を感じながらもそのままにしていた場合は、突然病気が発覚したり、体調を崩してしまうことがあるかもしれません。イメチェンや、美意識を高めるにはいいタイミング。ダイエットを兼ねた体力づくりや軽い筋トレ、定期的な運動をスタートさせると、理想のスタイルに近づけるでしょう。

1 水	☆	今月の運気のよさを感じられそうな日。遠慮しないで、何事にも積極的になりましょう。ケチケチせずに後輩や部下にご馳走すると、さらに運気の流れがよくなるでしょう。
2 木	▽	周囲の人のおかげで順調に物事が進みそう。ひとりの力だけではどうにもならないということを忘れずに、周りへの感謝の気持ちをしっかりもつようにしましょう。
3 金	▽	調子に乗りすぎて空回りしたり、恥ずかしい思いをしそうな日。今日は、周囲のことを優先して、落ち着いて行動するといいでしょう。謙虚な心もなくさないように。
4 土	×	外出先で忘れ物をしたり、アクシデントに遭いやすい日です。お気に入りの服を汚したり、スマホの画面を割ってしまうことがあるかも。不要な出費もしやすいので、気をつけておきましょう。
5 日	▲	掃除や部屋の片付けをするといい日。自分ではいらないと思うものでも、フリマアプリに出品してみると、思わぬ高値になることがあるかも。売れそうなものを探してみるといいでしょう。
6 月	◎	ダメ元でもいいので挑戦することが大切な日。「自分の意見は通らないだろう」と思っても、言葉を選んで伝えてみると聞き入れてもらえたり、もう一押しすることで契約が進んだりしそう。「試す気持ち」を忘れないようにしましょう。
7 火	◎	行動的になれる運気ですが、無謀な行動にも走りやすい日です。多少の失敗を気にするよりも、「動くこと」を優先してみるといいでしょう。素敵な出会いやおもしろい体験にもつながりそうです。
8 水	□	人からの善意ややさしさは受けたままにしないで、少しでも恩返しするといいでしょう。「相手のために何ができるか」を考えて、行動に移してみて。あなたの感謝の気持ちに、運が味方してくれるはずです。
9 木	■	疲れや睡眠不足を少し感じそうな日。休憩時間には、目を閉じて目の周りをマッサージしたり、仮眠をとるといいでしょう。小さなケガや切り傷を負いやすいので、今日はていねいに行動すること。
10 金	●	仕事でも恋愛でも注目を集められる日。職場では頼りにされたり、能力をうまく発揮できたりしそうです。少し気になっている人に連絡してみると、いいきっかけをつかめるでしょう。
11 土	△	楽しい1日を過ごせそう。とくに、恋の進展が期待できる日です。急でもかまわないので、気になる人を遊びに誘ってみるといいでしょう。あえて、恥ずかしくなるような自分のドジな一面を見せてみると、相手にいい印象を与えられるかも。
12 日	☆	知り合いとの縁を感じられる日。偶然、出先で会うこともあるので、話しかけてみるといい時間を過ごせそう。SNSにメッセージがきたときは、後日会ってみるといいでしょう。
13 月	☆	運命が大きく変わる可能性がある日。どんな些細なことでも真剣に取り組み、最善をつくしておくといいでしょう。自分のことばかりではなく、相手のことをもっと考えてみましょう。
14 火	▽	実力を評価されたり、長年続けてきたことが認められるようになる日。「これまでの頑張りはこの日のためにあったのか」と思うこともありそう。夜は、無理をしないでゆっくりする時間をつくりましょう。
15 水	▽	周囲から頼りにされるのはいいですが、安請け合いしていると苦しくなってしまうだけ。調子に乗って引き受けず、自分ができる範囲をしっかり見極めましょう。愛嬌がなくなってしまうこともあるので、笑顔を心がけておきましょう。
16 木	×	自分の足りない部分がわかる日。嫌なことを言われても、その言葉をそのまま受け止めないこと。自分のなかでポジティブに変換してみると、己の成長すべき点が見えてくるはずです。
17 金	▲	諦めをつけるにはいい日。嫌な人も「許したことにする」と割り切って接するといいでしょう。恋愛面でも、長い片思いや昔の恋に区切りをつけると、もっと素敵な人が現れるでしょう。
18 土	◎	知り合って何年もたっているけれど遊んだことのない人や、連絡先を交換したのにデートしていない人がいるなら、思い切って遊びに誘ってみるといいでしょう。
19 日	◎	はじめて行く場所で、楽しい体験や経験ができる日。興味あることが増えて、積極的に行動できるようになりそう。突然でもいいので、知り合いに連絡をして遊びに出かけてみるのもオススメです。
20 月	□	自分の気持ちにもっと素直になってみるといい日。ただし、「素直」と「ワガママ」は大きく違うので、意味を間違えないで。夜は、少し疲れやすくなるため、無理な残業をしたり、ダラダラ過ごさないようにしましょう。
21 火	■	精神的な疲れを感じたり、ストレスのたまる出来事が起きそうな日。気分転換をして、夜は楽しく話せる人を誘ってみるといいでしょう。ゆっくり湯船に浸かる時間をとることも忘れないように。
22 水	●	少し強引になってみるといい日。遠慮したり、一歩引いてしまうと、運気の流れが止まってしまいます。勢い任せでもいいので、勇気を出してみることで、恋も仕事もうまくいくようになるでしょう。
23 木	△	うっかりミスをしやすい日。ちょっとした忘れ物で済めばいいですが、余計な一言が原因で恥ずかしい思いをすることもありそう。今日は「上品さ」を意識して行動しましょう。
24 金	☆	実力を発揮できる最高の日。自分をもっと信じて、少しでも周囲の人に役立ちそうなことに力を注いでみましょう。自分でも気がつかなかった魅力や才能を認められることもありそうです。
25 土	☆	買い物をするには最高の日。家電や家具、高価なものの購入や、財布などの買い替えにも最適な日です。明るい感じの服や目立つものを手に入れると、運気がさらによくなるでしょう。
26 日	▽	ランチデートや日中の買い物にオススメの日。自分の勘を信じて行動してみると、さらにうれしい出来事が起こりそうです。夜は、些細なことでイライラしやすくなるので、早めに帰宅してのんびり過ごしましょう。
27 月	▽	少し疲れを感じたり、ミスが増えやすいので気をつけましょう。慣れた仕事でも気を引き締めておかないと、やり直しなどが発生して、無駄な時間を使うことになってしまいそうです。
28 火	×	意外な人と仲よくなれる日。「どんな人からも学べることがある」と思って、じっくり観察してみるといいでしょう。苦手な人ほどどこか自分と似ているもので、自分が気をつけるべき点を教えてくれるでしょう。
29 水	▲	身の回りを整理整頓して、こまめに掃除をするといい日。使ったものは元に戻すなど、「当たり前で当然のことを几帳面にやっておく」といいでしょう。片付けをすることで、気分もスッキリしそうです。
30 木	◎	視野が広がって、興味あることが増えそうな日。気になったことをいろいろ調べてみるといいですが、プラス面だけではなくマイナス面も見て、冷静に判断することが大切です。一方の意見に流されないように。
31 金	◎	素敵な出会いにつながりそうな日。仕事で、いい取引先や今後あなたが成長するために必要な人に会えたり、夕食に誘われた場所で運命的な出会いがあるかも。人との縁を大切にしておきましょう。

☆ 開運の日　◎ 幸運の日　● 解放の日　○ チャレンジの日　□ 健康管理の日　△ 準備の日　▽ ブレーキの日
■ リフレッシュの日　▲ 整理の日　× 裏運気の日　▼ 乱気の日　= 運気の影響がない日

4月

2023

△ 準備の月

開運 **3** ヵ条

1. しっかり遊んでしっかり仕事をする
2. 図々しくなってみる
3. 笑顔で挨拶をする

総合運　遊び心が高まる時期
肩の力の抜きすぎには注意

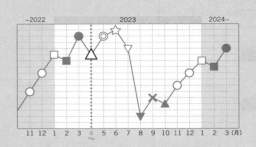

新年度のはじまりですが、気が抜けすぎたり、油断をしやすい時期。肩の力が抜けるのはいいですが、抜きすぎると、寝坊や遅刻、ミスが増えてしまいそうです。初対面の人にはドジな印象をもたれたり、天然と思われることもありますが、仲よくなるきっかけはつくれるでしょう。カッコつけていないで助けてもらったり、教えてもらうといいでしょう。遊び心が高まる時期でもあるので、ノリと勢いを大切にしてしっかり遊ぶことも大事です。

恋愛＆結婚運

恋に恋するような時期になりそう。気になる人のことを考えるのはいいですが、実際に行動に移せないまま妄想恋愛で終わってしまう場合も。思い切って遊びに誘ってみたり、雑談でもいいので話しかけてみると、あなたのよさを見抜いてくれる人に出会えそうです。すぐ交際に発展しなくてもいいので、来月にデートができるような雰囲気を出したり、約束をしておくといいでしょう。今月は、何人かの気になる人に、マメに連絡をしておきましょう。

仕事運

ミスが少ないと思っていた人でも、今月は小さな失敗が増えてしまいそうな時期です。油断して、1～2分の遅刻や目立たない些細なミスをしていると、周りからルーズな人と思われてしまいます。何事も10分前行動や事前準備を忘れないようにしましょう。職場の人との交流も大切な時期なので、食事や飲みに行ったり、先輩や後輩を遊びに誘ってみるといいでしょう。職場のムードメーカーになることもありそうです。笑顔と挨拶を大事にしておきましょう。

金運＆買い物運

付き合いでの出費は覚悟しておくといい月。気づいたら財布が空っぽになっていたり、カードで買い物をして、来月ゾッとするような金額を請求される場合がありそうです。1週間に使う金額を決めておいたり、どのくらい出費したか、メモや家計簿をつけておくといいでしょう。調子に乗りすぎて、深夜にタクシーで帰ることもありそうなので、時間はしっかり見て行動すること。投資は、遊びと割り切って少額に留めておいたほうがよさそうです。

美容＆健康運

遊び心が強くなり、楽しく過ごせる時期。ただし、暴飲暴食をしたり、遊びすぎで睡眠時間が減って、肌荒れや疲れが出てしまうことがありそうです。睡眠をしっかりとらないと扁桃腺が腫れたり、腰を痛める場合もあるでしょう。結膜炎などにもなりやすいため、手をしっかり洗うようにしましょう。遊びながら美意識を高めるといいので、ダンスやカラオケではしゃいだり、みんなでできるスポーツをはじめてみるといいでしょう。

　開運のつぶやき　どうしたら求められ、頼りにされるのか考えて生きるといい。

1 土	□	エイプリルフールのウソを楽しむのはいいですが、世の中にはシャレが通じない人もいるもの。相手選びは間違えないようにしましょう。夜は、急に予定が変わって疲れそうなので、無理はしないように。
2 日	■	今日は、しっかり休むといい日。昼寝をしたりして、のんびり過ごしましょう。スマホやパソコンばかりいじらないよう、目につかない場所に置いておくといいでしょう。
3 月	●	周囲から求められることが増えそうな日。知っていることを教えるのはいいですが、知らないことを適当に答えないようにしましょう。異性からも注目されやすい日なので、身なりはきれいにしておきましょう。
4 火	△	自分でもびっくりするようなミスや、寝坊や遅刻などをしやすい日。慌てると、さらにミスを重ねてしまうので、落ち着いて行動しましょう。瞑想や深呼吸をする時間をつくっておくとよさそうです。
5 水	○	朝に「今日も楽しい1日になる」とつぶやいてみると、いい1日になるでしょう。今日は、付き合いの長い人と息の合う仕事ができそう。相手のリズムに上手に合わせることを、楽しめるようにもなりそうです。
6 木	○	ドリンクをご馳走してもらったり、いい情報を得られたりと、「少しお得なことがある日」になりそう。後輩や部下にご馳走するのもいい日です。自分から誘って相手の話を聞いてみると、いい関係を築けそう。
7 金	▽	周囲と上手に協力できたり、いいアドバイスをしてくれる先輩が現れそうな日。なんでもひとりで抱え込まないようにしましょう。夕方以降は、あなたが助ける立場になりそうです。
8 土	▼	自分に足りない部分を考えすぎて、不安になったり余計な妄想をしてしまいそうな日。考えてばかりいても何も変わらないので、プラスの情報を探したり、役に立ちそうな本を読むといいでしょう。
9 日	✕	ガッカリな思いをしやすい。態度の悪い店員や、マナーがない人が目についてしまいそう。イライラしないで、「相手にも事情がある」ととらえたり、その人の成長に期待するようにしましょう。
10 月	▲	身の回りをきれいにするのはいいですが、うっかり大事なものまで捨ててしまうことがあるので、しっかり確認しておきましょう。必要だったデータを消去したり、大事な書類をシュレッダーにかけてゾッとするようなこともありそうです。
11 火	=	周囲に甘えてばかりいないで、自分のできる最善をつくすようにしましょう。何事も本気で取り組んでみると、いまの自分に何が足りないのかが見えてくるでしょう。
12 水	=	新しい方法を試してみるといいですが、難しく感じるとしたら、自分のレベルが低いだけ。失敗から学んで成長するようにしましょう。アドバイスしてくれる人や、見守ってくれる人への感謝を忘れずに。
13 木	□	物事が計算通りに進まないのは、自分の計算が間違っているのかも。問題を他人のせいにしていると、いつまでも間違った方向へ進んでしまいます。壁にぶつかったときは、「自分の間違いを教えてもらった」と思うようにしましょう。
14 金	■	今週の疲れが出てきそうな日。休憩時間をしっかりとることも、仕事の一部だということを忘れないように。夜は誘いがありそうですが、相手と語り合ってみると、気持ちがスッキリしそうですが、余計な発言には気をつけて。
15 土	●	デートをするには最高の日。とくに相手がいない人はマッチングアプリに登録したり、今年になって連絡先を交換した人を遊びに誘ってみましょう。まずは友人になるところから、はじめてみるといいでしょう。
16 日	△	テーマパークや映画館に行くにはいい日。友人や知人を誘って出かけてみましょう。イベントやライブで、いい体験もできそうです。今日は、好奇心の赴くままに行動してみましょう。
17 月	○	自分の得意なことで周囲を笑顔にさせたり、よろこばせてみるといいでしょう。ケチケチしていると運を逃してしまいます。人助けには意味も理由もいらないので、自分にできることを、できるだけやっておきましょう。
18 火	○	仕事運のいい日。どんなことでも真剣に取り組んでみると楽しくなりそうです。仕事に不満がたまるときは、自分がいい加減にしていたり、言われたことをなんとなくやっているときだと覚えておきましょう。
19 水	▽	「努力していたというよりも、なんとなく続けていたこと」が役に立つ日。趣味の話で盛り上がったり、取引先やお客さんといい関係をつくれそうです。「自分がいまなんとなく続けていること」を思い浮かべておきましょう。
20 木	▼	寝坊や遅刻をしたり、自分でもゾッとするようなミスをしてしまいそう。数字や金額を間違えたり、上司に叱られることもありそうなので、確認作業を怠らないように。失敗は隠さずに、すぐに報告するのが大切です。
21 金	✕	時間が思うように使えなくなってしまいそうな。上司や先輩、ときには後輩に振り回されてしまうことも。無理に逆らうよりも流れに身を任せてみると、いい発見や学べることがあるでしょう。
22 土	▲	散らかったままの部屋では、運気は上がらないもの。不要なものは処分して、きれいにしておきましょう。何年も着ていない服は捨てるか、ネットで売ってみるといいでしょう。
23 日	=	はじめての場所で、おもしろい体験やいい出会いがありそうな日。知り合いに突然誘われたら、気が乗らなくても行ってみるといいでしょう。意外な人と仲よくなれるきっかけにもなりそうです。
24 月	=	生活リズムを変えてみるといい日。いつもより10分早く行動するなど変化を楽しんでみると、前向きになれるでしょう。意外な発見があり、話のネタも増えそうです。
25 火	□	マイペースに過ごすのはいいですが、周りのペースに合わせることも忘れずに。周囲より早すぎても遅すぎても、仕事をやりすぎてもダメな場合があることを覚えておきましょう。
26 水	■	ストレスを感じたり、些細なことでイラッとしてしまうことがありそう。疲れがたまっているか、体力が低下している場合があるので、夜は少しでも運動してみるといいでしょう。
27 木	●	あなたの意見がスーッと通りそうな日。「ラッキー」で終わらせないで、責任を背負うことになると思っておきましょう。何を言うか考えたり、先の計画を立てておいて。気になる人とデートの約束をするにもいい日です。
28 金	△	何事にも「遊び心」が大切な日。自分も周囲も笑顔になる話をしてみたり、ときには失敗談で爆笑させてみるのもいいでしょう。恥ずかしかった経験を「ラッキーなこと」に変えることもできそうです。
29 土	○	しばらく会っていなかった人に連絡してみるといいでしょう。いい話ができそうです。メッセージを送ってみたり、返事ができていなかったものがあれば、返信するといいでしょう。
30 日	○	買い物に出かけるにはいい日。髪を切ったり、年齢に見合った服を購入してみましょう。目立つ色合いや明るい雰囲気のもの、他人から幸せそうに見えるものを選ぶといいでしょう。

☆ 開運の日　◎ 幸運の日　● 解放の日　○ チャレンジの日　□ 健康管理の日　△ 準備の日　▽ ブレーキの日
■ リフレッシュの日　▲ 整理の日　✕ 裏運気の日　▼ 乱気の日　= 運気の影響がない日

5月

2023

◎ 幸運の月

総合運　能力が評価される月 今ある力を出し切って

あなたの能力や魅力が評価されたり、大きなチャンスがめぐってくる時期。ここで遠慮したり引いてしまうと、流れが止まってしまいます。ノリや勢い任せでもいいので、今ある力を出し切るつもりで挑戦してみましょう。いい結果が出たり、今後の運命が大きく変わりはじめるきっかけになりそうです。付き合いの長い人や仲よくしている人のアドバイスも素直に聞いて行動してみるといいでしょう。運が味方していると信じて、積極的になってみましょう。

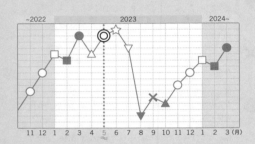

恋愛＆結婚運

片思いの恋が、いい流れに進む運気。好きな人と急に距離が縮まったり、相手からデートの誘いがくることもありそうです。複数の人から連絡がきて困ってしまう場合も。ただし、今月進展のない相手とは、縁が薄いか相性が悪い可能性があるので、無理に追いかけず好意を寄せてくれる人との交際を考えたほうがよさそうです。結婚運は、話が前に進みはじめる時期。「プロポーズの予約」をしたり、2人の明るい未来について話してみるといいでしょう。

仕事運

実力を発揮できる仕事やポジションを任せてもらえたり、これまでにないチャンスをつくってもらえそうです。自信をもって取り組むことで、いい結果が出たり、次につながる流れをつくれるでしょう。「これは……」と思ったり悩むことがあっても、流れに逆らわずに努力してみると、大きな成果を出せそうです。知り合いと仕事をする流れもあり、少しくらい大変でも、楽しく取り組むことができそうです。今月は、もっている力を出し切りましょう。

金運＆買い物運

欲しいものを購入するにはいい時期ですが、できれば仕事に関わるものや、将来的に価値が上がると思えることにお金を使うようにしましょう。資格取得のための講座を受けたり、本を読んで知識を増やしたり、仕事道具を買い替えるのもオススメです。また、つみたてNISAや投資信託、株などの資産運用を、少額でもスタートさせておくといいでしょう。今月は浪費をできるだけ避けて、使うときはしっかりお金を動かすなどメリハリをつけましょう。

美容＆健康運

忙しいことで心も体も充実するタイプなので、いい感じに忙しくなる今月は、絶好調で過ごせそう。体調をよりよくするためにも、健康的な食事を意識したり、頑張ったご褒美においしいものを食べに行くといいでしょう。しばらく運動をしていない人は、今月から少しでも体を動かしはじめるのがオススメです。家でできる簡単な運動や、テレビや動画を観ながらできる体操やストレッチをスタートさせてみるといいでしょう。

開運のつぶやき ▶ 本気で物事に取り組む人は、本気で物事に取り組む人を見つけられる。

1月	▽	よい味方が集まったり、あなたの発言で周囲が動いてくれそうな日。遠慮しないで、相手に素直な気持ちを伝えてみるといいでしょう。夕方以降はボーッとしやすいので、小さなミスに気をつけて。
2火	▼	人や物事のマイナス面が見えてしまったり、雑に扱われてイライラすることがある日。感情的にならないで、今日の経験から何が学べるか、いろいろと想像してみるといいでしょう。
3水	×	ふだんとは違う行動や判断をすることが大切な日。いつもなら行かないようなお店に足を運んだり、なんとなく避けていたものを見るようにすると、予想外なことにハマって楽しめそうです。
4木	▲	自分に見合った生活を送ることが大事。無理をしすぎると、出費がかさんだり、後悔することがあるでしょう。失くし物や忘れ物にも気をつけましょう。
5金	○	新しいことに挑戦するにはいい日。知り合いに誘われた集まりに参加したり、イベントやライブなどに行ってみるといいでしょう。勉強になる出来事や、いい出会いもありそうです。
6土	○	今日は、何事も素早く決断するといいでしょう。「迷わない練習」をすることで、無駄な時間を削れます。試しに、食べるものや飲むものを5秒以内に決めてみましょう。
7日	□	1日の計画を立ててから行動するといい日。とくに、帰る時間はしっかり決めて、守るようにしましょう。できれば早めに帰宅して、湯船にゆっくり浸かってから寝るようにするといいでしょう。
8月	■	連休の疲れが、体や顔に出てしまいそうな日。寝不足でミスが増えたり、体調を崩してしまうこともあるので注意が必要です。お茶やコーヒーを飲んで、気を引き締めておきましょう。
9火	●	「大抜擢」と思えるようなチャンスがめぐってきたり、周囲から注目されそうな日。いまできることに全力を注いでみると、いい結果につながるでしょう。臆病にならずに、自信をもって行動しましょう。
10水	△	同僚や身近な人と楽しく話すのはいいですが、余計なことを口走ったり、秘密を漏らしてしまうことがあるので注意しましょう。今日は、相手の話を「楽しく聞く」ことを意識しておくとよさそうです。
11木	◎	自分の得意なことで高く評価される日。自信をもって仕事に取り組み、これまでの経験を活かせるように努めるといいでしょう。付き合いの長い人からのアドバイスも大切にして。
12金	☆	重要な契約を決められたり、いい仕事の話が舞い込んできそうな日。遠慮していると、運気の流れに乗れなくなってしまいます。少しくらい大変だと思っても、目の前の物事に全力で取り組んでみるといいでしょう。
13土	▽	片思いの相手に連絡をすると、ランチデートや映画に行くことができるかも。気楽に連絡してみるといいでしょう。ただし、長時間になると疲れたり、盛り下がってしまうことがあるので、ほどよいタイミングで帰るようにしましょう。
14日	▼	予想外に忙しくなったり、思い通りに進まないことが多い日。今日は、流れにあらがうよりも、身を任せてしまうほうがよさそうです。イライラを表に出さないよう気をつけましょう。
15月	×	大人の対応を求められる日。挨拶やお礼、言葉遣いはいつも以上にていねいにするよう心がけましょう。「何事にも多少の困難や苦労があるのは当然」と思っておくことも大切です。
16火	▲	やる気が出ないときは、目の前や身の回りの整理整頓をしてみるといいでしょう。まずは手を動かすことで、気分がスッキリしてやる気もわいてくるでしょう。
17水	◎	前向きな言葉を発してみるといい日。自分にも周囲にも言ってみることで、場の雰囲気が変わったり、勇気がわいてきそうです。「言葉の大切さ」を実感することもあるでしょう。
18木	◎	これまでの経験をうまく活かせる日。自分の成長を感じられることもありそうです。難しいと思っていたことでもチャレンジしてみると、意外と簡単にクリアできるかも。
19金	□	失敗を恐れて何もしないことこそが、人生における大失敗。失敗から学ぶ気持ちで、少しでも新しいことに挑戦してみましょう。「うまくいかないこと」を見つけることが、今後の成長につながるでしょう。
20土	■	今日は、しっかり体を休ませるといい日です。すでに予定が入っている場合は、無理をしないように。うっかりしているとケガをしたり、体調を崩してしまうことがありそうです。
21日	●	買い物に出かけるといい日。服や靴を購入するのもいいですが、仕事に役立つものも買っておくといいでしょう。髪を切ってイメチェンするのもオススメです。気になったことはドンドンやってみましょう。
22月	△	小さなミスをしやすい日。1分だけ遅刻したり、タイミングの悪いときに発言してしまうことがありそう。気を引き締めておけば問題は避けられるので、確認をしっかり行い、「10分前行動」を意識しておきましょう。
23火	◎	これまでの自分を信じてみるといいでしょう。経験や体験したことを上手に活かせそうです。何事も真剣に取り組むと、楽しくなって、周囲からも協力や応援をしてもらえそうです。
24水	☆	仕事運が最高の日。とくに、長く取り組んできたことに対していい結果が出たり、大きなチャンスがめぐってくるでしょう。いまの自分の実力以上の成果を出せることや、いい話をもらえることもありそうです。
25木	▽	笑顔を心がけて何事も楽しむようにすると、いい1日になるでしょう。どんなことでもいい経験になって、自分の成長につながると思っておきましょう。楽しいことやよろこべることを見つける努力をサボらないように。
26金	▼	気持ちを乱すような人と関わる時間が増えてしまいそうな日。気を使うのはいいですが、ワガママな人の言うことを聞きすぎないようにしましょう。
27土	×	ダメ元で気になる人や友人を誘ってみると、いい返事が聞けそうな日。ふだんなら行かないお店や場所に足を運んでみたら、予想以上に会話が盛り上がることも。今日は「意外性」を楽しみましょう。
28日	▲	何年も置きっぱなしのものは、思い切って処分しましょう。「まだ使える」「いつか使う」と思うものから捨てていくといいでしょう。買い替えは、運気のいい日に行うのがオススメです。
29月	◎	新しい方法や、やり方を学べる日。周囲からオススメされた方法を試してみたり、不慣れなことは得意な人に相談してみるといいでしょう。「面倒だから」と挑戦を避けないようにしましょう。
30火	◎	いつもと変わらない日々を過ごしていると思うなら、少しでも生活リズムを変えてみるといいでしょう。出社する時間や乗る電車を変えてみると、発見があったり、考え方を少し変えるきっかけがつかめるかも。
31水	□	長年思っていたことや、言おうとしたけれどのみ込んでいたことがあるなら、言葉を選んで伝えてみるといいでしょう。すべては通らなくても、大切な意見として受け入れてもらえそうです。

☆ 開運の日　◎ 幸運の日　● 解放の日　○ チャレンジの日　□ 健康管理の日　△ 準備の日　▽ ブレーキの日
■ リフレッシュの日　▲ 整理の日　× 裏運気の日　▼ 乱気の日　＝ 運気の影響がない日

6月 2023

☆ 開運の月

開運 **3** ヵ条

1. 初対面の人にたくさん会う
2. 仕事は真剣に取り組む
3. 買い物をする

総合運 最高の運気！
何事も積極的に行動して

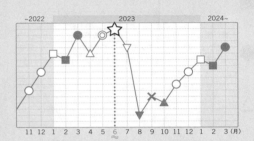

運を味方につけられる最高の運気です。今月の決断や覚悟次第で、運命を大きく変えることもできるでしょう。自分でも驚くようなチャンスがめぐってきたり、大事なことを任せてもらえることもありそうです。何事も積極的に行動することが大切になるので、引っ越し、イメチェン、高価な買い物、入籍なども、勇気を出して実行するといいでしょう。「大事なスタートのタイミング」でもあるため、今月はじめたことはできるだけ継続させるようにしましょう。

恋愛＆結婚運

気になる人には、こまめに会う努力をしたのちに素直な気持ちを伝えてみましょう。いい返事がもらえて交際に進めそうです。ここで進展しない相手は、縁がない人だったり別れても後悔しない人の場合が多いので、新たな出会いを求めて行動しましょう。今月はじめて会う人は運命の人の可能性が高いでしょう。飲み会やコンパ、知り合いの集まりには積極的に参加するように。結婚運は、入籍には最高の時期です。あなたからプロポーズをしてもいいでしょう。

仕事運

実力を発揮することができ、満足のいく結果にもつながりそうです。多少の不満があっても、いまある力を出し切ってみると、周囲からの協力や信頼が得られるでしょう。驚くような仕事を任される場合もありますが、思い切って挑戦してみるといいでしょう。仕事関係者との交流も大切になる時期です。プライベートで遊んだり、終業後の付き合いを増やしてみると、さらに仕事が楽しくなりそう。あなたから気になる人を誘ってみましょう。

金運＆買い物運

今月は、高価なもの、長く使うもの、自己投資になること、仕事道具の買い替えには、ケチケチしないでお金を使うこと。お金がかかっても飲み会やパーティーなどに参加すると、大事な縁がつながりそうです。お金の勉強をするにもいい時期。マネー本を購入して、すぐにできることからはじめてみると、収入アップにつながるでしょう。投資もうまくいきやすいので、投資信託やつみたてNISAをはじめてみてもいいでしょう。

美容＆健康運

忙しくなりますが、体の調子はよさそうです。体力アップのためにスポーツジムに通いはじめたり、エステに行くのもいいでしょう。少しいい美容室に変えたり、縮毛矯正、歯の治療や矯正、ホワイトニングをするのもよさそうです。美容にお金をかけていい運気なので、脱毛やホクロの除去など、気になるところを積極的にお手入れしていきましょう。化粧品を年齢に合うものに変えるのもオススメなので、詳しい人に相談してみましょう。

開運のつぶやき ▶ 「誰かの役に立っている」と思えることを少しでもする人に運は味方する。

1木	■	少し疲れを感じやすい日。目の周りをマッサージしたり、ストレス発散のためにも、仕事終わりに軽く体を動かしてみるといいでしょう。夜に急な誘いが入る可能性があるので、体力を温存しておきましょう。
2金	●	あなたの能力や魅力が輝く日。いい人間関係をつくれたり、楽しく話せる時間も増えそう。相手任せにしないで、自分から積極的に行動してみると、周りも自然と動いてくれそうです。
3土	△	楽しい1日を過ごせそうですが、恥ずかしいミスをしやすい日でもあるので、注意が必要です。食べこぼしやドリンクを倒したりして、大慌てすることがありそう。ていねいな行動を意識しておきましょう。
4日	☆	久しぶりに連絡があった人に会ってみるといい日。「今度会いましょう」で終わらせないで、できるだけ今日のうちに会うようにしてみましょう。偶然出会った場合は、お茶に誘って話をしてみるといいでしょう。
5月	☆	いまの仕事に本気で取り組んでみると、いい結果を出せたり、のちの収入アップにつながることがあるでしょう。最初は乗り気でなくても、あなたを信用してくれる人のことを信じてみるといいでしょう。
6火	▽	挑戦したいと思っていることがあるなら、思い切って行動に移してみるといい日。とくに、日中は運を味方につけられていい結果につながりそうです。夜は、周囲に少し振り回されてしまうかも。
7水	▼	周囲の人と楽しく話をするのはいいですが、余計なことを言ったり、できない約束をしてしまうことがあるので気をつけましょう。今日は聞き役に回るようにして、質問上手を目指しましょう。
8木	✕	自分の想像と違ったからといって、イライラしないように。「人生は思い通りにならなくて当たり前」ということを忘れないようにしましょう。どんな出来事も、自分の想像力を鍛える訓練だと思っておきましょう。
9金	▲	ソリの合わない人や、雑に扱ってくる人と関わることになりそうな日。苦手な人とはそっと距離をおくといいでしょう。「合わない」と感じる人には、自分とどこか似ているところがあるもの。反面教師にして観察してみましょう。
10土	◎	今日と明日は、家でじっとしているともったいない運気。予定がなくても外出してみたり、知り合いや友人を誘って遊びに出かけるといいでしょう。はじめて行く場所でいい出会いもありそうです。
11日	◎	気になるイベントやライブ、行ってみたいお店があるなら、少し遠くても足を運んでみるといいでしょう。行動力が幸運を引き寄せて、いい体験につながりそう。まだ一度も遊んだことのない人を誘って、食事に行くにもいい日です。
12月	□	頭の回転のよさを感じられる日。いいアイデアが浮かんだり、勘が働きそうです。ある程度予定が入っているほうがいい判断ができるので、自ら忙しくしてみるといいでしょう。
13火	■	疲れがたまりやすい日。こまめに休み、休憩中はスマホを見ないようにしましょう。目の疲れや頭がスッキリしない原因がスマホにあることに、早く気づきましょう。
14水	●	あなたの評判が一気に上がる日。よいほうに目立つので、今日は、服や髪をいつも以上にきれいに整えておくといいでしょう。周りから意見を求められたら素直に言葉にするといいですが、周囲の人のことも考えて発言しましょう。
15木	△	「安い」と思って飛びつくと、損をしたり、ガッカリするような品を手にしてしまうかも。今日は、軽はずみな判断をしないよう注意しましょう。問題は他人にあるのではなく、自分にあることを忘れずに。
16金	☆	しばらく連絡をとっていない友人や、知り合ったまま1回も遊んでいない人にメッセージを送ってみるといい日。試しに連絡してみることで、おもしろい展開になりそうです。
17土	☆	買い物をするには最高の日。高価なものや長く使うものの購入、引っ越しの契約や、婚姻届の提出にもいい日です。将来に役立つ勉強をはじめるにもいい運気。今日決断したことは、いい結果が出るまで継続するようにしましょう。
18日	▽	午前中から買い物に出かけるなど、フットワークを軽くしておくといいでしょう。積極的に行動することで、運を味方につけられそうです。夜は、明日に備えて早めに寝るようにしましょう。
19月	▼	週末の疲れが顔に出てしまったり、集中力が途切れてミスをしてしまいそう。ドジな失敗もしやすいので気をつけましょう。今日は無理をしないで、スローペースで仕事を進めましょう。
20火	✕	予想外の人と仲よくなれたり、意外なことが起きそうな日。年上の人から、学べることやおもしろい話を聞きそうです。礼儀と挨拶は、いつも以上にしっかりしておきましょう。
21水	▲	今日はまず、身の回りをきれいにしておきましょう。使わないまま置きっぱなしのものは処分すること。不要なものをフリマアプリなどに出品してみると、思わぬ高値で売れることもありそうです。
22木	◎	食わず嫌いしている物事に挑戦してみるといい日。理由なく避けていることは、誰にでもあるもの。試しに、ランチでいままで食べたことのないものを選んでみると、予想外においしくて笑顔になれそうです。
23金	◎	周りの人からオススメされている漫画を読んだり、アニメや映画、ドラマを見ておくといい日。みんながハマる理由を考えてみるといいかも。逆に、あなたがハマっていることを周りに教えてあげると、感謝されそうです。
24土	□	日中は、好奇心の赴くままに行動してみるといい日。気になる人とも仲よく関係に進展しやすいので、興味があるイベントや映画に誘ってみるといいでしょう。夜は、疲れやすくなりそう。無理はほどほどにしておきましょう。
25日	■	今日は、しっかり体を休ませましょう。予定が入っている場合は、こまめに休憩をとるなどして、無理をしないように。外出先で、調子に乗りすぎてケガをすることもありそうなので要注意。
26月	●	あなたに注目が集まる日。良くも悪くも目立ってしまったり、あなたの発言が通りやすくなるので、適当なことを言わないように。大事な仕事の話がくることもあるので、前向きに受け止めましょう。
27火	△	ちょっとしたおふざけのつもりの冗談でも、真面目に受け止められたり、悪口に聞こえてしまうことがあるので、発言には注意しましょう。「失敗した」と思ったら、早めに訂正するように。
28水	☆	これまで苦労してきたことや、学んできたことが活かされる日。大きなチャンスにもつながるので、自信をもって取り組みましょう。責任を背負う気持ちも忘れないようにしましょう。
29木	☆	仕事運がいい日。本気で取り組むと、大きな成果を出せたり、大事な仲間ができそうです。どんな仕事にも真剣に取り組むことが大切。たとえうまくいかなくても、今日の経験がのちに活きてくるでしょう。
30金	▽	日中は、勢いに乗って仕事ができたり、自分でも「いい判断ができた」と思えることがあるでしょう。困る前に、周囲に手助けを求めることも忘れないように。夜は、急な誘いや予定変更がありそうです。

☆ 開運の日　◎ 幸運の日　● 解放の日　○ チャレンジの日　□ 健康管理の日　△ 準備の日　▽ ブレーキの日
■ リフレッシュの日　▲ 整理の日　✕ 裏運気の日　▼ 乱気の日　＝ 運気の影響がない日

7月

2023

▽ ブレーキの月

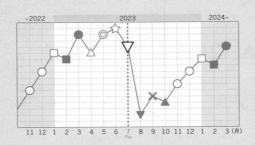

1. 諦めないで粘る
2. 知り合いの輪を広げる
3. 遠慮せず勇気を出して挑戦する

総合運 　中旬までは粘り強さが大切
知り合いの輪を広げてみて

中旬までは、何事も諦めない粘り強さと行動力が大切になる時期。大事な人脈もできるので、集まりに参加するなど知り合いの輪を広げるよう努めましょう。正しい努力を続けてきた人には嬉しいご褒美や大きなチャンスがめぐってきそうです。仕事も恋も思い通りに進むことや、想像以上の喜びを得られる場合もあるので欲張ってみるといいでしょう。下旬は、タイミングを逃したり行動が雑になりやすいので気をつけること。

恋愛＆結婚運

先月あたりからいい感じになっていると思う人がいるなら、あなたからデートに誘ってみると進展のきっかけを作れそうです。ここでモタモタしているとチャンスを逃すので、少し勇気を出しましょう。新しい出会い運もいい時期。特に知り合いからの紹介は期待が持てそうです。髪を切ってきれいにしたり、明るい感じの服を選ぶようにするといいでしょう。結婚運は、中旬までに将来の話を真剣にしておくとよさそうです。

仕事運

中旬までは努力や実力を認められ、満足できる結果が残せそうな時期。驚くようなチャンスがきたり、重要なポジションを任されたときは、遠慮しないで思いきって挑戦するといいでしょう。周囲のサポートも受けられるので、素直に協力してもらうことも大切です。その際は感謝の気持ちを忘れないようにしましょう。下旬になると集中力が途切れてしまったり、頑張りが空回りしやすくなるので、目の前の仕事を丁寧に行うようにしましょう。

金運＆買い物運

臨時収入があったり、お得なサービスを受けられることがある時期。先輩や上司にご馳走してもらえたり、臨時ボーナスをもらえることもありそうです。ただ、下旬になると出費が増えてしまいそうなので、必要なものの購入は中旬までに済ませておくといいでしょう。投資は、金額を増やしてみるといい結果になりそうですが、年末までは焦らないようにしましょう。ポイントを使った投資で思ったより儲かる可能性があるのでオススメです。

美容＆健康運

気分よく過ごせる時期。体調面の心配は少ないですが、予定を詰め込んでいると思った以上に疲労がたまってしまいそうです。中旬までは問題なくても、下旬に一気に疲れが出てしまうことも。中旬までに定期的な運動や健康的な生活リズムを心がけたり、美意識を高めておくといいでしょう。エステやヨガ、スポーツジムに通いはじめるのもオススメです。また、下旬は特にエアコンのききすぎた場所でお腹を冷やさないよう気をつけましょう。

1 土	▼	予定が乱れやすく思い通りに進まない日ですが、そのぶん違う世界を見られたり、視点を変えられそうです。自分基準にならないで、流れに身を任せることで得られることを楽しんでみましょう。
2 日	✕	年上の人と遊ぶことで学びが多くなる日。先輩や上司に連絡をして、食事や遊びに行ってみましょう。年上の人からの指摘は聞き流さないで、しっかり受け止めるように。
3 月	▲	なんとなく置きっぱなしになっているものがあるなら、思い切って処分するといい日。「使わないものを置いておくのはスペースがもったいない」と思って片付けましょう。年齢に見合わない幼稚なものも捨てること。
4 火	◎	何事も最初が肝心。朝から笑顔で挨拶をしたり、ほかの人より先に仕事に取り組むようにしましょう。出かける前に、「今日も楽しい1日になる」と口に出してみると、本当にいい1日になるでしょう。
5 水	◎	難しく見えるものに挑戦するより、「簡単で単純で誰にでもできることを積み重ねる」ほうが難しいもの。毎日の積み重ねを軽視しないようにしましょう。
6 木	□	得意なことをもっと極める努力をするといい日。趣味も遊びも、いまより深く追求してみましょう。仕事でも、細部までこだわってみたり、工夫をこらしてみるといいでしょう。
7 金	■	思い切った行動をするのはいいですが、雑になるとケガをしたり、転倒することがあるので要注意。ていねいに行動することを忘れないようにしましょう。勢いでの食べすぎにも気をつけて。
8 土	●	気になったら即行動にするといい日。調べただけ、話を聞いただけ、で終わりにしないように。少しでも行動に移すことで、いい結果が出たり、いい流れに乗ることができます。小さな勇気が人生を変えていくでしょう。
9 日	△	楽しく1日を過ごせる運気ですが、自分でも笑ってしまうようなドジをしやすいので気をつけましょう。調子に乗りすぎて余計なことも言ってしまいそうなので注意して。
10 月	☆	子どものころの夢や、10年前の目標、1年前に抱いていた気持ちや状況を思い出してみるといい日。自分がどれだけ成長したのか、どこに向かおうとして、どこにいるのか振り返り、いま足りないものや、どう努力すべきかを考えてみて。
11 火	☆	準備をしっかりしている人は、幸運を感じられる日。大きなチャンスがめぐってきたり、重要な仕事を任せてもらえそう。いい出会いもあるので、フットワークを軽くしておきましょう。今日の出来事で、今後の運命が大きく変わることも。
12 水	▽	午前中から全力で仕事に取り組むと、評価が上がったり、いい結果につながりそう。わからないことがあるなら、教えてもらう前に自分でもっと調べてみましょう。夕方以降は疲れが出てしまいそうです。
13 木	▼	流れに逆らうよりも、流れに乗ることを楽しんでみるといい日。上司や先輩、お客さんや取引先などの気分や機嫌に振り回されてしまうことがありそうです。上手に振り回されてみると、学べることも見つけられるでしょう。
14 金	✕	できない約束やウソは、自分を苦しめる原因になるだけ。冗談半分で言ったことでも間違いだと気づいたら、できるだけ早く訂正し、謝罪するようにしましょう。
15 土	▲	不要なものはできるだけ持ち歩かず、身の回りをスッキリさせるといい日。「散らかったままでは、運気の流れを悪くするだけ」と思って、きれいに片付けるといいでしょう。
16 日	○	今日と明日は、「新しい」に注目して過ごすといい日になりそうです。気になるお店や、人の集まる場所に行ってみるといいでしょう。新商品を購入するのもオススメです。
17 月	○	フットワークを軽くすることで、大事な体験や経験ができる日。素敵な出会いもあるので、誘われた場所には積極的に参加しましょう。長く使うものを購入するにもいい日です。
18 火	□	自分のことだけを考えていると、先が見えなくなったり、悩みが出てきてしまいそう。関わる人のよろこびや幸せをもっと想像して、それを実現するためにどうすればいいのかを考えながら行動すると、いい日になるでしょう。
19 水	■	エアコンのきいた場所にいると、のどを痛めたり、体を冷やしすぎてしまうかも。外との温度差で体調を崩す場合もありそうです。温かいお茶を飲んで、のんびりする時間をつくっておきましょう。
20 木	●	追い風を感じられそうな日。周囲からの応援や協力も得られるので、勇気を出して行動してみるといいでしょう。意見も通りやすいため、言葉を選びつつ、しっかり思いを伝えてみましょう。
21 金	△	雑な行動をしやすい日。「自分にもドジなところがある」と思って、他人の失敗を許すようにしましょう。「世の中に完璧な人はいない」ということを忘れないで。
22 土	◎	友人や知人、付き合いが長い人の手助けをしておくといい日。のちに自分が困ったときに、助けてもらえるでしょう。若い人の面倒を見ておくことも大切です。
23 日	☆	買い物をするといい日。仕事で使うものや、身の回りに買い替えが必要なものがあれば、まとめ買いするといいでしょう。服や靴を購入するにもオススメの日なので、気になるお店に行ってみましょう。
24 月	▽	今日は、気になる人に連絡したり、好意を伝えてみるといいでしょう。夜は疲れがたまってしまいそうなので、予定を詰め込みすぎないように。
25 火	▼	面倒なことを任されたり、不慣れなことに取り組むハメになりそう。避けてばかりいては、成長できません。ゆっくりでもいいので、今後の自分のためにも真剣に取り組んでおきましょう。
26 水	✕	年の離れた人に振り回されそうな日。無駄な時間を過ごすことにもなりそうですが、そこから何かを学べば、無駄にはなりません。考え方を変えて物事を見る努力をしてみましょう。
27 木	▲	何事も順序が大切。時間がかかることより、早く終わりそうなことから手をつけてみると、ドンドンやる気がわいて、はかどるでしょう。まずは手を動かして、やる気を出せるよう工夫しましょう。
28 金	○	何事も嫌々取り組んでいては、身にならないもの。なんでも楽しんでみると、成長の糧になり、勉強にもなるものです。笑顔で仕事をしたり、もっと工夫しながら働きましょう。
29 土	○	何事も「なんとかなる」と思っておくことが大切。「難しい」と感じたときほど、「本当に難しいことは継続」だと、考え方を変えてみるといいでしょう。世の中、なんとかなることのほうが多いものです。
30 日	□	今日と明日は、体力的な無茶を避けるようにしましょう。とくに、今夜の飲酒や暴飲暴食、予定の詰め込みすぎは体調を崩す原因になります。後悔することにもなるので、先のことをもっと想像して過ごしましょう。
31 月	■	早くも夏バテになったり寝不足を感じそうな日。今日は無理をしないで、こまめに休み、疲れをためないように工夫して過ごしましょう。

☆ 開運の日　◎ 幸運の日　● 解放の日　○ チャレンジの日　□ 健康管理の日　△ 準備の日　▽ ブレーキの日
■ リフレッシュの日　▲ 整理の日　✕ 裏運気の日　▼ 乱気の日　＝ 運気の影響がない日

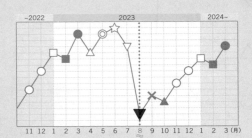

2023 8月

▼ 乱気の月

開運 3 ヵ条

1. 「人の裏側が見える時期」だと思う
2. しっかり仕事をして、しっかり休む
3. 見栄での出費は控える

総合運

**人間関係が面倒になるかも
お礼や挨拶は丁寧に**

例年この時期からやる気が低下しやすく、余計な心配事が増えてくる運気です。現状が不安になったり無謀な行動に走ってしまうことも。過去を振り返ると、8月にした判断や行動で後悔していることも多いはず。今年は「解放の年」のため運気の乱れは少ないですが、人間関係が面倒になったり年の離れた人に振り回されることがあるので、お礼や挨拶などをより丁寧に行うようにしましょう。感謝の気持ちがあれば不運や面倒事は避けられるでしょう。

恋愛＆結婚運

いい関係だった人に好きな人ができたり、距離があいてしまう時期。あなたのマイペースさについていけなくなった相手とは離れてしまいそうですが、この時期に距離があく人は交際できても相性がよくない可能性が高いので気にしないこと。また、危険な相手に出会ってしまうことがあるため、新しい出会いには期待しないように。結婚運は、上半期に話がまとまっていたカップルでも今月は気まずい空気になる場合があるので要注意。

仕事運

自分の仕事には問題がなくても、周囲のミスのしわ寄せに苦しむことがありそうです。信頼をおいていた人が雑な仕事をしていたり、陰口を言っていることを知ってしまう場合も。調子に乗りすぎて、実力以上の仕事を引き受けてしまわないようにしましょう。上半期に頑張りすぎた人は集中力が途切れてやる気が低下することもあるので、しっかり仕事をして、しっかり休むことが大切です。休日は仕事のことを完全に忘れましょう。

金運＆買い物運

普段なら必要ないものに興味が湧いて、出費が増えそうな時期。夏のボーナスが少し多かったくらいで自慢しないようにしましょう。見栄での出費も多くなるので、読むことがないような分厚い本なども簡単に買わないこと。サブスクの契約も避けるなど、固定費を上げないようにしましょう。今月は節約を楽しむくらいの姿勢でいたほうがよさそうです。投資などは、手堅いところをねらったつもりが逆に損をしそうなので気をつけましょう。

美容＆健康運

体調を崩しやすい時期。夏の暑さでバテたり、冷房のききすぎた場所で体を冷やして胃腸やのどの調子を悪くすることがあるので、対策をしっかりしておきましょう。遊びに誘われる機会も増えますが、連日の飲酒や予定の詰め込みすぎには気をつけること。「今日は何もしない」と決めて家でゆっくりする日を先に作っておきましょう。美意識が低下しやすいので、体重計にこまめに乗ったり柔軟体操をするとよさそうです。

開運のつぶやき ▶ 全ての困難は、心の成長のための課題でしかない。

| 1 火 | ● | 周囲から指摘されたら、素直に受け入れて、言ってくれたことに感謝するようにしましょう。耳の痛いことを言われたからといって無視していると、のちの苦労や不運になるだけです。謙虚な心で受け止めましょう。 |

| 2 水 | △ | 集中力が欠けてしまう日。忘れ物や置き忘れをしたり、段取りを間違えやすいので要注意。約束をすっぽかしてしまうこともあるので、確認を忘れないようにしましょう。失敗に気づいたら、すぐに謝りましょう。 |

| 3 木 | ＝ | 挑戦した結果の失敗は、周囲も前向きにとらえてくれ、今後の成長を見守ってくれるでしょう。しかし、同じ失敗を繰り返すと、信頼や信用を失い、いずれ叱ってもらえなくなります。同じ失敗は、人生でもっともいけないことだと忘れずに。 |

| 4 金 | ＝ | いまに満足することが大切な日。もっと大きな幸せや結果、評価を望むのはいいですが、望みすぎて現状に不満を抱き、文句や愚痴を言うほど愚かなことはありません。「いまの幸せは、これまでの積み重ね」だと認めて納得しましょう。 |

| 5 土 | ▽ | 自分のために行動するのはいいですが、周囲への気配りとやさしさを忘れてしまうと、あとで苦労するだけ。自分と相手の笑顔のために何ができるのか、考えて行動するようにしましょう。 |

| 6 日 | ▼ | 余計な一言が原因で気まずい空気になったり、身近な人とケンカになることがありそうです。今日は聞き役になり、ほかの人に話を振る練習をしてみるといいでしょう。相手の話は最後まで聞いて、リアクションもしっかりとりましょう。 |

| 7 月 | ✕ | 生活リズムが崩れたり、周囲にペースを乱されてしまう日。不機嫌な人と一緒にいる時間が増えることもありそうですが、巻き込まれてあなたまで不機嫌にならないように。「一緒にイライラしたら、相手と同レベルになる」と思いましょう。 |

| 8 火 | ▲ | 余計なことを考えていると、ミスが増えたり、大事なものを失くしてしまいます。忘れ物をすることもあるので要注意。操作ミスをしてデータを消したり、メールを誤って送信することもありそうなので、気をつけましょう。 |

| 9 水 | ＝ | 何事も気楽に考えてみるといい日。深く考えるよりも、ノリのよさや明るさを意識して、元気に振る舞うことが大切です。飲み会や食事会に誘われたら、即OKするといいでしょう。今日は、いつもよりもいいテンションで過ごせそうです。 |

| 10 木 | ＝ | 急に仕事を任されたり、やるべきことが増える日ですが、やる気がついてこなくて困ってしまいそう。そんなときは、1、2分で終わるような掃除や片付けをすると、やる気がわいてくるでしょう。 |

| 11 金 | □ | 「できない」「無理」と思わずに、周囲からのアドバイスや、善意ある言葉を素直に受け入れて行動してみるといいでしょう。すぐに結果が出なくても、その積み重ねが、のちの人生を変えていくでしょう。 |

| 12 土 | ■ | 気楽に過ごすのはいいですが、油断しすぎると、体調を崩したりケガをするので気をつけましょう。慌てて食べて舌を噛んだり、段差で転んでしまうこともあるかも。 |

| 13 日 | ● | のんびり過ごすのがオススメな日。ただ、ヒマが嫌になって動きたくなったり、余計な妄想が膨らんでしまうかも。知り合いや気になる人を誘って語り合う時間をつくると、楽しい1日になりそうです。 |

| 14 月 | △ | 遊び心に火がつくのはいいですが、調子に乗りすぎたり、大失敗をしやすい日でもあります。恥ずかしい思いをすることや、失言をしてしまうこともあるので気をつけましょう。異性にも振り回されやすいため、注意が必要です。 |

| 15 火 | ＝ | 今日は、付き合いの長い先輩を大事にすると、いい縁がつながったり、おもしろい関係になれそうです。少し図々しくなってみるといいので、突然でも、上司や先輩、年上の人に連絡をするといいでしょう。 |

| 16 水 | ＝ | 出費が増えてしまいそうな日。見栄を張ると後悔するので、「安くていいものを見つける日」だと思っておきましょう。買い物は、欲しいものをメモしてから出かけるのがオススメ。「安い！」だけで不要なものを買いすぎないように。 |

| 17 木 | ▽ | 日中は順調に進みそう。ただし、夕方近くになると誘惑に負けたり、余計なことに目がいき、ミスが増えてしまうかも。今日は、無謀な行動に走らないよう気をつけましょう。 |

| 18 金 | ▼ | 困っている人や他人の不幸を、平気で見て見ぬフリしないこと。無神経で鈍感になっていると、明るい未来も見えなくなります。些細なことでもいいので、いまできる最善をつくし、実際に行動に移しましょう。 |

| 19 土 | ✕ | ドジな失敗をしやすい日。落とし物や忘れ物をしやすいので、気を引き締めておきましょう。余計な妄想をしているときは、一度立ち止まること。自転車や車の運転時にはとくに気をつけましょう。 |

| 20 日 | ▲ | 身の回りにある不要なものを処分するといい日。いただきものや、置きっぱなしのもの、昔の趣味のものや着ることがない服は、一気に処分するといいでしょう。暑い時期ですが、大掃除をすると運気がよくなるでしょう。 |

| 21 月 | ＝ | 新しいことに挑戦するときは、失敗や手応えのない感じはつきものだと割り切っておきましょう。簡単に諦めず、工夫したり知恵をしぼることを楽しんで。 |

| 22 火 | ＝ | 即行動に移すのはいいですが、早とちりをしたり、勝手に諦めてしまうことがありそうです。何事もていねいに、ゆっくり進めるようにしましょう。 |

| 23 水 | □ | 全力で物事に取り組むのはいいですが、パワーを使いすぎて、次の日にヘトヘトになってしまいそう。今日の疲れは、今日のうちにしっかりとるようにしましょう。湯船に浸かって、少し早めに寝るのがオススメ。 |

| 24 木 | ■ | イライラするときは疲れがたまっている可能性が高いので、こまめに休んだり、10分でも仮眠をとるようにしましょう。今日は、無理して予定を詰め込みすぎないように。 |

| 25 金 | ● | 欲張ると、いまの幸せを失うだけ。いまに満足して、多くを望まないようにしましょう。あなたをほめたり、認めてくれる人に親切にすることが大切です。やさしくしてくれる人には、あなたもやさしく接するようにしましょう。 |

| 26 土 | △ | 軽はずみな行動をとったり、安請け合いをしやすい日。判断ミスをしがちな運気なので、何事もじっくり考えてから決めるようにしましょう。暴飲暴食をして後悔することも。 |

| 27 日 | ＝ | 親友や、付き合いの長い人に話を聞いてもらうといい日。愚痴や不満を言うよりも、おもしろい話や前向きな話、楽しい妄想話をするといいでしょう。雑談をすると、気持ちがスッキリしそうです。 |

| 28 月 | ＝ | 損得勘定で判断して行動するといい日ですが、自分だけ得しようとするのではなく、「自分と相手」が得する方法を考えて行動するようにしましょう。些細なものでもかまわないので、後輩や部下にご馳走するといいでしょう。 |

| 29 火 | ▽ | 午前中は頭の回転もよくなり、いい仕事ができそう。面倒な仕事ほど先に終わらせておくといいでしょう。夕方あたりからはミスが増えるので、落ち着いて判断するようにしましょう。 |

| 30 水 | ▼ | マイペースに見えても、本当は気遣いをしているタイプ。今日は、気を使うことに疲れたり、無神経な人を見て残念な気持ちになってしまいそう。「わかる人にわかってもらえばいい」と、割り切って考えるといいでしょう。 |

| 31 木 | ✕ | 信頼していた人に裏切られたり、ガッカリするような出来事が起きそうな日。「相手にもいろいろな事情がある」と思い、許す気持ちを大切にしましょう。今日は、過度な期待は禁物です。 |

☆ 開運の日　◎ 幸運の日　● 解放の日　○ チャレンジの日　□ 健康管理の日　△ 準備の日　▽ ブレーキの日
■ リフレッシュの日　▲ 整理の日　✕ 裏運気の日　▼ 乱気の日　＝ 運気の影響がない日

9月

× 裏運気の月

2023

開運 3 カ条

1. 予想外を楽しむ
2. 相手の笑顔のために行動する
3. ご馳走をする

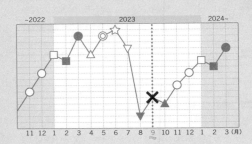

総合運

予想外の流れを楽しんでみて 上手に流されると人生好転

予想外の流れに乗ることを楽しんでみると運命が大きく変わりはじめる時期。流れに逆らうのではなく、上手に流されたほうが後の人生が好転する可能性も高いでしょう。ピンチに追い込まれる場合もありますが、焦ってもがくよりも「なるようになる」と開き直ることが大事。「これまでの積み重ねが出るだけ」と思っておきましょう。意外な人脈もできる時期なので、少し面倒でも人に会う機会を作るといいでしょう。学べることがたくさんありそうです。

恋愛＆結婚運

半分諦めていた人とデートができたり、ダメ元の告白から交際に発展する可能性がある時期。外見やスタイルなどが好みの相手よりも、一緒にいて楽しい人や幸せを感じられる人を選ぶといいでしょう。新しい出会い運は、ターゲットではない年齢の人や苦手な人から好意を寄せられることが。危ない相手に飛び込んでしまう場合もあるので気をつけましょう。結婚運は、これまで願望がなかった人ほど結婚を意識することがありそうです。

仕事運

「これをやるんですか？」と疑問に思う仕事を任された場合でも笑顔でOKしてみましょう。最初は手応えがなくても、後に「あのときOKしておいてよかった」と思えるでしょう。あなたに見合わない仕事であれば、自然と縁が切れるので心配しないように。下旬になると、現状に不満や不安を覚えることがありそうです。問題を他人のせいにしないで、今できることにもっと集中しましょう。言い訳をしてサボったりしないように。

金運＆買い物運

後輩や部下にご馳走するなど見栄でお金を使ってしまうことがありますが、「みんなが喜んでくれるならいい」と思っておきましょう。機械トラブルや故障、修理などの余計な出費もありそうです。付き合いでの外食や、タクシーで帰るハメになるなど、予定外の出費が増えてしまうことも。買い物は失敗しやすいので勢いでせず、節約やポイ活を楽しんでみるといいでしょう。投資などでは間違った情報に振り回されないように。

美容＆健康運

余計な妄想や心配事で精神的に疲れがたまってしまったり、急な予定変更で体力的にも疲れてしまいそうな時期。今月はしっかり体を休ませて、のんびりする時間を作るといいでしょう。「忙しいほうが落ち着く」と思ったとしても、ときにはゆっくり休むことも大切です。また、髪型を少し大人っぽく整えたり、年齢に見合った服装に変えるのもオススメです。「大人の魅力」を出す努力も忘れないようにしましょう。

開運のつぶやき ▶ 知識や勉強は他人に役立たなければ意味がない。

1 金	▲	散らかっているとわかっていながらも、片付けないで放置している場所をきれいにしましょう。不要なものは処分すること。掃除をしたついでに、探していたものも出てきそうです。
2 土	=	意外な人から、遊びの誘いや連絡がありそうです。一瞬面倒に感じても、会ってみると、いい縁ができたり素敵な人を紹介してくれる可能性もあります。顔を出してみるといいでしょう。
3 日	=	「この人とデートするの?」と思うような人と、一緒に過ごすことになりそうな運気。珍しい町やお店に行ってみると、いろいろとおもしろい発見があるでしょう。今日は「不慣れを楽しむ1日」にしてみましょう。
4 月	□	マイペースで流れに合わせてしまうタイプですが、今日は、少しワガママになってみましょう。自分の進みたい方向や意見をしっかり伝えたほうが、周囲も困らずに済みます。どちらでもいいことほど、ハッキリ決めましょう。
5 火	■	これまで頑張ったぶんが、疲れとして表れそうな日。今日は、無理をしないようにしましょう。気遣いも疲れるのでほどほどに。体調に異変がなければ、軽い運動をしておきましょう。
6 水	●	期待していなかったことにいい結果が出たり、予想外の流れになりそうな日。好きな人には、ダメ元でもデートを申し込んでみましょう。素直に気持ちを伝えてみると、いい返事が聞けそうです。
7 木	△	誤字脱字やケアレスミス、メールの送り先を間違えるなど、行動が雑になりそうな日。忘れ物もしやすいので、些細なことでも確認を忘れないように。体をぶつけたり転んでしまうこともありそうです。
8 金	○	なんとなく後回しにしている仕事や連絡を済ませるといい日。買ったけれど読んでいない本も読んでみて。ためてしまっている仕事があるなら、全部とは言いませんが、少しは手をつけておきましょう。
9 土	○	今日は、日ごろお世話になっている人にご馳走をしたり、プレゼントを贈るといい日。両親やお世話になった人に、おいしいと思ったものを送ってみましょう。自分のためだけに出費をしないように。
10 日	▽	午前中は、いい判断ができそうです。自分の用事は早めに片付けておきましょう。買い物も先に済ませておくこと。夜は、身近な人と気まずい感じになったり、不愉快な思いをしてしまうかも。
11 月	▼	予定が突然変更になったり、急な仕事を任されるなど、予想外にバタバタしそうな日。年上の人のワガママに振り回されることもありそうなので、流れに身を任せましょう。逆らうと面倒なことになるので、流れに身を任せましょう。
12 火	✕	ガッカリする結果が出てしまいそうな日。過度な期待はせず、失敗や反省から学んで、「次はどうするか」を考えてみるといいでしょう。アドバイスしてくれる人の言葉を大切に受け止めましょう。
13 水	▲	突然物事を投げ出したくなったり、やる気がなくなることを言われてしまいそう。まずは、これまで頑張ってきた自分をほめてあげましょう。いま抱いている悩みや不安の多くは、年末までにはなくなっているでしょう。
14 木	=	同じような生活に飽きたときは、生活リズムを変えたり、仕事をアレンジするなど、楽しくなるように自分で工夫しましょう。「周囲がおもしろくないのではなく、おもしろくしない自分に問題がある」と考えましょう。
15 金	=	朝からストレッチをしたり、体を少し動かすと、頭の回転もよくなるでしょう。知り合いからオススメされた食べ物や飲み物にトライすると、思ったよりおいしくて驚くことも。今日は、「新たな発見」を楽しめそうです。
16 土	□	行動範囲を広げてみるといい日。気になった場所や話題のスポットに出かけてみましょう。映画を観に行くのもオススメです。ふと思い出した人に連絡をして、遊ぶのもいいでしょう。
17 日	■	今日は、マッサージを受けたり、家でのんびりする時間をつくるといいでしょう。すでに予定が入っている場合は、これ以上詰め込まないように。お茶をして休むなど、ゆっくりすることを優先しましょう。
18 月	●	少しですが、思い通りに物事を進められる日。些細なことでも、いい流れになったら感謝しましょう。「幸運はつねに小さいもの」なので、見落とさないように過ごしましょう。
19 火	△	ミスにミスが重なりそうな日。遅刻に焦って忘れ物をすることや、準備したと思った資料を忘れてしまうこともありそう。時間にゆとりをもっておけば、不運を避けられ、問題も解決できるでしょう。
20 水	○	苦労した人ほど忍耐力が身についているもの。今日は、些細なことに怒らず、グッと我慢できそうです。笑顔で話を聞けたり、冷静な対応ができることも。「いろいろと経験してみるものだ」と思えるでしょう。
21 木	○	手応えを感じられそうな日。いまの自分ができることに全力で取り組んでみると、何が足りないのか、今後の課題が見えてくるでしょう。サポートしてくれる人への感謝を忘れないように。
22 金	▽	仕事ができない人を「ダメな人」と決めつけないで、どうしたらその人の才能や個性を活かせるのか、考え方を変えてみるといいでしょう。「どんな人にも適した場所がある」ということを忘れずに。
23 土	▼	余計な妄想が膨らんで、現状に不満がたまったり、心配事が増えてしまいそうな日。話を聞いてくれる先輩や、知り合いに連絡をして語ってみると、気持ちが楽になるでしょう。
24 日	✕	学ぶことは大切ですが、自分には難しすぎる本や使わない家電は買わないように。本当に必要なのか冷静に判断して、見栄でお金を使わないようにしましょう。
25 月	▲	順調に進みすぎるときほど、注意が必要な日。何か重要なことが抜けている場合があるので、しっかり確認するように。ミスが見つかったときには、すぐに謝罪と訂正をしましょう。
26 火	=	新しいことに敏感になってみると楽しくなってくる日。ネットだけでなく、雑誌を読んだり、本屋さんで新しい情報を集めてみるといいでしょう。話のネタになるようなものを選んでみるといいかも。
27 水	=	いつもと違うやり方を試したくなる日。トライしたことで効率がよくなる場合もありますが、余計なことをして失敗したり、取引先や上司に叱られることもあるので気をつけましょう。
28 木	□	何事も段取りを考えることが大切な日。何にどのくらい時間がかかるのか逆算してから、行動しましょう。予定通りに進まないときは、「自分の計算が甘かった」と思うこと。
29 金	■	疲労から集中力が途切れてしまいそう。目の周りや肩、首をもんで、ゆっくりする時間をつくるといいでしょう。栄養ドリンクに頼りすぎると、あとでドッと疲れが出るので要注意。
30 土	●	不思議と誘いが増えたり、意外な人から連絡がきそうな日。知り合いを誘ってみんなで遊んだり、お互いに紹介し合ってみると、新たな仲間ができるでしょう。ホームパーティーをするにもいい日です。

☆ 開運の日　◎ 幸運の日　● 解放の日　○ チャレンジの日　□ 健康管理の日　△ 準備の日　▽ ブレーキの日
■ リフレッシュの日　▲ 整理の日　✕ 裏運気の日　▼ 乱気の日　= 運気の影響がない日

2023 10月

▲ 整理の月

開運 3 ヵ条

1. 投げ出す前に現状を楽しむ
2. 自分も相手も正しいと思う
3. 掃除をする

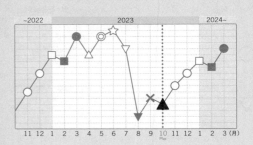

~2022　　　2023　　　　2024~

11 12 1 2 3 4 5 6 7 8 9 10 11 12 1 2 3 (月)

総合運

**下旬は忙しくなりそう
時間があったら掃除して**

中旬までは現状を投げ出したくなったり、やる気の出ない日が多くなりそうです。不満や文句があるときほど、「自分だけが正しい」などと考えず「相手も正しい」と思っておきましょう。下旬になると忙しくなってくるので、気持ちが切り替わって前向きになれたり、ゆっくりとですがやる気が湧いてきそうです。不安に感じるときほどポジティブな妄想をするか、予定を詰め込んでみるといいでしょう。時間があれば掃除で気を紛らわせるのがオススメです。

恋愛＆結婚運

今月からの交際は短く終わる可能性が高いので、できれば来月に延ばしたほうがいいでしょう。ただし、「年内に結婚する」と覚悟を決めているなら進めてもよさそうです。新しい出会い運も微妙なので、下旬以降の出会いか、来月紹介してもらう人に期待したほうがよさそう。今月は、少しいい美容室で髪を切って準備しておきましょう。結婚運は、ここ1〜2か月の間もめ事もなく続いたカップルは月末ごろに話を進められそうです。

仕事運

中旬までは「こんな仕事辞めたい」と思ったり、不満や文句が増えてしまいそうです。下旬になると気持ちが自然と収まってくるので、早まって無謀な行動に走らないように。下旬には、人間関係のストレスやイライラも徐々に減ってくるでしょう。それまでは自分の至らない点を認めて、問題を他人や会社の責任にしないこと。仕事道具を手入れしたり、職場をきれいに掃除しておくと、気持ちもいい方向に変わっていきそうです。

金運＆買い物運

お金をパーッと使いたくなる時期。注意は必要ですが、ストレス発散になるなら買い物や遊びに出費してもいいでしょう。映画や芝居、ライブやコンサートを観に行くのもオススメです。同世代が頑張っていることを知って、いい刺激を受けたりパワーをもらうこともできそうです。おいしいと評判のお店には積極的に足を運ぶ時間を作るといいでしょう。投資は損をしやすい時期なので、慎重に判断するようにしましょう。

美容＆健康運

夏あたりから体調が優れなかった人も、今月下旬には回復しはじめたり、問題が解決しそうです。特に問題のない人は、ダイエットや基礎体力作りを兼ねた筋トレをはじめてみると、思った以上にいい結果が出ることが。ただ、最初に頑張りすぎると続かないので「○曜日は運動する日」と決めて長く継続できるように工夫してみましょう。下旬になると美意識も高まってくるため、肌の手入れや美白ケア、ホワイトニング、縮毛矯正などをするといいでしょう。

開運のつぶやき ▶ 協力することを楽しめる人に幸運はやってくる。

1日	△	お気に入りの服やカバンをどこかに引っかけて傷つけてしまったり、食べこぼしで汚すなど、ガッカリすることがありそう。今日は、思ったよりも行動が雑になりやすいので気をつけましょう。
2月	○	懐かしい人から連絡がきたり、偶然再会するようなことがある日。近況報告をしてみると、仕事でつながることや、知り合いを紹介されて盛り上がる流れになるかも。しばらく会っていなくても気楽に話せて、いい時間を過ごせそうです。
3火	○	努力が認められる日。正しい努力をしてきた人ほどいい結果が出たり、高い評価を得られるでしょう。重要な仕事を任されたときに遠慮してしまうと、運気の流れに乗れなくなるので、思い切って挑戦してみて。
4水	▽	日中は、自分の力を信じて全力で取り組むことが大事です。結果をしっかり受け止めると、大きく成長でき、今後の課題も見えてくるでしょう。周りで応援してくれる人にも感謝を忘れないように。
5木	▼	複数のことをまとめて考えられるタイプですが、今日はあれこれ同時にやると、集中力が落ちてしまいます。ゆっくりでもいいので、一つひとつ片付けるようにしましょう。まずは簡単なことから手をつけるのがオススメです。
6金	✕	余計な一言に注意が必要な日。適当なことを言って恥ずかしい思いをしたり、勘違いしていた情報に突っ込まれることがありそう。変にごまかすよりも、しっかり謝って、間違いを教えてくれた人にお礼を言いましょう。
7土	▲	部屋の片付けをするといい日。年齢や季節に見合わないものは整理しましょう。置きっぱなしの本も処分すること。欲しい人にあげたり、ネットで売ってみるのもいいでしょう。
8日	=	遊びに行くなら、これまで行ったことのない場所やお店に足を運んでみるといいでしょう。素敵な出会いがあったり、おもしろい経験もできそうです。知り合いを誘って遠出をしてみるのもオススメです。
9月	=	気持ちが楽になり、前向きになれる日。気になる人がいるなら、突然でも気にせず、遊びに誘ってみましょう。話題の映画や注目のイベントに一緒に出かけてみるといいでしょう。
10火	☐	あれこれ考えるのもいいですが、もっと素直になってみましょう。わからないことは素直に教えてもらったり、困っていることがあるなら相談してみるといいでしょう。弱い部分は誰にでもあるものです。
11水	■	ドジなケガに注意が必要な日。余計なことを考えていると、段差でつまずいたり、引き出しに指をはさんでしまうようなことが起きそう。汚れた手で目をこすって結膜炎になるなどのトラブルもありそうです。
12木	●	好きな人に恋人ができたことを知ってしまったり、残念な情報が入りそうな日。ただ、今日の出来事は結果的にいい方向に進むので、へこんだとしても、引きずらないようにしましょう。
13金	△	大切にしていたものを置き忘れたり、うっかり失くしてしまいそう。間違って大事なデータを消去してしまうようなミスもあるかも。確認せずに余計なことをしないようにしましょう。
14土	○	なんとなく会わなくなってしまった人がいるなら、連絡してみるといい日。いまのあなたに必要なことを聞けたり、懐かしい話で盛り上がって、また仲よくなるきっかけをつくれそうです。
15日	○	出費が多くなりそうですが、今日はいろいろな経験にお金を使うといい日です。芝居を観たり、ライブに行くなど、「体験できること」を探してみましょう。
16月	▽	「当たり前」と思ったら、それは感謝すべきことだと忘れないように。よく考えてみれば、世の中は感謝できるものであふれていると気がつけるでしょう。当然だと思ってエラそうにしていると、痛い目に遭ってしまいます。
17火	▼	転職や離職をしたくなる日。急に現状が不安になったり、明るい未来が想像できなくなりそう。ただ、それは余計な妄想なので、気にしないこと。突然、無謀な行動に走ったりしないようにしましょう。
18水	✕	自分に足りないことばかりが、気になってしまいそうな日。勝手に焦って不安になりそうですが、これまで頑張ってきた実力が十分身についているので安心しましょう。現状の幸せを見失わないように。
19木	▲	「趣味だから」と言いながら、いつまでも幼稚なものに執着しないように。「もったいない」と感じたら、「手放さないでいるほうが、人生を無駄にしている」と思いましょう。自分の年齢を考えて、身の回りやスマホの中身を整理してみて。
20金	○	ゆっくりとですが、気持ちに変化が起きそうな日。新しいことに目を向けたり、気になったことを調べてみるといいでしょう。読書や、周囲から薦められた映画やドラマを観てみるのもオススメです。
21土	○	いい刺激を受けられる日。スポーツや芝居など、同世代が活躍しているものを観るとパワーがもらえそう。起業している人や、頑張っている人に会ってみるのもいいでしょう。
22日	☐	大きな目標でなくても、自分の生きる目的をあらためてハッキリさせてみるといい日。「自分の幸せとは何か」についても、素直な気持ちで考えてみましょう。周囲から笑われるようなことでも、気にしないように。
23月	■	目の下にクマができているなど、思った以上に疲れがたまっているかも。睡眠不足を感じるときは、こまめに休憩すること。栄養ドリンクには頼らないようにしましょう。
24火	●	大事な決断や経験ができる日。あなたに感謝してくれる人や、一緒に笑ってくれる人、よろこんでくれる人の存在にも気づきそう。仲間がいることの大切さを忘れないようにしましょう。
25水	△	自分の残念な部分に気がついてしまいそうな日ですが、「多少の隙は愛嬌」だと思っておきましょう。ドジも笑いのネタにするくらい前向きにとらえると、周囲が楽しんでくれそうです。
26木	○	思ったよりも実力がアップしていることに気づける日。ただし、過信しているとガッカリすることになるので要注意。ほどほどのところまでできたら、自分をほめるようにしましょう。
27金	○	周囲に助けられそうな日。うれしいときはしっかりよろこんで、感謝を伝えてみるといいでしょう。恩を返すことや、「恩送り」の気持ちも忘れないようにしましょう。
28土	▽	午前中のうちに、掃除や買い物などの用事を済ませて、午後からはのんびりするといいでしょう。夜は、強引な人に振り回されたり、夕食を失敗したりと、ガッカリするようなことが起きてしまうかも。
29日	▼	予想外のことが多く、イライラしたりガッカリすることが起きそうな日。考え込んでも、ストレスになって疲れるだけ。今日は流れに身を任せて、余計なことを考えないようにしましょう。
30月	✕	年上の人に振り回されたり、不機嫌な人と一緒にいる時間が増えてしまいそう。面倒なことに遭遇したときほど、「ここから何を学べるのだろう?」と冷静になって考えてみるといいです。
31火	▲	余計な一言を言われたりして、やる気を失ってしまいそうな日ですが、それは問題を他人の責任にしたいだけ。言い訳を探すのはやめて、自分がやるべきことをしっかり行いましょう。

☆ 開運の日　◎ 幸運の日　● 解放の日　○ チャレンジの日　☐ 健康管理の日　△ 準備の日　▽ ブレーキの日
■ リフレッシュの日　▲ 整理の日　✕ 裏運気の日　▼ 乱気の日　= 運気の影響がない日

11月
2023
○ チャレンジの月

開運 3 カ条

1. 新しいことに挑戦する覚悟をする
2. ノリや勢いを大切にする
3. 最新のものに買い替える

総合運 | 面白いことが動き出す運気
前に進む覚悟もできそう

楽しいことや面白いことが動き出す運気。先月までのモヤッとした気持ちが吹っ切れて、興味が湧くことや、やるべきことが増えて忙しくなるでしょう。ここ1〜2か月の不安や心配がウソのように気持ちが楽になり、「前に進むしかない」と覚悟もできそうです。環境や周囲の雰囲気が変わる場合もあるでしょう。視野や人脈が広がりはじめる時期でもあるので、気になった場所にはドンドン出向き、自分の意見を遠慮しないで言ってみるといいでしょう。

~2022　2023　2024~
11 12 1 2 3 4 5 6 7 8 9 10 11 12 1 2 3 (月)

恋愛＆結婚運

今年になってから恋のチャンスがなかった人も、今月から新たな出会いが増えてくる運気。思いきって髪型や服装を変えたり、交友関係を広げてみると、いい出会いがあるでしょう。夏になる前から気になっていた人がいるなら、素直に気持ちを伝えてマメに会うようにすると、一気に進展することがあるので臆病にならないこと。結婚運もいいため、「プロポーズの予約」や明るい未来の話をして、互いの気持ちを盛り上げておきましょう。

仕事運

ノリや勢いが大切になる時期。「これをやるの？」と疑問に思う仕事や、目立つポジションを任されたら、即OKして前向きに取り組んでみましょう。多少の失敗は許してもらうためにも、楽しそうに仕事をするとよさそうです。はじめて仕事する人とも仲良くなれたり、いいアドバイスをもらえるので、素直に質問や相談をしてみるといいでしょう。仕事だけでなく、プライベートでも仲良くなれる人とも出会えそうです。今月は人脈を大切にしましょう。

金運＆買い物運

身の回りのものを買い替えるにはいい運気。「まだ使えるけどそろそろ……」と思っているものや、気づいたら何年も使い続けている服や靴、カバンや仕事道具を一気に新しくしましょう。引っ越しにも適した運気なので、今月中に物件を探したり、マンションや家の購入を決断してもいいでしょう。投資をはじめるにもいいタイミング。気になるものがあるなら、動きはじめてみましょう。

美容＆健康運

少しくらい忙しいほうが心も体も整うタイプなので、のんびりする時間を減らして情報を集めたり、本を読んだり、いろいろな人に会って話をしてみましょう。多少寝不足になっても、予定を詰め込んだほうが充実した日々を過ごせそうです。美意識も高まってくるので、軽い運動やストレッチを続けてみたり、これまで試したことのないダイエット法にトライしてみるといい結果につながることが。基礎代謝を上げるための運動も忘れずに。

開運のつぶやき ▷ 今この瞬間を楽しむ工夫をする人に幸運はやってくる。

1
水
○
視野が広がって、前向きに物事を考えられるようになる日。興味がわいたことを調べてみるといいでしょう。気になるお店や場所に行くなど、小さなことでもいいので挑戦してみて。

2
木
○
体によさそうなことや、気持ちが前向きになりそうなことがあるなら、なんでもすぐにやってみるといいでしょう。継続できなくてもかまわないので、いますぐに試してみることが大切です。

3
金
□
自分の気持ちに素直に行動するといい日。気になる相手に連絡してみると、デートの約束ができそうです。少しの勇気で大きな幸せをつかめるでしょう。

4
土
■
予定がとくに入っていないなら、今日はのんびりするといいでしょう。30分でも昼寝をしておくと、体がスッキリしそうです。夜は、遊びに行くのはいいですが、飲みすぎには気をつけること。

5
日
●
しばらく恋人がいない人でも、大きなチャンスがやってくる日。相手の話によく笑うなど、楽しんでいる空気を思い切り出してみて。告白されたり、交際がスタートする流れになることも。

6
月
△
単純なミスが増えてしまう日。言われたことをすっかり忘れていたり、大事なものを置き忘れることもあるので要注意。取引先の名前を忘れて焦ってしまう場面もあるかも。

7
火
◎
忙しくなって、のんびりできなくなる日。充実感を味わえますが、求められすぎることもあるので、自分の仕事は早めに片付けておきましょう。付き合いの長い人から、急なお願いをされることもありそうです。

8
水
☆
今後の人生を左右する大切な日。大事な出会いや経験ができるので、積極的に動いてみましょう。大事なことを決断するにもいいタイミングです。覚悟を決めることで、いい道を選べるでしょう。

9
木
▽
頑張ってきた人ほどいい結果が表れる日。「ここまで踏ん張ってきてよかった」と思える出来事があったり、いい協力者も現れそうです。夜は、急に予定が変わることや、誘惑に負けやすくなりそうなので気をつけること。

10
金
▼
マイペースですが、本当は気遣いをするタイプのあなた。今日は、やけに気疲れしたり、余計な気を使いすぎてしまうことがありそう。相手と噛み合わない感じがあっても「そんなときもある」と思って割り切りましょう。

11
土
✕
「誰か遊びに誘ってくれないかな〜」と思いながら、1日をダラダラ過ごしてしまいそうな日。待っていないで、気になる人や知り合いに自分から連絡するといいでしょう。ただし、出費が少し増える場合がありそうです。

12
日
▲
余計なことをしゃべりすぎて、気まずくなってしまいそうな日。「そんなこと言ったっけ？」と思うことでも、相手は覚えているものです。心当たりがあるなら早めに謝っておきましょう。

13
月
○
結果を求める前に、地道な努力を怠らないように。今日は「いい種まき」ができる運気なので、未来の自分がよろこびそうな行動をとりましょう。自分の得意なことをより磨いておくといいでしょう。

14
火
○
苦手意識のあるものに挑戦してみるといい日。少しでも不慣れなことを克服しようと努力していると、周囲が、認めてくれたり評価してくれるようになるでしょう。ダイエットや筋トレをはじめるにもいい日です。

15
水
□
自分の目標や夢を語ってみるといい日。いい味方や協力してくれる人ができたり、人との縁をつないでくれる人も現れそう。何事も、口に出してみると変わってくるもの。今日は、前向きな話を心がけておきましょう。

16
木
■
少しでも疲れを感じたら、思った以上に疲労がたまっているのかも。今日は、無理をしないこと。残業は避けて早めに帰り、ゆっくりお風呂に入って、遅くならないうちに寝るようにしましょう。

17
金
●
好きな人に会えたり、マメな連絡がきそうな日。週末にデートの約束ができる可能性があるので、予定を聞いてみるといいでしょう。今日は仕事運もいいので、少し強引になってみましょう。

18
土
△
楽しい1日を過ごせそう。小さなミスをしたり、時間を無駄にすることもありそうですが、「贅沢に時間を使っている」と思っておきましょう。買い物は失敗しやすいので、冷静に考えたうえで、本当に必要なものだけを購入するように。

19
日
◎
親友や、しばらく会っていなかった人との縁が強くなる日。偶然再会したり、突然連絡がくることも。勢いで会ってみると、いい話ができそうです。異性の友人なら、告白されることもあるかも。

20
月
☆
仕事運がいい日。これまで以上に真剣に取り組んでみると、いい結果が出たり、評価されることがありそうです。少しくらい難しそうに思えても、OKしてみるといいでしょう。

21
火
▽
自分のことよりも、周囲やこれまでお世話になった人のために、一生懸命力をつくしたくなる日。多少の困難があっても、みんなのためを思うと頑張れそうです。夜は、疲れから集中力が低下してしまうかも。

22
水
▼
過ぎたことを気にして恥ずかしくなったり、ヘコんでしまいそうな日。反省しても今後に活かせないなら、余計なことは考えずに、目の前のいまやるべきことに集中しましょう。

23
木
✕
予定があいてヒマになったり、逆に予定を詰め込みすぎて疲れてしまいそう。時間ができたときは、本を読んだり映画を観たりすると、いい気分転換になりそうです。忙しすぎても、しっかり休む時間はとりましょう。

24
金
▲
良くも悪くも諦めが肝心な日。達成感のないゲームをやめたり、時間の無駄になるアプリやSNSを思い切って消去すると、気分がスッキリするでしょう。人生、ときには「やめる勇気」も必要です。

25
土
○
はじめて行くお店で、新メニューや旬の料理を選ぶと、思った以上にお気に入りになりそう。ほかにも評判のお店に行ってみると、予想よりおいしいものを食べられそうです。

26
日
○
イメチェンをするにはいい日。髪を切りに行ったり、服装のイメージを変えてみるといいでしょう。いつもと違うサロンやお店に行くといいので、気になるところを探してみましょう。

27
月
□
1日1ページでも本を読んでみたり、日記や家計簿をつけてみるといいでしょう。あなたは、「なんとなく続けることが大事なタイプ」です。少しの積み重ねが人生を大きく変えていくでしょう。

28
火
■
疲れから集中力が途切れてしまいそう。お茶をする時間や、深呼吸をしてゆっくりする時間をつくっておきましょう。急に動くと、足をひねってケガをすることもあるので気をつけておくこと。

29
水
●
恋人がいる人は、「プロポーズの予約」をしたり、結婚の話をしておくといいでしょう。片思いをしているなら、相手に好意を伝えてみるといいです。今日は、素直に行動することで幸せをつかめそうです。

30
木
△
人の裏を見抜くことが苦手なタイプなので、コロッとだまされてしまわないよう要注意。相手の話をしっかり聞くことも大切ですが、そもそも、誰の言葉で、どこが情報源なのかを、冷静に確認しましょう。

☆ 開運の日　◎ 幸運の日　● 解放の日　○ チャレンジの日　□ 健康管理の日　△ 準備の日　▽ ブレーキの日
■ リフレッシュの日　▲ 整理の日　✕ 裏運気の日　▼ 乱気の日　＝ 運気の影響がない日

12月 2023

○ チャレンジの月

総合運 やるべきことが増える時期
周囲の期待に全力で応えて

求められることや、やるべきことが増える時期。突然実力以上の仕事を任されたり、嬉しい連絡がくるタイミングでもあります。ここで引いてしまうと運気の流れを自分で止めてしまうので、遠慮しないでOKすることが大切です。「実力が足りない」などと勝手に諦めないで、周囲の期待に全力で応えるつもりで動いてみましょう。いい人脈もできる時期なので、知り合いの集まりや飲み会などにはできるだけ顔を出すようにしましょう。

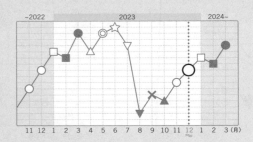

恋愛＆結婚運

好きな人がいるなら、気持ちをしっかり伝えましょう。相手の気持ちや立場を考えることも大事ですが、自分に素直になることで交際に進む可能性が高くなります。知人や友人の後押しがあるなら信じて突き進んでみましょう。新しい出会い運もあるので、髪を切って整えるなどして備えておくこと。結婚運は、交際期間が短い相手とも一気に入籍に進みやすいので、「プロポーズの予約」をするのがオススメ。ノリでの入籍もありそうです。

仕事運

急な仕事や大事な役割を任されたり、大きな案件が舞い込んできそうな月。これまでの人間関係や仕事への取り組み方にもよりますが、今月は遠慮をしないで思いきって挑戦してみるといい結果やいい仲間を得られそうです。また、年上の人からのアドバイスはしっかり聞くように。「責任が重い」と感じるときほど挑戦する価値があるものです。周囲の期待に応えるためにも、まずは受け入れて頑張ってみましょう。

金運＆買い物運

収入が急激に上がるような運気ではありませんが、今月の決断と行動がのちの収入や財産に大きな影響を与えるでしょう。まずは今の仕事に全力で取り組み、実力を出しきってみましょう。そのためにも、必要な仕事道具は先に購入しておくのがオススメです。仕事関係者との付き合いもケチケチしないことが重要。投資などの資産運用は、今月からスタートするといい結果になりそうです。すでにはじめている場合は少し金額を上げてみてもよさそう。

美容＆健康運

忙しくても集中力を保てたり、充実した日々を過ごせそうな時期。時間がなくても食事は抜かず、栄養バランスが悪くならないよう注意しましょう。少しの時間でもいいので、定期的に運動することも忘れないで。一方で、付き合いが増えて睡眠時間を削ることもありそうです。予定のない日は長めに寝て、しっかり疲れをとりましょう。美意識も高めるといい時期なので、周囲からオススメされたサロンに行ったり、化粧品を変えてみるといいかも。

1 金	◎	しばらく会っていなかった人から連絡がありそうな日。仕事や人を紹介してもらえる感じなら、後日会ってみるといいでしょう。タイミングが合えば、ディナーに誘ってみるのもオススメ。
2 土	☆	買い物をするのにオススメの日。よさそうなものをしっかり選んでから購入しましょう。プロポーズや「プロポーズの予約」にもいい日。片思い中の場合は、相手に好意を伝えてみるといいでしょう。
3 日	▽	日中は運を味方につけられるので、家でのんびりするよりも、買い物や外出をするといいでしょう。いい発見やおもしろい出会いもありそう。夜は、無理をしないで早めに帰宅すること。
4 月	▼	考えすぎて、不安や心配事が増えてしまいそうな日。後悔することもあるかも。「これまでもなんとかなってきた」と思って、気にしすぎないようにしましょう。多少のトラブルには動じなくなっている自分に気づくといいでしょう。
5 火	✕	予定が乱れそうな日。ランチを食べたり、休憩するヒマがなくなるほど忙しくなることがありそう。準備不足と勉強不足が重なってしまう場合もありますが、いまできる最善をつくせば、大きな問題は避けられそうです。
6 水	▲	身の回りを少しでも片付けるようにしましょう。5分間でも周囲を整えたり、きれいにすると、やる気が出て気分もスッキリするでしょう。
7 木	○	はじめて会った人に、あなたの第一印象を聞いてみるといい日。「昔は、そんなこと言われなかったなぁ」と思う部分があったら、自分がどんな成長をしたのか、想像できるでしょう。
8 金	○	新しい出会いや変化を楽しんでみるといい日。いい縁がつながったり、人を紹介してもらえることがあります。あなたも知り合いを紹介すると、おもしろい仲間ができることも。今日は、人との輪を大切にしてみましょう。
9 土	□	恋人がいる人は、今後のことを話してみるといいタイミング。思い切って同棲や結婚の話をするのもいいでしょう。知り合いと未来について語ってみると、勢いがつきそうです。
10 日	■	ドッと疲れが出そうな日。遊びの予定を入れている場合は、無理をしないで、こまめに休憩をはさむようにするといいでしょう。今日は、珍しく長距離を歩くことになるかも。
11 月	●	大きなチャンスをつかむことや、流れを変えることができる日。勇気を出して思い切って行動したり、覚悟をもって決断することが大切です。今日得た体験や経験、出会いによって、今後の運命が変わる場合も。
12 火	△	調子に乗りすぎて失敗したり、恥ずかしい思いをすることがある日。未熟な部分があることを忘れないで、謙虚な気持ちをもちましょう。うっかりミスや確認ミス、準備不足にも気をつけること。
13 水	◎	付き合いの長い人や、知り合いに会うといい日。前向きな話ができたり、いい突っ込みによって自分の考えをまとめられそうです。前に進むきっかけをつかめることもあるでしょう。
14 木	☆	いまある仕事に感謝して、これまで以上に真剣に取り組むといい日。今日の頑張りを評価してくれる人が現れたり、大きなチャンスにつながることもありそうです。重要な仕事を任されたときには、即OKしましょう。
15 金	▽	日中にいい連絡があったり、大事な話を進められそう。遠慮しないで自分の気持ちや考えていた計画を話してみるといいでしょう。素直な意見が大事になります。夜は、急な誘いで予定が乱れることも。
16 土	▼	小さなことでイライラしたら、自分の幼稚な部分や、己の器の小ささを自覚するように。いつでも機嫌よく笑顔でいるよう意識したり、自分よりも、周囲をよろこばせるにはどうすればいいのか考えて行動しましょう。
17 日	✕	楽しみにするのはいいですが、過度な期待はガッカリするだけ。今日は、自分が興味あることよりも、友人や知人の関心や趣味に合わせてみると、いい発見や学びがたくさんあるでしょう。話をじっくり聞く楽しさを忘れないように。
18 月	▲	ボールペンのインクがなくなったり、トイレットペーパーを使い切るなど、何かと「終わり」に当たってしまいそうな日。区切りをつけるといい日でもあるので、過去の恋や失敗は、「過ぎたこと」だと思って気にしないようにしましょう。
19 火	○	ノリや勢いを大切にするといい日。あまり興味がなかったことでも、周囲から勧められたら、思い切って挑戦してみるといいでしょう。自分の成長を実感できることもありそうです。
20 水	○	フットワークを軽くすることで、いい縁をつかめたりいい仕事につながりそうな日。少し面倒に思うことでも、とりあえずOKしてみましょう。心配だったとしても、なんとかなる流れになりそうです。
21 木	□	明るい未来を想像して、未来の自分が「いまのうちにやっておくといいよ」と言いそうなことを今日からはじめておくといいでしょう。やや地味でも、すぐにできることから着手するのがオススメです。
22 金	■	目の疲れや寝不足を感じやすい日。今日は頑張りすぎないで、こまめに休むようにしましょう。忙しいときほど、しっかり休む時間をつくるように。体調を整えることも仕事のうちです。
23 土	●	突然恋人ができたり、告白されることがありそうな日。気になる人に連絡して、自らきっかけをつくることも大切です。買い物に行くにもいい日なので、服や靴、カバンを購入すると、今後のラッキーアイテムになるでしょう。
24 日	△	楽しい時間を過ごせそうですが、ドジもしやすい日。今日は、注意力が散漫になってしまいそうです。食べこぼしをしたり、ドリンクを倒すなどのうっかりミスに気をつけましょう。忘れ物にも要注意。
25 月	◎	あなたに必要な人と会えて、重要な話ができそうな日。本音を語れる人に連絡をして、不安や心配事を打ち明けてみると、いいアドバイスをもらえることもありそうです。
26 火	☆	大きな決断をするのにいい日。自分の目標をしっかり定めたり、今日から生活リズムを改善するのもいいでしょう。買い物や契約にもいい日なので、気になるものをチェックしに行きましょう。
27 水	▽	日中は、多少のワガママなら許されてしまいそう。少し調子に乗ってもいいですが、夕方あたりからは、空回りしたり思い通りにならないことにイライラしやすくなるので、気をつけましょう。
28 木	▼	年賀状を出し忘れていたり、年末年始の予定を決めていないなど、いろいろと抜けがあることに気づいてしまうかも。ゆっくりでもいいので、できることから片付けるようにしましょう。
29 金	✕	大掃除するつもりだったのに、ダラダラと時間だけが過ぎて「結局進まなかった」なんてことになりそう。かえって散らかしてしまい、大事なものを壊してしまう場合もあるので、気をつけましょう。
30 土	▲	いらないものは、午前中に処分しておくといいでしょう。捨てる覚悟ができずに置きっぱなしになっているものほど、思い切って捨ててしまいましょう。身の周りをよく見てみると、読まない本や着ない服などがたくさんあるはずです。
31 日	○	例年とは違う大晦日になりそうな日。行ったことのないお店や、最近オープンしたお店に足を運んでみるといいでしょう。カウントダウン・ライブやイベントに出かけるのもよさそうです。

☆ 開運の日　◎ 幸運の日　● 解放の日　○ チャレンジの日　□ 健康管理の日　△ 準備の日　▽ ブレーキの日
■ リフレッシュの日　▲ 整理の日　✕ 裏運気の日　▼ 乱気の日　＝ 運気の影響がない日

金の 鳳凰座

持っている星

★ 忍耐強い星 　★ 情熱的な星 　★ 凝り性の星
★ 知的な星 　★ 頑固者の星 　★ 不器用な星
★ 団体行動は苦手な星 　★ ワンテンポ遅い星

12年周期の運気グラフ

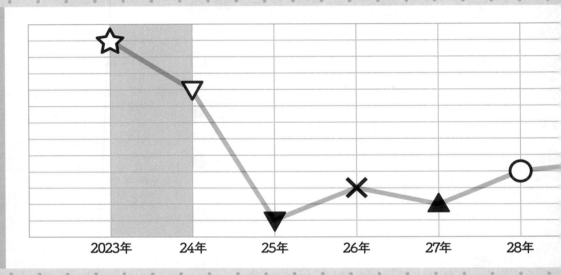

2023年 　24年 　25年 　26年 　27年 　28年

＼ 金の鳳凰座はこんな人 ／

基本の総合運

燃える孤高の鳥である鳳凰は、情熱家で一度火がつくと燃え尽きるまで続くパワーがあります。普段は物静かでも、内に情熱を秘めていることが多く、じっくりゆっくり進みながら内面は燃えたぎっているでしょう。団体行動や集団の中にいるよりもひとりの時間を大事にするため、自然としゃべりが下手になってしまい、伝え下手なところが出てくるかも。何事もしっかり考えますが、考えすぎてチャンスを逃しやすく、土台が頑固なため、勘違いや見当違い、人間関係のトラブルも多いタイプです。

基本の恋愛＆結婚運

好みのタイプがハッキリしているため、同じような相手を好きになることが多いタイプ。恋の火がつくと相手のことばかり考えすぎて、深読みして空回りしたり、気持ちを言葉で伝えることが苦手でチャンスを逃してしまったりすることも多いでしょう。真面目で心の広い人と結ばれると幸せになれます。結婚は安定した人を望む傾向があり、両親や祖父母を大切にする人との結婚を望むでしょう。結婚後は安定した家庭生活を送りますが、頑固なので自分のリズムや生活パターンを変えられないでしょう。

基本の仕事＆金運

時間と忍耐が必要な仕事や、体を使う仕事に向いています。どんな仕事でも「自分はこれだ！」と思って情熱を燃やせれば、時間がかかっても必ず結果を出し、評価される人。職人的仕事、時間や手間がかかる仕事、研究や、変化の少ない仕事が最適です。流行のことやチームワークでは苦労しがちですが、一生懸命に取り組むと、しだいに周囲の目も変わります。金運は、若いうちに「お金の勉強」をすると、投資などで安定して収入を得られることもあるでしょう。流動性が激しい博打などには手を出さないほうがいいでしょう。

「金の鳳凰座」の2023年は、「開運の年」。山登りで言うと頂上で、最高の年です。魅力や才能を評価され、さらに運を味方につけられるので、何事にも積極的になることが大事。2024年から運気の流れが変わり、2025〜2026年は「裏の時期」に入ります。裏の時期はこれまでとは違った変化が起こるので、2023年はやりたいことに全力で取り組み、この先の覚悟を決めることも重要です。積極的に行動しましょう。

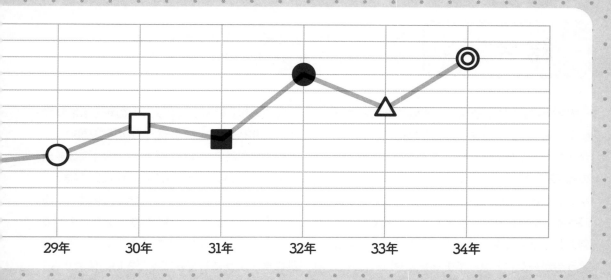

29年　30年　31年　32年　33年　34年

年の運気の
概要

● 解放の年
プレッシャーや嫌なこと、相性の悪いことから解放されて気が楽になり、才能や魅力が輝きはじめる年。

△ 準備の年
遊ぶことで運気の流れがよくなる年。些細なミスが増える時期でもあるので、何事も準備を怠らないことが大事。

▲ 整理の年
前半は、人間関係や不要なものの整理が必要。後半は、チャレンジして人脈を広げることが大事です。

☆ 開運の年
過去の努力や積み重ねが評価される最高の年。積極的な行動が大事で、新たなスタートを切ると幸運が続きます。

○ チャレンジの年
「新しい」と感じることに挑戦をして体験や経験を増やすことが大事な年。過去の出来事に縛られないこと。

▽ ブレーキの年
「前半は攻め、後半は守り」と入れ替わる年。前半は行動力と決断力が大事。後半は、貯金と現状維持を。

✕ 裏運気の年
自分の思いとは真逆に出る年。予想外なことや学ぶべきことが多く、成長できるきっかけをつかめます。

◎ 幸運の年
前半は、忙しくも充実した時間が増え、経験を活かすことで幸運をつかめる年。後半は新たな挑戦が必要です。

□ 健康管理の年
前半は、覚悟を決めて行動し、今後の目標を定める必要がある年。後半は、健康に注意が必要です。

■ リフレッシュの年
求められることが増え慌ただしくなる年。体を休ませたり、ゆっくりしたりする時間をつくることが大切。

▼ 乱気の年
決断に不向きな年。流されながら、求められることに応えることが大事。体調を崩しやすいため、無理は避けて。

2023年の運気

2023年開運 3ヵ条

1. 勝算があると思ったら即行動する
2. 新しい人脈作りをする
3. 嬉しい時はしっかり喜ぶ

ラッキーカラー ライトブルー　イエロー　**ラッキーフード** もつ鍋　ケーキ　**ラッキースポット** 避暑地　百貨店

総合運

努力していたことに結果が出る最高の年
全てを手に入れるつもりで日々を過ごして

　人生で最も輝き、努力してきたことに結果が出る最高の年。一度決めたことは結果がなかなか出なくても辛抱強く続けることができる「金の鳳凰座」は、一度火が付いたら簡単には消えない情熱とパワーの持ち主です。がむしゃらに頑張るというよりも、じっくりと考えて淡々と努力し、最後に笑うタイプ。今年は「いよいよ笑う時が来た」と思ってチャンスや流れに対して素直になり、評価や結果をしっかり受け止めるようにしましょう。

　また、今年はあなたの人生を大きく左右するとても大事な出会いもあります。「金の鳳凰座」は1人の時間が好きで人脈作りが不得意なタイプですが、今年は新しい人に会う機会をできるだけ多く作って、急な誘いでも即OKしておきましょう。この1年だけでも良いのでフットワークを軽くしてみると、驚くような人と仲良くなれたり人生が大きく変わっていきます。しばらく恋人がいなかった人でも理想的な人を見つけて交際できたり、既に恋人のいる人は結婚できたりするでしょう。仕事でも十分な結果を出して高く評価され、これ以上ない充実した気持ちで1年を過ごせそうです。

　「開運の年」は新たなスタートの年でもあります。10年後になっていたい自分の姿を想像し、そのために何を積み重ねるべきか考えて動き出してください。10年後が難しければ5年後、3年後、1年後の自分が今の自分に何を言うか想像してみましょう。それが今すぐあなたのやるべきことや学ぶべきことなので、すぐにでも行動に移すようにしてみてください。何よりも1日30分でも良いので本を読む習慣を身につけるようにしましょう。苦手な人でも、寝る前の10分だけでもいいので、まずは簡単な本から読む癖をつけてみると後の財産に変わってくるはずです。ゲームをする時間、ネット動画を見る時間、SNSを見ている時間を積み重ねても今年の運気を上手くいかせないどころか時間の無駄になってしまうので、自分の人生を自分で良くするために新たな努力をスタートさせておくといいでしょう。

　「開運の年」に蒔いた種は、想像以上の幸せに繋がるので、習得するのに時間がかかるような技術や資格などの勉強を始めるのもいいでしょう。また、今年はお金の勉強をしっかり行うことが大切です。数冊でも良いのでお金に関わる

本を読んで、少額の投資や投資信託をスタートさせておきましょう。何より、「お金は銀行に預けておくもの」という固定観念を今年から改めるようにしてください。

良い運気の流れに素直に乗ってみると不思議と幸せを得られますが、「金の鳳凰座」は頑固なため「自分が思っていた方向と違う」と考えてしまい流れに乗らないということがありそう。そうすると今年の運気を無駄にすることになってしまうので、まずは「今年は運気が良いから行動してみよう」と思ってみることが大事です。もちろん運気がいい1年でも多少の浮き沈みはありますが、多少のマイナスは「運気がいいおかげでこのくらいで済んだ」と思っておくことも肝心です。

早速幸運を感じそうなのが2～3月。「開運の年」の「開運の月」であるこの時期は積み重ねてきたことに答えが出たり、これまでの頑張りを見ていてくれた人が手を差し伸べてくれる運気です。久しぶりに会う人や偶然会った人でも、近況報告をしてみると大きなチャンスを繋いでくれることがあるでしょう。長年挑戦しようと思っていたけれど、なかなかスタートできなかったことがあるなら、この月に挑戦してみるのがオススメ。

この2ヵ月は嬉しいことがあったり幸せを手に入れられる可能性がそもそも高い時期ですが、ただ単に待っている人と自ら掴むために行動した人とでは差が付くのが当然。自分の好きなことに思い切って挑戦したり、夢に向かって走り出してみてください。「金の鳳凰座」は動き出すまでに時間がかかるタイプなので、3月に引っ越しや転職、独立や起業、結婚などを決断するといいでしょう。資格取得のための学校に通う決断や申し込みなどをするのもオススメ。他には武道や華道など伝統的な習い事を始めると大きく運命が変わりますが、3月にスタートしたことは最低でも6年は続けるようにしてください。結婚、家やマンションや土地の購入、保険の見直し、投資信託など長期保有になるものの購入を決断するにも最高のタイミングなのでやってみると良いでしょう。

8～9月は新しい出会いも多く、興味のあることも増えそうです。気になったことがあったら迷わず挑戦しましょう。この段階で2023年の運気の良さを感じない場合は、引っ越しや転職で環境を変えたり、生活習慣を大幅に変えてみると、人脈や考え方を変えられるようになるでしょう。12月の「解放の月」には、人生最大の幸運とチャンスが訪れます。夢や希望が叶い、結婚や昇格など嬉しい出来事もあり、人生のピークを味わえるでしょう。

2023年は12年ぶりの最高の人生を送れる人もいるくらい運気が良い年ですが、1月は判断ミスをしたり、珍しい失敗でやる気を失ってしまうことがあります。気分転換や趣味の時間を楽しむようにすると良いでしょう。5月の「乱気の月」と6月の「裏運気の月」は欲張りすぎに注意。思い通りに進まなくても投げ出したりしないで、7月中旬辺りまではのんびりしたり、遊びに行く機会を増やして楽しむようにしましょう。

また、今年はあなたの向き不向きがハッキリ見えてくる運気でもあります。早い人は2～3月に結果が出ますが、最終的には12月になったら今後どうするべきなのかハッキリするでしょう。自分の決めたことを貫き通すのも良いですが、周囲からのアドバイスを素直に聞き入れてみることも大切。不向きなのに続けすぎてしまうことが幸せを掴めない原因になる場合もあるので、12月に自分の向き不向きを考えて、これからどうするのか真剣に考えましょう。新たな挑戦をするなら12月に決断をすると良いですが、動き出すのは2024年2～3月になっ

開運のつぶやき ▶ 👓 幸せは、行動した人だけにやってくる。

ても良いでしょう。

　一方で、最高の運気だからこそ悪さも出てしまう1年です。特に人間関係で「こんな人ではなかったのに」と思うような出来事があるでしょう。「金の鳳凰座」は出会いの初期の段階で人の印象を決めつけてしまうところがありますが、薄々嫌な予感がしていたけれどなんとなくそのままにしていた人とトラブルになったり別れの原因になる出来事が起きるでしょう。意外な人に裏切られていたことも発覚しますが、「運気が良いからこそ知ることができた」と前向きに受け止めることが大切。ここで縁を切らずにズルズルと関係を続けてしまうと、人生で後悔することになるので気をつけましょう。

　また、仕事や職場があなたに合っていない場合、トラブルや面倒なことが起きそう。そういった出来事を素直に受け止めて、転職など環境を変える決断が必要になるでしょう。「金の鳳凰座」は苦しい環境でも耐え抜こうとするところがありますが、今年は思い切った行動をしておくと本来のあなたに合う場所を見つけることができるでしょう。

　過去に悪い種を蒔いてしまった人は、2023年に悪い芽が刈り取られると思っておいてください。小さな不正や悪習慣も表面に出てきてしまいます。職場で「みんなやっているし」などと思っている問題行動は指摘されることになるでしょう。悪習慣を続けていた人は体調を崩したり病気が発覚したりしますが、「早い段階で見つかって良かった」と前向きに捉えるようにしてください。また、今年悪い種を蒔くと後の運命が沈んだままになってしまうこともあるので、善意ある行動を心がけましょう。

　今年は遠慮していると運気の流れを止めてしまうということを忘れないようにしましょう。「金の鳳凰座」は何事もじっくり考えて自分のタイミングで動き出すタイプですが、今年はゆっくりだとチャンスを逃す可能性があるので、もらったチャンスは小さくてもOKしてみることが大事。特に付き合いの長い人や信頼できる相手からの話なら思い切って行動する価値があるでしょう。今年の運気で「私には荷が重いです」とか「まだ早いです」などと言ってしまうと、運気の流れが止まるどころか、それがあなたの願いとなって、チャンスが回ってくることがなくなってしまいます。多少の面倒や責任を背負うことは、幸せを得るためには必要なので勇気を出してみると良いでしょう。

　仕事も恋も結婚も妊娠も、欲しいものは全て手に入れようと動いていい1年です。「金の鳳凰座」は1つ1つしか手に入れようとしないタイプなので「開運の年」を上手くいかせないことが多いですが、この本を読んだ時点で「全てを手に入れよう！」と決めて日々を過ごしてみてください。特にこれまで辛抱強く耐えて地道な努力をしてきたのになかなか評価されなかったという人ほど、今年は大きな幸せを掴むことができるので遠慮しないようにしましょう。あなたが評価されることで周囲の人も喜んでくれるので、「自分ばかり評価されても」などと思わないように。少しでも嬉しいときはいつも以上にしっかり喜んでおくとさらに嬉しい出来事に繋がるでしょう。

　良い占いの結果は当てにいくためにあることを忘れないようにしてください。ほとんどの人が思った以上の大きな幸せや夢を叶えることができるなど運を味方にできる1年です。しっかり受け止めて、新たな種を蒔いて、2023年に新しく始める勉強や習慣などは12年後の「開運の年」のためだと思うくらいじっくり育ててみるとあなたらしい生き方ができるでしょう。開き直りも必要になるので、現実にしっかり目を向けて、ありのままの自分を素直に楽しんでみてください。

恋愛運

人生最大のモテ期到来
気になる人がいたら遠慮なく誘ってみて

人生最大のモテ期であり、最高の出会いがある運気。今年出会う人は全員あなたに惚れているか気になっているかだと思っていいほど魅力が輝く1年です。高望みに思える相手でもきっかけを作るだけで良い関係に発展したり、自分でも驚くような素敵な人から告白されることもあるでしょう。ただ、「金の鳳凰座」は過去の恋を引きずりやすいタイプで、相手の顔色をうかがいすぎてしまう人や今までの恋で相手に弄ばれてしまった人は、異性を見る基準が間違っている可能性もあります。「過去の恋は過去のこと」と割り切って、今年初めて会う人に注目しましょう。「とりあえず付き合ってみる」という恋は失敗が多かったと思うので、どんなタイプの人と自分が合わないのか、きちんと分析もするようにしておきましょう。

1月は早速モテを感じられたり、異性からの誘いや出会いが増えそうです。ただ、この時期の恋は残念な結果や中途半端な関係で終えてしまう可能性があるので、今年の恋のスタートは2月からだと思っておき、4月中旬までは積極的に行動して、異性を褒めたり、明るい雰囲気を出しておくといいでしょう。

4月中旬までに恋人ができなかった場合は、8～9月に思い切ったイメチェンをするといいでしょう。また、習い事を始めてみたり定期的に行く場所を作ってみるなど、行動パターンを変えてみるのもオススメです。「金の鳳凰座」は街コンや合コンなど瞬発力がいる場ではうまく自分をアピールできず、それどころかあなたを振り回す人を捕まえてしまうので、もし参加するなら「度胸をつけるため」くらいの気持ちでいるといいでしょう。

恋愛運が最高にいいのは12月です。素敵な人から告白されることがある時期なので、相手を信じて交際をスタートさせるといいでしょう。それまではしっかり自分磨きをしておくといいので、この本を読んだ時点から12月を目標にしてダイエットを始めたり、前向きな言葉を発するようにしてください。笑顔や明るい雰囲気作り、相手を上手に褒める練習などもしておくといいでしょう。

今年は出会い運がいいので、いろいろなところに顔を出して連絡先を交換するようにしてください。相手にも仕事などの都合があるので今年は進展が遅いかもしれませんが、相性が良ければ2024年に交際＆結婚に繋がる出会いもありそうです。「金の鳳凰座」は相手の出方を待ってしまったり、交際を始めるまでに時間をかけすぎてしまうタイプですが、今年はあなたが恋の主導権を握っていると言っていい時期なので、気になる人がいたら遠慮なく話しかけてみたり誘ってみましょう。普段はなかなか振り向かせることができない人を振り向かせることができるかもしれません。ただ、モテ過ぎてしまい、不倫関係になったり危険な異性が近寄ってくる場合もあるので注意しましょう。今年不倫の恋にハマってしまうと、後にバレて慰謝料を請求されるなどドロ沼になる場合があるので、自分がされて嫌なことはしないように。

今年は仕事もプライベートも忙しくなる運気なので、異性を意識した髪型やファッションをするようにして、恋を楽しむことを忘れないようにしましょう。過去を気にして遠慮などせずに、「2023年は運気がいい」と信じて愛されることを素直に楽しむようにしてください。

開運のつぶやき　👓　「すみません」のほとんどを「ありがとうございます」に変えるだけで人生は楽しくなる。

結婚運

今年結婚すると人生が良い方向に進みそう
共に苦労を乗り越えられる人を探して

結婚をするには最高の運気。結婚をすることで後の人生がより良い方向に進んだり、運を味方に付けられるようになるため、五星三心占いでは「開運の年」を「結婚するには最もオススメの年」としています。ただし、単純に「結婚ができる運気」という意味ではありません。いい占いの結果は当てにいくことが大切で、運気がどんなに良くても自分から動かなければ何も変わらないので、今年は結婚に向けて真剣に動き出すことが大切です。

既に恋人のいる人は、早い人なら2〜3月にプロポーズされたり、遅くても12月に将来の話や婚約をすることになりそうです。この時期にプロポーズされるように、プロポーズの予約をしておくのも良いでしょう。年内に話が全く進まない相手とは後に縁が切れる可能性も高いので、ハッキリしない相手なら「◯歳に結婚する」など目標を決めておくと良いでしょう。

まだ恋人がいないけれど年内に結婚をしたいと考えている人は、12月を目標にして、2〜4月中旬までに結婚相談所に登録したり、親類からのお見合い話を進めてみるのが最も確率が高いでしょう。瞬発力のいるコンパや選択肢が多すぎる出会い系アプリは「金の鳳凰座」には難しいので、信頼できる人からの紹介がオススメです。ただ、複数の人に会うと誰が良いのかわからなくなってしまいます。運気の良い日に会うと良い縁になるので、運気カレンダーで「☆（開運の日）」「◎（幸運の日）」を調べて、その日に会えるようにすると良いでしょう。上半期に恋人ができなかった場合は、8〜9月に大幅なイメチェンをしたり、生活習慣や環境を変える覚悟をしてください。

最高に運気のいい年だと言っても、相性や出会ったタイミングが悪い人とは縁が切れることがあります。今年別れる場合は「そもそも縁のなかった人」ときっぱり諦めて次に進みましょう。今年の新しい出会い運は2024年の結婚運にも響いてくるので、気持ちの切り替えを大切にしてください。借金があったり、収入面などで問題がある相手と交際している場合も諦める必要が出てきます。結婚の話をした時に「お金がない」と言ってくるような相手なら、別れて次の人を探すようにしましょう。

当然ですが、結婚できる運気でもあなたに結婚するつもりがなければ、その運気も台無しになってしまいます。過去の恋を引きずっているとチャンスを逃してしまうので、まずは自分が本気で結婚を望んでいるのか考えてみることが大切。また、相手に望むことが多いと結婚が遠のくので、多くても3つ、できれば1つか2つに絞ったほうが良いでしょう。何よりも「結婚＝幸せになる」という考えをやめて、「結婚＝共に苦労する相手を見つける」と思うようにしてください。一緒にいるときに笑えたり、多少の苦労なら共に乗り越えられると思える人を選ぶようにするといいでしょう。

また、運気がいい今年は突然プロポーズされるようなこともあります。交際0日婚をしても良い運気ですが、結婚を前提にお付き合いを始めてみるのも良いでしょう。2023年に結婚を約束して、2024年に入籍をするのも問題ありません。それ以降の「乱気の年（2025年）」や「裏運気の年（2026年）」は相手の運気に合わせると良いので、まずは結婚をする相手やあなたの中での覚悟を決めると良いでしょう。

開運のつぶやき ▶ 「愛嬌がある、肯定的、シャレがきく、愛がある」人が運を掴むもの。

仕事運

苦労が報われて結果が出る年
今年結果が出なかったら転職の決断を

「開運の年」で最も良い結果に恵まれ、次に進むべき道が見えてくるのは仕事運でしょう。じっくりゆっくり実力をつけていく「金の鳳凰座」は、長い期間をかけて信頼を勝ち取ったり、技術を身につけるタイプ。若い時は苦労が多く、なかなか結果が出なくて苦しい思いをしたという人が多いと思います。そのため、直ぐに結果を求められるような仕事や職場だと、その苦しさに負けて転職を繰り返してしまうこともあったと思いますが、今年は「辛抱した甲斐があった」と言えるような出来事があるでしょう。実力以上の結果が出たり、周囲からも応援されて味方を集められるようになったり、頑張ってきて良かったと思えることが多くなりそうです。「やっとコツを掴んだ」などと言って「今ごろ？」と笑われてしまうようなこともありそうですが、時間をかけて少しずつ自分のポジションややるべきことがハッキリするのは決して悪いことではないので、今ある仕事や目の前の仕事に全力で取り組んでおきましょう。

1月は張り切り過ぎて失敗をしたり、小さな空回りや寝坊や遅刻などが増えるので注意が必要です。ただ、2〜3月は風向きが大きく変わるような出来事がありそう。この時期は勢い任せでも良いので、積極的に仕事に取り組んでみてください。自分も周囲も驚くような結果に繋がったり、出世や昇格、昇級に繋がる出来事もあるでしょう。8〜9月はさらに上り調子でやる気になってきます。この時期に仕事に役立つ勉強や資格取得などに動き出しておくと良いので、自分の至らない部分は認めて学ぶようにしましょう。12月は大抜擢されることや重要な仕事を任されることがあります。ここは絶対に遠慮しないで、自信を持って堂々と仕事に取り組んでおくと良いでしょう。また、大事な出会いが多い時期でもあります。仕事関係者との飲み会や食事会、プライベートでの付き合いも楽しんでみると、これまで以上に仕事がやりやすくなったり新しい仕事に繋がったりして、流れを大きく変えるきっかけになるでしょう。

運気の良い1年ですが、5〜6月は誘惑に負けてしまったり、小さなミスが増えてしまいそうなので注意しましょう。この期間は先に遊びの予定を立てて、「しっかり仕事をしてしっかり休む」という意識で過ごすようにしてください。結果が振るわなくても焦らないで、少しのんびりしておくと良いでしょう。また、11月に頑張りすぎると12月の「解放の月」の流れに乗れなくなってしまうことがあるので、体を休ませるのも仕事の1つだと考えて頑張りすぎないように気をつけておきましょう。

2023年に仕事で良い結果が出なかったり、充実も満足もできなかったという場合は、就職したタイミングが悪かったり、そもそも不向きな仕事をやっている可能性があります。12月の段階で自分に向いている仕事を真剣に考えて、2024年に転職をすると良いでしょう。忍耐強いのは良いことですが、不向きだったり不得意だったりする場所で頑張り続けてもなかなか結果は出ませんし、満足度も上がらないでしょう。今年の転職の決断は良い結果や後の幸せや収入アップにも繋がるので、勇気を出してみてください。ただ、現在の仕事で評価された場合は、その仕事が自分の天職だと思って、より一層極めるための勉強を始めたり資格取得を目指してみると良いでしょう。

開運のつぶやき　己の努力や能力や才能を他の人のために使える人が本当に優しくて強い人。

231

買い物・金運

今年の決断が後の収入アップに繋がりそう
長期的に財産を増やすことを考えて

収入アップが期待できる1年。給料があがったり、臨時ボーナスをもらえることがありそうです。現金以外でも、懸賞が当たったり、ビンゴで賞品をもらえたり、ポイントが思った以上にもらえるなど、嬉しいサービスに当たることも多いでしょう。また、先輩や上司からご馳走してもらったり、いただき物が多かったり、急に両親からお小遣いをもらえるなど、1年を振り返ると金銭面でラッキーなことが多かったと思える年になりそうです。

できれば今年から、つみたてNISAやNISA、iDeCo、投資信託などをスタートさせてください。将来的にお金を安定させるためにも、収入の1割くらいは投資などの運用に回すと良いでしょう。「お金は銀行に貯金する」という考え方を変えないといつまでもお金は増えないので、少額からでも始めてみてください。よくわからず不安という人は、ネットで調べたり周囲にいる詳しい人に教えてもらうと良いでしょう。

今年は買い物運も良いので、家やマンション、土地、車などの購入を決断すると良さそうです。今年購入して入居が2024年になってもかまわないので、物件を探してみましょう。家の購入は考えていないという人でも、今年は引っ越しをするのにも最高な運気。今年引っ越しをしたらそこには長く住むことになると考えて、良さそうな場所を選んでみるといいでしょう。購入も引っ越しも考えていないという人はリフォームをするといいでしょう。壁紙やカーテンやラグを替えるのもオススメです。

また、欲しい物が安く手に入るという幸運もありそうです。今年は財布の買い換えをすると良いので、2〜3月の運気の良い日に買いに行ってみてください。長く使う物は「☆（開運の日）」や「◎（幸運の日）」の日に購入するというルールを守るとお金が自然に増えるようにもなってくるでしょう。他にも、値段の比較をしてみるとお得なものをいろいろ見つけられたり、ポイントが普段よりも沢山もらえるサービスなどを受けられるので、キャッシュレス決済を使った買い物などお得になる方法をいろいろ試してみると良いでしょう。

「金の鳳凰座」は、節約生活に慣れるとそのサイクルをしっかり守り続けることができますが、逆に浪費癖が付いてしまうとなかなかやめることができなくなってしまうタイプです。2023年は自分のお金の使い方を調べて、無駄な出費になっているものがないか見直してみましょう。家賃、保険の契約、サブスクなど毎月の出費をチェックしてみて、もっと節約できたりポイントをうまく貯められるような方法があれば、多少面倒でも契約変更や解約をしましょう。家計簿アプリを使って収支をチェックしてみると自分のお金の使い方で疑問を持つところも出てくるので、12月に目標額を決めて貯金を始めると良いでしょう。

すぐに収入アップに繋がるわけではなかったとしても、今年の行動や決断が後の収入アップに繋がることがあるので、目先のお金だけではなく、長期的に財産を増やすことを考えてみてください。簡単に儲けようと思うのではなく、10年くらいかけてゆっくりお金を増やそうとする意識が大事ですが、そのためにも勉強は必要です。お金に関わる本を2〜3冊読んで、少しでもできそうなことがあれば実際に始めてみるといいでしょう。

開運のつぶやき ▶ 🕶 動くから運も動く。動かない人に運はやってこない。

美容・健康運

健康で元気に過ごせる運気
今年は理想の体を手に入れて

「開運の年」の今年は、健康で元気に過ごせる運気。基礎体力や基礎代謝を上げたいと思っているなら、多少お金がかかっても良いのでスポーツジムでパーソナルトレーナーに助言してもらいながら体を動かしてみると、効率よく良い体を作ることができるでしょう。ダイエットをするにもいい運気なので、スタートさせてみると理想の体重やスタイルに近づけそうです。

同様に美意識も高めると良いので、美術館に足を運んだり、綺麗な風景を見たり、同年代で体型の似ている人のファッションや色使いを学ぶようにしましょう。また、美肌や美容のエステに行ってみるのもいいでしょう。美容室もこれまでより少しいい場所に行くなどして少し贅沢をしてみるのがオススメです。旅行先のホテルでマッサージやエステを受けて、これまで頑張ってきた自分へのご褒美にするのもいいでしょう。身の回りにある化粧品や石けんやシャンプーなどは今まで同じ物を使い続けることが多かったと思いますが、より高品質な最新商品や今のあなたに見合った物を見つけられそうです。高級な物にする必要はありませんが、探してみるといいでしょう。

ただ、今年はこれまでの積み重ねが出てくる年でもあるので、これまで不健康な生活を送っていた人は体調を崩してしまったり、病気が発覚してしまうかもしれません。体調に異変を感じていたり、自分の生活習慣に問題があると思っている人は人間ドックに行って検査してもらうといいでしょう。特に今年は運気が良いぶん仕事や趣味が充実して忙しくなるので、予定を詰め込み過ぎて疲れが溜まってしまうということがあるでしょう。睡眠不足にならないように注意して、健康的な生活習慣を作るように意識しましょう。

また、今年から服装や髪型を変えると運気の良い流れに乗りやすくなります。身の回りにある物や服や靴を年齢に見合った物に買い換えたり、これまでとは少しイメージの違うアイテムを取り入れると良いでしょう。派手で目立つ物よりも黒っぽい物が多くなっていると思うので、グレーやネイビーの物を選んだり、ワンポイントでも良いので明るい色を入れてみると雰囲気も変わって周囲からの評判も良くなるでしょう。「金の鳳凰座」は一度気に入った髪型はなかなか変えないタイプですが、今年は2〜3月にこれまでとは違った雰囲気の髪型にしてみると、魅力がアップした感じが自分でもわかり、急にモテたりすることがあるでしょう。

忙しくも充実する1年になりますが、健康な体で問題ないと過信すると、体調を崩す原因を作ってしまう可能性があります。運気がいい年だからこそ体調管理や健康的な食事のバランスを意識して、軽い運動などをするようにしましょう。軽いランニングやマラソンなどをしてみたり、気になるスポーツを始めてみるのも良さそうです。

「金の鳳凰座」は大人数で行うスポーツよりも1人で没頭できるものの方がハマると思いますが、今年は出会い運も良いので、ゴルフなど周囲に誘われたものがあるなら「今年は運気がいいからやってみようかな」と軽い気持ちで始めてみましょう。誰よりもハマって長く続けられることもありそうです。運気が良い時期だからこそ体のことを考える時間を作るようにしておいてください。

親子・家族運

理想の家庭が築けそう
ワガママになり過ぎず家族の意見も尊重して

あなたが思い描いた通りの家庭を作れたり、家族からの応援や精神的なサポートを受けられそうな年。基本的に問題なく1年を過ごせそうですが、もし何かトラブルが起きてしまった場合は、あなたのルールに家族が従った結果、間違った方向に進んでいるという可能性があります。その場合は、あなたの考え方や家族の中での役割を少しずつでも変えていくことが大事です。あなたの頑固さにみんなが合わせてくれていることに感謝を忘れないようにしつつ、頑張り過ぎや尽くし過ぎが原因でイライラしていることがあるなら、ハッキリ言うよりも「今後どうしていきたいのか」をみんなで話し合ってみると良いでしょう。

夫婦関係でもあなたが主導権を握る年です。あなたが思い描いている夫婦の形に近づいていきますが、あなたが尽くし過ぎると相手が甘えてしまうことがあるので、甘えさせ過ぎないようにすることも大切。また、今年は少し贅沢な旅行や食事などをするのも良いので、憧れだった旅館や気になっていた温泉などを探してみると良いでしょう。流行りの場所や派手なところよりも、隠れ家的な場所や老舗旅館などに行くと良いでしょう。

お子さんとの関係は、一緒に資料館などに行って歴史を学んでみたり、神社仏閣などの少し渋い世界を一緒に楽しんでみると良いでしょう。また、「金の鳳凰座」はしつけやルールがしっかりしている分、子どもに目がいきすぎて疲れてしまうことがあるタイプなので、お子さんがある程度大きくなっているなら信用して距離を置いてみると良いでしょう。一緒にお金の勉強をするのも良いので、お小遣いの金額やル

ールをどんな風にするといいのか話し合ってみてください。

両親との関係もあなた中心になってきます。今年は親孝行をするには良い運気なので、贅沢な旅行とまではいかなくてもみんなが喜びそうなプランを立ててみましょう。ホームパーティーなどをすると例年以上にいい思い出もできそうです。

家族の中にあなたと同じ「金の鳳凰座」がいると、お互いに頑固者同士なのでぶつかってしまう場合がありますが、上手く譲り合ってみると良い家庭になるでしょう。知らず知らずのうちにあなたのリズムやルールにみんなが従っていることがあるので、もし不満がある場合は、相手に文句を言うのではなく、この1年をかけて家族との関わり方やルールを変えてみると良いでしょう。

また、過去のことをいつまでも引きずっていると何も変わらないので、今年から新しいスタートだと思うようにしてみてください。たとえば毎年の旅行、あるいは数年後の旅行のためにお金を貯める計画を立ててみるといいでしょう。家やマンションの購入という夢があるなら、何年後が良いのか話し合って計画を立ててみるとみんな協力してくれそうです。今年は運気が良いのであなたのワガママが通りやすいですが、家族みんなの意見を尊重することを忘れないようにしてください。「どうせ言っても変わらないから」と思われてしまうと会話が減ってしまうので気をつけましょう。もし誤解や勘違いをされていると感じるなら、短くても良いので手紙を書いてみると思いが伝わってより良い家族になれるでしょう。

開運のつぶやき ▶ 優しい言葉を使えば、心にゆとりが出てくる。

年代別 アドバイス

世代が違えば、悩みも変わります。
日々を前向きに過ごすためのアドバイスです。

**年代別
アドバイス
10 代** ▶
今年は人生を変える大きなスタートラインに立っていると思いましょう。10年後に笑って
いられるようにするためには何をすればいいのか真剣に考えて、12月までに行動に移すと
良いでしょう。やる前に諦めるのではなく、自分の気持ちに素直になって興味のあることに
チャレンジしてみると良いでしょう。時間のかかるものほど自分に向いていると信じてみる
ことも重要。新しい友人が運命を変えるので、人脈作りも楽しんでおきましょう。

**年代別
アドバイス
20 代** ▶
人生で最も輝ける1年。目立つことが苦手だと思わず、しっかり目立ってリーダーになった
り、みんなの中心になっておくと良いでしょう。至らない点は今後の課題だと思って、ここ
から10年でどれくらい成長できるかを楽しむと良いでしょう。些細なことでも全力で取り
組んで、自分の限界を知ることが大事。そうすれば、向き不向きや次に進むべき道も見えて
くるのでいい加減にやらないように。実力を知ってこそ見える道を楽しみましょう。

**年代別
アドバイス
30 代** ▶
これまでの努力が実を結ぶ1年。しっかり欲張って全ての幸せを手に入れるくらい積極的に
行動することが大切。面倒や苦手だと思って避けてしまうよりも、自分を信じて思い切って
行動すると良い人脈もできて大切な経験もできるでしょう。交友関係が今年から変わるので、
不思議な縁の人やこれまでにないタイプの人と仲良くなってみると人生が大きく変わって楽
しくなるでしょう。遠慮のいらない1年だと忘れないようにしましょう。

**年代別
アドバイス
40 代** ▶
やっと実力が評価される1年。20〜30代から頑張り続けていた人ほど、大きな結果が出た
り、それなりのポジションを任せてもらえるでしょう。良いビジネスパートナーや付き合い
が長くなる人と会える可能性があるので、人との出会いはチャンスだと思って前向きに捉え
ましょう。資格取得や趣味の習い事を始めてみると、長い期間楽しめるようになるでしょう。
大きなビジネスチャンスにも恵まれるので、思い切って行動しましょう。

**年代別
アドバイス
50 代** ▶
長く積み重ねてきたことに答えが見える年。自分のやるべきことや向き不向きがやっとわか
る人もいると思いますが、時間をかけたぶん、「目先の結果ばかり追いかけなくてもいい」
という自信を持つことができるでしょう。長く取り組むことの大切さを周囲に教えることも
できそうです。新しい趣味を見つけておくと今後が楽しくなるので、気になったものを始め
るといいでしょう。軽いランニングやマラソンを始めてみるのも良いでしょう。

**年代別
アドバイス
60 代
以上** ▶
憧れだった場所に旅行してみたり、気になることを習ってみると、いい1年になるでしょう。
1人の時間を楽しむのもいいですが、これまでとは違ういい人間関係もできるので、いろ
いろな人に会えるように努めてみると良いでしょう。ゆっくりでもいいので体力作りを始める
にもいい運気なので、健康的な生活習慣を心掛けましょう。自分独自のものではなく、医者
や専門家の意見を聞いて体力作りに取り組みましょう。

命数別2023年の運勢

【命数】21

頑固な高校1年生

基本性格
サッパリとした気さくな性格ですが、頑固で意地っ張りな人。負けず嫌いな努力家で、物事をじっくり考えすぎることも。仲間意識を強く持つものの、ひとりでいることが好きで単独行動が自然と多くなったり、ひとりで没頭できる趣味に走ったりすることも多いでしょう。しゃべるのが苦手で、反発心を言葉に出してしまいますが、ひと言足りないことでケンカになるなど、損をしてしまうことが多い人でしょう。

持っている星
★忍耐力のある星
★計算が苦手な星
★昔の仲間に執着する星
★夜が強い星
★好きなタイプが変わらない星

開運3カ条
1. 仲間を大切にする
2. 美意識を高める
3. スポーツや習い事をはじめる

2023年の総合運
ライバルに差をつけることができ、満足のいく1年になりそう。負けず嫌いの頑張り屋で、努力と根性でこれまで頑張ってきたタイプですが、今年はさらに高い目標を設定したり、もっと自分にできそうなことを見つけてみるといいでしょう。新しい体験や経験も増やすこと。また、体を鍛えることで、よりあなたの強みを活かせるようになるので、筋トレなどしっかりトレーニングするのもオススメです。健康運は、胃腸にいい食べ物を選ぶよう心がけておきましょう。

2023年の恋愛&結婚運
運命の相手は、友人や仲間、同級生など身近なところにいるタイプ。今年は男女関係なくいろいろな人と交流してみると、自然といい出会いに恵まれるでしょう。人が集まる場所に定期的に行ってみたり、資格取得のためのスクールに通ったり、スポーツや習い事をはじめるのもオススメ。成長できるうえに、恋の相手も見つけられるかも。色気が年々薄れてしまうところがあるので、美意識は忘れないように。結婚運は、恋人と友達のような付き合いができているなら、一気に結婚するといいでしょう。

2023年の仕事&金運
頑張れば頑張るほど結果の出る年。駆け引きや計算が得意でなくても、「努力すれば評価される」と証明できるです。一生懸命なあなたを見て、周囲の人も、応援やサポートをしたくなるので、頑張りをアピールしてみるといいでしょう。いい仲間を集められたり、大事な協力者が現れることも。目標となる人を見つけてみると、さらにパワーアップできそうです。金運は、ランニングシューズなどのスポーツに関わるものや、勉強になるものにお金を使うといいでしょう。

ラッキーカラー オレンジ 濃いピンク **ラッキーフード** 餃子 ほうれん草のごま和え **ラッキースポット** 日本庭園 高層ビル

【命数】22

単独行動が好きな忍耐強い人

基本性格
向上心や野心があり、内に秘めるパワーが強く、頑固で自分の決めたことを貫き通す人。刺激が好きで、ライブや旅行に行くと気持ちが楽になりますが、団体行動は苦手でひとりで行動するのが好きなタイプ。決めつけがかなり激しく、他人の話の最初しか聞いていないことも多いでしょう。心は高校3年生のようなところがあり、自我はかなり強いものの、頑張る姿や必死になっているところを他人には見せないようにする人です。

持っている星
★陰で努力する星
★刺激的な恋にハマる星
★孤独が好きな星
★夜無駄に起きている星
★豪快にお金を使う星

開運3カ条
1. 難しいと思うことに挑戦する
2. 好きな人には素直になる
3. 高級なものを買う

2023年の総合運
状況を一気にひっくり返すことができる運気。密かに学んでいたことや陰の努力がいよいよ実ったり、あなたの実力や才能、魅力が周囲に伝わる年になるでしょう。評価は堂々と受け入れ、多少かっこ悪いと思ってもいまの実力を出し切ってみると、想像以上の結果を残すことができそうです。大胆なスタートを切るにもいいタイミングなので、周囲が止めるような無謀なことでも、勇気を出してチャレンジしてみましょう。格闘技をはじめるのもオススメです。

2023年の恋愛&結婚運
今年仲よくなった相手なら、思い通りに交際に発展させられる年。勢いで結婚することもできるくらいよい運気です。刺激的な恋もいいですが、できれば長く付き合えそうな人や、先を考えられる相手に目を向けるように。「手に入ると冷めてしまう癖」が出ないよう気をつけて、今年の恋を大切にしましょう。結婚運は、あなたが本気になれば、簡単に動き出すでしょう。突然婚姻届を出し、周囲を驚かせてみるといいでしょう。

2023年の仕事&金運
あなたのペースに周囲が合わせてくれて、無駄なく効率的に仕事を進められそう。状況を大逆転させるようなすごい働きができることも。多少ワンマンプレイになっても、結果を出すことであなたの能力を周囲が認めてくれるでしょう。フリーランスになったり、独立や起業をしたい気持ちも強くなりそう。本気でいけると思うなら思い切って挑戦してみるといい運気です。金運は、高価なものやハイブランドのものを持つことで、さらにやる気が増すでしょう。

ラッキーカラー 明るいレッド オレンジ **ラッキーフード** 焼き鳥 アーモンド **ラッキースポット** 格闘技場 リゾート地

【命数】23　陽気なひとり好き

基本性格

ひとつのことをじっくり考えることが好きで、楽観主義者。頑固で決めたことを貫き通しますが、「まあなんとかなるかな」と考えるため、周囲からどっちのタイプかわからないと思われがち。サービス精神はありますが、本音はひとりが好きで明るい一匹狼のような性格。空腹が苦手で、お腹が空くと何も考えられなくなり、気分が顔に出やすくなるでしょう。不思議と運に救われますが、余計なひと言に注意が必要です。

持っている星

★おおらかな星
★とりあえず付き合う星
★楽しくないと愚痴る星
★間食の星
★趣味にお金をたくさん使う星

開運3カ条
1. 明るい服を着る
2. 楽しんで楽しませる
3. ダンスをする

2023年の総合運

「おもしろそう」「楽しそう」と思ったら、即行動に移してみるといい年。運を最大限味方につけられる運気ですが、あなたのワガママが通りすぎてしまうこともあるので、「自分も周りの人も楽しめること」を考えましょう。目立つことでさらに運気の流れがよくなるため、自分の意見や考えは周りに伝えておくといいでしょう。新たな仲間もできる運気。人の集まりにはできるだけ参加し、周囲を楽しませてみて。健康運は、ダンスをはじめるとダイエットにもなってオススメです。

2023年の恋愛＆結婚運

笑顔で、楽しい雰囲気でいるだけで自然とモテる年。複数の人から誘いを受けたり、突然の告白をされることもある運気です。戸惑っているとチャンスを逃すので、まだ関係性が薄い相手で判断に悩むなら、友人に紹介して意見をもらうのがオススメ。新しい出会い運もいいので、パーティーやイベントなど、ふだんなら避けてしまうような場所でも顔を出しておくこと。結婚運は、突然結婚することになる可能性が高い年。勢いでドンドン決めてみるといいでしょう。

2023年の仕事＆金運

楽しく仕事ができる年。運よくノルマが達成できるなど、ラッキーでいい結果も残せそう。どんな仕事も前向きに取り組んでみると運を味方につけられます。文句や愚痴を言う前に、どうしたら楽しめるのか工夫したり、知恵をしぼっておくといいでしょう。金運もいい流れなので、ご馳走してもらえる機会が増えたり、臨時収入があることも。気になった懸賞やクジを試してみるといいでしょう。

ラッキーカラー 濃いオレンジ　パープル　**ラッキーフード** わかめご飯　にんにくスープ　**ラッキースポット** 相撲場　動物園

【命数】24　冷静で勘のいい人

基本性格

じっくり物事を考えながらも最終的には勘で決める人。根はかなりの頑固者で、自分の決めたルールを守り通し、簡単に曲げたりしないタイプ。土台は短気で、機嫌が顔に表れ、言葉にも強く出がち。余計なひと言は出るのに、肝心の言葉は足りないことが多いでしょう。想像力が豊かで感性もあるため、アイデアや芸術系の才能を活かせれば、力を発揮できる人でもあります。過去に執着するクセはほどほどに。

持っている星

★決めつけが強い星
★第一印象で決める星
★過去にこだわる星
★寝不足でイライラする星
★思い出にすがる星

開運3カ条
1. 勘を信じて即行動する
2. 言いたいことはハッキリ言う
3. スクワットなどの筋トレをする

2023年の総合運

自分の直感を信じて行動することで、幸せをつかめる運気。勘が冴える1年になるでしょう。いい予感も悪い予感も信じてみると、大きく流れを変えられたり、チャンスをつかんで人生をいい方向に進められるでしょう。驚くような出会いを引き寄せられることもありそう。ただ、発言力も強くなるので、意見を伝えるときには、上品な言葉を使ったり、相手の気持ちを考えて言葉を選ぶように。健康運は、スクワットなどの運動を定期的に行い、体力づくりをしておくといいでしょう。

2023年の恋愛＆結婚運

一目惚れをしたりされたりする可能性が高い年。ピンとくる人が現れたら、相手の出方を待っていないで、自ら話しかけてきっかけをつくってみたり、積極的にデートに誘ってみるといいでしょう。少しくらい好みと違うところがあっても、自分の勘を信じてみたほうがいい縁をつかめます。出会いの場でも、直感や流れを大切にしてみましょう。結婚運は、突然、話が出たときは勢いで一気に結婚まで進めるといいでしょう。

2023年の仕事＆金運

積極的に仕事に取り組むというよりも、「攻めの姿勢」を見せて強気の感じでいるといい年。自分の勘を信じて意見を伝えたり、アイデアや企画を出してみると、周囲から才能を認められ、いい結果につながってくるでしょう。遠慮はいらない運気ですが、情に流されるとチャンスを失う場合があるので、ときにはドライな気持ちになることも大切。金運は、勘で投資してみるといい結果につながるかも。気になるお店に入ってみると、いい買い物もできそうです。

ラッキーカラー 朱色　ゴールド　**ラッキーフード** ペペロンチーノ　よだれ鶏　**ラッキースポット** 植物園　劇場

ひとりの趣味に走る情報屋

【命数】
25

基本性格

段取りと情報収集が好きで、常にじっくりゆっくりいろいろなことを考える人。幅広く情報を集めているようで、土台が頑固なため、情報が偏っていることも。計算通りに物事を進めますが、計算自体が違っていたり、勘違いで突き進んだりすることも。部屋に無駄なものや昔の趣味のもの、着ない服などが集まりやすいので、こまめに片づけて。気持ちを伝えることが下手で、常にひと言足りないところがあるでしょう。

持っている星

★計画が好きな星
★趣味で出費する星
★ひとりの趣味に走る星
★深酒をする星
★おしゃれな人を好きになる星

開運3カ条
1. 人と積極的に交流する
2. お酒の飲みすぎと夜更かしはほどほどに
3. 資産運用やお金の勉強をする

2023年の総合運

自分の計算や計画以上の結果に恵まれる年。いい結果を出すためにも、フットワークを軽くして出会いを増やし、これまで楽しんできた趣味や体験、経験したことを話してみるといいでしょう。自分でも気がつかない間に、周囲の人の役に立つことがありそうです。また、今年から新しい趣味に挑戦してみると、のちに大きなお金になったり、幸せにつながるかも。健康運は、お酒の飲みすぎや夜更かしはほどほどにして、スポーツをはじめてみるとよさそうです。

2023年の恋愛&結婚運

恋に忙しくなりそうな年。複数の人が気になって同時に関係を進めてしまい、結局どの人にも交際の決め手がなくて悩むことが。もてあそんでいると思われることもあるので、注意が必要です。また、お酒の席で調子に乗りすぎて、浮気や不倫に走らないように気をつけましょう。付き合う相手は、最初の印象で決めるのもいいですが、友人や身近な人の意見も参考にしておくこと。結婚運は、今年結婚することで金運がアップするので、結婚を決めたほうが結果的にお得になるかも。

2023年の仕事&金運

自分でも「よく働いた」と言えるくらい充実感のある1年になるでしょう。実力や才能を評価されて、大きな仕事も任されそうです。駆け引きもうまくいくので、しっかり計画や計算をしたうえで取り組んでみるといいでしょう。仕事関係者や職場の人との付き合いも積極的に行うことで、仕事のやりやすさが変わってきます。多少面倒だと思っても関わり合いを楽しんでみましょう。金運は、価値のあるものを手に入れられる年。あとで売るときに値上がりしそうなものを購入しましょう。

ラッキーカラー ホワイト　ラベンダー　**ラッキーフード** チキン南蛮　クラムチャウダー　**ラッキースポット** 日本庭園　植物園

我慢強い真面目な人

【命数】
26

基本性格

頑固で真面目で地味な人。言葉を操るのが苦手で、受け身で待つことが多いでしょう。反論したり自分の意見を言葉に出したりすることが苦手で、ひと言ふた言足りないことも。寂しがり屋ですがひとりが一番好きで、音楽を聴いたり本を読んだりしてのんびりする時間が最も落ち着くでしょう。何事も慎重に考えるため、すべてに時間がかかり、石橋を叩きすぎてしまうところがあります。また、過去に執着しすぎてしまうところも。

持っている星

★我慢強い星
★つくしすぎてしまう星
★引き癖の星
★温泉の星
★貯金の星

開運3カ条
1. 幸せになるために「勇気と度胸」を大切にする
2. ケチケチしない
3. 好きな人の前では素直になる

2023年の総合運

やっとあなたの努力や実力が認められる年。スポットライトが当たるような運気ですが、恥ずかしがったり、遠慮して目立つことを避けていると、せっかくの能力を出し切れません。多少、失敗してもかまわないので、堂々と取り組みましょう。幸せになるためには度胸と勇気が必要なので、思い切って行動することが大切です。気になったことにも、ケチケチせずにチャレンジしてみる。健康運は、スポーツジムや定期的な運動を行うサークルに入るのがオススメです。

2023年の恋愛&結婚運

あなたのことを本気で好きになってくれる人が現れたり、あなたに見合う人と結ばれる年。片思いが長い人は、思いを寄せる相手との距離も縮まりそうです。モジモジしていても結果は変わらないので、告白してハッキリさせたほうが、気持ちもスッキリするでしょう。また、過去の恋をいつまでも引きずっていると今年のモテ期を逃すため、執着せず早めに切り替えるように。イメチェンも成功する運気。明るい雰囲気にしてみるといいでしょう。結婚運は、結婚を決めるには最高の年です。

2023年の仕事&金運

重要な仕事や緊張する仕事、チームのリーダーなど荷が重いと感じるようなことを任されそうです。遠慮せず、期待に応えられるよう一生懸命努めると、予想以上にいい結果が出たり、周囲からサポートしてもらえることもあるでしょう。なんでも自分ひとりで頑張るのではなく、素直に頭を下げて協力してもらうことも必要です。「お願い上手」を目指すと、仕事が楽しくなりそう。金運は、人生最大の高価な買い物をしたり、長く使うものを選んで購入してみましょう。

ラッキーカラー レッド　イエロー　**ラッキーフード** ハンバーグ　きのこのマリネ　**ラッキースポット** 日本庭園　水族館

　ラッキーカラー、フード、スポットはプレゼントやデート、遊ぶときの口実に使ってみて

【命数】27

猪突猛進なひとり好き

基本性格

自分が正しいと思ったことを頑固に貫き通す正義の味方。曲がったことが嫌いで自分の決めたことを簡単には変えられない人ですが、面倒見がよく、パワフルで行動的。ただ、言葉遣いが雑でひと言足りないところがあります。おだてに極端に弱く、褒められたらなんでもやってしまいがち。後輩や部下がいるとパワーを発揮しますが、本音はひとりがいちばん好きなタイプ。自分だけの趣味に走ることも多いでしょう。

持っている星
- ★パワフルな星
- ★押しに弱い星
- ★行動が雑な星
- ★足をケガする星
- ★どんぶり勘定の星

開運3カ条
1. まとめ役を演じる
2. 勝手に諦めない
3. 「恩送り」をする

2023年の総合運

あなたの能力や努力が認められ、仲間が集まってくる年。まとめ役やリーダー的な存在になることもあるので、後輩や部下と遊んだり、気になる人を誘って交流を深めてみるといいでしょう。今年から仲よくなる人とは、長い付き合いになりそうです。甘えられる先輩や年上の友人ができることも。行動範囲も広げるといいので、気になった場所にはドンドン足を運ぶように。健康運は、できるだけ階段を使ったり、つま先立ち運動をこまめにやっておきましょう。

2023年の恋愛&結婚運

好きな人に自分の気持ちをストレートにぶつけるなら、今年は簡単に引いたり諦めたりしないで、数回にわけて押し切ってみましょう。相手の気持ちを動かすことができて、交際に進められたり、一気に関係を深めることもできそうです。モテ期でもあるので、逆に押し切られて付き合うことや、年下の人やターゲットにしていなかった人からの告白に困惑することも。結婚運は、勢いで結婚できるので押し切ってみましょう。

2023年の仕事&金運

リーダーとしての能力が開花したり、管理職やみんなを束ねる立場になることがある年。周囲からの協力も得やすいので、困る前に素直にお願いしましょう。周りの人との交流を楽しんでみると、実力以上の結果につながることも。いい部下や上司にも恵まれて、楽しく仕事ができそうです。また、独立を考えているなら、今年から動き出すといいでしょう。金運は、先輩や上司にご馳走してもらったら、次はあなたが後輩にご馳走をすることが大切です。

ラッキーカラー 青緑　レッド　**ラッキーフード** プルコギ　オートミール　**ラッキースポット** 格闘技場　動物園

【命数】28

冷静で常識を守る人

基本性格

礼儀正しく上品で、常識をしっかり守れる人ですが、根は頑固で融通の利かないタイプ。繊細な心の持ち主で、些細なことを気にしすぎたり、考えすぎたりすることも。しゃべることは自分が思っているほど上手ではなく、手紙やメールのほうが思いが伝わることが多いでしょう。過去の出来事をいつまでも考えすぎてしまうところがあり、新しいことになかなか挑戦できない人です。

持っている星
- ★安心できるものを購入する星
- ★勘違いの星
- ★親しき仲にも礼儀ありの星
- ★しゃべりが下手な星
- ★寂しがり屋のひとり好きな星

開運3カ条
1. 笑顔で挨拶をする
2. 職場の交流を楽しむ
3. 目立つものを購入する

2023年の総合運

あなたの誠実さや几帳面さが高く評価されたり、周囲からいいお手本として注目される年。周りの人からの評価を恥ずかしがらずにしっかり受け止め、ときには目立つ立場を楽しんでみるといいでしょう。今年、生活リズムや環境を思い切って変えることで、のちの人生も大きく変わってくるので、変化を味わってみましょう。いい人脈もできる時期なので、人付き合いも臆病にならないように。健康運は、水を飲む量を増やし、軽い運動もしておくといいでしょう。

2023年の恋愛&結婚運

臆病なうえに相手へのチェックが厳しく、簡単に前に進めないタイプですが、今年は少し勇気を出すだけで、楽しい恋ができる運気です。思いが強くても、行動しなければその思いは無駄になってしまうので、今年は自ら動いてきっかけをつくりましょう。ときには自分の気持ちを素直に伝えてみることも大切です。相手にあなたの気持ちが伝われば、進展が早くなるでしょう。結婚運は、理想に近いかたちで結婚に進められそう。細かいことを考えすぎないように。

2023年の仕事&金運

あなたの一生懸命な仕事ぶりが、周囲に影響を与える年。なかなか結果の出なかった仕事も、「誠実に取り組んでよかった」と思える流れになりそうです。コミュニケーション不足で「堅苦しい人」と勘違いされ、仕事がやりにくくならないように、仕事以外の付き合いも楽しんでみるといいでしょう。自分とは違う能力の人を認め、ほめてみるといい味方になってもらえます。仕事もやりやすくなりそうです。金運は、自慢できるような品を手に入れておくといいでしょう。

ラッキーカラー 明るいピンク　オレンジ　**ラッキーフード** フライドチキン　水菜のサラダ　**ラッキースポット** 日本庭園　コンサート

【命数】

29

基本性格

頑固な変わり者

自由とひとりが大好きな変わり者。根は頑固で、自分の決めたルールや生き方を貫き通しますが、素直でない部分があり、わざと他人とは違う生き方や考え方をすることが多いでしょう。芸術面で不思議な才能を持ち、じっくり考えて理屈っぽくなってしまうことも。しゃべることは下手でひと言足りないことも多く、団体行動は苦手で常に他人とは違う行動をとりたがります。言い訳ばかりになりがちなので、気をつけましょう。

持っている星

- ★自由に生きる星
- ★お金に縁がない星
- ★束縛されると逃げる星
- ★寝不足の星
- ★おもしろい発想ができる星

開運3ヵ条
1. 恥ずかしがらない
2. ほかの人の才能やセンスを認める
3. 挨拶やお礼をしっかりする

2023年の総合運

あなたの才能や生き方、発想力が評価され、満足できる年。ほかの人とは違ったアイデアや、つねに人とは違うことに興味をもっているところが、いい個性として輝き注目を浴びることになるでしょう。ひねくれてしまうと今年のチャンスを逃すので、素直によろこぶようにしましょう。挨拶やお礼などもこれまで以上にしっかりして、品よく振る舞うことも大切です。健康運は、肩と首を回す運動を定期的に行っておきましょう。

2023年の恋愛&結婚運

好意を感じたり、告白されたりするとその相手を避けてしまう癖をやめないと、せっかくのモテ期も無駄になってしまいます。恥ずかしくなったり、あまのじゃくになっていることを自覚したときは、「この癖がダメなんだ」と自分で上手にコントロールするように。素直になると、素敵な恋ができるでしょう。不思議な人よりも、周囲が認めてくれる人を選んだほうが幸せになれるので、交際する前に相手を友人に紹介してみるといいかも。結婚運は、結婚願望が薄いタイプなので、自らチャンスをスルーしそう。

2023年の仕事&金運

センスや発想力を認められて、周囲が簡単にできないことを達成したり、すごいアイデアを生み出すことができる年。あなたの才能を認めてくれる人にも出会えるので、人付き合いや人脈づくりを楽しんでみましょう。周りの人の才能もほめるようにすると、きっかけをつかめそう。ネット上や海外で活躍したり、芸術関係や企画を考える仕事などで大きなチャンスをつかむこともできるでしょう。新しい仕事でも結果を残せそうです。金運は、貯金よりも投資信託をはじめてみると、いい結果につながるかも。

ラッキーカラー パープル　レッド　**ラッキーフード** にんにく餃子　エビチリ　**ラッキースポット** キャンプ場　工芸品店

【命数】

30

基本性格

理屈が好きな職人

理論と理屈が好きで、探求心と追求心を持っています。自分の決めたことを貫き通す完璧主義者で、超頑固な人。交友関係は狭く、ひとりが一番好きなので、趣味にどっぷりハマることも多いでしょう。芸術や神社仏閣などの古いものに関心があり、好きなことについて深く調べるため知識は豊富ですが、視野が狭くなる場合も。他人を小馬鹿にしたり評論したりするクセがありますが、他人を褒めることで認められる人になるでしょう。

持っている星

- ★考えすぎる星
- ★心を簡単に開かない星
- ★同じものを買う星
- ★睡眠欲が強い星
- ★年配の人と仲よくなれる星

開運3ヵ条
1. 周りにいる人の尊敬できる部分を見つける
2. 後輩や部下に技術や知識を教える
3. ほめられたら調子に乗ってみる

2023年の総合運

これまであなたがコツコツと積み上げてきたことで、大きな結果を生み出せる年。独特なポジションをつくれたり、目上の人からかわいがられて、これまでとは違うような扱いや立場を手にすることもできそうです。自分の考えはハッキリ伝えるようにすると、周囲の気持ちを動かせたり、あなたを支持してくれる人や、味方が一気に増えることもあるでしょう。健康運は、武術などの「習得が難しい習い事」をはじめてみると健康的に過ごせるようになりそうです。

2023年の恋愛&結婚運

相手に求めすぎると、せっかくのモテ期を逃してしまいます。身近な人や仲のいい人に目を向け、尊敬できる部分を見つけてみると、いい恋に発展するでしょう。告白してくれる人や、好意を寄せてくれる人を選り好みしすぎないで、まずはデートやお茶をする時間をつくってみましょう。いい人を上手に見つけられるようになりそうです。まずは、人にもっと興味を示してみましょう。結婚運は、相手をほめるようにすると話が進みそう。最後に拒まないように。

2023年の仕事&金運

教える立場になることで、才能を開花させられたり、若い人に伝えることで仕事に対する考え方も変わってくる運気。些細なことでもコツやこだわり、技術を教えてみるといいでしょう。長い時間をかけて研究してきたことや、突き詰めてきたことが高く評価されたり、あなた自身も今後の役に立つ技術が身につきそう。人間関係でも尊敬されるようになり、気分よく交流を深めることもできるでしょう。金運は、伝統的な品や価値のあるものを手に入れると、仕事のやる気につながりそうです。

ラッキーカラー 濃いピンク　ホワイト　**ラッキーフード** 鴨南蛮　野菜の天ぷら　**ラッキースポット** キャンプ場　美術館

　ラッキーカラー、フード、スポットはプレゼントやデート、遊ぶときの口実に使ってみて

金の鳳凰座 2023年 タイプ別相性

気になる人との今年の相性は？　タイプを調べて付き合い方の参考にしましょう。

▶ 金のイルカ座との相性

最高の運気の年のあなたと前進する年の相手。互いにパワーをもらえて良い関係に発展しそう。ただし、あなたの固定観念がこの相手との関係を大きく変えてしまうので、過去は過去と割り切って次に向かって進みましょう。この相手のチャレンジ精神が、あなたの情熱に火をつけてくれそうです。　**恋愛相手**　相手の生き方やパワーに惹かれそうですが、相手に求めすぎると窮屈に思われてしまいそう。そもそも価値観や考え方が正反対の相手と思っておくといいでしょう。違いを楽しめるといい恋愛につながりそうです。　**仕事相手**　お互いに視点や考え方、仕事への思いなどが違いますが、今年は違うからこそ良い物を生み出せたり、助け合うことができそう。相手が上司なら、仕事を任せてもらえるように主張しましょう。部下なら、自分のやり方だけが正しいと思い込まないで相手を認めてあげると伸びるでしょう。　**今年はじめて出会った人**　相手が現状への不満で止まっているなら縁はないですが、新しいことに挑戦しているなら良い縁になるでしょう。あなたに刺激を与えてくれる人になりそう。ただ、相手に期待しすぎると縁が切れてしまうことがあるでしょう。

▶ 銀のイルカ座との相性

新たな世界に目を向けようとしている相手と、努力が報われて未来に進むあなたには、今年は「次の目標を探す」という共通点があります。相手の考え方や発想から良い刺激を受けることができるでしょう。あなたが頼りにしすぎるとワガママになって面倒なことになるので、調子に乗せすぎないようにしましょう。　**恋愛相手**　相手の遊び心や華やかさに惹かれてしまいそう。一度ハマると抜けられなくなり、相手に振り回されてしまうので注意が必要。今年のあなたは運気がいいのでもっと強気になってみましょう。相手を楽しませるサービス精神を忘れないように。　**仕事相手**　じっくり仕事を進めるあなたと、職場の空気を明るくすることができる相手。仕事を上手にサボる感じや調子の良さにムッとくることもありそうですが、本音ではあなたが憧れている部分でしょう。相手が上司なら要領の良さを学んで。部下なら柔軟性を学びましょう。　**今年はじめて出会った人**　深い縁になるほどのタイミングではありませんが、遊び友達くらいの距離感で付き合っておくといい相手。相手が他に楽しい人や面白いことを見つけると自然に離れていきますが、執着したり追いかけないようにしましょう。

▶ 金のカメレオン座との相性

息が合ってくるのは2023年の秋以降、場合によっては年末になってから意気投合する感じになりそう。それまでは相手が悩み、道に迷っている時期なので、繋がりは弱そうです。あなたの言葉を信じてくれることもありますが、そもそも優柔不断なので判断まで時間がかかるでしょう。本人が納得するまで温かく見守っておきましょう。　**恋愛相手**　ここ数年相手の魅力が輝いていないので、相手の良さを見逃している可能性がありますが、今年の年末くらいにいい関係に進めそう。ただ、古い考えなどの価値観は合いますが、ドライな関係をお互いに寂しく思ってしまうかも。　**仕事相手**　本来なら尊敬できたり、一緒に仕事をすると良い勉強になる相手ですが、上半期は仕事に対して相手のやる気が感じられないかも。年末からいい仕事ができそう。相手が上司なら、やる気を見せて積極的に仕事に取り組むアピールを。部下の場合は目的を伝えることが大切。　**今年はじめて出会った人**　あなたからの繋がりが強くても、相手は今年の縁は短く終わりやすい運気です。同じ目的があると良い関係を続けられそう。友人というより、同志のような気持ちで付き合いを続けると良さそうです。

▶ 銀のカメレオン座との相性

今年は「裏運気の年」に入る人なので、相手の裏側を見ていると思って接することが大切。本来の魅力や能力がうまく出せていないと思って、困っているようなら手助けをしてあげましょう。些細なことでも協力するようにすると、あなたに恩を感じて、やがて頼れる存在になる可能性が高いでしょう。　**恋愛相手**　恋が盛り上がっている間は欠点は見えないですが、金銭感覚や遊び方が相手と違いすぎて、今年は気持ちが離れてしまいそう。あなたは一度冷めてしまうとなかなか火がつかないタイプなので、無理だと思ったらズルズルしないようにしましょう。　**仕事相手**　相手は、仕事や職場に対しての不満や文句、言い訳が多くなる時期。相手の言葉に振り回されないで、自分のやるべきことをしっかりやりましょう。相手が上司なら調子のいい言葉を簡単に信用しないように。部下なら、時間をかけて仕事をすることの大切さを伝えておきましょう。　**今年はじめて出会った人**　あなたの運気が良くても相手は裏運気なので、出会った今年とその後の印象が変わっていきそう。最初に苦手意識を持ってしまうと深い関係にはならないでしょう。そもそも価値観が違うので、それが年々出てきそうです。

開運のつぶやき ▶ 「また会いたい」と思わせられる人に運は集まる。

▶ 金の時計座との相性

昨年までなら一緒にいることでお互い良い勉強になり、いい関係を作れましたが、今年は相手が「乱気の年」に入ってしまったので、本来の魅力が見えなくなったり、相手の判断ミスにあなたが巻き込まれてしまうことがあるでしょう。「こんな人だったかな？」と疑問に思う出来事もありそうですが、話を聞いてあげるなどして心の支えになってあげると良いでしょう。 恋愛相手 相手の気持ちがブレたり落ち着きがなくなり、ケンカが増えてしまいそう。相手の言葉や受け止め方がこれまでと違ってくるため、戸惑うことも増えそう。あなたに愛があるのか試される期間になりそう。 仕事相手 相手の正論が説教臭く聞こえたり、考え方や方向性に違いが出てきてしまうかも。相手が上司なら今年は距離を置いて、アドバイスも参考程度に聞くくらいが良さそうです。部下の場合、不満が積もっていく時なので話を聞いてみましょう。 今年はじめて出会った人 あなた次第で付き合いの長さが変わる相手。本来はあなたにとってプラスになる相手ですが、それを理解できるまでに5〜6年かかるかも。縁が一度切れて再会した時に、相手の良さを理解できそうです。

▶ 金の鳳凰座との相性

運気も性格も人生観も似ている相手。一度仲良くなったり付き合うと長続きしますが、不仲になると仲直りが難しいタイプです。今年は一緒に行動するだけでラッキーな出来事が起きたり、多少の困難があっても乗り越えられるパワーを発揮できそう。特に仕事運や金運アップに繋がるので大切にしたい相手です。 恋愛相手 この相手と交際中なら年内に結婚すると、大きな幸せを手に入れられるでしょう。お互いに似ているぶん恋の進展はゆっくりですが、好きな気持ちがあるなら今年は強気になってみて。運命を大きく変える大切な人になるでしょう。 仕事相手 同期やライバルなら少し面倒な相手ではありますが、協力し合うチームになると今年は良い力を発揮できそう。主張がぶつかることも多いですが、互いの良いところを上手く取り入れましょう。相手が上司でも部下でも、しっかり協力して最高の力を発揮しましょう。 今年はじめて出会った人 異性なら結婚するような運命の相手の可能性があるので、年内に一気に距離を縮めて結婚まで話を進めておきましょう。仲良くなりすぎるとお互いの世界を狭めてしまう場合があるので、意識して視野を広げ、新しいことも取り入れましょう。

▶ 銀の時計座との相性

一緒にいると良い結果を出せるなど、いいパートナーになれそうです。ただ、互いに頑張りすぎて燃え尽きてしまうことがあるので、余力を残すよう注意しておきましょう。相手が求めてくることに応えるのはいいですが、目的を見失わないようにしましょう。 恋愛相手 今年は良い恋ができる相手。激しく求め合うことがありますが、年末の判断が2人の運命を大きく分けることになりそうです。結婚に話を進めようと思っても、思わぬ壁が出てきたり反対を受けたりして、相手の気持ちに変化が出てくるかも。 仕事相手 お互いに良い結果を出せる年です。一緒に組んだり近くにいるといいパワーを発揮できそうですが、程よく力を抜くことも忘れないようにしましょう。相手が上司の場合は、スピードを求められるので、少し早めに仕事を進めておきましょう。部下の場合は、目立つポジションを任せてみましょう。 今年はじめて出会った人 良いタイミングの出会いなので問題は少ないですが、お互いにパワフルな時期に出会っているので、今年のノリをいつまでも続けようとすると疲れてしまうかもしれません。体調を崩す原因にもなるので気をつけましょう。

▶ 銀の鳳凰座との相性

共通の趣味や同じ遊びにハマると、簡単に抜けられなくなる相手。頑固さは相手のほうが上ですが、一緒にいると遊び心に火がついたり、似た者同士で楽しい時間を過ごせそう。ただ、お互い運気が良く目標や夢を実現できる時期なので、忙しくなり会えない時間も増えてしまいそう。 恋愛相手 この相手と友人として長く付き合ってきたなら、今年は急に恋に発展することがあるでしょう。お互いに第一印象を引きずるタイプなので、「初めて会った時にどう思った？」と尋ねてみるといいでしょう。 仕事相手 お互いにやるべきことが多くなる年。相手の思い込みが激しく、あなたが伝えたいことが上手く伝わらないことが多くなりそう。相手が上司なら、指示が雑だったり言葉足らずなことが多いので、先をもっと考えて判断すると良いでしょう。部下の場合はいい意味で勘違いをさせると良い仕事をするでしょう。 今年はじめて出会った人 あなたからの縁は強いですが、相手からは繋がりが弱い年。無理に繋ごうとしないほうがいいので、程良い距離を取って付き合うくらいの気持ちでいるといいでしょう。ただ、出会いが年末なら遊び友達として不思議と長い付き合いになりそう。

開運のつぶやき 〇〇 自分のことしか考えなくなったら人は幸運を逃す。

▶ 金のインディアン座との相性

忙しい中でもこの相手に会っておくと、楽しい時間を一緒に過ごせたり笑顔になれるので、マメに会っておくといいでしょう。あなたの考え方や生き方を認めてくれるけれど、深入りしてこないので居心地が良さそう。ただ、相手はドジな失敗をする年なので、あなたも小さなトラブルに巻き込まれてしまいそう。　恋愛相手　相手の明るく楽しい空気に惹かれるでしょう。マメに何度も会えるような友達になっておくと、急に交際に進展しそうです。相手はさっぱりした付き合いが好きなので、やや淡白に感じるかもしれませんが、お互いに束縛しないのでいい恋ができそう。　仕事相手　今年は仕事に身が入っていない相手なので、そっとしておきましょう。相手が上司なら、仕事よりも仕事終わりやプライベートで仲良くなれそう。部下なら、押し付けるとやる気がなくなるので、大きなミスだけないようにチェックしておきましょう。　今年はじめて出会った人　遊び友達や時々会う人、縁が切れたと思っても偶然出会ってしまうような人になりそうです。相手のフットワークの軽さ、新しいことを見つける力、好奇心旺盛なところは良い刺激や勉強になるので、仲良くなっておくと良いでしょう。

▶ 金の羅針盤座との相性

心身共に弱っている人なので、この相手とぶつかるとあなたが悪者になってしまうことがあるかも。相手に求めすぎないようにしましょう。タフなあなたと違って、相手は体を休ませることや精神的なリフレッシュが必要な時期だと思っておいてください。相手の真面目さや優しさに甘えすぎないようにしましょう。　恋愛相手　あなたのパワーに押し切られてしまう相手。あなたに合わせすぎて体調を崩してしまうことがあるかも。疲れていることに気づかないで振り回してしまうとケンカや別れの原因にもなるので、気遣いを忘れないようにしましょう。　仕事相手　言われたことをキッチリこなすタイプの相手ですが、今年は仕事を任せすぎると倒れてしまったり、限界が来て離職してしまうかもしれないので要注意です。相手が上司の場合、仕事を任せてもらえるようにアピールしましょう。部下の場合は、無理をさせないように気を配りましょう。　今年はじめて出会った人　疲れていて気難しい人に見えてしまいそう。今年は疲れが溜まっているだけなので、決めつけないようにしましょう。後にイメージが変わる人なので、2024年に会った時の印象を大切にするといいでしょう。

▶ 銀のインディアン座との相性

今年はお互いが輝く年なので自然に惹かれ合い、一緒にいると楽しい時間を過ごせるでしょう。性格は違いますが、価値観など不思議と共通点を見つけられそうです。相手の考え方や視野の広さがあなたにとって良い勉強になりそうですが、あなたが思っている以上に相手は他人に気を使っている人だと忘れないようにしましょう。　恋愛相手　柔軟さや発想力があり、一緒にいると楽しくいられる良い相性。今年はお互いに恋人ができる運気でもあるので、マメに会うようにすると一気に仲が深まりそう。勢いに乗って年末に入籍しても良い運気です。　仕事相手　お互いに実力を発揮でき、いい結果を出すことのできる年。一緒に組むことで不要なストレスがなくなり、のびのび仕事ができるでしょう。相手が上司なら個性を認めてくれて、良い指示を与えてくれたり大事な話を聞けそう。部下なら大事な仕事を任せると期待に応えてくれるでしょう。　今年はじめて出会った人　何となく縁が切れない相手になりそう。一緒にいるとお互いに楽しい時間を過ごせて、仕事でもプライベートでもお得な出来事が多くなったり、面白い情報を入手できるでしょう。価値観の違いを認め合えて楽しめそうです。

▶ 銀の羅針盤座との相性

お互いに今後の道を決めるために覚悟が必要な年。覚悟して突き進むことで運命が大きく変わりますが、相手の慎重な性格やネガティブな情報に振り回されないようにしましょう。この相手に未来の話をしてもブレーキをかけられたり、マイナスな方向に進んでしまう可能性があるので気をつけましょう。　恋愛相手　あなたが気にしないような小さなことに気がついてくれる人。執着すると世界が狭くなってしまったり、お互いの良さを潰し合ってしまうかも。今年はあなたの運気が良い年なので近寄ってきそうですが、様子をうかがうだけで終わりそう。　仕事相手　相手の言葉や態度で、良い流れを止められてしまいそう。相手が上司の場合、お互いの良さが出なくなるので、部署異動や転職を考えてもいいでしょう。部下なら、そもそも考え方が合わないので任せっきりにせず細かいところまで指示を出しましょう。　今年はじめて出会った人　出会いのタイミングは良いのですが、考え方や真面目さなどあなたと違うところが多いので、距離を空けて付き合うといいでしょう。無理して一緒にいても、マイナスな方向に引きずられてしまったり、サボり癖がついてしまいそう。

開運のつぶやき　▶ 🎭 誰かを幸せにしようと思って行動すると幸せになるもの。

金の鳳凰座 運気カレンダー

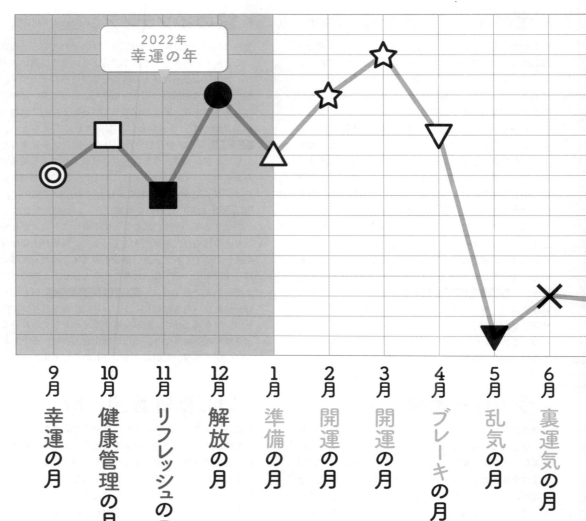

2022年
幸運の年

9月	10月	11月	12月	1月	2月	3月	4月	5月	6月
幸運の月	健康管理の月	リフレッシュの月	解放の月	準備の月	開運の月	開運の月	ブレーキの月	乱気の月	裏運気の月

△ 15分前行動を意識して
ダラダラ過ごしてしまいそう

☆ 遠慮せずに行動して
魅力や能力がアップする月

☆ 人の集まりには顔を出して
努力したことに答えが出そう

▽ 中旬までは強引で○K
下旬は周囲の動きに敏感に

▼ 簡単に投げ出さないで
ダメな部分に目がいきそう

✕ ゆっくり体を休ませて
誘惑に負けやすい時期

※このページの記号の説明は、「月の運気」を示しています。P.225の「年の運気の概要」とは若干異なります。

毎月の運気がどう変わっていくかチェック！
2023年の過ごし方の参考にしてください。

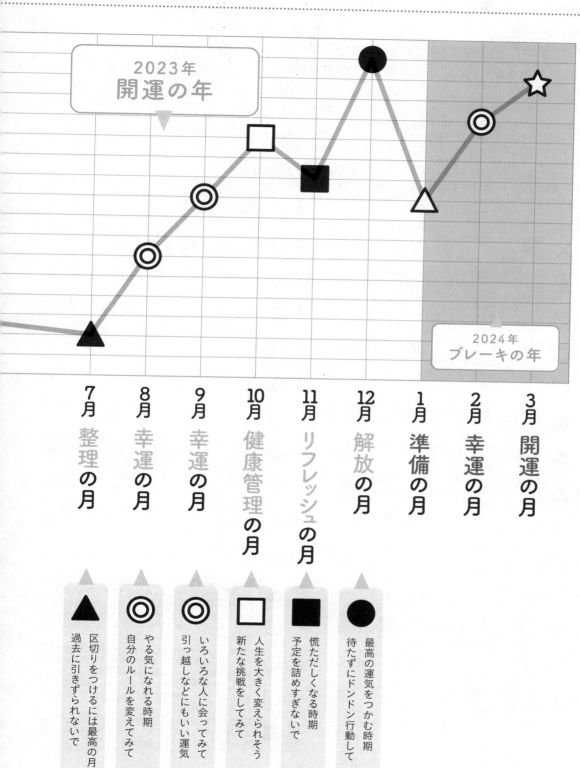

2023年
開運の年

2024年
ブレーキの年

7月
整理の月

8月
幸運の月

9月
幸運の月

10月
健康管理の月

11月
リフレッシュの月

12月
解放の月

1月
準備の月

2月
幸運の月

3月
開運の月

▲ 区切りをつけるには最高の月
過去に引きずられないで

◎ 自分のルールを変えてみて
やる気になれる時期

◎ いろいろな人に会ってみて
引っ越しなどにもいい運気

□ 人生を大きく変えられそう
新たな挑戦をしてみて

■ 慌ただしくなる時期
予定を詰めすぎないで

● 最高の運気をつかむ時期
待たずにドンドン行動して

11月 2022

■ リフレッシュの月

開運 3 カ条

1. 休みの日の計画を先に立てる
2. 無駄な夜更かしをしない
3. 軽い運動をする

総合運

今月は頑張りすぎないで、しっかり仕事をしてしっかり休むことが大切な時期。計画を事前に立てて、急な予定変更をできるだけ避けて、遊びや体を休ませる日を作りましょう。誘われたり求められることが増えるので、疲れを感じそうなときははっきり断ることや来月に変える工夫も必要でしょう。健康運は、油断すると体調を崩したりケガをするので慎重に。マッサージや温泉などでゆっくりする時間を作るといいでしょう。

恋愛&結婚運

予定を詰め込みすぎると、異性と会う機会を逃しそう。予定の隙間を上手に作ったり先に連絡しておくと、いいタイミングで会えるでしょう。交際まで発展しなくても、仲良くなっておくと来月に進展する可能性があるので焦らないで。新しい出会い運は、下旬に素敵な人と会えそう。結婚運は、入籍などはっきりするときではないので、来月に恋人にたくさん会えるように予定を立てておきましょう。

仕事&金運

やらなくてはならない仕事が増えて忙しい時期。なんでも自分でやるのではなく、後輩や部下に教えながらまかせることも大切。頑張りすぎは自分にも相手にも会社にもよくないので気をつけましょう。仕事終わりの付き合いは何でもOKしないように。金運は、疲れをとるためにお金を使うといい時期。ストレス発散のつもりが逆にストレスをためたり、疲れの原因にならないようにしましょう。

1 火	✕	疲れから集中力が途切れ、些細なことにイライラして不機嫌さが顔に出てしまいそう。心を許せる人達との時間を大切にしたり、笑顔を心がけると不運を招かないでしょう。
2 水	▲	なんとなく部屋や職場に置きっぱなしになっているものを片づけるといい日。使わないままなら誰かにあげたり、欲しい人を探してみて。誰もいないなら処分して。
3 木	○	新しい出会いや視野を広げられるきっかけがありそう。少しの勇気がいい勉強になるので、フットワークを軽くしましょう。はじめて会う人には自ら挨拶をして。
4 金	○	新しい情報を集めるにはいい日。ネットだけではなく、ラジオや雑誌などから情報を集めたり、本屋さんや図書館に行ったり、詳しい人にいろいろと話を聞いてみて。
5 土	□	時間を作って散歩やサイクリング、ジョギングなどスポーツで汗を流すと気持ちがすっきりする日。少しでもいいので体を動かしてみて。ケガや筋肉痛には気をつけて。
6 日	■	今日はしっかり体を休ませたり、ゆっくりする時間を作りましょう。温泉やスパに行ったり、評判のいいマッサージや整体などに行きましょう。スマホをムダに触らないように。
7 月	●	物事がスムーズに進む日。気になる人との関係が進展するので、休憩中にメールしてみて。仕事もはかどりそう。少し欲張るとさらにいい結果につながるかも。
8 火	△	出かけた先で忘れ物に気づいたり、時間を間違えていることに気づきそう。事前にしっかり確認して出かけましょう。最終チェックも忘れやすいので気をつけましょう。
9 水	○	地道なことをしっかりやってきた人は、いい結果を手にできる日。サボっていた人は反省すべき点が浮き彫りになるのでメモしましょう。反省を糧にすることで幸運をつかめるでしょう。
10 木	◎	苦手な上司がいなくて気楽に仕事ができるのはいいですが、余計な仕事をまかされたり、求められることが増えて忙しくなりそう。求められることを楽しむといい日になるでしょう。
11 金	▽	日中は周囲に助けられ感謝できそう。チームワークの大切さと感謝の気持ちを忘れないことが何よりも大事。夜は不機嫌になる出来事が起きやすいので、早めに帰宅して。
12 土	▼	時間のムダが増えそうな日。午前中に寝すぎたり、早く起きてもスマホや動画を見てだらだらしそう。時間があるときは身の回りを片づけて、本を読むといいでしょう。
13 日	✕	タイミングの悪さを感じそうな日。些細なズレを感じたり、赤信号に何度も引っかかってしまうことがありそう。選択ミスもしやすいので安易に判断しないように。
14 月	▲	疲れがたまっている人ほどミスしやすい日。大事なものをなくしたり、どこかに置き忘れそう。反省も大切ですが、ミスを認めて同じ失敗を繰り返さないように対策を考えましょう。
15 火	○	新しい発想や、考え方を変えてくれる人に会える日。目上の人に相談するといい話が聞けるかも。相手を尊重しながら聞いたり、大事な言葉を拾おうとする心が大切です。
16 水	○	自分が正しいと思った道を突き進むことは大切ですが、周囲からのアドバイスを受け入れてみると、思ったよりも近道やいい方法を見つけることができそうです。
17 木	□	ムダなことに時間を使っていないかチェックしたり、目標のための努力を正しくしているか考え直してみて。自分が正しいと思い込むと、いつまでも同じ苦労や不満を繰り返しそう。
18 金	■	些細なことでイライラするときは疲れがたまっている証拠。無理をしないで少し休んだり、温かいお茶を飲んでのんびりする時間を作るといいでしょう。
19 土	●	予想外の相手から好意を寄せられそうな日。急な連絡があっても無視しないで、少しの時間でもいいので話してみて。あなたから気になる人に連絡するにもいい日です。
20 日	△	珍しいことに興味を抱きそうな日。出費が多くなったり、変わり種のメニューに挑戦したくなりそうです。すべては話のネタだと思っておくといいでしょう。
21 月	○	あなたから離れた人のことをいつまでも考えるのはやめましょう。クヨクヨしたり恨んだりするばかりで己を省みず、今後に活かそうとしない姿勢が問題だと考えましょう。
22 火	◎	思った以上に計算通りに進む日ですが、計画が甘かったり計算しないで行動すると面倒なことに遭遇しそう。今日1日だけでもいいのでしっかり計画を立てて行動してみて。
23 水	▽	日中は物事がスムーズに進むので、積極的に動いてみましょう。夕方以降はのんびり過ごして、明日のために早く就寝することも大事です。
24 木	▼	一言足りないことが原因で周囲に迷惑をかけたり、気まずい空気になってしまいそう。ゆっくりでもいいので丁寧に言葉を選んで伝えるように努めましょう。
25 金	✕	今日は確認作業を怠らないこと。メールなどでは意味を取り違えて返信して相手の気分を害したり、書類では漢字の変換ミスがあったり、細かな失敗をしそうです。
26 土	▲	掃除するのはいいですが、雑な行動でものを壊したり、間違って必要なものを処分してしまうことがあるので気をつけて。今日は整理整頓くらいがよさそうです。
27 日	○	異文化交流をしてみると、違った角度から恋愛にまつわるアドバイスをもらえそう。遠慮せず、聞き手に回ることを意識して情報を収集してみると、人脈も広がるでしょう。
28 月	○	新商品のお菓子を食べたり、これまで関心が薄かったことに注目するといい日。気になるお店に入ってみるなど好奇心の赴くままに行動すると、いい出会いもありそうです。
29 火	□	何事も結果を出そうと焦らないほうがいい日。仕事が遅れそうなら相手にきちんと事情を説明し、雑にならないように最後まで丁寧に行いましょう。
30 水	■	疲れから集中力が途切れてしまいそうですが、夜になってもまったく眠くならず、ムダに夜更かしそう。少し体を動かしたり、湯船にしっかり浸かって早く寝るようにしましょう。

☆ 開運の日　◎ 幸運の日　○ 解放の日　● チャレンジの日
□ 健康管理の日　△ 準備の日　▽ ブレーキの日　■ リフレッシュの日
▲ 整理の日　✕ 裏運気の日　▼ 乱気の日　＝ 運気の影響がない日

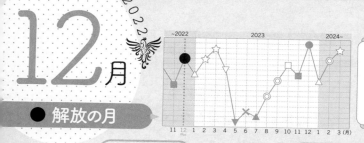

2022 12月

● 解放の月

開運 3ヵ条

1. 遠慮しないで行動する
2. 長く使えるものを購入する
3. 初対面の人にたくさん会う

総合運

大きなチャンスや幸運をつかむ月。遠慮しないで欲張りになるといいので、考える前にまずは行動を。新たな人間関係で人生が大きく変わる可能性があるので、交友関係や行動範囲を思いきって広げましょう。引っ越しや転職、習い事を始めるなど、なかなか踏み出せなかったことを実行に移すと運を味方に付けられます。健康運は、定期的な運動やダイエット、肉体改造を始めましょう。エステや新しい美容室に行くのもいいでしょう。

恋愛＆結婚運

長年恋人がいなかった人でも交際がスタートしたり、片思いが実る時期。自分の気持ちを素直に相手に伝えるといいでしょう。異性の友人だと思っていた人や同僚など、身近な人から告白されて交際が始まる可能性も。「とりあえず」でもいいので付き合いを始めてみるといいでしょう。結婚運は、プロポーズを受けたり、話が具体的に進むでしょう。入籍できる可能性も非常に高いでしょう。

仕事＆金運

長年勤めている会社なら大きなチャンスがあったり高く評価される時期。辛抱した甲斐があったと思えるかも。遠慮せず受け止めて次の目標を掲げましょう。いい仲間も集まるので協力を忘れないように。昔の上司や先輩からいい仕事を振ってもらえることも。金運は、買い物に最高の時期。長年欲しかったもの、資産価値のあるものを買いましょう。投資にもいい時期なので少額でも始めてみましょう。

1 木	●	恋のチャンスに恵まれる日。異性の友人から告白されたり、身近な人といい関係に進みそう。運命的な出会いになる可能性が高いので、初対面の人には挨拶やお礼をしっかりと。
2 金	△	時間をムダに使ってしまいそう。なんとなくだらだらしそうなので、時間を決めてキチキチ動きましょう。気分転換したり、やる気になれる音楽を聴くといいでしょう。
3 土	◎	お気に入りのお店に買い物に行くと素敵なものを見つけられたり、お得な買い物ができそう。偶然の出会いもあり、懐かしい人に会えることもありそうです。
4 日	☆	存在は知っていても行ったことがないお店があったら、友人を誘って行ってみましょう。予想以上にいいお店で、おもしろい発見をしそう。未体験がいい縁をつないでくれそうです。
5 月	▽	日中は行動的になるといい日。営業や商談、打ち合わせなど、何事もチャンスだと思って前向きに行動してみて。夜は疲れやすいので、ムダに夜更かししないように。
6 火	▼	勘違いや誤解をしやすい日。「自分が正しい」と思ったときこそ、間違っている可能性が高いと思って確認を。間違っていなくても謝らなくてはならない状況もあるでしょう。
7 水	✕	面倒な人など人間関係に疲れてしまいそう。自分のことばかり考えないで、相手から見た自分を想像すると解決方法が見つかるはず。他人の笑顔のために時間を使ってみて。
8 木	▲	仕事を始める前に目の前をきれいに整えたり、掃除するとやる気になれる日。まずは手を動かすところから始めましょう。夜は、新しいことに目が向きそうです。
9 金	○	今日は思いきった行動が大切。気になる人をデートに誘ったり、ご飯に行く約束をするといいでしょう。素敵な出会いもある日なので人の集まりに顔を出しましょう。
10 土	○	新しい出会いやこれまでにない体験ができそう。自ら動いて気になることに挑戦するといいでしょう。イメチェンをしたり髪を切るにもいい運気です。
11 日	□	クリスマスや忘年会、年末年始の予定を組むといい日。友人や気になる人に連絡してスケジュールを確認してみて。盛り上がっても夜更かしは避けるように。
12 月	■	午前中は、寝不足でボーッとしたり、集中力が続かなくなりそう。お茶やコーヒーを飲んだり気分転換したり、伸びをするといいでしょう。夜はうれしい知らせがありそう。
13 火	●	目標を達成できたり、大事な仕事をまかせてもらえそうな日。何事もチャンスだと思って前向きに捉えることも大切。恋愛運もいい日なので、気になる人に連絡してみて。
14 水	△	判断ミスしやすい日。悩んで考えた末に間違った方向に進んでしまうことがあるので、困ったときは周囲に相談をしたり、「正しいよりも楽しい」と思えるほうを選んでみましょう。
15 木	☆	強引に推し進めることで、難しいこともクリアできそう。満足な成果を得られたら、自分へのごほうびを買いましょう。夜はネットショッピングするとお得なものが見つかりそうです。
16 金	☆	いい仕事ができたり、自主的に動いたことにいい結果が出る日。実力を出しきるくらいのイメージで動きましょう。意見は通りやすいので素直に言葉に出してみましょう。
17 土	▽	日中は、デートにも遊びにも最高の運気。家でのんびりしないで、積極的に行動しましょう。夕方には集中力が落ちるので、早めに帰宅してひとりの時間を作りましょう。
18 日	▼	買い物で失敗しそうな日。間違えて同じものを買ったり、高値で買ってしまいそう。本当に必要か考えてから買いましょう。騙されることもあるので儲け話には乗らないように。
19 月	✕	意外な展開が多く困惑する日。油断すると周囲に迷惑をかけてしまうので気をつけて。周りを気遣って、慎重に行動すれば問題は避けられそうです。
20 火	▲	身近にある不要なものを処分するといい日。仕事の資料でも何年も置きっぱなしのものや使わなくなった道具などは処分しましょう。家では着ない服も片づけるようにしましょう。
21 水	◎	前向きな言葉を発することでいい1日になりそう。人は言葉ひとつで気持ちが大きく変わるもの。自分が言われてうれしい言葉なのかを考えてから発するようにして。
22 木	◎	自分から笑顔で挨拶するように心がけましょう。自分のルールを自分で壊して、新しい前向きなルールを作ってみましょう。小さなことでも前向きに挑戦しましょう。
23 金	□	思ったよりも忙しくなりそうですが、求められることに最善の努力で応えること。ただし、夕方からは集中力に欠けるので、体が温まる食べ物や飲み物でリラックスして。
24 土	■	デートや遊びの予定が入っているときは、ギリギリまで家でのんびりしたり体力を温存しましょう。夜は急な展開もありますが、楽しい思い出ができそうです。
25 日	●	恋愛運がいい日。好きな人とデートできたり、気持ちを伝えられそうです。異性からの誘いには積極的に乗りましょう。気になるお店に入ると素敵な出会いもありそうです。
26 月	△	午前中は、いい判断ができそう。自分の勘を信じて行動してみるといいでしょう。夜は、親友から連絡がありそう。いい報告やおもしろい話が聞けそうです。
27 火	☆	仲間と楽しく過ごせそう。紹介で新しい縁につながるので、たくさんの人と会話を楽しんで。片思いの相手とも進展しそうなので、感謝の気持ちを添えたメッセージを送ってみて。
28 水	☆	1年頑張ったと思えるなら、思いきった買い物をするといい日。アクセサリーや服や靴などもいいですが、引っ越しや資産価値のあるものの購入も考えてみるといいでしょう。
29 木	▽	日中は計画通りに進められるので、大掃除、買い物、年賀状など、今年中にしておくべきことに時間を使いましょう。夕方あたりから予定が乱れるので、早め早めの行動を。
30 金	▼	時間をムダにしたり、予想外のことで時間がかかりそう。期待外れも多く、イライラすることもありそうですが、「忙しいのかな」とやさしい目で見るようにしましょう。
31 土	✕	裏目に出る大晦日。遊び心に火がついたり、誘惑に負けてしまうかも。軽はずみな行動を避けて、のんびり過ごしましょう。友人からの急な誘いに振り回されそうです。

開運のつぶやき ▶ 幸運期とは宿題を終えた人へのご褒美の時期。

247

1月

2023

△ 準備の月

1. 生活にメリハリをつける
2. 「最終確認」を怠らない
3. エンタメに触れる

総合運

ダラダラ過ごしてしまいそう
15分前行動を意識して

新年を迎えてもどこかやる気が出なかったり、ダラダラ過ごす日々が続いてしまいそうです。小さなミスが増えやすい時期なので、何事もしっかり確認をして、事前準備も怠らないようにするといいでしょう。慌てると、さらに大きな失敗やケガにつながることもあるので、時間にはゆとりをもって行動するようにしましょう。「15分前行動」を意識しておくと、問題が起きてもうまく回避できそうです。

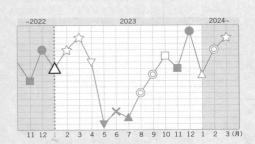

~2022 2023 2024~

11 12 1 2 3 4 5 6 7 8 9 10 11 12 1 2 3 (月)

恋愛＆結婚運

不思議と人気者になれたり、遊びやデートに誘われる機会が増える時期。強引な人に押し切られて交際がはじまったり、勢いで関係をもってしまう場合もあるので、相手選びは間違えないように気をつけましょう。新しい出会い運は期待が薄いでしょう。初対面の人とは、知り合いになっておくくらいがよさそうです。結婚運も、話を固める運気ではないので、2人の時間を楽しみましょう。思い出づくりをしておくと、のちに結婚話を進めやすくなります。

仕事運

仕事に身が入らなくなったり、余計なことばかりが気になって、目の前の仕事に集中できない日が増えてしまいそう。小さなミスも重なりやすいので、確認作業や最終チェックは怠らないようにしましょう。周囲からの指摘はしっかり聞き入れることが大切です。こまめに気分転換したり、休みの日の予定を事前に決めてみると、やる気が復活するでしょう。

金運＆買い物運

気分で買い物をすると失敗しやすい時期。ノリや勢い任せで買うのではなく、本当に必要なものかをしっかり考えてから決断するようにしましょう。ただ、体験や経験にお金を使うにはいい時期です。映画やエンタメにお金を使ってみると、いいものが観られて思った以上に勉強になりそうです。今月耳に入ってきた儲け話は危険なので、大金はできるだけ動かさないようにしましょう。気になる投資先がある場合は、来月以降に話を進めるといいでしょう。

美容＆健康運

油断していると食べすぎたり、正月休みでダラダラしてしまいそう。ハードな運動をするには不向きな時期なので、なんとなく続けられるような運動や軽いストレッチをはじめてみるといいでしょう。動画を観ながらのダンスやヨガなどは、楽しみながら続けられそうです。また、今月は慌てるとケガをしやすいので、階段や段差には十分に注意をしておきましょう。つまずいて手をついたときに手首を痛めてしまうこともありそうです。

1 日	▲	大掃除で片付けきれなかった場所をきれいにしてみましょう。「やっぱり不要だ」と思ったものや、マイナスなイメージのあるものは早めに処分しましょう。
2 月	=	ふだんならやらないことに挑戦したくなる日。なんとなく避けていた食べ物を選んでみるといいでしょう。おもしろい発見があったり、びっくりする味に出会ったりしそうです。
3 火	=	新年会など人の集まる場に参加してみるといいでしょう。いろいろな話を聞くことで視野が広がって、いい刺激を受けられそうです。「はじめまして」は幸運につながると思っておきましょう。
4 水	□	正月休みをのんびり過ごしていた人ほど、今日は軽く体を動かしたり、ストレッチをしたりして、なまっていた体を起こしましょう。数回でもいいので、スクワットをするのもオススメです。
5 木	■	気が緩んでしまいそうな日。小さなケガや打撲をしやすいので、気をつけましょう。また、風邪をひかないように手洗い・うがいもしっかりすること。体が温まるようなドリンクやスープを意識して飲んでみるのもいいでしょう。
6 金	●	ふだんは調子に乗ることがないタイプですが、今日はおだてられたり、ほめられすぎたりして、つい浮かれてしまいそう。意図せず目立ってしまうこともあるかもしれません。
7 土	△	急な飲み会や新年会の誘いがありそうな日。お酒の席でドジなことをしてしまう可能性があるので、飲みすぎには注意しましょう。危険な異性と関係をもってしまうこともありそうです。
8 日	○	新年の挨拶を忘れていた人には連絡をしておきましょう。旧友やしばらく連絡をとっていなかった人にも、メッセージを送ってみるといいでしょう。
9 月	○	思い通りに物事が進みやすい日。少し強気になって積極的に行動すれば、いい結果を出すことができそう。将来の目標に向かって、大きく前進できることもあるでしょう。
10 火	▽	日中は、ゆとりをもって仕事ができそう。ただし、夕方あたりから時間に追われたり、予定に間に合わなくなってしまうことがあるかも。進められる仕事は、午前中のうちに片付けておきましょう。
11 水	▼	「自分が正しい」と思っていると、間違った方向に進んで、面倒なことになります。大切なのは「自分」ではなく、「相手にとって思いやりのある行動ができているか」という視点です。ワガママな発言は控えましょう。
12 木	✕	誘惑に負けたり、自分中心に物事を考えすぎてしまいそうな日。問題が起きたときは、もっと全体や相手のことを想像して行動するようにしましょう。
13 金	▲	年齢に見合わないものは処分して、使わないアプリも消してしまいましょう。身の回りをきれいにすると、気持ちがスッキリして運気の流れもよくなります。
14 土	=	ふだんならひとりでのんびりするタイプですが、今日は興味の幅が広がって、フットワークが軽くなりそう。気になる場所に足を運んでみると、いい発見がありそうです。
15 日	=	新しい体験ができる日。とくにライブやイベント、アミューズメント・パークなどに遊びに出かけてみるといいでしょう。自分だけでなく、友人や恋人も楽しめる場所を選ぶと、予想以上に充実した時間を過ごせそうです。
16 月	□	頑固になりすぎると、せっかくの楽しい時間がつまらないものになってしまいそう。ノリをよくしたり、周囲の流れに合わせることを、もっと楽しんでみるといいでしょう。
17 火	■	小さなケガに注意が必要な日。危険だと感じることは事前に避けるようにしましょう。とくに足元はしっかり確認するように。ボーッとしながら行動したり、スマホを見ながら歩くのもやめましょう。
18 水	●	真面目に仕事に取り組むのもいいですが、時間にゆとりができたら、今日は、いつもと違った方法を試してみるのがオススメです。仕事に役立ちそうな情報を集めたり、本を購入して読むのもいいでしょう。
19 木	△	操作ミスや機械トラブルで、大事なデータが消えてしまうことがありそう。大切なデータは確実に保存しておきましょう。機械音痴であれば、自分で直そうとヤケにならず、専門家などに相談してみるといいでしょう。
20 金	○	自分の間違いや勘違いを、周囲から指摘されてしまいそう。教えてくれた人への感謝の気持ちを忘れないようにしましょう。素直に人の話に耳を傾けてみると、ほかにも勘違いしていることを見つけられるかも。
21 土	○	お得な買い物ができたり、思い出に残る品を見つけることができそう。お世話になっている人や部下、後輩に贈り物やご馳走をすると、さらにいい日になるでしょう。
22 日	▽	うっかりミスに要注意。約束をすっかり忘れて焦ったり、出先で失くし物をしたりしやすい日です。食べ物をこぼしたり、ドリンクを倒して大慌てすることもあるので気をつけましょう。
23 月	▼	よかれと思って判断したことで叱られたり、欠点を指摘されることがありそうです。些細なことで言い訳や反論をしないように。今日は意固地にならないで、相手の意見を素直に聞き入れましょう。
24 火	✕	ズルをしたり、ウソをついてしまいそうな日。うまくごまかせても、あとでバレて面倒なことになるので、正直に伝えることが大事です。ウソや間違いは、すぐに訂正して謝りましょう。
25 水	▲	難しいことを難しいままにするのではなく、わかりやすく簡単に説明できるように努めてみましょう。何事もシンプルに見えるように工夫してみると、一歩成長できます。
26 木	=	新商品のお菓子やドリンクを試してみるといい日。ふだんなら避けているものを選んでみると、おもしろい発見がありそう。話のネタにもなるでしょう。
27 金	○	生活リズムを少し変化させてみるといい日。起きる時間や出社時間を変えてみると、いい気分転換ができ、新たな発見もありそうです。
28 土	□	流れに身を任せてみるといい日。無理に計画通りに進めようとすると、思い通りにならないことが起きてイライラしそう。流れに乗ることで出会える縁を楽しんでみましょう。
29 日	■	元気なのはいいですが、つい頑張りすぎてしまったり、遊びすぎ、飲みすぎなどになりやすい日。翌日に響いてしまうのでほどほどにすること。何事も節度を守ることが大切です。
30 月	●	あなたの魅力や能力に、周囲が気づきそうな日。求められる場面があったら、面倒くさがらずに力を貸しましょう。「頼りにされた」と前向きに受け止めると、やる気がわいてくるでしょう。
31 火	△	期待通りの成果が出なかったり、思い通りに進みにくい日。勝手な思い込みのせいでミスをしたり、仕事に甘さが出てしまいそうです。文句や不満を口にする前に、自分の気持ちを落ち着かせて、いまやるべきことに集中しましょう。

☆ 開運の日　◎ 幸運の日　● 解放の日　○ チャレンジの日　□ 健康管理の日　△ 準備の日　▽ ブレーキの日
■ リフレッシュの日　▲ 整理の日　✕ 裏運気の日　▼ 乱気の日　= 運気の影響がない日

2月

2023

☆ 開運の月

開運 3 ヵ条

1. 挑戦したいと思っていたことに即行動
2. 好きな人には素直になる
3. 信頼してくれる人を信頼してみる

総合運 魅力や能力がアップする月
遠慮せずに行動して

自分がやりたいことや、挑戦したいと思っていたことがあるなら、思い切って動き出すといい月。とくに、昨年末にチャンスを逃したり、気になっていたけれどタイミングを逃してできなかったことがあるなら、今月は遠慮せずに行動に移しましょう。あなたの魅力や能力もアップして、周囲に認められたり、目立つ機会も増えそうです。自分磨きも諦めないで、美意識を高めていきましょう。

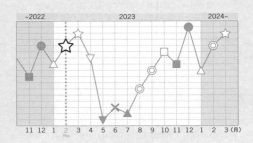

恋愛&結婚運

いい関係に進んでいると思う人がいるなら、今月のバレンタインはチャンスになりそうです。素直に気持ちを伝えてみると、交際がスタートする可能性が高くなるでしょう。職場の同僚や、友人だと思っていた人から好意を伝えられたり、デートに誘われることもありそうです。結婚運は、あなたの仕事に理解がある相手なら、今月は話が進みやすいでしょう。入籍や入籍日を決めるにはいいタイミングです。

仕事運

やや地味な運気ですが、あなたのパワーが増してくる月。単純な仕事や繰り返しの作業が多くても、今月はストレスをあまり感じずに、前向きに取り組めるでしょう。以前任されそうになった仕事を、再び任される流れになることもありそうです。あなたを信頼してくれる人の気持ちに応えてみるといいでしょう。何度か挑戦してダメだった企画も、もう一度練り直すと通ったり、営業先でやっと話が進むなどのうれしい出来事も増えそうです。

金運&買い物運

派手な感じのものを避けることが多いタイプですが、今月は少し目立つ服や、華やかな品を選んでみるといいでしょう。なじみのお店でいいものを見つけられることがあるので、しばらく行っていない場合は足を運んでみましょう。金運は、目標を達成したり、しっかり貯金できそうな月。ゆとりがあるなら、今月から少額の投資をはじめると、のちにうれしい結果につながるでしょう。一度失敗や挫折をした人は、勉強し直して、情報をしっかり集めてみましょう。

美容&健康運

あなたの魅力が輝きはじめる時期。美意識を高めることも大切なので、髪型をアレンジしたり、イメチェンをしてみましょう。「少し若い感じ」を意識してみると評判が良くなりそうです。「似合わないから」と決めつけずに、自分磨きを楽しんでみるといいでしょう。健康運は、問題が少ない運気。ダイエットや筋トレなど、昨年中にやろうと思っていたことや、三日坊主になっていることがあるなら、今月からスタートさせるとうまくいきそうです。

1 水	◎	なにかと人との縁を感じる日。恩人や親友と偶然会ったり、連絡をもらうこともあるでしょう。コツコツ頑張ってきた人ほど、驚くような人とつながることができそうです。
2 木	☆	自信のあることは、しっかりアピールするといい日。遠慮していると、運気の流れを逃してしまいます。決断するにもいい日なので、「自分の目的は何か」をハッキリさせてみましょう。
3 金	▽	言葉足らずゆえに誤解を招きやすいタイプなので、自分が言われてうれしい言葉や、温かい言葉を選ぶといいでしょう。夜は予想外の展開がありそうなので、大切なことは早めに終えておきましょう。
4 土	▼	油断すると、年齢に見合わない服や時代遅れの服を着てしまいそう。一度鏡を見て、もっといまの自分の魅力が出るように工夫してみるといいでしょう。
5 日	✕	控えめな行動を心がけたい日。友人や恋人の気分に振り回されて、予定をかき乱されてしまうことも。あらかじめ段取りを組んでおくといいでしょう。衝動買いにも注意が必要です。
6 月	▲	失くし物をしたり、ものが壊れてしまいそうな日。失くなったものや壊れたものは、「自分の身代わりになってくれた」と思って諦めるといいでしょう。機械トラブルにも遭いやすいので、気をつけて操作しましょう。
7 火	○	新しい出会いを手に入れたり、おもしろい経験をするために、少しでも変化を求めて行動してみましょう。「自分ルール」にこだわって意固地になると、視野が狭くなることがあるので気をつけて。
8 水	○	運動不足を感じているなら、歩く距離を少し増やしたり、できるだけ階段を使うようにしてみましょう。「階段は無料のダイエットマシン」と思ってみると、楽しくなりそう。
9 木	□	自分の突きつめたいこと、続けてきたことをさらに伸ばすよう努めてみましょう。苦手を克服する努力も必要ですが、「誰にも負けないこと」をひとつ極めるまで邁進することも大事です。
10 金	■	やや疲れを感じやすい日。栄養ドリンクに頼るより、休憩時間に目を閉じてゆっくりしたり、ボーッとする時間をつくったほうが、頭がスッキリするでしょう。
11 土	●	あなたの魅力や才能を認めてくれる人が現れそうな日。告白される可能性もあるので、人の集まりに参加してみるといいでしょう。運命的とも言えるめぐり合わせがあるかも。
12 日	△	小さなミスをしやすい日。買ったものを置き忘れたり、スマホを落として傷つけてしまうかも。食べこぼしやドリンクを倒すなど、子どものような失敗をすることもありそうです。
13 月	☆	自分の力を発揮できて、周囲の人や仲間から信頼される日。いまの自分ができることに、全力で取り組んでおくといいでしょう。夜は買い物をするのがオススメです。
14 火	☆	好きな人がいるなら、チョコレートを渡すといいでしょう。気持ちをハッキリ伝えられないときは、手紙を書いて渡してみましょう。今日の勇気が交際のきっかけになりそうです。
15 水	▽	日中は良くも悪くも注目されてしまいそう。異性からの視線を感じたら、「自分の魅力がアップしている」とよろこびましょう。夜は、お金や時間を無駄遣いしやすいので、デジタル断ちをするといいでしょう。
16 木	▼	「自分ルール」を突き通すのはいいですが、周囲に合わせる楽しさやおもしろさを忘れないように。頑固になりすぎないで、遊び心を大切にしてみましょう。
17 金	✕	確認ミスや勘違いをしやすい日なので、手慣れた作業ほどしっかり確認すること。自分で失敗に気づいたら、迷惑をかける前に素直に謝ることが大事です。
18 土	▲	時間があるときに、身の回りをきれいに整理整頓しておくといい日。なんとなく置きっぱなしになっているものは、処分しましょう。「掃除をすると運気がアップする」と思ってやってみましょう。
19 日	◎	興味のあることにチャレンジするといい日。以前から気になっていた場所や、体験教室に足を運んでみましょう。素敵な出会いがあって、人生が楽しくなるかも。
20 月	◎	小さなことでもかまわないので、「新しい」と思えることに挑戦するといいでしょう。新しい情報を集めたり、新商品を選んでみたり、新メニューを食べてみると、いい経験になりそうです。
21 火	□	気になる人をデートに誘ってみるといい日。真面目な感じで誘うよりも「休みの日にランチしませんか?」くらいの軽いノリで、メッセージを送ってみるといいでしょう。
22 水	■	メリハリが大切な日。ずっと集中すると、あとでヘトヘトになってしまいそう。時間を決めて、「集中の時間」と「休む時間」を上手に分けるといいでしょう。
23 木	●	告白されたり、気になっている人といい関係になれそうな日。好きな人をデートに誘ってみましょう。少し強引になると、恋が一気に進展しそうです。思い切ったイメチェンをしてから会うといいでしょう。
24 金	△	ダラダラしてしまいそうな日。そもそもテンポがやや遅いタイプですが、今日はとくにゆったりしすぎてしまいそう。周囲にはダラけているように映るので、気をつけましょう。
25 土	☆	約束をしたまま忘れていることがないか、思い出してみて。食事や遊ぶ約束をした覚えのある人に連絡をすると、いい縁がつながることがあるでしょう。
26 日	☆	買い物に出かけるといい日。長く使えるものや、買い替えを考えているものがあるなら、思い切って購入するといいでしょう。恋愛でもいい流れになるので、好きな人に連絡してみましょう。
27 月	▽	日中は計画通りに進みそうなので、大事なことからドンドン片付けていきましょう。難しいことや手間がかかることを後回しにすると、時間に追われて後悔することになるので気をつけて。
28 火	▼	「終わった」と思っていたトラブルが、まだ終わっていなかったり、誤解をされたままになっていることが発覚しそう。謝罪をするか、しっかり説明して誤解を解く努力をしましょう。

☆ 開運の日　◎ 幸運の日　● 解放の日　○ チャレンジの日　□ 健康管理の日　△ 準備の日　▽ ブレーキの日
■ リフレッシュの日　▲ 整理の日　✕ 裏運気の日　▼ 乱気の日　＝ 運気の影響がない日

3月

2023

☆ 開運の月

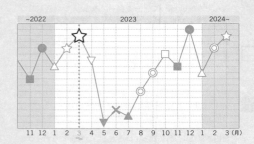

開運 3 ヵ条

1. 忙しいことを楽しむ
2. 初対面の人に会う
3. 覚悟を決める

総合運
努力したことに答えが出そう
人の集まりには顔を出して

これまでの努力や頑張りの「答え」が見える月。誠心誠意努力してきた人は、うれしい結果が出て、充実した日々を送れますが、サボっていた人には、厳しい結果が突きつけられることもありそうです。今月は、運命を変える決断をするタイミングでもあるので、引っ越しや転職など、環境を思い切って変えてみるのもいいでしょう。また、忙しくても人脈を広げておくことが大切な時期。人の集まりには無理をしてでも顔を出して、連絡先を交換しておきましょう。

恋愛＆結婚運

恋のチャンスをつかめる時期ですが、仕事が忙しくなってチャンスを逃しやすい時期でもあるので、「恋も仕事も両方つかむ」と決めて行動するといいでしょう。時間がないと言い訳せずに、「どうしたら時間をつくれるのか」を考えてみると、一歩成長できそうです。好きな人に気持ちを伝えてみると、相手の意識が変わることも。突然告白されたら、勢いで交際をはじめてもいいでしょう。結婚運は、入籍をすると金運も上がるので最高の時期です。

仕事運

今月の取り組み方次第で、仕事運が大きく変わる時期。重要な仕事や責任ある仕事を任されたら、自信をもって取り組むといいでしょう。よい結果につながったり、人生が大きく変わりはじめることもあるでしょう。これまで成果が出ていなかった人も、真剣に仕事に向き合ってみると、「希望の光ややるべきこと」が見えてきそうです。いまの職場が不向きだと思い続けているなら、今月転職活動をはじめると、自分に合った仕事を見つけられるでしょう。

金運＆買い物運

臨時収入があったり、ご馳走してもらえる機会が増えそうな時期。懸賞やくじ引きに当たることもありそうなので、気になったものに応募してみるといいでしょう。お得な買い物もできますが、調子に乗って買いすぎないように。まずは仕事に役立つものを、そのあとに長く使うものを購入しましょう。金運が最高にいいので、今月から本格的な投資をはじめたり、投資の金額を増やしてみるのもありでしょう。

美容＆健康運

予想外に忙しくなる時期ですが、せっかくの「開運の年」の「開運の月」に行動できずにいると、大きなチャンスを逃してしまいます。大事なときに動けるよう、体調管理はしっかりしておきましょう。睡眠をきちんととり、疲れがたまらないように意識して過ごすことが大切です。休日は遊ぶのもいいですが、マッサージやスパ、温泉でのんびりする日もつくっておくこと。イメチェンをしたり、髪を切ると運気がよくなるので、評判のいい美容院に行ってみましょう。

1 水	✕	思い込みに気づかないと、大事なことを見落としてしまいそう。自信満々の行動が裏目に出たり、得意なことだからと油断していると、周囲の期待に沿えない結果になるかも。相手の話は最後まで聞きましょう。
2 木	▲	今日は身の回りのものをきれいに使うことが大切な日。使ったものはしっかり元に戻して、職場でも家でもキッチリ整理整頓するようにしましょう。ていねいな行動は、あなた自身の評価にもつながりそうです。
3 金	◎	前々から気になっていた趣味や勉強を今日からはじめると、この先、長く続けられるでしょう。素敵な出会いにつながったり、得た知識が仕事に役立つこともあるので、興味がわいたことに取り組んでみましょう。
4 土	◎	家でのんびりしていないで、知り合いの集まりに参加したり、自分から仲間を集めてみましょう。気になるイベントや未体験なことに挑戦してみるのもオススメ。視野が広がり、好奇心にも火がつきそうです。
5 日	□	勇気をもって行動することが大切な日。臆病になったりのんびりしていると、チャンスを逃し、素敵な出会いが去ってしまいます。気になる人がいるなら、気持ちを確かめてみるといいでしょう。
6 月	■	少し疲れが出そうな日ですが、パワーではね返すことができるでしょう。ただし、うっかりしていて転んだり、ドジなケガをすることがあるので気をつけること。暴飲暴食にも注意しましょう。
7 火	●	あなたの魅力がアップする日。周りに味方や協力者が集まってきそうです。つらいときは、自分のやり方にこだわるのをやめて、素直に助けを求めましょう。相手に感謝を伝えることで、いい関係を長く築くことができるでしょう。
8 水	△	周囲の人をよろこばせてみるといい日。失敗談や笑い話を披露すると、思った以上にウケて楽しい時間を過ごせそう。小さなミスをしやすい日でもありますが、それもネタにするといいでしょう。
9 木	☆	地道にコツコツ頑張ってきたことに運が味方する日。いざというときに臆病にならないで、自信をもって前のめりに進めることが大事です。少しは、自分を周りにアピールすることも必要でしょう。
10 金	☆	運命を変えることになるかもしれない日。今日の出会いや体験、経験を大切にしましょう。学べることもたくさんあるので、何事にも積極的に行動してみること。買い物や資産運用をするにもいいタイミングです。
11 土	▽	昨日のいい運気の流れが続いているので、何かを決断するなら日中のうちに。買い物にも最適なので、一目惚れしたアイテムは迷わず購入するといいでしょう。流れが変わる夕方以降は、早めに帰宅してのんびり過ごしましょう。
12 日	▼	今日はしっかり休んで、日ごろの疲れをとりましょう。予定が入っている場合は、疲れがたまらないようにうまくコントロールすること。不要なものを購入しやすいので、買い物リストをつくってから出かけるようにしましょう。
13 月	✕	周りと距離をおくといい日。不機嫌な人の言動は、真に受けないほうがいいでしょう。よかれと思ってかけた一言で、相手を怒らせてしまうこともあるので注意が必要です。夜はアクセサリーを失くしたり、忘れ物をしてしまいそう。
14 火	▲	あなたの身代わりで、ものが壊れてしまったり、調子が悪くなりそうな日。失くし物をしやすい運気ですが、諦めも肝心なので「そういう日だからしかたがない」と割り切りましょう。
15 水	◎	これまで避けていたジャンルの本を読んでみると、役に立つ情報を入手できたり、新たな発見がありそうです。周囲からオススメされたものに対して、否定から入らないようにしましょう。
16 木	◎	苦手や不慣れと決めつけないで、新しいことや、理由もなく避けていることに挑戦してみるといい日。新しい方法やこれまでとは違うやり方にチャレンジすると、コツをつかめたり、考え方を変えられたりもしそうです。
17 金	□	自分の明るい未来を想像して、「いまの自分に何が足りないのか」を冷静に考えてみると、やるべきことが見えてくるでしょう。周囲からの助言も、しっかり受け止めるようにしましょう。
18 土	■	しっかりリフレッシュをするといい日。マッサージや温泉、少し贅沢なエステに行くなどして、ひとりの時間を楽しんでみましょう。
19 日	●	うれしい出来事がある日。好きな人との交際がはじまったり、運命的な出会いがあるかも。運を味方につけられる日なので、人の気持ちの裏を読もうとなどせず、素直な気持ちで突き進んでみるといいでしょう。
20 月	△	忘れ物やうっかりミスをするなど、集中力が途切れやすい日。食べこぼしてお気に入りの服を汚したり、スマホの画面を割ってしまうこともありそうなので、気をつけましょう。
21 火	☆	人との不思議な縁を感じられる日。外出先で偶然会った相手と恋に落ちることや、思いがけず仕事につながる出会いがありそうです。連絡先を交換したらお礼のメールを送っておきましょう。
22 水	☆	集中力が高まり、実力を発揮することができる日。遠慮しないで、すべての物事に全力で取り組んでみるといいでしょう。あなたの能力を、高く評価してくれる人にも会えそうです。
23 木	▽	目標を達成できる運気です。午前中から全力で取り組んでみてください。楽しみながら仕事をすると、より手応えを感じられるでしょう。ただし、夕方以降は疲れやすいので、無理をせず早めに帰宅しましょう。
24 金	▼	誘惑に負けたり、つい手を抜いてしまいそうな日。相手の気持ちをよく考えて、責任感をもって行動しましょう。今日は、ラクを求めると苦労を呼んでしまうことになります。
25 土	✕	体調に異変を感じたら、予定をキャンセルして、しっかり体を休ませましょう。温泉やスパなど、リラックスできる場所に行くのもオススメです。
26 日	▲	不要なものはフリマアプリなどで売ると、思わぬ臨時収入になりそう。「こんなものは売れないだろう」と思っても、試しに出品してみるといいでしょう。
27 月	◎	素直に「楽しい」と思えることに挑戦するといい日。自分だけでなく、周囲も笑顔になることを目指してみましょう。話題になっている本や漫画など、あなたの得意分野の情報を周りに提供してみるといいでしょう。
28 火	◎	いまのあなたにとって大事な体験ができる日。未体験のことを避けないで、「どんなものだろう」と一歩踏み込んでみましょう。学べることがあったり、いい体験ができそうです。
29 水	□	気が緩みがちな日。「なんとなく」ではなく、優先順位を決めて動きましょう。スピードを意識して行動してみるとよさそうです。臨機応変な対応を心がけないと、判断ミスにつながってしまうので気をつけて。
30 木	■	ホッと一息できる時間をつくるといいでしょう。頑張りすぎるとヘトヘトになったり、不機嫌が顔に出てしまうことも。「休むことも仕事の一部」だと思って。
31 金	●	告白されたり、交際がスタートすることがありそうな運気。気になる人に連絡してみると、いいきっかけになるかも。あなたから好意を伝えてみてもいいでしょう。

☆ 開運の日　◎ 幸運の日　● 解放の日　○ チャレンジの日　□ 健康管理の日　△ 準備の日　▽ ブレーキの日
■ リフレッシュの日　▲ 整理の日　✕ 裏運気の日　▼ 乱気の日　＝ 運気の影響がない日

4月 2023

▽ ブレーキの月

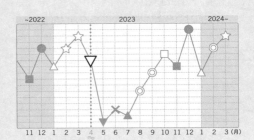

開運 3 ヵ条

1. 遠慮しないで積極的に行動する
2. ラッキーな出来事に感謝する
3. 長く使えるものを購入する

総合運

中旬までは強引でOK
下旬は周囲の動きに敏感に

中旬までは運を味方につけられそうです。思いがけない ラッキーな出来事や周囲から頼りにされることが増え、 才能や魅力を十分に発揮できるでしょう。遠慮はいらない時期なので、勝算があると思ったら少し強引にでも押し通してみるといいでしょう。下旬は流れに変化が現れはじめるので、周囲の動きや扱いには敏感になっておくことが大事です。鈍感だと、取り残されてしまうことがあるので気をつけましょう。

恋愛＆結婚運

恋人ができる可能性が高い時期ですが、偶然の出会いや誰かからの紹介を待っているだけではこの運気は活かせません。自ら出会いの場に顔を出したり、マッチングアプリや結婚相談所に登録する、お見合いをするなど、一歩踏み込むことが大事。絶対に無理と決めつけているところにも素敵な出会いがありそうです。結婚運は、中旬までなら話が固まりやすいので、恋人と話し合って具体的な日程を決めてしまいましょう。今月中に入籍をするのもいいでしょう。

仕事運

自分でも絶好調だと感じたり、思った以上の結果が出るなど、手応えを感じられそうな時期。周囲の力で一気にもち上げられて、実力以上の結果が出ることもありそうです。感謝の気持ちを忘れずに、調子に乗るときは一気に乗ってみることも大事。ただし、忙しくなりすぎてしまったり、下旬に失速することもあるので気をつけましょう。手助けしてくれた人には、恩返しやお礼を忘れないように。

金運＆買い物運

買い物運のよさを感じられそうな時期。たまたま入ったお店で欲しいものが安くなっていたり、試しに値引き交渉をしてみるとすんなり値段が下がったり、サービス券やポイントがたくさんもらえるなど、うれしい出来事がありそうです。長く使うものはできるだけ中旬までに買うといいでしょう。お世話になった人に、お礼の品を渡すにもいいタイミング。投資をはじめとした資産運用は、強気で攻めてみてもいいでしょう。

美容＆健康運

「なんとなく体重が増えている」「筋トレをそろそろやろうかな」などと思っているなら先延ばしにしないで、今月から運動をはじめたり、美意識を高めておくことが大切です。夜更かしもやめて、生活リズムと食生活を整えましょう。時間やお金にゆとりがあるならエステに通ったり、スポーツジムに行ってみるのもオススメです。今月、体調に異変を感じたら、早めに病院で検査を受けましょう。早期発見につながることがありそうです。

1 土 △
遊ぶ予定やデートの時間をうっかり間違えて遅刻をしたり、忘れ物をして焦ってしまいそうな日。行動する前にスケジュールを確認しておきましょう。失言もしやすいので、今日は聞き役に徹しましょう。

2 日 ☆
なんとなく疎遠になってしまった知り合いや友人に連絡してみるといい日。思ったよりも楽しい話ができて、盛り上がるでしょう。いい縁がつながって、素敵な人を紹介してもらえることもありそうです。

3 月 ☆
重要な仕事を任されたり、今日引き受けた新たな仕事が、今後の人生に影響してくる可能性があります。これまで以上に真剣に取り組んでみると、いい流れになりそう。仕事終わりに「自分へのご褒美」を買うのもいいでしょう。

4 火 ▽
日中は、大事な決断やいい判断ができる日。強気な行動に出てもよさそうです。気になる人をデートに誘うなら、お昼ごろにメッセージを送っておきましょう。夜は、調子に乗りすぎないように気をつけましょう。

5 水 ▼
周囲の意見に振り回されそうな日。無理をしないで流れに身を任せ、「いま学べることは何か」を考えてみると、大きく成長できるでしょう。意地を張るとトラブルの原因になるので気をつけて。

6 木 ✕
仕事をサボっているところや、力を抜いているところを他人に見られてしまうかも。相手に指摘されてしまうこともあるので気を抜かないようにしましょう。他人任せにしていた部分も指摘されやすいので要注意。

7 金 ▲
お気に入りのものを失くしてしまうかも。何かを壊したり、傷つけたりといったミスにも注意しましょう。スマホを落として画面を傷つけたり、服にシミをつけてしまうなど、小さなショックもありそうです。

8 土 ◎
ひとりでじっくり考えることが好きなタイプですが、今日は友人や知人に相談をしてみることが大事。自分では考えつかないような発想や話を聞けそうです。意地を張らず、素直に聞いてみるといいでしょう。

9 日 ◎
楽しそうなイベントや、おもしろそうな映画を探して観に行ってみるといい日。自分が笑顔になれる場所を探したり、それを求めて行動するといい1日になるでしょう。気になっている人を誘えたら、好意を伝えるといいかも。

10 月 □
自分の言動に責任をもつことが大切な日。軽はずみなことはあまり言わないタイプですが、調子に乗っているときは、勢いで余計なことを言う可能性があるので気をつけましょう。

11 火 ■
朝から疲れを感じたり、昼すぎに眠くなったりしそうな日。ストレッチをすると眠気は落ち着くでしょう。ただし今日は、無理をすると体調を崩しかねないので気をつけて。

12 水 ●
やることが増えそうな日。不満に思う前に、周囲から求められたことにできるだけ応えるように努めると、あなたの評価や信用につながっていくでしょう。恋愛運もいい日なので、気になる人には連絡をしておきましょう。

13 木 △
忘れ物やうっかりミスが増えそうです。慌てるとケガをすることもあるので、落ち着いて行動するように。何事も確認作業や事前準備を十分にしておきましょう。

14 金 ◎
不慣れなことや苦手なことをそのままにしないで、克服できるよう少しでも努力してみるといい日。苦手だと思っていた人と楽しく話せたり、手応えを得られることもありそうです。

15 土 ☆
いまの自分に合う、年齢に見合ったイメチェンに挑戦をしてみるといい日。センスのいい友人のアドバイスをもとに、洋服を最新アイテムに買い替えて、髪型も旬のスタイルに変えてみましょう。

16 日 ▽
午前中は、買い物やランチデートに適した日。欲しいと思っていたものは、思い切って購入するといいでしょう。夕方以降は、無駄な時間を過ごしてしまったり、リズムの悪さを感じることがありそう。

17 月 ▼
自分とは意見の合わない人とぶつかったり、噛み合ない感じになりそう。相手を否定せず「いろいろな考え方がある」と思っておくことが大事です。

18 火 ✕
自分の意見を通そうとすると壁にぶつかったり、面倒な方向に進んでしまいそう。今日は、周囲や相手に合わせた柔軟な対応を心がけておくといいでしょう。

19 水 ▲
取捨選択をするといい日。身の回りにあるものを、自分にとって本当に必要なものと、マイナスになるものに分けましょう。使わないものや無駄なものはドンドン処分すること。ケチケチしていると運気も上がらなくなってしまいます。

20 木 ○
些細なことでいいので、新しいことに挑戦するといい日。少しでも気になったら調べてみたり、実際に手にしてみるといいでしょう。新商品を購入すると話のネタになるかも。

21 金 ○
考え方を変えるきっかけとなる、いい情報を入手できそうな日。今日は小さなことも見落とさないよう心がけましょう。ビジネス書を読むと、役に立つ発見がありそうです。

22 土 □
明日が休みの場合でも、暴飲暴食や無理な行動は避けるようにしましょう。翌日に不調を引きずることになったり、疲れをため込んでしまう場合がありそうです。何事も節度をもって楽しむようにしましょう。

23 日 ■
風邪をひいてしまったり、睡眠不足や疲労を感じそうな日。今日は無理をしないで、自分のペースで行動することを心がけましょう。夜の飲酒や食べすぎも避けるように。

24 月 ●
甘えが通用してしまう怖さを忘れないようにしましょう。今日はよくても、「甘えている間は、成長や学びはない」と早く気づくことが大切です。学べる経験や成長できる場所を、自ら探すよう心がけましょう。

25 火 △
ふだんは余計なことを言わないタイプですが、今日は珍しく口を滑らせてしまいそう。善悪をしっかり判断して発言し、人の秘密をバラさないよう十分に注意しましょう。

26 水 ◎
お世話になった人のために行動するといい日。自分中心に考えないで、これまで支えてくれた人や応援してくれた人、教えてくれた人に「何を恩返しできるのか」と、しっかり考えて行動してみましょう。

27 木 ☆
仕事に真剣に打ち込むことで、いい結果につながる日。「求められている以上の結果を出そう」という気持ちで一生懸命に向き合うと、仕事が楽しくなり、時間もあっという間に過ぎそうです。

28 金 ▽
日中は、問題なく物事が進みそうですが、自分の弱点や欠点は分析しておきましょう。夕方以降、そこを突っ込んでくる人や苦手な人に遭遇しやすくなるかも。

29 土 ▼
意地を張りすぎたり、素直になれず、相手を怒らせてしまうことがありそうな日。柔軟な発想を心がけ、深呼吸をして考えを改めると、問題は大きくならずに済むでしょう。何事にも感謝することが大切です。

30 日 ✕
いろいろな人がいるおかげで、いまの自分があることを忘れないようにしましょう。マイナスなことはインパクトが強いので覚えているだけ。本当はいい思い出も悪い思い出も同じくらいあるもの。もっといいことを思い出すようにしましょう。

☆ 開運の日　◎ 幸運の日　● 解放の日　○ チャレンジの日　□ 健康管理の日　△ 準備の日　▽ ブレーキの日
■ リフレッシュの日　▲ 整理の日　✕ 裏運気の日　▼ 乱気の日　＝ 運気の影響がない日

5月 2023

▼ 乱気の月

総合運 ダメな部分に目がいきそう
簡単に投げ出さないで

これまで気づかなかったマイナス面や、ダメな部分に目がいってしまいそうな時期。最初の印象で決めつけていたことのなかに、相性の悪いことや不向きなことがあり、その部分が出てくる時期だと思っておきましょう。単純に「不運だ」と片付けないで、「今後何に気をつけるべきなのか」をしっかり考えるように。今月は学べることが多いので、簡単に投げ出さないことが大事です。遊びや甘い誘惑にも流されやすくなるので気をつけましょう。

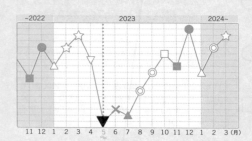

恋愛＆結婚運

「今年に入ってからいい関係に進んでいる」と思っていた人との距離があいたり、相手に恋人ができてしまいそう。「タイミングを逃した」と離れてしまうよりも、今後も友人として付き合いを続けておくと、のちに素敵な人を紹介してもらえるかも。新しい出会い運は、あなたの心を乱すような人に会いやすいので、無理に交流を広げなくてもいいでしょう。結婚運は、話が前に進みにくい時期。雑な部分を相手に見られやすいので、ていねいに過ごしましょう。

仕事運

トラブルに巻き込まれることや、予想外の展開が増える時期。突然忙しくなったと思ったらいきなりヒマになったり、しっかり準備できていた仕事が突然白紙に戻ってしまうようなこともありそうです。自分ではどうすることもできない場合もありますが、自分のことだけでなく全体のことを考えて「どう対応すればいいか」を判断する、いい訓練にもなりそうです。身勝手な判断や行動は、あとで苦しむ原因になるので気をつけましょう。

金運＆買い物運

余計な出費や、予想外の出費が増えそうな時期。ネットショッピングで騙されてしまうこともあるので注意しましょう。長期的な契約や、高額な買い物は避けるように。スマホを落として壊したり、機械トラブルや故障が起きたりと、突然修理や買い替えが必要になることもありそうです。また、お気に入りの服を食べこぼしでダメにしたり、お気に入りのカバンに傷をつけてしまうこともあるので、高価なものは持ち歩かないほうがいいでしょう。

美容＆健康運

今月は無駄に夜更かししないで、早めに寝るようにしましょう。思っている以上に疲れがたまっていたり、集中力が途切れてしまうことがありそうです。休日はしっかり体を休ませ、温泉旅行に行くなど、のんびりできる時間をつくるといいでしょう。運動をするのもいいですが、頑張りすぎるとケガの原因になるのでほどほどに。肌の調子も崩しやすいので、スキンケアにはこれまで以上に気を使いましょう。パックをするのもオススメです。

1月	▲	書類や文具、アクセサリーなどを、どこに置いたか忘れてしまうことがありそう。細かいものは1か所に集めておくといいでしょう。落ち着いて行動すれば、今日の不運は避けられます。
2火	＝	視野を広げる努力を忘れないように。決めつけが激しくなると、自分のチャンスや学びの機会を逃すことになりそう。できるだけ新しいことに目を向けてみましょう。
3水	＝	好きなことや、やってみたかったことに挑戦してみると、いい勉強になる日。勢いと少しの勇気が大切です。何も挑戦しないことは、人生における大きな失敗につながるので気をつけましょう。
4木	□	ひとりの時間を楽しむのもいいですが、今日は友人や知人を誘って遊んでみるといいでしょう。相手からの誘いを待っていないで、自ら連絡してみて。
5金	■	しっかり休んでおきたい日。温泉やスパでのんびりしたり、マッサージに行ってみるといいでしょう。思い切って、家で何もしないでダラダラ過ごすのも、意外とオススメです。
6土	●	遊びに出かけるにはいい日。テーマパークや映画館、美術館などに足を運んでみるといいでしょう。少しですが、「ラッキー」と思える出来事や、おもしろい出会いもありそうです。
7日	△	相手の話を最後まで聞かずに自分勝手に終わらせると、大切なことを見逃して後悔することになるでしょう。また、ドジなケガをすることもあるので、くれぐれも気をつけましょう。
8月	＝	思い出すなら、「いい思い出」にしましょう。嫌な思い出やマイナスの思い出にとらわれていると、前に進めなくなります。頑張ってきた自分をほめて、さらに頑張るようにしましょう。
9火	＝	何事もプラスの面を探してみると運気が上昇します。とくに「どんな人にも必ず長所がある」と思って、いい面を探しながら過ごすと、のちに相手をほめるときに役に立つでしょう。周囲の人の「得になること」を考えて行動してみましょう。
10水	▽	日中は問題なく進められても、夕方あたりから空回りしたり、予想外の問題が発覚しそう。臨機応変な対応を求められる場合もありそうです。多少の失敗は覚悟しておくといいでしょう。
11木	▼	チャンスを逃してしまいそうな日。「自分を曲げたくない」と意地を張るより、譲れる部分はドンドン譲ったほうがうまくいくでしょう。何が起きても、「平常心を保つ訓練」ととらえるようにしましょう。
12金	✕	今日は視野が狭くなって、苦しくなったり前に進めなくなったりしてしまいそう。何事も、もっと深く考えて、もっと遠くを見るようにしましょう。やれることや、とれる方法はいっぱいあるので、安心してください。
13土	▲	部屋の掃除をして、身の回りをきれいにするといいでしょう。古い思い出の品や、長い間置きっぱなしのものがあるなら、思い切って処分すること。スマホの無駄なアプリを削除することも大事です。
14日	＝	ふだんなら行かないお店に入ってみると、おもしろい発見がありそう。余計な出費が増えてしまうこともあるので、1日に使う金額を決めてから出かけるといいでしょう。
15月	＝	これまでの経験を活かせる場面がありそうですが、固定観念や決めつけが激しいと見逃してしまうでしょう。状況に応じて考えて行動すると、いい方向に進んでいきそうです。
16火	□	些細なことでも、もっとよろこんでみるといい日。よろこびが小さいと運気の波も小さくなるだけ。もっと大きく、どんなことにもよろこんでみると、いい流れをつくることができるでしょう。
17水	■	パワーダウンしたり、疲れを感じたりしそうな日。うっかりケガなどもしやすいので気をつけましょう。仕事の合間や休憩時間は、昼寝をしたりボーッとしたりして、頭と心の整理をするといいでしょう。
18木	●	求められることが増える日ですが、「押しつけられている」と思わないで、「周りから頼りにされている」と受け止めるといいでしょう。あなたの能力をうまく活かせる場面もありそうです。
19金	△	ドジなことをしでかす日ですが、準備次第では避けられるので、用意と確認をしっかりしておきましょう。失敗を運のせいにしないで、「何がトラブルの原因になったのか」ときちんと探ることが大事です。
20土	＝	親友やしばらく連絡のなかった人からメッセージが届きそう。SNSで意外な人とつながることもあるので、メッセージを送ってみるのもいいでしょう。外出先でおもしろい出会いもありそうです。
21日	＝	買い物に出かけるにはいい日ですが、高価なものや長く使うものは避けて、いま注目の服や、トレンドをおさえた小物を買いに行くといいでしょう。センスのいい人の助言を活かすのもオススメです。
22月	▽	午前中は頭の回転が速く、いい判断もできそうですが、夕方あたりから、空回りしたり判断がモタついてしまいそう。周囲をイライラさせてしまうこともあるので、できるだけ早く決断しましょう。
23火	▼	周囲の人や若い人に振り回されて、自分が年をとったことを実感してしまうかも。無理に逆らうと疲れてしまうので、今日は頭を柔軟にして、上手に流されたほうがよさそうです。
24水	✕	よかれと思ったことが裏目に出たり、隙を突かれてしまうことがありそう。人間関係が嫌になってしまうことも。不機嫌な人には、近づかないようにすることも大切です。
25木	▲	忘れ物をして慌ててしまうことや、相手の名前がわからなくて焦ってしまうことがありそうです。事前に確認してしっかり準備しておけば、問題は避けられるでしょう。
26金	＝	周囲から薦められた本や映画を試してみるといい日。紹介してくれた人には、あとで感想を伝えたり、お礼を言うようにしましょう。自分の価値観だけで世の中を見ないように。
27土	＝	悪友や、あなたを振り回す人との縁を切るにはいい日。本当はよくないとわかっているのに、ズルズルと関係を続けてしまっている人がいるなら、距離をおくように。過去に執着しないことで、もっと素敵な縁がつながっていきます。
28日	□	好きな音楽や、これまで聴いたことのないジャンルの曲を聴いてみるといい日。懐かしの名曲を試しに流してみると、ハマってしまうことも。青春時代に流れていた曲を聴き直してみるのもいいでしょう。
29月	■	スケジュールを詰め込みすぎないことが大事です。油断すると体調を崩したり、肌荒れに悩んでしまうかも。仕事の合間にストレッチをしたり、旬のフルーツを食べるとよさそうです。
30火	●	人にやさしく親切に接していた人は、周囲からやさしく親切にしてもらえそう。人からの当たりが厳しいと感じるなら、他人に厳しく当たっていたのでしょう。今日から、周囲にやさしく親切にするといいでしょう。
31水	△	間違った思い込みをしてしまいそうな日。安いと思って購入したものが実は割高だったり、購入後すぐに使わなくなったりしそうです。今日は不要な出費を避けるためにも、どうしても必要なもの以外は見送りましょう。

☆ 開運の日　◎ 幸運の日　● 解放の日　○ チャレンジの日　□ 健康管理の日　△ 準備の日　▽ ブレーキの日
■ リフレッシュの日　▲ 整理の日　✕ 裏運気の日　▼ 乱気の日　＝ 運気の影響がない日

6月

2023

× 裏運気の月

開運 3 ヵ条

1. 体を休ませる日を先に決める
2. 「とりあえず」で異性と関係を深めない
3. 笑顔を心がける

総合運　誘惑に負けやすい時期
ゆっくり体を休ませて

予想外の遊びや誘いに乗ってしまうなど、誘惑に負けてしまいやすい時期。ゆっくり体を休ませることを忘れていると、疲れが一気にたまってしまい、体調を崩す原因になる場合があるので気をつけましょう。下半期のほうが運気はよくなるので、上半期の最後で体調を崩さないように。「しっかり遊んだら、しっかり体を休ませる」を意識して、無理のないスケジュールを立てましょう。調子に乗りすぎないように、気をつけること。

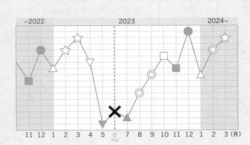

恋愛＆結婚運

あなた好みの人や、距離を一気に詰めてくるような人に会えそうな時期です。ただし、今月出会う人は、あなたをもてあそぼうとしたり振り回すような相手の可能性が高いので、「とりあえず」で交際に進まないように。すでに気になる人がいるなら、これまでとは違うアプローチをしたりデートプランを変えてみるといい関係に進めそう。結婚運は、恋人との相性が悪い場合は今月と来月はケンカになったり、相手のマイナス面が急に見えてきたりしそうです。

仕事運

予想外に忙しくなったり、ほかの人のミスで仕事が増えてしまったりしそうです。あなたもミスをしやすい時期なので、しっかり確認するようにしましょう。隙を突かれるようなこともありますが、今後の課題としてしっかり受け止めることが大事です。至らない点はきちんと認めて、ただの不運で終わらせないようにしましょう。仕事関係者との付き合いも大切な月。面倒でも集まりには顔を出すようにすると、意外な人と仲よくなることもあるでしょう。

金運＆買い物運

ふだんなら興味をもたないものが突然欲しくなったり、つい衝動買いをしてしまいそうな運気です。ネットで無駄な課金をするなど、誘惑に負けてしまうこともあるので気をつけましょう。「少額ならいいか」と油断していると、チリも積もれば……で大きな出費になってしまったり、「無料」に飛びつくと、あとで浪費につながる可能性も。必要なもの以外には、できるだけお金を使わないようにしましょう。投資などでも、判断ミスをしやすいので慎重に。

美容＆健康運

疲れがたまってしまう時期。油断していると体調を崩したり、ケガをしてしまいそうなので、とくにお酒を飲んでいるときやテンションが上がっているときの行動には気をつけましょう。疲れを感じる前に、しっかり体を休ませることも大事です。温泉やスパでのんびりする時間をつくるといいでしょう。美意識も低下しやすい時期。こまめに歩くようにしたり、朝起きたらストレッチをして体をほぐすなど、軽い運動をするのがオススメです。

　開運のつぶやき　当たり前だと思うことに感謝できる人に運は味方するもの。

1 木	=	お世話になった人や感謝を伝えるべき人に、ちょっとしたものをプレゼントするといいかも。後輩や部下にお茶をご馳走すると、今後の関係がよくなるでしょう。過去にご馳走になった先輩や上司にお返しをすることも忘れずに。
2 金	=	仕事でいい結果が出やすい日ですが、数字や時間、金額のチェックは忘れないようにしましょう。最後のツメの甘さや、自分の勘違いに気がつける場合がありそうです。
3 土	▽	日中は問題が少ない日ですが、夕方からは予定が突然変更になったり、振り回されたりすることがありそう。言葉足らずが原因で、気まずい雰囲気をつくってしまうことも。イラッとしたら、一呼吸おいてから発言しましょう。
4 日	▼	誘惑に負けてしまいそうな日。スマホで不要なものに課金したり、勢いで購入ボタンを押してしまうことがありそう。損をすることや、面倒なことに巻き込まれる場合もあるので、今日は軽はずみに進めないようにしましょう。
5 月	✕	気が緩みやすい日。財布やスマホをどこかに置き忘れてしまうようなドジをしてしまうかも。段差や階段で転んでケガをすることもあるので、足元にはとくに気をつけましょう。
6 火	▲	誤発注や操作ミス、数字や日付を間違えてしまうようなことがありそうな日。慣れた仕事ほどミスが出やすいので、落ち着いて再確認することが大事です。勢い任せで仕事をしないようにしましょう。
7 水	=	あなたを必要としてくれている人のために力を注いだり、恩返しの気持ちで行動してみると、いい結果につながるでしょう。自分のことよりも、「自分を信じてくれる人」のために生きてみましょう。
8 木	=	不慣れなことを任されたり、苦手な人と一緒にいる時間が増えてしまいそうな日。ゆっくりでもいいので、苦手を克服するための努力を忘れないように。「自分の成長」にもっと期待するといいでしょう。
9 金	□	心身のバランスを整えるように行動することが大事。時間を意識して1日を過ごし、睡眠時間を多めにとってください。「寝る前はスマホやゲームをしない」など、マイルールを決めてみましょう。
10 土	■	寝不足を感じたからといってダラダラすると、1日を無駄にしてしまいます。午前中からテキパキ動いて、午後はゆっくりするといいでしょう。今日は、胃腸にやさしいものを選んで食べるようにしましょう。
11 日	●	好きな人と仲よくできる日。意外な人から誘われることもありそうです。「高嶺の花」だと思っていた人といい関係になれることもありますが、順調すぎる場合は注意しておきましょう。今月は「友人くらいの距離感」を保っておくこと。
12 月	△	自分でも「あれ?」と思うようなミスをしやすい日。ドジや判断ミスの多い日だと自覚しておきましょう。余計な一言が出たり、雑な言葉を使ってしまうこともあるので気をつけましょう。
13 火	○	これまでを振り返り、お金の使い方を真剣に考えてみるといい日。将来必要なお金のことを想像してみると、勉強不足に気がつきそう。仕事でも、儲けや経費についてもっと考えるようにしましょう。
14 水	○	気分転換においしいものを食べたり、少し豪華なランチを選んでみるといい日。周囲の人に、オススメのお店や最近ハマっているスイーツを聞いてみて。
15 木	▽	午前中は黙々と仕事に取り組めても、午後からはひとりの作業に壁や限界を感じてしまうかも。不得意なことは周囲に頭を下げてお願いしてみましょう。快く協力してもらえるように、愛嬌のある態度で接することが大切です。
16 金	▼	他人をうらやむ前に、相手の苦労や努力をもっと想像してみることが大事。うまくいっている人は、努力をしているし、失っている時間もあるもの。うらやむ相手を見つけたときは、尊敬するときだと思いましょう。
17 土	✕	遊び心がわいてくるのはいいですが、誘惑や見栄に惑わされないように。自分都合の勝手きままな思い込みに陥らず、冷静になって、慎重な判断を心がけましょう。つまらないプライドが心を傷つけます。
18 日	▲	予定通りに物事が進まないどころか、ドタキャンされたり、知人に振り回されてしまうことがあるでしょう。相手が恋人の場合は、大ゲンカや恋が冷めるきっかけもありそうです。
19 月	=	苦手なことを任されたり、弱点を指摘されてしまいそう。まずは、聞く耳をもつことが大切です。自分の悪い癖をしっかり把握している人は、問題なく過ごせるでしょう。
20 火	=	一度関心がなくなってしまうと、同じものは見ない癖があるタイプですが、あえてもう一度見直してみたり、おもしろい部分や優れているところを探してみるといいでしょう。いまの仕事のよさにも気がつけそう。
21 水	□	ひとりの時間がどれほど心地よくても、人間はひとりでは成長できないもの。他人と関われる場所に飛び込んで、不慣れな話題でも笑顔で聞くようにしましょう。「コミュニケーション能力」の筋トレを、楽しんでみましょう。
22 木	■	疲れを感じたり、最後まで集中できなくなってしまいそうな日。こまめに休憩をとり、休憩中はスマホをなるべく見ないようにしましょう。目をしっかり休ませて、不要な情報は入れないように。
23 金	●	意外な人から仕事を依頼されたり、不慣れなポジションを任されたりしそう。最善をつくしてみると、自分の能力や実力を知ることができそうです。力加減をすると中途半端な結果になるので、一生懸命取り組みましょう。
24 土	△	ハメを外しすぎてしまいそうな日。ランチでのお酒も1杯くらいならいいですが、酔っぱらうまで飲んでしまうと、失くし物をしたり大失態をさらすことがあるので気をつけましょう。約束を忘れて大慌てすることもありそうです。
25 日	○	思った以上に順調に物事が進みそうですが、周囲のサポートのおかげであることを忘れないように。感謝の気持ちを伝えると、いい人間関係をつくれそうです。伝え下手だと思うなら、文字にして気持ちを届けてみましょう。
26 月	○	数字と時間をもっと意識して仕事をすると、いい結果につながる日。自分のなかで、「ていねいに速く」を目標にしてみましょう。頑張ったと思えたら、ランチやディナーは少し贅沢をしてもいいでしょう。
27 火	▽	日中は自分のことだけではなく、周囲の手伝いをしたり、人にアドバイスをしたりするといいでしょう。夕方以降は空回りしやすくなるので、なるべく早く帰宅して、好きな音楽でも聴いてのんびり過ごすといいでしょう。
28 水	▼	「忙しい」「疲れた」などと言って、周囲から「大丈夫?」と話しかけられるのを期待しないように。他人に気を使わせても運気はよくなりません。相手を励ましたり、元気にさせられる人を目指しましょう。
29 木	✕	何事もゆっくり進めると問題は避けられそうです。周囲のスピードに無理に合わせようとすると、慌ててミスをすることがあるので要注意。今日は、誘惑にも負けやすいので気をつけましょう。
30 金	▲	使わないアプリや不要なサブスクなどは、消去や解約をしてしまいましょう。身の回りにある使わないものをフリマアプリなどで売ってみると、いいお金になるかも。

☆ 開運の日　◎ 幸運の日　● 解放の日　○ チャレンジの日　□ 健康管理の日　△ 準備の日　▽ ブレーキの日
■ リフレッシュの日　▲ 整理の日　✕ 裏運気の日　▼ 乱気の日　= 運気の影響がない日

7月

2023

▲ 整理の月

開運 **3** ヵ条

1. 許せないことも「許したこと」にする
2. 「断捨離」をする
3. 過去を言い訳にしない

総合運 区切りをつけるには最高の月
過去に引きずられないで

区切りをつけるには最高の月。過去を引きずっていると、なかなか前に進めなくなりそうです。あなたにとっては正当な理由でも、周囲からは「言い訳」と思われてしまうことも。良くも悪くも過去を手放して、気持ちを楽にするといいでしょう。「許せない」ことほど、「許したこと」にすると一気に前に進めそうです。身の回りにある不要なものや年齢に見合わないものを一気に処分したり、ときには引っ越しをする準備や覚悟も必要でしょう。

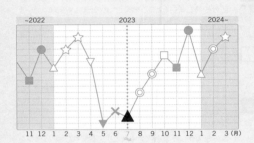

恋愛＆結婚運

進展のない恋をしているなら、今月でキッパリ諦めたほうが来月からの新たな出会いに目を向けられるようになるでしょう。相手から雑に扱われたり、4月下旬から今月まで気まずい空気やケンカが続いているなど、我慢して付き合っているなら思いきって別れを切り出すにもいいタイミングです。新しい出会い運は期待が薄いので、髪を少し切って、来月に向けて準備しましょう。結婚運は、焦ると恋人との関係が悪くなるので来月以降に期待しましょう。

仕事運

効率が悪いと指摘されても自分のやり方を通してしまうタイプですが、今月は少しでもいいので仕事の進め方を改善したり、やり方を変えてみるといいでしょう。周囲に教えてもらったり仕事がデキる人の真似や観察をしてみると、自分の間違いやもっと成長できる部分を知ることができそうです。また、職場にある不要なものは処分しましょう。長年使っているものは買い替えの準備をしたり手入れをしておくと、新たな気持ちで仕事に向き合えそうです。

金運＆買い物運

今月の買い物はオススメできません。身の回りをきれいにするためにお金を使うといいでしょう。粗大ゴミを出したり、ハウスクリーニングやエアコンの掃除などをプロにお願いするのもよさそうです。使わないものはネットで売ってみるといいお小遣いになることも。投資は少額ならいいですが、今月からはじめるとのちに損をする可能性が高いので気をつけましょう。損切りするにはいいタイミングです。

美容＆健康運

ダイエットを考えているなら今月がいいタイミング。無駄に見てしまうスマホやゲームの時間を10分でも削って、腹筋やスクワット、散歩をする時間に充てるといいでしょう。無駄な夜更かしも避けて、生活習慣の改善を。また、使わないまま放置している化粧品などを処分し、年齢や肌に合ったものを探してみたり、化粧ポーチを買い替えるのもオススメです。メイク教室に行ってみるといい勉強になるでしょう。

日		内容

1 土 =
親友や、付き合いの長い人と遊ぶといい日。話してみることで、モヤモヤしていた気持ちが整理されたり、ストレス発散になるでしょう。気になるお店や新しくオープンしたお店にも行ってみるといいでしょう。

2 日 =
フットワークを軽くすることで、いい体験ができそうな日。面倒だと思っても、ノリのよさを楽しんでみるといいでしょう。あなたの魅力がアップしたり、輝きが増しはじめそうです。

3 月 □
すぐに結果を求めるよりも、「数日後に結果が出るはず」と期待して、チャレンジしてみることが大事。夕方以降は体調を崩しやすいので、無理をしないように。やるべきことを済ませたら、ゆっくり過ごしたほうがよさそうです。

4 火 ■
うっかりして小さなケガをしやすい日。紙で指を切ったり、深爪をしてしまったり、不愉快な気分になることも。今日は慎重に、かつていねいに行動する心がけましょう。

5 水 ●
周囲の視線を感じることになる日。不思議と目立ったり、重要なことを任されたりしそうです。遠慮しないで思い切り挑戦すると、いい結果につながるでしょう。挨拶とお礼は、ふだんよりもきちんとしておきましょう。

6 木 △
忘れ物やうっかりミスが増えてしまう日。勝手に「大丈夫だ」と思い込んでいると、大失敗をしたり、問題を引き起こしてしまうことがあるので気をつけて。

7 金 ○
自分の得意なことに集中するといい日。予想していた以上の結果を出すことができるでしょう。悩んでいるだけでは時間がもったいないので、「人生には挫折も失敗もない」と思って、行動してみましょう。

8 土 ○
出費が増えてしまう日。欲望に負けて不要なものを購入したり、食べすぎてしまいそうです。調子のいい年下の人にご馳走しすぎてしまうことも。買い物をするときは、欲しいものをメモしてから出かけましょう。

9 日 ▽
ランチデートや、日中のホームパーティーへの参加がオススメです。関係が深まる人が現れるので、躊躇せずに連絡先を交換しましょう。ただし、夕方あたりからは周囲に振り回されやすいため気をつけて。

10 月 ▼
過去を言い訳にして、前に進めなくなったり、挑戦できなくなりそうな日。誘惑にも負けやすくなるでしょう。まずは手を動かしてみると、余計なことを考えずに済みそうです。

11 火 ×
恋人や家族、長年一緒に働いている人とケンカになったり、不機嫌になることを言われたりしそう。図星を指されたときほど、ハッキリ言ってくれた相手に感謝の気持ちを忘れないようにしましょう。

12 水 ▲
なんとなく続けている悪習慣は、今日だけでもやめたり、手放してみるといいでしょう。スマホを見る時間を削るだけでも、人生は変わってくるでしょう。

13 木 =
年上の人と話すと、大切なことが聞けて、解決策も思い浮かびそうです。相手の話にしっかり耳を傾けてください。結論を自分で勝手に決めないように。わからないときは、「どういうことなのか」と真意をよく考えてみましょう。

14 金 =
小さなことでもいいので、新しいと思うことに挑戦してみるといい日。手応えがなくても、なんとなく楽しめたり、これまでと違う体験をすることの大切さを再確認できそうです。

15 土 □
身の回りにある不要なものや、時間を無駄に使っているSNS、アプリを一気に消去するにはいい日。昔の恋人や、もう連絡しない相手の連絡先もまとめて消してみると、気持ちが楽になるでしょう。

16 日 ■
疲れから言動が雑になってしまう日。しっかり体を休ませたり、昼寝をするといいでしょう。予定が入っている場合は、カフェでゆっくりする時間をつくるなど、こまめに休憩をはさむようにしましょう。

17 月 ●
気持ちが切り替えられたり、物事を前向きに考えることができそう。恋愛も少し進展して、うれしい流れになりそうです。気になる人に連絡してみるといいでしょう。

18 火 △
珍しいものを忘れてしまいそうな日。置き忘れや、しまい忘れにも気をつけましょう。ほかにも打撲やケガをすることがあるので、注意して過ごしましょう。

19 水 ○
諦めない気持ちや探求心を忘れず、最後まで細部にこだわって仕事に取り組むといいでしょう。年下の手本になるような姿勢で仕事をすると、運気がいい流れに変わります。

20 木 ○
何事も少し早めにはじめて、早めに終えるように意識するといい日。時間にゆとりができると、視野が広がり、ほかにやるべき仕事を見つけられます。これまで以上に時間を意識して過ごしましょう。

21 金 ▽
日中はやりがいを感じられそうですが、夕方あたりから、人間関係を面倒に思うような出来事や、投げ出したくなることが起きるかも。心ない人の言葉に振り回されないように。

22 土 ▼
家電や身の回りのものが壊れてしまいそうな日。操作ミスでデータを消してしまうようなことも。面倒なことになる流れもあるので気をつけましょう。

23 日 ×
大事なものが汚されたり、傷つけられたりしたら「自分の身代わりになってくれたんだ」と思って感謝するといいでしょう。「裏切られた」と感じるような出来事も起こりそう。過度な期待をしないようにしましょう。

24 月 ▲
身の回りをきれいにすることが大切な日。不用品はドンドン処分して。置きっぱなしのチラシや資料、読むことのない雑誌や本も捨てるといいでしょう。

25 火 =
過去の経験が役立ちそうな日。しばらく会っていない人と偶然再会したり、突然連絡がくることもあるかも。いい思い出話ができると、運気の流れがいい方向に進みます。

26 水 ○
生活リズムを少し変えてみると、やる気になれそう。変化が苦手なタイプですが、ふだん挑戦しないことに少しでもチャレンジしてみるといいでしょう。

27 木 □
時間をしっかり守って行動することが大事な日。できれば時間ピッタリではなく、少し前倒しではじめて、早めに終わらせるようにしましょう。ダラダラせずに、無駄な時間を減らしてテキパキ動くこと。

28 金 ■
寝不足や疲労を感じやすい日。行動がやや雑になってしまう運気でもあるので、小さなケガやミスには気をつけましょう。夜は急な誘いがあったり、予定がうれしい方向に変わりそうです。

29 土 ●
友人や恋人をよろこばせることで、自分も幸せを感じられる日。他人に与えられることがあるなら、ケチケチしないようにしましょう。「人の幸せが自分の幸せ」ということに気づけると、いい日になるでしょう。

30 日 △
テーマパークやライブ、イベントに行くといい日。しっかり遊ぶことで人生が楽しくなるでしょう。友人や知り合いを突然でも誘ってみると、いい時間を過ごせそうです。

31 月 ○
あなたの元に味方が集まり、前向きになれそうな日。応援してくれる人や、支えてくれる人の存在に感謝しましょう。アドバイスをくれる人や、厳しいことを言ってくれる人も大切に。

☆開運の日　◎幸運の日　●解放の日　○チャレンジの日　□健康管理の日　△準備の日　▽ブレーキの日　■リフレッシュの日　▲整理の日　×裏運気の日　▼乱気の日　＝運気の影響がない日

8月

◎ 幸運の月

総合運 やる気になれる時期
自分のルールを変えてみて

新しいことに挑戦したい気持ちが出てきたり、興味を持てることが増えて、やる気になれる時期。気になることを見つけたらすぐに行動してみるといいでしょう。いい体験や経験ができて素敵な縁にもつながりそうです。自分の中のルールがなかなか崩れないタイプですが、そのルールを少し変えてみましょう。習い事などをはじめると、新しい趣味もできて楽しく過ごせそうです。イメチェンをしたり、新しい美容院に行ってみるのもいいでしょう。

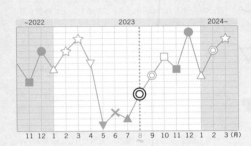

恋愛＆結婚運

新しい出会いが増える時期なので運気を信じて行動的になってみると、素敵な人に出会える可能性が高くなるでしょう。普段なら断るような飲み会や集まりにも顔を出してみましょう。過去の恋愛に執着すると、チャンスを逃してしまいます。これまで興味がなかった年代の人も少し意識してみるといいでしょう。すでに出会っている人が気になるなら、これまでとは違うアプローチをすると効果があるかも。結婚運は、一歩前進するような話ができそうです。

仕事運

新しい仕事やポジションを任されるなど、変化が起きやすい時期。全力で取り組むといい結果につながり、自分の実力がアップしていることにも気づけるでしょう。新しい方法を少しでも試してみたり新たな目標を立てることで、さらにやる気を高められそうです。仕事関係者や普段話さないような人とも仲良くなれる運気なので、自ら話しかけてみるといいでしょう。

金運＆買い物運

ものを買い替えるにはいいタイミング。最新家電をチェックしたり、これまでとは違うお店で買い物をしてみると、いい品を見つけられそうです。服装は同じようなものを選びがちなので、これまでとは違う雰囲気のものや、派手なデザイン、明るい色のものを選んでみるといいでしょう。環境を変える決断をするのもいいので、引っ越しを考えているなら動いてみましょう。投資をスタートしてみると、いい勉強になりそうです。

美容＆健康運

美意識を高められる時期。ヨガやダンス、メイク教室に通ってみるにもいい運気です。少しでも興味があるなら思いきって飛び込んでみるといいでしょう。また、エステや脱毛、歯の矯正やホワイトニングなどもオススメなので調べてみるといいでしょう。今月からストレッチやスクワットなどの軽い運動をはじめておくと、のちに効果が出てきそう。ネットで配信されているトレーニング動画を真似してやってみるのもいいでしょう。

開運のつぶやき ▶ こんな優しい人がいてほしいと思うなら、頑張って自分がなってみるといい。

1 火 ☆
調子のよさを感じられる日。運気の流れがいいので、気になったことに思い切って挑戦するといいでしょう。満足できる結果が出たり、うれしい出来事も起こりそう。買い物をするにもいい日です。

2 水 ▽
「いまに満足すること」が大切。日中は、周囲からのサポートや協力を得られて、物事が順調に進みそう。夕方あたりからは、不満が目につくことがあるので気をつけましょう。

3 木 ▼
無駄な苦労や、空回りをすることがありそうな日。どうしたらそれが無駄でなくなるのか、頭を柔らかくして発想を切り替えてみることが大事です。他人の話も、最後までしっかり聞くように意識しましょう。

4 金 ✕
ひとりで考えたり、ひとりの時間を大切にするタイプですが、幸せはひとりではつかめないもの。自分だけでなく、周囲も笑顔になれる方法を考えましょう。相手がよろこぶことを優先してみると、いい日になるでしょう。

5 土 ▲
不要なものは、身の回りに置かないで片付けるといいでしょう。とくに自分の部屋で、無駄な動きの原因になっているものは移動させ、過ごしやすくしてみましょう。スマホのいらないアプリも消去しましょう。

6 日 〇
はじめて行く場所で、いい発見やおもしろい出会いがある日。気になっていたお店や、話題のスポットに足を運んでみましょう。予定を立てて行動すると、充実した1日を過ごせそうです。

7 月 〇
フットワークを軽くすることがチャンスをつかむカギに。億劫かもしれませんが、集まりには顔を出し、依頼されたことは引き受けてみてください。意識して視野を広げてみると、おもしろい発見があり、人生が楽しくなっていくでしょう。

8 火 □
自ら行動することで、おもしろいものを見つけられたり、やる気がさらに出る日。言われるまで待っていては、いつまでも幸せを実感できません。「自らすすんで行動した人だけが幸運を手にできる」ということを忘れないようにしましょう。

9 水 ■
エアコンのせいで体調を崩したり、外の暑さでグッタリすることがありそう。水分補給は大切ですが、冷たいものの飲みすぎには気をつけて。今日は、消化にいいものを選んで食べるようにしましょう。

10 木 ●
欲望が満たされることが幸せなのではなく、日々の努力や、少しでも結果を出そうと知恵をしぼることこそが幸せだと覚えておきましょう。一生懸命頑張ることで、自然と注目を集めて、異性からも好かれるようになるでしょう。

11 金 △
ふだんなら避けてしまうような遊びに挑戦してみましょう。面倒に感じても、思い切って飛び込んでみると、いい思い出になりそうです。面倒なことの先には楽しいことが待っているので、前向きに行動しましょう。

12 土 ◎
付き合いの長い友人と縁がある日。懐かしい話で大笑いして、気持ちがスッキリしそうです。少し贅沢な食事をしたり、日ごろの自分へのご褒美を買ったりするといいでしょう。

13 日 ☆
長く使えるものを買うといい日。目的もなく入ったお店にいいものがあったり、お得なサービスを受けられるなど、ラッキーなことも起きそう。習い事や投資をはじめるにもいい日なので、興味のあることにはドンドン動いてみて。

14 月 ▽
日中は、自分の好きなことに集中できるでしょう。気になる人と連絡を取り合うこともできるので、勢いでデートに誘ったり、好意を伝えてみるといいかも。夜は、空回りに注意しましょう。

15 火 ▼
動揺したり、落ち込んでクヨクヨしてしまう出来事があるかも。些細なことをマイナスにとらえすぎず、プラス面を探すようにしましょう。「どんなに調子がよくても、苦労や困難はつきものだ」ということを忘れないで。

16 水 ✕
退屈や無駄な時間が増えそうな日。事前に、あいた時間にやることを決めておといいかも。前向きになれる本を読むことや、資格取得やスキルアップにつながる勉強をするのもいいでしょう。

17 木 ▲
何年も使っていないものや、中途半端に使いかけのものは、ドンドン捨てること。冷蔵庫にある、賞味期限切れの食品も処分するといいでしょう。ついでに、キッチン周りの油汚れなども掃除すると、気持ちがスッキリするでしょう。

18 金 〇
視野を広げられる日。人の習い事の話など、ふだんなら興味のないことでもじっくり聞いてみるとワクワクしてきそう。思い切って挑戦したり、行動してみるといいでしょう。

19 土 〇
素敵な出会いがあったり、片思いの人との進展が期待できそうな日。今日は積極的に行動し、素直に気持ちを伝えてみるといいでしょう。デートやイベントの誘いは、なるべく断らないように。

20 日 □
イメチェンをするにはいい日。髪を少し切ったり、明るい感じの服を買うのもオススメです。3年以上恋人がいない人は、引っ越しを真剣に考えてみるといいでしょう。

21 月 ■
紫外線、暑さ対策は忘れずに。自分で思っている以上に疲れがたまりやすくなっています。夏バテしないように、スタミナのつくものを食べましょう。

22 火 ●
注目される日。職場では、求められることが増えたり、実力を買われることがあるでしょう。恋愛でも、素敵な人から好意を寄せられたり、仲よくなれる場面がありそう。少し勇気を出してみると、チャンスをつかめるかも。

23 水 △
集中できない時間が増えて、珍しいミスを連発しそうな日。忘れ物や、うっかりケガをすることも。細かなところまで、ていねいに確認するよう努めましょう。

24 木 ◎
しばらく連絡をしていない友人や知人に、メッセージを送ってみるといい日。おもしろい情報を入手できたり、後日会う約束ができるかも。ここからいい縁が広がっていくこともあるでしょう。

25 金 ☆
仕事でいい結果を残せたり、目標を達成できそうです。積極的な行動が幸運を引き寄せるので、勇気をもって強気で勝負しましょう。恋愛でもいい流れになるので、片思いの相手に好意を伝えてもよさそうです。

26 土 ▽
ランチデートをするなど、日中に行動的になっておくとうれしい出来事が増えそう。急でもかまわないので、思い浮かんだ人を遊びに誘ってみるといいでしょう。夜はバテやすいため、無理はほどほどに。

27 日 ▼
自分の価値観を否定されることがある一方で、理解し合える人とも出会えそうな日。お互いに誤解や、思い違いをしている場合もあるので、人に何かを指摘するときは、しっかりと言葉を選ぶようにしましょう。

28 月 ✕
失うことがある日ですが、「必要のないものが離れた」と前向きに受け止めましょう。あなたの身代わりとなって、ものが壊れることもありそうです。過剰にガッカリしないで「こんな日もある」と思っておきましょう。

29 火 ▲
不要なプライドを捨てて、知らないことや、わからないことは素直に頭を下げて教わりましょう。つまらない意地を張るのをやめると、楽になれます。

30 水 〇
「新しい」と思うことに目を向けるといい日。新商品のアイスを買ったり、最新家電などを調べてみるといいでしょう。おもしろい発見があったり、興味がわくことをたくさん見つけられそうです。

31 木 〇
レベルアップのきっかけをつかめる日。新しい仕事を任されたり、不慣れな作業をすることになりそうです。いい勉強になるうえ、実力アップにもつながるので、前向きに取り組んでみましょう。

☆ 開運の日　◎ 幸運の日　● 解放の日　〇 チャレンジの日　□ 健康管理の日　△ 準備の日　▽ ブレーキの日
■ リフレッシュの日　▲ 整理の日　✕ 裏運気の日　▼ 乱気の日　＝ 運気の影響がない日

9月

◎ 幸運の月

開運 **3** ヵ条

開運 **3** ヵ条

1. 新しいことに挑戦する
2. 新たな人との交流を楽しむ
3. 新商品を購入する

総合運

いろいろな人に会ってみて 引っ越しなどにもいい運気

忙しくも充実する時期。出会いや交流も増える運気なので、ひとりが好きでも今月はいろいろな人に会ってみるようにしましょう。長い付き合いになる人やいい味方を見つけることができそうです。また、苦手だと思い込んでいることに挑戦してみると思った以上に楽しい経験ができることも。新たな趣味を発見できる可能性もあるので、フットワークを軽くしたり、勇気を出して行動するといいでしょう。引っ越しやイメチェンなどの決断にもいい運気です。

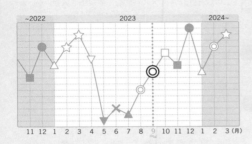

恋愛&結婚運

出会いが増えて、恋のチャンスも多くなる時期。自分の好みを限定しすぎているとこの運気の流れを逃すので、生理的に無理な相手でなければ食事に誘って話してみましょう。思ったよりもいい印象を抱いたり、恋に発展する可能性もあります。考えすぎると時間がかかってしまうので勢いで交際をはじめてもいいかも。結婚運は、先月あたりから恋人といい関係になっているなら思いきって先の話をしたり、具体的な入籍日を話してみるといいでしょう。

仕事運

実力以上の結果を出せて周囲から信頼されたり、新しい仕事やこれまでとは違う役割を任されることもあるでしょう。仕事以外の付き合いも大事になってきます。面倒だと思って避けていないで飲み会や食事会に参加してみると、いい話を聞けることがあるでしょう。独立や転職を考えている場合は、情報をしっかり集めて動きはじめるといい時期。部下や後輩の指導を丁寧に行い、ペースの遅い人には「昔の自分」だと思ってやさしく接しましょう。

金運&買い物運

お金を使うことばかり考えていては、いつまでも本当の金運は手に入らないでしょう。お金の勉強をして、「お金の価値」をしっかり学び、わからないことは詳しい人に教えてもらうことが大切です。株や投資信託などは、リスクばかりを考える前に少額でもはじめてみるといいでしょう。新商品の購入や買い替えにもいいタイミング。家やマンションの購入、引っ越しを考えているなら、動き出すのにいい時期です。

美容&健康運

元気が湧く時期。パワフルに行動できるのはいいですが、夜更かしが続いて寝不足にならないように気をつけましょう。睡眠不足が慢性化しないように、仕事終わりに軽く運動をするといいでしょう。今月は、美意識を高めるにもいいタイミング。スポーツジムに行ったり、習い事をはじめてみましょう。ネイルをしてみたり、新しい美容院に行ってイメチェンするのもオススメです。ホットヨガや岩盤浴に行ってみるのもいいでしょう。

1 金	□	欠点を補えるくらい、得意なことをさらに伸ばすことが大事です。自分の得意なことがわからないときは、周囲にそれとなく聞いてみるといいでしょう。自分では「当たり前」と思うことこそが、あなたの強みです。
2 土	■	栄養ドリンクやサプリメントを信用するよりも、日々の運動や健康的な食事を意識するほうがいいでしょう。今日は、少し体を動かしたり、ストレッチをする時間をつくってみましょう。
3 日	●	素敵な出会いがある日。飲み会や集まりには積極的に参加するといいでしょう。急な誘いも億劫だと思わずに乗ってみると、恋に進展する相手に出会えそうです。気になる相手がいるなら、自分からデートに誘うといいでしょう。
4 月	△	自分では失敗だと思っていないことを周囲から指摘されてしまいそう。「このくらいは大丈夫かな」と勝手な判断をしないようにしましょう。恥ずかしい勘違いを指摘されることもあるかも。
5 火	◎	調子のよさを実感できる日。これまでの努力や積み重ねが役立つ瞬間があったり、勘が当たることもあるでしょう。あなたに協力してくれる仲間も集まってくるので、素直に信用してみて。相手のいい部分を伝えてみるといいでしょう。
6 水	☆	真剣に仕事に向き合うことで、今後の仕事運や金運が変わる日。一生懸命取り組むと、仕事のおもしろさや、やりがいを見つけられそう。仕事に役立つ本を読んだり、スキルアップや資格取得に向けた勉強をはじめるにもいい日です。
7 木	▽	日中は、やるべきことに全力で取り組むと、満足できる結果を得られるでしょう。逆に、後回しにしてダラダラ過ごすと後悔するハメに。夕方は疲れてしまいそうですが、約束事は守るようにしましょう。
8 金	▼	ダラダラと時間を潰すだけになっているアプリやゲームは、今日を機会に消去しましょう。無駄に動画を見るのもやめましょう。あいた時間に本を読んだり、仕事に役立つ勉強をしてみて。
9 土	✕	他人のトラブルや、面倒なことに巻き込まれやすい日。「困ったときはお互いさま」と思って助けると、のちに助けてもらえそう。腹が立つことがあっても、心のなかで10秒数えて、我慢するといいでしょう。
10 日	▲	身の回りや目につくところは、きれいにしておくことが大切。誘惑になるものは片付けるようにしましょう。スマホの不要なアプリや写真も、消去するといいでしょう。
11 月	○	新たな出会いがあったり、これまでにない体験ができる日。臆病にならないで、一歩踏み出してみましょう。新しいことをはじめるのが苦手なタイプですが、少しの勇気が興味深い経験を引き寄せます。
12 火	○	知らないことを素直に「知らないので教えてください」と聞くのはいいですが、自分である程度調べることも大切です。「どういうことかな?」と考える時間をなくさないようにしましょう。
13 水	□	「こうだ!」と決めつけて、大切なことを見失わないように。思ったよりも頑固なところがあるため、柔軟な発想を心がけましょう。夜は疲れやすいので、暴飲暴食や夜更かしは避けましょう。
14 木	■	日ごろの夜更かしや、今週の疲れが出そうな日。目の下にクマができたり、体がだるくなってしまうかも。休み時間に仮眠をとったり、体をほぐす運動をするといいでしょう。仕事帰りにマッサージやスパに行くのもオススメです。
15 金	●	実力以上の結果を出せたり、周囲に助けられていい仕事ができる日。感謝の気持ちを忘れないようにしましょう。仕事終わりは、知り合いや友人の集まりに参加してみると素敵な出会いがありそう。思わぬ人から告白されるケースも。

16 土	△	時間を勘違いして約束に遅刻したり、忘れ物をして焦ることなどがあるドジな日。ゆとりをもって行動し、しっかり確認することを忘れずに。慌てるとケガの原因にもなるので、落ち着いて動きましょう。
17 日	◎	行きつけの美容院でイメチェンをお願いしてみると、思ったよりも評判がよくなりそう。気になっている人とデートができたり、片思いの相手との進展もありそうです。急に相手から連絡がきたときは、前向きな返事をするといいでしょう。
18 月	☆	買い物をするにはいい日。ふだん入らないお店やはじめて行く場所で、お得なものを見つけられそう。引っ越しや契約をするにも適した日。保険の見直しやエステ、歯の治療や矯正などを決めるのもいいでしょう。
19 火	▽	日中は思った以上に順調に進むので、積極的に行動して、できることはやっておきましょう。夕方以降は予定が乱れたり、自分以外の仕事を手伝う流れになりそうなので、用事は早めに片付けておくこと。
20 水	▼	自分の思いがうまく伝わらなかったり、誤解されて気まずい空気になってしまいそうな日。世の中せっかちな人も多いので、結論は先に伝えましょう。「誤解されている」と思うときは、メールを送っておくと誤解が解けるでしょう。
21 木	✕	余計なことを考えすぎて心配な気持ちに支配されそう。「気の迷いは誰にでもあるもの」と思い、いまある幸せを手放さないこと。現状に満足するように。
22 金	▲	身の回りを見渡して、何年も、何か月も置きっぱなしで動かしていないものがあるなら、思い切って処分しましょう。使わない色のボールペンや謎の調味料なども捨ててしまいましょう。
23 土	○	話題のライブやイベントに行くといい日。美術館や動物園に行くのもオススメです。難しければ、映画を観るといいでしょう。周囲に薦められたもののなかから気になる作品を選ぶと、予想以上に楽しめそうです。
24 日	○	出会ったときに連絡先を交換したまま交流のない人がいるなら、思い切って食事に誘ってみるといいでしょう。相手に驚かれることもありますが、おもしろい話が聞けたり、恋に発展する場合も。
25 月	□	目の前のことに集中すると、周囲の言葉や助言が耳に入らなくなるタイプだと自覚しておきましょう。相手は「無視された」と思っていることがあるので、気がついたら謝って、きちんと話を聞くようにしましょう。
26 火	■	気弱になったり、やる気がわかなくなる日。疲労が原因の場合があるので、こまめに休み、ランチにはスタミナのつきそうなものを選んでみるといいでしょう。
27 水	●	今日は気持ちが楽になって笑顔で仕事ができるので、周囲に味方が集まるでしょう。味方になってくれた人には感謝の心を表すことで、さらにいい関係を築けます。いままでお礼の気持ちを伝えていなかったら、試してみて。
28 木	△	あなたのペースで仕事や生活をするのはいいですが、周囲からはモタモタしていると思われているかも。少しでもスピードアップを意識してみることが大切。ただ、今日は失敗もしやすいので気をつけましょう。
29 金	◎	自分の力が発揮できて、周囲の人や仲間からも信頼される日。いまの自分ができることに全力で取り組むようにしましょう。夜は、買い物をするのにいい運気です。流行の服を買ってみるといいでしょう。
30 土	☆	買い物をするには最高な日。家電やスマホ、財布などの買い替えを考えているなら、思い切って最新のものを選んでみましょう。引っ越しを決断するにもいい運気です。

☆ 開運の日　◎ 幸運の日　● 解放の日　○ チャレンジの日　□ 健康管理の日　△ 準備の日　▽ ブレーキの日
■ リフレッシュの日　▲ 整理の日　✕ 裏運気の日　▼ 乱気の日　＝ 運気の影響がない日

10月 2023

□ 健康管理の月

開運 **3** ヵ条

1. 仕事に役立つ勉強をする
2. すぐに行動する
3. 朝起きたらストレッチをする

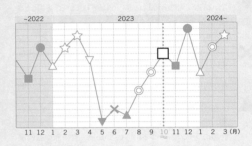

総合運 — 人生を大きく変えられそう 新たな挑戦をしてみて

今後の人生を大きく変えることができる大事な時期。特に中旬までに考え方や言葉遣いを変えることで、なりたい自分に近づけるでしょう。生活リズムを変えてみたり、思いきって引っ越しを決断するなど、環境を変化させてみるのもいいでしょう。習い事をはじめることや、気になる本を読んでみるのもオススメです。新たな挑戦に臆病にならずに、まずは行動すること。下旬は疲れたり体調を崩しやすくなるので、睡眠時間を多めにとりましょう。

恋愛＆結婚運

中旬までに気になる相手をデートや食事に誘って、きっかけを作ってみましょう。好意があることをそれとなく伝えたり、思いきって告白するのもいいでしょう。ハッキリしない関係をズルズル続けても時間の無駄なので、自分の気持ちに素直になること。新しい出会い運も中旬まではいいので、出会いの場には顔を出し、笑顔や明るさをアピールしておきましょう。結婚運は、入籍日を具体的に決めたり、「プロポーズの予約」をするにはいい時期です。

仕事運

真剣に仕事に取り組むことで、道を切り開ける時期。仕事があることに感謝してやるべきことを本気でやってみると、結果や評価につながり、仕事が楽しくなるでしょう。大事な仕事を任されたときは喜んで引き受けましょう。すでに他の仕事が気になっている場合は、転職や独立に向けて動き出してもいいタイミング。また、勤務時間外に資格取得やスキルアップを目指して勉強をはじめると、のちに仕事や収入アップにつながるでしょう。

金運＆買い物運

お金の使い方を真剣に考える必要がある時期。使わないサブスクの解約や、不要な固定費の削減など、「浪費になっているものはすべてやめる」くらいの決断が大事。家賃を下げるために引っ越しをしてもいいでしょう。家やマンションの購入に向けて動き出すにもいい運気なので、相場を調べるのもオススメです。お金を使うなら、仕事に役立つものや勉強になるものを優先しましょう。投資は、比較的安定しているものを選ぶとうまくいきそうです。

美容＆健康運

中旬までは、生活リズムを整えて、食事のバランスに気をつけておくといいでしょう。余裕があれば定期的な運動をしたり、ストレッチやヨガなどをはじめるのもオススメです。激しすぎず、長く続けられるスポーツをするのがいいでしょう。下旬になると、体調を崩したり疲れを感じやすくなることも。湯船にしっかり浸かり、夜更かしは避けて、睡眠時間を長くとるように心がけましょう。

1 日	▽	好きな人に好意を伝えることや、遊びに誘うことが大きなきっかけになりそうな日。遠慮したり、臆病になっているとせっかくのチャンスを逃します。気になる人がいない場合は、出会いの場や、知り合いの集まりに参加するといいでしょう。
2 月	▼	余計なことを考えすぎて動けなくなったり、スピードが遅くなってしまいそう。「話聞いてます?」と言われてしまうことも。考え込まないように気をつけて、周囲の声にもっと敏感になっておきましょう。
3 火	✕	愚痴や不満を言いたくなる出来事が起きそうな日。他人に求めるより、先に自らやるようにすると、余計なイライラはなくなるでしょう。文句を言う前に、自分の考えを改めてみましょう。
4 水	▲	自分のやり方を通そうとするよりも、マニュアルをしっかり守ったほうがいい日。臨機応変な対応も大切ですが、今日下した判断は、大きなミスにつながる可能性があるので気をつけましょう。
5 木	○	新しいことに目を向けたほうがいい日。いつもと違うことに挑戦すると、いい勉強になりそうです。本屋さんをのぞいて、気になる本を手に取ってみるのもいいでしょう。周囲からオススメされた本を読んでみましょう。
6 金	○	気になることが増える日。好き嫌いで簡単に判断しないで、未経験のことに手を出してみるといいでしょう。視野を広げられたり、いい体験につながることがありそうです。
7 土	□	ダイエットや肉体改造の計画を立てるのに適した日。基礎体力の低下を感じているなら、スクワットや腹筋を少しでもしたり、ウォーキングをはじめてみるといいでしょう。
8 日	■	今日はしっかり体を休ませましょう。無理をすると次の日に響いたり、体調を崩してしまうことも。旬の野菜やフルーツを食べると、体もよろこびそうです。
9 月	●	好きな人に会えたり、勢いで交際をスタートできそうな日。積極的に行動してみるのがオススメです。また、いい関係になる人と出会えたり、新たな友人をつくることもできそう。人との縁を大切にしましょう。
10 火	△	ドジなケガをしやすい日。歩きスマホはとくに危険です。電車を乗りすごしたり、時間を間違えて焦ってしまうこともあるので、気をつけましょう。
11 水	◎	あなたの能力が求められる日。これまでのさまざまな経験が、周囲の役に立ったり、いい結果につながりそうです。過去に学んだことや、趣味の話などを活かせる場面もあるでしょう。
12 木	☆	数字やお金にもっとこだわって仕事をするといい日。経費や儲けなどがどのくらいになるのか、経営者目線で考えてみて。今日、本気で仕事に取り組むと、のちの収入アップにつながりそうです。
13 金	▽	日中は思った以上にいい流れが訪れ、うれしい出来事もありそう。感謝の気持ちを忘れないように。夕方以降は予定を詰め込まずに、ゆとりをもって過ごしてください。急な誘いで予定が変わるかも。
14 土	▼	出費が増えそうな日。必要なものにお金を出すのはいいですが、浪費には注意しましょう。欲望に流されて不要なものを買いすぎたり、食べきれないほど注文してしまうことがありそうです。
15 日	✕	意外な人から好意を寄せられたり、デートに誘われることがありそう。今日は、予想外を楽しむといいですが、身近な人や家族から耳の痛い忠告を受けることも。不機嫌にならないように気をつけましょう。
16 月	▲	なんとなくそのままにしていて、片付けていない場所を掃除するようにしましょう。とくに洗面台や台所の汚れているところを、時間をつくってきれいにしましょう。
17 火	○	新しい出会いがありそう。これまでにない刺激を受けられそうなので、多方面にアンテナを張ってみるといいでしょう。一瞬、面倒に感じても、気になっていた場所には出かけてみるのがオススメです。
18 水	○	不慣れなことや面倒なことに、少しでも挑戦をしておくといい日。とくに、人間関係が面倒だと思うなら、自ら笑顔で挨拶をしたり話しかけてみるといいでしょう。相手をほめると、いいきっかけをつかめそう。
19 木	□	時代の流れや、周囲の環境の変化に敏感になっておくことが大事な日。「自分の生き方」にこだわりすぎると、時代においていかれることがありそう。人の話は最後まで聞くようにしましょう。
20 金	■	やや疲れを感じやすくなりそう。集中力が途切れやすいので気をつけましょう。無駄に夜更かしをしないで、睡眠時間を長くとれるように工夫するといいでしょう。
21 土	●	あなたの魅力が輝く日。デートをするには最高のタイミングです。いざ行動してみると、運のよさに気づくこともありそう。新しい出会いも期待できるので、笑顔と勇気を忘れずに過ごしましょう。買い物をするにもいい日です。
22 日	△	遊ぶことでストレスを発散できる日。気になる場所やテーマパーク、イベントやライブなどに行くといいでしょう。友人や気になる人を誘ってみると、思った以上に盛り上がりそうです。
23 月	◎	これまで頑張ってきたことが評価される日。地道にコツコツ頑張ってきた人は、自分の得意なことで注目されるなど、うれしくなる出来事がありそうです。今後、自分が何を頑張っていけばいいのか、ハッキリすることも。
24 火	☆	仕事運のいい日。真剣に取り組むといい結果や評価につながりそう。少しくらい無理をしてでも、目の前の仕事に集中してみるといいでしょう。大きな仕事の契約がとれたり、実力が認められることもありそうです。
25 水	▽	日中はいい判断ができるでしょう。大事な作業や用事は、早めに取りかかっておくようにしましょう。夜は、友人や知人に予定や感情を乱されて、無駄な時間を過ごすことになるかもしれません。
26 木	▼	思い通りに進まないことが多い日。無駄な時間が増えたり、意見や考え方の食い違いも起こりそう。意地を張るより、相手に合わせてみるといいでしょう。ただ、つい納得のいかない顔をしてしまいそうなので気をつけて。
27 金	✕	予定が急に変わることや、思い通りに進まないことがある日。落ち込んだり、クヨクヨする時間は無駄なので、あいた時間で、ふだんは気にしないような物事に目を向けてみるといいでしょう。
28 土	▲	しばらく掃除していなかった場所をきれいにしたり、使わないものは処分するといいでしょう。ネットオークションに出品して売ってみると、思ったより早く売れたり、いい値段で買ってもらえることがありそうです。
29 日	○	異性や初対面の人と急に遊ぶことになりそうな日。積極的に行動することが大事なので、遠慮したり消極的にならないようにしましょう。今日出会った人が、のちの恋人になる可能性もあるでしょう。
30 月	○	出社時間を変えてみるなど、生活リズムに変化をもたせるといい日。ドリンクを買うのをやめて、水筒を持っていくなど、お金の使い方も変えていくことが大切です。
31 火	□	今月を振り返って、自分が求められていることや、やるべきことを明確にするといいでしょう。周囲から感謝されることに力を入れてみると、人生は自然と楽しくなっていくでしょう。

☆ 開運の日　◎ 幸運の日　● 解放の日　○ チャレンジの日　□ 健康管理の日　△ 準備の日　▽ ブレーキの日
■ リフレッシュの日　▲ 整理の日　✕ 裏運気の日　▼ 乱気の日　＝ 運気の影響がない日

11月 2023

■ リフレッシュの月

開運 **3** ヵ条

1. 休む計画を先に立てる
2. 睡眠時間を8時間以上にする
3. 温泉やスパに行く

総合運 慌ただしくなる時期
予定を詰めすぎないで

想像以上に忙しく、慌ただしくなる時期。遊びも仕事もなんでもOKしているとヘトヘトになってしまうので、予定を詰めすぎないように気をつけましょう。スケジュールにはゆとりを持ち、のんびりする日を先に決めておくといいでしょう。時間を作って温泉旅行やリラックスできる場所に行くのもオススメです。下旬には、今後を大きく変えるような出会いや、決断を求められる場面がありそうです。勇気を出す必要も出てくるでしょう。

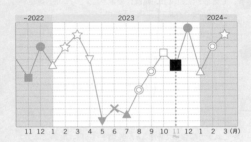

恋愛＆結婚運

疲れた顔や寝不足の状態でデートに行っても、盛り上がらずに終わってしまうでしょう。今月は、映画を観たり家でのんびり過ごすなど、体力的に無理のないデートがオススメ。些細なことでイライラしやすいので、短時間で解散したほうがよさそうです。新しい出会い運は、下旬に大事な出会いがあるので、それまでは自分磨きをしておきましょう。気になる人に好意を伝えたりデートの約束をするのも下旬がいいでしょう。結婚運は来月からが勝負です。

仕事運

油断しているとドンドン仕事を押しつけられたり、求められることが増えてしまいそう。頼られるのはいいですが、実力以上の仕事を受けてしまったり連日残業するハメになることも。ヘトヘトになってしまう場合もあるので無理はしないように。今月は有休を使ってでも少し休んだほうがいいでしょう。月末から来月にかけて本領を発揮できるタイミングがくるので、それまでは企画やアイデアを温めておきましょう。力を出すタイミングを間違えないように。

金運＆買い物運

慌ただしくなるためお金を使うヒマがなくなりそう。それで自然とお金が貯まるタイプと、疲れているからとタクシーやマッサージを利用しすぎて出費が増えるタイプとに分かれるでしょう。ストレス発散のための暴飲暴食や栄養ドリンクの飲みすぎにも要注意。心身を癒やしたり疲れをとるためにお金を使うのはいいですが、散財をしてのちのストレスの原因を作らないようにしましょう。投資は下旬から本気で取り組むと思った以上の結果が出るでしょう。

美容＆健康運

忙しさから体調を崩しそうな時期。油断していると風邪をひいてしまうこともあるので、連日の夜更かしは避け、睡眠時間を増やすようにしましょう。ノリで徹夜をして、一気に体調を崩すケースもあるので要注意。美意識も低下しやすいので、食べすぎたり、栄養バランスの悪い食事をしないように気をつけましょう。下旬からは恋愛運がよくなるため、美容院やエステに行って自分磨きをしておくことも忘れずに。

開運のつぶやき ▶ 大切なのは心のゆとり。心にゆとりがない人は、言葉に優しさを失う。

1 水	■	周囲の言葉に振り回されて、心身ともに疲れてしまいそう。ただ、自分がその言葉にとらわれているだけの場合も。いったん時間をおくと気持ちに余裕ができるので、今日は疲れをとることに集中しましょう。
2 木	●	予想以上に忙しくなったり、時間に追われてしまいそうな日。求められることが増えるので、自分の仕事は早めに片付けてゆとりをもっておくといいでしょう。気になっている人にはメッセージを送っておくと、のちに効果が表れそう。
3 金	△	遊びから学べることがあったり、遊び心が運気をよくする日。誘いを受けたら即OKし、ふだんとは違うノリを楽しんでみて。ちょっとしたミスやトラブルもいい経験だと思って、おもしろおかしく話のネタにしてしまいましょう。
4 土	○	友人に会うことで余計なことを思い出してしまいそう。一方で「そんなことあった?」と笑い話になって、やる気が出たり、行動するきっかけになる場合もあるでしょう。しばらく会っていない人に連絡をしてみましょう。
5 日	○	買い物や契約ごとなど、大切なことを決めるにはいい日。ただし、高価なものや長期的に使うものの購入は避けておきましょう。今日は、おいしいものを食べに出かけたり、イベントやライブに行ってみるのがオススメです。
6 月	▽	日中は、じっくり考えて行動したことが、いい結果につながりそうです。夕方以降は、よく考えないままに動いたり欲望に走ったりすると、後悔するハメになりそう。しっかり考えて冷静に判断しましょう。
7 火	▼	あなたのやる気を削ぐ人が現れて、物事が思い通りに進まなくなりそう。仕事でも、集中力が途切れてミスをしやすいので気をつけて。何事もていねいに行うように心がけましょう。
8 水	✕	自分ではどうすることもできないことに、イライラしないように。上手に流されるほうが、余計なパワーを使わなくていいこともあるでしょう。意地を張らないことも大切です。
9 木	▲	不要なものを持ち歩かないほうがいいでしょう。カバンや財布のなかに、無駄なものを入れっぱなしにしないこと。今日は、身軽に動ける服装や靴を選んでおきましょう。
10 金	=	興味のあるものに挑戦するのはいいですが、無謀なことはしないように気をつけましょう。突然分厚い本を買っても挫折するだけなので、まずは読みやすそうな本を選ぶようにしましょう。
11 土	=	はじめて行く場所でおもしろい発見がありそうな日。友人や恋人に合わせて行動してみると、いい勉強になるでしょう。決めつけすぎたり、意固地になって、大切なことを見逃さないように。
12 日	□	予定を臨機応変に変えたほうがいい日。無理に計画通りに進めようとせず、状況に応じて変えていきましょう。柔軟な発想を心がけると、いい発見ができたり学べることがあるでしょう。
13 月	■	睡眠不足や疲れを感じてしまいそう。思っているよりも疲れやすく、集中力も欠けているので、無理せず、ほどよいペースで仕事をするといいでしょう。小さなケガもしやすい運気。引き出しやドアに手をはさまないように気をつけて。
14 火	●	苦手な人と距離をあけられて気楽に仕事ができたり、得意なことで周囲の人によろこんでもらえそうな日。求められたことに素直に応えてみると、いい気分になれそうです。
15 水	△	自分ではしっかりやっているつもりでも、どこか抜けていて、周りに迷惑をかけてしまいそう。人の話は最後まできちんと聞き、大事なことはメモをとるようにしましょう。
16 木	○	過去をいつまでも引きずる癖が出てしまいそうな日。たくさん失敗をして、失敗から学んで成長することが成功への近道です。後悔は時間の無駄になるだけなので、過ぎたことは気にしないようにしましょう。
17 金	○	仕事に集中すると、いい結果を残せて評価もされます。大事な仕事や、やりたかったことを任せてもらえる流れもあるので、全力で取り組みましょう。目上の人から、おいしいものをご馳走してもらえるかも。
18 土	▽	午前中に買い物や用事を終わらせておくといいでしょう。必要なものをチェックして、早めに買いに行っておきましょう。夜は疲れやすいので、無駄に夜更かししないこと。
19 日	▼	今日は、急に予定が変わったり、人に振り回されやすいので覚悟しておきましょう。流れに身を任せて、無理に逆らわないように。段差で転んでしまうようなこともあるので、足元には気をつけましょう。
20 月	✕	疲れからイライラしたり、判断ミスをしやすい日。寝不足や疲労を感じるときこそ、確認をしっかりするように心がけましょう。ほかの人の意見を取り入れたり、アドバイスなどは素直に聞き入れて。
21 火	▲	何事もシンプルに考えることが大事な日。余計な心配をしたり、不安になって情報を入れすぎたりしないように。重荷になるだけの物事とは、距離をおいて過ごすといいでしょう。
22 水	=	新しいことに挑戦するといい日。軽い運動や基礎体力づくりをはじめてみましょう。毎日続けられるくらいの回数でかまわないので、腹筋やスクワット、腕立て伏せを今日からスタートしてみるのもオススメ。
23 木	=	今日はおいしいお店や、エンターテインメントを楽しめる場所に足を運ぶといいでしょう。気になる人とのデートで訪れると関係が進展しそうです。突然でもいいので、誘ってみましょう。
24 金	□	自分でも悪習慣だと思っていることはやめるといい日。SNSやゲーム、動画など、ダラダラと時間を費やしてしまうスマホアプリは消去してしまいましょう。そのぶんあいた時間は、今後に役立ちそうな勉強をしたり、本を読みましょう。
25 土	■	些細なことでイライラしたときは、疲れがたまっている証拠。無理をしないで、休んだり、気分転換する時間をつくるといいでしょう。軽い運動をして汗を流すと、気分もスッキリできそうです。
26 日	●	急に遊びに誘われることがありそう。その人と恋に発展する可能性もあるでしょう。髪を切りに行くにもいい日です。少し短くしたり、明るい感じにイメチェンするといいでしょう。
27 月	△	小さなミスをしやすい日。財布を忘れたり、スマホを置き忘れたりしそうですが、きちんと確認すればミスは防げます。夜は、親友との偶然の再会や、不思議な縁のある人と会えることもあるでしょう。
28 火	○	悪い癖が出てしまいそうな日。やる気が出ないときは、自分の「心の声」に素直になるといいでしょう。好きな食べ物を選んだり、好きなドリンクを飲んでみると、気持ちが落ち着き、やる気もわいてきそうです。
29 水	○	大きなチャンスをつかめる日。今日会う人には、いつも以上にしっかり挨拶やお礼をするようにしましょう。仕事も恋愛も、相手の気持ちや立場を考えて言葉を選ぶことが大切です。雑な扱いをしたり、語気を強めたりしないように。
30 木	▽	適当なことを言ってしまったり、行動が雑になったりしそうな日。自分で思っている以上に、ていねいな振る舞いができなくなるので気をつけましょう。挨拶やお礼もキッチリすることが大切です。

☆ 開運の日　◎ 幸運の日　● 解放の日　○ チャレンジの日　□ 健康管理の日　△ 準備の日　▽ ブレーキの日
■ リフレッシュの日　▲ 整理の日　✕ 裏運気の日　▼ 乱気の日　= 運気の影響がない日

12月
2023
● 解放の月

総合運 最高の運気をつかむ時期
待たずにドンドン行動して

1年の最後に最高の運気をつかむとき。ただし、じっと待っていても何も変わらないので、人脈を増やしたり、自分の好きなことや得意なことをさらに極めるといいでしょう。今月スタートさせたことは簡単に諦めてはいけません。最低でも6年は続けることが大切なので、長く続けられそうなことをはじめてみましょう。引っ越しやイメチェンをしたり、生活習慣を整えるなど、やれることはたくさんあるので気づいたことから行動していきましょう。

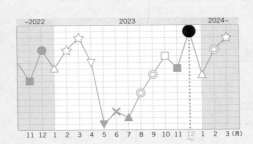

恋愛＆結婚運

運命の人に出会える可能性が高く、交際に発展する確率も高い時期。「このタイプが好み」などと限定していると、いつまでも自分に見合う人を見つけられません。タイプでなくても、気になる人には好意を伝えてみるといいでしょう。ここで動かない相手とは縁がないと思って諦めること。自分に好意を寄せてくれる人と交際したほうが幸せになれるでしょう。結婚運は、入籍するには最高の運気。勢いやノリでもいいので押し切ってみましょう。

金運＆買い物運

長期的に保有することになるものを手に入れるといい時期。家やマンション、土地の購入を考えている場合は、思いきって契約したり、引っ越しをするといいでしょう。本気でお金の勉強をするにもいいタイミング。まずは本に書いてあることを実践してみると、思った以上に収入や財産が増えそうです。投資をはじめるにもオススメの時期なので、インデックスファンドやETFなどをはじめてみましょう。

仕事運

実力を発揮できたり、これまで積み重ねてきた努力が実って、いい結果が出る時期。忙しくなりますが、粘り強く取り組めばいい方向に流れが変わり、周囲の協力も得られるでしょう。出世する場合もありますが、驚くようなポジションを任されたときは「認められている」と前向きに受け止めましょう。今月から、仕事に役立つ勉強をはじめたりスキルアップや資格取得のために動き出すと人生が大きく変わるので、次のステージへの準備をしていきましょう。

美容＆健康運

基本的に問題が出る時期ではありませんが、これまで不摂生が続いていたり、体調の異変に気づきながら何年も放置してきた人は、病気が発覚することも。結果的には「このタイミングでわかってよかった」と思える流れになりそうなので、なるべく早く人間ドックや精密検査を受けるようにしましょう。歯の矯正など、時間とお金がかかることをスタートするにもいい時期。スタイル維持や健康のためにエステやスポーツジムに通いはじめるのもオススメです。

1 金 ▽
ミスをして焦ってしまいそう。意固地になって自分の非を認めずにいると、人間関係にヒビが入ることも。素直にすぐ謝れば、周囲に助けてもらえそうです。

2 土 ✕
のんびりする予定だったのに急に遊びに誘われるなど、予想外の出来事が多い日。予定が変更になることでおもしろい発見をする場合もあるので、「予想外」を楽しむようにしましょう。

3 日 ▲
部屋の片付けをしたり、身の回りにある不要なものを処分するといい日。長年使っていて古くなったものや、昔の恋人との思い出の品などは、ドンドン捨てましょう。過去への執着が、前に進めない原因になっているかも。

4 月 ◎
思い切って新しいことに挑戦したり、生活リズムを変えてみるといい日。自分で決めたルールをしっかり守るタイプなので、未来に向けたルールをつくるといいでしょう。仕事に役立つ勉強をしたり、本を読みはじめるにもいい日。

5 火 ◎
新しい出会いがある日。苦手な人やソリの合わない人に会ったとしても、相手の長所や素敵な面を見つけて認められると、人生が明るく変化します。あなたが初対面なら相手も同じ。「どう接すればいいか」を考えて行動しましょう。

6 水 □
自分だけでなく、もっと全体のことや先のことまで考えて判断するといい日。今日の疲れは残りやすいので、無駄な夜更かしは避けるようにしましょう。

7 木 ■
思ったよりも疲れが抜けない日。寝不足を感じるときは、風邪をひかないように気をつけましょう。鍋料理など、体が温まるものを食べるといいでしょう。

8 金 ●
片思いの相手や気になる人がいるなら、休み時間にメッセージを送ってみましょう。週末にデートできたり、一気に交際する流れをつくれそう。新しい出会い運もいいので、今日はじめて会う人とは連絡先を交換しておきましょう。

9 土 △
確認ミスや、時間の間違いがないよう気をつけましょう。今日は、準備と確認をしっかりしておけば、楽しい1日を過ごせます。どんなときも笑顔と愛嬌を心がけることも大切。

10 日 ☆
不思議といい縁がつながる日。外出先で久しぶりの友人に偶然再会することや、SNSでつながることもありそうです。急に思い出した人に連絡してみるのもオススメです。

11 月 ☆
大事な仕事を任せてもらえたり、目標以上の結果を残すことができそうな日。本気で仕事に取り組めば、才能を開花させられるでしょう。今日の頑張り次第で、今後の仕事運が大きく変わってきそうです。

12 火 ▽
思い通りに物事が進むことだけが幸せではないので、現状の幸せを見失わないようにしましょう。仲間や協力してくれる人への感謝も忘れないように。夜は、誘惑に負けやすいので気をつけましょう。

13 水 ▼
勢いがよかったぶん、疲れがたまったり、少しだけ流れが止まる日。今日は焦らずに、好きな音楽でも聴きながら、自分のできることをゆっくりじっくり、ていねいにやってみるといいでしょう。

14 木 ✕
自分が思っているのとは違うところをほめられそうな日。見ているところや評価するところは、人によって違うものだとわかって、いい勉強になりそう。あなたが人をほめるときにも、今日の経験が役立つでしょう。

15 金 ▲
大事なものを失くしたり、探しもので無駄な時間を過ごすことになるかも。使わないものは持ち歩かないようにしましょう。カバンのなかや、机の引き出しのなかにある不要なものも処分するように。

16 土 ◎
はじめて行く場所でいい縁がつながったり、おもしろい体験ができそうな日。ひとりで家でのんびりしていないで、時間をつくって外出するといいでしょう。友人や知人を誘って食事に出かけるのもオススメ。

17 日 ◎
新しい出会いがあるなど、心躍る経験ができる日。気になるイベントやライブに行ってみたり、知り合いや友人の集まりに参加するといいでしょう。心惹かれる人に出会えることも。髪を切るにも最適な日です。

18 月 □
「自分の強みは何か」を考えて、仕事に取り組んだり、勉強をするといいでしょう。弱点や欠点を克服する努力も大切ですが、今日は得意なことをさらに極めるほうがいい運気です。

19 火 ■
少し疲れを感じそう。こまめに休んで、気分転換するように努めましょう。集中できないときは、時間を区切って短時間だけでも頑張ってみると、徐々に軌道に乗っていくでしょう。

20 水 ●
運を味方にできる日。何事も強気で勝負して、粘ることも忘れないようにしましょう。意見も通りやすいので、自分の思いをしっかり伝えることが大切です。仕事でも恋でもいい方向に進むでしょう。

21 木 △
慣れた仕事ほど思いがけないミスをしそうな日。どんな仕事であっても準備と確認を怠らないで、ていねいに最後まで集中して取り組みましょう。

22 金 ☆
いろいろな経験を役立たせることができる日。過去の苦労や失敗、当時は無駄だと思ったことにも感謝できそう。「なんだかんだで自分を鍛えてくれたり、図太くさせてくれた」と思えることもあるでしょう。

23 土 ☆
買い物や大きな決断をするには最高な日。欲しかったものや高価なもの、長く使う家電、家具を思い切って購入してみるといいでしょう。投資をはじめてみるのもオススメです。

24 日 ▽
クリスマスイブを楽しむなら、ランチデートをするのがいいでしょう。明るい未来の話もできそうです。夜になると、スムーズに進まなくなってイライラしたり、疲れてしまうかも。

25 月 ▼
今日は自分中心に考えるよりも、周囲や相手のために動くといい日。自分の仕事を進めるのもいいですが、周りの人のサポートをしたり、人に教える時間も大事にしましょう。

26 火 ✕
やるべきことに集中できなくなって、ミスも増えてしまいそうな日。雑な行動や感情的な判断はしないようにしましょう。ワガママな発言をすると面倒なことになるので、控えておくこと。

27 水 ▲
過ぎてしまったことはキッパリ忘れて、気持ちを切り替えることが大切です。いつまでもグチグチ考えていては、時間の無駄になるだけ。嫌な思い出があるものは処分し、スマホの写真も削除するといいでしょう。

28 木 ◎
いつもと違うことに興味がわきそうな日。いろいろ調べてみると、さらに気になってくることも。あなたの人生が変わるようなことを見つける可能性もあるので、詳しい人に話を聞いてみるといいでしょう。

29 金 ◎
勇気を出してはじめてのお店に飛び込むと、素敵な経験ができたり、おもしろい話が聞けそうです。忘年会の幹事をしたことがない人は、少人数でもいいので主催してみましょう。

30 土 □
買い替えを考えているものがあるなら、下調べをして買い物に出かけてみましょう。今日買ったものは長く使うことになるので、少しいいものを購入するといいでしょう。鍋やフライパンなど、キッチン用品の買い替えもオススメです。

31 日 ■
1年の疲れが出てしまいそうな日。暴飲暴食は避け、消化がよさそうなものを選んで食べるようにしましょう。お正月の準備を頑張りすぎて、体調を崩さないように気をつけましょう。

☆ 開運の日　◎ 幸運の日　● 解放の日　○ チャレンジの日　□ 健康管理の日　△ 準備の日　▽ ブレーキの日
■ リフレッシュの日　▲ 整理の日　✕ 裏運気の日　▼ 乱気の日　＝ 運気の影響がない日

銀の鳳凰座

★ 忍耐強い星　　★ 決めたことは貫き通す星　　★ 不器用な星
★ 覚悟すると驚くような力が出る星　　★ 超頑固な星
★ 体力がある星　　★ 交友関係が狭い星　　★ 融通がきかない星

12年周期の運気グラフ

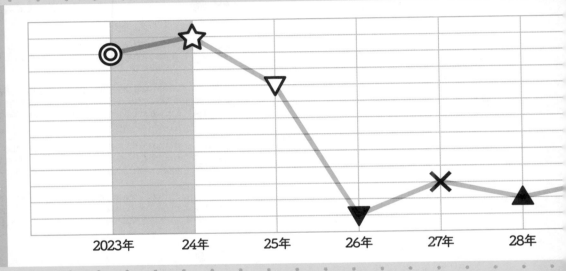

2023年　　24年　　25年　　26年　　27年　　28年

＼ 銀の鳳凰座はこんな人 ／

基本の総合運

「金の鳳凰座」が燃えたぎっているタイプなら、「銀の鳳凰座」はじっくりゆっくりと燃え続けるタイプ。些細なことで自分の信念を曲げることなどなく、まっすぐ突き進んでいきます。壁にぶつかってもその壁を倒すまで押し続けるような人。周囲からのアドバイスも簡単には聞き入れずに自分の生き方や考えを通すでしょう。年齢とともに臨機応変な対応を覚えられればいいですが、若いうちは不器用で伝え下手なところが出てしまいます。交友関係は狭いのですが、一度仲よくなると深い付き合いをすることになるでしょう。

基本の恋愛＆結婚運

本気で好きになるまでに時間はかかっても、一度火がつくと延々と燃え続けます。ストレートに気持ちを出す人ですが、すぐに行動には移せず、片思いの時間が長くなってしまうでしょう。相手のやさしさを勘違いして好きになり、猪突猛進になってしまうことも。また、押しに非常に弱いので、最初の印象が悪くない人に告白されて、強引な相手ととりあえず付き合って後悔する経験もありそうです。結婚相手には、両親と似ている部分がある人や自分の家族に近いタイプの人を望む傾向があるでしょう。

基本の仕事＆金運

どんな仕事でも、一度はじめると忍耐強く続けられ技術も身に付きますが、時間がかかってしまったり独特な方法で仕事を進めたりするため、職場では浮いてしまうことも。不向きだと思われる仕事でも、好きになると辞めることなく突き通すところもあるでしょう。ただし、転職グセがつくと何度も同じ理由で転職してしまうので気をつけて。金運は、貯金のグセをつけばどんどん貯まりますが、浪費グセがついてしまうとなかなかやめられなくなるので、早めに保険や定期預金、少額の投資などをはじめるといいでしょう。

◎ **幸 運 の 年**

「銀の鳳凰座」の2023年は、これまでの努力の結果が出る「幸運の年」。正しく努力を積み重ねてきた人は幸せを感じられるでしょう。山登りで言うなら頂上同様で、2024年に頂上に到達します。2024年には、また新たな覚悟を決めてスタートを切ることになります。2023年は、ここまでの評価やうれしい出来事を通して、自分の実力を把握し、2024年からどこに向かい、どんな覚悟をするか、その準備をしましょう。

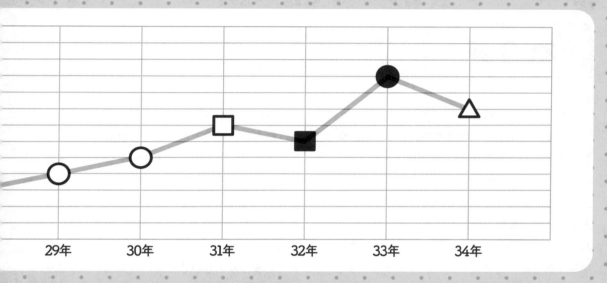

| 29年 | 30年 | 31年 | 32年 | 33年 | 34年 |

年の運気の概要

● **解放の年**
プレッシャーや嫌なこと、相性の悪いことから解放されて気が楽になり、才能や魅力が輝きはじめる年。

△ **準備の年**
遊ぶことで運気の流れがよくなる年。些細なミスが増える時期でもあるので、何事も準備を怠らないことが大事。

▲ **整理の年**
前半は、人間関係や不要なものの整理が必要。後半は、チャレンジして人脈を広げることが大事です。

☆ **開運の年**
過去の努力や積み重ねが評価される最高の年。積極的な行動が大事で、新たなスタートを切ると幸運が続きます。

○ **チャレンジの年**
「新しい」と感じることに挑戦をして体験や経験を増やすことが大事な年。過去の出来事に縛られないこと。

▽ **ブレーキの年**
「前半は攻め、後半は守り」と入れ替わる年。前半は行動力と決断力が大事。後半は、貯金と現状維持を。

✕ **裏運気の年**
自分の思いとは真逆に出る年。予想外なことや学ぶべきことが多く、成長できるきっかけをつかめます。

◎ **幸運の年**
前半は、忙しくも充実した時間が増え、経験を活かすことで幸運をつかめる年。後半は新たな挑戦が必要です。

□ **健康管理の年**
前半は、覚悟を決めて行動し、今後の目標を定める必要がある年。後半は、健康に注意が必要です。

■ **リフレッシュの年**
求められることが増え慌ただしくなる年。体を休ませたり、ゆっくりしたりする時間をつくることが大切。

▼ **乱気の年**
決断に不向きな年。流されながら、求められることに応えることが大事。体調を崩しやすいため、無理は避けて。

2023年の運気

◎ 幸運の年

2023年開運 3カ条

1. 今年からの2年半は最高に運気が良いと思い込む
2. これまでの縁を大切にする
3. 自分の生き方ややり方に自信を持って行動する

ラッキーカラー	オレンジ　ライトブルー

ラッキーフード	ハンバーグ　柑橘類	ラッキースポット	歴史ある場所　ボウリング場

総合運

「今年は運気がいい」と思い込んでみて
不要な苦労は手放しましょう

周囲から何を言われても我が道を突き進んでいく「銀の鳳凰座」。「幸運の年」の今年は、突き進んだことに答えが出たり、実力がどれほど付いたのか見えてくる年です。自分のやり方や生き方を忠実に守り続けるタイプなので、これまでの人生で無駄な時間を使うこともたくさんあったと思いますが、「我慢や努力をしてきた甲斐があった」と言える流れが今年からやっと始まります。特に長く時間をかけて取り組んできたことに結果が出て、評価してくれる人も現れ、長い人だと「10年ぶりに幸せを感じられる」という人もいるでしょう。

2022年に気持ちが緩んでしまったり、珍しく諦めようとしてしまったり、やる気がなくなってしまったという人は、2023年にもう一度自分の進むべき道ややりたいこと、得意なことをハッキリさせておくと良いでしょう。やる気のないままダラダラ過ごしてしまうと今年の幸運の流れに乗り遅れてしまうので、まずは「今年から2年半は最高に運気がいい」と思い込んでください。「銀の鳳凰座」は思い込んだら最強なので、良くも悪くも勘違いして突き進むことができるでしょう。

間違った道や不向きな方向に進んでいる人には、軌道修正をするために残念な結果がハッキリ出る年でもあります。人間関係や仕事で答えが出る年なので、場合によっては離れる決断が必要になるでしょう。「銀の鳳凰座」は環境を変えるのが苦手なタイプなので、「最初はいい人だったから」「この仕事は好きだから」と考えてしまうかもしれませんが、転職や違う道を選択することは今後の人生を良くする方法でもあることを覚えておきましょう。

また、今年はしばらく会っていなかった人との縁が不思議と強く、特に上半期は偶然の出会いもありそうです。しばらく会っていなかった昔の友人や上司、先輩からの連絡があった時は話をしてみましょう。同窓会などに顔を出してみると良い縁が繋がることもありそうです。今年は夢に向かって走り出すにもいい運気ですが、そのきっかけが懐かしい人や過去の縁という場合もあるので、あなたが興味のあることに詳しい友人がいたら連絡をしてみると良いでしょう。また、実家に帰る機会も多くなると思いますが、縁の大切さを楽しんでください。親友や家族と懐かしい話をしている中で、自分がや

りたいと思っていたことが何か再確認できて、やる気に火が付くこともありそうです。

長く続いた片思いの恋が実る年でもあるので、気になっている人がいるなら今年は積極的に行動してください。結婚でも、長い付き合いの恋人ときっかけを失っている感じになっているなら、「運気が良いから結婚しよう」と自分から動いてみるといいでしょう。また、再婚を考えている人は、再婚相手にふさわしい人を見つけられそうです。

「銀の鳳凰座」は1年の流れを知って運気のリズムに合わせると大きな波に乗れるタイプ。今年は運気が良いからこそ、「良いことには良い結果が出る」「不向きなことには残念な結果が見えてくる」と思っておきましょう。あなたの思い描いていた方向と違っていても結果はしっかり受け止めるようにしてください。

早速1月からいいスタートダッシュを切れる流れがあります。ただ、2022年にダラダラしてしまった人はなかなかエンジンがかからないような状態になってしまい、3月になってからやっと動き出す流れになりそう。できれば3月は、頑張って結果を出している人や独立して成功している同級生、恋を楽しんでいたり結婚して幸せになっている人など、パワフルに活動していたり輝いている人に会って話をしてみると良いパワーをもらえるでしょう。

3月は、なんとなく諦めてしまったことや挫折したことにもう一度挑戦してみたり、失恋した相手や告白をしてうまくいかなかった人に改めて気持ちを伝えるのに最高なタイミングでもあります。ここで良い結果が出ない場合はきっぱり諦めて、4月から違う道に進んだり他の人を見るようにしましょう。

4月は、仕事面で大きなチャンスがやってきそう。付き合いの長い上司やお得意さんから大きなチャンスが舞い込んで来るので、遠慮しないで話に乗ってみると幸せを掴むことができるでしょう。この流れは5月中旬まで続くので、気になる話が来たら行動に移してみると良いでしょう。全く新しいことよりも、少しでも経験があることにもう一度チャレンジしてみる方が良い結果に繋がりそうです。

新しい環境や変化を望むのであれば、9～11月がオススメ。引っ越し、転職、イメチェンなどをするにはいいタイミングですが、「銀の鳳凰座」は動き出すまでに時間がかかるタイプなので、2024年に行動するために情報を集めてみましょう。視野を広げるためにいろいろなものを見たり、これまで興味のなかった世界に足を踏み入れてみるといいでしょう。

ただ、これまでの積み重ねの中で間違った方向に進んでいた人は、6～8月中旬に厳しい結果が出てしまったり、人間関係で相手のマイナス面や雑なところが見えてきそう。6月の「乱気の月」と7月の「裏運気の月」は、裏運気だからこそ今まで見えていなかったところがハッキリ見えてくることがあります。現実にしっかり目を向けて、自分の考え方や言動に原因があると思っておきましょう。

8月は良くも悪くも縁を切ったり荷物を下ろすには良い時期なので、上半期の結果や「乱気の月」「裏運気の月」の結果から、離れるべきことや諦めたほうが良いことを見つけて、手放す判断をしましょう。長く続けている趣味があなたの人生をマイナスにしていることもあるので、年齢に見合わない趣味からは思いきって離れるといいでしょう。また、身の回りにある物を一気に処分すると人生が大きく変わってくるので、幼稚な物や何年も置きっぱなしの物、何年も着ている服や靴は処分して、9月以降に買い換えると良いでしょう。

基本的に運気の良い1年ですが、2月は間違った判断をしたりうっかり騙されてしまうこと

開運のつぶやき 🎭 あらゆる執着をやめて、諦めることができると、前に進み始めることができる。

があるので、悪友やノリのいいだけの人には注意しましょう。12月は疲れを溜めやすいので無理をしないようにして、元気に2024年を迎えられるようにしておくと良いでしょう。

「銀の鳳凰座」のトラブルや不運の原因は頑固と決めつけです。忍耐強くじっくり物事を進める力はどのタイプよりも強いですが、一度サイクルができてしまうと、それを変えることがなかなかできないタイプでもあります。悪いサイクルにはまっている人は、今年は軌道修正をするための大事な1年だと思ってください。1つの仕事を長く続けるのは良いですが、今年の結果次第では離れる覚悟をしましょう。苦しい状況が続いていて、周囲からも「向いてないよ」と言われ続けているのに、「せっかく就職したから」「仕事に感謝しないと」という思いで無理に続けても、ストレスが溜まったり体調を崩す原因になってしまいます。行動するのは2024年になってからでも良いので、環境を変える準備をしましょう。

　逆に、1つの仕事が続かないで「簡単に転職をするサイクル」にハマってしまっている人もいると思いますが、2023年は新たなサイクルを作るタイミングでもあるので、10〜11月中旬までに環境を変えてみると今度は長く続けられるようになるでしょう。それまでに自分の向き不向きを真剣に考えるようにしてください。ただ、今までと全く違う新しい仕事に挑戦する場合は、2024年1月からのほうが良い流れになるでしょう。

「幸運の年」は過去に蒔いた種が花を咲かせ、実になろうとしている時期ですが、中には不要な実もあります。そのままにしていると他の実の邪魔になったり養分を吸い取られてしまうことがあるでしょう。いらないものを刈り取っておくことで大事な実が守られるので、長く続けていたことでも苦労の原因になっているのであ

れば離れる決断をしてください。2022年に急に仲良くなった人やノリのいい人は、あなたを振り回すだけの人や危険な相手の可能性があるので注意しておきましょう。また、2014〜2015年に仲良くなった人と長く続いている場合は、その人が原因で本来の能力が発揮できなかったり、前に進めない原因になっている可能性が高いので、ゆっくりで良いので距離を空けるようにしましょう。その時期に就職や引っ越しをしていたなら、2023年に転職をしたり、改めて引っ越しをすることをオススメします。

「銀の鳳凰座」は良くも悪くも受け身なタイプなので、一度相手に合わせてしまうとそのルールを守りすぎてしまったり、本音では嫌なのに一度ハマったサイクルから抜けられないところがあるでしょう。今年は「自分はどうしたら幸せなのか」「そのために何をすべきなのか」を真剣に考えて行動するようにしましょう。もちろん全てが思い通りになるわけではありませんが、今年はこれまで辛抱していた甲斐があったと思える年なので、目の前の幸せをしっかり掴みにいくようにしてください。

　ここで遠慮したり待ってばかりいると、流れが止まってしまったり引いてしまったりします。今年は自分のルールや生き方、考え方を作り直すきっかけがある年でもあるので、まずは発する言葉を前向きで品のある良い言葉に変えてみてください。苦労が幸せに変化するわけではなく、幸せになるための行動や学びが幸せを呼び込むので、不要な苦労は躊躇せずに手放すようにしましょう。ゆとりがあれば武道や華道や茶道などの習い事を始めてみたり、友人に誘われた時は挑戦してみるのも良いでしょう。昔から興味があった場所に行ってみたり、憧れのライブに足を運んでみるなど、小さくても叶えられそうな夢はドンドン実現するように行動しておくと運気もさらに良くなるでしょう。

開運のつぶやき ▶ 😎 言葉に出すから変わり始めて、行動するから大きく変わるのが人生。

恋愛運

片想いの恋に進展がありそう
9〜11月の出会い運にも期待して

片思いの恋が実る最高の年。長い人では10年以上同じ人を好きでいたり、初恋の相手をいつまでも思い続けていたりするのが「銀の鳳凰座」。中には「あの人も私のことが好きなはず」と思い込んで、相手には恋人がいるのに「いずれ自分のところに来る」と謎の自信で待っている人もいるでしょう。

その思いが届くのか、2023年は片思いの恋に進展がある運気です。当然じっとしていても進展はないので、気になる人に自ら連絡をしてデートや食事に誘ってみましょう。共通の友人を交えてみんなで集まる機会を作ってみると良い縁が繋がる可能性が高いですが、その運気は1〜5月中旬まで。特に3月にはきっかけを作っておかないと縁は薄くなってしまいます。気になっている人がいる場合は、1月に新年の挨拶のメッセージを送ってみるといいきっかけになるでしょう。

3〜4月は勢いで交際に発展する運気。ここで待っていても何も変わらないので、自分の気持ちを素直に伝えてみましょう。年齢に見合った服装にしたり髪型をショートにしたりして、少しイメチェンをしておくと良さそうです。「銀の鳳凰座」は伝えベタでリアクションが小さいタイプなので、嬉しい時は言葉で伝えたり、少しオーバーなくらいに喜んだり、相手の小さな冗談にたくさん笑うようにするといい流れができるでしょう。

上半期は新しい出会い運が薄く、新規の出会いは9月以降になりそう。5月中旬までに交際に進めなかった場合は、9月以降に新しい習い事を始めたり生活リズムを大きく変えると良いでしょう。また、好みのタイプを限定している

といつまでも素敵な人を見つけられないので、周囲からオススメされる人とデートを楽しんでみると良いでしょう。

ただ、6〜7月はもてあそばれてしまったり、空回りしやすいので気をつけましょう。この時期は異性にあまり深入りしないで、デートの時や異性と話す時に盛り上がるような話のネタを準備したり、面白そうなことに挑戦するようにしてください。また、あなたの勘違いの恋はこの期間に終わりを告げそうです。相手から特にアプローチがないのに周囲から「○○さんあなたのことが好きらしいよ」と聞いて意識するようになった人や、何度か目が合っているくらいで「あ〜やっぱりあの人は私のことが好きなんだな」と思い込んでいた人に恋人ができたり結婚の報告を受けたりするかも。ガッカリすると思いますが、これ以上無駄な時間を過ごさなくて良かったと気持ちを切り替えましょう。

新しい出会い運は9〜11月にありますが、これまで好きになった人の影を追いかけていてもいつまでも変わらないので、今の年齢に見合った相手はどんな人なのか考えてみましょう。異性を見るポイントを変えてみたり、周囲からの評判がいい人はどんなところが良いのか見るようにすると良いでしょう。特に過去の恋で痛い目に遭った人ほど自分には異性を見る目がないということを認めて、紹介してくれる人を信用することが大切です。外見や学歴など薄っぺらいところで人を判断しないで、一緒にいるときに自然体でいられる人や共通の趣味のある人を探してみると良いでしょう。スポーツクラブや格闘技、簿記や税理士の資格取得の教室などに行ってみると良い出会いがありそうです。

開運のつぶやき ▶ 幸運を掴む人は些細な約束でも守る。

結婚運

交際期間が長いカップルは結婚の流れ
恋人がいない人は1月、3月は積極的に

交際期間が長いカップルほど今年は結婚に話を進められる運気。長い場合だと10年くらい付き合っているのに結婚に話が進んでいないカップルがいると思いますが、今年は白黒ハッキリする年でもあるので、真剣に将来の話をすると良いでしょう。「銀の鳳凰座」は伝えベタなところがあるので、まずは手紙やメールを送って相手の反応を見てみるのが良さそう。残念な結果が出る可能性もあるので、先がないとわかったら早い段階で別れて次の人を探すように切り替えると、2024〜2025年に結婚できる流れになるでしょう。

2018年、2019年、2021年からの交際相手なら2023年は入籍するのに最高の流れです。相手の運気も大事ですが、あなたの運気の良い月と日を見つけて入籍すると良いでしょう。できれば1月、3月、4月に入籍するとその後の幸せも掴めてオススメなので、1月に新年の挨拶を兼ねて相手のご両親に会っておくと良いでしょう。交際相手はあなたの頑固さを理解しているので、「自分が言ってもどうせ聞かないから」と思っている可能性があります。結婚に話が進まない場合は、問題は相手ではなくあなたの頑固な性格にあると覚えておきましょう。

今はまだ恋人がいないけれど年内に結婚をしたいという人は、1月、3月に同窓会があったら行ってみたり、しばらく会っていない人に連絡することが大事。新しく出会った人ではなく、既に知っている人となら結婚までのスピードは速くなります。SNSなどで学生時代の友人や先輩や後輩を見つけたらメッセージを送ってみると一気に交際に発展する可能性があるでしょう。職場を離れた先輩や後輩などにも連絡を

しておくと良いので1月はできるだけたくさんの人に新年の挨拶をして、「今度ご飯でも行きましょう」と誘ってみましょう。また、交際するときは「結婚を考えている」と伝えておかないとズルズルしてしまうので気をつけてください。入籍は早ければ3〜5月中旬、下半期は10〜11月中旬が良いですが、タイミングが合わないときは2024年になっても良いでしょう。

また、結婚や再婚の話が進んでいたけれど、いろいろな問題で立ち消えになってしまった人は今年は話が進むでしょう。どのタイミングがいいのか、お互いの運気を調べて良さそうな日に入籍をするように話を進めてみましょう。プロポーズの予約をするなら1月、3月、11月がオススメなので、「○月○日にプロポーズされたら嬉しいな」と相手に伝えてみると良さそうです。その時の相手の対応で、その後の付き合いをハッキリさせるようにしましょう。もし2023年に入籍ができないような状況であれば、2024年5月中旬までが今の恋人との関係の限界だと思っておくことが大切です。あなただけが結婚したいと思っていても相手にその気持ちがないなら新しい人を探すための準備を始めることが大事なので、10〜11月に結婚相談所に登録をしたり、友人や信頼できる人に紹介してもらうようにしましょう。

「銀の鳳凰座」は素早い判断が苦手なので、2024年にずれ込むこともあると思いますが、「来年も運気が良いから」とゆっくりしないようにしてください。今年の内にいろいろ決めたり、婚約や結婚前提で両親に挨拶をしてから同棲をするなどこれまでより一歩でも前に進めるようにしましょう。

開運のつぶやき ▶ あなたが他人に望むことを、あなたがすればいいだけ。

仕事運

「今まで辛抱した甲斐があった」と思えそう
今年の評価はしっかり受け止めて

同じ職場に長く勤めている人ほど大きなチャンスが巡ってきたり、あなたに合ったポジションや仕事を任せてもらえそう。これまでいろいろな人を支えてきたり、評価されない中でも我慢して仕事を続けてきた人ほど注目される流れになるので、「今まで辛抱した甲斐があった」と思えるようになるでしょう。目立つポジションを苦手だと思い込んでしまい、チャンスを断ってしまうことがあるかもしれませんが、あなたを信用してくれる人のためにも今年の評価は受け止めることが大切です。自分の目指していない方向に進んでしまう人もいますが、能力や才能は周囲の人のほうがよく見えている可能性が高いので、流れに合わせてみましょう。思った以上に楽しく仕事ができたり、周囲に救われるようになりそうです。

特に2022年に転職を考えて仕事にやる気を失ってしまった人ほどジワジワ忙しくなるので、3～5月中旬は真剣に仕事に取り組んでおくこと。ただ、ここで結果が出なかったり、「やっぱり不向きな仕事だ」と感じる場合は、部署異動をするか、夏のボーナスをもらってから転職活動をすると良いでしょう。9～11月には新しい職場で仕事ができるように動き出すといいので、8月には異動願いや退職願いを出すようにしてみてください。11月から動き出して2024年に新しい職場に行くという形でもいい流れに乗れそうです。

あなたに不向きな仕事や職場の場合は、6～7月に大きな挫折があったり、辞めるきっかけになる出来事が起きそう。6月は「乱気の月」で7月は「裏運気の月」なので、多少の乱れがあり、同じような失敗をして周囲に迷惑をかけ

たり、やる気を失うような出来事が起きるでしょう。2014年、2015年、2022年に就職した場合は、2023年に転職を決断することで後の人生が良い方向に進みそうです。特に周囲や身内から「その仕事は不向きでは？」と言われたことがあるなら、自分に合った仕事を探してみると良いでしょう。口数が少なくて済む仕事や事務職、ものづくりの仕事、サポートする立場の仕事などがオススメ。体が丈夫だと思えるなら、肉体を使ったハードな仕事が向いている場合もあるでしょう。

また、今年は仕事で不思議な縁を感じることが増えそうです。職場に知り合いが入ってきたり、取引先やお客さんが同級生や昔の知り合いだったり、趣味の集まりの仲間と偶然仕事をすることになったりといったことがあるかもしれません。「奇遇ですね～」と盛り上がって、仕事もやりやすくなるでしょう。知り合いの紹介でいいお客さんに出会えることもありそうです。

昔の上司や先輩から連絡があって会ってみたら「こちらの仕事を手伝ってくれないかな？」と引き抜きの話をされたり、転職を勧めてくれることもありそう。しばらく連絡をしていなくても、ふと思い出した人がいたら連絡をしてみるのも良いでしょう。連絡をしなくても街で偶然出会うこともあるので、今年は出先ではスマホばかり見ないで周囲の人を観察して、知り合いがいないか探してみるといいでしょう。

憧れの職場に行けたり長年就きたいと思っていたポジションを任されたり、あなたに信頼が集まってくる運気でもあるので、自信を持って堂々と仕事に取り組むようにしましょう。

開運のつぶやき　🕶　「成功」という名の山は「失敗」という小石の積み重ねでできている。

買い物・金運

収入アップが期待できそう
3〜4月に資産運用を始めてみて

「幸運の年」は、ゆっくりですが収入アップに期待ができそうです。仕事の負担と比べて収入が良いと感じたり、これまで頑張ってきた分がやっと収入やボーナスに反映される感じになってくるでしょう。役職が変わって手当てが増えるなど、これまで同じ職場に長く勤めていた人ほどいい流れになりますが、本格的に良くなるのは2024年になるので、今年はこれまで以上に真剣に仕事に取り組んでおきましょう。収入アップが期待できない職場の場合は、2023年に転職をすると良いので、同業種で収入がいい仕事を探してみてください。過去に転職している場合は、以前と同じ職場や似た仕事を探してみると良いでしょう。

投資や資産運用をスタートするなら3〜4月がオススメです。「お金は銀行に預けるもの」と思い込んでいるといつまでもお金を増やすことができないので、まずはNISAやつみたてNISAを少額からでもいいので始めてみましょう。今年は情報を集めたり本を読んでお金の勉強をするようにして、2024年からスタートしてもいいでしょう。「銀の鳳凰座」は慎重なタイプで時間をかけて納得しないと前に進めないので、まずはメリットとデメリットをしっかり調べてみたり、詳しい人から話を聞くようにすると良いでしょう。

また、今年は買い替えを考えている物、何年も使っていて調子が悪くなっている物、古くなっている物があるなら購入を検討するといいでしょう。「銀の鳳凰座」は気がついたら学生時代から使っている物があったり、昔のスウェットをずっと着続けているということがあります。何年も前から同じ調理器具などを使ってい

ることもありますが、家電は買い換えた方が節電にもなるので、最新家電を見比べてみると良いでしょう。

また、一度浪費癖がついてしまったり、貯蓄が苦手になってしまうとなかなかそれを直せないタイプでもあります。2022年についつい遊んでしまったり派手にお金を使ってしまった人は、ブレーキがかけられなくなって勢いでお金を使ってしまうことがあるので気をつけましょう。まずは無駄な固定費を削るためにも、自分が毎月どのくらい出費しているのかチェックしてみてください。一度住み始めたら長くなるタイプなので引っ越しを面倒に感じてしまうかもしれませんが、条件が良くて家賃が安い部屋が見つかったら引っ越しをするといいでしょう。サブスクもチェックして、使っていないものがあれば解約してください。スマホも高いプランになっている場合があるので、格安スマホに変えるようにしましょう。

家やマンション、土地の購入を決断するにもいい年なので、住んでみたいと思っていたエリアで良さそうな物件を探してみるといいでしょう。過去に住んで良かった場所にもう一回住んでみたり実家に戻ってもいいので、3月、4月、9月、10月に情報を集めて、良い場所なら「☆（開運の日）」や「◎（幸運の日）」の日など運気の良い日に契約の決断をしておくと良いでしょう。また、2024年に値段が上がって高く売れる物を手に入れることができる運気なので、家やマンション以外にも価値がありそうなものを探してみてください。気になったものを購入したり、転売ができそうなものを探してみるのも良いでしょう。

開運のつぶやき ▶ 😎 謙虚な姿勢と謙虚な気持ちを忘れない人に幸運はやってくる。

美容・健康運

筋トレやダイエットに本腰を入れて
美肌や若返りを目指すにも良い運気

心身共に絶好調を感じられる年。「銀の鳳凰座」はそもそもタフなタイプなので元気に過ごせそうですが、今年は健康的な体作りを行うと良い運気なので、筋トレや肉体改造、ダイエットを本格的にスタートさせてみましょう。学生時代に部活などでスポーツをやっていたなら同じ運動を始めてみたり、当時と似たようなトレーニングをすると良い感じで体を絞ることができそうです。

「銀の鳳凰座」は一度サイクルができると長く続けられるタイプ。「1日10分は運動をする」など自分でルールを決めると続けられるので、筋トレやヨガを家でやってみるなど、まずは自分ができそうな内容でスタートしてみましょう。ハードな感じや高すぎる目標設定は避けて、「長く続けられる」ことを意識してみると良さそうです。また、なかなか動き出さないタイプではありますが、友人に誘われた運動があるなら試しにやってみると良い感じで続けることができるでしょう。

2022年に夜更かしや間食、深夜の食事など、不摂生と思われる行動が癖になってしまった場合は、2023年に止めるようにしましょう。ダメだとわかっていながらズルズル続けてしまうと体型が崩れたり、体調を崩したり、もっと悪い場合だと病気の原因になってしまうことがあるので気をつけてください。2022年から服用を始めたサプリなども逆に体調を崩す原因になってしまっている場合があるので、マイナス面もしっかり調べておくと良いでしょう。また、過去に大きな病気をしたことがある人は、今年はしっかりと検査をしておいてください。過去に怪我をしたところと同じような場所を怪我する可能性もあるので、慎重に行動するようにしましょう。

今年は美意識を高めるにもいい運気です。特に美肌や若返りを目指すと良いので、不要な日焼けをしないためにも出かける際には日傘や日焼け止めを忘れないようにしましょう。そもそも夏場は運気が乱れて体調も崩しやすいので、インドアの遊びを楽しんだり、涼しい場所でのんびり読書をする時間を作っておくことをオススメします。また、今年はダイエットをするには最適な運気ですが、自分の中で「これまでで一番スタイルが良かった」と思う時期があるなら、その時の写真を見えるところに飾って頑張ってみると理想のスタイルに上手く近づけるでしょう。ただ、過去に痩せた経験のない人や12年以上前の場合は難しいので、ここ10年くらいで最もスタイルが良かった時期を思い浮かべてみるようにしましょう。

2022年に暴飲暴食をしてしまい、体重が増えてしまった人や肌の調子を崩してしまった人ほど、今年は美意識をしっかり高めて自分磨きを忘れないようにしましょう。渋い感じの服や大人っぽい印象の服を選ぶことが多かったと思いますが、その中でも年齢よりも少し若く見える感じの物や華やかな物を選んだり、小物や目立たないところで明るい感じの物を選ぶようにしましょう。「この服は似合わない」と勝手に決めつけないで、「年齢も変わったし」と思って改めて着てみると意外と似合うということがあるでしょう。ダイエットや運動も過去に挫折したからと勝手に諦めないで、今年の挑戦は思った以上にうまくいく可能性が高いのでチャレンジしてみましょう。

開運のつぶやき ▶ ◗◖ 人生を楽しむための努力を忘れないように。

親子・家族運

家族の関係が良くなる1年
せっかくなので、家族のルールを作り直して

家族で目標にしていた旅行ができたり、良い思い出のある場所に久しぶりに行けるなど、家族関係が良くなる1年。あなたが作った家庭のルールにみんなが自然と合わせてくれて、大きくぶつかることなく1年を過ごせそうです。ただ、みんなの意見を聞いて改めて家族のルール作りをする必要はあるでしょう。あなた1人が決めたことを守らせようとすると、他の家族が窮屈に感じてしまい後のトラブルに繋がることがあります。決めたことを守るのは大切ですが、厳密になりすぎないようにしましょう。

夫婦関係は、良い思い出があるお店や初めてデートした場所などに行ってみると、思い出が復活して関係が良くなりそう。「初めて一緒に観た映画は?」など思い出に関するクイズを出し合ってDVDやネットで一緒に見直してみると、楽しかった思い出と共にお互いへの感謝の気持ちが湧いてくるでしょう。新しい場所よりも古都や神社仏閣、城巡り、美術館などに行ってみると良さそうです。

お子さんとの関係は、ブレない教育方針があるのはいいのですが、決めつけが強くなり過ぎると子どもの能力ややる気を削いでしまうことがあります。自分と子どもは別の人間だということを忘れないようにして、あなたの想像で子どもの将来を考えすぎないようにしましょう。今年は、しばらく遊びに行っていなかった場所に行ってみたり、昔約束して守れていなかったことを改めて守ってみると良いでしょう。あなたが子どものころに遊んで楽しかったことを教えてみたり、懐かしい体験を一緒にするのも良さそうです。

両親との関係は、今年は会う機会が増えそうです。出張先が偶然実家の近くだったり、旅行帰りに立ち寄る機会があったり、例年以上に実家に帰ることが多くなりそう。その際に自分の子どものころの話を聞いてみると、自分の原点を知ることができて、気持ちを入れ替えて頑張ろうと思えるようになるでしょう。せっかくなので両親の馴れ初めや思い出話など、今さら聞けないような昔の話をいろいろ聞いてみましょう。あなたの知らなかった先祖の話などを聞けていい思い出にもなりそうです。ゆとりがあったら両親と温泉旅行に行ったり、少し贅沢な食事会などを行っておくといいでしょう。

家庭に問題があるという場合は、あなたの考えやルールがその原因になっている可能性があります。家族との距離が空いてしまっているなら、あなたがルールを押しつけすぎたり、「絶対にこうする」という気持ちが強すぎるのかもしれません。「何を言っても無駄」と思われている可能性が高いので、自分の考えだけが正しいと思わないで、家族に相談をしてみんなで守れるルールを作るようにしましょう。優しく尽くしているとあなたが思っていても、家族がそれに甘えすぎてしまっている場合もあるので、何でもあなたが頑張りすぎないようにして今年から家族にも協力してもらうと良いでしょう。ただ、自分と違うやり方に文句を言ったりイライラしないようにしてください。違う時は「もっとこうするといいかな」と優しく伝えるようにしましょう。良くも悪くもあなたの頑固さが問題となっているので、今年は軌道修正をしてみてください。家族のルールを変えたり、手伝ってもらうところを増やしてみるなど、変化を楽しむといい1年になるでしょう。

開運のつぶやき ▶ 自分の常識が全てだと思っている人に幸運はやってこない。

年代別 アドバイス

世代が違えば、悩みも変わります。
日々を前向きに過ごすためのアドバイスです。

年代別アドバイス 10代 ▶ ゆっくりですが、やる気と自信が湧いてくる1年。難しいと思えることや面倒なことを任されたとしても、「期待されている」と考えて思い切って挑戦してみると人生が大きく変わっていくでしょう。人によっては人生初のモテ期も始まるので、初恋や片思いをしている人に気持ちや好意を伝えてみると交際に発展させられることもあるでしょう。何事も簡単に諦めずに粘ってみると良い結果に繋がりそうです。

年代別アドバイス 20代 ▶ 異性の友人との関係が恋に発展したり、別れた恋人と復縁する可能性が高い年。片思いをしているけれど進展することのなかった人と急に距離が縮まって交際に発展するかも。勇気を出して飛び込んでみると良いでしょう。過去の恋を引きずっているなら年内に押し切ってみると良いですが、同じ失敗をしないように。職場では実力を少し認めてもらえるので、手加減をしないで今やれることに全力で取り組んでおきましょう。

年代別アドバイス 30代 ▶ 恋も仕事も全てを手にしようと動き出すには最高の年。友人や旧友、長い付き合いの人が上手くサポートしてくれたり、良い縁を繋いでくれることも多いので、自ら遊びに誘ってみたり連絡してみると良いでしょう。大きな幸せを掴む流れになるので、遠慮をしたり、様子を見ようとしないで、自分の幸せのために素直に行動することが大切。過去のマイナスなイメージに引っ張られないで、今は成長していると信じて行動しましょう。

年代別アドバイス 40代 ▶ 仕事でやっとあなたの実力が評価される運気の始まり。今年からどんな仕事にも真剣に向き合ってみると、大きな結果が出たり、大事な役割を任せてもらえそう。遠慮しないで自分の力を出し切ってみるくらいの気持ちで挑戦すると良いでしょう。過去の人脈が役立って、仲間や友人と仕事をすることにもなるので、「これまでの頑張りはこの日にためにあったか」と思える出来事もあるでしょう。同窓会があるときは必ず顔を出しておきましょう。

年代別アドバイス 50代 ▶ 許せないと思っていたことを「許したことにする」と決めてみると、気持ちが楽になって前に進める年。過去に執着して、それが言い訳にもなって一歩前に進めないということがあるので、「執着していると自分の人生がもったいない」と気持ちを切り替えてみましょう。しばらく会っていない学生時代の友人に会ってみたり、懐かしい曲を聴いてみたり、いい思い出のある場所に行ったり映画を見たりすると運気が良くなるでしょう。

年代別アドバイス 60代以上 ▶ 長年疎遠になっていた人と偶然出会って仲良くなれるかも。また、しばらく離れていた昔の趣味や楽しんでいたことに再度挑戦してみると楽しい時間を過ごせそうです。これまでの知識や技術を上手く活かして、人に教えることもできるでしょう。思い出の場所に旅行すると懐かしいことを思い出して、やる気になるきっかけを掴めるのでオススメです。急に思い出した場所に行ってみるといい出会いもあるでしょう。

命数別2023年の運勢

【命数】 21

覚悟のある意地っ張りな人

基本性格

超負けず嫌いな頑固者で、何事もじっくりゆっくり突き進む根性を持つ人。体力と忍耐力はあるものの、そのぶん色気がなくなってしまい、融通の利かない生き方をすることが多いでしょう。何事も最初に決めつけるため、交友関係に問題があってもなかなか縁が切れなくなったり、我慢強い性格が裏目に出たりすることも。時代に合わないことを続けがちなので、最新の情報を集めたり視野を広げたりする努力が大事です。

持っている星

★根性のある星
★過去の恋を引きずる星
★しゃべりが下手な星
★冬に強い星
★ギャンブルに注意な星

開運3カ条

1. 仲間の頑張りを認める
2. 身近な異性と仲よくする
3. 評価は素直に受け止める

2023年の総合運

長く頑張ってきたことが評価される年。ただし、ひとりでいるとせっかくのいい運気が弱くなってしまうので、協力できる仲間をつくるといいでしょう。一度嫌いになると、一生嫌いなままでいるタイプですが、今年は苦手な人にもあらためて近づいてみると、互いの成長に気がつけたり、昔の「嫌な感じ」がなくなっている場合もありそうです。意地の張りすぎや決めつけで、自ら視野を狭めないようにしましょう。健康運は、筋トレや運動をスタートするのがオススメです。

2023年の恋愛&結婚運

異性の友人や昔からの知り合いと、交際がスタートする可能性が高い年。あなたの片思いが実を結ぶ場合もありますが、ただの友達や同僚だと思っていた人から、突然告白されることもあるかも。よく知っている人なら付き合ってみると、思った以上に楽しい時間を過ごせそうです。学生時代の同窓会などがあれば顔を出してみることで、久しぶりに会った人といい縁がつながる場合もあるでしょう。結婚運は、2年前に結婚話が盛り上がっていた相手なら、年内に結婚できそうです。

2023年の仕事&金運

徐々に実力を発揮できる年。長い間辛抱していたポジションで、仕事ぶりを評価されたり、いい結果をやっと出すことができそうです。あなたの一生懸命な姿を見て周囲の人が協力してくれることもあるので、手を抜かないで「もうひと踏ん張り」することが大切。何事も本気で取り組んでみると、思っているより実力がアップしていることや、ほかの人よりも技術が優れている部分に気がつけそうです。金運は、数年前から欲しかったものを入手するチャンスがあるかも。少し高級なものでも、思い切って購入してみましょう。

ラッキーカラー ライトブルー　イエロー　**ラッキーフード** 牡蠣フライ　わかめサラダ　**ラッキースポット** スポーツクラブ　キャンプ場

【命数】 22

決めつけが激しい高校3年生

基本性格

かなりじっくりゆっくり考えて進む、超頑固な人。刺激や変化を好み、合理的に生きようとします。団体行動が苦手で、ひとりの時間が好き。旅行やライブへ行く機会も自然に増えるでしょう。向上心や野心はかなりありますが、普段はそんなそぶりを見せないように生きています。他人の話の前半しか聞かずに飛び込んでしまったり、周囲からのアドバイスはほぼ聞き入れずに自分の信じた道を突き進んだりするでしょう。

持っている星

★秘めたパワーがある星
★やんちゃな恋にハマる星
★過信している星
★寒さに強い星
★ものの価値がわかる星

開運3カ条

1. 「一生懸命さ」をアピールしてみる
2. 好きなアーティストのライブに行く
3. 向上心のある友人に会う

2023年の総合運

昨年までの状況を一気に変えることができる年。いままで密かに力を蓄えていた人や、陰で努力していた人ほど、能力を発揮できる流れになります。遠慮や手抜きをせず、力を出し切ってみると、いい結果につながるでしょう。現状の人間関係や環境のままでは自分の能力が評価されないと感じるなら、思い切って引っ越しや転職をするなど、人生を再スタートさせるくらいの気持ちで生活に変化を加えるといいでしょう。健康運は、古武道や格闘技を習うのがオススメ。

2023年の恋愛&結婚運

周囲の人が驚くような人と交際できる運気。すでに出会っている人のなかに気になる相手がいるなら、今年はあなたからきっかけをつくるようにするといいでしょう。ライブやスポーツ観戦に誘ってみると、いい関係に進めそうです。ただ、もともと癖の強い人や刺激的な人を好むタイプなので、一歩踏み出す前に、周囲に相手の評判をよく聞いておくこと。周りの意見を聞かないと痛い目に遭う場合があるので、気をつけましょう。結婚運は、先に目標の日を決めて、少々強引にでも話を進めると、うまくいきそうです。

2023年の仕事&金運

じっと耐え、ようすをうかがう時期は昨年で終わり。2023年は物事が動き出し、あなたの能力や才能を発揮できる年になるでしょう。遠慮や力の出し惜しみをしないで、目の前の仕事に全力で取り組んでみると、評価してくれる人や導いてくれる人にも会えそうです。予想以上に周囲が活躍してくれたり、サポートを得られることも。いつもより目標を高く設定しても、今年は十分クリアできそうです。金運は、少し背伸びをして、いまの自分に見合わないくらいいいものを購入すると、やる気やパワーが出るでしょう。

ラッキーカラー ブラック　レッド　**ラッキーフード** あじフライ　抹茶アイス　**ラッキースポット** キャンプ場　プラネタリウム

ラッキーカラー、フード、スポットはプレゼントやデート、遊ぶときの口実に使ってみて

頑固な気分屋

【命数】23

基本性格

明るく陽気ですが、ひとりの時間が大好きな人。サービス精神が豊富で楽しいことやおもしろいことが大好き。昔からの友人を大切にするタイプです。いい加減で適当なところがありますが、根は超頑固。周囲からのアドバイスには簡単に耳を傾けず、自分の生き方を貫き通すことが多いでしょう。空腹になると機嫌が悪くなり、態度に出やすいところと、余計なひと言は多いのに肝心なことを伝えきれないところがあります。

持っている星

★楽天家の星
★ノリで恋する星
★欲望に流される星
★油断すると太る星
★空腹になると不機嫌になる星

開運3カ条

1. よく笑う
2. 友人を集める
3. 目立つポジションを楽しむ

2023年の総合運

運も人も味方につけられる年。不思議と仲間の中心になるなど、趣味や話の合う人が自然とあなたのもとに集まる運気なので、笑顔になる日が増えそうです。ホームパーティーや飲み会を主催すると、おもしろい出会いやいい情報を得られることも。多少面倒でも試しに友人を誘ってみるといいでしょう。健康運は、ダイエットをはじめるのにいいタイミング。1年後に目標体重を達成するくらいのペースで進めると、成功しやすいでしょう。筋トレと体力づくりも大切です。

2023年の恋愛&結婚運

身近な人からモテそうな年。ふだんよりもリアクションを少し大きくしたり、相手の話を楽しそうに聞いてよく笑うようにしてみると、急にモテはじめそうです。学生時代の友人や職場の同僚が恋人になる確率が高いので、身近な人の集まりには積極的に参加してみるといいでしょう。少し丸みのあるヘアスタイルにしてみると、注目を集められるかも。結婚運は、今年はいい縁がつながる運気です。本気で結婚を考えているなら、年内に話をまとめましょう。

2023年の仕事&金運

ひとりで黙々と仕事をするのが好きな一方で、みんなで一緒に働くのも嫌ではないタイプのあなた。2023年は楽しく仕事ができる年になるでしょう。周りに仲間が集まってきたり、目立つポジションを任される機会も増えそうです。過去の趣味など、遊びを通して学んだことや経験したことが、思いがけず役に立ったりいい話のネタになって、仕事がやりやすくなることも。金運は、買い物や旅行での出費がかさみますが、臨時収入もありそうです。

ラッキーカラー ピンク　ラベンダー　**ラッキーフード** ステーキ　わかめスープ　**ラッキースポット** 高層ビル　植物園

忍耐力と表現力がある人

【命数】24

基本性格

じっくり物事を考えているわりには、直感を信じて決断するタイプ。超頑固で、一度決めたことを貫き通す力が強く、周囲からのアドバイスを簡単には受け入れないでしょう。短気で毒舌な部分があり、おっとりして見えても実は攻撃的な一面も。過去の出来事に執着しやすく、恩着せがましいところもあります。感性は豊かで、新たなアイデアをどんどん生み出したり、芸術的な才能を発揮したりすることもあるでしょう。

持っている星

★直感力が優れている星
★一目惚れする星
★過去を引きずる星
★手術する星
★情にもろい星

開運3カ条

1. 勘を信じて即行動する
2. 恩返しと感謝の気持ちを忘れない
3. 恩着せがましくならない

2023年の総合運

いままで真面目に取り組んできたことに運が味方する年。サボっていたことには厳しい結果が出ますが、素直に受け止めることが大切です。また、ゆったりしているように見えて、ときどき口が悪くなってしまうところがあるため、愚痴や不満を含め、言葉遣いには注意が必要。何事も恩返しの気持ちをもって行動すると運を味方につけられるので、ふだんお世話になっている人のために頑張ってみるといいでしょう。健康運は、夜更かしをして疲れをためないよう、気をつけること。

2023年の恋愛&結婚運

一目惚れした相手や、昔の恋人と縁がつながる年。上半期に偶然懐かしい人に再会することもある運気なので、急に思い浮かんだ人がいるなら連絡してみましょう。一気に盛り上がって、交際に発展することがありそうです。友人の集まりに参加して見覚えのある人と話してみると、共通の話題で盛り上がって恋に落ちる場合も。また、過去の恋を引きずったり反省するのは、年内で最後にしておきましょう。結婚運は、急に結婚に前向きになったら、勢いで入籍するといいでしょう。

2023年の仕事&金運

これまでの経験をうまく活かせる年。とくに、専門知識や技術のある人にはうれしい結果が出たり、これまでの人脈が役立っていい仕事につながることもあるでしょう。経験が多い人ほどいい勘が当たるので、自分を信じて思い切って行動するといいでしょう。物事をじっくり考えすぎたりようすをうかがいすぎて、機会を逃さないように。過去の経験すべてに感謝できるようになると、よりよい道が開けるでしょう。金運は、直感で投資をスタートするとうまくいきそうです。

ラッキーカラー ホワイト　イエロー　**ラッキーフード** 湯豆腐　あじの刺身　**ラッキースポット** プラネタリウム　神社仏閣

忍耐力がある商売人

【命数】

25

基本性格

フットワークが軽く、情報収集も得意で段取りも上手にできる人。頑固で何事もゆっくり時間をかけて進めるタイプ。表面的には軽い感じに見えても、芯はしっかりしています。頑固なため視野が狭く、情報が偏っている場合も多いでしょう。お調子者ですが、本音はひとりの時間が好き。多趣味で買い物好きになりやすく、部屋には使わないものや昔の趣味の道具が集まってしまうことも。

持っている星

★情報収集が得意な星
★お得な恋が好きな星
★夜はお調子者の星
★疲れをためやすい星
★お金の出入りが激しい星

開運3カ条

1. 過去にハマっていた趣味の話をする
2. 仕事関係者との付き合いを楽しむ
3. 仕事で使うものを買い替える

2023年の総合運

あなたの多趣味なところや、これまでの経験が活きる年。身の回りにある不要だと思っていたものが急に役立ったり、過去の趣味の話がネタになっていい人脈につながるなど、仕事でもプライベートでも、「思いがけず役立つこと」があるでしょう。しばらく手をつけていなかった趣味にもう一度挑戦したり、学び直しをしてみると、おもしろい発見がありそうです。健康運は、予定を詰め込みすぎて過労にならないように。お酒の飲みすぎにも、十分注意しておきましょう。

2023年の恋愛&結婚運

恋愛運のいい年ですが、第一印象で相手を決めつけていると、いつまでもいい恋愛ができないかも。外見や出会ったときの接し方にこだわりすぎないで、周囲の意見を聞いてみるといいでしょう。とくに、これまで痛い目に遭った人と似たタイプの相手には、注意しておくこと。一緒にいて楽しい人や、あなたを支えてくれる人に目を向けるようにしましょう。いまの自分に見合う人は、案外身近なところにいることを忘れないで。結婚運は、入籍日を決めて、恋人と計画を練っておくといいでしょう。

2023年の仕事&金運

あなたの計画がやっと思い通りに動いたり、計算した流れに周囲が合わせてくれるなど、物事がいい方向に進みはじめる年。勝算があると感じたら、思い切って行動したり意見を言ってみると、予想以上の結果を出すことができそうです。また、今年の頑張りが、のちの収入や昇格を左右することも。職場の人や仕事関係者との付き合いも大切にしておくと、いい情報がたくさん入ってきそうです。金運は、長く使うものや仕事で必要なものを優先して購入しておきましょう。ネットオークションなどで儲かることもありそうです。

ラッキーカラー ホワイト　パープル　**ラッキーフード** いわしフライ　ゴーヤチャンプル　**ラッキースポット** 高層ビル　水族館

忍耐力がある現実的な人

【命数】

26

基本性格

超がつくほど真面目で頑固。他人のために生きられるやさしい性格で、周囲からのお願いを断れずに受け身で生きる人。一方で「自分はこう」と決めた生き方を簡単に変えられないところがあり、昔からのやり方や考え方を変えることがとても苦手。臆病で寂しがり屋ですが、ひとりが大好きで音楽を聴いて家でのんびりする時間が欲しい人。気持ちを伝えることが非常に下手で、常にひと言足りないので会話も聞き役になることが多いでしょう。

持っている星

★粘り強い星
★初恋を引きずる星
★言いたいことを我慢する星
★ポイントをためる星
★音楽を聴かないとダメな星

開運3カ条

1. 自信をもって行動する
2. 堂々と話をする
3. 長く使うものを購入する

2023年の総合運

何事も時間をかけるタイプですが、今年はいよいよ才能が花開いたり、表舞台に立てる運気がやってきます。目立つポジションでも避けたり遠慮せず、自信をもって取り組みましょう。人脈が活きたり、あなたのおかげで結果を出した人が恩返しをしてくれることもありそう。勇気と度胸を大切にすると大きな幸せをつかめるので、2023年は、「人生でもっとも積極的」になってみましょう。健康運は、スクワットや腹筋など、家でできる運動を数回でもはじめておくのがオススメ。

2023年の恋愛&結婚運

「五星三心占い」のなかで、一度好きになった人をもっとも長く思い続けるタイプですが、待ってばかりいては何も進展しません。今年はあなたの魅力が輝く運気なので、まずは自信をもつように。自分磨きをしたり、恥ずかしがらないで堂々と話すことを意識してみるといいでしょう。真面目でやさしい人ほど、奥手で進展が遅いので、気になる相手には自ら話しかけたり、手紙を渡してみるのがオススメです。結婚運は、本気で結婚したい気持ちを恋人に伝えておくと、答えがハッキリするでしょう。

2023年の仕事&金運

真面目に取り組んできた人ほど、うれしい結果につながったり、やっと評価される順番がめぐってくるでしょう。遠慮しないで、周囲からの評価をしっかり受け止めて上の立場になってみると、そこから学べることもありそうです。今年から仕事に役立つ勉強をはじめたり、本を読む習慣をつけておくと、のちの収入アップにつながるでしょう。話のネタも増やしておきましょう。金運は、長く使うものや仕事道具を購入するのがオススメ。引っ越しをすると、金運がよくなるでしょう。

ラッキーカラー イエロー　ホワイト　**ラッキーフード** 納豆シューマイ　牡蠣鍋　**ラッキースポット** プラネタリウム　滝

　ラッキーカラー、フード、スポットはプレゼントやデート、遊ぶときの口実に使ってみて

【命数】27

基本性格

落ち着きがある正義の味方

頑固でまっすぐな心の持ち主で、こうと決めたら猪突猛進するタイプ。正義感があり、正しいと思い込んだら簡単に曲げられませんが、強い偏見を持ってしまうこともあり、世界が狭くなることが多いでしょう。常に視野を広げるようにし、いろいろな考え方を学ぶといいでしょう。また、おだてに極端に弱く、褒められたらなんでもやってしまうところがあります。話し方も行動も雑なところがあるでしょう。

持っている星

★行動すると止まらない星
★押しに弱い星
★甘えん坊な星
★打撲が多い星
★褒められたら買ってしまう星

開運3ヵ条

1. 簡単に諦めないで粘る
2. 考える前に行動に移す
3. 先輩と後輩をほめる

2023年の総合運

簡単には動きませんが、一度決めたら突き進むタイプのあなた。2023年は、いよいよ本気で活動を開始するタイミングです。モタモタせずこれまで積み重ねたことを信じて、積極的に行動してみましょう。あなたについてきてくれる後輩や部下、導いてくれる先輩も集まってきそうです。ときにはあなたがまとめ役になって、みんなを引っ張っていく必要もあるでしょう。健康運は、過去に足のケガをしたことがある人は、今年も同じようなケガをしやすいので気をつけましょう。

2023年の恋愛&結婚運

好きな人に素直に気持ちを伝えることが不得意なタイプですが、今年はストレートに相手へ思いをぶつけてみると、いい結果につながりそうです。また、物事を勝手に諦めてしまう癖がありますが、2023年は「粘り」が必要になるので、最低でも3回はデートに誘ってみましょう。久しぶりに会う先輩や後輩から、突然告白されることもありそうです。結婚運は、一度でも真剣に考えたことがある相手であれば、年内に一気に結婚できるでしょう。勢いで押し切ってみてもよさそうです。

2023年の仕事&金運

自分なりのやり方で、いい結果を出せる年。これまで周りにいろいろ言われても、自分のこだわりをもち続けた人ほど、独特なポジションをつくれたり、一目置かれる存在になれそうです。本来ひとりで過ごすのが好きなタイプですが、リーダーやまとめ役を任されることもあるかも。これまでの経験を活かせば問題なく対応できるので、自信をもって取り組んでみるといいでしょう。金運は、旅行への出費が増えますが、憧れの旅館やホテルに泊まることができそうです。

ラッキーカラー シーグリーン　クリーム色　**ラッキーフード** わかめラーメン　麻婆豆腐　**ラッキースポット** スポーツクラブ　植物園

【命数】28

基本性格

ゆっくりじっくりで品のある人

上品で常識やルールをしっかり守る人ですが、根は超頑固で曲がったことが嫌いなタイプ。ひとりが好きで単独行動が多くなる一方、寂しがり屋で人の輪の中に入りたがるところもあるでしょう。自分の決めたことを曲げない気持ちが強いのに、臆病で考えすぎてしまったり、後悔したりすることも。思ったことを伝えるのが苦手で、ひと言足りないことが多いでしょう。ただ、誠実さがあるので、時間をかけて信頼を得るでしょう。

持っている星

★ゆっくりじっくりの星
★恋に不器用な星
★人前が苦手な星
★口臭を気にする星
★割り勘が好きな星

開運3ヵ条

1. 勇気を出して行動する
2. 付き合いの長い人に相談する
3. 憧れの場所やお店に行く

2023年の総合運

「五星三心占い」のなかでもっとも冒険やチャレンジが苦手なタイプ。今年幸せをつかむためには、思い切って行動したり積極的になることが大切です。これまで積み重ねてきたことや、真面目に努力してきた自分を信じて動いてみましょう。慎重になりすぎると、いい運気の流れに乗れなくなるので気をつけて。今年はすでに経験のある物事で失敗することは少ないので、勇気を出してみましょう。健康運は、エステや少し贅沢なサロンに行くと、いいストレス発散になりそうです。

2023年の恋愛&結婚運

一度恋に臆病になってしまうとなかなか動き出せないタイプですが、ここ何年も恋人がいない人ほど、今年は身近な人や旧友、同級生や職場の同僚などにあらためて目を向けてみるといいでしょう。素敵な人やあなたに見合う人を見つけられそうです。仲のいい人から告白された場合は、勇気を出して付き合ってみるといいでしょう。気になる人がいるなら、自ら話しかけ、きっかけをつくることも大切。結婚運は、交際期間が長いなら、年内に話をまとめましょう。

2023年の仕事&金運

几帳面な仕事ぶりが認められる年。付き合いの長い人が、あなたを評価してくれることもありそうです。仕事の依頼があったら、自分を信じて引き受けるといいでしょう。ここで遠慮したり引いてしまうと、運気の流れに乗れなくなってしまうかも。仲のいい先輩や後輩と語る時間をつくると、思った以上にいい関係になれたり、勘違いや思い違いをしていたことにも気がつけそうです。また、時間をかけてきた仕事なら、しっかり自分の意見やアイデアを出すようにしましょう。金運は、憧れの品を購入するといい年です。

ラッキーカラー ピンク　ホワイト　**ラッキーフード** クリームシチュー　バナナチップ　**ラッキースポット** スポーツクラブ　植物園

【命数】

29

基本性格

覚悟のある自由人

独特な世界観を持ち、他人とは違った生き方をする頑固者。自由とひとりが好きで他人を寄せつけない生き方をし、独自路線を突っ走る人。不思議な才能や特殊な知識を持ち、言葉数は少ないものの、理論と理屈を語るでしょう。周囲からは「変わってる」と言われることも多く、発想力が豊かで、理解されれば非常におもしろい人だと思われます。ただし、基本的に他人に興味がなく、尊敬できないと本音で話さないのでチャンスは少ないでしょう。

持っている星

★人と違う生き方をする星
★不思議な人を好きになる星
★独特なファッションの星
★お金に執着しない星
★睡眠欲が強いが夜更かしする星

開運3カ条
1. ひねくれないで評価を素直に受け入れる
2. ほかの人の才能や個性をほめる
3. 気になっていた資格の勉強をする

2023年の総合運

あなたのセンスや才能に注目が集まり、大きなチャンスがめぐってくる年。過去に機会を逃したことがあると感じている人ほど、今年はしっかりチャンスをつかめたり、素直に自分をアピールできるようになるでしょう。無理に新しいことに目を向けるよりも、これまでの経験をうまく活かせるよう、知恵をしぼってみるといいでしょう。また、海外やネット上で大成功する可能性もあります。健康運は、視力の低下や目の病気などに気をつけておくこと。

2023年の恋愛&結婚運

ひとりの時間や自由を優先しすぎると、せっかくの恋愛運のよさを逃してしまいます。身近な人から告白されても、素直になれずに断ってしまうこともありそうです。片思いしている人がいるなら、正直に気持ちを伝えるといいですが、タイミングを考えたりムードづくりは忘れないようにしましょう。面倒でも、同窓会や懐かしい人の集まりに顔を出してみると、いい縁がつながることも。結婚運は、2年以上交際している相手なら、年内に結婚するといいでしょう。素直になることが大切です。

2023年の仕事&金運

あなたの独特な発想力や特殊技術、ほかの人とは違うアプローチができる力を認められる年。これまでなかなか結果が出なかった人ほどやっと評価されたり、流れを変えることができるので、今年は無駄にひねくれないようにしましょう。懐かしい人から、仕事の依頼や転職の誘いがあったらOKしてみると、人生が大きく変わったり、チャンスをつかめそう。金運は、興味のある習い事や資格の取得にお金を使ってみると、のちの収入に大きく影響するでしょう。

ラッキーカラー 朱色　パープル　**ラッキーフード** 生牡蠣　豚キムチ　**ラッキースポット** 映画館　美術館

【命数】

30

基本性格

頑固な先生

理論と理屈が好きな完璧主義者。おとなしそうですが秘めたパワーがあり、自分の好きなことだけに没頭するタイプ。何事にもゆっくりで冷静ですが、心が60歳なため、神社仏閣など古いものや趣深い芸術にハマることが多いでしょう。尊敬する人以外のアドバイスは簡単に聞き入れず、交友関係も狭く、めったに心を開きません。「自分のことを誰も理解してくれない」と思うこともあるほどひとりの時間を大事にするでしょう。

持っている星

★心が60歳の星
★賢い人が好きな星
★他人を受け入れない星
★目の病気の星
★冷静で落ち着いている星

開運3カ条
1. 尊敬する人に会う
2. 周囲の人の長所に注目する
3. 長年積み重ねてきたことや、学んだことに自信をもつ

2023年の総合運

好きなことを極める天才であり、粘り強く努力ができるタイプのあなた。2023年は、長く続けてきた研究や勉強の成果がいよいよ出る年です。ただし、プライドが高すぎてせっかくのチャンスを棒に振る可能性があるので、ノリや勢いも大切にすること。自分のイメージとは少し違う流れになったとしても、思い切って流れに身を任せてみましょう。考える前に即行動に移すことで、大きな幸運をつかめそうです。健康運は、同じものばかり食べないように気をつけましょう。

2023年の恋愛&結婚運

憧れの先輩や尊敬していた人と距離を縮められるきっかけがありそう。感情よりも理性が働いて、簡単に盛り上がれないタイプですが、プライドを守ろうとすると交際のチャンスを逃す可能性が高くなってしまいます。自分の気持ちに素直になって、相手の素敵だと思う部分を、言葉や手紙で伝えるようにするといいでしょう。かなり年上の知り合いから告白されることもありそうです。結婚運は、安心できる人だと思えるなら、話を進めてよいでしょう。

2023年の仕事&金運

冷静に落ち着いて仕事ができるタイプですが、スピードが遅いため、いままで即戦力になれなかったことがあると思います。今年は、長年積み重ねてきた能力や知恵を活かせる年。経営陣や年配者を味方につけられたり、うまく説得できて思い通りに企画を通せたりと、仕事がやりやすそう。技術がしっかり身についていることを認められて、満足できる結果も出しはじめるでしょう。金運は、自分にとって価値があると思える品を購入しておきましょう。

ラッキーカラー イエロー　ピンク　**ラッキーフード** 海鮮丼　松前漬け　**ラッキースポット** 植物園　書店

288　ラッキーカラー、フード、スポットはプレゼントやデート、遊ぶときの口実に使ってみて

銀の鳳凰座 2023年 タイプ別相性

気になる人との今年の相性は？　タイプを調べて付き合い方の参考にしましょう。

▶ 金のイルカ座 との相性

新たな挑戦を始める年の相手と、これまでの経験を活かす年のあなたとでは、進む方向が違うので、今年は特にすれ違いが多く、考え方や生き方が噛み合わないでしょう。相手のパワーに押し切られないで、自分のやるべきことをしっかりやるようにしましょう。ワガママに振り回されないように。　恋愛相手　あなたが一目惚れしたとしても、この相手とは考え方や価値観が違いすぎて、一時は良くても縁が続かなくなってしまうでしょう。今年偶然出会う機会が多い場合は、春か夏頃に短い付き合いになる交際が始まることがあるかもしれません。　仕事相手　考え方が違うからこそ仕事では違う役割を担当できたり、発想が違うからこそ良い結果を出せる相手。相手が上司の場合、理解に苦しむようなことが続くかもしれませんが、相手の考え方から学んで成長しましょう。部下の場合は、新しいことに挑戦させてあげましょう。　今年はじめて出会った人　あなたからの縁はかなり薄い相手。一時は仲良くなれたり良い距離感で付き合えても、やがて合わない部分が目について疎遠になるでしょう。裏の自分を観察するには良い相手なので、良くも悪くも勉強だと思って接しておきましょう。

▶ 金のカメレオン座 との相性

現状を変えて次に進みたいけれど、なかなか進めず悩んでいる相手。今年から本領を発揮するあなたとは、状況が違いすぎて噛み合わない感じになるでしょう。特に上半期はタイミングや考え方が合わないので、無理に合わせないように。年末になると相手のやる気が増してきて、あなたの欠点を指摘してくれることがありそう。　恋愛相手　今年は縁を切ったり身の回りの整理をする運気の相手なので、片思いの恋をしているなら失恋してしまうかも。特に上半期は無理に迫らないように。年末なら縁がつながりやすくなるので好意を伝えておくと良いでしょう。　仕事相手　固定観念が強く無駄な動きや仕事を増やしがちなあなたにとってこの相手は、その無駄を省いてくれる人になるでしょう。相手の忠告に従うと楽に仕事ができるようになりそう。相手が上司なら、指定された時間よりも早く仕事を終わらせて。部下なら言い方を工夫しましょう。　今年はじめて出会った人　お互いに新しい出会いからの繋がりが弱いので、一時は良い関係になれても最終的には縁のない感じになってしまいそう。人生相談や恋愛相談は裏目に出るアドバイスをされることがあるので、冷静に判断しましょう。

▶ 銀のイルカ座 との相性

これまでの経験を活かす年のあなたと、次に何を始めるかを模索する年の相手とでは、見ているところが大きく違います。次に進もうとする相手の気持ちが、あなたからはいい加減に見えたり無責任に感じることがありますが、逆に「その状態でなぜ次に進もうと思えるの？」と興味が湧くことがあるかも。　恋愛相手　初めて出会った時に衝撃を受けてしまうと、片思いが長くなってしまったり、常に気になる存在になってしまいそう。その逆に、大嫌いになって関わることすら嫌になってしまう場合もありますが、異性の友人になっているなら今年は進展が少しあるかも。　仕事相手　じっくり仕事を進めるあなたと変化のスピードが速い相手とは、本来は噛み合わないところが多いですが、知り合って長い相手なら今年は役立つ人になりそう。相手が上司の場合、新しい情報を提供してみましょう。部下の場合はいろいろな方法を試させると良いでしょう。　今年はじめて出会った人　今年の新しい出会いは縁が薄いですが、考え方や生き方を学ぶためには必要な相手。距離を取りながら観察するくらいの関係性で付き合うといいでしょう。年末に出会った場合は長く続く関係になるかもしれません。

▶ 銀のカメレオン座 との相性

今年「裏運気の年」の相手ですが、過去にお世話になっていたり助けてもらった恩があるなら、手助けしたり協力してあげましょう。思っている以上に相手が落ち込んでいる時は、懐かしい話をしてみると元気が出て、いい話も聞けそう。チャンスを作ってあげたり、違う世界を見せてあげると良いでしょう。　恋愛相手　片思いをしているなら今年は押し切ってみると交際に進めそう。最初の頃とは印象が違ったり悩んでいるところがある相手なので、話を聞いてあげるといいでしょう。相手のせっかちなところに目が行きますが、あなたのペースを守るといいでしょう。　仕事相手　いくらあなたの運気が良いと言っても、話のうまさは相手が上手です。今年は間違った方向に進んでしまったり、難しいことを依頼してくることがあるので、無理な時はハッキリ伝えましょう。相手が上司なら、アドバイスが裏目に出てしまいそう。部下なら流行を教えてもらいましょう。　今年はじめて出会った人　相手が「裏運気の年」なので、今年の縁は極端な結果になりやすいですが、後にあなたにいい刺激や視野を広げるきっかけを与えてくれそう。2〜3年後に相手の良さがわかってくるでしょう。

開運のつぶやき　👓 認められたいなら、まずは相手を認めること。

▶ 金の時計座との相性

相手は今年「乱気の年」なので、気持ちが不安定になっている感じが伝わってきそう。どっしり構えているあなたとは噛み合わない感じになりそうですが、相手は争いを好まず人を大切にするタイプなので、一緒にいると心が安らぐことも多いでしょう。相手の支えになってあげたり、小さなことでも協力してあげましょう。 恋愛相手 これまではあなたを癒してくれたり支えてくれた人ですが、今年はあなたが相手に優しくして支えてあげましょう。相手は立場や状況が変わって苦労していることが多いので、話を聞いたり励ましておくといいでしょう。 仕事相手 信頼できる人と思っていても、今年は心がブレてしまったり立場が変わってしまう年なので、「以前と違う」と思うようなことが多くなりそう。相手が上司なら、判断に従うよりもあなたのやり方を通してみましょう。部下なら良い部分を褒めて自信を付けてあげると良いでしょう。 今年はじめて出会った人 「乱気の年」のこの相手とは繋がりが弱いですが、できれば手助けをして仲良くなっておくといいでしょう。後にあなたが困った時に助けてくれる人になるので、遊びに誘うなどして一緒にいる時間を楽しんでおきましょう。

▶ 金の鳳凰座との相性

お互いに運気が良い年ですが、一緒にいると運気の流れがさらに良くなる相手。考え方や生き方が似ているところがあり、1人の時間を大切にするところも似ているので楽な距離感で付き合えそう。一緒にできることや楽しめることを見つけてみると良いでしょう。付き合いが長いなら、さらに幸運に恵まれそう。 恋愛相手 極端な盛り上がりを望まなければ最高の相手でしょう。相手の方が運気が良いので、進展は相手次第になってしまいそうですが、友達の期間が長かったり何でも話せる関係になっているならチャンスがありそうです。 仕事相手 お互いゆっくりじっくり仕事を進めるタイプ。今年はお互いに運気が良いので、これまでの努力が評価されたり、いい結果を出せそう。相手が上司の場合は、相手のテンポに合わせてみると嬉しい結果が付いてきそう。部下の場合は、信頼して大きな仕事を任せてみましょう。 今年はじめて出会った人 縁が切れそうになってもなかなか切れない関係になりそう。初対面で仲良くなると関係が長く続き、何年も一緒に遊んだり連絡を取り合うような関係になるでしょう。地味な2人ですが、楽しい時間を過ごせそうです。

▶ 銀の時計座との相性

一緒にいることで一気に前に進めたり、背中を押してもらえそう。お互いに運気は良い年ですが、あなたをさらに引き上げてくれたり、協力者として導いてくれるでしょう。相手のアドバイスに素直に従ってみると、人生が大きく変わったり、人脈が広がることがあるでしょう。 恋愛相手 相手の決断の速さがあなたにはせっかちに見えてしまうことがありますが、良いパワーをくれる人でもあるので大切にすると良いでしょう。気になっているならモタモタしないで気持ちをハッキリ伝えてみると一気に距離が縮まりそう。そのままの勢いで年末までに入籍に進められる相手です。 仕事相手 楽しく仕事ができる人であり、あなたの仕事運にも大きな影響を与えるでしょう。これまでの苦労を認めてくれて、チャンスを作ってくれることもありそうです。相手が上司なら、判断を信じてついていきましょう。部下の場合は、話をしっかり聞いて意見を取り入れてあげましょう。 今年はじめて出会った人 一生の付き合いになる可能性がある相手ですが、2024〜2025年に一度疎遠になったり、進む道が違ってしまうことがあるかも。お互い苦労する時期を抜けて再会した時にまた仲良くなれるでしょう。

▶ 銀の鳳凰座との相性

同じ運気の相手なので、一緒にいることで幸運を感じられそう。特に付き合いが長かったり親友と呼べるような人なら、できるだけ一緒に遊んだり、背中を押してあげるといいでしょう。これまで積み重ねてきたことを役立たせるためにアドバイスし合うのも良さそうです。辛抱してきて良かったと思える1年を2人でお祝いしましょう。 恋愛相手 似すぎていて刺激が足りなかったり、マンネリになりやすいかも。「お互いに変わらないところがいい」と思えれば最高の相手になるでしょう。片思いの相手なら、気持ちを伝えてみると相手も同じ気持ちという場合が多いでしょう。 仕事相手 仕事の考え方や取り組み方が似すぎている相手。お互いにいい結果を出せる年なので、目の前の仕事に一生懸命取り組むと大きなチャンスもつかめそうです。相手が上司でも部下でも、一緒に結果を出すために力を合わせてみるといいでしょう。 今年はじめて出会った人 いい運気の流れに乗っている時期での出会いなので、不思議と縁が長続きするでしょう。相手の気持ちも理解できるので、程良い距離感を保てそう。お互いにスピード感はありませんが、ゆったりできる関係になれるでしょう。

開運のつぶやき ▶ 褒めるところを探して生きるだけで幸せになれる。

▶ 金のインディアン座との相性

じっくりゆっくり進めるあなたと、好奇心の赴くままに行動する相手。噛み合わないように思われますが、あなたの頑固な部分を緩めてくれそう。特に今年は遊び心を教えてくれたり、柔軟な発想や新しい情報を得るために必要な人になるでしょう。テンポが違うことを認めて楽しんでくれる人なので遊ぶ機会を増やしておきましょう。 **恋愛相手** あなたの行動範囲を広げてくれたり、新しい遊びを教えてくれたり、視野を広げるきっかけを与えてくれる相手。以前からの知り合いならマメに連絡して会ってみると良い関係に進みやすくなるでしょう。 **仕事相手** 「絶対にこうする」と決めたら曲げることができないあなたですが、唯一この相手からの言葉は受け入れることができて、やり方を変えたり発想を転換することができそう。相手が上司なら、図々しくなって仲良くすると仕事が楽しめそう。部下なら仕事終わりに誘ってみると打ち解けられそう。 **今年はじめて出会った人** 人生を楽しむためのいいヒントになる相手なので、考え方や個性を認めましょう。愚痴や不満が溜まった時に会うとうまく忘れさせてくれる遊び友達になってくれるので、感謝の気持ちを忘れないようにしましょう。

▶ 金の羅針盤座との相性

あなたにとっては大事な相手になりますが、相手はここ数年頑張った疲れが出てしまう時期です。今年はこの相手に深入りせず、そっとしておいてあげましょう。お世話になっている人なら、今年は恩返しだと思って優しく接して、手助けや協力をしておきましょう。 **恋愛相手** 今年はいつも以上に丁寧に言葉を選んで気持ちを伝えることが大切な年。相手は真面目に受け止め過ぎてしまうタイプですが、今年は疲れから雑に受け止めてしまい、ケンカの原因になってしまうことがあるかもしれません。年末からは良い関係に発展できるでしょう。 **仕事相手** 相手は今年、あなたが思っている以上に疲れているので、無理をさせないように気を配り、助けてあげられるようにしましょう。相手が上司の場合、役立てることがあるなら全力で協力するようにしましょう。部下なら、無理な残業をさせないようにして大事に扱ってください。 **今年はじめて出会った人** 今年と来年ではイメージが大きく変わる人なので、今年の印象だけで相手を決めつけないようにしましょう。元気がなさそうに見えたり、イライラしているように感じたら、疲れているか心配事があるのだと思っておきましょう。

▶ 銀のインディアン座との相性

魅力が輝く1年を過ごす相手なので、自然と惹かれたり興味が湧いてくるでしょう。知り合いくらいの距離感でいると、お互いに居心地が良くなっていい友達になれたり、何でも話せる仲になれそうです。以前から知っている相手なら今年は一緒に過ごす時間を増やしてみると嬉しい出来事が起きるでしょう。 **恋愛相手** あなたに良い刺激を与えてくれる素敵な相手。モテ期に入っているので、のんびり様子をうかがっているとライバルに先を越されてしまうかも。マメに連絡をして会うようにすると交際に発展するでしょう。 **仕事相手** あなたひとりでは思いつかないような発想をする人。背中を押してくれたり、損得関係なしにいろいろなことを教えてくれるでしょう。相手が上司なら、相手のスピードに合わせようと一生懸命になると、その努力を認めてくれるでしょう。部下の場合は、チャンスを作ってあげると良いでしょう。 **今年はじめて出会った人** あなたの運命を大きく変えるような大切な相手になるでしょう。束縛を嫌う人なので、たまに連絡するくらいが良さそう。時には少し図々しく接してみると良い感じの距離感になるので、何でも遠慮なく話してみると良いでしょう。

▶ 銀の羅針盤座との相性

価値観は少し違いますが、お互いに気持ちを理解し合える相手。一緒にいることで助け合うこともできますが、執着すると世界が狭くなってしまうので、2人だけにならないようにしましょう。いろいろな考え方を学んだり新しいことに挑戦して前向きに楽しんだり、ポジティブな発言を心がけると良いでしょう。 **恋愛相手** この相手とは大恋愛のような盛り上がりはありませんが、お互いをある程度わかっている関係なら、今年は良い関係に進められそう。いい人だと思いながらもきっかけがなかなかつかめない感じになっているなら、思い切ってデートに誘ってみましょう。 **仕事相手** 今年から忙しくなるあなたにとって必要な相手。時間をかけて取り組む姿勢は似ていますが、「銀の羅針盤座」は言わないとやらない人でもあるので、協力してほしいときはハッキリ伝えましょう。相手が上司の場合、仕事のアピールをしておくこと。部下ならこれまでの経験を伝えましょう。 **今年はじめて出会った人** 出会いのタイミングは良いので、数回でも会って話せばいい関係になれそう。運命を変えるきっかけをくれたり、幸せに導いてくれる存在になる可能性が高いので、ぜひ仲良くなっておきましょう。

開運のつぶやき ▶ 😷 自分のできる範囲で、できるだけ善意あることをする人に幸運はやってくる。

銀の鳳凰座 運気カレンダー

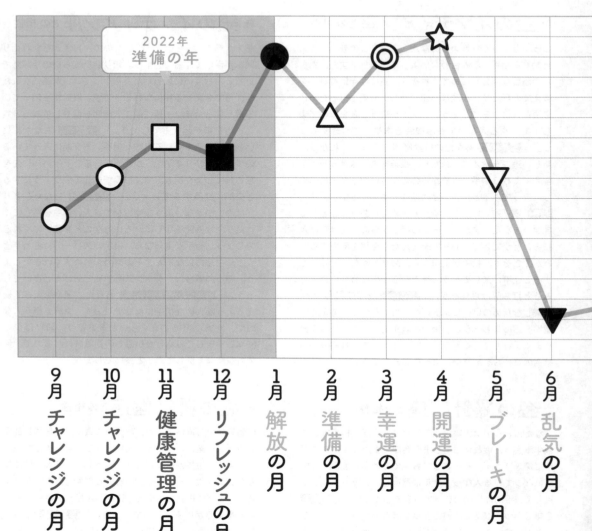

2022年
準備の年

9月	10月	11月	12月	1月	2月	3月	4月	5月	6月
チャレンジの月	チャレンジの月	健康管理の月	リフレッシュの月	解放の月	準備の月	幸運の月	開運の月	ブレーキの月	乱気の月

● 前向きに行動できる月 求められたら全力で応えて

△ ミスが増えてしまいそう 準備と確認をしっかりして

◎ 考え方を変えられそう 目立つことを意識してみて

☆ 積み重ねに答えが出る月 もっている力を出し切って

▽ 中旬までは遠慮しないで 下旬は無謀な行動に注意

▼ 今月は現状維持に努めて 身勝手にならないように

※このページの記号の説明は、「月の運気」を示しています。P.273の「年の運気の概要」とは若干異なります。

毎月の運気がどう変わっていくかチェック！
2023年の過ごし方の参考にしてください。

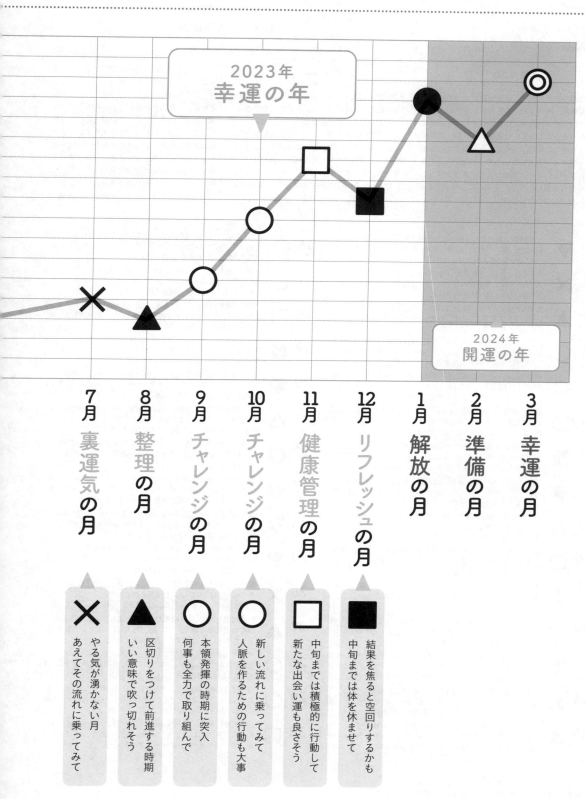

2023年
幸運の年

2024年
開運の年

7月 裏運気の月
8月 整理の月
9月 チャレンジの月
10月 チャレンジの月
11月 健康管理の月
12月 リフレッシュの月
1月 解放の月
2月 準備の月
3月 幸運の月

✕ やる気が湧かない月 あえてその流れに乗ってみて

▲ 区切りをつけて前進する時期 いい意味で吹っ切れそう

〇 本領発揮の時期に突入 何事も全力で取り組んで

〇 新しい流れに乗ってみて 人脈を作るための行動も大事

□ 中旬までは積極的に行動して 新たな出会い運も良さそう

■ 結果を焦ると空回りするかも 中旬までは体を休ませて

11月 2022

□ 健康管理の月

-2022　2023　2024-

開運 **3** カ条

1. 軽はずみな行動は控える
2. 楽しく会話を聞く
3. 現状維持を楽しむ

総合運

今月は心の隙ができて、行動が雑になってしまいそうな時期。勢いまかせや軽はずみな判断をしないように。誘惑には特に気をつけましょう。普段なら引っかからないことに騙されたり振り回されてしまいそう。転職や引っ越しなど重要なことを決めるタイミングでもないので、不満があっても行動に移さないようにしましょう。健康運は、下旬から疲れを感じたりためやすくなるので、マメに休んだり無理のないようにしましょう。

恋愛＆結婚運

信頼できる友人からの紹介で素敵な人に会える可能性があるので、急な集まりでも参加してみましょう。偶然の出会いはノリの軽い人ほど注意が必要。押しきられると後に面倒なことになりそうです。気になる相手とはランチデートや映画を観に行くなど、仲良くするように努めて相手の出方を待ちましょう。結婚運は、結婚生活がどれだけ楽しいか話してみましょう。入籍にはよいタイミング。

仕事＆金運

やらなくてはならないことが増えて忙しくなる時期。効率よく仕事ができるよう工夫や準備をして、目標を見失わないように心がけましょう。転職や離職などを考えやすいですが、軽はずみな判断は後悔するかも。今月は辛抱が必要です。改善しないことを不満に思うよりも、自分の対応力を身に付けましょう。金運は、ストレス発散にお金を使ったり、楽しい時間を過ごしましょう。儲け話には注意。

1 火	▼	人間関係で疲れたり、相手に振り回されて嫌になってしまいそうな日。深入りせず、無視もせず、程よい距離感でコミュニケーションをとるようにしましょう。
2 水	✕	水を差すようなことを言われてテンションが下がったり、やる気がなくなる出来事が起きそう。言い訳していると成長につながらないので、気持ちを切り替えて。
3 木	▲	何事も許すことが大切。些細なことでも許すことができると自身が大きく成長できるので、執着心を手放してみて。目の前にある幸せを見落とさないように。
4 金	○	小さな挑戦を楽しんでみるといい日。普段避けていたランチメニューを注文したり、選んだことのないドリンクを飲むといいでしょう。些細な勇気が人生を豊かにしてくれるでしょう。
5 土	○	黒や落ち着いた色を選ぶタイプですが、いつもより華やかな服で出かけましょう。前向きになれて行動的になれそう。いい人と巡り合う可能性もあるので笑顔や挨拶を心がけて。
6 日	□	自分の勘を信じて行動するといい日。いろいろ考えて踏み止まってしまうことでも、今日は思いきって挑戦してみて。恥ずかしさを乗り越えると楽しくなることを見つけられそう。
7 月	■	慌てて行動するとうっかりケガをする可能性があるので、気をつけましょう。打撲や転倒することがありそうなので、時間にゆとりをもって、足元を確認するようにしましょう。
8 火	●	注目されることや求められることが増える日。今日は忙しくなると思って、何事も早めに取りかかっておくといいでしょう。いつもよりもテキパキ仕事ができそうです。
9 水	△	失敗やミスが増える日ですが、あなたの欠点を指摘してくれる人の話は、最後までしっかり聞くことを心がけて。中途半端に聞いていると、同じ失敗を繰り返して成長できないでしょう。
10 木	○	自分の頑張りや実力を認めることで、今後やるべき仕事や目指すところが見えてくるでしょう。マイナス部分ばかり考えないで、いい部分を伸ばすようにしましょう。
11 金	◎	あなたに協力してくれる人やいい仲間が集まる日。実力を認められてうれしい流れにもなりそう。気になる人に連絡してみるといい返事が聞けそうです。
12 土	▽	午前中に買い物や用事を済ませるといい日。午後はゆっくりするといいので、予定を詰め込みすぎないようにしましょう。夜は、予想外にバタバタしそうです。
13 日	▼	思い通りに進まないことが増えるかも。急に予定がキャンセルされるなど、振り回されてイライラしそう。本を読んだりライブや芝居を観ると、いい刺激を受けて気分もよくなるでしょう。
14 月	✕	急いで行動すると忘れ物をしたりドジな出来事がありそう。少し先のことを考えて行動したり、確認をしっかりしましょう。困る前に周囲に聞くと、不要な不運は避けられるでしょう。
15 火	▲	大事にしていたものを壊してしまうかも。スマホを落として画面を割ってしまうことがありそう。アクセサリーや高価なものをなくしてしまうかもしれないので注意が必要です。
16 水	○	新しい方法やこれまでとは違うことを学べる日。気になることを調べると楽しい時間を過ごせそうですが、集中しすぎて人の話を聞き逃すことがあるので気をつけて。
17 木	○	スイッチを入れてテキパキと行動してみて。自分では急いでいるつもりでも周囲からは「ゆっくりしている」と見られるタイプだと思って、普段の倍の速さで判断して。
18 金	□	1日の予定を確認して、時間を気にして仕事をするといいでしょう。だらだらするとムダな時間が増えたり、疲れがたまってしまうので気をつけましょう。
19 土	■	自分のスタイルを鏡で見て、ダイエットや基礎体力作りの計画を立ててみて。激しい運動や断食はせずに、まずは柔軟体操や代謝を上げることを意識しましょう。
20 日	●	気になる異性がいる場合は、冗談半分でデートに誘ってみて。ノリで「今日暇なら遊びません？」とメールしてみるといい返事が来たり、後日にデートできることになりそうです。
21 月	△	珍しく軽率な態度をとりそうな日。余計な発言や行動をしやすく、できない約束をして追い込まれる可能性もあるので気をつけて。後輩や部下に見栄でごちそうしてしまうことも。
22 火	○	自分の得意なことで目立ったり、重要な仕事をまかされることがあるでしょう。昔読んだ本の内容や経験したことを役立てられることもあるでしょう。
23 水	◎	買い物をするには最高の日。ショッピングを思いっきり楽しめるので、気になる服や靴、アクセサリーを見つけてみて。髪を切ったり、ライブや舞台を観に行くにもいい日です。
24 木	▽	頑張りが評価されたりチャンスが巡ってくる日。遠慮しないで思いきって行動してみるといいでしょう。夕方あたりからは、周囲に感謝したり困っている人を手助けするといいでしょう。
25 金	▼	あなたの頑固さが原因で大切なことを見落としてしまいそう。何事も否定せず、「どういうことなのか」と理解するよう努めることが大事。何事も最後まで耳を傾けてみて。
26 土	✕	家族や身近な人の言葉を無視しないようにしましょう。欠点や悪い点を指摘されたときほど、しっかり受け止めましょう。言ってくれることに感謝を忘れないように。
27 日	▲	大事に思われていないと感じる相手とは、仲よくしてもムダな縁なので距離を置くように。区切りをつけるといい日なので、マイナスのイメージのあるものは処分しましょう。
28 月	○	変化を苦手とするタイプですが、今日はこれまでとは違うことを試してみて。小さなことでもいいので、普段なんとなく避けていることに挑戦してみましょう。
29 火	○	今日は自分の得意なことで人の役に立つと幸せな気分になれるでしょう。「手助けできることがないな」と思ったら、聞き役に徹して相手のいい面だけに注目してみましょう。
30 水	□	段取りや計算をしっかりすることでいい日になるでしょう。自分の思った感じと違うときは、計算や理論が間違っていることを認めて、何が悪かったのか考えてみましょう。

☆ 開運の日　◎ 幸運の日　● 解放の日　○ チャレンジの日
□ 健康管理の日　△ 準備の日　▽ ブレーキの日　■ リフレッシュの日
▲ 整理の日　✕ 裏運気の日　▼ 乱気の日　＝ 運気の影響がない日

2022 12月

■ リフレッシュの月

1. 8時間以上の睡眠を取る
2. 体を休ませる日をつくっておく
3. 頑張りすぎないで一定のペースを守る

総合運

集中力が欠けて珍しいミスが増える時期。話を聞き逃したり、自分勝手な判断で失敗しそう。今月は予想外に忙しくなったり、いろいろなことが重なってしまうことがあるので気をつけて。先に体を休ませる予定を決めましょう。飲酒や暴飲暴食を避けて、軽い運動を定期的に行うこと。健康運は、ドジなケガをしやすいので急ぐときほど落ち着いて、特に自宅では足元に注意しましょう。美容を頑張りすぎて逆に肌を傷めてしまうことも。

恋愛＆結婚運

予想以上に忙しくなって異性と関わる時間やゆとりを持てず、チャンスを逃してしまう可能性がある時期。中旬までは無理をしなくてもいいですが、下旬は頑張って少しの時間でも会えるよう工夫しましょう。会う前日はしっかり寝て、顔に疲れを出さないようにしましょう。結婚運は、来月以降に話を進めやすくなるので、心の準備をしたり、恋人のいい部分を改めて探して褒めておきましょう。

仕事＆金運

急な仕事や緊張が続く状況、残業などが増える時期。無理が続くと効率が悪くなるので、頑張りすぎないで自分のペースを守りましょう。体を休ませることも仕事のひとつです。仕事関係者との付き合いも大切ですが、連日や深夜は避けましょう。金運は、大金を使う時期ではないので、少額の投資に回しましょう。疲労回復や健康維持にお金を使うといいですが、栄養ドリンクの飲みすぎには注意。

1 木	■	ドジなケガをしやすい日。ドアで指を挟んでしまったり、紙で切ってしまったり、階段や段差で転んで打撲したり擦り傷を作ってしまう場合があるので気をつけましょう。
2 金	●	先月くらいから気になる人がいるなら、今日はためらわずにメッセージを送ってみて。一気にいい関係に進展する可能性も。仕事でも一押しがいい結果を生みそうです。
3 土	△	油断したり気が抜けそうな日。うっかりのケガや事故、忘れ物や置き忘れなど、不注意が続くので気をつけましょう。特に運転中や外出先ではボーッとしないように気をつけて。
4 日	○	片思いの恋に動きがありそう。相手からの連絡を待たず自ら連絡してみて。勢いでデートに誘うとOKしてもらえるかも。テンションを上げるにはいいですが空回りに注意。
5 月	○	新しいことに挑戦するのはいいですが、嫌々やっても身につかないので、楽しみながら挑戦しましょう。はじめて会う人には自ら笑顔で挨拶をするようにしましょう。
6 火	▽	日中は、自分のペースを大切に。じっくり物事を進めると、思った以上にはかどるでしょう。夜は予想外に忙しくなったり、予定が乱れそう。無理な誘いは断っていいでしょう。
7 水	▼	頑固になりすぎて損したり、孤立しやすいので気をつけましょう。話を合わせたり、流れに逆らわないことが大切。柔軟な考えや気持ちを忘れないようにしましょう。
8 木	×	トラブルの原因は、自分の視野の狭さや決めつけによるものかも。強引に推し進めず流れに身をまかせるようにして。契約などの大事な決め事は先延ばしにしたほうがいいでしょう。
9 金	▲	なんとなく置きっぱなしのものや使い切っているのにそのままになっているものを処分しましょう。昔の趣味のものでも使うことも触ることもないものはどんどん捨てましょう。
10 土	＝	友人や知人が集まる場所に行くと素敵な出会いがあったり、いい刺激を受けそうです。その際、自分の考えに固執せず、相手の意見に耳を傾けるといいでしょう。
11 日	＝	今まで興味が薄かったことに目を向けるといい日。ライブや芝居を観たり、美術館や博物館などを調べると気になるものを見つけられそう。足を運ぶといい経験ができそうです。
12 月	□	自分の向き不向きを知ることは大切ですが、今ある能力やこれまで経験したものの中で勝負するといいでしょう。「ない」ことばかり求めないようにしましょう。
13 火	■	心身ともに疲れてしまいそうな日。睡眠時間を増やしたり、疲れないように調整するといいでしょう。体が温まるものを選んでみたり、健康的な食事を意識してみて。
14 水	●	運気の流れがいい日なので、自分で幸せを見つけるように意識したり、見方や考え方を少しでもいいので変えてみましょう。「絶対」と思っていると気づけない幸せもあるでしょう。
15 木	△	軽はずみな判断をしやすい日。安請け合いや適当な返事をするとムダな苦労をしそう。相手の話をしっかり聞いて、先のことをもっと考えてから判断するようにしましょう。
16 金	○	ソリの合わない人は世の中にいるものですが、あなたに親切にしてくれる人ややさしい人の存在を忘れないように。一緒に笑える人に感謝を忘れないようにしましょう。
17 土	○	クリスマスプレゼントや年末年始の準備の買い物に出かけるといい日ですが、調子に乗って不要なものまで買いやすいので、本当に必要なのか冷静に考えましょう。
18 日	▽	不要と思えるものは午前中に処分しましょう。夕方あたりに掃除するのはいいですが、判断ミスをしやすいので間違って大事なものを捨ててしまうことがあるかも。
19 月	▼	信じていた人に裏切られたり、噛み合わない感じが続きそう。今日は、様子を見る日だと思って決断はできるだけ避けたり、周囲に相談してみるといいでしょう。
20 火	×	裏目に出たり判断ミスしやすい日。自分の意見を通そうとせず、流れに身をまかせましょう。不要な残業は控えて、尊敬する人が薦めていた本や、今年話題になった本を読みましょう。
21 水	▲	データを消去する作業は、明日以降のほうがよさそう。間違って大事なデータを消してしまうかも。身の回りのものを処分するときも確認をしっかり行うようにして。
22 木	＝	失敗してもいいので、少しでも新しい方法に挑戦してみるといい日。いいやり方を見つけたり、違う方法からいいアイデアが浮かぶこともあるでしょう。
23 金	＝	行動力が大切な日。いろいろ考えすぎてしまうタイプですが、手を動かせば自然とやる気になるので、身の回りの片づけや目についたことにどんどん取り組んでみましょう。
24 土	■	日中に外出すると楽しい時間を過ごせそう。デートにもいいので、少し贅沢なランチを選んでみて。夕方以降は体調を崩しやすいので予定を詰め込みすぎないように。
25 日	●	オシャレを意識するのはいいですが、薄着にならないようにしましょう。油断していると風邪をひいたり、体調を崩しそう。今日はお酒の飲みすぎにも気をつけましょう。
26 月	●	頼りにされたり求められることが増える日ですが、急だと無理なこともあるので、無理をして引き受けないようにしましょう。優先順位を考えて判断するといいでしょう。
27 火	△	忘れ物やうっかりミスが多い日。些細なミスが重なってやる気を失う場合もありそう。今日は遊んだほうがいい日なので、しっかり遊んでストレスを発散させましょう。
28 水	○	今年頑張ったごほうびとして、エステやマッサージなど、ひとりの贅沢な時間のためにお金を使いましょう。自分磨きをして美意識を高めると運気の流れがよくなります。
29 木	○	買い物に出かけるのにいい日。普段とは違ったお店やおもしろそうなお店を見つけたら、入ってみるといい買い物ができそうです。遊び心を大切にしてみて。
30 金	▽	大事な用事は日中に片づけるといいので、大掃除や、年賀状を書き忘れているならまとめてやってしまいましょう。夕方以降は予定が乱れたり体調を崩しやすいので気をつけましょう。
31 土	▼	1年の疲れが出たり、やる気を失う日。今日は家でのんびりゆっくり過ごしましょう。大掃除でケガをしやすいので軽はずみな行動は控えるようにしましょう。

開運のつぶやき ▶ 「ありがとうございました」と丁寧に心を込めて言える人に幸運はやってくる。

1月

● 解放の月

2023

開運 **3** ヵ条

1. 何事も前向きに行動する
2. チャンスに臆病にならない
3. 評価は素直に受け入れる

総合運 前向きに行動できる月
求められたら全力で応えて

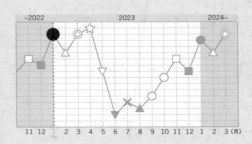

新年早々からやる気が湧いて、前向きに行動できるでしょう。友人や頑張っている知り合いからいい刺激を受けることもあるので、結果を出している人や、幸せをつかんでいると思える人に会ってみるといいでしょう。プチ同窓会や新年会を兼ねて、仲間と近況報告をし合うと、みんなの成長した姿や前向きなパワーにいい影響を受けられそうです。今月は、突然求められる場面も増えますが、何事も全力で応えてみると、いい結果につながるでしょう。

恋愛＆結婚運

片思いの相手には、積極的になっておくといい時期。相手の出方を待っていても状況は変わらないので、勇気を出して自分から話しかけたり、デートや食事に誘ってみるといいでしょう。相手もあなたのことを意識している可能性があるので、遠慮しないで、少し勇気を出してみましょう。結婚運は、2021年に結婚の話が進んでいたカップルは、今月は前向きな話ができそうです。

仕事運

実力を十分に発揮できる時期。少し難しいと思うことにも最善をつくしてみると、自分でも驚くような結果が出たり、周囲からも協力してもらえそうです。これまでとは違った手応えを得られたり、楽しく仕事ができるようにもなるでしょう。重要な仕事やポジションに大抜擢されることもありますが、「実力を評価された」と受け止めて、思い切って挑戦してみるといいでしょう。また、業務以外でも仕事の人との付き合いを大切にしておくとよさそうです。

金運＆買い物運

買い物をするにはいい時期。しばらく買い替えていないものを新調したり、年齢に見合った服を購入するといいでしょう。少し目立つものや幸せそうに見えるアイテムを選ぶのがオススメです。欲しかった家電や長く使うものを買うにもいいタイミングなので、時間を見つけて買い物に出かけてみましょう。また、今月から投資信託などの投資をはじめるのもいいので、本を読んで勉強したり、詳しい人に教えてもらうといいでしょう。

美容＆健康運

今月から定期的な運動をスタートさせたり、スポーツジムやヨガ教室、エステなどに通いはじめてみるといいでしょう。基礎体力づくりやダイエットも、今月から目標を達成できるようになりそうです。昔やったことのあるスポーツを再開するのもオススメです。思っている以上にハマって楽しく運動できるでしょう。友人や知人を誘って一緒に取り組んでみると、いい思い出がつくれそうです。

| 1日 | × | ふだんであれば興味のないことに目が向いてしまいそうな日。突然、買い物に出かけたくなることも。無謀な行動に走ると後悔する場合があるので、気をつけましょう。 |

| 2月 | ▲ | 身の回りをきれいに整えると、気分がよくなる日。本を順番に並べたり、引き出しを整理整頓してみるといいでしょう。失くし物が出てくることもあるかも。 |

| 3火 | ○ | 新しいことにチャレンジすると運気が上がる日。新しい服を着て出かけたり、行ったことのない場所に足を運んでみると、いい発見や楽しい出来事がありそうです。 |

| 4水 | ○ | 周囲からオススメされたところや、おいしいと話題のお店に行ってみるといい日。ふだんなら注文しないものを選んでみましょう。おもしろい発見がありそう。 |

| 5木 | □ | 予定を立てるといい日。この先の遊びや旅行の計画を立ててみましょう。自分磨きのために、今日からダイエットや資格の勉強などをスタートさせると、のちに思った以上の結果を出すことができそうです。 |

| 6金 | ■ | 油断すると体調を崩したり、のどの調子が悪くなってしまいそう。体を冷やさないように、こまめに温かいものを飲んでおくといいでしょう。スマホを見すぎて目に疲れをためないように。 |

| 7土 | ● | 友人だと思っていた人と恋人関係になったり、身近な人といい関係に進むことがありそう。デートの誘いには気軽に乗ってみたり、好意を伝えられたら勢いで交際をはじめてみてもいいでしょう。 |

| 8日 | △ | 忘れ物をして慌てて取りに帰ったと思ったら、また別のものを忘れてきてしまうことがありそう。事前の確認や準備はしっかりしておきましょう。 |

| 9月 | ☆ | 買い物するのにいい日。カバンや財布など長く使うアイテムは、少し高価なものを選ぶのがオススメです。引っ越しや投資を考えるにも適した日なので、思い切って決断してみるといいでしょう。 |

| 10火 | ☆ | 日ごろお世話になっている人に、プレゼントやお菓子を購入しましょう。思った以上によろこんでもらえて、関係が深まりそう。異性に渡すと恋に発展するかも。 |

| 11水 | ▽ | 面倒なことは後回しにせず、先に片付けましょう。昼すぎにはすべて終わらせる勢いでドンドン進めてください。明日に残してしまうと、余計な仕事が増えて苦労しそうです。 |

| 12木 | ▼ | 過ぎたことを蒸し返してしまいそうな日。余計なことまで思い出してイライラしたり、ガッカリする場面があるかもしれません。終わったことをいつまでも考えないようにしましょう。 |

| 13金 | × | 予想外の展開が多く、苦労を感じやすい日。今日は、いつもと違うリズムになる運気だと受け止めて、自分の考え方を変えたり、状況を楽しんでみるといいでしょう。ムッとしないことが大事です。 |

| 14土 | ▲ | 本当に必要かどうか、冷静に判断する必要がある日。読まずに置いたままの雑誌や本は、思い切って片付けて。不要なものは一気に処分して。 |

| 15日 | ◎ | 心が落ち着く場所や、最近気になっているスポットに出かけてみましょう。できれば、一緒にいてやさしい気持ちになれる人を誘ってみて。笑顔で会話することを心がければ、相手との距離がグッと縮まるでしょう。 |

| 16月 | ◎ | 問題が解決の方向に進むことや、面倒だと思っていた人との心の溝が埋まりそうな日。自分の成長を実感できたり、大人になったと感じられる瞬間もあるでしょう。 |

| 17火 | □ | 思っていたより忙しくなりそうですが、求められたら最善の努力で応えることで、次につながります。ただし、夕方からはイライラして集中力が欠けてしまいそう。好きな音楽を聴いて、体を休ませるといいでしょう。 |

| 18水 | ■ | 今日は頑張りすぎに注意しましょう。無理をすると次の日に響いたり、周囲に迷惑をかけてしまうことになりそうです。 |

| 19木 | ● | 気になる人や友人から、遊びの誘いや近況報告がありそう。勢いで話に乗ってみると、いい関係になったり、おもしろい展開になるかも。遠慮せずに一歩踏み込んでみましょう。 |

| 20金 | △ | 簡単な計算ミスや、時間の勘違いなどが起こりやすい日。とくに、慣れている仕事ほど確認が甘くなってしまうことがあるので、気をつけましょう。 |

| 21土 | ☆ | 友人や仲間と楽しく過ごせそうな日。紹介から新しい縁がつながることもあるので、「運気がいい日」と思って、たくさんの人に会ってみましょう。片思いの相手とも進展がありそうです。メッセージを送ってみて。 |

| 22日 | ☆ | 金運がいい日なので、買い物をするのがオススメですが、余計なものまで買いすぎてしまいそう。必要なものをメモしてから、出かけるようにしましょう。 |

| 23月 | ▽ | 仕事で結果を出せそうです。プライベートを充実させることも大事な時期なので、休憩時間に、気になる習い事やイベント情報を調べるといいでしょう。 |

| 24火 | ▼ | 落とし物や失くし物をしやすい。ペンやハンカチなど、ちょっとしたものならまだいいですが、スマホや財布、大事な資料を置き忘れて焦ってしまうことがあるので、気をつけましょう。 |

| 25水 | × | 些細なことでイライラしたり、ヘコみそうになったら、「まあいっか。なんとかなるよ」と楽観的な言葉を口にする癖をつけてみましょう。反省することは大事ですが、自信をもつことはもっと大切です。 |

| 26木 | ▲ | 過去の失敗を考えすぎないようにしましょう。失敗したことがない人など世の中にはいません。失敗から学んで、同じことを繰り返さないように気をつけるようにしましょう。 |

| 27金 | ○ | 思い切った行動が幸運を引き寄せる日。気になる人をデートに誘って、好意だけでも伝えてみるといいでしょう。新たな恋を求めている人は、友人などと飲みに行く約束をすると、素敵な出会いやうれしいつながりが生まれそうです。 |

| 28土 | ○ | はじめて行く場所で、素敵な発見やいい出会いがありそうな日。友人や知人を誘ってランチやお茶を楽しんでみるといいでしょう。 |

| 29日 | □ | 来月の目標を立てるといい日なので、1か月でできそうなことを考えて書き出してみましょう。2月のうちにどれだけ目標に近づけたかを振り返る日も決めておくと、よりよい流れに乗れるでしょう。 |

| 30月 | ■ | 起きるタイミングが悪くて、寝不足を感じてしまいそうな日。ストレッチをしたり、朝から甘いドリンクを飲むと頭がスッキリしそうです。 |

| 31火 | ● | あなたの魅力がアップする日。ただの知り合いと思っていた人から好意を寄せられたり、集まりに呼ばれたりしそう。仕事でも求められることが増えるので、いまもっているスキルをフルに使って、期待に応えましょう。 |

☆ 開運の日　● 幸運の日　● 解放の日　○ チャレンジの日　□ 健康管理の日　△ 準備の日　▽ ブレーキの日
■ リフレッシュの日　▲ 整理の日　× 裏運気の日　▼ 乱気の日　＝ 運気の影響がない日

2月

2023

△ 準備の月

1. 確認を忘れない
2. 勢いに任せて行動しない
3. 遊ぶときはしっかり遊ぶ

総合運 ミスが増えてしまいそう
準備と確認をしっかりして

雑な部分が出たり、確認ミスやうっかりミスなどが増えてしまう月。油断していると面倒なことになったり、失敗を繰り返してしまうことがありそうです。原因をしっかり探って、同じ失敗を重ねないよう気をつけましょう。事前準備をしっかり行い、最終確認を忘れないよう心がけるだけで、問題はうまく避けられるはずです。ただし、誘惑に負けてしまうことがあるので、甘い言葉には十分注意しましょう。

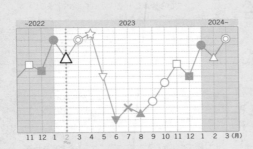

恋愛＆結婚運

恋人と楽しい時間を過ごせる時期ですが、ほかの人に目移りしたり、興味を抱いてしまうような出来事がありそうです。お酒の力やノリで、妙な関係に進んでしまう場合があるので注意しましょう。新しい出会い運は、「遊び」と割り切れるなら楽しい人を見つけられそうですが、誠実な恋をする相手が現れる時期ではないでしょう。結婚運は、恋人にドジなところを見られてしまいそうです。笑って許してくれる相手なら、来月以降に話が進展するでしょう。

仕事運

遅刻や寝坊をしたり、時間や数字、金額のチェックミスをするなど、普段ならやらないような失敗をしてしまいそうです。自分が思っている以上に集中力が低下してしまう時期なので、注意しましょう。とくに、「このくらいでいいかな」と雑に仕事をしていると、あとで大問題になったり、上司のチェックが入ったときに叱られてしまう場合も。些細な仕事でも、責任感をもってキッチリ行うよう心がけましょう。

金運＆買い物運

衝動買いや勢いに任せての契約など、無駄な出費が増えてしまいそうな月。普段なら「必要ない」と判断できるのに、「まあいいか」と軽い気持ちで購入して、「なんで買ったんだ？」と後悔することになるので、暇つぶしで買い物に行かないようにしましょう。ネットショッピングや買い物、ゲームへの課金などにも注意が必要です。金運は、節約をするというより、小銭を貯めるゲームだと思って、小銭貯金をはじめてみるといいでしょう。

美容＆健康運

体重が一気に増えたり、体型が崩れてしまいそうな月。普段なら我慢できるはずが、ついつい連日で間食したり、深夜に余計なものを食べてしまうことも。運動をサボることや、ダイエットも挫折しやすいので、工夫が必要です。高い目標を設定するよりも、代謝が落ちない程度の運動や湯船にしっかり浸かるなど、簡単にできそうなことを行っておきましょう。健康運は、うっかりケガをしたり段差で転んでしまいそうなので、慎重に行動するように。

開運のつぶやき ▶ 素直に遊ぶ人に運は味方する。人生に大切なのは常に遊び心。

1 水	△	ひとりでなんでもやろうとすると、抜けが出てしまいそう。何事もていねいさを心がけながら、周囲にも確認してもらいましょう。人に甘えることを怖がらないように。調子に乗るとケガをすることもあるので、落ち着いた行動を心がけること。
2 木	○	進めていた仕事や友人との約束でも、嫌な予感がしたり、気乗りしない場合は、確認をしたり、一度考え直してもいいでしょう。何か気になる点を見つけられることがありそうです。
3 金	○	体験や経験になることにお金を使うといい日。おいしいと評判のお店に行ったり、少し贅沢をすると、いい学びや発見があるでしょう。エステや美容院など、自分磨きに関わることにお金を出すのもオススメです。
4 土	▽	日中は、ランチデートをしたり友人と遊ぶのに最適です。思い切り遊んで、ストレスを発散しましょう。ただし、夕方はドジなミスが多くなったり、転んでしまうこともありそうなので気をつけて。
5 日	▼	「生理的に無理」と思う相手から好意を寄せられたり、告白されることがあるかも。付き合えない場合は、ハッキリ断ることも一種のやさしさだということを、心にとめておきましょう。
6 月	✕	自分でも驚くような寝坊や遅刻をしたり、慣れた仕事でミスをしてしまいそう。緊張感もなくなりやすいので、しっかり気を引き締めて、確認を怠らないようにしましょう。
7 火	▲	無駄なことに出費しているという自覚があるなら、今日を機に思い切ってやめること。いらないアプリも消しましょう。身の回りの無駄なものを減らすと、気持ちがスッキリして運気の流れがよくなります。
8 水	=	話題の本を購入したり、仕事終わりに映画を観に行ってみるといい日。新たな発見があったり、これまでと違う考え方を取り入れることができそうです。
9 木	=	新しいことに縁がある日。行ったことがない場所に足を運んでみるといいでしょう。気になることに積極的に参加したり、自ら調べてみるのもオススメです。何事も面倒くさがらずに行動すると、可能性が広がるでしょう。
10 金	□	言いたいことはしっかり伝えるといい日。ただし、言葉選びやタイミングを間違えてしまうことがありそうです。パッと言えないときは、文章にしたりメッセージを送ってみると、相手にうまく伝わるでしょう。
11 土	■	外出先で体調を崩したり、疲れを感じそうな日。今日は無理をしないで、本を読んだり、のんびりリラックスできる音楽を聴いて、ゆったりと過ごしましょう。
12 日	●	友人や知人に誘われたり、楽しくデートができそうな日。突然でもかまわないので、気になる人に声をかけてみるといいでしょう。小さな勇気が楽しい時間をつくってくれるでしょう。
13 月	△	勘違いや思い込みの強さが不運の原因になりそうです。目の前にあるのに、「ない」と思い込んで見えなくなってしまうことも。冷静に、落ち着いて行動するといいでしょう。
14 火	○	片思いの相手がいるなら、今日のチャンスを逃さないように。少し変わったチョコレートや、話のネタになりそうなものをセットにして渡してみると、いい関係に進めそうです。
15 水	○	いい仕事ができる日。これまで以上に真剣に全力で取り組んでみると、一気に評価されることに。買い物にも最適な日なので、仕事終わりに、気になっていた服や靴を買いに行ってみるといいでしょう。
16 木	▽	日中はいい判断ができそうですが、油断は禁物。夕方からはミスを連発したり、無駄な残業をしてしまうこともあるので、気をつけておきましょう。
17 金	▼	自分の考えだけが正しいと思って、相手に押し付けてしまうと、ケンカになり気まずい関係に。相手が考えていることや、正しいと思っている部分を尊重することも大事です。
18 土	✕	不思議と人混みのなかに行きたくなったり、わざわざ遠出をしたりと、ふだんならしないような行動に走ってしまいそう。誘惑に負けやすい日でもあるので、気を引き締めておきましょう。
19 日	▲	あなたを支えてくれた人や、フォローしてくれた人に、感謝の気持ちを表すことが大切な日。お世話になった人を思い出してみると、「いまの自分があるのは、あの人のおかげ」と思えて、やる気が出てくるでしょう。
20 月	=	生活リズムを少し変えてみるといい日。いつもと違う時間から仕事をはじめたり、髪型をちょっと変えるなど、些細な変化を楽しんでみると、素敵な1日になりそうです。
21 火	=	いつもと同じ方法や変わらないやり方を続けるのもいいですが、今日は新しい方法も少し試してみましょう。目標をいつもよりちょっと高く設定してみるのも、いい刺激になりそうです。
22 水	□	笑顔で過ごすのはいいですが、ニコニコとヘラヘラは違うので、鏡の前で笑顔の練習をしてみましょう。口角を上げてにっこりするよう、心がけてみて。周囲から「いい笑顔だね」と言われたら、運気も上がります。
23 木	■	疲れがたまっていることに気がつきそう。今日は予定を詰め込みすぎず、ゆっくりする時間をつくりましょう。昼寝をするなど、睡眠時間を増やすとよさそうです。
24 金	●	求められることが増えたり、楽しい時間を過ごせそう。ふだんなかなか言えないことを話せる機会や、気持ちが楽になるような出来事もありそうです。
25 土	△	誘惑に負けてしまいそうな日。遊びに出かけるのはかまいませんが、食べすぎたり、無駄遣いをしてしまうかも。お酒の席で一緒になった異性には心を許さないように。慎重に判断すれば、問題は避けられるでしょう。
26 日	○	友人と楽しい時間を過ごせそうな日。思い出の場所に行くことになったり、そこで偶然の出会いや、おもしろい縁を感じることもありそうです。今日は、友人に連絡して遊んでみるといいでしょう。
27 月	○	自分の殻を破ってみるといい日。あなたから職場の人に声をかけるなど、前向きな気持ちでいると、いい仕事ができるでしょう。あなたを支えてくれる、強力なサポーターが現れることもありそうです。
28 火	▽	日中は、多少の困難なら乗り越えられそうです。実力が身についていることも実感できるでしょう。夕方あたりからは、弱点や欠点が出てしまうかも。至らない点は認めて、今後の課題にするといいでしょう。

☆ 開運の日　● 幸運の日　● 解放の日　○ チャレンジの日　□ 健康管理の日　△ 準備の日　▽ ブレーキの日
■ リフレッシュの日　▲ 整理の日　✕ 裏運気の日　▼ 乱気の日　= 運気の影響がない日

3月 2023

◎ 幸運の月

開運 **3** ヵ条

1. 考え方や見方を変えることを楽しむ
2. 既に知り合いの人との恋に期待する
3. 出せる力は出し切ってみる

総合運 考え方を変えられそう
目立つことを意識してみて

いろいろなことに気がつける月。一度こうだと決めつけると、そのルールや考えに縛られてしまう「銀の鳳凰座」ですが、今月はその癖を少し緩めたり、考え方を変えることができそうです。また、長く続けてきたことに注目が集まる運気。「いままで辛抱してきてよかった」と思えることや、ときには「これが評価されるの？」と意外に感じることもあるでしょう。実力を発揮できて魅力や才能に気づいてもらえる時期なので、目立つことを意識してみましょう。

恋愛＆結婚運

片思いの恋が進展することや、友人と思っていた人と交際するような流れがある月。また、あなたのことを理解したうえで、好意を寄せてくれる人と縁がある時期です。新しい出会いは期待が薄いですが、デートをしたものの進展がなかった人や、好意を感じながらもなんとなく避けていた人と恋に落ちる可能性があります。結婚運は、何度か真剣に話をして盛り上がっていたカップルは、今月ひと押しすると、入籍日が決まったり、話を一気に進められそうです。

仕事運

長く努力してきた人ほど幸運を感じられる時期。苦労や困難を乗り越えてきた経験に価値を見出せたり、実力を活かせるポジションや、才能を発揮できるチャンスをつかめるでしょう。ただし、力不足や、サボっていた場合は、課題を突きつけられて厳しい現実を受け止めなければならない場合も。「幸運の月」は積み重ねてきたことに結果が出るので、自分が何を頑張ってきたのか、「答え合わせをする時期」だと思っておきましょう。

金運＆買い物運

資産価値のあるものや、長期的に使うものなどを購入するのにいい時期。とくに、長年欲しいと思っていたものは、思い切って買ってみるといいでしょう。家、マンション、土地、車などの高価なものも、このタイミングで購入するのがオススメです。長年同じ場所に住んでいて、幸運を感じられない場合は引っ越しをするといいので、来月か再来月に引っ越せるように準備しておきましょう。金運は、投資などの資産運用をはじめるにもいい時期です。

美容＆健康運

少し体重が増えてしまったり、体型が気になっている場合は、今月から本格的なダイエットや肉体改造をスタートさせましょう。人生で一番理想的な体型だったときの写真を部屋に飾っておくと、そのスタイルに近づけそうです。ただし、激しい運動は続かないので、生活習慣を整えて、長期的なダイエットや筋トレに取り組んだほうがいいでしょう。今月は、少し若く見えるようにイメチェンすると、評判がよくなりそうです。

1 水	▽	言葉を選んで発言するといい日。悪気があったわけではないのに、言葉が足りないために、相手が悪く受け取ってしまうことがあるかも。今日はひとりの時間を大事にして、好きな音楽を聴くなどのんびり過ごしてみるといいでしょう。
2 木	✕	同じような失敗を繰り返していると、信用を失ってしまうだけ。自分の苦手なパターンや癖を冷静に考えて、事前に問題を避けられるように気をつけておきましょう。
3 金	▲	やめたいと思いながらもダラダラと続けていることを、断ち切るなら今日がオススメ。10年後の自分を想像すると、「やるべきこと」と「やめるべきこと」がハッキリしてきます。デスク周りのものを処分するにもいいタイミングです。
4 土	○	しばらく遊んでいなかった人に連絡してみるといい日。楽しい時間を過ごせたり、思わぬ方向に話が進むことがありそうです。異性なら恋に発展する場合もあるかも。
5 日	○	イベントやライブ、旅行に出かけてみるのがオススメ。とくに、一度行って気に入った場所に、友人や知人を誘ってみるといいでしょう。好意を抱いている人に声をかけてみると、楽しいデートになりそうです。
6 月	□	自分のやり方を貫き通すといい日。頑固と思われていた部分も「信念がある」と、いいほうに受け止めてくれそう。やっと、自分のキャラが浸透することになるでしょう。
7 火	■	少しの段差に注意の日。つまずいたり、小さなケガをする場合があるので、慌てて行動しないこと。今日は、健康的な食事を意識して、ストレッチなどで軽く体を動かしておくといいでしょう。
8 水	●	仕事運もいい日ですが、今日は少し、「恋愛」を意識してみましょう。視線を感じたり、挨拶してくれる人に話しかけてみて。あなたに好意を抱いている相手の可能性があるでしょう。
9 木	△	無表情や不愛想にならないように過ごすことが大事な日。誰もいないところでも、笑顔を心がけましょう。いつも以上に元気にしてみると、思っていたよりも楽しい1日を送れそうです。
10 金	◎	不思議な縁を感じたり、これまでの苦労がいい形になって表れそうな日。過去に出会った人がチャンスをつくってくれたり、あなたを高く評価してくれることも。夜は、買い物をするのにいい運気です。
11 土	☆	買い物に出かけるにはいい日。買い替えを考えていた家具や家電などは、今日購入するのがオススメです。ほかにも、長く使えそうなものを新調したり、投資をはじめ、実践しながら勉強してみるのもいいでしょう。
12 日	▽	ランチデートやお茶をするにはいい日。急でもかまわないので、気になる人に連絡してみましょう。ただし、夜は調子に乗りすぎてしまいそうなので、落ち着いて行動すること。
13 月	▼	勘違いや思い込みが原因でミスをしそうな日。ダブルブッキングをしてしまったり、約束の時間に遅刻したりしそうです。気をつければ避けられるミスばかりなので、大事なことは間違えないように。予定をしっかり確認しましょう。
14 火	✕	過度な期待はガッカリするだけ。ホワイトデーだからといって、高価なお返しを期待しないように。ほかにも、想像力が足りなくてガッカリすることがあるので気をつけましょう。
15 水	▲	感謝の気持ちを忘れると、現状が苦しくなったり、不満がたまってしまうかも。いまある生活に感謝して、恩返しすることを忘れないようにしましょう。居心地よく過ごせるように、職場などを掃除すると運気がアップします。

16 木	◎	少しくらい困難なことでも、これまでの経験を活かせば簡単にクリアできそう。自分の実力がアップしていることも感じられるので、遠慮しないで、自信をもって仕事に取り組みましょう。
17 金	◎	失敗を恐れずに、思い切って挑戦することが大事。思い通りにならないことがあったら、「今後はどう動くべきか」をじっくり考えてみると、次のステップに進みやすくなるでしょう。
18 土	□	テンションの上がることがあったり、楽しい時間を過ごせそうな日。ひとりの時間ばかり優先しないで、知り合いに連絡をして、積極的に人に会ってみるといいでしょう。珍しい人を誘ってみるとおもしろい流れになりそうです。
19 日	■	今日は無理をしないで、好きな音楽でも聴きながらのんびりしましょう。気になる本を読んで勉強すると、話のネタになるようなおもしろい発見がありそうです。
20 月	●	あなたの魅力や才能が開花する日。連休の場合は、お出かけやデートにも最高の運気です。告白されたり、今日交際がスタートすることもありそう。服を購入するのもいいので、年齢と流行に合わせて選んでみましょう。
21 火	△	気の緩みから小さなミスを繰り返してしまうかも。好意を寄せている人からの話は、最後まできちんと聞くことを心がけて。笑顔で過ごしていると、素敵な出会いを引き寄せそうです。
22 水	☆	失くしたと思っていたものが見つかったり、クローゼットの奥から大事なものが出てくることがありそうです。しまったのを忘れていたお金や、思い出の品を発見することもあるかも。
23 木	☆	運命的な出会いや、考え方を変えるきっかけとなる出来事がありそうです。大きな決断をするにはいい日なので、今後のことをしっかり考えて、買い物や契約をするといいでしょう。
24 金	▽	日中は、いい決断や判断ができるので、自分の勘を信じましょう。少し強引になってもよさそうです。夕方以降は、誘惑に負けやすくなるので、暴飲暴食には気をつけましょう。
25 土	▼	弱点や欠点を指摘されてしまいそう。でも、ショックを受けなくて大丈夫。相手に悪意はなく、よかれと思って言っているはずです。感謝を忘れず、言われたことは改善するように努めましょう。
26 日	✕	嫌な予感が当たってしまいそうな日。今日は、車の運転や遠出は避けたほうがよさそう。また、身内に余計なことを言ってしまうことがあるので、気をつけましょう。
27 月	▲	デスクやカバンのなかなど、身の回りをきちんと整理整頓しましょう。散らかったままで見て見ぬふりをしていたところも、きれいに掃除しておきましょう。周りにスペースが生まれると、気持ちも楽になります。
28 火	◎	付き合いの長い人から、いい話や欲しかった情報を教えてもらえそう。話の内容をじっくり聞いてみることが大事ですが、しっかりリアクションをとって、聞き上手になることも忘れずに。
29 水	◎	話題の本を読んだり流行を調べたりすると、いい勉強になるうえにおもしろい発見がありそう。今日は、新しいことに敏感になっておきましょう。詳しい人と話すと、凝り固まった考えから抜け出せて、楽しい時間を過ごせそうです。
30 木	□	自信をもって行動することで、周囲も運も味方にできる日。悪い結果になったとしても、自分に何が足りないのかが見えてくるでしょう。満足できる結果が出たときは、周囲の人やこれまで支えてくれた人への感謝を忘れずに。
31 金	■	余計なことに振り回されて、無駄に疲れがたまってしまいそうな日。優先順位を考えて行動し、それでも自分の手に余るようなら、周囲に助けを求めましょう。意固地になっていると後悔することに。

☆ 開運の日　◎ 幸運の日　● 解放の日　○ チャレンジの日　□ 健康管理の日　△ 準備の日　▽ ブレーキの日
■ リフレッシュの日　▲ 整理の日　✕ 裏運気の日　▼ 乱気の日　＝ 運気の影響がない日

2023 4月

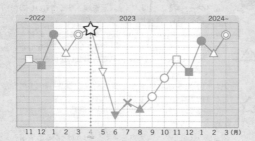

☆ 開運の月

開運 3 ヵ条

1. 何事も全力で取り組む
2. 好きな人には深夜に告白する
3. 長く使えるものを購入する

総合運

積み重ねに答えが出る月
もっている力を出し切って

これまでの積み重ねに答えが出る月。苦労や困難から「何を学んで、どう成長してきたのか」がハッキリする時期でもあります。サボってしまった人や逃げてしまった人には厳しい結果が突きつけられる場合もありますが、もっている力を出し切ってみると、次の道に導いてくれる人や、大切な話をしてくれる人が現れるでしょう。付き合いの長い人や、成長を温かく見守ってくれていた人に会って近況報告をすると、大きなチャンスをつかめることも。

恋愛＆結婚運

片思いの恋に大きな動きがある月。考えてばかりいないで、自分の思いをハッキリ伝える勇気が大切です。気持ちが収まらないときは、深夜でもいいのでメッセージを送ってみると、交際するチャンスをつかめることがあるでしょう。新しい出会いよりも、すでに知り合っている人に注目するといいですが、今年に入ってまだ縁を感じられていない人は、イメチェンをしたり生活リズムを変えてみましょう。結婚運は、押し切ってみると入籍まで進められそうです。

仕事運

「最高の運気」と言っていいほど、あなたに大事な仕事やチャンスが巡ってくる時期。長く勤めていた人や、耐えに耐えた人ほど流れが大きく変わってくるでしょう。どんな仕事でも全力で取り組み、難しいと感じてももうひと押ししてみると、大きく前進できそうです。遠慮したり、引いてしまうと悪い流れになることもあるので、ここはいままでの努力をすべて回収するつもりで欲張ってみましょう。実力以上の結果を残すこともできそうです。

金運＆買い物運

今月の買い物が、のちの金運に大きく影響してくる時期。趣味のものを買うのもいいですが、仕事道具や本、勉強になるものを選んでおくといいでしょう。長く使うものを購入するにも最適な運気で、家やマンション、土地など資産価値のあるものを手に入れるといいでしょう。投資などの資産運用もうまくいきやすい時期なので、長期的に続けることを目的にスタートしてもいいでしょう。ネットではじめられる簡単なものから挑戦してみるのもオススメです。

美容＆健康運

問題の少ない時期ですが、仕事が忙しくなったり、付き合いが増えてしまうので、体調管理をしっかり行うことが大切です。せっかく運気がいいときに、疲れが出たり体調を崩してチャンスを逃さないようにしましょう。付き合いのお酒は控え、軽い運動をして体の調子を整えておくように。また、美意識を高めるにもいい時期です。オススメの美容院やエステなどを知り合いに紹介してもらうといいでしょう。

開運のつぶやき ▽ 仕事も遊びも勉強も、楽しそうにすると伸びるもの。

| 1土 | ● | 恋のチャンスが訪れる日。気になる人がいない場合は、すでに知り合っている人や身近にいる人が、あなたに好意を抱いている可能性があるので、意識してみるといいでしょう。よく目の合う人に注目してみると、ピンとくるかも。 |

| 2日 | △ | 判断ミスをしやすい日。ふだん通りのメニューを頼めばいいのに、なぜか不思議なものに目がいってしまいそう。残念な思いをすることがあるかもしれませんが、話のネタにしてみるといいでしょう。 |

| 3月 | ☆ | 付き合いの長い人から大事なアドバイスが聞けたり、チームワークを発揮できそうな日。お互いの能力をうまく利用できるように、知恵をしぼってみましょう。結果を出すために、あなたが積極的になる必要もありそうです。 |

| 4火 | ☆ | 今日受けた評価はしっかり受け止める必要があります。満足できない結果が出たら、自分の頑張りや勉強が足りなかったと思うこと。これからできることを見つけて努力しましょう。満足できたならば、ご褒美に何か購入するといいでしょう。 |

| 5水 | ▽ | 日中は、勢いで仕事を進められて、大きなチャンスをつかめる可能性も。夕方以降は、思い通りに進まなくてイライラしたり、不満がたまってしまいそう。 |

| 6木 | ▼ | 冷静に相手を分析するといい日。肩書や学歴だけで相手を判断していると、大切なことを見失ってしまうかも。真心や親切心がある人なのかよく見て、見抜けないときは、自分にも真心や親切心が足りないのだと思っておきましょう。 |

| 7金 | × | 自分中心に物事を考えていると、空回りしたり、イライラすることがあるでしょう。あなたが言った一言が余計なお世話になる場合もあるので、発言には気をつけること。自分より「相手の得」を考えて行動すると、いい経験ができそうです。 |

| 8土 | ▲ | 掃除をするといい日。使わないのに置きっぱなしにしているものはドンドン処分しましょう。「もったいない」と言いつつ、邪魔になっている矛盾に気づいて、捨ててスッキリさせたほうがいいでしょう。 |

| 9日 | ◎ | 友人との縁がつながる日。突然遊びに誘われることがありそう。乗り気ではなくても、未経験のことなら挑戦してみましょう。いい思い出になったり、視野を広げるきっかけになりそうです。 |

| 10月 | ◎ | ゆっくりですが、いい人間関係をつくれたり、人との距離を縮められそうです。「この人は苦手」などと思い込まず、自ら挨拶をしたり、気楽に話しかけてみましょう。 |

| 11火 | □ | 自ら環境や周囲を変えていくことが大切な日。遠慮しているとチャンスを逃してしまうだけ。人付き合いを活発にしたり、少し背伸びをしてでも、レベルの高い人と一緒にいる時間を増やしてみるといいでしょう。 |

| 12水 | ■ | 疲れやストレスを感じてしまいそうな日。気分が乗らないときは、気持ちを切り替えブレイクタイムをしっかりとるといいでしょう。無理して続けないように。 |

| 13木 | ● | 時間をかけて取り組んできたことに、希望の光が見えそうな日。実力を認められたり、評価される流れになりそうです。遠慮せず、アピールをするといいでしょう。恋愛もいい流れに乗りやすいので、気になる人に連絡してみて。 |

| 14金 | △ | 小さなミスが増えてしまいそうな日。時間や数字を間違えたり、ド忘れをして恥ずかしい思いをする場合もありそう。今日は、事前準備と確認を忘れないように心がけておきましょう。 |

| 15土 | ☆ | 片思いの相手に連絡をするといい日。素直な気持ちを伝えてみたり、一緒にいるときは笑顔で楽しい雰囲気を出してみるといいでしょう。好きな人がとくにいない場合は、友人と遊ぶといい1日になりそうです。 |

| 16日 | ☆ | 買い物にはいい日。長く使えるものを選んだり、不動産や資産価値のあるものを購入するのもいいでしょう。しばらく同じ環境にいる場合は、引っ越しを考えてみるのもオススメです。 |

| 17月 | ▽ | 日中はいい判断ができて、行動力も発揮できるでしょう。頭の回転が速くなり、いいアイデアが生まれるかも。ただし夕方あたりからは、疲れが出たり、人間関係を面倒に感じることがありそうです。 |

| 18火 | ▼ | 臨機応変に対応ができないところを周りに突っ込まれたり、融通がきかない自分にイライラすることがありそう。少しでもいいので、柔軟な対応ができるよう心がけてみましょう。 |

| 19水 | × | 自分の思いがうまく伝わらなくて、いつも以上にもどかしい気持ちになってしまいそうな日。言いたいことは、一度、紙に書き出してみると、ていねいに伝えられるでしょう。誤解はそのままにせず、ちゃんと訂正してください。 |

| 20木 | ▲ | まずは目の前のことからはじめるといい日。身の回りを片付けたり、簡単な掃除をしてみると、自然とやる気が出てくるでしょう。汚れたものや壊れているものはドンドン処分しましょう。 |

| 21金 | ◎ | 気持ちの切り替えが大切な日。昔のことを考えすぎず、いまやるべきことに注目しましょう。「過ぎたことを考えても時間の無駄だ」と思って、前に進むことを心がけてみて。 |

| 22土 | ◎ | 軽く体を動かすにはいい日。友人や知人を誘ってスポーツをしたり、ハイキングなどに行くのもオススメです。気になるスポットを調べて、仲間に連絡してみるといいでしょう。 |

| 23日 | □ | ゴールデンウィークの予定を立てるといい日。休みがとれそうな人は、ライブやイベントを調べて、予約の手配をしましょう。一緒に行けそうな人に連絡するのもいいでしょう。 |

| 24月 | ■ | 寝不足だと感じたり、疲れが残ってしまいそうな日。朝からストレッチをして、頭をスッキリさせてから出かけるといいでしょう。ダラダラすると、1日中嫌な感覚が残ってしまうかも。 |

| 25火 | ● | 恋愛を諦めていた人にもチャンスが訪れる日。友人と思っていた人や、仕事関係の人と意気投合することがありそう。偶然の出会いから縁がつながる場合もあるので、仕事終わりに食事や買い物に行ってみるといいでしょう。 |

| 26水 | △ | 協力してもらっていることにしっかり感謝して、午後はあなたが周囲に協力したり、些細なことでも手助けしましょう。小さなミスを陰でフォローしてくれている存在がいることも忘れないように。 |

| 27木 | ☆ | もっとも時間をかけてきたことに運が味方し、自分の実力を出せる日。一気に評価が上がるなど、注目を浴びることもありそうです。恋人のいる人は、時間をつくって感謝の気持ちを伝えましょう。未来に向けて一歩前進できそうです。 |

| 28金 | ☆ | 満足のいく結果が出たり、大事な縁がつながる日。勇気を出して行動することで、運を味方につけられるでしょう。ラッキーな出来事や、ご馳走してもらえることもあるかも。「恩返し」や「恩送り」の気持ちを忘れないようにしましょう。 |

| 29土 | ▽ | 気になる人にしっかりアピールするといい日。相手の気持ちをつかめる流れがあるので、積極的にコミュニケーションをとってください。夕方以降は、本屋さんで気になる本を購入すると、いい発見や学びがありそうです。 |

| 30日 | ▼ | 予定通りに物事が進みにくい日ですが、そのぶん、あいた時間にいい勉強ができそうです。「どんなことからも学ぶ気持ち」を忘れずに。段差で転んでケガをしてしまうこともあるので、慌てて行動しないようにしましょう。 |

☆ 開運の日　◎ 幸運の日　● 解放の日　○ チャレンジの日　□ 健康管理の日　△ 準備の日　▽ ブレーキの日
■ リフレッシュの日　▲ 整理の日　× 裏運気の日　▼ 乱気の日　＝ 運気の影響がない日

5月

2023

開運 **3** カ条

1. 時間をかけてきたことには自信をもつ
2. 好きな人には素直になる
3. 中旬まではフットワークを軽くする

総合運
**中旬までは遠慮しないで
下旬は無謀な行動に注意**

今月の中旬までに、辛抱強く続けてきたことに対していい結果が表れそうです。長く時間をかけてきてよかったと思えることもあるでしょう。実力を突然評価される場合もあるので、遠慮しないで能力を出し切ると、いい結果につながるでしょう。あなたに必要な出会いがある運気のため、人脈づくりをサボらないように。下旬は、誘惑に負けやすくなってしまったり、投げ出したくなるような感じになりそう。無謀な行動や遊びすぎには、気をつけましょう。

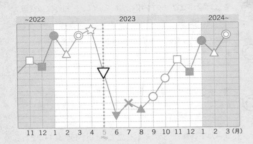

恋愛＆結婚運

好きな人や気になる人がいるなら、中旬までに好意を伝えたり告白をしておくといいでしょう。とくに、長く片思いをしている場合はここでハッキリ答えが出ますが、思った以上にいい結果になりそうです。友人や身近な人で、あなたに片思いをしている人から告白されるケースもあるでしょう。結婚運は、いまの恋人と結婚すると決めているのなら、具体的な話をしたり、入籍を決断するのにいい時期です。下旬になると話が流れてしまうかも。

仕事運

実力以上の結果を出せたり、「長く続けてきた甲斐があった」と思えるような流れに乗れそうです。周囲から求められることや期待されることもあるので、できるだけ応えるように努めましょう。いい仲間ができたり、協力も得られそうです。とくに、中旬までは大きな成果につながりやすいので遠慮しないこと。下旬は、仕事や職場への不満に目がいってしまいそうです。いい部分やプラス面に注目し、仕事があることに感謝を忘れないようにしましょう。

金運＆買い物運

長く使うものや高価なものの購入、長期間になりそうな契約の手続きは、中旬までに済ませるといいでしょう。引っ越しにはタイミングがやや遅いので、できれば9月以降に延ばして、それまではお金を貯めておくといいでしょう。下旬は、付き合いや誘惑に負けて出費が増えてしまいそうなので気をつけましょう。投資などの資産運用は、中旬までは強気で勝負してみてもいいでしょう。来月あたりに少し下がることがあっても、焦らないように。

美容＆健康運

中旬までは、基本的に大きな崩れがない運気です。そのぶん夜更かしが続いたり、寝不足になって疲れをためてしまうことがあるので注意しましょう。疲労をためすぎると、下旬に体調を崩してしまいそうです。中旬ごろまでには、生活リズムを整えるよう意識しておきましょう。美意識も、中旬までにできるだけ高めておくとよさそうです。エステに行くなど少しお金をかけたり、メイクレッスンを受けてみるのもオススメです。

1 月	✕	よかれと思ったことが裏目に出やすい日。気持ちが大きくなって、余計なことを口にして、良好な関係を崩してしまうことがありそうです。「ここだけの話」と言いながら、秘密をベラベラ話さないようにしましょう。
2 火	▲	なんとなく続けているゲームやSNS、アプリなどを思い切って消してみるとスッキリする日。「時間泥棒」になっていることから離れる勇気のある人に、明るい未来が待っていることを忘れないで。
3 水	◎	親しい人と、いい思い出のある場所に行くと運気が上がります。今日は、なじみのお店で食事をして、好きなお店で買い物をするといいでしょう。はじめてのところは気疲れしてしまうので、避けたほうがよさそうです。
4 木	◎	話題の場所やお店、映画に行くといい日。「絶対おもしろくない」と決めつけないで、「何がおもしろいのか」「どうして流行っているのか」を考えてみると、いい発見ができそうです。
5 金	□	日中は活動的になっても問題ないですが、夕方からは家で好きな音楽でも聴いて、のんびり過ごすといいでしょう。次の日に疲れが残りそうなことは避けておくように。ゆっくりお風呂に入って、早めに寝ましょう。
6 土	■	外出先で転んでケガをしたり、はしゃぎすぎて疲れてしまいそうな日。ストレス発散をするのはいいですが、こまめに休むようにしましょう。ストレッチをすると、体がスッキリしそうです。
7 日	●	意外な人と仲よくなれたり、勢いで交際に発展することも。いい出会いがありそうなので、友人に誘われた場所には必ず顔を出しておきましょう。少し明るい雰囲気にイメチェンしてみると、周りから注目されるようになるかも。
8 月	△	連休明けでボーッとしたり、小さなミスが増えてしまいそう。今日は何事も「15分前行動」を心がけましょう。事前準備や確認作業も、日ごろよりていねいにすることを忘れないように。
9 火	☆	経験や人脈を活かすことができたり、自分が成長して大人になったことを実感する場面があるでしょう。素直に頭を下げることや、お願い上手になってみることも大切です。うまくいった場合は、感謝のメッセージを送りましょう。
10 水	☆	実力以上の結果を残せる日。これまで辛抱していた人ほど、いいチャンスがめぐってきそう。どんな仕事でも積極的に、かつ真剣に取り組んでおくといいでしょう。信頼を勝ちとることもできそうです。
11 木	▽	やさしくしてくれる人や協力してくれる人に感謝して、自分のできる範囲で恩返しをしましょう。自分のことばかり考えたり、自分勝手な言動をしていると、夜になってから気持ちが沈んでしまいそうです。
12 金	▼	他人に過度に期待していると、残念な結果や期待外れに終わって、ガッカリするハメになりそう。地道に努力したり、ゆっくりでもいいので自分のペースは守るようにしましょう。夜は、誘惑に負けやすくなるので気をつけること。
13 土	✕	秘密やウソがバレたり、予想外のトラブルに巻き込まれてしまいそう。自分中心に物事を考えず、周囲の人のためにはどうすべきかを考えて、判断することが大事です。
14 日	▲	大掃除をするにはいい日。身の回りに不要なものを置かないようにしましょう。長く使っていて、捨てるタイミングがわからないものは、思い切って処分するといいでしょう。
15 月	○	後輩や部下など、自分より若い人と話をすることで、いい情報を得られる日。自分の考えだけが正しいと思っていると、視野が狭くなっていたり、流れに乗り遅れてしまうことがあるでしょう。
16 火	◎	朝から窓を開けて空気の入れ換えをしたり、軽く体を動かしてから出社するといいでしょう。好きな音楽を聴くなどして、自分の気持ちを上手にコントロールできるように努めてみましょう。
17 水	□	何事も自分のやり方にこだわらず、周囲でうまくやっている人の技を見習いましょう。お手本になる人を見つけられると、いま自分が置かれている状況が好転していきます。
18 木	■	頑張りすぎに注意が必要な日。集中して仕事に取り組むのはいいですが、無理を続けても体は悲鳴を上げるだけ。「しっかり休むことも仕事の一部」だと覚えておきましょう。
19 金	●	あなたの印象がよくなる日。幅広い世代の人と接してみると、視野が広がるでしょう。まずは、お礼や挨拶をしっかりして、相手をほめることを心がけましょう。恋愛もいい流れに乗れそうです。
20 土	△	楽しい時間を過ごせる日ですが、小さなミスをしてしまいそう。食べこぼしやドジをしやすいので、ていねいに行動するよう心がけておきましょう。
21 日	◎	好意を伝えていた人から連絡がきて、デートの約束ができるかも。勇気を出して、自分から一歩踏み込んでみると、恋人ができることも。清潔感のある年相応の服や、明るく見える服装を選んでみましょう。
22 月	☆	あなたに注目が集まる日。真剣に取り組むと「お得」な流れに乗れたり、周囲から信用してもらえるようにもなるでしょう。実力をうまく発揮できる日でもあるので、何事も自信をもってやってみましょう。
23 火	▽	日中は「攻め」の姿勢が、夕方以降は「守り」の姿勢が必要な日。大事なことはできるだけ日中に済ませて、午後から徐々にペースを落とす感じで過ごすのがよさそうです。お風呂の時間を充実させるといいでしょう。
24 水	▼	伝えたつもりでも、言葉足らずでうまく伝えられてなかったり、違う意味にとられてしまうことがありそうです。大事なことはメモしておくといいでしょう。勘違いで失敗することもあるので、理解しないまま突っ走らないように。
25 木	✕	許せないと思ったことほど、「これは許せる」と処理できるようになれば、気持ちが楽になるでしょう。「許せない」としがみつくのは、自らを不幸に落とす考え方です。終わったことはグチグチ言わずに、気持ちを切り替えて。
26 金	▲	身の回りをきれいにするといい日。自分の周りだけではなく、目についた場所もきれいにしたり、ゴミを拾って捨てておきましょう。その姿勢が、運気の流れを変えていくでしょう。
27 土	○	はじめての場所に遊びに行くといいでしょう。気心の知れた人の家を訪問してみるのもオススメです。ライブやイベントなど、気になるものを見つけたら、頭で考える前に行動を起こしてみて。
28 日	○	友人や知人からオススメされた場所に行ってみるといい日。話題のお店やおいしいと評判のお店で、うれしい体験や経験ができそうです。素敵な出会いにもつながるかも。
29 月	□	生活習慣も含めて、自分の行動パターンを冷静に分析してみるといいでしょう。「3年後、5年後、10年後の自分が笑顔になること」を、いまからじっくり一つひとつ積み重ねていくことが大事です。
30 火	■	絶好調だと思っている人でも、突然疲れを感じたり、集中力が途切れてしまいsuch日。温かい飲み物を飲みながらゆっくりするひとときや、ボーッとする時間をつくるといいでしょう。
31 水	●	今月最後の日に運を味方につけられそう。多くは手にできませんが、仕事に集中すると仕事でチャンスをつかめ、恋愛を意識すると気になる人との関係に進展がありそうです。いま自分に必要なことに、力を注いでみましょう。

☆ 開運の日　◎ 幸運の日　● 解放の日　○ チャレンジの日　□ 健康管理の日　△ 準備の日　▽ ブレーキの日
■ リフレッシュの日　▲ 整理の日　✕ 裏運気の日　▼ 乱気の日　＝ 運気の影響がない日

6月

2023

▼ 乱気の月

開運 **3** カ条

1. 流れに身を任せる
2. 無駄に夜更かししない
3. 周囲が元気になるような言葉を選ぶ

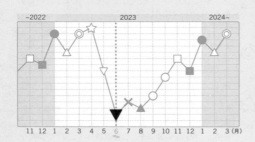

11 12 1 2 3 4 5 6 7 8 9 10 11 12 1 2 3 (月)

総合運　今月は現状維持に努めて
身勝手にならないように

風向きが変わっていることに早く気づいて、今月から現状維持に努めることや、無理に流れに逆らわないようにすることが大切です。先月までの流れがよかったぶん、調子に乗りすぎたり、ワガママを通しすぎることもあるので要注意。協調性を試されるタイミングでもあります。周囲へのサポートを意識して、お世話になった人には協力するようにしましょう。身勝手がすぎると、今後の運気の流れを自ら止めてしまう場合があるので気をつけましょう。

恋愛＆結婚運

「いい関係に進んでいる」「好意をもたれている」と思っていた人と距離があいてしまったり、相手の気持ちがわからなくなることがありそうです。単純にタイミングを逃しただけなので、今月は焦らず、自分磨きをする時間を増やすといいでしょう。新しい出会いは、あなたを振り回す人や噛み合わない人の可能性が高いので深入りは避けること。結婚運は、自分の考えが正しいと思って押しつけると相手の気持ちが冷めてしまうので、上手に合わせましょう。

仕事運

職場の人と気まずい空気になったり、やる気を少し失ってしまうような出来事がある時期。面倒だと感じるときほど、自分を成長させるきっかけやいい勉強になると思って、前向きに受け止めましょう。成績や結果に納得できない場合もありますが、何事にも原因があるものなので、他人のせいにしないこと。自分の至らない点を認めて、今後の課題にするといいでしょう。ここでの反省は、年末や来年の仕事に活かせそうです。

金運＆買い物運

金銭感覚が乱れる時期。不要なものを購入することや、無駄遣いが多くなってしまいそうです。押しに負けたり営業がうまい人の言葉に乗って、高額なものを買ったり、ローンを組まないように注意しましょう。今月は節約を楽しんで、お金を使わなくても遊べる方法を編み出してみるといいでしょう。投資などの資産運用にも手を出さず、様子を見ておくこと。「儲かっていたかもしれないのに」と、過ぎたことを振り返るのもやめましょう。

美容＆健康運

健康を意識するのはいいですが、効果を感じられないサプリや美容器具を購入して失敗しそうです。不要な夜更かしは避けて、睡眠を多めにとることを心がけましょう。日中に少しでも体を動かしたり、歩く距離を長くするのもいいでしょう。美意識を高めるにはいい時期ですが、自己流の美容法を試すと、かえって肌に悪い影響が出たり、たるみの原因になる場合があるので要注意。食事のバランスも整えましょう。

1（木）△
他人の話は最後まで真剣に聞きましょう。決めつけたり、聞き流していると、気まずい空気になるケースや、何をすべきかわからなくなってしまうことも。人間関係までこじれてしまう場合もあるので、自分の態度には気をつけて。

2（金）＝
先月上旬までのノリで過ごしていると、空回りしたり、身近な人から注意されることがありそう。自分の能力は周囲の人のために使いましょう。今日はサポート役に徹するようにすると、いい1日になるでしょう。

3（土）＝
自分のためではなく、他人がよろこんでくれることにお金を使うといい日。家族や恋人、お世話になっている人に、少しでもご馳走やプレゼントをしてみましょう。ただし、余計なものを買いすぎないよう気をつけておきましょう。

4（日）▽
午前中は、日用品や身近なものを買いに行くといいでしょう。特売品やいい品を購入できそうです。午後からは誘惑に負けやすく、知人に振り回されて無駄な時間を過ごすことになるかも。

5（月）▼
他人の雑な部分が目について、イライラすることがあるでしょう。相手の雑な部分が見えるときは、自分も雑になっている可能性があります。反面教師だと思って気をつけましょう。

6（火）×
仕事に身が入らなくなったり、サボってスマホを眺めたりと、ダラダラしそうな日。上司や先輩に見られて信用を失うこともあるので気をつけましょう。今日は、スマホを手の届かない場所に置いておくといいでしょう。

7（水）▲
うっかりミスには十分に気をつけたい日。財布を置き忘れたり、スマホを落としたりしそうなので、大事なものはていねいに扱うようにしましょう。また、財布やカバンのなかを掃除して、ふだん使っているものを整理するといいでしょう。

8（木）＝
資料はパッと見ただけで判断しないで、じっくり読んで理解するようにしましょう。メールも簡単にチェックするのではなく、見落としがないか、よく読んでおくこと。意外な発見もありそうです。

9（金）＝
自分の仕事に対し、美学をもつことが大事。「誰にもこのやり方はできない」と言えるくらい仕事を突き詰めることで、さらに高みを目指せるでしょう。自信は、自分の心のなかでつくっておきましょう。

10（土）□
今日と明日は、体力的な無理は避け、ストレスを発散するといいでしょう。時間にゆとりをもって行動したり、疲れがたまらないよう工夫することが大切です。夜は無駄に起きていないで、早めに寝るように。

11（日）■
今日は、家の近くにあるスパや温泉、マッサージなどに行って、心と体を休めるのがオススメ。スタミナ満点の料理を食べて、パワーチャージするのもいいでしょう。ただし、転びやすい運気なので、足元には十分気をつけること。

12（月）●
「自分が、自分が」とならないようにしましょう。周囲に譲る気持ちや、「お先にどうぞ」と思うやさしさを忘れないように。ゆっくりでもいいので、何事もていねいに進めれば、問題は起こらないでしょう。

13（火）△
大きなミスをしやすい日。頑固になりすぎて、視野が狭くなってしまいそう。大切なことを聞き流してしまう場合があるので、相手の声に耳を傾けるよう心がけて。今日は、慣れている作業も慎重に取り組みましょう。

14（水）＝
経験が、不運や面倒なことを遠ざけてくれる日。これまでの積み重ねが少ない人は苦労が増えそうですが、いろいろな体験をしてきた人は、「このくらいかな」と気楽に流せるでしょう。

15（木）＝
時間や数字にこだわって仕事をすると、いい結果につながる日。「この仕事は30分で終わらせる」など、目標を立ててみましょう。仕事帰りに買い物に寄るのもいいですが、高価なものや長く使うものの購入は避けましょう。

16（金）▽
午前中は、いい勢いで仕事を進められたり、満足できる結果も出せそうです。午後からは、誘惑に負けてしまったり、ボーッとしている姿やサボっているところを上司に見られてしまいそうなので気をつけましょう。

17（土）▼
軽はずみな行動に要注意。他人のことを考えずに決断すると、後悔することになるので気をつけて。相手の立場をもっと想像してみれば、問題は起きないでしょう。自分の知っていることだけが事実ではないことを忘れないで。

18（日）×
ひとりの時間を邪魔されたり、計画通りに進まないことが多い日。イライラしないで、流れに身を任せるようにしてみましょう。視野を広げることができ、「自分の考えだけが正しい」とは思わなくなりそうです。

19（月）▲
身の回りをきれいにすることで、運気の流れがよくなります。不要なものや使わないものを処分して、身の回りをきちんと整理整頓しましょう。置きっぱなしの幼稚なものがあるなら、今日を機会に、処分してしまいましょう。

20（火）＝
行動力が必要になる日。気になったことは思い切って挑戦してみるといいですが、失敗やうまくいかないことからも学ぶ気持ちを忘れないように。「何も挑戦しないことのほうが大きな失敗だ」と肝に銘じておきましょう。

21（水）＝
今日は、同じことを繰り返しじっくりやることで、コツをつかめたり上達できたりするでしょう。簡単に諦めないで、「何事も時間がかかるもの」と思っておきましょう。

22（木）□
「この服は似合わない」「この色は似合わない」と思い込んでいるものを、試しに身につけてみるといいでしょう。昔と違ってしっくりきたり、イメージが変わる場合もありそうです。仕事でも、「これは苦手」と決めつけて避けないように。

23（金）■
焦ったり油断すると些細なケガをしそうなので、のんびりする時間をつくるよう心がけておきましょう。また、体調に少しでも異変を感じたら、早退して病院に行くことが大事です。

24（土）●
友人から急に遊びに誘われるなど、予定が変更になりそうな日。目立つのはいいですが、調子に乗りすぎないように気をつけましょう。とくに発言には気をつけておくように。

25（日）△
遊ぶなら、本気で遊んだほうがいい日。何事も真剣に取り組んでみると、苦手だと思っていたことでも楽しめそうです。仲間を集めてホームパーティーを開くのもオススメ。ただし、お皿やコップを割らないように注意して楽しみましょう。

26（月）＝
自分が成長できていなくても、周囲はドンドン成長して変わっていることを忘れないように。昔のままのテンションで知り合いに話しかけると、ガッカリする流れになることがありそうです。

27（火）＝
今日は、行動を優先させることが大切です。結果を想像するよりも、まずはやれることをできるだけやっておきましょう。自分の気持ちに素直になることで、人の気持ちをつかむこともできるでしょう。

28（水）▽
日中は、些細なことでも積極的に行動すると、いい結果がついてきそう。夕方あたりからは、事務作業や雑用、片付けに時間を費やすといいでしょう。

29（木）▼
過去のことばかり考えないで、明日や未来のことをもっと考えてみるといい日。何事も「あの出来事があったから、いまの幸せがある」と思うようにするといいでしょう。後悔や執着を手放すと、ひとつ成長できるものです。

30（金）×
意見の合わない人や、なんでも否定してくる人と一緒になってしまうことがありそう。言われたことを聞き流すのもいいですが、ポジティブに変換して受け止めるようにすると、学びにつながるでしょう。

☆ 開運の日　◎ 幸運の日　● 解放の日　○ チャレンジの日　□ 健康管理の日　△ 準備の日　▽ ブレーキの日
■ リフレッシュの日　▲ 整理の日　× 裏運気の日　▼ 乱気の日　＝ 運気の影響がない日

7月

2023

× 裏運気の月

総合運

やる気が湧かない月 あえてその流れに乗ってみて

目の前のことに集中できなくなり、誘惑に負けてしまってやる気が湧かない感じになりそうです。また、好きなことを手放したくなったり、飽きてしまうことも。ワガママな発言や身勝手な行動が原因で人間関係が気まずくなることもあるので、自分中心に物事を考えすぎないようにしましょう。流れに逆らうよりも「あえて流れに乗る」ことで、視野が広がり考え方を変えるきっかけをつかめそうです。何事からも学ぶ気持ちを忘れないように。

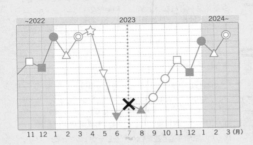

恋愛&結婚運

一度好きになると相手を強く思うタイプですが、今月は「なんで好きなんだろう？」と気持ちが離れたり、恋の熱が冷めてしまいそうです。逆に、まったくタイプではない人に興味が湧いて、無謀な行動に突っ走る場合も。後悔する可能性があるので、ノリや勢いだけの恋には注意しましょう。新しい出会いは期待が薄い時期のため、自分磨きや異性の観察をする月にしておきましょう。結婚運は、結婚に対してのテンションが上がらなくなりそうです。

仕事運

仕事に対する不満が出てくるというよりも、繰り返しの日々や変化のない状況に飽きてしまったり、やる気がなかなか出なくなりそうな時期。集中力が低下するため、うっかりミスや誤解、見当違いが増えてしまうことも。与えられた仕事や役割をしっかり果たすようにしましょう。チームワークを大切にするといいので、素直に周囲に甘えたり頭を下げてお願いをすることも大事です。感謝の気持ちがないと、つらい気持ちでいっぱいになってしまいます。

金運&買い物運

散財しそうな時期。普段なら「必要ない」と判断できることに、パーッとお金を使いたくなったり、勢いで出費してしまうことも。特にお酒を飲んだときに財布のヒモが緩くなってしまうので、お店だけでなくネットでの買い物にも注意しましょう。サブスクなど不要な契約をしてしまう場合もあるため、今月はお金にシビアになりましょう。投資にも危険が伴う時期です。一瞬いい結果が出ても長くは続かないので、過度に期待しないように。

美容&健康運

大きな体調の崩れは少ない時期ですが、油断して暴飲暴食をすると、急激に太ったり体型が崩れてしまうことがあるので要注意。かといって、急に激しいスポーツをはじめるのもオススメできません。ケガをしない程度に、家でできる軽い運動や柔軟体操をするといいでしょう。美意識を高めるのはいいですが、無駄に高いものを購入したり、エステで高額な契約をして後悔することがあるので気をつけましょう。

開運のつぶやき ▶ 運がいい人は、些細なことで不機嫌にならない。

1 土	▲	足元に余計なものを置いていると、ケガの原因になるので片付けましょう。また、エアコンや扇風機などをきれいにしたり、季節外れのものはクローゼットにしまっておきましょう。
2 日	=	ふだんと違う行動に走りやすい日。視野を広げることができるので、自分の気持ちに素直になって行動してみましょう。気になったものを、飲んだり食べたりしてみるのもいいでしょう。話のネタになる経験も得られそうです。
3 月	=	助けてほしいと思うなら、先に誰かを助けましょう。「困ったときはお互いさま」を忘れないことが大切です。小さなことでもいいので、自分ができることをやっておきましょう。
4 火	□	自分よりも優れていると思う人がいるなら、素直にほめて認めるといい日。相手のいい部分を絶賛できるようになると、あなたの才能や魅力を見つけてくれる人も現れるでしょう。
5 水	■	日中は勢いで仕事を進められますが、夕方以降は夏の疲れを感じて、集中力が続かなくなりそうです。無理せず早めに帰宅して、好きな音楽でも聴きながら、家でのんびりしてみて。
6 木	●	不思議と注目されたり、タイプではない人から好かれてしまうことがある日。自然にしているだけで目立ってしまいそうな運気なので、いつもよりていねいに行動するよう心がけましょう。
7 金	△	ドジをしやすい日ですが、それは自分の不注意なだけ。ヘコまないでしっかり反省し、同じことを繰り返さないようにしましょう。異性に心を乱されることもありそうなので、衝動に流されたり、結論を急がないようにしましょう。
8 土	○	家族や親友からの助言を大切にしましょう。耳の痛いことを言われて無視していると、いつまでも同じような失敗を繰り返したり、自ら成長を止めてしまいます。「ハッキリ言ってくれるやさしさもある」ことを忘れないように。
9 日	○	異性と仲よくなれる日。意外な人から誘いがありそう。ふだんは行かないようなイベントでデートをしてみると、関係が進展するでしょう。また、「高嶺の花」と思う人といい関係になれる場合も。勇気を出して連絡してみるといいでしょう。
10 月	▽	午前中は頭の回転が速くなるので、テキパキ動くといい結果につながりそう。ただ、午後からは誘惑に負けたり、集中力が途切れてしまうかも。コーヒーやお茶を飲んでゆっくりする時間をつくり、リフレッシュするとよさそうです。
11 火	▼	自分の生き方を貫くより、上手に流されたほうがいい日。余計な発言は面倒なことを引き寄せます。今日は自分の考えを通すよりも、相手の意見をしっかり聞くことを心がけましょう。
12 水	✕	周囲の言葉に心が乱されてしまいそう。「適当なことを言う人や、知らないことでも平気で話す人は多いもの」と思って、小さなことは気にしないようにしましょう。
13 木	▲	執着していることを手放すといい日。覚悟を決めて、ものを処分したり気持ちを切り替えることで、一気に楽になりそうです。「この先も長く付き合いたい」と思えない相手とは、関係に区切りをつけておくといいでしょう。
14 金	=	人に道を譲ったり、学んできたことを伝えてみるといい日。「与えることは、何かを失うのではなく、たくさんのものを得られる」と知ることができるでしょう。小さなことでもいいので、相手の笑顔につながる行動をしてみましょう。
15 土	=	お世話になっている人にご馳走したり、飲み物やお菓子をプレゼントするといいでしょう。よい関係を築けそうです。自分のためだけでなく、ほかの人のためにお金を使ってみましょう。
16 日	□	本を買って、じっくり読んでみるといい日。ビジネス書、お金や投資の本など、ふだん読まない本に目がいったときは、購入してみるといいでしょう。読むだけでなく、実際に行動に移すことも大切です。
17 月	■	イライラを感じるときは、疲れの蓄積が原因かも。スパやマッサージのような、体を整えることに時間を使うといいでしょう。フルーツなど、ビタミンが豊富な食材もしっかりとって。
18 火	●	やさしくしてくれた人には、やさしく接するようにしましょう。相手の親切を受けるばかりではなく、些細なことでも、お返しをする気持ちを忘れないで。
19 水	△	何事も楽しむ気持ちが大切な日。難しく考えたり、「無理だ」と思わずに、楽な気持ちで物事に取り組んでみて。笑顔や愛嬌を忘れなければ、いい人間関係も築けるでしょう。ただし、うっかりミスや忘れ物をしやすいので気をつけて。
20 木	○	過ぎたことをいつまでも考えていてもしかたありません。「過去のおかげでいまがある」と思って、どんな思い出もプラスに変換しましょう。反省しても、それを活かせないなら、余計な反省はしないように。
21 金	○	仕事で思った以上の結果を出せそうですが、運や、周りの人が助けてくれたおかげだと肝に銘じましょう。周囲の協力に感謝せず、「自分の実力だ」と思い込んでしまうと、のちに苦労することになるでしょう。
22 土	▽	日中は、ひとりの時間を楽しめそうですが、夕方あたりから友人や知人、家族に予定を乱されてしまうかも。自分の用事は早めに片付けておくといいでしょう。
23 日	▼	疲れがピークに達して、油断するとそのまま体調を崩してしまうかも。今日は、長時間暑い場所にいないように。体を休ませて、水分補給もしっかりしましょう。エアコンのききすぎにも気をつけて。
24 月	✕	小さなウソが面倒なことを引き寄せてしまう。余計なことは言わないようにしましょう。言いすぎたり、相手に誤解されていると感じたときは、間違った意味で伝わっていないか確認し、訂正しておきましょう。
25 火	▲	余計なことを考えずに行動していれば、問題はありません。今日は、不要なものを片付けたり、身近な場所をきれいに整理整頓しましょう。ただし、大事なものまで間違えて処分してしまわないように注意すること。
26 水	=	ゆっくりじっくり進めるのが得意なタイプですが、いつもより少し早めに取りかかるだけで、評価が上がったりほめられたりしそうです。何事も、予定より5分以上前にはじめておきましょう。
27 木	=	いつもなら簡単にできる作業に手間取ってしまうなど、思い通りに進みにくい日。少し贅沢なランチをしたり、おいしいスイーツを食べると、気持ちが落ち着いて、徐々に前向きな気持ちになれそうです。
28 金	□	些細なことでもかまわないので、お願いをして手伝ってもらうといい日。上手に甘える練習をしておくと、恋愛でも役立ちそうです。気になる人には、笑顔でお願いしてみましょう。
29 土	■	あいまいな関係には白黒ハッキリつけるといい日。幼稚な趣味のものも、一気に処分しましょう。決断して取り組んだあとは精神的にも肉体的にも疲れやすいので、今日は早めに就寝しましょう。
30 日	●	好きなことに時間を使えそうな日。スマホを置いて体を動かしたり、気になるイベントやライブに行ってみるといいでしょう。ラジオを聞くと、いい情報が手に入りそうです。
31 月	△	うっかり相手の名前を間違えたり、連絡ミスをするなど、気をつけていれば避けられるようなミスをしそうです。これまで以上に、確認作業をしっかりするよう心がけましょう。

☆ 開運の日　● 幸運の日　● 解放の日　○ チャレンジの日　□ 健康管理の日　△ 準備の日　▽ ブレーキの日
■ リフレッシュの日　▲ 整理の日　✕ 裏運気の日　= 乱気の日　= 運気の影響がない日

8月

2023

▲ 整理の月

1. 過去を言い訳にしない
2. 不要なものは処分する
3. 諦めも肝心

総合運 区切りをつけて前進する時期
いい意味で吹っ切れそう

区切りをつけることで前に進める時期。過去に執着したり、何かと言い訳をして挑戦を避けることが多いタイプですが、今月は気持ちが自然と切り替わり、いい意味で吹っ切れそうです。苦手な人と距離ができることや、相手から離れていくこともあるでしょう。身の回りに不要なものがあれば処分しておくといいでしょう。6〜7月に新しくはじめたことや、はじめて出会った人とは、距離があいたり縁が切れてしまうことがありそうです。

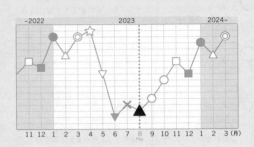

恋愛＆結婚運

自分の思いのままに突っ走ると、失恋したり相手から距離をおかれてしまう可能性が高まります。中旬までは様子をうかがったり、自分磨きに時間を使うといいでしょう。話のネタに困らないように、情報を集めておくのもオススメです。ネットの情報ではなく、本を読んだり、体験談を話せるようなものがいいでしょう。失恋した者同士を集めて話をすると、突然恋に火がつくことも。結婚運は、些細なことで恋人とケンカになりやすいので要注意。

仕事運

気持ちが吹っ切れたり、いい意味で開き直ることができる時期。「乱気の月」「裏運気の月」は、試練が訪れることや、自分の弱点や欠点を突っ込まれることが多かったはずですが、この時期を乗り越えると気持ちが晴れて前に進むきっかけがつかめます。無駄なこだわりや、間違った考え方をあらためることもできるでしょう。下旬には、職場の人間関係が改善したり、苦手と思っていた人と距離があいて気持ちが楽になることもありそうです。

金運＆買い物運

ネットオークションやフリマアプリで不要なものを売ってみると、思ったよりも高値で売れそうです。昔の趣味のものや、置きっぱなしになっているものを売りに出してみるといいでしょう。今月買ったものは、すぐに失くしたり壊れてしまうことが多いので、高価なものは来月以降に購入したほうがよさそうです。投資は、ポイントを使った投資などリスクが低いものを少しだけ行うにはいいですが、高額なものは避けましょう。

美容＆健康運

ダイエットを開始するにはいいタイミング。生活習慣を見直して、食事のバランスや量を変えてみましょう。夜更かしをしないことも大切です。運動を始める場合は、最初からハードな内容にしないように。3日間続けられれば、その後も長く続けることができそうです。日焼けで肌を傷めないよう日傘を持ち歩いたり、暑さで夏バテをしないように胃腸によさそうな食事を心がけておきましょう。

365日開運アドバイス

ゲッターズ飯田からの
365日開運アドバイスを収録。
毎朝チェックして！

▽ ★★★
7 (水)
挑戦したいと思っていることがあるなら、思い切って行動に
いい結果につながりそうです。

▼ ×××
8 (木)
周囲の人と楽しく話をするのはいいですが、余計なことを言ったり、
しょう。今日は聞き役に回るようにして、質問上手を目指しましょう。

× ××
(金)
自分の想像と違ったからといって、イライラしないように、
ようにしましょう。

運気グラフ

月ごとの開運3カ条も掲載！
「年間運気グラフ」で
その月の運勢が直感的にわかる！

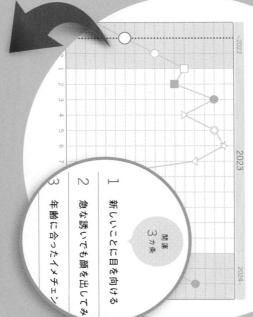

○ チャレンジの月

開運
3カ条

1 新しいことに目を向ける
2 急な誘いでも顔を出してみる
3 年齢に合ったイメチェン

1火	○	不要なものをネットで売ってみると、思った以上にいい値段になることがありそうです。周囲に詳しい人がいれば、コツややり方を聞いてみるといいでしょう。長い間なんとなく使っているものを処分するにもいい日です。
2水	○	「何かを得ている人は、必ず何かを失っている」ということを忘れずに。失うことを過度に恐れないようにしましょう。マイナスな点に注目しないで、そこから得たことに目を向けてみて。
3木	▽	ダラダラ過ごすと、一気に疲れが出てくる日。日中は、思い切って忙しくするほうがやる気が出るでしょう。夜は、ゆっくりお風呂に入って、リラックスする時間をつくるのがオススメです。
4金	▼	自分の満足だけに走ると、周りの人を悲しませたり、気まずい感じになってしまいそう。相手や周囲のことを、もっと考えて行動するといいでしょう。
5土	×	空回りしやすい日。周囲と噛み合わず、自分の考えがうまく伝わらないことがありそうです。相手が理解できる言葉を選ぶよう心がけることが大事です。今日は、「ありがとう」を口癖にしてみるといいでしょう。
6日	▲	身の回りを掃除したり片付けるといい日ですが、手が滑って食器を割ってしまうようなことがあるかも。不思議と機械が故障したり、調子が悪くなる場合も。ものが壊れたら、「買い替えの時期がきた」と思うようにしましょう。
7月	＝	新しいことを任されたり、不慣れなことや未経験の出来事が増える日。新しい出来事に遭遇するのは、運気の流れがいい証です。変化がない場合は、自ら新しいことに挑戦してみましょう。
8火	＝	今日はゆっくりでもかまわないので、自分の成長につながることに挑戦するといいでしょう。うまくいかない場合は、その原因を探り、自分の苦手なことを分析してみましょう。やってもいないのに「無理だ」と決めないように。
9水	□	明るい未来を想像するといい日。希望や夢を忘れないことは大切ですが、現実的で具体的なものなのか、冷静に判断してみましょう。夜は疲れやすく、何をやっても中途半端になりやすいので早めに寝ましょう。
10木	■	夏の疲れが出てしまいそう。冷たいものの飲みすぎには気をつけ、胃腸によさそうなものを食べておきましょう。暑さ対策をしっかりしてから出かけないと、後悔することになりそうです。
11金	●	気になる人に連絡してみるといい日。急な進展はありませんが、メッセージを送ることで、相手があなたのことを思い出してくれる場合もありそうです。オススメの映画などを聞いてみるといいでしょう。
12土	△	忘れ物や判断ミスをしやすい日。出かける前によく確認しないと、家に取りに帰るなど無駄な時間を過ごしてしまいそう。無駄に出費したり、周囲にも迷惑をかけやすいので気をつけましょう。
13日	○	自分磨きをすることで恋愛運がアップする日。服や靴を購入するときは、気になる人の好みを意識して。髪を切るなら、いつもと同じ髪型ではなく、流行りの髪型にしてみましょう。
14月	○	1か月の出費がどのくらいか、計算しておくといい日。不要なサブスクを解約するなど、削れる固定費がないか調べてみましょう。課金や間食など、冷静に考えたら無駄遣いだと思う出費はなくすように。
15火	▽	日中は順調に進みますが、夕方以降は夏の疲れがドッと出てきそうです。体の不調も現れてしまうかも。予想外の出来事もあるので、慎重に行動するよう心がけましょう。

16水	▼	別れや、何かを手放すことになる日。心のどこかで合わないと感じていた人と距離があいたり、短い付き合いの人とケンカになってしまうかも。趣味のものに急に飽きて、やめてしまうこともありそうです。
17木	×	不平不満を簡単に口に出すと、ウワサが広まり面倒なことの原因になります。さらに周囲から、自分には関係ない問題を押しつけられてしまうことも。
18金	▲	問題が解決するというよりも、いい意味で諦めることができたり、距離をとれるようになりそうです。「何事も、執着することが不幸や不運のはじまり」だと覚えておきましょう。手放すことを恐れないように。
19土	＝	外出先で素敵な人に会えそうな日。店員さんの動きや言葉遣いなどをよく観察してみると、見習うべきところを見つけられそうです。おもしろい人や、サービス精神が旺盛な人に出会えることもあるでしょう。
20日	＝	朝からダラダラすると、1日を無駄にしてしまうだけ。早い時間帯から、掃除や買い物など、目の前の用事をドンドン片付けるようにするといいでしょう。購入したまま読んでいない本を読むのもオススメです。
21月	□	柔軟な考え方ができるよう訓練するといい日。何事もポジティブに考え、前向きに受け取ってみましょう。過去のすべてを「いい経験」に変換することも大切です。
22火	■	油断していると、暑さで体調を崩したり、エアコンの冷気でのどの調子を悪くしそうな日。食欲がなくなることもあるので要注意。温かい飲み物を飲んで、ゆっくりする時間をつくっておきましょう。
23水	●	あなたの意見や考えに注目が集まる日。躊躇せずに、積極的に意見してみるといいでしょう。よい反応が返ってきたり、アイデアを受け入れてもらえそうです。臆病や意固地にならないで、まずは行動に移してみましょう。
24木	△	小さなミスをしやすい日。「何も問題ない」と思い込んでいると、のちに今日の失敗を突っ込まれることがあるので、最終確認を忘れずに。買い物で不要なものを購入しやすいため、ネットショッピングや課金に気をつけて。
25金	○	計画をしっかり立てるといい日。ふだん無駄なことに時間を使っていないか、見直しましょう。仕事運もいい運気なので、真剣に取り組むと、あなたの実力を評価してくれる人が現れるでしょう。
26土	○	日ごろお世話になっている人にプレゼントを贈ったり、後輩や部下に食事をご馳走するといいでしょう。少額のものでもかまわないので、気持ちを表してみるといい1日になりそうです。
27日	▽	日中は、大きな問題もなく平和に過ごせそう。日用品や食品などの買い物は、午前中に済ませておくといいでしょう。夜は急な予定変更で、予想外の出費をしたり、振り回されてしまうことがあるかも。
28月	▼	流れに身を任せることが大事な日。無理に逆らったり、新しいことに挑戦しないようにしましょう。縁が薄い物事からは離れる感じがあるので、執着しないこと。
29火	×	ひとりで突き進むのは、トラブルのもとになるので気をつけて。自分の思惑通りに物事が進まないときは、「これが当たり前」だと思うこと。そうすれば、無駄にイライラすることなく過ごせるでしょう。
30水	▲	数字やお金、日付などのチェックはしっかり行うようにしましょう。計算ミスで、やり直しになったり、無駄な時間を過ごすハメになりそうです。身の回りが散らかっているとミスしやすいため、片付けておきましょう。
31木	○	「毎日同じことの繰り返しだ」と思うなら、イメチェンや、生活リズムを変えるなどして、変化を楽しんでみましょう。ふだん通らない道を使ったり、最近行っていないお店に顔を出すのもオススメです。

☆ 開運の日　◎ 幸運の日　● 解放の日　○ チャレンジの日　□ 健康管理の日　△ 準備の日　▽ ブレーキの日
■ リフレッシュの日　▲ 整理の日　× 裏運気の日　▼ 乱気の日　＝ 運気の影響がない日

2023 9月

○ チャレンジの月

開運 3 カ条

1. 新しい生活習慣を身につける
2. 興味のあることは即行動する
3. 新たな出会いを求めて動く

総合運
**本領発揮の時期に突入
何事も全力で取り組んで**

「幸運の年」なのに運気のよさを実感できていなかった人も、今月からはやる気が出たり、興味が持てることを見つけて行動的になれそうです。いよいよ本領発揮の時期に入るので、持っている力を出しきるつもりで何事も全力で取り組みましょう。新しいことに積極的に挑戦すると新たな道も切り開けます。環境を変えるために引っ越しをするにもいいタイミング。新たな仲間や友人もできる時期なので、付き合いの場や人の集まりには参加しましょう。

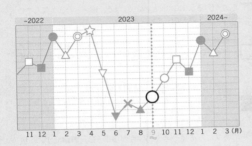

恋愛&結婚運

一度好きになると思い続けるタイプですが、昔の恋人からの連絡をいつまでも待っていないで新しい人に目を向けるようにしましょう。イメチェンしたり、フットワークを軽くしておくといいでしょう。これまでとは違うタイプの相手を好きになることや、好意を寄せてくれる人との出会いもありそうです。「無理」と決めつけないで、「ここからモテ期」と思っておくこと。結婚運は、夏に微妙な雰囲気になったカップルも今月は前向きな話ができそうです。

仕事運

あなたの能力や才能を認めてくれる人が現れたり、大事なポジションを任せてもらえそうです。信頼される時期でもあるので、手を抜かず、目の前のことに一生懸命に取り組んでみるといいでしょう。新しい仕事にも臆病にならないこと。「新規の仕事はいい流れの証」だと思って頑張りましょう。職場や仕事関係者とのポジティブな付き合いも大事になる時期。相手からの誘いを待っていないで、あなたから誘ってみるといい関係に発展しそうです。

金運&買い物運

今月は、買い替えをするにはいい運気です。長く使って古くなっているものがあるなら、思いきって最新のものを購入してみるといいでしょう。家電を買う場合は、最新の情報を調べたり、値段を比べて検討を。引っ越しにもいいタイミングのため、決断してもいいでしょう。家やマンション、土地の購入にもいい時期です。投資は、今月から新しいものをはじめてみると結果につながりやすいので、思いきって挑戦してみるといいでしょう。

美容&健康運

健康的な体作りを真剣に考えるといい時期。基礎体力をつけるために、軽い運動やスポーツをはじめてみましょう。家でできる筋トレやストレッチなどを習慣にするのもいいでしょう。「○曜日は運動の日」と決めて、朝からウォーキングやジョギングをするのもオススメです。美意識を高めるにもいい運気なので、髪をいつもより短くしたり、新しい美容院で思いきったイメチェンをしてみると評判も上がりそうです。

開運のつぶやき　行動しなければ、得ることも掴むこともできない。

1 金 ○
なんとなく避けていることに挑戦するといい日。あまり交流がない人と話したり、食事に誘ってみると、いい発見がありそうです。苦手と勝手に決めつけないで、相手の素敵な部分を探してみましょう。

2 土 □
ひとりの時間が自然と増えてしまうタイプですが、今日は視野を広げるためにも、友人や知人に連絡をして会ってみるといいでしょう。相手の趣味に合わせたり、最近ハマっていることを教えてもらうといいでしょう。

3 日 ■
予定を詰め込みすぎると、疲れがたまって体調を崩してしまいます。できれば自宅で何もせず、好きな音楽を聴くなどして、ゆっくり休むといいでしょう。温泉やスパに行って、のんびりした時間を過ごすのもオススメです。

4 月 ●
運を味方につけられる日。流れに身を任せて問題ありませんが、積極的に行動すると、いい出会いや大事な体験が待っていそう。何か注意を受けても、自分の行動や判断に問題があると教えてもらえたと、プラスに受け止めて。

5 火 △
小さなミスが増えそうな日。今日は、失言や忘れ物、遅刻をしやすいので気をつけましょう。あとになってミスが判明する場合もあるため、最終チェックはしっかりするように。

6 水 ◎
あなたに協力してくれる人や、やさしくしてくれる人の存在を忘れないように。これまで支えてくれたり、成長を見守ってくれた人に感謝して、その人のためにも頑張りましょう。

7 木 ☆
いい仕事ができて、結果も出せる日。何事も、いつも以上に真剣に取り組むと、評価されたり、信頼されるようになるでしょう。頑張ったご褒美に買い物をするにもいい日です。

8 金 ▽
日中は、周囲の協力で物事が順調に進むでしょう。問題をうまく解決してもらえることもありそうです。夕方からは、あなたが人を助けるようにしたり、自分のできることで周りの人を笑顔にさせるよう努めてみましょう。

9 土 ▼
相手の立場や状況を考えずに余計な一言を発して、気まずい空気になったり、関係を悪くすることがあるかも。言葉足らずな発言が、順調だった恋にブレーキをかけてしまうことも。今日は言動に気をつけましょう。

10 日 ✕
些細なことでイライラしやすい日。「自分の考えや生き方だけが正しい」と思わないで、相手にも立場や事情があることをもっと想像しましょう。「自分が相手だったら」と考えてみると、イライラすることもなくなりそうです。

11 月 ▲
職場の整理整頓や、仕事道具の手入れをしっかりするといい日。朝から片付けをすると、自然と仕事へのやる気がアップしそう。物事を整理することで、今後の課題が見えてくる場合もあるでしょう。

12 火 ○
相手の出方を待っているだけでは、前には進めないでしょう。学びや成長のためにも、自ら動くことが大切です。恋も同様に、気になる人には自分からきっかけをつくってアプローチしましょう。

13 水 ○
なんでもひとりでやろうとするより、協力者を見つけることが大事。面倒なことや苦労もありますが、学びのほうが多く、自分の能力アップにもつながります。他人を認めることで、自分も楽になるでしょう。

14 木 □
「ほかの座」の人よりも思い込みが激しいタイプですが、どうせ思い込むなら「自分は運がいい!」と思ってみるといいでしょう。意志が強いぶん、本当に運がよくなります。マイナスな思い込みや、不要な心配をしないようにしましょう。

15 金 ■
無理に頑張りすぎると疲れが残ったり、体調を崩すことがありそう。こまめな休憩や、ゆっくり休む時間をつくることを心がけましょう。夜の付き合いも、疲れを感じるなら断ったほうがよさそうです。

16 土 ●
ただの知り合いと思っていた人とデートすることになったり、好意を伝えられることがありそう。評判がいい人なら、勢いで交際をはじめてみてもいいでしょう。イメチェンするとモテる運気なので、サロンなどに行くのもオススメ。

17 日 △
ひとりでいるほうが楽かもしれませんが、今日は誰かとしっかり遊ぶことで、運気がよくなる日です。「どんな遊びにも学べることがある」と考えて、知恵をしぼって工夫してみて。のちの自分に役立つ経験になるでしょう。

18 月 ◎
しばらく行っていない場所を訪れると、当時頑張っていたことを思い出したり、懐かしい人と偶然再会することがあるかも。忘れていたことに気づけたり、やる気に火がつくことも。友人との縁も感じる日になりそうです。

19 火 ☆
いつも通りに仕事をしているだけで評価されたり、うれしい結果が出そうな日。気合を入れて目の前のことに取り組んでみると、より大きな成果が期待できるでしょう。行動次第では、運命の流れを変えることもできます。

20 水 ▽
明るい未来につながる努力ほど、おもしろいことはないもの。日々そういう積み重ねができているのか、想像してから頑張るようにしましょう。「人生は、筋トレやダイエットと同じで積み重ねが大事」だと忘れずに。

21 木 ▼
空回りしたり、予定通りに物事が進まない日。順調だと思うときほど、タイミングがズレることや、噛み合わないことがありそうです。何事も早めに準備して、ゆとりをもって行動しておくといいでしょう。

22 金 ✕
嫌な思い出があると避けてしまうタイプですが、今日はあえて「ハズレだ」と思ったお店に行ってみたり、苦手な人と遊んでみるといいでしょう。予想よりもよく、いい思い出として上書きできそうです。

23 土 ▲
不要なものを処分するにはいい日。年齢に見合わない幼稚なものや、頭の片隅にある昔の恋人からのプレゼントは、執着せずにドンドン捨てると気持ちがスッキリするでしょう。学生時代のものも処分しましょう。

24 日 ○
季節や年齢に見合わないものを片付けながら、部屋の模様替えもするといい日。何年も使っているものは、思い切って買い替えましょう。カーテンやラグ、壁紙を変えてみるのもオススメです。

25 月 ○
生活リズムを変えてみるといい日。ふだんとは違う時間に仕事をはじめたり、使う道や乗る電車の時間を変えてみるのもオススメ。人との縁や、運の流れが変化するのを楽しめそうです。

26 火 □
一度できたサイクルを変化させることが難しいタイプですが、連絡が途切れたままの人がいるなら、今日連絡してみて。切れた縁がつながってきそうです。

27 水 ■
疲れを感じやすい日。無理をせず、あいた時間はストレス発散のために軽い運動をしましょう。夜は恋愛運がいいので、気になる人がいるなら連絡してみて。週末に遊ぶ約束をとりつけるのもいいでしょう。

28 木 ●
急にほめられたり、大事な仕事を任されることがありそう。びっくりしてチャンスを逃したり、遠慮しないように。「押しつけられた」などと思わずに、「今日は求められる日だ」と前向きにとらえるようにしましょう。

29 金 △
真面目に取り組むのはいいですが、遊び心も大切。周囲が笑顔になることに力を入れたり、自分も周囲も楽しめることを考えて行動してみましょう。自分がおもしろいと思っていることを周りに教えると、楽しんでもらえそう。

30 土 ◎
しばらく遊んでいない友人や、少し気になっている人に連絡をしてみるといい日。食事に行くことになったり、遊ぶ予定ができたりしそう。ちょっと贅沢をして、「大人の雰囲気」がある場所に行くと、いい思い出ができるでしょう。

☆ 開運の日　◎ 幸運の日　● 解放の日　○ チャレンジの日　□ 健康管理の日　△ 準備の日　▽ ブレーキの日
■ リフレッシュの日　▲ 整理の日　✕ 裏運気の日　▼ 乱気の日　＝ 運気の影響がない日

10月 2023

○ チャレンジの月

総合運 — 新しい流れに乗ってみて 人脈を作るための行動も大事

新しい流れに乗ることで人生が変わりはじめる時期。未経験のことや不慣れなことに臆病にならないで、すぐに行動に移すことが大切です。何事もスローペースで進めるタイプですが、気になることを見つけたりおもしろそうな情報を入手したら、思いきって飛び込んでみましょう。新たな人脈を作るための行動も大事。環境や生活リズムを変えるにもいい運気なので、引っ越しやイメチェン、習い事をはじめるのもオススメです。

恋愛＆結婚運

先月と今月に出会った人とはいい関係に発展しやすいので、気になる相手がいるならこまめに連絡したり遊びに誘ってみましょう。相手の出方を待っていても何も変わりません。「これまでとは違う感じの恋愛にする」と覚悟をしておきましょう。年齢や流行に合わせて服装や髪型を変えてみるなど、今までと違う雰囲気にすることも大切です。結婚運は、上半期に一度話が盛り上がったカップルは、年末の入籍を目指して具体的な話を進めるといいでしょう。

仕事運

新しい仕事を任されたり、部署やポジションに変化がある時期。変化があるのはいい流れに乗っている証拠なので、勝手にマイナスに受け止めないように。これまで学んできたことを後輩や部下に教えたり、育成を任される場合もありそうです。苦手と思わずにゆっくりと丁寧に伝えてみましょう。仕事の目標やリズムを変えるのもいいので、将来どこまで出世したいか、どんな仕事をやりたいのかを想像して、今からできる努力をはじめましょう。

金運＆買い物運

自己投資をするといい時期。勉強や資格取得、スキルアップのためにお金を使うようにしましょう。特に今月から、気になるスクールや通信教育、習い事をはじめるのがオススメです。買い物では、最新の家電や新発売の商品を探してみるのがいいでしょう。はじめて行くお店で、いいものを見つけられそうです。投資は、新銘柄やこれまで手を出していないものを少額からでもいいのではじめるといいでしょう。

美容＆健康運

筋トレやダイエットをスタートするにはいい時期。目標だけでなく、達成する期限も決めておくことが大切です。数年かけて結果を出すくらいのゆったりとしたペースがオススメなので、まずは間食やジュースを控えるようにするのがいいでしょう。就寝時間も普段より1時間早くしてみて。美意識を高めるのもいいので、理想とする体型のモデルの写真を飾ったり、定期的に体重計に乗ってスタイルを確認するようにしましょう。

1日	☆	買い物をするにはいい日。服の系統を変えたり、ふだんとは違うショップに入ってみるのがオススメ。髪を切るにも適した日なので、気になっていた美容院に行って、思い切ったイメチェンをしてみるといいでしょう。
2月	▽	午前中に終わりそうな仕事や用事は、早めに手をつけて片付けておきましょう。午後からは、ペースをゆっくりにしたり、ゆとりをもって行動するのがオススメ。急な仕事を任されることや、突然忙しくなることがあります。
3火	▼	過去の失敗や失言を突っ込まれるなどして、モヤモヤした気持ちになりそう。ひとりの時間を大事にするようにしましょう。好きな音楽を聴いて、のんびりする時間をつくるといいでしょう。
4水	✕	油断しているとあなたの手柄を横取りされたり、邪魔をされることがありそう。今日は、邪心のある人が見えるときなので、今後の付き合いや距離のとり方を考えるきっかけにしましょう。
5木	▲	不用品や使わないものを処分することが大切な日。仕事への集中を妨げるものは、目の前に置かないように。無駄な時間を費やしているアプリなども、消去するようにしましょう。
6金	○	新しい仕事を任されたり、のちにポジションが変わる話があるなど、変化の流れがやってきそう。現状維持を考えるよりも、流れに乗ったほうがいいでしょう。自ら志願して変化を求めるにもいい日です。
7土	○	新たな知識を得られる日。美術館やイベントのほか、本屋さんで偶然手にした本からも大切なことが学べそうです。視野を広げられそうなものや、これまでは食わず嫌いしていたジャンルの本を選んでみるといいでしょう。
8日	□	一度決めたルールを変えることが苦手なタイプですが、今日はいつもと違う過ごし方をしてみるといいでしょう。少しでも気になった映画やライブ、イベントがあるなら、足を運んでみましょう。
9月	■	ストレス発散のために軽い運動をするなど、健康的に過ごすといい日。リラックスできる入浴剤などを使ってみるのもいいでしょう。好きな音楽を聴いて、ゆっくりする時間をつくるのもオススメです。
10火	●	周囲から頼りにされる日。思っている以上にあなたの能力を認めてくれる人や、求めてくれる人が現れそう。ケチケチしないで、いまの力を出し切ってみるといいでしょう。自分が教えられることも伝えてみましょう。
11水	△	人の話を最後までしっかり聞いて、柔軟な対応や、機転のきいた行動をとるように意識することが大事な日。適当な返事をしていると、信用を失う原因になります。心が疲れ、吸収力も対応力も鈍くなってしまうので気をつけましょう。
12木	◎	「苦労してよかった」と思えることが起きたり、「人生に無駄はない」と実感できることがありそう。厳しく指導してくれた人、成長を見守ってくれた人や親への感謝を忘れないようにしましょう。
13金	☆	運命的な出会いや、考え方を変えるきっかけとなる出来事があるでしょう。大きな決断をするにもいい日なので、今後のことを考えて、買い物や契約をするのもオススメです。
14土	▽	満足できる1日を過ごせそうな運気。気になる人がいるならランチデートに誘ってみるといいでしょう。夜は、誘惑に流されて、余計な出費が増えてしまうかも。
15日	▼	急に予定が変わったり、ドタキャンされたりして、無駄な時間を過ごしてしまいそう。あなたが寝坊して、相手に迷惑をかけてしまうこともあるので要注意。また、慌ててケガをすることのないように気をつけましょう。
16月	✕	余計な情報に振り回されたり、無駄にスマホを見る時間が増えてしまいそうな日。見てもなんの得にもならない動画の誘惑に負けないように。日ごろの悪習慣も見えてくるので、今後気をつけるようにしましょう。
17火	▲	何かを切り離したり、捨てることで、良くも悪くも区切りをつけられる日。別れを選択したからこそ、チャンスをつかめる場合もあるでしょう。幼稚なことからは離れましょう。
18水	○	「自分のペースでは間に合わない」などと言って諦めないで。急いでみることで、無駄だったことや、合理的に進める方法を見つけられるかも。やってみないとわからない場合があることを知れそう。
19木	○	知り合いの輪や、あなたの視野が広がる日。集まりに参加すると、素敵な人を紹介してもらえたり、尊敬できる人に会えることも。人見知りしていいのは子どものときだけ。初対面の人にはきちんと笑顔で挨拶するようにしましょう。
20金	□	人生を楽しむためには、学びが必要です。仕事でも趣味でも恋でも、いまの自分に何が足りなくて、何が必要なのかを考えましょう。「人は学んで成長しなければならない」ということを忘れないように。
21土	■	ストレスや寒暖差で体調を崩さないように。今日は、家でのんびり過ごすといいでしょう。消化のいい食事をとることも大切です。また、小さな段差につまずきやすいので注意しましょう。
22日	●	恋愛運がいい日。突然デートや遊びに誘われることもありそう。興味がない相手でも、会いに行ってみると、思ったよりも素敵な時間を過ごせるかも。勢いで交際がスタートする流れもありそうです。
23月	△	「遊び心」が運命を大きく分ける日。真面目に取り組むだけでなく、周囲が笑顔になることに力を注ぎましょう。多くの人をよろこばせることを楽しめると、幸運をつかむことができるでしょう。
24火	◎	長く努力していることほどいい結果につながったり、いい流れで仕事ができそう。一緒に仕事をしているメンバーに感謝を忘れないように。付き合いの長い人と話してみると、大事な指摘や情報を得られそうです。
25水	☆	真剣に仕事をすることで、大きな結果が出たり、のちの出世や昇級につながりそうな日。買い物運もいいので、買い替えを考えている家具や家電などは、今日買うのがオススメです。投資に興味があるなら、少額からはじめてみて。
26木	▽	午前中から積極的に行動することで、評価を得られたり、チャンスをつかめそうです。夕方あたりからはゆっくりしてもいいので、それまでは全力で取り組んでおきましょう。
27金	▼	手応えを感じられず、何事も必要以上に時間や手間がかかってしまいそうな日。停滞しても「時間を贅沢に使っている」のだと前向きに受け止めること。失敗から学んで、反省を活かすようにしましょう。
28土	✕	予定が急に変更になったり、予想外の渋滞や行列に時間をとられやすい日。ガッカリするような店員さんに遭遇することも。過度な期待はしないで、トラブルを楽しむくらいの気持ちでいるといいでしょう。
29日	▲	季節外れのものは片付けて、使わないものや置きっぱなしのものも、思い切って処分するといいでしょう。ふだんは掃除しない場所もできるだけきれいにしてみると、気分がスッキリしそうです。
30月	○	髪型を少し変えたり、ふだん着ない服を選んでみるといい日。些細な変化をつけると、いい1日を過ごせそう。いつもは選ばないランチやお菓子を食べてみたら、おもしろい発見があるかも。
31火	○	気になることに挑戦するといい日。同じ仕事でも、工夫次第で違う結果が出たり、手応えも変わってくるでしょう。恋愛でも、片思いの相手や気になる人に連絡をしてみると、デートの約束を取り付けられそう。

☆ 開運の日　◎ 幸運の日　● 解放の日　○ チャレンジの日　□ 健康管理の日　△ 準備の日　▽ ブレーキの日
■ リフレッシュの日　▲ 整理の日　✕ 裏運気の日　▼ 乱気の日　＝ 運気の影響がない日

11 月 2023

□ 健康管理の月

総合運
中旬までは積極的に行動して新たな出会い運も良さそう

中旬までは積極的に行動することで、今後の人生を大きく変えられたり、軌道修正できるタイミングです。この1年に満足できていない場合は、引っ越しなど環境を変える決断をして行動に移すといいでしょう。新たな出会い運もいいので、人の集まりに参加してみるのがオススメです。友人や知人からの紹介は期待できるため、短時間でも会って連絡先を交換しておきましょう。下旬になると風邪をひいたり疲れを感じやすくなるので無理は禁物です。

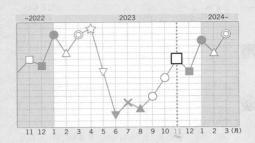

恋愛＆結婚運

新たに出会う人との縁が強くなる時期ですが、昔の恋人や過去の恋を引きずっていると素敵な出会いを逃してしまいます。キッパリ諦めるか、告白して白黒ハッキリさせておきましょう。急に飲み会や食事に誘われたときは、忙しくても顔を出しておくとのちの恋人や結婚相手に出会える場合が。少しでも気になった相手にはこまめに連絡するようにしましょう。結婚運は、入籍や、入籍日を決めるにはいいタイミング。「プロポーズの予約」もしてみましょう。

仕事運

不慣れや苦手をそのままにしていたり、都合の悪い仕事や雑用を避けてきた人は、厳しい指摘を受けそうです。今すぐ改善する努力をしましょう。どうしても難しい場合は、自分の強みをさらに鍛えるように。また、過去にいた職場や部署に戻ることや、お世話になった人と一緒に仕事をすることになる場合も。下旬は、予想外に仕事が増えたり慌ただしくなりそう。安請け合いはせず、押しつけられそうになったら断る勇気も必要です。

金運＆買い物運

引っ越しや、土地、家などの大きな買い物、家具や家電など長期的に使うものの購入にはいい時期。他にも、古くなって買い替えが必要なものがあるなら、今月中に検討するといいでしょう。10年以上使っている家電の調子をチェックしてみましょう。積み立て預金をはじめたり、お金の使い方を学ぶにもいいタイミング。家計簿をつけはじめたり、長期保有を見据えて投資などをスタートするのもいいでしょう。

美容＆健康運

定期的な運動を習慣づけたり、エステに通いはじめるにはいいタイミングです。長く同じ美容院に通っている場合は、今月から新しいところにしてみるといいので、周囲の評判がいいサロンに行ってみましょう。歯の矯正やホワイトニングなど、少し時間のかかるケアやメンテナンスも、今月からスタートするのがオススメです。下旬は体調を崩しやすいので、無駄な夜更かしは控え、睡眠時間を多くとるようにしましょう。

開運のつぶやき 👓 己の強みでお金を稼ぎ、己の弱みにお金と時間を使う人に運は味方する。

1 水	□	大きな目標よりも、確実にクリアできそうな目標を掲げてみるといい日。達成感を得られて、次に進むこともできそうです。そのためにも、自分の実力や才能、見た目などについて、自分と向き合う時間をつくるといいでしょう。
2 木	■	周囲に合わせて急ぐと疲れてしまう日。自分のペースを守ることが大切です。遅れそうだと思うなら、人より先にはじめるようにしたり、あとから追いつく時間を確保しておくといいでしょう。
3 金	●	異性から注目を浴びたり、デートに誘われることがありそうです。のちの恋人になる人がすでに近くにいる可能性があるので、身近な人にもっと敏感になっておくといいでしょう。気になる人がいるなら、自分から連絡してみましょう。
4 土	△	珍しくはしゃぎすぎてしまったり、調子に乗りすぎてしまいそうな日。楽しむのはいいですが、小さな間違いや、判断ミスをしやすいので気をつけましょう。夜は、長い付き合いの人との縁が深まりそう。
5 日	◎	なんとなく先延ばしにしていることをはじめるといい日。買ったけれど開いていなかった本を読みはじめたり、いつかやろうと思っていた筋トレやダイエットをスタートすると、想像以上に効果がありそうです。
6 月	☆	お金の使い方を考えるにはいい日。毎日なんとなく使っているお金のなかに、不要なものがあるタイプのあなた。食事やお菓子、お酒代、ネットの課金やサブスクなどを見直してみるといいでしょう。
7 火	▽	午前中は調子のよさを感じられそう。目標を達成できることもあるでしょう。夕方あたりからは、小さな判断ミスや心配事が出てきたり、タイミングの悪さを感じる場合があるかも。一歩引いて冷静に判断するようにしましょう。
8 水	▼	ふだんなら興味をもたないような物事に目を向けるのはいいですが、判断ミスをしやすい日なので、情報不足のまま動いたり、無計画な行動はしないように。遊び心に火がついて、面倒事を引き起こす場合もあるので気をつけましょう。
9 木	✕	目の前のことに集中できず、ダラダラと1日を過ごしてしまいそう。周囲への不満も出やすくなりますが、「変わるべきなのは自分のほう」だということを肝に銘じておきましょう。
10 金	▲	一度進みはじめると、止まったり変化することが苦手なタイプですが、今日は少し立ち止まって、日々の生活習慣などを見直してみるといいでしょう。無駄なことを手放すと、気持ちが一気に楽になりそうです。
11 土	○	一度も遊んだことのない片思いの相手や、気になる人に連絡すると、タイミングよく食事に行けるかも。待っていても何も変わらないので、勇気を出して誘ってみて。おもしろい話ができるように、ネタを用意しておくとよさそうです。
12 日	○	興味がわいた場所やはじめて行く場所で、いい発見やおもしろい体験ができそうな日。気になるお店があったら、自分の勘を信じて入ってみるといいでしょう。いつもと違う場所に行く体験を楽しんでみましょう。
13 月	□	1日の予定をしっかり考えてから行動するといい日。先のことをいろいろと予測して、時間を逆算し、「いま何をするべきか」を判断しましょう。夜は、ゆっくりお風呂に入るのがオススメです。
14 火	■	思い込みが疲れの原因になってしまいそう。話しているときに、相手とのズレを感じる場合は「自分が間違っているのでは?」と立ち止まってみること。「自分が正しい」と思っていると、いつまでも解決しないままになりそうです。
15 水	●	いいパートナーと仕事ができたり、付き合いの長い人から助言をもらえて、うれしい結果を残せそう。友人や昔からの知り合いに気になる人がいたら、告白するといい関係になれるかも。デートや食事に誘ってみるといいでしょう。

16 木	△	準備や勉強、経験が足りないことを実感しそうな日。至らない点は、「今後の成長への課題」だと前向きに受け止めましょう。つまらないミスにも気をつけること。
17 金	◎	あなたの能力が求められる日。いろいろな経験が周囲の人の役に立ったり、いい結果につながりそうです。学んだことや趣味の知識などを活かせることも。
18 土	☆	買い物に出かけるにはいい日。引っ越しを決めたり、家電や家具、土地や家など、大きな買い物の決断にも最適なタイミング。今日手に入れたものは、あなたの運を上げるラッキーアイテムになるでしょう。
19 日	▽	告白やデートの誘いをするなら、日中がオススメ。午前中のうちに好きな人にメッセージを送っておくと、いいきっかけがつくれそう。気になっているランチを一緒に食べに行くのもいいかも。夜は、予定が乱れることがありそうです。
20 月	▼	愚痴や不満、文句を言いたくなるような出来事が起きそうな日。自分中心に考えていると、周囲が見えなくなってしまうことが。会社や上司など、人にはいろいろな立場や事情があることを忘れないようにしましょう。
21 火	✕	自分ではきちんと伝えたつもりが、相手に理解されていない場合がありそうです。上品な言葉を選んで、ていねいに話すと、うまく考えを伝えられるでしょう。また、年下や後輩を頭ごなしに否定しないよう気をつけること。
22 水	▲	何事も順序が大切な日。慣れた仕事でもていねいに行うようにしましょう。思った以上に雑になったり、いつの間にか、基本やマニュアルを無視した行動をとっている場合もありそうです。
23 木	○	最新の流行を学ぶといい日。若い人のブームを一緒に楽しんでみることで、いい刺激を受けられます。新たに学べることを見つけると、やる気にもなれそうです。新刊本を読んだり、話題の映画を観るのもオススメ。
24 金	○	些細なことでかまわないので、新しいことに挑戦するといい日。重荷になると思っていた仕事や立場も、受け入れてみるといい勉強になったり、予想よりも楽しく取り組めそうです。
25 土	□	気になった場所に行ってみるなど、自分の勘を信じて行動するといい日。急に思い浮かんだ人に連絡をすると、楽しい時間を過ごせそうです。体験教室やイベントなどをのぞいてみるのもいいかも。
26 日	■	今日は、ひとりの時間をつくって、心身をリセットするといいでしょう。軽い運動や筋トレ、ダイエットをするのもオススメです。就寝時間や食事のバランスも見直してみましょう。食事は腹八分目に抑えて、間食は避けること。
27 月	●	あなたの魅力がアップして、注目が集まる日。気になる人に連絡すると、会えたり誘いでもタイミングよくごはんに行けるかも。仕事でも自信をもって行動してみると、いい結果につながりそうです。
28 火	△	忘れっぽくなってしまう日。大事な約束や連絡を忘れて焦りそう。置き忘れなどもしやすいので、席を立つときは身の回りをしっかり確認するように。
29 水	◎	これまでの経験をうまく活かせる日。学生時代や、数年前に学んだことのなかから、自分らしさを活かした新しい手法を生み出せそうです。自分で思う以上に実力がついているはずなので、積極的に行動してみて。
30 木	☆	会社の儲けや数字、時間にもっとシビアになってみるといい日。不要な経費を使わないようにするなど、経営者の視点で物事を考えることを意識してみましょう。自分のお金の使い方についてもシビアになっておくといいでしょう。

☆ 開運の日　◎ 幸運の日　● 解放の日　○ チャレンジの日　□ 健康管理の日　△ 準備の日　▽ ブレーキの日
■ リフレッシュの日　▲ 整理の日　✕ 裏運気の日　▼ 乱気の日　＝ 運気の影響がない日

12月 2023

リフレッシュの月

総合運

**結果を焦ると空回りするかも
中旬までは体を休ませて**

焦らずじっくりゆっくり進めたほうがいい時期。慌てて結果を出そうとすると、空回りしたり思い通りにいかなくて、不満やストレスの原因になってしまいます。特に中旬までは、生活リズムを整えてしっかり体を休ませておくことが大切。ここで頑張りすぎてしまうと、来月に力を発揮できなくなってしまうことがあるでしょう。温泉旅行の計画や、ゆっくりする時間の確保など、休日の予定を先に決めておくといいでしょう。

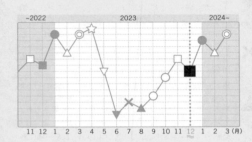

恋愛＆結婚運

好きな人への告白や、もうひと押しをするなら下旬がオススメ。中旬までは空回りしたり、タイミングが合わない感じになりそうです。気になる人がいるなら、新年会の約束をしてみると、いい展開を望めるでしょう。新しい出会い運も下旬はよさそうなので、急に友人から忘年会に誘われたら顔を出しておくといいかも。結婚運も、下旬に真剣な話をすると進展しやすいでしょう。正月にお互いの両親に会う流れを作っておくとよさそうです。

仕事運

疲れからミスをして、やり直しているうちにまた疲れがたまってしまう、という悪循環に陥りやすい月。休憩中はしっかり体を休ませ、仕事を詰め込みすぎないようにしましょう。忍耐強いのはいいですが、無理はほどほどにしておくこと。評価はあとからついてくるので、今月は周囲のことは気にしないようにしましょう。仕事での付き合いも増えますが、夜は早めに帰宅して、次の日に疲れを残さない工夫をしておきましょう。

金運＆買い物運

イライラやストレスを発散したくて、余計な出費が増えてしまいそうな時期。気分での買い物はしないで、いったん冷静になり、運気のいいタイミングを待つようにしましょう。今月は、「リフレッシュになること」にお金を使うといいので、マッサージやタイ古式マッサージ、エステなどに行ってみましょう。投資などは月末はいい結果につながりやすいので、気になるものがあるならはじめてみてもいいですが、来月からのほうがオススメです。

美容＆健康運

油断すると風邪をひいたり、体調を崩しやすい時期。きちんと体を休ませて、無理のない生活を送りましょう。夜更かしは避けて、湯船にしっかりと浸かり、水分をとってから寝るようにすること。常温の水や白湯をこまめに飲むようにすると、むくみや疲れもとれていいでしょう。美意識を高めるためにも、好きな香りを嗅いだり、少しいい入浴剤を選んでみるといいでしょう。好きな音楽を聴く時間を作るのもオススメです。

1 金 ▽
日中は、堅実にコツコツ積み重ねたことに結果が出て、満足できそうです。いまもっている実力を評価されるので、不満に思ったら、勉強や努力をはじめましょう。夜は疲れやすいため、注意して過ごすように。

2 土 ▼
思い通りに進まないことが多く、行列に並ぶことになったり、渋滞にはまるなどして疲れてしまいそう。無理にあらがわず、流れに身を任せておきましょう。今日はストレス発散にいい日です。

3 日 ✕
些細なことでイライラして、不機嫌な感じが顔に出てしまいそうです。気を許せる人との時間を大切にすると、心が安定するでしょう。気持ちが穏やかになる音楽でも聴きながら、のんびり過ごすのがオススメ。

4 月 ▲
いろいろと準備していたことや、これまで頑張ってきた物事が、急に方向転換することになったり、やり直しになることがありそう。実力はアップしているはずなので、ガッカリしないで、よりよいものになるよう努めましょう。

5 火 ＝
何事も勢いが肝心な日。あなたはじっくり考えてから動くタイプですが、今日は「まず行動して経験を積んでいくことが大事」だと思うこと。失敗することがあっても、いい経験になるでしょう。

6 水 ＝
苦手や面倒だと思い込んで避けていたことに、少しでも手を出してみるといい日。思ったよりも簡単にできたり、イメージと違うことに気づく場合もありそうです。周囲からオススメされたことにも、素直に挑戦してみましょう。

7 木 □
自分の考えや生き方だけが正しいと思っていると、視野が狭くなってしまいそう。いろいろな人の意見や生き方から学ぶことを意識して、柔軟な発想を心がけてみましょう。すぐにはできなくても、まずは意識することが大切です。

8 金 ■
疲れが一気に出そうな日。今日は、急な仕事がきたり、疲れる人と一緒にいる時間が増えてしまうかも。夜に突然元気になって、遊びに出かける流れになることも。

9 土 ●
友人と思っていた人や、好みのタイプではない人から好意を寄せられることがあるかも。急な連絡があったら、億劫にならずに、少しだけでも会ってみましょう。思い切って、あなたから気になる人に声をかけるにもいい運気です。

10 日 △
急に遊びに誘われたり、遠出をすることになりそうな日。「いまから!?」と慌てて準備すると、忘れ物や足の小指をぶつけるなどのドジをしそうです。焦らずに、落ち着いて行動するようにしましょう。

11 月 ○
いままで積み重ねてきたことや実力を評価される日。頼られることが増えますが、無理だけはしないように。自分の得意なことで周囲の人を笑顔にできる幸せを、楽しんでみるといいでしょう。

12 火 ○
出費が増えてしまいそうな日ですが、ストレス発散になるなら多少は気にしないこと。ふだんより少し高いドリンクやランチを選んでみるといいでしょう。お菓子などを買って、周りに配ってみるのもよさそうです。

13 水 ▽
日中はいい仕事ができて順調に進みそうですが、そのぶん疲れはたまってしまうかも。周りのトラブルに巻き込まれてしまうこともありそうです。夜は早めに帰宅して、湯船に浸かるなど、バスタイムを充実させましょう。

14 木 ▼
機械の操作ミスでデータを消したり、勘違いしたまま書類を作成したり、タイプミスなどをしやすい日。「確認したつもり」で済ませず、しっかり見直しましょう。時間に追われそうなので、何事も少し早めに取りかかっておくこと。

15 金 ✕
日ごろの疲れも重なって、判断ミスをしやすい日。いつもならじっくり考えて決断することを、勢いだけで決めないように。気持ちが先走りすぎたり、落ち着かないときは、深呼吸をしましょう。ひとりで決めず、周りに甘えることも大事です。

16 土 ▲
大掃除をするには最適な日。置きっぱなしのものは一気に片付けて、着ていない服や履かない靴も処分しましょう。「置いてあるだけ」が一番もったいないことだと忘れないように。

17 日 ＝
今日は、おいしいお店やエンターテインメントを楽しめる場所に足を運ぶと、運気の追い風に乗れそう。また、気になる人とデートをすると、いい展開になりそうです。突然でもかまわないので、勇気を出して誘ってみましょう。

18 月 ＝
ちょっとした物でもいいので、新しいアイテムを身につけたり、持ち歩くといい日。とくに思いつかないときは、新発売のお菓子や飲み物などにトライして。いい発見やいい体験につながりそうです。

19 火 □
予定や段取りをしっかり決めて過ごすといい日。無計画に動いたり、目的のない行動はとらないようにしましょう。とくに夜は疲れやすいので、無理せず早めに帰宅すること。

20 水 ■
風邪をひいたり、体調を崩しやすいので、無理はしないように。出かけるときは暖かい服装を心がけておきましょう。こまめにお茶を飲むようにするのもオススメです。

21 木 ●
良くも悪くもあなたに注目が集まる日。意見が通りやすくなりますが、そのぶん忙しくなったり、責任を背負うことにもなりそうです。何を言うかよく考えてから発言するようにしましょう。

22 金 △
ドジなケガや小さなミスをしやすい日。自分で思っている以上に集中力が欠けてしまいそうです。ミスに気づかないままのちに大きな問題になる場合もあるので、確認はしっかり行いましょう。

23 土 ○
しばらく会っていなかった人に偶然再会したり、急に連絡がくることがありそう。以前の印象だけで相手を決めつけずに、あらためて向き合ってみると、その人のいいところを見つけられそうです。

24 日 ○
今日は、「体験」や「思い出」にお金を使うのがオススメ。映画や芝居を観たり、カラオケで思い切りはしゃいだりしてみましょう。恋人や大切な人に、ご馳走するのもいいでしょう。

25 月 ▽
日中は満足できるペースで過ごせそうですが、夕方あたりから身内や仲のいい人に予定を乱されてしまうかも。自分の考えと違っても反発しないで。素直に相手にゆだねてみると、おもしろい話が聞けたり、いい経験ができそう。

26 火 ▼
タイミングの悪さを感じたり、物事が期待通りに進まなくてガッカリすることがありそう。「自分の常識や考えだけが正しい」などと思わないで、いろいろな人の個性を認めると、気持ちが楽になるでしょう。

27 水 ✕
いい感じだった人と気まずい雰囲気になったり、相手の嫌な部分が見えてしまうかも。「人のふり見て我がふり直せ」を心得ておきましょう。他人の欠点が目につくときは、自分の欠点も出ているときなので気をつけて。

28 木 ▲
身の回りをきれいにするにはいい日。年齢に見合わないものや、読み終わった本、サイズの合わない服や流行遅れのものは処分しましょう。買い替えを考えているものも、先に捨ててしまいましょう。

29 金 ○
いつもの年末とは違うお店で買い物をしてみるのがオススメ。お得なものを見つけられたり、「また来たい」と思えることがありそうです。髪を切ったり、服の印象を変えてみるなどして、少しイメチェンするのもいいでしょう。

30 土 ○
友人や知人を誘って忘年会をしたり、気になる人に連絡をしてみるといい日。今日会えない場合は、来月に会う約束をしておくといいでしょう。ふだん自分から誘うことが少ないと思うなら、ぜひやってみて。

31 日 □
急にカウントダウン・ライブや遊びに誘われたら、即OKするといい日。「予定が変更になること」を楽しんでみるといいでしょう。ただし、夜は体調を崩しやすいので、無理はしないように。

☆ 開運の日　◎ 幸運の日　● 解放の日　○ チャレンジの日　□ 健康管理の日　△ 準備の日　▽ ブレーキの日
■ リフレッシュの日　▲ 整理の日　✕ 裏運気の日　▼ 乱気の日　＝ 運気の影響がない日

金の時計座

持っている星

★やさしい星　★自然と人が集まる星　★出会いが多い星
★庶民的な星　★ブレやすい星　　　★情にもろい星
★差別や区別をしない星　★エラそうな人が嫌いな星

12年周期の運気グラフ

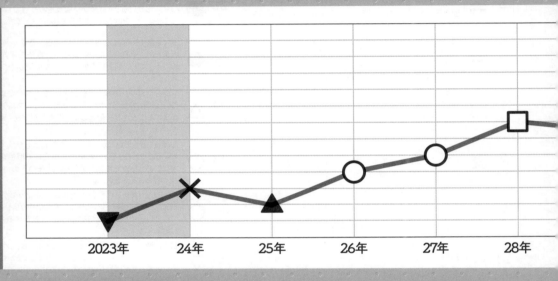

2023年　24年　25年　26年　27年　28年

＼ 金の時計座はこんな人 ／

基本の総合運

人に時を教えることが役目の時計と同じように、人の役に立つことで幸せを感じる人です。権力を振りかざす人や偉そうな人は嫌いですが、基本的には差別や区別をしないので自然といろいろな人が集まり、マイノリティなタイプの友人もできるでしょう。振り子時計なので気持ちが右に左にとブレやすく、周囲の言葉や意見に振り回されることも。人との関わりが多いぶん、チャンスもやってきますが、苦労も多く、精神的に疲れてしまうこともあるタイプです。情に流されて人との縁がなかなか切れないことも多いでしょう。

基本の恋愛＆結婚運

精神的に頼りになる人を望みながらも、逆にこちらに頼ってくるような人と恋をすることが多いタイプ。情にもろく「私だけが理解できている」と思い、変わった人や夢を追いかけている人にハマってしまいがちです。周囲が止めるのを無視してでも一緒になってしまうこともありますが、あなたの場合は、お金や地位よりも、愛や、互いに苦労をともにできる人と一緒にいることを大事にします。結婚後も互いを尊重し合いながら、派手な生活よりも心の満足を大事にする夫婦生活を理想とするでしょう。

基本の仕事＆金運

ノルマやマニュアルでガチガチの会社よりも、人情味のある社長がいる職場のほうが合うタイプ。「この人がいるから頑張ろう」と思えるような、人と人とのつながりを大事にしながら仕事ができるとベストです。教育や育成、トレーナー、看護や保育など人との関わりが多く、あまり商売的ではない仕事が最適でしょう。金運は、ケチではありませんが、高価なものや派手なお金遣いを自然と避け、分相応の品選びができる人です。たまの贅沢はいいですが、困っている人や若い人のためにもお金を大切に使えるタイプでしょう。

▼乱気の年

「金の時計座」の2023年は、「乱気の年」。2024年の「裏運気の年」で裏の自分を鍛え、隠れていた才能を知ることになりますが、今年はその直前で、さまざまな変化が起きます。いままで通りにはいかないことを味わい、「自分らしくいられない」という状況が訪れます。攻めではなく守りに徹し、流れを受け入れて、たくさん学んでください。ここでの学びが多いほど、2026年以降の運気の上昇率が大きくなります。

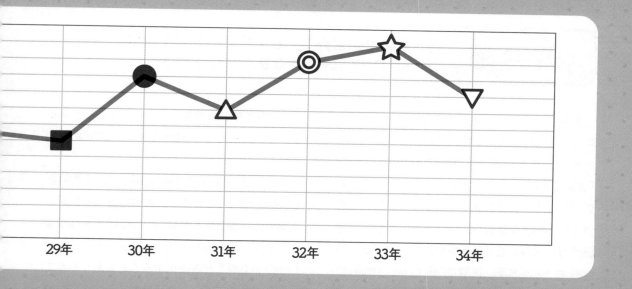

| 29年 | 30年 | 31年 | 32年 | 33年 | 34年 |

年の運気の概要

● 解放の年
プレッシャーや嫌なこと、相性の悪いことから解放されて気が楽になり、才能や魅力が輝きはじめる年。

△ 準備の年
遊ぶことで運気の流れがよくなる年。些細なミスが増える時期でもあるので、何事も準備を怠らないことが大事。

▲ 整理の年
前半は、人間関係や不要なものの整理が必要。後半は、チャレンジして人脈を広げることが大事です。

☆ 開運の年
過去の努力や積み重ねが評価される最高の年。積極的な行動が大事で、新たなスタートを切ると幸運が続きます。

○ チャレンジの年
「新しい」と感じることに挑戦をして体験や経験を増やすことが大事な年。過去の出来事に縛られないこと。

▽ ブレーキの年
「前半は攻め、後半は守り」と入れ替わる年。前半は行動力と決断力が大事。後半は、貯金と現状維持を。

✕ 裏運気の年
自分の思いとは真逆に出る年。予想外なことや学ぶべきことが多く、成長できるきっかけをつかめます。

◎ 幸運の年
前半は、忙しくも充実した時間が増え、経験を活かすことで幸運をつかめる年。後半は新たな挑戦が必要です。

□ 健康管理の年
前半は、覚悟を決めて行動し、今後の目標を定める必要がある年。後半は、健康に注意が必要です。

■ リフレッシュの年
求められることが増え慌ただしくなる年。体を休ませたり、ゆっくりしたりする時間をつくることが大切。

▼ 乱気の年
決断に不向きな年。流されながら、求められることに応えることが大事。体調を崩しやすいため、無理は避けて。

2023年の運気

▼ 乱気の年

2023年開運 3ヵ条

1. 現状維持を楽しむ
2. 人との別れは覚悟しておく
3. ポジティブな言葉を発する

 **ラッキーカラー** パープル 紺色 **ラッキーフード** ジンギスカン 大学芋 **ラッキースポット** 牧場 渋い商店街

総合運

変化や想定外のことが多い不安定な運気
新たな挑戦や大きな決断には不向き

五星三心占いで最も注意が必要な「乱気の年」。2022年までの流れとは違い、裏のあなたが出てくる時期ですが、これは2024年の「裏運気の年」とも異なり、はっきりとした裏側ではなく、表側も混じった非常に不安定な運気です。新たな挑戦や大きな決断、長期的な計画や長期保有、結婚、転職などには不向き。想定外のことが多く、体調を崩したり周囲のトラブルに巻き込まれることもありそうです。

「金の時計座」は人との関わりが他のタイプよりも多く、振り子時計のように人に振り回されてしまうところがあります。特にここ1～2年は運気が好調で関わる人や面倒を見る人が増えたため、今年は想像以上に面倒な出来事や裏切りに遭う可能性が高い時期になります。これまで信用していた人の悪いところを知ってショックを受けることもありそう。あなたがどんなに一生懸命サポートや応援、助言をしても、相手側にも言えない事情や思いがあり、あなたの気遣いを重荷に感じてしまったり、方向性や考え方の違いに気がついて離れていくこともあるでしょう。人間関係のトラブルは、人を見る目や人との接し方を学ぶいい機会だと思ってくださ

い。自分のやり方や考え方だけが正しいと思わないで、人それぞれの価値観や考え方があると認めるようにしましょう。

また、簡単な儲け話や甘い誘惑に流されたり、調子に乗りすぎるところもあるので気を引き締めて、何事も丁寧にコツコツ積み重ねるようにすると良いでしょう。不勉強だったことやお金の面で問題が表面化することもありそうです。それを「不運」と片付けず、今後の課題や学ぶべきこととして受け止めましょう。自分がやるべきことや極めることを見つけて、地道な努力を怠らないようにしてください。

「乱気の年」だからといって必要以上に臆病になるのではなく、2020～2021年に出会った人を大切にし、そこでスタートしたことはできるだけ継続しましょう。あなたの元を離れる人がいても、お互いの成長のためと割り切って、身近にいる優しい人や親切にしてくれる人の存在を忘れないようにしてください。ただ、どんなに優しく親切な人でも今年になってから出会う人には深入りは禁物。今年の新しい出会いは「金の時計座」にとって後の苦労や不幸の始まりになるので、仲良くなっても信頼しすぎない

開運のつぶやき ▶ 👓 人生に悩んだ時、「こっちのほうが楽しい」と思って選ぶと幸せに繋がる。

ことが大事です。周囲の評判などに耳を傾けることも忘れないようにしましょう。特に口先だけで行動が伴わない人や、発言が矛盾しているような人には十分注意してください。新しく会う人だけでなく、既に出会っている人にも慎重な対応が必要になります。これまでの人間関係で「そういえば悪い噂を聞いたことがある」「あの人は評判が悪かったな」と思い当たる人には気をつけてください。面倒見が良いのはいいのですが、借金の保証人やお金の貸し借りは親しい間柄でもしないようにしましょう。なかなか断れない場合は、貸すのではなくそのお金をあげてしまうといいですが、その後はその人と縁を切るか、せめて距離を空けるようにしてください。

2023年は、1年を通して運気が乱れるというよりも、1年かけてあなたの裏側にある「羅針盤座」の運気（性格）に近づくという感じの流れです。毎年3〜5月中旬くらいは、ネガティブになったり、人との距離感がつかめずに悩むなど、気持ちが不安定になると感じている人も多いでしょう。その運気が2023年、2024年と続くと思ってください。ただ、好きなことを極めている人、何かのプロフェッショナル、または技術者になっている人は大きな乱れは少ないでしょう。そんな人でも今年の3〜4月は体調に要注意。肌あれや気管支系の病気、また、事故に遭いやすいので慎重に行動してください。

4〜5月は人との縁が切れてしまいやすい時期です。急に出世して立場が大きく変わったり、現場仕事から管理職になったり、1人でやらなくてはならないポジションを任されるということもありそうです。仲間と離れるといった悲しい別れもありますが、執着しないで恩返しの気持ちで頑張りましょう。6〜7月は、例年なら「チャレンジの月」で行動力がアップした

り出会いも多くなる運気ですが、今年は、新しい挑戦は後の苦労や不運の原因になってしまうので、現状維持を心がけてください。ただ、新しく学ぶことはいいことです。不慣れなことや苦手なことを少しでも克服する努力をしましょう。あえて苦手な人と仲良くなってみたり、自分とは価値観の違う人の話を聞いていろいろな考え方を知っておくのも良いでしょう。8月下旬〜9月は、体調に要注意。できればこの時期に入る前に人間ドックに行くことをオススメします。10月は急な儲け話や浮いた話が舞い込むことがありますが、うまい話につられて大損することになるので、付き合いが長い人からの話でもお金に関わることには簡単にクビを突っ込まないようにしましょう。11月はうっかりの怪我や事故の可能性があります。特に車を運転する人はこの時期はこれまで以上に気をつけて安全運転を心がけてください。大きな事故にならなくても車を傷付けてしまい、不要な出費にガッカリすることもありそうです。

今年最も注意すべきなのは健康運です。既に異変を感じている場合は早めに病院で検査をしたり、しっかり治療を行うようにしましょう。予定を詰め込んだり、人のためとはいえ無理はしないようにしてください。仕事の付き合いでの連日の飲酒や、睡眠時間を削ってしまうような状況は避けましょう。これまで健康だった人でも「生活習慣が乱れている」「食事のバランスが悪い」と感じていたり、周囲からも指摘されているなら1月から改善すると大きな問題を避けられる可能性があります。今年だけではなく2025年の9月くらいまでは継続するように心がけておきましょう。いつもより1時間は早く寝るようにスケジュールを調整してみたり、軽い運動を始めてみてください。ただ、ハードなスポーツは控えたほうが良さそう。頑張りすぎは怪我の原因になってしまうこともあるので

気をつけましょう。

　春先のネガティブ思考や人間関係の不安感に対する予防策として１〜２月からストレス発散をマメに行うといいですが、本来なら人とワイワイ話したり前向きな話をすると気分転換できる「金の時計座」のあなたが、「乱気の年」の今年はその時間をむしろ不安に感じてしまうこともあるでしょう。「今はいいけれど、この先は大丈夫かな？」など、楽しいはずの集まりが楽しめなくなったり、不安になることもあります。今年は人と会うより、ものづくりをしたり、楽器を習ったり、料理をしたり、植物を育てるなど、物や植物に接する時間を増やすほうがストレス発散になりそうです。コメディ映画やお芝居、お笑いライブ、芸人さんのネタ動画などでたくさん笑っておくのも良いでしょう。

　今年は引っ越し、転職、結婚にも不向きな運気です。ただ、既に2022年中に引っ越しが決まっている場合は問題はないので、運気のいい月と日を選んで引っ越してください。転職については、不慣れなポジションや苦手な仕事を任された時にふと逃げたくなるかもしれませんが、行動に移さないほうが良さそうです。結婚も引っ越し同様に、2022年中に結婚が決まっている場合は問題ありませんが、できれば結婚相手の運気のいい月や日を選ぶようにすると良いでしょう。また、今年は大きなお金はできるだけ動かさないほうがいいので、車や家、土地、マンションなど長期保有するものは購入を避けてください。購入するなら2025年の年末や2026年がオススメ。それまでにじっくりお金を貯めて、欲しい物を見つけておきましょう。

　2022年の年末に既にポジションが変わってリーダーや管理職、若手の育成や教育などこれまでとは違う役割が始まっている人もいるでしょう。庶民的で差別や区別をしない平等心がある「金の時計座」は、お金持ちや権力者など偉そうな人を嫌う部分がありますが、今年はこれまでとは違う世界を知ることになるため人間関係が大きく変わってくるところがあり、そういう苦手な人と仲良くなったり、距離が縮まることがあります。これまで「上司や役員は偉そうに！」「お金があることを自慢している！」と嫌っていた人と接する機会があり、その人たちの苦労話を聞くことで、「上司や役員も苦労しているんだな」「お金持ちなりの悩みもあるんだな」と考え方を変えられるきっかけもありそう。中には自分が出世をして偉い立場になって傲慢な態度を取り始めてしまったり、収入が増えて気が大きくなってしまう自分を体験する場合もあるでしょう。

「乱気の年」は、これまでとは違う経験や体験ができますが、あなたの裏側にある「羅針盤座」の影響でマイナスに受け止めすぎてしまう面も出てきます。何事も「これくらいで済んでよかった」と思うようにしましょう。マイナスに考えてしまう時期ほど、そこには必ずプラス面もあることを見落とさないようにして、ポジティブに変換する力を身に付けてください。ここで鍛えられたら些細なことでヘコむこともなくなるでしょう。

　今年は１人の時間が増えますが、人がいなくても楽しめる工夫をしたり、時にはゆっくりいろいろなことを考える時間も必要になります。本を読んで知識を増やしておくと話のネタや役立つ情報にもなるので、これまで苦手意識を持って避けていた分野は特に勉強すると良いでしょう。特にお金の本や仕事に役立つ本などがオススメ。今年だけの短い付き合いになる人や特別な経験などを乗り越えて、１歩成長できるように前向きに過ごしていきましょう。

　開運のつぶやき　▶ ☻ 自信がないから、努力する。失敗や挫折を経験するから、自信が持てる。

恋愛運

予想以上に乱れるので覚悟が必要
交際を始めるなら既に出会っている人と

2023年の恋愛運は、予想外に乱れると思って覚悟しておくといいでしょう。既に恋人のいる人は、突然の別れや恋人の浮気発覚、大喧嘩で気まずい空気になってしまうなど、想像以上に悪い出来事が起きる可能性が高くなります。あなたの裏側にある「羅針盤座」の影響が出てくるため、物事をマイナスにとらえてしまうことが最大の原因です。相手のダメな部分が見えたとしても、恋人にもあなたのダメな部分が見えていますし、そこに目をつむってくれている可能性も十分あります。自分だけが我慢していると勝手に思い込まないようにしましょう。今年はワガママにならないように気をつける、自分が正しいと思い込みすぎない、よかれと思って頑張りすぎないなど、肩の力を抜いて恋人と接するようにすれば、問題は意外と簡単に避けられるでしょう。

また、あなたの心の隙間に入り込む危険な異性が現れやすい時期でもあります。あなたの幸せを壊す人という可能性もあるので気をつけてください。外見が好み、話のノリが合う、条件がいいなど、これまでとは違うタイプが現れたら十分に注意しておきましょう。

今年中に恋人を作りたいと思うなら、既に出会っている人の中で周囲からもオススメされる人が良いでしょう。1～2月上旬までは勢いだけで交際を進めてもいい運気。ここでモタモタすると2～3年恋人ができないこともありそうです。3～4月に始まった恋は最悪な結果になる確率が高いので、軽はずみに関係を深めたり、情に流されないように気をつけましょう。「金の時計座」は頑張っている人や夢を追いかけている人、天才風な人に惹かれる傾向があり

ますが、「乱気の年」に入ると不思議と異性の好みや見るポイントが変わってくるので、今年は人を見る目がなくなってただの遊び人に引っかかってしまう危険性も。無駄な時間を過ごすだけでなく、後の結婚運を失うこともあるのでくれぐれも注意が必要です。6～7月、10月は出会いが多く、気になる人も現れます。ただし交際するなら新たな人よりも、できれば既に出会っている人の中から選んだり、信頼できる人から紹介してもらったほうがいいでしょう。最初は好みではないと思っても周囲の評判がいい人なら問題も少ないでしょう。ただ、短い付き合いになる可能性が高く、遠方への急な転勤やお互いの家庭の事情で別れることもありそうです。

とはいえ、恋はするものではなく落ちるもの。「もう好きになってしまった」という場合も当然あるはずです。自分の運気が「乱気」でも、相手の運気に合わせることや、相手に好かれる努力をすることでいい勉強になることもあるでしょう。今年は、これまでと同じやり方や尽くし方ではうまくいくどころか簡単に失恋してしまうので、パターンを変えてみるのも良いでしょう。自ら告白したことのない人なら、自分から気持ちを伝えてみてください。これまでデートは相手任せだったという人なら自分でプランを立ててみたり、年上との交際ばかりだったという人は年下と付き合ってみるなど、振り子の反対側の恋を楽しむことが重要です。必ずそこから学べることがあり、自分の成長にもつながるでしょう。ただし、問題のある相手とわかった時は早い段階で自ら別れを告げることを忘れないでください。

開運のつぶやき ▶ 「好きな人に好かれない」と嘆く時は、自分のレベルを上げる時。

結婚運

今年の結婚だけは避けたほうが無難
2023 ～ 2024年は試練の時だと覚悟して

「乱気の年」での結婚は、数年後の大きなトラブルや不運の原因になってしまうのでオススメはできません。ここで結婚しても、短期間で離婚をしたり、長くても7～9年後に大きな問題になって離婚してしまう確率が非常に高いでしょう。特に、今年初めて出会った人と交際をして年内に結婚まで進んでしまうと、借金問題やDV、大きな病気などトラブルが続いてなかなか苦労から抜け出せないという場合もあるので注意してください。結婚したい気持ちがどんなに盛り上がっても、2023年の結婚だけは避けたほうがいいでしょう。2024年は「裏運気の年」になるので、できれば2025年の年末か2026年になってからの結婚を考えたほうがよさそうです。

ただ、2022年に婚約をしていて、今年結婚することが決まっているカップルは問題ありません。可能ならば1～2月上旬に入籍を完了させてください。その先の記念日や思い出の日に入籍を望む気持ちがあるかもしれませんが、早めがオススメです。また、あなたの運気が「乱気」でも相手の運気が良い場合は、3～5月中旬以外なら相手の運気の良い時期に合わせてみるのもいいでしょう。ただ、この結婚の場合は相手の主導権が強くなり、あなたの希望がなかなか通らなかったり、ようやく思い通りになったと思ったら今度は家庭内に問題が起きてしまうということがあるので注意しておきましょう。

また、婚活での結婚詐欺や出会い系アプリで騙されてしまうなど、結婚をチラつかせてあなたにつけ入るようなよくない人にも会いやすいので、短期間で深い関係にならないように気をつけましょう。婚活をするのはいいですが、結婚相手としてどんな人がよくて、どんな人がダメなのか、しっかり分析することが大切です。特に、これまで結婚願望の薄かった人や、結婚する気持ちがなかったのに今年になってから急に結婚を意識し始めた人ほど、相手を見極める力が十分ではないと自覚しておいてください。自分で選ぶよりも信頼できる人からお見合い相手を紹介してもらうほうがいいかもしれません。1～2月中旬までに結婚相談所に登録をしておくと良いでしょう。

「乱気の年」は、お互いの愛情を試される期間でもあります。交際中の人は、2023～2024年を乗り切ることができれば、幸せな結婚生活や安定した家庭を築けるでしょう。相性が良くなかったり、出会ったタイミングが悪いカップル、そもそも愛情の足りない2人の場合、この期間を乗り越えられないような大きな喧嘩をしてしまったり、別れる流れになります。もしトラブルが起きたとしても愛情があれば乗り越えられるので、この期間を乗り越えたなら相性やタイミングよりも2人の愛情が勝ったと思って大丈夫です。できれば2025年の年末まで待ちたいところですが、2024年に入籍をしても良いでしょう。「乱気の年と裏運気の年の結婚にはトラブルが付きもの」と最初から覚悟して結婚すれば、些細な困難くらいは乗り越えられたり辛抱できるようになります。相性もタイミングもいいという場合でも、相手を気遣う努力や相手を思う気持ちがなければ、どんな夫婦もダメになってしまうもの。余計なひと言を言わない、相手を雑に扱わないなど、ちょっとしたことを日々心がけていれば、うまく結婚生活を送ることができるでしょう。

仕事運

予期せぬ出世や昇格もありそう
慣れない仕事によるストレスに注意

「乱気の年」の今年は、急にこれまでとは違うポジションを任されたり、思い通りの結果が出なくなって焦ってしまう時期です。ここ1〜2年頑張って結果を出してきた人ほど、突然出世や昇格をする、リーダー的ポジションを任される、現場を離れて管理職に就くなど、周囲の人からは大抜擢に見えたり、うらやましがられる状況になる人もいるでしょう。今年は変化が多く、想像以上に大変な仕事や人間関係でこれまでにない苦労をする可能性もありますが、これまでのあなたの頑張りが評価されての結果なのでしっかり受け止めるようにしましょう。「金の時計座」はもともと人との関わりが好きなタイプなので、仲間やチームが変わることを残念に思ってさみしく感じるかもしれませんが、自分の成長のために必要な別れだと思っておきましょう。

仕事のストレスで体調を崩したり、仕事での事故や怪我をしやすい運気でもあります。仕事のノルマや人間関係でプレッシャーのかかることも多いと思いますが、自分の健康が一番大事。そこまで無理して仕事をしなくてもいいので、うまくいかないときは、「このポジションを自分に任せた人の責任だ」と開き直ってみることも必要です。

また、「金の時計座」は権力者やお金持ち、偉そうな人が苦手ですが、今年はそういう人との仕事や関わりも増えるので、イライラすることや残念な思いをする時間も多くなりそう。ただ、関わりが増える中で、その人たちの苦労話やそれまでの努力などを聞くことで、自信を持つだけのことはあると納得したり、言葉遣いが雑なだけだったことがわかったりして、毛嫌いするほどのこともなかったと思えるようになりそうです。「乱気の年」だからこそお金持ちや社長、成功者と言われる人に会うことになる可能性もありますが、苦手だからと避けているよりも、せっかくなので自分とは違う考え方や発想力を学んでみましょう。ただ、この付き合いは長くなるものではありません。逆に、深く長く付き合っても苦労や不幸の原因になってしまうこともあるので、お金や数字を上げるための勉強だと思うくらいの距離感で接するほうがあなたのためになるでしょう。

ただ、今年はあなたの人生を狂わせるような新しい出会いがある運気でもあるので、口先だけの人や実績のない人、行動が伴っていない人などには十分注意すること。安易な儲け話やアイデアなどを話してくる人にも気をつけておきましょう。

3〜5月中旬には転職や離職をしたくなるようなトラブルややる気を失ってしまう状況になることもありそうです。苦手な上司や理解に苦しむ部下や後輩に挟まれたり、ネガティブに物事を考えすぎて体調を崩してしまうこともあるかも。この時期は焦らないで、結果が出なくて当然だと思って、自分の最善を尽くすことを心がけてください。理不尽なことを言ってくる取引先やお客さんや上司にも、それぞれの事情があるのだと思ってやりすごしましょう。現実的に不可能なことはハッキリ断ることも大切です。その後も、小さなトラブルやタイミングの悪い感じ、流れをつかめないことがあると思いますが、今年は人との関わりからくる面倒を覚悟して、空いた時間はスキルアップや技術を身につけることに使うと良いでしょう。

開運のつぶやき ▶ 👓 目の前の快楽が幸せではなく、自分の成長が本当の幸せ。

買い物・金運

お金に対する考え方が変わる出来事がありそう
大きな買い物は控え、節約と貯蓄を

「乱気の年」ではいろいろと大変なことが起きますが、そのなかで最も影響を受けるのが健康運で、次が金運でしょう。「金の時計座」は、そもそもお金に対する執着が弱いタイプで、「そんなことはない。お金にはシビアです」と言う人でも、目先のお金のことは気にするけれど、将来的なお金のことや投資や資産運用などに関しては苦手意識があるという人が多いでしょう。また、「お金儲けには興味がない」などと言って、しっかりとお金の勉強をしていない人も多いでしょう。日々の節約は好きでも、お金を儲けるための知恵や努力についてはどこか避けてしまっていたという人ほど、今年はお金に対する考え方や価値観を変える出来事がありそうです。

単純に、あてにしていた収入が減ったり、ボーナスカットということもありますし、入ってくるお金の割に出費が増えて家計が苦しくなってしまうということもあるでしょう。さらに、金銭感覚の違う友人や知り合い、仕事関係者との付き合いも増えて、予想外の出費も多くなりそうです。体調を崩して医療費がかさんだり、なかには入院や手術にお金がかかってしまうこともあるかもしれません。

1月は問題なく、臨時収入や嬉しい収入アップにつながる流れもありますが、ここで調子に乗って無駄に高い物やブランド品の購入、ローンを組むことは避けておくこと。投資未体験の人は、つみたてNISAを少額でもいいのでスタートさせておくと良いでしょう。3〜5月中旬あたりではお金が急に必要になったり、浪費が激しくなってしまうことも。6〜7月は人との付き合いが増えることで出費が多くなります。

見栄を張るのはホドホドに、でもケチケチしすぎるのも良くないので、予算を決めて遊んだり付き合いを楽しむようにしてください。11月には大出費につながるトラブルも。車の故障や事故などにも気をつけておきましょう。

家族や恋愛の面でも、これまで隠れていたお金の問題が出てきそうです。恋人が借金を隠していたり、預けていたお金を使い込まれている場合も。その他にも、振り込まれるはずのお金が入らないなど、ネットの詐欺を含めて、今年はお金に関わることで脇が甘くなるので注意が必要です。大事な仕事道具が壊れて痛い出費があるとか、実家の家族が倒れてお見舞いや看病など交通費も含めお金が必要になる出来事もありそうです。今年何もなくても2024年の「裏運気の年」に同様のことが起きる可能性があるので、特に問題がなくても派手な買い物や贅沢を楽しむのはできるだけ控えておきましょう。今年は節約を心がけて、いざというときに備えて蓄えておくようにしてください。

気をつけておきたいのは安易な儲け話。信頼できる人だと思ってお金を預けたり管理を任せっきりにしていると、大損をしたり、大金を失うことがあります。「自分にだけ教えてくれる儲け話はない」ことを忘れないようにしておきましょう。また、家族でも恋人でも、お金の貸し借りは絶対にしないこと。貸すくらいならあげることにして、「二度とないように」とハッキリ伝えて一度でおしまいにしてください。ズルズル続くとお金がドンドンなくなってあなたの生活が苦しくなるだけではなく、人間関係も悪くなってしまうでしょう。ローンや借金の保証人のサインも絶対にしないように。

開運のつぶやき ▶ 😎 常に楽しいことを考えている人には楽しいことがドンドンやってくる。

美容・健康運

**今年最も注意が必要なのが健康運
少しでも異変を感じたら病院へ**

「乱気の年」で最も注意が必要なのが健康運。これまで大きな病気をしたことのない人、元気で健康的に過ごしてきた人ほど注意が必要な年です。急に病気が発覚する人もいますが、それだけではなく、数年後の病気の種を蒔いてしまう可能性が高い年でもあります。仕事やプライベートのストレスで飲酒が増える、暴飲暴食が続く、睡眠時間が減ってしまうなど、不健康な生活習慣にならないようにしてください。これまで問題がなかった人ほど今年は無理を続けてしまいやすく、それが病気の原因になるので十分に気をつけておきましょう。

今年は少しでも体調に異変を感じたら、そのままにしないでしっかり精密検査を受けてください。できれば1〜2月に人間ドックに行っておくと良いでしょう。そこで行けなかったとしても、夏には健康診断を受けるようにしてください。8月末〜9月は体調に大きく影響が出てくるときなので、しっかりリフレッシュする必要があります。お酒を控えて軽い運動などをマメに行うようにしましょう。また、異変が肌に出やすいタイプなので、スキンケアをしっかり行い、肌にいい食べ物を選んだり、消化の良い物を食べるようにしましょう。

体調を崩して病院に行ってもなかなか改善しないときは、セカンドオピニオンを受けてください。その場合は自分で選んだ病院よりも、周囲の人にいい病院や先生を紹介してもらうこと。「この病院でいいか」と勝手に思い込んだり、「他に行くのは今の先生に悪い」などと思わないようにして、設備の整った病院でしっかり診てもらうようにしましょう。また、今年は胃腸の調子も悪くなりやすいので、賞味期限切れの物や生もの、貝類などは疲れが溜まっているときは避けたほうが良いでしょう。

健康を維持するためにも、今年は美意識を高めることをオススメします。自分のスタイルや肌の調子、髪型など、極端にお金をかける必要はありませんが、毎日のケアを怠らないようにしましょう。今以上に美しくあろうとする日々の努力は、自然と健康的な体作りにつながっていきます。定期的な運動やストレッチ、ウォーキングやサイクリングもオススメ。歯磨きをしながらのスクワットや、掃除でも本気で取り組めば汗を流せるいい運動になるので、マメに体を動かすようにしましょう。エスカレーターやエレベーターを使わず、1階分は階段で上がるというのも良いでしょう。

食事にも気を配りましょう。揚げ物はできるだけ避けて、1日2リットルの水を飲むようにすると体の調子も整って綺麗な体と肌を維持できそうです。「乱気の年」に入るとあなたの裏側にある「羅針盤座」の運気が強くなってくるので、美容エステなど少し贅沢な場所に行きたくなりますが、1年頑張ったご褒美や誕生日に行くくらいが良いでしょう。美しくなるからとお金をかけすぎて、ローンに苦しみ、ストレスを抱えてしまったら本末転倒です。

また、今年は人との関わりで疲れやすくなるので、自然の多い場所でのんびりする機会を増やしてみてください。公園での散歩や、植物園や動物園などに行くのも気分転換になります。低い山のハイキングコースなどもよく、張り切りすぎて怪我をしない程度に楽しむと良いでしょう。BBQやキャンプに行くのも、楽しい時間を過ごせていいストレス発散になりそうです。

開運のつぶやき ▶ 🕶 たくさんの人に好かれたいなら、たくさん好きにならないといけない。

親子・家族運

家族とうまくいかない時間が増えるかも
自分の家族を優先し、やるべきことを考えて

家でのんびりするよりも、外で忙しくして人と関わることが好きな「金の時計座」ですが、家族も大事にするタイプです。友人や知り合いを招いて家族で遊ぶこともあると思いますが、今年は、例年のような他の人との関わりが減ってしまったり、家族ともうまくいかない時間が増えてしまいそう。行動的になるのはいいことですが、家族の中に不満を抱える人がいても気にせずに仕事や他の人の面倒を見に行ってしまうことで、家族の我慢に限界が訪れてしまうこともあるでしょう。周囲の人を大切にして、家族をないがしろにしないように気をつけておきましょう。まずは自分の家族や家庭のことを優先し、やるべきことをしっかりやるようにすることが大切になります。

夫婦関係では、あなたが相手の行動を温かく見守って多少のことは許していると思っていても、相手も同様にあなたの日頃の行動で我慢しているところがあるということを忘れないようにしましょう。些細な誤解や小さな不満の積み重ねが、今年からひずみとなって出てくるかもしれません。そのままにしていると突然離婚問題や相手の浮気の引き金になってしまう可能性も。自分だけが正しいと思い込まないで、相手の意見や話をしっかり聞いて自分の行動を改めるようにすることが大切です。

お子さんとの関係も、今年は思い通りに進まないことが増えてしまいそうです。スマートな親子関係でいようとするより、時にはしっかり子供と向き合ってぶつかることも大切。理解のある親でいたいかもしれませんが、何でも許すことや認めることだけが子供への愛情というわけではなく、いい親の姿勢でもありません。時には喧嘩をするくらいしっかりぶつかることで子供は大きく成長できるので、「ぶつかり稽古が最も強くなる」と思うようにして、ダメなことはダメだとハッキリ伝えるようにしましょう。

年配の親がいる場合は、体調を崩したり介護が必要になったり、急な別れも訪れる時期です。両親には早い段階で「健康診断を受けて」と伝えておきましょう。もし親にお金のゆとりがない場合は、あなたが負担してでも検査をしてもらいましょう。今年の「金の時計座」は、不意の事故やトラブルに巻き込まれるなど予想外のことが多く、また、常に人に振り回されるタイプなので、両親の運気を調べて気をつけたほうがいい時期を伝えておくと良いでしょう。年配の祖父母がいる場合も同様で、今年から体調を崩してしまう可能性が高くなります。こまめに様子をうかがい、会えるときには会うようにすること。会えない場合はビデオ通話などで会話するようにしましょう。

あなた自身に困ったことがある時は、素直に周囲に手助けを求めるようにしましょう。これまでいろいろな人の面倒を見たり関わりを増やしてきているのですから、遠慮していると「水くさい」と思われてしまいます。心配事や不安な気持ちを聞いてもらうだけでも楽になりますし、いざという時に心の支えになってくれたり、実際に手助けしてくれる人も現れます。時には素直に甘えることも大切でしょう。また、家族から体の異変を指摘されたり心配されたときは、迷わず休むこと。そして早い段階で病院で検査をしましょう。家族のおかげで大きな病気を避けられる場合もありそうです。

開運のつぶやき ▶ 😎 大切なのは、運よりも思いやり。

年代別 アドバイス

世代が違えば、悩みも変わります。
日々を前向きに過ごすためのアドバイスです。

年代別アドバイス 10代

仲の良かった友人と距離が空いてしまったり、楽しかった仲間との価値観の違いを感じるようになりそう。よかれと思っていろいろやっていたことが思ったほど喜んでもらえないなど、歯車が噛み合わない感じになるかも。マイナスな人間関係ばかり見ないで、1人の時間を楽しめるように工夫したり、親切で優しい人を見逃さないようにしましょう。苦手なことが急に面白く感じられたり、好きだった趣味に突然冷めてしまうこともあるでしょう。

年代別アドバイス 20代

思いもよらない壁にぶつかったり、現状に不満を覚えて環境を変えたくなる運気。ただ、現在の場所で学べることや自分の弱点を知る機会もあるので、自分の至らない部分をしっかり認めて大きく成長するきっかけを作れると思っておきましょう。失恋したり、異性に振り回されることになりますが、よかれと思った言動でも相手にとっては嬉しくないこともあると覚えておきましょう。1人で楽しめる趣味を見つけると気持ちが楽になるでしょう。

年代別アドバイス 30代

上司と部下に挟まれてこれまでにない悩みや苦労が増える年ですが、まだまだやるべきことがあると思って前向きに捉えましょう。自分中心に考えないで、全体を考えられるようになると良いでしょう。体形が崩れてしまったり、運動不足を感じやすいので、少しでも体を動かす習慣を身につけておくように。ここ1～2年調子の良さを感じている人ほど、謙虚な気持ちや恩返しや恩送りを忘れないようにしましょう。

年代別アドバイス 40代

無理に環境を変えるよりも、現状維持を目指すくらいがちょうどいい年。しっかりと現状を守れるようにするために知恵を絞るといいですが、困った時には話を聞いてくれる人に相談をしておくと良いでしょう。長い付き合いの人と言い争いや喧嘩になってしまうことがあるかも。ストレスが溜まりやすく肌の調子が悪くなったり体質が変わってくる時期なので、特に肌の手入れは念入りに行ったり、美肌を目指すようにすると良いでしょう。

年代別アドバイス 50代

面倒を見ていた人が突然離れることになったり、縁が切れてしまうことになる年。相手にも事情があるので落ち込まないで、気楽に考えるようにすると良いでしょう。執着すると互いに苦しくなるので、離れる人を引き留めようとしないように。体力の低下を感じる年でもあるので、生活習慣の改善を行ったり、健康的になりそうな習い事を始めてみると良いでしょう。身内との喧嘩も増えるので自分の生き方だけが正しいと思い込まないように。

年代別アドバイス 60代以上

健康面で要注意の1年。体調が優れないときは年齢のせいだけだと思わないで、精密検査を受けることが大事。体力作りも必要になるので、散歩する時間やストレッチや筋トレはマメに行うようにしましょう。良かれと思って言ったことで身内や身近な人と気まずい感じになってしまうこともあるので、お節介はホドホドにして自分の部屋の片付けや身の回りを綺麗にしたり、不要なものは処分するようにしましょう。

命数別2023年の運勢

誰にでも平等な高校1年生

【命数】

31

基本性格

心は庶民で、誰とでも対等に付き合う気さくな人。情熱的で「自分も頑張るからみんなも一緒に頑張ろう！」と部活のテンションのような生き方をするタイプで、仲間意識や交友関係を大事にします。一見気が強そうでも実はメンタルが弱く、周囲の意見などに振り回されてしまうことも。さっぱりとした性格ですが、少年のような感じになりすぎて、色気がまったくなくなってしまうこともあるでしょう。

持っている星

★誰とでも対等の星
★友情から恋に発展する星
★メンタルが弱い星
★肌荒れの星
★お金より人を追いかける星

開運3カ条

1. 素直に負けを認める
2. 頑張っている人を応援する
3. 定期的に運動する

2023年の総合運

自分の頑張りが裏目に出ることや、周囲の人の頑張りが見えないことにイライラしたり、人とぶつかることが増える年。「一生懸命頑張ればみんなわかってくれる」「頑張れば結果が出る」という思いが強ければ強いほど、思い通りに進まないと感じしまいそう。今年は、素直に負けを認めたり、頑張っている人の応援やサポートに回るといいでしょう。健康運は、運動するのはいいのですが、張り切りすぎてケガをしないように。胃腸の調子も悪くなりそうなので、気をつけて。

2023年の恋愛&結婚運

恋人との大ゲンカに要注意。これまではケンカしても仲直りできていたカップルでも、今年はあなたの気持ちがブレたり、不機嫌なところが出すぎて相手も嫌になってしまいそう。気になる相手のタイプも変わってくるため、刺激的な人に惹かれたり、危険な恋に飛び込んでしまうことも。気持ちが先走って、相手の状況を考えずに突き進むと、揉め事をつくりやすいので気をつけましょう。結婚運は、弱さをうまく見せるようにしてみるといいでしょう。

2023年の仕事&金運

仕事仲間との別れが訪れたり、グループではなくひとりや少人数での仕事が増えたりして、これまでとは違う苦労がはじまりそうです。ライバルや同期に差をつけられて焦ってしまうこともありますが、2023年は「相手の頑張りを認めるとき」だと思っておきましょう。上司や会社の方針が変わってイライラしたり、ぶつかることがあっても、相手の意見を受け入れ、無理にあらがわないように。金運は、周囲につられて不要なものを購入しそうなので、浪費には気をつけましょう。

ラッキーカラー グリーン オレンジ **ラッキーフード** レバニラ炒め バナナ **ラッキースポット** 図書館 スタジアム

刺激が好きな庶民

【命数】

32

基本性格

おとなしそうで真面目な印象ですが、根は派手なことや刺激的なことが好きで、大雑把なタイプ。心が庶民なわりには一発逆転を狙って大損したり、大失敗することがあるでしょう。人が好きですが団体行動は苦手で、ひとりか少人数での行動を好みます。頭の回転は速いですが、そのぶん他人の話を最後まで聞かないところがあります。ヘコんだ姿を見せることは少なく、我慢強い面を持っていますが、実は寂しがり屋な人です。

持っている星

★話の先が読める星
★夢追い人にお金を使う星
★裏表がある星
★胃炎の星
★好きな人の前で態度が変わる星

開運3カ条

1. グループ行動を楽しむ
2. 隠し事をしない
3. 雑用はすすんで行う

2023年の総合運

頭の回転の速さがアダになってしまいそうな年。相手の話を話半分で聞いていたり、最後まで聞かずに突っ走っても、これまではいい結果につながったり、判断力が評価されていましたが、今年はせっかちになりすぎたり、周囲の人がモタモタしているように見えて空回りしそう。ソリの合わない人とチームを組むことになる流れもあるので、他人のテンポや考え方を学ぶ時期だと思うといいでしょう。健康運は、独自の健康法が裏目に出る可能性があるので気をつけて。

2023年の恋愛&結婚運

恋愛のパターンや好みに変化がある年。身近で対等に話せる人や、仲よくなった人を急に好きになるなど、今年は恋に刺激やワクワクを求めなくなってくるでしょう。過去に浮気をしていたり恋人に隠し事がある人は、秘密がバレて、大ゲンカになったり別れる原因になりそうなので気をつけましょう。新しく出会う人とは、「異性の友達」くらいの距離感で付き合うのがよさそうです。結婚運は、結婚した友人の家に遊びに行くと、自分に足りない部分が見えてくるかも。

2023年の仕事&金運

苦手な雑用を任されることや、合理的に物事を進められない人と一緒に仕事をすることになりそうです。あなたが陰で努力していることを、まったく理解してくれない人に囲まれてやる気を失ったり、ほかの仕事に興味がわいてしまうケースも。チームを組むことや苦手な人と一緒になる機会も増えますが、今年は不慣れなことや苦手なことを経験し、学んで成長する期間だと思っておきましょう。金運は、一発逆転をねらって大損したり、お金をだましとられることがあるので注意すること。

ラッキーカラー うぐいす色 レッド **ラッキーフード** とんかつ セロリ **ラッキースポット** 公園 旧跡

【命数】33

基本性格

サービス精神豊富な明るい人

明るく陽気で、誰とでも話せて仲よくなれる人。サービス精神が豊富で、ときにはおせっかいなくらい自分と周囲を楽しませることが好きなタイプです。おしゃべりが好きで余計なことや愚痴、不満を言うこともありますが、多くはよかれと思って発していることが多いでしょう。楽観的ですが、周囲の意見に振り回されて心が疲れてしまうこともありそうです。

持っている星

★友人が多い星
★おもしろい人が好きな星
★適当な星
★デブの星
★食べすぎる星

開運3カ条

1. 周囲の人をほめる
2. 愚痴と不満は言わない
3. ダイエットや体力づくりをする

2023年の総合運

みんなで仲よく楽しく過ごすことが好きなタイプですが、今年はその元気とパワーが空回りしたり、余計な一言や愚痴や不満が増えて、人が離れていってしまいそう。自分で思っている以上にワガママな発言が多いところがあるので、今年は一歩引くことや謙虚な気持ちを忘れないようにしましょう。健康運は、ダイエットが成功しやすい時期。食生活を改善し、ダンスやボイトレ、ヨガなどをはじめてみるといいでしょう。

2023年の恋愛&結婚運

「乱気の年」でも関係なく恋に突っ走ってしまうタイプですが、今年出会う人との恋は、想像以上に振り回されたり、痛い目に遭いやすいでしょう。簡単に関係を深めると、後悔することになりそうです。一目惚れからはじまる恋ほど、危険な相手の可能性が高いため注意しておきましょう。好みではない人から言い寄られることも増えるので、断るときはハッキリ言って面倒なことにならないようにしましょう。結婚運は、授かり婚の可能性がある年。相手選びは慎重に。

2023年の仕事&金運

これまであなたをほめてくれた上司や先輩と離れてしまったり、なかなか結果が出なくなったりして、評価してもらえないような状況になりそう。反対に、あなたが部下や後輩をほめなくてはならない立場になることも。目の前の仕事でしっかり結果を出したり、数字を上げるなど、自分でモチベーションを高めないと楽しめなくなってしまうでしょう。苦手な人との関わりも増えますが、反面教師だと思って、相手から学ぶようにしましょう。金運は、ストレス発散での出費が増えやすいのでほどほどに。

ラッキーカラー レッド　ピンク　**ラッキーフード** レバーの甘辛煮　ヨーグルト　**ラッキースポット** 公園　レストラン

【命数】34

基本性格

最後はなんでも勘で決めるおしゃべりな人

頭の回転が速くおしゃべりですが、ひと言多いタイプ。交友関係が広く不思議な人脈を作ることも上手な人です。何事も勘で決めようとするところがありますが、周囲の意見や情報に振り回されてしまうことも多く、それがストレスの原因になることも。空腹や睡眠不足で短気を起こしたり、機嫌の悪さが表面に出たりしやすいでしょう。人情家で他人の面倒を見すぎたり、よかれと思ってハッキリ言いすぎてケンカになったりすることも。

持っている星

★直感で生きる星
★デブが嫌いな星
★情で失敗する星
★しゃべりすぎる星
★センスのいいものを買う星

開運3カ条

1. 発言する前に一度考える
2. ダンスをはじめる
3. 過去よりもいまを大切にする

2023年の総合運

あなたが漏らした余計な一言が大きな影響を与えてしまう年。みんなと楽しく話をするのはいいですが、言葉が強くなりすぎたり、冗談半分の毒舌でも悪いウワサが広まって、自ら評判を下げてしまうかも。自分の話をするよりも、相手の話を聞くよう心がけましょう。ストレス発散のためにスポーツで汗を流したり、温泉やサウナに行くのもオススメ。好きな音楽を聴く時間も増やしてみるといいでしょう。健康運は、油断すると太ったり、自分でも驚く体型になることがありそうなので気をつけて。

2023年の恋愛&結婚運

「裏モテ期」を感じる1年。好みではない人から告白されたり、言い寄られることが増えそうです。体目当ての人や、あなたをもてあそぼうとする人だけでなく、「生理的に無理ゾーン」の人が近づいてくることも。うまく距離をあけられないと、しつこくアプローチされてしまうケースもあるでしょう。また、これまで太った人に興味がなかった人ほど、少しふっくらした人を好きになることがありそうです。結婚運は、結婚してから必要になるお金や、その後の生活のことを真剣に考えておきましょう。

2023年の仕事&金運

これまでの頑張りや結果は「過ぎて去ったもの」だと理解して、いまとこれからのための努力と、学ぶことが大事な期間。不慣れなことや苦手なことが増えるというよりも、これまで鍛えていなかった力が必要になったり、未経験のことを任されるようになるでしょう。不満もたまりやすいですが、今年の経験で心身ともに強くなれるので、短気を起こさないようにしましょう。金運は、遊びにお金を使いすぎてしまいそう。食事や飲み会での出費も増える年なので、気をつけましょう。

ラッキーカラー 黄緑　アイボリー　**ラッキーフード** レバカツ　ゆで卵　**ラッキースポット** 海　劇場

社交的で多趣味な人

【命数】

35

基本性格

段取りと情報収集が得意で器用な人。フットワークが軽く、人間関係を上手に作ることができるタイプです。心が庶民なので差別や区別をしませんが、本音では損得で判断するところがあります。使わないものをいつまでも置いておくので、物が集まりすぎてしまうことも。こまめに処分したほうがいいでしょう。視野が広いのは長所ですが、そのぶん気になることが多くなりすぎて、心がブレてしまうことが多いでしょう。

持っている星

★おしゃれな星
★ガラクタが増える星
★トークが薄い星
★お酒で失敗する星
★テクニックのある人に弱い星

開運3ヵ条

1. 小さな約束でも守る
2. 家計簿をつける
3. 挨拶やお礼をしっかりする

2023年の総合運

適当な会話で信用を失いそうな年。たとえ小さなことでも、できない約束やお酒の席のノリでの口約束をしないように。あなたの調子のよさが、今年からは「口先だけの人」や「軽い人」「自分の得だけを考えている人」ととらえられてしまいそうです。自分のことよりも、みんなでよろこべることを考えて行動しましょう。健康運は、お酒での大失敗やケガもしやすいので気をつけること。予定を詰め込みすぎての過労にも注意しましょう。

2023年の恋愛＆結婚運

計算高さが裏目に出たり、異性の友人だと思っていた人があなたに本気になって、気まずい感じになることがありそうな年。お酒の席での大失敗が原因で関係が悪くなってしまう場合があるので、軽はずみな行動はできるだけ控えましょう。また、同性から「あざとい」「計算高い」など悪い評判を立てられることもあるため、気のない人への接し方にも注意すること。結婚運は、「結婚相手にふさわしい人」を意識して相手を探しましょう。

2023年の仕事＆金運

柔軟な考え方や情報量の多さ、フットワークの軽さが評価されていた人ほど、逆に「トークが軽い」「表面的な人」などと悪評に変わってしまったり、地味なポジションを任されてしまいそう。今年は自分が目立つよりも、周囲のサポートに回ったほうがいい流れです。また、これまでにお世話になった人にお礼や挨拶をしっかりしておくことも大切。義理を通しすぎて面倒に思う場合もありますが、恩返しの気持ちを忘れないように。金運は、服や不要なものを買いすぎてしまいそう。

ラッキーカラー グリーン　ネイビー　**ラッキーフード** たこ飯　からあげ　**ラッキースポット** キャンプ場　水族館

誠実で真面目な人

【命数】

36

基本性格

とても真面目でやさしく、誠実な人です。現実的に物事を考えて着実に人生を進めるタイプですが、何事にも時間がかかってしまうところと、自分に自信を持てずビクビクと生きてしまうところがあるでしょう。他人の強い意見に弱く、自分で決めても流されてしまうことが多いでしょう。さまざまなタイプの人を受け入れることができますが、そのぶん騙されやすかったり、利用されやすかったりするので気をつけて。

持っている星

★お人よしの星
★手をつなぐのが好きな星
★安い買い物が好きな星
★寂しがり屋の星
★好きな人の前で緊張する星

開運3ヵ条

1. 断るときはハッキリ言う
2. 好きな音楽を聴く
3. リーダー役を演じてみる

2023年の総合運

あなたのやさしさに周囲が甘えてきたり、周りの人のワガママに振り回されて限界がきそう。無理を感じたときは、「嫌われるかも」とためらわないで、ハッキリ断りましょう。雑に扱ってくる人や感謝のない人からも、早めに離れるように。人に執着せず、ひとりの時間を楽しんで、単独で行動できるようにするといいでしょう。好きな音楽を聴いたり、本を読む時間を増やすのもオススメです。健康運は、筋トレや体力づくりをしっかり行っておきましょう。

2023年の恋愛＆結婚運

素敵なのは外見だけで、中身のない人に引っかかりそうな時期。口先だけの人や夢を語る人を応援するのはいいですが、つくしすぎたり、面倒の見すぎには注意しましょう。あなたのやさしさに甘えられてばかりの、先のない恋になってしまいそうです。気がついたら、体だけの関係やお金を貸すだけの関係になっている場合もあるので、好きな気持ちだけで突っ走らず、冷静に判断するように。結婚運は、相手が結婚をエサにあなたをだましているケースがあるため、オイシイ言葉に乗せられないよう気をつけましょう。

2023年の仕事＆金運

あなたの苦手なリーダー的ポジションを突然任されたり、ほかの人がやりたがらないような面倒な仕事をやるハメになってしまいそう。苦しい状況になりますが、「押しつけられた」と思わないで、「求められている」と前向きに取り組むと、味方が現れるでしょう。ゆっくりですが実力アップにもつながるはずです。今年は遠慮せず、失敗しても、そこから学んで成長するつもりでいるといいでしょう。金運は、節約の反動で衝動買いをしたくなるので気をつけて。

ラッキーカラー グリーン　藤色　**ラッキーフード** 牛丼　エビフライ　**ラッキースポット** 庭園　水族館

面倒見がいい甘えん坊

【命数】
37

基本性格

行動力とパワーがあり、差別や区別が嫌いで面倒見のいいタイプ。自然と人の役に立つポジションにいることが多く、人情家で正義感もあり、リーダー的存在になっている人もいるでしょう。自分が正しいと思ったことにまっすぐ突き進みますが、周囲の意見に振り回されやすく、心がブレてしまうことも。根の甘えん坊が見え隠れするケースもあるでしょう。おだてに極端に弱く、おっちょこちょいで行動が雑で、先走ってしまいがちです。

持っている星
- ★責任感の強い星
- ★恋に空回りする星
- ★お節介な星
- ★麺類の星
- ★ごちそうが好きな星

開運3カ条
1. 焦って結論を出さない
2. 周囲の頑張りをほめる
3. 自分の「正しい」を押しつけない

2023年の総合運

人との関わりが多く面倒見がいいタイプですが、今年は自分が正しいと信じていることを相手に押しつけすぎて、「面倒な人」と思われたり、お節介に受け止められてしまいそう。自分のやりたいことよりも、周囲が嫌がるポジションやみんなが厄介だと思うようなことを率先して引き受けるといいでしょう。ひとりの時間が増えることもありますが、上手に楽しめるよう工夫してみましょう。健康運は、足のケガや雑な行動に注意すること。

2023年の恋愛&結婚運

押しても引いても空回りしやすい時期。とくに、面倒を見ていた人やつくしていた人に裏切られたり、急に縁を切られてしまうことがありそうです。よかれと思ったことでも、相手にとっては「余計なお世話」かもしれないので、頑張りが裏目に出る前に、相手が何を望んでいるのか聞いてみましょう。「自分の考えだけが正しい」と思い込まないように。これまで恋愛対象ではなかった年齢の人とも仲よくなれますが、関係が急に進むと唐突に切れてしまいそう。結婚運も、押しすぎて空回りしないよう気をつけて。

2023年の仕事&金運

いま自分が周囲を仕切っていると思う人は、今年は注意が必要。あなたの頑張りをやっかんだり、「出しゃばりすぎ」「調子に乗りすぎ」と感じる人が出てきそうです。つねに「周りの人のおかげ」と感謝の気持ちを忘れないで、頑張っている人や、まだ結果を出していない人の応援やサポートをするようにしましょう。また、責任の重いポジションを任されてプレッシャーに負けそうなときは、素直に助けを求めることも大切です。金運は、見栄での出費が増えてしまいそう。

ラッキーカラー 濃いグリーン ピンク **ラッキーフード** オムそば バナナジュース **ラッキースポット** 図書館 動物園

臆病な庶民

【命数】
38

基本性格

常識やルールをしっかり守り、礼儀正しく上品ですが、庶民感覚をしっかり持っている人。純粋に世の中を見ていて、差別や区別を嫌い、幅広い人と仲よくできます。ただ、不衛生な人と権力者、偉そうな人だけは避けるようにしています。気が弱く、周囲の意見に振り回されてしまうことや、目的を定めてもぐらついてしまうことが多いでしょう。見栄っ張りなところや、恥ずかしがって自分を上手に出せないところもありそうです。

持っている星
- ★温和で平和主義の星
- ★純愛の星
- ★精神が不安定な星
- ★肌に悩む星
- ★清潔にこだわる星

開運3カ条
1. 「自分が正しい」と思い込まない
2. ひとりの時間を楽しむ
3. 「困ったときはお互いさま」だと忘れない

2023年の総合運

あなたの几帳面さや、ていねいなところを評価されそう。ただし、ほかの人にも自分と同じレベルを求めてしまうと、周囲がだらしなく見えたり、小さなごまかしや不正にイライラすることになるでしょう。コミュニケーションがとりづらい人と一緒になる時間も増え、精神的につらくなりそうですが、たくさん笑えば気持ちが楽になりそう。話を聞いてくれる人の存在にも感謝しましょう。健康運は、肌の調子が悪くなるので季節の野菜を摂り、スキンケアを念入りにしましょう。

2023年の恋愛&結婚運

さみしいからといって、かまってくれる人と安易に関係を深めると、残念な結果になってしまいそう。ふだんなら相手のことをしっかり調べたり、要求の水準が高いタイプですが、今年は判断が緩くなって、相手選びを間違えることがあるので気をつけましょう。突然積極的になる場合もありますが、そのぶん失恋もしやすくなるため注意を。年下や、これまでにないタイプの人に心を乱されることもありそうです。結婚運は、相手に求める基準が少し変わってくるかも。

2023年の仕事&金運

これまで一生懸命仕事をしてきた人は、重要なポジションに大抜擢されたり、部署異動がありそうです。そのぶん人との縁が切れることや、距離があいてしまうことも。なかには、あなたの出世や昇格を妬む人も出てくるので気をつけましょう。「頑張っていたから当然」と思わないで、「周囲の人のおかげ」と謙虚に受け止め、感謝の気持ちを言葉にするように。「困ったときはお互いさま」と周りの人を助けたり、ときにはあなたが助けを求めることも大切です。金運は、見栄での出費はほどほどにしましょう。

ラッキーカラー グリーン ピンク **ラッキーフード** カツレツ レバーパテ **ラッキースポット** 海 図書館

常識にとらわれない自由人

【命数】
39

基本性格

自分では普通に生きているつもりでも、周囲から「変わっているね」と言われることが多い人。心は庶民ですが、常識にとらわれない発想や言動が多く、理屈や屁理屈が好きなタイプ。自由を好み、他人に興味はあるけれど束縛や支配はされないように生きる人です。心は中学1年生のような純粋なところがありますが、素直になれず損をしたり、熱しやすく飽きっぽかったりして、ブレてしまうことも多いでしょう。

持っている星
★芸術家の星
★才能に惚れる星
★変態の星
★食事のバランスが悪い星
★独自の価値観の星

開運3カ条
1. 飽きても簡単に手放さない
2. 歴史の勉強をする
3. 周囲の人の個性をほめる

2023年の総合運

いまの環境に飽きて、突然まったく違うことに挑戦したくなったり、現状を手放したくなる年。これまで興味のなかった世界が気になったり、縁のなかった人とのつながりもできて、学びたいことを見つけられそうです。人間関係では、あなたの屁理屈がすぎたり何気ない発言が冷たく伝わって、距離があくことや縁が切れてしまうこともあるでしょう。うれしいときは素直によろこび、相手の才能も認められるようになることが大切です。健康運は、目の疲れや病気に注意しましょう。

2023年の恋愛&結婚運

好きな人への興味が薄れて、「なんで好きだったのかな？」と我に返ったり、いままでとはまったく違うタイプの相手に惹かれる年。これまで以上に年齢差のある人のことも気になってきいい関係に進む前に終わったり、言い訳をして自分から相手を避けてしまう場合も。結婚運は、本来結婚願望が薄いタイプですが、「乱気の年」と「裏運気の年」には、突然結婚願望が出てきそう。急に結婚を考えて行動したくなったら、一緒にいて楽な人を探すようにしましょう。

2023年の仕事&金運

管理の厳しい部署へ異動になったり上司が代わったりして、自由に仕事ができなくなりそう。ノルマや厳しい目標を課されることや、不慣れなポジションを任されてしまう場合も。職場に未来を感じられなくなったり、おもしろさを見つけられなくなって、すべてを投げ出したくなることもあるでしょう。急に転職したくなりますが、今年は勇み足になるので、流れに身を任せながら学べることを探しておきましょう。金運は、浪費が増えて金欠になったり、だまされやすい時期のため気をつけること。

ラッキーカラー グリーン　ラベンダー　**ラッキーフード** 鮭フライ　ゆで卵　**ラッキースポット** 図書館　工芸品店

下町の先生

【命数】
40

基本性格

自分の学んだことを人に教えたり伝えたりすることが上手な先生タイプ。議論や理屈が好きで知的好奇心があり、文学や歴史、芸術に興味や才能を持っています。基本的には人間関係を作ることが上手ですが、知的好奇心のない人や学ぼうとしない人には興味がなく、好き嫌いが激しいところがあります。ただし、それを表には見せないでしょう。「偉そうな人は嫌い」と言うわりには、自分がやや上から目線の言葉を発してしまうところも。

持っている星
★教育者の星
★先生に惚れる星
★言葉が冷たい星
★視力低下の星
★勉強にお金を使う星

開運3カ条
1. 年下から学ぶ
2. やさしい言葉遣いを意識する
3. 食事のバランスを整える

2023年の総合運

面倒見がよく、周囲から親のように思われているタイプですが、今年は余計なお節介を焼きすぎたり、言わなくていいことまで突っ込んで、距離を置かれてしまいそう。自分で思っている以上に言い方がエラそうだったり、冷たくなっているので、柔らかい話し方や言葉選びを意識するようにしましょう。また、今年はこれまで興味のなかった分野が気になることもありそうです。健康運は、食事のバランスが悪くなりやすい時期。肩こりや目の疲れにも悩みそうです。

2023年の恋愛&結婚運

本来なら尊敬できる人を好むタイプですが、今年は自分の尊敬できるポイントが変わってくるため、年下やバツイチなど、いままでとは違う感じの人を好きになってしまうかも。ただ、素直になれず、自らチャンスを逃すこともありそうです。危険な異性が近づいてくるタイミングでもあるので、無理に深入りしないほうがいいでしょう。結婚運は、結婚に興味があるのかないのか、自分でもわからなくなってしまいそう。

2023年の仕事&金運

これまでとは違うポジションを任され、失敗や挫折をしたり、周囲から叱られてプライドが傷つくことが増えてしまいそう。自分の至らない部分をしっかり認め、今後の成長のために学ぶべきことを見つけるようにしましょう。突然、資格取得やスキルアップに向けて勉強をはじめたくなることもありますが、将来役立ちそうなものを選ぶといいでしょう。金運は、最新家電や目新しいものが欲しくなって、不要な出費をしやすいので気をつけること。

ラッキーカラー グリーン　ピンク　**ラッキーフード** さつまあげ　ポトフ　**ラッキースポット** 農園　神社仏閣

ラッキーカラー、フード、スポットはプレゼントやデート、遊ぶときの口実に使ってみて

金の時計座 2023年 タイプ別相性

気になる人との今年の相性は？　タイプを調べて付き合い方の参考にしましょう。

▶ 金のイルカ座 との相性

本来なら相手のパワーを前向きにとらえられますが、今年のあなたにはただのワガママに見えてしまったり、相手の新たな挑戦を裏切りと感じてしまうことがありそう。自分中心に考えないで、相手の考え方を尊重するといいでしょう。つらい時にこの相手に相談をすると悩みを吹き飛ばしてくれることもあるでしょう。　**恋愛相手** 今年の新しい恋は危険がいっぱいなので、この相手とはランチデートなどの健全なデートがオススメ。オープンテラスで会話を楽しんだり、グループで遊んで楽しい時間を過ごしましょう。異性の友達止まりでいい時もあるでしょう。　**仕事相手** 前向きに仕事に取り組める時には必要な相手ですが、今年のあなたは不慣れな仕事をするなど状況が変わってくるので、不要なところでぶつかってしまいそうです。相手が上司の場合は、行動力で示さないと叱られてしまうかも。部下の場合は、挑戦させてみて失敗したらフォローしてあげましょう。　**今年はじめて出会った人** 刺激とパワーがある人なので大事にしたい相手ですが、出会ったタイミングが悪く、相手の頑張りをマイナスに受け止めてしまうことがあるので気をつけて。前向きな発言を心がけると仲良くできそう。

▶ 金のカメレオン座 との相性

本来なら学びとパワーがもらえる相手ですが、どちらも今年は不安定な年なので、お互いの良い部分が見えなくなり、上手く長所を伸ばせないような状況になりそう。下半期になると相手が前向きになってくるので、もう遅いと思わずに応援したり考え方を学んでみると良いでしょう。　**恋愛相手** 心身共に疲れる年なので喧嘩が増えてしまい、小さな誤解で縁が切れてしまうかもしれません。お互いに愛情があれば乗り越えることもできますが、我慢して耐えるよりも、時には素直に気持ちをぶつけてみると良いでしょう。　**仕事相手** 相手が上司なら、あなたを鍛えてくれる相手ですが、今年は相手の言葉が厳しく聞こえすぎてしまったり、相手の言葉に矛盾を感じてしまいそう。部下の場合は、ミスの責任を取らなくてはならないことが起きそう。仕事を任せすぎないようにしておきましょう。　**今年はじめて出会った人** 2〜3年は相手の良さを見抜けないかもしれませんが、数年後には仕事に対する取り組み方や考え方を理解できるようになりそう。「叱る」と「怒る」をはき違えないようにしておきましょう。いずれ、共に切磋琢磨できるいい相手になるでしょう。

▶ 銀のイルカ座 との相性

本来ならあなたがリードすることで良い関係を築けますが、今年はあなたの判断ミスや心のブレが原因でこのタイプとはソリが合わなくなってしまいそう。遊びや趣味を楽しむ相手として割り切っておくといいですが、細かいことが気になってうまく付き合えないかも。相手の遊び心を尊重しましょう。　**恋愛相手** 先のことを考えないで、恋は遊びだと割り切れるなら楽しい時間を過ごせる相手。相手は、仕事などの悩みや不安定な気持ちを受け止められるタイプではないので、テンションを下げない努力が必要になりそうです。　**仕事相手** あなたはいろいろな生き方や考え方を認められるタイプなので相手からは信頼されますが、今年のあなたは相手に対してこれまで許せていたことが不満や不安に変わってしまいそう。相手が上司なら、柔軟性を見習うように。部下の場合は、多様性を教えてくれる人だと思っておきましょう。　**今年はじめて出会った人** 今年の出会いは縁が薄いですが、その中でもこの相手からは人生の楽しみ方を学べるでしょう。勤勉さや真面目さ、正義感も大切ですが、遊びや相手を楽しませる気持ちも大切だということを学ばせてくれる人だと思って観察しておきましょう。

▶ 銀のカメレオン座 との相性

「乱気の年」のあなたと「裏運気の年」の相手では、一緒にいることでいろいろと問題が発生しそうです。苦労や面倒の先にいい思い出ができたり、自分の欠点や弱点、学ぶべきことを見つけられると思っておきましょう。一緒にいて体調を崩す場合は、距離を空けたり、関わりを減らすといいでしょう。　**恋愛相手** 一緒にいるとお互いに疲れてしまったり、体調を崩す原因になってしまいそう。不満が溜まりやすく喧嘩や別れ話にもなりやすい年なので、お互いに余裕のある時だけ会うようにするといいですが、あなたが会えないさみしさに耐えられなくなるかも。　**仕事相手** 相手は人任せが得意で甘えん坊ですが、今年のあなたには甘えられないでしょう。相手が上司なら、仕事を辞めたくなる原因になりそうですが、上司も困っている時期だと思いましょう。部下は、トラブルが続いてしまうので優しい言葉をかけてあげましょう。　**今年はじめて出会った人** 少しずる賢く見える相手。一緒にいて学べることもありますが、ストレスを感じてしまいそう。その場の雰囲気に流されないようにしましょう。出会ったタイミングが悪かったと思って、いずれ距離を空けても良いでしょう。

開運のつぶやき 👓 他人が自分のために使ってくれた時間は命だと忘れてはいけない。

▶ 金の時計座との相性

相手もあなたと同じ「乱気の年」なので、悩みや不安を話してみるとスッキリしそう。どちらも人との縁が切れる時ではありますが、支え合ったり応援したり、話を聞くことを大切にしましょう。本来は相性がいいので、今年不仲になったとしても後に関係は回復するでしょう。

恋愛相手 差別や区別をしないところが似ていた2人ですが、今年は人の好き嫌いの激しさが出てしまうため、些細なことが原因で喧嘩したり不安定な気持ちになってしまいそう。お互いネガティブになるので、ポジティブな考えや心構えを意識しておきましょう。 仕事相手 身の丈に合っていない仕事で頑張りすぎて空回りする時期。相手が上司なら、不慣れなポジションを引き受けている可能性があるのでサポートしましょう。部下の場合は、仕事以外での付き合いを大切にするといいでしょう。 今年はじめて出会った人 本来なら大事な縁ですが、「乱気の年」に出会うとイメージが違うので、3〜4年後に「あれ？ 思っていた人と違う」となるかもしれません。それまでは誤解や勘違いをしたままになってしまいそうですが、あなたも同じように思われているので気をつけて過ごしておきましょう。

▶ 金の鳳凰座との相性

忍耐強く1つのことを極めたり、周囲に影響されない生き方を尊敬できる相手。今年はあなたの心がブレブレなので、この相手を見習って考え方を取り入れてみるといいでしょう。メンタルの師匠だと思って接してみてください。流暢に話すタイプではありませんが、いい言葉を投げかけてくれそうです。 恋愛相手 進展に時間がかかる相手。今年は気持ちが離れたり、実際に別れてその後にまた交際が始まったりするなど、ズルズルした関係になりそう。心を乱されそうですが、実はあなたが勝手に心を乱しているだけ。相手は常に変わらず一定だということを忘れないようにしましょう。 仕事相手 あなたがどんな状況でも変わらない態度で接してくれる人。あなたが思っている以上に相手は重大なチャンスに恵まれている時なので、上司でも部下でもしっかり応援し、自分よりも相手に頑張ってほしいと願いましょう。 今年はじめて出会った人 相手は第一印象を大切にするタイプなので、不安定な気持ちの今年のあなたとは「合わない」と思われそうです。誤解が解けて本当に仲良くなるには時間がかかるかも。1人になりたい人なので、あまりベッタリしないようにしましょう。

▶ 銀の時計座との相性

一緒にいると気持ちが和む相手。あなたにとって大切な遊び仲間ですが、相手はこれまでの頑張りを認められたり忙しくなる時期なので、一緒にいる時間が減ってさみしい思いをしそう。相手を応援したり前向きな言葉を伝えることで自分のパワーに変えられそうです。

恋愛相手 2022年までとは違って、今年はあなたの魅力がトーンダウンする年。愛情があれば問題ないですが、ただの情で付き合っているとドンドン気持ちが離れてしまうことに。デートを楽しんだり、一緒の時間を笑って過ごせるように工夫しましょう。 仕事相手 相手にとって今年は実力を出し切って評価される大切な年。余計なことを言ってやる気をなくさせることのないよう、自分のことよりも相手の幸せを願って背中を押してあげましょう。相手が上司の場合、多少無理なことでも引き受けて。部下なら、経験をたくさん積ませましょう。 今年はじめて出会った人 本来ならいい遊び友達や心の支えにもなる相手。ただ、今年の出会いはタイミングが悪く、本当に仲良くなるまで時間がかかってしまったり、知り合い止まりの関係になりそうです。のちに互いの精神的な支えになれるよう努めましょう。

▶ 銀の鳳凰座との相性

今年最も心が安定している相手と、今年最も心がブレているあなたとでは、考え方も生き方も全く違っています。相手の迷いやブレのない生き方や動じないところを見習い、少しでもいいので取り入れてみると良いでしょう。一度仲良くなるといつまでも味方でいてくれ、あなたを守ってくれる人です。 恋愛相手 相手があなたに惚れているなら、相手の粘り勝ちになりそうな年。好みではなかったり意外だと思えるくらいの人のほうが、進展する可能性があるでしょう。今年はあなたの心の支えになる相手なので安心して交際ができそうです。 仕事相手 今年は、このタイプの辛抱強い努力が評価されそう。一緒に仕事をすると頼りになる人ですが、相手の苦手なところをしっかりカバーできるように努めましょう。相手が上司なら、望まれるレベルが高いと感じても日々の努力を怠らないこと。部下なら、過去の努力と苦労を認めてあげましょう。 今年はじめて出会った人 出会ったタイミングが悪く、良い印象を持たれない可能性が高いので、知り合い止まりになってしまうかも。あなたから興味を示しても価値観や感性の違いをいつまでも指摘されたりして、相手から自然と離れてしまいそうです。

▶ 金のインディアン座との相性

気分が乗らない時はこのタイプの相手に会って話をしてみると、嫌なことを忘れられたり、楽しい時間を過ごせそう。ただし束縛を嫌うタイプなので、距離を詰めすぎると離れていってしまうので気をつけてください。明るい話題や前向きな話を心がけると良いでしょう。 恋愛相手 遊び相手としてはいいですが、安定した恋や将来のことを望んだり、守ってほしいと願うならこの相手ではないでしょう。楽しい時間を過ごす関係と割り切っておくと問題ないので、それ以上の期待はしないようにしましょう。 仕事相手 お互いを尊敬できない年。心がブレてしまう今年のあなたと、なんとなく仕事に集中できない相手では、キッチリした仕事ができないかも。相手が上司の場合、面倒に巻き込まれてしまったり、都合が悪くなると逃げられてしまう可能性が。部下なら、仕事の楽しみ方を教えてあげると良いでしょう。 今年はじめて出会った人 つながりは弱いですが、遊び友達だと割り切ってみるといい関係を長く続けられそう。異性なら恋に発展するケースもありますが、深い関係になると逆に縁が切れてしまう可能性があるので、知り合いくらいの距離感を楽しんでおきましょう。

▶ 金の羅針盤座との相性

精神的な疲れやストレスが体調に出る年のあなたと、無理に引き受けすぎて体調を崩してしまう年の相手。今年はお互いに体調を心配しておくといいでしょう。肌や顔色で調子が悪いと思ったら遠慮しないで伝えること。相手からの指摘で助かることもありそうです。「ハッキリ言ってね」と伝えておきましょう。 恋愛相手 共通の大きな目標があれば絆が深まっているので問題はなさそう。ただ、勢いだけで交際に進んだり外見が好みなだけの軽い付き合いの場合は、縁が切れたり気持ちが離れてしまうかも。お互いにネガティブになる年なので励まし合いましょう。 仕事相手 どちらも頑張りすぎでボロボロになってしまう年。無理せずホドホドに仕事をすることや健康第一を2人の目標に掲げておきましょう。相手が上司なら、あなた以上に心身共に疲れているので協力を惜しまないこと。部下なら、無駄な残業をしないように気をつけてあげましょう。 今年はじめて出会った人 一緒にいると疲れてしまったり、ストレスの原因になってしまう相手。無理に縁をつなごうとしたり、頑張って仲良くしないで、いずれ去っていく人だと割り切っておくと気持ちが楽になりそうです。

▶ 銀のインディアン座との相性

無邪気でマイペースな相手が本領を発揮してくる年。あなたの苦労やツラい状況もお構いなしな感じになりそう。ただ、だからこそ気軽に付き合えたり、いつもと変わらない接し方のおかげで気持ちが楽になるかも。あなたの行動パターンを相手に当てはめようとしないで、相手から学んで図太くなりましょう。 恋愛相手 関わることが優しさと思うあなたと、相手と距離を取ることが優しさと考える相手。噛み合わない2人ですが、なぜか今年は急に距離が近づいたり、良い関係が築けそう。あなたの執着心が出てしまうと縁が薄れてしまうでしょう。 仕事相手 マイペースながらも今年から仕事が絶好調になる相手。急激に忙しくなったり逆に暇になったりと不安定なあなたとは、状況が大きく違うでしょう。相手が上司の場合は、価値観の違いに悩むよりも相手から学んで成長につなげて。部下なら、そっと見守りましょう。 今年はじめて出会った人 第一印象を気にするタイプでもなく、「合う、合わない」も深く考えない人なので、相手が好む距離感を探っておきましょう。あなたのペースや距離感を苦痛に感じる人でもあるので、知り合い程度の関係が良さそうです。

▶ 銀の羅針盤座との相性

考え方と生き方が真逆のタイプですが、今年はあなたが「乱気の年」なので不思議とリズムが合ってしまいそう。この相手にハマってしまうとなかなか抜け出せなくなってしまったり、面倒見の良さを利用されてしまうこともあるので気をつけましょう。ネガティブな受け答えに疲れてしまうので、距離感を間違えないこと。 恋愛相手 今年はこの相手にハマらないように要注意。仕事が手に付かなくなったり、あらゆることがマイナスに見えるようになってしまいそう。真面目なタイプですが、執着されてお互いに身動きが取れなくなってしまうかも。 仕事相手 一緒に仕事をするのはできれば避けたい年。相手の慎重な性格とあなたのブレた判断が物事をマイナスな方向に進めてしまったり、仕事のやる気を失う原因になりそう。相手が上司なら、探究心のあるところだけ見習って。部下なら細部にこだわるところを褒めておきましょう。 今年はじめて出会った人 今年最も縁がない相手と思って良いでしょう。この相手にハマってしまうと長い間、闇や苦労から抜け出せない原因になってしまうほど影響を受ける可能性があります。ポジティブな話をドンドンすると引き込まれずに済むかも。

金の時計座 運気カレンダー

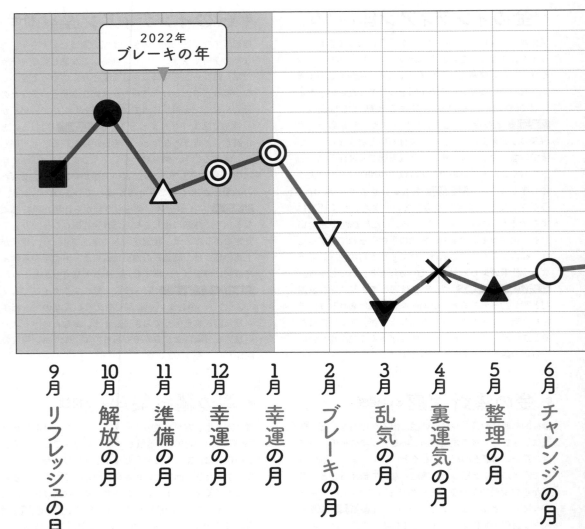

2022年
ブレーキの年

| 9月 リフレッシュの月 | 10月 解放の月 | 11月 準備の月 | 12月 幸運の月 | 1月 幸運の月 | 2月 ブレーキの月 | 3月 乱気の月 | 4月 裏運気の月 | 5月 整理の月 | 6月 チャレンジの月 |

◎ 昨年やり残したことは、今月中に区切りをつけて

▽ 下旬からは現状維持 上旬までは頑張りをアピール

▼ 中旬に大きな決断は避けておいて 「乱気の年」の「乱気の月」

× 周囲と噛み合わなくなりそう ポジティブな発言を心がけて

▲ 区切りがつく時期 次にやるべきことを見つけて

○ ゆっくりと新しい流れに 人の集まりに参加して

※このページの記号の説明は、「月の運気」を示しています。P.321の「年の運気の概要」とは若干異なります。

340

毎月の運気がどう変わっていくかチェック！
2023年の過ごし方の参考にしてください。

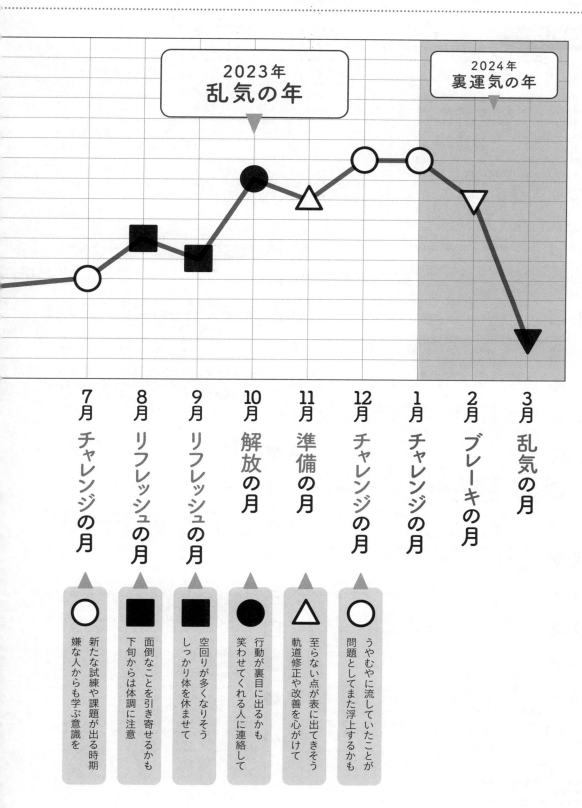

2023年
乱気の年

2024年
裏運気の年

7月 チャレンジの月

8月 リフレッシュの月

9月 リフレッシュの月

10月 解放の月

11月 準備の月

12月 チャレンジの月

1月 チャレンジの月

2月 ブレーキの月

3月 乱気の月

○ 新たな試練や課題が出る時期 嫌な人からも学ぶ意識を

■ 面倒なことを引き寄せるかも 下旬からは体調に注意

■ 空回りが多くなりそう しっかり体を休ませて

● 行動が裏目に出るかも 笑わせてくれる人に連絡して

△ 至らない点が表に出てきそう 軌道修正や改善を心がけて

○ うやむやに流していたことが 問題としてまた浮上するかも

11月 2022

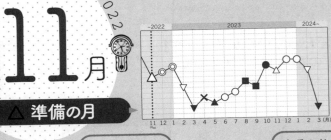

△ 準備の月

開運 3 カ条

1. 遊びの計画を先に立てる
2. ストレス発散をしっかりする
3. 大きな決断は避ける

総合運

勢いまかせの決断は避けたほうがいい時期。話を最後まで聞かなかったり、聞き逃しや勘違いなどをしやすいので、大事な契約や人生を左右するような大きな判断を軽はずみにしないように。今月は、遊ぶ時間を作ってストレス発散したり、趣味の時間などを充実させましょう。遊びに誘われることも増えるので、急な誘いに対応できるようにしましょう。健康運は、うっかりケガしたり、スキンケアが雑になって肌が荒れてしまいそう。

恋愛＆結婚運

恋を楽しむことが大切な時期。異性との時間を自分も相手も楽しめるように工夫することで、モテるようになって誘われる機会も増えます。結婚を考えるような恋よりも、一緒にいて楽しい人を選ぶほうがよさそう。今月のノリで来月から交際をスタートさせるといいので、お試し期間くらいの気持ちで遊びましょう。結婚運は、決断には不向きな時期。ノリや価値観が合う人なのか見定めましょう。

仕事＆金運

仕事に気持ちが向かなくなる月。珍しいミスが増えたり、やる気のなさを実感しそう。今月は、遊びの予定を先に立てたり、仕事終わりに遊びに行く予定、習い事の予定などを先に立てると頑張れそう。ごほうびを決めるのもやる気アップにつながりそう。ミスを減らせるように事前準備と確認作業をしっかり行いましょう。金運は、不要な出費が増えますが、楽しめることに使いましょう。

1 火	○	自分の居場所があることに感謝すること。居場所がない場合は自分の得意なことで周囲を喜ばせてみると、居場所が自然とできるようになるでしょう。
2 水	○	多少の失敗は気にしないように。叱られたときは、期待外れなことをした自分を反省して、叱ってくれたことに感謝して、前向きに捉えて成長するようにしましょう。
3 木	□	目標が何かをはっきりさせて、そのための苦労ならしっかり受け止めて成長しましょう。自分が楽をするためだけの行動は避けるようにしましょう。
4 金	■	疲れを感じやすい日ですが、目を閉じてゆっくりしたり、休憩時間に軽く体を動かしてみるとすっきりしそう。無理に頑張りすぎないようにして。
5 土	●	注目されたり、求められることが増える日。断らないで、出来るだけ受けてみるといいでしょう。思った以上にあなたの能力や才能を活かすことができそうです。
6 日	△	遊びに出かけるにはいい日。気になる場所に出かけたり、気になる人に連絡してみるといいでしょう。友人の誘いからノリの合う人を紹介してもらえることがありそうです。
7 月	○	苦手だと思っていた知り合いも、遊んだり話してみると思ったほど悪い人ではなかったり、いい部分を見つけられるかも。何事も改めて見直してみるといい発見がありそうです。
8 火	○	勢いまかせで仕事を進めないように、どんな仕事も丁寧に進めましょう。挨拶やお礼もきっちりしておくと、いい人間関係を作れたり、評価されやすくなるでしょう。
9 水	▽	気分で判断すると面倒なことが起きる日。不機嫌は絶対に出してはいけないので、機嫌のいいように見せましょう。イライラするときは気分転換したり一呼吸置くようにしましょう。
10 木	▼	集中力が続かず疲れを感じたり、同じような失敗をしやすい日。入力ミスや数字や金額などしっかりチェックしましょう。休憩をしっかりとるようにしましょう。
11 金	×	よかれと思って言った言葉が裏目に出たり、相手を不機嫌にさせてしまいそうな日。後に感謝される場合があるので、善意を持って行動するようにしましょう。
12 土	▲	雑な部分を突っ込まれてしまいそうな日。身の回りをきっちり整えると、不要な突っ込みを避けられそう。清潔感も忘れないようにしましょう。
13 日	＝	友人からおもしろいイベントやライブに誘われたり、人脈が広がるきっかけを与えてもらえそう。自分でも気になることを見つけたときには積極的に参加してみて。
14 月	＝	曖昧な関係の人やはっきりしない人との関係にここで区切りをつけるといいでしょう。好きな人には気持ちを伝えて、もてあそばれているなら白黒はっきりつけましょう。
15 火	□	計画が甘いと面倒が増えたり、思い通りに進まない不満に変わりそう。自分の理論や計画の見直しをするといいでしょう。周囲からの意見も大切にしましょう。
16 水	■	うっかりのケガをしやすい日。些細な段差に気をつけましょう。歩きスマホで柱や壁にぶつかることもあるので気をつけて。ドアや引き出しに指を挟んでしまうこともありそう。
17 木	●	しっかり仕事をしてしっかり休む、仕事終わりは遊びに行くなど、メリハリをつけることでいい1日を過ごせそう。だらだらしないように、時間を気にして仕事を進めましょう。
18 金	△	うれしい出来事や味方してくれる人の存在を忘れないようにして。一緒に笑える仲間や家族のために頑張りましょう。些細なミスばかり気にしないように。
19 土	○	同じ失敗を繰り返しやすい日。自分の悪い癖を理解して、同じパターンにはまらないように。いい意味で自分を否定することで、問題を避けられたり成長できそう。
20 日	○	少し贅沢を楽しむといい日。ランチやディナーを奮発したり、出先でおもしろそうなことを体験してみて。ケチケチしていると大切な経験を逃してしまいそう。
21 月	▽	午前中は、いい判断ができる日。大事な仕事には早めに取り組んでおくといいでしょう。午後はペースが変わるので、急な予定変更に対応できるようにしましょう。
22 火	▼	人間関係が面倒になったり、不機嫌な人に振り回されてしまいそうですが、器の小さな人を見て自分も同じようにならないように気をつけるといいでしょう。
23 水	×	相手の話をしっかり聞くのはいいですが、ネガティブ情報に振り回されることがあるので気をつけて。特にネットの情報はフェイクが多いので、簡単に信用しないように。
24 木	▲	身の回りをきれいにするといい日。特に財布やカバンの中をきれいにして、余計なものは入れないようにしましょう。他にも仕事道具の手入れをしておくといいでしょう。
25 金	＝	何事も楽しむ気持ちが大切な日。職場の人や取引先、お客さんと楽しく会話ができそう。「相手よりも先に笑顔で挨拶をするゲーム」をすると本当に運気がアップするでしょう。
26 土	＝	あなたの役割に必要な情報や考え方を取り入れられそうな日。いろいろな人の話を聞いてみたり、時間があるときに本を読んでみるといいでしょう。
27 日	□	1日をしっかり計画して遊ぶことが大切な日。疲れがたまりやすいので、だらだらしたり夜更かしすると次の日に響きそう。今日は、早めに切り上げて家でゆっくりするように。
28 月	■	今日は疲れをためないように仕事したり、休憩時間には仮眠をとったりゆっくりするようにしましょう。慌てると段差で転んだり、ケガの原因になるので気をつけましょう。
29 火	●	肩の力を抜いて仕事できる日。自分の得意なことに一生懸命になりましょう。職場の人とのコミュニケーションも上手にとれるので、時間があるときは話してみましょう。
30 水	△	他人に過剰に求めてしまうとがっかりすることになりそう。相手は常に絶好調ではないことや、自分の期待にすべて応えてくれるためにいると思わないように。

☆ 開運の日　◎ 幸運の日　● 解放の日　○ チャレンジの日
□ 健康管理の日　△ 準備の日　▽ ブレーキの日　■ リフレッシュの日
▲ 整理の日　× 裏運気の日　▼ 乱気の日　＝ 運気の影響がない日

2022

12月

◎ 幸運の月

開運 3ヵ条

1. 人脈を広げる
2. 評価はしっかり受け止める
3. 若い人と話をする

総合運

夢が叶ったり、努力や苦労が報われる時期。ここ数年で既に満足していることがあっても、今月来月が総仕上げだと思って幸せを受け止めましょう。現状に満足しながらも、今月できる人脈や経験を大切に。若い人とのふれ合いを増やしたり、経験して学んだことを教えるといい流れに乗れるでしょう。健康運は、定期的な運動や昔やっていたスポーツを再開するのにいい時期。ダイエットをするなら、まずは歩く距離を増やすとよさそう。

恋愛＆結婚運

片思いの恋が実ったり、身近にいた異性の友人や同僚と恋が始まるかも。気になっている人がいるなら気持ちを伝えましょう。既に告白されているなら今月から交際を始めると、トントン拍子で進んで一気に入籍まで進む流れも。新しい出会いは、親友や付き合いの長い人からの紹介があるので期待しましょう。結婚運は、入籍日を具体的に決めたり、年末年始に両親に会う予定を決められそう。

仕事＆金運

重要な仕事をまかせてもらえたり、信頼を得られる大事な月。全力で取り組むと昇給や昇格につながるので、周りの人を気にしてチャンスを逃さないように。付き合いの長い人との会話でいい話を聞けるので、時間を見つけて機会を作りましょう。金運は、買い物にいい時期。資産になるものや10年ぐらい使えるものを買うようにしましょう。知り合いからの情報が収入アップにつながるかも。

1 木	◎	自分の得意なことで相手に喜んでもらえる日。感謝されることでやる気になれたり気持ちが楽になるでしょう。自分にできることはケチケチしないようにしましょう。
2 金	☆	目標に向かって1歩前進できる日。正当に評価されるのはいいですが、他の人の成果も評価に入りそう。「ラッキー」で済ませないように、ともに頑張った人の名前を伝えてあげて。
3 土	▽	午前中はデートに最適。気になる人に急でもいいので連絡すると、あなたへの気持ちもわかりそう。急いで会いに来てくれる相手なら、勢いで交際してもいいでしょう。
4 日	▼	不機嫌が顔に出たり、気分のブレで判断ミスをするかも。気持ちが落ち着かないときは、深呼吸をしたり、おもしろい話を思い出してひとりでクスッと笑ってみて。
5 月	×	失敗が続いたり、ライバルに先を越されてがっかりしそう。自信を失うほど頑張ったことを認めて、次で取り返すように気持ちを切り替えるといいでしょう。
6 火	▲	順調に進むはずの予定が乱れそうな日。人まかせにしたことほど逆に時間がかかったり、面倒なことになりそう。今できる最善を尽くすと抜け道が見えてくるでしょう。
7 水	○	小さなことでもいいので、成長できることや学べることに挑戦するといい日。数年後の自分が笑顔になれることが努力だと思って、些細な努力を楽しんでみて。
8 木	○	これまでにないタイプの人と話したり仲よくなれるかも。気になる人に気楽に話しかけてみると、思った以上に話が盛り上がったり、楽しい時間を過ごせそう。
9 金	□	変化を楽しむといい日。普段とは違う道で出社したり、選んだことのない店でランチを食べてみるといいでしょう。少しの勇気が人生をいい方向に変えてくれるでしょう。
10 土	■	疲れをしっかりとるといい日。軽く運動したり、汗を流すと体がすっきりするでしょう。ヨーグルトやフレッシュなジュースを飲むなど、健康的な食事も意識しましょう。
11 日	●	デートや買い物に最適。友人からの急な誘いもあるので、午前中に用事を済ませておいて、気になる異性にも連絡しておくといい流れになりそう。
12 月	△	余計なことを言ったり、雑な行動をしやすい。今日は丁寧に行動するように心がけましょう。ミスをしたときは素直に謝ることも忘れないようにしましょう。
13 火	◎	仕事に集中することで周囲とうまく協力できる日。いい感じのテンションで仕事ができてはかどりそうですが、頑張りすぎには気をつけましょう。
14 水	☆	頭の回転が速くなり、いい判断や決断ができそう。自分のことだけでなく、周囲の人の得や幸せを考えてみましょう。うれしい報告も受けられそうなので素直に喜びましょう。
15 木	▽	日中は、自発的に仕事に取り組んでみるといい結果を残せそう。言われる前に先を読んで行動すると、仕事が楽しくなるでしょう。夜は、断れない誘いがありそうです。
16 金	▼	考えているつもりでも、深く考えないで判断してしまいそうな日。面倒なことや不運と思えることの多くは自分が原因になっていると思って、しっかり考えるようにして。
17 土	×	時間や予定を間違えたり、ミスにミスが重なってしまいそう。恥ずかしいくらいで済めばいいですが、相手に迷惑をかけてしまうことがあるので気をつけて。
18 日	▲	大掃除するといい日。1〜2年使わなかったものは処分しましょう。「もったいない」と言いながら置きっ放しにしているほうがもったいないので、着ない服なども処分しましょう。
19 月	○	新しい仕事や、これまでにないタイプの人と一緒に仕事することになりそうな日。変化を前向きに捉えることで、いい発見ができたり勉強になることを見つけられるでしょう。
20 火	○	自分の考えとは違う人の意見を聞くことで成長できる日。賢く生きる知恵や上手に生きるための方法は無数にあります。ひとつの方法だけに凝り固まらないようにしましょう。
21 水	□	「練習」と思って取り組むのもいいですが、人生は本番しかないので、どんなときでも本気で取り組むように。そこから学べることが大きいことを忘れないようにして。
22 木	■	体力を温存しながら仕事して、無理しないように1日を過ごしましょう。うっかりのケガをすることもありそう。異変を感じた場合は早めに休んだり医者に行くようにしましょう。
23 金	●	真剣に取り組むことでいい結果が付いてくる日。恋も仕事も、これまで以上に真剣に向き合ってみましょう。夜は、気になる人との関係が進展することがありそうです。
24 土	△	楽しいクリスマスイブを過ごせそう。遊び心が大切になるので、冗談やちょっとしたドッキリで相手を驚かせてみて。夜に予定がないときは友人との縁が感じられそうです。
25 日	◎	思い出に残るクリスマスになりそう。恋人や友人や仲間と一緒の時間を過ごせたり、思わぬサプライズがありそうです。予定がないときは買い物に行くといいでしょう。
26 月	☆	買い物や決断をするにはいい日。自分の気持ちに素直に行動したり、気になるものを買ってみるといいでしょう。長く使えるものを選ぶといいので探してみましょう。
27 火	▽	午前中は、いい判断ができてスムーズに物事が進みそう。年末年始に必要なものを購入したり、年賀状を忘れている場合はお世話になった人に書いて送りましょう。
28 水	▼	空回りしやすく、思い通りに進まなかったり、急に遊びに誘われて振り回されそう。今日は疲れやすいので、遊びすぎや夜更かしには気をつけて。
29 木	×	ネガティブな情報に振り回されたり、うっかり騙されてしまう可能性があるので、大金は動かさないように。誘惑や甘い話には裏があると思って気をつけるようにしましょう。
30 金	▲	大掃除をするにはいい日。身の回りにある不要なものをどんどん処分するといいですが、「思い出だから」と思うものは見えない場所にしまっておくといいでしょう。
31 土	○	例年とは違う大晦日を楽しんで。気になるイベントやお店に行ったり、普段は見ないTV番組を選んでみるとよさそう。のんびりしたいい時間を過ごせそうです。

開運のつぶやき ▶ 未来の自分が笑顔になるための行動が本当の努力。

1月

2023

◎ 幸運の月

開運 **3** ヵ条

1. 重要なポジションを任されたら受け入れる
2. お金を使うより、頭を使う
3. なんとなく続けられる目標を立てる

総合運

昨年やり残したことは、今月中に区切りをつけて

今月はまだ「乱気の年」の影響が強くは出てこないので、昨年やり残したことや、心残りなことがあるなら、今月中に区切りをつけておくといいでしょう。ただし、大金を動かしたり、儲け話などには不向きな時期。掃除や片付け、身辺整理などを行い、不要なものを売ってみるといいお金になりそうです。現状を守ることや、今後のために学びたいと思うことがあるなら、本を買って読んだり、習い事をはじめてみるといいでしょう。

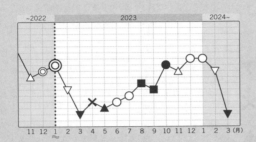

恋愛＆結婚運

片思いの相手がいるなら、ラストチャンスだと思って素直に気持ちを伝えてみるといいでしょう。少しの勇気が人生を大きく変えることになりそうです。好みではないタイプから告白された場合も、誠実そうな人だったり周囲から評判のいい人であれば、交際をはじめてみてもいいかも。また、服装や髪型を変えて雰囲気を一新してみると、これまでとは違ったタイプと出会えそうです。結婚運は、2022年中に婚約をしている場合は入籍してもいいでしょう。

仕事運

これまでの頑張りが認められた人は、プレッシャーがかかるようなポジションや仕事を任される流れになりそうな時期。周囲からやっかまれてしまうこともありますが、受け入れて結果を出せるよう努めてみましょう。実力不足の場合は、勉強になる出来事が起きたり、今後に役立つ人脈や勉強になる人との出会いがありそうです。人付き合いを大切にして、前向きな話をしたり、何事もポジティブに受け止めるよう心がけておくといいでしょう。

金運＆買い物運

大金を動かすには不向きな時期ですが、欲しいものが増えたり、余計な出費が多くなってしまいそう。本当にいま必要なものなのか冷静に考えましょう。購入前に機能や利便性などをしっかり調べたり、詳しい人に話を聞くとよさそうです。安易な儲け話や賭け事への誘いにも要注意。うっかりビギナーズラックを体験してハマってしまうと、のちに大損する可能性があります。今月は、節約を楽しんだり、ものの価値を吟味するときだと思っておきましょう。

美容＆健康運

ハードな減量や運動はオススメできませんが、今月から少しずつでかまわないので、ダイエットや基礎体力づくりをはじめてみるといいでしょう。高すぎる目標よりも、1～2年かけて体重を落とすくらいの、「なんとなく続けられそうな内容」にしておくのがオススメです。また、美容にお金を使いすぎてしまいそうなので、本当に自分に必要なものなのか、しっかり考えてから購入するようにしましょう。

開運のつぶやき 　100点以外は0点だと思う考え方をやめれば、人生はいい方向に進むもの。

1 日	○	例年と違うお正月になりそうな日。ゆっくりしようと思っていたら、友人や知り合いから連絡があるかも。珍しい人と一緒に過ごす展開にもなりそうです。
2 月	□	生活習慣を含めて、自分で決めたルールを崩してもいい日。年齢に見合わない趣味や服から離れ、なんとなく続けているだけのことを断ち切ってみると、気持ちが楽になるでしょう。
3 火	■	のんびり過ごすのはいいですが、ダラダラしすぎると疲れてしまう日。軽い運動や散歩がオススメです。ただし、油断すると風邪をひいてしまうので、手洗いやうがいは念入りに行いましょう。
4 水	●	友人や知人から誘いがあるかも。予定が変わってしまうこともありそうですが、会えそうな人を集めてみると、思った以上にいい1日になるでしょう。気になる相手も誘ってみましょう。
5 木	△	調子に乗りすぎて失敗や失言をしやすい日。テンションが上がったときほど気を引き締めて、一歩引くようにしましょう。勢いでの買い物も控えたほうがよいでしょう。
6 金	◎	友人に偶然会うことになりそうな日。悪友や元恋人とつながってしまうこともあるので、情に流されないようにしましょう。今日は、昔話よりも前向きな話題を意識して選んでみて。
7 土	◎	あやふやな返事をしたり、あいまいな感じで終わらせないほうがいい日。覚悟して決断することで、よい流れに乗れそうです。迷ったときは、「正しい」よりも「楽しい」ほうを選択してみるといいでしょう。
8 日	▽	日中はいい流れに乗れそうなので、用事を早めに済ませたり、日用品を買いに行くといいでしょう。夕方以降は、予想外の出費や、無駄なことに時間がかかる場面が増えてしまいそう。
9 月	▼	自分でも「まさか!」と思うようなミスをしやすい日。今日はいつも以上に慎重かつ冷静に判断し、先のことをもっと想像して行動するといいでしょう。
10 火	✕	心身ともに疲れやすい日。室内と外気の温度差で体調を崩してしまうこともありそう。乾燥にも注意が必要なので、水分補給はこまめにしておきましょう。
11 水	▲	精神的に疲れてしまいそうな日。感謝の気持ちがない人や価値観の合わない人に、振り回されてしまうことも。「いろいろな生き方や考え方がある」と思っておきましょう。
12 木	○	接点の少ない人や、深い話をしたことのない人と仲よくなれたり、話すきっかけができそう。挨拶やお礼をしっかりして、笑顔で話を聞くようにするといいでしょう。
13 金	○	「小さな冒険」が人生を楽しくしてくれそうな日。ふだんなら避けていたメニューを注文したり、珍しいお店に入ってみたりすると、いい発見がありそうです。
14 土	□	幸せそうな友人と話すと、前向きになれたり、いい影響を受けられそう。いろいろな話を聞いてみるといいでしょう。ただし、夜は疲れやすくなるので、早めに帰宅しましょう。
15 日	■	正月疲れが出てしまいそうな日。胃腸にやさしそうなものを選んで食べたり、家でのんびりする時間を増やしてみるといいでしょう。出かける場合は、こまめに休んで。
16 月	●	自分の気持ちに素直になるのはいいですが、言葉を選んで話すことは忘れないように。言いたいことがうまく伝わらないと思うなら、本を読んで語彙を増やす努力をしましょう。
17 火	△	日々の生活パターンに飽きてしまいそうな日。刺激的なことや、ふだん興味をもたないようなことが気になってしまうかも。面倒なことには首を突っ込まないようにしましょう。
18 水	○	成功や勝つことよりも、失敗から学べることは多いもの。「不慣れだな、苦手だな」と思うことでも、まずは挑戦してみることが大事。昔とイメージが変わることもあるでしょう。
19 木	◎	数字とお金のことをもっと考えてみるといい日。経営者の視点で物事を見てみると、いままでとは違った角度からとらえられるようになるでしょう。家計を見直して、自分のお小遣いを計算してみるといいでしょう。
20 金	▽	知り合いからためになる情報を聞いたり、いい人を紹介してもらえることがありそうです。時間をつくって、知人や友人に会ってみるといいでしょう。
21 土	▼	間違った情報に振り回されてしまいそうな日。勝手にネガティブになったり、沈んだりしないように。落ち込みそうなときは、おもしろ動画や芸人さんのネタを見て、笑っておきましょう。
22 日	✕	昔のことをほじくり返されたり、気まずい空気になってしまいそうな日。言い訳をするとかえって面倒なことになるので、誤解は後日解くようにしましょう。
23 月	▲	愚痴や不満や文句を言うとドンドン、マイナスな方向に目が向いてしまいます。ウソでも前向きな発言をしてみたり、物事のいい部分を見つけるようにしましょう。
24 火	○	人生は、自分の考え方ひとつで変わるもの。自分の成長できた部分に注目したり、周囲の成長をもっと楽しく受け止めてみるといいでしょう。
25 水	○	「現実的に自分に何が足りていないのか」「どんな力を身につける必要があるのか」を、じっくり考えるのにいい日。厳しく指摘してくれる人に感謝できるようになると、一歩前に進めるはずです。
26 木	□	他人と比べないで「自分は自分、人は人」と思っておくといいでしょう。人にはそれぞれ他人には言えない悩みがあったり、不安や心配事を抱えているものです。
27 金	■	真面目に取り組むのもいいですが、考えすぎると、疲れたり、体調を崩してしまうので、ほどほどに。「なんとかなるでしょ」と自分に言い聞かせておくと、気持ちが楽になるでしょう。
28 土	●	好きな人に連絡をするにはいい日。過度な期待はせずダメ元でメッセージを送ってみましょう。気軽に「今日ヒマだったりします?」くらいがよさそうです。
29 日	△	誘惑に負けそうな日。ついつい食べすぎてしまったり、店頭でおいしそうなものを見つけて、うっかり買ってしまいそう。後悔する場合もあるので、一度冷静になって、しっかり考えましょう。
30 月	○	自分の得意なことで周囲を笑顔にできる日。面倒見のよさを発揮すると、思った以上に感謝されそうです。「余計なお世話かも」などと引かず、「善意は伝わる」と思って行動しましょう。
31 火	◎	いい結果につながりそうな日。ひとりでなんとかしようとしないで、周囲にお願いして協力してもらうと、うまくいきそうです。いろいろな人とのつながりに感謝を忘れないようにしましょう。

☆開運の日　◆幸運の日　●解放の日　○チャレンジの日　□健康管理の日　△準備の日　▽ブレーキの日
■リフレッシュの日　▲整理の日　✕裏運気の日　▼乱気の日　＝運気の影響がない日

345

2月

2023

▽ ブレーキの月

開運 3 カ条

1. 感謝の気持ちを忘れない
2. 大事な事は中旬までに区切りをつける
3. 下旬からは現状を維持する

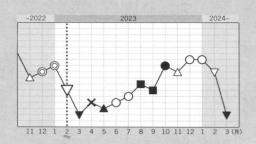

総合運
**中旬までは頑張りをアピール
下旬からは現状維持**

中旬まではうれしい出来事やいい結果に恵まれそうです
が、下旬から運気の乱れを感じることがあるでしょう。
良いことと悪いことが混ざる時期になりますが、どんな
ときでも周囲への感謝を忘れず、学べることを見つける
姿勢が大切です。中旬までは自分の頑張りをアピールし、
下旬からは頑張っている人をあなたが見つけてほめてあ
げましょう。攻守が交代するような流れになるので、気
持ちや考え方を変えてみるといいでしょう。

恋愛＆結婚運

期待は薄めですが、上旬にはチャンスがありそうです。
バレンタインがラストチャンスと思って気になる人に
気持ちを伝えましょう。これまでとは違うタイプや、
年齢差がある人と交際に進むかもしれません。ただし、
中旬以降は失恋することもありそう。パートナーがい
る人も、相手が浮気したりケンカやすれ違いが増えて
しまうので気をつけて。結婚運は、不向きな期間に入
るので上旬の流れをつかめなかったならしばらく恋愛
を楽しむようにしましょう。

仕事運

中旬までは得意な仕事ができますが、その後は不向き
なことや不慣れな仕事を任されてしまいそうです。
嫌々仕事をすると、気持ちもドンドン落ち込んでしま
うので、仕事があることに感謝をするといいでしょう。
厳しい上司や先輩がいても、「自分の成長を見守って
くれている」と思って頑張ることが大切です。転職や
離職を考えてしまうこともありますが、なるべく踏み
とどまること。学べることがある幸せを忘れないよう
にしましょう。

金運＆買い物運

大きな買い物はオススメできませんが、気分転換に買
い物に行くなら、中旬までがよさそうです。ローンや
長期的な契約も避けたほうがいいので、押しの強い営
業には注意が必要。「相手が頑張っているから」と情
に流されて出費や決断をしないようにしましょう。金
運は、出費が増えるだけで、お金が増える時期ではあ
りません。いまは焦らないで、お金の勉強や少額の運
用をしたり、ポイントをためることを趣味にしてみる
といいでしょう。

美容＆健康運

健康的な生活や、食事のバランスを意識することが大
事な時期です。とくに、中旬までに生活リズムを整え
ておくといいでしょう。すでに体調に異変を感じてい
る場合は、病院で検査をしてもらいましょう。下旬か
らは、体調を崩しやすくなったり、暴飲暴食や不摂生
で体形が崩れてしまうこともありそうです。美意識も
低くなりやすいので、気を引き締めておきましょう。

開運のつぶやき ▶ 努力が足りないのではなく、工夫が足りないだけ。

1 水	▽	日中は勢いでよい判断ができたり、思った以上にいい流れに乗れそうです。ただし調子に乗りすぎると、夕方あたりから時間に追われたり、予想外の出来事が増えてしまいそうなので気をつけましょう。
2 木	▼	相手のためによかれと思って言った一言や手助けが、「余計なお世話」になってしまいそう。何か伝えるときは、相手の気持ちを想像してからにするといいでしょう。
3 金	✕	自分中心に物事を考えていると、イライラしたり、他人のマイナス面が目についてしまいそう。「自分も他人も完璧ではない」と思って、相手を許す気持ちや認める心を忘れないようにしましょう。
4 土	▲	部屋の掃除や片付けをするにはいい日。少しでもいいので、見て見ぬふりをしていた場所を整えてみましょう。置きっぱなしになっているものは、処分するといいでしょう。
5 日	○	フットワークが軽くなりそうな日。友人や知人に誘われたら即OKしてみると、楽しい時間を過ごせそう。誘いがないときは、あなたから誰かを誘ってみるといいでしょう。
6 月	○	新商品のお菓子やドリンクなど、些細なものでかまわないので、「話のネタになりそうな新しいもの」を購入してみるといいでしょう。新しいことに敏感になってみると、人生が楽しめそうです。
7 火	□	基礎代謝を上げるための運動をはじめてみるといい日。腹筋やスクワットをしたり、踏み台昇降などに挑戦してみましょう。今日だけではなく、定期的に行うことが大切です。
8 水	■	油断すると風邪をひいたり、体調を崩しそうな日。暖房などで暖かくするのはいいですが、逆に汗をかいて体を冷やしたり、乾燥でのどを痛めることもあるので気をつけましょう。
9 木	●	気になる相手がいる人は、連絡をするといい日。好意を伝えてみると、チャンスをつかむことができそうです。仕事では、いい意味で注目されやすいので、キッチリ行うようにしましょう。
10 金	△	自分でも「あれ?」と思うようなミスをしやすい日。仕事では緊張感を保てても、食事中に食べ物や飲み物をこぼして服を汚してしまうといった、ドジなミスをしやすいので気をつけましょう。
11 土	○	しばらく連絡していなかった友人や家族に、電話をしてみるといい日。いい話が聞けたり、忘れていたことを思い出させてくれそうです。
12 日	◎	買い物に行くにはいい日ですが、余計な出費も増えてしまいそうです。購入するものをあらかじめメモしてからお店に行くといいでしょう。勢いで買い物をしないように。
13 月	▽	日中は、周囲の協力を得られたり、楽しい時間を過ごすことができそう。夕方以降は孤独を感じたり、さみしい思いをしやすいので、コメディー映画やおもしろい動画、バラエティー番組などを見るといいでしょう。
14 火	▼	イメージ通りに物事が進まない。急な仕事を任されたり、取引先に振り回されてしまうことがありそう。バレンタインのチョコレートを渡すチャンスを逃してしまいそうなので、気をつけましょう。
15 水	✕	面倒なことに巻き込まれ、人間関係が嫌になることがありそうな日。世の中には、理解に苦しむ生き方をする人もいるもの。相手の望みや要求はなんなのか、じっくり観察してみましょう。
16 木	▲	区切りがつくことになりそうな日。今日は流れに身を任せて、逆らわないようにしましょう。失恋や、人やものとの別れもありそうです。日々の出会いに感謝することを忘れないように。
17 金	○	自分ひとりで考えていても答えが出なかったり、不安になってしまうだけ。悩みがあるなら、周囲の人に相談したり、友人に話してみるといいでしょう。話を聞いてくれた人には、感謝とお礼を伝えましょう。
18 土	○	小さなことでもかまわないので、学べることを見つけるといい日。不慣れなことや苦手なことを、少しでも克服できるよう挑戦するといいでしょう。自分の成長を楽しんでみて。
19 日	□	ざっくりでもいいので、1日の計画を立ててから行動してみましょう。とくに、帰りや寝る時間などを決めて、そこから逆算して動き出すのがオススメ。
20 月	■	疲れを感じたり、集中力が途切れてしまいそうな日。気分転換することや、疲労をためないようこまめに休むことが大切です。無理に頑張りすぎないように気をつけましょう。
21 火	●	少しですが、気分が晴れたり、プレッシャーから解放されそうな日。苦手な上司や厳しい先輩から離れることができそうです。今日のうちに、自分の仕事をドンドン進めておきましょう。
22 水	△	忘れ物や失くし物に注意が必要な日。自分でも「うっかりしていた」と思うようなミスが続いてしまうことがありそうです。集中力が低下しやすい日だと思って、気を引き締めておきましょう。
23 木	○	問題が発覚したときは、これまでの経験を活かして対処すると、うまく解決できそう。解決できそうにないときも落ち込まずに、「自分が成長すべき点がわかった」と前向きに受け止めましょう。
24 金	◎	計算ミスや数字のチェックミスをしやすい日。周囲からの指摘で問題を回避できることがありそうです。助けてもらえたら、お礼を忘れずに。
25 土	▽	日中は、思った以上にいい流れに乗れるでしょう。ランチを楽しめたり、会話も弾みそうです。夕方以降は、マイナスな情報に振り回されてしまうことがあるので、気をつけましょう。
26 日	▼	予定が急にキャンセルになったり、予想外の渋滞が起こったりして、計画通りに進まないことがありそう。イライラしないで、「貴重な体験ができた」と思っておきましょう。
27 月	✕	速く仕事を進めようとすると雑になってしまうので、注意が必要です。ただ、ゆっくりやると周囲に迷惑をかけてしまうことも。「速くていねいに」を心がけましょう。
28 火	▲	大事なものが壊れたり、失くなってしまいそうな日。しまった場所を忘れてしまうこともあるので、大事なものは必ずメモをしておきましょう。

☆ 開運の日　◎ 幸運の日　● 解放の日　○ チャレンジの日　□ 健康管理の日　△ 準備の日　▽ ブレーキの日
■ リフレッシュの日　▲ 整理の日　✕ 裏運気の日　▼ 乱気の日　＝ 運気の影響がない日

3月

▼ 乱気の月

2023

開運 3 カ条

1. 慌てず冷静に判断する
2. 別れを覚悟する
3. たくさん笑う

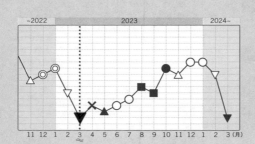

| ~2022 | 2023 | 2024~ |

11 12 1 2 3 4 5 6 7 8 9 10 11 12 1 2 3 (月)

総合運

「乱気の年」の「乱気の月」 大きな決断は避けておいて

「五星三心占い」の運気でもっとも注意が必要な「乱気の年」の「乱気の月」。極端に恐れる必要はありませんが、無理に挑戦をしたり、今後を左右するような大きな決断を下すのは避けて、流れに身を任せるようにしましょう。予想外の出来事にも焦らず、状況をよく観察して原因を探ること。とくに人間関係が乱れやすく、ネガティブな考えに縛られて精神的に苦しくなることもありますが、救ってくれる人は必ずいるので、その存在を忘れないでください。

恋愛＆結婚運

恋人との突然の別れや大ゲンカ、どちらかの転勤が決まって遠距離になるなど、予想外の展開がありそうです。相手の浮気が発覚したり、じつは既婚者だったという場合も。ここで縁を感じられない人に執着してしまうと苦しむ原因になるので、去る者は追わないようにしましょう。また、今月はじめて会う人はあなたの運命を大きく狂わせる可能性が高いのでほどよい距離を保ちましょう。結婚運は、破談になったり話がこじれやすいのでそっとしておくこと。

仕事運

面倒事や急な仕事を押しつけられたり、慌ただしいときに限って予想外のトラブルに巻き込まれたりすることがありそう。不得意な仕事や突然の部署異動、苦手な上司や先輩、振り回してくる取引先との仕事で精神的に参ってしまうことも。仕事を辞めたくなっても、ここで簡単に逃げないことが大切です。周囲と協力し合って、これまで関わった人や支えてくれた人のために取り組めば壁を乗り越えられるでしょう。恩返しと感謝の気持ちを忘れないように。

金運＆買い物運

生活に必要な買い物は問題ありませんが、それ以外はできるだけ購入を控えて、貯蓄に回すといいでしょう。「乱気の月」の乱れた心では、冷静な判断ができなくなる場合があります。無駄に高いものやブランド品を購入したり、下手にローンを組んだりすると、その後の生活が苦しくなることも。油断しているとお金をだましとられることもあるので、気をつけましょう。投資などは休止して、情報集めや勉強をするといいでしょう。

美容＆健康運

今月もっとも注意が必要なのは「体調面」です。心身ともに疲れを感じることや、調子を崩してしまうことがありそう。休みの日には何もしないでボーッと過ごしたり、おもしろい動画や芸人さんのネタを見聞きして笑ってみると、気持ちが晴れるでしょう。疲れるからといってダラダラするとさらに体調が悪くなるので、元気な日は、散歩をしたり、家でストレッチや少し汗が出る程度の筋トレや運動をしてみるといいでしょう。

開運のつぶやき ▶ 準備のできない人に運は味方しない。

1 水	＝	目新しいことに興味がわいてしまいそうですが、今日は目の前のことに集中しておきましょう。ふだん注文しないメニューを選ぶと、失敗することがあっても、おもしろい発見はありそうです。
2 木	＝	失敗を避けすぎるよりも、失敗から学ぶことが大事。ただし、単純なミスや同じような失敗は繰り返さないようにしましょう。覚えられないことや大切なことはメモをとって、見えるところに貼っておくといいでしょう。
3 金	■	外出する前にしっかり鏡を見て、自分が他人からどんなふうに見えているのかを確認してみて。ついでに笑顔の練習をして、「今日も楽しい1日になる」とつぶやいてみると、素敵な1日になるでしょう。
4 土	■	しっかり体を休めたり、のんびりするといい日。ただし、ダラダラするのはよくないので、ノリのいい曲をかけながら部屋の片付けをしてみましょう。予定がある人は、こまめに休憩することを忘れないように。
5 日	●	前向きな気持ちになれたり、楽しい時間が多くなる日。友人や知人と過ごすと、たくさん笑うことができそう。あなたを振り回すような異性から連絡がくることもありますが、相手に合わせすぎないようにしましょう。
6 月	△	しっかり確認をしないまま進めて、すべてやり直しになったり、チェック漏れなどが見つかることがありそうです。周囲に迷惑をかけないように、いつも以上にていねいに、かつ慎重に仕事に取り組みましょう。
7 火	＝	長年付き合ってきた人の残念なところを知ってしまいそう。家族や身近な人であっても、人を理解するまでには時間がかかるもの。相手にもあなたの弱点や欠点が見えている日でもあるので、気を引き締めましょう。
8 水	＝	出費が激しくなりそうな日。ネットで無駄なものを購入したり、衝動買いをしてしまいそう。大事なものを壊して、買い替えるハメになる場合も。注意して過ごしましょう。
9 木	▽	「厳しいことを言うから嫌い」などと、子どものような判断をしないこと。厳しいことを口にして、嫌われ役を演じてくれている人に感謝し、自分の成長を見せられるように努力しましょう。
10 金	▼	予想外のトラブルがあったり、周囲の人に振り回されそうな日。流れに逆らわないで、いまできる最善をつくすことが大切です。夜はゆっくりお風呂に入って、頑張った自分をほめるといいでしょう。
11 土	✕	予定が急にキャンセルになったり、体調を崩して寝込んでしまいそうな日。今日は無理をしないでのんびり過ごすといいでしょう。テレビや映画を観てゆっくりしましょう。
12 日	▲	部屋を片付けるにはいい日ですが、張り切りすぎると、食器や花瓶を割ってしまうかも。ていねいに行動する1日にしましょう。外出先でも忘れ物や失くし物をしそうなので、注意が必要です。
13 月	＝	朝から予想以上に忙しくなったり、人手が足りない状況になってしまいそう。不満や文句を言わないで、目の前の仕事に集中するようにしましょう。
14 火	＝	行動が雑になってしまったり、チェックがいい加減になってしまいそう。油断しないように気を引き締めて1日を過ごしましょう。
15 水	■	平常心を保つことが大切な日。イライラを表に出すと、運気が乱れてさらに面倒なことが起こってしまいます。笑顔で過ごせるように、何事も前向きにとらえるようにしましょう。

16 木	■	心身ともに疲れやすい日。今日は無理をしないで、ペースを少し落とすといいでしょう。しっかり休憩をとって、周囲の人と雑談を楽しむ時間などもつくってみましょう。
17 金	●	少し気持ちが楽になったり、頑張ってよかったと思えそうな日。些細なものでいいので、自分へのご褒美やおいしいスイーツを購入してみるといいでしょう。ゆとりがあれば周囲にもご馳走してみて。
18 土	△	大きな失敗をしそうな日。事故やケガにはとくに注意が必要です。段差で転んだり、食べ物やドリンクをひっくり返して服を汚してしまうようなドジもしやすいので、気をつけましょう。
19 日	＝	久しぶりに親友に会ってみるといい日。突然でもかまわないので連絡してみましょう。思い出のある場所やお店に行くにもいい運気です。やる気に満ちていたころの自分や、当時の目的や目標を思い出せるかも。
20 月	＝	あなたに注目が集まるのはいいですが、面倒事も一緒に集まってくるので気をつけましょう。後輩や部下にご馳走することになったり、予定外の出費が増えてしまうことがありそうです。
21 火	▽	「謙虚な心」と「謙虚な姿勢」は似ているようで違うもの。謙虚な姿勢でいたとしても、そこに感謝がなければただの格好だけ。謙虚な心で相手の言葉や指摘を受け入れられると、成長できるでしょう。
22 水	▼	心労が重なりやすい日。余計な心配をしたり、不安になりすぎないようにしましょう。前向きなことや、明るい未来の景色をもっと想像するといいでしょう。
23 木	✕	ソリの合わない人はいるものですが、相手を否定しないで「おもしろい人だな」と思ってみると、少し許すことができたり、気持ちが楽になるでしょう。どんなことでも「おもしろい」と思う気持ちを忘れないように。
24 金	▲	慎重に仕事を進めないと、信用を失うことになりそうな日。遅刻をしたり、約束を忘れたりしないように気をつけましょう。間違ってデータを消して、トラブルになることもありそうなので、何事もしっかり確認するように。
25 土	＝	最新の映画を観たり、ふだんは行かないお店に足を運んでみると、おもしろいものを見つけられそう。本屋さんでは、いまのあなたに必要な本に出会えそうなので、時間をつくって行ってみるといいでしょう。
26 日	＝	少しくらい思い通りに進まなくても、ヘコまないように。少しでも時間があったら、本を読んだり前向きなことを想像してみるといいでしょう。スマホを見ない時間を、意識してつくってみるのもオススメです。
27 月	■	他人のミスのしわ寄せがきたり、あなたの伝え方がうまくいかず、二度手間になってしまうことがありそう。仕事の進め方をよく考えて、もっと工夫してみるといいでしょう。
28 火	■	油断していると、風邪をひいたり体調を崩してしまいそうな日。肌荒れや謎の湿疹が出てしまうことがあるので、スキンケアや保湿はしっかりしておきましょう。ビタミンが豊富な食事や飲み物を選んでみるといいでしょう。
29 水	●	仕事や用事の合間に、少し気になる人へメッセージを送ってみるといい日。進展を望むというよりも、ただ連絡し合ったり、かまってくれる存在がいるとわかると、気持ちが楽になりそうです。
30 木	△	誘惑に負けてしまいそうな日。「あと少しだけ」と二度寝すると、遅刻したりスマホや財布を忘れて大慌てすることになるかも。事前準備と確認を念入りにすることを忘れないように。
31 金	＝	何年ぶりかわからないような人と再会したり、SNSを通じて連絡がくることがありそう。少し用心は必要ですが、話してみるといいでしょう。嫌な予感がするときは、すぐに離れるか、縁を切りましょう。

☆ 開運の日　◎ 幸運の日　● 解放の日　○ チャレンジの日　□ 健康管理の日　△ 準備の日　▽ ブレーキの日
■ リフレッシュの日　▲ 整理の日　✕ 裏運気の日　▼ 乱気の日　＝ 運気の影響がない日

4月

2023

× 裏運気の月

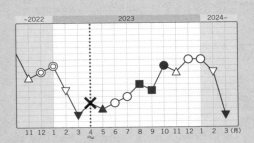

~2022 2023 2024~

11 12 1 2 3 4 5 6 7 8 9 10 11 12 1 2 3 (月)

総合運

周囲と噛み合わなくなりそう
ポジティブな発言を心がけて

ネガティブな情報に振り回されたり、周囲とうまく噛み合わなくなってしまいそうな時期。あなたの裏の「羅針盤座」の能力がアップする時期であり、真面目に取り組むのはいいですが、マイナス思考も強くなってしまうので要注意。前向きな言葉やポジティブな発言を心がけながら生活しましょう。また、面倒な人に突っ込まれてヘコんでしまうことがありそうなので、私生活の話を軽はずみにしたり、SNSに上げたりしないように。

恋愛＆結婚運

予想外の相手と急接近できるという点では一見いい運気に思えますが、相手が既婚者だったり、すでに恋人がいるケースもありそうです。遊ばれて体だけの関係で終わってしまう可能性も。軽はずみに飛び込まないで、しばらく様子をみるほうがいいでしょう。心の隙が多くなる時期でもあり、寂しいからといって異性に振り回されていると、いい出会いを逃しやすいので気をつけましょう。結婚運は、自分に足りない部分は何かを考えることが大事なときです。

仕事運

仕事を辞めたい気持ちが強くなったり、無理な仕事を押しつけられてしまうことがある時期。取引先のトラブルやワガママに振り回されて、心身ともに疲れてしまうこともありそうです。ハードな筋トレをしている時期だと思って、「もっと負荷をかけよう」と自ら苦しいほうに進んでみると、逆に助けてもらえたり協力者が出てくることがあるでしょう。逃げることを考えるよりも、自分を鍛えるつもりで試練を受け止めてみましょう。

金運＆買い物運

不要な出費をしてガッカリしてしまいそうな時期。「いまだけのキャンペーン」「お得な」などの言葉にだまされたり、強引な営業に負けたりすることがありそうです。断る練習だと思ってハッキリと「いりません」と言えるようにしましょう。ネットでの買い物は一見安いと思っても送料が高くつく場合があるので、値段の比較をしておくこと。投資などの資産運用もこの時期は避けたほうがいいので、どうしてもはじめたい場合は慎重に判断しましょう。

美容＆健康運

ストレスや疲れから謎の肌荒れに悩まされたり、虫刺されや見えない部分がガサガサになってしまうことがありそうです。スキンケアや保湿はサボらないようにしましょう。風邪をひいたり髪が傷んだりすることもあるので、湯船に浸かってゆっくりする時間をつくり、髪はきちんと乾かしてから寝ること。また、軽く運動をしたほうがいい時期です。テレビやスマホを見ながらでも、腹筋やスクワットなどを数回やっておくようにしましょう。

開運のつぶやき ▶ 努力は苦しくない、サボった後のほうがもっと苦しい。

1 土	＝	平穏無事な1日を送れそうですが、気がつくと出費がかさんでいるかも。欲望に負けて余計なものを購入したり、見栄で人にご馳走してしまうこともありそうです。少額でもいいので、寄付をするといいでしょう。
2 日	▽	どんな小さな約束でも、思い出したら守るようにしましょう。「今度ごはんでも」と言ったのに、まだ行けていない人がいるなら、食事に誘ってみること。また、借りたものがあるなら、しっかり返すこと。
3 月	▽	自分とは違う考えの人に振り回されてしまいそうな日。相手にも立場や状況があるので、「仕方がない」と受け止めるようにしましょう。「この人はこういう人なんだ」と学べたことが、ラッキーだと思っておくといいでしょう。
4 火	✕	批判的な人の言葉に振り回されそうな日。相手が手本を見せてくれる人なのか、口だけの人なのか、しっかり判断するようにしましょう。口だけで手本を見せられない人とは、距離をおくことも大切です。
5 水	▲	他人のズルい部分ばかり見ていると、嫌な気持ちになってしまうだけ。素敵なところや魅力を探すよう心がけましょう。自分のいいところも、もっと見つけてみるといいでしょう。
6 木	＝	面倒に感じたり、つらいと思うのは、自分がまだ成長できる証。足りないところを突きつけられているなら、学んで成長するか、工夫をするかしかないもの。誰かの責任にしないで、しっかり前に進みましょう。
7 金	＝	ただがむしゃらに動くのではなく、一度立ち止まって考えることも大切です。今日は周囲をしっかり観察したり、自分のポジションを確認して、これからやるべきことを見つけてみるといいでしょう。
8 土	□	今日と明日は、日ごろの疲れをしっかりとるように努めましょう。昼寝をしたり、ハーブティーを飲んだりするのもオススメ。読書や好きな音楽を楽しむ時間をつくってみるのもいいでしょう。
9 日	■	午前中にできるだけ用事を済ませて、午後はゆっくり過ごしましょう。すでに予定がある場合は、早めの帰宅を心がけ、夕食の時間も早めて、たくさん寝られる工夫をするといいでしょう。
10 月	●	気分で生活や仕事をしないで、しっかり気持ちを込めて取り組むことが大切。気分に左右されるとブレてしまいますが、気持ちを入れれば相手にも伝わり、自分の成長にもつながるでしょう。
11 火	△	遊び心は大切ですが、「破壊も遊びのひとつ」などと思っていると、大事なものを失うだけ。自分も周囲も笑顔になるような遊び心をもつようにしましょう。みんなを楽しませるための工夫を忘れずに。
12 水	＝	中途半端になっていることを最後まで終わらせるか、キッパリ諦めるかをハッキリさせるといい日。読みかけの本を読み直してみたり、不要なものを手放してみると、気持ちが楽になるでしょう。
13 木	＝	刺激のあることを見つけられそうな日。少しの刺激は前に進むきっかけになるので、ときには面倒なことにも首を突っ込んでみるといいでしょう。ただし、急な出費をしやすい日でもあるので、心構えをしておきましょう。
14 金	▽	日中は、少し難しくても挑戦してみると、学べることがありそう。いい結果につながることもあるでしょう。夕方あたりからは、安全と思われるほうに進むよう、慎重に判断して行動しましょう。
15 土	▼	口のうまい人にだまされたり、不要な契約やローンを組まされてしまいそうな日。嫌なときはハッキリと断ったり、離れるようにしましょう。甘い話やオイシイ話、「あなただけにお得な情報」はないので、気をつけるように。

16 日	✕	予想外の人と出会えたり、仲よくなれる日。短時間ならいいですが、深入りすると、あとで痛い目に遭ったり、振り回されることになりそう。相手の言動などを冷静に判断して、ほどよい距離感を保ちましょう。
17 月	▲	相手の「よかれと思って」の言葉を面倒に感じてしまったり、人の善意がうまく伝わってこない。苦手だと思うのではなく、「相手はどういう意味で言っているのか」をしっかり考える練習だと思うといいでしょう。
18 火	＝	感謝の気持ちを言葉に出すのはいいですが、本心から発せられるものにならないと、本当の感謝にならないでしょう。本気で感謝できるようになったとき、人生は一気に好転するもの。
19 水	＝	雑な部分があると突っ込まれてしまうもの。自分に足りない部分を教えてもらえることで、のちの人生がいい方向に進むのを忘れないように。小言や文句にも「ありがとうございます」と言えるようになりましょう。
20 木	□	積極的に行動をするのはいいですが、ペース配分を間違えないように。夜まで体力が続くよう調整したり、休憩時間をしっかりとるようにしましょう。
21 金	■	急に疲れを感じたり、体調を崩しやすい日。油断しているとケガをしてしまうことも。自分が思っている以上に注意力が低下しているので、気をつけましょう。
22 土	●	しっかり休むのもいいですが、休みの日に仕事に活かせることを探したり、遊びの中から話のネタを探すことも大切です。この「些細な積み重ね」が、「人生の差」になっていくと覚えておきましょう。
23 日	△	誘惑に負けてしまいそうな日。暴飲暴食をしたり、うっかり不要なものを買ってしまうことも。遊ぶなら、遊園地やイベントなどに行って思い切り楽しむといいでしょう。ただし、ドジな失敗をしやすいので気をつけること。
24 月	＝	経験を活かせる日ですが、足りない部分も見えてきそう。付き合いの長い人から言われた言葉は、しっかり受け止めるようにしましょう。仲がよいからこそ、ハッキリ言ってくれていることもあるので、感謝の気持ちを忘れずに。
25 火	＝	目先のことだけを考えて仕事をしていると、苦しくなってしまいそう。「10年後に笑顔でいるためには、どう成長して何を学ぶべきか」をしっかり考えるといいでしょう。
26 水	▽	日中はいい流れに乗れて、仕事もいい調子で進みそう。少し図々しいくらいに振る舞うのがよさそうです。笑顔で挨拶をして、元気をアピールしましょう。夕方以降は、振り回されて無駄な時間が増えてしまいそう。
27 木	▼	疲れて体調を崩しやすい日。肌が荒れたり、人には簡単に言えない悩みも出てきてしまいそう。ストレス発散のために、笑える動画や芸人さんのネタを見てみると、気分がスッキリするでしょう。
28 金	✕	失ったことをいつまでも後悔していても無意味です。グチグチ考えないで、今日は勉強になりそうなことや、気になることを学んでみるといいでしょう。とくに「苦手に感じていたこと」に挑戦すると、楽しく学べそうです。
29 土	▲	大掃除をするといい日。「もったいない」という理由だけで置きっぱなしにしているものや、使わない調味料、いただきものなどは一気に処分しましょう。間違って大事なものまで処分してしまわないよう、確認はしっかりすること。
30 日	＝	気になっていたお店に行ってみたり、少し生活を変えてみるなど、新しいことに挑戦してみるといい日。新たな発見や刺激があって前向きになれたり、考え方や発想を変えるきっかけにもなりそうです。

☆ 開運の日　◎ 幸運の日　● 解放の日　○ チャレンジの日　□ 健康管理の日　△ 準備の日　▽ ブレーキの日
■ リフレッシュの日　▲ 整理の日　✕ 裏運気の日　▼ 乱気の日　＝ 運気の影響がない日

5月 2023

▲ 整理の月

総合運

区切りがつく時期
次にやるべきことを見つけて

良くも悪くも区切りのつく時期。「どんなに頑張っていたとしても、終わりを迎えることがある」ということを忘れないようにしましょう。人との縁が切れることに慣れる必要もありそうです。「離れていく人にも事情がある」と受け止めましょう。執着していると前に進めなくなるので、次にやるべきことや、これから学ぶべきことを見つけるようにしましょう。今月は、遅刻やドタキャンなどは絶対にしないこと。小さな約束も守るように心がけましょう。

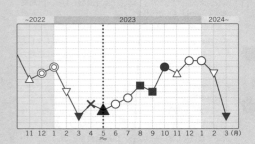

恋愛＆結婚運

恋人のいる人は、すれ違いからケンカや別れ話になってしまうことや、気持ちが一気に冷めてしまうことがありそう。ここで縁が切れる人とは相性が微妙な場合が多いので、気持ちを切り替えましょう。片思いの恋も、相手に恋人ができてしまったり、連絡をしても冷たい態度をとられることがありそうです。新しい出会い運も期待が薄いので、ひとりでいる時間を楽しみましょう。結婚運は、自分に足りない部分を鍛えたり、学ぶ期間にするといいでしょう。

仕事運

突然ポジションが変わって、これまでとは違う仕事を任されたり、新しい人間関係をつくる必要が出てきそうです。変化を前向きにとらえられれば問題ないですが、「以前のような仕事や体制がよかった」とこだわると苦しく感じてしまうかも。今月から気持ちを切り替えて新しい流れを受け入れ、しっかり準備をしておくといいでしょう。職場での口約束は、きちんと守らないと信用を失くす原因になるので、軽はずみなことは言わないようにしましょう。

金運＆買い物運

家電が急に壊れたり、スマホを落として画面を割ってしまうなど、予想外の出費が増えそうな時期です。気がついたら財布からお金がドンドンなくなっていたり、給料日前にお金が足りなくなって貯金を崩すことになる場合も。財布や家の鍵を失くすなど、これまでにないミスもしやすいので気をつけましょう。投資や儲け話は大損する危険性があるので、今月は様子を見るだけにしておきましょう。

美容＆健康運

ここ数か月の疲れやストレスが一気に出てきてしまいそうな月。疲れを感じたら、しっかり休むようにして、休日はのんびり過ごすといいでしょう。人との関わりが好きなのはいいですが、気を使う人とは距離をおいて、楽しく話ができる人やたくさん笑える人と一緒に過ごすといいでしょう。美意識を高めてスキンケアに力を入れるよりも、体力づくりのために軽い運動をしたほうが、結果的に肌の調子もよくなりそうです。

1 月	=	視野を広げるにはいい日。自分中心に考えないでほかの人の目線で考えてみると、新しい発見ができたり、これからやるべきことも見えてくるでしょう。相手から見た自分の姿をもっと想像してみましょう。
2 火	□	面倒に思うことは、先に済ませておくといい日。後回しにすると重荷に感じてしまったり、疲れて集中できなくなってしまいます。今日は早めに帰宅して、ゆっくりする時間もつくっておきましょう。
3 水	■	今日は少しペースを落として、無理をしないようにしましょう。急がずていねいに仕事をしたり、周囲を冷静に観察してみると、大切なことに気づけそうです。
4 木	●	少し気持ちが楽になりそうな日。苦手な人と距離をあけられて、仕事もいい感じに進められそう。ご馳走してもらえるなどのラッキーな展開もあるかも。
5 金	△	これまでにないミスをしやすい日。大事なデータを間違えて消してしまったり、操作ミスをしてしまいそう。確認作業はしっかり行いましょう。数字や金額は、とくに念入りに見ておくように。
6 土	=	友人からの誘いを待っているなら、自分から連絡をしたほうがいい日。久しぶりに深い話ができそうです。相手からの指摘はしっかり受け止めるようにしましょう。
7 日	=	買い物に出かけるのはいいですが、不要なものまで購入したり、見栄を張って高いものを選んでしまいそう。身の丈に合わない買い物をしないように気をつけましょう。
8 月	▽	午前中は頭の回転もよく、テキパキ仕事ができそうです。大事な仕事は先に終えておくといいかも。夕方以降は、ワガママな人に振り回されてしまうことがありそうです。
9 火	▼	自分の考えだけが正しいと思い込んでいると、トラブルになってしまいそう。人にはいろいろな考え方や正義があるものなので、相手のことも尊重するようにしましょう。
10 水	×	どんなことからも学べて、なんでも成長のきっかけにできるもの。失敗や挫折も「自分を鍛えてくれる経験」だと思って、前向きにとらえるようにしましょう。温かく見守ってくれる人に感謝を忘れないように。
11 木	▲	不向きなことや苦手なことが見えてくる日。すべてができる人はいないので、負けを認めて得意な人にお願いするか、少しでも弱点を克服するように努めましょう。
12 金	=	仲間や友人を大切にするのはいいですが、執着すると互いの能力を伸ばせなくなるだけ。今日は人との距離を少しあけて、実力を身につけられるようひとりで努力したり、相手の成長を遠くから願うといいでしょう。
13 土	=	気になるイベントやライブ、遊園地などに行くといい日。遊ぶときはしっかり遊んで楽しむことが大切です。サービス精神を学び、少しでも見習うようにするといいでしょう。
14 日	□	ストレス発散に時間を使うといい日。音楽を聴いたり、友人と話したり、昼寝をするのもオススメです。湯船にしっかり浸かり、少し早めに寝るとよさそう。
15 月	■	昨日の疲れが出てしまいそう。今日に備えてしっかり休んだ人は調子のよさを感じられそうですが、遊びすぎた人は集中力が低下してしまうかも。食事のバランスを整えて、自分の体のことをもっと真剣に考えるようにしましょう。
16 火	●	どんな仕事にも真剣に取り組み、本気の姿勢で臨むことが大切。手を抜いて仕事をしても、自分の魅力や才能は開花しないもの。いまある仕事に感謝を忘れないで、目の前のことに集中しましょう。
17 水	△	「楽しむこと」と「楽しませること」は大きく違うもの。今日は自分が楽しむよりも、相手に楽しんでもらうことを優先するといいでしょう。相手のことをよく考えて行動してみて。
18 木	=	経験不足を感じる出来事が起きそうな日ですが、工夫をすれば乗り越えられるでしょう。うまくいかなくてもガッカリしないで、同じ失敗を繰り返さないよう心がけるようにしましょう。
19 金	=	計算ミスをしたり、時間が足りなくなってしまうなど、油断をしやすい日。もっとしっかり計画を立てて、隙がないようにしておきましょう。「10分前行動」を意識するなど、何事も早めに行動することが大事。
20 土	▽	ゆっくり音楽を聴いたり、じっくり本を読む時間をつくるといい日。スマホやネットとは距離をおいてみると、時間の使い方が変わってくるでしょう。「時間は命」だと忘れないように。
21 日	▽	やさしさは大切ですが、手助けはときにお節介になってしまうことも。手を差し伸べながらも、相手がひとりで立ち上がる力をつけられるよう、温かく見守ることもやさしさだと忘れないようにしましょう。
22 月	×	勝手に心配したり、悩んでしまいそうな。素直に周囲の言葉に耳を貸せなくなってしまうこともあるので気をつけましょう。前向きな言葉にもっと敏感になっておきましょう。
23 火	▲	何事もシンプルに考えることが大切な日。自分ひとりでできることはそれほど多くないもの。「自分の得意なことで周囲を笑顔にできるとしたら何か」を考えて行動するといいでしょう。
24 水	=	不慣れなことに挑戦するのはいいですが、結果が出なくても焦らないようにしましょう。難しいと感じるときは、「クリアするのが難しいゲーム」だと思って、攻略する方法を考えてみるのがオススメです。
25 木	=	周囲に甘えていると、厳しい結果を突きつけられてしまいそう。意地を張るよりも、素直に負けを認めてしまったほうがよさそうです。もっと素直になって、自分のやるべき仕事に真剣に取り組むといいでしょう。
26 金	□	気分で仕事をしていると、いつまでもブレるだけ。もっと気持ちを込めて仕事に取り組むようにすると、安定してくるでしょう。相手や周囲によろこんでもらえるように努めてみましょう。
27 土	■	体調を崩しやすい日なので、無理は禁物。ゆっくり休んで、日ごろの疲れをとるようにしましょう。すでに予定が入っている場合は、暴飲暴食や体力的に無理な行動は避けるように。
28 日	●	急な誘いがありそうな日。過度な期待はしないほうがいいですが、楽しい時間を過ごせそう。帰りの時間を忘れて遊びすぎてしまうと、次の日に響いたり、生活リズムが乱れるので気をつけましょう。
29 月	△	寝坊や遅刻、小さなミスが重なってしまいそうな日。事前の準備と確認を怠らないようにしましょう。段差でつまずいて転んだり、ケガをすることもあるので要注意。
30 火	○	実力を発揮できる日ですが、自分の実力不足を知ることもあるでしょう。「まだ成長できる部分があるのを知れて、ラッキーだった」と受け止めるようにしましょう。叱ってくれる人への感謝も忘れずに。
31 水	○	自分の進みたい方向とは違っていても、求められたことには素直に応えるといい日。自分のことよりも、「周囲や相手のために、何ができるのか」を考えて行動してみましょう。

☆ 開運の日　◎ 幸運の日　● 解放の日　○ チャレンジの日　□ 健康管理の日　△ 準備の日　▽ ブレーキの日
■ リフレッシュの日　▲ 整理の日　× 裏運気の日　▼ 乱気の日　= 運気の影響がない日

6月

2023

○ チャレンジの月

総合運　ゆっくりと新しい流れに 人の集まりに参加して

ゆっくりですが、環境や変化に慣れて前向きな気持ちになれる時期。ただし、2月から4月にかけて起こった、人との別れや心を乱された出来事などを引きずっていると、今月も落ち込んでしまうことに。人の集まりに参加して楽しんでみたり、何事もポジティブに受け止めるように心がけましょう。新しい流れがきて忙しくなりますが、学べることも増えてくるので、マイナスに受け止めないように。至らない部分はこの先の宿題だと思っておきましょう。

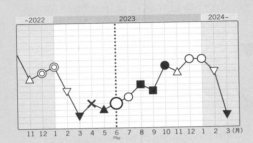

恋愛＆結婚運

これまでとは違うタイプの人に目がいくようになったり、違ったパターンの出会いが訪れそうな時期。ただし今年の出会いは、予想以上に振り回されたり、面倒なことに巻き込まれる可能性があります。ほどよい距離感を保って、片思いを楽しむくらいのほうがいいでしょう。「寂しいから」と相手に飛び込むより、「恋愛は遊び」と割り切ることが大切。結婚運は、しばらく変化がないので過度な期待はせず、ネガティブな発言をしないように意識しましょう。

金運＆買い物運

これまでとは違う感じのお店が気になったり、欲しいものが変化してくる時期。試しに入ったお店で気になるものを見つけられそうですが、手が届かないような値段のものが欲しくなることも。また、美容にお金をかけたくなる時期でもありますが、高額な買い物や長期的な契約をするには不向きな時期なので、慎重に判断しましょう。投資や資産運用は、なくなっても惜しくない額で行うくらいがよさそうです。うまくいっても調子に乗らないように。

仕事運

不慣れな仕事や環境に少し慣れはじめる時期。問題や不満のすべてが解決するわけではありませんが、希望の光ややるべきことがしっかり見えてくるでしょう。なんでも「苦手だ」と思い込まないで、自分の成長できる部分や苦手な人のいいところを探す時期だと前向きにとらえましょう。出社時間や生活リズムを変えてみることで、いい気分転換になったり、やる気がわくこともありそうです。仕事関係者との付き合いも楽しめるようになるでしょう。

美容＆健康運

気持ちが少し楽になる時期に入るので、肌や体の調子もいい感じになってくるでしょう。周囲の人たちと笑顔で話せる時間が増えたり、軽い運動をする時間もつくれそうです。美意識のレベルを上げるのはいいですが、お金をかけすぎてしまったり、身の丈に合わないことをはじめたくなる場合があるので、自分の収入やかかる費用をしっかり考えてから行動に移しましょう。気分転換をすることも忘れないように。

1木 ▽	日中は、いい流れで仕事ができ、問題なく進められそう。夕方あたりからは、ネガティブな情報や上司の機嫌、年下の人に振り回されてしまうことがあるので、気をつけておきましょう。
2金 ▼	マナーの悪い人にイライラしたり、エラそうなことを言ってくる人にムッとすることがありそうな日。今日は平常心を鍛える日だと思って、相手の成長に期待しておきましょう。
3土 ×	異性からの連絡には注意が必要。一見楽しそうな集まりでも、気持ちをもてあそばれたり、時間とお金の無駄遣いになってしまいそう。過度な期待はガッカリの原因になるのでほどほどに。
4日 ▲	部屋の掃除や片付けをするといい日。思い出のあるものほど見えないところにしまい、年齢に見合わない幼稚なものは処分しましょう。時間を無駄にしてしまうアプリも消しておきましょう。
5月 =	ゆっくりですが、やる気がわいてくる時期。未経験のことや新しいことへの挑戦を楽しんで、何事も試しにチャレンジしてみるといいでしょう。新しい情報もしっかり入手しておきましょう。
6火 =	余計なことを考えるよりも、まずは目の前のことに集中することが大切な日。考える前に行動するほうがいい流れに乗れるので、些細なことでも積極的に取り組んでみましょう。
7水 □	周囲の意見に合わせるのもいいですが、自分の考えや意見をしっかりもっておくことが大切。ただ、発言するときは、タイミングと言葉を選ぶようにしましょう。
8木 ■	体調を崩しやすい日。あなたが思っている以上に、疲れやストレスがたまっているでしょう。昼休みにしっかり体を休ませたり、こまめに休憩をとるのがオススメ。肌荒れで悩むこともありそう。
9金 ●	少しだけワガママが許される日。日ごろから周囲にやさしくしているなら、今日は、周りの人があなたの要望に応えてくれそう。感謝の気持ちを忘れずに、「みんなで笑顔になることが大切」と心がけましょう。
10土 △	小さなミスを連発したり、スマホを見てばかりで無駄な時間を過ごしてしまいそうな日。しっかり予定を決め、事前によく調べてから行動するようにしましょう。うっかりしていて、ものを壊す場合もあるので気をつけて。
11日 ○	付き合いの長い人に相談をすると気持ちが楽になりそうです。話を聞いてくれたことに感謝を忘れず、愚痴や不満ばかり言わないように気をつけましょう。前向きな話をすることも心がけて。
12月 ○	笑顔で挨拶することで、いい1日を過ごせる日。自分から先に挨拶すると、運気がアップするでしょう。どんな仕事も楽しみながら取り組むことができそう。
13火 ▽	日中は、気分よく仕事を進められそう。周囲の協力も得られて満足できそうです。ただし、夕方あたりから他人のトラブルに巻き込まれたり、急な仕事を任されて残業になってしまうかも。長い会議にハマってしまうことも。
14水 ▼	悩みや不安を自らつくってしまいそうな日。何も問題が起きていないのに、余計な心配をしないようにしましょう。ウワサやウソにも振り回されやすいので、アヤしい情報は聞き流すことも大切。
15木 ×	よかれと思ってしたことが、裏目に出てしまいそうな日。親切心や思いやりが伝わらない人もいるので、気にしないようにしましょう。「人にはいろいろ事情がある」ということを忘れないように。
16金 ▲	身の回りを片付けたり、拭き掃除をするといい日。散らかったままの部屋では運気もよくならないので、出社する前に少しでも片付けましょう。職場でも、気がついたところはきれいにしましょう。
17土 =	はじめて行く場所やお店でいいものを発見できそうです。ふだんなら入らないお店に、今日は思い切って入ってみるといいでしょう。いまは手が届かなくても、「将来手に入れたい」という夢ができそうです。
18日 =	フットワークが軽くなりそうな日。友人や知人に誘われた場所に行ってみると、おもしろい出会いがあったり、いい体験ができそうです。ケチケチしていると視野を狭めてしまうので、少しくらいの出費は覚悟しておきましょう。
19月 □	時間にもっとこだわって仕事や生活をするといい日。なんとなく仕事をするのではなく、「この仕事は10分以内に終わらせる」など細かな目標を立てて動いてみると、いい結果につながりそう。
20火 ■	集中力が途切れてしまうときは、温かいお茶やコーヒーを飲んで、少しボーッとする時間をつくってみましょう。頭のなかが整理されて、仕事に集中できるようになりそうです。
21水 ●	急に注目を浴びることになったり、周囲から意見を求められそうな日。素直に言葉に出すのはいいですが、面倒なことを背負う流れになる場合も。発言するときは、落ち着いて冷静に考えてからにしましょう。
22木 △	珍しい忘れ物をしたり、時間を間違えてしまうなど、ドジな1日になってしまうかも。数字や金額はしっかりチェックしていても、日付を間違えている場合などがあるので、油断しないようにしましょう。
23金 ○	苦労を苦労のままにするのか、経験として活かせるように知恵をしぼるかで、人生は大きく変わるもの。人生に失敗はないので、反省を活かせるように努めるといいでしょう。
24土 ○	買い物をするにはいい日ですが、欲しいものをメモしてから出かけましょう。フレンドリーな店員さんにのせられて、不要なものまで買ってしまうことがありそうです。
25日 ▽	友人をランチに誘って話をすると、気持ちが晴れる日。前向きな話や恋愛話で盛り上がりそうです。夕方からは、急な誘いをOKすると深夜までダラダラしてしまい、疲れがたまってしまうかも。長居はほどほどにしておきましょう。
26月 ▼	二度寝をして寝坊したり、アラームを設定し忘れて、朝から焦ってしまいそうな日。ほかにも、時間を間違えたり、大失敗することもあり得るので、落ち着いて行動しましょう。確認も忘れず行うこと。
27火 ×	苦手な人と一緒にいる時間が増えてしまいそうな日ですが、相手はあなたと話すことが楽しいようです。笑顔で話を聞いてあげたり、うまく励ますといいでしょう。疲れは家でとるようにしましょう。
28水 ▲	失恋したり、人との縁が切れてしまいそうな日。メッセージを送っても返事がこなかったりして、距離をおかれていることに気づくケースも。別れたい相手がいるなら、思い切って別れを切り出すにはいい日です。
29木 =	髪型や服装を少し変えるなど、変化を楽しむといい日。ふだんとは違う時間の電車に乗ってみたり、ランチに変わったものを選んでみるのもいいでしょう。おもしろい発見もありそうです。
30金 =	新商品を見つけたら、迷わず購入してみるといい日。失敗することもありますが、「話のネタになっていい」と前向きに受け止めましょう。はじめて話をする人から学べることもあるでしょう。

☆ 開運の日　◎ 幸運の日　● 解放の日　○ チャレンジの日　□ 健康管理の日　△ 準備の日　▽ ブレーキの日
■ リフレッシュの日　▲ 整理の日　× 裏運気の日　▼ 乱気の日　= 運気の影響がない日

7月
2023

○ チャレンジの月

1. 「新たな役割」を楽しむ
2. 雑な人から学ぶ
3. 身の丈に合わないものは欲しがらない

総合運 新たな試練や課題が出る時期
嫌な人からも学ぶ意識を

新たな試練や課題が出る時期。学べる人や自分を成長させてくれる人にも出会えますが、これまでとは違って厳しい感じがしたり、甘えを許してくれない人の可能性もあるでしょう。相手から学べることが必ずあるので、ソリが合わないと思っても簡単に投げ出したり嫌いにならないように。ネガティブにとらえる前に、「不慣れなことや苦手なことを経験すると自分を鍛えられる」と思って前向きに受け止めましょう。

恋愛＆結婚運

新しい出会いが増える運気ですが、一気に進展する人は、危険なタイプだったりあなたの心を乱す可能性が高いでしょう。寂しいからといって軽はずみに近づかないこと。以前からの知り合いであなたに好意を寄せてくれる人を選べば危険度は低くなりそうです。ただし、周囲の評判は都合の悪いことも聞くように。好みのタイプではない人から言い寄られることもありそうですが受け入れるといいでしょう。結婚運は、焦らずに自分磨きを続けておくといいでしょう。

仕事運

新たな仕事や、これまでとは違う役割を任されそうな時期。大きな失敗というよりは、困難に直面したり、やる気になれない状況や環境になってしまいそうです。学べることが多い時期でもあるので、「自分に何が足りなくて、今後どんな能力が必要なのか」を冷静に分析するといいでしょう。ソリの合わない人との関わりも増えますが、苦手な人や雑な人を見極められるようになるタイミングでもあるので、人間観察を楽しんでみましょう。

金運＆買い物運

これまであまり興味がなかったものが欲しくなってしまう時期。ブランド品や高級なものに目がいくのはいいですが、ローンを組んで無理に購入すると後悔するだけ。身の丈に合ったものを選びましょう。買い物をオススメする時期ではないので、購入するのは必要最小限にして、ポイ活などを楽しむといいでしょう。投資は、100円くらいからできる少額のものにしておき、「損してもいい」くらいの気持ちでいましょう。

美容＆健康運

慌ただしくなる時期なので、心身ともに徐々に疲れがたまってきそうです。大きな問題が起こる運気ではありませんが、のんびりする時間や友人と楽しく話せる時間を作ったり、癒やされる空間を見つけたりするといいでしょう。ウソでもポジティブな発言をするようにして、周囲を褒めて認めてみると、気持ちが楽になってくるでしょう。肌も荒れやすくなるので、スキンケアや日焼け対策などはしっかりと。軽い運動も忘れずに行いましょう。

開運のつぶやき 😎 失敗や挫折は誰でもする。そこからどう立ち上がり、どう進むかが大切。

1 土	□	なんとなくでもかまわないので、今月の目標を掲げるといい日。高い目標よりも、1、2日でクリアできそうな「小さな目標」をたくさんつくるといいでしょう。月の終わりに、いくつクリアできたか数えてみましょう。
2 日	■	しっかり体を休ませたり、気持ちが楽になる癒やしの空間を探して、のんびりするといいでしょう。天気がよければ、ボーッと海や川を見てゆっくりするのもオススメです。
3 月	●	面倒なことや苦しいことばかりに目を向けないで、小さくてもよろこべることを見つけるようにしましょう。周囲の人にも楽しさやおもしろさを伝えてみると、いい1日を過ごせるでしょう。
4 火	△	自分に足りないところが見えてしまう日。確認漏れや雑な行動には注意して、「小さなドジ」で終わらせないようにしましょう。今日は、甘い誘惑にも負けやすい日なので気をつけて。
5 水	○	これまで人を大切にしてきた人は、周囲から手助けされたり、いいアドバイスをもらえそうです。素直に受け入れてみると、流れをいい方向に変えられるでしょう。思いやりが足りていなかった人は、学ぶべきことがやってきそうです。
6 木	◎	相手を信じることで道が切り開かれる日。自分も周囲も、みんなで笑顔になる方法をもっと考えて行動するといいでしょう。そのためにも、儲けや数字といった結果を出すことも忘れないように。
7 金	▽	類は友を呼ぶもの。現状の人間関係に不満があるときは、「相手は自分」だと思って、何が問題で、改善すべき点はどこなのかしっかり把握しましょう。夜は、予定が乱れて疲れることがありそうです。
8 土	▼	急に予定が変更になったり、キャンセルされることがありそう。「裏切られた」などと思わないで、「相手にも事情がある」と気持ちを切り替えるといいでしょう。ネガティブな考えにとらわれないように。
9 日	×	苦手な人に会ってしまいそうな日。余計な一言を言われたり、相手の態度にガッカリくるかも。相手の言動に、気持ちを振り回されないようにしましょう。
10 月	▲	身の回りを片付けることが大切な日。「思い出があるものだから」とそのまま置いておかないで、見えないところにしまいましょう。年齢に見合わないものも早めに片付けましょう。
11 火	=	自分がコンプレックスだと思っている部分は、考え方や視点を変えれば、才能や魅力になるもの。自分の武器を、勝手にマイナスにしたり、嫌わないようにしましょう。ときには、開き直ってみることも大切。
12 水	=	少しくらい面倒でも、お願いされたことは素直に受け入れてみるといい日。困難な状況に直面しても、それが自分の成長につながったり、今後の課題になって、いい方向に進められるでしょう。
13 木	□	段取りをしっかり考えて行動することが大事な日。時間や数字をもっと気にしながら仕事をするといいでしょう。無駄を削って、合理的な行動をとるよう心がけてみましょう。
14 金	■	気を使いすぎて、心身ともに疲れてしまいそうな日。ひとりの時間をつくって好きな音楽を聴いたり、周囲の人と雑談する時間を設けてみると、少し楽になりそうです。
15 土	●	友人や知人と楽しい時間を過ごせそう。少し贅沢なランチを選んだり、ケチケチしないでしっかり遊ぶと、いい思い出になるでしょう。気になる場所やイベントに行くのもオススメです。
16 日	△	うっかりミスをしやすい日。食べこぼしをしてお気に入りの服を汚したり、スマホを落として画面を割ってしまうことがありそうです。忘れ物や置き忘れにも気をつけましょう。
17 月	○	自分の欠点を許してほしいと思うなら、あなたも相手の欠点を許す必要があります。自分が求めることは、相手も同じように求めているもの。自分が言われてうれしい言葉を選ぶことも大切です。
18 火	○	「自分よりも困っている人のために、何ができるのか」を考えて行動するといい日。面倒見のいい人は、あとで自分が救ってもらえることもあるでしょう。目先のことだけを考えないで、いまできることをやっておきましょう。
19 水	▽	どんな人からも学べることを忘れないようにしましょう。好きな人や憧れの人だけではなく、苦手な人や嫌いな人からも必ず学べることがあるものです。
20 木	▼	仕事でトラブルや面倒なことに直面したら、「所詮仕事だから」と割り切ってもいいでしょう。今日は、家族や恋人とケンカをしたり、気まずい感じになってしまうこともありそうです。不機嫌な態度をとらないように気をつけましょう。
21 金	×	言い方や伝え方を間違えると、気まずい空気になったり、面倒なことになりそう。ウソでもいいので、相手がよろこびそうな言葉を選びましょう。品をよくすることも忘れないで。
22 土	▲	時間をつくって部屋の大掃除をするといい日。季節外れのものはしまって、夏らしい部屋にするといいでしょう。エアコンの掃除をするのもオススメ。
23 日	=	新商品のアイスを食べてみると、思った以上にハマってしまいそう。ほかにも気になるものを購入してみるといいでしょう。話のネタになるので、少し変わったものを選ぶといいかも。
24 月	=	フットワークを軽くするといい日。周囲から誘われたら即OKしてみるといいでしょう。ノリをよくすると、職場が楽しくなったり、いい人間関係をつくることができそうです。
25 火	□	平常心を心がけ、周囲の機嫌に振り回されないようにすることが大事な日。気分で行動しないで、気持ちを込めて仕事をするようにしましょう。好きな人の前でも態度が変わりやすいので気をつけましょう。
26 水	■	寝不足を感じたり、疲れが顔に出てしまいそうな日。疲労を感じるときは、少しでもいいので、仮眠や目を閉じる時間をつくるようにしましょう。屈伸やストレッチをするのもオススメです。
27 木	●	注目されたり、頼られることがある日。多少面倒でも、みんなが笑顔になれるなら受け入れてみましょう。あなたの頑張っている姿を見て、協力してくれる人や応援してくれる人も現れるでしょう。
28 金	△	寝坊や遅刻など、信頼を失うようなミスをしやすいので要注意。何事も「15分前行動」を心がけ、事前準備と最終確認をしっかり行いましょう。慌てて動いて転ばないよう、気をつけること。
29 土	○	親友と思える人に連絡をするといい日。話をすることで、気持ちが楽になるでしょう。また、あなたにとって必要な話や、大切な情報を教えてくれることも。異性なら、恋愛相談をしてみると楽しい時間を過ごせそうです。
30 日	○	買い物をするのはいいですが、自分のものよりも友人や知人、お世話になった人や家族へのプレゼントを優先するといいでしょう。日ごろの感謝を伝えて、渡してみて。
31 月	▽	午前中は、頭の回転がよくなり、いい判断ができるでしょう。午後は、徐々にやる気を失ったり、ほかのことに興味がわいて、目の前のことに集中できなくなってしまいそう。

☆ 開運の日　◎ 幸運の日　● 解放の日　○ チャレンジの日　□ 健康管理の日　△ 準備の日　▽ ブレーキの日
■ リフレッシュの日　▲ 整理の日　× 裏運気の日　▼ 乱気の日　= 運気の影響がない日

8月 2023

■ リフレッシュの月

開運 3 カ条

1. 言葉に惑わされない
2. 生活習慣を見直す
3. 「節約生活」を楽しむ

総合運
**面倒なことを引き寄せるかも
下旬からは体調に注意**

影響を受けてはいけない人に振り回されたり、面倒なことを引き寄せる原因を作ってしまいやすい時期。「何を言われるかではなく、誰が言っているのか」が大切です。ただし、憧れている人や尊敬できる人でも間違っている場合があるので、冷静に判断しましょう。下旬から体調を崩したり精神的な疲れがたまることがあるので、あまり頑張りすぎないように。マイナスに考えすぎることや、他人の心配をするのもほどほどにしておきましょう。

恋愛＆結婚運

異性の言葉に振り回されてひとりで舞い上がったり、空回りしやすい時期。「好き」と言われても、相手は冗談半分だったり適当に言っているだけかもしれないので、勝手に盛り上がらないように気をつけましょう。一夜の恋を目的としている場合もあるので、特に新しく出会う人には注意が必要です。飛び込むなら「遊び」と割り切ってからにしましょう。結婚運は、昨年の段階で話が進んでいるカップルは入籍してもいいでしょう。

仕事運

よかれと思ってとった行動が、利用されるだけで終わってしまったり、安請け合いが自分を苦しめる原因になってしまいそうな時期。いい結果につながらなくても気にせずに、そこから学んで今後の課題を見つけるようにしましょう。今の仕事や職場の不満にばかり目がいってしまうときは、真剣に仕事に取り組んでいない証。スキルアップや資格取得に向けて、勉強をする時間を増やしてみるといいでしょう。

金運＆買い物運

使えるお金やお小遣いが減ってしまったり、予想外のところで出費が増えてしまう時期。見栄を張ると、あとでさらに苦しくなるので、ときには人付き合いを断ることも大切です。不要なサブスクの解約や、課金が必要なアプリなどの消去をして、固定費を少しでも減らすように努めましょう。買い物も必要最小限でとどめるなどして1か月を過ごすと、いい節約癖をつけられそう。投資などは様子を見ておきましょう。

美容＆健康運

生活習慣の見直しが必要な時期。中旬以降から、謎の肌荒れが出たり体調を崩してしまうことがあるので、まずは睡眠時間をしっかり確保しましょう。お風呂にゆっくり入る時間を作っておくことも大切です。夏を楽しむのはいいですが、疲れがたまりすぎてしまうことや、日焼け対策を忘れ、シミができて後悔することもありそうです。また、調子に乗ると大ケガや事故につながるので気をつけましょう。悪習慣と思うことは今月で断ち切ること。

開運のつぶやき ▶ 人を喜ばせることに一生懸命になれると人生はとても楽しくなる。

1 火	▼	無駄な時間を過ごしたり、周りに振り回されてしまいそうな日。無理に逆らうよりも、「こんな日もある」と思いながら流されておくといいでしょう。何事もマイナスに考えすぎないようにしましょう。
2 水	×	弱点や欠点を指摘されても、あなたが無力なわけではないので、ヘコみすぎないようにしましょう。どんな人も完璧ではありません。至らない点は自分の課題だと思って、今後の成長に期待するといいでしょう。
3 木	▲	進めていた仕事が急に方向転換されたり、やった仕事が無駄になってしまうことがありそうです。ただ、そこで身につけられた力もあるので、ガッカリしないようにしましょう。
4 金	=	不慣れなことに挑戦する流れになりそう。不安になる前に、実力がアップしたあとの自分をもっと想像してみるといいでしょう。うまくいかないときほど、いろいろと思いを巡らせてみて。
5 土	=	成長するためには、人から学ぶことが大事。今日は、憧れの人や尊敬できる人、はじめて会う人の話から学べることがありそうです。ただ、影響を受けすぎて振り回されないように。
6 日	■	運動不足や食事バランスの悪さなど、自分でも気づいている悪習慣があるなら、今日だけでもいいので整えてみましょう。軽い運動やストレッチをするのもオススメです。
7 月	■	疲れが肌に出てしまったり、唇が荒れそうな日。ビタミンが豊富なものを食べ、睡眠時間を増やすといいでしょう。話を聞いてくれる人に相談してみると、気持ちがスッキリしそうです。
8 火	●	何かを得るためには、何かを失うことを恐れないようにしましょう。多少のリスクやマイナスは覚悟して進まないと、成長も学ぶこともできないでしょう。
9 水	△	うっかりミスや判断ミスをしやすい日。大事な書類を失くしたり、スマホや財布をどこかに置き忘れてしまうことも。慌てているときほど気をつけて行動しましょう。
10 木	○	これまでの積み重ねが表に出てくる日ですが、いままでサボってしまった人には厳しい結果が突きつけられそう。逃げずにしっかり受け止めて、周囲の人のためにももっと成長しましょう。
11 金	○	仕事を任せてもらえることへの感謝が必要な日。「押しつけられた」と勘違いしていると、不満がたまってしまうだけ。周囲の期待に応えられるように、できるだけ頑張ってみましょう。
12 土	▽	日中は運気がいいので、身の回りでそろそろなくなりそうなものを買いに行くと、安くてお得なものを見つけられるかも。夕方あたりからは、余計なことを考えてモヤモヤしそう。反省はほどほどにして、前向きなことを考えましょう。
13 日	▼	人との縁が切れたり、距離があいてしまいそうな日。あなたの思いを伝えるよりも、「相手にも事情がある」と思って受け止めるようにしましょう。無理につなぎとめないほうが、互いのためになりそうです。
14 月	×	周囲のマイナスな言葉や、不要な情報に振り回されてしまいそうな日。なんでも聞き入れる必要はありませんが、言われたことをポジティブに変換できるよう心構えしておくと、余計な心配や不安は避けられそうです。
15 火	▲	距離をおくことも、やさしさのひとつ。なんでも面倒を見たり関わりをもつことばかりがいいわけではありません。成長を温かく見守っておきましょう。あなたも同じように、周囲から見守られていることに気づけるといいでしょう。
16 水	=	何事も早めに取りかかっておくといい日。面倒なことを、後回しにしたり先延ばしにすると、さらに面倒になり、時間も足りなくなってしまいそう。まずは目の前のことに集中し、手を動かしてみるといいでしょう。
17 木	=	余計な情報を入れることで、かえって動けなくなったり、進んではいけない方向に目を向けてしまうことがありそうです。無知だからこそ、一生懸命に取り組めることもあるものです。
18 金	■	日中は、頭の回転もよく、いい判断ができるでしょう。礼儀や挨拶をキッチリすると、さらにいい流れに進めそう。夕方以降は、飲み会や食事会に急に誘われてしまうことがありそうですが、疲れをためやすい運気なので注意。
19 土	■	今日は、体をしっかり休ませておきましょう。外出するときは、日焼け対策を念入りにして、冷房のききすぎた場所にも気をつけること。今日は、ゆっくりお風呂に入って早めに寝るようにしましょう。
20 日	●	気持ちが楽になる日。趣味に時間を使えるなど、満足できる1日になりそう。時間をつくって本屋さんに行き、1冊でも、将来役立ちそうな本を読んでみるといいでしょう。
21 月	△	寝坊や遅刻をしやすい日。ほかにも小さなミスをする可能性が高いので、確認を怠らず、時間にはゆとりをもっておきましょう。朝から、テンションの上がる音楽を聴いてみるといいかも。
22 火	○	長く続けてきたことや、辛抱して取り組んでいたことにいい結果が出そう。「続けてきてよかった」と思えることも。「継続は力なり」ですが、継続は単なる連続とは違います。いまからでも、長期間「継続」できることをはじめてみましょう。
23 水	○	節約を心がけたり、仕事での儲けについて考えてみるといい日。無駄遣いをやめて、お金の価値を真剣に学んでみるといいでしょう。今後のお金のやりくりについても、しっかり考えること。
24 木	▽	午前中は、いい判断やいい仕事ができそうです。午後からは、集中力が途切れてしまったり、人間関係のゴチャゴチャに巻き込まれてやる気を失うことがあるかも。
25 金	▼	一生懸命に頑張るのはいいですが、今日はあなたの頑張る姿を、笑う人や悪く言う人が現れそう。善意のない人や、憧れられない人の言葉には振り回されないように。自分自身の善意ある行動を信じましょう。
26 土	×	予定が急にキャンセルになったり、思い通りに進まないことがある日。早めに行動するといいですが、過度な期待はしないようにしましょう。
27 日	▲	身の回りをきれいにするといい日。思い出があるものでも、年齢に見合わなくなっていたり、時がたっているものはしまっておきましょう。しばらく使っていないものや、長らく着ていない服は処分するといいでしょう。
28 月	=	不慣れなことや苦手なことに挑戦してみるといい日。少し手応えを感じられたり、思ったよりもすんなりできることもあるでしょう。苦手と思って避けていたことを、人に教えてもらうことも大切です。
29 火	=	何事も勉強だと思って、気になることに思い切って挑戦してみるといいでしょう。なんでも最初はうまくいかなかったり、難しく感じますが、そこから学べることは多いでしょう。
30 水	■	信じてもらいたいなら、まずはあなたが相手を信じることが大切。疑ったり、マイナスに見ていると、いつまでも信用や信頼はしてもらえないでしょう。
31 木	■	夏バテしたり、うっかりケガをすることがありそうな日。思ったよりも疲れがたまっているので、昼寝をするなどこまめに休憩するようにしましょう。今日は早く帰宅して、睡眠時間を長めにとりましょう。

☆ 開運の日　◎ 幸運の日　● 解放の日　○ チャレンジの日　□ 健康管理の日　△ 準備の日　▽ ブレーキの日
■ リフレッシュの日　▲ 整理の日　× 裏運気の日　▼ 乱気の日　= 運気の影響がない日

9月 2023

■ リフレッシュの月

総合運
空回りが多くなりそう
しっかり体を休ませて

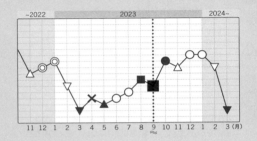

頑張りが周囲に伝わらないで、心身ともに疲れてしまうことがある月。空回りも多くなって、ストレスを感じることも。これまで頑張ってきたご褒美だと思って、今月はしっかり体を休ませるといいでしょう。休日は無理をしないで、家族や恋人、気の合う友人などと楽しい時間を過ごすのがオススメです。飲酒はできるだけ避け、健康的な生活を心がけること。人生には「立ち止まって風景を見ることが大切な時期」があると思って、ゆっくりしましょう。

恋愛＆結婚運

やさしくしてくれる恋人にイライラをぶつけてしまったり、感謝の気持ちを忘れてしまいそうな時期。好きな人にやさしくできなくなってしまうことも。疲れから不機嫌になったり、心に余裕がなくなることもあるでしょう。デート前はしっかり寝て、元気な状態で会うようにしましょう。今月出会う人はあなたを振り回す相手の可能性があるので、無理に出会いを増やさなくてもよさそう。結婚運も、進展させないほうが無難です。

仕事運

実力以上の仕事を任されてプレッシャーを感じたり、不慣れな業務でヘトヘトになりそうな時。いい結果につながらず、焦ってしまうことも。今月は無理せず、限界を感じる前に助けを求めて協力してもらいましょう。ストレスになるような発言をする人や、態度の悪い人に目がいくこともありますが、やさしく親切な人も必ずいるので、応援してくれる人の存在を忘れないように。「雑な人を発見できてラッキー」と気持ちを切り替えましょう。

金運＆買い物運

今月は、マッサージやサウナ、温泉やスパ、避暑地への旅行など、心身を休ませることにお金を使ったほうがいい時期。眺めのいい場所でおいしいものを食べるなど、久しぶりに贅沢をするのもいいでしょう。一流のサービスを受けてみると学べることもありそうです。お世話になった人や家族にプレゼントを渡したり、ご馳走したりして感謝の気持ちを表すことも大切。投資などは、考えると疲れるだけなのでポイントを使ってできるものくらいがよさそう。

美容＆健康運

これまで元気だった人でも、疲れを感じたり体調を崩す可能性がある時期。精神的につらいことが起こってストレスを感じる場合も。すでに体調に異変を感じている人は、病気が発覚する場合もあるので、早めに検査を受けましょう。肌荒れや円形脱毛症、口内炎や唇の荒れ、謎のじんましんなどに悩むケースもありそうです。軽い運動でリフレッシュしたり、コメディ映画やおもしろい動画を観て、たくさん笑うといいでしょう。

1 金	●	今日は体調もよく、頭の回転も速いので、調子に乗るだけ乗っておくといいでしょう。ただし、夜のお酒は要注意。酔っ払ってケガをしたり、大失態を犯してしまうことがありそうです。
2 土	△	ストレスを発散するといい日。軽く体を動かしたり、友人や知人と話をする時間をつくっておきましょう。食べこぼしやドリンクを倒すなどの粗相もあり得るので、気をつけて行動しましょう。
3 日	=	間違いを指摘されたり、注意されそうな日。「自分が正しい」と思って無視していると痛い目に遭うので、相手が何を伝えようとしているか、しっかり聞いて受け止めるようにしましょう。
4 月	=	これまでの頑張りがいい結果につながり、周囲からほめられたり認めてもらえたりしそう。次の仕事につなげることもできますが、プレッシャーから逃げていると、いい流れに乗り遅れてしまいます。
5 火	▽	日中は、協力者に助けられたり、ともに頑張る仲間に励ましてもらえそう。夕方以降は、逆にあなたが周囲に協力したり、励ます立場になりそうです。「持ちつ持たれつ」の関係を楽しむといいでしょう。
6 水	▼	謎の肌荒れや小さな腹痛、妙な疲れを感じる場合は、早めに病院に行って検査や人間ドックを受けましょう。夏の疲れが一気に出てくることもあるので、今日は無理をしないように。
7 木	✕	自分のことばかり考えてしまいそうな日。世の中いろいろな人の事情で動いていることを忘れずに。「自分が正しい」が、もっとも間違った考えであることを覚えておきましょう。
8 金	▲	不要なものが、あなたの手から離れる日。人との縁が切れることや、距離があくことを恐れないで、流れに身を任せましょう。時間を無駄に使っているスマホアプリなどを消去するにもいい日です。
9 土	=	知り合いや友人に誘われて即OKするのはいいですが、長時間は避け、少し早めに切り上げましょう。ダラダラすると、翌日に疲れが残ってしまいます。
10 日	=	意外な人と交流をもてる日。気になるイベントやライブ、体験教室などに行ってみるといいでしょう。素敵な店員さんに出会えたり、学べることも見つけられそうです。
11 月	■	午前中は勘が冴えますが、午後からは鈍り、気持ちもブレてしまいそう。夜は集中力も途切れやすくなるので、今日は早めに帰宅しましょう。ゆっくり湯船に浸かってすぐ寝ることが大切です。
12 火	■	頑張りすぎに注意。やる気があっても疲れから体が思うように動かず、思わぬケガをしたり、事故を起こしてしまうことがありそう。休憩時間にはしっかり体を休ませ、メリハリを意識して過ごしましょう。
13 水	●	少しですが、気持ちが楽になったり、感謝されてうれしくなる出来事がありそう。些細な幸せを見逃さず、やさしく親切な人の存在を忘れないように。
14 木	△	集中力が散漫になりそうな日。小さなミスをしたり、余計なことを考えすぎてしまいそう。ネットでいろいろと検索しすぎて、情報に振り回されないようにしましょう。
15 金	=	しばらく連絡をしていなかった人と偶然再会したり、突然連絡がくることがあるかも。励ましの言葉が、逆にプレッシャーになることもありますが、相手の言葉は善意で受け止めましょう。
16 土	=	気晴らしに買い物に行くのはいいですが、押しの強い人に負けて余計なものを買ったり、ローンを組んでしまうことも。いらないときはハッキリ断って。おいしいものを食べたり、安くていいものを探すと、いいストレス発散になります。
17 日	▽	日中は、恋人や仲間、家族などと楽しく過ごせそうです。夕方あたりからは、ひとりの時間が欲しくなったり、急に周囲から冷たくされることがありそう。「孤独を楽しむ時間も大切だ」と気楽に考えましょう。
18 月	▼	些細なことでイライラしたら、疲れがたまっている証拠。好きな音楽を聴いたりお茶をする時間をつくって、一息つくといいでしょう。軽くストレッチをして、肩も回しておきましょう。
19 火	✕	エラそうな人が苦手なタイプですが、今日は自慢をしてくる人や、権力を振りかざす人に会いそうな日。自慢話をする人は、好かれたいかほめられたい人なので、「はいはい」と聞き流すよりも、軽くほめておきましょう。
20 水	▲	昔の恋人からのプレゼントや、学生時代の思い出の品があるなら、思い切って処分するか、見えないところにしまうといいでしょう。過ぎたことにいつまでも執着しないように。
21 木	=	新しいことに敏感になって過ごしてみるといい日。周囲がまだ食べていないお菓子を購入したり、最新のアプリを使ってみるといいでしょう。話のネタにもなりそうです。
22 金	=	変化のない日常だと思うなら、体を鍛えるといいでしょう。筋トレをすると余計なことを考えなくて済み、気分もスッキリするでしょう。ネットで効率のよさそうな方法を探して、真似してみましょう。
23 土	■	本音で話せる先輩や友人に連絡して、お茶や食事をするといい日。好きな人を誘ってみてもよさそう。今日は、前向きな話や、将来の夢の話が自然とできる人に会うといいでしょう。
24 日	■	体調を崩しそうな日。せっかくの日曜日が台無しになってしまいそうなので、今日は無理をしないこと。ゆっくり体を休ませたり、のんびりお風呂に入るといいでしょう。
25 月	●	悪目立ちしてしまいそうな日。冗談で言ったことが悪口として広まったり、ちょっとサボったところを見られて、「いつもサボっている」と思われることがありそう。今日は、周囲の手本になるくらいにキッチリと生活しましょう。
26 火	△	ドアに指をはさんだり、足の小指をぶつけたりと、小さなミスが増えそうな日。その兆候は朝からはじまるので、嫌な予感がするときは、ていねいに行動するように心がけましょう。
27 水	=	頑張っている友人や同級生と話をするといい日。刺激をもらえ、やる気になれますが、差がありすぎて愕然とすることも。ガッカリしないで相手の日々の努力を認め、いまの自分ができることをゆっくりでも行うようにしましょう。
28 木	=	お金の使い方や流れを学ぶにはいい日。会社の儲けや経費の額を考えてみたり、リアルな数字を知っておくといいでしょう。改めて自分のお金の使い道を調べて、不要な出費や固定費を削るようにしましょう。
29 金	▽	周囲の人の意見に振り回されたり、気になることが増えてしまいそうな日。まとめて一気にやることが得意ではないので、すぐにできそうなものからひとつずつはじめてみるといいでしょう。
30 土	▼	ムッとするようなことを言われそうな日。「言い方があるでしょ！」と思うなら、今後、自分が同じことをしないように気をつけましょう。言い方ひとつで、人の心は簡単に動くことも動かなくなることもあるものです。

☆ 開運の日　◎ 幸運の日　● 解放の日　○ チャレンジの日　□ 健康管理の日　△ 準備の日　▽ ブレーキの日
■ リフレッシュの日　▲ 整理の日　✕ 裏運気の日　▼ 乱気の日　= 運気の影響がない日

10月

2023

解放の月

開運 **3** ヵ条

1. 目立つよりもサポートをする
2. 笑わせてくれる人に会う
3. 相手を元気にさせてみる

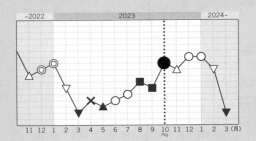

総合運

行動が裏目に出るかも
笑わせてくれる人に連絡して

よかれと思ってした行動が裏目に出たり、お節介になってしまうことがあるでしょう。やる気が空回りするくらいで済めばラッキーで、相手に変な誤解を与える可能性もあるので気をつけましょう。ネガティブな気持ちに負けて落ち込んでしまうときは、前向きな話をしてくれる人に連絡してみたり、自分が目立つためではなくサポートや恩返しのために行動するといいでしょう。周囲の人を元気にさせることで自分が救われることもありそうです。

恋愛＆結婚運

好きな人に気持ちを伝えても、相手が喜べるタイミングではなかったり、逆に困らせてしまうことがありそうです。「好きだから」だけで突っ走ると、失恋したり距離をおかれることも。今月は人に執着をしないで、ひとりの時間を楽しむようにするといいでしょう。新しい出会い運はありますが、好みのタイプではないかも。一方で、年齢差がある人とはいい関係に進みそうです。結婚運は、昨年の段階でこの月に入籍を決めていた場合は問題ないでしょう。

仕事運

頑張りが空回りして、思うような結果になかなかつながらない流れになりそうな月。仲のいいチームから離れて別の仕事をすることになったり、不慣れな作業を任される場合もありそう。間違った方向を目指してしまいそうなので、頑張る前に「目的達成や結果を出すには何をすべきか」をしっかり考えましょう。人の面倒ばかり見て自分のことがおろそかになることもあるので、やるべき仕事はキッチリ行うように。

金運＆買い物運

普段よりも出費を減らすよう意識したほうがいい時期。見栄での出費や、必要のないものまで購入するのはやめましょう。契約にも要注意。断れずに決めてあとでローンに苦しんだり、「安くなる」と思って契約を変更したら、面倒なことが多いうえに結果的に安くならない、なんてことも。ポイントをためるのはいいですが、そのために遠くのお店まで行くと時間や交通費のほうが高くつく場合もあるので気をつけましょう。投資にも不向きな時期です。

美容＆健康運

先月体調を崩した人は、今月は回復に向かいそうです。特に問題のなかった人は、軽い運動や、基礎体力作りをしておくといいでしょう。体力が落ちることで、イライラしたり冷静な判断ができなくなる場合もあるので、スクワットや腕立て伏せ、腹筋などを数回でもやっておくこと。美意識を高めるのはいいですが、身の丈に合わない高級なお店にハマってしまうと、のちの不安やストレスにつながるので気をつけましょう。

1日	✕	良くも悪くも人に振り回されそうな日。やる気のない人と一緒にいると、テンションが下がってしまいます。パワフルな人に会いに行き、元気をもらうといいでしょう。
2月	▲	人の意見に振り回されやすいタイプですが、「自分にとって大切な話かどうか」をしっかり分析してから、話をのみ込むようにしましょう。厳しくも真実を伝えてくれる人の言葉を大切に。
3火	＝	いつもとは違うタイプの人と話をする機会がある日。苦手に思う部分も見えそうですが、学べることもあるでしょう。相手の苦手なところは、「自分とどこか似ているもの」と思って、気をつけるようにしましょう。
4水	＝	批判的な人に会ってしまいそうな日。批判をする人は、理解する努力を怠っているだけなので、ぶつかるよりも、相手の成長を願って適度な距離を保つといいでしょう。
5木	☐	計画的に動いたり、先をもっと読んで行動してみましょう。無計画な行動は、疲れの原因になりそう。夜は早めに寝て、睡眠時間を長くとるといいでしょう。
6金	■	肌の調子が悪くなったり、口内炎などになりやすい日。旬の野菜やフルーツを少し多めにとって、朝や寝る前にストレッチなどをしておくといいでしょう。段差で転びそうなので、雑に行動しないよう気をつけて。
7土	●	予想外の人から遊びに誘われたり、ふだんなら興味をもたないことが気になりそうです。少し贅沢をしてみると、楽しい時間を過ごせるでしょう。今日は、多少出費が増えてしまっても、体験できたことをプラスに受け止めましょう。
8日	△	誘惑に負けそうな日。食べすぎたり、買いすぎてしまわないように。「かわいい」だけで購入すると、結局ガラクタになるので気をつけましょう。
9月	○	親友の家に遊びに行ったり、何度か訪れたことのあるお店で食事をすると、楽しい日になるでしょう。友人と話ができて気持ちが楽になることや、互いに励まされることもありそうです。
10火	○	自分の頑張りや仕事を、時給で計算しないようにしましょう。給料は「感謝の対価」と思い、みんなの笑顔のために頑張って。仕事に役立つ勉強をしておくといいでしょう。
11水	▽	自分のことよりも、困っている人のために動くといい日。見て見ぬふりをしないで声をかけてみたり、自分では難しい場合は、別の人を紹介するといいでしょう。「困ったときはお互いさま」だと忘れないように。
12木	▼	文句や愚痴を言いたくなってしまう日。悪い言葉を使うと、ストレスになったり、あなたの魅力がなくなってしまうだけ。いい言葉を選んで、人から憧れられるような発言をするようにしましょう。
13金	✕	大きなミスをしやすい日。車の運転をする人は、事故に遭うことや、車体をこすってしまうことがあるので気をつけましょう。スマホを落として画面を割ったり、傷つけることもありそうです。
14土	▲	タイミングの悪さを感じそうな日。赤信号に連続で捕まったり、電車にギリギリで乗れないことなどがあるかも。そんなときは周囲を見渡して、おもしろい発見がないか探してみましょう。
15日	○	運命的な出会いが期待できる時期ではないものの、人の集まる場所で素敵な出会いがあるかも。気軽に話をしたり、「異性の友人」くらいの気持ちで接するといいでしょう。話を聞いてくれる人への感謝を忘れずに。
16月	○	ふだんよりも5分早めに行動するなど、生活リズムを少しでも変えるといい日。いつもと同じ生活に飽きてしまう前に、自ら変化をつけましょう。いつもは食べないランチを選んでみるのもいいでしょう。
17火	☐	慌てて行動しないで、ゆっくりじっくり物事を進めましょう。今日は慌てると、やり直しになるなど逆に時間がかかってしまうことがあるでしょう。夜は疲れやすいので早めに帰宅して。
18水	■	頑張りすぎに注意が必要な日。調子がいいからといって、安請け合いはしないように。「少しくらいなら無理をしてもいい」と思っていると、集中力が途切れたり、疲れが出てしまいそうです。
19木	●	好みではない人から好かれてしまいそうな日。微妙な人からデートに誘われたときはハッキリ断りましょう。仕事でも、強引な人の押しに負けてしまうことがあるので、注意しましょう。
20金	△	思ったよりも気が緩みそうな日。珍しいミスをして周囲に迷惑をかけたり、自分でも「調子が悪いな」と思うことがあるかも。こまめに気分転換をして、小さなことにもしっかり集中しましょう。
21土	○	部屋の片付けをすると、失くしたと思っていたものが出てくるかも。「こんなところにあった!」というケースもあるので、しばらく掃除していない場所もきれいにしてみましょう。
22日	○	体験や経験にお金を使うといい日。映画や舞台を観に行くといいでしょう。期待外れの作品を選んでしまう場合もありますが、いいところも1つや2つはあるものなので、探してみるといいでしょう。
23月	▽	安心できる人と仕事ができたり、相手のやさしさに感謝することがありそうです。憧れの人を観察して、自分でも真似できるところがないか探してみるといいでしょう。少しでもいいので、近づけるよう努力しておきましょう。
24火	▼	相手に過度な期待をしないほうがイライラせずに済む日。あなたが思っていた半分でもできていたら上出来だと思っておきましょう。期待外れのガッカリは、自分の気持ち次第でコントロールできることを忘れないように。
25水	✕	エラそうな人や、威圧的な人と一緒にいる時間が増えてしまいそうな日。「その言い方はないよね」と思うなら、反面教師にして、自分では言わないように気をつけましょう。
26木	▲	失くし物に注意が必要な日。小さなものを隙間に落としたり、気がついたら「大事なものを置き忘れてきた」ということがあるかも。連絡やメールをし忘れてしまうことも。
27金	○	新しいことを任せてもらったり、これまでとは違う物事に挑戦する流れになりそう。避けてばかりいないで、思い切ってチャレンジしてみましょう。失敗からもたくさん学びがありそうです。
28土	○	観葉植物を買ったり、部屋に花を飾ってみるといい日。植物を育てる楽しさや、長くもたせるには工夫が必要なことを学べそう。時間をつくって花屋さんに行ってみましょう。
29日	☐	気になる場所があるなら、友人を誘って行ってみるといい日。思ったよりも楽しい時間を過ごせて、友人との思い出もできそう。夜は疲れやすくなるので、少し早めに帰宅しましょう。
30月	■	老いを感じそうな日。目の疲れや肩こり、昨日の疲れが残っている感覚があるのなら、今日からでも基礎体力アップのための運動をはじめましょう。
31火	●	挨拶は、笑顔で元気よくすることが大事。「職場のムードは、自分でよくする」と思うくらいがいいでしょう。周囲から「元気だね」と言われたら運気が上がる日だと思っておきましょう。

☆ 開運の日　◎ 幸運の日　● 解放の日　○ チャレンジの日　□ 健康管理の日　△ 準備の日　▽ ブレーキの日
■ リフレッシュの日　▲ 整理の日　✕ 裏運気の日　▼ 乱気の日　＝ 運気の影響がない日

11月

△ 準備の月

開運 3 カ条

1. 遊びの計画を先に立てる
2. 準備不足にならないようにする
3. 遊ぶときは思い切り遊ぶ

総合運

至らない点が表に出てきそう
軌道修正や改善を心がけて

準備不足や情報不足、実力不足などいろいろと至らない点が表に出てしまう時期。今さら焦ってもしかたがないので、ゆっくりでも軌道修正や改善をするよう心がけましょう。突然何もかも投げ出したくなったり現状を変えたくなることもありますが、マイナスに考えたり逃げたりせず、今できることを見つけましょう。遊ぶときは思い切り遊んで、ストレス発散を。いい意味で開き直れて、楽しく過ごせるようになりそうです。

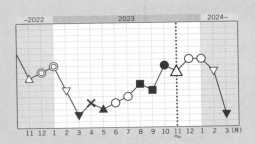

恋愛＆結婚運

恋人のいる人は、すれ違いが多くなって互いに別の人に目移りしたり、思いやりのない言葉や雑な態度が出てしまうので気をつけましょう。ワガママを許してもらえると思っていると痛い目に遭うことも。危険な異性にも出会いやすい月なので、第一印象のよさで飛び込むと後悔したり振り回されることになりそうです。お酒の席での失態にも気をつけましょう。結婚運は、決断のタイミングではないので今月は考えないほうがいいでしょう。

仕事運

自分でも信じられないようなミスをしたり、やる気がなくなって集中力が途切れてしまいそうな時期。無理に力を入れるよりも、仕事終わりに遊びに行くことや、休日の楽しみな予定を目標にすることで集中できそうです。仕事をゲームや遊びだと思い込んでみると、多少の困難は乗り越えられるでしょう。準備が足りなかったり、確認ミスをすることもありそうです。見落としのないように、最終チェックは怠らないようにしましょう。

金運＆買い物運

余計なものを購入したり、散財をしやすい時期。普段なら「必要ない」と諦められる高級品や、少し値段が高いものを買ってしまいそうです。食べきれないのにもう一品注文してしまうような些細な出費も「塵も積もれば山となる」と肝に銘じておきましょう。ストレス発散で出費が増えたり、行動が雑になってものを壊し、修理費用が発生することもあるので気をつけましょう。投資などの資産運用は判断ミスをしやすいので避けておきましょう。

美容＆健康運

ストレスを発散できたり、リラックスして過ごせるという意味ではいい時期。おもしろそうなことや楽しそうなことにチャレンジするといいでしょう。たくさん笑って、悩みや不安を忘れる時間を作るといいので、ポジティブな友人に連絡してみましょう。ただ、今月は暴飲暴食をしやすく、太ったり、酔っ払って転んでケガをする心配もあるので注意が必要です。寝る時間を決めるなど、生活リズムが乱れないような工夫も大切でしょう。

1 水	△	遊び心をもつことと、ハメを外しすぎることは大きく違うもの。楽しむのはいいですが、周囲に迷惑をかけたり、調子に乗りすぎないよう気をつけましょう。何事にも気を引き締めて取り組みましょう。
2 木	＝	古い考えにこだわらずに、いろいろな考え方を柔軟に取り入れられたり、違う面から物事を見ることができそうな日。若い人や後輩、部下の考えや価値観を聞いて、参考にしてみるといいでしょう。
3 金	＝	出費が増えそうな日。ものよりも体験や経験にお金を使うといいでしょう。芝居や舞台、ライブなどを観に行ってみて。大道芸やお笑いのネタを見ると、元気が出て、自分ももっと頑張ろうと思えるかも。
4 土	▽	やさしく親切にしてくれる人の存在に、気がつける日。育ててくれた親や、成長を見守ってくれた人のおかげで自分がいることを実感できるでしょう。感謝と恩返しの気持ちを忘れないようにしましょう。
5 日	▽	自分のペースを大きく乱されてしまう日ですが、流れに逆らっても疲れるだけ。よほど無理なことでない限り、相手や周囲に合わせてみるといいでしょう。流されるおもしろさに気づけそうです。
6 月	✕	他人の失敗を見て、「自分も気をつけよう」と思うだけなのか、「何か協力できないか」と声をかけるかので、人生は大きく変わってくるでしょう。人をあざ笑っていると痛い目に遭うので気をつけましょう。
7 火	▲	期待外れな出来事が起きそうな日ですが、誰しも調子が悪いときは、誤解や勘違いがあるもの。相手が100%悪いわけではないので、人のせいにしないこと。自分が直せるところも見つけるようにしましょう。
8 水	＝	不慣れなことを少しでも克服して強くなるか、得意なことをもっと極めるために工夫するのか。人生は、この選択を間違えると苦労しやすくなるもの。今日は、不慣れなことを少しでも克服するといい日です。
9 木	＝	「しっかりした大人」と思われやすいですが、裏では子どものような心をもっているタイプ。今日は、好奇心に素直に従ってみると、いい発見がありそうです。小さなことにも挑戦してみるといいでしょう。
10 金	□	人の面倒を見るのはいいですが、関わるならもっと本気で向き合いましょう。自己満足程度のやさしさにならないように。相手の幸せをちゃんと考えて行動すると、あなたの人生も変わってくるでしょう。
11 土	■	冷静な判断が必要な日。少しでも疲れを感じるなら、無理をしないようにしましょう。約束を守ることも大事ですが、今日は断ってでも、体を休ませることが大切です。気を使いすぎてしまう人とは、距離をおくといいでしょう。
12 日	●	いい流れに乗れて、充実した1日を過ごせる日。会いたかった人に会えたり、趣味や遊びに夢中になれそうです。部屋の片付けや用事も、スムーズに進められるでしょう。気になっていることは、ドンドン手をつけて終わらせましょう。
13 月	△	タイミングの悪さを感じそうな日。電話をすぐに折り返したのに相手が出てくれなかったり、同じような企画をほかの人に先に出されてしまうことも。小さなミスもしやすいので、確認は念入りに。
14 火	＝	差別や区別をしないタイプですが、頑張らない人やエラそうな人は苦手なあなた。ただ、今日は苦手な人や嫌いと思っている人からも、学べることがあるでしょう。相手にも立場や状況、事情があることを忘れないように。
15 水	＝	些細なものでも、部下や後輩にご馳走してみるといい日。相手の悩みや不安を聞いてみるといいでしょう。一緒になって愚痴や不満を言うのではなく、「なぜそんな考えになるのか」原因を探ってみることが大切です。
16 木	▽	日中は、周囲と協力できて満足のいく時間を過ごせそうです。夕方あたりからは、不機嫌な人に振り回されたり、思い通りに物事を進められない感じになってしまいそう。自分の用事は早めに片付けておきましょう。
17 金	▽	過去の栄光を引きずっている人にガッカリしそうな日。大きな結果を出したことはすごいことですが、「人生はいまと未来が大切」なので、変に振り回されないように。
18 土	✕	判断ミスをしやすい日。ふだんとは違う服装を選んでしっくりこないまま外出することや、お気に入りの服を汚してガッカリするようなことがあるかも。ドリンクを倒したり、食べこぼしにも気をつけて。
19 日	▲	大掃除にはいい日。不要なものは、「もったいない」と思っても、ドンドン処分しましょう。年齢に見合わないものや、学生時代のものも片付けるように。
20 月	＝	新しいことに目を向けるとやる気がわいてくる日。不安に感じるのは、未経験だったり、チャレンジしたことがないからなだけ。失敗から学ぶ気持ちを大切に、「最初はうまくいかなくて当然だ」と思って挑戦してみましょう。
21 火	＝	周囲の人からいい情報を得られそうな日。最近ハマっているドラマや映画の話を聞いてみるといいでしょう。本をオススメされたら、すぐに購入して読んでみて。
22 水	□	「自分のため」だけでは、モチベーションが上がらないタイプのあなた。誰のためなら頑張れるのかを、想像してみるといいでしょう。お世話になった人のために頑張ってみるのもよさそうです。
23 木	■	しっかり体を休ませるといい日。白湯や常温の水を、食事と入浴の前後に少し多めに飲んでみると、むくみもとれて体がスッキリしそう。カフェインや糖分は控えめにしておきましょう。
24 金	●	あなたに注目が集まる日。ノリのよさと楽しい感じを出し、笑顔を忘れないようにしましょう。今日は、「ムードメーカーになる」くらいのつもりでいると、周囲もあなたを上手にもち上げてくれるでしょう。
25 土	△	遊びに行くにはいい日。思った以上に楽しい思い出ができそうですが、ドジなことをする可能性も高いので気をつけましょう。とくに、時間やお金の確認は念入りに。間違って高いものを買ってしまうこともありそうです。
26 日	＝	親友に会うといい日。いま幸せになっている人や、頑張って仕事で結果を出している人に連絡してみるといいでしょう。前向きな話や明るい未来の話をすると、気持ちが楽になりそうです。
27 月	＝	仕事とは、本気で取り組むから楽しくなり、さらに一生懸命努力するからこそ生きがいに変わってくるもの。どんな仕事も真剣に取り組み、工夫することを忘れないようにしましょう。
28 火	▽	集中力が続かなくなりそうな日。小さなミスもしやすいですが、最終確認を忘れなければ、うまく避けられそうです。周囲からのアドバイスをしっかり聞き入れるようにしましょう。
29 水	▼	他人のミスのシワ寄せがきたり、トラブルに巻き込まれてしまいそうな日。あなたがミスの原因になる場合もあるので、注意しておきましょう。問題が起こったら、すぐに報告し謝罪すること。
30 木	✕	頑張りが空回りしやすい日。いまの自分にできる最善はつくしておきましょう。一生懸命に取り組めば、自分の課題や問題点がわかってきますが、適当にやっていると問題はいつまでも見えてこないでしょう。

☆ 開運の日　◎ 幸運の日　● 解放の日　○ チャレンジの日　□ 健康管理の日　△ 準備の日　▽ ブレーキの日
■ リフレッシュの日　▲ 整理の日　✕ 裏運気の日　▼ 乱気の日　＝ 運気の影響がない日

12月 2023

○ チャレンジの月

開運 3 カ条

1. 付き合いの長い人の意見はしっかり聞く
2. 小さな約束でも守る
3. 不勉強なところは素直に認める

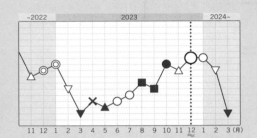

~2022	2023	2024~

11 12 1 2 3 4 5 6 7 8 9 10 11 12 1 2 3 (月)

総合運
うやむやに流していたことが問題としてまた浮上するかも

あなたの中では終わったつもりのことや、うやむやに流していた問題がまた浮上してきそうな時期。悪い癖も出やすいので注意が必要です。特に、解決したと思い込んでいたことを人から突っ込まれて慌ててしまうようなことも。逃げたり流そうとすると、問題が大きくなったり同じことを繰り返してしまいます。まずは相手の話をしっかり聞いて、今からできる解決策を見つけるようにしましょう。付き合いの長い人が助けてくれることもありそうです。

恋愛＆結婚運

恋人が一度でも浮気をしたことがあるなら、再び浮気が発覚したり、他の人に気持ちが揺らいでいる可能性があるので要注意。許す気持ちは大切ですが、雑に扱われているなら思いきって別れを告げたほうがいいでしょう。意地と情だけで付き合い続けるのはやめましょう。新しい出会い運は薄いので、付き合いが長くて信頼できる人に好意を寄せられているなら話を進めてもいいかも。結婚運は、「一歩進んで二歩下がる」ような感じで進みづらいでしょう。

仕事運

得意な仕事に取り組んでも、至らない点や思わぬ欠点が出てきたり、飽きを感じそうな時期。また、勉強不足や苦手なところを突っ込まれることもありそうです。あなたの成長が足りていなくて、周囲に迷惑をかけてしまうこともあるので、少しずつでも仕事に役立つ勉強をはじめておきましょう。付き合いの長い先輩や上司にもらったアドバイスは、しっかりと聞くことが大切でしょう。

金運＆買い物運

無駄なお金を使いやすい時期。買い物に行く前にしっかりチェックしないと、すでに持っているものや同じようなものを購入しそう。金銭感覚の違う友達と一緒にいると、不要な出費が増えてしまうでしょう。見栄を張ってあとでガッカリするくらいなら、最初から誘いを断ることも大切です。投資は、これからはじめようと思っているなら、今月はまだ様子をみておきましょう。情報を集めつつ、来月からスタートさせるのがよさそうです。

美容＆健康運

不健康な生活習慣を続けていたり、今年に入ってからなんとなく体調に異変を感じていた人は、体調を崩してしまいそうです。病院に行って「もっと早く来ないと」と言われることも。勝手に「大丈夫」と思って不調をそのままにしないようにしましょう。一度でも食あたりになった食品があるなら、同じものを食べるのは避けたほうがいいかも。また、体重が増えた場合、今月から元の体型に戻す努力をはじめるとうまくいきそうです。

開運のつぶやき ▶ 苦い経験は後に自分の人生にプラスになるもの。

1 金	▲	情けをかけたり、許す気持ちも大切ですが、距離をおくことが相手のためになる場合もあります。手助けが相手の成長を止めてしまうこともあるので、気をつけましょう。
2 土	=	友人だからこそ言ってくれる言葉があるもの。多少厳しい言い方やストレートな表現でも、しっかり受け止めるようにしましょう。「傷つく」などと突き放しているうちは、成長できずに同じ問題や失敗を繰り返してしまうでしょう。
3 日	=	行きつけのお店で、新メニューを頼んでみるといいでしょう。思った以上に感動できたり、お気に入りになったりしそう。いつも同じように見える場所でも、いろいろと変化していることに気づけると、世間がおもしろく見えてくるでしょう。
4 月	□	1日1ページでも読書をするなど、「簡単にできる習慣」をはじめるといい日。難しいことや続かなそうなことではなく、何かをしながらでもできる運動やストレッチなど、気軽に取り組めることをスタートしてみましょう。
5 火	■	疲れが、肌の不調や口内炎となって表れてしまいそうな日。「元気だから問題ない」と思っている人でも、調子を崩しやすいので無理しないように。今日は早めに帰宅して、ゆっくりと湯船に浸かりすぐに寝ましょう。
6 水	●	求められることが増えて忙しくなる日。集中力が続き、気持ちも引き締まって、いい感じで仕事を進められそうです。好きな人と話せたり、連絡をとることができるなど、うれしい出来事もあるでしょう。
7 木	△	悪い癖が出たり、よくやってしまうミスを繰り返しやすい日。自己分析がしっかりできていれば、問題は避けられそうです。事前準備と最終確認を怠らないようにしましょう。おだてにも弱くなるので、軽い言葉には気をつけること。
8 金	=	朝から懐かしい曲を聴いたり、楽しかった記憶や頑張っていたことを思い起こしてみるといい日。テンションの上がる曲を選ぶといいので、失恋ソングは避けておきましょう。
9 土	=	買い物に出かけるのはいいですが、余計なものを買いすぎないように気をつけましょう。新商品よりも、いつも使い慣れているものを選んだほうがよさそうです。食べ慣れたスイーツを口にすると、心も落ち着くでしょう。
10 日	▽	午前中から用事を片付けて、午後は少しのんびりするといい日。ちょっといいランチを食べに出かけるのもオススメなので、早めに準備して行動しましょう。夜は、次の日のためにも遅くならないうちに寝るようにしましょう。
11 月	▼	上司に理不尽なことを言われたり、不機嫌な先輩や嫌いなタイプの人に振り回されたりと、周囲のトラブルに巻き込まれそうな日。あらがうよりも、流れに身を任せておいたほうがいいでしょう。
12 火	×	コロッとウソにだまされそうになる日。後輩や同僚の愚痴や不満を聞いて、「それはひどい!」と一緒になって怒る前に、その人はちゃんと責任を果たしているのか、冷静に判断しましょう。
13 水	▲	身の回りを片付けるのはいいですが、大事なものまで処分してしまわぬよう気をつけましょう。「使わない」と思って処分したものが、じつはネットで高く売れるとあとで知ることもありそうです。
14 木	=	新しい情報がカギとなる日ですが、なかには間違った情報もあるので要注意。しっかり調べて、ウワサに流されないように気をつけましょう。アヤシイ内容にさえ注意すれば、興味のわくものを見つけられそうです。
15 金	=	失敗を恐れて行動しないよりも、失敗から学ぶ気持ちで挑戦するといい日。知っているだけで、実際には体験したことのないことにチャレンジしてみると、いい勉強になるでしょう。
16 土	□	悩んだり迷ったりするなら、待ってみるといい日。無理に決断を下さないようにしましょう。とくに転職など、将来に影響するような決断は避けたほうが無難です。現状のマイナス面よりも、いいところに目を向けるように。
17 日	■	生活習慣や食事のバランスが乱れていると思うなら、今日から少しでも改善しておきましょう。運動不足を感じていれば、家でできる筋トレやストレッチをはじめてみて。
18 月	●	あなたの力を認めてくれる人や、いい味方が集まってくる日。ときに厳しいことを言う人のやさしさも理解しておきましょう。あなたを信頼しているからこそ、ハッキリ口にしてくれることもあります。
19 火	△	小さなミスが重なってしまいそうな日。タイプミスや書き忘れ、誤字脱字などもありそう。上司や先輩に突っ込まれて怒られないためにも、自分で何度も確認しましょう。
20 水	=	懐かしい人から連絡がありそう。しばらく集まっていない人に、自ら連絡するのもいいので、思い浮かぶ人にメッセージを送ってみましょう。忘年会や新年会の予定を立てておくのもいいでしょう。
21 木	=	日ごろの頑張りを認めてもらえたり、ほめられることがありそう。ほめられたら素直によろこぶようにすると、さらにうれしいことにつながりそうです。恥ずかしがらないようにしましょう。
22 金	▽	面倒だと思う作業ほど、午前中に終わらせておきましょう。夕方になると急に忙しくなったり、突然残業をすることになるかも。予定が乱れる前提で、先に進めておくといいでしょう。
23 土	▼	予定が急にキャンセルになったり、計画通りに進まなくなりそうな日。過度な期待はしないで、予想が外れても「自分の想像力がまだまだだった」と思っておくといいでしょう。
24 日	×	クリスマスイブを楽しみにしすぎていると、ガッカリするかも。プレゼントが思ったものと違ったり、予想外にお店が混んでいる場合も。約束をドタキャンされて、さびしい思いをする場合もあるかもしれません。
25 月	▲	何年も置きっぱなしのものを片付けたり、身の回りになんとなくあるものは処分するようにしましょう。年齢に見合わないものや、使わないペン、小物なども片付けておくこと。
26 火	=	いいアイデアや、これまでとは違う考え方を教えてもらえそうな日。「自分の考えだけが正しい」と思っていると、気づけないことがたくさんあります。視野を広げるためにも、いろいろな思考に触れて、学んでみましょう。
27 水	=	ふだんなら引き受けないような仕事を任されたり、いつもとは違うことをやる流れになる日。実際に体験することで、いい勉強ができそうです。
28 木	□	年賀状をまだ書いていない人は、今日中に出しておきましょう。大掃除をしたり、身の回りを片付けるのもいいですが、夜はヘトヘトになってしまうので、ペースを間違えないようにしましょう。
29 金	■	片付け中にケガをしたり、体をぶつけてしまいそうです。今日は、思った以上に行動が雑になりやすいので要注意。寒さで体調を崩したり、肌が荒れてしまうこともあるため気をつけましょう。
30 土	●	年末年始に使うものを買いに行くといい日。毎年恒例のお店に行くと、特売をしていたり、いい商品を見つけられたりして、満足のいく買い物ができそうです。必要なものをまとめ買いしておきましょう。
31 日	△	遊び心が大切な日。友人や仲間に連絡してみると、急でも集まることができそう。テレビを見たり、おしゃべりをして楽しく過ごすと、心が楽になるでしょう。ただし、飲みすぎには注意しておきましょう。

☆ 開運の日　◎ 幸運の日　● 解放の日　○ チャレンジの日　□ 健康管理の日　△ 準備の日　▽ ブレーキの日
■ リフレッシュの日　▲ 整理の日　× 裏運気の日　▼ 乱気の日　= 運気の影響がない日

 銀 の

時計座

 持っている 星

★ 世話好きの星　　★ 人脈が広い星　　★ お人好しの星
★ 他人の幸せが自分の幸せになる星　　★ 甘えん坊な星
★ じつは野心家な星　　★ 人に執着する星　　★ 他人まかせの星

12年周期の運気グラフ

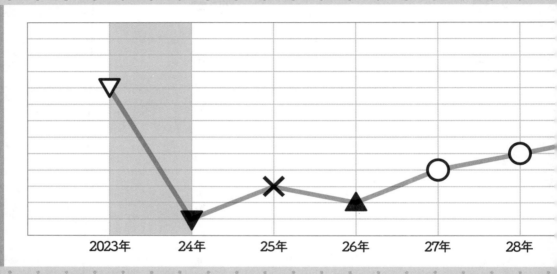

2023年　　24年　　25年　　26年　　27年　　28年

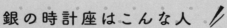

銀の時計座はこんな人

基本の総合運

人のために時を教えることが役目の「金の時計座」と同じで、人のために生きることで幸せを感じるタイプですが、人に執着することが原因で自らブレてしまい、影響力の強い人に振り回されることも多いでしょう。野心や向上心は持っていますが、どこか人まかせで、他人の努力に乗っかろうとするところもあります。正義感があり、人当たりもよく、差別や区別をしないので人脈は自然と広がり、人間関係が財産となることも多いです。自分でも理解できないようなタイプと親友になる場合もあるでしょう。

基本の恋愛＆結婚運

自分にかまってほしいタイプで、束縛されたり、こまめに連絡があるほうが愛を感じられる人。恋人ができると、ほかの人間関係が手薄になってしまい、恋人に振り回されすぎる面もあるでしょう。周囲から「あの人、変わったね」と言われるほど相手の影響を受けがちですが、本人はなんとも思っていないこともあります。結婚後も仲よくべったりの夫婦関係を好み、特に精神的な支えとなってくれる相手と結ばれることを望むでしょう。

基本の仕事＆金運

人との関わりの多い仕事が天職。サービス業や仲介業、教育や指導など若い人や困っている人の相談に乗ることで能力や魅力を開花させられそう。介護や看護、福祉関係に多くいるタイプで、マネージャーや秘書などのサポート役で活躍することも。コツコツと行うもの作りや単純な仕事より、人の笑顔につながる仕事がオススメ。金運は、自分だけでなく周囲の笑顔のためにお金を使える人。庶民的な感覚も持っているので、不要な贅沢を避けます。ブランド品よりも安くていいもののほうが満足できるでしょう。

▽ブレーキの年

「銀の時計座」の2023年は、「ブレーキの年」。運気の流れに急ブレーキがかかるわけではなく、昨年のスピードが徐々に落ちて流れが変わる年。やりたいことは上半期中に行うことが大切。下半期に入ると流れが変わりはじめ、環境に飽きてきたり、突然無謀な行動をしやすいので冷静に。2024、2025年のことを考えて貯蓄し、現状を守るために時間や知恵を使いましょう。大きな幸せをつかめる年でもあるので、遠慮しないように。

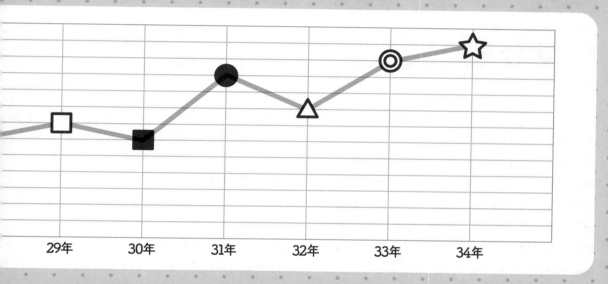

| 29年 | 30年 | 31年 | 32年 | 33年 | 34年 |

年の運気の概要

● **解放の年**
プレッシャーや嫌なこと、相性の悪いことから解放されて気が楽になり、才能や魅力が輝きはじめる年。

△ **準備の年**
遊ぶことで運気の流れがよくなる年。些細なミスが増える時期でもあるので、何事も準備を怠らないことが大事。

▲ **整理の年**
前半は、人間関係や不要なものの整理が必要。後半は、チャレンジして人脈を広げることが大事です。

☆ **開運の年**
過去の努力や積み重ねが評価される最高の年。積極的な行動が大事で、新たなスタートを切ると幸運が続きます。

○ **チャレンジの年**
「新しい」と感じることに挑戦をして体験や経験を増やすことが大事な年。過去の出来事に縛られないこと。

▽ **ブレーキの年**
「前半は攻め、後半は守り」と入れ替わる年。前半は行動力と決断力が大事。後半は、貯金と現状維持を。

✕ **裏運気の年**
自分の思いとは真逆に出る年。予想外なことや学ぶべきことが多く、成長できるきっかけをつかめます。

◎ **幸運の年**
前半は、忙しくも充実した時間が増え、経験を活かすことで幸運をつかめる年。後半は新たな挑戦が必要です。

□ **健康管理の年**
前半は、覚悟を決めて行動し、今後の目標を定める必要がある年。後半は、健康に注意が必要です。

■ **リフレッシュの年**
求められることが増え慌ただしくなる年。体を休ませたり、ゆっくりしたりする時間をつくることが大切。

▼ **乱気の年**
決断に不向きな年。流されながら、求められることに応えることが大事。体調を崩しやすいため、無理は避けて。

2023年の運気

▽ ブレーキの年

2023年開運 3ヵ条

1. 年下の仲間や友人を作る
2. 頑張っている人を応援する
3. 自然にふれる趣味を作る

ラッキーカラー	藤色　ワインレッド

ラッキーフード	ハンバーガー　蜂蜜れもん

ラッキースポット	渋い遊園地　お祭り

総合運

攻めから守りへとゆっくり運気が変わる年
1〜3月中旬は勇気を出して行動して

　上半期と下半期では運気の流れが変わってくる「ブレーキの年」。突然急ブレーキがかかるのではなく、高速道路を降りるときにカーブを曲がりながらスピードを落として行くあの感じが下半期に始まると思っておくといいでしょう。それまではアクセル全開にして、2022年中にやり残したことがあるなら全力で取り組んでください。また、今年もあなたに必要な出会いは多いので、知り合いや友人の輪を広げられるようにフットワークを軽くしておきましょう。ただし、疲れすぎないようにペース配分をして、しっかり体を休ませる日を事前に作るようにしてください。2022年に満足できる結果が出たり新たなスタートを切った人は、それ以上を求めて行動するといいですが、まだ自分のやるべきことや目標を決められていない人は、覚悟を決めて突き進むことが重要になります。「ブレーキの年」は、迷っている暇はありません。1〜3月中旬の決断と行動が、この1年やその後の人生を大きく左右することになるでしょう。すでに2022年に自分の目標や目的を具体的に決めて突き進んでいるなら、多少の壁や人との別れがあっても気にすることなく自分の

判断を信じて進んでいってください。2022年に何か決め切れていなかったり、やり残したことがあると感じているなら、1〜3月中旬に勇気を出して行動することが大切。この期間に、3年後、5年後、10年後の自分がどんな風になっていたいのか想像して、そのために必要なことが何かを真剣に考え、資格取得やスキルアップのために行動してみるといいでしょう。

　下半期は、ゆっくりと運気が裏側に進むようになりますが、運気が悪くなったり沈んだりしているわけではありません。攻めから守りに運気が動いていくので、今の生活や仕事で自分に必要なことが何か冷静に考えること、そして1人の時間や孤独な時間を楽しめる趣味を見つけることが大事になります。

　「銀の時計座」は、振り子時計なので右へ左へと気持ちが揺れてしまったり、周囲の人に振り回されて自分のやりたいことや進むべき道がわからなくなってしまいがちです。そのせいでせっかくの能力を発揮できなくなっている人もいるので、今年は自分がどうなりたいのか、何をしたいのか、何が好きで何が得意なのかハッキリさせておくといいでしょう。自分のためだけ

開運のつぶやき　運気の流れを上手く利用して、日々の習慣を変えると人生は簡単に変わってくる。

だと頑張り切れないので、あなたの頑張りを応援してくれる人や喜んでくれる人が周囲にいるなら、その人のために一生懸命になってみると自分でも思った以上の力を発揮できるでしょう。ただ、今年は流れがいい分、それをやっかんだりねたんだりする人も出てきます。あなたの面倒見の良さや人との関わり方が上手いところを「媚びている」「自分を売り込んでいる」「計算高い」と悪く受け止める人の言葉に焦ってしまうこともありそうです。やましいことがないなら、そんな言葉に振り回されないようにしてください。どうしても気になるなら、親しい人に話を聞いてもらいましょう。

上半期の運気が良いと言ってもそれは1〜3月中旬に集中しているので、引っ越しや、家、マンション、土地などの不動産の購入、あるいは車など長期保有することになるものはこの期間に購入や契約をするといいでしょう。この期間に購入した家やマンションは、実際には2024年以降に住むことになるとしても問題がないので、決断することが大事だと覚えておいてください。「銀の時計座」は意味のないブランド品を求めるタイプではありませんが、家具や家電などは長く使うことになりますから、安いもので済ませるよりも品質のいい高価な物を選ぶようにするといいでしょう。

また、1〜3月中旬はあなたの人生に必要な人との出会いもあるので、習い事を始めてみたり、新たな人脈作りを心がけるといいでしょう。ダンスや音楽、楽器を習いに行くと運命的な出会いもあるかもしれません。行きつけの飲み屋を作ってみたり、サークルや地域の行事、ボランティア活動などにも参加してみると良い縁と繋がりそうです。

4〜5月は周囲の人と一緒に頑張っている人や、他の人のために尽くしている人は体調に注意。多少ソリの合わない人と距離が空いてしま

うこともありますが、例年よりも問題は少ないでしょう。ただ日頃からワガママな発言や身勝手な行動をしている人は、評判が悪くなったり悪い噂を立てられたり、人間関係のもめ事に巻き込まれてしまうことがありそう。自分と価値観の合わない人のことを悪く言っていた人も注意が必要です。「口は災いの元」を忘れないようにして、感謝の言葉や前向きな言葉を選ぶように心がけておきましょう。

6月以降は、新たな人脈や興味のあることも増えて気持ちも前向きになってきますが、この辺りからゆっくり現状を守る必要が出てきます。貯蓄を増やせるように意識し、無駄使いを減らす工夫をしておきましょう。9月下旬〜10月には体調に異変が出てくる可能性があるので、できればこの期間に入る前に人間ドックなどで検査をしてください。この時期に体調に異変を感じているのに、そのまま我慢したりほったらかしにしていると後悔することになるので注意しましょう。

11月には過去8〜9年の頑張りを認められたり、自分でも驚くような大きなチャンスをつかむことができそう。周囲に甘えたり人任せにしないで自分の力を出し切ってみることが大事です。特に一つの技術を磨いていたり、いろいろな人に感謝されるようなことに努めていた人は、ここでは遠慮せずに自分をアピールして流れに乗るようにしましょう。ただし12月は大きな決断ミスをする可能性が非常に高い月。ここで調子に乗りすぎたり、転職や離職、独立、引っ越し、結婚など、人生を大きく左右する決断はしないようにしましょう。この月は、事故や怪我もしやすくなるので、これまで以上に慎重に行動するようにしてください。

「ブレーキの年」は1年を通して攻めすぎないことが大きなポイントになります。下半期は、現状の生活を守るために何がいるのか、自分に

足りないことが何か真剣に考えるとともに、2024～2025年への準備も必要になります。特にお金の面では、下半期はしっかり貯金や蓄えを増やしておくことが大切。ポイ活、つみたてNISAや投資信託など長期的にお金を貯められることをスタートさせましょう。また、収入と支出を一度しっかり調べて1か月に自分がどれくらい生活費を使っているのかチェックすることも大事です。心が庶民で極端な贅沢をしないあなたですが、付き合いの多い年なので、いつのまにか出費がかさんでいることも。軽はずみにお金の貸し借りをすると、後で大きなトラブルになるので気をつけておきましょう。

2023年は、昨年出会った年下や今年仲よくなった若い人と新しいプロジェクトを始めたりチームを組んでみるのもいいでしょう。自分の経験や体験の中で学んできたことがあるなら、伝えたり教えたりすると良い関係を作れて素敵な1年を過ごせそうです。また、自分のやりたいことが何かわからないでフラフラしたり転職を繰り返したり、目的がまだ見つかっていない人ほど、今年こそ興味のあることに挑戦をして、少しでも手応えのあったことは3～4年は続けるようにしましょう。自分が飽きっぽいと感じている人ほど長く続ける覚悟をもって、一緒に頑張れる仲間を作ってみるといいでしょう。

本来「銀の時計座」は、人との関わりが多くなることを楽しめたり、面倒を見ることが好きなタイプですが、あなたを振り回す人にベッタリくっつくことになってしまい、せっかくの運気の流れに乗れない場合もあります。本音では「この人とは合わない」と思っていたり、周囲から「離れたら？」とアドバイスをもらっているのに、いざ縁が切れると思うと迷ってしまい、ズルズルとした関係を続けてしまうことも。特に2022年の「開運の年」で、楽しさよりも縛られたり重荷に感じたりすることがある

なら、1～2月には縁を切る決断や次に進む勇気が必要になるでしょう。

また、ここ数年、良い流れに乗っていた人ほど周囲への感謝を忘れないようにしましょう。もし感謝を忘れ、自分1人で頑張って結果を出したと勘違いしているなら、今年の下半期から年末にかけてあなたのもとからドンドン人が離れてしまったり、悪い噂を立てられてしまうこともあるでしょう。相手任せにして甘えてきたあなたにも原因があるので、執着するのではなく、何が足りなくてどうすればよかったのかを真剣に考え、今後の課題にしましょう。

年末に重要な役割や地位に大抜擢される流れもありますが、ここで遠慮して断ってしまうとこれまでの流れを止めてしまうことになったり、あなたを評価してくれたり応援してくれる人の期待を裏切ることになってしまいます。受け入れることで周囲の人との縁が切れたり離れることになっても、ここはしっかり受け入れてみることが大事。ここで転職をしたり、目標や覚悟して決めたことを諦めたり手放してしまうと長い闇に入って、しばらく運気の波に乗れなくなってしまうので、軽はずみな決断や行動は控えるようにしましょう。

今年は幸せをつかむためにも勇気と行動力と決断力が必要になりますが、その運気は1～3月中旬に集中しています。結婚や転職、引っ越し、起業、投資など、将来のためになることはこの期間に決断しましょう。その後はゆっくりブレーキを踏みながら、急がず自分のペースを守るようにすると良い1年になります。下半期からは、これまでお世話になった人に恩返しをする気持ちで頑張って、少しでも成長した姿を見せられるように努めると結果として大きく成長できるでしょう。人との繋がりも広がり、大事な人との出会いもある1年なので、謙虚な気持ちを忘れないように過ごしてください。

開運のつぶやき ▶ 👓 人を喜ばせることに一生懸命になれると人生はとても楽しくなる。

恋愛運

**出会いの多いモテ期最後の年
好きな人には積極的に気持ちを伝えて**

理想に近い恋人ができる運気。好きな人に積極的になっておくといいので、今年は遠慮せずに押してみるといいでしょう。モテ期最後の年でもあるので、いろいろな人からデートや遊びに誘われたり告白をされますが、複数の人からの遊びの誘いを断らずにOKばかりしていると、交際のチャンスを逃してしまうことがあるので気をつけましょう。素敵な人だと思ったら相手の出方を待っていないで自らきっかけを作ってみたり気持ちを伝えてみると、交際に発展できそうです。不思議な雰囲気の人に惹かれたり、才能のある人に惚れるのはいいですが、ただの変わり者に引っかかってしまう癖があるので、周囲からの評判や噂も少しは聞いておくようにしましょう。一度好きになってしまうと「みんなはあの人の良さがわかっていない」と耳を塞いでしまうところがあるので注意が必要です。

2022年から仲良くなっている人の中で気になっている人がいるなら1〜3月中旬は、マメに連絡をしてみるといいでしょう。この時期は展開が早いのでモタモタしないで押し切ってみること。友人などと何人かで集まる機会に誘って、一緒に遊ぶようにするといい関係に発展しやすくなります。周囲からの一押しもいいアシストになりそう。7〜9月中旬までも出会いが増えるので積極的になるといいですが、上半期にチャンスを逃した人は7月に思い切ったイメチェンをしたり、生活習慣を大幅に変えたほうがいいでしょう。ここ数年の恋愛が、結婚に繋がらないような恋やただの遊びで終わってしまっている人ほど、露出の多い服や派手な服、ブランド品は避けて、シンプルな服装やショートやボブなど落ち着いた髪型を選んでみてくださ

い。自分の理想の相手にふさわしい人に自分がなっているのか冷静に判断して、イメージを変えてみるといいでしょう。

4〜6月中旬は恋人と喧嘩をしたり別れる可能性がある時期です。あなたのベッタリとした接し方を相手が束縛と感じてしまうかもしれないので気をつけましょう。また、相手の言葉をネガティブに捉えすぎて、落ち込む姿を見せないようにしましょう。ただ、浮気を繰り返したり、仕事もしないでフラフラしているなど、周囲には言えないような問題を抱えている恋人がいるなら、6月には縁を切ってしまったほうがその後に良い出会いがあるでしょう。

「銀の時計座」は情にもろく、夢に向かって頑張っている人や、アートなどのクリエイティブな仕事をフリーでやっている人を応援したり、他の人が認めないような仕事の人でも受け入れるところがあります。周囲から「なんでその人と付き合ってるの？」と言われることもあると思いますが、年末に近づくほどそれまで気にならなかったところが急に不安になったり、疑問に感じてくることがあるでしょう。そんなときは「これまでこんなにいろいろしてあげてきたのに」と思うのではなく、「このままで自分は本当に幸せになるだろうか？」と考えてみてください。11月には年内最後のモテ期が来るので、友人の集まりや急な誘いは断らないように。この時期になるとこれまでとは違ったタイプを好きになることがあり、関係の進展も早いのでモタモタしないようにしましょう。また、ここでの押しすぎは空回りしやすいので、きっかけ作りのために押すのはいいですが、押した後は少し引いてみると上手くいきそうです。

開運のつぶやき ▶ 「モテ期」とは、楽しそうに生きている時期。

結婚運

恋人がいるなら1～3月中旬に入籍を
婚活は結婚相談所の紹介もオススメ

結婚するには最高の1年。既に恋人がいるなら話を一気に進めたほうがいい運気です。特に1～3月中旬に入籍をするといいので新年の挨拶を兼ねてお互いの両親に挨拶をしてみてください。両親との顔合わせが簡単にできない場合は、Zoomなどのビデオ通話を使ってみるのもいいでしょう。年内に結婚に進まない恋人とは、早いと4月、遅くても2024～2025年に別れる確率が上がるので、交際期間がすでに1～2年あるカップルなら将来の話を真剣にしてみたり、プロポーズの予約を早い段階でして、相手の出方を見ておくといいでしょう。

また、相手の運気を調べてお互いのタイミングが合うのかチェックしておくことも大切です。「金の鳳凰座」「銀の鳳凰座」「銀のインディアン座」の場合は、相手の運気に合わせてもいいですが、その他のタイプの場合は、あなたのタイミングで入籍日などを決めるといいでしょう。11月が入籍するには最後のチャンスです。ここで踏ん切りがつかない相手とは、縁を切ってしまったほうがいいかもしれません。

今は恋人がいないけれど結婚を望んでいる場合は、1月にできるだけ友人や知り合いに会うようにしましょう。結婚を真剣に考えている話をすると、冗談半分で「じゃ～結婚します?」などと言ってくる異性の友人が現れる可能性があります。ここで「どうせ冗談でしょ?」と流しているとチャンスを逃すので、一緒にいるのが楽だと思うなら一気に入籍まで進めましょう。3月中旬までは良い出会いも多い時期。人の集まりに参加するのもいいですが、結婚相談所に登録すると短期間でいい人に出会えそうです。「お金がもったいない」と言っていると時

間はドンドン過ぎて、かえってもったいないことになると思っておきましょう。年末まで誰とも進展がなかった人は、11月に知り合いや友人の集まりやパーティー、結婚式の二次会などがあったら必ず顔を出してみること。予想外の人から話しかけられたり、急展開で交際、結婚に話が進むことがあるでしょう。

結婚したい気持ちが互いにあるのに、現実的な生活や収入面の心配などがある場合は、1月か2月に結婚してみてください。「銀の時計座」は結婚相手が収入アップしたり、安定した生活を送れる確率が高いタイプです。大金持ちとまでは言いませんが、現状の生活が少しは安心できるレベルになったりするなど、あなたと結婚をすることで相手の仕事運が良くなる場合が多いでしょう。特に年齢が若くまだ収入が少ないと思っている場合は、先に結婚してその後は二人で頑張ってみるといいでしょう。

ただ、交際期間が長いカップルは結婚に進まないで別れる可能性が高くなります。5年以上の付き合いのカップルや、3年前の「準備の年」から出会いと交際が始まっているカップルは、結婚話が盛り上がっていてもお互いの事情で話が進まなくなってしまったり、縁が切れてしまうことも。結婚を意識していた人と縁が切れても、7～8月、11月に出会った人と短期間の交際で結婚する可能性もあるので、先がないのにズルズルと付き合っている場合は、次の人が出てくると思っておくことも大切です。年内に結婚を決めて来年の「乱気の年」での入籍になることもあると思いますが、今年中に決断すれば問題ありません。具体的な日取りまで決めておくといいでしょう。

開運のつぶやき ▶ 言葉を丁寧に上品に使うように意識するだけで人生は変わってくる。

仕事運

1〜3月中旬までは攻めの姿勢で
結果を高く評価されて出世や大抜擢も

実力以上の結果が出たり、自分以外の人の頑張りまでもあなたの評価になったり、いいチームに入れてもらえたり、思った以上の結果を出すことができそうな年。

既に2022年に良い結果を出せて満足できているなら、1〜3月中旬までは攻めの姿勢で仕事に取り組みましょう。意見やアイデアを出して職場をより良くするために努めてみたり、より効率よく仕事を進められるように工夫するなどいろいろ頑張ってみてください。信頼できる仲間や仕事関係者との絆も深まり、予想以上に会社に貢献できて儲けを出すこともできるでしょう。ここで遠慮や待ちの姿勢は必要ないので、強気で勝負して積極的に仕事に向き合っておくこと。良くも悪くもここで一区切りついたり自分の中でやりきった感じになってしまう場合もありますが、できれば2022〜2023年で仲良くなった後輩や部下を育てたり、これまで経験したことや学んできたことを伝えたりするといいでしょう。真面目にやってもなかなか結果を出せない人や、がむしゃらにしかできない不器用な人に、仕事のコツや人脈を広げる手助けをしてあげてください。小さなことでもいいので手を差し伸べて自分以外の人を輝かせようと努力すると、あなたの魅力も自然とアップしてくるでしょう。

4〜5月には例年ほどではないですが、仕事に対してやる気を失ったり、職場への疑問や自分の力の限界を感じて離職や転職を考えてしまいそう。ただ、ここは踏みとどまって現状のままがいいでしょう。もし転職活動をする場合は、夏のボーナスをもらってから判断するといいので、動き出すとしたら7〜9月中旬がよさ

そうです。2022年から転職を考えていたという人の場合は、1〜2月中に動くといいでしょう。2022年に仕事で満足できなかったという場合は、そもそもあなたに合っていない職場や職種の可能性が高いので、人との関わりが多い仕事や、ノルマなどがない職種、医療や福祉関係などを選んでみるといいでしょう。

みんなで頑張ってきたプロジェクトなのに、あなただけが評価されてしまう流れがある時期でもあります。既に昨年からリーダー的ポジションに就いていたり、出世をして人の上に立つ立場になっている人もいると思いますが、今年は自分でも驚くような引き抜きや出世、大抜擢、ときには行きたいと思っていない部署への異動などがありそうです。それを受けてしまうとこれまで築いてきた縁が切れてしまうのではないかと不安になったりして断りたくなるかもしれませんが、ここは無理だと思っても受け入れて、評価してくれた人のためにも頑張ってみるといいでしょう。今年の評価や異動の辞令は素直に受け入れてみると、新たな人脈や、このタイミングで受けておいて良かったと後に思えるようなことが起きるでしょう。

上司になったり、教育係として部下や後輩の面倒を見ることで、自分よりも才能のある人を見出したりして、人の能力を伸ばす才能に目覚める人もいるでしょう。また、技術を身につけている人は、コツや技法を教えることで自分のレベルも上がったり、相手からの質問や考え方を聞いてみることでいい発見もありそうです。仕事以外での付き合いもマメにするなどして、若い人と話をする機会を作ってみると職場がさらに楽しくなるでしょう。

開運のつぶやき ▶ 👓 人生にマイナスはない。何でも勉強、日々成長。

買い物・金運

大きな買い物や契約は1 ～ 3月中旬に
下半期からでいいので給料の2割は貯金して

「ブレーキの年」の今年は、上半期と下半期で金運の流れが大きく変わります。長く使う物や高価な物はできれば1 ～ 3月中旬に購入や契約をするといいでしょう。特に家やマンション、土地、車などは3月中旬までに契約を済ませること。それ以降は節約したり、自己投資になる勉強や資格取得のためにお金を使ったりするといいでしょう。

高額な物の購入は考えていないという人でも、今年は引っ越しをするにもいい運気です。2021 ～ 2022年に既に引っ越している場合は、その部屋に住み続けると運気がよくなりますが、それ以外の人で引っ越しを考えているなら1 ～ 2月がオススメ。時間があるときに不動産屋に行ったりネットで探してみましょう。今の家よりも高額になる場所や物件はできるだけ避けて、同じ値段で少し広い部屋や、街の中心地から少し離れた場所でも安くて良い部屋にグレードアップすることを目指しましょう。既に家を購入していて引っ越しする必要がない人でも、長年住んでいる家ならば、壁紙やカーテン、ラグやカーペットを替えるなど、部屋の大幅な模様替えをするといいでしょう。家具や家電の買い替えもこの時期にするのがオススメです。

また、今年は資産運用をスタートするにも良い運気です。まだ何も始めていないという人は、つみたてNISAかNISAを始めてみると思った以上に上手く運用できそう。10年後、20年後を考えて、少額からスタートさせてください。既に始めているという人は、他の投資信託や株などを始めるにもいいタイミングですが、年末に急に調子が悪くなる場合があるので油断しないこと。長期的に保有して問題なさそうな金融商品を選んでおくといいでしょう。

2022年から収入が安定したり急に増えている人もいると思いますが、ゆとりがあるからと言ってお金の貸し借りをするのは絶対にやめておきましょう。それが家族や恋人でも、少額でも、後のトラブルや大きな問題になるので注意が必要です。もし貸す場合は、そのままそのお金をあげるつもりでいてください。

また、4月以降にくる儲け話にも注意が必要。世の中簡単に儲かる話は存在しないので、信用できる人だと思っても口車に乗らないように。特に12月は判断ミスをして財産を奪われてしまったり、借金の保証人などになった結果、後に苦しい人生を送る可能性があるので注意してください。情にもろいタイプなので、涙ながらに相談されると助けたくなってしまうことがありますが、お金に関わることはハッキリ断ることが相手のためにもなるでしょう。

下半期に入ってからでいいので、最低でも給料の2割は貯金するように心がけておくこと。夏と冬のボーナスは手を付けないで、2024 ～ 2025年のために蓄えておくと、後々役立つでしょう。ただ、資格の取得やスキルアップのための専門学校やスクールに通い始めるためにお金を使うのはいいので、気になることが見つかったら即行動することが大切です。旅行に行く場合は、自然の多いのんびり過ごせる場所を選びましょう。キャンプやバーベキューができる場所に行ったり、渋い温泉街など人の少ない場所でゆっくりする時間を作ってみるといいでしょう。また、お世話になった人のために少額のものでもいいので贈り物をして感謝の気持ちを伝えるといいでしょう。

開運のつぶやき ▶ どんなことからも学ぶことを楽しめる人は自然と幸運を掴むもの。

美容・健康運

年末に向かって疲れやストレスに注意
体力作りや健康的な生活を意識して

年末に向かって体力の低下を感じたり、無理が利かなくなってくる年。2022年から人との出会いが増えて、付き合いや会合などで予定をいっぱいにしている人や、睡眠時間を削って遊んだり仕事をしている人ほど注意が必要です。ただ、3月中旬までは絶好調なので多少の無茶は問題ありません。できれば運気のいいこの時期に基礎体力作りや筋トレをしたり、スポーツジムで体を鍛えるなどして、健康的な食事や生活リズムを意識するといいでしょう。スポーツジムにお金を使うことに抵抗がある人は、公共施設を利用して定期的に運動をしたり、知り合いの紹介などでスポーツサークルに入ってみるのもよさそう。「銀の時計座」は、1人で没頭するスポーツよりもみんなでワイワイしながら楽しく運動したほうが続くので、友人や知人を誘ってウォーキングやハイキングなどをするといいでしょう。

ダイエットをスタートするにもいいタイミングです。短期間で体重を落とすのではなく、2〜3年後にどんな体型になっていると嬉しいか想像して始めてみるといいでしょう。まずは食事を一口分少なく用意して、完食しなくても良いと思うようにすることが大事。「捨てるのがもったいない」と言って食べているのは「自分の体をゴミ箱にしているのと同じ」だと思ってみると、ゆっくり無理なく痩せられそうです。

できれば美意識を高めるといいので、美容エステや美白、ムダ毛の処理、歯の矯正、ホワイトニングなどを考えている人は、1〜2月に契約をしたり、お試しで行ってみてください。費用などの不安があるときは、友人や知人の紹介で行くと安心できるので、周囲の人から情報を集めるといいでしょう。下半期になってから慌てて行き始めると、面倒な契約になっていたり、余計なことでイライラしてストレスの原因になるので、タイミングが合わないときは無理しないようにしましょう。

ここ数年無理をしたり不眠だったり、疲れが抜けない感じがある人は、4〜5月に体に異変を感じることがあるかもしれません。多少の痛みや異変を「このくらいなら放っておこう」と勝手に判断すると後悔することになる場合もあるので、早めに病院で検査をするようにしましょう。下半期の9月下旬〜10月にも体調を大きく崩したり、風邪をひいたり、謎の肌荒れが出ることがあるので、秋になったら人間ドックでしっかり調べてもらうといいでしょう。もし異変を感じているのに特に異常なしと診断された場合は、セカンドオピニオンを受けてください。できれば大きな病院や評判のいいお医者さんに診てもらうようにしましょう。

良くも悪くも人との出会いや関わりが多いタイプのため楽しい仲間もできますが、ソリの合わない人も集まってくる運気です。我慢して付き合ったり、楽しいからと言って連日の飲酒や遊び過ぎはよくありません。特に下半期は疲れが溜まりやすくなるので、何もしない日も作っておきましょう。11月には1人の時間を楽しめる趣味を作るのがオススメ。楽器を始めたり、読書や音楽は好きなジャンル以外のものにも広げてみるといいでしょう。1人で映画館や美術館に行ったり一人旅をしてみると、これまではさみしさを感じていたのが、逆に快適なひとときを味わえて、2024年の「乱気の年」に向けてちょうどいい趣味を見つけられそう。

開運のつぶやき　▶ 素直によく笑う人には幸運がやってくる。

親子・家族運

年末に近づくと心がブレて家族が気を遣うかも
前向きな話をするように心がけて

人との関わりが好きで、家族も大事にできる「銀の時計座」。誰とでも対等な気持ちが強い分、夫婦関係も、両親やお子さんとも友人のような関係になっている人が多いと思います。周囲も自然にそれを受け入れてくれているなら何の問題もありませんが、実はそのフレンドリーさが絶対的に正しいわけではなく、あなたのワガママであるかもしれないということを覚えておきましょう。また、気分の浮き沈みが顔や態度に簡単に出てしまうところから、自分で思っている以上に周囲に気を遣わせてしまっているところがあります。「わたしのほうが周囲に気遣いをしている！」と思っている人が多いですが、気分が乗らないときには自分のことでいっぱいいっぱいになってしまったり、他のことに手を付けられなくなってしまうところもあるでしょう。メンタルの弱さや心のブレは、周囲が支えてくれていることを忘れないように。

今年の3月中旬までは忙しく輝くときなので、家族も応援してくれるでしょう。忙しい分家のことが雑になってしまっても、気にしないであなたを支えてくれそう。問題は年末に近づいて来年の「乱気の年」の影響が出てくるときです。ネガティブな発言が増えたり、気分の浮き沈みが激しくなってきて周囲に気を遣わせることがあるので気をつけましょう。

夫婦関係では良好な関係を作れる年。大きな問題はありませんが、忙しくし過ぎて家ではヘトヘトになっていたり、愚痴や不満が増えてしまう場合があるので、前向きな話や楽しい話ができるように心がけてください。お子さんがまだというご夫婦は、新しい命を授かることもありそうです。夫婦喧嘩は、「自分が正しい」と思い込んでいるといつまでも収まらないので、自分にもどこかに非があると思って改めるべきところを見つけましょう。

お子さんとは仲良く遊べて、友達のような親子関係ができて満足もできそう。子どもの趣味を理解できて、ときにはあなたのほうがその趣味にはまってしまうこともあるかもしれません。今年は、ハイキングやキャンプ、バーベキュー、牧場など自然の多い場所に行ってのんびりする時間を楽しむようにすると、子どもとの関係もさらに良くなりそうです。連休や夏休みの計画などは早めに立てて、毎年恒例の家庭行事にするのもいいでしょう。

両親との関係は、親が偉そうなことを言ってきたり、高圧的なしゃべり方をしていなければ問題はなさそう。自分の親といえども上から目線の言葉を使う人とはソリが合わないので、ぶつかったり避けてしまうところがありますが、年末に向けて心がブレやすくなるため、家族や周囲の支えは必要不可欠となります。また親に対して「対等に！」という気持ちが強く出ると、あなたの方が偉そうになる場合もあるので、感謝の気持ちを忘れないように。

五星三心占いの全てのタイプの中で最も家族を守ろうとするのが「銀の時計座」ですが、頑張り過ぎると疲れやストレスの原因になってしまうこともあります。特に家族が、あなたが家事をすることを「当たり前」と捉えている状態が続くと、悲しい気持ちになってやる気を失ってしまうでしょう。少しでも家族みんなに手伝ってもらうといいので、みんなで楽しく家事を分担するルールを1〜2月のうちに作っておくようにしてください。

開運のつぶやき 🎭 人生は工夫をすると楽しくなるもの。

年代別 アドバイス

世代が違えば、悩みも変わります。
日々を前向きに過ごすためのアドバイスです。

年代別アドバイス 10代
自分が何に向いていて何をしたいのかわからないと思っているなら、今年から1つ楽器を習い始めてみると人生が大きく変わったり、そこでの出会いで運命が変わってくるでしょう。リズムや音楽、ダンスの才能があることに気がつく場合もあるでしょう。年始と年末では交友関係が変わってきますが、変化を恐れないでいろいろな出会いを楽しむようにしてください。良い恋もできるので1～2月は自分の気持ちに素直に行動してみましょう。

年代別アドバイス 20代
出会いが多く、恋のチャンスが多い1年。一気に結婚まで話が進む相手を見つけられることもあるでしょう。スピード結婚と周囲に驚かれるかもしれませんが、1月から3月中旬に思い切って決断すると良いでしょう。仕事では、年末には荷が重いと思われるポジションを任されそうですが、評価してくれた人のためにも挑戦してみると良いでしょう。苦労は当然だと覚悟することが大事です。昨年から仲良くなった先輩の助言も大切にしましょう。

年代別アドバイス 30代
理想的な恋人ができたり、結婚に話が進む運気。仕事でも満足できる結果を残せる年になるので、今年は遠慮をしないようにしましょう。4月から6月中旬は、不安な気持ちになったり空回りしやすいので、この時期は少しおとなしくして、周囲への感謝や恩返しの気持ちを忘れないようにしましょう。11月には大きな幸せを手に入れられるので、それまでは簡単に諦めないこと。マイナスな情報に振り回されないようにしておきましょう。

年代別アドバイス 40代
攻めから守りに変わる年。3月までは遠慮しないで何事も真剣に取り組んでみると思った以上の結果を出せるでしょう。4月以降は現状を守るためにどうするか知恵を絞ることや、周囲と協力することが大切。自信があるのは良いですが、若い人の育成や、次の世代のために何ができるのか考えて行動することも大事になるでしょう。長く続けられる趣味や習い事を始めてみると、これまでとは違う人間関係ができて楽しくできそう。

年代別アドバイス 50代
3月中旬までは絶好調なので、仕事や趣味に全力で取り組んでおきましょう。4月以降は体力が低下して疲れやすくなるので、年末に向けて体力作りをしたり、睡眠時間を増やすようにしましょう。家でできる軽い運動や筋トレ、ストレッチなどがオススメです。また、胃腸に良さそうな食べ物を選ぶようにしましょう。植物を育てたり自然の多い場所に遊びに行く趣味を作ると良いストレス発散になりそうです。年末までに人間ドックに行きましょう。

年代別アドバイス 60代以上
3月中旬までに基礎体力作りを始めたり、ウォーキングやハイキングなどの趣味を始めてみると人生が楽しくなるでしょう。気になる習い事を始めてみるのも良く、若い人の中に飛び込んでみると面白い発見があったり若返るきっかけにもなりそうです。若い人に教えるのも良いので、これまでの経験を活かした趣味の教室を開いてみるのもいいでしょう。体調面に関しては、9月までに人間ドックに行っておくと良いでしょう。

命数別2023年の運勢

あなたの命数は
P.10からはじまる
命数早見表でチェック!

【命数】31 心がブレる高校1年生

基本性格　負けず嫌いの頑張り屋で、気さくでさっぱりとした性格。色気があまりなく、交友関係は広いでしょう。反発心や意地っ張りなところはありますが、本当は寂しがり屋で常に人の輪の中にいて友人や仲間が欲しい人。頑張るパワーはありますが、周囲の人に振り回されてしまったり、自ら振り回されにいったりするような行動に走ったりすることも。心は高校1年生くらいからほぼ変わらず、学生時代の縁がいつまでも続くでしょう。

持っている星
★平等心の星
★同級生が好きな星
★負けを認められない星
★胃に注意が必要な星
★友人と同じものを欲しがる星

開運3カ条
1. 単独行動を楽しむ
2. 若い人に技術や知識を教える
3. スポーツを習いはじめる

2023年の総合運
努力の結果がハッキリ出る年。いい仲間や協力してくれる人が増えて、楽しい時間を過ごせそうです。ただし、年末に近づくとその仲間やグループと距離ができたり、別れることになるかも。ともに頑張る人がいなくなってやる気を失う前に、新たな目標やひとりで取り組めることを見つけておくといいでしょう。ゴルフなどのスポーツをはじめてみると、気持ちが楽になり、新たな仲間も見つけられそう。健康運は、胃腸の調子が悪くなりやすいので、意識して消化のいいものを選ぶように。

2023年の恋愛&結婚運
片思い中の相手がいるなら、1月に決着がつきそうです。ここでハッキリしない場合はスパッと諦めて、2月から3月中旬にある新しい出会いに切り替えたほうが、素敵な恋ができたり、年末に結婚する流れをつくれるでしょう。6月、7月、11月にも出会いがありそうですが、やや危険な感じのする人や刺激的な人など、これまでとは違うタイプにハマる場合があるので気をつけること。結婚運は、対等な付き合いができているなら、自分からプロポーズしたほうがいいでしょう。

2023年の仕事&金運
いい仲間とともに仕事ができて、満足のいく結果を残せそうです。昇格したり、リーダー的なポジションを任されることも。ただし、年末に近づくと、負けを認める状況になったり、自分の不慣れなことや苦手分野が見えてきそうです。意地を張りすぎないで、素直に周囲に助けを求めるようにしましょう。また、若い人にこれまで学んできたことを教えてみると、自分の新たな才能を見つけられるかも。金運は、ゴルフや格闘技、新しいスポーツの趣味にお金を使うといいでしょう。

ラッキーカラー オレンジ　ピンク　**ラッキーフード** ピーマンの肉詰め　ポテトサラダ　**ラッキースポット** 植物園　演芸場

【命数】32 雑用が嫌いな実は野心家

基本性格　庶民的で人間関係を作るのが上手ですが、野心や向上心を強く持っています。「どこかで一発逆転したい、このままでは終わらない」という情熱を持っており、刺激や変化を好むところがあるでしょう。人は好きですが団体行動は苦手。結果を出している人に執着する面があり、ともに成長できないと感じた人とは距離をおいてしまうことも。意外な人生や破天荒な人生を自ら歩むようになったり、心が大きくブレたりすることもある人です。

持っている星
★野心家の星
★ライブ好きの星
★頑張りを見せない星
★やけ酒の星
★好きになると止まらない星

開運3カ条
1. 3月中旬までは自信をもって行動する
2. 周囲に感謝する
3. 旅行に行く

2023年の総合運
大胆な行動は3月中旬まで。4月以降は「守りの姿勢」が必要になります。やや守りが苦手なタイプなので、ペースをいつもより少し落としたり、周囲に合わせてみるといいでしょう。年末に近づくほどせっかちなところが裏目に出たり、判断ミスが増えてしまいそう。ただ、11月には新たな仲間ができたり、違うチームや組織に入る流れになって、刺激のある人にも出会えるでしょう。健康運は、10月に不調が表れるかも。ふだん無理をしがちな人ほど、注意が必要です。

2023年の恋愛&結婚運
好きになると、気持ちにストレートに行動したり、相手を振り向かせるためにパワーが出るタイプのあなた。1月から3月中旬までは、ねらった相手を落とせることや、「高嶺の花」だと思っていた人とも関係を深めることができるでしょう。思いが実った途端に気持ちが冷めたり、4月以降から徐々に恋に飽きてしまう場合もありますが、11月には異性の友人と付き合う流れになるかも。結婚運は、1月、2月中にチャンスがあれば、押し切ったほうがいいでしょう。

2023年の仕事&金運
昨年、すでに実力以上の結果を残せて満足している人も多いと思いますが、今年の1月、2月には昨年を上回る成果を出せ、いい流れに乗ることができそうです。今年は周囲が驚くような出世や昇格をする可能性もあります。ただし、急に偉くなりすぎて、これまで気がつかなかった不満が出てきてしまうことも。金運は、3月までに新しくはじめたことが、収入アップや投資での成功につながる可能性が。勘を信じてみるといいでしょう。

ラッキーカラー 朱色　ブラウン　**ラッキーフード** 焼き肉　そば　**ラッキースポット** 牧場　スポーツジム

ラッキーカラー、フード、スポットはプレゼントやデート、遊ぶときの口実に使ってみて

さらに細かく自分と相手が理解できる！
生まれ持った命数別に2023年の運気を解説します。

【命数】33 明るい気分屋

基本性格

誰よりも人を楽しませることが好きな、サービス精神旺盛な人。空腹が苦手で気分が顔に出やすいところがありますが、楽しいことやおもしろいことが大好きです。不思議な人脈を作ることができ、常に天真爛漫。ただ、心がブレやすいので目的を見失ってしまい、流されてしまうことも。「人気者になり注目を浴びたい」「人にかまってほしい」と思うことが多いぶん、他人を喜ばせることに力を入れると幸せになれるでしょう。

持っている星
★愛嬌のある星
★スケベな星
★愚痴の星
★気管が弱い星
★遊びすぎる星

開運3カ条
1. 「上機嫌」を心がける
2. 言葉にする前にどう思われるか考える
3. ヨガやダンスを習う

2023年の総合運
一緒に楽しめる仲間を集めるには最高の年。昨年すでにいい仲間に出会えていると思うなら、今年はさらに気の合う人を見つけられそうです。5月から6月中旬に距離ができる人もいますが、気にしないように。ダンスや音楽系の趣味をはじめてみると、いい運動になってダイエット効果もありそうです。12月ごろに、口が滑って大問題を引き起こしてしまう場合があるので、発言にはくれぐれも注意すること。健康運は、下半期からダイエットが成功しやすくなるでしょう。

2023年の恋愛&結婚運
モテ期を味わえる最後の年。笑顔を意識して、少し露出の多い服や明るい色のものを身につけるだけで、驚くほどモテるようになったり、気になっていた人といい関係に進めることもありそうです。ただし、複数の人から同時に求められて相手選びに迷うことや、遊び人に引っかかるなど、モテるのが必ずしもいいことばかりではないことに気づきそうです。2023年は授かり婚をする確率が高いため、交際相手は慎重に選ぶように。結婚運は、計画を立てるといいので、具体的な日どりを先に決めてみましょう。

2023年の仕事&金運
みんなで楽しく仕事ができればいいタイプのあなた。上半期はそのノリでうまくいきそうですが、余計な一言や感謝のない発言が原因で、周囲の人が離れてしまう場合があります。相手をねぎらって、周りの頑張りを素直に認めるよう心がけておきましょう。年末にかけてストレスがたまるような場面が増えたり、部署やポジションが変わることも起きますが、今年はその変化をおもしろがってみるといいでしょう。金運は、計画的にお金を使うこと。早めにマネーの勉強をしておくとよさそうです。

ラッキーカラー オレンジ　濃いピンク　**ラッキーフード** しゃぶしゃぶ　梅干し　**ラッキースポット** 演芸場　動物園

【命数】34 ひと言多い人情家

基本性格

何事も直感で判断し、突き進む人。人情家で面倒見がいい一方、情が原因で苦労や困難を招いてしまうことが多いでしょう。余計なひと言やしゃべりすぎ、恩着せがましいところが表面に出やすいタイプです。ストレス発散が苦手で些細なことでイライラしたり、機嫌が簡単に表情に出たりすることも多いでしょう。また、向上心を隠し持っていて、周囲が驚くようなアイデアを生み出すことができる人でもあります。

持っている星
★表現力豊かな星
★デブが嫌いな星
★短気な星
★疲れやすい星
★ストレス発散が下手な星

開運3カ条
1. 直感を信じて行動する
2. 挨拶やお礼はていねいに
3. できるだけ階段を使う

2023年の総合運
「五星三心占い」のなかでもっとも勘が鋭く、頭の回転も速いタイプのあなた。3月中旬までは、自分の勘を信じて即行動するといいでしょう。勘が働いても動かなければ意味がないので、「自分は勘がいい」と信じ込むこと。年末に近づくと言葉が強くなりすぎたり、疲れから愚痴や不満が増えてしまいそう。健康運は、6月あたりから、基礎体力づくりを兼ねてスポーツをはじめたり、家で筋トレを行うようにするといいでしょう。年末にかけて太りやすくなるので注意が必要です。

2023年の恋愛&結婚運
一目惚れした人がいるなら、今年は積極的になってみると、思った通りに相手の気持ちをつかめたり、交際することができそうです。「運命の人だ！」と感じた相手と、短期間で結婚まで進む可能性もあるでしょう。また、悪い勘も当たりやすいので、恋人に浮気の疑いがあったり、気持ちが離れている感じがするなら、きちんと話し合う時間をつくること。年末は、好みのタイプが変わってきて、「一緒にいておもしろい人」が気になってくるかも。結婚運は、一気に進められる運気です。躊躇しないようにしましょう。

2023年の仕事&金運
アイデアや意見が通って、楽しく仕事ができますが、あなたに専門的な知識や技術がともなっていないと「口だけの人」になってしまうことも。1月、2月に、資格取得やスキルアップのための勉強をはじめておくといいでしょう。下半期になると、現状の仕事や職場に対する不満や愚痴が増えてしまいそうです。物事のプラス面を見つけたり、これまで成長させてくれた会社への感謝の気持ちを忘れないようにしましょう。金運は、直感で選んだクジが当たるなど、ラッキーな収入があるでしょう。

ラッキーカラー 淡いオレンジ　ホワイト　**ラッキーフード** 肉じゃが　ホットドッグ　**ラッキースポット** 公園　キャンプ場

【命数】 35

人のために生きられる商売人

基本性格

フットワークが軽く情報収集が得意で、ひとつ好きなことを見つけると驚くような集中力を見せます。視野が広いため、ほかに気になることを見つけると突っ走ってしまうことが多いでしょう。何事も損得勘定でしっかり判断でき、計算することが上手。自分の立場をわきまえた臨機応変な対応もできます。多趣味で多才なため人脈も自然に広がり、知り合いや友人も多いでしょう。予定の詰め込みすぎには注意が必要です。

持っている星

★フットワークが軽い星
★貧乏くさい人が嫌いな星
★嘘が上手な星
★膀胱炎の星
★買い物好きな星

開運3カ条

1. できそうなことは引き受けてみる
2. フットワークはできるだけ軽くする
3. 楽器を習いはじめてみる

2023年の総合運

視野が広がり興味あることが増えて、忙しくも楽しい1年を過ごせそうです。3月中旬まではうまく駆け引きできたり、計算通りに物事が進むでしょう。交友関係もできるだけ広げておくと、のちに役立つ人脈を得られることも。ただし、年末に近づくとそれまでの自分に飽ききて、「守りが堅い人」に変わりそうです。ケチケチしたり、ノリが悪くなってしまわないよう、気をつけておきましょう。健康運は、お酒の飲みすぎに要注意。過労にもなりやすいので、計画的に休むこと。

2023年の恋愛&結婚運

周囲から注目されるような人と交際できそうな年。とくに1月、2月はチャンスが多いので、「恋の駆け引き」を楽しんでみるといいでしょう。ただし、薄っぺらい人を選んでしまう癖があるため、4月から5月ごろには相手の浮気が発覚するなど、ガッカリする出来事が起きることも。年末には、真面目な人や将来を考えられる人に目を向けることができそうですが、外見で判断していると素敵な人を逃しかねないので、気をつけましょう。結婚運は、11月にやってくる大きなチャンスをつかむこと。

2023年の仕事&金運

あなたの柔軟な考え方や情報量の多さ、フットワークの軽さが評価されて、楽しく仕事ができたり、予想以上にいい結果に恵まれそうです。いい仲間もできますが、今年は人と会う機会が多すぎて、誰と誰がどんなつながりだったのか、わからなくなってしまうことも。お酒の席での話が仕事につながる場合もあるので、可能な範囲で参加するといいでしょう。年末には、昇格のチャンスがありそうですが、少し地味なポジションになるかも。金運は、趣味にお金を使うのがオススメです。

ラッキーカラー パープル ホワイト **ラッキーフード** 広島風お好み焼き 鮭の塩焼き **ラッキースポット** 温泉 水族館

【命数】 36

世話が好きな真面目な人

基本性格

何事も真面目に地道にコツコツと努力でき、自分よりも他人のために生きられるやさしい人。ただ、自己主張が苦手で1歩引いてしまうところがあるためチャンスを逃しやすく、人と仲よくなるのにも時間がかかるでしょう。現実的に物事を考える面と理想との間で心が揺れて、常に周囲からの意見に揺さぶられてしまうタイプ。真面目がコンプレックスになって無謀な行動に走ったり、不得意なことに挑戦してしまったりすることも。

持っている星

★思いやりの星
★つくしすぎる星
★自信のない星
★水分バランスが悪い星
★ケチな星

開運3カ条

1. 評価を素直に受け止める
2. 好きな人の前では引かない
3. 若い人の面倒を見る

2023年の総合運

あなたの真面目さとやさしさが評価されるうれしい年。ワガママを言わずに忍耐強く頑張ってきた人ほど、大きな幸せをつかむ流れがくるでしょう。遠慮しやすいタイプですが、今年は評価やチャンスをきちんと受け止めて、しっかりほめてもらうこと。年末に、実力以上のポジションを任される場合もありそうです。恥ずかしがっているといい運気を逃してしまうので、堂々と振る舞いましょう。健康運は、お酒の飲みすぎに要注意。代謝の上がる運動をするのがオススメです。

2023年の恋愛&結婚運

片思いの恋が終わる年。気になる人がいるなら、3月中旬までに告白するといいですが、好意を伝えるだけで満足せずに、もう一押しするようにしましょう。ここでいい返事がこなければ、6月以降の新しい出会いに目を向けたほうがよさそうです。その場合は、華やかな感じにイメチェンしておくと、思った以上に順調に関係を進められたり、11月には新しい恋人ができるかも。2023年も、結婚するには最高の運気です。届けを出すなら、2月か11月がオススメ。

2023年の仕事&金運

努力が結果につながって評価される年。真面目な仕事ぶりで周囲から信頼されたり、長く勤めていた人ほど、「頑張ってきてよかった」と思えそうです。また、リーダー役を任されることや、出世して部下や後輩の面倒を見ることになるかも。年末にかけて、不慣れな仕事に関わるケースもありそうですが、自分の役割を果たせるよう時間がかかっても頑張ってみるといいでしょう。金運は、貯金ばかりではなく、将来に役立つと思える趣味や遊びにお金を使っておきましょう。

ラッキーカラー ブラウン イエロー **ラッキーフード** さんまの蒲焼き そば **ラッキースポット** 演芸場 湖

ラッキーカラー、フード、スポットはプレゼントやデート、遊ぶときの口実に使ってみて

世話好きな正義の味方

【命数】
37

基本性格

自分が正しいと思ったら止まることを知らずに突き進む力が強い人。正義感があり、面倒見がよく、自然と周囲に人を集めることができるでしょう。ただ、せっかちで勇み足になることが多く、行動に雑なところがあるので、動く前に計画を立てたり慎重になったりすることが重要です。おだてに極端に弱く、褒められたらなんでもやってしまいがち。向上心があり、常に次に挑戦したくなる、行動力のある人でしょう。

持っている星

★社長の星
★勢いで買い物する星
★人に巻きつきたがる星
★膝のケガの星
★褒められたら好きになる星

開運3ヵ条

1. 先のことを考えて行動する
2. 周囲の人をほめる
3. 部下や後輩と遊ぶ

2023年の総合運

目標に向かって突き進み、周囲を巻き込んで思った以上の成果を出すことができる年。とくに、リーダー的ポジションになることで大きな結果を出せるので、自己主張をしっかりしたり、若い人や後輩の面倒を見るようにするといいでしょう。年末に向かうにつれ、雑な行動を突っ込まれることや、ストレートな意見や考えだけでは前に進めない場面も出てきそう。困ったときは、すぐに周りに助けを求めるように。健康運は、ドジなケガと年末の肌荒れに気をつけること。

2023年の恋愛&結婚運

3月中旬までは、少し強引になってもかまわないので、自分の気持ちに素直に行動してみると簡単に恋人ができそうです。相手が年下や甘えん坊な人なら、なおさらスムーズに交際を進めるでしょう。年末に近づくと好みのタイプに変化が出たり、恋に臆病になってしまうかも。押しも強くなりすぎて空回りすることもあるので、相手をよく観察し、タイミングを見てアピールするように。結婚運は、押し切ってみるといいですが、先に具体的な日どりを決めたり、計画を立てておくのがよさそうです。

2023年の仕事&金運

昨年すでに満足のいく結果を残せているなら、独立や起業に動いてもいい運気。ただし、いまの職場でリーダーを任されることや、出世する流れもあるかも。周囲のためにも偉くなっておくと、組織を変えられたり、いい部下にも恵まれそうです。また、年末に近づくと仕事関係者との付き合い方が変わってくることも。挨拶やお礼、マナーなどをしっかりしなければならない場面があるので、ビジネスマナーや敬語などを学んでおきましょう。金運は、部下や後輩にご馳走するといいでしょう。

ラッキーカラー グリーン レッド **ラッキーフード** 和風パスタ れんこんサラダ **ラッキースポット** 映画館 牧場

見栄っ張りな常識人

【命数】
38

基本性格

礼儀正しく丁寧で、規則やルールなどをしっかり守り、上品に生きながらも、どこか庶民的な部分を持っていて親しみやすい人。面倒見がよく、差別や区別なく交友関係を広げることができますが、下品な人や権力者、偉そうな人だけは避けるでしょう。常識的でありながら、珍しい人脈を持つ生き方をします。メンタルが弱く寂しがり屋で、些細なことでヘコみすぎてしまうこともあり、心の支えとなる友人や知人を必要とするでしょう。

持っている星

★誠実な星
★恋に執着する星
★失敗ができない星
★美肌にこだわる星
★百貨店の星

開運3ヵ条

1. 勇気を出して行動する
2. 相手へのチェックはほどほどに
3. 部下や後輩を認める

2023年の総合運

礼儀正しさや几帳面さが評価される年。3月中旬までは何事も成功する可能性が高いので、思い切って行動したり、気になる習い事をはじめてみましょう。いい仲間や友人もできそう。年末に近づくにつれ行動力が増し、急にせっかちになるかも。ドジなケガには要注意ですが、自分でも驚くようなパワーを出せたり、面倒見がよくなっていい人間関係ができることもあるでしょう。健康運は、ストレスが肌に表れやすいので、エステに行くなどして、きちんとケアしておきましょう。

2023年の恋愛&結婚運

あなたに好意を寄せてくれる人が増える年。ただし、相手を選ぶ基準が高すぎたり望むことが細かくて多すぎると、せっかくのチャンスを逃してしまうかも。1月、2月は、「運気がいいから大丈夫」と思って、思い切って飛び込んでみるといいでしょう。年末には、相手に振り回されて精神的につらくなるようなことがありそうですが、あなたをほめてくれる人と一緒に遊んで自信を取り戻すように。結婚運は、年末になると勢いで進められそうです。

2023年の仕事&金運

求められた以上の仕事をキッチリできて、周囲の見本や手本になれる年。ていねいかつ几帳面に仕事をすることで周りの空気が変わってきたり、あなたに憧れる後輩や部下も出てきそうです。仕事に対する考え方やコツをほかの人にも伝えるようにすると、いい仲間が集まってくるでしょう。年末に近づくと、リーダー的なポジションや重要な役割を任せられることも。偉い立場になったときは、部下や後輩の成長を温かく見守るようにしましょう。金運は、仲間との交流にお金を使うといいでしょう。

ラッキーカラー ブルー オレンジ **ラッキーフード** 豚の角煮 グレープフルーツ **ラッキースポット** 演芸場 花火大会

ラッキーカラー、フード、スポットはプレゼントやデート、遊ぶときの口実に使ってみて

【命数】 39 目的が定まらない芸術家

基本性格

自由で発想力のある生き方をする不思議な人。探求心と追求心、集中力があるので、ひとつのことを深く突き詰めます。一方で、飽きっぽく諦めの早いところがあり、突然まったく違うことをはじめたり、違う趣味を広げたりすることも。変わった人脈を作りますが、本音は他人に興味がなく、理屈と屁理屈が多く、何事も理由がなければやらないことが多いでしょう。その一方で、スペシャリストになったり、マニアックな生き方をしたりも。

持っている星

★アイデアが豊富な星
★才能に惚れる星
★飽きっぽい星
★匂いフェチの星
★幼稚な星

開運3カ条
1. うれしいときは素直によろこぶ
2. あまのじゃくはやめる
3. 気になることはすぐに勉強する

2023年の総合運

アイデアや発想力、個性や才能を認められる年。あまのじゃくな性格が邪魔をして、素直に評価を受け止められない場合もありそうですが、うれしいときはしっかりよろこんでみると、さらにうれしいことが起こったり、いい仲間や応援してくれる人も集まってくるでしょう。年末に近づくと、学んでみたいことがこれまでとは変わってきそう。気になるものがあれば、早めに教室に通ったり勉強をスタートさせるといいでしょう。健康運は、年末はとくに睡眠時間を増やすように。

2023年の恋愛&結婚運

いつまでも素直になれずにいると、いい恋を逃すだけ。今年はひねくれていないで、素直に恋を楽しんだり幸せをつかみにいくようにするといいでしょう。ただし、飽きっぽいところも出してしまうので、恋人がいる人は目移りしたり浮気に走らないよう気をつけること。年末になると、尊敬できるところのある人や渋い感じのする人など、これまでとは違うタイプが気になってくるかも。結婚運は、年末に結婚願望が強まりそう。11月の時点で恋人がいるなら、一気に結婚まで進めるといいでしょう。

2023年の仕事&金運

周囲の人には思いつかないようなアイデアや企画をひらめいたり、デザインやアートの世界で大成功しやすい年。難しく感じる仕事でも、少し工夫を加えたり考え方を変えてみると、思った以上に結果を出すことができそうです。ただし、思い通りに進めば進むほど仕事に飽きが出て、転職したい気持ちが強くなってしまうかも。年末までに高い目標を見つけてみるといいでしょう。金運は、浪費する前に投資にお金を回しておくのがオススメ。

ラッキーカラー ホワイト オレンジ　**ラッキーフード** タコライス 干しぶどう　**ラッキースポット** 演芸場 映画館

【命数】 40 心がブレやすい博士

基本性格

好きなことを深く突き詰めることができる、理論と理屈が好きな人。冷静に物事を考えられ、伝統や文化が好きな大人なタイプ。自分が学んできたことや知識を他人のために役立てられると、人生が好転するでしょう。人間関係を作るのが上手ですが、本当はめったに心を開きません。心は庶民ですがプライドが高く、自分の世界観やこだわりが強くなり、他人の評論や評価ばかりをすることが多いでしょう。

持っている星

★探究心の星
★知性のある人が好きな星
★プライドが高い星
★目の疲れの星
★知識にお金を使う星

開運3カ条
1. 関わっている人をほめる
2. 年下から学ぶ
3. 尊敬できる人を探す

2023年の総合運

これまでの研究や勉強が役立ったり評価されて、あなたに注目が集まる年。とくに、3月までに得意なことを周囲にアピールしておくと、想像以上に評価されそう。年末になるにつれ、これまで興味のなかったことを学びたくなるなど、視野が大きく変わってくることも。2023年は、これまでに得た技術や知識を、次の世代に教えたり周囲に伝えると、人生が楽しくなってきそうです。健康運は、武道や舞踊、華道などを習うと、所作がきれいになり、健康的な体型にもなれるかも。

2023年の恋愛&結婚運

今年は、尊敬できる人と交際に進めそうです。ただし、せっかく運気がよくてもプライドの高さが邪魔をする可能性があります。好きな人をほめたり、すごいと思うところをドンドン伝えてみると、一気に関係を進められるでしょう。年末に近づくと、周囲が疑問に感じるような人のことが気になってきたり、これまでとは違うタイプの人に言い寄られることがありそうです。結婚運は、1月、2月に結婚したほうが幸せになれますが、11月にもチャンスが。相手の顔をほめておくといいでしょう。

2023年の仕事&金運

どんな仕事でも、突き詰めたり探求できるタイプのあなた。2023年はこれまでの経験をうまく活かせて、大きな結果を残すことができそうです。周囲から評価されていいポジションにつくことも。ただし年末に向かうと、現状の仕事を投げ出したくなったり、部署異動や転職に動きたくなってしまうかも。資格取得やスキルアップのために新たな技術を学んでみるといいでしょう。金運は、芸術や舞台鑑賞などにお金を使うようにすると、人生がよりおもしろくなってくるでしょう。

ラッキーカラー オレンジ パープル　**ラッキーフード** ローストビーフ 火鍋　**ラッキースポット** 演芸場 美術館

　ラッキーカラー、フード、スポットはプレゼントやデート、遊ぶときの口実に使ってみて

銀の時計座 2023年 タイプ別相性

気になる人との今年の相性は？　タイプを調べて付き合い方の参考にしましょう。

▶ 金のイルカ座 との相性

あなたの行動範囲を広げてくれる相手。共に新しい挑戦をしたり、情報交換や人脈を広げる協力をしてみると成長やレベルアップに繋がります。ただし、ワガママに合わせすぎると調子に乗る人でもあるので、ホドホドのところで止めておくように。あなたの優しさに甘えさせすぎないようにしましょう。　恋愛相手　あなたの欲望を満たしてくれる相手ですが、あなただけでは満足しきれないタイプ。相手はまだ前進している時期なので、新たな出会いに進みやすいでしょう。あなたも負けないように魅力アップして向上心を見せる必要があるでしょう。　仕事相手　相手の能力やパワーは非常に役立ちそうですが、年末になるとお互いに進むべき方向が変わったり、離れる流れになりそう。相手が上司の場合は、頑張りを認めてもらえそうですが、あなたが出した結果に嫉妬されることも。部下の場合は、失敗しても挑戦させておきましょう。　今年はじめて出会った人　お互いにパワーがある時に出会っているので良い縁です。相手の行動力が増す時なので、ベッタリしたいあなたとは違って、別の仲間や人間関係を作っていくでしょう。前向きな意見を聞ける人くらいに思って付き合うといいかも。

▶ 銀のイルカ座 との相性

新しい世界に視野を広げている相手。次に進みたいと思っているあなたとこの相手は、意見が合っていい情報交換ができそうです。明るい未来の話をしたり、柔軟な発想を心がけるといいでしょう。変化を楽しむのはいいですが、出費が多くなり会う機会が減るようなことがあるかも。　恋愛相手　細かいことにこだわらず人生を楽しむことが上手なこの相手は、今年のあなたとよい関係を作れる人。楽しく遊べて新たな世界を広げてもらえそうです。ただ、あなたがどんなに相手に合わせても相手はあなたに合わせてくれないので、年末あたりに不満が出そう。　仕事相手　仕事でもプライベートでも遊び心を忘れないところを見習うと、学びがありそう。仕事終わりのほうが息が合うことが多いので誘ってみましょう。相手が上司なら、今年からやっとやる気になるので前向きな話をしましょう。部下なら、柔軟な発想を評価しておきましょう。　今年はじめて出会った人　出会ったタイミングは悪くはないものの、新しい刺激がないと別れたり離れてしまう相手。常に変化や成長を見せたり、面白いことに敏感になっておくと長続きしそうですが、年末や来年に突然縁が切れてしまうかも。

▶ 金のカメレオン座 との相性

年始から初夏までは相手もあなたも不安定な気持ちがあり、やる気が出ないところがありますが、夏から年末までは頼りにすることができます。次に挑戦したいことを見つけるきっかけを教えてくれるでしょう。相手がやる気になってくるといい影響を素直に受けることもありますが、無理なお願いを引き受けすぎないようにしましょう。　恋愛相手　上半期は、相手が頼りない感じに見えてしまう運気。すれ違いや誤解から相手を振ってしまうこともあるかもしれません。下半期になると相手の良さが見えてきたり、共通の目的に向かって進むことができそう。今後頼りになる人なので大事にしておきましょう。　仕事相手　あなたに影響されて、下半期に入るとやる気に火が付いてくる相手。相手の良い部分を素直に褒めてあげるといい勢いで仕事が進むでしょう。相手が上司の場合は、あなたが相手を押し上げられそう。部下の場合は、仕事の考え方を伝えるとやる気に火を付けられそう。　今年はじめて出会った人　上半期に会うと縁がやや薄いですが、夏から年末に出会った場合は相手から良い影響を受けられます。相手の計算高さや生きる力の強さを理解すると魅力的に見えてくるでしょう。

▶ 銀のカメレオン座 との相性

あなたのほうが運気の流れがいいので、相手に良い影響を与えられます。ただ、あなたは一緒にいることで進むべき道に迷いが出たり、影響を受けて考え方や生き方が変わってくることがありそう。今年は行動が裏目に出る運気の相手ですが、予想外の発想や動きを認めておくといい関係に発展しそう。　恋愛相手　「裏運気の年」の相手ですが、突然恋に火が付いて盛り上がり、そのまま入籍になるパターンがあります。本来なら優柔不断で人任せな相手。あなたも甘えん坊ですが、裏運気だからこそ判断力がアップして一気に進めることができそうです。　仕事相手　本来ならあなたが背中を押してもらえる相手ですが、今年はあなたが相手の背中を押したり、救ってあげる立場になりそう。相手が上司なら、あなたのおかげで結果が出たり、評価が上がることも。部下の場合は学びが多い時期なので、いろいろ経験させてあげましょう。　今年はじめて出会った人　相手の魅力や才能に気がつけないタイミングで出会っていますが、一緒にいることで学べることの多い相手。1年くらいで疎遠になる場合がありますが、4〜5年後にあなたにとって必要な人や良い縁を繋いでくれる人になるかもしれません。

開運のつぶやき　▶ 👓 人から感謝される喜びを知らない人が最も不幸。

▶ 金の時計座との相性

お互いに相手の立場や状況を理解して助け合える関係でしたが、今年は相手の心にブレが生じるので、「こんな一面あった？」と思うような発言や考え方の違いが出てきそう。無理に合わせるとお互いに疲れてしまうので、相手の頑張りを認めて、結果に焦点を当てないようにしましょう。縁は繋がっても気持ちの距離が空いてしまうかも。　恋愛相手　相手の気持ちが不安定な時期なので、一緒にいると疲れてしまったり、ネガティブな考え方に距離を感じそう。今年は無理に仲良くなろうとするよりも、困った時に手助けするくらいの距離感がよさそう。　仕事相手　昨年まではパワーがあり理想的な人だと思っていた相手ですが、今年は不平不満を聞かされガッカリすることが増えてしまいそう。相手が上司なら、見えないところで苦労しているので、今までと同じ接し方をしないで挨拶やお礼を丁寧にすること。部下なら丁寧な説明が必要になりそう。　今年はじめて出会った人　相手の良い部分が見えにくく気を遣ってしまいそう。自然と付き合えるようになるまで時間はかかりませんが、今度は近くなりすぎてしまうことも。他に共通の良い仲間がいると長く続くでしょう。

▶ 金の鳳凰座との相性

運気が最高の相手なので一緒にいると良さそう。人との関わりが好きなあなたと1人の時間を大切にする相手。タイプは真逆ですが、ストレスなくいい距離感で付き合えそうです。ただ、相手は自分のルールがしっかりあるので、あなたの考えを押しつけようとすると面倒になるかも。相手の生き方を尊重しましょう。　恋愛相手　お互いの魅力に惹かれる年。一度この相手にハマってしまうとなかなか抜け出せなくなってしまいそう。情に厚いあなたと一度恋に火が付くと簡単に消えないこの相手とは、長い付き合いになるでしょう。先を考えているなら年末に結婚を。　仕事相手　仲良く仕事ができる相手ですが、思っている以上に頑固で警戒心があるので仕事のやり方をとやかく言わないように。相手が上司の場合は、自分のやり方を変えないので、あなたが合わせるといい結果に繋がりそう。部下の場合は、「あなたならできる」と信頼して任せて。　今年はじめて出会った人　今年の距離感や関係性が一生続く相手なので、楽しい時間を過ごせるなら仲良くしておくといいでしょう。裏運気の時期にあなたの気持ちが離れてしまうことがありますが、相手は大きな変化はなさそう。

▶ 銀の時計座との相性

満足のできる1年を共に過ごすことができる相手。春にお互い心がブレて無謀な行動に走りそうになりますが、夏か秋までは引き留めておくといいでしょう。一緒に何かを始めるのにもいいタイミングなので、ダイエットや筋トレ、仕事でも何でも目標をしっかり定めるといいでしょう。目的がなくてもなんとなく惹かれ合う相性です。　恋愛相手　恋愛相談や人生相談をして仲良くなっていくと、自然といい関係になれそう。恋に火が付くと一気に交際に進めることができたり、年内に結婚をしたいと考えているならその思いを伝えてみると驚くようなスピードで入籍することもできるでしょう。　仕事相手　一緒に夢を実現できたり、大きな目標を達成できる相手。春には少し気持ちがブレることがありますが、それ以外は自信を持って仕事に取り組みましょう。相手が上司なら、気持ちが理解できて結果も残せそう。部下なら、予想外の結果を出せるので期待して任せましょう。　今年はじめて出会った人　今年の出会いの話を後に何度も語り合うほど短期間でグッと仲良くなれそう。似たもの同士なので自然と長い付き合いになるでしょう。弱点も似ているので互いにカバーし合う意識を忘れないように。

▶ 銀の鳳凰座との相性

昔からの知り合いなら、今年は偶然出会ったり再会したりすることになる相手。あなたにとって必要な人になるので、夢や今後の目標などを話してみましょう。良いアドバイスが聞けて、考え方や心が整う感じになりそう。相手のどっしりとした考え方や生き方から良い影響も受けられそうです。話し上手なタイプではないので、話は最後までしっかり聞くようにしましょう。　恋愛相手　過去にどちらかに好意があったなら、今年は交際に発展する可能性の高い相手。しばらく連絡をしていなくても連絡をしてみて。相手は1人の時間を大切にするので、あなたも1人の時間を楽しめるようにしましょう。　仕事相手　なかなか評価されなくても忍耐強く仕事に取り組む相手の姿勢に憧れるでしょう。相手が上司なら、やっと日の目を見るとき。受けた指示はしっかり守りましょう。部下の場合は、不器用でも実力を発揮できるので個性を認めましょう。　今年はじめて出会った人　上半期に初めて会うよりも、下半期や年末に初めて会うと縁が予想以上に深くなりそうです。特に相手からの印象が良ければ自然と長続きするので、挨拶やお礼をしっかりしましょう。思い出話を楽しむといいでしょう。

開運のつぶやき ▶ 👓 人間関係を作ることが上手な人は、謝る、許す、認める、褒めるが自然にできる。

▶ 金のインディアン座との相性

今年はこの相手と一緒にいると安心できて、楽しい時間を過ごせるでしょう。遊ぶ機会が多くなり出費が増えてしまいそうですが、不思議と収入にも恵まれるようになりそう。相手の自由な発想や行動力を少しでも見習うようにしてみて。ただし、いつも一緒にいたいと思いすぎると相手が離れてしまうかも。　恋愛相手　今年のこの相手は遊びに夢中になる運気なので、このタイプとの恋愛は遊びで終わってしまいそう。ただ、遊びのテンションや冗談が合わない場合は、他の「金のインディアン座」の人でも同じ結果になるので、まずは一緒に過ごす時間を楽しんでおきましょう。　仕事相手　あなたは楽しく仕事をしたいタイプなので、相手の判断について行きたくなりますが、今年のこの相手は仕事に身が入っていないのでノリや勢いだけで乗っからないように。相手が上司なら、どうしたら相手が喜ぶか考えて仕事をして。部下の場合は、小さなミスのないようにチェックして。　今年はじめて出会った人　いつ会ってもテンションが高く、面白い話ができる相手。遊び友達として最高の付き合いが長くできそうですが、あなたが連絡をしなくなると自然と終わってしまうので、マメに連絡しておきましょう。

▶ 金の羅針盤座との相性

今年のこの相手は、あなたの面倒見の良さを重荷に感じたりプレッシャーに感じてしまいそう。あなたの言葉をマイナスに受け止めすぎてしまうところもあるでしょう。たんに関わるだけでなく体の心配をしたり、応援だけではなく協力するようにして、少しでも負担を減らせるようにするといいでしょう。　恋愛相手　今年はこの相手と長時間一緒にいると疲れさせてしまったり、相手のイライラした態度や疲れた顔で恋が冷めてしまいそう。ベッタリすると喧嘩の原因になることも。そっとしておいてあげたり、距離を空けたほうがいいでしょう。　仕事相手　今年のこの相手とは何かとタイミングが悪く、相手の不機嫌からギクシャクした感じになってしまいそう。相手が上司の場合は、これまで以上に丁寧に仕事をして几帳面さをアピールしておきましょう。部下の場合は、実力以上に仕事を抱えていると思っておきましょう。　今年はじめて出会った人　長い縁になる出会いのタイミングではないので、無理に繋ごうとしなくていいでしょう。最終的にあなたと考え方が逆だということがわかって噛み合わない感じになったり、あなたが相手のストレスの原因になってしまいそうです。

▶ 銀のインディアン座との相性

「解放の年」の相手なので一緒にいると安心でき、相手のマイペースさが非常に魅力的に見えるでしょう。ただ、楽しいからといってしつこくなったり束縛するような感じになると距離を置かれてしまいそう。今年あなたが最もコントロールできない人だと思って接しましょう。　恋愛相手　今年交際が始まれば理想的なカップルになれる2人。ベッタリな感じよりも距離を保った大人な付き合いだと相手も喜ぶでしょう。尽くしすぎは裏目に出るので頑張りすぎないように。年末に勢いで入籍できる相手なので、楽しい結婚生活の妄想話をしておきましょう。　仕事相手　一緒にいる時間は楽しく仕事ができ、雑談も弾むでしょう。マイペースに淡々と仕事を進める姿にも憧れそう。相手が上司の場合は、ノビノビと仕事をさせてくれますが、信頼を裏切らないように努めましょう。部下の場合は、たくさん教えると恩返ししてくれるでしょう。　今年はじめて出会った人　あなたを安心させてくれて、自信をつけさせてくれる相手。マイペースなのであなたに興味がない感じもしますが、誰に対しても「来る者拒まず去る者追わず」なので、思い出したときに連絡をしてみると仲良くしてくれるでしょう。

▶ 銀の羅針盤座との相性

あなたをいい目標にして頑張ったり、今後の道を変える決断をする相手。考え方や生き方などが真逆のタイプなので、気にかけすぎると行動力のなさやサボり癖が気になってしまいそう。今年はチャンスを作ってあげたり、人を紹介してあげると感謝されるでしょう。　恋愛相手　一緒にいると運命を感じるくらい盛り上がったり、相手の良い部分を素直に好きになれたり、お互いに満足できそう。ただ、相手は待ちの姿勢が強く、あなたに甘えすぎてしまうので、時間と共にあなたのほうが疲れてしまいそうです。　仕事相手　あなたとは違うアイデアや考え方で仕事をするタイプです。欠点を補ってもらえることもありますが、言われないとやらないところが気になってしまいそう。相手が上司の場合は、あなたのほうから積極的に指示やアドバイスを求めてみましょう。部下には、的確な指示をすることが必要です。　今年はじめて出会った人　相手からは素敵な出会いと思われそうですが、あなたは相手の良さが見抜けなかったり噛み合わない感じがしそうです。今年は良い関係が築けても、長い付き合いになると自然と相手のほうから離れていってしまうでしょう。

開運のつぶやき ▶ 😊 尊敬する人を見つけられているならば、幸福を一つ手に入れている。

銀の時計座 運気カレンダー

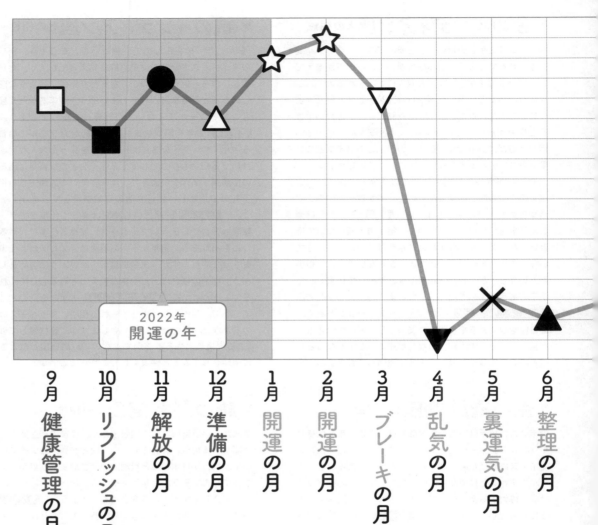

2022年
開運の年

9月 健康管理の月
10月 リフレッシュの月
11月 解放の月
12月 準備の月
1月 開運の月
2月 開運の月
3月 ブレーキの月
4月 乱気の月
5月 裏運気の月
6月 整理の月

☆ 実力を評価される時期 月末には大きなチャンスが

☆ 今月はじめて出会った人とは 長い縁になるかも

▽ 今月大きな決断は中旬までに

▼ 運気を味方につけられる時期

▼ 悩みや不安が出てしまいそう 誰かの笑顔のために努力して

✕ 人間関係が崩れるかも 自分が正しいと思わないで

▲ いい意味で区切りがつく月 ストレスから離れられそう

※このページの記号の説明は、「月の運気」を示しています。P.369の「年の運気の概要」とは若干異なります。

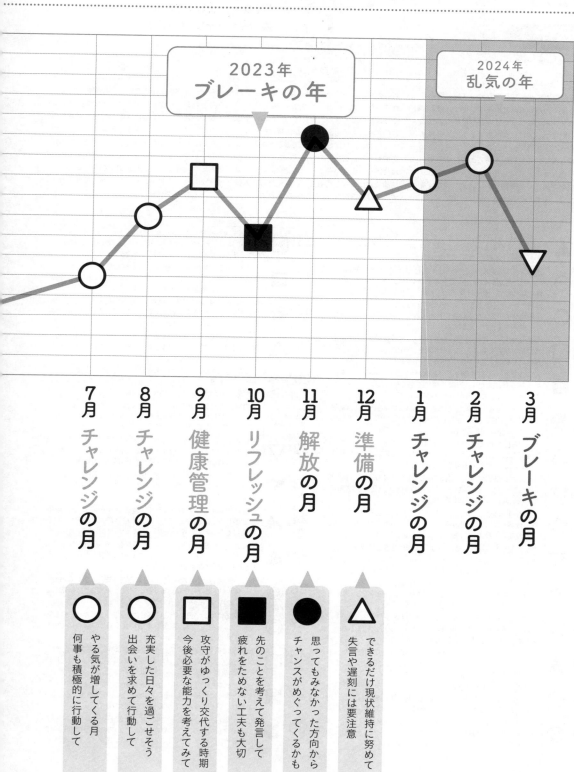

毎月の運気がどう変わっていくかチェック！
2023年の過ごし方の参考にしてください。

銀の時計座 ◆ 運気カレンダー

2023年
ブレーキの年

2024年
乱気の年

7月 チャレンジの月
8月 チャレンジの月
9月 健康管理の月
10月 リフレッシュの月
11月 解放の月
12月 準備の月
1月 チャレンジの月
2月 チャレンジの月
3月 ブレーキの月

○ やる気が増してくる月 何事も積極的に行動して
○ 出会いを求めて行動して 充実した日々を過ごせそう
□ 今後必要な能力を考えてみて
■ 攻守がゆっくり交代する時期 疲れをためない工夫も大切
● 先のことを考えて発言して チャンスがめぐってくるかも
△ 思ってもみなかった方向から できるだけ現状維持に努めて 失言や遅刻には要注意

389

11月 2022
● 解放の月

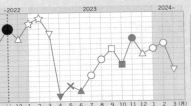

開運 3 ヵ条

1. 勇気を出して行動する
2. 好きな人には気持ちを伝える
3. 挨拶やお礼をしっかり行う

総合運

運を味方にできて、あなたの魅力や才能を開花させられる最高の月。遠慮はいらないので行動して、小さなチャンスでもしっかりつかみにいくようにすると、更にいい流れに乗れるでしょう。今月新しく出会う人とは長い付き合いになったり、あなたに必要な人になる可能性があるので、挨拶やお礼はしっかりするようにしましょう。健康運は、体調に問題が出にくい時期なので、定期的な運動を始めたり、美意識を高めるといい時期です。

恋愛＆結婚運

恋のチャンスが多い月。しばらく恋愛から離れていた人も、片思いで終わっていた人も、今月はあなたの行動力で交際を始められそう。告白されることもありますが、受け身にならず気になる人には好意を伝えること。どんな恋でも勇気は必要なので臆病にならないように。新しい出会い運もいいので、人の集まりに積極的に参加しましょう。結婚運は、入籍するには最高の月。プロポーズされることも。

仕事＆金運

希望の仕事をまかされたり、目標を達成できそうな月。無謀とも思えることでも挑戦する価値があるでしょう。周囲の協力も得られるので、チームで結果を出せるようにすると更にいい流れに乗れそうです。仕事で会う人とは、仕事以外でも仲良くなると縁が長く続きそう。金運は、買い物に最高のタイミング。欲しいものを買ったり、自分への投資になることにはケチケチしないようにしましょう。

日		内容
1 火	▲	小さな失敗をしやすいですが、他のことで取り返したり、周囲のサポートをするといいでしょう。共有スペースをきれいにしたり、少しでも役立つことをしておきましょう。
2 水	○	新しい考え方を取り入れたり、おもしろそうな情報を集めるといい日。否定的に見ないで何事も肯定すること。特に人の個性を認めたり、短所を長所として捉えてみるといいでしょう。
3 木	○	挑戦したいことがあるなら、思いきって行動して。生活リズムを変えたり、気になるお店に行ってみるといいでしょう。新商品を購入するといい経験になりそう。
4 金	□	今日の頑張りが後の人生に大きく響きそう。些細なことでも本気で取り組んでみると、いい結果や評価につながるでしょう。人の話も最後までしっかり聞くようにしましょう。
5 土	■	軽い運動で少し汗を流すと心と体がすっきりする日。健康的な食事を意識したり、野菜や果物を多く食べましょう。夜は、急な誘いがくる可能性があるので準備しておきましょう。
6 日	●	恋愛運がいい日。気になる異性に連絡してみると、いい関係や交際に発展しそう。告白したり好意を伝えてみて。異性の友人から告白されることもありそう。
7 月	△	だらだらしやすくなる日。時間にルーズになったり、ムダな時間を過ごしてしまいそう。時間を気にして目の前のことに集中しましょう。忘れ物にも気をつけましょう。
8 火	☆	人とのつながりやいい人間関係が、仕事に役立ったり助けてくれることになりそう。甘えてしまわないで、恩返しや感謝の気持ちを忘れないようにしましょう。
9 水	☆	大事な仕事をまかされたり、目標以上の結果を残せそう。本気で仕事に取り組んでみると才能を開花させられたり、周囲の人の能力を最大限に活かすことができそうです。
10 木	▽	午前中はいい知らせがあったり、気楽に仕事ができる感じになりそう。午後は求められることが増えて忙しくなりそう。部下や後輩にも振り回されそうです。
11 金	▼	ミスをして焦りそうですが、隠すよりも素直に伝えると周囲に助けてもらえそう。たくさん助けてきた人ほど助けてもらえますが、甘えすぎた人は厳しい感じになりそう。
12 土	×	見栄を張って出費が増えたり、不要なものを買ってしまいそうな日。お金を使うときは慎重に判断しましょう。ポイントカードを忘れて小さな損をすることもありそう。
13 日	▲	大掃除や思いきった片付けをするといい日。長年使ったものや古いものは、ここで処分しておきましょう。何年も履いている靴や長年着ている服も処分しましょう。
14 月	◎	普段話さない人と話せる機会があったり、これまでにない情報や方法を仕入れることができそうな日。視野を広げたり、新しいことに挑戦してみると、いい経験ができそうです。
15 火	◎	自分の勘を信じて行動するといい日。興味のあることを見つけたら思いきって行動しましょう。受け身で待ってばかりでは何も変わらないので勇気を出して楽しんでみて。
16 水	□	明るい未来を想像して、自分のレベルがどれぐらい上がっているといいのか、どんなスキルを身に付けていると役立つのか考えて、すぐにできることに取り組んでおきましょう。
17 木	■	起きるタイミングが悪く、睡眠不足を感じたり、手荒れや肌荒れが気になってしまうかも。レモンの入っているドリンクを飲むと、いい気分転換ができて肌にもよさそうです。
18 金	●	職場の人から好意を寄せられたり、目が何度も合う異性に気づきそう。あなたが思っている以上にモテる日なので、品のある服や明るい服装、髪型を意識しましょう。
19 土	△	ノリや勢いで遊びに行くのはいいですが、ドジなことや判断ミスをしやすいので気をつけましょう。お酒を飲んだときほど後悔することがあるので注意しましょう。
20 日	☆	しばらく会っていない人から連絡が来たり、偶然出会うことがありそう。片思いしていたことを告げられて驚いたり、勢いで交際をスタートすることもできそうです。
21 月	☆	実力以上の結果が出たり、大事な人脈ができる日。少し図々しくなるといいので、今日は遠慮しないように。買い物にもいい日なので、仕事帰りにお店に寄ってみて。
22 火	▽	午前中は、気持ちや時間にゆとりを持てそう。大事な用事や手間がかかりそうなことは早めに取り組みましょう。午後からゆっくりするのはいいですが、時間が足りなくなりそう。
23 水	▼	失言やうっかりミスに注意が必要な日。恥ずかしい思いをしたり、失礼な対応をする場合があるので、冷静に慎重に行動するように気をつけましょう。
24 木	×	裏目に出やすい日ですが、あえて裏を狙ってみるといい結果や勉強になることがあるでしょう。予想外の人と仲良くなれる可能性もあるので、楽しんでみるといいでしょう。
25 金	▲	お気に入りの食器を割ったり、大事なものを傷つけてしまうことがありそう。今日はいつも以上に慎重に行動したり、身の回りをきれいに整理整頓しておきましょう。
26 土	◎	新しい出会いがあったり、いい経験ができる日。気になるイベントやライブに行ったり、知り合いや友人の集まりに参加してみましょう。おもしろい人にも会えそうです。
27 日	◎	髪を切るにはいい日。明るい感じにイメチェンしたり、少し短くするといいでしょう。服装も年齢に合う感じや流行のものを選んでみるといいでしょう。
28 月	□	計画的に行動したり、目的を忘れないようにすることが大切。なんとなく仕事するのではなく、苦労してでも身につけたい技術や経験を大切にするといいでしょう。
29 火	■	少し疲れを感じたり、集中力が途切れてしまうことがありそう。マメに休めば問題はなさそうですが、慌てて行動をすると小さなケガや打撲をすることがあるので気をつけて。
30 水	●	注目を浴びたり、運を味方につけられる日。いい感じで目立つので楽しんでみて。意見が通りやすいので、日頃の疑問を伝えるといいかも。恋愛運もよく、交際がスタートする場合も。

☆ 開運の日　◎ 幸運の日　● 解放の日　○ チャレンジの日
□ 健康管理の日　△ 準備の日　▽ ブレーキの日　■ リフレッシュの日
▲ 整理の日　× 裏運気の日　▼ 乱気の日　＝ 運気の影響がない日

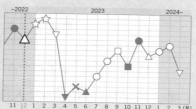

2022 12月

△ 準備の月

開運 3 カ条

1. 遊ぶ予定を先に立てる
2. 数字や時間の確認をしっかりする
3. みんなで楽しめる企画を考える

総合運

最も楽しい月になる運気。予定を立てて遠慮しないで思いっきり遊ぶことで、やる気が出たり魅力や能力が開花します。自分でも気づかなかった能力も見つけられそう。ただ、今月はドジをしやすいので、準備と確認は他人まかせにしないでしっかり行うこと。時間やお金、数字にこだわりましょう。健康運は問題ないですが、お酒を飲んだ後の行動に気をつけて。エステやメイク教室など、未体験の美容に挑戦するといい時期です。

恋愛＆結婚運

異性を意識するだけでモテる月。気になる異性やノリのいい人に連絡して遊びに行きましょう。一夜の恋をしたり、複数の人から告白される可能性もありますが、今月は楽しむのも悪くないので遊び心を大切に。お互いに楽しめるように努めるといい恋ができそうです。結婚運は、妊娠からの結婚や勢いまかせでの入籍に進みやすい時期。真面目な相手なら来月に話をまとめるといいでしょう。

仕事＆金運

仕事が好きで楽しんでいる人には最高の月。ゲーム感覚で仕事できたり、勢いまかせでも楽しく進められそう。生活のためと割りきって仕事しているなら、仕事終わりや休日の予定を先に決めるなど、ごほうびを作ると集中できていい結果を残せそうです。数字や時間の確認は怠らないようにしましょう。金運は、誘惑に負けて出費が増えそう。ストレス発散に使う場合も予算を決めておきましょう。

1 木	△	楽しむことで人生の壁を乗り越えられる日。何事もおもしろいと思ってプラスに変換できるようにしましょう。失敗やドジを話のネタにするくらいの気持ちでいましょう。
2 金	◎	いい結果が出る日ですが、油断するとせっかくの運気の流れを台なしにすることも。目の前のことに集中して、周囲の人のやさしさに感謝を忘れないようにしましょう。
3 土	◎	チャンスに恵まれる日。好きな人と一緒になれたり、告白されて交際をスタートできそう。気になる人には自分から気持ちを伝えてみるのもいいでしょう。
4 日	▽	午前中はうれしい誘いがありそう。ボーッとしてメールを見忘れて逃さないようにしましょう。夕方以降は調子に乗りすぎて判断ミスをしやすいので気をつけましょう。
5 月	▼	ミスにミスが重なりそうな日。緊張感を持って仕事に取り組むのはいいですが、力が入りすぎないようにしましょう。リラックスして仕事を行うようにしましょう。
6 火	×	今日は、物事がうまくいかないことが多いですが、こんなときは根を伸ばすときだと思って地道な努力や丁寧な仕事をして。自分のことよりも相手の気持ちを考えてみて。
7 水	▲	普段は気にしないような場所でも散らかっていたら整え、汚れやホコリがあるならきれいにしましょう。身の回りをきれいにすることで、やる気や前向きな気持ちが湧いてくるでしょう。
8 木	=	準備が足りなくてミスにつながるのはもったいないもの。後のためにもしっかり準備して、実力を身に付けられるように鍛えましょう。日々のコツコツを忘れないように。
9 金	=	急に頑張りすぎるよりも、ペースを変えないぐらいのスピードがいいでしょう。余力があってもやりすぎには気をつけて。ゆとりがあるくらいが丁度いいでしょう。
10 土	□	いい言葉や前向きな話を探してみるといい日。映画やドラマ、芝居の中から見つけられそう。書店に行って探したり、友人や知人から教えてもらうのもいいでしょう。
11 日	■	今日はしっかり体を休ませて、明日に備えて。既に予定が入っている場合は、ケガに気をつけましょう。油断していると風邪をひいたり、肌荒れが出てしまいそう。
12 月	●	気楽に仕事ができる日。苦手な人や上司がいなくて自由にできそうですが、その分責任感を忘れないように。職場の人やお客さんとコミュニケーションをとれて楽しくなりそうです。
13 火	△	忘れ物をしたり、時間や数を間違えてしまいそうな日。確認したつもりでいると迷惑をかけてしまうので、慣れた仕事ほどしっかり確認を行うようにしましょう。
14 水	○	実力を評価されるといいになりますが、実力不足も出てしまうので至らない点はしっかり認めましょう。付き合いの長い人からの指摘に感謝を忘れないように。
15 木	○	楽しみながら頑張るといい結果が出そう。評価や結果を気にするよりも仕事を楽しんでみて。自分の仕事がたくさんの人から感謝されている場面の想像をするといいでしょう。
16 金	▽	日中は、自信を持って仕事に取り組むことでいい結果につながりそう。夕方からは水を差すようなことを言われそう。マイナスな情報にも気をつけましょう。
17 土	▼	空回りしたり思わぬことに巻き込まれてしまいそう。不注意が招いてしまうことなのでうかつに判断をしないようにして、ひと呼吸置いてから判断するようにして。
18 日	×	どんなことでもプラスもありマイナスもあるもの。マイナスにフォーカスすると辛いと感じてしまうだけ。プラス面を探すように意識してみるといいでしょう。
19 月	▲	うっかり大事なデータを消してしまったり、操作ミスをしやすい日。置き忘れや伝え忘れもしやすいので大事なことはメモして、見えるところに貼っておきましょう。
20 火	=	古いことにこだわらないで、新しい方法を試したり考え方を変えてみるといいでしょう。新しいことに挑戦してみると、学べることや楽しい発見がありそうです。
21 水	=	現状をしっかり認めて、自分が選んで今の立場があると忘れないようにしましょう。不満や文句があるなら、環境を変える準備をして、来月以降に行動するようにして。
22 木	□	積み重ねは大切ですが、ときには手放したり、若い人から学んで変化することも大切。意地を張ったり、自分のやり方や考えが正しいと思い込みすぎないようにして。
23 金	■	疲れがたまりやすい日ですが、目を閉じて周りをマッサージしたり、休憩中にのんびりするといいでしょう。ランチは消化のよさそうなものを選んでみるといいでしょう。
24 土	●	楽しいクリスマスイブになりそう。相手も自分も楽しめそうなことを考えたり、イルミネーションを見に行くといいでしょう。恋人からプロポーズされることもあるかも。
25 日	△	よく笑うことになりそうな日。恋人や友人と楽しい会話ができたり、冗談やドッキリで爆笑しそう。ボケたりツッコんだりする大切さを改めて知れそうです。
26 月	○	親友や付き合いの長い人との縁を感じる日。出先で偶然出会ったときは、後日でもいいので食事に誘ってみましょう。部屋の片づけをするとなくしたものが出てきそうです。
27 火	○	普段行かないお店で年末年始の買い物をしてみて。思ったよりもお気に入りの店になりそうですが、大きなショッピングモールで迷子になってしまうことがありそうです。
28 水	▽	午前中から片づけや大掃除をしましょう。午後はゆっくりするといいので、年賀状を書いたり、今年お世話になった人にメールを送ってのんびりしましょう。
29 木	▼	予定が急に変わって、ヘコんだりイライラしそう。思い通りに進まないほうが当たり前だと思っておきましょう。夜は、不機嫌になる出来事が起きそうです。
30 金	×	がっかりする連絡が来たり、予定を乱されそうな日。体調も崩しやすいので無理をしないように。ネガティブな言葉はヘコむだけなので発しないようにしましょう。
31 土	▲	大晦日で大慌てになったり、大事なものをなくしたり壊してしまいそう。身近な人とケンカになることもあるので、余計な言葉には注意が必要です。

開運のつぶやき 上手く力を抜くと、心が楽になって良い流れを作れるようになる。

1 月

2023

☆ 開運の月

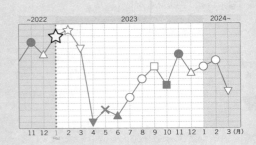

開運 3 カ条

1. 「得意なこと」をアピールする
2. 「会いたい」と思った人に連絡する
3. チャンスがきたら遠慮しない

総合運 実力を評価される時期
月末には大きなチャンスが

実力を評価されることや、満足できる結果が出たり、あなたの味方が集まってくる時期。今月は、遠慮せずにどんなことにも積極的に行動し、しっかり自己主張するといいでしょう。友人や付き合いの長い人に連絡すると、協力を得られたり、いい情報を教えてもらえることもありそう。月末には大きなチャンスが訪れる可能性もあるので、勇気を出して行動しましょう。今後の運命を大きく変えることもできる時期です。臆病にならないようにしましょう。

恋愛＆結婚運

片思いの相手や気になる人がいるなら、今月のうちに好意を伝えておくといい関係になれそうです。異性の友人だと思っていた人や会社の同期や同僚などから突然告白されたり、デートに誘われることもあるかもしれません。悪い人でなければ思い切って交際してみると、想像以上にいい思い出をつくれるでしょう。結婚運は、すでに婚約しているカップルは具体的な話を進められそうです。月末にプロポーズされる可能性も。

仕事運

自信をもって仕事に取り組める時期。これまでの経験や苦労したことが役に立ったり、周囲から求められるようにもなるでしょう。いまできる最善の力をつくしてみると、いい結果や評価につながり、満足のいく仕事ができそうです。あなたをサポートしてくれる人やアドバイスをくれる人への感謝を忘れないようにしましょう。月末は、数字や時間、お金などにもっとこだわって仕事をしてみるといいでしょう。

金運＆買い物運

今月、来月は買い物をするにはいいタイミング。とくに、長年欲しいと思っていたものや今後長く使うもの、財布や仕事道具を買い替えるといいでしょう。ただし、ブランド品やハイブランドは避けて、安くてもいい品を選んだほうがよさそうです。家やマンションの購入を決めるにもいい月です。投資信託をはじめとした資産運用なども、今月末くらいからスタートさせてみるといいでしょう。

美容＆健康運

ダラダラせずに規則正しく過ごすことで、心身の健康が保てるでしょう。ダイエットをはじめるにもいい月。過去のスタイルに戻したいと思っているなら、しっかり計画を立ててスタートしてみましょう。太ったことのある人は、今月油断をしていると贅肉がつきやすくなるので要注意。寝る4時間前からは何も食べない習慣をつけたり、ストレッチをしてから寝るように心がけるといいでしょう。

開運のつぶやき 現状の幸せに気がつくことが大切。

1日	○	例年のお正月とは少し違う感じで過ごせそうな日。気になるお店に買い物に出かけたり、初詣の場所を変えてみると、新たな発見やいい出会いがありそうです。
2月	○	家族や親戚の集まりで、話の中心になれそうな日。みんなで大笑いできるようなおもしろい話題を提供したり、昨年の「失敗談」などを話してみるといいでしょう。
3火	□	ダラダラ過ごすより、なんとなくでも時間を決めてから行動するといい。友人や気になる人から突然の誘いがあったら、帰りの時間を先に決めておくといいでしょう。
4水	■	少し疲れを感じたり、肌の調子を崩してしまうかも。今日は、不健康そうな食べ物は避けて、体が温まるものをとるようにしましょう。
5木	●	「自分は幸せだ」と実感できそうな日。些細なことでいいので、「日常のなかで感謝できることを見つけるゲーム」をするつもりで、今日1日を過ごしてみるといいでしょう。幸せのかけらは小さいので逃さないように。
6金	△	余計なことをいろいろと考えて、失敗しやすい日。忘れ物やうっかりミスをしてしまいそう。失言もしやすいので、関係のない会話には首を突っ込まないほうがよさそうです。
7土	☆	親友に会うことでいい話ができたり、前向きな気持ちになれる日。外出先で、偶然片思いの人に会える可能性もあります。遠慮しないで話しかけてみると、進展が期待できそうです。
8日	☆	気分転換を兼ねて買い物に行くといい日。セールでお得な買い物ができたり、お気に入りを見つけることもできそうです。今日は、少し贅沢な食事も楽しんでみましょう。
9月	▽	日中は、順調に物事を進められそうですが、夕方以降は、自分の欠点が明るみに出てしまったり、不安になることが起きるかも。こうした日ほど自己分析をしっかりしておくことが大切です。
10火	▼	意見の合わない人にイライラしないで、相手にも考えや立場があると思っておきましょう。苦手な人や、他人の嫌いな部分は、どこか「自分と似ている」ところがあるもの。この機会に分析してみるといいでしょう。
11水	✕	一生懸命に取り組んでも、思ったほどの結果につながらない日。ただ、「うまくいかない日があるから、より成長できるし、学べることを見つけられる」と、プラスにとらえるようにしましょう。
12木	▲	少しでもいいので身の回りを整理整頓したり、掃除をしてきれいにしておきましょう。ものを雑に扱っていると、痛い目に遭うことがあるので気をつけて。
13金	◎	大きなことをしようとするより、ゆっくりでもいいので、小さなことをはじめてみるといい日。本を読みはじめたり、気になることを調べるのもオススメです。
14土	◎	新しい出会いがあったり、いい縁がつながりやすい日。思い浮かんだ人に連絡してみると、いい関係に進みそう。友人からの誘いは断らないように。
15日	□	細かく計画を立てても疲れてしまうだけ。今日は、「ざっくりした予定」で動いてみて。計画が乱れることを楽しむくらい、気持ちに余裕をもって行動するといいでしょう。
16月	■	起きるタイミングが悪くて寝不足を感じたり、疲れが抜けずにグッタリしてしまいそうな日。ボーッとする時間も大切ですが、頭をスッキリさせるためにストレッチをするのがオススメです。
17火	●	いいリズムで仕事ができる日。困っている人の手助けをしたり、相談相手になってみると、感謝されそうです。異性から注目を浴びる場面もあるでしょう。
18水	△	小さな失敗をしやすい日。操作ミスや確認ミスをする可能性があるので、些細なことでもしっかり確認を。財布を忘れて焦ってしまうこともありそう。持ち物のチェックは念入りに行いましょう。
19木	☆	実力を発揮できて、楽しい1日が過ごせそうです。周囲からも信頼されて、さらに自信をもって仕事に取り組めるでしょう。自分が人に教えられることは、ドンドン伝えておきましょう。
20金	☆	いい仕事ができ、満足できそうな日。協力してくれる周囲の存在に感謝を忘れないようにしましょう。自分へのご褒美に買い物に行ってみると、素敵なものを手に入れられそうです。
21土	▽	日中は遊びに出かけるといいでしょう。ランチデートもオススメです。ただし、夕方以降は予定が乱れたり、不機嫌になってしまうような出来事が起きやすいので、気をつけましょう。
22日	▼	無理をしないほうがいい日。少しの無茶は楽しめても、無理をすると苦しくなってしまうだけ。今日は自分の気持ちに素直になって、ゆっくりのんびり過ごすようにしましょう。
23月	✕	些細な失敗が気になるなど、ネガティブに考えすぎてしまいそうな日。どんな状況でも、学べることや成長できる部分を見つけるようにすると、いい勉強になるでしょう。
24火	▲	使ったものは元の場所に戻すこと。「当たり前のルール」をうっかり忘れると、大切なものを失くしたり、人に迷惑をかけてしまうことがあるので要注意。
25水	◎	何事も試してみることが大切な日。いつもと同じことを繰り返すのもいいですが、ときには違う方法でチャレンジしてみたり、ふだんとは違った言葉を使ってみるといいでしょう。
26木	◎	少しくらいの困難は、「自分を鍛えられるきっかけ」だと前向きにとらえることが大切です。苦労を避けすぎてしまうと、大事なときに力を発揮できなくなってしまうでしょう。
27金	□	1回の失敗から学び、同じ過ちを繰り返さないのが理想ですが、人間は何度も同じ失敗をして、そのたびに痛い思いをして学ぶもの。自分の癖はしっかり分析してみるといいでしょう。
28土	■	のんびりするといい日。すでに予定が入っている場合は、こまめに休憩をとって、無理をしないよう心がけましょう。油断すると、風邪をひいてしまうことがありそうです。
29日	●	恋愛運のいい日。好きな人に好意を伝えるなら、今日がよさそうです。新しい出会い運もいいので、人の集まりや、人からの紹介には期待ができるでしょう。挨拶と笑顔を忘れないようにしましょう。
30月	△	慌てるとドジやケガをしたり、仕事でも失敗しやすいので気をつけて。焦ったときは、深呼吸をして心を落ち着かせましょう。とくに時間に追われているときほど、冷静に行動することが大切です。
31火	☆	しばらく会っていなかった人と偶然再会したり、メッセージが届きそうな日。思い出話をして楽しい時間を過ごせたり、いい情報を教えてもらえることもありそうです。

☆ 開運の日　◎ 幸運の日　● 解放の日　○ チャレンジの日　□ 健康管理の日　△ 準備の日　▽ ブレーキの日
■ リフレッシュの日　▲ 整理の日　✕ 裏運気の日　▼ 乱気の日　＝ 運気の影響がない日

2月 2023

☆ 開運の月

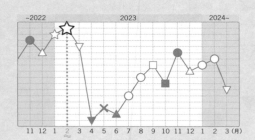

開運 3ヵ条

1. 仕事に真剣に向き合う
2. 新しい人に会う
3. 資格取得やスキルアップの勉強をする

総合運 | 今月はじめて出会った人とは長い縁になるかも

実力を発揮できたり、満足のいく結果を残すことができる月。時間をかけて物事に取り組み、人を大切にしてきた人ほど、チャンスに恵まれ周囲からのサポートを受けられるでしょう。今月はじめて出会った人とは、長い縁になったり、ビジネスパートナーになることもあるので、人脈づくりをしておくといいでしょう。また、学びたいと少しでも思っていることがあるなら挑戦してみましょう。収入アップにつながることもありそうです。

恋愛＆結婚運

今月は、素敵な恋人ができる可能性が高い運気です。仕事が忙しくなって恋のチャンスを逃してしまう場合もありますが、新しい出会いを求めて行動しておくといいでしょう。お金持ちとまでは言えなくても、安定した収入や資産を持った人と出会えることもありそうです。結婚運は、親との顔合わせをするといい時期。結婚に縁のない恋人であれば言い訳をして逃げてしまうので、今月の相手の動き次第で今後どうするかを判断できそうです。

仕事運

最高の仕事運がめぐってくる月。実力以上の結果を出せたり、これまでの経験や知識を十分に活かせるようなポジションを任せてもらえそうです。いい判断ができ、あなたを中心に仕事が回ることもあるでしょう。自信をもって取り組むことで、さらにいい流れをつくれるので、いままで以上に真剣に仕事に向き合ってみるといいでしょう。今後に役立ちそうな勉強や資格の取得、スキルアップになることをはじめるにもいいタイミングです。

金運＆買い物運

臨時収入があったり、ご馳走してもらえる機会が増えそうな月。節約がうまくいって貯金を増やすことができたり、ポイントを上手に貯められてうれしくなることも。ネットで値段を調べて比較したりアプリを使ってみると、さらにお得な買い物ができそうです。また、今月は家やマンションの購入を検討するにもいい時期。両親が頭金を出してくれたり、お金の心配が少し減るような出来事も起きそうです。

美容＆健康運

仕事が忙しくなってしまう時期なので、疲れはその日のうちにしっかりとるよう意識しましょう。入浴や睡眠の時間を多めにすると、頭の回転がよくなりいい仕事もできるようになるでしょう。また、美意識を高めるにはオススメの時期です。少しお金をかけて、いい化粧品でスキンケアをしたり、エステなどに行ってみるといいでしょう。体験プランを試してみると、割引を受けられるなどラッキーな出来事も起きそうです。

1 水	☆	仕事で大きなチャンスに恵まれやすい日。自信をもって取り組むと、いい結果につながりそうです。勢いで判断してみてもいいでしょう。遠慮しないで強気で勝負しましょう。
2 木	▽	周囲の協力を得られてスムーズに仕事ができたり、何気ない話をすることで気持ちが楽になりそうな日。些細なものでもかまわないので、周りの人にご馳走やプレゼントをしておくといいでしょう。
3 金	▽	機嫌の悪い人に心を乱されたり、余計な一言を言われてやる気を削がれてしまうかも。自分の機嫌は自分でとるように心がけておきましょう。
4 土	✕	自分の考えや意見が絶対に正しいと思っても、言い方や伝え方が悪いと、関係が悪くなってしまうことがあるので気をつけて。家族や身近な人との会話ほど、言葉を選ぶようにしましょう。
5 日	▲	完璧を求めすぎてしまうと疲れるだけ。「どんな人も不完全で未完成な存在だからこそ、互いに支え合い、補い合っているのだ」と思っておきましょう。
6 月	◎	少し早起きをして運動やストレッチをするなど、ちょっと生活のリズムを変えてみるといいでしょう。仕事の取り組み方にも変化をもたせると、いい感じで進められそうです。
7 火	◎	新しい仕事を任されたときは、即OKしてみるといい日。今日は、周囲からの期待に応えられるようにし、やる気をアピールしてみましょう。
8 水	□	余力を感じられそうな日。時間があるときは、ほかの人の仕事をサポートしたり、勉強やスキルアップのために時間を使うといいでしょう。気になる人がいるなら自分から連絡してみると、いい関係に進めそうです。
9 木	■	仕事に集中するのはいいですが、パワーを使いすぎてしまいそう。最後まで力を出し続けられるよう上手にセーブすることも、仕事の一部だと思っておきましょう。
10 金	●	あなたに注目が集まる日。些細なことでも最善をつくし、周囲のためにできることを少しでもやっておきましょう。大事な出会いもある運気なので、人脈づくりも忘れないように。
11 土	△	遊びに出かけるには最高の運気。気になることに挑戦したり、突然でもいいので友人を誘ってみると、楽しい時間を過ごせそうです。ただし、小さなドジには気をつけて。
12 日	☆	親友や、しばらく会っていなかった人との縁を感じる日。なぜか急に思い出した人がいるならメッセージを送ってみると、会うことになったり、いい縁につながることがありそうです。
13 月	☆	満足できる仕事や、大きな結果を残すことができる日。これまで以上に一生懸命になってみたり、自分のできることに全力をつくしてみるといいでしょう。人との関わりも大切にしておきましょう。
14 火	▽	バレンタインのチョコを渡すなら、日中がオススメです。お昼休憩をねらってみるといいかも。夕方以降は、急な予定変更があったり、突然遊びに誘われて慌ただしくなりそうです。
15 水	▼	順調に進んでいた仕事にブレーキがかかったり、予想外の注文がきたり、白紙に戻るようなことがありそう。上司や先輩の知恵を借りて乗り切るといいでしょう。
16 木	✕	困ったときは素直に助けを求めるといいですが、あなたの成長のために、あえて手を出さない人もいるはずです。「温かく見守ってくれているんだ」と思って、イライラしないで頑張って乗り切りましょう。
17 金	▲	過去の失敗や恥ずかしい経験は、どんなに思い出しても、変わらないもの。「もう過ぎ去ったことだ」と諦めて、反省を活かし次に進むエネルギーにしましょう。
18 土	◎	年齢や季節、流行に合わせたイメチェンをしてみるといい日。髪型や服装のイメージを変えてみましょう。はじめてのお店に行ってみると、いいものを発見できそうです。
19 日	◎	いい出会いがあったり、新しい経験ができそうな日。友人や知人とのつながりを大事にしてみるといいでしょう。イベントやライブなどでパワーをもらえることもありそうです。
20 月	□	自分の意見をしっかりもち、ハッキリ意思表示をするといいでしょう。相手任せにしたり、流されることがないように。ときには嫌なことを「嫌です」と言う姿勢も大切です。
21 火	■	油断すると風邪をひいたり、体調を崩しやすいため注意が必要です。肌の調子も悪くなりやすいので、フルーツを食べるなど健康的な食事を意識しておきましょう。
22 水	●	突然大事な仕事を任されたり、これまでやってきた仕事で大きな結果が出そうな日。うれしい出来事が重なることもありそうなので、積極的に行動しましょう。恋愛でも進展があるかも。
23 木	△	何事も、楽しむ心やおもしろがる気持ちを忘れないように。自分の失敗を笑いのネタにしたり、ドジな一面を周囲に知ってもらえると、楽しく過ごせそう。
24 金	☆	片思いの恋に進展がありそうな日。友人だと思っていた人から好意を伝えられたり、告白されることも。仕事面では、苦労した時期に出会った人と、仕事で再びつながることがあるかもしれません。
25 土	☆	買い物に出かけるといい日。毎日頑張っている自分に、ご褒美をあげるといいでしょう。長く使っているものや古くなったと思うものがあれば、思い切って買い替えましょう。
26 日	▽	日中は運気がいいので、ランチデートや遊びに行くといいでしょう。素敵な出会いもあるので、周囲の人に連絡してみるのもいいかも。夕方は、少し悲しくなるような出来事に遭遇しそうです。
27 月	▼	身近な人からキツい言葉をかけられたり、厳しい指摘を受けてしまうかも。マイナスに受け止めないで、「自分が期待や信頼をされている証だ」と前向きにとらえるようにしましょう。
28 火	✕	数字や時間、金額の間違いなど、ふだんしないようなミスをしてしまうことがありそう。慣れた仕事だからといって、油断しないこと。今日は、緊張感をもって仕事をするようにしましょう。

☆ 開運の日　◎ 幸運の日　● 解放の日　○ チャレンジの日　□ 健康管理の日　△ 準備の日　▽ ブレーキの日
■ リフレッシュの日　▲ 整理の日　✕ 裏運気の日　▼ 乱気の日　＝ 運気の影響がない日

3月

▽ ブレーキの月

開運 3 カ条

1. 中旬までは自信をもって行動する
2. 好きな人には気持ちを伝える
3. 自分磨きをする

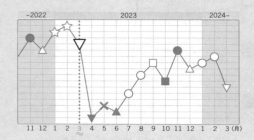

総合運 運気を味方につけられる時期
大きな決断は中旬までに

「ブレーキの年」の「ブレーキの月」は、急ブレーキがかかるように思われそうですが、運気を味方につけられるいい時期です。ただし、上旬と下旬で流れが大きく変わるため、大事な用事や大きな決断は早めに済ませましょう。モタモタしたまま下旬を迎えると、流れが変わったり、あなたのネガティブな面が出てきて慎重になりすぎてしまいます。少しでも自信があることなら、中旬までにしっかりアピールして、人脈も広げておきましょう。

恋愛＆結婚運

好きな人がいるなら、中旬までに気持ちを伝えておくことが大切です。少しでもいい雰囲気や仲のよさを感じる相手であれば、交際できる確率は高いでしょう。すぐに付き合えなかったとしても数か月後に進展しそうです。新しい出会い運も、中旬までは好調です。人の集まりや紹介の場には積極的に顔を出して連絡先を交換しておきましょう。下旬は空回りしやすいため気をつけること。結婚運もいいので、勢いで入籍などの具体的な話を進めておきましょう。

仕事運

実力を発揮できたり、リーダーなどの責任ある立場を任されることがありそうです。自信をもって仕事に取り組めるようになることや、思った以上に自分の意見が受け入れられることも。憧れの仕事に就けたり、ノルマや目標も達成できそうです。ただし、勢いがいいのは中旬まで。下旬になると、急に気持ちが冷めたり人間関係でガッカリするような出来事もありそうです。マイナス面に目が向くようになるため、意識してプラス面を探すようにしましょう。

金運＆買い物運

ずっと欲しいと思っていたものや、家やマンション、車などの高額な買い物を考えているなら、中旬までがオススメです。ほかにも、長く使うものや仕事道具、服や靴などを購入してみると運気がよくなるでしょう。交際費も増えそうな時期ですが、ケチケチしないで楽しみましょう。ただし、下旬になると不要なものや間違ったものを買いやすくなるので要注意。長期的な投資をしたり投資額を増やすのも、中旬までにしておくのが無難です。

美容＆健康運

髪を切ったり、イメチェンしたいなら、中旬までに実行しましょう。エステやネイル、ダイエットや筋トレ、スポーツジム通いなど、美意識を高めるために積極的に行動しておくのもいいでしょう。評判のいいマッサージ店やメイクレッスンに行ってみると、心も体もリフレッシュできて、自分をきれいに見せることができそうです。下旬になると、肌の調子が悪くなるかも。食物繊維の多い食べ物を意識してとるようにしましょう。

1 水	▲	身の回りをきれいにすることで、気分も運気もよくなる日。不要なものや年齢に見合わないものは、片付けるようにしましょう。スマホの使っていないアプリも消去して、画面をスッキリさせるといいでしょう。
2 木	◎	美意識を高めるために、軽い運動やストレッチをスタートさせるといい日。毎日でなくてもいいので、なんとなく長く続けられることをはじめてみましょう。
3 金	◎	「新しい方法」を取り入れてみるといい日。仕事がスムーズに進んだり、楽になったりしそうです。少しでもいいので、覚えることや学ぶことを避けないようにしましょう。
4 土	□	自分が正しいと思っても、言い方や言葉遣いには気をつけること。相手がのみ込みやすい言葉を選んだり、よろこびそうな話をすることも大切です。夜は疲れがたまりやすいので、早めに帰宅しましょう。
5 日	■	日ごろの疲れをしっかりとるといい日。エステやマッサージ、温泉などに行ってのんびり過ごすのがオススメです。軽い運動をするのもいいですが、張り切りすぎて筋肉痛になったりケガをしてしまわないよう、ほどほどに。
6 月	●	「自分中心に世界が動いている」と思えるくらい、意見やアイデアが通りそうな日。ワガママが通ってしまうこともあるため、言い方や言葉選びには気をつけること。恋のチャンスもつかめる日なので、好きな人にアピールしましょう。
7 火	△	小さなミスが増えてしまいそうな日。忘れ物や報告漏れなどには気をつけましょう。恥ずかしい思いをすることもありますが、明るく受け止めてみると人気が出るかも。
8 水	☆	経験を活かせる最高の日。自信をもって仕事に取り組んだり、積極的に行動することで、恋のチャンスもつかめそう。遠慮しないで、何事にも全力でぶつかってみましょう。
9 木	☆	仕事運と金運がいい日。求められた以上の結果を残せることや、周囲のいい見本になることができそう。仕事帰りや昼休みにショップに寄ったり、ネットで買い物をするといいでしょう。
10 金	▽	今週をいい感じで締めくくれそう。少しくらい困難を感じても、勢いで押し切れたり、周囲の協力を得られて突破することができるでしょう。夜は、ひとりの時間を楽しむと気持ちが楽になれそうです。
11 土	▼	周囲の人に振り回されることで楽しく過ごせる日。人からオススメされたメニューを選んでみたり、友人の観たい映画を一緒に鑑賞したりするといいでしょう。自分の世界を上手に広げることができそうです。
12 日	✕	相手の言葉をマイナスに受け止めてしまい、不機嫌になったり、ヘコんでしまうことがありそう。どんなことも、ポジティブに変換するよう意識しておきましょう。見方次第で短所も長所になるものです。
13 月	▲	家を出る前に忘れ物がないかチェックしたり、仕事をはじめる前に1日の予定を確認しておきましょう。思わぬことが抜けていることや、確認漏れをしていたことに気づけそうです。
14 火	○	気になっているけど、まだ話しかけたことのない人がいるなら、思い切って話しかけてみて。お菓子をプレゼントしてみるとよいきっかけになりそう。
15 水	○	少し苦手なことや、なんとなく避けていた物事に挑戦してみるといい日。イメージと違っていたり、予想外の収穫もありそうです。「ものは試し」と思ってやってみましょう。
16 木	□	自分の目標や目的、覚悟したことを再確認するといい日。大きな目標を掲げなくてもいいですが、「自分の目的」は見失わないで。夢や希望を叶えるためには、覚悟とそれなりの忍耐力が必要なことを忘れないようにしましょう。
17 金	■	今週の疲れが出てしまいそうな日。少しペースを落としたり、しっかり休憩をとるようにしましょう。仮眠や目の周りのマッサージ、軽い柔軟体操をしてみるといいでしょう。
18 土	●	デートをするには最高にいい日。相手の気持ちを確認できたり、告白されることもありそうです。長く付き合っていたカップルは、プロポーズされることも。
19 日	△	自分でも笑ってしまうようなミスをしやすい日。食器を落としたり、ドリンクを倒してスマホを濡らしたり、ドアで指をはさんでしまうようなことも。今日は気をつけて行動するようにしましょう。
20 月	◎	「もう無理かな」と諦めかけていたことが、突然いい流れに変わるかも。新たなチャンスをつかめる場合もありそうです。仕事も恋も諦めないで、粘ってみるといいでしょう。「ダメ元」が、いい結果を呼びそうです。
21 火	☆	積極的に行動することで、運を味方につけられる日。受け身で待っていてはチャンスを逃してしまうだけ。今日は、恋も仕事も、自分の幸せのために頑張ってみましょう。
22 水	▽	大事な用事は早めに片付けておくといい日。夕方あたりからは、あなたの心を乱すようなウワサや情報が耳に入ってしまうかも。余計なことを言う人に、イライラすることのないように。
23 木	▼	風向きが変わってきたことを実感できそうな日。あなたを利用する人に気をつけて、情に流されないようにしましょう。冷静に判断すれば、いい距離感を保てそうです。
24 金	✕	小さな不運が重なってしまいそうな日。信号に引っかかって、1分遅刻して怒られたり、電車に乗り遅れてしまうようなことがあるかも。1回何かが起きると、ドンドン重なってくるので、早め早めの行動を心がけましょう。
25 土	▲	部屋の掃除をするといい日。思い出のあるものをなかなか捨てられないタイプですが、マイナスなイメージがあるものは思い切って処分しましょう。過去の栄光に浸ってしまうようなものも、見えないところにしまっておきましょう。
26 日	○	ふだんなら気にならないようなことに興味がわいてきそう。調べてみたり、実際に足を運んでみると、楽しい時間を過ごせそうです。目新しいメニューを注文してみるのもいいでしょう。
27 月	○	周囲の人をサポートするといい日。いい脇役を演じてみると、楽しく仕事ができたり、恋愛でもいい展開に恵まれそうです。相手のよろこぶ姿を想像して、行動してみましょう。
28 火	□	周囲に甘えないで、自分にできる最善をつくしてみましょう。やるべきことをサボらないように。ていねいな仕事をすると、いい評価を得られるでしょう。
29 水	■	寝不足や疲れを感じやすい日。無理せずこまめに休んだり、ゆっくりできる時間をつくって。休憩中もスマホは見ないで、ボーッとするといいでしょう。
30 木	●	些細な幸せに気がつけそうな日。平凡でなんでもないことでも、それだけで十分幸せだと忘れないように。周りの人の存在にも感謝しましょう。
31 金	△	財布やスマホを置き忘れたり、電子マネーのチャージが足りずに焦ってしまうなど、些細なミスをしやすい日。席を離れるときや外出前には、持ち物をしっかり確認するようにしましょう。

☆ 開運の日　● 幸運の日　● 解放の日　○ チャレンジの日　○ 健康管理の日　△ 準備の日　▽ ブレーキの日
■ リフレッシュの日　▲ 整理の日　✕ 裏運気の日　▼ 乱気の日　＝ 運気の影響がない日

4
月

2023

▼ 乱気の月

開運 **3** カ条

1. ポジティブな発言を意識する
2. 「自分だけが正しい」と思わない
3. 睡眠を8時間以上とる

総合運　悩みや不安が出てしまいそう
誰かの笑顔のために努力して

気持ちが落ち着かなくなったり、人間関係や現状に悩み
や不安が出てしまいそうな時期。自分の思い通りに進め
ようとすればするほど、空回りしたり、ネガティブな感
情が強くなってしまうでしょう。とくに、意見が合わな
い人や考え方が違う人との関わりが多くなって、精神的
な支えがほしくなることもありそうです。頼りになる先
輩やお世話になった人のために最善をつくし、自分中心
に考えないで周囲の人の笑顔のために努力してみるとい
いでしょう。

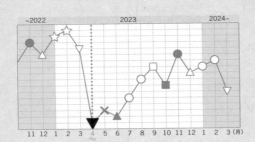

恋愛＆結婚運

恋人とギクシャクしそうな時期。思いが空回りして余
計なお節介を焼いてしまったり、相手の行動をネガ
ティブに受け止めてふたりの間に溝ができてしまうこと
があるので気をつけましょう。新しく出会った人や気
になる人の前でも、自分のいい部分をうまく見せられ
ないことや、甘えすぎて距離をあけられる場合もあり
そう。今月は、ひとりの時間を楽しく過ごせるように
しましょう。結婚運は、今月は焦らず自分磨きをする
期間だと思っておきましょう。

仕事運

自分のやり方や考え方が正しいと思い込んでいると、
壁にぶつかったりやる気をなくしてしまいそうです。
協調性を大切にするのもいいですが、自己中心的な人
の存在が必要な場合もあるので、いろいろなやり方を
認めるようにしましょう。気分が乗らないときは、休
みの日にしっかりストレスを発散すること。自分がし
ている仕事の先に、笑顔になってくれる人や感謝して
くれる人がいることを想像してみるのもいいでしょう。

金運＆買い物運

ストレス発散のために買い物に行くと、後悔するよう
なものや不要なものまで、買ってしまったり契約して
しまう場合がありそうです。今月は、情報をしっかり
集めて、慎重に判断するようにしましょう。「安い」
「お得」という言葉に乗せられて、簡単に手を出さな
いこと。とくに、ネットでの買い物には注意しましょ
う。金銭感覚が異なる人に合わせて見栄を張っている
と苦しくなってしまいます。「違う」と思ったら距離
をあけることも大事でしょう。

美容＆健康運

美意識を高めたい気持ちがわくのはいいですが、自分
の顔や体のマイナス面ばかりが気になってストレスを
ためてしまいそう。また、肌荒れや口内炎などになり
やすいので、湯船にしっかり浸かってから寝る習慣を
つけましょう。時間をとって軽く汗を流す運動をする
のもよさそうです。食物繊維の多い食事を意識するこ
とも忘れないように。体調を崩しやすいタイミングで
もあるので、睡眠時間は少し長めにとるよう心がけま
しょう。

1 土	=	しばらく会っていない友人にエイプリルフールのウソをつかれて、だまされてしまいそう。怒らないで、遊び心を楽しんでみましょう。逆にあなたもウソをついて、相手の反応を楽しんでみるといいでしょう。
2 日	=	日用品や、そろそろストックが切れそうなものを買いに行くといい日。安いからといって謎の商品を購入すると、予想と違ったり、失敗してしまいそうなので、いつもと同じ物を選ぶようにしましょう。
3 月	▽	日中は、気分よく仕事ができたり、問題なく過ごせそう。夕方あたりからは、ワガママな人の身勝手な判断に振り回されてしまうことや、気分が悪くなるようなことに遭遇しそうです。心構えをしておくといいでしょう。
4 火	▼	ていねいに過ごすことが大切な日。しっかり挨拶をしたり、慣れた仕事でもキッチリ進めるようにしましょう。些細な気の緩みが、トラブルの原因になってしまうことがあるので気をつけて。
5 水	✕	マイナスな情報に振り回されたり、厳しい言葉のなかにあるやさしさに気づけずに、ヘコんでしまうことがありそう。自分のことだけを考えるのではなく、相手の気持ちをもっと想像してみましょう。
6 木	▲	大事なことを忘れてしまいそうな日。約束や頼まれたことを、ついつい忘れて焦ってしまうかも。大事なことはメモをとって、見えるところに貼っておくといいでしょう。
7 金	=	新しく勉強をスタートしたり、本を読みはじめるにはいい日。仕事終わりに本屋さんに行ってみると、いい本に出会えそうです。いい言葉や前向きになれる言葉を探してみるのもオススメです。
8 土	=	気になっていたお店や、話題のスポットに出かけてみるといい日。おもしろい発見があったり、好奇心に火がつくこともありそう。行動することを楽しんでみると、いい1日になるでしょう。
9 日	□	今日は、自分の勘を信じてみましょう。急に思い出した人に連絡をしてみると、いい縁がつながったり、久しぶりに会えて楽しい話ができそうです。あなたに必要な情報を教えてもらえることもありそう。
10 月	■	起きるタイミングが悪かったり、体が重たく感じそう。ストレッチをしてから出かけるといいでしょう。仕事でも、頑張りすぎると疲れてしまうので、ペース配分を間違えないよう心がけて。
11 火	●	やさしくしてくれた人に、やさしくすることが大切な日。親切にしてくれない人にやさしくするのもいいですが、まずは、あなたを支えてくれたり、いろいろなことを教えてくれた人に恩返しするようにしましょう。
12 水	△	機械にトラブルや不具合が見つかったり、操作ミスや確認ミスが起きやすい日。疑問に思うことは、詳しい人に早めに相談をしましょう。事前準備と確認も怠らないように。
13 木	=	過ぎたことを言ってくる面倒な人と関わる時間が増えてしまいそう。自分から笑いのネタにしてみたり、「いいキャラ」を手に入れたと思って、前向きに受け止めるようにしましょう。
14 金	=	数字やお金、時間には注意が必要な日。とくに、値段や経費のことをしっかり考えて判断するようにしましょう。自分の財布に入っている金額を把握しておくことも大切です。
15 土	▽	日中は楽しい時間を過ごすことができそう。友人を誘ってランチに行くのもオススメです。夕方あたりからは、気持ちが不安定になったり、振り回されてしまうことがあるかも。
16 日	▼	都合の悪いことは他人のせいにしたくなるものですが、その考えでは、運を逃すことになるだけ。自分にも多少は責任があると受け止め、「何ができたのか」「いまからどうすべきか」を考えて、行動を変えるといいでしょう。
17 月	✕	あなたは全体のことを考えていたとしても、自分のことしか考えられない人もいるもの。自分が憧れない人には影響されないで、もっと素敵な生き方や考え方をして、周囲のお手本になれるよう意識しましょう。
18 火	▲	他人に甘えていたり、人任せにしていると、相手にいつまでも振り回されるだけ。自分にできることをもっと考えて、相手の力を簡単に借りないよう心がけましょう。
19 水	=	協力してもらいたいと思うなら、まずはあなたが誰かの力になること。大事なときに力不足や勉強不足にならないよう、日々自分を成長させておきましょう。努力の積み重ねがあれば、必ずあなたに協力してくれる人が現れるはずです。
20 木	=	相手の話にじっくり耳を傾けて、聞き役に回ってみることで、いい人間関係を築ける日。話の長い人や話し下手な人とも、「相手が何を伝えたいのか」を考えて、きちんと話を聞くようにしましょう。
21 金	□	大きな決断には不向きな日。マイナスな方向に進んでしまう場合があるので、周囲の意見を聞いてから判断しましょう。とくに、尊敬する人や憧れの人の言葉を大事にするといいでしょう。
22 土	■	今日は、しっかり体を休ませましょう。予定がある場合は、無理をしないように。昼寝をする時間をとったり、ランチをゆっくり楽しんだりと、贅沢に時間を使うといいでしょう。
23 日	●	急に異性から連絡がきたり、新しい出会い運もいい日ですが、モタモタしているとチャンスを逃してしまいます。少しの勇気を出して、一歩踏み込んでみるといいでしょう。あなたから気持ちを伝えるにもいい日です。
24 月	△	自分でもびっくりするようなミスをしやすい日。何かが起きたら、まずは周囲に迷惑をかけないためにどうすべきか、よく考えてから行動しましょう。おだてに乗りすぎてしまうこともあるので、注意して。
25 火	=	付き合いの長い人との縁を感じそうな日。雑談でもいいので、いろいろと話してみると気持ちが楽になるでしょう。笑える話や、前向きな話をしてみて。
26 水	=	実力を出せる日ですが、評価に納得できないこともありそうです。どんな人でも、評価されるまでは時間がかかるものだと思って、自分で自分をほめておくといいでしょう。
27 木	▽	日中は、勢いで進められそうです。「何事も行動が肝心」だと思って、積極的になってみましょう。夕方あたりからは、マイナスな情報に気持ちが押しつぶされたり、やる気を失ってしまうようなことがあるかも。
28 金	▼	人の和を乱す人はいるものですが、その人にイライラしたり、影響されてしまうと、あなたも同レベルになってしまいます。相手の成長を見守るか、距離をあけるくらいの知恵は身につけておきましょう。
29 土	✕	ひとりの時間を楽しむことが大事な日。スマホを見たりゲームをして時間を潰さないで、買い物や食事をひとりで楽しんでみましょう。美術館などに行くのもオススメです。
30 日	▲	期待外れな出来事があったり、空回りしやすい日。裏切りや、人間関係がごちゃごちゃすることもありそうです。今日は、何事もポジティブに変換する練習だと思うといいでしょう。

☆ 開運の日　◎ 幸運の日　● 解放の日　○ チャレンジの日　□ 健康管理の日　△ 準備の日　▽ ブレーキの日
■ リフレッシュの日　▲ 整理の日　✕ 裏運気の日　▼ 乱気の日　= 運気の影響がない日

5月

2023

× 裏運気の月

開運 3 ヵ条

1. 意外な人と遊ぶ
2. スキンケアをしっかりする
3. 少し贅沢なランチを食べる

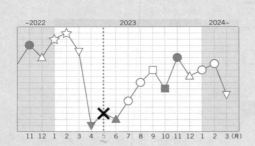

総合運
**人間関係が崩れるかも
自分だけが正しいと思わないで**

人間関係が崩れてしまいそうな月。ネガティブになって相手の期待に応えられなくなることや、気持ちが不安定になって周りから距離をおかれてしまうことがあるでしょう。相手任せにしていたり甘えすぎていた人ほど、厳しい状況になってしまいそうです。自分のことばかり優先しないで、相手や周囲のために何ができるのか考えて行動しましょう。自分の意見だけが正しいと思わず、ほかの人の事情も想像するように。

恋愛＆結婚運

気になる人との関係が急に悪くなったり、相手の欠点やマイナス面ばかりに目がいってしまいそうです。上機嫌でいられる自信がないときは、会わないようにするか、短時間だけにしておくといいでしょう。新しい出会いは、一瞬いい感じになっても、最終的に振り回されたり悲しい別れになることが多いので、周囲の評判をよく聞くように。結婚運は、話が進む時期ではありません。過度な期待はせず、いまは周囲の結婚している人を観察しておきましょう。

仕事運

不慣れな仕事を任されたり、苦手なことをやらなくてはいけない状況になってしまいそう。失敗をしやすい時期ですが、そこから学んで次に活かすこともできるので、うまくいかなかった原因を探ってしっかり反省をするといいでしょう。また、予想外の人脈ができる場合もあるので、気分が乗らないときでも人付き合いは大切に。やる気が出ないときほど、自分がしている仕事の先で笑顔になっている人のことを想像するといいでしょう。

金運＆買い物運

ふだんなら気にならないものを買ってしまいそうな時期。これまで節約をしていた人ほど、反動でパーッとお金を使ってしまったり、身の丈に合わないようなものを欲しくなりそうです。勢いでローンを組んだり契約をすると、あとで苦しくなるので気をつけましょう。買い物をするときは、これまで以上に慎重に考えること。儲け話に簡単に乗ってしまうと結果的に損をすることになるので、軽はずみな行動は控えるようにしましょう。

美容＆健康運

肌の調子の悪さや寝不足を感じる日が増えそうな月。睡眠を少し多めにとるようにし、余計なことを考えすぎないようにしましょう。悩んでばかりいても答えは出ないので、周囲にいる前向きな人の話を聞いたり、笑わせてくれる人と一緒にいるようにするといいでしょう。美意識も低くなりやすいので、体型維持のための運動をしたり、鏡で全身を見たり、マメに体重を量るようにしましょう。

開運のつぶやき ▶ 何事も見方を変えることが大切で、見方が変われば幸運を見つけることもできる。

1月	=	周囲をしっかり観察して、少し控えめな感じで仕事をするといい日。冷静に周りを見回してみると、ふだん気づかなかったことを見つけられることもあるでしょう。
2火	=	差別や区別はしないタイプですが、エラそうな人を避けたり、毛嫌いしてしまうことがありそう。どんな人にもいい部分はあるので、「苦手だ」と思ったら自分の考え方を変えるよう努めてみましょう。
3水	□	ランチやドリンクを「3秒以内」に決めてみるといい日。日々の習慣のなかで、判断力をアップさせる練習をしてみましょう。悩む時間を少しでも削ることができると、いい人生を送れるようになるでしょう。
4木	■	心身ともに少し疲れやすい日です。今日はペースを少し落としたり、周囲に合わせすぎないようにしましょう。温かい飲み物を飲んで一息つく時間をつくってみて。
5金	●	人と関わることを楽しんでみるといい日。「価値観が合わない」と思うのではなく、「理解できない価値観を楽しむ工夫」が人生には必要です。違う価値観があるからこそ、世の中が回っていることを忘れないように。
6土	△	遊びに行くのはいいですが、油断をしやすい日でもあるので、気をつけましょう。手を滑らせてスマホを落として画面を割ってしまったり、ドリンクや食べ物をこぼして服を汚すこともありそうです。
7日	○	両親や親友など、縁の深い人と会うことで大事な話を聞けたり、いいアドバイスをしてもらえる日。図星を指されてもムッとせずに、言ってくれたことへの感謝を忘れないようにしましょう。
8月	○	お金や数字、時間にいつも以上にこだわって、仕事や生活をするといい日。なんとなくお金を使うのではなく、お金の流れを想像してみると、「自分のやるべきこと」へのいいヒントが得られそうです。
9火	▽	日中は、周囲の人と協力ができて、いい結果にもつながりそう。ただし、自分ひとりの力で成功した気になっていると、夕方あたりから面倒なことになったり、周囲に振り回されることがありそう。助け合う楽しさを忘れないようにしましょう。
10水	▼	空回りしやすい日。よかれと思ったことでも、相手からはお節介ととられてしまうことがありそうです。慎重に判断したり、手助けが必要なのか一言聞いてみるといいでしょう。
11木	×	「節約」と「ケチ」を間違えないように。あなたは節約しているつもりでも、周囲から「ケチな人」と思われてしまうことがありそうです。見栄を張る必要はありませんが、お金を出すときはしっかり出しましょう。
12金	▲	区切りをつけるのはいいですが、いままでつくりあげたものを自分で破壊しないようにしましょう。うまくいかないからとイライラしてヤケを起こすと、信用を失います。ときには諦めることで、気持ちが楽になるでしょう。
13土	=	気になるイベントやライブ、行ってみたい施設などを調べてみるといい日。都合がつきそうなら、予定を変更してでも足を運んでみるといいでしょう。出会いや学びがありそうです。
14日	=	気分転換にイメチェンをしてみるといいでしょう。自分ではイマイチと思っても、周囲からの評判はよい感じになりそう。ボブやショートなど、短めの髪型にするのがオススメです。
15月	□	些細なことでもかまわないので、今週の目標を決めてから行動してみましょう。とくに目標が思いつかない人は、何事もポジティブに変換する練習をしたり、意識して前向きな言葉を発してみるといいでしょう。
16火	■	少し疲れがたまりやすい日です。調子がいいと思えているうちに、できるだけ仕事を片付けたり、大事な用事をすませておくといいでしょう。ダラダラしていると、余計に疲れてしまいそう。
17水	●	愛をもって仕事に取り組んでみるといい日。もっと自分の仕事を愛して、「好きだ」と思い込んでみると、楽しく仕事ができるでしょう。周囲からの評価が上がったり、いい結果にもつながりそうです。
18木	△	小さなミスをしやすい日。勘違いしている場合もあるので、些細なことでも確認作業をしっかりしたり、事前準備を怠らないように。時間や数字には、とくに注意しておきましょう。
19金	○	身の回りにある使わないものや、たまった本や雑誌、資料などを処分するといい日。思い出も大切ですが、年齢に見合わないものはいったんしまって、目の前から片付けておくといいでしょう。
20土	○	買い物をするにはいい日ですが、日用品や消耗品などを中心に購入するようにしましょう。不要な買い物をしやすい日でもあるので、欲しいものをメモしてから出かけるように。
21日	▽	やさしく親切にしてくれた人に、やさしく親切に接しましょう。どこか相手に甘えすぎてしまうところがあるので、やさしさには、やさしさで返すよう心がけておくといいでしょう。
22月	▼	思い通りに物事が進まない感じがしたり、空回りをしてしまそうな日。無理に動くよりも、一歩引いてサポート役になってみましょう。相手がよろこぶことはなんなのか、もっと考えて行動するといいでしょう。
23火	×	判断ミスをしたり、警戒心が薄れてネットでだまされてしまうなど、ガッカリする出来事がありそうな日。決断する前に、周囲や詳しい人に相談してみると、問題を回避することができそうです。
24水	▲	何事にも順序はあるもの。ショートカットするのもいいですが、基本を大切にすることも忘れないようにしましょう。とくに、目上の人を立てたり、しっかりとした敬語を使うよう意識しておきましょう。
25木	=	若い人の話を聞くことで刺激を受けられたり、いいことを教えてもらえそう。流行っていることや、いまさら聞けないことを聞いてみるといいでしょう。便利なアプリを紹介してもらえることもありそうです。
26金	=	フットワークを軽くすることが大切な日。ノリがいい感じに見せるのはいいですが、そのぶん出費は増えてしまいそう。「ケチ」と「倹約」は大きく違うことも忘れずに。
27土	□	今日と明日は少しのんびりしたり、体のことを考えて行動するといいでしょう。胃腸によさそうな食事を選んだり、旬の野菜やフルーツをいつもより少し多めにとるよう意識してみて。
28日	■	温泉やスパ、マッサージに行ったり、リラックスできる場所に出かけてみるといいでしょう。少し贅沢をしてエステを受けてみるのもいいかも。きれいな風景を見ながらゆっくりするのもオススメです。
29月	●	良くも悪くも注目される日。変に目立ってしまうこともあるので、動きや言葉に上品さを忘れないように。愚痴や不満を漏らすと、悪口として周囲に広まってしまうかも。言動には気をつけましょう。
30火	△	「やってしまった」と自分でも思うようなミスをしやすい日。恥ずかしい思いをすることもあるので、何事も「10分前行動」を意識したり、ゆとりをもって30分くらい前に動き出すようにしましょう。
31水	○	経験をうまく活かすことができる日。「過去に流した汗は無駄ではなかった」と思えそうです。考え方を変えることで、失敗も成功も自分の自信にすることができるでしょう。

☆ 開運の日　◎ 幸運の日　● 解放の日　○ チャレンジの日　□ 健康管理の日　△ 準備の日　▽ ブレーキの日
■ リフレッシュの日　▲ 整理の日　× 裏運気の日　▼ 乱気の日　= 運気の影響がない日

6月

2023

月

▲ 整理の月

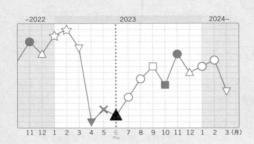

~2022   2023   2024~

11 12 1 2 3 4 5 6 7 8 9 10 11 12 1 2 3 (月)

開運 **3** ヵ条

1. 不要なものを売ってみる
2. 人との距離感を測る
3. 身の回りをきれいに掃除する

総合運

いい意味で区切りがつく月 ストレスから離れられそう

いい意味で区切りをつけられる月。ストレスや面倒に感じることから離れられたり、無駄な時間を削ることができるでしょう。人との縁を切ることが苦手なタイプですが、情だけでつながっている人とは、「距離をあけることもやさしさのひとつ」ということを忘れずに。また、あなたを利用しているだけの人とも距離をあけたほうが、お互いのためにいいでしょう。自分の甘さや未熟な部分を認めて、年末までの課題にすることも大切です。

恋愛＆結婚運

片思いの恋はここでひと区切りつけたほうが、来月から新しい恋をうまくスタートできるでしょう。ズルズルと引きずっていると、結婚を逃す原因にもなるので、「次の相手を見つけよう」と気持ちを切り替えましょう。新しい出会い運は、下旬からゆっくりとよくなってきます。髪を切るなどして、新たな出会いの準備をしておくといいでしょう。結婚運は、自分の弱点や欠点を少しでも克服する努力をすると、結婚に話が進められそうです。

仕事運

ここ数か月のやる気のなさや、周囲に振り回されていた感じが落ち着いてくる時期。ゆっくりとですが、やる気になれたり笑顔で仕事に取り組めるようになりそうです。転職や離職欲が高まるタイミングでもあるので、独立や起業できる実力があるなら、年内に実行できるよう準備をはじめるといいでしょう。そこまでのパワーがない人は、仕事のやり方や手順を少し変えてみたり、職場の整理や道具の手入れをするとよさそうです。

金運＆買い物運

今月は買い物より、不要なものをドンドン処分するといい時期。捨てる前に、試しにフリマアプリを利用してみると、思わぬ高値がついたり、予想外のものが売れることも。身の回りがスッキリするうえにお小遣いも増えそうです。買い物は来月以降がいいので、長く使うものの購入を考えているなら、候補の値段を比較してみたり、情報収集しておきましょう。投資などは、損切りをするにはいいタイミング。新たな出資は控えめに。

美容＆健康運

日焼け対策やスキンケアを怠らないようにしましょう。油断して食事のバランスが崩れると、ニキビや口内炎に悩むようなこともありそうです。野菜やフルーツをとったり、ヨガやストレッチなどで体を動かすことも忘れないように。ダイエットをするにもいいタイミング。お風呂に入る前に、スクワットや腕立て伏せ、腹筋などを10回程度でも行うようにしましょう。できるだけ継続することで、思ったよりもスリムになれそうです。

開運のつぶやき ▽▽ 大きな幸運の前には、小さな幸運が転がっているもの。

1木	○	「お得」な買い物ができたり、ポイントをたくさん貯められるようなことがありそう。職場でも、ご馳走してもらえるなど、プチラッキーなことがあるかも。今日は、何事も積極的になってみると、運を味方につけられそうです。
2金	▽	日中は、うまく周囲と協力できて、満足のいく結果が残せそう。夕方あたりからは、油断しているとミスをしたり、忘れていた仕事を思い出して慌てる場合があるので、気をつけましょう。
3土	▽	友人や知人と話をするのはいいですが、相談するときは、自分に都合の悪いことも聞き入れる覚悟を忘れないように。耳当たりのいい言葉だけを聞き入れていると、あとで自分を苦しめる原因になるでしょう。
4日	✕	部屋の掃除をするといい日。窓や床を拭いてピカピカにすると、気持ちも晴れるでしょう。人に会うのもいいですが、心を乱されてしまうことが起こりそう。
5月	▲	気分が乗らないときほど、目の前のことからすぐ手をつけるようにするといいでしょう。些細なことでも、動きはじめれば自然とやる気もアップします。デスク周りや、引き出しのなかを整えるところからはじめてみましょう。
6火	=	はじめて話す人からいい情報が得られそうな日。周囲の人と会えすすときは、いつものメンバーにこれまでと違った話題を振ってみましょう。思った以上に詳しい人がいたり、大事な話が聞けそうです。
7水	=	興味がわくことを見つけられる日。素直に行動してみると、いい発見ができるでしょう。もっと詳しく知りたくなって、やる気もわくかも。臆病にならないよう意識しておきましょう。
8木	□	目の前の仕事に真剣に取り組んでみると、これまでとは少し違う感触や、いい手応えを得られそう。「何をどう工夫すれば自分のレベルが上がるのか」も、見えてきそうです。
9金	■	急に忙しくなったり、限界を感じるようなことがありそうな日。自分のことだけを考えていると苦しくなるので、相手のことをもっと考えて行動してみるといいでしょう。
10土	●	服を買うにはいい日。気になるお店に行ってみると、素敵なものを見つけられそう。少し大人っぽくて品を感じられるアイテムを選ぶといいでしょう。今日は、異性との縁も感じられそうです。
11日	△	珍しいミスをしやすい日。不要なデータを消すつもりが、大事な資料や写真を消してしまったり、部屋の片付けをしているときに食器を割ったりしそう。スマホを落として傷つけてしまうことも。
12月	○	失くしたと思っていたものが、予想外のところから出てきそうな日。縁が切れたと思っていた人から連絡がくることも。今日は、少し懐かしいことを楽しんでみるといいでしょう。
13火	○	少し贅沢なランチを味わったり、自分にご褒美を買ってみるといい日。そのぶん仕事はしっかり取り組んで、周囲の人を助けられるくらいの力を出してみましょう。
14水	▽	日中は、周囲と楽しく過ごせそうですが、夕方あたりから、ソリの合わない人や噛み合わない感じの人と一緒にいる時間が増えてしまうかも。「合わない人からも学べることがある」ということを忘れないように。
15木	▼	笑顔を心がけておかないと、無愛想な態度や不機嫌な感じが顔に出てしまうかも。口角を上げて、にっこりするのを忘れないように。人から憧れられる対象になれるよう意識して過ごしましょう。
16金	✕	失敗して周囲に迷惑をかけてしまいそうな日。些細なことでもしっかり確認するようにしましょう。もし失敗しても、すぐに報告して謝罪したり、素早く対応すれば、問題が大きくなることはないでしょう。
17土	▲	大掃除をするにはいい日。粗大ゴミや処分に悩んでいたものがあるなら、思い切って捨てるようにしましょう。何年も置きっぱなしのものや着ない服、履かない靴も処分するといいでしょう。
18日	=	これまでデートしたことのないタイプの人を誘ってみるといい日。予想外に話が盛り上がったり、相手の素敵な部分を見つけられそうです。とくに気になる人がいない場合は、先輩や後輩を遊びに誘ってみましょう。
19月	=	初対面の人とも楽しく話せたり、いい縁ができそうな日。面識はあっても、いままであまり話したことがなかった人に声をかけてみましょう。いい関係になれたり、おもしろい話が聞けそうです。
20火	□	小さなことでもいいので、目標の達成に向けて努力するといい日。すぐに達成できそうな目標をかかげたほうが、やる気がわいて、楽しく取り組めるようになるでしょう。
21水	■	疲れが肌や顔に出てしまいそうな日。フェイスマッサージをしたり、屈伸やストレッチなどをするとスッキリしそうです。栄養ドリンクには頼らないように。
22木	●	今日は、簡単に諦めないで少し粘ってみましょう。いい結果につながったり、相手の気持ちを動かせそうです。難しいと思うことにも根気強く取り組むと、手応えを感じられるでしょう。
23金	△	余計な一言に注意が必要な日。「その言葉に誰が憧れて、誰がよろこぶのか」をもっと考えてから発言するようにしましょう。映画や本に触れて、楽しみながらいい言葉を見つける癖をつけてみるのがオススメです。
24土	○	一緒にいると思いっ切り笑える友人に会うといい日。遠くにいて会えないなら、電話をしてみるといいでしょう。親友の大切さをあらためて感じられそうです。偶然出会って盛り上がる場合もあるかも。
25日	○	買い物にはいい日。気になるお店に入ってみましょう。しばらく恋人がいない人は、引っ越しを考えるにもいい日なので、不動産屋を見てみて。買い替えを検討しているものがあれば、まずは処分して、候補の価格を見ておいて。
26月	▽	どんなことを伝えるときでも、相手が理解できる言葉を選ぶことが「やさしさ」です。自分の言いたいことを話すだけでは意味がありません。人に合わせて言葉を選ぶことが、本当のやさしさだと理解しましょう。
27火	▼	まったく疑っていなかった人に裏切られたり、陰口を言われているのを知ってしまいそうな日。あなたに善意の気持ちがあるなら問題ないですが、人との距離感を間違えないようにしましょう。
28水	✕	集まりに参加することが好きなタイプですが、今日はノリが悪くなったり、距離をあけたくなりそう。そんなときほど笑顔で人と話して、相手を励まして元気にさせると、あなた自身も元気になるでしょう。
29木	▲	失くし物に注意が必要な日。スマホや財布をどこかに置き忘れたり、約束を忘れてしまうなど、珍しいミスをして焦ってしまうかも。今日は1日、気をつけて過ごしましょう。
30金	=	今月も最後の日なので、自分で自分をほめて、どんなことを頑張ったのか思い出してみるといいでしょう。マイナスなことを思い出して反省するのは後回しにして、プラス面をいろいろ思い返してみると、運気もよくなるでしょう。

☆ 開運の日　◎ 幸運の日　● 解放の日　○ チャレンジの日　□ 健康管理の日　△ 準備の日　▽ ブレーキの日
■ リフレッシュの日　▲ 整理の日　✕ 裏運気の日　▼ 乱気の日　= 運気の影響がない日

7月 2023

○ チャレンジの月

総合運　やる気が増してくる月　何事も積極的に行動して

気持ちが晴れ、やる気が増してくる月。積極的に行動することで、いい出会いがあったり、大切な経験ができるでしょう。気になったことにはドンドン挑戦し、新しい出会いを求めて自ら動くようにしましょう。特に若い人との出会いが今後の運命を大きく分けることになりそうです。後輩や部下と遊んでみるといいでしょう。現状に飽きを感じているなら、引っ越しや模様替え、イメチェンをするなど、変化を楽しんでみると運気の流れもよくなるでしょう。

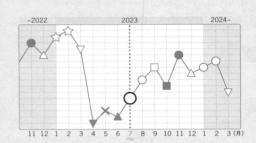

~2022　2023　2024~

11 12 1 2 3 4 5 6 7 8 9 10 11 12 1 2 3 (月)

恋愛＆結婚運

今月から年末までで、大きな流れでのモテ期は終了。高望みをしていたり、複数の人から選べずに待っているだけでは、せっかくの運気を台無しにしてしまいます。今月から仲良くなった相手やはじめて会う人を大切にして、気になる人には自ら気持ちを伝えるようにしましょう。しばらく恋人がいない場合は思いきったイメチェンをしましょう。結婚運は、前向きな話ができて進展がありそうです。年末を目標にするといい流れが作れるでしょう。

仕事運

これまでとは少し違う仕事や新人の教育などを任されそうな時期。新たなチームに入ることもあるでしょう。変化があるほうがいい流れになるので、仕事自体に変化がないなら、自ら出社時間を変えてみたり、仕事の目標や目的を変えてみるといいでしょう。新しい情報も入ってくる時期なので、食事や飲み会など、仕事関係者とのコミュニケーションを大切にしましょう。楽しい職場やいい関係を作れて、これまでよりも仕事がやりやすくなることも。

金運＆買い物運

買い替えを考えているなら、まずは似ているものを比較したり、詳しい人に話を聞くなどして情報を集めましょう。最新家電に興味があるなら買い替えてもいいでしょう。服を買うときも、これまでとは違うお店に行ってみるとお気に入りを見つけられそう。ポイ活も順調に進みそうなので、電子決済を活用したりポイントの情報を集めてみましょう。投資などの資産運用にもいいタイミングなので、NISAやインデックスファンドをはじめてもいいでしょう。

美容＆健康運

気分よく過ごせるようになる時期。悩みや不安が減って楽しくなってきそうです。肌の調子もよくなり、体が軽くなることも。軽い運動をして、健康的な日々を送りましょう。誘いも多くなりますが、夜の付き合いや連日の約束など、疲れそうなことはハッキリ断ることが大切です。美意識を高めるといいので、美容エステやヨガ、ダンス教室に通いはじめるにも絶好のタイミングです。

1 土	○	良くも悪くも学べることが多い日。友人や知人に誘われた場所に顔を出してみたり、自ら気になる人に声をかけてみるといいでしょう。いい話や役立つ情報を得られそうです。
2 日	□	髪型や服装のイメージを変えるにはいい日。気になる美容室があるなら行ってみるといいでしょう。また、ふだんとは違うお店に入ってみると、いいものを見つけられそうです。「品と明るさ」を意識すると、運気の流れもよくなるでしょう。
3 月	■	疲れを感じやすい日。人間関係で面倒なことに巻き込まれたり、周りに気を使いすぎてしまいそう。リラックスできる時間や、お風呂にゆっくり浸かる時間をつくっておきましょう。
4 火	●	大きなきっかけがなくても、やる気がわいたり、前向きな気持ちになれそうな日。頭の回転がよくなり、勘も当たりやすくなります。周囲の人の存在に感謝を忘れないようにしましょう。
5 水	△	小さなミスが増える日。ハンカチやティッシュなど、ちょっとしたものを忘れてしまいそう。うっかりミスも増えるので、確認をしっかり行うこと。思ったよりも行動が雑になってしまうので要注意。
6 木	◎	過去の嫌な思い出に縛られていると、いつまでも前に進めません。「過ぎて去ったから過去」と割り切って、手放してみましょう。気持ちが楽になり、一歩前進できるでしょう。
7 金	☆	いい仕事ができて、思った以上の結果にも恵まれそうな日。自分の意見やアイデアが通ることもあるので、上司や先輩に伝えてみるといいでしょう。ただし、言い方や伝えるタイミングはよく考えるように。
8 土	▽	買い物をするなら、午前中から動き出したほうがいい日。まずは、必要なものから購入するようにしましょう。ランチデートをするにもいい日なので、気になる相手がいるなら、突然でも誘ってみましょう。
9 日	▼	今日は、ひとりの時間を楽しむといいでしょう。好きな音楽を聴いたり、本を読んでのんびりするのがオススメです。すでに予定が入っている場合は、友人や知人に計画を乱されてしまうかも。
10 月	✕	よかれと思って言ったことでも、言い方次第では嫌な感じに受け取られてしまいます。相手に合わせた言葉を選ぶようにしましょう。人の成長を見守る気持ちも忘れないように。
11 火	▲	時間を無駄に使うアプリやゲーム、SNSは消去するといいでしょう。動画を見ても何も身にならないことに気づいているなら、思い切って消すのにいいタイミングです。ほかにも、無駄と思うものがあれば手放しましょう。
12 水	○	視野が広がり、興味あることが増える日。相手の話を楽しみながら聞いてみると、いい情報を入手できたり、考え方を少し変えるきっかけが得られそう。仕事に対する姿勢にも、変化が起きそうです。
13 木	○	新しい仕事を任されたり、やる気がわくような流れがきそうな日。自分のなかだけでもいいので、目標を決めるようにしましょう。時間や数字などにも、もっとこだわって仕事をしてみましょう。
14 金	□	今日は、決断するスピードを上げてみましょう。些細なことなら3秒以内に決めてみるといいでしょう。買い物でも、悩む前にパッと買うようにしてみて。
15 土	■	疲れているからといってダラダラすると、余計に疲れてしまいます。軽く運動をして、少し汗を流すといいでしょう。眠気を感じるときは、目覚ましをセットして30分くらい昼寝をしましょう。
16 日	●	恋愛運がいい日。デートをするには最高の運気なので、気になる人に連絡をしてみるといいでしょう。勢いで交際に進むこともありそうです。新しい出会い運もいいので、集まりなどには参加してみましょう。
17 月	△	寝坊や遅刻をしやすい日。自分でもびっくりするようなミスをしてしまうかも。数字や日付の間違い、報告なども忘れやすいので気をつけましょう。
18 火	◎	「このくらいでいいだろう」という気持ちで仕事をしないように。今日は、もう少し突き詰めたり、もっといい対応を意識してみるといいでしょう。自分でも驚くような力を発揮できるかも。
19 水	☆	仕事でいい結果を残せたり、ラッキーな展開がありそうな日。受け身でいないで、積極的に行動しましょう。買い物に行くと、お得なサービスを受けられたり、いつもより多くポイントがもらえるかも。
20 木	▽	周囲の人に助けてもらえそうな日。感謝の気持ちを忘れずに、あなたも周りで困っている人の手助けをするようにしましょう。ほかの人の素敵なところは、ドンドン真似してみるといいでしょう。
21 金	▼	相手任せにしていると、ガッカリする出来事がありそう。今日は、周りに過度な期待をしないこと。自分ができることには率先して取り組みましょう。
22 土	✕	話を聞いてあげるだけで相手は十分満足しそうなのに、ついつい正論や余計なことを言ってしまいそう。今日は、自分が楽しむよりも、相手を楽しませてみるといいでしょう。
23 日	▲	部屋の掃除や模様替えをするといい日。まずは使わないものを処分して、身の回りをスッキリさせるといいでしょう。「いつか使うかも」と思うものから片付けるように。
24 月	○	いい勉強ができそうな日。今日得た体験や経験はのちに役立つので、気になっていたことにはドンドン挑戦しましょう。また、周囲の人を観察すると、学べることを見つけられそうです。
25 火	○	好奇心の赴くままに行動してみると、楽しい1日を過ごせそうです。少しでも気になったら調べてみたり、挑戦してみましょう。勝手に「無理、難しい」と思って避けないように。
26 水	□	ダラダラ続けていることに、区切りをつけるといい日。悪い習慣と思うことは今日でおしまいにしましょう。自分の成長につながるような努力をはじめると、好スタートが切れそうです。
27 木	■	疲れが顔に出そうな日。無理をしないで少しペースを落としたり、短時間で仕事が終わるようにコントロールしましょう。屈伸や軽いストレッチをしてみると、頭がスッキリしそうです。
28 金	●	5分以内に終えられそうなことを見つけて、ドンドン体を動かすといい日。朝からやる気になれたり、いい感じで動けそう。大事な仕事を任せられることもあるので、楽しんで取り組んでみましょう。
29 土	△	歩きスマホで、壁や人にぶつかってしまうことがある日。先のことをもっと想像して行動しましょう。自分でも笑ってしまうようなミスや忘れ物もしやすいので、気をつけること。
30 日	◎	親友に会うことで気持ちが晴れる日。本音を語ったり、近況報告をするといいでしょう。素敵な人を紹介してもらえたり、いい縁がつながることもありそうです。
31 月	☆	何事も本気で取り組むことで、いい結果が出るでしょう。あなたの頑張っている姿が、いい評判や評価につながることもありそうです。ただし、ここで手を抜いてしまうとマイナスに働くので、一生懸命仕事をしましょう。

☆ 開運の日　◎ 幸運の日　● 解放の日　○ チャレンジの日　□ 健康管理の日　△ 準備の日　▽ ブレーキの日
■ リフレッシュの日　▲ 整理の日　✕ 裏運気の日　▼ 乱気の日　＝ 運気の影響がない日

8月

2023

○ チャレンジの月

1. 行動範囲を広げる
2. 出会いを求めて行動する
3. 後輩や部下と遊ぶ

総合運 充実した日々を過ごせそう
出会いを求めて行動して

人との縁やつながりが増えて、行動範囲も広がる時期。忙しくも充実した日々を過ごせるでしょう。初対面の人に会う機会を自ら作っておくと、今後を左右する大事な人に出会えたり、いい話を聞けることも。引っ越しや、環境を変える決断をするにもいいタイミングです。イメチェンや、新たな習い事をスタートするなど、変化を楽しんでみるといいでしょう。また、後輩や部下に自分が学んできた知識や技術などを伝えることも大切です。

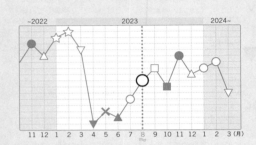

恋愛&結婚運

新しい出会いが多くなり、恋のチャンスも自然と増えますが、「乱気の月」や「裏運気の月」に出会った人とは距離があいてしまいそうです。執着しても時間の無駄になるだけなので、新しい出会いに注目しましょう。髪型を明るい感じにするなど見た目の雰囲気をガラッと変えると、いい流れに進めそうです。待ってばかりいないで「今月は運気がいい」と信じて動いてみること。結婚運は、昨年や年始から交際しているカップルは話を進めやすいでしょう。

仕事運

新しい仕事が増え、後輩や部下の面倒を見ることになりそうな時期。ここで教育や育成に力を注いでおくことで、周囲に感謝されたり、のちに助けてもらえることがあるでしょう。スキルアップや資格取得など今後役立ちそうなことを先に学んでおくといいので、今月中に情報を集めること。気になったことは即行動に移してみましょう。希望の部署に異動願いを出したり、転職活動をするにもいい時期です。逆に、現状維持は望まないようにしましょう。

金運&買い物運

身の回りで買い替えを検討しているものがあるなら、実行するにはいい時期です。ただし、そろそろ貯金や数年後のための蓄えについても考えておいたほうがよさそうです。投資信託やインデックスファンドを調べて、少額でも今月からはじめてみるといいでしょう。「リスクがあるから」と臆病にならないで、長期的な視点で勉強のつもりでやってみるのがオススメです。引っ越しを考えている場合は、思いきって今月中に行動するといいでしょう。

美容&健康運

良くも悪くも周囲の人に振り回されることが多いタイプですが、人間関係で我慢している場合は周りと少し距離をあけたり、深く関わるのをやめましょう。新しい人と遊んでみると気持ちも楽になるでしょう。家でできる運動をしたり、スポーツジムやダンス、ボイトレなどに通いはじめることで、いいストレス発散ができそうです。新しい美容サロンに行ってみると、これまでとは少し違った魅力が出てくることも。メイクを少し変えてみてもよさそうです。

1
火
▽
日中は、周囲の協力も得られて順調に進む日。ただし、人に甘えすぎないで、自分のできることはしっかりやり、誰かに教えられることは可能な限り伝えましょう。今日は、「若い人に教えてもらうこと」も楽しんでみて。

2
水
▼
マイナスに考えすぎて臆病になってしまう日。ネガティブな情報に振り回されないように、前向きな言葉ではね返すといいでしょう。愚痴や不満を言うと、かえってストレスになるので気をつけて。

3
木
✕
「自分が正しい」と思って相手に意見を押しつけると、気まずい感じになるでしょう。人にはそれぞれのペースや考え方があるので、まずは相手を尊重するように。許す気持ちも忘れないこと。

4
金
▲
「いつか使うかも」「もったいない」と思って置きっぱなしにしているものを、片付けるようにしましょう。身の回りをスッキリさせることで、気分も運気もよくなるでしょう。

5
土
○
新しいことに注目してみると、いい刺激を受けられたり、新鮮な感じを楽しそうです。ふだん行かないようなお店や場所に、足を運んでみるといいでしょう。話題のスポットに出かけてみるのもオススメです。

6
日
○
新しい出会いがある日。急な誘いでも、時間をつくって顔を出しておくといいでしょう。すぐに関係が発展しなくても、いい友達ができたり、大事な縁がつながりそうです。

7
月
□
成功よりも、失敗からのほうが学びが多いことを思い出してみて。チャレンジする勇気がわいてくるでしょう。また、ほかの人の失敗を許せるようにもなりそう。失敗を恐れて何もしないよりも、失敗を糧に成長する道を選びましょう。

8
火
■
予定通りに進まずに、バタバタしたり心配事ができて、心身ともに疲れてしまいそうな日。無理に予定を詰め込んだり、忙しくしすぎないように。今日は、ゆとりをもって仕事に取り組みましょう。

9
水
●
力を発揮できて、満足のいく結果を残せそうです。協力してくれた人や、成長を見守ってくれた人へ、感謝や恩返しを忘れないこと。恋愛にもいい流れがあるので、気になる人がいれば連絡してみましょう。

10
木
△
小さなミスをしやすい日。遅刻や寝坊をしたり、勘違いで時間や数字を間違えてしまうことも。今日は、何事もしっかり確認するようにしましょう。油断しているとケガをする場合もありそうです。

11
金
◎
自分の能力や魅力をうまく活かすことができる日。困ったときも、知り合いや友人に助けてもらえたり、いいアドバイスをもらえそうです。必要な情報が手に入ることもあるでしょう。片思いの恋にも進展があるかも。

12
土
☆
買い物にオススメの日。自分のものを購入するのもいいですが、プレゼントを選んだり、お世話になった人に何か贈るといいでしょう。後輩にご馳走してみると、いい関係になれたり、いい縁がつながりそうです。

13
日
▽
午前中から行動的になっておくといい日。用事はドンドン済ませて、部屋の片付けや買い物なども早めに終わらせておきましょう。夜は、明日に備えてのんびりするといいでしょう。

14
月
▼
夏の暑さで体調を崩したり、やる気が出なくなってしまいそう。本来なら楽しめることでも、突然気持ちが冷めることや、マイナス思考に陥ることがあるので、気をつけましょう。ポジティブな友人と話をするといいでしょう。

15
火
✕
ふだんなら興味をもたないことが気になるのはいいですが、不要な品や高価なものを欲しくなったり、無駄に出費が増えてしまうことがあるでしょう。軽はずみな行動は慎むように。

16
水
▲
大事なものを壊してしまったり、お気に入りのものを失くすなど、ガッカリすることがありそうな日。修理やクリーニングでも元に戻らない場合もあるので、注意しましょう。

17
木
○
なんとなくでもいいので「次の目標」を決めて、ゆっくりでもいいので「いまできること」に一生懸命になってみましょう。小さなやる気が、大きなやる気につながります。まずは、簡単なことからはじめてみましょう。

18
金
○
不慣れでも、まずは行動することが大事な日。成功した人としない人の差は、行動力があるかないかだけ。行動して失敗をしても、そこから学んで成長すればいいでしょう。「失敗は好転のきっかけにすぎない」ことを忘れないで。

19
土
□
気になる相手や、「頑張ったら振り向いてもらえそう」と感じる人に連絡をしてみるといいでしょう。勝手に諦めたり、相手からの誘いを待つだけにならないで。

20
日
■
今日は、しっかり体を休ませるといい日。ゆっくりお風呂に入ったり、柔軟運動をするのがオススメです。軽く体を動かしておくのもいいでしょう。冷たいものの飲みすぎなどに注意すること。

21
月
●
突然重要な仕事を振られたり、みんなの注目を集めるポジションをお願いされたりすることがある日。大事な決断を任されてしまうことも。周囲の意見に振り回されず、自分ができる最善をつくすと、いい結果につながるでしょう。

22
火
△
目の前のことに集中できないときは、ノリのいい音楽を聴いて気分を変えるといいでしょう。今日は小さなミスもしやすいので、無理はしないこと。何事もしっかり確認するようにしましょう。

23
水
◎
付き合いの長い人ほど、あなたのよさに気がついているもの。それとなく聞き出してみるといいでしょう。自分の「向き・不向き」がわかると、新たなことに挑戦したり、動き出すきっかけになりそうです。

24
木
☆
いい仕事ができる日。真剣に取り組み、儲けや数字を、経営者目線でとらえてみると、動き方や考え方を変えることができそうです。若い人の面倒もしっかり見ておくといいでしょう。

25
金
▽
午前中から全力で仕事に取り組むことができそう。自分でも驚くほど集中力が続くでしょう。夕方くらいからは、気分がブレたり、周囲の機嫌に振り回されてしまうかも。

26
土
▼
よかれと思って言ったことで、その場を気まずい空気にしたり、相手を不愉快にさせてしまうことがあるかも。言葉選びやタイミングには慎重になること。おもしろい話をしたつもりが、思い切りスベってしまうこともありそうです。

27
日
✕
予想外の人とデートをすることになったり、不思議な人と縁がつながりやすい日。意外な展開を楽しむのはいいですが、緊張して疲れてしまうことも。空回りしやすい日でもあるので気をつけましょう。

28
月
▲
何事もシンプルに考えて、シンプルに行動することが大切な日。自分の動きに無駄がないか、よく考えてから動くといいでしょう。不要なものも、持ち歩かないようにしましょう。

29
火
○
周囲からすすめられたものをチェックするといい日。話題になったおいしいドリンクやアイスがあれば、購入してみるといいでしょう。話が盛り上がって、いい空気になりそう。あなたもオススメのものを紹介してみましょう。

30
水
○
やることが増える日ですが、あなたの頑張りが周囲にいい影響を与えたり、自分自身の成長にもつながるので、精いっぱい取り組んでみましょう。勝手に限界を決めたり、諦めないように。

31
木
□
1か月を振り返って、夏らしいことをできていないと思うなら、今日行動に移してみるといいでしょう。花火をしたり、ビアガーデンに行ってみるのもオススメです。さっそく周りの人を誘ってみましょう。

☆ 開運の日　◎ 幸運の日　● 解放の日　○ チャレンジの日　□ 健康管理の日　△ 準備の日　▽ ブレーキの日
■ リフレッシュの日　▲ 整理の日　✕ 裏運気の日　▼ 乱気の日　＝ 運気の影響がない日

9月

2023

□ 健康管理の月

1. 生活リズムを整える
2. 本を読む
3. 仕事に全力で取り組む

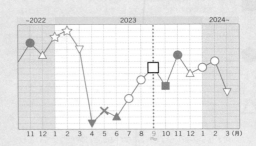

総合運 攻守がゆっくり交代する時期
今後必要な能力を考えてみて

攻守がゆっくり交代する時期。昨年や今年の上半期にやり残したことがある場合は、「今月が最後の攻めどき」だと思って行動に移すといいでしょう。今に満足しているなら、ここから守りを固める必要があります。現状を維持するために今後どんな能力を身につけるべきかをよく考えること。役立ちそうなことを学びはじめるといいので、資格取得やスキルアップのための勉強をしてみましょう。人脈を広げる努力をすると頼りになる人にも会えそうです。

恋愛＆結婚運

異性の友人や仲のいい人から好意を寄せられているなら、きちんとひとりを選びましょう。「みんなで仲良く」「ずっと友達で」などと思っていると、恋人も結婚のチャンスも逃すだけ。好きな人に気持ちを伝えたり、告白されているならハッキリ返事をしましょう。結婚運は、入籍を決めるにはいい運気。「プロポーズの予約」をするといい流れになりそうです。結婚を考えられない相手とはここで別れて、年末の出会いに賭けるといいでしょう。

金運＆買い物運

今月は、買い物で大金を動かすような時期ではありません。保険の契約内容を見直したり、不要なサブスクを解約したりして、固定費を減らしましょう。職場から少し遠くなってもかまわないなら、引っ越しをして家賃を下げるのもいいでしょう。今より広くて安い場所が見つかりそうです。給料の3割は貯金に回して、その中でつみたてNISAや投資信託を少額でもはじめておくといいでしょう。長い目で見てお金を貯められる方法を試しておきましょう。

仕事運

現在の仕事に全力で取り組めるかどうかが、来年以降の仕事運に大きく響いてきます。運気の流れに乗っているだけだったり他人任せでいると、「乱気」「裏運気」の時期に後悔することになるでしょう。今持っている力を最大限出すよう努めて、若い人に教えられることはできるだけ伝えておきましょう。仕事関係者との人脈もしっかり作るといい時期。自ら誘って、仕事や将来の夢の話などを語ってみるといい協力者も見つかりそうです。

美容＆健康運

体調が大きく崩れる運気ではありませんが、生活を見直して悪習慣と思われることは今月からやめるようにしましょう。ストレス発散のつもりのゲームやSNSが、逆にストレスの原因になっている場合があります。削除するなどして断ち切ってしまえば、気持ちが楽になるでしょう。定期的な運動をはじめるにも最高にいい時期です。長期的に続けられる運動がいいので、激しい内容は避けて、家でできるくらいの運動や柔軟体操をしてみましょう。

1 金	■	夏の疲れが出たり、集中力が欠けてしまいそうな日。些細なことでイラッとしたら「疲れているのかも」と思って、深呼吸や、しっかり休憩をするようにしましょう。首や肩、目の周りを揉んでおくといいでしょう。
2 土	●	気になる人とデートをするには最高の日。新しい出会い運もあるので、人の集まりへ積極的に行くといいでしょう。ただし、気合を入れすぎて派手な服装になったり、厚化粧にならないよう気をつけること。品を忘れないことが大切。
3 日	△	遊ぶことで運気が上がる日。友人や気になる人を、イベントやライブ、映画に誘ってみるといいでしょう。何気ない話で盛り上がって、楽しい時間を過ごせそうです。一方で、小さなミスをしやすい日でもあるので気をつけて。
4 月	◎	同じことでも言い方を変えたり、伝えるタイミングを工夫するだけで、相手の受け取り方も変わるもの。自分の考えを通したいときは、これまでと違う表現や言葉遣いで伝えてみるとよさそうです。
5 火	☆	仕事運がいい日。誠意をもって仕事に取り組むことが大切です。その姿勢を見た人が高く評価してくれたり、いい結果にもつながりそう。自分で「今日は頑張った」と思えたら、ご褒美に買い物をするといいでしょう。
6 水	▽	問題なく仕事が進んでいるときほど、周囲でサポートしてくれる人や、準備をしたり、ほかの業務を進めてくれる人がいることを忘れないように。夕方以降は、あなたが誰かの支えになれるように努めましょう。
7 木	▼	「自分の考えや性格を理解してくれているはず」と期待すると、相手にイライラするだけ。家族や恋人、付き合いの長い人でも所詮は他人なので、あなたの本当の気持ちはわからないもの。「互いにわかり合っている」とも思わないで。
8 金	✕	人間関係で悩んだり、愚痴が出やすい運気。人と距離があいてしまっても、悲しむ前に相手にも事情があると思っておきましょう。陰口を言うと自分の心がすさむだけなので、前向きな話をするといいでしょう。
9 土	▲	季節に合わないものは、そろそろ片付けはじめましょう。大掃除をしたり、身の回りを一度スッキリさせれば、気分もよくなりそうです。昔の恋人からもらったものは、価値があっても処分すると、次の恋に進めるようになるでしょう。
10 日	○	季節に合った服を買ったり、イメチェンをするにはいい日。美容院や、これまで行ったことのないお店に足を運んでみるといいでしょう。新しい出会いや発見がある1日になりそうです。
11 月	○	「素早く判断する日」にしてみましょう。モタモタ悩まずにパパッと決めると、無駄な時間を削れて、ほかの役立つことに使えるようになるでしょう。パッと決めたことを、後悔しないようにしましょう。
12 火	□	今日は好きなことを極める努力をしたり、自分の気持ちにもっと素直になってみるといいでしょう。正しいと思うことを押しつけるのではなく、周りが笑顔になることや、みんなで楽しめるアイデアを提案してみましょう。
13 水	■	食事のバランスを考えてみるといい日。最近不足しているものがあると感じるなら、意識して食べましょう。とくに思い当たらないときは、旬の野菜や魚を選ぶといいでしょう。
14 木	●	あなたの魅力や才能が開花する日。いい決断や判断ができるので、自分の勘を信じて発言したり、行動してみましょう。好きな人には素直に気持ちを伝えると、いい返事が聞けそうです。
15 金	△	仕事の指示を聞いても、書類や企画書を読んでも、頭に入らなかったり理解に時間がかかってしまいそうな日。思ったよりも集中力が欠けてしまうので、ストレッチや軽い運動をして、頭をスッキリさせておきましょう。
16 土	◎	ただの友人と思っていた人から告白されたり、身近な人に好意を寄せられてしまいそうな日。一緒にいて楽だと思えるなら、付き合うといいでしょう。不慣れな店よりなじみのお店に行くと、ラッキーな出会いや出来事があるかも。
17 日	☆	買い物をするのに最高の日。長く使うものや、家電や家具を購入するといいでしょう。少額の投資をはじめるにもいいタイミング。ネットで調べてみて。
18 月	▽	午前中から頭の回転もよく、身軽に動けそう。大事な仕事や、少し面倒なことから先に手をつけておきましょう。夕方からは、周囲に振り回されたり、愚痴や不満を言いたくなることが起きそうです。
19 火	▼	情に流されたり、あなたの弱さが出てしまいそうな日。判断ミスをすることや、よかれと思った行動が、相手を甘やかすだけになってしまうことも。嫌われたくないからと、人に厳しくすることを恐れないようにしましょう。
20 水	✕	悪友や、発言や行動に疑問を感じる人と接触することがある日。強引な営業や、ネット販売での「安い、お得、いまだけ」にだまされないようにしましょう。今日は、予想以上に面倒なことに巻き込まれそうです。
21 木	▲	いい意味での諦めや、見切りをつけることが大切。完璧を求めるのはいいですが、時間をかけすぎるよりも、期限を守ることやスピードを重視するように。「こだわりを捨てることが必要な場合もある」と覚えておきましょう。
22 金	○	人にはいろいろな考えがあったり、状況によって判断が変わる場合があることを覚えておくこと。相手の見えない意図を、もっと想像してみるといいでしょう。新しいことを任される場合がありますが、前向きに受け止めるように。
23 土	○	ネットや雑誌で話題になっているお店やスポットに行ってみるといい日。流行っている理由を探すより、素直に楽しんだほうがいいでしょう。デートの口実にして、気になる人を誘ってみましょう。
24 日	□	買い物や部屋の片付けなどは、できるだけ午前中に済ませておきましょう。夕方までは遊びに出かけてもいいですが、夜はなるべく早めに帰って。ゆっくり湯船に浸かってすぐに寝るなど、次の日に疲れを残さない工夫が大切。
25 月	■	寝不足を感じたり、昨日の疲れが出やすい日。疲れていると、行動が雑になってしまます。操作ミスや失敗をして、やり直しに無駄な時間を費やすとさらに疲れるので、休憩時間はしっかり体を休ませましょう。
26 火	●	必要以上に謙虚にならないようにしましょう。お礼や挨拶はしっかりしつつ、謙虚になるのは気持ちだけでいいので、堂々と振る舞いましょう。自分をアピールするくらい強気で行動を。
27 水	△	ミスをしやすい日。自分の失敗を許してほしいと思うなら、他人の失敗に寛容になっておきましょう。世の中、失敗しない人はいません。まずは許して、相手の成長に期待して、再挑戦を待てばいいでしょう。
28 木	◎	朝から懐かしい曲を聴いてみることで、やる気になれそうな日。学生時代に耳にしていた曲や、いい恋をしていたときに聴いていた曲を選んでみるといいかも。いい思い出に浸ると、運気もよくなるでしょう。
29 金	☆	いい仕事やいい判断ができる日。遠慮しないで、自分を信じて思い切った行動に出てみましょう。後輩や部下に仕事を教えたり、伝えることも大事です。いい人脈ができる日でもあるので、交流を楽しんでみて。
30 土	▽	誘惑に負けそうな日。ダメだと思っても、食べすぎたり飲みすぎてしまいそうです。外出先で、不要なものを買いたくなるので気をつけましょう。友人や身内に失礼なことを言ってしまう場合もあるため要注意。

☆ 開運の日　◎ 幸運の日　● 解放の日　○ チャレンジの日　□ 健康管理の日　△ 準備の日　▽ ブレーキの日
■ リフレッシュの日　▲ 整理の日　✕ 裏運気の日　▼ 乱気の日　＝ 運気の影響がない日

2023 10月

■ リフレッシュの月

開運 **3** ヵ条

1. 相手の事を考え、言葉を選び意見する
2. しっかり仕事をして、しっかり休む
3. 動きやすい靴を買う

総合運 先のことを考えて発言して
疲れをためない工夫も大切

良くも悪くも来年に響く問題が浮き彫りになる時期。マイナスな出来事が起こるというよりも、前兆が見えたり、なんとなく後回しにしていた問題がそのままでは済まない感じになりそうです。自分の気持ちを素直に伝えるのはいいですが、先のことをよく考えて発言するようにしましょう。頑張りすぎてしまう時期でもあるので、疲れをためないようにする工夫も大切です。下旬からは、協力してくれる人が現れて助けてもらえそうです。

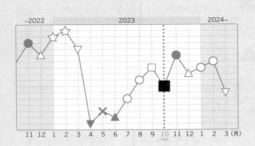

恋愛&結婚運

長く片思いをしているなら、今月中に気持ちを伝えてハッキリ結論を出すか、来月に話やデートができるようにしておきましょう。中途半端な関係だと思う人ほど気持ちを確認してみるといいですが、感情的になると関係が終わりに向かってしまいそうです。新しい出会い運は、下旬からは期待できるので、髪を切り、見た目を整えておくといいでしょう。結婚運は、下旬に話が進展しやすいため、それまで恋人の前では明るく振る舞っていましょう。

仕事運

求められることが増えて忙しくなりそうです。予定を詰め込みすぎたり頑張りすぎると、一気に疲れが出てしまうことも。体調を崩して、あなたの仕事を他の人がやることになり、迷惑をかけてしまう場合もあるので気をつけましょう。しっかり仕事をして、しっかり休めるよう上手に時間を使うといいでしょう。また、自分の仕事を周囲に教えたり、若い人の育成も忘れないように。下旬からは、さらに重要な仕事やポジションを任されそうです。

金運&買い物運

仕事の負担を軽くするアイテムや、動きやすい靴を購入するにはいい時期。マッサージや温泉旅行などに行くのもオススメです。ケチケチしないで久しぶりに贅沢な食事などをすると、ストレス発散になっていいでしょう。枕やパジャマを買い替えてみると、夜更かしするよりも寝るのが楽しくなるかも。ベッドや布団など大物を新しくするのもいいでしょう。投資は、下旬にいい流れになるので興味のあるものをはじめてみてもいいでしょう。

美容&健康運

体調に異変を感じた場合は、早めに病院で検査を受けたり、治療を開始するようにしましょう。そのままにしないで医師の言うことを素直に聞くことが大事です。不安なときは、セカンドオピニオンも受けるといいでしょう。特に問題のない人も、しっかり疲れをとっておくほうがいい時期なので、温泉やスパなどでのんびりする日を作るのがオススメです。下旬からは、エステやサロンで美意識に磨きをかけるといいでしょう。

開運のつぶやき 「感謝できない人」「感謝が足りない人」は何をやっても成功しない。

1
日
▼
ゆとりをもって行動することが大切な日。慌てると、ケガの原因になったり、忘れ物を家に取りに戻ることになるなど、面倒なことになってしまうでしょう。

2
月
✕
あいまいな返事や、適当な対応をしないよう注意が必要。あとで不運の原因になることがあるので、難しいと思うことはハッキリと断りましょう。強引な人に会ったときほど気をつけること。

3
火
▲
区切りをつけるにはいい日。ダラダラ続けている悪習慣をやめたいと思っているなら、今日で断ち切りましょう。間食やお酒、喫煙、ゲームアプリや動画視聴など、考えてみるとやめるべきことがたくさんありそうです。

4
水
＝
生活のリズムを変えるにはいい日。少し早く起きたり、朝から軽く体を動かしてみるといいでしょう。「毎日同じことの繰り返し」と思う人ほど、少しでもいいのでふだんと違うことをはじめてみましょう。

5
木
＝
お願いされることが増えて、忙しくなりそうな日。自分の用事は早めに片付けておくと、あとで困らなくて済みそうです。これまでとは違う仕事を依頼される可能性もありますが、求められることには素直に応えてみましょう。

6
金
□
目標よりも「目的」を考えて行動するといい日。目的を明確にすると、やるべきことや考え方も変わってくるでしょう。少しでも達成できたら、自分をほめるといいでしょう。

7
土
■
ゆっくり過ごすのはいいですが、気を抜きすぎてしまいそうです。うっかりケガをしたり、熱いものを食べて口のなかをやけどするようなことがあるかも。今日は、ていねいに落ち着いて行動するように心がけましょう。

8
日
●
複数の人から遊びに誘われたり、連絡が増える日。問題がなければ、みんなまとめて食事会をしたり、一緒に遊ぶといいでしょう。いい縁がつながることや、楽しいことがはじまる場合もありそうです。

9
月
△
遊びに行くにはいい日ですが、ドジなケガや忘れ物には気をつけましょう。失言もしやすいので、余計なことを言わないように注意すること。時間にもルーズにならないよう、予定をしっかり確認しましょう。

10
火
○
付き合いの長い人からの指摘は、大切に受け止めましょう。自分でも気づいていなかった雑な部分や、まだまだ努力が必要なところを教えてもらえそう。耳が痛いことを言ってくれる人への感謝を忘れないようにしましょう。

11
水
○
少しでも周囲の人が笑顔になるお手伝いをすると、思った以上に感謝されるでしょう。自分の仕事をしっかりこなしながらも、人の役に立つことを探してみると、いい日になりそうです。

12
木
▽
日中は、スムーズに仕事を進められたり、思ったよりもいい結果を残せそう。自分ひとりの力とは思わずに、周りの力や、支えてくれている存在があったことを忘れないようにしましょう。

13
金
▼
味方だと思っていた人から厳しいことを言われそうな日。甘えていると苦しい状況になるので、自分の責任をしっかりと果たすように。「裏切られた」と思う前に、自分が相手の期待に応えられていない場合もあると知っておきましょう。

14
土
✕
頭の回転が鈍い感じがしたり、勘が当たらない日。今日は、自分で決めずに周囲に合わせてみると、意外な発見や学べることを見つけられそう。あえて、ふだんとは逆をねらってみるのもいいかも。

15
日
▲
恋人がいる人は、ケンカや気まずい空気にならないよう要注意。思いや行動が空回りしやすく、あなたのやさしさが相手からは執着に感じられてしまうかも。自分の気持ちよりも、相手の気持ちをもっと考えて動きましょう。

16
月
＝
新しいことに目を向けると、人生は楽しくなるもの。街やお店は新しいものであふれています。周囲を観察してみると、物事がいろいろと変化していることに気がつけるでしょう。

17
火
＝
難しく感じることがある日ですが、困難があってこそ人生は楽しくなるもの。難しいことも難しくないと思えるくらい、自分を成長させましょう。とくに思い当たることがない場合は、本を購入して読みはじめましょう。

18
水
□
ダラダラするとのちに苦しくなるだけ。断れずに続けてしまっていることがストレスになっているなら、ハッキリと断りましょう。恋愛でも、浮気した恋人や、あなたを振り回す相手とは、ここで縁を切ってしまったほうがいいでしょう。

19
木
■
肌荒れや疲れを感じそうな日。今日は無理をしないで、ゆっくりする時間をつくっておきましょう。食べすぎないようにしたり、消化がよさそうな食事をとるのもオススメです。

20
金
●
大事な仕事を任されたり、求められることが増える日。すべてに応えられなくても、いまある力を出し切ってみることが大切です。全力で取り組むと、今後の課題がハッキリ見えてくるでしょう。

21
土
△
遊びに出かけるのはいいですが、調子に乗りすぎると足をひねって捻挫したり、歩きスマホで壁に激突するなど、ケガをしやすいので気をつけましょう。ドジな失敗が続いてしまうこともありそうです。

22
日
○
親友に会うといい日。何気ない話で爆笑できて、楽しい時間を過ごせそう。しばらく会っていない人を思い出したら、連絡してみるといいでしょう。お気に入りのお店で食事をするのもオススメです。

23
月
○
お金や時間、日付など、数字にこだわって1日を過ごすといいでしょう。会社の儲けや経費のことを考えたり、お小遣い帳や家計簿をつけてみるのもオススメです。お金に関する本を読んでみるのもいいでしょう。

24
火
▽
日中は、いい流れで仕事ができそうですが、夕方あたりから体調を崩したり、疲れやすくなることが。ランチはスタミナがつきそうなものを選ぶといいでしょう。ただし、食べすぎには注意すること。

25
水
▼
今日と明日は、体力的な無理は禁物です。油断していると体調を崩してしまうので、ゆっくりお風呂に入って、早めに寝るようにしましょう。日中は、ケガに気をつけて。

26
木
✕
思ったよりも疲れそうな日。ストレスになる人と一緒にいる時間が増えたり、頑張りが裏目に出て、心身ともに疲れてしまうことがありそう。疲労から気持ちに余裕がなくなって、感情的にならないように気をつけましょう。

27
金
▲
不要なものは持ち歩かないよう、カバンや財布のなかをきれいにしてから出かけること。職場や引き出しのなかにある使わないものも処分しておきましょう。今日は、散らかっていると思う場所をドンドン片付けるように。

28
土
＝
はじめて行く場所で、いい出会いがあったり、いい経験ができそうな日。好奇心の赴くままに行動してみましょう。おいしいとウワサのお店に行ってみるのもいいですが、予想外の行列で疲れてしまうことも。

29
日
＝
これまで聴いたことのないジャンルの音楽を楽しめたり、苦手と思い込んでいた映画にハマったりしそう。友人や知人が薦めてくれたものは、できるだけトライしましょう。

30
月
□
行動する前に、先のことを考えてから動くように。何を積み重ねると、のちの人生にプラスとなり勉強になるのか、少し思いをめぐらせてみましょう。それは正しい努力なのか、冷静に判断すること。

31
火
■
今月の疲れが出そうな日。目の下のクマや肌荒れなど、調子の悪い感じが出てしまうかも。ビタミン豊富な食事を選んだり、時間があるときは軽く体を動かしておくといいでしょう。

☆ 開運の日　◎ 幸運の日　● 解放の日　○ チャレンジの日　□ 健康管理の日　△ 準備の日　▽ ブレーキの日
■ リフレッシュの日　▲ 整理の日　✕ 裏運気の日　▼ 乱気の日　＝ 運気の影響がない日

11月 2023

● 解放の月

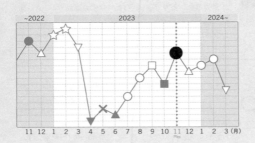

~2022 2023 2024~

11 12 1 2 3 4 5 6 7 8 9 10 11 12 1 2 3 (月)

開運 3 ヵ条

1. チャンスには臆せずに飛び込む
2. 好きな人の前では素直になる
3. 固定費を削る

総合運 思ってもみなかった方向から
チャンスがめぐってくるかも

思ってもみなかった方向からチャンスがめぐってきたり、予想外の場所で評価されてしまう時期。運気はいいですが、攻めから守りに流れが変わりはじめているときなので、現状を守る方向と思えるなら思いきって挑戦してみるといいでしょう。ただし今月の決断は「のちに苦労したり、学ぶべきことが増える」という覚悟が必要になるので、軽はずみに決めないほうがいいでしょう。変化をつけたければ引っ越しをしてみるといい切り替えになりそうです。

恋愛＆結婚運

年内最後のモテ期。好きな人には素直に気持ちを伝えましょう。ここでいい返事がなければ縁がないと諦めて、他の人を探したり、好意を寄せてくれている人と交際をはじめるといいでしょう。新しい出会い運もいいので、友人の集まりやパーティー、飲み会などには顔を出してみましょう。数年恋人がいないなら、大胆なイメチェンや環境を変えるのもオススメです。結婚運は、入籍には最高の月。交際期間が短くても一気に動いてみましょう。

仕事運

自分でも驚くような重要な仕事やポジションを任される時期。「荷が重い」などと思わずに、評価を素直に受け入れて頑張ってみるといいでしょう。ここ数年間で問題があると感じていることがあるなら、我慢せずに報告したり周囲と共有して、方向性や考え方の違いを調整することも大切です。予想外のチームに入ったり、人生が変わるきっかけになるようなこともありそう。これまで以上に本気で仕事に取り組むといいでしょう。

金運＆買い物運

固定費の見直しが必要な月。家賃を下げるための引っ越しや、不要なサブスクの解約、格安スマホへの乗り換えや保険料の見直しなど、お金の使い方をしっかりと考えましょう。服や靴などを購入するのもいいですが、今後のために積立預金をしたり、投資信託をはじめておくのもよさそうです。付き合いでの出費も多くなる時期。大事な縁がつながる可能性もあるので、新しい人に会うためのお金はケチケチしないように。

美容＆健康運

先月あたりから体調に異変を感じている場合は、きちんと検査を受けたり、人間ドックの予約をしておきましょう。特に問題のない人にとっては、今月から基礎体力作りや筋トレ、ダイエットをはじめるといいタイミングです。目標をしっかり決めてスタートするといいでしょう。美意識を高めるのはいいですが、今月はお金がかかる美容法に興味が湧いてしまうことが。収入に見合わない方法は負担が増えて、かえってストレスになるので気をつけましょう。

開運のつぶやき ▶ 正しい努力ほど楽しくて面白いものはない。

1 水	●	自分の得意なことで周囲を笑顔にできたり、実力以上の能力を発揮できる日。多少自信がなくても、求められたことには全力で応えてみると、いい結果につながりそうです。恋愛でもいい展開になるので、遠慮しないように。
2 木	△	無駄なことに時間をとられそうな日。ダラダラと仕事をしたり、同じミスを繰り返してしまうことが。気分転換や、しっかりと休憩をして、気持ちを入れ直すといいでしょう。
3 金	◎	デートには最適な日。気になる人を誘ったり、異性の友人に連絡してみるのもいいでしょう。なかなか進展のない相手でも、冗談まじりで「昨日、夢に出てきたよ(笑)」などとメッセージを送ってみると、いい関係に進めそう。
4 土	☆	買い物に出かけるには最高の日。欲しかったものを思い切って購入したり、衝動買いをしてもいいでしょう。気になるショップがあれば入ってみて。少し贅沢をするにもいい日です。
5 日	▽	あなたの魅力が輝く日。気になる人がいるなら、短時間でも会うようにしたり、ビデオ通話などで話してみるといいでしょう。夜は、時間が足りなくなったり、慌ただしくなってしまうかも。
6 月	▼	世の中は、自分の都合のいいようにはできていないもの。不機嫌になる出来事や、不都合な場面に遭遇してもヘコむ必要はありません。気分転換をしたり、前向きな話をすると、気持ちが楽になるでしょう。
7 火	×	悪いウワサや変な情報で心を乱されてしまいそうな日。ネットでも余計なことを調べないほうがいいでしょう。世の中、知らなくていいことはたくさんあるので、ためにならない動画なども見ないようにしましょう。
8 水	▲	軽はずみな行動が、面倒事を引き起こしてしまいやすい日。少しでも先のことを考えてから、発言や行動をするようにしましょう。時間があるときは、身の回りの整理整頓をしておくのがオススメです。
9 木	○	周囲の人のやさしさや、いい部分にあらためて気づけそうな日。やさしく接してくれる人には、あなたもやさしく親切にしましょう。ただし、執着すると振り回されることがあるので、距離感を間違えないように。
10 金	○	気になることを見つけたら、しっかり調べて、学んでみるといい日。自分の知識が浅いことや、勘違いしていたことに気づく場合もあるでしょう。自分とは違う考え方の人と話してみると、楽しめそうです。
11 土	□	思いっ切り遊ぶことが大切な日。遊びから多くのことを学べたり、自分の向き不向きが見えてくるでしょう。今日は、興味のあることに素直に挑戦してみましょう。気になる人がいるなら連絡してみて。
12 日	■	のんびりするのもいいですが、軽い運動をしたり、少し汗を流すのがオススメ。急なランニングよりも、散歩や柔軟体操をしてみるといいでしょう。夜は、うれしい知らせがあったり、いい縁がつながりそうです。
13 月	●	スムーズに物事が進み、周囲とも協力できて、充実した1日を送れそう。待っているだけでは運気のよさを活かせないので、積極的に行動し、周囲の役に立ちそうなことを率先して行うといいでしょう。
14 火	△	珍しいミスをしやすい日。小さなドジで済めばラッキーですが、あなたの確認ミスが大きな問題になる可能性もあります。数字や日付などのチェックは、しっかり行いましょう。
15 水	◎	重要な仕事を任せることや、ピンチヒッターとして呼ばれることがありそうです。急な展開になっても困惑しないで、いまできることに全力で取り組んでみて。いい結果や、のちの評価につながるでしょう。

16 木	☆	真剣に仕事に取り組むことで、流れを大きく変えられる日。面倒や、少し不満を感じていても、一生懸命やってみることが大切です。その姿を評価してくれたり、次のチャンスにつないでくれる人が現れそうです。
17 金	▽	日中はいい流れに乗れ、いいタイミングで物事を進められそうです。何事も周囲の協力のおかげだと忘れないようにしましょう。夕方以降は、マイナス面や嫌いな人に目がいってしまうかも。いい部分を見るように心がけましょう。
18 土	▼	急に人に会いたくなくなることや、ネガティブな発想になりやすい日。話題の映画を観たり、ゆっくり音楽を聴いたり、本を読む時間をつくってみるといいでしょう。少し贅沢なスイーツを食べるのもいいかも。
19 日	×	恩着せがましくすると、自分が苦しくなってしまうだけ。「こんなにやってあげたのに」などと思わないようにしましょう。逆に、いままで自分がどれだけ協力をしてもらってきたのかを思い出して、感謝と恩返しを忘れないこと。
20 月	▲	いつもよりゆったりと過ごせて「いい気分だな」などと思っていると、突然時間に追われたり、予定を1時間勘違いしていることなどがありそう。落ち着いているときほど、しっかり時間を確認しましょう。
21 火	○	苦手だと思っている人からも、学べることやおもしろい発見はあるもの。自分の不得意な部分や苦手なことが、相手の得意分野である場合もあるでしょう。知識や考え方の違いを前向きにとらえてみると、いい1日になりそうです。
22 水	○	これまで会ったことのないタイプの人と話をする機会があったり、いままでにない体験をできそうな日。何事もまずはおもしろがってみるといい発見があるでしょう。今日は、臆病になりすぎないように気をつけましょう。
23 木	□	勘が冴えて、いい判断ができる日。ピンときた場所に行ってみたり、気になるものや、気になる食事にお金を使ってみて。ふと思い浮かんだ相手に連絡してみると、デートができたり、いい関係になれそうです。
24 金	■	疲れから不機嫌になったり、元気が出ない感じになりそうな日。こまめな休憩や、目を休ませる時間をつくってみるといいでしょう。「うっかり」からの小さなケガにも気をつけましょう。
25 土	●	気になる人がいるなら、今日連絡して好意を伝えておきましょう。勢いで交際をスタートするにもいい日なので、勇気を出してみることが大事です。ここで進展がない人とは、縁が薄い可能性も。
26 日	△	うっかり約束を忘れていたり、目的のものを買い忘れたりと、自分でも笑ってしまうようなミスをしやすい日。遊びに出かけるのもいいですが、気を引き締めておくようにしましょう。
27 月	◎	疑問や不安があるなら、付き合いの長い人や親友に相談をしてみるといいでしょう。いい解決策やアドバイスをもらえそうです。しばらく連絡をしていなくても、遠慮しないように。
28 火	☆	後輩や部下、お世話になっている人に、些細なものでもいいので、ご馳走したりプレゼントをするといい日。最近お気に入りのお菓子やドリンクを買って、差し入れしてみるのもいいでしょう。
29 水	▽	午前中は、いい流れで仕事ができたり、頭の回転もよくなって、いい判断ができそう。ただし、夕方あたりからは臨機応変な対応ができなくなってしまうかも。余計なことを考えすぎないようにしましょう。
30 木	▼	面倒な人と衝突したり、余計な物事に神経を使うことになりそうな日。イライラしたりヘコんだりしないで、「世の中、都合の悪いことが起きるのは当然」と思うこと。「自分が成長すれば問題ない」と気持ちを切り替えましょう。

☆ 開運の日　◎ 幸運の日　● 解放の日　○ チャレンジの日　□ 健康管理の日　△ 準備の日　▽ ブレーキの日
■ リフレッシュの日　▲ 整理の日　× 裏運気の日　▼ 乱気の日　＝ 運気の影響がない日

12月

2023

△ 準備の月

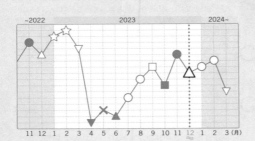

~2022　2023　2024~

11 12 1 2 3 4 5 6 7 8 9 10 11 12 1 2 3 (月)

開運 **3** カ条

1. 現状維持を楽しむ
2. 誘惑に負けない
3. 今月使っていい金額を先に決める

総合運　できるだけ現状維持に努めて
失言や遅刻には要注意

軽はずみな判断が今後の人生を乱す可能性もある時期。家族や身近な人の言葉に振り回される場合も。できるだけ現状維持に努めて、今の環境や状況への感謝を忘れないようにしましょう。調子に乗った行動も慎むこと。何事も楽しむことで視野が広がってくるので、遊ぶ時間を増やしたり、先に遊びの予定を立てておくとよさそうです。失言や遅刻、大失態をする可能性もあるため、時間をよく確認し、些細な約束もしっかり守るようにしましょう。

恋愛＆結婚運

恋人がいる人は、楽しくデートできたり遊ぶ時間が増えそうですが、相手を喜ばせるサプライズが大切になるでしょう。新しい出会い運は、ノリの合う人はいても真剣な交際相手にはふさわしくないかも。すでに出会っている人の中から探すほうがいいでしょう。先月あたりからいい関係になっている相手がいるなら遊びに誘ってみましょう。結婚運は、月末に話を進められる流れに。新年の挨拶がてら、正月にお互いの両親に会う計画を立ててみましょう。

仕事運

周囲のおかげでいい結果を出せたり、ラッキーな評価を受けられそうな時期。ただし、調子に乗っていると厳しい指摘を受けることがあるでしょう。やる気を失ったり、誘惑に負けて転職や離職をしたくなる場合もありそうですが、自ら判断するタイミングではないので軽はずみな決断はしないように。遅刻や確認ミスなど、信用を落としかねない雑な行動をとってしまうこともあるので、責任感を持って仕事に取り組むようにしましょう。

金運＆買い物運

せっかく節約をしていても、今月は余計な出費が増えたり、浮かれてお金を使いすぎてしまうことがあるので気をつけましょう。「なんであんなものを買ったんだろう？」と後悔することもありそうです。特に衝動買いは失敗する可能性が高いので注意すること。1か月に使う金額を事前に決めておくといいでしょう。投資も判断ミスをしやすいので、無理をしないように。少額のつみたてNISAくらいならいいでしょう。

美容＆健康運

うっかりからのケガや、遊びすぎての肌荒れ、暴飲暴食で体形を崩してしまうようなことがあるので注意しましょう。飲みすぎて痛い思いをすることもあるかも。楽しみながらダイエットや運動をするのはいいので、軽いスポーツやダンス、カラオケでパワーを使うのがオススメ。美意識を高めるのはいいですが、エステなどへの浪費や、不要な契約をして後悔するようなことが起きやすいので用心しましょう。

開運のつぶやき　望みが少ないということは幸福な証。

1 金	✕	周囲の言葉に惑わされそうな日。愚痴や不満、マイナスな話が不安の原因になりやすいので、余計なことは言わないようにしましょう。
2 土	▲	大掃除をするにはいい日。不要なものは早めに処分したり、いつもはあまり掃除をしないところもきれいにしましょう。温泉やスパに行って、日ごろの疲れをとることも大事です。
3 日	=	気になることには素直になってみるといいでしょう。自ら調べてみたり、足を運んでみると、おもしろい発見やいい体験ができそうです。ただし、ドジなケガや、慌てて忘れ物などをしないよう気をつけて。
4 月	=	ほかの人のアイデアや意見を聞いてみるといい日。自分とは違う考え方や発想を知ることで、いいアイデアにつながったり、ものの見方を変えるきっかけになりそうです。
5 火	□	余計な言葉が出てしまいそうな日。しっかり言葉を選んで、品のない表現をしないように気をつけましょう。悪意がなくても、相手を小馬鹿にするような言い方は、いつか自分を苦しめる原因になるでしょう。
6 水	■	目の疲れを感じたり、目の前のことに集中できない感じがする。体調に問題がなくても、無理をすると夜にドッと疲れが出てしまうことが、今日は、ハイペースで仕事をしないようにしましょう。
7 木	●	頑張りが評価されたり、いい結果を残せそう。自分よりも頑張っている人や、才能のある人を、素直にほめたり認めるようにするといいでしょう。若い人に、少しでもチャンスや道をつくってあげましょう。
8 金	△	乗せ上手な人にうまく転がされそうな日。半分は冗談やウソだと思うような言葉で、つい気分がよくなってしまいそう。楽しく過ごすのはいいですが、無謀な行動や決断には気をつけましょう。
9 土	○	親友に会っておくといい日。しばらく会えていなかった人に連絡してみると、タイミングよく再会でき、いい話ができそうです。思った以上に楽しい時間を過ごすこともできるので、気になるお店や場所に行ってみましょう。
10 日	○	クリスマスプレゼントや、年末年始に使いそうなものを購入するといい日。お世話になった人にはお歳暮を贈っておくといいでしょう。年賀状の準備も忘れずに。
11 月	▽	日中は、いい判断ができ、何事にも前向きに取り組めそうです。ただし、夕方あたりからは、甘い言葉や誘惑に負けやすくなるでしょう。異性に気持ちを振り回されることもありそうなので気をつけて。
12 火	▼	同じような失敗を繰り返して人に迷惑をかけたり、いままでやってきたことを投げ出したくなってしまいそうな日。周囲からどう思われているかを気にしすぎたり、物事をマイナスに考えすぎないように。
13 水	✕	期待外れな出来事が多くてガッカリしそうですが、あなたも周囲の期待に応えられなくて、ガッカリさせている場合があるので気をつけましょう。何事も最善をつくし、相手の気持ちを考えて行動するように。
14 木	▲	身の回りに、置きっぱなしで使っていないものや、もう読まなそうな本があるなら、一気に片付けるようにしましょう。何年前からあるのかわからないようなものは、すべて処分してもいいでしょう。
15 金	=	気になることを調べるのはいいですが、どうでもいいものを見て、無駄な時間を過ごしてしまいそう。スマホは手の届かないところに置いて、余計な情報を得ないようにしましょう。

16 土	=	興味のあるイベントやライブなどを見つけたら、即行動してみるといいでしょう。気になったお店に入ってみると、いい商品や、おいしそうなものを見つけられそうです。
17 日	□	年末年始の遊びの計画を立てるにはいい日。家族や友人、恋人に予定を聞いてみるといいでしょう。恋人とは、親に挨拶に行く流れをつくってみるといいかも。直接会えない場合は、オンラインを活用するのもオススメ。
18 月	■	寝不足を感じるときは注意が必要。段差で転んでケガをしたり、何かにぶつかって痛い思いをするかも。紙で指を切ることなどもありそうです。今日は、慎重にていねいに行動するよう心がけておくこと。
19 火	●	視線を感じたり、異性からちやほやされそうな日。勢いで誘ってみるのもいいですが、今月出会った人とは、遊びで終わることや、短い縁になる場合が多いと覚悟しておきましょう。
20 水	△	忘れ物や連絡ミスなど、ふだんしないようなミスが増えてしまいそう。前向きな失敗ではないので、叱られる場合もあるでしょう。確認を怠らないように気をつけて過ごしましょう。
21 木	○	冒険よりも、安定を目指したほうがいい日。気になることを見つけても、今日はまだ、手を出さないほうがよさそうです。仕事では、自分の得意なことを活かして周囲を手助けするといいでしょう。
22 金	○	余計な出費が増えそうな日。誘惑に負けて、不要なものをネットで買ってしまうことがあるかも。勢いで買わないで、一度冷静に考えるようにしましょう。仕事でも、数字や時間、儲けにこだわって取り組むといいでしょう。
23 土	▽	午前中は、いい流れで物事が進みそう。大事な用事や手間のかかることは、先に終わらせてしまうのがオススメ。年賀状を書くなど、年末年始に向けた準備も済ませておきましょう。
24 日	▼	今年のクリスマスイブは、過度に期待するとガッカリしそうなので気をつけましょう。小さな幸せに目を向けたり、現状に満足すると楽しく過ごせそう。マイナスに思えるときほど、プラス面を探すようにしましょう。
25 月	✕	外出してから忘れ物に気づき、焦って取りに戻って遅刻するようなことがありそう。大事な用事をすっかり忘れている場合もあるので、気をつけましょう。スケジュールをしっかり確認しておくこと。
26 火	▲	余計なことを考えすぎてしまう日。目の前の物事に集中するためにも、気が散るものはそばに置かないこと。整理整頓も忘れないようにしましょう。
27 水	=	新しい体験や経験ができそうな日。何事もおもしろがって挑戦してみると、いい話のネタになったり、周りも楽しんでくれそうです。今日は、未経験のことを自ら探してみるといいでしょう。
28 木	=	「できない」と勝手に諦める前に、「何事も続けてみないとわからないものだ」と思って気楽にはじめてみるといいでしょう。気になる本を読んでみたり、長編ドラマを見はじめるのもオススメです。
29 金	□	忘年会を主催してみるといい日。「飲みましょう」と口約束で終わっている人に連絡すると、いい縁がつながりそうです。ただし、飲みすぎたり、長時間になりやすいので、先に終わりの時間を決めておきましょう。
30 土	■	油断していると風邪をひいたり、体調を崩してしまいそう。急に「筋トレしよう」などと思い立つのはいいですが、張り切りすぎて筋肉痛や肉離れになることもあるので気をつけましょう。何事もほどほどにしておくように。
31 日	●	1年の最後に、ラッキーな出会いがあったり、いい縁がつながりそう。カウントダウン・ライブやイベントに行ってみるといいかも。友人の集まりに参加すると、素敵な出会いがありそうです。

☆ 開運の日　☆ 幸運の日　● 解放の日　○ チャレンジの日　□ 健康管理の日　△ 準備の日　▽ ブレーキの日
■ リフレッシュの日　▲ 整理の日　✕ 裏運気の日　▼ 乱気の日　= 運気の影響がない日

金 の カメレオン座

持っている星

★ 学習能力が高い星
★ 視野が広い星
★ 現実的な星
★ 理屈好きな星
★ 根は優柔不断な星
★ 周囲の人に似る星
★ 真似が上手な星
★ お金が好きな星

12年周期の運気グラフ

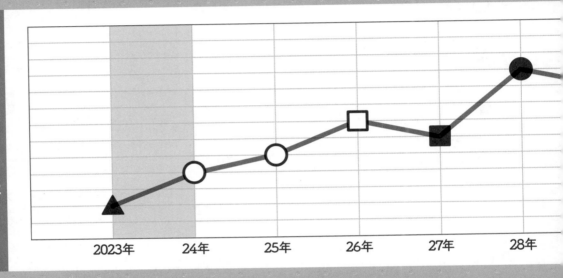

2023年　24年　25年　26年　27年　28年

＼ 金のカメレオン座はこんな人 ／

基本の総合運

冷静で真面目に自己分析や状況判断ができる頭のいい人。デキる人をしっかり観察し学習することでその人の能力を自分のモノにするような、マネが非常に上手な人。困ったときは、周囲の人を観察したり、一流の人、憧れの人をしっかり見たりすることが大事。逆に、基本的なことをマネせずに、オリジナルの方法をとったり、個性をむき出しにしたりするとうまくいかなくなってしまいます。若いときほどしっかり勉強して何事もマネをして吸収するように努めるといいでしょう。

基本の恋愛＆結婚運

選びすぎや考えすぎで、恋の流れに乗り遅れてしまうタイプ。理想や現実を考えるのはいいですが、考えても行動できないまま恋のチャンスを逃したり、いざチャンスが巡ってきても優柔不断になってしまうことも。恋愛上手な人のマネをしたつもりが遊ばれて終わってしまう場合も多そう。お金のない人には興味がないという本音が結婚で強く出てくるので恋愛相手と結婚相手のタイプが極端に変わることも多いでしょう。結婚後は古風な考えが強く出て、いい家庭を作るように努めるでしょう。

基本の仕事＆金運

仕事は下積みや基本的なやり方、マニュアルがしっかりあり、少し堅めの職種に就くといいでしょう。コツをつかめば多くの仕事で能力を活かせますが、収入面の不満が出たり、見習う人が周囲にいないとやる気を失ってしまったりするところがあるでしょう。手先が器用なので技術職や専門職でも才能を活かせそうです。金運は、心配性なので、計画的な貯金や積立なども苦痛ではないでしょう。価値のあるものに出費をするぶん、ややマニアックなものを集めたり、突然高価な買い物をしたりすることもあるでしょう。

「金のカメレオン座」の2023年は、「整理の年」。2024 〜 2025年と、運気は徐々に上昇していくため、今年のうちに不要なことを手放しましょう。たとえるなら、これからはじまる山登りに必要な持ち物を厳選し、上昇運に乗るために身軽になろうとしているところ。重荷になっている人間関係の整理も必要です。2028年の飛躍、2030 〜 2031年の運気の伸びにも影響するので、2023年は自分の身の回りをよく見直してください。

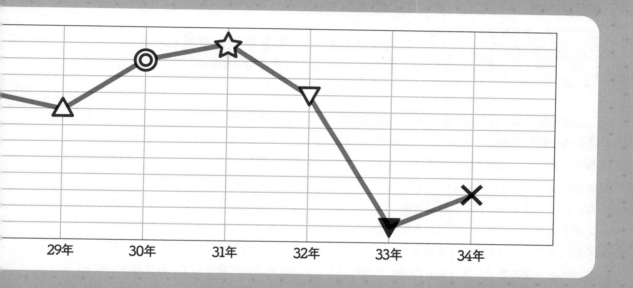

| | 29年 | 30年 | 31年 | 32年 | 33年 | 34年 |

年の運気の概要

● 解放の年
プレッシャーや嫌なこと、相性の悪いことから解放されて気が楽になり、才能や魅力が輝きはじめる年。

△ 準備の年
遊ぶことで運気の流れがよくなる年。些細なミスが増える時期でもあるので、何事も準備を怠らないことが大事。

▲ 整理の年
前半は、人間関係や不要なものの整理が必要。後半は、チャレンジして人脈を広げることが大事です。

☆ 開運の年
過去の努力や積み重ねが評価される最高の年。積極的な行動が大事で、新たなスタートを切ると幸運が続きます。

○ チャレンジの年
「新しい」と感じることに挑戦をして体験や経験を増やすことが大事な年。過去の出来事に縛られないこと。

▽ ブレーキの年
「前半は攻め、後半は守り」と入れ替わる年。前半は行動力と決断力が大事。後半は、貯金と現状維持を。

✕ 裏運気の年
自分の思いとは真逆に出る年。予想外なことや学ぶべきことが多く、成長できるきっかけをつかめます。

◎ 幸運の年
前半は、忙しくも充実した時間が増え、経験を活かすことで幸運をつかめる年。後半は新たな挑戦が必要です。

□ 健康管理の年
前半は、覚悟を決めて行動し、今後の目標を定める必要がある年。後半は、健康に注意が必要です。

■ リフレッシュの年
求められることが増え慌ただしくなる年。体を休ませたり、ゆっくりしたりする時間をつくることが大切。

▼ 乱気の年
決断に不向きな年。流されながら、求められることに応えることが大事。体調を崩しやすいため、無理は避けて。

2023年の運気

2023年開運 3ヵ条

1. 身の回りの整理整頓をする
2. 人間関係を整理する
3. 情報を集める

ラッキーカラー 濃いグリーン　ブラウン
ラッキーフード 炊き込みご飯　甘納豆　**ラッキースポット** 老舗の旅館　ハイキングのできる山

総合運

前進するために執着を手放し身軽になる年
下半期は将来に向かう準備期間に

「整理の年」は上半期と下半期で運気の流れが大きく変わります。昨年の「裏運気の年」の影響で人間関係や健康が乱れた人は、特に年内の処理が必要。ソリの合わない人や協力してくれない人とは縁を切ったり、距離をあけるようにしましょう。逆に助けてくれた人や親切にしてくれた人のことは大事にしましょう。ここでズルズルと「金のカメレオン座」の優柔不断なクセが出てしまうと2024年以降の前進する流れに乗れなくなるかもしれません。ここ1〜2年の浅いつきあいで「この人から学べることはない」と思った人とは離れる決断をしましょう。

下半期に入るとゆっくりですが、前向きな気持ちが生まれてきます。興味のあることを調べる時間が増え、周囲からも良い情報が入ってくるでしょう。ただ、この時期はすぐに動く気持ちになれないかもしれません。そのときは信頼できる人に相談に乗ってもらったり、2024年に引っ越しや転職をするための貯金をするなどしっかり準備をしておきましょう。

今年は、良くない縁や不要な荷物を下ろせば早ければ年末には次のステージに進むことができる運気です。いつまでも幼稚な趣味を続けた

り、年齢に見合わない服装をしないように気をつけましょう。愚痴や不満だけを言っている友人や、無駄な借金やDV、浮気や不倫をしている恋人と縁を切らずに執着していると、後の人生までもが台無しになるかもしれません。

今年は「なにごともしっかり整理をする」と覚悟を決めて過ごしてください。時間があるときはマメに掃除をして、断捨離をするといいでしょう。物ばかりではなく、不要な契約や人間関係の整理が最も必要になります。今年はドンドン縁を切っても前進できるので、後悔するどころか「2023年に縁を切って良かった」と思えるはずです。本当に大切な縁は自然と戻ってくるので、まずは身軽になることを優先させるといいでしょう。

新年は、年内に縁を切るべき人との関わりやトラブルが増える時期。1〜2月に面倒なことを引き起こす人や物は、長い付き合いがあったり気に入っている物でも離れる覚悟や処分が必要です。できれば3月にすっぱり縁を切ったり、大掃除をしてドンドン片付けるといいでしょう。簡単に決断ができなければ、半年かけて距離をあけ、1年後には繋がりのないようにす

ることも一つの方法です。この時期に特に問題のなかった人でも、上半期中に「こんな人だった？」「この仕事どうなの？」と違和感を覚える出来事が起きはじめ、8月と10月には「切り替えなければいけない」と目を覚ますこともあるでしょう。ただ、9月は判断ミスをして大事な縁まで切ってしまったり、必要な物を手放してしまうことがあるので気分で判断するのは避けるように。

　問題は、新年早々に体調を崩したり、体調不良の原因がわかっていながらそのままにすることです。仕事のプレッシャーやサービス残業のせいで体調に異変を感じたり、原因不明の湿疹などが出ている場合は、その仕事を辞める覚悟や、限界まで続けないようにする判断をしましょう。特に2021年の「乱気の年」や2022年の「裏運気の年」に、仕事の内容や人間関係が変わった人ほど問題が見えてきそうです。7月に体調の異変でその問題に気がつく人もいるでしょう。限界を感じる場合は問題を手放し、押し切られそうになってもハッキリ断るようにしましょう。これまでお世話になった人だとしても無理なものは無理だと言える勇気が大切です。上半期に「縁を切りたい人はいない」と思っていたとしても、8月辺りから考え方や生き方が合わなくなる人が出てくるかもしれません。その場合は12月までにゆっくり距離をあけるといいでしょう。自分と合わないと感じる考えや生き方は、素直に手放してください。また、不要なプライドを持っている人ほど傷ついたり苦しく感じる出来事もありそうです。もし傷ついたときには、「不要なプライドを手放す」と開き直りましょう。

　10〜11月には2024年に繋がる大事な出来事や良い出会いがあり、視野が広がります。この時期はできるだけフットワークを軽くして、習い事を始めたり、年上の人や地道な努力を続けている人、一つのことを極めている人に会ってみましょう。良い刺激を受けられて、一歩前に進むきっかけを掴めそうです。未体験や未経験のことに足を運んでおきましょう。

　2023年は何を手放して何を残すべきか、真剣に考えることが大切です。この判断を間違うと、後の運気の良い流れに乗れなくなったり、苦労が続く要因になるでしょう。特に、2021年の「乱気の年」や2022年の「裏運気の年」に手に入れた幸運は、張りぼての幸せなので執着せずに手放しましょう。この期間に仲良くなった人とは短い縁で終わったほうがいいですが、簡単には縁が切れないような状況になってしまった時は、今年1年かけて距離があくと考えておくといいでしょう。数年後には「あの時あの人と仲良かったな〜」と思い出すくらいの距離感になるでしょう。一番大切なのは成功に執着しないこと。過去の成功をいつまでも自慢している人は人生の大切さを本気で知らない人だけです。「インターハイに出た」「○○大学に入った」「賞を取った」「仕事で成功した」など過去の全ては通過点だと思って区切りを付けましょう。「学生時代モテた」と言う人は今後一生モテないと思っていいほど言ってはいけない言葉だと覚えておきましょう。

　また、2023年の上半期は新しいことに挑戦するにはまだ早い時期。地盤が固まっていない土地の上に家を建てても、その家は傾くだけです。上半期は、現状を維持しながらも周囲をしっかり観察して自己分析をすることが重要。昨年までに自分の弱点や欠点がある程度見えていると思うので、至らない点はしっかり認めて、今後の課題をどうクリアすべきか考えましょう。自分の得意なことが何かも見えてくる年でもあるので、10〜11月には行動を起こしたり、勉強を始めてみるのもいいでしょう。

　今年は、自然とあなたのもとを離れる人もい

ますが、そこで引き留めると互いに良い流れに乗れなくなります。去る者は追わないようにしましょう。また、あなたの身代わりになって壊れる物も多くなりそうです。もし食器や身の回りの家電が壊れてしまったときは、不運を肩代わりしてくれたと思って潔く諦めると無駄な時間を使わなくて済むでしょう。

年配の身内がいる方は早い段階で精密検査をしてもらうと大事を避けられる場合があります。もし思い浮かぶ人がいるなら早めに伝えておきましょう。場合によっては別れが訪れる可能性も高いので覚悟しておくことも大切です。

2023年はゆっくりですが、あなた本来の考え方や生き方に戻り、10～12月は次のステージに上がりスタートできる運気です。この時期に不要な荷物を背負っていると、両手一杯になって、次に必要な荷物も手に入れられなくなります。全てを手放しても空っぽになるわけではないので、手放すことに臆病にならないように。身についていることや手放してはいけないものは、自然と見えてくるでしょう。まずは執着しない、不要なプライドは捨てる、去る者は追わないことが大切です。

自然と去るものもありますが、それ以上に自分の判断で手放しておくことも大切。身の回りに何年も置きっぱなしの物や年齢に見合わないキャラクター物、アイドルのグッズ、おもちゃやゲームなどは一度しまいましょう。年齢よりも少し上に見せるものを身につけると道が開けてくるでしょう。また、あなたの背中を押してくれる人との出会いもあります。年上の人との出会いを大切にしたり、気になる習い事を始めてみるといいでしょう。別れたり離れたりすることに対して優柔不断にならず、少しでも悩んだ時は手放すことにして、人生の断捨離をするくらい身軽になっておくといいでしょう。なかなか自分で判断ができない場合は、転職や引っ越しなど思い切った環境の変化に向けて、10月から動いてみると良さそうです。現状に不満があって文句や愚痴が多い人ほど、趣味や不要な物の購入をやめて引っ越しのために貯金をすると人生が大きく変わり始めるでしょう。

今年の判断が2024年に大きく響いてきます。不要な荷物を背負ったままでは2024年の「チャレンジの年」に前に進めなくなってしまったり出遅れてしまい、学べることや吸収できるチャンスを逃す原因になってしまうこともあります。ここ数年で、これまでとは違った感覚で物事を考える力が身についたと思いますが、何を積み重ねることが今後の人生に必要なのか、どうすると明るい未来に繋がるのかいろいろ考えてみるといいでしょう。また、今年は考え方をアップデートするにもいいタイミングなので、自分の固定観念を崩すためにも若い人と話をして、今の考え方や新たな発想を取り入れてみるといいでしょう。抵抗を感じる時は「自分がダメ、古い」ではなく「そんな考え方もあるんだな」とゆっくり飲み込むようにしてください。そのためにも言葉遣いを変えてみるといいでしょう。優しい言葉遣いを意識してみたり、ポジティブな発言を心がけてください。また、昨年辺りから自分と人を比べなくなった人でも、下半期になると人と比べて自分を見失うことがありそうです。「人は人、自分は自分」を心がけるようにしましょう。

「整理の年」の今年はいろいろ手放すことになります。それでもここ数年で忍耐強くなり、どんな時もポジティブに考えるなど大切なことを学んできたと思います。2021年の「乱気の年」と2022年の「裏運気の年」の2年間を乗り越えられた自分に自信を持ちましょう。しばらく運気の乱れもなく、弱点や欠点が出てくることもないので、「これからは運気が上がる」と前向きに考えるようにしましょう。

あらゆる執着をやめて、諦めることができると、前に進み始めることができる。

恋愛運

必要な縁がはっきり見えてくる「整理の年」
8月、11月、12月中旬は好みの人が現れるかも

交際期間の短いカップルほど、今年は別れる確率が高そうです。ここで縁が切れてしまう人は、そもそも相性が悪かったり出会いのタイミングが微妙な相手の可能性が高いので、去る者は追わないだけでなく、あなたから別れを切り出してもいい運気。相手の浮気や金銭感覚、借金、交友関係、ＤＶなど人には言えないような悩みや不安を抱えているなら、3月にはきっぱり縁を切ってしまったほうが気持ちが楽になり次に進めそうです。

相性が悪い人、出会ったタイミングが悪い人と付き合っていた場合、相手の態度にガッカリしたり、急に恋が冷めてしまうこともあるでしょう。「この人ではない」と確信を持てるなら年末までに別れを自ら切り出してください。いざというときに「本当に別れていいの？」と突っ込まれて決心が鈍ったり、謝られたからといって許してしまうと問題が長引いてしまいます。既に結婚や同棲をしている場合は、最長で5年はこの問題を引きずって、最終的に別れることになるので、ダメだと思った時の決断は早くするようにしましょう。許す気持ちは大切ですが、その場合はしっかり条件を出し、守れなかったら即別れる約束をしておきましょう。また、あなたの心の隙もできやすいため、逆に縁を切られる場合もあるので気をつけてください。

新しい出会い運は、8月、11〜12月中旬なら、本来の好みに近い人が現れる可能性が高くなります。大人っぽい服装や髪型に早い段階でイメチェンをしたり、新しい趣味を始めておくといいでしょう。繋がりが強い運気ではないですが、下半期になると新しい出会いが増え、本来の好みに戻ってくるので気になる人も自然と増えてきそうです。

「整理の年」の恋愛運は、相手に望むポイントの整理も必要。「外見が良く、収入が安定して、優しくて、次男でマンションを持っていて、デートが最高にいい」など、理想を描くのは良いですが、その理想の相手が自分に見合っているのか冷静に判断するのも大切です。良くも悪くも諦めるポイントや妥協すべきところは決めておくといいでしょう。ここ1〜2年恋から離れていた人ほど、許せるポイントが増え、ストライクゾーンが広がってきていることにも気がつけそうです。これまで「年下は絶対にない」と思い込んでいた人ほど、「少し年下でもOK」に変わってくることもあるので、異性を改めて見直してみたり、自分の気持ちを確認してみるなどして、心を整理してみましょう。

今年の出会いや新たな恋人が、結婚に繋がるなどの長い付き合いになる確率は低め。ただ、本来「運命の人を一本釣りする」ことは難しいもの。恋愛も自転車と同じで突然乗れるようなものではなく、練習が必要です。その点今年はいい意味で別れやすく、執着もされにくい運気なので、恋愛から遠のいている人でも、勇気を出して飛び込んでみるといいでしょう。良い勉強になったり、恋や交際をするコツを掴めそう。相手のことをじっくり観察したり条件を考えることも大切ですが、恋愛には度胸と勇気が必要。6月、8月、11月は自分の気持ちに素直になるといい時期なので、素直に気持ちを相手に伝えてみましょう。告白をしたことのない人も、勇気を出して思いを打ち明けると、一歩成長できるでしょう。

開運のつぶやき ▶ 😎 どんな時でも「明るく生きよう」と覚悟している人に、必ず幸運はやってくるもの。

結婚運

「独身を手放す」という意味ではいいタイミング
交際期間が3年半以上のカップルは入籍の可能性

交際期間が3年半以上のカップルの場合は、今年入籍する可能性が十分あります。「整理の年」は一つ区切りがつきやすく、「独身を手放す」という意味ではいいタイミングといえそう。ただし入籍は早くても8月、できれば10〜11月がいいでしょう。思い出に残る日や記念日があれば、その近辺で互いの運気の良い日を調べて婚姻届けを出したり、正式な婚約を家族や身内に発表してみるのがよさそうです。

特に2021年の「乱気の年」や2022年の「裏運気の年」にケンカなどの問題を乗り越えたカップルは、相性以上に強い愛情があるので今後大きな問題があっても乗り越えられるでしょう。ただ、別れたり付き合ったりを繰り返し、ダラダラ付き合っているうちになんとなく2023年を迎えたようなカップルは、縁がない可能性が高そう。思い切って別れて次を探したほうが後のトラブルを避けられるでしょう。

今は恋人はいないけど結婚を望んでいるという人は、上半期に断捨離をしたり、生き方や考え方を大きく変える必要があるでしょう。特に本気で結婚をしたいなら相手に多くを望まないことが大事。現実的で考える力が強い「金のカメレオン座」は様子を見すぎてしまい、勢いで前に進むことができません。もしも身近にいる異性の知人や友人に、「金／銀の鳳凰座」で、過去に一度でも告白されたり、好意を寄せられたことがあるという人がいるなら、6月、8月辺りに思い切って連絡をしてみると10月から交際して年末までにスピード結婚をする可能性はあります。ポイントはこのタイプと交際する時に「年内に結婚する前提で」を伝えておくことです。鳳凰座の覚悟が決まると進展は早いで

すが、いざというときにあなたが優柔不断にならないように気をつけましょう。

ここ1〜2年、恋愛から遠のいて結婚どころではないと思っている人や半分諦めてしまっている人も、今年の下半期からは意識が変わってくるでしょう。恋愛や結婚を前向きに考えるようになったり、結婚の理想や相手に求めることもゆっくり変化してきそうです。まずは、新しい趣味を見つけて、これまでとは違うグループを作ってみましょう。自分がどんなことが楽しくて面白いのか周囲に話しておくことも大切です。たとえば、「美味しいお店が好き」というだけでなく、「美味しい焼き肉が好き」「美味しい焼き鳥が好き」というように、詳しく具体的に話しておくといいでしょう。そうすると、周囲から良い情報が入ったり「一緒に行きませんか？」と誘われやすくもなります。映画などでも「ＳＦが好き」とジャンルをあげたり、音楽なら「ミスチルが好き」とアーティスト名もしっかり言うことが大事。「そんなに詳しくない」と思うなら今年からでいいので気になる作品を見たり、関心が薄くても「最近ゴルフが面白そうで」などと言うといい仲間もできるでしょう。そこで恋愛相手を探すのではなく、最初から結婚にふさわしいと思える人を探してみましょう。派手な人よりも少しくらい地味でも技術を持っている人や、職人や芸術的才能を活かした仕事を根気強く続けている人との相性がいいので、今はまだまだだとしても将来性があると思える人を見つけましょう。理想や完璧さを求めてばかりいると競争率が激しく、今の運気ではうまくいかない可能性が高いか、時間の無駄になってしまうので気をつけましょう。

仕事運

仕事の向き不向きが見えてきそう
完璧を目指すよりも、最善を尽くして

今年は急な辞令や異動、転勤などがありそうな運気。上半期は流れに身を任せたほうが良いので、無理にあらがったり、希望を通そうとしないほうが良いでしょう。離職や転職を考えてしまいそうですが、上半期は運気的にもまだタイミングが早いので夏のボーナスまでは様子を見ておくほうが良さそうです。どうしても次にやりたいことがあって動き出したい場合は、8月からスタートするのがいいので、それまでは忍耐力を鍛える時期だと思って辛抱してください。転職するなら、8月、10月、11月の決断がいいでしょう。ただ、体調を崩したり、家庭の事情など自分ではどうすることもできない場合は、仕事を変えたり次の道に進んでもいいでしょう。

上半期の1〜2月は、仕事のストレスが溜まったり、不要なトラブルに巻き込まれたり、これまでの頑張りが白紙に戻されるような出来事がありそう。3月には限界を感じて離職を考えるようになるかもしれません。しかし、その判断は後悔につながるので気をつけましょう。付き合いが長い人に相談したり、悩みや不安を話せる友人に語ることで、気持ちが楽になったり、違う考え方を取り入れられそうです。

また、今年は信頼していた上司や先輩、仲が良かった同期や後輩と、相手の出世や異動、家庭の事情などで離れ、さみしい思いや残念な気持ちになることもありそうです。それでも縁のある人はまたいつか繋がったり、一緒に仕事をすることもあるので明るく見送っておきましょう。上司の考えや会社の方向性が変わって、やるべき仕事も変化するかもしれません。上半期は重荷に感じそうですが、下半期になると苦しさも薄まって、乗り越えられる力が身につきそうです。

2023年は、裏運気からゆっくり本来の運気に戻ってくる年。現在の仕事が自分に合っているのか不向きな仕事をしているのかも見えてくるでしょう。自分でも仕事や職場が好きになれず、周囲からも「他の仕事のほうが良いのでは？」と言われるなら、いい意味で区切りになるので、次の仕事を探す準備をしておきましょう。しかし、なかなか結果が出ず、職場が好きになれなかったとしても、今の仕事に本気で取り組めるというならそのまま続けてみると、必ずいい結果に繋がるでしょう。2022年（「裏運気の年」）と今年は、仕事に向かう気持ちが途切れやすく、違う仕事に目がいってしまいがちです。そんな中でも続けたいと思う気持ちが強いなら、現在の立場や状況が微妙でもいずれ天職といわれる仕事になる可能性があります。「金のカメレオン座」は本音や夢を簡単に語るタイプではないですが、信頼できる先輩や仲のいい人に相談をしたり、話を聞いてくれる人に語ってみてもいいでしょう。肩の力の抜き方や、前向きな言葉を発することで気持ちが楽になることを教えてもらえそうです。

仕事や職場の不満を探すよりも、仕事があることに感謝しましょう。完璧を目指すよりも、できないことや不慣れを認めて、至らない点はゆっくりでもいいから克服しようと考えて、前向きに仕事に取り組んでください。そして何よりも目の前の仕事に本気で取り組んで最善を尽くせば、見てくれている人や評価してくれる人が必ず現れて、次の道に導いてくれるでしょう。投げ出したり逃げる前に今やるべきことをしっかり行っておきましょう。

開運のつぶやき 👓 結果や数字を気にする前に、全力で最善を尽くすこと。

買い物・金運

不要な固定費を削ってみて 大きなお金が動くときは慎重に

2023年は収入面のアップを期待するより、不要な固定費を少しでも削るといい時期。思ったほど使っていないアプリなどのサブスクや保険の見直し、格安スマホへの乗り換えなど、知ってはいるけれど試していない節約プランがあるなら、ゆっくり1年かけてもいいので試してみてください。特に家賃が高く引っ越したいのに、お金がなくてできない場合は、2024年の4〜5月に引っ越しすることを目標にしましょう。それまでは給料の1割を引っ越し費用として貯金するといいでしょう。

また、今年は断捨離をするといい運気ですが、ただ処分するだけではもったいないので、メルカリなどのフリマアプリで売ってみるといいでしょう。思っているよりも簡単に売れたり、意外な収入につながりそうです。

今年は、長く使う物や高価な物の購入や決断には不向きな運気でもあります。情報を集めるだけならいいですが、決断は2024年の4月以降にしましょう。「欲しい」と思っても、いったん我慢してみると、本当は欲しくなかったことに気づけて無駄な出費も抑えられそうです。ただ、どうしても必要な物がある場合は、運気の良い☆（開運の日）、◎（幸運の日）の日に購入するといいでしょう。この習慣を身につければ、自然とお金も貯まっていきます。

今年は、物をよく壊したりなくしてしまうことも多く、注意が必要です。お気に入りの食器を割ってしまったり、スマホを落として画面を割ってしまうなど、ガッカリするような出来事も増えますが、「自分の身代わりに壊れてくれた」「不運が消化された」と思うようにしましょう。ただ2月、3月、9月は、財布や鍵といった重要なものをなくしてしまうおそれがあるので、落とし物やなくし物に十分気をつけましょう。

車の運転をする人も、慣れているからと油断しているとドアをこすったりぶつけてしまったりして、修理にお金がかかることもありそう。不注意による無駄な出費は、気をつけておけば避けられるものです。特にこの1年は、いつも以上に慎重に行動しましょう。

「金のカメレオン座」は金銭感覚がしっかりしている人が多く、自然と節約を心がけるでしょう。ただ、ある一定の金額を超えるような大きな出費になると、突然金銭感覚が雑になってそれまでの節約が無駄になってしまう傾向も。大きなお金が動くときには、慎重になりましょう。また、今年の上半期に不要な物をドンドン処分してみると「こんなにいらないものに囲まれていた」と気づけそう。欲しいものがあっても「どうせゴミになるんだ」と思うようになるので、その後のお金の使い方も変わってきます。特に年齢に見合わないような物を購入しないように冷静に判断しましょう。

また、ポイ活やスマホ決済など、若い人が自然にやっていることを避けないように。今年は古い考えを捨てるタイミングでもあるので、試しにポイ活を始めてみたり、クーポンや割引をいろいろ使ってみるといいでしょう。思った以上に簡単にポイントがたまったり、ポイント運用でうまくいくことも多いので多少の手間でもやっておきましょう。投資をするなら、少額のつみたてNISAから始めましょう。金額を増やしたり投資信託にするなら2024年から本格的にスタートするといいでしょう。

開運のつぶやき ▶ 🎭 常に真剣に楽しむことができる人に幸運はやってくる。

美容・健康運

生活習慣を改善し健康になれる年
不健康な生活と贅肉に別れを告げて

今年は、生活習慣を改善するにはいいタイミング。不摂生だと気がつきながら「明日からやめる」と言ってズルズルつづけている悪習慣を年内にやめることが大事です。特に、間食や甘いジュースなどは不要な出費にもつながるし、健康面でもいいことはないので、できれば3月にはきっぱりやめるといいでしょう。簡単にできないという人でも8月までには健康的な生活を意識するようにしましょう。また、今年はダイエットに最高の運気。不要な贅肉を落としやすいので、軽い運動やストレッチを始めたり、歩く距離を増やしておくといいでしょう。まずは15分早く起きてベッドの上でストレッチをしたり、歯磨きをしながらスクワットやかかとを上げる運動を始めるといいでしょう。また、「金のカメレオン座」は周囲の人に似てくるので、スポーツジムに行くなどして、体を絞っている人と同じ空間にいるようにすると、自然に痩せてきたり似たような体型になります。もし周囲に理想的な体型ではない人が多い場合は少し距離をあけて、理想の体型の人と一緒にいる時間を増やせば、ゆっくり思い通りの体に近づいてくるでしょう。憧れのスタイルのモデルや芸能人の写真などを飾ってみるのも効果がありそうです。

健康面では、2021年の「乱気の年」や2022年の「裏運気の年」に体調を一度でも大きく崩したり病気になった人は今年は問題が発覚する確率は低いですが、この2年間で問題がなかった人は、早めに人間ドックに行って検査を受けるといいでしょう。特に目の病気が出やすいので、要注意です。視力低下、ドライアイ、老眼、白内障、緑内障のほか、結膜炎やものもら

いになることもあるので、目に異変があるときはできるだけ早めに眼科に行くようにしましょう。コンタクトレンズを使っている人は雑に扱わず、手をしっかり洗ったり普段よりも丁寧に扱うようにしてください。

「金のカメレオン座」は、基礎体力が低下しやすいタイプです。今年の下半期からは、短時間でもいいので有酸素運動をする習慣を身につけたり、基礎体力作りを行うようにしましょう。ただ、ハードな運動は怪我や継続できない原因にもなります。無理のない程度に行ったり、スタイルを良くするつもりで行うといいので、「ダイエットがてらの体力作り」を意識してみてください。スタイルが良くなったり、ご褒美に似合う服を探しておくと頑張るパワーにもなりそうです。

今年は、マメな掃除が運気アップにもつながるので、掃除をするときは一生懸命きれいにしましょう。拭き掃除も汗を流すくらい本気で取り組めば、運動にもなるし一石二鳥です。毎日掃除する時間があるといいですが、難しい場合は、曜日を決めて部屋をドンドンきれいにしましょう。今年は、押し入れの中の掃除や窓などの拭き掃除を頑張ってみるといいでしょう。

仕事でのストレスも多い時期なので、ネガティブな言葉や愚痴を口に出してしまいそう。なるべく意識して前向きな言葉やポジティブな言葉を発したり、沢山笑う機会を作っておきましょう。また、支えてくれる周囲の人に感謝して、人の長所を見つけたら、積極的に褒めるようにしましょう。そうすれば自然と味方も集まって、ストレスも消えていきます。まずは言葉遣いを変えることから始めましょう。

開運のつぶやき ▶ 🕶 不運の多くは己の言葉から始まっている。

親子・家族運

家庭内のトラブルや問題に一区切り
家族に感謝し、適切な距離で向き合って

この1～2年で起きていた家庭の問題に一区切りが付く年。3～4年前までは夫婦関係や家族関係に何の問題もなかったのに、2021年の「乱気の年」や2022年の「裏運気の年」に健康問題や、介護や仕事でのトラブル、中には不倫や借金問題、暴言、ＤＶなどに巻き込まれて悩みや不安を抱えた人もいるでしょう。今年はそういった悩みが解決したり、解決の糸口が掴めるようになるでしょう。全てが思い通りに良い結果につながるわけではありませんが、良くも悪くも縁が切れて終わる運気を迎えます。

夫婦関係は、問題が既に起きている場合は年内に決着は付きますが、相手に謝罪の気持ちがあるなら、あなたの理屈で責めたり「私がこんなに頑張っているのに」と恩着せがましくならないようにしましょう。そもそも手の込んだことや手間のかかることなどは、わざわざ家族のためにやっていたというよりも、幼少のころから好きでやっているだけ。下半期になってくるとそのことにも気づけるようになるでしょう。特に問題のない夫婦は、一緒に掃除をする時間を作るといいでしょう。相手の物を「これは価値がないからいらない」と勝手に処分するとケンカの原因になるので、片付けるなら事前に聞くようにしましょう。それでも片付けない場合は、見えないところにしまうなどの工夫をしましょう。

お子さんとの関係で問題があった人も、今年は解決に向かったり、いい距離感を保てるようになりそう。お子さんの成長もありますが、あなたも本来の運気の流れに戻ってくるので冷静に対応できそうです。ただ、理論や理屈で考えすぎたり、ネットの情報や子育てマニュアル本に振り回されないようにしてください。それよりも自分の得意な料理を教えたり、DIYを一緒に楽しんでみると良い関係になりそうです。夏休みに一緒に工作や料理を楽しむ時間を作ってみたり、家族の誕生日にはみんなで手作りケーキを焼いたりすると、思った以上に盛り上がっていい恒例イベントにもなりそうです。

両親との関係では、互いに健康面の心配があります。年配の祖父母がいる場合は、健康診断や人間ドックに早めに行ってもらうと大きな病気が事前に防げることもありますが、高齢の方との別れが訪れる運気でもあるので覚悟をする必要もあるでしょう。特に高齢ではなく、健康面でも問題がない場合は、日頃の感謝を手紙にして送ったり、年賀状に気持ちを込めたメッセージを書くといいでしょう。時間があれば手の込んだ手料理をご馳走するといいでしょう。

家族関係で抱えていた悩みやトラブルも、今年で一つ区切りを付けられたり、いい意味で諦めがついたり、ほどよい距離感を取ることができそうです。残念な結果になる場合もありますが、ここで縁が切れてしまう人とはそもそも相性が悪かったり、出会いや入籍のタイミングが悪かったといえます。結果的に今年判断したことは良い方向に進み、気持ちも楽になるでしょう。「家族とは」「親子とは」と古い考えを押しつけすぎたり、家族のためと思いながら自分の考えだけが正しいと思わないようにしてください。大切なのは、許す気持ち、そして過度な期待をせず「これくらいでいいのかな」とホドホドの現状に満足すること。家族への感謝の気持ちを忘れないようにして過ごすようにしましょう。

開運のつぶやき ▶ 😎 感謝や恩がわかるようになると一歩成長する。

年代別 アドバイス

世代が違えば、悩みも変わります。
日々を前向きに過ごすためのアドバイスです。

年代別アドバイス 10代
ここ1〜2年の友人関係が切れてしまったり、喧嘩をして関係が悪くなってしまうことがありますが、縁がない人とは離れる時期なので気にしないようにしましょう。また、身の回りにある幼稚な物は片付けて目に付かないところにしまっておくといいでしょう。洋服も年齢より少し上に見えるものを選ぶとよさそう。年上の友達や知り合いを作って遊ぶようにすると、良い勉強になったり、楽しい世界を知るきっかけになりそうです。

年代別アドバイス 20代
必要な別れを経験して成長できる年。辛い別れだったり、気持ちの切り替えが必要になることもありますが、心身共に鍛えられて一歩大人になれるでしょう。時には自ら別れを切り出して、自分のやりたいことや明るい未来に向かって走り出す決断も大切。そのためにも上半期は情報をしっかり集めて、動くべき時に動けるようにお金を貯めておくと良いでしょう。身の回りにあるものを少し大人っぽい物に買い換えるのも良いでしょう。

年代別アドバイス 30代
交友関係が大きく変わってくる年。この1年でこれまで仲の良かった人と距離があいて、年末からはこれまでとは違うタイプの人との関わりが増えてくるでしょう。今のあなたと見合わない人とは距離があいてくるので執着はしないように。年々理屈っぽくなってしまうので、言葉選びに気をつけたり、柔らかい伝え方などを学んでおくと良いでしょう。若い人と話をしたり、年下の友人を作っておくと役立つ情報を入手できるでしょう。

年代別アドバイス 40代
年齢に見合った美を追求するといい年。若く見せようとしたり、無理に若い人に合わせようとしないで、年相応の美しさを目指すと良いでしょう。そのためにもしっかり運動をして、健康的な体作りをするようにしましょう。交友関係が狭くなったり、仲の良かった人と離れたり、今年から付き合うタイプも変化が始まります。ただ、趣味や考え方が合う新たな人が現れ始めるので、これまでの友人と離れることに躊躇しないようにしましょう。

年代別アドバイス 50代
体力作りをしっかり行うためにも生活習慣や食事のバランスを整えたり、睡眠時間をこれまでより30分でも長くできるようにすると良いでしょう。基礎体力作りの運動をする時間を作るために、TVを観る時間を減らしたり、趣味の時間を少し削ると良いでしょう。昔の写真などをデジタル化して保存したり、本をKindleなどで読むようにするなど、これまでなんとなく避けていたことにも挑戦しておくと良いでしょう。

年代別アドバイス 60代以上
良い思い出がある物はそのままにして大丈夫ですが、マイナスの思い出や特に思い出のないものはドンドン処分するようにしましょう。1年掛けるくらいゆっくりでも良いので身の回りをスッキリさせて、何年も置きっぱなしで手を付けていない物をチェックしておきましょう。今年は、「少しの時間でも会いたい」と思った人には連絡をして、顔を見て懐かしい話をしたり、思い出話をすると気持ちもスッキリするでしょう。

命数別2023年の運勢

古風な頑張り屋

【命数】
41

基本性格

大人っぽく冷静な感じに見えますが、サッパリとした性格で根性がある人。ただし突っ込まれると弱く、心配性な部分を隠し持っています。女性は美人なのに色気のない人が多いでしょう。知的で、他人をマネすることでその能力を開花させられるタイプですが、意地を張りすぎてマネを避けてしまうと、才能を発揮できない場合があります。友情や仲間をとても大事にするため、長い付き合いの友人がいるでしょう。

持っている星

★友情を大切にする星
★同級生を好きになる星
★突っ込まれると弱い星
★タフな星
★みんなと同じものを購入する星

開運3カ条
1. 意地を張りすぎない
2. 仲間に執着しない
3. 学生時代の思い出の品は片付ける

2023年の総合運

人間関係が大きく変わってくる年。友人と思っていた人と些細なことでケンカをし、謝れずにそのまま疎遠になってしまうこともありそう。素直に負けを認めたり、知らないことは「知らない」と言えるようにすることが大切です。学生時代の思い出や友人に執着していると、のちに幸運を逃す原因になるので、新たないい思い出をつくるために動き出したり、情報を集めてみるといいでしょう。

2023年の恋愛&結婚運

ここ1、2年で不向きな恋をしていたり、これまでとは違ったタイプの人を好きになって交際していた人ほど、急に気持ちが冷めて、相手が自分の好みではないことに気がついてしまいそう。ケンカも増え、謝らないところや自分の考えだけを押しつけようとするところを出すと、縁が切れてしまうでしょう。新しい出会い運は、下半期に新しい趣味や習い事をはじめると、気になる人や、のちにいい相手を紹介してくれる人に出会えそうです。結婚運は、交際期間が長い親友のような相手なら話を進められそう。

2023年の仕事&金運

仲間との別れやチームの解散がある年。一緒に頑張っていた同期や同僚、仲のよかった先輩や面倒を見ていた後輩と、転職や離職、異動などによって離れることになってしまいそう。ガッカリしてやる気が出なくなる期間もありますが、年末には、目標となる人を見つけられることや、頑張っている人からパワーをもらえることがありそうです。努力を重ねて結果を出している人に会ったり、話を聞いてみたりするといいでしょう。金運は、周囲につられて買ったものや、ノリで契約したものの処分や解約をするように。

ラッキーカラー オレンジ ピンク **ラッキーフード** 納豆巻き トマトサラダ **ラッキースポット** 公園 書店

要領がいい高校3年生

【命数】
42

基本性格

古風な考えをしっかりと理解でき、無駄が嫌いで合理的な人。派手に見えて古風か、知的に見えて根はやんちゃかの2パターンに分かれるでしょう。どちらにせよ、表面的に見せている部分と内面は大きく違います。自我が強く、自分に都合の悪い話にはほぼ耳を貸しません。他人の話の要点だけ聞くのがうまく、頭の回転はかなり速いのですが、実は心配性。マネと要領のよさを活かすことで人生を渡り歩けますが、先走りすぎるクセに要注意。

持っている星

★学習能力が高い星
★高級なものを持つといい星
★優柔不断な星
★健康マニアな星
★向上心がある人を好きになる星

開運3カ条
1. ライブやイベント、旅行に行く計画を立てる
2. 素直に謝る
3. 悪友や刺激的な交友関係は整理する

2023年の総合運

「金のカメレオン座」のなかでも判断のスピードが早いタイプ。今年は考え方や気持ちを切り替えられたり、次に挑戦したいことを見つけられる運気です。ただし、ゴールを見ずに突っ走って失敗することもあるので、実際に動き出すのは、10月以降にしたほうがいいでしょう。気になるイベントやライブ、旅行先を見つけたらお金を貯めて、できるだけ行くようにすると、やる気も出てきそうです。今年は、人との縁を切りすぎてしまうこともあるので気をつけましょう。

2023年の恋愛&結婚運

交際期間が短い相手ほど突然気持ちが冷めてしまい、あなたから別れを告げることになりそうです。片思いの恋でも「なんでこんな人に盛り上がっていたんだろう」と我に返ることがあるかも。この1年で本来の好みが戻ってくるため、恋する相手も変わってくるでしょう。新しい出会いは、ライブやイベント、オフ会などで見つけられそうですが、刺激を求めすぎると危険な恋や不倫に走りやすいので要注意。結婚運は、「結婚生活もひとつの刺激」と考えられると、前に進めそうです。

2023年の仕事&金運

突然の離職や、無職になってから転職活動をするようなせっかちな行動に走りやすい年。急に辞めるのではなく、まずは次に何をするか考えたり、自分の能力をうまく活かせる仕事を探すようにしましょう。安定した仕事よりも、変化が多かったり、人にたくさん会う職種を選んでみると、長く続けられそうです。現在の職場に留まる場合も、年末にはやる気になれるポジションや仕事を任せられるかも。金運は、ライブや旅行に行くために貯金しておくといいでしょう。

ラッキーカラー ブラック カーキ **ラッキーフード** 寿司 りんご **ラッキースポット** 動物園 避暑地

さらに細かく自分と相手が理解できる！
生まれ持った命数別に2023年の運気を解説します。

【命数】43 明るい大人

基本性格

明るく元気で陽気な性格でありながら、知的で古風な考えをしっかり持っているタイプ。愛嬌があり美意識も高いので、自然と人気を集め、交友関係も広くなります。普段はかなり冷静ですが、空腹になると機嫌が悪くなり、思考停止することが。サービス精神旺盛なところは長所ですが、そのぶん口が悪くなったり、余計な話をしてしまったりすることも。人間関係においては、バカなふりをしていることが多いでしょう。

持っている星
★楽しませることがうまい星
★グルメな星
★地道な努力が苦手な星
★ダンスをすると痩せる星
★愛嬌のある人を好きになる星

開運3カ条
1. 愚痴を言わず、前向きな話をする
2. 冷蔵庫のなかをきれいにする
3. ダンスや定期的な運動をする

2023年の総合運
上半期は些細なことにイライラするなど、短気になりやすい時期。下半期に入ると、楽観的に物事を考えられるようになったり、サービス精神も出てくるでしょう。また、楽しいと思っていた交友関係が、今年から大きく変わってきそうです。健康運は、ここ1、2年で体重を少し落とせた人は、上半期にもうひと頑張りしてみるといいでしょう。秋あたりから急に太りやすくなるので気をつけて。健康維持のために、ダンスやヨガをはじめてみるのもオススメです。

2023年の恋愛＆結婚運
仕事もプライベートも安定しない時期なので、不機嫌が顔や態度に漏れて、自ら恋のチャンスを遠ざけてしまいそうです。上半期は、不平不満が口に出て、せっかくいい関係に進みそうな人とも縁が切れてしまうかも。下半期は、明るく元気なフリをしていると素敵な人とお近づきになれそうです。ただし、余計な一言や、ワガママな言動で、チャンスを逃さないよう気をつけること。結婚運は、先に妊娠して突然話が進む場合がありそうです。

2023年の仕事＆金運
仕事の愚痴や不満が増えてしまう時期。まずは仕事があることに感謝したり、弱点や欠点など、自分の至らないところをきちんと認めるようにしましょう。上半期は辞めたい気持ちが強くなりそうですが、下半期に入ると自然に収まってくるでしょう。仕事のおもしろさに気づけたり、周囲の人間関係に助けられることも。金運は、上半期に浪費癖がつくことがあるので、「給料の1割以上は貯金する」と決めておくといいでしょう。

ラッキーカラー レッド　淡いパープル　**ラッキーフード** ねぎま　たまねぎサラダ　**ラッキースポット** 植物園　動物園

【命数】44 勘がいい頭脳派

基本性格

頭の回転が速くおしゃべりで、常に一言多いタイプ。マネがうまく、コツをつかむのが上手で何事にも冷静に対応できます。ただ、空腹や睡眠不足になると短気になるクセがあるので、注意が必要です。物事をいろいろな角度から考えますが、最後は勘でなんでも決めてしまうタイプ。おしゃべりなので、攻めが強い感じに見られますが、突っ込まれると弱いところがあり、守りが手薄な部分があるでしょう。

持っている星
★表現が豊かな星
★サプライズに弱い星
★毒舌家な星
★スタミナ不足になる星
★勘で買い物をする星

開運3カ条
1. 自分が言われて嫌なことは言わない
2. 感謝を伝える
3. 定期的に筋トレをする

2023年の総合運
上半期はまだ勘が冴えず、判断ミスや気分に振り回されることがありそう。疲れているときにうっかり余計なことを言って、ケンカになったり、人間関係が壊れてしまう場合も。今年縁が切れる人とは、「もともと相性が合わない人だった」と思って諦めましょう。健康運は、ストレス発散も兼ねて長く続きそうなスポーツやウォーキングをはじめるといいです。下半期あたりから一気にダイエットや肉体改造の成果が表れそうです。

2023年の恋愛＆結婚運
恋人と口ゲンカで別れたり、イライラした態度を出しすぎているとフラれてしまう年。自分をつねに上機嫌に保つには、心身ともに成長が必要だと知れそうです。下半期になると、あなた本来の好みが戻ってくるため、ここ数年の「裏の時期」に仲がよかった人と縁が切れたり、突然興味が薄れてしまうことも。相手に求めることも増えそうですが、期待するのはほどほどにしておきましょう。結婚運は、気分で判断すると失敗しやすいので気をつけましょう。

2023年の仕事＆金運
自分に合っていないと思う仕事から離れることがあったり、ソリの合わない上司と縁が切れたりしそうな年。仲がよかったメンバーと別れることになる場合もありそうです。ただ、あなたにとって必要な別れになるので、前向きに受け止めましょう。職場でのポジションが変わって、ストレスを感じることもありますが、ここでの異動や環境の変化は、のちの成長につながります。金運は、浪費が加速しやすい時期なので、勢いで購入せず計画的にお金を使うようにしましょう。

ラッキーカラー スカイグレー　クリーム色　**ラッキーフード** すき焼き　オニオンスープ　**ラッキースポット** 海　市場

ラッキーカラー、フード、スポットはプレゼントやデート、遊ぶときの口実に使ってみて　429

マネが上手な商売人

【命数】
45

基本性格

知的で都会的なおしゃれを心がける、情報収集と段取りがしっかりできる人。古風な考えをしっかり持ち、知的好奇心がありながら根はお調子者で、損得勘定で物事を判断するタイプ。じっくり情報を集めすぎて時間がかかったり、突っ込まれるととても弱くなってしまったりする優柔不断な性格でもあります。マネが上手で、「これは得になる」と思ったら、じっくりと観察して自分のものにする能力も高いでしょう。

持っている星
- ★計画的に物事を進める星
- ★おしゃれな人が好きな星
- ★損得勘定で判断する星
- ★過労になりやすい星
- ★買い物が大好きな星

開運3ヵ条
1. 小さな損を気にしない
2. 勢いで決断しない
3. マイナスな状況でもプラス面を探す

2023年の総合運
上半期は損な役回りを引き受けることになったり、忍耐が必要な状況が続きそう。「損している」と思わずに、学べることやプラス面を探すようにしましょう。忍耐力や精神力も身につけられそうです。身の回りにある不要なものは処分するように。もったいないからと売ってお金にするのもいいですが、後輩や友人で価値のわかる人や必要としている人に譲ると、さらにいい関係になれそうです。お酒の席での大失敗や失言をしやすいので、飲みすぎには気をつけること。

2023年の恋愛&結婚運
昨年から今年の上半期までは、やさしく真面目な人との縁が強くなりますが、下半期になると相手の真面目さをつまらなく感じたり、華やかな人に目がいくようになりそうです。中身のない人や、薄っぺらい人に引っかかりやすくもなるので注意。周りからの意見も大切にしましょう。結婚運は、昨年計画していた場合は、2024年に延期するなど、少しようすを見たほうがいいでしょう。

2023年の仕事&金運
頑張っていたポジションを替えられてしまうなど、仕事の流れが大きく変化する年。上半期は、断れない仕事を任されたり、不向きでもやらざるを得ない状況が続きそうですが、下半期に入るとゆっくり流れが変わってくるでしょう。年末には、計画通りに物事が動きはじめ、気持ちが楽になる出来事もありそうです。金運は、金銭トラブルに巻き込まれることがあるので、お金の貸し借りは避け、安易な儲け話にも簡単に乗らないようにしましょう。

ラッキーカラー ホワイト　パープル　**ラッキーフード** たこ焼き　キウイ　**ラッキースポット** 書店　水族館

真面目で現実的な人

【命数】
46

基本性格

落ち着いてじっくりと物事を進める、静かで真面目な人。几帳面で地道にコツコツ積み重ね、石橋を叩いて渡るような性格です。親切でやさしく、他人に上手に合わせることができ、守りの要となる人でもあります。ただ、自信や勇気がなく、なかなか行動できずに待ちすぎてしまうところも。計画を立てて行動するのが好きですが、冒険心やチャレンジ精神は低め。真面目さがコンプレックスになり、ときどき無謀な行動に走ることもあるでしょう。

持っている星
- ★几帳面な星
- ★結婚をすぐに考える星
- ★心配性の星
- ★瞬発力のない星
- ★価値にこだわる星

開運3ヵ条
1. 情に流されない
2. 断るときはハッキリ言う
3. ケチケチしないで捨てる

2023年の総合運
我慢していた人間関係の縁を切るには最高の年。自ら別れを告げるのが苦手で、離れる勇気がなかなか出ないタイプですが、あなたのことを利用するだけの人や、ワガママに付き合わされてばかりだと感じる人とは距離をおきましょう。ときには、引っ越しをしてでも離れたほうがいいでしょう。勇気を出すことで気持ちが一気に楽になります。許すことは大切ですが、すでに何度か許している人なら、「ここが潮時」だと思っておきましょう。

2023年の恋愛&結婚運
恋人の浮気を許していたり、あなたばかり我慢している状況なら、年内に別れを切り出すといいでしょう。恋愛は我慢するものではありません。あなたのやさしさに甘えて、ワガママが過ぎるような人とは縁を切ってしまいましょう。上半期は危険な異性が近づいてくるので、しっかり相手を見て、条件がよすぎる人ほど注意すること。結婚運は、3年以上交際していて、ここ1、2年に何も問題がなかったカップルなら、話を進めてもよさそうです。

2023年の仕事&金運
「仕事を押しつけられている」と思うなら、ハッキリ断ることが大切。相手のことを考えすぎて、自分が苦しくなってしまうなら、断る勇気を出しましょう。そして、収入面を気にするよりも、自分の意見をしっかり伝えることが重要です。異動願を出したり、下半期には転職するのもいいでしょう。金運は、ケチケチしていると今後の運気に影響するので、「もったいない」と言って、いつまでも同じものを使わないように。使わないものもドンドン処分して、身軽になりましょう。

ラッキーカラー 藤色　イエロー　**ラッキーフード** たこのカルパッチョ　納豆ご飯　**ラッキースポット** スパ　動物園

正義感のあるリーダー

【命数】
47

基本性格

正義感があり、パワフルなリーダータイプ。自分が正しいと思ったことにはまっすぐに突き進みますが、ややおっちょこちょいなところがあるため、先走ってしまうことも多いでしょう。知性的で、情報をしっかり集められる冷静さがありますが、おだてにとても弱い人です。古風な考えを持ち、上下関係をとても大事にするため、ほかの人にも自分と同じようなふるまいを求める部分があります。また、後輩には厳しいことも多いでしょう。

持っている星

★上下関係を大切にする星
★乗せられて買ってしまう星
★人と衝突しやすい星
★腰痛の星
★ほめられると好きになる星

開運3カ条
1. 動く前に情報を集める
2. ていねいに行動する
3. 年下や後輩と仲よくする

2023年の総合運

環境を変えたくなったり、行動したくなる運気。ただし、間違った情報や思い込みのせいで不要な苦労をする可能性があるので、決断や行動をするのは8月までようすを見てからのほうがいいでしょう。また、先輩や後輩との縁も切れやすい時期。とくに、仲のよかった人やお世話になっていた人ほど離れてしまいそうですが、相性のいい人や縁のある人とは、数年後に再会することになるでしょう。11月に「これだ！」と思えることが見つかったときは、即行動に移してみて。

2023年の恋愛&結婚運

積極的になるのはいいですが、進展を焦って空回りしたり、相手の答えを待てず、勝手に諦めて恋を終わらせてしまいそうな年。「自分の考えが正しい」と思い込んで押しつけていると、相手に逃げられてしまいます。相手の考えを認め、受け入れてみるといいでしょう。恋のターゲットの年齢幅も広がってくるので、「この年齢はないな」と決めつけすぎないように。結婚運は、押し切るなら計画をしっかり立ててからにしたほうがいいでしょう。

2023年の仕事&金運

突然離職したり、転職に走ってしまいそうな年。動くのはいいですが、上半期は後先考えない決断をしやすいので、次の仕事や、自分が本当にやりたいことを見つけてから行動するようにしましょう。おだてられて感情的な判断をしないよう、十分注意しておくこと。頼りにしていた人と離れることや、相手の事情で縁が切れてしまうケースもありそうです。金運は、故障や修理で出費が増えてしまいそう。機械やスマホはていねいに扱いましょう。

ラッキーカラー ベージュ ピンク **ラッキーフード** 焼きそば トマトスープ **ラッキースポット** 公園 書店

清潔感のある大人

【命数】
48

基本性格

上品で知的な雰囲気を持った大人。繊細で臆病なところはありますが、常識をきちんと守り、礼儀やマナーもしっかりしている人です。学習能力が高く、不慣れなことや苦手なことはほかから学んで吸収する能力に長けています。ただ、臆病すぎる部分があり、慎重になりすぎてチャンスを逃したり、順番を待ちすぎたりすることもあるでしょう。手堅く守りが強そうですが、優柔不断で突っ込まれると途端に弱くなってしまいます。

持っている星

★常識をしっかり守る星
★安心できる人が好きな星
★臆病になりすぎる星
★緊張しやすい星
★割り勘が好きな星

開運3カ条
1. チェックを細かくしすぎない
2. 相手を許す気持ちを忘れない
3. こまめにストレス発散をする

2023年の総合運

上半期は、不正をする人やルールに従わない人など、周囲の嫌なところに目がいきすぎて、現状が嫌になったり投げ出したくなったりしそうです。下半期に入ると、「相手にも事情がある」と許せるようになってくるでしょう。ストレス発散や、癒やしの時間をしっかりつくることも大切です。前向きな話をしてくれる先輩などがいるといいですが、人との縁が突然切れる場合があるので覚悟をしておくこと。健康運は、疲れが肌に出やすくなるため気をつけましょう。

2023年の恋愛&結婚運

好きな人のダメなところを見たり、嫌なウワサを聞いたりして、残念な気持ちになることがありそう。恋人の浮気が発覚する場合も。相手に雑に扱われていると思ったら、縁を切る勇気をもちましょう。ズルズル関係を続けていても、同じことの繰り返しになるだけです。しばらく恋から遠のいている人は、夏にチャンスがあるので勇気を出して飛び込んでみるといいでしょう。結婚運は、付き合いが長い相手となら6月か8月に話が進展しそうです。

2023年の仕事&金運

しっかり仕事をするタイプですが、上半期は雑な部分が出たり、やる気になれなかったりしてミスが増え、周囲に迷惑をかけてしまいそうです。相談できる上司や先輩の異動が決まって、さみしい気持ちが高まることも。それを乗り越え下半期に入ると、メンタルが少し強くなっていたり、図太くなっていると実感できそうです。自分のことも周囲のことも、小さなことは気にしすぎないようにしましょう。金運は、見栄の張りすぎに注意して。

ラッキーカラー ピンク ネイビー **ラッキーフード** おでん ホイコーロー **ラッキースポット** 動物園 コンサート

ラッキーカラー、フード、スポットはプレゼントやデート、遊ぶときの口実に使ってみて

屁理屈が好きな大人子ども

【命数】
49

基本性格

知的で冷静、理屈好きな一方、どこか子どもっぽく、自由人のスタイルを通す人。周囲が知らないことに詳しく、マニアックなことも知っています。芸術や都市伝説などにも詳しいでしょう。手先が器用で学習能力が高く、マネが得意ですが、天邪鬼な性格が邪魔をして素直に教えてもらわないことが苦労の原因になりそう。言い訳が多く、何事も理由がないとやらないところと、なんでも評論するクセがあるところはほどほどに。

持っている星

★芸術や美術にお金を使う星
★屁理屈が多い星
★個性的な人を好きになる星
★目の病気の星
★変化や新しいことが好きな星

開運3カ条
1. 交友関係を変える
2. 知識や技術のある人と仲よくなる
3. はじめて会う人をほめる

2023年の総合運

興味あることを見つけて突然環境を変えたり、違う世界に飛び込んでしまう年。後先考えずに行動する勇気はすばらしいですが、のちに金銭面などの苦労をすることは覚悟しておきましょう。すぐに飽きてしまう可能性もありますが、1、2年後に違うことにまた挑戦すればいいので、いまは思い切って動いてみてもいいでしょう。人との縁を切りすぎてしまうところもあるため、お世話になった人には、感謝の気持ちを伝えることを忘れずに。

2023年の恋愛&結婚運

好きな人への気持ちが急に冷めたり、気になる人を見つけても短期間で飽きてしまう年。長続きするタイミングではないので、短い恋だと割り切れるなら行動してもいいでしょう。相手に多くを望んだり、刺激やおもしろさを求めすぎることのないように。新しい出会いを求めて動くよりも、気になる習い事をはじめたり、趣味の幅を広げてみるとおもしろい人に会えそうです。結婚運は、下半期になるほど結婚願望が薄れてしまうので、5、6月に結婚するといいでしょう。

2023年の仕事&金運

プライドが傷つく出来事があったり現状の仕事に飽きて、離職や転職に動き出してしまいそうな年。人間関係も乱れやすく、言い訳をしたり屁理屈をこねて自ら環境を悪くしないよう、余計な発言は控えましょう。短い付き合いになる人も現れそう。はじめて会う人をほめてみると、いい関係になれたり、逆にあなたの魅力や才能を教えてもらえることがあるでしょう。金運は、浪費が激しくなるので注意が必要です。

ラッキーカラー ベージュ　レッド　**ラッキーフード** ポークカレー　わかめの味噌汁　**ラッキースポット** 動物園　映画館

生まれたときから心は60歳

【命数】
50

基本性格

冷静で落ち着きがあり、年齢以上の貫禄と情報量を持つタイプ。何事も理論的に考えることができ、知的好奇心が旺盛で勉強熱心。学習能力がとても高く、手先が器用で、教えてもらったことを自分のものにするのが得意。ただ、高いプライドが邪魔する場合があるので、つまらないプライドを捨ててすべての他人を尊重・尊敬すると能力を開花させられるでしょう。上から目線の言葉や冷たい表現が多くなりがちなので、言葉を選んで。

持っている星

★古風と伝統が好きな星
★頭のいい人を好きになる星
★冷たい言い方をする星
★目の病気の星
★古くて価値のあるものを買う星

開運3カ条
1. 若い人と話す
2. 信頼できる人に相談する
3. 気になったことの勉強をはじめる

2023年の総合運

尊敬していた先輩や上司と離れるなど、環境が急に変わる流れになる年。せっかく手に入れた技術や地位を手放したくなることも。上半期は、若い人と話す機会を増やすと、新たな学びや今後に役立つ情報を得られるでしょう。下半期になると、ゆっくりですがあなたのポジションができたり、才能を認めてくれる人が現れそう。学びたいことも見つけられるでしょう。年配の人や手に職のある人に会う機会を大事にするといいでしょう。

2023年の恋愛&結婚運

上半期は、自分でも不思議だと思うような人に興味をもつことがあります。ただ、下半期に入るころには冷静になって、気持ちが薄れたり尊敬できなくなってしまいそう。今年は人とのつながりが弱くなる時期ですが、習い事をはじめると素敵な人に出会えたり、年上の友達をつくってみるといい人を紹介してもらえることがありそうです。結婚運は、本気で尊敬できてワガママも許せる相手なら、年末に結婚してもいいでしょう。

2023年の仕事&金運

自分の才能や技術を活かせる仕事ではなかったり、ソリの合わない上司や面倒な部下にはさまれている感じがあっても、下半期からは次第に環境が変わって離れることができそうです。また、転職する覚悟が固まってしまう場合も。離職する前に異動願を出したり、信頼できる上司に相談してみるといいでしょう。スキルアップしたいことやいずれ役立ちそうな資格が思い当たるなら、8月から学びはじめるのがオススメです。金運は、資格取得などにお金を使うといいでしょう。

ラッキーカラー ピンク　パープル　**ラッキーフード** ごま豆腐　チキンカツ　**ラッキースポット** お城のある公園　神社仏閣

ラッキーカラー、フード、スポットはプレゼントやデート、遊ぶときの口実に使ってみて

金のカメレオン座 2023年 タイプ別相性

気になる人との今年の相性は？　タイプを調べて付き合い方の参考にしましょう。

▶ 金のイルカ座 との相性

新たな挑戦を行動で示して、あなたの背中を押してくれる相手。一緒にいることで思い切った決断ができるようになり、勇気が湧いてくることもあるでしょう。ただし、現状維持が安心と思っている人にはパワーが強すぎるように感じられそう。この相手の目立とうとする部分や、いい意味での自分中心的な考え方を学んでおくと良いでしょう。　**恋愛相手** 前にドンドン進んでいく相手。モタモタしていると置いていかれる可能性があり、別れたり縁が切れてしまうかも。無理に合わせてついていこうとすると、疲れて続かなくなりそう。　**仕事相手** 理屈よりも行動で示す相手。理解ができない部分に不満を感じそうですが、相手の仕事のやり方は尊重するといいでしょう。相手が上司なら、足を引っ張らないように確認や事前準備をしっかり行って。相手が部下の場合、前向きな失敗をした時は「仕方がない」と思いましょう。　**今年はじめて出会った人** あなたに不要な物をそぎ取ってくれる大切な人になりそう。悩んだり迷った時は頼りになるでしょう。優柔不断な態度が続くと、突然縁を切られてしまうことがあるので、決断力を身につけるようにすると良いでしょう。

▶ 銀のイルカ座 との相性

新しいことに目を向けて情報を集めている相手。ただ、不真面目な印象があり、ノリで身勝手な判断をしているように見えてしまいそう。適度な距離感で付き合わないと不信感が湧いてきて、価値観や生き方の違いも気になって気持ちがドンドン離れることに。今年で疎遠になってしまうこともあるでしょう。　**恋愛相手** 落ち込んでいたり元気のない時には、相手の話やノリに助けられますが、身勝手や浪費などの欠点に目を向けると、気持ちが冷めやすくなるでしょう。付き合い始めの頃は楽しく付き合えますが、年内に別れる可能性が高いので無理をしないようにしましょう。　**仕事相手** あなたのやる気のない態度を指摘する人ですが、相手も仕事で手を抜いていたり、他の人に押しつけるところが目についてしまい、信用できない人に思えてしまいそう。プライベートで仲良くなると仕事もやりやすくなるでしょう。　**今年はじめて出会った人** 長い付き合いにはならない相手。新しい世界に目を向けている人なので、自然と距離があいたり噛み合わないところが出てくるでしょう。相手が楽しんだり面白がるところのポイントがわからず、だんだん合わないと感じるようになりそうです。

▶ 金のカメレオン座 との相性

同じ運気の相手で、現状を変えたい気持ちや不安があるので話を聞いてみると良いでしょう。相手との違いや共通点がわかると安心できそう。似ているから冷静にアドバイスができるので、それを後で自分にも当てはめると良さそうです。今年で疎遠になるなど、どちらかが違う道に進むこともありますが、別れをマイナスに受け止めないようにしましょう。　**恋愛相手** 付き合いが長い相手なら、今年を乗り切れるように互いに励まし合って支え合うことが大切。年末に入籍の流れもあるので、お互いの欠点などをきちんと話し合う時間を作っておくと良いでしょう。その時には明るい未来や前向きな話を心がけましょう。　**仕事相手** 上半期はどちらも現状や仕事に不満を持って転職したい気持ちになりやすいので、噛み合わないと感じることが多そう。下半期からは、進むべき道が見えてきたり、現状のまま落ち着くか転職するか覚悟が決まるでしょう。　**今年はじめて出会った人** 本来なら良い相性なので大切にすべき相手ですが、今年は縁が切れやすくつながりが弱いので過度に期待をしないほうが良さそう。一度離れて数年後にまた会うことになった時には本当に縁のある人だと思いましょう。

▶ 銀のカメレオン座 との相性

昨年のあなたと同じ運気なので、相手の不安な気持ちを理解できそう。乗り越え方をアドバイスすることも大事ですが、本人が体験しないとわからない苦労や学びもあるので温かい目で見守る必要があります。相手がよかれと思ってした行動が裏目に出ることもありますが、大目に見るといい関係になれそう。上手に励ましてあげましょう。　**恋愛相手** 相手は「裏運気の年」であなたは「整理の年」。この二人では、気持ちが離れたり突然冷めることがありそう。交際後にお互い好みではないことに気づく可能性もあります。短期間でも楽しもうと割り切って付き合えるなら良いでしょう。　**仕事相手** 一緒に仕事をするには苦労が多い相手。特に上半期は互いにやる気が出なくて、ミスが多くなりそう。お互いに成長と学びが必要だと思いましょう。上司なら間違った指示が来る可能性があるので用心して。部下なら大きなミスに気をつけておきましょう。　**今年はじめて出会った人** 距離をあけて付き合ったほうがいい相手。深入りしないで、飲み仲間や時々遊ぶ人くらいの関係を保つほうが良さそう。急に縁が切れることがあるので執着しないで、出会ったタイミングが悪かったと思いましょう。

開運のつぶやき 「頑張る」のは自分のためではなく、相手や周りの人のため。

▶ 金の時計座との相性

長年の付き合いがある相手でも、今年は相手の心がブレたり、ポジションが変わって困惑している姿を見ることになりそう。突き放さずに、できることは協力をしたり、話を聞いてあげることが大事。ストレス発散のために一緒にスポーツをしたり、遊んだり、食事や飲みに誘ってあげると良いでしょう。 恋愛相手 相手の心の乱れや口の悪い部分が見えてきて、気持ちが離れてしまいそうな年。今年は愛情を試される時期だと思って、試練を乗り切れるように気持ちを切り替えましょう。思いやりや優しさを忘れないことが大切です。 仕事相手 ここ数年助けてくれた相手ですが、立場が変わって不慣れなポジションに苦労する時期。これまで元気をもらったりお世話になっている相手なら協力しましょう。相手が上司なら、迷いがある時期なので指示は冷静に見極めて。部下は離職を考えている可能性が。 今年はじめて出会った人 テンポや考え方が合わないように見えますが、実は相性が良く、お互いを理解できるはず。相手の本当の良さがわかるまでに3～4年はかかるので、長い目で見てあげて。出会ったタイミングが悪いだけで、あとになればいろいろな誤解が解けてくるでしょう。

▶ 銀の時計座との相性

いいチームワークで、実力以上の結果を残せる相手。やる気のない態度や不満を口にしていると、相手に避けられてしまうので注意しましょう。前向きな話だけでなく、時には悩みを相談するなど精神的に頼りにすると、アドバイスしてくれたり背中を押してもらえそう。年末に距離感が変わりそうですが、下半期は良いきっかけを与えてくれるでしょう。 恋愛相手 あなたの苦労や不安定な状況を見守り、助けてくれる人です。感謝を忘れず、明るい未来や仕事の夢を語ることで、いい関係を保てそう。秋に結婚話が出たら迷わず入籍をすると良いでしょう。モタモタしていると後悔することになりそうです。 仕事相手 春はお互いに気持ちが乗らないため、やる気を失って仕事でトラブルになるかも。夏以降は円満に仕事ができそうです。相手が上司なら素直に悩みを相談してアドバイス通りに動きましょう。部下なら頑張りを認めてあげること。 今年はじめて出会った人 今年仲良くなると長い付き合いになる相手。2024年には距離があいてしまいそうですが、後にいい縁となって再びつながるようになるでしょう。誕生日にメッセージを送ったり、新年にきちんと挨拶することを忘れずに。

▶ 金の鳳凰座との相性

今年最も運気のいい相手なので、仲良くするといいでしょう。ただ上半期のやる気のない姿勢が原因で距離を置かれると、その後仲良くなるのは難しくなりそう。付き合いが長い人なら協力してもらえるので、素直に相談をしてみましょう。我慢強く取り組む姿勢から学べることが多い相手です。 恋愛相手 あなたから思いを寄せる形になりそうですが、相手からは魅力的に見えない年。特に上半期は噛み合わない可能性が。それでも年末にはチャンスがあります。相手の話を最後まで、楽しそうにじっくり聞くといい関係に進めそう。 仕事相手 相手は希望通りの仕事に就いたり、実力を認められる年です。知恵を貸したり協力をすると良いでしょう。価値観や考え方の違いはありますが、あなたの実力を認めてくれる人です。相手が上司なら、頑固ですが芯がブレないので信じましょう。部下なら個性を認めましょう。 今年はじめて出会った人 あなたにとって重要な相手ですが、相手からの第一印象が悪いと縁がつながらない場合がありそう。今年いい関係にならなくても、2024年から仲良くできるようにすることが大切。マメに挨拶をしたり普通に話ができる関係を保っておきましょう。

▶ 銀の鳳凰座との相性

一度仲良くなると長く付き合える相手ですが、今年は良かれと思った行動が裏目に出て縁を切られたり、相手が忙しくなるので距離が自然とあいてしまいそう。相手が昔からの親友でも今年の年末から進むべき道が変わってくるので、徐々に距離が開き始めるかも。お互いの成長のための別れや距離感が必要な時期でしょう。 恋愛相手 相手からの片思いやアプローチが既に2年以上前から続いているなら、下半期から交際に進みそう。ただ、あなたの気持ちが乗らないタイミングなので、短い期間で縁が切れてしまうかも。それでも付き合うなら年末か来年からの交際が良いでしょう。 仕事相手 相手は実力を認められる年なので、長所や才能を周囲に宣伝してあげると良いでしょう。特に伝え下手でうまく表現できないところをフォローするといい関係を築けます。相手が付き合いの長い上司ならできるだけ協力を。部下なら孤立から救ってあげて。 今年はじめて出会った人 相手が忙しい時期なので、縁のつながりは弱くなる年。あなたもやる気がまだ出てこない時期なので、第一印象がイマイチになると距離があいてしまうでしょう。じっくりゆっくり仲良くなれるように努めましょう。

開運のつぶやき ▶ どんな好みの人でも、冗談の感覚が合わない人とは上手くいかない。

▶ 金のインディアン座との相性

どちらも地に足がついていない感じの年。一緒に遊ぶと楽しい時間を過ごせそうですが、相手の判断ミスや準備不足が目立つ1年でもあります。頼りにしすぎると残念な思いをして、ストレスの原因になってしまうでしょう。相手の明るさを見習うといいですが、価値観の違いを感じることは多いでしょう。　恋愛相手　遊びと割り切って盛り上がるなら問題はないですが、激しくぶつかったり、お互いの雑な部分に目がいってしまいそう。相手の個性を認めたり許す気持ちがないと、自分と違う相手の考え方に納得がいかなくなるでしょう。　仕事相手　お互いに仕事を辞めたい気持ちが湧いてくる年なので、相手のマイナス面が目に付いてイライラしそう。相手が上司なら判断ミスややる気のない態度が出て、あなたにも大きく影響しそう。部下は、遅刻や小さなミスが増えそうなので確認を忘れないようにしましょう。　今年はじめて出会った人　遊び友達としてよりも、時々話をする知り合いくらいの距離感で付き合うといい相手。相手も執着がないので、自然と距離があいたらそのまま疎遠になって遊ばなくなってしまいそう。面白い情報を交換する相手としては良さそうな人です。

▶ 金の羅針盤座との相性

噛み合わなくなる年ですが、相手はあなたが思っている以上に心身共に疲れています。不機嫌だったり雑に扱われたと感じる時は相手の体調が悪い場合があるので、常に絶好調ではないと思っておきましょう。相手は生真面目なタイプなので、今年のあなたのやる気のないところを指摘してきて、気持ちがさらに離れてしまうかも。　恋愛相手　お互いに合わないと感じることが多く、興味の対象になりにくい年。相手があなたの言葉をマイナスに受け止めやすく、冗談を真面目に捉えすぎることもあります。自然と離れたり別れる流れに進んでしまうかも。　仕事相手　本来なら学ぶべきことが多い相手ですが、今年は神経質すぎると感じたり、テンポが合わない感じになってしまうかも。相手が上司なら気分で指示が変わりやすく振り回されそうです。落ち着いて判断しないと離職のきっかけになるかも。部下なら仕事の量をコントロールして。　今年はじめて出会った人　お互いに現状に不満や苦労を感じる時期なので、印象がよくないまま関係が進んでしまいそう。ただし学ぶところが多い相手なので距離をあけるのではなく、年末辺りから仲良くなるつもりで付き合いましょう。

▶ 銀のインディアン座との相性

やっと春が来るような相手なので、あなたの気分と違って浮かれているように見えるかも。苦労した時期を乗り越えたのだと思って、温かい目で見守ってあげましょう。一緒に遊んだり近くにいると、思わぬラッキーが得られることも。心が中学生から成長していないタイプですが、「幼稚」と思わないようにしましょう。　恋愛相手　相手は「解放の年」に入り、輝いて見える年です。自然と惹かれることがありますが、無理に振り向かせようとするのは逆効果。相手は楽しく華やかな運気に入るので、一緒に夢中になれることを見つけたり、面白い話題で盛り上がるといい関係に進めそう。　仕事相手　相手の評価に対して「なんでこの人が評価されるの?」と疑問を感じることがあるかも。自分と違う才能や個性を認められるようになるので、素直に応援しましょう。相手が上司なら話がコロコロ変わるので臨機応変に対応を。部下なら急に仕事ができるようになるので期待して。　今年はじめて出会った人　上半期に出会った場合は縁が薄いですが、年末に出会えたなら親友のように長い付き合いになる可能性があります。共通の趣味や笑うポイントが同じならいい縁があると思って良いでしょう。

▶ 銀の羅針盤座との相性

共通点が多く、お互いに今後を左右する大事な年。思い切って次に進む決断がなかなかできないままになりそう。慎重に行動することやリスクを考えるのはいいことですが、この相手に相談するとブレーキがかかってしまうので、マイナス面を聞くくらいにしておくとよさそう。　恋愛相手　少しでも気になっているならダメ元でもあなたから声をかけて、遊びに誘ったり告白するといい相手。品のある言葉を意識してマナーなどもしっかりしておけば問題なく進めそう。特に夏は恋が進展しやすくチャンスもあるので勇気を出してみましょう。　仕事相手　相手は良くも悪くも考えすぎるタイプなので、今年はテンポがなかなか合わず、相手を理解できるまで時間がかかりそう。相手が上司なら決断力に欠けているように感じそうなので、上手に無駄を省くようにしましょう。部下の場合は作業時間を短縮する方法を教えておきましょう。　今年はじめて出会った人　本来は良い縁ですが、あなたの運気がつながりにくくなっているので、連絡を忘れると簡単に縁が切れてしまいます。相手の決断を待っていても時間が過ぎるだけなので、積極的に遊びに誘ってみると良いでしょう。

金のカメレオン座 運気カレンダー

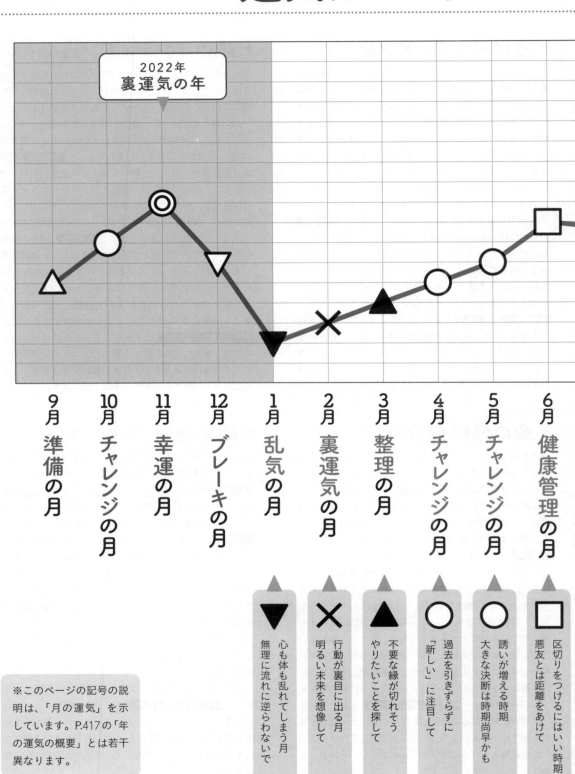

2022年
裏運気の年

| 9月 準備の月 | 10月 チャレンジの月 | 11月 幸運の月 | 12月 ブレーキの月 | 1月 乱気の月 | 2月 裏運気の月 | 3月 整理の月 | 4月 チャレンジの月 | 5月 チャレンジの月 | 6月 健康管理の月 |

▼ 心も体も乱れてしまう月　無理に流れに逆らわないで

✕ 明るい未来を想像して　行動が裏目に出る月

▲ 不要な縁が切れそう　やりたいことを探して

◯ 過去を引きずらずに　「新しい」に注目して

◯ 誘いが増える時期　大きな決断は時期尚早かも

□ 区切りをつけるにはいい時期　悪友とは距離をあけて

※このページの記号の説明は、「月の運気」を示しています。P.417の「年の運気の概要」とは若干異なります。

毎月の運気がどう変わっていくかチェック！
2023年の過ごし方の参考にしてください。

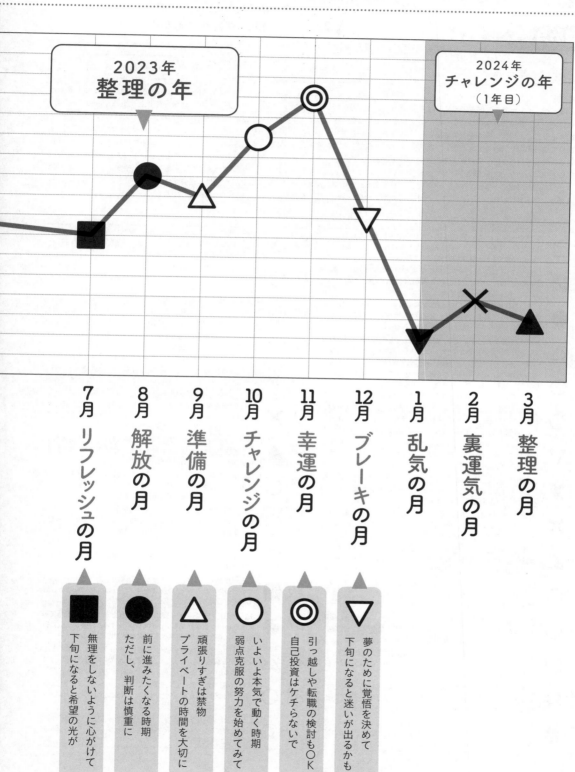

2023年
整理の年

2024年
チャレンジの年
（1年目）

7月　リフレッシュの月

8月　解放の月

9月　準備の月

10月　チャレンジの月

11月　幸運の月

12月　ブレーキの月

1月　乱気の月

2月　裏運気の月

3月　整理の月

■
無理をしないように心がけて
下旬になると希望の光が

●
ただし、判断は慎重に
前に進みたくなる時期

△
プライベートの時間を大切に
頑張りすぎは禁物

○
弱点克服の努力を始めてみて
いよいよ本気で動く時期

◎
自己投資はケチらないで
引っ越しや転職の検討も○K

▽
下旬になると迷いが出るかも
夢のために覚悟を決めて

11月 2022

◎ 幸運の月

~2022　2023　2024~
11 12 1 2 3 4 5 6 7 8 9 10 11 12 1 2 3 (月)

開運 3 ヵ条

1. 欲張らない
2. 周囲の意見をしっかり聞く
3. 「損して得取れ」を心がける

総合運

些細な幸せを手にしようとするといい月になりますが、欲張ったり自分だけのことを考えて行動すると、痛い目にあったり学ばなければならない出来事が起きそう。周囲に感謝をして最善を尽くせば助けてもらえたり流れを変えることが起きそう。若い人の話や意見の違う人の考え方から学んでみるにもいい時期なので聞き役になっておきましょう。健康運は問題は少ないですが、予定を詰め込み過ぎないようにしましょう。

恋愛＆結婚運

好みではない人といい関係に進みやすくなる時期。長く付き合う感じになる人と関係を深めてしまいそう。普段ならハマらないような人を好きになってしまうこともありますが、安心できる人を捕まえられることもあるでしょう。ただ、その安心が後の「つまらない人」にならないように気をつけましょう。結婚運は、勢いで話が進む瞬間がありますが、周囲の意見も聞くようにしましょう。

仕事＆金運

予想外の仕事を任されてしまったり、損をしそうな仕事を任されてしまいそうな時期。「損して得取れ」と思って今後に活かせるようにしましょう。ラッキーな仕事が舞い込んで来たときは、途中で白紙になったりやり直しになることに気をつけましょう。上司の気まぐれにも振り回されやすいでしょう。金運は、出費が増えますが、経験になることにお金を使っておくといいでしょう。

1 火	□	失敗やうまくいかない原因を調べて「同じ失敗をしない仕組み」を作っておくことが大切な日。他人の責任にしていると問題はいつまでも繰り返すので気をつけましょう。
2 水	■	疲れやストレスを感じやすい日。腹痛や体の痛みを少しでも感じるときは別の日でもいいので早めに病院で検査しておきましょう。放っておくと後悔することになるかも。
3 木	●	いろいろ作戦を考えるよりも直球で勝負するといい日。自分の考えや意見を素直に伝えて、正直な気持ちで仕事に取り組むと難しい仕事も乗り越えられるようになるでしょう。
4 金	△	人の心を動かすにはユーモアが必要なことを忘れないようにしましょう。相手を笑わせようとしたり、逆に相手のおもしろそうな話にはしっかり笑ってみるといい関係が作れるでしょう。
5 土	▽	曖昧な関係の相手や何となく疎遠になっている人と会うにはいい日。話してみることで今後どうするのか考えがまとまったり、気持ちを落ち着かせられるようになるでしょう。
6 日	○	遊びにこそ真剣になってみるといい日。遊びを適当にしたり何となくすることほど時間のムダはありません。楽しいことをもっと楽しむためにも、真剣に遊んでみるといい日になるでしょう。
7 月	▽	午前中はいい判断のもとで順調に進められそうですが、午後は判断ミスをしたり、本質を見抜けなくなってしまいそう。本当に価値があるものを見失わないようにしましょう。
8 火	▼	人生の主人公はあなたでいいですが、今日は相手を主人公にしてあげることが大切な日。相手を中心に考えれば、自分がどう動けばいいのか見えてくるでしょう。
9 水	✕	浪費をしやすい日。本当に必要なものなのか冷静に判断するようにしましょう。会社の経費を使うときもしっかり判断しましょう。取引先の損得を考える必要もあるでしょう。
10 木	▲	損することがありますが、そこから学んで繰り返さないようにできればお得な経験になるもの。損のままにしているのは自分の問題なので考え方を変えて得をつかむようにしましょう。
11 金	○	難しいと思える仕事や不慣れな仕事に取り組むことが大切な日。避けてばかりではいつまでも成長できないので、不向きと思えることでもチャレンジしてみましょう。
12 土	○	自分の魅力や才能を改めて分析するといい日。自分の強みを知ることで自信を持てるでしょう。自分ではなかなかわからない人は友人を集めてみんなで語ってみるといいでしょう。
13 日	□	明日のことを考えて疲れを取ったり、周囲に甘えてのんびりするといいでしょう。映画や動画を観るのはいいですが、目が疲れてしまうこともあるのでマメに休むようにしましょう。
14 月	■	疲れから仕事が雑になってしまったり、ミスが増えそうな日。休憩時間をしっかり取ったり、気分転換やストレッチをする時間を作っておくといいでしょう。
15 火	●	自分や相手の長所を活かしたり、短所を長所として見るようにすることで流れや人生観を変えられる日。発想を変えれば全ての人の能力を伸ばしたり、認めることができるでしょう。
16 水	△	自分の判断ではミスをしやすい日。尊敬できる人を思い浮かべて「あの人ならどんな判断や行動をするだろう」と考えてみるといい1日にすることができるでしょう。
17 木	○	楽しい妄想ができる日。今後の生活や仕事の工夫につながるでしょう。考えたことをメモしておくと後に役立つ場合もありそう。妄想話でも周囲と盛り上がることがありそうです。
18 金	◎	今日の頑張りや経験は今後の人生にも役立つことになりそう。苦労や面倒なことの先に大切なことがあるので、楽なほうばかりに逃げてしまわないようにしましょう。
19 土	▽	午前中から行動的になっておくことが大切な日。掃除や片づけを含めて気になることはどんどん終わらせておきましょう。夕方あたりから予定が乱れて、急な誘いがありそうです。
20 日	▼	ムダな時間を過ごしてしまったり、不要なお金を使ってしまいそうな日。思い通りに進まないことにイライラしないで、その分得られることを見つけるようにするといいでしょう。
21 月	✕	1日の目標を決めて行動することが大切な日。目標達成のために失わないといけないものは何か冷静に判断する必要もあるでしょう。捨てるためにも勇気を出すといいでしょう。
22 火	▲	時間や期限をしっかり守ることが大切な日。どんな仕事も決めた時間通りきっちり終わらせられるようになりましょう。数字や金額へのこだわりも忘れないようにしましょう。
23 水	○	どんな仕事も一生懸命に取り組んでみると楽しくなるもの。仕事の楽しさを改めて見つけて、自分の仕事の先で笑顔になっている人のことを想像してみるといいでしょう。
24 木	○	苦労やマイナスは人生につきものですが、プラスに変換する努力が大切な日。ポジティブに変換できるように努めてみるといい経験ができ、大事な出会いにも気がつけそうです。
25 金	□	今の仕事や生活への感謝を忘れないようにしましょう。感謝できているなら、自分の力を他の人のために役立てられるよう努めてみましょう。与えられるものは惜しみなく与えましょう。
26 土	■	しっかり体を休ませることも大切な仕事だと思って今日はゆっくりしたり、マッサージや温泉やスパに行くといいでしょう。評判のいいエステに行ってみるのもいいでしょう。
27 日	●	結果を出している人や「輝いているな」と思える人に会ってみるといい日。ダメ元でもいいので連絡をするとお茶かご飯に行けそう。相手の話から学べる言葉を見つけましょう。
28 月	△	モタモタしているとタイミングを逃してしまうので、何事も楽しみながら挑戦してみましょう。些細な失敗も前向きに捉えるようにするといいでしょう。忘れ物には気をつけましょう。
29 火	○	何事も簡単だと思って取り組んでみるといい日になるでしょう。予想外に難しいと思ったときは、「こんなこともある」と思って壁を乗り越える方法を考えてみましょう。
30 水	◎	いい情報を得たならすぐに行動に移してみましょう。「明日から」「今度タイミングが合うとき」などと言っているとチャンスを逃すことになるでしょう。

☆ 開運の日　◎ 幸運の日　● 解放の日　▲ チャレンジの日
□ 健康管理の日　△ 準備の日　▽ ブレーキの日　■ リフレッシュの日
▲ 整理の日　✕ 裏運気の日　＝ 乱気の日　＝ 運気の影響がない日

12月 2022

▽ ブレーキの月

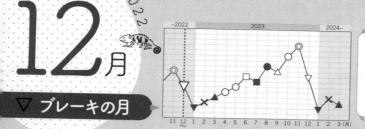

開運 3 ヵ条

1. 明るく前向きな妄想をする
2. 普段話さない人と話す
3. 仕事があることに感謝する

総合運

中旬までは問題も少なく、順調に進みそう。今月は不安な気持ちや余計な考えにとらわれる時間が増えますが、上旬は積極的な行動や前向きな気持ちがいい方向に進めてくれるでしょう。中旬以降は、空回りや思い通りに進まないことが増えてしまいそう。気分転換や軽い運動などをして他のことを考える時間を作るといいでしょう。健康運は、お酒の飲み過ぎや外食は控えて、寝る時間も日頃よりも1時間は増やすようにしましょう。

恋愛＆結婚運

片思いの相手とは中旬まではいい関係に進めそうですが、期待をしないこと。これまでと違い、年下や年上から突然好意を寄せられたり、告白されることもありそう。勢いで交際をスタートさせてもいいですが、短く終わってしまったり、後々「好みではない」と思ってしまう場合があるでしょう。結婚運は、前向きな話をしながらも、小さなことは気にしないようにしておきましょう。

仕事＆金運

中旬までは順調に仕事を進められそうですが、周囲の人や仕事に感謝を忘れると不満が溜まるので気をつけましょう。会社や相手のことをよく考えて判断すると信頼を得られるようになるでしょう。下旬は面倒なことに巻き込まれてしまったり、失敗をしやすくなるので気をつけましょう。金運は、服の購入や日用品を購入するなら上旬がいいでしょう。下旬にくる儲け話には気をつけて。

1 木	▽	午前中は問題なく過ごせそうなので、大事な用事は早めに済ませるといいでしょう。午後からは実力があればいい結果につながりそうですが、運まかせにしていると苦しい状況に。
2 金	▼	予想外が多くなる日。ガッカリすることや不機嫌になってしまうことが起きそうですが、平常心を心がけて、落ち着いて判断する訓練だと思って受けとめましょう。
3 土	✕	カミナリに打たれるような衝撃を受けそうな日。周囲の人や頑張っているアスリートの言葉、ミュージシャンの歌など普段避けていたことに目を向けるといい刺激を受けそうです。
4 日	▲	大掃除をするには最高にいい日。ここ数年の間に使っていない物や年齢に見合わない幼稚な物はどんどん処分しましょう。不要な物を捨てると気分もすっきりするでしょう。
5 月	○	自分の役職よりも2つ上の仕事をするつもりで取り組むと、完成度や成長度は大きく変わります。1つ上は通過点。2つ上を今の目標にして、1つ上がったらそこも通過点にするといい。
6 火	○	日ごろとは少し違ったリズムで過ごしてみるといい日。「何事もものは試し」と思って挑戦すると新しい発見がありそう。初めて話す人から大切なことも学べそうです。
7 水	□	現状維持を目指すと後退するもの。少しでも前に進むために新しいことに挑戦したり、若い人の話を聞いて情報を集めるといいでしょう。勝手に限界を決めないようにしましょう。
8 木	■	予想外の仕事をまかされたり、急な残業をすることになってしまいそうな日。一つ一つ丁寧に仕事をするようにしましょう。雑になると更に面倒なことになってしまいそう。
9 金	●	他人に期待をする前にもっと自分に期待をして行動するといい日。前向きな気持ちで仕事に取り組めば、見ていてくれる人やチャンスを作ってくれる人に必ず出会えるでしょう。
10 土	△	ストレス発散をするためにも遊んで楽しむことが大切な日。遊びから学んだり、楽しむことで自分のやりたいことが見えてくるでしょう。遊びほど真剣に取り組みましょう。
11 日	○	親友やしばらく会っていなかった人と会うことになりそうな日。偶然外出先で見かけることもあるので、話しかけてみるといい時間を過ごせそう。お得な情報も聞けそうです。
12 月	◎	自己投資を惜しまないようにしましょう。本を読んだり、トレーニングや健康的な食事にケチケチしないようにしましょう。仕事に使う物も購入するといいでしょう。
13 火	▽	日中は順調に進む日ですが、高望みをしないでホドホドで満足しておきましょう。午後は自分にできることを探して挑戦するのはいいですが、無駄な時間を過ごすことが増えそう。
14 水	▼	マイナスな言葉や否定的なことを言う人に会ってしまいそうな日。やる気をなくしてしまったら相手の思うツボだと思って、注意してくれたことに感謝をしておきましょう。
15 木	✕	無責任な発言に注意が必要な日。前向きに頑張っている人を否定したり、水を差すようなことを言ってしまいそう。思っても簡単に言葉に出さないように気をつけましょう。
16 金	▲	上司の判断ミスを気にする前に、判断ミスをされるような自分の仕事ぶりを改善するといい日。他人のせいにしているといつまでも同じようなことが起きてしまうでしょう。
17 土	＝	いろいろなことを楽しんで経験することが大切な日。少しの勇気を出して、周囲からすすめられたことに素直にチャレンジしてみましょう。発想や物の見方が変わってくるでしょう。
18 日	○	休みの日をしっかり楽しむといい日。少しくらいわがままでもいいので、興味のあることに時間を使っておきましょう。会いたい人に連絡してみるといいでしょう。
19 月	□	人の話は最後までしっかり聞いて、意見を求められたら素直に答えるようにしましょう。突っ込まれてあたふたしたり、表面的な回答で済ませないようにしましょう。
20 火	■	寝違えてしまったり、体を少し痛めたりしそうな日。日ごろから柔軟体操などをしておくといいでしょう。風邪もひきやすいのでうがいや手洗いはしっかりしておきましょう。
21 水	●	話や言葉に敏感になってみるといい言葉を拾えそうな日。本や広告、ネットなどにいろいろな言葉があるなかで、あなたを前向きにさせてくれる言葉が見つかるはずです。
22 木	△	何事も楽しんでみるといい日ですが、相手を楽しませられるように知恵を使ってみるといいでしょう。みんなで笑顔になれることを考えて実行してみましょう。
23 金	○	人との縁を感じる日。仕事では経験をうまく活かすことができそう。夕方以降はしばらく連絡をしていなかった人から連絡がありそう。会って話してみるといい展開が待っていそう。
24 土	○	クリスマスを楽しむといい日。少し贅沢な料理を食べに行ってみたり、友人や知人に連絡をして集まるのもいいでしょう。ダメ元で誘ってみると案外集まることができそうです。
25 日	▽	日中は運気がいいので用事は早めに終わらせておきましょう。夕方あたりから身の回りを片づけたりきれいにするようにしましょう。夜は気分に振り回されてしまいそう。
26 月	▼	予定通りに進まずイライラしたり、ムダな時間を過ごしてしまいそう。流れに身をまかせて逆らわないようにしましょう。不機嫌な人と一緒になってしまうこともあるでしょう。
27 火	✕	今日はのんびりして、明るい未来の妄想をしたりプラスの想像をいろいろしておきましょう。音楽を聴きながらゆっくりする時間を楽しむといいでしょう。
28 水	▲	大掃除をするには最高な日。使わない物や不要な物はどんどん処分しましょう。何となく置いてある物や置きっぱなしの物などを片づけて、ムダな紙袋も処分しましょう。
29 木	＝	例年とは違うお店で買い物をしたり、普段行かないような場所に行ってみるといい日。これまでにない経験ができそうです。少し遠出をするのもいいでしょう。
30 金	＝	視野を広げることが大切な日。本を読んだり、これまで興味が薄かったジャンルのドラマを見たり、気になるアプリを使ってみるといい勉強になりそうです。
31 土	□	大晦日は行き当たりばったりではなく、予定をしっかり組んで過ごすといいでしょう。夜更かしせず早めに寝て新年を迎えましょう。ムダに起きていると風邪をひいてしまいそう。

開運のつぶやき 👓 感謝が足りない人は、心も生活も考えも貧しくなる。

1月

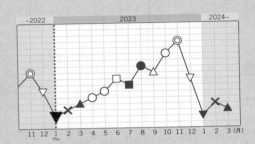

2023

▼ 乱気の月

1. 流れに逆らわない
2. 欲張らない
3. 早寝遅起きをする

総合運

心も体も乱れてしまう月
無理に流れに逆らわないで

心も体も乱れてしまう月。余計な心配をしすぎたり、マイナス面にばかり目がいって、冷静な判断ができなくなってしまいそう。今月は、無理に流れに逆らわないで、周りの様子をよく見るようにしましょう。間違った情報をつかまないよう、人の話も最後までしっかり聞くようにしてください。周囲に振り回されて無駄な時間を過ごしたり、すれ違いや誤解も起きやすいので要注意。勘違いされるような発言は慎みましょう。

恋愛＆結婚運

失恋したり、気持ちをもてあそばれてしまうことがある月。無理に相手と関係を深めようとしたり好意を伝えようとするよりも、自分磨きに専念しましょう。話のネタをつくるために情報を集めたり、勉強をして視野を広げておくのもオススメです。恋愛で役立ちそうな会話や言葉選びを学んでみるのもいいでしょう。「やさしそうに見える」を基準にした髪型や服装選びを少し意識してみると、のちに効果が出てくるでしょう。

仕事運

不慣れなことや面倒な仕事を任されることがありそうな月。予想以上に苦しい状況に追い込まれたり、他人のミスのしわ寄せがくるかもしれません。「苦しいから」と逃げていると成長できなくなるので、知恵をしぼったり周囲に協力してもらったりして、最善をつくすといいでしょう。ただし、無理をするとあとで体調を崩してしまうので、スケジュール管理はしっかり行いましょう。何事も早めに取りかかって、ゆとりをつくっておくとよさそうです。

金運＆買い物運

うっかりだまされて大金を失う可能性があるので、欲張ったり儲け話には簡単に乗らないように。高級品やブランド品、長く使うものなどの購入は避けて、貯蓄に回したり節約をして、できるだけ不要な出費を避けるようにしましょう。事故やケガで急な出費が増えることもあるので、車の運転や精密機械の扱いには十分注意すること。スマホを落として壊してしまう場合もあるので、手元にも気を配りましょう。

美容＆健康運

予想外に疲れがたまって、免疫力が落ちてしまいそうな月。風邪をひいて扁桃腺を腫らしてしまったり、ギックリ腰になってしまうことも。栄養バランスのいい食事をとって、うがい手洗いはマメに行いましょう。体形も崩れやすいので、全身鏡で体を見たり、体重計に乗ったりしてこまめにスタイルチェックをするといいでしょう。オススメは、激しいものよりも軽めの運動です。朝にストレッチをしたり、夜に簡単な筋トレをしてみるといいでしょう。

1日	■	年末の疲れで胃腸の調子が悪くなってしまいそう。油断すると体調を崩しやすい運気なので、外出するときは暖かい服装を心がけ、風邪の予防もしっかりしておきましょう。
2月	●	急に予定が変わってしまいそうな日。突然遊びに誘われたり、注目される流れになってしまうかも。いろいろな人と話をするのはいいですが、激しい議論はしないようにしましょう。
3火	△	食べすぎやお酒の飲みすぎで体調を崩してしまったり、ドジなケガや失敗をしやすい日。珍しいミスをすることもあるので、気を引き締めておきましょう。
4水	=	旧友やしばらく会っていなかった人から、突然連絡がくることがありそうです。ただし、相手に振り回されてしまうことも。面倒な人や悪友と思える人なら、距離をおいたほうがいいでしょう。
5木	=	買い物をするのはいいですが、余計なものまで買ったり、浪費しやすいので要注意。1日に使う金額を決めてから、外出するようにしましょう。節約を楽しむといい日になりそうです。
6金	▽	日中は、少しですが満足を感じられそう。一方で、夕方あたりからは余計な心配事が増えてしまったり、人間関係が面倒になるような出来事が起きそうです。無理はしないで、流れに身を任せておきましょう。
7土	▼	面倒事を引き起こしてしまいそうな日。失言をしたり、余計な行動や判断で、周囲に迷惑をかけてしまうかも。今日は、おとなしくしておくといいでしょう。
8日	✕	珍しいことに興味がわく日ですが、ガッカリする出来事も起きてしまいそう。イラッとするのではなく、「勉強になった」と受け止めると、いい思い出に変えることができるでしょう。
9月	▲	整理整頓をして、身の回りをきれいにしておかないと、大事なものを失くしたり、探し物で無駄な時間を使ってしまいます。目についたところから片付けるようにしましょう。
10火	=	自分の至らないところを素直に認めると成長できる日。「なんでも学ぼう、勉強しよう」という気持ちを忘れないようにしましょう。仕事のできる人を観察してみることも大事です。
11水	=	考え方を少し変えるきっかけがありそう。ただし、最初はいい話やお得な情報とは思えないかも。厳しいことを言われて目が覚める場合もあるでしょう。
12木	□	日々の生活を見直したり、習慣を改善する必要があると気づける日。タイミングの悪さを感じたり、噛み合わないときが多いなら、生活リズムを変えてみるといいでしょう。
13金	■	疲れを感じやすい日。目を閉じて休む時間をつくってみたり、軽いストレッチをするといいでしょう。体調に異変を感じるときは、早めに病院に行って検査をしてもらいましょう。
14土	●	突然予定が入ってしまったり、急に遊びに誘われることがありそう。誘ってくれた人に感謝をして、今度はあなたから声をかけるようにするといいでしょう。
15日	△	正月疲れをしっかりとるといい日。胃腸にやさしそうなものを選んで食べたり、家でのんびり過ごすようにしましょう。慌てると、ケガやドジな失敗をすることがあるので気をつけて。
16月	=	実力を活かせる日。ただし、大きな結果を求めるよりも、少しでも周囲の役に立つために行動することが大切。夕食は、少し贅沢すると気分が晴れそうです。
17火	=	「自分で考える力」を鍛えることが大切な日。優先順位をしっかりつけて、今日の目標を立ててから仕事をするといいでしょう。
18水	▽	日中は、計画的に物事を進められるでしょう。ただし、夕方以降はタイミングの悪さを感じたり、周囲のトラブルや面倒事に巻き込まれて、無駄な時間を過ごすことになりそうです。
19木	▼	不機嫌な時間が長く続いてしまいそうな日。気分が落ち着かないときは、好きな音楽を聴いてみて。本や映画などから、前向きになれる言葉を見つけてみるのもいいでしょう。
20金	✕	ガッカリする出来事がありそうな日。何に対しても過剰に期待しないで、ほどほどに楽しんでみるといいでしょう。逆に、あなたが期待外れのことをして、周囲をガッカリさせないように。
21土	▲	失くし物に注意が必要な日。ピアスや小物をどこかの隙間に落としてしまったり、気がついたら失くなっていることがありそうです。今日は、高価なものを持ち歩かないほうがよさそうです。
22日	=	流行の映画や話題のドラマ、アニメを見てみるといい日。ボーッと内容を追うのもいいですが、なぜ世間に支持されているのかを考えながら見てみると、いい発見がありそうです。
23月	=	不慣れなことを任されてしまいそうですが、「自分への課題」だと思って、逃げずに受け止めましょう。もし失敗してしまっても学んで、ゆっくりでも成長するといいでしょう。
24火	□	負けを素直に認めて、意地を張らないようにしましょう。他人と自分とを比べないこと。「自分は自分、人は人」と思っておくといいでしょう。
25水	■	暖かくして過ごすのはいいですが、汗をかいて体を冷やしてしまうことがあるかも。暖房がききすぎて乾燥した場所で、のどの調子を悪くすることもありそうです。
26木	●	意外な異性から話しかけられたり、視線を感じることがありそう。モタモタしていると、何も進展しないままチャンスを逃してしまいます。思い切って遊びに誘ってみるといいでしょう。
27金	△	寝坊や遅刻、二度寝をして焦ってしまうことがありそうな日。時間にはゆとりをもって行動し、何事も事前にしっかり確認するようにしましょう。
28土	=	親友からいい情報を教えてもらえそう。ただし、儲け話は鵜呑みにしないほうがよさそうです。前向きな話やおもしろい話を聞くくらいに留めておくといいでしょう。
29日	=	おいしいものを食べに行ったり、気になるスイーツを買いに行くといい日。これまで興味が薄かったものを選んでみると、当たりを見つけられそうです。
30月	▽	午前中は、頭の回転がよくなる日。大事なことは早めに終わらせておくといいでしょう。夕方以降は、周囲の言葉に振り回されてしまうかも。
31火	▼	マイナスな情報に心を乱されたり、ヘコんでしまいそうな日。「人にはいろいろな考え方や生き方がある」と思っておきましょう。物事のプラス面を探す練習をするといいでしょう。

☆ 開運の日 　◎ 幸運の日 　● 解放の日 　○ チャレンジの日 　□ 健康管理の日 　▽ 準備の日 　▽ ブレーキの日
■ リフレッシュの日 　▲ 整理の日 　✕ 裏運気の日 　▼ 乱気の日 　= 運気の影響がない日

2月

2023

✕ 裏運気の月

開運 3 ヵ条

1. 余計な一言に注意する
2. 「予想外」を楽しむ
3. 少し図々しくなる

総合運

行動が裏目に出る月
明るい未来を想像して

自分の気持ちや考えが周囲にうまく伝わらず、行動が裏目に出たり空回りしやすい時期。よかれと思って言った言葉が原因で人間関係が悪くなったり、ケンカや気まずい空気になることがありそうです。自分で思っている以上に冷たい言い方をしていたり、理屈っぽくなりすぎていることがあるので気をつけましょう。妄想や空想をするにはいい時期なので、明るい未来を想像し、マイナスなことはできるだけ考えないようにしましょう。

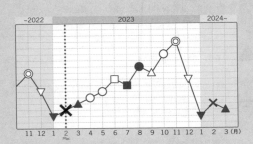

恋愛＆結婚運

好きな人の気持ちが理解できなかったり、相手への気遣いが足りなくて失恋したり距離ができてしまいそうな時期。今月は、あなたの好意や善意が思った以上に伝わらないことがあるでしょう。タイミングや言葉選びはこれまで以上に丁寧にし、相手の気持ちをもっと想像してみましょう。「男と女にはそもそも考え方が違うところがある」ということを理解する努力も忘れずに。結婚運は、期待が薄い時期。相手の体調を気遣い、仕事の疲れをねぎらいましょう。

仕事運

よかれと思ってアドバイスしたのに、小言や説教と受け止められるなど、コミュニケーションがうまくとれないことがありそうです。現状の仕事に不満がたまることもあるでしょう。仕事があることに感謝を忘れていると、転職や離職を考える時間が増えてしまうこともありそう。多少思い通りにならなくても、「裏運気の月だからね」と受け流すといいでしょう。いいアイデアが浮かんだらメモをしておくと、のちに役立ちそうです。

金運＆買い物運

ふだんなら「必要ない」と判断できるものをなぜか欲しくなるなど、無駄な出費が増えそうな時期。遊びだと割り切って出費するのはいいですが、「なんであんなにお金を使ったのか」と後悔することがありそうです。金運は、簡単な儲け話には裏があると思っておきましょう。軽い気持ちで賭け事をすると、ビギナーズラックはあっても、ハマって続けているうちに大損する可能性が高いので気をつけましょう。

美容＆健康運

目の疲れを感じたり、肩こりで悩む日が増えそうです。長時間のパソコン作業はほどほどにして、こまめに軽い運動やストレッチをするといいでしょう。「ストレス発散のため」とイヤホンで大音量の音楽を聴いていると、耳を痛める場合もあるので気をつけること。美意識も緩みがちになり、お菓子や間食が増えて、スタイルが崩れやすくなるので注意しておきましょう。

開運のつぶやき 🎭 人生は予想通りに進まないことを楽しむのが大切。

1 水	✕	気分が乗らない感じや、弱気になってしまうことがある日。余計なことを考えすぎたり、不要な心配が続くことも。しっかり気分転換をするといいでしょう。
2 木	▲	執着心が苦労やつらさの原因になっているだけ。すべての執着はやめなくても、不要な執着をやめるようにすると楽になるでしょう。過去にいつまでも縛られないように。
3 金	＝	ふだんよりも少し早起きをするなど、生活リズムに変化をもたせてみるといい日。少し時間を変えるだけで、見える景色が変わったり、新たなことに気がつけそうです。
4 土	＝	気になる本を購入するといい日。表紙のよさだけで買ってみると、おもしろい発見がありそうです。パッケージを見て気になったお菓子を食べてみるのも、いい刺激になるでしょう。
5 日	□	パワフルに行動できそうな日。1日中楽しみすぎると次の日に響いてしまうので、早めに切り上げて家でゆっくりする時間もつくりましょう。
6 月	■	朝から体がだるかったり、疲れが抜け切れていない感覚になりそうな日。お茶やコーヒーを飲んでゆっくりしたり、好きな音楽を聴いてテンションを上げてみましょう。
7 火	●	良くも悪くも前に進む日。周囲からの評価はしっかり受け入れましょう。ダメな部分は今後の課題にし、よい部分はもっと伸ばせるよう心がけるといいでしょう。
8 水	△	ドジな1日になってしまいそう。時間や数字を間違えたり、簡単な作業でミスをしやすいので気をつけましょう。食べこぼしや、舌を噛んで痛い思いをすることもありそう。
9 木	○	今年の目標を思い出してみるといい日。すっかり忘れていたり、三日坊主になっているなら、今日からでもいいので再スタートしておきましょう。
10 金	○	出費が増えそうな日。とくに、ヒマになると出費が激しくなってしまうので注意しましょう。目的もなく買い物に行ったりお店に入ったりすると、不要なものを買ってしまいそうです。
11 土	▽	日中は、行動的に過ごすといいでしょう。友人や知人を誘って、ランチを楽しむとよさそうです。夕方以降は、愚痴や文句を言いたくなる出来事に遭遇しやすいので、早めに帰宅しましょう。
12 日	▼	予定が変わりやすい日。ひとりの時間が増えたり、さみしい思いをすることも。映画を観たり、本を読んでゆっくりするといいでしょう。
13 月	✕	珍しく遅刻や忘れ物をしやすい日。しっかり準備したと思ったことほど漏れが見つかりそうなので、油断しないように。嫌みや余計なことを言う先輩と関わらなくてはいけなくなることもありそうです。
14 火	▲	気持ちの切り替えが大切な日。「ダメなことはダメ」と諦めることで、次に進むことができるでしょう。恋愛でも、進展がない相手をいつまでも追いかけていないで、キッパリ諦めて次を探してみることが大切です。
15 水	＝	気持ちが少し楽になる日です。新しいことに目を向けたり、明るい未来を想像するといいでしょう。新たな仕事や、これまでとは違う感じの仕事を任せられたら、やる気をアピールしてみましょう。
16 木	＝	苦手と思って避けていることに、少しでも挑戦してみるといい日。「やっぱりダメだった」となってもいいので、「苦手なことを克服するための一歩」を楽しむつもりで、取り組んでみましょう。
17 金	□	今日と明日は体調に注意が必要。油断していると風邪をひいたり、のどの調子を悪くしてしまいそう。温かい飲み物を飲んで、ゆっくりする時間をつくっておきましょう。
18 土	■	日ごろの疲れをしっかりとる日だと思っておきましょう。すでに予定が入っている場合は、予定を詰め込みすぎないように。今日はしっかり湯船に浸かってから寝るといいでしょう。
19 日	●	うれしいことと面倒なことが重なりそうな日。ほめられてよろこんでいたら、調子に乗りすぎて叱られてしまうようなことも。冷静な判断を心がけましょう。
20 月	△	大事な仕事をすっかり忘れてしまいそうな日。頼まれていたことがないか、思い出してみて。ふだんなら絶対にしないようなミスもしやすいので、注意して行動しましょう。
21 火	○	新しいことに飛びつくよりも、自分の得意なことをさらに磨くといい日。自分の能力で周囲がよろこんでくれることはないか、探してみましょう。
22 水	○	ご馳走してもらったことのある先輩や上司に、些細なものでもいいのでお返しをしたり、感謝の気持ちを伝えましょう。小さなことでも「お返し」を忘れないように。
23 木	▽	愚痴や不満や文句は、誰にでも多少はあるものですが、できるだけ楽しい話や明るい未来の話をするようにしましょう。みんなが笑顔になる話ができる人に、運は味方します。
24 金	▼	「何があっても、落ち着いて行動しよう」と心がけておく必要がある日。周囲や自分以外のトラブルに巻き込まれてしまうこともありそうです。
25 土	✕	約束が急にキャンセルになったり、ガッカリする出来事が起きそう。些細な不運に落ち込まず、「このくらいで済んでよかった」と気持ちを切り替えて。
26 日	▲	気乗りしない人がいる集まりには、参加しなくていいでしょう。無理に合わせて疲れるくらいなら、ひとりの時間を楽しみましょう。
27 月	＝	最新の曲や、これまで避けていたジャンルの音楽を聴いてみると、新たな発見があったり学ぶべきことを見つけられそう。違う世界に飛び込んでみると、思った以上に楽しめそうです。
28 火	＝	やるべきことが増えそうな日。ゆっくりでもいいので、目の前のことから片づけていきましょう。面倒なことほど先に終わらせておくと、楽になりそうです。

☆ 開運の日　◎ 幸運の日　● 解放の日　○ チャレンジの日　□ 健康管理の日　△ 準備の日　▽ ブレーキの日
■ リフレッシュの日　▲ 整理の日　✕ 裏運気の日　▼ 乱気の日　＝ 運気の影響がない日

3月 2023

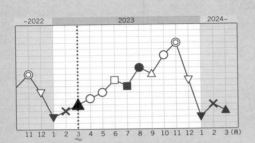

▲ 整理の月

総合運 — 不要な縁が切れそう やりたいことを探して

大きな区切りがついて、前に進むきっかけとなる月。「整理の年」の「整理の月」は、不要な縁が切れたり、これまで長く続けていたことから離れる決断ができたり、己の向き不向きがハッキリする時期でもあります。失ってガッカリする場合もありますが、のちに「あのとき区切りをつけてよかった」と思えるようになるでしょう。今年に入って人間関係や仕事に疑問を感じているなら、離れる覚悟をもち、転職先ややりたいことを探してみるといいでしょう。

恋愛＆結婚運

新年から気まずい感じの空気になっていたり、「別れたい」と思っていた恋人とは、縁が切れてしまう可能性が高い時期。無理や我慢をしているほうが後悔することになるので、勇気を出して別れを告げることも大切です。今月の新しい出会いは縁が薄いので、来月以降に期待しましょう。今月、髪を思い切ってカットするといい印象に変わりそうです。結婚運は、破談になってしまったり、お互いに問題が発覚することがあるかもしれません。

仕事運

良くも悪くも区切りがつく時期。嫌な予感がしていた仕事や、先月ごろから悪いウワサを聞いていた案件が今月で終わることや、会社の倒産や契約終了の告知を受けることなども起きそうです。面倒な仕事から離れられたり、部署異動で苦手な人と距離ができるなどプラスの場合もありますが、大事なポジションを失うケースも。気持ちを切り替えて次にやるべきことを見つけたり、「ほかのことに目を向けるチャンス」だと前向きに受け止めましょう。

金運＆買い物運

突然機械が故障したり、手を滑らせてスマホや大事なものを壊してしまうなど、ガッカリするような出来事が起きる月。急な出費が増える時期でもあります。異変を感じる家電があるなら、「そろそろ寿命かな」と覚悟しておきましょう。一方で、片付けをするには最高の運気なので、年齢に見合わないものや長年置きっぱなしになっているものは、一気に処分しましょう。投資などは慎重な判断が大切な時期。一気に売る判断も必要になりそう。

美容＆健康運

区切りをつけるのにいい運気なので、日ごろの生活を見直して、不摂生と思われることは今月でやめるようにしましょう。間食や甘い飲み物、夜中の食事、過度な飲酒や喫煙は控えて、健康的な生活習慣に整えること。もったいないと思っても、お菓子を食べずに処分する決断も必要です。使わない化粧品なども思い切って捨てて、年齢と肌に合うものを来月以降に購入するといいでしょう。ダイエットは、長期的な目標を立て始めるといいでしょう。

1 水	□	気持ちを切り替えられる、いいきっかけがつかめそうな日。モヤモヤも吹っ切れそうです。ときには、自ら思い切った行動や決断をするといいでしょう。
2 木	■	油断をしていると風邪をひいてしまったり、体調を崩してしまうことがあるので気をつけて。温かい飲み物を飲み、ゆっくりする時間をつくるといいでしょう。
3 金	●	思ったよりも周囲の人があなたを意識してくる日。笑顔を心がけて、挨拶やお礼をしっかりすると、味方が集まったり、評判になることがありそうです。
4 土	△	お気に入りの食器を割ってしまったり、大事にしていたものをうっかり壊してしまうかも。操作ミスでデータや写真を消してしまうアクシデントもあるので、しっかり確認するようにしましょう。
5 日	○	最近会っていない友人に連絡してみるといい日。会って話してみると、のちに「あのとき会っておいてよかった」と思える流れになるでしょう。急に思い出した人に連絡をしてみるのもオススメです。
6 月	○	あなたに大切な情報を教えてくれる人や、指導してくれる人と接することができる日。厳しいことを言われても、感謝の気持ちでしっかり受け止めて、精進するようにしましょう。
7 火	▽	どんな人も尊重することが大切な日。後輩や部下など、若かったり経験の少ない人でも、自分より優れているところがあるもの。しっかり話を聞いてみると、いい勉強になるでしょう。
8 水	▼	人任せにしていたり他人に甘えすぎたりしていると、周囲の人から突っ込まれることや、叱られてしまうことがありそうです。自分のことは一生懸命に取り組むようにしましょう。
9 木	×	言葉選びが大切な日。たとえ冗談でも、相手がどんなふうに思うのかを考えてから話すようにしましょう。愚痴や不満は、マイナスな気持ちになるだけなので避けること。
10 金	▲	人との縁が切れたり、大事なものを失ってしまいそうな日。「別れたい」と少しでも感じている人がいるなら、思い切って距離をおくようにしましょう。
11 土	＝	ゆっくり過ごすのもいいですが、今日と明日は、できれば部屋を片付けて、不要なものを処分するのがオススメです。身の回りにいらないものがないか、チェックしてみましょう。
12 日	＝	午前中に片付けや掃除を終わらせて、午後からは散歩に出かけたり、新しいお店や話題のスポットなどに足を運んでみるといいでしょう。おもしろい発見やいい経験ができそうです。
13 月	□	今後のことを真剣に考える流れになりそうな日。何気ない会話から、やる気や好奇心に火がつくかも。自分とは違う考え方をする人と、いろいろ話してみるといいでしょう。
14 火	■	頑張りすぎに注意が必要な日。思っている以上に、心身ともに疲れがたまっていたり、突然集中力が切れてしまうことがありそうです。今日は無理をせず、早めに帰宅するようにしましょう。
15 水	●	良くも悪くも目立ちやすい日。失敗も目立ってしまうので、ていねいに仕事をしたり、確認作業をしっかり行うようにしましょう。支えてくれる人には感謝を忘れないように。
16 木	△	大きなミスをしやすい日。大事な資料を失くしたり、誤ってデータを消してしまったり、値段や数字を間違えてしまうことも。何事もしっかりと最終確認を行いましょう。
17 金	○	あなたをやさしく指導してくれる人や、温かく見守ってくれる人に感謝するようにしましょう。これまでの人生で、助けてくれた人たちを思い浮かべてみるといいでしょう。
18 土	○	買い物に行くのはいいですが、不要なものまで購入しそうなので気をつけましょう。欲しいものをメモしてから出かけるのがオススメです。また、少し贅沢な食事を選ぶといい1日になりそうです。
19 日	▽	大事な用事は午前中に済ませておくといいでしょう。夕方あたりから予定が乱れたり、疲れがたまってしまいそうです。早めに帰宅して、家でゆっくり過ごすといいでしょう。
20 月	▼	空回りしやすい日。一生懸命頑張ったことが無駄になったり、よかれと思った行動で叱られてしまうことがありそう。もっと先のことを考えてから、動くようにしましょう。
21 火	×	縁が切れてしまいそうな日。大切な人との別れや、失恋する可能性があります。大事なものを失くしたり、壊してしまうこともあるので、気をつけましょう。
22 水	▲	身の回りをきれいに整理整頓し、ふだんはあまり手をつけていない場所も片付けておきましょう。使わないと思うものは処分するといいですが、本当に捨てても大丈夫か、しっかり確認するようにしましょう。
23 木	＝	スマホを見てばかりいないで、周囲をもっとよく観察してみて。ふだん通らない道を選んでみると、おもしろい発見がありそうです。
24 金	＝	失敗から学ぶつもりで、「新しい方法」を試してみるといいでしょう。最初からうまくいかないのは当然なので、失敗してもすぐに投げ出さないように。何度か挑戦してみると、手応えを感じられそうです。
25 土	□	「そろそろ新しくしないと」と思いながらも、使い続けている家電や家具があるなら、今日買い替えを決断するといいでしょう。思い切って先に処分して、購入せざるを得ない状況に追い込むのもオススメです。
26 日	■	少し体を動かして汗を流しておくといい日。午後はゆっくり昼寝をするなど、体を休ませるといいでしょう。マッサージなどに行って日ごろの疲れをとるにもよい日です。
27 月	●	相性の悪い人や苦手な人と離れることができそうな日。ソリの合わない上司が不在だったり、面倒な人と関わらなくて、1日楽しく過ごせそう。恋愛でも少し進展がありそうです。
28 火	△	珍しいミスをしやすい日。寝坊や遅刻、時間の間違いなど、自分でもびっくりするようなことをやってしまいそう。事前確認と最終確認を怠らないようにしましょう。
29 水	○	経験をうまく活かすことができる日。「過去の失敗」を話のネタにしたり、「苦労話」を楽しげに話してみると、周囲が協力してくれる流れになるかも。
30 木	○	いい仕事ができる日。どんな仕事も必ず、どこかの誰かの笑顔と感謝につながっていると信じて、一生懸命に働きましょう。そんなあなたの頑張る姿を、見てくれている人がいるでしょう。
31 金	▽	日中は、勢いよく進められたり、いい決断ができそうです。悩んだときは、「古いことから離れてみる」といいでしょう。新しい方法やこれまでと違うやり方を選ぶことで、いいヒントが見つかりそうです。

☆ 開運の日　◆ 幸運の日　● 解放の日　○ チャレンジの日　□ 健康管理の日　△ 準備の日　▽ ブレーキの日
■ リフレッシュの日　▲ 整理の日　× 裏運気の日　▼ 乱気の日　＝ 運気の影響がない日

2023 4月

○ チャレンジの月

開運 3 カ条

1. 新しいことに目を向ける
2. 知り合いを増やす
3. 大人っぽくイメチェンする

総合運 過去を引きずらずに「新しい」に注目して

気持ちの切り替えができ、新たなことに目を向けられるようになる時期。過去をいつまでも引きずっていると、運気の流れに乗れなくなってしまいます。新たな環境や周囲の変化に合わせながら、「新しい」に注目して生活してみると自然とやる気がわいて、出会いも増えるでしょう。今月は、情報を集めたり視野を広げる努力が大切になります。気になることはいろいろ調べて、積極的に行動するといいでしょう。

恋愛＆結婚運

新しい出会いが増える時期ですが、ほかにもやるべきことや気になることが増えるタイミングなので、進展には時間がかかりそうです。知り合いや友人を増やすくらいの気持ちで行動したほうが、素敵な縁につながるでしょう。人の集まりには参加できるようフットワークを軽くしておきましょう。しばらく恋人がいない人は、年齢に見合った髪型にイメチェンするのがオススメ。結婚運は、今月急展開する可能性は少ないので相手を褒めることを意識しましょう。

金運＆買い物運

年齢に見合わない幼稚なものや、何年も使っているアイテムを最新のものに買い替えるのにいいタイミングです。一気にすべては無理でも、まずは服や靴、カバンなどの雰囲気を変えてみるといいでしょう。これまでとは違うお店で買ってみたり、少し大人っぽいお店で選んでみるのがオススメ。新しく通帳をつくって、定期的な貯金をスタートさせたり、試しに少額の投資信託を始めてみるにもいい時期です。

仕事運

真面目に仕事に取り組むのはいいですが、一生懸命になりすぎて、視野が狭くならないようにしましょう。今月は職場の人と交流したり、仲よくなることも忘れないようにしましょう。これまでとは違う仕事を任されたり、流れが変わることもありますが、変化があるのはいい運気に乗っている証。過去の失敗にとらわれて新たな挑戦を避けていると、いつまでも成長できません。失敗から学んで、糧にするつもりで勇気を出して行動してみましょう。

美容＆健康運

ダイエットや筋トレ、体力づくりをスタートさせるにはいいタイミングです。理想のスタイルだと思う人の写真を部屋に飾っておくと、少しずつですが、憧れの体形に近づけそう。周囲の影響を受けやすいタイプなので、スポーツ好きの人や、スタイルのいい人と仲よくなったり、スポーツジムなどでインストラクターからアドバイスを受けてみるのもいいでしょう。新発売の化粧品や、美容器具を購入してみるのもオススメです。

開運のつぶやき ▶ 人生とは他人を褒めるためにある。

1 土	▼	今日がエイプリルフールだとすっかり忘れていて、恥ずかしい思いをしそう。ただ、なんでも「エイプリルフールのウソでしょ?」と思って聞いていると、素敵な出会いを逃すこともあるので気をつけましょう。
2 日	✕	ひとりの時間を楽しめると、いい日になるでしょう。映画館や喫茶店など、いつも誰かと一緒だった場所にひとりで行ってみると、一歩成長できそうです。
3 月	▲	悩みや不安を抱えているなら、少しでも誰かに聞いてもらうといいでしょう。そのためにも挨拶やお礼はしっかりして、きちんとした敬語を使えるようになっておくこと。
4 火	○	思い切って生活リズムを変えてみるといい運気。早起きをしたり、食事の時間を変えてみるといいでしょう。スマホを触らないようにしたり、SNSをやめてみるのもオススメ。時間を有意義に使えるようになるはずです。
5 水	○	一生懸命に頑張るのはいいことですが、上手に力を抜かないとヘトヘトになってしまいそう。周囲に合わせて雑談をしたり、たまには休むことも忘れないようにしましょう。
6 木	□	ウソやごまかしは、いずれバレてしまうもの。失敗を隠したり、秘密にしたりせず、きちんと報告と相談をすること。「どうすればいいか」を教えてもらい、しっかり学ぶようにしましょう。
7 金	■	頑張りが続かなくなったり、心身ともに疲れを感じてしまいそう。しっかり休憩をとり、無理な残業はせずに早めに帰宅しましょう。家では、のんびりする時間をつくるといいでしょう。
8 土	●	スムーズに物事が進みそうな日。気になる人に連絡すると「ごはん行きませんか?」と相手から誘ってもらえたり、なにか進展があるかも。素敵な出会いもありそうなので、外出してみるといいでしょう。
9 日	△	注意力が散漫になりそうな日。遊びに出かけるのはいいですが、段差で転んだり、ぶつけたり、忘れ物もしそうなので気をつけましょう。買い物では、値段を見間違えてびっくりすることがあるかも。
10 月	○	年上の人の話をしっかり聞くことが大切な日。知恵を借りることで、無駄な苦労を避けられそうです。また、不思議と懐かしい人からの連絡もありそう。後日会う約束をしてみるといいでしょう。
11 火	◎	先輩や上司にご馳走してもらえるなど、「小さなラッキー」がありそうな日。感謝とお返しをする気持ちを忘れないようにしましょう。仕事運と金運がいい日なので、積極的に行動するといいでしょう。
12 水	▽	学んできたことが役に立ったり、地道な努力が評価されそうです。満足するのもいいですが、もっと上を目指すことを大切に。夜は、予想外の忙しさになってしまいそう。
13 木	▼	余計なことを考えすぎると、やる気に影響が出てしまいそう。過ぎたことをいつまでも考えないで、今日できることに最善をつくすといいでしょう。
14 金	✕	余計な発言をしてしまいそうな日。話をするのはいいですが、聞き役に回ってみたり、相手の話にしっかりリアクションをとるようにしましょう。人の話は、楽しそうに聞くことが大切です。
15 土	▲	身の回りをきれいに片付けることで、運気がアップする日。しばらく使うことがなさそうなものは、しまっておきましょう。思い出があるものでも、もう年齢に見合っていないアイテムなら処分するように。
16 日	○	「はじめて会う人」から勉強になる話を聞いたり、いい刺激がもらえそう。恋がスタートする場合もあるので、人の集まりには積極的に参加するようにしましょう。髪を切ってイメチェンするにもいい日です。
17 月	○	求められることや、やるべきことが増える日ですが、実力不足や勉強不足を感じることもありそう。「まだ成長できる部分を見つけられてラッキー」と前向きに受け止めましょう。
18 火	□	些細なことでも全力で取り組んでみるといい日。頑張るあなたの姿を見ていた人が、のちにチャンスをつくってくれたり、いい縁をつないでくれたりしそうです。自分のことよりも、相手のことをもっと考えて行動してみるといいでしょう。
19 水	■	疲れを感じやすい日なので、無理は禁物。ゆっくり休む時間をつくっておきましょう。忙しすぎて、昼休憩や休み時間がほとんどなくなってしまうこともあるので、こっそり食べられるものを用意しておくといいかも。
20 木	●	苦手な上司や嫌な先輩と距離をおいて、のびのび仕事ができそう。リラックスして仕事に取り組むのはいいですが、夕方以降は小さなミスをしやすくなるので気をつけましょう。
21 金	△	時間や数字を間違えるなど、うっかりミスがありそうな日。チェック漏れや忘れ物、失言もしやすいので、今日はいつも以上に落ち着いて行動し、確認作業を怠らないようにしましょう。恥ずかしい思いをしてしまう場合があるかも。
22 土	○	親友と語ることで気持ちが楽になりそうな日。しばらく会っていない人に連絡をして、お茶をしたり、家に遊びに行ってみるのもいいでしょう。異性の友人なら、恋に発展することもありそうです。
23 日	◎	買い物をするにはいい日。まとめ買いをしたり、買い替えを考えているものがあれば購入するといいでしょう。服や靴などを見に行くと、いいものを見つけられそうです。少し大人っぽさを意識して選ぶのがオススメ。
24 月	▽	午前中は、いい流れに乗って仕事ができそう。勢い任せでもいい判断ができるでしょう。ただし、夕方あたりからは行動が雑になってしまうかも。ドアや引き出しに指をはさんだり、操作ミスをすることもあるので気をつけましょう。
25 火	▼	人の話を最後まで聞かずに失敗することがある日。思った以上に雑になりやすいので、いつも以上にていねいに行動するよう心がけましょう。適当な相づちを打たないように。
26 水	✕	よかれと思った行動が裏目に出やすい日。自分ではアドバイスのつもりが、「知ったかぶり」「余計なお節介」などと思われてしまうことがあるので気をつけましょう。今日は少し控えめなくらいがちょうどよさそうです。
27 木	▲	財布やカバンのなかを一度整理して、スッキリさせておきましょう。身の回りをきれいにすることで気分がよくなり、周囲の評価も上がりそうです。時間にゆとりがあれば、ふき掃除をするといいでしょう。
28 金	○	些細なことでもかまわないので、何か新しいことに触れてみましょう。新発売のドリンクやお菓子、新しいメニューを選んでみると、楽しい時間を過ごせて、話のネタにもなりそうです。
29 土	○	初デートをするには最適な日。気になる人に連絡をして、短時間でも遊んでみるといいかも。新しい出会い運も好調なので、飲み会などには積極的に顔を出してみましょう。
30 日	□	なんとなくでもいいので、来月の目標を決めたり、挑戦してみたいことを探してみるといいでしょう。気になる体験教室を調べたり、予算や費用の情報を集めてみましょう。

☆ 開運の日　● 幸運の日　● 解放の日　○ チャレンジの日　□ 健康管理の日　△ 準備の日　▽ ブレーキの日
■ リフレッシュの日　▲ 整理の日　✕ 裏運気の日　▼ 乱気の日　= 運気の影響がない日

5月

○ チャレンジの月

総合運

誘いが増える時期
大きな決断は時期尚早かも

先月よりも前向きに行動ができるようになったり、周囲からの誘いも増えてくる時期。視野が広がり、これまでの価値観や考え方を変えるきっかけを得られることもあるので、フットワークはできるだけ軽くしておくといいでしょう。ただし、大きな決断をするにはまだ早い時期です。新しいことに挑戦をするときは「お試し」と思ってみることが大切。うまくいかなかったり想像と違った場合は、いったん手を引いて少し様子をうかがうようにしましょう。

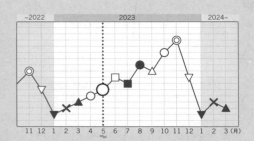

恋愛＆結婚運

誘われることが増えてくる時期なので、自然と出会いも多くなってきますが、一気に交際や盛り上がる恋に発展するほど強い運気ではありません。知り合いを増やしたり、友人をつくるくらいの気持ちでいるといいでしょう。相手の運気を調べて合わせてみると、交際に発展することは十分あるので、自分の運気だけを基準にしてガッカリしないように。結婚運は、付き合いが長い人は話が進展してくる運気です。できるだけ前向きな話をするといいでしょう。

仕事運

職場の人間関係が少しよくなってきたと感じたり、楽しくコミュニケーションがとれそうです。笑顔で挨拶をし、表面的な話だけで終わらせず、前向きな話や本音を語ってみるといいでしょう。仕事に対するとらえ方も変わりはじめて、やる気になるきっかけをつかめることもありそうです。言われたことだけをするのではなく、もっと工夫してみたり、求められた以上の結果を出すために知恵をしぼってみるといいでしょう。

金運＆買い物運

長期的に使うものを購入する時期ではありません。今月買ったものはお気に入りになっても、壊れたり、汚してダメになってしまうなど、縁が短いものになってしまいそうです。高価なものは避けておいたほうがダメージも少ないでしょう。儲け話や投資も、勉強のつもりで少額出費するのはいいですが、大きな勝負に出るタイミングではなさそうです。節約を楽しんだり、新たにポイントを貯めはじめたりするといいでしょう。

美容＆健康運

先月辺りから「ダイエットや筋トレ、スポーツでも始めようかな」と思っているなら、今月が行動に移すにはいいタイミング。最初は体験だけでもいいので、気になる教室などに行ってみましょう。友人に誘われたものに参加してみると、思ったよりもハマりそうです。ただし、長くは続かない可能性が高いので、長期の契約をしたり道具などを買いすぎないようにしましょう。食事の時間やバランスをこれまでと少し変えてみるにもいい時期です。

開運のつぶやき ▶ 失敗は成功に繋がる過程であり、成功は次の失敗に繋がる過程になる。

1
月
■
少し疲れがたまりやすい日。今日は無理をしないで、少しペースを落としてみるといいでしょう。心のリラックスも必要です。好きな音楽を聴くなど、ゆっくりする時間もつくっておきましょう。

2
火
●
人との縁を感じる日。急に遊びに誘われることもありそうです。周囲から注目されることで魅力がアップする運気でもあるので、少し目立つ感じを意識するといいでしょう。自分から挨拶したり、話しかけるようにしてみて。

3
水
△
失敗を笑いのネタにするくらいの気持ちが大切。ほかの人の失敗も、できるだけ許すようにしましょう。失敗から学ぶ気持ちも忘れないように。ドジなケガには気をつけましょう。

4
木
○
経験を活かすことができる日。「苦労を乗り越えてよかった」と思えたり、「何事も経験しておくものだ」と感じられることがありそう。苦労や挑戦を避けてばかりの人は、今日は大事な経験ができそうです。

5
金
◎
買い物をするにはいい日。日用品など、身の回りで使い切ってしまいそうなものをチェックしてから買いに行くといいでしょう。勢いで不要なものまで購入しやすいので気をつけて。

6
土
▽
日中は、少しのんびりするといいので、予定を詰め込まないほうがよさそう。夕方以降は、友人や知人の誘いに乗るのはいいですが、振り回されてしまうこともありそうです。

7
日
▼
不満やマイナス面に目がいってしまいそうな日。現状に満足したり、小さな幸せを見つけるようにしましょう。感謝の気持ちが足りないと、ギスギスした感じになってしまいます。

8
月
×
欲張ると面倒なことが増えてしまう日。今日は「何事もほどほどがいい」と思っておきましょう。誘惑に負けると、苦労を招いてしまいそう。

9
火
▲
身の回りをマメに片付けるといい日。使ったものは元の場所に戻して、整理整頓もしておきましょう。散らかったままでは大事なものを失くしたり、探すのに不要な時間を使うことになってしまいます。

10
水
○
情報を集めるにはいい日。ふだん話さない人と少しでも会話をしてみるといいでしょう。あなたも相手がよろこぶ情報を提供することができそうです。まずは挨拶をしっかりしておきましょう。

11
木
○
たとえ面倒でも、新しいことへの挑戦は自分の成長のために必要なことだと忘れないように。小さなことでもいいので、試しに行動してみるといいでしょう。新発売のお菓子を買ってみるのもオススメです。

12
金
□
何事にも「順序」があるもの。行儀のよさを意識すると、評価されたり、周囲の人と差がつくことがあるでしょう。雑な行動や無作法な振る舞いは、評判を悪くするだけなので気をつけましょう。

13
土
■
疲れやすい日。予定を詰め込まないで、ゆとりをもって行動しましょう。食事のバランスを考えて、間食も避けるように。時間があるときは、軽い運動をするといいでしょう。

14
日
●
急に遊びに誘われることがありそうな日。楽しむ気持ちが、運気の流れをよくしてくれるでしょう。気になる人がいるなら連絡をしてみて。楽しいデートができそうです。

15
月
△
小さなミスをしやすい日。時間や数字を間違えてしまうことがあるので、しっかりチェックしておきましょう。急いでいるときほど落ち着いて行動するように。

16
火
○
履き慣れた靴や、長年使っているアイテムを選んでみるといい日。新しいものもいいですが、長く使っているもののよさをあらためて知ることができそうです。久しぶりに行く場所にも縁があるでしょう。

17
水
◎
無駄な動きを減らし、効率よく仕事をするよう意識するといい日。経費なども無駄に使わないように。「経営者目線」で職場を見てみると、自分のやるべきことがクリアに見えてくるでしょう。

18
木
▽
午前中は、調子よく仕事ができそうな日。大事な仕事は早めに片付けておくといいでしょう。夕方以降は、余計な妄想やボーッとする時間が増えて、ミスをしやすくなるので気をつけて。

19
金
▼
苦手な人と一緒にいる時間が増えたり、面倒な仕事を任されてしまいそう。サボっているところを見られて、気まずい空気になってしまうこともあるので気をつけて。

20
土
×
予定が急にキャンセルになったり、予想外の渋滞に巻き込まれることや行列に並ぶことがありそう。些細なことにイライラしないで、待ち時間に周囲を見回し、「何か新しい発見がないか」探してみるといいでしょう。

21
日
▲
部屋の掃除や片付けをするといい日。季節に合わないものはしまっておきましょう。窓をふいたり、床を磨いたり、ふだん掃除をしないところもピカピカにするといいでしょう。

22
月
○
「多少の失敗は当然だ」と思って挑戦するのはいいですが、無理をすると周囲に迷惑をかけてしまうことに。実力よりも少し上を目指すくらいにしておきましょう。

23
火
○
自分の幸せのために、素直に行動することが大切な日。自分のことだけではなく、周囲の人の幸せも考えて動いてみるとさらにいいでしょう。「自分にとっての幸せとは何か」を、真剣に考えておくことも必要です。

24
水
□
判断力を鍛えるにはいい日。何事も3秒以内に決断する練習をしてみましょう。優柔不断さを完全には克服できなくても、遊びながら判断力を鍛えておくといいでしょう。

25
木
■
寝不足や疲れを感じそうな日。食事のバランスが悪い人は、風邪をひいてしまうこともあるので気をつけましょう。野菜やフルーツを少し多めに食べておくのがオススメです。

26
金
●
意外な人から注目される日。どんな仕事にも真剣に取り組むのはいいですが、楽しもうとする姿勢が大切。大変なことほど、楽しむ工夫をしてみて。

27
土
△
ドジなことをしやすい日。足をぶつけたり、手を滑らせてものを壊してしまったりしそう。いつも以上にていねいな行動を心がけましょう。

28
日
○
親友に会うといい日。しばらく会っていない人に連絡をしてみると、タイミングよく会うことができそうです。いろいろ語ると、気持ちが楽になるでしょう。

29
月
◎
重要な仕事を任されたり、注目されることになりそうな日。今日は、完璧を目指して、これまで以上に真剣に取り組んでみるといいでしょう。数字や時間にももっとこだわってみて。

30
火
▽
周囲からの協力を得られたり、いいアドバイスをもらえそう。素直に行動すると、よい結果につながりそうです。夕方以降は、集中力が途切れたり、ミスが増えてくることがあるので気をつけて。

31
水
▼
余計な妄想が膨らんだり、心配事が増えてしまいそうな日ですが、基本的にはあなたが考えすぎなだけなので、気にしないように。目の前の仕事に集中するようにしましょう。

☆ 開運の日　◎ 幸運の日　● 解放の日　○ チャレンジの日　□ 健康管理の日　△ 準備の日　▽ ブレーキの日
■ リフレッシュの日　▲ 整理の日　✕ 裏運気の日　▼ 乱気の日　＝ 運気の影響がない日

2023 6月

□ 健康管理の月

開運 3ヵ条

1. 区切りをつける
2. 大掃除をする
3. 人間関係を整理する

総合運
区切りをつけるにはいい時期
悪友とは距離をあけて

しっかりと区切りをつけるにはいい時期。なんとなく続けていた趣味や、「もう止めたい」と思っていることがあるなら、今月でおしまいにするといいでしょう。人間関係でも、悪友やあなたを振り回す人とは、距離をあけると気持ちが楽になりそうです。ただし、なんでも切り離せばいいわけではないので、将来に役立つことを学べて成長できる環境からは、簡単に逃げたり離れたりしないように。季節外れの大掃除をするにもいい運気です。

恋愛&結婚運

恋人に疑問を感じていたり気持ちが冷めている場合は、今月、自ら別れを告げたほうがいいでしょう。また、情だけの付き合いや、先のない人との交際も、あなたから言い出せば終わらせることができそうです。新しい出会い運は、下旬から少しいい流れが出てきますが、理想の人に会える時期ではないでしょう。結婚運は、話を進めたいなら「自分に何が足りないのか」「どんな人が合うのか」を真剣に考えておくといいでしょう。

仕事運

仕事でも「ひと区切りつく」という意味ではいい時期ですが、ポジションが急に変わったり、いまの仕事を離れる流れにもなりそうです。転職したい気持ちが強くなりそうですが、下旬になるとその気持ちは薄くなってくるので、少し辛抱してみるといいでしょう。また、仕事に集中できるように、職場に不要なものを置かないようにしましょう。仕事道具を手入れしたり周りをきれいに整えると、やる気がわいて、いい結果にもつながるでしょう。

金運&買い物運

お金の使い方を真剣に考える必要がある時期。不要な出費がないか、しっかり見直しましょう。スマホを格安SIMに変更したり、不要なサブスクを解約するといいでしょう。使わないアプリも消去すること。買い物でも、「本当に必要なものなのか」を考えてから買うようにしましょう。家計簿やお小遣い帳をつけてみるのもオススメです。投資などの資産運用は、少額であれば問題ないので、「試しに」くらいの気持ちで経験してみるといいでしょう。

美容&健康運

ダイエットを考えているなら、今月からでもスタートしてみるといいでしょう。無理をすると続かないので、家でゆっくり挑戦できたり、継続できそうなことから始めてみましょう。食事のバランスも整えることが大事です。運動不足を感じている人は、家でストレッチをしたり、歩く距離を延ばしてみることから始めるのがオススメ。美容運は、年齢に見合うスキンケアやメイクに変えるよう、いま使っているものを一度見直してみるといいでしょう。

開運のつぶやき ▶ 🎭 時間の使い方が下手な人ほど、「時間がない」と言う。

1木	✕	見当違いや勘違いなどをしやすい日。周囲の人に過度な期待をしないこと。情報をしっかり確認してちゃんと見直せば、問題は避けられそうです。
2金	▲	身近なものが壊れてしまったり、自分で傷つけたり汚してしまいそうな日。お気に入りの服に食べ物をこぼすことや、スマホを落として画面を割ってしまうようなことがあるので、気をつけましょう。
3土	○	気分転換を兼ねて、ふだん行かない場所やお店に足を運んだり、気になったイベントやライブに参加してみるといいでしょう。素敵な体験ができて、いい出会いにもつながりそうです。
4日	○	気になる人やしばらく会っていない友人がいるなら、相手からの誘いを待っていないで、自ら連絡するといいでしょう。タイミングよく会えることになって、楽しい時間を過ごせるかも。
5月	□	朝から調子よく仕事に取り組めそうな日。大事な用事ほど早めに取りかかってみると、いい結果につながったり、いい流れに乗れそうです。ただ、夜は疲れを感じやすいので無理はしないこと。
6火	■	寝不足や疲れから、集中力が途切れてしまいそうな日。こまめに休むようにし、集中して短時間で終えるよう意識するといいでしょう。昼食の食べすぎにも気をつけましょう。
7水	●	頭の回転がよくなり、テキパキ仕事を進められて、いい勘も働くでしょう。些細なことでも積極的に行動することや、悩む前に動くことを意識してみるといいでしょう。いい縁もつながりやすいので、自己アピールを忘れないように。
8木	△	少し羽を伸ばしたり息抜きをするくらいはいいですが、思った以上に油断してしまい、判断ミスにつながる場合があるため注意が必要です。自分でも「間抜けだな」と思うようなドジをしやすいので、気を緩めすぎないようにしましょう。
9金	○	購入したのに使っていないものや、昔は愛用していたけどしばらくしまってあるものがあれば、あえて使用してみましょう。思った以上に使いやすく、便利だと気づきそう。買ったまま読んでいない本にも、いい言葉が隠れているかも。
10土	◎	偶然入ったお店でお得な買い物ができそうです。時間をつくって出かけてみるといいでしょう。また、ネットでもいいものを見つけられたり、ポイントがたくさんつくサービスを受けられることも。
11日	▽	友人や知人、恋人と楽しい時間を過ごすのもいいですが、今日は家族を大切にして、これまでの感謝の気持ちを形にするといいでしょう。お菓子をプレゼントしたり、食事をご馳走するのもオススメです。
12月	▼	優柔不断になって判断ミスをしやすい日。ラクな道や、得する方法ばかり考えるのではなく、あえて遠回りしてみたり、少し面倒だと思うほうを選んでみると、いい経験ができたり、勉強になる出来事につながりそうです。
13火	✕	タイミングの悪さを実感しそうな日。電車にギリギリで乗り遅れてしまったり、赤信号に引っかかる回数が多いと感じたりしそうです。些細なことでイライラせず、そのズレを楽しむくらいの気持ちでいるといいでしょう。
14水	▲	無理に予定を詰め込むと、予想外の出来事や急なトラブルに振り回されて、大変な思いをしそう。今日は時間にゆとりをもって行動し、隙間時間をつくっておくのがよさそうです。
15木	○	古い考えにこだわったり、固定観念が強くなると、苦しくなるだけ。時代の移り変わりに対応するよう心がけ、若い人の考え方や発想力を見習うようにしましょう。年下の人から最新情報を教えてもらうといいでしょう。
16金	○	気分転換に、少し散歩をしてみるといい日。ランチのあともボーッとしないで、短い距離でも歩いてみるといいでしょう。おもしろいことを発見できたり、いい妄想ができて、気分も頭もスッキリしそう。
17土	□	ダラダラ過ごすと逆に疲れてしまうだけ。今日は、しっかり計画を立てて行動するといい1日になるでしょう。帰宅時間はふだんよりも少し早めにして、ゆっくり湯船に浸かってから寝るようにしましょう。
18日	■	昨日遊びすぎた人は、疲れが一気に出てしまいそうな日。無理をしなかった人は、少し体を動かしておくといいでしょう。ストレッチやヨガなどをすると、体が軽くなり、気分も明るくなりそうです。
19月	●	連絡が増える日。求められるのはいいですが、余計なことまでお願いされてしまいそう。都合のいいときだけ連絡してくる人とは、今後の付き合いを考え直したほうがいいかも。
20火	△	珍しくはしゃぎすぎて失敗しそうな日。ほめられて頑張るのはいいですが、調子に乗りすぎず、相手の話をしっかり聞くようにしましょう。油断していると、恥ずかしい思いをする場面がありそうです。
21水	○	気分が乗らないと思うときは、休憩時間に懐かしい曲を聴くといいでしょう。とくに、頑張っていたときに聴いていた曲や、いい思い出のある曲を選んでみると、テンションを一気に上げられそうです。
22木	◎	欲しいものを見つけるのはいいですが、今日買ったものは壊れやすかったり、後悔しそうなので気をつけましょう。仕事では、数字と時間にこだわってみると、いい結果につながるはず。
23金	▽	日中は運気がいいので、積極的に行動しましょう。合理的な仕事の進め方や動き方を意識してみるといいでしょう。夕方以降は、優柔不断になってチャンスを逃しやすいので、少しの勇気が必要です。
24土	▼	予定が急に変更になったり、ドタキャンされることがありそう。あいた時間は本を読んだり、将来役に立ちそうな勉強をしたり、話のネタを探してみるといいでしょう。スマホやゲームだけで時間を潰さないように。
25日	✕	大掃除をするにはいい日。不要なものは一気に処分して、身の回りをきれいに片付けましょう。年齢に見合わない服や小物も、この機会に処分するといいでしょう。
26月	▲	今日は、不要なものを持ち歩かないほうがいい日。カバンの中身を整理して、財布からも小銭を出して軽くしておきましょう。職場も、スッキリさせるために片付ける時間をつくりましょう。
27火	○	「新しい」と思えることに少しでも目を向けてみるといい日。周囲からオススメされていたのに、なんとなく避けていたことに挑戦してみましょう。少しでもいいので、まずは試してみて。
28水	○	何事もパワー全開で取り組んでみるといい日。余計なことを考えないで、目の前のことを全力でやってみると、その姿勢を評価してくれる人が現れそうです。自分のやるべきことも見えてくるでしょう。
29木	■	準備不足に気をつける必要がある日。無駄になる可能性があっても、「万が一」を考えて準備しておくといいでしょう。今日役に立たなくても、その努力はのちのち役立てられるでしょう。
30金	■	油断していて転んだり、重いものを急に持って腰や膝を痛めたりすることがあるので気をつけましょう。指をドアにはさんでしまうこともありそうです。

☆ 開運の日　● 幸運の日　● 解放の日　○ チャレンジの日　□ 健康管理の日　△ 準備の日　▽ ブレーキの日
■ リフレッシュの日　▲ 整理の日　✕ 裏運気の日　▼ 乱気の日　＝ 運気の影響がない日

7月 2023

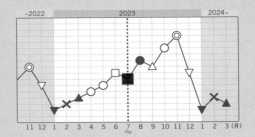

■ リフレッシュの月

開運 3ヵ条

1. 湯船にしっかり浸かる
2. 睡眠時間を長くとる
3. 軽い運動をする

総合運
無理をしないように心がけて下旬になると希望の光が

先月安請け合いをしてしまった人や、優柔不断な態度で流されてしまった人ほど、苦労や困難が待ち受けている時期。不運や不幸というよりは、求められることや周囲からの期待が増えて、プレッシャーを感じたり頑張りすぎて疲れてしまう可能性があります。ほどよく休み、無理をしないように心がけましょう。下旬になると希望の光が出てきて、周囲からの手助けが得られたりチャンスに恵まれることもあるので、体調を整えておきましょう。

恋愛&結婚運

忙しいときほど恋人や気になる相手への連絡を忘れないように。気がつくと距離があいて、連絡するタイミングがわからなくなってしまったり、相手に好きな人ができてしまうこともありそう。気になる人とは、来月にデートをする約束をしてみるといい関係に進みそうです。好意が少し伝わるようなメッセージを送っておくといいでしょう。結婚運は、月末に少し進展がありそうですが、疲れているときは無理に話を進めないほうがいいでしょう。

仕事運

重荷に感じる仕事を引き受けてしまい、実力不足が露呈するような状況になりやすい時期。できるだけ期待に応えられるように努めると、周囲からも協力してもらえるので、誠意をもって仕事に取り組む姿勢を忘れないようにしましょう。ただし、体力的な限界を感じる中で無理に頑張ろうとすると、仕事が雑になり、かえって迷惑をかけてしまうので要注意。しっかり体を休ませることも仕事の一つだと覚えておきましょう。

金運&買い物運

「ストレス発散だ!」と飲み会や遊びにお金を使うのはいいですが、お金も体力も使いすぎて後悔する場合があります。今月は、ほどほどよりも少し抑えめにするくらいがいいでしょう。マッサージやエステなど、癒やしにお金を使うときも、予算オーバーには十分気をつけること。事前に金額を決めてから行動に移しましょう。投資などの資産運用では、見逃しや判断ミスをしやすいので注意して進めましょう。

美容&健康運

体の不調を感じるときはしっかり湯船に浸かって、普段よりも睡眠時間を長くとるように意識しましょう。かかとを上げる運動やスクワット、ストレッチやヨガなど、軽く体を動かすことを心がけましょう。体に異変を感じるときは、早めに病院で検査を受けること。肌の調子が悪くなったり疲れが顔に出やすいときでもあるので、フェイスマッサージやヘッドスパに行くのもオススメです。

1 土	●	気になる相手がいれば、今日連絡してみるといい流れに進展しそう。新しい出会い運も期待できるので、フットワークはなるべく軽くしておくといいでしょう。
2 日	△	出かけた先で不要なものを購入したり、出費が増えてしまいそうな日。転んだりぶつけたりするなど、ドジなケガもしやすいため要注意。食べこぼしで服を汚してしまうこともあるため気をつけましょう。
3 月	○	いい思い出や成功体験など、「達成感を得られたこと」を思い出すのもいいですが、「苦しかった状況を乗り越えたから、いまがある」と思ってみると、自信が生まれます。なんとかしてきた自分をもっとほめるようにしましょう。
4 火	○	何事も成長するにはお金と時間がかかるもの。今日はケチケチしないで、もっと人付き合いをしたり、本を買って読んでみましょう。勉強や成長につながることを避けないように。
5 水	▽	仕事でいい結果を残すことができたり、周囲から頼りにされることがある日。午前中はとくに集中力が増すので、大事な仕事は先に片付けておきましょう。夕方からは、周囲の人をほめるといい関係になれそうです。
6 木	▼	雑な部分が出たり、仕事が粗くなってしまいそうな日。「いまの自分に憧れる人がいるのか?」と冷静に考えてみるといいでしょう。いい言葉や素敵な言葉を使って、所作をきれいにするよう心がけましょう。
7 金	×	「周囲に合わせること」と「深く考えないで流されること」は大きく違います。マイナスな発言や発想をする人に流されないで、地道な努力を積み重ねる人に合わせるようにしましょう。
8 土	▲	不要なものを処分したり、部屋の掃除をするといい日。なんとなく片付けないまま放置している場所があるなら、少しでもいいので朝から手をつけるようにしましょう。玄関や靴箱もきれいにしましょう。
9 日	=	視野を広げるにはいい日。スマホばかり見ていないで、もっと風景や周辺を見るようにしましょう。いい発見や素敵な出会いにつながりそうです。興味のあることをもっと増やせば、人生が楽しくなるでしょう。
10 月	=	「相手のためになる」と思ったことは、素直に行動に移すといい日。相手にもあなたの気持ちが伝わり、いい関係になったり、感謝されることがあるでしょう。「手助けをするのに、理由もタイミングもない」と覚えておきましょう。
11 火	■	今日と明日は、無理は避けたほうがいいでしょう。思ったよりも疲れがたまってしまったり、ストレスになることが起きそう。好きな音楽を聴く時間や、のんびりする時間をつくるようにしましょう。
12 水	■	力を温存しながら1日を過ごすといい日。限界や疲れを感じるときは、無理せずしっかり休みましょう。仮眠をとるのもオススメです。体調に問題がない場合でも、ドジなケガには注意しましょう。
13 木	●	いい結果や手応えを得られそうな日。気持ちにゆとりが出るのはいいですが、調子に乗りすぎてしまうことがあるので気をつけましょう。相手のよろこびそうな言葉を選ぶよう心がけて。
14 金	△	誘惑に負けてしまったり、目の前の仕事に集中できなくなりそうな日。時間を決めて、短時間で終わらせるように心がけるといいでしょう。軽く体を動かすと、頭がスッキリしそうです。
15 土	○	余計なことを思い出して後悔しそうな運気ですが、そこから反省して、成長すればいいだけ。気持ちを切り替えて、前向きになってみるといいでしょう。「人生に無駄なことなどない」と思っておきましょう。
16 日	○	映画やライブ、イベントなどに行くといい日。とくに、ふだん観ないものに触れてみるのがオススメ。おもしろい発見があったり、細部へのこだわりに気づけ、やる気もアップしそうです。
17 月	▽	やさしく親切にしてくれる人の存在を忘れないようにしましょう。うれしいときは素直に言葉にし、笑顔で感謝を伝えましょう。少しオーバーなくらいによろこぶと、互いにいい気持ちになれるでしょう。
18 火	▼	サボったり手抜きをしたくなる日。「少しくらい」の甘えが、のちの自分を苦しめる原因になります。甘える自分を信じないで、家族や周囲の人のために頑張るようにしましょう。
19 水	×	苦手な仕事を任されたり、クレームを受けることになってしまうかも。心身ともに疲れやすい日ですが、「精神力を鍛える日」だと思って受け止めるといいでしょう。
20 木	▲	会話が噛み合わない人もいるものです。自分の考えを押しつけたり、「私が正しい」とばかり思わないで、「いろいろな考え方や生き方があるもの」と受け止めましょう。合わない相手とは少し距離をおくといいでしょう。
21 金	=	「新しいこと」や「ふだんと違うこと」に注目して生活してみるといい日。おもしろい発見があったり、見逃していたことに気づけるでしょう。新しい出会いから学べることもありそうです。
22 土	=	行動力が増す日。気になった場所に行ってみると、いい体験ができそう。友人や知人を誘って、遊びに出かけてみるのもオススメです。気分転換に運動をするのもいいですが、張り切りすぎないように。
23 日	■	日中は行動的になっても問題ありませんが、夕方くらいには家に帰ってのんびりしましょう。今日の疲れは今日のうちにとるように。夜更かしをすると、明日に響いて後悔することになりそうです。
24 月	■	些細なことでイラッとするのは、疲れがたまっている証拠。休憩をしっかりとり、甘いものを飲んでホッと一息つくといいでしょう。今日は、小さなケガにも注意すること。
25 火	●	仕事に没頭できそうな日。自分でも驚くような結果を出せたり、ほめられることもあるでしょう。恋愛でもいい展開があるので、気になる人に連絡してみるといいでしょう。
26 水	△	聞き間違いや見当違いが増えてしまいそうな日。少しでも疑問に感じるときは、周囲に相談してみるといいでしょう。身勝手な判断をすると、二度手間になってしまいます。
27 木	○	臨機応変な対応を心がけましょう。これまでの経験から判断してみると、いい流れで仕事ができるようになりそうです。経験が足りていない場合は、勉強になる出来事があるでしょう。
28 金	○	経費や儲けなど、お金のことをもっと考えて仕事や生活をするといい日。目先のお金だけではなく、世の中全体のお金の流れまで想像してみるといいでしょう。
29 土	▽	日中は運気がいいので、買い物や用事を済ませておきましょう。夕方以降は、無謀な行動に走ったり、疲れをためてしまうことがありそう。今日は早めに帰宅して、のんびりする時間をつくりましょう。
30 日	▼	予定が急に変更になるなど計画通りに進まない日。イライラしないで、思い通りにならない時間を楽しんでみるといいでしょう。あなたにとって大切な経験になりそうです。
31 月	×	余計な発言をしたり、口が滑ってしまいそうな日。会話をするのはいいですが、今日は「聞き上手」や「質問上手」を目指しましょう。できない約束もしないように。

☆ 開運の日　◎ 幸運の日　● 解放の日　○ チャレンジの日　□ 健康管理の日　△ 準備の日　▽ ブレーキの日
■ リフレッシュの日　▲ 整理の日　× 裏運気の日　▼ 乱気の日　= 運気の影響がない日

8月 2023

解放の月

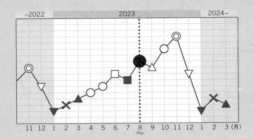

~2022	2023	2024~

11 12 1 2 3 4 5 6 7 8 9 10 11 12 1 2 3 (月)

---

1. 新しいことに目を向ける
2. 人との交流を楽しむ
3. 大人っぽくイメチェンする

総合運
前に進みたくなる時期 ただし、判断は慎重に

気持ちが楽になり、前に進みたくなる時期。2024年の「チャレンジの年」に向かって、今月からゆっくりやる気が湧きはじめ、前に進むきっかけをつかめることもあるでしょう。新たな人に会ってみることで、いい影響を受けられたり学んでみたいことを見つけられる可能性もあるので、フットワークを軽くしておくといいでしょう。ただし、まだ本来の魅力や能力を発揮させられる運気ではないので、何かを判断する際には慎重になること。

恋愛＆結婚運

不思議と注目が集まり、恋愛に進展がありそうな時期。優柔不断になっているとチャンスを逃すので、積極的に遊びに誘ってみましょう。一方で空回りしやすい時期でもあるので、相手の話をしっかり聞いて、相手に喜んでもらうことが大切です。過去の恋愛に執着していると新たな恋の機会を逃すので、気持ちを切り替えるといいでしょう。結婚運は、交際が3年以上のカップルなら前向きな話をするにはいい時期です。

仕事運

真面目に仕事に取り組んできた人には、流れを大きく変えるきっかけが訪れるでしょう。不満や文句もなくなってくる時期です。仕事があることに感謝しながら、自分の役割をしっかり果たし、課題をクリアするように努めましょう。一方で、手を抜いていた人は厳しい指摘を受けたり、至らない点を突っ込まれることがありそうです。言われたことは素直に受け入れて、成長できるように努めましょう。

金運＆買い物運

思いきって引っ越しを決断するにはいいタイミング。不動産屋に行くと、いい物件を見つけられそうです。10〜11月に引っ越せるように準備してみるといいでしょう。高価な買い物には不向きな年ですが、大人っぽくイメチェンをするのはいいので、幼稚なものは処分して少しずつイメージを変えてみましょう。投資などの資産運用は、勘を信じてスタートするといい時期。短期的な儲けよりも、今後の発展が望めそうなものを選んでみましょう。

美容＆健康運

本音をしゃべれる友人や知人と話す時間を作ってみると、いいストレス発散になりそうです。愚痴や不満を言うのではなく、ポジティブな言葉を選んで、前向きに将来の夢を語りましょう。そうすると、応援してもらえたり自分でも気分がよくなってくるはずです。また、今月は美意識を高めるにもいいタイミング。年齢よりも少し上に見えるような髪型やメイクに変えてみるのがオススメです。

開運のつぶやき ▶ ご馳走してもらった時は、素直に心から喜ぶ人に幸運がやってくるもの。

1 火 ▲	無駄なことに時間を使わないように意識してみるといい日。スマホを触っている時間を減らすだけで、人生はいい流れに変わるもの。その時間は本を読んだり、身の回りを片付けるようにしましょう。
2 水 ○	何事も体験や経験をすることで、力が身につくものだと思っておきましょう。知識をつけるだけでなく、実際に対処・対応することが大事。面倒なことにもしっかり向き合うと、自分を成長させられるでしょう。
3 木 ○	不安に思うのは、自分の実力や能力が不足しているから。「どうすれば不安や心配事が減るのか」を真剣に考えて、ゆっくりでもいいので、いまからできることをはじめてみましょう。
4 金 □	夏の連休の予定を立てていない人は、なんとなくでもいいので、行く場所ややってみたいことをメモしておくといいでしょう。もっと先の年末の予定を考えておくにもいい日です。
5 土 ■	些細なことでイライラするのは、疲れがたまっている証。無理をしないでゆっくりしたり、昼寝をするといいでしょう。時間がある場合は、温泉やスパでのんびりするのもオススメです。
6 日 ●	人脈を広げるにはいい日。知り合いや友人に連絡をして遊んでみるといいでしょう。人を紹介してもらえる流れになることや、偶然の出会いもありそうです。先輩や年上の人の家に遊びに行くのもいいでしょう。
7 月 △	慌てるとミスが増えてしまう日。忙しいときや急いでいるときほど、事前の準備と確認を忘れないようにしましょう。雑な行動をすると、無駄な時間を過ごすことになったり、面倒なことになってしまいます。
8 火 ◎	自分の得意なことで、周囲によろこんでもらえるように努めるといい日。得意なことがわからない場合は、「みんなに安心してもらえるような存在」を目指し、目の前のことに集中するといいでしょう。
9 水 ◎	目の前の仕事に本気で取り組むことで、流れを変えられる日。今日の頑張りは、必ず誰かが見ています。のちの自分の自信にもつながるので、手を抜かないようにしましょう。
10 木 ▽	決断のスピードを上げる訓練をするにはいい日。最初は些細なことでいいので、「3秒以内」に選んでみましょう。周囲から突っ込まれたときにパッと判断できるよう、ふだんから意識しておくといいでしょう。
11 金 ▼	余計な妄想が膨らんでしまう日。失敗を恐れて何もしないよりも、失敗から学ぶ気持ちをもって挑戦するようにしましょう。失敗したあとの対応も、いい経験になるでしょう。
12 土 ✕	今日は、慌てずゆっくりていねいに行動することが大切。慌てるとケガや大失敗につながってしまいます。相手の話も最後までしっかり聞いて、早とちりしないように気をつけましょう。
13 日 ▲	身の回りにある年齢に見合わないものは、一気に処分してしまいましょう。ここ数年内に勢いで購入したけれど使っていないものや、もう着ない服などは、ネットで売ってみるといいでしょう。欲しがっている友人に譲るのもオススメです。
14 月 ○	用心深く生きることが、幸せにつながるわけではありません。新たなことに挑戦する好奇心や楽しさ、そして前向きな気持ちが、人生には必要だと忘れないで。新しいことにもっと目を向けると、いい日になるでしょう。
15 火 ○	新しいことに挑戦するといい日。新商品のアイスやドリンクなどを選んでみて。お気に入りを見つけられたり、話のネタになるかも。

16 水 □	今日から何かを積み重ねてみると、いい結果につながるでしょう。ダイエットや筋トレ、勉強など、小さなことからとりかかってみるといいでしょう。
17 木 ■	疲れを少し感じやすい日。夏バテをしたり、冷房のききすぎた部屋で体調を崩してしまうこともありそうです。ランチには、スタミナがつきそうなものを選び、フルーツを少し多めに食べておくといいでしょう。
18 金 ●	気持ちが楽になりそうな日。プレッシャーをかけてくる人とは距離をあけることができそうです。また、周囲の協力でスムーズに仕事を進められることも。周りの人に感謝をして、あなたも手助けできることは積極的にやりましょう。
19 土 △	日用品や必要なものを買う予定があれば、午前中のうちに済ますといいでしょう。午後は予想外に忙しくなったり、予定通りに進められなくなりそう。
20 日 ◎	友人や付き合いの長い人と楽しい時間を過ごせる日。親友の話を聞くことで、前向きになれる場合もあるでしょう。将来の夢や本音を語ってみると、気持ちが楽になりそうです。
21 月 ◎	妄想や空想をもっと楽しんでみると、やる気になれたり気持ちが楽になるでしょう。現実ばかり見ていると、苦労だけに目がいってしまいます。明るい未来をもっと想像して、楽しむようにするといいでしょう。
22 火 ▽	「完璧だ」と思ったときほど、「やっと半分できた」と考えるようにするといいでしょう。仕事のやり方や結果、作業時間などを見直してみると、まだまだやれることがいっぱいあるはず。
23 水 ▼	嫌なことに目がいくと、ドンドン苦しくなったり、不満が大きくなるばかり。ないものねだりをしないで、現状で満足できるところを探しましょう。
24 木 ✕	「裏運気の日」は、自分の雑な部分が表に出てしまいますが、ほかの人の雑な部分が見えるタイミングでもあります。周囲をしっかり観察してみるといいでしょう。不満を抱く前に、「成長のために学ぶときだ」という気持ちを忘れずに。
25 金 ▲	部屋の掃除をしたり、身の回りをきれいにしてから出かけるようにしましょう。職場などで、目につくところが散らかっていたら、率先して片付けておきましょう。見て見ぬふりをしないように。
26 土 ○	流行のお店や、若い人が集まる場所に行ってみるといい日。後輩や年下の人と遊んでみると、いい刺激があったり、勉強になることを発見できそうです。のちの素敵な出会いにつながることもあるでしょう。
27 日 ○	少し面倒くさいことに挑戦してみるといい日。気になった体験教室やイベントにも、勇気を出してチャレンジしましょう。未体験をもっと楽しんでみて。
28 月 □	苦労や困難は、忍耐力を鍛えてくれるもの。自ら「苦労しそうなこと」に突き進んでみるといいでしょう。ラクなほうに逃げすぎると、弱い部分を克服できないままになってしまいます。
29 火 ■	しっかり仕事をして、しっかり休むことが大切な日。冷たいものの飲みすぎや、暑い屋外と冷房で寒い室内との温度差で、体調を崩してしまいそう。こまめに休むようにするといいでしょう。
30 水 ●	あなたの味方が現れたり、実力や才能を認めてくれる人に出会えそうな日。しっかり自分をアピールするのはいいですが、話しすぎたり、調子に乗りすぎないように気をつけましょう。
31 木 △	珍しいミスをしやすい日。仕事は細かいところまでしっかりチェックしておきましょう。うっかりしていると、些細な段差でつまずいたり、ぶつけてケガをすることもあるので要注意。忘れ物もしやすいので気をつけましょう。

☆ 開運の日　◎ 幸運の日　● 解放の日　○ チャレンジの日　□ 健康管理の日　△ 準備の日　▽ ブレーキの日
■ リフレッシュの日　▲ 整理の日　✕ 裏運気の日　▼ 乱気の日　＝ 運気の影響がない日

9月

△ 準備の月

2023

開運 3 ヵ条

1. 遊ぶ計画を先に立てる
2. 丁寧に行動する
3. 「遊び心」を忘れない

総合運

**頑張りすぎは禁物
プライベートの時間を大切に**

気持ちが楽になる一方で、行動が雑になったり、隙が多くなる時期。何事もきちんと確認するようにしましょう。しっかり仕事をしてしっかり遊び、遊び心を大切にすると、視野も広がりいい流れで進めます。反対に、必死に頑張りすぎるとパワーを使いすぎて気力がもたなくなり、前に進まない感じになりそうです。焦らずに人生を楽しむ方法を考え、趣味やプライベートの時間を大切にするのも忘れないようにしましょう。

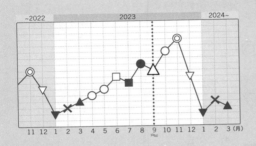

恋愛&結婚運

年上の人や関わるのが難しそうな人と仲良くなれたり、リラックスして話ができそうです。異性の友人ができるなど、いい関係になる人も現れそう。慎重に相手を見極めるのもいいですが、今月は一緒にいる時間を楽しむようにすると進展が期待できるでしょう。ただし、お酒の勢いで行動すると後悔する可能性が高いので要注意。少し華やかな服を選んだり、髪型を変えてみると注目されそうです。結婚運は、話を進める気持ちにはならない時期でしょう。

仕事運

集中できない日が増えてしまいそうですが、無理に頑張るよりも、しっかり仕事をして、しっかり休むことが大事です。今月は先に遊びの予定を立てたり、少しゲーム感覚で仕事をしてみると、思ったよりもスムーズに進められるでしょう。真面目に取り組むのはいいですが、考えが固くなりすぎて視野が狭くなることも。職場の人や仕事関係者と食事会や飲み会などで話をすると、気持ちが楽になって仕事もはかどるようになるでしょう。

金運&買い物運

やや出費が増えそうですが、久しぶりに楽しい時間を過ごせたり、いい息抜きができる時期。ケチケチせずにしっかり楽しんで、ストレス発散にお金を使うといいでしょう。買い物よりも体験や経験への出費がいいので、夏をしっかり楽しんだり、美術館や舞台などに足を運んでみましょう。ローンを組むことや高級なものの購入は避けて、参考程度にほしいものの情報を調べておきましょう。投資は、判断ミスをしやすいので慎重に。

美容&健康運

油断すると暴飲暴食をして、体重が一気に増えてしまうことがある時期。特に間食や、夜の飲酒と食事には要注意。「夏の疲れをとるためにスタミナを！」と言って、ただの食べすぎにならないように。ドジなケガもしやすいので、テンションが上がっているときの足下には十分気をつけましょう。美意識も低下しやすい時期。日焼け対策を忘れたり、スキンケアが雑になることがあるので、予防やケアは念入りに。

開運のつぶやき 🐛 打たれ強い人は幸運を掴む。

1 金	○	過去の反省を活かすことは大切ですが、ずっと後悔し続けても何にもならないので、気にしすぎないように。失敗しても成功しても、「これまでの積み重ねの結果が出ているだけ」と開き直るといいでしょう。
2 土	○	小さなラッキーやお得な出来事がある日。些細なことでもしっかりよろこぶと、大きなよろこびに変わってくるでしょう。あなたも人から感謝されるような行動をするようにしましょう。
3 日	▽	日中は、友人や恋人、知り合いと前向きな話をすると、気持ちが楽になるでしょう。ただ、余計なことをうっかり口に出さないように気をつけて。相手の話を笑顔で聞くことも大事です。
4 月	▼	他人に過度な期待をするとガッカリするだけ。少しの期待にしておけば、どんな結果にも満足できるでしょう。今日の出来事から、自分の考え方を改めてみるといいでしょう。
5 火	✕	間違った指示を出したり、受け取り方や解釈を間違えてしまいそう。誤解や勘違いから面倒なことになりそうなので、不安なときはしっかり確認しましょう。相手の話は最後までしっかり聞くこと。
6 水	▲	身の回りを整理整頓するといい日。置きっぱなしのボールペンが書けなくなっている場合は、処分してスペースをあけましょう。使うことのない紙袋なども捨てましょう。
7 木	＝	新しい人に出会えたり、新たな情報を入手できる日。気になったことには積極的に参加し、あなたから声をかけて話を聞くといいでしょう。質問上手や聞き上手を目指してみましょう。
8 金	＝	周囲の人に似るタイプなので、現状に満足できないと嘆くなら、交友関係を変える覚悟をしましょう。習い事を探してみたり、新たな趣味や学びたいことを見つけてみましょう。
9 土	□	優柔不断になって、無駄な時間を過ごしたり周囲をイライラさせてしまうかも。ランチやドリンクは3秒以内に決めるルールで過ごしてみるといいでしょう。突っ込まれたときほど素早く決める練習をしてみましょう。
10 日	■	今日は、無理をせず家でのんびりして、疲れをためないようにしましょう。時間があるときは、マッサージや整体、スパや温泉などに行ってみるのがオススメ。うっかりのケガにも気をつけましょう。
11 月	●	あなたの意見や考えが周囲と一致する日。アイデアや要望が通りやすいので、上司や周囲に伝えてみるといいでしょう。言い方とタイミングは間違えないように。
12 火	△	段差で転んだり、打撲やケガをしやすい日。とくに、歩きスマホには注意すること。ほかにも小さなミスや忘れ物をしやすく、大事なものをどこかに置き忘れてしまうこともあるので気をつけましょう。
13 水	○	自分のことでも相手のことでも、済んだことは気にしないように。恩と感謝は忘れないで、自分が与えたことはすぐに忘れるようにするといいでしょう。執着したり、恩着せがましくならないように。
14 木	○	仕事でいい結果が出てほめられたり、上司や先輩にランチやドリンクをご馳走してもらえることがありそう。目の前の仕事に真剣に取り組むといいでしょう。
15 金	▽	日中は、楽しく仕事ができて問題なく進みそう。夕方あたりからは隙ができやすく、失敗が増えたり、判断ミスをしやすいので気をつけましょう。予定が急に変更になる場合もありそうです。
16 土	▼	不要な出費が増えそうな日。ついつい誘惑に負けて衝動買いをしたり、おいしそうなものを買いすぎてしまいそう。1日に使う金額を決めてから出かけるといいでしょう。
17 日	✕	予想外の出来事があり得る日ですが、落ち着いて判断することが大切。「今日は裏運気の日だから」と心構えをしておくと、平常心を保てるでしょう。自らの失言で、トラブルを引き起こす場合もあるので気をつけて。
18 月	▲	なんとなく続けているゲームやアプリを消去することで、時間をつくることができる日。仕事や将来に役立つことに時間を使いましょう。人生を振り返ると、必ず無駄な時間があり、後悔するものです。
19 火	＝	弱点や欠点を鍛えることも大切ですが、自分の得意なことを極める努力も忘れないように。どちらが楽しく学べて成長できるのかを、しっかり考えて行動するといいでしょう。
20 水	＝	新しいことに挑戦することで学べる日。小さなことでも、これまで体験していなかったことにチャレンジしてみると、おもしろい発見がありそう。いい出会いにつながる可能性もあるでしょう。
21 木	□	判断力が鈍ったり、優柔不断なところが出て、決めるのに時間がかかりそうな日。迷ったときや重要なことは、周囲に相談するといいでしょう。いったん保留にして、後日判断してもいいでしょう。
22 金	■	集中力が低下したり、気力がわかない感じになりそうな日。思ったよりも疲れがたまっている可能性があるので、こまめに休んだり、一息つける時間や仮眠の時間をつくるといいでしょう。
23 土	●	友人や知人に、明るい話や希望のある話をしてみるといい日。相手を元気にすることで、自分も元気になり前向きになれるでしょう。いい言葉を選ぶのを意識してみて。
24 日	△	遊びに出かけるにはいい日ですが、ドジなケガやうっかりミスをしやすいので気をつけましょう。押しが強い異性にもてあそばれたり、振り回されることもあるかも。相手選びを間違えないようにしましょう。
25 月	○	やる気がわきはじめ、本来の能力を出せる予感。これまでの努力がいい方向に進んでいると実感できるでしょう。今日は、遠慮しないで自分の力を存分に発揮してみて。学んできたことを若い人に教えるのもいいでしょう。
26 火	○	経営者目線で仕事をすると、これまでとは違う方法や、もっとやったほうがいいことを見つけられるでしょう。時間や儲け、経費のことなど、数字に敏感になって、いろいろと考えましょう。
27 水	▽	午前中はいい判断ができたり勢いに乗って仕事が進み、満足しそう。楽しいランチもでき、周囲の人ともいい感じでいけそうです。ただし、夕方あたりからは調子が悪くなったり、噛み合わなくなってしまうかも。
28 木	▼	余計な妄想が膨らんで、目の前のことに集中できなくなったり、大きなミスをしやすい日。失敗を隠したり報告せずにいると、大きな問題になってしまいます。対処や報告、謝罪は素早く行いましょう。
29 金	✕	意外な仕事を任されたり、これまで縁のなかった人に会えるかも。押しが強いと空回りするので、一歩引いておくようにしましょう。今日は謙虚な気持ちを忘れずに、仕事に取り組みましょう。
30 土	▲	大掃除をするにはいい日。この夏に使わなかったものや着なかった服などは、一気に処分して、身の回りをスッキリさせましょう。扇風機や季節外れのものも、一緒にしまっておきましょう。

☆ 開運の日　◎ 幸運の日　● 解放の日　○ チャレンジの日　□ 健康管理の日　△ 準備の日　▽ ブレーキの日
■ リフレッシュの日　▲ 整理の日　✕ 裏運気の日　▼ 乱気の日　＝ 運気の影響がない日

10月 2023

○ チャレンジの月

総合運
いよいよ本気で動く時期
弱点克服の努力を始めてみて

ずっと環境を変えたいと思っていたり、情報を調べつつなかなか行動に移せなかった人も、今月からは重い腰を上げて本気で動く時期です。長年温めながらも、ここ数年の予想外の忙しさや面倒くささを理由に後回しにしていたことや、言い訳をして取り組まなかったことに手をつけるといいでしょう。特に昨年の「裏運気の年」には自分の弱点や欠点が見えたはずなので、克服するために少しでも努力や勉強を始めましょう。

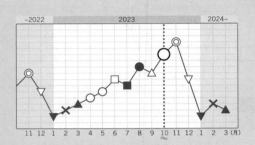

恋愛＆結婚運

すでに出会っている人との縁が強くなる時期。新しい出会い運は期待が薄いので、異性の友人や身近にいる人をあらためてよく見てみるといいでしょう。数年前には素敵とは思えなかった人のいい部分が見えたり、相手の成長や努力を知って好きになることもあるでしょう。すでに気になる人がいるなら相手の好みに近づく努力をすると、振り向いてもらえる可能性も。結婚運は、長年付き合っている相手とは下旬に大事な話ができそうです。

仕事運

やる気が湧きはじめる時期。転職を考えていた人も、求められることが増えるにつれ自然と不満が減り、やる気になれそうです。「もっとこうすれば！」と前向きな考え方もできるようになるでしょう。自分の得意な仕事をさらに極めるように努めると、周囲に実力が認められたり、いい流れを作れたりしそうです。新しい業務やルールに縛られることもありますが、これまでの苦労のおかげで、乗り越えられる実力が身についているでしょう。

金運＆買い物運

今月だけでもアプリで家計簿をつけてみると、不要な出費が見えてくるでしょう。まずは固定費の削減が重要。使わないサブスクを解約したり、生活習慣を変えるようにしましょう。家賃を下げることも大事なので、引っ越しを決断して来月から違う場所に住むのもいいでしょう。買い物は、使い慣れたものを購入するのがオススメ。コンビニは使わず行きつけのお店を利用するとお得なサービスを受けられたり、無駄な時間も使わなくて済むでしょう。

美容＆健康運

運動不足の人や、しばらく体を動かしていないと思う人は、生活習慣を少し変えてみるといいでしょう。朝日を浴びながらのストレッチや軽い筋トレなどをするのがオススメです。なんとなくやめてしまったダイエットを再開してみるにもいい時期。美意識を高めるには、友人から紹介されたエステやサロンに行くといいでしょう。サロンを経営している知り合いがいる場合は、連絡してみるとサービスしてもらえることもありそうです。

1 日	○	前向きになれる言葉を聞けたり、気持ちが楽になりそうな日。新たな目標や、興味が惹かれることを見つけられるでしょう。好奇心の赴くままに動いてみると、いい出会いもありそうです。
2 月	○	「知識よりも経験が大切」だと体感できそうな日。知っているだけの言葉は弱く、説得力もないことを忘れないように。経験が足りないと思うなら、臆病になっていないで、ドンドン挑戦してみるといいでしょう。
3 火	□	恩を少しでも感じている相手のお願いなら、少しくらい無理と思ってもOKしてみるといいでしょう。ただ、夜は疲れやすいので、急な誘いには無理をしてまで応じないように。
4 水	■	寝不足を感じたり、考えすぎて疲れてしまいそうな日。目の周りをマッサージして、休憩中はスマホを見ずに目を閉じてみると楽になりそう。食事は、胃腸にやさしそうなメニューを選ぶといいでしょう。
5 木	●	以前から興味があった話が舞い込んできたり、会いたいと思っていた人を紹介してもらえそうな日。人との縁を大事にして、叶ってほしい願いは言葉に出しておくといいでしょう。
6 金	△	大きな失敗や判断ミスをしやすい日。いつも以上に落ち着いて行動するようにし、事前準備や最終確認はしっかりしておきましょう。勢いやノリで進むと、後悔したり、信用を失ってしまうことがあるので要注意。
7 土	◎	居心地のいいお店や、お気に入りの場所に行くといい日。友人を誘って話をしてみると、気持ちが楽になりそうです。いいアドバイスをもらえたり、前向きな話もできそう。笑える思い出話をすると、運気もよくなるでしょう。
8 日	☆	小さなラッキーがありそうな日。ご馳走をしてもらえたり、予想外のお小遣いをもらえたりするかも。買い物でポイントが多くつくこともありそうです。些細なことでもしっかりよろこぶと、もっとよろこべることが起きるでしょう。
9 月	▽	周囲のやさしさに甘えすぎないように。守ってもらえていることに早く気づいて、あなたも誰かを守るように努めましょう。夕方以降は、振り回されたり無駄な時間を過ごすハメになりそうです。
10 火	▼	珍しいミスをしやすい日。大きな問題につながることがあるので、慎重に判断し、冷静に行動しましょう。頭の回転が悪いと感じるときは、休憩したり、周囲に意見を求めてみましょう。
11 水	✕	気が緩んでしまいそうな日。数字や日付を間違えたり、連絡や約束を忘れてしまうことがありそう。ボーッとしていないで、今日やるべきことを朝からしっかり確認しておきましょう。
12 木	▲	何事も順序が大切。慣れた仕事ほど雑になりがちなので、ていねいに行うよう心がけましょう。まずは、職場をきれいにしたり、身の回りを整えておくと、仕事がやりやすくなるでしょう。
13 金	○	学べることが多い日。疑問に思うことは、誰かに聞く前に一度自分で調べてみたり、深く考えて、自分なりの答えを出してから詳しい人に教えてもらうといいでしょう。たとえ間違っていても、考える力は身につきます。
14 土	○	イメチェンをするにはいい日。髪を切って大人の雰囲気を出してみるといいでしょう。ふだんとは違うお店で服を購入するのもオススメ。年齢に見合う服装を選んでみましょう。
15 日	□	突っ込まれると弱いタイプですが、何か言われたら、すぐに答える練習をするといい日。何事も「3秒以内に決める練習」をしてみるといいでしょう。多少の失敗は楽しむくらいの気持ちでいましょう。
16 月	■	疲れが出たり、集中力が途切れてしまいそう。じっとしているよりも、柔軟体操をするなど、少し体をほぐしたほうが、頭がスッキリしそうです。うっかりからのケガにも気をつけましょう。
17 火	●	理解できないからといって否定しないで、少しでも理解するよう努力したり、考え方を変えてみる姿勢が大切。「自分にはわからないから」といって簡単に否定していると、世界はドンドン狭くなるだけだと忘れないように。
18 水	△	同じような失敗をしやすい日。自分の癖や行動パターンをしっかり分析しておくといいでしょう。嫌な予感も当たりやすいので、不安に思ったときは立ち止まって考え直してみて。
19 木	◎	悩みや不安があるなら、付き合いの長い人に相談すると、的確なアドバイスをもらえそう。ただ、自分の愚痴や不満を言うだけにならないように気をつけましょう。親友からの厳しい言葉で、目が覚めることもあるでしょう。
20 金	☆	自分では伝えているつもりでも、相手には伝わらない言葉があるもの。相手のことをもっと考えて、言い方や言葉を変えてみるといいでしょう。やさしい気持ちが本当にあれば、思いは伝わるものです。
21 土	▽	買い物や用事は、午前中のうちに済ませておくといいでしょう。午後はのんびりしたり、疲れをためないように工夫して過ごしましょう。無計画な行動で、余計な出費をすることや、疲れてしまうことがありそうです。
22 日	▼	不確かな情報に振り回されて不安になったり、やる気がなくなってしまいそうな時期。些細なことで身近な人とケンカになることや、気まずい空気になってしまう場合も。つねに上機嫌でいるように心がけておきましょう。
23 月	✕	自分の考えが正しいと信じていても、相手にも正義があるもの。「相手も正しい」と思ってみると、どうするべきかが見えてくるでしょう。相手に合わせると決めたなら、文句や不満を言わないようにしましょう。
24 火	▲	目の前を整理整頓することで、頭のなかも整理できる日。散らかった部屋では、集中できなくてミスが増えてしまったり、いい考えも浮かばないでしょう。
25 水	○	小さなことでもいいので、新たなことに挑戦するといい日。手応えがなくても、楽しい感じがするなら、続けてみるといいでしょう。とくに何もない人は、本を買って読んでみて。
26 木	○	自分の都合だけを考えて判断していると、あなたの魅力がなくなるだけ。責任を背負ったり、ほかの人の気持ちを考えて判断できるようになることで、周囲から助けてもらえたり、評価にもつながっていくでしょう。
27 金	□	気になる人やおもしろそうな人を見つけたと思えたら、連絡してみるといい日。土曜日の夜か、日曜日の予定を聞いてみるといいでしょう。思いのほか仲よくなれそうです。
28 土	■	日中は、しっかり体を休ませて、健康的なランチを食べるといいでしょう。運動不足と感じるなら、軽く体を動かしたり、少し汗を流すのもオススメ。動画を参考にしながらヨガやダンスをしてみましょう。
29 日	●	気になる人や好きな人とデートができたり、友人と楽しい時間を過ごせそう。自分から遊びに誘って、イベントやライブに出かけてみるといいでしょう。素敵な出会いもありそうです。
30 月	△	珍しく寝坊や遅刻をしやすい日。時間にルーズになりがちなので、「10分前行動」を意識するようにしましょう。忘れ物もしやすいので、事前にしっかり確認すること。
31 火	◎	親に昔から言われている小言が、いまになって響いてきそうな日。自分の悪い癖が出てしまうケースもあるので、気をつけましょう。親友からは、あなたの長所や魅力をあらためて教えてもらえることがありそうです。

☆ 開運の日　◎ 幸運の日　● 解放の日　○ チャレンジの日　□ 健康管理の日　△ 準備の日　▽ ブレーキの日
■ リフレッシュの日　▲ 整理の日　✕ 裏運気の日　▼ 乱気の日　＝ 運気の影響がない日

11月

2023

◎ 幸運の月

開運 3 カ条

1. 年上の人の話を聞く
2. 固定費を下げる
3. 仕事に使うものを買い替える

総合運

引っ越しや転職の検討もOK
自己投資はケチらないで

やる気になれることを見つけられて動き出せる時期ですが、そのぶん出費が増える覚悟は必要です。それでも生活を変えたいなら思いきった挑戦をするといいので、引っ越しや転職を検討してみましょう。イメチェンや資格取得に向けて動き出すにもいいタイミングです。人付き合いを大切にし、勉強会や気になる習い事の体験教室に行ってみると、いい先生に出会えて人生観が変わることもあるでしょう。自己投資にはケチケチしないこと。

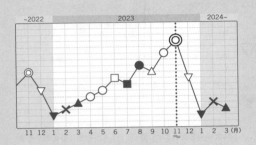

恋愛＆結婚運

さみしいからといって「とりあえず」で交際に進むと、金銭感覚がまったく合わない人や、お金目当ての人に引っかかることがあるので要注意。焦らずに、少し見栄を張ってでも大人の集まりや信頼のおける異業種交流会などに顔を出したほうがよさそうです。まずは異性の友人を作ったり、いい相手を紹介してくれそうな人を見つけましょう。結婚運は、2〜3年前から結婚を意識していた相手がいるなら今月一気に話を進めるといいでしょう。

仕事運

今月から、徐々にですが前向きになれたり、次の目標が見えてくるでしょう。仕事用の靴やスーツ、ペンなどを買い替えてみると、気持ちが引き締まってやる気になれそうです。収入のことで悩んだり、考えたりする時間も増えますが、今は決断するタイミングではないので、しばらく様子を見ておきましょう。できれば仕事に役立つ資格の勉強や、スキルアップのためのスクールに通いはじめるとよさそうです。本もたくさん読んでおきましょう。

金運＆買い物運

人付き合いが増えたり、買い物の誘惑に負けたりして、気がついたら出費が多い月になってしまいそう。故障や修理、買い替えなど、どうしても必要な出費もあるので、節約をしておくと助かることもあるでしょう。また今後のために、多少面倒でも努力が大切です。無駄な保険の見直しや、サブスクの解約などをしておくといいでしょう。投資は思いきった決断をしてしまうと後悔するので、少額で試すくらいがちょうどいいでしょう。

美容＆健康運

「いい美容法があるよ」と知人に勧められて、高級なエステサロンの会員になってしまったり、ダイエットでお金を使いすぎたりしそうな時期。美意識を高めるのはいいですが、お金をかけすぎないように。「ローンで支払えば問題ない」などと思っていても、のちにやりくりが苦しくなる可能性があるので、収入に見合うかよく考えて決めましょう。付き合いでの飲酒や外食も増えやすいので、食事や睡眠のバランスをしっかり整えておくことも大事です。

---

1 水	☆	おもしろそうな話を聞けたり、いい誘いがある日。遠慮しないで積極的に話を聞いて、後日集まりがあるなら参加してみるといいでしょう。仕事でも手応えを感じられ、充実した1日を送れそうです。
2 木	▽	日中は、いい流れで仕事ができ、周囲の人ともうまく付き合えそう。夕方あたりからは、自己中心的な人に振り回されたり、余計なことを言われて嫌な思いをするかも。不機嫌な人に振り回されないようにする練習だと思いましょう。
3 金	▼	段差や滑りやすい床で転んで、服を汚したりケガをしやすい日。高価なものは持ち歩かないほうがよさそうです。スマホを落として、画面を割ってしまうようなこともあるので、今日は慌てて行動しないように。
4 土	✕	妄想が膨らんで、余計な心配事や不安が増えそうな日。起きるかわからないことを心配するよりも、いい思い出を振り返ったり、明るい未来を想像するようにしましょう。
5 日	▲	掃除をするにはいい日。不要なものや使わないものは処分し、開かないアプリやデータも消去しましょう。先月使用しなかったサブスクは解約を検討したほうがいいので、明細をチェックしてみましょう。
6 月	○	興味をもったことは、なんでもリサーチしてみるといい日。とくに、やってみたい習い事やお稽古事にどのくらいのお金がかかるのか、調べてみるといいでしょう。大丈夫そうなら、思い切って申し込んでみるといいかも。
7 火	○	新しい考え方を取り入れるといい日。前向きな言葉や、いい話を見つけるようにするといいでしょう。「何をしているときに輝いているのか」をみんなで話してみると、互いの才能や魅力を発見できそう。
8 水	□	自分に足りない部分を考えるのもいいですが、今日は得意なことをもっと鍛えるといいでしょう。「自分の強みをさらに強化するには、どうすべきか」を考えて行動してみましょう。
9 木	■	根気強さがなくなってしまいそうな日。急に力が抜けてしまったり、集中力が落ちてしまう場面もありそうです。頑張りすぎないで、「しっかり休むことも仕事のひとつ」だと思っておきましょう。
10 金	●	学んできたことや経験したことを、うまく活かせたりあなたの魅力として発揮できそうな日。遠慮していると流れに乗れないので、自分からアピールしていきましょう。今日は積極的に行動することが大切です。
11 土	△	間違った情報に振り回されそうな日。ネットで「期間限定」とあるのを見つけて、慌てて行ったら、昨年の広告だったり期限が過ぎていたり、なんてことが。自分でも「ドジだな」と思うことをしそうです。
12 日	◎	親友に会って語り合ってみるといい日。言いたいことを言える存在に感謝しましょう。お気に入りのお店や場所に行くと、「また頑張ろう!」と気持ちを切り替えられることもあるでしょう。
13 月	☆	わからないことは、素直に人に聞くといい日。知らないままにしているほうが恥ずかしい思いをするので、詳しい人に教えてもらいましょう。勘違いしていたことに気づけることも。
14 火	▽	日中は、学べることが多く、何事も前向きに受け止められそう。夕方あたりからは余計なことを考えすぎたり、やる気を失うような出来事がありそうです。ソリの合わない人と一緒にいる時間が増えてしまう場合も。
15 水	▼	他人の雑な部分が目についてイライラしたり、期待外れなことがあってガッカリしそうです。相手にも、あなたの雑なところを見られていたり、期待が外れてガッカリされている可能性があるので、気をつけましょう。

16 木	✕	他人のトラブルに巻き込まれてしまいそうな日。「自分は関係ないのに」などと思わずに、「困ったときはお互いさま」と協力したり、励まし合ったりしましょう。自分が困ったときにも助けてもらえるはず。
17 金	▲	あいまいな返事や、できない約束は信用を失うだけ。口約束にならないようにメモをしておくといいでしょう。食事や飲みの誘いがあったら、都合のいい日を何日か出し、すぐに相手に送っておきましょう。
18 土	○	今日は新しくできたお店や、気になっているけれど足を運んでいない場所に行くと、いい発見があったり、素敵な体験ができるでしょう。出かけた先で、おもしろい出会いもありそうです。
19 日	○	気になる人に連絡してみるといい日。とくに、自分からは誘ったことのない人に連絡を入れてみるとよさそうです。急に遊ぶことになったり、食事に行くことになるかも。いい話を聞けることや、楽しい時間を過ごせそうです。
20 月	□	何事もしっかり考えることが大切な日。情報を素直に受け止めるのはいいですが、疑問点を見つけたり、その先がどうなるのか想像してみることも大切です。自分なりの答えを見つけて人に話してみると、いい勉強になるでしょう。
21 火	■	思ったよりも疲れやすい日。待ち時間が長くなったり、会議がダラダラ長引いて、眠気に襲われてしまうことも。スタミナがつきそうなランチを食べて乗り切りましょう。
22 水	●	求められることが増えて忙しくなりそうです。人から求められるときは、恋愛運が上がっている証拠なので、気になる人に連絡をしてみましょう。今夜会うことになったり、後日デートすることができそうです。
23 木	△	ダラダラ過ごしてしまいそうな日。気がついたら午後になっていたり、1日の終わりに、「何もやっていない」と思うことになるかも。そうならないよう、友人に連絡をして遊びや食事に誘ってみましょう。
24 金	◎	自分の得意なことで周囲を笑顔にできたり、能力を役立てられる日。これまでの経験を若い人に教えることも大切です。「今日は、いつもより目立つ日だ」と思って過ごしましょう。
25 土	☆	日用品や消耗品を買いに行くにはいい日ですが、誘惑に負けて余計なものや、見栄で高いものを買ってしまいそう。値段が高いからといって、気に入るとも似合うとも限らないので気をつけましょう。
26 日	▽	少しいいランチを食べに出かけたり、気になる場所に行くといい日。映画デートをするのもよさそうです。ただ、次の日のことを考えて早めに切り上げ、夜は家でのんびりするといいでしょう。
27 月	▼	自分の至らないところが見えてしまう日。弱点や欠点を突っ込まれてヘコんでしまうかも。余計なことをして時間を無駄にするなど、周囲に迷惑をかけてしまうこともありそうです。ていねいに行動するよう心がけましょう。
28 火	✕	急に残業になったり、トラブルに巻き込まれてしまいそうな日。今日は流れに身を任せ、無理に逆らわないようにしましょう。「こんな日もある」と思って、気持ちを切り替えて。
29 水	▲	「あっ!」と思うようなものを忘れそうな日。家に取りに帰る時間もなく、焦ることもありそうなので、外出するときや席を離れるときは、持ち物チェックを忘れないようにしましょう。
30 木	○	後輩や部下など、年下の人の話を聞くことが大事な日。「最近の若い人は」などと思わないで、いまの流行や今後は何が流行りそうか尋ねてみるといいでしょう。思ったよりもいい情報を得られそうです。

☆ 開運の日　◎ 幸運の日　● 解放の日　○ チャレンジの日　□ 健康管理の日　△ 準備の日　▽ ブレーキの日
■ リフレッシュの日　▲ 整理の日　✕ 裏運気の日　▼ 乱気の日　＝ 運気の影響がない日

12月

2023

▽ ブレーキの月

~2022　　2023　　2024~

11 12 1 2 3 4 5 6 7 8 9 10 11 12 1 2 3 (月)

開運 3カ条

1. 覚悟ができているなら動き出す
2. 中旬までは素直に行動する
3. 休みの計画を先に立てる

総合運

**夢のために覚悟を決めて
下旬になると迷いが出るかも**

慎重で、一気に行動に移すタイプではありませんが、すでに次に進むべき道への覚悟を決めているなら中旬までに動くといいでしょう。情熱が冷めないうちに動き出すといいので、夢のために人との縁を切ることや、環境を変えることに躊躇しないように。まだ次にやりたいことが見つかっていない場合は、気になることにチャレンジしたり、人脈を広げておくといいでしょう。ただし、下旬になると迷いが出て判断ミスをしやすくなってしまいそうです。

恋愛＆結婚運

小さなチャンスを逃さなければ、素敵な恋人ができる時期。優柔不断になったり、余計な心配ばかりしていると、タイミングを逃してしまいます。周囲からの評判がいい人なら思いきって飛び込んでみましょう。下旬になると流れが変わって、失恋しやすくなり、チャンスが遠のいてしまう可能性が。気になる人がいるなら、中旬までにこまめに連絡しておきましょう。結婚運は、3年以上の付き合いなら中旬までに入籍するといいでしょう。

仕事運

中旬までは仕事に集中できそうですが、その後は頑張りや我慢の限界がきてしまいそう。特にここ1〜2年、不向きと思える仕事や苦手なことに取り組んできた人ほど、突然気持ちが離れてしまうことが。反対に、ここ1〜2年、やる気が起きずダラダラしていた人は、中旬までに開き直れてやる気が湧いてくる場合もあります。ただし下旬は、1年間の疲れが出たり仕事に集中できなくなってしまい、離職や転職を考える時間が増えそうです。

金運＆買い物運

欲しいものを見つけても、ここは辛抱するとき。来年の4月以降の買い物や引っ越しのために、今から節約し、貯金をしておくといいでしょう。来年は環境が大きく変わったり、自ら動くのにいい運気になるので、お金が必要になってきます。そのためにも今は不要な出費を抑え、固定費をできるだけ下げておくことが大事。下旬になると予想外のコストが増えてくるので、しっかり計画を立て、見栄で出費しないように気をつけましょう。

美容＆健康運

上旬は問題なく元気に過ごせそうですが、中旬辺りからスタミナ不足を感じたり、疲れが抜けなくなってしまうことも。ストレスもたまりやすくなるので、こまめに休むようにし、休日はのんびりできるように計画を立てておくといいでしょう。温泉旅行やスパ、マッサージなどに行くのもオススメです。美意識が高まってくるので、「大人の魅力」を出すよう心がけるといいでしょう。身の回りに幼稚なものを置かないように。

開運のつぶやき ▶ 不運や不幸の中に、必ず小さな幸せのおまけがある。

1 金	○	気になったことに素直に挑戦するといい日。日々がマンネリ気味だと思う人ほど、ちょっとでも「新しい」と思えることにチャレンジしてみましょう。気になったことをいろいろ調べてみると、おもしろい発見がありそうです。
2 土	□	気になる人がいるなら、好意を伝えたり、急でもいいので食事に誘ってみましょう。相手の連絡を待っているだけでは、いつまでも何も変わりません。
3 日	■	今日はしっかり体を休ませて、無理のないスケジュールで過ごすといいでしょう。すでに疲れを感じている場合は、約束を断ったり、予定を変更することも大事。昼寝をするなど、ゆっくりできる時間をつくるようにしましょう。
4 月	●	みんなの注目を集めてしまいそうな日。仕事で活躍できるだけではなく、異性からの視線を感じることもありそう。何度も目が合う人は、あなたに好意を寄せているかも。あなたも気になった人には話しかけてみるといいでしょう。
5 火	△	気持ちが大きくなるのはいいですが、調子に乗りすぎると、ドジな失敗をしたり見栄での出費が増えてしまうことも。謙虚な気持ちを忘れずに、最終確認もしっかりするようにしましょう。
6 水	◎	学んできたことや、経験したことを活かせる日。自分のことだけでなく、周囲の役に立ちそうなことがあれば、手助けしたり知恵を貸すようにしましょう。相手に感謝されて、あなたも協力してもらえるようになるでしょう。
7 木	☆	いい仕事やいい仲間に恵まれる日。あなたの企画やアイデア、意見などが通って、予算をとることもできそうです。今日は遠慮せず、積極的に取り組みましょう。うまくいかないときは「まだ経験が足りない」と素直に受け止めること。
8 金	▽	サボっている人や、仕事のできない人にイライラするときは、自分にもサボりたい気持ちがある証拠。もっといまの仕事に感謝して、効率よく進められるように集中しましょう。
9 土	▼	思い通りに進まないことや、邪魔が入りそうな日。イライラせずに、うまく流されたほうが無駄なパワーを使わなくて済むでしょう。油断していると、ケガをしたり体調を崩すので気をつけましょう。
10 日	×	ふだんなら興味のないものに出費しやすい日。価値があると感じるものほど、実際にはそれほど価値がない場合があるので、冷静に判断するように。年齢に見合わないものも、簡単に購入しないようにしましょう。
11 月	▲	自分の仕事や能力を過小評価しすぎて、やる気を失い、積極的に取り組めなくなってしまいそうな日。自分の力に自信をもち、多少の失敗やできないことにヘコまないようにしましょう。どんな仕事も無駄にはなりません。
12 火	○	いつもと違うリズムで生活してみるといい日。朝の散歩を兼ねて、ふだんとは違う道で会社に行ってみたり、ランチにいつもは選ばないものを試してみましょう。些細な変化が人生を楽しくしていくでしょう。
13 水	○	最初はピンとこなくても、とりあえず行動してみるといい日。オススメされた本やドラマ、映画はメモをしておきましょう。思った以上にハマったり、教えてくれた人と楽しく話せそうです。
14 木	□	今日は、予定を詰め込みすぎると、ヘトヘトになってしまいそうな日。時間にゆとりをもって行動したり、少し早めに仕事を進めておくといいでしょう。何事もギリギリにならないように。
15 金	■	思ったよりも疲れがたまっていて、体調を崩しやすい日。今日は暖かい格好をして出かけましょう。休憩時間はしっかり体を休めるようにして、温かいお茶を飲む時間もつくっておくといいでしょう。

16 土	●	突然遊びに誘われたり、意外な人から連絡がありそうな日。余裕があるならノリで会うといいですが、短時間にしておくのがオススメ。夜はルーズになったり、判断ミスをしやすいので要注意。時間を気にして行動しましょう。
17 日	△	忘れ物や小さなミスをしやすい日。遊びに出かけるのはいいですが、恥ずかしい思いをすることもあるので、余計な言葉は慎んでおきましょう。
18 月	◎	目の前のことに集中できないときは、一生懸命に仕事をしている人や、結果を出している人を見習うといいでしょう。「その人ならどんなふうに仕事をするか」をイメージすると、やる気がわいてくるはず。
19 火	☆	クリスマスプレゼントや年末年始に必要なものを買ったり、予約をするなら、今日がオススメ。気になっているものを購入すると、お得なサービスを受けられそうです。仕事運もいいので、期待に応えることができるでしょう。
20 水	▽	日中は、運気を味方につけられていい結果が出せたり、多くの協力が得られそう。夕方以降は、誘惑に負けてガッカリする出来事が増えてしまうかも。慎重に行動するよう心がけましょう。
21 木	▼	他人のミスで仕事がやり直しになったり、本来ならする必要のない仕事まで押しつけられてしまうかも。「困ったときはお互いさま」だと思って、上機嫌で行動するように努めましょう。
22 金	×	余計な妄想が膨らんで、目の前のことに集中できなくなりそう。仕事をサボっていると思われたり、突然チェックされることがあるので、気を引き締めておきましょう。
23 土	▲	大掃除をするといい日。身の回りにあるものを、使わないものと必要なものとに分け、不要なものはドンドン処分しましょう。年齢に見合わないものや、何年も置きっぱなしにしているものも捨てるように。
24 日	○	例年とは違う感じのクリスマスイブになりそう。恋人のいない人は、友人を誘ってみると思った以上にいい経験ができそうです。イベントやライブに行ってみるのもいいかも。
25 月	○	仕事のできない人に、ガッカリしたり怒ったりする前に、「なぜできないのか」をよく考えてみるといいでしょう。できない理由がわかれば、そこを改善すればいいだけ。自分も相手も、次は同じ失敗を避けられるようになるでしょう。
26 火	□	何事も順序が大切な日。「慣れた仕事だから」と手順を無視していると、面倒なことになりそうです。些細なことでも基本に忠実に、しっかりとていねいな仕事をするようにしましょう。
27 水	■	今月の疲れが出てしまいそうな日。寝不足で目の下にクマができたり、関節を痛めてしまうようなことも。朝から、軽く柔軟体操をしておくといいかも。
28 木	●	恋愛運のいい日ですが、好みではない人からデートや遊びに誘われるかも。好きなタイプでなかったら、ハッキリ断っておきましょう。相手から酔っ払った勢いでメッセージが届くこともありそうです。
29 金	△	掃除をするつもりが、逆に散らかしてしまうようなことになりそう。食器を割ったり、傷つけてしまうこともあるので、軽はずみな判断は禁物。思ったよりもドジなことをしてしまう日です。
30 土	○	しばらく会っていない友人や、今年会えなかった人に連絡をしてみるといい日。急に会うことになったり、前向きになる話を聞いたりしそう。街で偶然再会して、話ができることもありそうです。
31 日	○	出費が増えてしまいがちな日。「欲しかったものを見つけた！」と思ってすぐに手を出すと、高い値段で購入してしまいそう。予算をきちんと考えて、ときには諦めることも肝心です。

☆ 開運の日　◎ 幸運の日　● 解放の日　○ チャレンジの日　□ 健康管理の日　△ 準備の日　▽ ブレーキの日
■ リフレッシュの日　▲ 整理の日　× 裏運気の日　▼ 乱気の日　＝ 運気の影響がない日

銀 の カメレオン 座

★ 几帳面な星　　　　★ 器用な星　　　　　★ 真似が上手な星
★ 伝統や文化が好きな星　★ 突っ込まれると弱い星　★ 他人任せの星
★ 甘えん坊な星　　　　★ 根は心配性な星

12年周期の運気グラフ

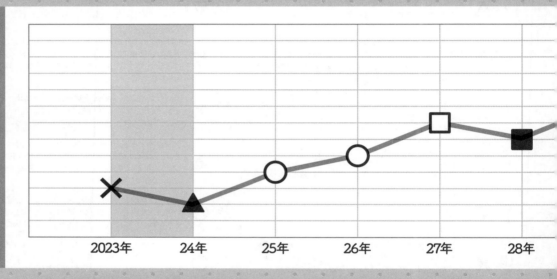

2023年　　24年　　25年　　26年　　27年　　28年

╲ 銀のカメレオン座はこんな人 ╱

基本の総合運

真面目で几帳面な性格ですが、周囲に同化することが多く、周りの人のレベルが高ければ自然と自分も同じような感じに変化することができます。逆に、友人や身近な人のレベルが低いと同じように低くなってしまうので、少し背伸びや無理をするくらいのほうが力を発揮できるタイプです。他人任せなところがあり、甘えすぎたり、面倒なことや不慣れなことを人に押しつけたりする癖もあるので、いざというときに力を発揮できない場合も。他人任せはほどほどにしましょう。

基本の恋愛&結婚運

自分では普通のつもりでも、理想が自然と高くなってしまうタイプ。頭のよさや才能、お金持ちなど、将来安定した生活を送れる相手を選ぶところがあり、年の離れた人と交際するケースも多いでしょう。このタイプには、美人やイケメンが多いため、モテることも多いのですが、外見だけで判断された恋で痛い目に遭うことも。結婚相手は、恋愛よりさらにレベルの高い人を選ぼうと慎重になりすぎてしまいますが、一緒にいると安心できる人を選ぶといい生活を送れるでしょう。

基本の仕事&金運

知識や頭脳を活かせる仕事に就くと能力を発揮できるため、大手企業やマニュアルがしっかりしている仕事が最適。専門知識を活かした仕事や言葉を使う職種でも活躍する人が多いでしょう。美意識が高く、人前に立ち注目を集めるような仕事も合いそうです。金運は、お金に対する考え方はしっかりしていますが、センスがいいぶん、レベルの高いものを手に入れてしまうため、時折大きな出費も。祖父母の影響が強く出るので、似たような仕事運や金運を引き継ぐこともあるでしょう。

「銀のカメレオン座」の2023年は、「裏運気の年」。裏の自分を鍛え、隠れていた自分の才能を見つける年。そのうえで2024年には必要なものを厳選し、不要なものを手放して、2025年からはじまる新たな山登りに、身軽になった状態で向かう必要があります。今年は、そのための基礎体力づくりをしているところ。2025年からの運気の上昇率を上げるためにも、2023年は必要なことを学び、筋肉をつけていきましょう。

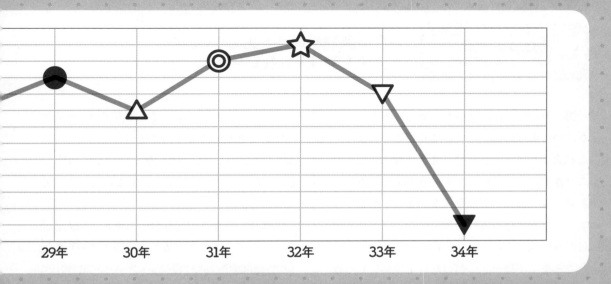

| 29年 | 30年 | 31年 | 32年 | 33年 | 34年 |

年の運気の概要

● **解放の年**
プレッシャーや嫌なこと、相性の悪いことから解放されて気が楽になり、才能や魅力が輝きはじめる年。

△ **準備の年**
遊ぶことで運気の流れがよくなる年。些細なミスが増える時期でもあるので、何事も準備を怠らないことが大事。

▲ **整理の年**
前半は、人間関係や不要なものの整理が必要。後半は、チャレンジして人脈を広げることが大事です。

☆ **開運の年**
過去の努力や積み重ねが評価される最高の年。積極的な行動が大事で、新たなスタートを切ると幸運が続きます。

○ **チャレンジの年**
「新しい」と感じることに挑戦をして体験や経験を増やすことが大事な年。過去の出来事に縛られないこと。

▽ **ブレーキの年**
「前半は攻め、後半は守り」と入れ替わる年。前半は行動力と決断力が大事。後半は、貯金と現状維持を。

✕ **裏運気の年**
自分の思いとは真逆に出る年。予想外なことや学ぶべきことが多く、成長できるきっかけをつかめます。

◎ **幸運の年**
前半は、忙しくも充実した時間が増え、経験を活かすことで幸運をつかめる年。後半は新たな挑戦が必要です。

□ **健康管理の年**
前半は、覚悟を決めて行動し、今後の目標を定める必要がある年。後半は、健康に注意が必要です。

■ **リフレッシュの年**
求められることが増え慌ただしくなる年。体を休ませたり、ゆっくりしたりする時間をつくることが大切。

▼ **乱気の年**
決断に不向きな年。流されながら、求められることに応えることが大事。体調を崩しやすいため、無理は避けて。

2023年の運気

2023年開運3カ条

1. 予想外を楽しむ
2. 欲張らない
3. 品のある言葉を選ぶ

ラッキーカラー	ブルー　レッド

ラッキーフード　おでん　ようかん　**ラッキースポット**　アンティークショップ　マッサージ店

総合運

自分の課題や弱点が見えてくる年
意外性を受け入れながら楽しんで

「裏運気の年」は、何もかも裏目に出る年ですが、特に健康には気をつけてください。また、これまでサボっていたり、他人任せにしていたことが表に出やすい年でもあるので、積み重ねが足りない部分や弱点を突かれることがあります。ただそれは、逃げてはいけないことから逃げたり、他の人に任せていた結果です。起こったことを「不運」と片付けないで現実をしっかり受け入れましょう。2023年になってもまだ他人に甘えたり、人任せにしていると大切な人間関係ばかりではなく、信頼や信用も失う原因になるでしょう。

それ以外はあなたの「裏の才能が開花する年」でもあるので、無駄に恐れる必要はありません。あなたの裏側にある「金のインディアン座」の能力が強く出てくるため、「銀のカメレオン座」の中には、「裏運気の年のほうが楽しい」と言う人もいるくらいです。急に明るくポジティブになることもあるでしょう。ただ、本来ならリスクをしっかり考えられるあなたが、リスクを考えないで突然独立や離職をしたり、メリットも考えないような行動に走ることもあるので注意は必要です。一方で、裏運気だから

挑戦できることもあるので、本気で取り組んでみたいことがあるなら勇気を出して挑戦してみましょう。もし思い通りにならなくても2025〜2027年の上半期に軌道修正することができるでしょう。

今年は、予想外の知り合いも増え、知人を通して人との交流を楽しめます。人に誘われたときに「面倒だな」「嫌だな」という感情が出てきたら、逆に顔を出すといいでしょう。「裏運気の年」は自分の勘に頼らないほうがいい出会いや不思議な縁につながります。特に若い人との関わりを増やすといいでしょう。本来あなたは年上や尊敬できる人、一緒にいることでプラスになる人の近くにいたいタイプですが、今年は今しか出会えない人との縁を楽しんでみてください。また、長く付き合おうとするより、「裏運気の年は、付き合いが短く終わるもの」と割り切るといいでしょう。自分の欲望やワガママを通そうとしたり、ひとりだけ儲けようなどと欲に走り出すと、不運どころか長い闇に入ってしまいます。今年は自分の幸せを考えながら周囲も幸せになれる方法を考え、日ごろの恩返しの気持ちを忘れないようにしましょう。

466　開運のつぶやき　▶　生きていたら無限に感謝ができるもので、感謝できない人はその人に問題があるだけ。

5〜6月は、突然興味が湧いたことにチャレンジするといい時期です。趣味を広げ、若い人と関わっていくといいでしょう。これまで甘えん坊だったり、人に頼る傾向があった人は、後輩や部下の面倒をみたり、ご馳走をする機会をつくってみてください。9月、11〜12月はホームパーティーを主催していろいろな人を招くなど、自ら交友の輪を広げてみるのがオススメ。若い人ばかりではなくお世話になっていた先輩や上司や仕事関係者も誘ってみると思いがけずいい関係が築けそうです。ここで「出費が増える」「部屋が汚れる」「知らない人を招くなんてできない」と思っていると、裏運気の能力を活かせなくなるどころか、学びと成長もなくなり運気の波を逃してしまいます。「できない」と思ったときには「裏運気だからこそ逆にやってみよう」と考えてみてください。

運気の波で言うと、1月下旬〜3月は、体調不良や事故やケガに注意。既に昨年体調を崩している場合は、7〜8月、10月にさらに悪くなることがあるので、生活習慣を整えたり健康的な生活リズムをつくるようにしましょう。

2023年になっても人任せにしていたり、他人に甘えてばかりいると、信頼していた人が離れていく原因になります。今年は、これまでの人間関係の反省点が一気に出てくるので、問題を相手のせいにするのではなく、自分の成長が足りない部分や、言葉遣いなどを反省するといいでしょう。特に今年は失言が大きな問題になる心配があるので、2〜3月と10月は、相手の気持ちを想像して話すようにしましょう。また、小さな約束でもしっかり守ることが大切。昨年以前に約束したことはできるだけ守るようにしましょう。

今年は、面倒だと思うことをあえて行動に移すことが大切です。これまでと考え方を変えて「よいことは面倒の先にしかない」と思ってみ

るといいでしょう。また、意外な趣味ができたり、得意なことや好きなことに変化が出る時期でもあります。ハマっていた趣味なのに冷めてしまったり、時間とお金をかけてきたことに疑問を感じたり、ブランド品や高価な物の価値は理解できても「本当にこの値段を出す意味あるの？」などと思うようになりそう。反対に普段なら行かないようなイベントやライブ、たとえばアイドルや夢半ばのバンドマンや芸人さんのライブやイベントなどに行くことになるかも。少しでも興味が湧いたら、苦手だと思っていた最新のスポットや話題の場所などにも行ってみるといいでしょう。

ここまで読んでくると「裏運気は怖くないね」と思われそうですが、体調の変化には敏感になってください。できれば人間ドックには早い段階で行くようにしましょう。検査を受けて特に問題がない結果だったとしても、不安があるならセカンドオピニオンを受けましょう。ただ今年は、自分で病院を探すよりもできれば周囲にいる人の紹介で行くのがよさそうです。ネットで探したり、勘で「ここがいいかな」と選んだ病院でも、なかなか症状が改善しない場合は早めに変えるようにしましょう。

また、人間関係で安心しすぎていると裏目に出る年でもあります。「この人にはワガママを言っても大丈夫」と相手の気持ちを考えずに甘えていると、バッサリ縁を切られる可能性もありそう。今年は少しでもお世話になっている人にお礼や感謝を伝えて、サービス精神を全力で出し切っておくといいでしょう。「裏運気の年」は、欲張ると痛い目に遭うので安易な儲け話にも気をつけて。「簡単に稼げる」といった言葉や、2022〜2023年くらいで仲よくなった人にも特に注意。付き合いの長い人でも悪い噂がある人とは関わらないようにしましょう。「裏運気の年」は、自分の裏側が表に出るの

で、これまで隠していた秘密が出てきたり、裏切る人が出てきます。今まで善意を持って感謝を忘れなかった人は心配ありませんが、そうでない人は厳しい指摘を受けたり、知られたくないことをバラされるかもしれません。相手を責める前にしっかり反省して、間違っても逆恨みをしないようにしてください。

今年は、良くも悪くも自分の課題や弱点や欠点が見えてくる年です。後回しにしてきた苦手部分の克服や、学び直しをするタイミングだと思うようにしましょう。反省すべき点があるのに見て見ぬふりをしたり逃げたりしていると、数年後に必ず同じ問題や壁にぶつかるので、少しでも若い時に乗り越え、受け入れる覚悟が必要です。

「裏運気の年」に予想外の幸せを手に入れることがありますが、この幸せは「裏運気の特別なもの」だと思いましょう。賭け事をしてみたら大金が入って、「運気悪くないじゃん」と思ったとしても、それ以降の数年間負け続けることになって、結局、賭け事をやらないほうが得ということになりそう。賭け事に勝っても「今年で終わり」と割り切りましょう。同様に宝くじが当たる経験をする人も多そうですが、当たった時は「今年で終わり」と決めておくことをオススメします。裏運気のラッキーは後の不幸の原因になりがちですが、「今年だけの特別なもの」と割り切れるなら問題ないでしょう。また、2023年は、大きな決断には不向きです。結婚、家、マンション、土地の購入などは後々苦労の原因になりますが、どうしても2023年に購入しなければならない時は身内で運気のいい人に選んでもらうといいでしょう。

自分が裏に入る「裏運気の年」は、相手の裏側も見えるので、職場の人や仕事内容に不満や不安も増えがちです。文句や愚痴が多くなった時は、その原因を探りましょう。特に人間関係

がこじれた時は、これまでの行いや相手との関係性を見直してください。

人や周囲に自然に合わせられる「銀のカメレオン座」ですが、今年はマネだけでなく、オリジナリティやアレンジ、新しいアイデアを求められることもあります。苦しい状況に追い込まれたとしても、妄想力を活かせるチャンスと考えて、秘めていたアイデアを出すと問題を乗り切れそう。無理難題を出されたり扱いが悪くなってヘコむこともありますが、相手にも事情があるでしょうし、状況も常に変化するもの。「判断するのは大変だろうな」と相手の気持ちを推し量って、これまでよくしてもらったことに感謝して、今年は恩返しの年だと思うといいでしょう。もちろん我慢や忍耐が必要な出来事もありますが「精神的に鍛えられるチャンス」とプラスに受け止めたり、辛いと思った時ほど笑顔で対応すると周囲から「あの人はすごい」と一目置かれることもあるでしょう。

今年は、意外性を楽しむことも大事です。たとえば素敵な人から告白され、交際してから「趣味が全く合わない」「夜の相性が最悪」と思ったとしても、「自分と違う趣味が面白い」などとポジティブに考える練習だと思うとよさそう。前向きな本やいい言葉を日々探してみるのもいいでしょう。

いつも通りの心地よさを求めるかわりに、考え方や新たな感性を磨こうと思えば、視野を一気に広げられます。「なんでそんなことが面白いの？」と疑問に感じているものにあえて挑戦してみてください。オススメされた映画を観たり、本を読んでみたり、特にSNSや若い人がハマっているものを毛嫌いしないで「素直に楽しもう」と考えてみて。普段なら行かない場所に行ったり、イメチェンして若返ってみたり、明るい色の服を選んだりして周囲や身内も驚くくらいの意外性を楽しみましょう。

恋愛運

一筋縄ではいかない裏運気の恋
思いがけない相手を好きになりそう

「裏運気の年」は、予想外の人と恋に落ちてしまったり、自分でも意外と思える人と交際をする可能性がある時期。裏モテ期と言われる時期に入るので、タイプではない人から告白されることもありそうです。これまでとは違うタイプの人と交際することで学べることや喜びもあるので、周囲の評判がいい相手なら交際に進んでもいいでしょう。ただ、裏運気の時期は自ら飛び込むと危険な相手や面倒な人を引いてしまう可能性が高いので、あなたからの告白は避けるようにしましょう。それでもきっかけ作りは必要なので、好かれる努力は忘れないようにしましょう。

本来のあなたは、周囲がうらやむような人を好んだり、経済的に豊かな人や安定した生活を送れる相手を選ぶタイプ。ですが、「裏運気の年」は、これまでとは全く違うタイプの人との交際に発展しやすいでしょう。たとえば夢を追いかけている人やフリーター、これまでターゲットにしなかった人などです。ただ今年は、条件がいい相手と思って交際したら既婚者だったり恋人のいる人だったりして、もめ事に巻き込まれてしまうこともあります。むしろ理想の相手だと思える人が近寄ってきたときには、周囲からの評判や情報をしっかり集めましょう。怪しいと思うところがひとつでもあれば、深入りしないようにしてください。既に昨年辛い失恋を体験している人の場合は、「もう二度とない」と思っていても、また痛い目に遭う可能性もあるので気をつけましょう。

できれば、3〜4年前に既に出会っていて、別にときめくような相手ではないけれど、優しかったり真面目だったりで仲はいいというような人を選ぶといいでしょう。ただ、面白みやサービス精神を望んだり、依存したり、これまでと同じ恋愛観で相手を見定めていると、つながる縁を逃してしまうので気をつけて。「絶対に好みは変えられない！」という強い意志がある人は、今年の恋は諦めて、仕事や趣味に打ち込むといいでしょう。ただし、「恋愛はしない」と決めて他のことに一生懸命に取り組んでいても、その頑張る姿にときめく人が出てくるかもしれません。そのあたりが「裏運気の年」のややこしいところだと思っておいてください。

今年出会った相手とは短い付き合いになる覚悟も必要です。素敵な人と出会えて何の心配もなく順調と思っていたら、急にあなたや相手の異動が決まってしまい遠距離恋愛になったり、家庭の事情で順調な付き合いができなくなるなど、自分以外の影響を受けて突然恋が終わってしまうこともあるでしょう。

2〜3年前まで恋人が途切れることがなかった人や、過去にモテ期を味わった人ほど、今年は全くモテなくなったり、異性への関心が薄くなりそう。また、友人や知人に過去の恋愛をバラされるような出来事もあるかもしれません。「過去に付き合ったのは2人くらいかな」と話していたら、「20人くらいは付き合っているんじゃない？」などと横から余計なことを言われてチャンスを逃す場合も。あなたの失言でうまくいきそうな恋にブレーキをかけてしまうこともあるので、余計な言葉や相手の気持ちを考えない発言に気をつけて。信頼できる人や尊敬できる人からの紹介がオススメですが、紹介されたら文句を言わずに付き合うくらいの覚悟を持って会うようにしましょう。

開運のつぶやき　感謝の気持ちが強い人ほど、嬉しい出来事が増えるもの。

結婚運

好みとは違うタイプの人との結婚があるかも
話を進める前に必ず人物チェックを

「裏運気の年だから結婚できない」と思う方もいるかもしれませんが、「裏運気の年」は、本来の好みとは違ったタイプと結婚する可能性が高くなるだけで、結婚できない運気ではありません。

本来なら経済的にも安定した年上の人を望む「銀のカメレオン座」ですが、「裏運気の年」に入ると、これまでと全くタイプが違う、年下や生活が不安定な人と突然入籍をすることがあります。本気で結婚を望んでいるなら自分の理想を求めるよりも、人に好かれるように努めると好意を持ってくれる人が現れるでしょう。ただ、その相手とは盛り上がりに欠けたまま結婚する流れになりそう。また、浮気や借金などの問題を抱えた人や、別れと復縁を繰り返す相手のように、周囲からも「結婚相手には不向きだ」と言われる人と突然入籍をすることも。もともと相手に不安な点があるのに、プロポーズされて有頂天になってそのことを忘れていると、後々同じ問題に悩まされる可能性があるので、冷静に判断しましょう。特に入籍する前に、恋人が家族に対してどのような対応や態度をとっているかを確認するといいでしょう。家族に冷たい人や態度が悪い人は、結婚後、あなたも家族として同様の扱いを受けることになるので事前にチェックしておくことが大切です。

今は恋人はいないけど結婚を望んでいる人は、自分の好みは完全に諦めて、これまでとは真逆のタイプの人にアプローチしてみることが効果的。相手の出方を待っているだけでは何も変わりません。出会いもなく、結婚相談所に登録もしていないのなら5月から行動を。「お金がもったいない」などと言い訳をしているよう

なら年内の結婚は諦める覚悟が必要です。マッチングアプリや友人からの紹介といった出会いのチャンスにはすべて賭けてみる必要があります。ただ、そこであれこれ選り好みをしても時間の無駄なので、結婚相談所で会う人は3人までと決めておくことが大事。それ以上を望んでも結婚から遠のくだけになるでしょう。

「裏運気の年」での結婚は、6年後に離婚や大きな問題が発覚したり、結婚をしてから借金やDVや家族とのトラブルなどの問題が出てくることが多いため、覚悟が必要です。「裏運気の年の結婚だからトラブルもある。でも、それを乗り越える覚悟で結婚したんだから」という気持ちを忘れないようにしましょう。どんなに愛し合って相性のいいカップルが結婚をしても、相手を思いやる気持ちや感謝を忘れてしまったら簡単に壊れてしまいます。裏運気での結婚は、自由を奪われたり、予想外の出来事が多くなるかもしれません。しかし、そもそも人生は予測がつかないもの。思いも寄らないマイナスな出来事に直面したとしても、2人で力を合わせて乗り越えることで、愛も深まるでしょう。

今年は順調な結婚運ではないため、何か問題がある場合は、2024年の年末や2025年になってからの入籍のほうが運気が安定します。相手の運気がよければスムーズに結婚できますが、その場合の主導権は相手が握ることに。自分の意見を押し通さないで、相手のサポート役を続ける覚悟が必要です。また、相手の浮気や問題が発覚して破談になることもあります。このタイミングでの問題発覚は、相手のダメなところを知れて結婚しなくてよかったということなので、流れに逆らわないように。

開運のつぶやき ▶ 「あなたに会うと元気になれる」と言われるような生き方ができる人になるといい。

仕事運

2〜3月は苦しい状況に追い込まれるかも
自分に足りない部分を冷静に分析して

「裏運気の年」は、予想外の仕事をすることになったり、これまでと同じ仕事を続けている人でも状況が大きく変わってきます。自分の弱点や欠点が表に出てきますが、単純に「悪いこと」ととらえないことが大事。これまでサボっていたり、学んでいなかった部分を鍛える時期でもあるので、至らない点は素直に認めましょう。今すぐに実力を身に付けられなくても気にしないで、今後の課題が出ていると思って現実を受け止めましょう。ただしここで転職や離職をする判断はその後の苦労につながるので避けること。同時に、問題を会社や他人のせいにしないようにしましょう。苦手な上司や思い通りにならない部下に悩むこともありますが、それは自分中心に考えているから状況が苦しく感じられるだけなのかも。自分のことばかりではなく、相手や周囲のことに思いを巡らせて、これまでの仕事に感謝することが大事です。愚痴や不満や文句を言う暇があるなら、感謝できることを探しましょう。それで気持ちも楽になり、周囲との関係もよくなってくるはずです。

2〜3月は、特に苦しい状況に追い込まれたり、仕事を辞めたくなるかもしれません。そんなときこそ過去を振り返り、甘えていた部分を認めてください。不運と思える原因を冷静に判断して、どんな能力が足りないのか分析しましょう。また、この期間は得意な作業でミスをしたり、やっかみを受けることがあるので、目立とうとしないでサポートに回ったり、「人の役に立てるだけで十分」という気持ちで仕事をするといいでしょう。損な役割をあえて引き受けるといい運気なので、雑用や周囲の嫌がる作業や面倒な仕事ほど受けてみましょう。

裏運気に入ると、隠れていた才能や裏の能力が開花します。「銀のカメレオン座」は、「しっかり仕事をしてしっかり休む」ことが大事ですが、今年は忙しければ忙しいほど気持ちが安定したり楽しく過ごせるでしょう。いつもより多めに仕事を詰め込んでみると、驚くような才能を発揮することもあります。ただ、不慣れなスケジュールや仕事量で体調やメンタルを崩してしまう恐れはあるので、忙しいときこそしっかり体を休ませることも仕事のひとつだと覚えておきましょう。

既に2022年からこれまでと違う仕事やポジションを任されて、悩みや不安を抱えてしまったり、苦しい状況になっている人もいるでしょう。それでも「大変な時ほど自分を大きく変える時」だと思ってください。甘い考え方やこれまで他人に任せきりだったり、口ばっかりになっていたところを改めるようにしましょう。表面的にはポジティブでも、陰で愚痴や不満を言うようなところが今年の苦労をつくる原因になります。愚痴や不満はストレス発散になるどころか、自身の未熟さをアピールしているだけだと気づきましょう。そして周囲がうれしい気持ちになる言葉や話はどんなものなのかを真剣に考えて、なるべくいい言葉だけを発していくようにしましょう。

また、不慣れな仕事でも、そこから学べることはあります。実際にやってみなければわからないこともあり、いろいろな体験が勉強につながるでしょう。11〜12月には考え方が変わり、前向きに仕事に取り組める流れもあります。その時は、厳しくてもきちんと指導してくれる人の優しさを忘れないようにしましょう。

開運のつぶやき ▶ 👓 「人は人、自分は自分」が幸運の始まり。

買い物・金運

予想外の出費が増える年
下半期は無駄なものを整理して

予想外のところで出費が増えてしまう年。本来ならお金にしっかりしている人でも裏運気に入ると逆に浪費をしたり、節約が好きな人ほど「なにをケチケチしているんだ」と突然お金を使いすぎてしまうかもしれません。購入や契約をする前に、これまで以上にしっかり考えてお金を使うようにするといいでしょう。また、裏運気はお金の勉強をするには最良の時期でもあります。収入が減って生活が苦しくなっても、「苦しい思いもしたけれど、なんとかやりくりして生活できた」という自信につながるでしょう。お金がないからこそ、これまで気がつかなかった無駄遣いや不要な固定費を見直すなど、お金の価値をしっかり学べる時期なのだと前向きにとらえるようにしましょう。

2〜3月は、機械の故障や事故、ケガなどで出費が増えたり、部署異動や残業が減るといった仕事上の都合で収入が落ちたり、会社の合併や倒産などの事情でボーナスカットになる恐れもあります。ボーナス払いのローンなどがある人は事前に貯蓄に回しておくといいでしょう。

問題は、体調を崩して入院したり、収入が激減する可能性もあることです。健康面には特に気をつけておきましょう。また、自分だけでなく、家族が体調を崩したことによる出費もあるので、周りにも「この1年は特に気をつけよう」と伝えておくといいでしょう。

「裏運気の年」は、過度な期待をしてはいけませんが、予想外の収入もあったり、賭け事がうまくいったり、宝くじが当たる人もいます。ただ、裏運気の時期の幸運には執着をしないようにしてください。特に賭け事は、これまでやったことのない人や負け続けていた人ほど勝てて

しまうかもしれません。ギャンブルにハマって結局マイナスになっては意味がないので、裏運気のラッキーな収入は今年だけの特別なものだと思っておきましょう。それよりもつみたてNISAやNISA、投資信託などでゆっくりお金を増やす勉強をするといいでしょう。

また、今年は怪しい投資や儲け話にも引っかかりやすいので注意を。簡単に儲かるものは世の中にはないと思って、なにごとも冷静に判断してください。お金に困ったときには、これまでお金について真剣に学んでいなかったり、お金の価値を理解していなかったせいだと思って反省しましょう。

下半期には身の回りにある無駄な物を整理する必要もあります。「価値がある」と自分で思っているだけで本当は必要のない物や、置きっぱなしの趣味の道具があれば、売るか、価値のわかる人や活用してくれる人に譲るといいでしょう。家賃を払っている人は、固定費を下げるためにも引っ越しをするといいですが、裏運気での引っ越しは後の苦労につながる可能性があります。2〜4年以内にまた引っ越しをするつもりで、現在の場所より安いところを5〜6月あたりに探すといいでしょう。

「裏運気の年」には、お金の勉強になる出来事が多く起きます。欲しい物を購入する運気というより、それが本当に必要な物なのか考える時期と言えるでしょう。「お金は稼ぐよりも使うほうが難しい」ということがわかるくらい、お金の価値を真剣に考える運気だと思っておきましょう。自分のためだけに使わずに、周囲の人の笑顔につながるようなお金の使い方を目指してください。

美容・健康運

今年はなによりも健康面に気をつけて
ファッションは「若さ」がキーワード

2022年に引き続き最も気をつけるところは健康面です。昨年中に一度でも大きく体調を崩したり、病気が見つかった人は、しっかり治療に専念し健康的な生活リズムを意識していれば、大きな体調の崩れを避けられる可能性があります。しかし、「2022年に体調を崩したからもう大丈夫」と勝手に安心して不摂生な生活を送っている人は、それが後に大きな病気につながる可能性があるので注意してください。

今年は予想外に忙しくストレスを感じることもあると思いますが、睡眠時間を少しでも長くする工夫をしたり、飲酒や喫煙を控えたり、揚げ物や脂っこいものを避けるといった配慮をしましょう。できれば今年もちゃんと人間ドックに行ってお医者さんからのアドバイスをきちんと聞いて生活習慣を改善するといいでしょう。

特に要注意なのは、1月下旬〜3月です。少しでも体調に異変を感じたら即病院に行くようにしてください。「痛みや違和感が治まったからもういいかな」と勝手な自己判断をしないようにしましょう。7月中旬〜8月も同様に体調に異変が出やすい運気なので、無理をしないこと。周囲から「顔色が変じゃない？」などと体調に関する指摘をされたときは、聞き流さないで早めに検査を受けましょう。特に女性は乳がん検診など定期的な検診を受けるようにしておいてください。

本来は現実的なタイプのあなたですが、「裏運気の年」の今年は、裏側にある「金のインディアン座」の能力が目覚め、妄想と空想が得意になります。それはいいのですが、余計なことや起きるはずもないことを心配してストレスになったり不安を抱えてしまうことがあるでしょ

う。しかし基本的には、今年はあなたが心配するようなことが起きる可能性は低いので安心してください。同じ心配をするなら、本当に起こったときにどうするのかという対応や対策を考えるほうが大事。もし起きても準備をしっかりしていれば最悪の事態を防ぐことができるはずです。もしも不安があれば、妄想だけで終わらせず、きちんと対応をして心配事を少しでも小さくしておきましょう。不注意によるケガ、扁桃腺の腫れ、ギックリ腰などこれまでになかった体調不良や、目と耳などに異変が生じることもあるので、十分に注意してください。

「銀のカメレオン座」にとっての裏運気は「若返る」運気でもあるので、今年は美を意識するといいでしょう。年齢よりも少し若く見えるようなファッションが気になったり、久しぶりの髪型などに挑戦したくなるかも。「今さら若作りなんて」などと思わないで、かわいい服を選んでみたり、華やかな服を着てみるといいでしょう。ブランド品を選んだり大人っぽさを目指すのもいいですが、若さが出るように心がけましょう。外見だけではなく体の中から若返る必要もあるので、定期的に汗を流したり、筋トレとストレッチをしっかり行うようにしましょう。体調もよくなり、健康的に若くいられそうです。ついついサボってしまうという人は、パーソナルトレーナーのいるスポーツジムに行くと長続きするだけでなく、質のいいダイエットや筋トレもできそうです。

油断をすると体調を崩すことがありますが、そうならないように、楽しみながら健康的な生活リズムをつくることが大切。予想外に大変な時でも健康第一で過ごすようにしましょう。

開運のつぶやき ▶ 👓 あるがままを受け入れることが大切で、あるがままを否定するから前に進めない。

親子・家族運

あなたや家族にトラブルが発生しやすい年
配慮や感謝を忘れないで

今年は家族の一言がきっかけになって、大きな病気の早期発見につながったり、助けられることもあるので、感謝の気持ちを忘れないようにしましょう。日ごろ家のことを頑張っている人は、「自分だけが大変な思いをしている」と不満を溜めがちですが、その前に「そもそも、好きで手間をかけている」ことを忘れないようにしてください。負担だと思うなら、上手に手を抜いたり、素直に家族に伝えて協力してもらいましょう。手伝ってもらうときに、自分とやり方が違うという理由で「こんなのダメ！」とか「自分でやったほうが早い」などと言うと、家族も「せっかく手伝ったのに」とやる気をなくしてしまいます。手伝ってもらった時には、家族を褒め、感謝の気持ちを伝えましょう。既にやる気を削いでしまった場合でも、手伝ってもらえるように笑顔で伝えていけば、ゆっくりですが協力してもらえるようになりそうです。

夫婦関係は、心も運気も乱れて相手の嫌な面や雑なところばかりに目がいきがちな年。でも相手も同様にあなたの嫌なところや裏側が見えていることを忘れずに。昨年発覚した問題が解決していない夫婦の場合、今年は気持ちがさらに離れてしまいそうです。それでも裏運気だからこそ表に出てくる無邪気さやマイペース感をうまく見せていけば、ほどよい距離感を保ったいい夫婦関係になれそう。自分の考えだけを正しいと思って押しつけないように。

子供との関係は、話をする機会が減ったり、話を聞いてもらえなくなったり、気持ちが上手に伝わらないことが増えそう。これまで口やかましく構いすぎていた場合は、子供のほうから距離を置かれることもあります。たとえば、

「何度言わせるの！」と怒鳴ってしまった時は、「同じ言い方をしていた自分に問題がある」と考え直してみてください。言い方や伝え方、タイミングをいろいろ変えて、少しでも子供が受け止めやすくなるように工夫をしましょう。自分の子供だからといって、すべてを思い通りにコントロールできるわけではないということを忘れないでください。

両親が年配の場合は、2023年は体調を崩して世話や介護に時間を取られる恐れがあります。「健康診断に行っておいてね」と早い段階で伝えておくと大きな問題になるのを避けられそう。まだ若く元気な両親の場合はそこまででないでしょうが、今年からは親に甘えないで、しっかり自立することを目標にしましょう。誕生日や記念日にはプレゼントを贈ったり食事をご馳走するのもいいでしょう。いつまでも不満や愚痴を聞かせるより、これまでとは違う自分を見てもらえるように心がけましょう。

「裏運気の年」は、あなただけではなく家族や身近な人のトラブルも発生しやすい「厄落とし」のような年なので注意が必要です。苦労や面倒なこともあるでしょう。その反面、たとえば子供がまだいない方や諦めているご夫婦に子供ができる、というような大きな幸せを得られることもあります。また、裏運気の時期は夫婦の愛情を試される期間でもあります。問題が起きたときは必ず原因があると思ってください。感情的になって相手のせいにしないで、自分が改めるべきところを見つけましょう。まずは自分の考え方や発する言葉を変えることが大切です。できるだけ前向きな発言やプラスの言葉を使うように心がけるといいでしょう。

開運のつぶやき ▶ なんとかなるし、なんとかするのが人生。そして、なんとかしてきているから今がある。

年代別 アドバイス

世代が違えば、悩みも変わります。
日々を前向きに過ごすためのアドバイスです。

年代別アドバイス 10代

これまで友達ではなかった人と急に仲よくなったり、逆にこれまで仲がよかった人と距離が空いてしまう年。勉強面では、苦手な科目のコツをつかめそうですが、得意な科目に苦手意識が芽生えたり飽きてしまうことがありそう。また、余計な一言で人間関係を崩してしまったり、甘えている部分を指摘されることがあるかもしれません。痛い思いをすることもありますが、原因をしっかり受け止めて大きく成長するきっかけにしましょう。

年代別アドバイス 20代

失恋や別れの多い年になりますが、自分の期待通りにならないことを嘆いたり悲しまないようにしましょう。思い通りにならないことを楽しめるように切磋琢磨するのが大切だと忘れないように。妄想が膨らみますが、想像力が豊かになっている自分を面白がってみて。辛いときでも近くにいてくれたり優しく接してくれる友人や知人に感謝を伝えることも忘れないようにしましょう。ポジティブな言葉をどんどん発しておきましょう。

年代別アドバイス 30代

後輩や部下など若い人と仲よくしたり、自分よりも頑張っている人を認めて応援するといい年。プライドを捨てられずに余計な言葉を発すると、周囲から人がいなくなってしまったり、自ら苦しい状況をつくってしまうことがあります。大人としてどんな言葉を発するのが良いのかを考え、周囲からどんな風に思われるか想像して言葉を選ぶようにしましょう。お世話になった人のためにもう一踏ん張りすると大きく成長できそうです。

年代別アドバイス 40代

「自分が今さらやるような仕事ではない」と職場に不満が出たり、逆に至らない点や実力不足を指摘されることがありそう。今年は意地を張るのではなく、負けを認めて若い人や頑張っている人に道を譲ったり、サポートに回るといいでしょう。不慣れな仕事を任されて転職したくなっても「まだこの会社で学ぶことがある」と思って頑張るか、これまでの恩返しをする気持ちで取り組むといいでしょう。基礎体力作りも忘れないようにしましょう。

年代別アドバイス 50代

暇な時間をつくらないで、仕事や趣味や家庭でやれることを色々見つけて行動するといい年。ボーッとする時間が増えると、余計な妄想が膨らんでしまいます。「人間は暇だとろくなことを考えない」と心がけておきましょう。トラブルも多く、大変なことにも巻き込まれやすいですが、甘えていたシワ寄せもやってくるので現実をしっかり受け止めましょう。現状の幸せを見失わないようにして、小さな感謝を見つけるのを忘れないようにしましょう。

年代別アドバイス 60代以上

最も健康に注意が必要な年。既に2022年に体調を崩している場合は特に要注意です。油断していた部分の調子を崩すことがあるので、「絶対大丈夫」と思い込みすぎないようにしましょう。一方で、落語やコメディの芝居など、楽しい趣味を見つけることができそう。若い人と接する機会も多くなるので、最近の流行やネットやアプリの使い方などを素直に教えてもらうといいでしょう。面白い漫画を教えてもらうといい時間を過ごせそう。

命数別2023年の運勢

【命数】41 ひと言多い高校生

基本性格

周囲に合わせるのが得意な頑張り屋。「でも」「だって」とひと言多く、意地っ張りなところがありますが、マネが得意でコツをつかめばなんでもできるようになります。ただ、意地を張りすぎて自分の生き方ややり方にこだわりすぎると、能力を発揮できない場合も。周囲に同化しやすいのでレベルの高い環境へ飛び込むと成長しますが、逆に低いところにいるといつまでも成長できません。友人関係で人生を大きく左右される人でもあります。

持っている星

- ★頑張り屋の星
- ★お金の貸し借りがダメな星
- ★本音を話さない星
- ★運動がストレス発散になる星
- ★友達のような交際が好きな星

開運3カ条

1. 素直に負けを認める
2. 「危険な恋」に注意する
3. スポーツで汗を流す

2023年の総合運

仲間や友人と別れたり、縁が切れてしまいやすい年。仲のいい人とケンカしたり、裏切られることがありそうです。あなたに非があるときに素直に謝れないと、そのまま疎遠になってしまうことも。あなたが相手を裏切ってしまう場合もあるでしょう。健康運は、体が丈夫だと思っている人ほど、胃腸が弱くなるなど体調を崩しやすくなりそう。無理せず、ときには頑張っている人を応援したり、サポートする側に回ってみましょう。

2023年の恋愛＆結婚運

友人の恋人が気になったり、不倫や三角関係になるなど、ふだんとは違うタイプの人を好きになってしまう年。危険な人と恋に落ちる場合があるので、感情任せに行動せず、理性を忘れないようにしましょう。格闘技などのハードなスポーツをはじめてみると、いい出会いがありそうです。医療関係の仕事をしている友人の紹介で、いい人とつながることもあるでしょう。結婚は、相手に合わせることが大切。大ゲンカをするなどして、破談にならないよう気をつけること。

2023年の仕事＆金運

ライバルや同期に先を越されたり、能力不足を指摘されてしまいそうな年。一発逆転をねらったり、雑用や基本を学ぶことを避けてばかりいると、いつまでも成長できません。焦らないで、弱点や欠点は数年かけて克服するくらいの気持ちでいましょう。今年は、あなたの「得意なこと」が見えてくる運気でもあります。好きだと思えることと、うまくできることが違う場合もあるため、冷静に分析するように。金運は、臨時収入があっても浪費してしまいやすいので気をつけること。

ラッキーカラー イエロー　ピンク　**ラッキーフード** いわしのマリネ　千切りキャベツ　**ラッキースポット** コンサート　画廊

【命数】42 向上心と度胸がある人

基本性格

合理主義で無駄なことや団体行動が嫌いな人。几帳面で丁寧な印象を与える人と、派手な感じに見える人が混在する極端なタイプ。地道な努力や下積みなど、基本を身に付ける苦労を避けて結果だけを求めるところがあります。マネが上手でなんでも簡単にコツをつかめますが、しっかり観察しないでいるとその能力は活かせないままです。向上心があり、成長する気持ちの強い人と付き合うといいでしょう。

持っている星

- ★要点をつかむのがうまい星
- ★一攫千金をねらう星
- ★好きな人には積極的になる星
- ★健康情報が好きな星
- ★都合の悪いことを聞かない星

開運3カ条

1. サポート役になる
2. 旅行に行く
3. 苦手なことに挑戦する

2023年の総合運

これまで密かに努力してきた人は、頑張りを認められて大きなチャンスをつかめるなど、大きく成長できる年。サボっていた人は、実力不足を突っ込まれたり、弱点や欠点が表に出てしまうことがありそうです。今年は、雑用や他人が嫌がる仕事、遠回りに見えることや面倒なことにも挑戦してみるといいでしょう。年下で地道に努力している人と一緒にいると、学べることがあります。健康運は独自の健康法がかえって体によくない場合があるかも。体調には十分な注意を。

2023年の恋愛＆結婚運

好みのタイプとまでは言えなくても、一緒にいて楽な人や対等に話してくれる人を好きになる運気です。今年できた恋人とはケンカが増えやすいですが、互いを知るためには必要だと思っておいて。ただし、言いすぎや言葉選びには注意すること。交際に進んだと思ったら不倫関係になっていたり、相手が昔の恋人と縁が切れていないことに気づく場合も。気になる人ができたら、しっかりリサーチしてから関係を進めるようにしましょう。結婚運は、同級生など、昔から知っている人と急に進展することがありそう。

2023年の仕事＆金運

頑張ることでほかの人の役に立てる年。自分のことばかり考えていると、仕事を辞めたくなったり、残念な結果につながってしまいそうです。思うように成果が出なくても、「周りの人の成長につながればいい」と思えると、いい1年になるでしょう。面倒な役割ほどすすんで引き受けてみると、不満や文句が次第に減ってくるので、2023年は「苦手なことに挑戦する年」にしてみましょう。金運は、旅行資金を貯めておくのがオススメ。

ラッキーカラー イエロー　オレンジ　**ラッキーフード** レバーパテ　卵焼き　**ラッキースポット** フリーマーケット　書店

さらに細かく自分と相手が理解できる！
生まれ持った命数別に2023年の運気を解説します。

【命数】43 陽気で優柔不断な人

基本性格

愛嬌があり、明るく甘え上手ですが、根はしっかり者でちゃっかり者。なんとなく憎めない人です。自然と好かれる能力を持ちながら、お礼や挨拶などを几帳面にする部分もしっかり持っています。何より運に恵まれているので、困った状況になっても必ず誰かに手助けしてもらえるでしょう。ただ、わがままが出すぎて余計なことをしゃべりすぎたり、愚痴や不満が出すぎたりして信用を失うことも。空腹になると特に態度が悪くなるので注意。

持っている星
- ★明るく華やかな星
- ★異性に甘え上手な星
- ★不機嫌が顔に出る星
- ★顔が丸くなる星
- ★気分でお金を使う星

開運3カ条
1. 愚痴や不満を言わない
2. 基礎体力づくりをする
3. サービス精神と善意を忘れない

2023年の総合運

些細なことでイライラしやすくなったり、愚痴や不満が増えてしまいそうな年。余計なことを言いすぎると、気まずい空気やトラブルを引き起こすことになるので、気をつけること。口に出す前に相手の気持ちをもっと真剣に考えて、ポジティブな話をするよう心がけておきましょう。健康運は、痩せやすい時期に入るので、基礎体力づくりをしたり、食事などの生活習慣を変えてみるのがオススメです。

2023年の恋愛＆結婚運

自分でも意外だと思う人に一目惚れしたり、これまでとは違う感じの恋愛にハマることがあるでしょう。1日程度で終わる超短期交際をしたり、周囲に言えないような人と関係を深めてしまうことも。のちにトラブルやストレスの原因になる可能性があるので、相手選びには注意が必要です。また、余計な一言が原因で好きな人やパートナーと大ゲンカすることもあるかも。結婚運は、妊娠や、あるいはやむを得ない理由などで結婚に進む可能性が高そうです。

2023年の仕事＆金運

職場や仕事に不満がたまりやすい年。突然仕事を辞めたくなるようなこともありそうです。愚痴や不満ばかり言っていると、ドンドン働くのが嫌になってしまうので、周囲への感謝や恩返しの気持ちを忘れないようにしましょう。気分で仕事をせず、一つひとつの仕事に気持ちを込めることも大切。サービス精神が裏目に出てしまうこともありますが、善意があればのちに周囲が理解してくれるでしょう。金運は、ストレス発散目的での散財をしやすい年。今年は、ポイ活を楽しんでみるといいでしょう。

ラッキーカラー 濃いパープル　イエロー　**ラッキーフード** 豚のしょうが焼き　プリン　**ラッキースポット** コンサート　動物園

【命数】44 余計な一言が目立つ勘のいい人

基本性格

頭の回転が速く勘がいいため、要領よく生きるのが上手なタイプ。頭がよく、感性も豊かですが、おしゃべりで余計な一言が出たり、空腹になると短気を起こしたりしがちなので注意が必要です。情が深く、ときには依存するくらい人と深い付き合いをする場合もありますが、なかなか親友と呼べる人が見つからないことも。人生で困ったときは、うまくやっている人をマネすると自然にいい流れになるでしょう。

持っている星
- ★勘が鋭い星
- ★老舗ブランドの星
- ★恩着せがましい星
- ★手術する星
- ★運命を感じる恋が好きな星

開運3カ条
1. 勘を信じすぎない
2. 意外性を楽しむ
3. 軽い運動をする

2023年の総合運

勘が外れやすい年。あえて「ふだんの逆」をとってみると、いい出会いや結果につながることがあるでしょう。また、短気を起こしやすくなったり、余計な一言が原因で、ケンカになったり人間関係を壊してしまうことがあるので注意が必要です。健康運は、スタミナが落ちて疲れやすくなりそう。基礎体力づくりを怠らないようにしましょう。油断していると、思ったよりも体重が増えてしまう場合もあるので、ダンスや軽い運動を定期的に行うようにするのがオススメです。

2023年の恋愛＆結婚運

もともと一目惚れしやすいタイプのあなた。今年は、マメな人や押しが強い人に惹かれたり、その場の勢いで関係を深めてしまいそうです。「付き合いたての楽しい時期」が思ったよりも早く終わったり、体だけの関係になってしまうことも。相手に執着すると、苦しむ時間が長くなってしまうだけなので、「楽しい時間を経験できたからいいか」と楽観的に考えるようにしましょう。今年の恋から学んで、同じようなタイプの人には気をつけて接することも大切。結婚運は、口ゲンカが原因で破談になることがあるので要注意。

2023年の仕事＆金運

結果よりも、仕事を楽しむことや、職場の人との仲を深めることを意識するといいです。不慣れなことや苦しい状況に直面して不満を感じたり、突然転職に走ってしまいやすい時期ですが、今年は良くも悪くも「諦めること」が大切。目の前の仕事を自分のペースで進められるだけでよしとしましょう。期待以上の結果が出なかったり、予想外のことが起こったとしても、気にしないように。職場の交流を楽しんで、視点を変えて物事を見るよう努めてみて。金運は、衝動買いが増えて出費が多くなるので、注意すること。

ラッキーカラー イエロー　ホワイト　**ラッキーフード** ビーフカレー　チョコレート　**ラッキースポット** 公園　神社仏閣

ラッキーカラー、フード、スポットはプレゼントやデート、遊ぶときの口実に使ってみて

器用な情報屋

【命数】

45

基本性格

情報収集が好きで段取りや計算が得意。努力家ですが、無駄なことは避けて何事も損得勘定で判断するタイプ。いい流れに乗っていても、途中で得がないと判断したらすぐに流れを変えられるほど、臨機応変に行動できます。他人のマネが上手なため、他人と同じ失敗を避けて要領よく生きられる人ですが、ずる賢いと思われてしまうことも。お調子者で、お酒の席で余計なことをしゃべって大失敗しやすいので、注意が必要。

持っている星

★多趣味・多才な星
★損得で相手を見る星
★心配性の星
★婦人科系の病気の星
★ものがたまる星

開運3カ条
1. 「振り回されること」を楽しむ
2. 湯船にゆっくり浸かる
3. 部屋の片付けをする

2023年の総合運

忍耐や我慢が必要になる年。周囲のワガママに振り回されたり、余計な心配事や妄想が増えてしまいそうです。地道な努力を続け、不慣れなことや苦手なことに向き合いながら、ゆっくり成長するといいでしょう。信頼している人に振り回される場合もあるので、用心を。心配事や不安なことがあったら、好きな音楽を聴くと心が落ち着きそう。不要なものを処分して、部屋を掃除するのもオススメ。健康運は、お酒で失敗しやすいので、飲みすぎには注意すること。

2023年の恋愛&結婚運

真面目で誠実な感じの人を好きになったり、やや地味な人から好意を寄せられる運気です。好みとはかけ離れている人でも、周囲の評判がよければ交際してみるといいでしょう。ただし、安心感は得られても、盛り上がりに欠けたり、笑いのツボや価値観の違いを感じることがあるかも。また、これまで他人に言えないような恋をすることが多かった人は、危険な恋に走る場合があるので気をつけること。結婚運は、相手に合わせる覚悟があるなら、本格的に話を進めてもいいでしょう。

2023年の仕事&金運

仕事量が増えても、給料や収入は増えにくい運気。増えるどころか減る可能性も。時給で考えると苦しくなるだけなので、いまの環境のプラス面を探すようにしましょう。いまの仕事が、いい学びや出会いにつながっていることもあるはず。また、仕事関係者のなかに、音楽やお酒の趣味が合う人がいるなど、意外な人と仲よくなれることもありそうです。金運は、お金に困ったり、節約しなければならない状況になってしまうかも。2023年は、「お金の価値をあらためて学べる年」だと思っておきましょう。

ラッキーカラー ラベンダー　ホワイト　**ラッキーフード** いわしのつみれ汁　オムライス　**ラッキースポット** 植物園　温泉

地道な大器晩成型

【命数】

46

基本性格

真面目で根気強く、コツコツ努力できる人。何事にも時間がかかり瞬発力に欠けますが、慎重に進めながらも現実的に考えられます。謙虚ですが、自分に自信が持てなくて一歩引いてしまったり、遠慮しやすく多くのことを受け身で待ってしまったりすることも。マネがうまく、コツを教えてもらうことでゆっくりとですが自分のものにできます。手先が器用で、若いころに基本的なことを学んでおくと、人生の中盤以降に評価されるでしょう。

持っている星

★親切な星
★片思いが長い星
★相手に合わせる星
★冷え性の星
★不動産の星

開運3カ条
1. 言いたいことはハッキリ伝える
2. 好きなことや興味あることを素直に行動に移す
3. 後輩や部下にご馳走する

2023年の総合運

真面目な性格をコンプレックスに思っていた人や、言いたいことを言えずに我慢していた人ほど、突然無謀な行動に走ってしまいそうな年。これまで勇気が出なかった人ほど、今年はハッキリ意見を言えたり、いい意味で開き直れるようになるでしょう。危険な人との出会いが増えるので注意は必要ですが、自分が本当にやりたいことや好きなことがあるなら、素直に行動に移しましょう。健康運は、お酒や冷えが原因で体調を崩しやすいので、気をつけること。

2023年の恋愛&結婚運

これまでなら遠慮してしまうような相手にも思いを伝えられるなど、突然積極的になれそう。条件のいい人から告白されることもあるでしょう。ただし、あまりにも好条件な相手は、既婚者だったりあなたが浮気相手になっている可能性があるので、注意は必要でしょう。「裏運気の年」は、何年も恋愛から遠ざかっている人がチャンスをつかめる可能性がある年です。思い切ったイメチェンをするなど、勇気を出して行動してみましょう。結婚運は、相手選びを間違える可能性が高いので、周囲の評判をよく聞いておくこと。

2023年の仕事&金運

本来ならサポート役に回ったり、2番手3番手でいるほうがいいタイプですが、今年は急に役職について偉くなったり、プレッシャーのかかるポジションを任されてしまいそう。部下や後輩の面倒を見ることや、指導をすることもあるかも。仕事以外の人間関係で、これから学ぶべきことに気づくきっかけがありそうなので、付き合いやコミュニケーションを大切にしておくといいでしょう。金運は、ケチケチすると大事な経験をするチャンスを逃してしまうので、ある程度の出費は覚悟しておくこと。

ラッキーカラー ホワイト　イエロー　**ラッキーフード** チヂミ　数の子　**ラッキースポット** 画廊　海

ラッキーカラー、フード、スポットはプレゼントやデート、遊ぶときの口実に使ってみて

【命数】47

せっかちなリーダー

基本性格

仕切りたがりの超甘えん坊で、人任せにするのが得意な人。正義感があり、上下関係はしっかりしています。地道な努力は苦手で、何事もパワーと勢いで突き進みます。「細かいことは後で」と行動が先になるので、周囲の人は巻き込まれて大変なことも。一方で、真面目で几帳面なところがあるので、自然とリーダー的な立場になり、仲間の中では欠かせない存在でしょう。突っ込まれると弱いのですが、いい仲間をつくれる人です。

持っている星
- ★正義感が強い星
- ★押しに極端に弱い星
- ★甘えん坊で人任せな星
- ★下半身が太りやすい星
- ★お金遣いが荒い星

開運3カ条
1. ルールやマナーを守る
2. 自分だけが正しいと思わない
3. 周りの人をほめる

2023年の総合運

余計な妄想や空想が増えて臆病になりそうな年。ふだんのパワーや勢いが衰えるぶん、ていねいな行動やしっかりとした挨拶を心がけましょう。マナーを守ることも大切です。作法を知らなくて恥ずかしい思いをしたり、代表挨拶を任されたのにうまくいかないなど、焦ってしまうような場面もありそうですが、「いい勉強」だと思って、失敗から学ぶ姿勢を忘れずに。健康運は、肌が荒れやすくなったり、腰痛になりやすい時期。よくストレッチをしておくのがオススメです。

2023年の恋愛&結婚運

好きな人と予定が合わず会えない日が続いたり、忙しいときに限って相手から誘いがあったり、タイミングの悪さを感じる年。年齢が離れた人や好みではない人から言い寄られることや、年下から告白されることもありそうです。甘えたいタイプなのに、逆に相手から甘えられてしまう場合も。また、今年の恋は短期間で終わったり、嫌な別れ方になりやすいため気をつけておきましょう。結婚運は、勢いだけで決断すると後悔するので、慎重に進めること。

2023年の仕事&金運

これまでと同じ方法が通用しなくなったり、違うポジションを任されるなど、不慣れなことが多くなる時期。「自分の考えや、やり方だけが正しい」と思い込んでいると、苦しくなるだけ。若い人や後輩の意見を取り入れるなどして、周囲とうまく協力するといいでしょう。自分の結果よりも、相手や全体のことを考えて仕事をすると、突破口が見えてきそうです。金運は、見栄での出費が増えそうなので、余計なものは買わないように。とくに、ブランド品などの購入は避けたほうがよさそうです。

ラッキーカラー 黄緑　ホワイト　**ラッキーフード** チャプチェ　だし巻き卵　**ラッキースポット** 動物園　空港

【命数】48

古風で上品

基本性格

礼儀正しく誠実で、努力家。自分の弱点や欠点をしっかり分析でき、足りない部分は長けている人から学んで自分のものにすることができます。一方で臆病なところがあり、目標まであと少しのところで逃げてしまったり、幸せを受け止められずに避けてしまうことも。何事にも丁寧なのはいいことですが、失敗を恐れすぎてチャレンジを避けてしまうところがあるので、思いきった行動や勇気が必要でしょう。

持っている星
- ★ルールを守る星
- ★チェックが厳しい星
- ★神経質になる星
- ★きれい好きな星
- ★見栄で出費する星

開運3カ条
1. 失敗から学ぶつもりで挑戦する
2. 細かいことは気にしない
3. あえて「恥ずかしい思い」をする

2023年の総合運

行動力がアップしたり、無謀と思えることに挑戦したくなる年。遠慮してようすをうかがうよりも、まずは挑戦するといいでしょう。そのぶん失敗や思い通りにならないことも増えますが、うまくいかなかった経験から学ぶことで、大きく成長するきっかけをつかめたり、これまでにない人脈をつくることができるでしょう。年齢を気にせず、後輩や部下の面倒を見るようにすると、若い人の知り合いや友人を増やすことができそうです。健康運は、ドジなケガや事故に気をつけること。

2023年の恋愛&結婚運

今年は、急に恋に積極的になれたり、押しが少し強くなれそうです。タイミングが悪くチャンスを逃す場合もありますが、勇気を出して自分の気持ちに素直になってみると、今後の恋愛にも役立つでしょう。強引な人に押し切られて交際することもあるかも。相手に対するチェックが厳しいと、せっかくのいい関係が壊れてしまうので、気になることがあっても多少は目をつぶるように。結婚運は、勢いで入籍する流れになりそうです。ただし、周りにひとりでも止める人がいるなら、考え直したほうがいいでしょう。

2023年の仕事&金運

不慣れなことや面倒なポジションを任せられて、緊張したり精神的に疲れてしまいそう。急に転職したくなったら、「ダメで元々」と少し開き直ってみるといいでしょう。自分と同じような仕事を難なくこなしている人を尊敬できるようにもなりそう。後輩や部下が原因で苦労することもありますが、人との接し方や仕事の教え方を学ぶいい機会になりそうです。金運は、勢いでお金を使いすぎたり、不要な契約をしやすいので注意すること。

ラッキーカラー イエロー　ピンク　**ラッキーフード** 麻婆茄子　鮭のムニエル　**ラッキースポット** 書店　庭園

ラッキーカラー、フード、スポットはプレゼントやデート、遊ぶときの口実に使ってみて

【命数】

49

器用な変わり者

基本性格

常識をしっかり守りながらも、「人と同じことはしたくない」と変わった生き方をする人。芸術における才能があり、周囲が興味の持てないようなことに詳しいでしょう。屁理屈や言い訳が多く、好きなこと以外では地道な努力をまったくしない面も。人間関係も、深く付き合っていると思えば突然違う趣味の人と仲よくなったりするため、不思議な人脈を持っています。何事もコツをつかんで学ぶのがうまいぶん、飽きるのも早いでしょう。

持っている星

★突然投げ出す星
★不思議な人に惹かれる星
★不要な出費が多い星
★食事が偏る星
★独特な美的センスがある星

開運3カ条
1. 勉強をする
2. 意外な人と話をする
3. 人のいいところを探す

2023年の総合運

興味あることが大きく変化する年。いまの趣味に突然飽きたり、これまでとはまったく違うことに興味をもったり、学びはじめることになりそうです。年の離れた知り合いや、変わった人脈もできて、知らなかったことをいろいろと教えてもらえることも。勉強や資格取得に向けて動き出すにもいいタイミングなので、気になることに挑戦したり、ふだんなら読まないジャンルの本を読んでみるのもオススメ。健康運は、目が疲れやすくなるので、こまめに休ませるよう心がけて。

2023年の恋愛&結婚運

自分でも意外だと思うような人と縁がつながりそうな時期。珍しく素直になれたり、いままでとはまったく違うタイプにハマって、楽しい時間を過ごせそうです。告白された場合は、ふだんのあまのじゃくな態度をうまくおさえられて、素直に交際に進めそうです。周囲に反対されるような人と付き合うと、後悔することになりそうなので、気をつけること。結婚願望が薄いタイプですが、今年は急に結婚したくなったり、真剣に婚活をするようになりそう。

2023年の仕事&金運

いまの仕事に飽きて、ほかの仕事に目がいってしまう年。突然異動したくなったり、離職や独立、またはフリーになりたくなることがありそうです。ここで転職をしても長く続かなかったり、のちの苦労の原因になるので、軽はずみに判断しないこと。仕事に不満があるときは、そもそも知識が足りていなかったり、やるべきことが多くなっているときなので、自分にできることをもっと探してみましょう。金運は、出費が増えるので要注意。自分の価値観を信じすぎないようにしましょう。

ラッキーカラー パープル　イエロー　**ラッキーフード** キムチ鍋　レバー串焼き　**ラッキースポット** 美術館　劇場

【命数】

50

理論と理屈が好きな老人

基本性格

分析能力に長けた、冷静で理屈が好きな人。年齢の割には年上に見えたり、落ち着いた雰囲気を持ちながらも、年上に上手に甘えたりできます。他人とは表面的には仲よくできますが、知的好奇心や探求心のない人には興味が持てず、めったに心を開きません。神社や仏閣に行くのが好きで、ときどき足を運んでお祈りし、伝統や文化を大事にする一面も。上から目線の言葉が多いので、言葉選びは慎重にしましょう。

持っている星

★理論と理屈の星
★年上が好きな星
★閉鎖的な星
★目に疲れがたまる星
★伝統に価値を感じる星

開運3カ条
1. 若い人と話す機会を増やす
2. 「不思議な知り合い」をつくる
3. 傷つくようならプライドは捨てる

2023年の総合運

価値観が変わったり、視野を広げられる運気。若い人から学べたり、いま流行っていることや、これまで関心の薄かった世界に興味をもつ機会が増えそうです。ふだんとは違うタイプの人と仲よくなることも。習い事をはじめたり、資格取得に向けて動き出してみると、おもしろい人に会えたり、いい刺激を受けられそうです。また、食の好みが変わって、食わず嫌いが直ることも。健康運は、偏頭痛や目の疲れなどが出やすい時期。ヘッドスパに行くのがオススメです。

2023年の恋愛&結婚運

よく顔をあわせる人など、身近な人を好きになってしまいそうな時期。周囲から「変わってるね」と言われるような人に恋をしてしまうことも。もともと尊敬できる人を好きになるタイプですが、2023年は相手に敬意を抱くポイントがこれまでと変わるので、昨年までとは違う感じの人が気になってきそうです。また、年齢が大きく離れた人を好きになることもありますが、気持ちに素直になれずにチャンスを逃してしまうかも。結婚運は、チャンスは多くなさそう。相手に感謝を伝えるようにするといいでしょう。

2023年の仕事&金運

考え方が変わってくる時期。斬新なアイデアが浮かんだり、いままでとは違う切り口の企画を思いつけそうです。不慣れな物事や苦手な人との関わりも増えますが、結果的にいい勉強になるので、避けていないで、「裏運気の年だからこそあえて挑戦しよう」と考えてみてください。プライドが傷つくような出来事があっても、「いらないプライドに気がつけた」と思って気にしないように。金運は、価値観が変わって無駄な出費が増えてしまうかも。学べることにお金を使うようにするといいでしょう。

ラッキーカラー パープル　クリーム色　**ラッキーフード** 明太子スパゲッティ　ナムル　**ラッキースポット** 神社仏閣　美術館

　ラッキーカラー、フード、スポットはプレゼントやデート、遊ぶときの口実に使ってみて

銀のカメレオン座 2023年 タイプ別相性

気になる人との今年の相性は？　タイプを調べて付き合い方の参考にしましょう。

▶ 金のイルカ座 との相性

「裏運気の年」だからこそノリが合いそうですが、相手のワガママに振り回されたり、時間やお金を浪費しそうなので注意が必要。ただ、相手が新しいチャレンジや変化を楽しんでいるようにも見えて、前向きになれることもあるでしょう。一緒にいると価値観や視野を広げられることもありそう。　恋愛相手 本来なら気の合う2人ですが、今年は相手と自分の合わないところに目がいきやすく、相手からも雑な部分をチェックされてしまいそう。誤解や勘違いでケンカになったり別れたりしやすいので気をつけて接しましょう。　仕事相手 本来なら一緒に仕事をするとやる気が出て頑張れるようになる相手。でも今年は相手の気持ちや考えが理解できなくて苦しくなってしまいそう。上司なら、無理な要求をされているように感じるかもしれませんが、自分の実力不足を認めて精進しましょう。相手が部下なら、成長を期待しましょ　今年はじめて出会った人 相手は前進する運気なので、あなたが「裏運気」で迷っている間に差を付けられてしまったり、距離があいてしまうかも。仲よくなりたいと思うなら、現状維持ではなくあなたも新たな挑戦や変化を楽しんで受け入れましょう。

▶ 銀のイルカ座 との相性

相手は「チャレンジの年」の1年目で、次に進むべき道を探しているところなので、落ち着きがないように見えてしまうかも。うまくいっていないように見えるなら、あなた以上に挑戦をしていると思って応援の気持ちで見守ってあげてください。余計なアドバイスはしないほうがよさそうです。　恋愛相手 相手から距離を置かれてしまったり失恋しやすい年。今年を乗り切ることができると結婚に話を進められますが、付き合い始めて1～2年なら、別れる確率はかなり高いと思っておきましょう。　仕事相手 考え方が違うからこそ、いい相手。仕事は全員が同じ意見や方向ばかりではいい結果が出ないもの。相手はあなたとは全く違う発想で仕事に取り組んでいるので、上司ならいい加減に見えても仕事の楽しみ方を知っていると思って接しましょう。部下なら、同意してあげると伸びるでしょう。　今年はじめて出会った人 あなたから縁をつなごうと思っても、相手は前進する運気なので、自然と差が開いて距離が空いてしまうかも。しかし、相手があなたを「面白い人だ」と思ってくれると、向こうから連絡が来そうです。毎日を楽しみ、魅力的なことに挑戦してみましょう。

▶ 金のカメレオン座 との相性

お互いに不安定な年なので、相手に甘えすぎていると縁が切れてしまったり、転職や引っ越しで距離があいてしまうことがありそうです。頼りにしすぎないで、相談は他の人にするほうがいいでしょう。あなたが甘えてばかりいると、相手がストレスを感じて不仲の原因になるので気をつけましょう。　恋愛相手 ケンカやトラブルが続いて縁が切れやすい年。相手に任せてばかりでは、相手の気持ちが一気に冷めてしまうので、甘えすぎには気をつけましょう。あなたが思っている以上に相手は別れや次の相手探しを考えているので気をつけて接しましょう。　仕事相手 どちらも相手が原因で、現状の仕事に不満が溜まりそうな年です。相手が上司なら仕事に身が入らないことを見抜かれて、頼りにならないと思われそう。部下の場合、ミスが多くなって職場での不満ばかり探しているかも。　今年はじめて出会った人 縁が薄い相手です。本来なら相手の才能や能力を認めることで近づけるはずですが、今年は相手にやる気がなく、魅力的に見えない時期でもあるので、つながりが弱くなりそう。ただし数年後に再会したときには、印象が大きく変わっているでしょう。

▶ 銀のカメレオン座 との相性

同じタイプなので本来なら居心地がいいはずですが、「裏運気の年」同士なので、お互いのマイナス面が目に付いたり、どちらも相手に頼りすぎたり、余計なことを考えて不安になることがあるでしょう。愚痴や不満よりも、弱音を吐くなどしてお互いに励まし合うといい関係になれそう。相手を元気にするとあなたも元気になれるでしょう。　恋愛相手 似た者同士なので価値観や考え方が合うはずだと思っていると、相手の残念な面ばかり気になってしまうかも。相手もあなたのマイナス面に目がいくので、お互いに相手の欠点を好きになれるか試されている時期だと思いましょう。　仕事相手 裏運気同士なので判断が裏目に出てしまったり、トラブルを引き起こしがちな相手。お互い様だと思うといいのですが、相手が上司なら想像以上に振り回されると覚悟してください。部下なら振り回さないように気をつけましょう。　今年はじめて出会った人 本来ならいい相性の相手ですが、出会ったタイミングが悪いので、今年は深入りせずに知り合いくらいの距離感でいるほうがいいでしょう。後々再会してからのほうがいい関係をつくれるので、今年は疎遠になっても気にしないほうがよさそう。

開運のつぶやき ▶ 🎭 嫌いな人に注目して生きるほど人生は暇ではない。

481

▶ 金の時計座との相性

相手は面倒見のいいところが裏目に出る年。相手の言葉が説教に聞こえてしまったり、自分がダメな人間だと思えてしまいそう。耳の痛い忠告には感謝が必要ですが、相手は「乱気の年」なので、あなたに話しながら本当は自分に向けて言っている言葉の可能性があります。不満を聞いてあげるといいでしょう。　恋愛相手　タイミングがズレてお互いの話がしっかり聞けなかったり、心の支えになれない年。これまで以上にすれ違うことが多くなってしまうので、優しさと思いやり、感謝の気持ちを忘れないようにしましょう。　仕事相手　相手の判断が身勝手に思えてくる年です。相手にとっては、あなたの仕事のやる気のないところが目についてしまうかも。相手が上司なら不慣れな立場に戸惑い、プライベートでも悩んでいる時なので優しく接しましょう。部下の場合は、離職を考えているので悩みを聞いてあげましょう。　今年はじめて出会った人　相手は仲よくなった人としっかり縁をつなぐタイプですが、今年のあなたとは縁が非常に薄く、短い付き合いになるかも。一度縁が切れるなどして、会わない期間が長くなってから再会したほうがいい関係になれそうです。

▶ 金の鳳凰座との相性

あなたにとっては大切な相手ですが、相手からあなたは輝きがないと思われ、魅力を感じない人に映るかも。出会いが2年以上前なら関係性が大きく崩れることはなさそうですが、今年は経済面でも仕事面でも絶好調の相手なので、邪魔をしないようにサポートするといいでしょう。　恋愛相手　交際期間が2年以上あるなら今年から2024年の上半期までは大きな山場があるかも。ここを乗り切ることができれば、2024年の年末に入籍に話を進めることができそうです。相手に甘えすぎず、余計な一言を言わないように気をつけましょう。　仕事相手　この相手の前では愚痴を言ったり、言い訳をしたりしないで、自分の実力不足を素直に認めましょう。相手が上司なら厳しいことを言われても、愛があると思って受け止めること。部下なら実力を信じて大きな仕事を任せてみましょう。　今年はじめて出会った人　あなたにとっては重要な人になるので、嫌われたり避けられないようにすることが大切。歴史や古い話、年配者を大切にする話などをすると、心をつかめる可能性があります。相手からの印象はよくない時期なので、あなたから進んで挨拶をするようにしましょう。

▶ 銀の時計座との相性

あなたを助けてくれる相手。本音をなかなか言えないあなたの力になってくれるので、悩みや不安を素直に伝えてみるといいでしょう。やる気に火を付けてくれることもありそうです。相手のアドバイスは素直に聞いて即行動に移すことが大切ですが、すぐに結果につながらなくても相手の言葉を信じてみる価値があるでしょう。　恋愛相手　あなたの心の支えになってくれる相手。大切にしたほうがいい相手なのに、今年のあなたにはその余裕がなく、相手の大切さを見失ってしまいそう。はじめて出会った時や交際したばかりの頃の気持ちを忘れないようにしましょう。　仕事相手　忙しい中でもあなたを気にかけてくれる人。一緒にいるとやる気が出て行動力も増してきそうです。相手が上司なら、自分の判断よりも「この上司ならどう行動するか」を考えて仕事に取り組むといいでしょう。部下なら、いい結果を出せるので実力を認めましょう。　今年はじめて出会った人　あなたは縁を感じそうですが、相手にとってのあなたは大勢の中のひとりになるかも。感謝の気持ちを忘れると1〜2年後には縁が切れてしまいます。甘えてばかりいないで相手に恩返しをすることを忘れないようにしましょう。

▶ 銀の鳳凰座との相性

相手にとって今年は、ようやく評価されて認められる年。しっかり応援したり、できるだけサポートをしてこれまでの恩返しをする気持ちで接しましょう。一緒にいるとあなたが少し損な役回りになる場合がありますが、これまでは相手がその役割を引き受けてくれていたと思って、今年は相手の引き立て役を演じましょう。　恋愛相手　相手の好意を感じながらも進展がなく諦めていた人ほど、相手から動いてくる年。予想外の展開になりそうですが、意外な恋を楽しむようにするといいでしょう。順調に進めば、2024年に入籍できる可能性もある2人です。　仕事相手　あなたのずる賢いところをしっかり見抜きながらも黙っている相手。今年のあなたが仕事にやる気のないことを見抜いていても何か言ってくる人ではないので、相手が上司なら信頼を裏切らないように目の前の仕事に一生懸命取り組みましょう。部下なら忍耐強さを見習いましょう。　今年はじめて出会った人　本当に仲よくなるまでにはかなり時間がかかる相手。1〜2年で理解してもらおうと考えないで、ゆっくり距離を縮めるように努めましょう。相手はひとりが好きなので、あまり関わりすぎないことも大事です。

▶ 金のインディアン座との相性

一緒にいると楽しい時間を過ごせるでしょう。ただ、相手のもつ新しい情報や変化に対応する能力や明るい性格に圧倒されてしまって、ノリやテンポの違いに驚きそう。面白い遊びや楽しみ方を教えてくれるのでいい関係をつくれそうですが、遊び仲間くらいの距離感で付き合うほうがいいでしょう。深入りするとお互いに疲れてしまいそう。　**恋愛相手**　今までとは違った感じで恋に落ちてしまったり、楽しい空気で交際に発展することもあるでしょう。ただ、今年の2人は熱しやすく冷めやすいので、一瞬の盛り上がりで終わってしまうかも。楽しい思い出だけ覚えておきましょう。　**仕事相手**　お互いに目的を見失っていたり、仕事に集中できない年。相手のほうが運気がいいので、あなたの頑張りが相手の評価に反映されることもありそう。上司の場合は、指示ミスや発注ミスなどがあるのでサポートを。部下の場合は、人を紹介すると思わぬ人に好かれそう。　**今年はじめて出会った人**　本質的には考え方や生き方が真逆なタイプなので、裏の自分を知るために観察するのはいいでしょう。深入りするとストレスになるので気をつけて。一時的に仲よくできても長くは続かない縁になりそうです。

▶ 金の羅針盤座との相性

心身共に疲れている相手なので、今年は関係を深めたり、仲よくなるのは難しいでしょう。そもそも相手は真面目に物事を捉えすぎるところがあり、さらに疲れから神経質になっているので、一緒にいると気まずい空気が流れてしまいそう。相手の発言を聞いていると一緒にいたい気持ちは薄れてしまうかも。　**恋愛相手**　タイミングが悪く会えない状況が続いてしまったり、別れる可能性が高い相手。あなたがよかれと思ってした行動もすべて裏目に出てしまうので、自然と終わりに向かってしまいそう。過度な期待をしないで年末か来年に期待するといいかも。　**仕事相手**　疲れから判断ミスをしたり、実力以上の仕事を抱えてしまう人なので、あなたのことを考えるゆとりがなさそうです。相手が上司なら、思った以上に大変なことを任されてあなたも体調を崩してしまいそう。部下の場合は、仕事を投げ出してしまうことがあるので気をつけましょう。　**今年はじめて出会った人**　縁がない相手だと思ったほうがいいでしょう。一緒にいる時間が長いとストレスになってしまいそう。お互いに噛み合わないことが日に日にわかってきそうです。テンポが合わない時は無理に合わせなくていいでしょう。

▶ 銀のインディアン座との相性

深い考えもなくあなたを救ってくれる相手ですが、あなたに感謝と恩返しの気持ちがないと、長く続かないでしょう。周囲の人も、この相手とあなたとの関係を見ていて、その後の付き合いを変える可能性があるので、今年は相手を大切にして、できる範囲でいいので協力するように心がけましょう。　**恋愛相手**　相手の魅力が輝く年なので、2人の仲が多少進展しても長続きすることは難しいでしょう。遊んでもらえたり話せるだけでもラッキーくらいに思って、そこからの進展は期待しないほうがよさそうです。長くても1年くらいで縁が切れてしまいそう。　**仕事相手**　仕事に対する取り組み方や考え方の違いに驚きそう。相手が上司なら、言っていることがコロコロ変わるので振り回されてしまうかも。部下の場合は、雑な仕事が目立ちますが、いい結果につながりそう。まとめて仕事ができる器用な部分を認めるといいでしょう。　**今年はじめて出会った人**　執着心のない相手なので、あなたが距離を空けてしまったらそのままになってしまいそう。付き合いは短くなりそうですが、たまに連絡をしても自然と話せたりする不思議な関係をつくれそう。執着しない淡泊な関係がオススメです。

▶ 銀の羅針盤座との相性

今後の道を決める相手と道に迷っているあなたでは考え方の違う年。ネガティブな情報に振り回されてしまったり、逆にあなたのマイナス発言が相手の心を乱して心配事を増やしてしまいそう。不要な心配をさせないためにもできるだけ前向きな話を心がけてください。少し先の明るい未来の話をするといいでしょう。　**恋愛相手**　安定を求める相手と今年の不安定なあなたではなかなかいい関係はつくれないでしょう。自分の機嫌は自分でよくするように心がけましょう。また、相手は必要以上にネガティブに受け止める癖があることを忘れないで。　**仕事相手**　じっくり丁寧に仕事を進めておけば問題のない相手。ただ、あなたのやる気のない態度や仕事のミスで迷惑をかけてしまいそう。相手が上司なら慎重すぎる計画にうんざりしそうですが、準備の大切さを学べるはず。部下なら、安心感を与えるといいでしょう。　**今年はじめて出会った人**　相手にとって今年のあなたとの出会いは長い付き合いになるタイミング。でもあなたにとっては極端な結果が出るタイミングです。過度に期待をしないで流れに身を任せておくといいでしょう。共通の目的ができると良い縁になりそうです。

銀のカメレオン座　運気カレンダー

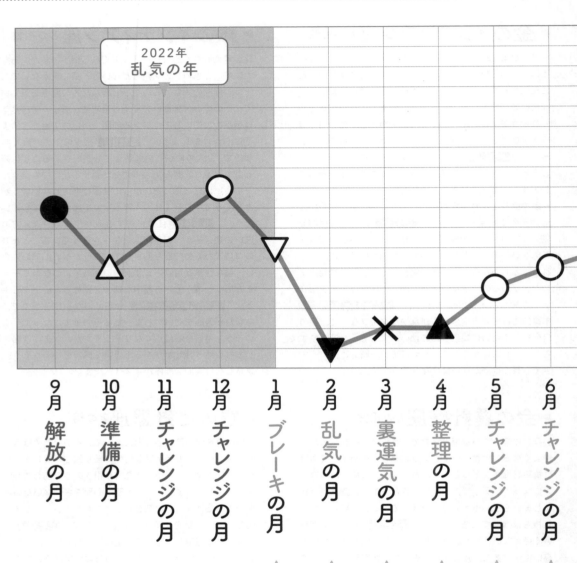

2022年
乱気の年

| 9月 解放の月 | 10月 準備の月 | 11月 チャレンジの月 | 12月 チャレンジの月 | 1月 ブレーキの月 | 2月 乱気の月 | 3月 裏運気の月 | 4月 整理の月 | 5月 チャレンジの月 | 6月 チャレンジの月 |

▽
約束はしっかり守って
下旬は予想外のトラブルが

▼
トラブルや波乱の可能性
平常心を心がけて

×
予想外のことが起きるかも
学ぶ気持ちを大切に

▲
手放すことを恐れないで
気持ちの切り替えも大事

○
視野を広げられる時期
間違った情報には気をつけて

○
前に進む流れになる時期
ポジティブに挑戦して

※このページの記号の説明は、「月の運気」を示しています。P.465の「年の運気の概要」とは若干異なります。

毎月の運気がどう変わっていくかチェック！
2023年の過ごし方の参考にしてください。

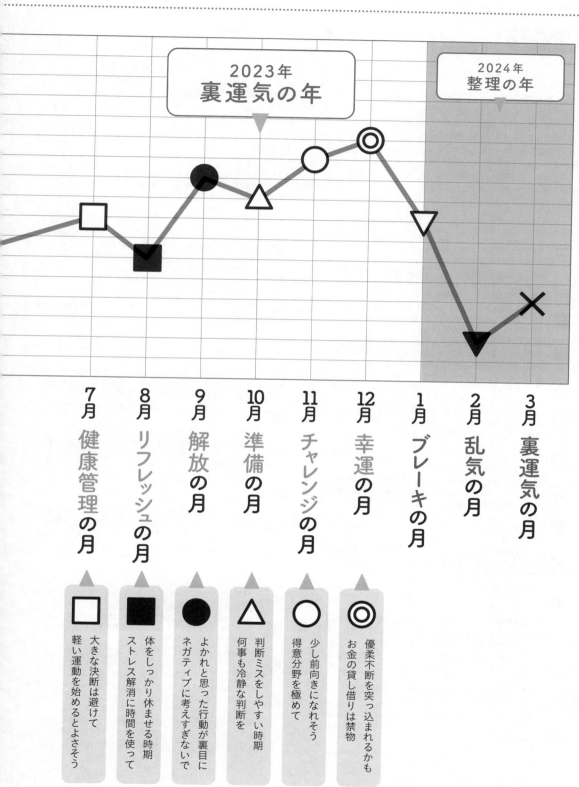

2023年
裏運気の年

2024年
整理の年

7月
健康管理の月

8月
リフレッシュの月

9月
解放の月

10月
準備の月

11月
チャレンジの月

12月
幸運の月

1月
ブレーキの月

2月
乱気の月

3月
裏運気の月

□
大きな決断は避けて
軽い運動を始めるとよさそう

■
体をしっかり休ませる時期
ストレス解消に時間を使って

●
よかれと思った行動が裏目に
ネガティブに考えすぎないで

△
判断ミスをしやすい時期
何事も冷静な判断を

○
少し前向きになれそう
得意分野を極めて

◎
優柔不断を突っ込まれるかも
お金の貸し借りは禁物

11月 2022

チャレンジの月

開運 3ヵ条
1. 親友に会う
2. しばらく行っていないお店に行く
3. 悪い癖は意識して直す

総合運
これまでの経験を活かすことができれば問題のない月ですが、人任せにしたりサボっていたことが多い部分は突っ込まれるので覚悟しておきましょう。実力不足なら実力を身に付ければ問題ないので、自分への課題を他人の責任にしないでしっかり受け止めましょう。結果を出している友人や頑張っている人をしっかり観察して見習うといいでしょう。健康運は、悪習慣の改善や生活リズムを整えるようにしましょう。

恋愛&結婚運
異性の友達だと思っていた人や職場の同僚のことが突然気になりそうな時期。「好みじゃない」「タイプじゃない」と頭で理解していても気になっている自分に気づきそうです。思いきって食事に誘ったり、話す機会をつくるといい関係に進めそう。新しい出会い運は期待が薄いので、既に知り合っている人の中から探しましょう。結婚運は、恋人と楽しかった思い出話をするといい時期です。

仕事&金運
実力を評価されて求められることが増えますが、実力以上の結果を求められたり、余計な仕事まで任されそう。これまでの経験をうまく活かせば、いい結果を出せたり問題解決に進められそう。困ったときは付き合いの長い人に話すといいヒントをもらえたり考え方を変えられて、前向きになれそう。ネガティブな人には相談しないように。金運は、久しぶりに行くお店でいい出会いやおもしろい発見がありそう。

1 火	=	明るい未来につながることなら、「今度やろう」と思わないで「今すぐにやる」に切り替えるといい日になるでしょう。モタモタしていると運を逃してしまうでしょう。
2 水	□	何もしなければ「何もしていないを積み重ねている」ことを忘れないように。少しでも未来の自分が笑顔になるために努力や勉強を忘れないで、健康的な生活を送りましょう。
3 木	■	だらだらすると疲れるだけなので、まずは目の前のことに取り組んでみるとやる気は後からついてくるでしょう。今日はしっかり休憩をとっておくことも大切です。
4 金	●	明日があると思って後回しにしないで、今日できることは今日中に終わらせるようにしましょう。些細なことでも真剣に取り組んでみると人生が楽しくなってくるでしょう。
5 土	△	しっかり遊ぶといい日。ゆっくりするのはいいですが、スマホやネット動画をだらだら観て時間を過ごさないように。友人や知り合いに会って楽しい時間を過ごしましょう。
6 日	○	小さなことでもいいので冒険してみるといい日。ハードルが高そうなお店や場所に行ったり、少しの勇気や度胸がいい体験をさせてくれるでしょう。友人からの提案も聞いてみましょう。
7 月	◎	未来の自分が喜ぶことが本当の努力や頑張りだと思って、今日できることは何か探して取り組んでみましょう。苦手や不慣れなことにも挑戦しておくといいでしょう。
8 火	▽	午前中は、周囲に手助けしてもらえたりして、いい人間関係ができそう。午後からは急な仕事を任されそう。困ったときこそ笑うと肩の力が抜けていい感じで取り組めそうです。
9 水	▼	失敗をしやすい日なので注意が必要ですが、失敗から学べることもあるので、自分の何が悪かったのかしっかり分析して今後に活かすようにするといいでしょう。
10 木	×	短所が長所に変わる日だと思って、自分の短所を魅力や才能にできるように考え方を変えてみましょう。勝手にダメだと自分で決めつけないようにしましょう。
11 金	▲	失ってから価値を感じるのではなく、今あるものや健康的な体に感謝しましょう。お金には変えられない大切なものを常に持っていることを忘れないようにしましょう。
12 土	○	変化を無理に求めなくても世の中常に変化しているもので、そこに気づくのか見逃しているのかだけ。周囲を見て変化しているところを見つけてみるといいでしょう。
13 日	○	他人に望みすぎないようにしましょう。相手に甘えないで自分にできることを見つけて自分で楽しめるようにしましょう。人任せのままではいつまでも楽しく過ごせないでしょう。
14 月	□	今ある幸せや既に持っている幸せを見落とさないようにしましょう。「ない」ことばかりに目を向けても楽しくなれないでしょう。「ある」ことに気づくことで前に進めるでしょう。
15 火	■	ストレスがたまりやすい日。イライラしないで元気になる音楽を聴いて、気分を落ち着かせましょう。愚痴や不満が出ても、最後はフォローや前向きな話をしましょう。
16 水	●	当然と思っていることに感謝を忘れないように。今日は感謝の気持ちが強い人ほどうれしい出来事やより感謝できることが起きるでしょう。些細な幸運も見逃さないようにしましょう。
17 木	△	冗談やウソでもいいので前向きな発言をすると本当にポジティブになれたり、うれしい出来事が起きそう。言葉遊びを楽しみながら周囲も笑顔になるような発言をしましょう。
18 金	○	自分より頑張っている友人や結果を出している人を見るよりも、明るく前向きに生きている人に注目してみましょう。見習って明るく前向きに生きるといいでしょう。
19 土	◎	生活に必要なものを買いに出かけるにはいい日。余計なものを買わないようにメモして出かけましょう。「安いから」で購入していると無駄遣いになるので気をつけましょう。
20 日	▽	ランチは好きな人と一緒にするといい日。少し贅沢なランチで気分がよくなるので、気になるお店やホテルに行きましょう。夕方以降は、期待外れな出来事に振り回されやすくなりそうです。
21 月	▼	遊び心を忘れないようにしましょう。周囲で失敗や挫折をしている人には、やさしく笑顔で「このくらいなら大丈夫」と言ってあげましょう。あなたも失敗しやすいので注意は必要。
22 火	×	丁寧な言葉や品のある言葉を選んで、相手に伝わるように話しましょう。言葉が雑になったり、伝わっていると思っているとトラブルの原因になるでしょう。
23 水	▲	機械トラブルや仕事道具が壊れたり劣化していることに気づきそう。今日は何とかなっても、明日以降に買い替えや修理、手入れをしっかりするようにしましょう。
24 木	○	無闇に新しいことに挑戦するよりも、自分の得意なことで周囲を助けるといいでしょう。今の自分の最善を尽くしてみると、能力を発揮することもできるでしょう。
25 金	○	自分の考えだけが正しいと思わないで、若い人や最近の考え方を取り入れてみましょう。時代が変わっていることや若い人の発想がいい刺激になりそうです。
26 土	□	イメチェンをするにはいい日。美容室に行って髪を短くして、若く見られる感じにするといいでしょう。服装やメイクも少し若さを意識してみるといいでしょう。
27 日	■	体を休めるにはいい日。無理に予定を詰め込むとぐったりしたり、ケガの原因になりそう。ストレス発散をするといいので軽い運動やカラオケではしゃぐといいでしょう。
28 月	●	小さなチャンスがやってくる日ですが、遠慮すると逃してしまうかも。失敗してもいいと思って、思いきって挑戦しましょう。思いきった行動がいい出会いにもつながりそうです。
29 火	△	自分の目標を見失わないようにしましょう。「楽だから」で選択していると「楽」が目標になってしまいます。苦労してでも目標に向かうための努力や学びを怠らないようにしましょう。
30 水	○	生活習慣を少し変えるといい日。「悪習慣だな」と自分で気づいていることがあるなら、今日からやめましょう。動画を観ることをやめたり、スマホをいじる時間を減らしましょう。

☆開運の日　◎幸運の日　●解放の日　○チャレンジの日
□健康管理の日　△準備の日　▽ブレーキの日　▼リフレッシュの日
▲整理の日　×裏運気の日　▼乱気の日　=運気の影響がない日

486

12月

2022

○ チャレンジの月

−2022　　2023　　2024−
11 12 1 2 3 4 5 6 7 8 9 10 11 12 1 2 3(月)

開運 3 カ条

1. 本を読む
2. お金の使い方を考える
3. 失敗や挫折から学ぶ

総合運

安易な方向に流されないことが大切な月。苦労を覚悟して突き進むと、思った以上に成長できそう。自己投資になることならケチケチせず、習い事や交流会に積極的に参加しましょう。ただ、そこで「簡単にやれる」と言われることにはすぐに飛び込まないように。健康運は、美意識を高めることは大切ですが、そのことにお金を使いすぎてしまうので気をつけて。下旬は体調を崩しやすいので、異変を感じたら早めに検査を受けておきましょう。

恋愛＆結婚運

気になる相手とは上旬にデートしたりマメに会ってみるといい関係に進めそう。これまで告白したことのない人ほど、ここで勇気を振り絞って自分の気持ちを伝えてみると、高嶺の花と思えた人と交際できるかも。ただ、今年は縁が薄いので短く終わる覚悟はすること。下旬に近づくほど失恋しやすいので気をつけましょう。結婚運は、周囲からの評価や評判を聞いて冷静に判断しましょう。

仕事＆金運

今月は思ったよりも順調。スキルアップのために本を読んだりセミナーに行くなど、役立ちそうなことを学ぶといい時期。成長したいと思わない人でも、話のネタになる本くらいは読みましょう。投資の本なども後に役立ちそう。金運は、出費が自然と多くなる時期ですが、自分への投資になることにはケチケチしないように。安易な儲け話には注意。今月学んだことは後の金運につながる可能性が。

1 木	○	何事も他人任せにしないで自分で責任を持って本気で取り組むといい日。すぐに結果や評価につながらなくても、信頼されることで後に役立つことになりそうです。
2 金	▽	午前中は、いいペースで仕事ができそう。午後も飛ばしすぎないで同じペースで仕事をするようにしましょう。忙しくしすぎたり調子に乗りすぎると、後悔することになりそうです。
3 土	▼	不慣れや苦手なことに少しでも挑戦するといい日。克服できなくても挑戦することが成長につながります。苦手な人と会うことになっても、相手から学べることを見つけましょう。
4 日	✕	面倒なことを引き受けたり、余計な心配事が増えそうな日。無謀な行動にも走りやすいので、今日は一歩引いて冷静に判断しながら生活するように心がけましょう。
5 月	▲	何事も考えすぎに注意。シンプルに考えればおのずとやるべきことが見えてくるでしょう。余計なことをごちゃごちゃ考えるのはやめるようにしましょう。
6 火	○	「このくらいで」と加減していると、いつまでも実力が身に付かないでしょう。少しでもいいので挑戦して、昨日の自分を超えられるように努めてみるといいでしょう。
7 水	○	頑張っているつもりでも、どこか相手任せや他の人に甘えてしまう部分があるタイプ。観察する相手を間違えないでしっかりマネして、そこから学んでみるといいでしょう。
8 木	□	明確な目標に向かうよりも、ざっくりとした未来を想像してみるといい日。向かう方向だけを間違えないようにして、後は進みながら軌道修正するつもりで歩むといいでしょう。
9 金	■	考えながら行動していると思わぬケガや打撲をしそう。安請け合いをして大変な仕事を引き受けてしまう場合もあるので、相手の話は最後までしっかり聞きましょう。
10 土	●	意外な異性から遊びの誘いが来そうですが、2人きりよりも友人や知人も誘って複数で遊んでみるといいでしょう。後に友人から相手の分析を聞いてみるといいでしょう。
11 日	△	何事も楽しむといい日。ドジな失敗も笑えるネタに変えましょう。待ち合わせ時間や場所を間違えて恥ずかしい思いをしても、不要なプライドを捨てられてよかったと思いましょう。
12 月	○	経験をうまく活かせてトラブルを回避できそうです。経験が足りないと困ったことになりそうですが、すぐに相談するといいアイデアや対処方法を教えてもらえそうです。
13 火	◎	頑張りすぎないことが大切な日。ほどよく長く続けられるぐらいの力加減にするといいでしょう。数字や時間、お金にこれまで以上に注意するといい結果につながりそうです。
14 水	▽	厳しいことを言ってくれる人を大切にしましょう。叱ってくれる人や注意してくれる人に感謝を忘れると苦労が続いてしまうでしょう。自分の至らない点は素直に認めましょう。
15 木	▼	自分の頑張りを評価してほしいと思っていると不満がたまるだけ。頑張っているかどうかは他人が決めることなので、目の前の仕事に楽しく取り組むといいでしょう。
16 金	✕	残念な結果になったり、苦労がムダになってしまうような流れになりそう。一からやり直せるだけの力があると前向きに受け止めたり、周囲を前向きに励ますといい日になるでしょう。
17 土	▲	大掃除にはいい日。身の回りにある不要なものを処分したり、年齢に合わないものは先に片付けるようにしましょう。貰い物でも使わないものは処分するようにしましょう。
18 日	○	買い物に行くときは、いいイメージができるものや、幸せそうに見えるものを選んでみるといいでしょう。その積み重ねが人生をいい方向に導いてくれるでしょう。
19 月	○	外出する前に笑顔の練習をするといい日。その後は笑顔で挨拶したり、笑顔で話を聞くように意識しましょう。仕事中でも気づいたら口角を上げてみるようにしましょう。
20 火	□	古い考えを捨てて、新しい考え方や柔軟性を取り入れましょう。常識にとらわれすぎていると、先行きが見えなくなりそう。世の中にはいろいろな方法があることを忘れないように。
21 水	■	今年の疲れが急に出たり、集中力が途切れやすくなりそう。微熱や喉の痛みなどがあるときは無理をしないように。急に重たいものを持つと腰を痛めてしまう場合もありそう。
22 木	●	良くも悪くも目立つことができますが、悪い方向に目立ってしまって注意されることもありそう。注意されているうちが華だと思って、期待に応えるように心がけましょう。
23 金	△	寝坊や遅刻など小さなミスをしやすい日。余計な一言で相手を怒らせたり気まずい空気になるので、一呼吸置いてから冷静になって言葉やタイミングを選びましょう。
24 土	○	異性の友人や親友と楽しいクリスマスパーティーや忘年会ができそう。予定にないなら知り合いに連絡してみましょう。思ったよりも楽しい時間を過ごせそう。
25 日	◎	今年頑張った自分にごほうびをあげるといい日。少し贅沢な料理を食べたり普段なら行けそうもないお店に行ってみましょう。ダメ元で連絡すると予約が取れることもありそうです。
26 月	▽	日中は満足できるペースで過ごせそうですが、夕方あたりから身内や仲のいい人に予定を乱されてしまいそう。無理に逆らわないほうがおもしろい話が聞けたり、いい経験ができそう。
27 火	▼	よかれと思ってしたことが裏目に出たり、大事なものを間違えて処分してガッカリすることが起きそう。スマホを落として画面を割ってしまうこともあるので気をつけましょう。
28 水	✕	プライドを傷つけられたり、自信を失ってやる気がなくなってしまいそうな日。一歩引いて冷静になって過ごせば問題はなさそう。調子に乗らないように過ごしましょう。
29 木	▲	大掃除に最適な日。捨てるかどうか悩んだものはどんどん捨てましょう。今年1年で着ることのなかった服は処分して、他にも置きっぱなしのものはどんどん捨てましょう。
30 金	○	小さなことでもいいので新しいことに挑戦するといい日。新商品を試しに買うといいので気になった入浴剤を買ったり、シャンプーやボディーソープを変えてみるといいでしょう。
31 土	○	これまでとは違う大晦日になりそう。例年とは違う番組を観たり、友人や知人などを誘うといいかも。カウントダウンライブやイベントに参加してみるのもよさそうです。

開運のつぶやき ▶ 👓 口角を上げると、運気は上がる。運気が上がったと感じるまで続けてみるといい。

1月

2023

開運 3 カ条

1. 約束は守る
2. 面倒でも「人付き合い」を大切にする
3. 相手をよろこばせる

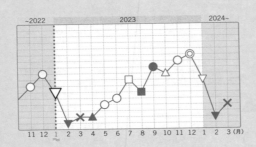

総合運 約束はしっかり守って
下旬は予想外のトラブルが

中旬までに、周囲との関係をしっかり築いておくといいでしょう。挨拶やお礼を欠かさないで、小さな約束でも思い出したら守ることが大切です。下旬からは、予想外のトラブルが起きたり、周りの力が必要になることがありそう。とくに、若い人の意見や考え方から学ぶことや、自分の立場を理解したうえで「相手から何を求められているのか」を冷静に判断して行動することが大事です。自分基準でいると面倒事がさらに大きくなってしまうので要注意。

恋愛＆結婚運

上旬は異性との関わりが増えそうですが、タイミングを逃したり、あなたの片思いで終わってしまうことも。ダメ元での告白や好意を伝えるのはいいですが、叶う期待は薄いでしょう。中旬以降は、好みではない人から言い寄られたり、気になる人ができても妄想恋愛で終わってしまいそう。無理せず、ひとりの時間を楽しめるよう工夫するといいでしょう。結婚運は、中旬までは仲よく過ごせても、下旬から破談や破局しやすい流れになるので気をつけること。

仕事運

中旬までとくに問題がなかった人でも、下旬になると急な仕事や面倒な作業、不慣れなことや苦手なことに直面する流れになりそうです。他人任せにしていた人ほど実力不足を感じる状況になるでしょう。苦しくても、他人に甘えすぎたり、責任転嫁しないようにしましょう。自分への課題が出てくる時期なので、今後どんな力をつける必要があるか、しっかり考えることが大切です。感謝と恩返し、「恩送り」の気持ちも忘れないように。

金運＆買い物運

今後必要になりそうなものは、中旬までに買っておくといいでしょう。いらないものを軽はずみに購入すると、後悔したり使わないまま放置することになる場合があるので気をつけましょう。下旬になると、予想外の出費が増えたり、ものが壊れて買い替えが必要になりそうです。事故に巻き込まれてしまい、余計な出費をすることもあるので、節約しておくといいでしょう。契約にも不向きな時期なので、押しの強い営業には気をつけるようにしましょう。

美容＆健康運

中旬までに少しでも体調に異変があった場合は、早めに病院で検査を受けたり、生活習慣を見直すといいでしょう。下旬になると、風邪をひきやすくなったり、疲れが抜けなくなりそうです。寝不足を感じたときは無理はしないようにしてください。軽い運動や健康を意識した食事を心がけ、体重計に乗る習慣をつけておきましょう。湯船にしっかり浸かり、睡眠時間を長めにとることも大切です。

1 日	□	1年の目標を立てるのはいいですが、はじめから高すぎたり、継続が難しそうなものは掲げないように。「なんとなく続けられる」くらいの、ゆるめの目標を設定しておくといいでしょう。
2 月	■	油断していると体調を崩したり、新年早々、風邪で寝込んでしまいそう。暴飲暴食で胃腸の調子を悪くしてしまうことも。今日は無理をせず、のんびりしましょう。
3 火	●	小さなラッキーがある日。よく考えたら幸せだと感じることや、感謝できることを見つけてみるといいでしょう。「おいしいものを食べられる幸せ」や、「何も起こらない平穏な幸せ」もあることを忘れないように。
4 水	△	判断ミスをしたり、慌てていて損をすることが起きそうな日。不要なものまで買ってしまったり、「値引きされている」と思って購入したら定価のままだった、なんてこともありそう。何事も落ち着いて、冷静に判断しましょう。
5 木	○	友人や付き合いの長い人を大切にするといい日。新年の挨拶を兼ねて、食事や飲みに誘ってみるといいでしょう。鋭い指摘や的確なアドバイスを受けたときは、素直に聞き入れるように。
6 金	○	ひとりでのんびり買い物に出かけてみたり、本を買って勉強をするにはいい日。自己投資になることを何かはじめてみたり、体を動かすにもいい運気です。
7 土	▽	日中は楽しい時間を過ごせたり、満足できる出来事がありそう。ただし、他人には過剰な期待をしないことが大切。夕方以降は、不機嫌になるようなことが起きやすいので、早めに帰宅しておきましょう。
8 日	▼	集中力が途切れてしまう日。ケガをしたり、事故を起こす可能性があるので要注意。とくに車の運転では、車体を擦ったり、ぶつけてしまうことがあるかも。些細な段差で転ぶようなことも起きそうなので気をつけましょう。
9 月	×	やる気のなさが表に出てしまう日。笑顔を心がけて、楽しそうに仕事をすることが大切です。「こんなとき、自分が憧れている人なら、どんなふうに仕事をするだろう?」と想像してみるといいでしょう。
10 火	▲	軽はずみな判断をして、後悔することになりそうな日。安請け合いをしたり、ノリで適当なことを言ってしまう場合があるかも。悪口に聞こえてしまいそうな愚痴も、口にしないよう気をつけましょう。
11 水	=	教えることで学べる日。頭で理解していても、いざ人に教えてみると、上手に伝えることの難しさを感じるもの。些細なことでもかまわないので、「教える経験」を積んでみましょう。伝える工夫のおもしろさも知れそうです。
12 木	=	急な仕事や新しい仕事を任されそうな流れになりそう。どんなことにも前向きに取り組んでみましょう。コツがつかめないときは、その原因や理由を本気で考えてみると、成長の糧になりそうです。
13 金	□	はじめから「できない」と決めつけるのは、本気で取り組もうとしていないだけ。すぐに諦めずに、少しでも手を動かしてみるといいでしょう。
14 土	■	日ごろの疲れをしっかりとるべき日。すでに予定が入っている場合は、無理をしないように。体が温まりそうなものを食べたり、ストレッチや軽い運動をするのもオススメです。
15 日	●	急に遊びに誘われることがありそうな日。誘ってもらってうれしかったら、今度は自ら相手を誘ってみたり、後輩や部下に声をかけてみるといいでしょう。
16 月	△	寝坊や遅刻をしたり、ミスが重なってしまいそうな日。忘れ物もしやすいので、事前にしっかり確認をしておくことが大切です。時間にはゆとりをもって行動しましょう。
17 火	○	今日は、不慣れなことに挑戦するより「自分の得意なこと」をより極めてみるといいでしょう。長所をもっと伸ばすコツをつかめるきっかけがありそうです。
18 水	○	誰かが助けてくれるのを待っていないで、周囲のために行動するといい日。これまで、たくさんの人から力を借りたり、支えてもらったことを思い出して。今度はあなたが周囲の人を助けて支えると、いい1日になるでしょう。
19 木	▽	自分の役割をしっかり果たすことも大切ですが、求められている以上の結果を出せるように頑張ってみるといいでしょう。周囲が楽になるように手助けしてみると、あなたものちに助けてもらえるでしょう。
20 金	▼	思い通りの結果が出なかったり、他人にガッカリすることがありそうな日。今日は過度な期待をしないこと。慎重に行動して、少しでも物事のいい部分を見つけるようにしましょう。
21 土	×	予定が急にキャンセルになったり、ヒマだったはずが、突然誘われて忙しくなってしまうことがありそう。「予想外のことを楽しむ」と、いい1日になりそうです。
22 日	▲	大事なものを失くすことや、うっかり物を落として壊してしまうことがありそうなので、気をつけましょう。スマホの画面を割ったり、傷がついてグッタリするようなこともあるかも。
23 月	=	少しでも勉強になる挑戦をすることが大事な日。気になったことを調べてみたり、本を読んだり、雑学を増やしてみるといいでしょう。すぐには役に立たなくても、のちに活きてくるでしょう。
24 火	=	苦手な人と一緒に過ごすハメになったり、面倒なことを引き受けなくてはならない状況になりそう。「難しそうだから」と避けていないで、まずは「いまできること」に集中してみるといいでしょう。
25 水	□	度胸と勇気が大切な日。臨機応変な対応が必要なときは、自分のことよりも、相手や周囲のことを考えて判断するといいでしょう。
26 木	■	心身ともに疲れてしまいそうな日。無理をしないで、スキマ時間をつくってゆっくりしたり、目を閉じて休憩するようにしましょう。
27 金	●	「リスクやマイナスは人生に付きものだ」ということを忘れないように。大きなプラスはのちに大きなマイナスを生むことがあるので、小さなプラスを意識してみるといいでしょう。
28 土	△	うっかり浪費をしたり、誘惑に負けてしまいそうな日。空腹の状態で買い物に行かないように。欲しいものをメモしてから出かけるといいでしょう。
29 日	○	友人と語ることで気持ちが楽になる日。言いたいことも言えないようでは、友人とは呼べないので、嫌なことは、互いにハッキリ言えるようにするといいでしょう。
30 月	○	周囲との協力が大切な日。みんなが笑顔になるような判断をしたり、うまく協力できるよう工夫を凝らしてみましょう。自分の得意なことで周りの人をサポートすることも忘れずに。
31 火	▽	午前中は問題なく物事を進められそうなので、大事なことは早めに取りかかっておきましょう。夕方あたりから、余計なことを考えすぎたり判断ミスをしやすくなりそうです。

☆ 開運の日　◎ 幸運の日　● 解放の日　○ チャレンジの日　□ 健康管理の日　△ 準備の日　▽ ブレーキの日
■ リフレッシュの日　▲ 整理の日　× 裏運気の日　▼ 乱気の日　= 運気の影響がない日

2023 2月

▼ 乱気の月

開運 3 ヵ条

1. 感情的にならない
2. こまめに気分転換する
3. 睡眠時間を長くする

総合運 トラブルや波乱の可能性
平常心を心がけて

予想外のトラブルや波乱がありそうな時期。感情的になったり、イライラを顔や態度に出すとさらに面倒なことになってしまうので、平常心と冷静な判断を心がけておきましょう。優柔不断さが評価を下げることにつながったり、「判断力がない」と思われる原因になることも。素早く決断するよう意識しましょう。また、自分でも「アホだ」と思うような行動に走りやすいので、ドジには日々注意しておくこと。

恋愛＆結婚運

好きな人に恋人ができてしまったり、恋人の浮気が発覚したり、些細なことで大ゲンカになるなど、残念な流れになりそうな時期。相手の気持ちをもっと考えて言葉を選んだり、笑顔を心がけないと、思った以上にあなたの態度が相手に冷たく映ってしまうでしょう。新しい出会い運も期待できないので、無理に人脈を広げないほうがよさそうです。結婚運は、破談になったり流れが止まりやすいので、無理をしないようにしましょう。

仕事運

気持ちに余裕がなく、失敗や挫折もしやすい時期。ふだんは落ち着いて丁寧にできていることが雑になったり、相手の気持ちを考えずに判断をしてしまいそうです。身勝手にならないで、全体のことをもっと考えるようにしましょう。感情的になってしまうと信頼を失う事態にもつながります。イライラするときや気持ちが落ち着かないときは、深呼吸をしたり、休憩をしっかりとってから仕事に取り組むようにしましょう。

金運＆買い物運

気分が乗らないときに買い物をすると、不要なものを購入したり期待ハズレの品を手にしてしまうことが多いので気をつけましょう。スマホの故障や機械トラブル、車の擦り事故など、ガッカリするような出費もしやすいため、慎重に行動するように。金運アップは望めないので、あらかじめ1週間に使うお金を決めるなどして、節約を楽しむといいでしょう。

美容＆健康運

笑顔でいる余裕がなく、不機嫌な表情が続いたり無愛想になってしまいそうな時期。意識して口角を上げ、明るく振る舞うようにしましょう。ストレス発散のつもりでお酒を飲むと、体重が増えたり、肌荒れで悩むこともありそうです。睡眠時間をしっかりとることや疲れをためないような生活を心がけておきましょう。また、今月は美意識が低くなりやすいので、全身を鏡でしっかり見て、気を引き締めるようにするといいでしょう。

490 　開運のつぶやき ▶ 😈 運気の悪い時にどれだけ努力するかで人生は大きく変わる。

1 水	▼	上司や周囲の人の機嫌に振り回されたり、変な気遣いをしてヘトヘトになってしまいそう。イライラや不満を表に出さないように気をつけましょう。
2 木	×	思ったような結果が出なかったり、空回りしやすい日。深呼吸や軽いストレッチで一区切りつけ、気持ちが落ち着いてから仕事に取り組むといいでしょう。
3 金	▲	不要なものを持ち歩かないように、カバンや財布の中身を一度全部出してみましょう。レシートや名刺、資料など、いらないものはスッキリさせてから出かけるといいでしょう。
4 土	＝	後輩や年下の人と遊んでみるといい日。突然でもいいので、食事や遊びに誘ってみましょう。思ったよりも楽しい時間を過ごせそうです。
5 日	＝	新たに苦手なことを見つけたり、マイナス面に目がいってしまいそうな日。物事のプラス面を見つけられるよう、意識して過ごしましょう。
6 月	□	今日は自分のことよりも、相手や周囲のことを第一に考えてみましょう。相手の笑顔やよろこんでくれる姿を想像して、行動するといいでしょう。
7 火	■	疲れがたまっていたり、体がスッキリしない感じになりそうな日。休憩時間は仮眠をとるなどして、ゆっくり過ごすようにしましょう。予定を詰め込みすぎないよう、気をつけること。
8 水	●	小さな幸運を見つけることで、楽しい1日を過ごせそうな日。過度な幸福を願うよりも、些細なことによろこんだり感動できるといいでしょう。どんな物事にも、感謝できるところがあることに気がついて。
9 木	△	軽い気持ちで言ったことが、面倒なことを引き寄せてしまいそう。とくに、軽はずみな発言や、できない約束はしないようにしましょう。
10 金	＝	同じような失敗を2度、3度繰り返してしまいそうな日。単純なミスほど信用を失いやすいので、確認作業をしっかり行うようにしましょう。気を引き締めておけば、問題を避けられそうです。
11 土	＝	軽い気持ちで買い物に行くと、余計なものを買いすぎたり、不要な出費が増えてしまいそう。おいしそうなものの誘惑にも負けそうですが、少しの贅沢は楽しんでもいいでしょう。
12 日	▽	日中は、順調に物事が進みそうですが、夕方以降は、余計なことを言われてへこんだり、やる気を失うことがあるかも。「あえてハッキリ言ってくれるやさしさもある」と思っておきましょう。
13 月	▼	若い人との意見の違いや、年上の人の考え方を理解できなくなってしまいそうな日。双方に振り回されて疲れたり、人間関係が面倒に感じてしまうこともありそうです。
14 火	×	張り切ってバレンタインのチョコを持ってきても、予想外に忙しくなって渡すタイミングを逃してしまいそう。自分でチョコを食べることになるかも。
15 水	▲	身の回りをきれいに整理整頓するといい日。家が散らかったままで出社することがないように、少し時間にゆとりをもって行動しましょう。職場もきちんと片付けるよう心がけてみましょう。
16 木	＝	少し前向きな気持ちになれそうな日。新しい方法を試したり、いままでとは違う目標を掲げてみるといいでしょう。何事も試しにやってみることで、人生を楽しめるようになるでしょう。
17 金	＝	少しでもいいので、先のことを考えて行動してみましょう。将来のことをもっと想像して、いま何をしておくことが相手やお互いにとっていいのか、考えながら動いてみましょう。
18 土	□	今日と明日は、健康的な生活を意識するといいでしょう。食事のバランスを考えたり、軽く体を動かしてみるとよさそうです。夜は、お酒を控えて早めに寝るように。
19 日	■	遅くまでゆっくり寝るのもいいですが、早く起きて家の片付けをしてから昼寝をするといいでしょう。予定が入っている場合は、カフェなどでゆっくりする時間をつくっておきましょう。
20 月	●	今日は、相手のことを思って協力しても、空回りしたり、余計に面倒なことになってしまうことがありそう。手伝うときは、慎重に判断してからにしましょう。
21 火	△	忘れ物やうっかりミスが多くなる日。油断していると、ケガをしたり大事なものを壊してしまうことがあるので気をつけましょう。時間や数字なども間違えやすいので、再確認を忘れないように。
22 水	＝	余計なことを思い出してしまいそうな日。どんなに考えても、過ぎたことは変えられません。同じ失敗や、恥ずかしい思いを二度としないために、どうすべきか考えましょう。
23 木	＝	結果の割には満足がいかなかったり、なかなか評価につながらない日。不満をためるよりも、自分の成長を自分でほめるようにしましょう。
24 金	▽	自分のことは棚に上げて、他人の失敗やダメなところに目がいってしまいそう。「自分にやさしく、他人にはもっとやさしく」接するようにしましょう。
25 土	▼	予定が急に変更になってヒマになったり、逆に忙しくなることがある日。どちらになっても大丈夫なように、イメージしておきましょう。
26 日	×	気分が乗らないときはひとりでゆっくりするといいでしょう。知り合いの集まりに参加しても、楽しめなかったり余計なことを言われてしまいそうです。
27 月	▲	大事なものを忘れたり、仕事で大きなミスをしやすいので注意しましょう。言葉選びやタイミングにも気をつけて、信用を失わないようにすること。
28 火	＝	小さなことでもかまわないので新しいことに挑戦をしたり、周囲にある新しいことを見つけてみるといい日。あなたが思っている以上に、身の回りに新しいことがあふれていると気がつけるでしょう。

☆ 開運の日　◎ 幸運の日　● 解放の日　○ チャレンジの日　□ 健康管理の日　△ 準備の日　▽ ブレーキの日
■ リフレッシュの日　▲ 整理の日　× 裏運気の日　▼ 乱気の日　＝ 運気の影響がない日

3月 2023

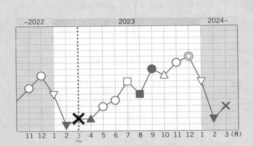

× 裏運気の月

開運 3ヵ条

1. 欲張らない
2. 恋は慎重に
3. 楽しいことを見つける

総合運

予想外のことが起きるかも
学ぶ気持ちを大切に

「裏運気の年」の「裏運気の月」には、予想外のことやトラブルが起きやすいですが、これまで興味のなかった世界を知れたり、意外な出会いや勉強になる出来事もある時期です。欲張ったり、自分本位な考えで行動するのではなく、学ぶ気持ちを忘れずに、自分の得意なことで周囲をよろこばせてみるといいでしょう。予想外のラッキーもありますが、そこに執着すると、のちに苦労することになるので、「いまだけの幸運」だと思っておきましょう。

恋愛&結婚運

一目惚れから大恋愛がはじまったかと思ったら相手が既婚者で不倫になってしまったり、恋人と楽しいデート中にケンカをして突然別れを告げられるなど、アップダウンの激しい月。意外な人からの告白は、よろこぶ前に周囲の評判を聞いてみてください。好みでない相手なら、ハッキリ断ってひとりの時間を楽しむといいでしょう。結婚運は、これまで興味がなかった人ほど結婚を意識しそうです。ただし、決断には不向きな時期なので判断は慎重に。

仕事運

自分の力をうまく発揮できず、空回りしやすい時期。いい結果も手応えも得られず、やる気が出ない感じがするならば、真剣に仕事に向き合っていなかった証拠です。一方で、真面目にコツコツ努力していた人には大きなチャンスがめぐってくるでしょう。ただし、のちにプレッシャーや重荷になってしまうことがあるので、執着せず、数年後には手放すくらいの気持ちでいるとよさそうです。今月は、職場の人とのコミュニケーションも大切に。

金運&買い物運

うっかりだまされて大金を失ったり、ふだんなら購入しないようなものを買ってしまう月。先のことを考えずにローンや契約を決めて、のちに苦しくなることもありそうです。財布やスマホを失くしたり、予想外の出費に悩まされる場合もあるので、今月は慎重に、かつ丁寧に行動するよう心がけましょう。投資なども、軽はずみに行わないこと。すでにはじめている人も大金は動かさず、そっとしておくといいでしょう。

美容&健康運

突然体調を崩したり、「しっかり寝た」と思っても疲れが残ってしまいそうな時期。倒れるほどではなくても、急に体に異変を感じる場合があるので、「何か変だな」と気づいたときは、無理をせず、早めに病院に行きましょう。元気な人も、今月は頑張りすぎず、少し活動をセーブすること。健康的な生活習慣を意識して、睡眠時間も多くとりましょう。美意識も崩れやすいので、油断しないように。

　開運のつぶやき　▶ 過去の苦労をただの「点」にするのではなく、苦労をつないで「線」にするといい。

1 水	=	少し生活リズムを変えてみるといい日。おもしろいことや興味がわくことを見つけられそうです。ふだんとは違うランチメニューやドリンクを選んでみるのもオススメ。
2 木	□	今月の「裏運気の月」を、どう乗り切るか考えてみるといい日。最悪な出来事が起こった場合を想定して、自分がどう動くべきか考えてみて。対策を立ててみると、いい心構えができるでしょう。
3 金	■	疲れをため込んでしまいそうな日。無理をすると体調を崩したり、風邪をひいてしまうことがあるので気をつけましょう。体に異変を感じる場合は、早めに病院に行くこと。
4 土	●	良くも悪くも流れに逆らわないほうがいい日。遊びに誘われたら出かけてもいいですが、予定がなければ家でのんびりしたり、テンションの上がる音楽を聴いて過ごしましょう。
5 日	△	集中力が欠けてボーッとしたり、余計な妄想が膨らんでしまいそうな日。関係のないことを考えていると、包丁で指を切ったり、車の運転でぶつけてしまうようなことがあるので気をつけて。
6 月	=	不得意なことや苦手なことをそのままにしないで、少しでも克服する努力が大切。過去にできなかったことでも、あらためて取り組んでみると、思った以上にうまくできるかも。自分の成長や、実力アップを感じられそうです。
7 火	=	不要な出費が増えそうな日。大事なものを壊すことや、失くしてしまうことがあるので気をつけましょう。仕事では、小さな手応えを感じたり、少し結果を残すことができそうです。
8 水	▽	周囲の言葉をしっかり受け止めることが大切な日。説教臭いことや、厳しい指摘をしてくれる人に、感謝を忘れないように。言いにくいことをハッキリ言ってくれる存在を大切にしましょう。
9 木	▼	体調を崩したり、集中力が続かなくなってしまいそうな日。現状への不満も爆発しやすいので、ゆっくり深呼吸をして落ち着くようにしましょう。リラックスする時間をつくってみるといいでしょう。
10 金	✕	すべてが裏目に出やすい日。最初からふだんとは違う方法を試してみたり、あえて裏をねらってみると、思ったよりもいい結果につながることがあるでしょう。自分の意外な才能に気づくこともありそうです。
11 土	▲	片付けや掃除をするのはいいですが、間違って必要なものを捨てたり、データを誤って消してしまうようなこともあるので、慎重に行動を。事故やケガもしやすい日なので、落ち着いて動きましょう。
12 日	=	ちょっとした挑戦をするといい日。ふだん行かないお店でごはんを食べてみたり、なんとなく避けていたジャンルの映画や本に触れてみましょう。視野が広がって、いいアイデアにつながるでしょう。
13 月	=	相手の話は最後までしっかり聞いて、理解できないときは質問するようにしましょう。なんとなくスタートすると、問題が発生して、あとで面倒なことになってしまいそうです。
14 火	□	流れに身を任せることが大事な日。無理に逆らったりワガママを言わないようにしましょう。余計な一言が原因で面倒なことになってしまうかも。
15 水	■	体調を崩しやすい日。疲れがたまりやすいので、無理な残業をしたり、限界を感じるまで頑張らないようにしましょう。こまめに休んで、健康的な食事を意識することが大切です。
16 木	●	今日は、いい流れで仕事を進められたり、苦手な人と離れて作業することができそう。あなたが楽しそうにしていると、周囲も笑顔になるでしょう。嫌々仕事をしたり、サボったりしないように。
17 金	△	軽い気持ちで会話をすると、うっかり余計なことを言ったり、言い方を間違えたりして、気まずい空気になってしまうかも。今日は、話の聞き役に回ったほうがよさそうです。ほかにもミスをしやすい日なので、気をつけましょう。
18 土	○	しばらく会っていなかった人と縁がある日。急に連絡したくなった相手がいたら、思い切ってメッセージを送ってみましょう。外出先で偶然出会うこともありそうです。声をかけてお茶に誘うと、いい話が聞けるでしょう。
19 日	○	今日は、日ごろお世話になっている人にご馳走したり、相手がよろこびそうなものをプレゼントしてみるといいでしょう。おいしいパンやスイーツ、食事やお茶をおごってみて。
20 月	▽	大事な用事はできるだけ午前中に済ませておくか、早めに手をつけておきましょう。午後からは、集中力が切れたりミスが増えてしまうかも。
21 火	▼	今日は、無理をしないでペースを落としたり、ゆとりをもって行動しておきましょう。体調を崩すことや、疲れが表に出てくることがありそうです。周囲に迷惑をかけないよう、体調管理に気を配りましょう。
22 水	✕	若い人から学ぶことが大切な日。後輩や部下、年下の人の話を聞いてみると、知らない情報をいろいろと教えてもらえそう。小馬鹿にしていると、逆に馬鹿にされてしまうので気をつけて。
23 木	▲	忘れ物や失くし物に注意が必要な日。うっかり財布や携帯をどこかに置き忘れてしまうかも。仕事でも、約束をすっかり忘れてしまうことがあるので、気を引き締めておきましょう。
24 金	=	不満がたまるのは、好奇心が薄れている証。もっと興味のわくことを探してみたり、あなたをよろこばせようと日々努力している人を見つけてみるといいでしょう。世の中は、楽しいことやおもしろいことで満ちあふれています。
25 土	=	ふだん注文しないメニューや期間限定のもの、新商品のお菓子やドリンクを選んでみるといいでしょう。たとえ失敗したとしても、話のいいネタになりそうです。周囲から「なんでそれにしたの?」と言われそうなものを選択してみましょう。
26 日	□	無計画に動きたくなる日ですが、帰りの時間だけは決めておきましょう。先のことを考えずに行動すると、思った以上に疲れがたまったり、次の日に響いてしまいます。
27 月	■	朝から体の不調を感じる場合は、思い切って休んだり、早退するといいかも。元気だとしても、今日は、頑張りすぎや無理のしすぎに気をつけて。
28 火	●	挨拶やお礼をこれまで以上にしっかりするといい日。人の話をきちんと聞いて、小さな約束でも忘れずに守ることが大切です。相手のことをよく考えて、言葉を選んで返事をしましょう。
29 水	△	失敗が多くなりそうな日。しっかり確認して、落ち着いて行動すれば、問題は避けられそうです。ただし、ボーッとしていたり、気が緩んでいると判断ミスをしやすいので気をつけること。誘惑にも負けやすいので要注意。
30 木	○	家族や仲のよい人からの助言を大切にするといい日。雑談から大事な話を聞けることもありそうです。ハッキリ言ってくれる人のやさしさにも、感謝するようにしましょう。
31 金	○	お金や数字、時間にこだわって仕事や生活をするといい日。雑に判断すると、無駄な出費や余計な手間につながりそう。「一期一会」の精神も忘れないようにしましょう。

☆ 開運の日　◎ 幸運の日　● 解放の日　○ チャレンジの日　□ 健康管理の日　△ 準備の日　▽ ブレーキの日
■ リフレッシュの日　▲ 整理の日　✕ 裏運気の日　▼ 乱気の日　= 運気の影響がない日

4_月

2023

▲ 整理の月

開運 **3** カ条

1. 手放すことを恐れない
2. ときには諦める
3. 大掃除をする

総合運

手放すことを恐れないで気持ちの切り替えも大事

大事にしていたものを失くしたり、失うことになりそうな時期。予想外の人があなたのもとを去っていく場合もあるでしょう。ショックを受けることがありそうですが、数年後には「あの出来事が自分の成長につながった」と思えるようになるでしょう。執着していたことからも離れられるので、手放したい物事があるなら縁を切ってもよいタイミング。人に裏切られてしまうようなこともありますが、縁が切れてよかったと気持ちを切り替えるといいでしょう。

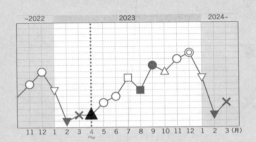

~2022　2023　2024~

11 12 1 2 3 4 5 6 7 8 9 10 11 12 1 2 3 (月)

恋愛＆結婚運

恋人との溝が深まってしまう時期。よかれと思ってかけた言葉がケンカの原因になったり、相手に「余計なお世話」と受け止められてしまうことも。あなたの態度や考え方に、恋人がイライラすることもありそう。別れの原因になる言動が増える時期なので気をつけましょう。片思いの恋も、相手に恋人ができたり、ハッキリ断られてフラれるケースもありそうです。結婚運は、結婚への憧れだけで相手の気持ちを考えられていないと破談になるかもしれません。

仕事運

これまで頑張ってきた仕事やポジションが、突然奪われたり終わってしまう流れになりそうです。現状に感謝せず、不満や文句を言っていた人ほど苦しい状況になってしまうことがあるので、心構えをしておき、考え方を変えるようにしましょう。自分の能力を試したうえで出た結果を受け入れることは、次にやるべきことやあなたが活躍できる場所を探すきっかけになります。ときには、素直に負けを認めることも大切になるでしょう。

金運＆買い物運

予想外の出費がありそうな時期。家電やスマホ、車の調子が悪くなるなどして、どうしてもお金を使う必要が出てきそうです。大事なものを失くしてしまうこともあるので、今月は高価なものを気軽に持ち歩かないようにしましょう。契約にも不向きな時期です。会員登録やネット決済をする際は、最初は無料でもあとから有料になるような仕組みになっていないかなど、しっかり確認するようにしましょう。

美容＆健康運

先月、先々月で体調を崩していない人でも、今月ケガで病院に行くことになったり、体調に異変を感じることがありそうです。すでに体調を崩している場合は、今月末から少し回復に向かったり、不健康な生活リズムを改善できるようになるでしょう。美意識を高めるのはいいですが、情報をしっかり集めて、長く続けられそうにないことには手を出さないように。目標とする人を見つけ、そこに近づけるよう来月から努力するといいでしょう。

開運のつぶやき 😎 深く知るために愛が必要で、愛があるから深く知りたくなる。

1 土	▽	面倒なことを避けてばかりいると、いい思い出もできないもの。少しくらい面倒でも、エイプリルフールのウソにはあえてだまされて、楽しんでみるといいでしょう。苦手な人の話もじっくり聞いてみましょう。
2 日	▼	自分とは違う考えや意見をもつ人の話は、いい勉強になります。「世の中は、いろいろな考え方や生き方をする人がいるから回っている」ということを忘れないで。無駄な批判や否定はしないように。
3 月	✕	古い考えにとらわれやすいタイプですが、今日は、新しい考え方や最近の若者の生き方を認めることができそうです。「自分が正しい」と思い込んでいると苦しくなるので、もっと気楽に考えるようにしましょう。
4 火	▲	別れ話が出たり、縁が切れてしまうことがある日。大事なものを失くしてガッカリすることや、恋人とケンカになってしまうこともあるかも。「縁が薄い人とは離れるものだ」と受け止めましょう。
5 水	=	自分中心に考えていると、悩みや不安が増えるだけ。今日は、周囲の人のサポートをしたり、2番手、3番手に回ってみるといいでしょう。相手をうまくフォローできるように努めてみましょう。
6 木	=	前向きに行動できる日。多少の失敗は気にせず、些細なことでも積極的に行動するよう心がけましょう。学びにつながる人との出会いもありそうです。また、人の話は最後までしっかり聞くようにしましょう。
7 金	□	相手任せにしていると振り回されてしまうだけ。自分でしっかり調べて、今日も積極的に行動するように意識しましょう。夜は疲れやすいので、湯船に浸かって、早めに寝るようにしましょう。
8 土	■	のんびりするといい日。音楽を聴いたり、本を読んで過ごすといいでしょう。スマホを見えない場所に置くのもオススメです。すでに予定が入っている人は、ゆっくりする時間をつくっておきましょう。
9 日	●	思ったよりもゆっくりできない日。急に遊びに誘われたり、異性に振り回されてしまうこともあるので気をつけましょう。明るい感じの服を着ると、気分が前向きになりそうです。
10 月	△	油断をしていると遅刻や忘れ物をしやすいので要注意。転んで大ケガを負ったり、操作ミスをして大問題になる場合もありそうです。小さなミスで済んだら「ラッキー」と思っておきましょう。
11 火	○	仕事のコツをつかんだと思って油断していると、弱点や欠点を突っ込まれたり、付き合いの長い人から嫌味を言われてしまうそう。今日は、気を引き締めて仕事に取り組みましょう。
12 水	○	お金や経費のことをもっと考えて仕事をしてみましょう。無理に儲けようとするのではなく、儲かるよう工夫することが大事です。「お金は感謝の対価」だと心に留めておきましょう。
13 木	▽	人のやさしさに甘えてばかりいないように。親切にしてもらったら「ラッキー」で終わらせるのでなく、些細なことでもいいので、何かお返しをしたり、相手のよろこびそうなことをしてみるといいでしょう。
14 金	▼	余計な発言や、先のことを考えずに話をして、信用を失ってしまうことがある日。軽はずみなことを言わないよう、気をつけて。今日は聞き役になってみたり、上手にリアクションをするくらいにしておきましょう。
15 土	✕	余計な妄想が膨らんで、心配になってしまうことがある日。不安に思うのは悪くありませんが、その多くは悪い流れにならないので、考えすぎないように。心配する時間があるなら、いまできることを見つけてやっておきましょう。
16 日	▲	身の回りをきれいにするのはいいですが、手が滑って大事なものを壊したり、床に傷をつけてしまうなどのアクシデントがありそう。無理はせず、慎重に行動するようにしましょう。
17 月	=	気になることはしっかり調べておくことが大切な日。雑談のなかで、自分の勘違いや記憶違いなどに気づける場面があるかも。正しいことや知らなかったことを知れると、調べることが楽しくなりそうです。
18 火	=	自分から挨拶をすることで、話のきっかけが生まれたり、いい人間関係を築けそうな日。相手に話しかけてもらうのを待っているいつまでも距離は縮まりません。気になる人には自ら話しかけてみましょう。
19 水	□	自分の考えとは違う人の話も勉強になるもの。否定して避けるのではなく、さまざまな考え方があることを知れると、視野が広がり成長できるでしょう。新しいアイデアにつながることもありそうです。
20 木	■	ストレスや疲れがたまってしまいそうな日。気分転換をしたり、少し体を動かしてみるといいでしょう。好きな音楽を聴きながらゆっくりする時間や、家でボーッとするひとときも大事にしましょう。
21 金	●	今日は「大人の対応」を心がけるようにしましょう。些細なことでイラッとしたときに、怒りを顔や態度に出してしまうと、面倒なことになりそうです。笑顔と平常心を忘れないようにしましょう。
22 土	△	遊びに出かけるときは、車の運転は避けるといいでしょう。近所で遊んだり、公共交通機関を利用するのがオススメです。立ち寄ったお店でおもしろい人に出会えるなど、いい経験ができるかも。
23 日	○	親友と一緒に過ごしたり、電話で話を聞いてもらうことで、気持ちが楽になる日。予定がないなら、誰かを遊びに誘ってみるといいでしょう。外出先で偶然知り合いに出会う場合もありそうです。
24 月	○	経験や知識を上手に活かすことができそうな日。自信をもって行動するといいでしょう。ただし、時間や数字、お金などにはシビアになっておくこと。出費が増えることもありますが、いい勉強になるでしょう。
25 火	▽	周囲に協力したり、感謝の気持ちをもつことが大切な日。「頑張っているのは自分だけ」と思っていると苦しくなってしまいます。自分の実力不足を素直に認め、さらに成長できるよう努力しましょう。
26 水	▼	予定通りに物事が進みにくい日。時間には十分ゆとりをもって行動しましょう。「ギリギリで間に合うだろう」と思っていると、遅刻をしたり、周りに大きな迷惑をかけてしまうことになるかも。
27 木	✕	判断ミスをしたり、物事を考えすぎてしまいそうな日。困ったときは相談して、意見をしっかり聞くようにしましょう。自分の利益や欲望だけで判断していると、のちに痛い目に遭うでしょう。
28 金	▲	朝から掃除をしたり、身の回りをきれいに整理整頓しておきましょう。散らかったままにしているとケガの原因になったり、失くし物をすることがありそうです。ふだん片付けていないロッカーや引き出しも、きれいにしておきましょう。
29 土	=	これまで接点が少なかった人と遊ぶことになったり、連絡をもらったりする日。話をしてみると、思わぬ共通点やおもしろい発見がありそう。ふだんは行かないお店を訪れてみるのもいいでしょう。
30 日	=	行動的になれる日ですが、調子に乗りすぎてケガをしたり、疲労をためてしまうこともありそう。今日は、帰る時間を決めておくといいでしょう。ゆっくり湯船に浸かって、早めに寝るよう心がけましょう。

☆ 開運の日　◎ 幸運の日　● 解放の日　○ チャレンジの日　□ 健康管理の日　△ 準備の日　▽ ブレーキの日
■ リフレッシュの日　▲ 整理の日　✕ 裏運気の日　▼ 乱気の日　= 運気の影響がない日

5月

2023

○ チャレンジの月

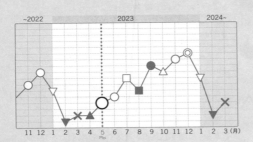

総合運

視野を広げられる時期
間違った情報には気をつけて

これまでとは違うことに興味がわいたり、視野を広げられる時期ですが、余計なことまで知りすぎて不安になってしまう場合もありそう。間違った情報に振り回されることも起きるので、注意が必要です。一方で、これまでとは違う人脈ができる流れもあるので、気になることを学びに行ってみるといいでしょう。資格取得やスキルアップのためにスクールに通ったり、趣味の習い事をはじめてみるのもオススメです。

恋愛＆結婚運

出会いが少し増える時期。自分でも「意外」と思う人を好きになったり、気になることがありそうです。一気に関係が進展することもありますが、もてあそばれて終わってしまう場合も多いので、相手を知ってから仲を深めたほうがいいでしょう。これまでにない感じのイメチェンをすると、異性からの評判がよくなることも。結婚運は、恋人が結婚したいと言うなら合わせてもいいですが、思った以上に課題が見つかりそうです。

仕事運

やるべき仕事が増えたり、予想外に忙しくなりそうな時期。勢いに任せて思い切ってチャレンジしてみると、失敗もありますが、予想以上にいい結果が出ることや、意外な人とのつながりもできそうです。仕事関係の付き合いは、短期的だと割り切ってみるといい仕事ができたり、勉強になるでしょう。また、年下の人から学べることもあるので、後輩や部下との交流を楽しむのもオススメです。「面倒だ」と思わずに食事や飲みに誘ってみるといいでしょう。

金運＆買い物運

大きな買い物はオススメできませんが、自分への投資になるような勉強にお金を使うにはいい時期です。浪費や不要な出費をできるだけおさえ、資格取得やスキルアップを目指したり、本を購入して勉強しておきましょう。また、節約を楽しんだり、1週間に使う金額を決めて生活してみるのもオススメです。家計簿やお小遣い帳をつけてみるといいかも。投資を行う場合は判断ミスをしやすいので、少額にしておくのがいいでしょう。

美容＆健康運

新年度の生活リズムに体が慣れはじめて、疲れにくくなったり、気持ちが少し楽になりそうです。ストレスの発散法をいろいろ試してみると、自分に合ったものを見つけられるでしょう。新しい美容法を取り入れてみるのもいいので、周囲からオススメされたことを試しにやってみましょう。軽い運動をしたり、少し汗を流す程度に体を動かすようにすると、周囲から「若返っていません？」とうれしい言葉をかけられることもありそうです。

開運のつぶやき ▶ 人生は予想通りに進まないことを楽しむことが大切。

1 月	□	頑張るのはいいですが、「自分にとって何を積み重ねることが大切なのか」を考えておきましょう。勢い任せで行動していると疲れてしまうだけ。効率や結果にもっとこだわってみるといいでしょう。
2 火	■	寝不足や疲れを感じやすい日。少し体を動かしたり、ストレッチをする時間をつくってみるといいでしょう。最近の食事のバランスを見直して、不足していると思うものを選んで食べておきましょう。
3 水	●	求められることが増えますが「損な役割」と思わないで、いま出せる力を出し切ってみるといいでしょう。真剣に取り組むと、周囲から助けてもらえたり、いいアドバイスをもらえそうです。
4 木	△	ミスが続いたり、ボーッとして余計な物事を考えてしまうことがある日。自分で思っている以上に気が緩んでしまうので、確認作業などをいつも以上にていねいにしましょう。
5 金	○	「何事も、自分に見合っている」と自覚することが大切な日。現状に不満があるなら、これまでの自分の努力や勉強が不足していることを認めましょう。満足できるなら、周囲への感謝を忘れないように。
6 土	○	買い物に行くのはいいですが、余計なものまで買ったり、誘惑に負けて、おいしそうなものを購入してしまいそう。必要なものをメモしてから、外出するようにしましょう。
7 日	▽	日中は運気がいいので、用事は早めに片付けておくといいでしょう。午後は、本を読むなどして過ごすのがオススメ。本屋さんに行ってみると、いい本を見つけられるかも。夜は疲れやすいので早めに寝て、明日に備えましょう。
8 月	▼	いまの自分に足りないことが見えてくる日。トラブルや壁にぶつかったときは、「運が悪かった」で片付けないで、原因を探すことが大切です。今後どんなふうに過ごすべきか、しっかり考えるようにしましょう。
9 火	×	「思い悩む」と「考える」は大きく違うもの。悩み続けても前には進めません。情報や知恵を集めて、自分をどう成長させるか見つけることが「考える」ことだと忘れないように。
10 水	▲	身の回りの整理や、不要なものの処分をしておくといい日。散らかったままでは目の前のことに集中できなくなったり、ミスが増えてしまいそう。今日はまず、片付けをはじめてみると、やる気も出てきそうです。
11 木	＝	些細なことでも、「新しい」と思えることに挑戦してみるといい日。いつもと同じ生活だと思っても、「世の中は必ず日々変化しているもの」だということを忘れずに。
12 金	○	いい体験ができる日。はじめて話をする人から、いい情報やおもしろい話を聞けそうです。「どんな人からも学べる」と心に留めておくといいでしょう。気になるお店や場所にも、積極的に足を運んでみましょう。
13 土	□	今日と明日はしっかり体を休ませて、のんびり過ごすといい日。すでに予定が入っている場合は、これ以上詰め込まないようにしましょう。こまめに休憩することも大切です。
14 日	■	珍しく転んでしまったり、ケガをしやすい日。段差で足をひねってしまうこともあるので気をつけましょう。急いでいるときほど、慎重に行動するように。
15 月	●	執着しているとうまくいかなくなってしまう日。何かを手放したり、諦めたほうがいいと気づいたときには、こだわらないようにしましょう。少し気持ちが楽になるような流れを感じられそうです。
16 火	△	突っ込まれて焦ったり、判断ミスをしやすい日。落ち着いて冷静に判断すれば、大きな問題はないでしょう。周囲が楽しそうに話しているときは、一緒に笑ってみると、気持ちが明るくなって、やる気もわいてきそうです。
17 水	○	実力を評価されることや、頑張りをほめてもらえそうな日。あなたも周囲で頑張っている人をほめたり、人の頑張りに気がつけるようになるといいでしょう。今日1日、いい言葉を選ぶように意識しておきましょう。
18 木	○	自分も周囲も笑顔になれるようなことを考えたり、みんなで協力する楽しさを忘れないようにしましょう。相手の力や能力を信じてみることも大切です。
19 金	▽	日中は、問題なく順調に進めることができそうですが、夕方あたりから、周囲に振り回されたり、心配事が増えてしまうかも。何事も、ポジティブに変換してみるといいでしょう。
20 土	▼	今日と明日は油断禁物。ケガをしたり、事故に遭ったりすることがあるかもしれません。人間関係でも誰かとケンカになるなど、つらいことが起きてしまうかも。無謀な行動は避けて、ていねいに過ごすようにしましょう。
21 日	×	ふだんなら興味をもたないようなことが突然気になりそうな日。無謀な行動に走りやすいので、気をつけましょう。ただし、勉強になることや、ほかの人のためになる行動なら、問題なさそうです。
22 月	▲	事前準備と片付けをしっかり行うといい日。自分の身の回りをきれいにするだけでなく、共有スペースや気になった場所もきれいにしておきましょう。ゴミが落ちていたら、見て見ぬふりをしないようにしましょう。
23 火	＝	まずは手を動かすことが大事な日。やる気になるまで待っていても何も変わらないので、簡単なことからはじめてみましょう。些細なことでもいいのでとにかく行動してみると、自然とやる気もわいてくるはず。
24 水	○	楽しいことやおもしろいことは、自分から見つけに行くようにしましょう。待っているだけでは、仕事もプライベートも楽しめなくなってしまいます。仕事では言われる前に動いて、自分なりに工夫してみるといいでしょう。
25 木	□	一生懸命頑張ると疲れはたまりますが、手を抜いたり手加減をするほうが、あとで苦労することになるでしょう。目の前のことに真剣に取り組むと、気持ちが楽になりそうです。
26 金	■	誘いにOKするのはいいですが、疲れていて、不機嫌が顔や態度に出てしまいそうなときは、途中でも帰るようにしましょう。無理をすると次の日に響いてしまうことがあるので、ほどほどに。
27 土	●	遊びに出かけるにはいい日。ストレスを発散できたり、楽しい1日になりそう。友人から誘われることもあるので、少しの時間でも会って話してみるといいでしょう。
28 日	△	自分でも残念に感じるミスや忘れ物をしやすい日。ドリンクを倒して服を汚したり、相手の話を最後まで聞かないで、変な空気になってしまうこともありそうです。
29 月	○	いまの自分を認めることで気持ちが楽になる日。できないことを求めすぎないで、いまある力を最大限に発揮できるように努めるといいでしょう。「ないものねだりは不運のはじまり」です。
30 火	○	仕事運のいい日なので、これまで以上に真剣に取り組んでおくといいでしょう。すぐに結果につながらなくても、次に活かせるような仕事ができそうです。困ったときは、素直に相談するといいでしょう。
31 水	▽	午前中は頭の回転がよくなりそう。何事も少し早めにスタートしておくといいでしょう。夕方になると、優柔不断になったり、決断に迷ってしまうかも。ふだんなら選ばない方向に進んでみるとよさそうです。

☆ 開運の日　◇ 幸運の日　● 解放の日　○ チャレンジの日　□ 健康管理の日　△ 準備の日　▽ ブレーキの日
■ リフレッシュの日　▲ 整理の日　× 裏運気の日　▼ 乱気の日　＝ 運気の影響がない日

6月

○ チャレンジの月

開運 **3** カ条

1. 不慣れなことや未経験のことを楽しむ
2. 結果を焦らない
3. 至らない点は素直に認める

総合運

前に進む流れになる時期
ポジティブに挑戦して

あなたの考えとは関係なく、前に進む流れになる時期。不慣れだったり不得意なこと、未経験のことができる機会を前向きにとらえられればいい月になるでしょう。一方で、他人任せにしたり面倒だと思って嫌々取り組むと、苦しくなりそうです。好奇心を膨らませて、「新しいチャンス」ととらえてポジティブに挑戦し、初対面の人からも学ぶ気持ちを忘れないようにしましょう。生活リズムが変わる時期でもあるので早く慣れるように努めましょう。

恋愛＆結婚運

これまでとは違ったタイプの人と知り合ったり、突然恋に落ちる可能性がある時期です。ただ、今年出会った人とは極端な結果になるので、相手の友人や相手を知っている人に会ってから判断するようにしましょう。勢い任せで交際すると、予想外に振り回されることやもてあそばれることも。ウソをつかれたりだまされるケースもあるので、相手の言動をしっかり観察するように。結婚運は、「結婚に必要なことは何か」を真剣に考えておきましょう。

仕事運

忙しくつらい状況になる時期ですが、周囲に支えてもらえたり前向きに取り組めて、思った以上に乗り切ることができそうです。仕事における「大変」の意味や認識が変わる感じもあるでしょう。経営者や上司の気持ちになってみると、何が最善なのか冷静に判断できることも。若い人の意見に振り回されすぎないようにしましょう。これまでサボっていた部分に課題が出るときでもあります。至らない点は認めて、今後の伸びしろだと思いましょう。

金運＆買い物運

新しいものに目が向く時期。欲しいものをつい見つけてしまいそうですが、無理して買っても使わなかったり、不要になる場合があるので、軽はずみでの購入や契約はしないほうがいいでしょう。儲け話は、聞いてみるくらいならいいですが、実際に試すのは少し先にしましょう。「損した経験から学ぼう」という気持ちがあるなら、少額から試してみること。人付き合いも増え、予想外の出費も多くなるので、節約をしておくといいでしょう。

美容＆健康運

忙しくなる時期なので、ストレスや疲労をためてしまいそうです。自分の考えが正しいと思い込んでいると、さらにイライラするだけ。「人にはそれぞれの事情がある」と思って、楽な気持ちでいるといいでしょう。不慣れなことが増えて思った以上に疲れてしまうので、しっかり休んで疲れをとる日をつくっておきましょう。美意識も低下しやすいため、軽い運動やストレッチをするくらいの時間を、ふだんから確保しておくとよさそうです。

1木	▼	目の前のことに集中しましょう。余計なことを考えてしまったり、ボーッとしていてミスをするケースがありそうです。人の話は最後までしっかり聞くように。
2金	✕	心配事や面倒な出来事が増えそうな日。先輩や上司のワガママや気分に振り回されてしまいそうですが、そこから学べることもあるでしょう。周囲をじっくり観察してみるといいでしょう。
3土	▲	軽い口約束でも「約束は約束」です。「ごはん行きましょう」と言ったことがある人を思い出したら、連絡して食事に誘ってみるといいでしょう。ほかの約束も、できるだけ守るようにしましょう。
4日	=	知り合いに突然誘われることがありそうな日。面倒でも顔を出しておくと、いい関係になれたり、楽しい時間を過ごせるでしょう。今日は、好みとは違う人が気になる場合もあるかも。
5月	○	ふだんあまり話したことのない人と話す機会ができたり、一緒にランチをする流れになりそうな日。おもしろい発見があり、いい話も聞けそうなので、臆病にならないように。関係の薄い人に自ら話しかけてみるのもいいでしょう。
6火	□	思いやりを忘れないように意識すると、いい1日になるでしょう。意識するだけでなく、周囲にいる思いやりがある人を見習うことも大切です。
7水	■	少し疲れがたまったり、集中力が途切れてしまいそうな日。屈伸や、軽く体をほぐす体操をしてみると、集中力が戻ってくるでしょう。「休むことも仕事のひとつ」だと忘れないように。
8木	●	朝からのスタートダッシュが大事な日。何事もまずは手を動かすといいでしょう。目についたものを片付けたり、簡単にできる仕事をドンドン進めてみると、いい1日を過ごせそうです。
9金	△	肩の力を抜くのはいいですが、抜きすぎて失敗や判断ミスをしやすい日です。余計なことを考えていると、周囲に迷惑をかけたり信頼を失う場合があるので、気をつけましょう。
10土	○	久しぶりにうれしい人から連絡がありそうな日。本音を語ってみたり、お互いに情報交換をするといいでしょう。偶然再会する場合もあるので、外出先では周りをよく見ておくといいかも。
11日	○	日用品や消耗品を買うにはいい日ですが、余計なものを買ったり、出費が増えてしまうことがあるので気をつけましょう。「おいしそう」につられて、お金を使わないように。
12月	▽	日中は、いい流れで仕事を進められそうです。いつもと同じ繰り返しにならないように工夫したり、もっと効率を考えて仕事をするといいでしょう。夕方以降はミスが増えるので気をつけて。
13火	▼	あいまいな返事や口約束に注意が必要な日。自分で言ったことを忘れて、信用を失ったり、トラブルや面倒になる場合も。ノリや勢いで約束をしないようにしましょう。
14水	✕	弱点や欠点を人から突っ込まれたり、決断を迫られても優柔不断になってしまうことがありそう。事前に心構えをしておけば、追及されても怯まずに対応できそうです。素早い判断をすることも心がけておきましょう。
15木	▲	身の回りをきれいにすることが大切な日。気になる部分をスッキリさせるにもいい運気です。爪を切って美しく整えたり、ムダ毛の処理をしておくといいでしょう。歯石除去やホワイトニングなどもオススメです。
16金	=	予想よりも忙しくなりそうな日。これまでとは少し違うことを任されたり、急な仕事がくる場合もありそう。不慣れなことでも一生懸命に頑張ってみると、いい勉強になり、レベルアップにもつながるでしょう。
17土	○	気になっていた場所やお店に行くといい日。少し遠出をして小旅行をするにもいい運気です。新しい発見もあり、1日を自然と楽しめるでしょう。友人を急に誘ってみるのもいいでしょう。
18日	□	なんとなく1日を過ごすのではなく、計画を立てて行動しましょう。できれば早めに帰宅して、家でのんびりする時間ももっておきましょう。遊びすぎると次の日に響いてしまうので気をつけて。
19月	■	寝不足や疲れを感じやすい。ペースを落として仕事をするのはいいですが、今日はダラダラすると余計に疲れてしまうので、メリハリをつけて取り組むのがオススメです。
20火	●	発言には注意が必要な日。思ったよりもあなたの意見が通りそうですが、周囲を振り回す原因になってしまうことも。冷静に言葉を選んでから、発言するようにしましょう。
21水	△	自分のミスで仕事を増やしてしまいそうな日。自分がやりがちな失敗には、十分気をつけるように。最終確認はとくにしっかり行いましょう。
22木	○	話を盛り上げるのはいいですが、相手をいじりすぎると、逆にあなたの過去の失敗談や、恥ずかしいエピソードをバラされてしまいそう。自分から攻めたら、相手に攻められても文句が言えないことを忘れずに。
23金	○	今日は、人がよろこぶことや、相手の得になることを考えて行動してみると、いい日になるでしょう。「自分には何もできない」と嘆かないで、応援したり、励ます言葉をかけてみて。不思議とあなたも元気になれそうです。
24土	▽	日中は、買い物や片付けなど、後回しにすると面倒になってしまうことを先に終わらせておきましょう。夕方あたりからは、バタバタしたり予想以上に忙しくなる場合がありそうです。
25日	▼	無駄な時間を過ごしてしまったり、ダラダラしやすい日。スマホは離れたところに置いて、本を読んだり映画を観たり、好きな音楽を聴く時間をつくってみるといいでしょう。
26月	✕	予想外の展開が起きる日。「不運」としか思えないような出来事でも、自分に何か原因があることを忘れないように。考え方を変えれば、プラスにできることもありそうです。
27火	▲	身の回りをきれいにして、「不要」と思うものは処分しましょう。散らかったところも見て見ぬふりをしないで、少しでも片付けておきましょう。
28水	=	自分の知らないことを、エラそうに言わないようにしましょう。知らないことは恥ずかしいことではありません。エラぶらないで、素直に詳しい人に教えてもらいましょう。
29木	○	少しでも、「行動すること」を意識するといい日。些細なことでもまずは取り組んでみたり、「どんなものか?」とのぞいてみるといいでしょう。好奇心が膨らむと、人生は楽しくなるものです。
30金	□	自分の目標とは違う方向に進んでしまいそうですが、「流れに身を任せること」を楽しんでみると、いい日になるでしょう。流れに逆らうなら、それなりの覚悟を忘れないように。

☆ 開運の日　◎ 幸運の日　● 解放の日　○ チャレンジの日　□ 健康管理の日　△ 準備の日　▽ ブレーキの日
■ リフレッシュの日　▲ 整理の日　✕ 裏運気の日　▼ 乱気の日　= 運気の影響がない日

7月

2023

□ 健康管理の月

総合運 大きな決断は避けて
軽い運動を始めるとよさそう

今月は、今後を左右するような判断をしないことが大切です。引っ越しや転職、現状を投げ出すような決断は避けましょう。ただ、自分の成長のために勉強や資格取得をするのは問題ありません。苦労や困難から逃げるのではなく、自ら苦労を選択することで、人生が楽しくなっていくでしょう。不摂生をしていたり生活リズムが乱れていると思うなら、整えることが大切。無理なく継続できる簡単な運動を始めるにもいいタイミングです。

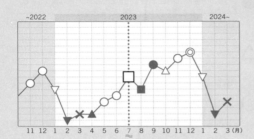

恋愛＆結婚運

あなたの人生を狂わせる可能性がある人を好きになったり、相手に振り回されてしまいそうな時期。その人にとっても自分はふさわしい人間なのか、冷静に考えておくといいでしょう。雑に扱われることがあるなら、勇気を出して縁を切ることも大切です。一方で、自分の魅力を上げる努力も忘れないように。外見を磨くだけではなく、日々の感謝を忘れず、相手を喜ばせるためには何が必要なのか、もっと考えて行動するといいでしょう。

仕事運

サポート役になるくらいの姿勢で仕事をするといい時期。自分を前面に出したり思い通りに進めようとすると、のちの苦労の原因になりそうです。「何事も勉強」という気持ちさえあれば、多少の面倒や苦労、不慣れなことからも大きな学びがあるでしょう。私欲に走ったり、「自分さえよければいい」と思っていると、不運を招いてしまいます。もっと周囲や身近な人、全体のことを考えて判断しましょう。

金運＆買い物運

長く使うものや高価なものの購入、契約などには不向きな時期。資格の取得や本の購入など、知識を増やしたり、勉強になることにお金を使うにはいいタイミングです。特に、これまで興味のなかった種類の本が気になったら、買って読んでみるといい文章や素敵な言葉を見つけられそうです。周囲からオススメされたものを読んでみるのもいいでしょう。投資などの資産運用は、勉強の時期なので本やネットでどんなものがあるのか調べておきましょう。

美容＆健康運

体に異変を感じているのにそのまま放置していると、長期的に体調を崩してしまったり、悩みの原因になってしまいます。しっかり検査を受けたり、医者のすすめる治療や生活習慣を心がけるようにしましょう。年齢に見合わない食生活もやめて、長く続けられる運動を始めることも大切です。美意識を高めるのはいいですが、お金をかけるのではなく、「健康美」を目指すようにしましょう。

開運のつぶやき ▶ 希望につながる趣味を持つことが大切で、読書はそのひとつでもある。

1 土	■	楽しい時間を過ごすのはいいですが、無茶な行動や暴飲暴食に気をつけましょう。油断をしていると、体調を崩したり次の日に響いてしまいそう。今日は、健康を意識するといいでしょう。
2 日	●	うれしいときは、よろこんでいる表情を見せて、しっかりリアクションすると、さらにうれしいことがやってくるでしょう。あなたがよろこぶ姿は、相手にとってもうれしいものです。
3 月	△	誘惑に負けてしまいそうな日。ついついサボったり、間食をしたり、必要以上に食べてしまうことも。今日は、誘惑に打ち勝つための「修行の日」だと思って、気を引き締めて過ごしましょう。
4 火	○	相手が「いい友人なのか、悪な友人なのか」を見極められる日。付き合いが長いからといって、あなたに必要な人とは限りません。どんな発言や行動をしている人なのか、冷静に判断しておくといいでしょう。
5 水	○	数字や時間、お金にもっとシビアになる必要がある日。なんとなく仕事をしていたり、なんとなくお金や時間を使っていると、苦労から抜け出せないでしょう。もっと真剣に考えて、人生を大切にすること。
6 木	▽	日中は、求められたことを素直に行うと、いい結果につながりそう。周囲の協力にも感謝を忘れないで。夕方からはサポート役に回るなど、自分の力を周りのために役立てるといいでしょう。
7 金	▼	余計な心配事が増えそうな日。考えることと悩むことは大きく違います。なんとなく「嫌だなあ」と思ったら、その原因を探ってみましょう。自分のやるべきことが見えてきそうです。
8 土	✕	うまくいかないことがあったら、「すべて自分に問題がある」と思ってみるところからスタートしましょう。原因をしっかり探ったり、何が足りなくて何が必要なのかをよく考えて、今後の課題にするといいでしょう。
9 日	▲	失恋や別れなど、人と距離があいてしまう日。ひとりの時間を楽しむのはいいですが、無意味な動画やスマホばかり見ていないこと。少しでも本を読むといいでしょう。買ったまま読んでいない本があれば、ページをめくってみて。
10 月	=	新たな考え方や価値観の違いを学べる日。若い人と話す時間をつくったり、後輩に相談をしてみると、いい話が聞けそう。すぐには理解できなくても、まずは「聞く姿勢」を忘れないようにしましょう。
11 火	○	「すみません」を「ありがとうございます」に意識して言い換えてみて。いい人間関係が築けたり、周囲からの扱いも変わってくるでしょう。すぐに言えなくても、「ありがとうございます」を習慣にできるように努めてみましょう。
12 水	□	「望まれていることは何か」を冷静に考えて行動することが大切な日。「自分のやりたいこと」ではなく、「自分が求められていること」が何かをもっと考えてみるといいでしょう。
13 木	■	イライラすることがある日ですが、そのイライラは、ただ疲れがたまっていることが原因かも。しっかりと休憩をとったり、目を閉じて、目の周りをマッサージしてみるとスッキリするでしょう。
14 金	●	小さな幸せに感謝できると、さらに感謝できることを見つけられるようになります。日々の「当たり前」や「当然だと思うこと」に感謝して過ごしてみましょう。お世話になっている人に感謝を伝えることも忘れないように。
15 土	△	忘れ物やドジなミスが増えてしまいそうな日。スマホやお気に入りの食器を落としてしまったり、操作ミスでデータを消してしまうようなこともありそうです。
16 日	○	友人を大切にするのはいいですが、自分の幸せのためには、考え方や進む方向が違う人と距離をおく判断も必要です。愚痴や不満が多いと感じる人からは、短時間で離れるようにしましょう。
17 月	○	順調に物事が進む日ですが、それに安心しないこと。学べることや教えられることを、もっと周囲に伝えましょう。また、出費が増えてしまうことがありますが、体験や経験にはケチケチしないようにしましょう。
18 火	▽	質問も批判もしないで、周囲の人の考えや行動をただ認めてみると、いい人間関係ができるでしょう。周りに合わせてみることで、視野が広がったり考え方を変化させることもできそうです。
19 水	▼	周囲の人に過剰に期待するとガッカリするだけ。相手に求めることは、まず自分でやってみましょう。不慣れなことや苦手なことを人に任せるときも、結果は望まず、相手の成長に期待するといいでしょう。
20 木	✕	余計な一言が出てしまったり、できない約束をしてしまいそうな日。発言には十分気をつけましょう。なんでも正直に言えばいいわけでもないので、言葉は慎重に選ぶこと。
21 金	▲	身の回りにある不要なものは処分しましょう。とくに、「いつか使うかも」と思いながらも置きっぱなしになっているものは、捨てても何も問題なさそうです。少しでも悩んだものは処分しましょう。
22 土	=	ふだんなら選ばないような場所やお店に行くといい日。考え方や視野が広がる日なので、おもしろいことを見つけられそう。「発見すること」のおもしろさを、もっと楽しんでみましょう。
23 日	○	新作の映画を観に行くといい日。表現や言葉にいい影響を受けたり、やる気がわいてきそう。好みではない作品ほど学べることが多いので、自分の好き嫌いだけで価値を決めないようにしましょう。
24 月	□	目標を掲げるよりも、「自分の生きる目的」を忘れないようにしましょう。何のために仕事をして、日々生活しているのかを考えてみるといいでしょう。とくに浮かばない場合は、自分も相手も幸せになることを目的にしてみて。
25 火	■	少し疲れを感じたり、体調を崩しやすい日です。今日は無理をせず、仕事を最小限に抑え、集中して短時間で終えるようにしましょう。不要な残業は避けること。
26 水	●	意外な人から評価されたり、遊びやデートに誘われることがあるでしょう。あなたが気乗りしないことのほうが、逆にいい思い出や楽しい出来事につながるので、面倒でもOKしておきましょう。
27 木	△	判断ミスをしやすい日。すぐに失敗と気づけたならラッキーで、のちに「今日の判断は間違っていた」とわかる場合もあるでしょう。判断や決断をする際は、尊敬できる人や経験の豊富な人に、一度相談するといいでしょう。
28 金	○	悩みや不安があるなら、友人に連絡して話を聞いてもらうといいでしょう。愚痴や不満ではなく、前向きな話や笑える話をすると、気持ちが楽になりそうです。付き合ってくれる友人には感謝を忘れないように。
29 土	○	買い物をするといい日ですが、長く使うものや高価なものではなく、日用品や消耗品を買うといいでしょう。不要なものを買ってしまうことがありそうなので、欲しいものをメモしてから出かけること。
30 日	▽	午前中に部屋の掃除をしたり、早めに用事を片付けたほうがいい日。ダラダラ過ごすと1日を無駄に使ってしまいます。夕方以降は、予想外の出来事に巻き込まれやすく、予定通りに物事が進まなくなりそう。
31 月	▼	順調に進んでいた仕事に急ブレーキがかかったり、予定が変更になり忙しくなってしまうことがありそうです。ボーッとしていると、あなたがトラブルの原因になることも。気を引き締めて仕事に取り組みましょう。

☆ 開運の日　◎ 幸運の日　● 解放の日　○ チャレンジの日　□ 健康管理の日　△ 準備の日　▽ ブレーキの日
■ リフレッシュの日　▲ 整理の日　✕ 裏運気の日　▼ 乱気の日　= 運気の影響がない日

2023

8月

■ リフレッシュの月

開運 **3** ヵ条

1. 生活リズムを整える
2. 睡眠時間は8時間以上とる
3. ストレッチや軽い運動をする

総合運

体をしっかり休ませる時期 ストレス解消に時間を使って

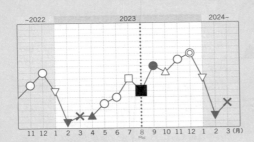

お盆休みなどの休日は、遊ぶ時間よりも体をしっかり休ませる時間をとりましょう。心身ともに全回復させるくらい、ゆっくりするのがオススメです。予定を詰め込まないでゆとりをもって過ごしたり、睡眠時間を増やすために生活リズムを変えていくといいでしょう。急な誘いに乗って、連日夜更かしをしないよう気をつけること。ストレス解消に時間を使うにもいい時期なので、癒しの空間や神社仏閣、美術館などに行ってみましょう。

恋愛＆結婚運

疲れが顔に出てしまいそうな時期。気になる人と一緒にいるときにイライラしたり、上機嫌でいられなくなってしまいそうです。今月は無理に恋を進展させようとしないで、友人としての距離感を意識しておくといいでしょう。新しい出会いは、あなたを振り回す人の可能性が高いので慎重に判断し、すぐに交際に進まないようにすること。結婚運は、気分が乗らないときは恋人に会わないように。不機嫌な感じが結婚話を遠ざけてしまいます。

仕事運

失敗や、思い通りに進まなかったときのことを考えすぎたり、実力以上の仕事を任されて、プレッシャーに押しつぶされそうになる時期。連休前後の忙しさや慌ただしさで心身ともに疲れてしまうこともあるでしょう。体調に無理のないように仕事を進め、常に次の日のことを考えて生活リズムを整えるようにしましょう。急な仕事が舞い込むこともありますが、限界を感じる前に助けを求めることが大事です。

金運＆買い物運

「グルメの星」をもっているタイプなので、リフレッシュやストレス発散においしいものを食べに行くのがオススメ。ただし、食べすぎや飲みすぎには注意が必要な月です。「やっと来られた店だから」と注文しすぎて、胃腸の調子を悪くする場合があるので気をつけましょう。また、枕などの寝具をきれいにしたり新しく買い替えて、寝室を快適にするのにもいい時期。投資は、気にしすぎるとストレスになるので今月は無駄に情報を得ないほうがいいでしょう。

美容＆健康運

要注意の1か月です。特に、昨年の夏に体調を崩した人は用心深く過ごしましょう。体に問題がなかった人も、今月は疲れを感じたり体調に異変を感じる可能性があります。周囲から健康状態を心配されたときは、早めに病院で検査を受けるようにしましょう。また、これまで以上に生活リズムを整えたり、健康的な食事バランスを意識することも大切です。美意識を高めるのはいいですが、過度なダイエットは避けましょう。

開運のつぶやき ● ネガティブだから成長できて、ポジティブだから前に進める。

1 火 ✕ 頑張りすぎに注意が必要な日。思った以上に疲れがたまっているため、集中力が途切れたり、限界を感じる場合がありそう。苦しいときは、素直に周囲に助けを求めましょう。手助けしてもらったら、感謝の気持ちを忘れないように。

2 水 ▲ 急な予定変更があったり、周囲に気持ちを乱されてしまいそうな日。「順調に進まなくて当たり前」と思って、無駄なことに時間を使わないように工夫してみるといいでしょう。

3 木 ＝ 新しい流れがありますが、今月は苦労や困難が出てきやすい時期でもあります。何かをはじめる場合は、それなりの覚悟をもって挑戦するようにしましょう。実力以上の仕事を受けないよう調整することも大切です。

4 金 ＝ 苦い経験は、のちの自分の人生にとってプラスになるもの。得意なことを極める努力もいいですが、不得意や苦手と思うものに挑戦することも大事。学ぶ大切さを忘れないようにしましょう。

5 土 ■ 今日と明日は、日ごろの疲れをとるために時間を使ったほうがいいでしょう。すでに予定が入っている場合は、こまめに休憩をとりましょう。温泉やスパ、マッサージなどに行ってゆっくり過ごすのがオススメです。

6 日 ■ ゆっくり休むといい日ですが、ダラダラすると逆に疲れてしまいます。無理のない程度に柔軟や屈伸運動をしておくといいでしょう。旬の野菜やフルーツを食べてみて。

7 月 ● 多少の我慢が必要になる日。幸せをつかむには、多かれ少なかれ忍耐力が必要なもの。今日の経験は、すぐにではなく、数年後に役立つことになりそうです。

8 火 △ 他人に甘えすぎたり、問題を他人の責任にしてしまいそうな日。ときには判断を誤るのもしかたがないことですが、自分の魅力をなくすような行動に走らないように。

9 水 ＝ 付き合いの長い人からの忠告は、耳が痛い内容でもしっかり聞くようにしましょう。どんな人も完璧ではありません。自分の弱点や欠点、至らないところを指摘してくれることに、感謝を忘れないように。

10 木 ＝ 頑張りが評価されたり、物事が計画的に進む日。些細なことでも最後までキッチリ終わらせましょう。相手のことを考えて行動し、サービス精神も忘れないようにするといいでしょう。

11 金 ▽ 日中は、いい判断ができたり、納得のいく結果が出そうな運気。夕方以降は、疲れが一気に出たり、急な仕事を任されて大変な状況になってしまうかも。予想外の残業や、周囲のトラブルに巻き込まれることも。

12 土 ▼ 目標を見失ってしまいそうな日。休むのはいいですが、やる気まで失ってしまわないように。明るい未来を想像したり、自分の好きなことに素直に集中してみるといいでしょう。

13 日 ✕ 無計画な行動に走りやすい。不要なものを購入したり、無駄遣いをしてしまうかも。見栄での出費も増えそうです。今日は、少し先のことを想像してから動くようにしましょう。

14 月 ▲ しばらく使っていなかったり、年齢に見合わないものを処分するといい日。置きっぱなしになっているものは、片付けるようにしましょう。この夏に使わなかったものや、今後使わなそうなものも処分するといいでしょう。

15 火 ＝ 夏らしいことをやっていないと思うなら、些細なことでも行動してみるといい日。かき氷やスイカを食べたり、ビアガーデンや花火など、思い浮かんだことをやってみましょう。

16 水 ＝ 日々、新しいことが出てくるものです。周囲を見渡してみると、さまざまに変化していることに気づけるでしょう。詳しい人に教えてもらうなど、情報をいろいろ集めてみて。

17 木 ■ 午前中は集中できて、仕事がはかどりそう。大事なことや手間のかかりそうなことは、先に手をつけておくといいでしょう。夕方あたりからは、集中力が低下して、ミスが増えてしまうかも。

18 金 ■ 体調に異変を感じた場合は、予定を変更してでも病院に行って検査を受けるようにしましょう。今日は無理をしないで、健康第一で過ごすように。無理をすると、ケガをする場合もあるので気をつけましょう。

19 土 ● 日用品を買いに出かけたり、気分転換で外出するにはいい日。映画を観に行ったり、神社仏閣や美術館などでゆっくりするのもいいでしょう。ネットやスマホから離れる時間をつくることも大切です。

20 日 △ ストレスを発散させるといい日。今日は、我慢が続くとイライラが爆発してしまいそう。そうなる前においしいスイーツを食べたり、気分転換できる場所でのんびりするといいでしょう。

21 月 ＝ 真面目に積み重ねてきた人には、うれしい結果が出たり、いい流れがある日。サボってしまっていた人は、厳しい結果を突きつけられたり、難問に挑戦しなくてはならない流れになりそうです。

22 火 ＝ 学ぶことを忘れるとのちに苦労に変わるだけ。「人生とは日々成長して学ぶこと」だと忘れないように。ゆっくりでもいいので、未来の自分がよろこぶような努力を積み上げていきましょう。

23 水 ▽ 自分の得になることだけに一生懸命にならないように。小さな結果しか望めないことでも、真剣に取り組んでおきましょう。「雑用なんて」などと思わず、すべての仕事を大切にしましょう。

24 木 ▼ 空回りしやすい日。頑張っても手応えが少なかったり、無駄な時間を過ごすこともありそうです。失敗しても、そこから学べることへ目を向けること。うまくいかなかった原因を探って、今後に活かすようにしましょう。

25 金 ✕ 余計な妄想が膨らむ日。心配しても、結果的に何も起きないことのほうが多いので、気にしないように。誰かの笑顔のために行動すると、気持ちが楽になるでしょう。

26 土 ▲ 部屋の片付けや大掃除をするにはいい日。足元にものを置いていると、転んでケガの原因になることがあるので、きれいに片付けましょう。掃除道具の手入れをするにもいい日です。

27 日 ＝ はじめて行ったお店でおいしいものを見つけられたり、お気に入りのスポットを新たに見つけられそうな日。気になる場所に行ってみるといいですが、暑さ対策と、室内での冷房対策を忘れずに。

28 月 ＝ やる気が起きないときほど、目の前のことに素早く取り組んでみて。2、3分で終わることから手をつけてみると、達成感を得られ、自然とやる気になるでしょう。

29 火 ■ 休むヒマもなく仕事ができる日ですが、ヘトヘトになるまで頑張りすぎないよう気をつけて。とくに夜は、体調を崩してしまう原因をつくりやすいので注意しましょう。

30 水 ■ 急に重たいものを持って腰を痛めたり、食べすぎて胃がもたれたりすることがありそうです。夏バテが原因の食欲不足や、冷房で体調を崩してしまうことも。今日はいつも以上に、体に気を使って過ごしましょう。

31 木 ● どんな人も、誰かに助けられて生きているもの。「自分ひとりの力で生きている」などと勘違いしないで、あなたも誰かを少しでも助けるようにしましょう。今日人に渡したやさしさは、いずれあなたに返ってくるでしょう。

☆ 開運の日　◎ 幸運の日　● 解放の日　○ チャレンジの日　■ 健康管理の日　△ 準備の日　▽ ブレーキの日
■ リフレッシュの日　▲ 整理の日　✕ 裏運気の日　▼ 乱気の日　＝ 運気の影響がない日

9月 2023

● 解放の月

開運 **3** ヵ条

1. 何事からも学ぶ気持ちを忘れない
2. 「正しさ」を相手に押しつけない
3. 見栄を張らない

総合運 — よかれと思った行動が裏目に ネガティブに考えすぎないで

裏の才能が開花する時期。一方で、よかれと思った行動が裏目に出たり、やさしくした相手に「余計なお節介」「空気が読めない」などと思われることがありそうです。慎重な判断が必要ですが、ネガティブに考えすぎず「わかってくれる人はいる」と開き直るくらいがいいでしょう。不安なときは準備不足や力不足を感じているだけなので、スキルアップしたり、弱点や欠点を克服する努力をしましょう。今月の苦労は自分への課題と思って受け止めましょう。

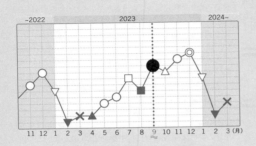

-2022　2023　2024~

11 12 1 2 3 4 5 6 7 8 9 10 11 12 1 2 3 (月)

恋愛&結婚運

好かれようと頑張れば頑張るほど、空回りしてしまう時期。相手の気持ちが冷めたり、距離があいてしまうことも。もっと相手が喜びそうなタイミングを考えて、「好き」という思いを伝えるようにしましょう。新しい出会いでは、これまでと違ったタイプの人に恋をしたり、意外な人と交際がスタートすることもあるでしょう。良くも悪くもいい勉強になりそうです。結婚運は、突然盛り上がって入籍に突っ走ることがありますが、慎重に判断するように。

仕事運

不慣れな仕事や、自分の実力不足を感じる業務が舞い込んでくる時期。人間関係でも苦労しやすく、エラそうな人や取引先の気分に振り回されるなど、面倒なことが多くなりそうです。「自分のやりたいことと違う」などと不満を覚える場合もありますが、求められた仕事で結果を出すことが大切。自分の意見よりも、周囲や会社のことをもっと真剣に考えて取り組むようにしましょう。能力不足や至らない部分は認めて、今後成長するように努めましょう。

金運&買い物運

普段なら魅力的に思わないものが突然欲しくなったり、衝動買いをして大出費しそう。ネットでの買い物も失敗しやすいため注意が必要です。軽はずみに決断しないで、高価なものや、ローンでの購入はもっとゆとりが出てからにしましょう。勉強やスキルアップのためにお金を使うといいので、本を買って読んだり、スクールに通うのがオススメです。投資はアップダウンが激しいですが、ダメ元での行動が逆にいい結果につながるかも。

美容&健康運

これまでと違う美容法を試すのはいいですが、高級なスキンケアや化粧水に手を出したり、美肌サロンやダイエットエステなどにハマってしまいそうです。お金にゆとりがあるならかまいませんが、「お金を出すだけで得られる美」に執着しないように。運動や健康的な食事を心がけて、たくさん笑ってストレス発散をするほうがいいでしょう。エアコンで肌が乾燥したり唇が荒れたりしそうなので、水分補給や保湿をしっかりしておきましょう。

開運のつぶやき 〜 人を喜ばせるためにお金を使えない人は、金持ちにはなれない。

1 金	△	しっかり準備したつもりの資料を忘れていたり、大事なものを置き忘れて焦ってしまうようなことがあるかも。思った以上に気が緩みやすいので、些細なことでもよく確認するようにしましょう。ドジなケガにも気をつけること。
2 土	○	アップダウンが激しい日。うれしい誘いがあったと思ったら、店員の態度にガッカリしたり、話が盛り上がったと思ったら、余計な一言で気まずい空気になってしまうようなことがありそう。
3 日	○	不思議といいことが起きたり、うれしいことに目が向くようになりそう。自分の行動が、周囲の人の幸せや笑顔につながるよう少し意識してみると、うれしいことが起きるでしょう。
4 月	▽	仕事が順調に進んだときほど、周りの人に感謝するようにしましょう。「ひとりの力でできる仕事は、世の中にひとつもない」ことを忘れないで。周囲に感謝の気持ちを伝えてみると、さらに協力してもらえるようになるでしょう。
5 火	▼	不平や不満が出てしまいそうな日。冗談半分でも、悪く聞こえるような言い方をしないように。苦手な上司や部下のマイナス面ばかりに目がいってしまうときは、自分の雑な部分が出ているときでもあるので、気をつけましょう。
6 水	✕	マイナスな妄想で心が乱れたり、目の前の仕事に集中できなくなりそうな日。モヤモヤするときは、屈伸や、少し体を動かしてみるとスッキリするでしょう。濃いめのコーヒーやお茶を飲むのもいいかも。
7 木	▲	前に進みたいと思う気持ちとは裏腹に、体が動かず、バランスの悪い感じになりそう。何かを手放さないと、前に進むことはできません。今日は、「諦めること」を決めるといいでしょう。
8 金	○	新しいことを素直に受け入れて、挑戦することが大切な日。心がカチカチだと、視野が狭まったり、新しい挑戦に臆病になってしまいます。つねに柔軟な心をもつようにしましょう。
9 土	○	話題のお店やスポット、イベントに行ってみるといい日。周囲から突っ込まれてしまうような場所でも、自分の心に素直に行動してみましょう。流行ったり、話題になっている理由も探ってみるといいでしょう。
10 日	□	気になっている人に連絡をしたり、デートをするといい日。相手の話をじっくり聞いて、恋愛話で盛り上がればいい感じに進みそう。遠回しにでも、あなたの好意を伝えておくとよさそうです。
11 月	■	寝不足や疲れをすぐに感じてしまいそうな日。無理をしないで、ゆとりをもって行動し、休憩時間には仮眠をとるようにしましょう。今日は、しっかり体を休ませることが大切です。
12 火	●	不思議と頼りにされる日。道を尋ねられることや、仕事や恋愛の相談を受けることがありそうです。相手を自分に置き換えて考え、やさしく親切に接するといいでしょう。感謝されることで、心も豊かになるでしょう。
13 水	△	数字や金額、日付の間違いをしたり、誤字脱字をしたままメールを送ってしまうことがありそう。チェックしたつもりでいると、恥ずかしい思いをすることも。今日は、何事もしっかり確認しましょう。
14 木	○	忘れていた約束を突然思い出しそう。食事の約束など、些細なことでも何か思い出したら、相手に連絡してみましょう。借りたものがあればしっかり返して、お礼を忘れないように。
15 金	◎	発言が相手に強く伝わってしまう日。意見が通るのはいいですが、あなたをワガママだと思う人もいるので、礼儀や挨拶をしっかりして、言葉選びも慎重に。頑張ったら、ご褒美においしいものを食べるといいでしょう。
16 土	▽	日帰りでもかまわないので、温泉やスパなど、リフレッシュできそうな場所に行くといい日。旬のフルーツを食べたり、おいしいお店に足を運ぶのもいいでしょう。夜はヘトヘトになってしまうので、早めに寝るようにしましょう。
17 日	▼	不機嫌な態度が出たり、些細なことでイラッとしやすい日。「自分の気持ちを理解してもらいたい」と思うよりも、相手の気持ちをもっと考えるようにしましょう。「価値観が違うから」と無視をしないように。
18 月	✕	余計なことが増えて無駄に忙しくなったり、心配事が増えてしまいそう。無理に今日中に解決しなくても、のちに問題なくなるので、考えすぎないようにしましょう。
19 火	▲	職場や身の回りで不要なものを置きっぱなしにしているなら、思い切って処分しましょう。使わないものをそのままにしていると、運気の流れもよくなりません。ものを捨てることは、判断力をアップさせることにもつながります。
20 水	○	何事も先回りをしてみるといい日。失敗してもかまわないので、この先必要になりそうなことや、関わる人の行動を予測して動いてみるといいでしょう。すぐにうまくできなくても、「先回りするおもしろさ」を感じられそうです。
21 木	○	生活リズムを少し変えてみると、視野も変わって楽しく過ごせそう。周囲からオススメされたことに挑戦するのもいいでしょう。今日は、ノリのよさを大切にするように。
22 金	□	ほめてもらいたいなら、まずはあなたが相手をほめて、認めるといいでしょう。相手も自然とあなたのことをほめてくれるようになるはずです。人や物事のよい部分を見つける癖をつけましょう。
23 土	■	うっかりケガをしたり、疲れを感じてしまいそうな日。今日は、家でのんびり過ごすのがオススメです。コメディー映画やバラエティー番組、芸人さんのネタを見るなどして、笑って気持ちをスッキリさせるのもいいでしょう。
24 日	●	意外な異性と仲よくなれたり、急にデートをする流れになりそうです。ダメ元でも連絡をしてみると、いい返事が聞けそうです。新しい出会いも期待できるので、フットワークを軽くしておきましょう。
25 月	△	珍しい忘れ物をしそうな日。定期券や家の鍵、財布を忘れて、焦って取りに帰るハメになるなど、バタバタしてしまいそう。慌ててケガをしないように気をつけましょう。
26 火	○	なんとなく流れてしまっていた話が、急にまとまってくる運気。内容をすっかり忘れている場合もあるので、なんのことか確認しておきましょう。小さな約束の場合もありそうです。
27 水	◎	うれしい知らせがありそうな日。諦めかけていた物事が進んだり、大きな仕事が舞い込んでくることもあるでしょう。実力以上の仕事を依頼され、忙しくなりすぎてしまう場合もありそうです。
28 木	▽	日中は、いい判断ができて平和に過ごすこともできそうですが、夕方にはゾッとするような出来事が起こるかも。周囲のトラブルに巻き込まれてしまうことも。時間に余裕をもっておけば、うまく対応できそうです。
29 金	▼	慣れた仕事ほど、油断して失敗しやすい日。緊張感をもって仕事に取り組み、失敗を隠さないようにしましょう。上司や先輩の言葉にヘコんでいないで、打たれ強くなってみましょう。
30 土	✕	予定が突然キャンセルになってヒマができたり、反対に、急な誘いが増えて慌ただしくなったりしそうな日。予想外を楽しむといいですが、ストレスがたまることも起きそうなので、心構えしておきましょう。

☆ 開運の日　◎ 幸運の日　● 解放の日　○ チャレンジの日　□ 健康管理の日　△ 準備の日　▽ ブレーキの日
■ リフレッシュの日　▲ 整理の日　✕ 裏運気の日　▼ 乱気の日　＝ 運気の影響がない日

2023 10月

△ 準備の月

総合運

**判断ミスをしやすい時期
何事も冷静な判断を**

大きな判断ミスや後悔するようなことをしてしまう時期。周囲から心配されるような行動に走ったり、自分でも「アホなことをした」と思うことがありそうです。失言やお酒で大失敗をしたり、誘惑に負けて大損することも。欲望に突っ走らないよう気をつけて、何事も冷静な判断を心がけましょう。いろいろな場面で雑な部分が出てしまったり、これまで他人任せで甘えていたことがあなたの弱点や欠点として表れてしまいそうです。

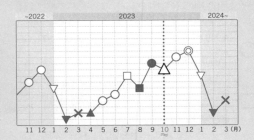

恋愛＆結婚運

「裏モテ期」と言えば聞こえはいいですが、興味のない人に言い寄られることや、あなたを不倫や浮気の相手に選ぼうとする人が近づいてくる時期。しばらく恋人がいなかったからといって軽はずみな行動をとると、面倒事になったり泥沼化して、のちの素敵な出会いや結婚を逃しかねないので要注意。単なる遊びでは片付けられないようなことにならないように。結婚運は、まったく縁がないので結婚に向けて自分のいい部分を磨いておきましょう。

仕事運

本来しないような大きなミスで信用を失ったり、自分でも震えるくらいダメな部分に気がつきそう。自分を過信せず、初心を忘れないことが大事です。相手や会社など、全体のことをよく考えて丁寧に仕事をしましょう。時間や数字、儲けなどもしっかり確認して、最終チェックも怠らないように。判断ミスで部下や周囲に迷惑をかけてしまった場合はきちんと謝ること。フォローしてくれた人には感謝を伝えて、逆に仲よくなるきっかけにできるといいでしょう。

金運＆買い物運

不要なものや、高額な商品を買ってしまうなど、失敗が続きそうです。特にネットでの買い物には気をつけること。「安い！」と思っても送料が高かったり、定期購入を設定してしまい出費が増えることも。解約が難しいサブスクを契約する場合もあるので要注意。世の中にラクな儲け話はないので、お得な情報を簡単に信用しないように。今月は、手料理で節約を楽しんだり、お金を使わない遊びを考えてみるといいでしょう。

美容＆健康運

ドジなケガをしやすい時期。段差でつまずいたり、ドアに指をはさんでしまうことがあるでしょう。ボーッとしていて事故を起こすこともあるので、疲れを感じるときは車の運転を控えたほうがいいでしょう。スキンケアをせずに寝てしまい肌が荒れたり、食事のバランスが乱れて吹き出物の原因になることもあるので気をつけましょう。美意識も低下しやすく、食欲に負けて太ったり運動不足にもなりやすいため、油断は禁物です。

開運のつぶやき ▶ 幸せになるには、勇気と度胸と気合がいる。

1 日	▲	間違って大事なものを捨ててしまったり、手が滑ってコップを割ってしまうようなことがありそう。珍しいミスをしやすい日なので、今日はいつも以上にていねいに行動しましょう。
2 月	=	不慣れに感じることを任されそうですが、避けてばかりいないように。前向きに取り組むことで、ゆっくりと苦手意識が薄れていくでしょう。最初はできなくても、繰り返し行うことで簡単にできるようになるものです。
3 火	=	好奇心がわいてくる日。気になったことは少しでも挑戦してみましょう。フットワークを軽くしてみると、いい体験ができそうです。面倒だと思っても、誘いにはOKするようにしましょう。
4 水	□	突っ込まれると優柔不断になる癖を、少しでも克服する努力が必要な日。「どうする?」と聞かれたら、即決断する練習をしてみましょう。
5 木	■	好きな音楽を聴いてゆっくりする時間をつくったり、疲れを感じる前に休憩するといいでしょう。今日は、残業を避け、早めに帰宅して、しっかりお風呂に入りましょう。
6 金	●	自然にしているだけで目立ってしまいそうな日。ドジな面や、雑な部分が目立ちやすいので、気をつけておきましょう。弱点を素直に告白すると、周囲に助けてもらえたり、頼りになる人が現れそうです。
7 土	△	うっかり約束を忘れたり、集合時間に遅刻するなど、予想以上に慌ててしまいそう。思った以上にボーッとしやすいので、気をつけて行動しましょう。とくに予定がない場合は、のんびり本を読んで過ごすのがオススメです。
8 日	=	親友に会うことで気持ちが楽になる日。しばらく連絡していないと思ったら、メッセージを送ってみるといいでしょう。予想外に楽しい話が聞けたり、いい時間を過ごせそうです。
9 月	=	出費が増えてしまいそうな日。本当に必要なものなのか、一度よく考えてから購入するようにしましょう。とくにネットでの買い物は、余計なものを買いやすいので気をつけること。
10 火	▽	午前中は、笑顔で過ごすことができて、周りの人ともいい関係で仕事を進められそう。午後からは、疲れや小さなミスが増えるので注意が必要です。確認ミスもしやすいので、用心しておきましょう。
11 水	▼	余計なことを考えすぎてしまいそうな日。「なんとかなる」とつぶやいて、気持ちを切り替えてみましょう。心配していることは、そう簡単には起きないもの。今日は、目の前のことに集中するといいでしょう。
12 木	✕	自分でも驚くようなミスをしやすい日。数字や日付、メールの送り先などは、必ず再確認しましょう。ほかの人の雑さが目についてイライラするときは、自分の雑な部分が出ているときでもあるので気をつけること。
13 金	▲	整理整頓をするにはいい日ですが、「また使うかも」などと、結局捨てられないままになりそうです。これまでに何度か「まだ使うかも」と思って、そのままにしているものがあるなら、思い切って処分するようにしましょう。
14 土	=	いろいろな人の考え方や生き方を知ることで、うまく自分のプラスにできそうな日。前向きな人の話を聞いたり、苦労を乗り越えて成功した人にまつわる本などを読んでみるのがオススメです。
15 日	=	言いたいことをハッキリ伝えるといいですが、言葉を選ぶことを忘れずに。きちんと伝えるためには、相手によって言葉や言い方を変える必要があります。他人から見た自分を想像してから、話してみるといいでしょう。
16 月	□	知らないことを知ったり、理解できないことが理解できるようになると、人生は楽しく、おもしろくなるもの。苦手なことや不慣れな状況からすぐに逃げないで、ゆっくりでもいいので、何かを得られるように努めてみましょう。
17 火	■	ストレスを感じたり、些細なことでイライラしやすい日。柑橘類を食べて、少しリラックスできる時間をつくってみましょう。明るい未来を想像してみると、気持ちが楽になりそうです。
18 水	●	あなたの魅力がアップする日。いままで頑張ってきた人はいい感じで目立って、評価もされますが、サボっていた人は厳しいことを言われてしまいそう。恋愛面では、気になる人に連絡すると、進展しやすいでしょう。
19 木	△	失敗をごまかそうとすると大きな問題になったり、信用を失うだけ。しっかり謝って、反省をして、同じミスをしないように気をつけましょう。夜は、友人に助けられることがありそうです。
20 金	=	経験や反省をうまく活かせる日。人生には無駄がないことを実感できたり、「経験してよかった」と思えることがあるでしょう。学んできたことを周囲に伝えてみると、思った以上に感謝されそうです。
21 土	=	美術館やイベントに行くといい日。興味のあるものを探してみると、素敵な出会いがありそうです。ほかにも、気になる企画や催しがあるなら、遠出してでも体験してみるといいでしょう。
22 日	▽	日中は、思った以上に順調に進む日。気になるお店のランチを食べに行くなど、積極的に行動してみましょう。夜は、小さなケガをしたり、ミスをしやすいので気をつけて。
23 月	▼	土日の疲れが出てしまいそうです。機嫌よく仕事ができなかったり、ミスが増えてしまうかも。余計なことも考えすぎるので、休憩中はしっかり体を休ませるといいでしょう。
24 火	✕	痛いところを突っ込まれそうな日。人は完璧にはできないものなので、あなたも相手に完璧を求めないように。100点満点中60点で満足するくらいのほうが、人生は楽しくなるでしょう。
25 水	▲	シンプルに考えることが大切な日。あれこれ考えても、不安や心配が増えるだけ。「当たり前」と思ったら、それは感謝すべきことだと忘れないように。
26 木	=	日ごろお世話になっている人には、挨拶とお礼を忘れないようにしましょう。「いつもありがとうございます」と伝えるだけで、人間関係がよくなります。感謝を伝えて損をすることは何もないでしょう。
27 金	=	仕事が順調に進むときほど、「自分の力ではなく、周囲やいろいろな人のおかげ」と思うこと。ひとりでは何もできないことを忘れないようにしましょう。
28 土	□	今日と明日は、しっかり体を休ませたり、無理のないスケジュールで行動しましょう。泊まりがけで、温泉や気になる場所に行ってみるのもいいでしょう。夜は暴飲暴食に気をつけて。
29 日	■	体調を崩したり、疲れを感じやすいので、今日はのんびりするのがオススメです。元気いっぱいだという人は、体を動かすといいですが、調子に乗りすぎてケガをしないように。
30 月	●	満足度が高い日。思った以上の結果が出たり、いい流れに乗れそうです。勘が働いて、いい判断ができたり、周囲からサポートしてもらえることもあるでしょう。恋愛面でも、いい知らせが入りそうです。
31 火	△	大事なものを忘れそうな日。スマホや財布を置きっぱなしにしたり、重要な書類をどこかに置き忘れて、焦ってしまいそう。「今日は忘れっぽい日」だと覚えておきましょう。

☆ 開運の日　◎ 幸運の日　● 解放の日　○ チャレンジの日　□ 健康管理の日　▲ 準備の日　▽ ブレーキの日
■ リフレッシュの日　▲ 整理の日　✕ 裏運気の日　▼ 乱気の日　= 運気の影響がない日

11月

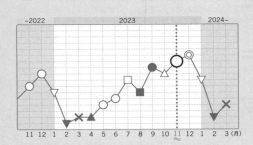

2023

○ チャレンジの月

開運 **3** ヵ条

1. 自分の得意なことを極める
2. お気に入りのお店や場所に行く
3. ポジティブな友人に会う

総合運　少し前向きになれそう
得意分野を極めて

先月の不安定な気持ちが吹っ切れ、少し前向きになれて
やる気も湧いてくる時期。不得意なことや未体験のこと
よりも、得意分野を極めて周囲の役に立てるよう努めま
しょう。自分の弱点や欠点、悪い癖が見えてきて、成長
すべきところや改善できる点もわかってきそうです。今
月は、目新しいことに目を向けるよりも自分の土台をつ
くることを優先させるといいでしょう。信頼できる人や
親友に会う時間を増やすと、気持ちが整い、勇気も湧い
てくるでしょう。

恋愛＆結婚運

友人と思っていた人から告白されたり、突然デートに
誘われるなど、驚くことが起きる時期。好みのタイプ
とはまったく違う感じの相手に不思議と心惹かれるこ
ともあるでしょう。「一緒にいると楽だから」で付き
合ってみるのはいいですが、何かと評判の悪い相手な
らハッキリ断ったほうがよさそうです。新しい出会い
運は、期待が薄いので無理をしないように。結婚運は、
2年以上交際しているカップルは少し話を進められそ
うです。

仕事運

悩みや不安がある人も、今月は物事を少し前向きにと
らえることができて、マイナス面にとらわれずに仕事
に取り組めるようになるでしょう。特に先月迷惑をか
けてしまったり、やる気のない感じが続いていたり、
転職を考えていた人ほど、現状の仕事に感謝して真剣
に取り組むといい結果や評価につながるでしょう。下
旬には新たな仕事を任されたり、不慣れなことに直面
する場面もありますが、「自分を鍛えるとき」だと思
って前向きに受け止めましょう。

金運＆買い物運

使い慣れたものを購入するといい時期。新商品を使っ
てみてガッカリしたり、「いつものほうがよかった」
と後悔しそうです。「安いから」で飛びつくと、大失
敗して買い直すハメになるなど余計な出費につながる
ことも。出費の見直しにはいいタイミングなので、不
要なサブスクを解約したり、家計簿をつけてお金の流
れを把握するといいでしょう。投資などは、すでには
じめているなら現状維持で、スタートする場合はよく
勉強してからにしましょう。

美容＆健康運

気持ちが前向きになる時期。徐々に元気になったり、
テンションの上がる機会が増えそうです。親友や付き
合いの長い人と話す時間をつくると、気が楽になり、
ストレス発散にもなるでしょう。現在頑張っている人
や、ポジティブな人に連絡してみるのもオススメです。
ダイエットや筋トレのスタートにもいいタイミング。
すぐに結果を求めず、まずは自分がもっとも調子がよ
かったと思う体重を目指してみるといいでしょう。

　開運のつぶやき　▶ 「他人を助けよう」と本気で思って生きている人が、幸運をつかむ。

1 水	=	日ごろから、これまでの失敗をきちんと反省して活かすようにしているなら、いい1日になるでしょう。困難から逃げている場合は、再び同じ問題に直面しそうです。失敗しても、そこから学んで、成長するきっかけにしましょう。
2 木	=	あなたの能力や才能を発揮できる日。目の前のことに真剣に取り組むと、周囲に感謝されたり、自分でも満足できるポジションにつけそうです。いい結果を残すこともできるかも。
3 金	▽	午前中は、ていねいな扱いを受けたり、やさしく接してもらえそうですが、そこに甘えていると、夕方あたりから厳しい状況になってしまうかも。やさしく親切にしてくれた人には、あなたもやさしく親切に接しましょう。
4 土	▼	教えてもらったことや調べた情報が、実際と違うことがありそう。ガッカリしないで、「いろいろな考え方があり、情報が食い違う場合もある」ということを覚えておきましょう。なんでも鵜呑みにしていると、痛い目に遭うかも。
5 日	✕	面倒なことが起きそうですが、慌てるとややこしくなるだけ。不運を感じたときほど、冷静でいることを心がけましょう。甘い誘惑に引っかかったり、安易な考えをしないようにも注意しておくこと。
6 月	▲	同じようなミスをしやすい日。過去に失敗した経験があるなら、似たような作業のときは注意すること。しっかり確認しないままデータを消したり、ものを処分しないように気をつけましょう。
7 火	=	学ぶことが大切な日。いますぐには役立たなくても、数年後に必要になるかもしれないことを少しでも勉強しましょう。スキルアップのために本を数ページでも読んだり、漢字や資格の勉強をするのもいいでしょう。
8 水	=	上司や先輩など、年上の人から学べることがありそう。経験者や、苦労を乗り越えた人の言葉はしっかりと受け止めましょう。反面教師になるような人を観察することも大切です。
9 木	□	人生は選択の連続です。自分の判断力を磨く努力を怠らないようにしましょう。些細なことでもしっかり答えを出すように心がけ、「どっちでもいい」は言わないようにしましょう。
10 金	■	運動不足を感じそうな日。無理をすると腰痛や肩こりになったり、膝を痛めてしまうことも。なるべくストレッチや軽い運動をするようにしましょう。夜は急な誘いがありそうですが、長時間の外出は避けること。
11 土	●	好きなものを食べられたり、会いたいと思っていた人に偶然会えたりするかも。気になっている人に自ら連絡すると、デートできることも。試しに連絡してみるといいでしょう。
12 日	△	余計な出費が増えたり、判断ミスをしやすい日。誘惑に負けて買いすぎることや、食べすぎてしまうこともありそう。本当に必要なのか冷静に考えて、もっと先のことまで想像してから判断するようにしましょう。
13 月	○	一緒に頑張っている仲間を大切にすることで前に進める日。自分のことばかり考えず、周囲で頑張っている人を応援したり、「頑張ってますね」と一言励ましてみて。自分も「もっと頑張ろう」と思えるようになれそうです。
14 火	○	先輩や上司に飲み物をご馳走してもらったり、クジでお菓子が当たるなど、「小さなラッキー」が起きやすい日。仕事でも、試しにやり方を変えたり、思い切って行動するといい結果が出そうです。
15 水	▽	日中は、問題なく進みそうですが、順調なときほど周囲への感謝を忘れないように。夕方あたりからは、自分の弱点や欠点など、至らない点が出てきてしまいそう。周りの人のためにも、早く成長できるように努めましょう。
16 木	▼	苦手なことや欠点を突っ込まれて、ヘコんでしまうことがあるかも。社会では、自分の得意なことや強みを活かして生きていくもの。できないことに気づけることは不運ではないので、気にしないようにしましょう。
17 金	✕	知らないことを突っ込まれたり、名前を呼び間違えてしまうことがありそう。珍しいミスをして恥ずかしい思いをすることもあるので、今日は気をつけて過ごしましょう。
18 土	▲	身の回りを片付けて、きれいにしておきましょう。時間があるときは、ふだん掃除をしていない引き出しや、クローゼットのなかまで整理してみるといいでしょう。不要なものをたくさん見つけられそうです。
19 日	=	フットワークを軽くすると、いい出会いがあったり、学べる経験ができそう。意外な人と仲よくなれることもあるので、その場を楽しむといいでしょう。ただし、長い縁にしようと無理しすぎないこと。
20 月	=	「得るためには、失うことは当然」だと忘れないように。何かを学ぶためには、そのぶん時間と労力をかけなければならないもの。たくさんのものを得ている人は、多くのものを失っている人だと思いましょう。
21 火	□	いろいろなことを考えていると、結局決められなくなってしまいそう。今日は自分で決めるよりも、「憧れの人や、尊敬できる人ならどう判断するか」を想像してみるといいでしょう。
22 水	■	疲れて集中力が続かなくなってしまう日。今日はこまめに休んだり、時間を決めて、短時間で集中して終わらせるようにしましょう。夜は、遊びに誘われたり、急に予定が変わることがありそうです。
23 木	●	親友や、楽しい時間を過ごせる仲間と一緒にいられそうな日。相手からの誘いを待ってないで、自分から連絡してみるといいでしょう。髪を切りに行くにもいい日です。
24 金	△	あいまいな返事や、適当な対応をしてしまわないよう、注意が必要です。できない約束をすると、のちに苦しくなってしまいます。相手の話は最後までしっかり聞いて、冷静に判断しましょう。
25 土	○	悪い癖が出てしまいそうな日。突っ込まれたときは素早く判断し、悩まないようにすることが大切です。堅い考え方を周囲に押しつけてしまうこともあるので気をつけましょう。
26 日	○	買い物に行くといい日。必要な日用品や消耗品をチェックしてから出かけましょう。特売価格で買えたり、ポイントがたくさんつくなど、ラッキーなことが起きそうです。行きつけのお店に足を運ぶといいでしょう。
27 月	▽	周囲との協力が大切な日。「自分ひとりの力でできている」と勘違いしていると、夕方以降に痛い目に遭ってしまいそう。余計な悩みの原因をつくらないためにも、人には親切に接しましょう。
28 火	▼	結果がうまく出ない日ですが、焦らないように。調子が悪いときは、誰にでもあるものです。ほかの人が不調なときも、温かい目で見守るようにしましょう。
29 水	✕	余計なことを妄想していると、ミスを起こし、周囲に迷惑をかけてしまいます。目の前のことに集中して、忘れそうなことはメモをとっておきましょう。問題を他人の責任にしないことも大事。
30 木	▲	時間を無駄にしないよう、よく考えて行動することが大事な日。事前にスケジュールを確認し、今日やるべきことをハッキリさせておきましょう。合理的に仕事を進められるように工夫してみて。

☆ 開運の日　◎ 幸運の日　● 解放の日　○ チャレンジの日　□ 健康管理の日　△ 準備の日　▽ ブレーキの日
■ リフレッシュの日　▲ 整理の日　✕ 裏運気の日　▼ 乱気の日　= 運気の影響がない日

12月 2023

◎ 幸運の月

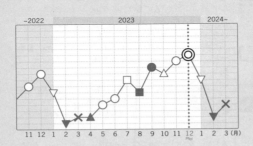

~2022　　2023　　2024~

11 12 1 2 3 4 5 6 7 8 9 10 11 12 1 2 3 (月)

開運 3 カ条

1. 強引な人とは距離をおく
2. お金の貸し借りはしない
3. 節約をする

総合運　　優柔不断を突っ込まれるかも
お金の貸し借りは禁物

優柔不断なところを突っ込まれたり、断りにくいことを押しつけられて、時間やお金を無駄に使うハメになりそうな時期。一見よさそうな話が舞い込んでくることもありますが、「簡単な儲け話などない」とわかっていながらも流されてしまうことがあるので気をつけましょう。親友や身近な人から「お金を貸してほしい」などと頼まれたときも要注意。のちにトラブルになりやすく相手のためにもならないので、お金の貸し借りはやめておきましょう。

恋愛＆結婚運

これまでとまったくタイプの異なる人に話しかけられたり、ナンパされることがありそうです。ただし、今月はじまった恋や新しく出会った人は、のちにトラブルや不運を招いたり、悩みの原因になりそうなので気をつけること。軽い気持ちで関係を深めると痛い目に遭う場合もあるため、異性の友人くらいで止めておくようにしましょう。結婚運は、互いの金銭感覚の違いが明らかになりそうです。将来のために一緒に貯金をはじめるといいでしょう。

仕事運

余計な仕事が増えてしまいそうな時期。割に合わないと思うとドンドンやる気がなくなってしまいます。時給を計算するよりも、今の仕事に感謝し、「職場での出会いには価値がある」と思って見方を変えるといいでしょう。また、不満を吐く前に自分の実力不足や至らない点を認めることも大切です。仕事に役立ちそうな勉強をするなど、少しでも成長できるよう努めましょう。

金運＆買い物運

「簡単に儲かりそう」と思って手を出すと大損したり、時間ばかりかかって結果がついてこないことの多い時期。不要な出費も増えてしまいそうです。ストレス発散のために不要な買い物をしたくなる場合もあるので、1週間に使う金額を決め、節約して過ごすといいでしょう。お金の貸し借りも、大きなトラブルの原因になるので安易にしないように。投資は、つみたてNISAや投資信託を少額で行うくらいがよさそうです。

美容＆健康運

体験のつもりでエステに行くと、押しの強い営業に負けて大金を払ってしまったり、長期的な契約をして後悔することがあるので要注意。今月は、家でできるダイエットや半身浴、動画を見ながらの運動など、なるべくお金がかからないことをやってみるといいでしょう。できるだけ階段を使い、飲み物はお茶ではなく水にすると、体調も整えられそうです。買っても結局使わないような美容器具や化粧品にも手を出しやすいので気をつけること。

1 金	○	小さなことでもいいので、今日は「いつもと違うこと」を意識して過ごしてみましょう。同じようなものばかり食べないで、なんとなく避けていたものを選んだり、ふだんあまり関わらない人と話してみるといいでしょう。
2 土	○	自分と同じ意見だけでなく、反対の意見も聞いたり、調べてみるといい日。考え方の幅が広がり、情報の集め方も変わりそうです。叱ってくれる人や注意してくれる人の言葉を大切にしましょう。
3 日	□	予定を詰め込むと疲れてしまったり、思い通りに進まなくてイライラしそう。今日は、ゆとりをもって行動しましょう。あいた時間で、のんびり本を読んだりお茶をするのがオススメです。
4 月	■	テンションが下がってしまったり、なかなかやる気がわいてこない日。疲労を感じやすい日ですが、ダラダラすると余計に疲れてしまいます。やるべきことは短時間で一気に片付けるようにしましょう。
5 火	●	注目されるのはいいですが、余計な仕事を押しつけられたり、急に忙しくなったりしそう。ただ、少し忙しいほうが、時間が短く感じられていいでしょう。
6 水	△	なんとなくお金が出ていってしまいそうな日。買い物では、値段をしっかり確認しましょう。とくにネットでは、送料が高くつく場合があるので要注意。
7 木	○	しばらく会っていない人から連絡がきたら、面倒なことに巻き込まれる可能性があります。すぐに会わず、まずは用件を聞くようにしたほうがよさそうです。
8 金	◎	「これだけ仕事してるのに、この給料?」と不満が出てしまいそうな日。何事も、不満を抱く前に感謝することが大切です。「感謝が足りていないと、不満が出やすい」ことを覚えておきましょう。
9 土	▽	部屋の片付けや買い物は午前中に済ませて、午後はのんびりするといい日。遅い時間になるにつれて、急な誘いがきたり、忙しくなることがありそうです。思い通りに進まないからと言ってイライラしないで、流れに身を任せましょう。
10 日	▼	好きな音楽を聴いてのんびりする時間をつくったり、前向きになる言葉を探してみるといい日。本をじっくり読むと、思いのほか勉強になりそうです。「何事からも学ぶ楽しさ」を忘れないようにしましょう。
11 月	✕	機械の不調や、ほかの人のトラブルに巻き込まれてしまいそうな日。パソコンの故障などで予定に間に合わなくなったり、無駄な時間を過ごすハメになることも。操作ミスにも気をつけましょう。
12 火	▲	いらないと思って処分したものが、のちのち必要になる場合がありそうです。処分するときはしっかり確認しておきましょう。読み終わった本や漫画をネットやフリマアプリで売ってみると、思ったよりいい値段で買ってもらえるかも。
13 水	▽	気になる情報が入りそうな日。いろいろなことを調べてみるのはいいですが、無駄な時間が増えてしまうことがあるかも。ただのネットサーフィンにならないよう気をつけましょう。
14 木	○	気になったら即行動するといい日。周囲で困っている人がいたら、手を差しのべましょう。まずは自分から協力することで、いつかあなたも助けてもらえるでしょう。
15 金	□	マイナスな発言には注意が必要な日。愚痴や不満を言う人と一緒にいると、思ってもいなかった言葉が出てしまいそう。次第にその言葉が本気になってしまうことがあるので、ウソでも言わないようにしましょう。
16 土	■	今日は、予定を変更してでもしっかり体を休ませることが大事。マッサージや温泉などに行くのがオススメです。わざわざ出かけるのが面倒なときは、家でストレッチをするなどして、少し体を動かしてから昼寝をするといいでしょう。
17 日	●	意外な人から遊びに誘われそうな日。「さみしいから」で交際してしまうと後悔することになるので、相手選びを間違えないように。今日は、クリスマスプレゼントを買うのにいい日です。
18 月	△	珍しく二度寝をして遅刻したり、時間を間違えたりと、小さなミスが増えてしまいそうな日。「今日は集中力が欠けやすい日」と思って、確認をしっかり行うようにしましょう。
19 火	○	同じような失敗をしやすい日。過去にやってしまった誤ちを思い出して、繰り返さないようにしましょう。自分の悪い癖も分析しておくといいでしょう。
20 水	◎	今日は、節約を楽しむといい日。お金をできるだけ使わないように工夫してみて。思ったよりもうまくやりくりできたり、ふだん無駄なことに出費していることにも気づけそうです。
21 木	▽	日中は、いい流れで仕事ができたり、スムーズに物事が進みそう。大事な用事や面倒なことは、早めに取りかかっておきましょう。夕方あたりからは、上司や先輩の気分に振り回されてしまうかも。
22 金	▼	他人のダメな部分に目がいったり、ソリの合わない人と一緒にいる時間が増えてしまいそうな日。相手を反面教師だと思って、自分も同じことをしないよう気をつけておきましょう。
23 土	✕	お金の貸し借りは、相手がどんなに信用できる人でもやめておきましょう。のちに大きな悩みの原因になってしまいそうです。どうしてもな場合は、家の掃除や片付けなどを手伝ってもらい、そのお礼としてお金を渡すようにしましょう。
24 日	▲	クリスマスイブですが、不要なものを処分するといい日でもあります。しばらく使っていないものは処分してしまいましょう。スマホにあるいらない写真やアプリも消去するといいでしょう。
25 月	○	なんとなく避けていたことに挑戦してみるといい日。例年とは少し違うクリスマスを過ごしてみるといいでしょう。話題になっているイルミネーションを見に行くのもオススメです。
26 火	○	フットワークを軽くすることで視野が広がり、学べることを見つけられるかも。これまでとは違ったタイプの人と話してみると、おもしろいことや、勉強になる話を聞けそうです。
27 水	□	古い考えにこだわらないで、新しい考え方や若い人の発想を大切にするといいでしょう。「最近の若者は」と言うようになったら、時代においていかれていると思うようにしましょう。
28 木	■	風邪をひいたり、体調を崩しやすいので無理をしないように。今日は、体力を温存しながら過ごしましょう。腰や足の裏にカイロを貼っておくといいかも。
29 金	●	忘年会に参加してみると、楽しい1日になるでしょう。少人数でもいいので、知り合いや仕事関係者に、自ら連絡してみるのもオススメ。急に告白されて驚くこともありそうです。
30 土	△	買い物に行ったはずが、目的のものを買い忘れたり、財布を持たずに出かけてしまうようなことがあるかも。掃除した場所をまた掃除してしまうなど、ドジなこともしやすいので気をつけましょう。
31 日	○	親友に連絡をしてみると、会えることになったり、近況報告ができて楽しい時間を過ごせるでしょう。気になっていた映画を観てみると、いいセリフに出会えるかも。

☆ 開運の日　◎ 幸運の日　● 解放の日　○ チャレンジの日　□ 健康管理の日　△ 準備の日　▽ ブレーキの日
■ リフレッシュの日　▲ 整理の日　✕ 裏運気の日　▼ 乱気の日　＝ 運気の影響がない日

金の イルカ座

持っている **星**

★ 負けず嫌いの星　　★ 頑張り屋の星　　★ 学生のノリが好きな星
★ 仲間意識が強い星　　★ 自己中心的な星　　★ 根は遊び人の星
★ 控えめな生活は苦手な星　　★ ライバルがいると燃える星

12年周期の運気グラフ

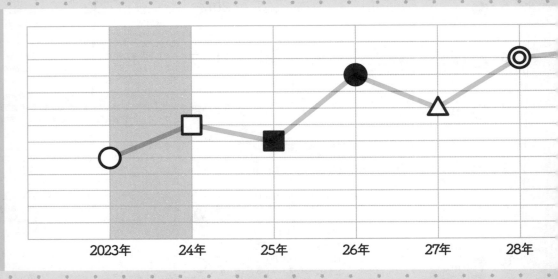

2023年　　24年　　25年　　26年　　27年　　28年

＼ 金のイルカ座はこんな人 ／

基本の総合運

海で群れで泳ぐイルカのように仲間意識が強い頑張り屋。自分の目標に向かって泳ぎ続けるタイプで、競争相手やライバルがいるほど燃える人。自分中心に物事を考えすぎてしまったり、自己アピールが強くなりすぎたりして、周囲からわがままと思われてしまうところも。心が高校1年生でサッパリした感じがあるため、身近な人や仲よくなった人には理解してもらえそうですが、負けず嫌いが原因で苦労することもあるので、他人を認めることが大事。頑張ったぶんはしっかり遊び、旅行や買い物などごほうびも必要です。

基本の恋愛＆結婚運

いつまでもモテていたい人。基本的には恋することが好き。自分のことを好きでいてくれる人が多ければ多いほど満足しますが、外見や中身も周囲がうらやむような人と一緒になりたいと思っています。恋をしていないとパワーや魅力に欠けてしまうときがあるでしょう。結婚は、互いに認め合える人とすることが理想。相手に依存するような生活よりも、自分も相手も仕事をして、互いに助け合える感じを望むでしょう。パワーが強いぶん、浮気や不倫などに突っ走ってじまう場合もあるので気をつけてください。

基本の仕事＆金運

努力家で頑張り屋な性格を活かせる仕事に就くと能力を開花させることができるので、目標をしっかり定められる仕事がオススメ。営業などノルマがある仕事もいいですが、競うことやチームワークが大切になる部署での活躍も期待できます。ただし、自分勝手な仕事で注意されてしまうことも多そう。金運は、派手なものを手に入れたり、旅行やライブでお金を使ったりすることが多く、仕事で頑張ったぶんは、しっかり出費して、さらに頑張れるようになっていくタイプです。

◯チャレンジの年（2年目）

「金のイルカ座」の2023年は、「チャレンジの年（2年目）」。山登りで言うなら2〜3合目です。新しいことへの挑戦と人脈を広げることが重要になる年。失敗を恐れず行動し、新しい体験をするほど2024年以降の選択肢が広がります。2026年に山の中腹を越え、ここで努力の結果が出ます。それを受けてさらなる決断をし、2027〜2028年は仕事も遊びも充実する時期に。美しい山の景色を楽しみながら、2029年に山頂へ。

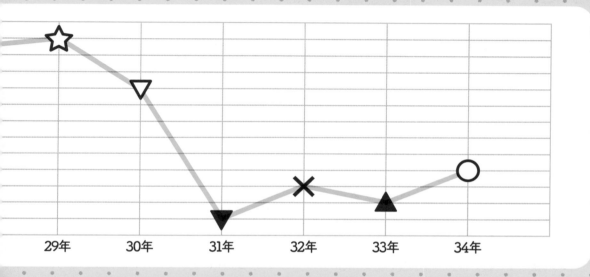

29年	30年	31年	32年	33年	34年

年の運気の概要

● **解放の年**
プレッシャーや嫌なこと、相性の悪いことから解放されて気が楽になり、才能や魅力が輝きはじめる年。

△ **準備の年**
遊ぶことで運気の流れがよくなる年。些細なミスが増える時期でもあるので、何事も準備を怠らないことが大事。

▲ **整理の年**
前半は、人間関係や不要なものの整理が必要。後半は、チャレンジして人脈を広げることが大事です。

☆ **開運の年**
過去の努力や積み重ねが評価される最高の年。積極的な行動が大事で、新たなスタートを切ると幸運が続きます。

◯ **チャレンジの年**
「新しい」と感じることに挑戦をして体験や経験を増やすことが大事な年。過去の出来事に縛られないこと。

▽ **ブレーキの年**
「前半は攻め、後半は守り」と入れ替わる年。前半は行動力と決断力が大事。後半は、貯金と現状維持を。

✕ **裏運気の年**
自分の思いとは真逆に出る年。予想外なことや学ぶべきことが多く、成長できるきっかけをつかめます。

◎ **幸運の年**
前半は、忙しくも充実した時間が増え、経験を活かすことで幸運をつかめる年。後半は新たな挑戦が必要です。

□ **健康管理の年**
前半は、覚悟を決めて行動し、今後の目標を定める必要がある年。後半は、健康に注意が必要です。

■ **リフレッシュの年**
求められることが増え慌ただしくなる年。体を休ませたり、ゆっくりしたりする時間をつくることが大切。

▼ **乱気の年**
決断に不向きな年。流されながら、求められることに応えることが大事。体調を崩しやすいため、無理は避けて。

2023年の運気

2023年開運 **3カ条**	1. 人脈作りを積極的に行う
	2. 悪い流れは絶ち、切り替える
	3. 会話のために本を読む習慣を身につける

ラッキーカラー　イエロー　オレンジ
ラッキーフード　カレー　アップルパイ　ラッキースポット　大きな書店　ゴルフ場

総合運

行動と挑戦が大切な年
今年次第で人生を変えることができそう

「チャレンジの年」1年目だった2022年は、視野が広がり、人間関係や興味のあることに変化が出てくる運気でした。考え方も含めて、環境や交友関係での変化があった人も多いと思いますが、「チャレンジの年」2年目である今年は、行動を優先することや今後の人生に役立つと思えることに挑戦することが大切。人脈を広げ、未経験なことに素直に行動してみると、自分のやるべきことがわかり、良きライバルを見つけてやる気にもなれるでしょう。「金のイルカ座」はどのタイプよりも負けず嫌いなので、ライバルや同世代で頑張っている人、共に頑張る仲間が必要です。狭い交友関係に閉じこもっていると本領を発揮できないので、今年は意識していろいろな人に会うようにすると良いでしょう。人脈作りが苦手な人は、同世代の人が活躍しているプロスポーツを見に行ったり、お芝居、音楽、お笑いなど芸能の世界で頑張っている人を見るといい刺激をもらえるでしょう。

　一方で今年は、「乱気の年（2019年）」と「裏運気の年（2020年）」、「整理の年（2021年）」の上半期に蒔いた悪い種の芽が出てくる時期でもあります。この期間に挑戦したこと、転職や引っ越し、出会い、恋愛、結婚など、その時は幸せだと思っていたことでも問題が発覚したり、あなた自身が飽きてしまうことがあるでしょう。問題があるとわかりながら解決をズルズルと先延ばしにしたり、無視して逃げてばかりでは、この先苦しくなるだけです。この1年でしっかり区切りを付けることで、2024年に次の道に上手に進めるようになるでしょう。基本的に今年は新しい流れに乗って楽しく前進できる年ですが、自分のことだけ考えていると壁にぶつかりやすいので、親切にしてくれた人に感謝して少しでも恩返しをしたり、ささやかな贈り物をするといいでしょう。

「金のイルカ座」は不慣れなことや苦手なことをそのままにしがちですが、少しでも克服する努力をすることで周囲から認められるようになります。得意なことを極めるのもいいですが、周りのアドバイスを素直に聞き、苦手を少しでも克服するように努める1年にしましょう。五星三心占いでは「チャレンジの年」に何をしたかがその後の人生に大きく影響すると考えています。失敗するからと言って避けるよりも、失敗から学んで次に活かすことや自分の向き不向

　開運のつぶやき　👓 今しかできないことと、ここでしかできないことをもっと探したほうがいい。

きをしっかり知ることが大事。今年はどうしたら自分が頑張れたりやる気になれるかを知り、挑戦する期間だと思っておきましょう。

2〜4月は新たな出会いや環境の変化、未体験の出来事がある時期。「新しい」「未知」「知ってはいるけど実際どんなものかは知らない」と思うことがあったら体験しておくことが大切です。遠慮しないで、気になる習い事やサークルがあれば勇気を出して飛び込むといいでしょう。友人や知人に誘われたら即OKし、飲み会やコンパ、パーティーにも積極的に参加しましょう。できれば目立つことや華やかなものがいいので、ダンスや演劇、楽器、スポーツなどを始めるのがオススメ。特に6月、8〜9月は始めるのにベストな時期なのでドンドン動きましょう。

3〜4月に初めて出会った人とは付き合いが長くなり、6月、8〜9月にできた仲間は後にいろいろなところで繋がって運命を変えるきっかけになるでしょう。ぜひ連絡先を交換しておいてください。「金のイルカ座」は仲間を大切にする一方で、そこと合わない人を避けすぎてしまうところがありますが、今年はどんなグループでも仲良くするように努力しましょう。また、学生時代からの友人といった付き合いの長い人ばかりを優先しないようにしてください。昔の交友関係が足を引っ張り、今後の人生を台無しにする可能性もあるので、興味のあることを見つけたら縁が切れても気にしない覚悟で進むようにしましょう。ただ、11〜12月は攻めよりも守りが強くなる時期なので、この期間だけは昔からの縁を大切にし、日頃の感謝を表すために時間やお金を使うといいでしょう。

今年のオススメは引っ越し、転職、新しい趣味を始めることです。今の部屋に長く住んでいたり、「乱気の年」「裏運気の年」に住み始めたという場合は即引っ越したほうがいいでしょ

う。この期間に家を購入していたら、思い切って売却するか賃貸に出すといいですが、それができない場合は部屋の改装や大幅な模様替えをしてみてください。仕事も同様で、「乱気の年」「裏運気の年」に始めた仕事なら、部署異動希望を出すか転職するといいでしょう。

新しいことに挑戦するなら3月、4月、6月、9月にしておくと、その後の流れも良くなり、思った以上の結果に繋がる可能性があります。6月の「解放の月」と9月の「開運の月」は欲張っていい時期ですが、簡単に手に入ることや嬉しい結果ばかりを想像するのではなく、どんな努力をすればいいか、何を学ぶべきかなど現実的なことをしっかり考えるようにしてください。成功や幸せを手に入れている人は見えないところで必ず努力を積み重ねているので、「最初は苦労して当然」と思うことを忘れないようにしましょう。7月の「準備の月」は、ハードルが高いと思われることや苦手なことをやってみると、思ったより受け入れられたり、楽しむことができそう。年上の先輩や上司を遊びや飲みに誘うのにもいいタイミングです。

ただし、「チャレンジの年」は大きな結果に直結する年ではないので、いい結果が出ても執着せず、まだまだ挑戦期間と思ってください。良くも悪くも一つの経験だと思って、人間関係を固定せず、広げるだけ広げるように努めましょう。面倒な人やソリの合わない人がいるのは仕方ないので、たくさんの人と出会うことで見えてくるものを楽しみ、最初から視野を狭めないようにしましょう。

今年の問題行動は「チャレンジをしない」「現状維持」「人脈を広げない」「新しいことに注目しない」です。今年、変化を求めなければ、「解放の年（2026年）」「幸運の年（2028年）」「開運の年（2029年）」にいい結果を出せず、嬉しいことも起きなくなってしまうでし

ょう。運気のいい時期だから嬉しいことがあったり幸せになれるというわけではなく、その時期までに何を積み重ね、どんな種を蒔いたかが大切です。今年いい種を蒔けばいい芽が育ちますが、逆に悪い種を蒔けば悪い芽に繋がるでしょう。勉強をしない、運動をしない、人に会わない、学びと成長をしないといった身勝手で感謝のない生き方をスタートさせてしまうと、後の人生が苦しくなるだけ。これまで努力することや不慣れなことから逃げていた人でも、今年次第で人生をゆっくりと変えることができるので、悪い種を蒔かないようにして、生活リズムや習慣や交友関係を一度整えてみるくらいの気持ちで過ごしましょう。早速、1月にその流れが来るので、「悪友」「ダメな恋」「成長に繋がらない人」とは距離を置くようにしてください。

「金のイルカ座」の中には真面目で大人しいタイプがいて、目立たないポジションが好きな人もいますが、そのままではせっかくの能力を活かせず、運気の波にも乗り遅れてしまいます。今年は失敗や恥ずかしい思いをして、図太く生きられるようにメンタルを鍛える時期だと思っておきましょう。「恥ずかしい」の先に勇気と度胸があるので、大勢の前で歌う、ダンスをする、目立つ服や髪型にするなど、変化を楽しんで地味な生き方から離れてみましょう。

また、2019年の「乱気の年」、2020年の「裏運気の年」に始めたことや出会った人の影響で、11〜12月に問題が発覚する可能性も。例えば「いい職場だと思っていたら残業代の未払いなどトラブル続きだった」「幸せな恋愛や結婚だと思っていたら相手の浮気や不倫が発覚した」といったことが起きるかもしれません。面倒だからと無視していると問題が大きくなり、後の不幸の原因になるので、ダメだと思うなら今年中か来年にはきっぱり縁を切ってくだ

さい。

この1年で大事なことは、目標となる人を見つけ、共に頑張れる味方や友人を新しく作ることです。志が同じか似ている人の集まりに飛び込んでみると、自分でも驚くほど成長し、やる気がみなぎってくるでしょう。「金のイルカ座」はいい意味で競争心の強いタイプですが、絶対に勝てる相手ばかりを見ていても成長に繋がりません。周囲を上手くコントロールしている人をしっかり観察し、自分に足りない部分を学んで吸収できるように努めてください。派手さや華やかな部分ばかりに目が行き、直ぐに結果を求めがちですが、遠回りをするからこそ見える景色があります。同世代に差を付けられて悔しい思いをしても焦らず、とにかく新たにチャレンジすることを楽しんでみましょう。

また、年齢差がある人とも仲良くなれるよう、挨拶や礼儀はしっかりしましょう。例えば食事をご馳走してもらったら、その場で「ありがとうございます」と言い、寝る前と次の日の朝にもお礼のメールを送り、後日会った時に改めてお礼をするなど、4回はお礼をするようにしてみてください。直ぐに幸福に繋がることばかりが人生ではないので、今年からじっくりと未来の自分が笑顔になれるような徳や良い習慣を積み重ねていきましょう。

「金のイルカ座」は自分で思っている以上に自我が強く、自己中心的な考えをするタイプですが、自分のためではなく周囲の人が喜んでくれるように工夫するといい人生を送れるようになります。特に今年は仲間や協力者など大事な人脈を作れる運気ですが、そのぶん坂道を駆け上がっていく苦労の多い時期でもあります。ここでの筋トレが後の人生に役立つと思い、あえて負荷を掛けて心身を鍛えておいてください。数年後、「2023年に苦労しておいて良かった」と思えるようにいい種を蒔いておきましょう。

恋愛運

新しい出会いがたくさん訪れる年
気になる人がいたら遊びや食事に誘ってみて

出会いが増える1年になりますが、仕事や趣味も忙しくなり、興味のあることも増える時期なので、せっかくの出会いをものにできないことがありそうです。一時的に仲のいい関係になれたとしても、あなたがマメに連絡を取らなかったり、相手を雑に扱ってしまったり、急に気持ちが冷めて短期間で交際が終わってしまうこともあるでしょう。ただ、今年は今後に繋がるいい出会いも多い年なので、異性の友達を作るくらいの気持ちで、いろいろな人に会うようにしてください。交際に発展しなくてもいいので、習い事に行った先で気になる人を見つけたり、よく行くお店の店員さんに恋をしたり、片思いをしている自分を面白がってみると日々の生活も充実してくるでしょう。

新しい出会い運が良い月は、2月、3月、4月、6月、9月、10月中旬と多いので、できればこれまで出会ったことのないタイプや、恋愛対象ではなかった年齢の人など、少し範囲を広げてみるといいでしょう。「金のイルカ座」は華のある人に弱いタイプですが、外見や条件が満たされていない人を避けてばかりいると、次の縁を逃す可能性があります。「世の中の異性全員が恋人候補です」と言うくらいの意気込みで相手のいい部分を見つけてみたり、気になる人と遊びに行ってみるといいでしょう。しばらく恋人がいない人ほど、今年は「恋の練習期間」だと思って気楽に恋を楽しむようにしてみてください。少しでも気になり、一緒にいて楽な人を見つけたら、遊びや食事に誘ってみるといいでしょう。

ただ、出会いが多いと言っても勢い任せやノリだけではいつまでもいい恋に繋がりません。

そもそも「金のイルカ座」は、結婚のことを真剣に考えて恋をするというよりも、好きという気持ちや盛り上がりを大切にするところがあるため、「遊びの恋で終わり」など、残念な思いをしたり、時には痛い目に遭ったりすることもあるタイプです。今年からでもいいので、周囲の評判に耳を貸し、冷静に相手を分析したり観察したりしてから、関係を深めるようにするといいでしょう。また、ノリと勢いだけの恋に今年からハマってしまうと、ただもてあそばれるだけの恋愛になってしまうので注意しておきましょう。

とは言っても、臆病になって慎重になりすぎるのはあなたらしくありません。今年は飲み会やコンパ、パーティー、イベント、ライブ、新しくできた行きつけの店に行くなどして、人との触れ合いを楽しむようにしましょう。相手の出方を待たずに明るく元気に挨拶して、気になる相手の名前や趣味をしっかり覚えるようにしてください。少し図々しくなってみるくらいが丁度よさそうですが、6月になっても出会いや異性との関わりが増えなければ、早めに異性を意識したイメチェンをしてみること。服装も明るい感じを意識して、年齢に見合った華やかな感じにしてみるといいでしょう。

今年の恋愛が今後のあなたの恋愛観や恋愛パターンになる可能性があるので、「ダメンズばかりに引っかかる」などと嘆いている人ほど、同じ過ちを犯さないように気をつけてください。外見だけの雰囲気に騙されないようにして、「乱気の年」「裏運気の年」に出会った人やその期間にできた恋人とは縁が切れても気にせず、次に出会う新しい人に期待しましょう。

結婚運

自分に見合う人がどんな人かを考えてみて
恋人の運気が良かったら入籍OK

今年はやるべきことや興味のあることが増えて忙しくなるため、「結婚よりも他に気になることがある」となってしまったり、新たな出会いも増える時期なので「誰と結婚をすればいいの？」とわからなくなってしまいそうです。結婚話が進んでいても、他に気になる人が現れて見比べてしまい、時間だけが過ぎ去っていくこともありそう。

ただ、今年は「チャレンジの年」なので、結婚を一つの「挑戦」と捉えたり、好奇心に火が付いたりすると、一気に進展する可能性があるでしょう。「金のイルカ座」は「この人と結婚をする！」と本気で思ったときは急展開になりやすいタイプですが、話を進める前に周囲からの評判や意見もしっかり聞くようにしてください。親の反対を押し切って結婚を決めても幸せになれなかったり、周囲からの評判がいまいちな人と結婚をしても本当の幸せを得ることはないでしょう。

恋人の運気がいい場合は、年内に入籍をしても問題ありません。今年、結婚をすると2024年、2025年に妊娠＆出産する流れに乗れる可能性もあります。交際期間が1年くらいで、相手が「銀の羅針盤座」「銀のインディアン座」「金の鳳凰座」「銀の鳳凰座」「銀の時計座」なら結婚に踏み込んでも問題ないでしょう。

まだ恋人もいない状態から結婚を望む場合は、「銀の羅針盤座」「銀のインディアン座」「銀の時計座」を狙うと入籍することができそうです。「銀の羅針盤座」の場合、相手任せでは絶対に話が進まないので、段取りを決めて強引に推し進めてみるといいでしょう。「銀のインディアン座」は、年末にふわっと結婚の話を

すると トントン拍子で進むので、ここでも押し切ること。「銀の時計座」は情に訴えかけてみましょう。秋までに結婚話をハッキリさせてみると、入籍まで話を進められそうです。

問題は、2019年の「乱気の年」と2020年の「裏運気の年」に出会った人やこの時期に交際をスタートさせた人です。相手に結婚願望が全くない場合は、早い段階で縁を切ってください。そうしないと、いつまでも結婚に話が進まなくなってしまうでしょう。「金のイルカ座」は華やかな人に弱いですが、「地味でダサい人との結婚はありえない」などと思っていては、いつまでも同じことの繰り返しになるので気をつけましょう。

今年は、恋愛のパターンや出会う異性を変えられるようにイメチェンをしてみてください。また、結婚をしたときに周囲から祝福してもらえるような人と出会えそうな場所に出かけてみるといいでしょう。資格取得の学校やセミナー、スポーツジムやスポーツサークル、格闘技、美術系の習い事などに顔を出してみると素敵な人に出会えたり、もしくは紹介してくれる人に出会えそうです。気になった場所には足を運び、交友関係を広げてみてください。

今年は「結婚するならどんな人がいいのか」を真剣に考えるには良い運気です。理想だけが高くなり、現実的ではない相手を望んでも意味はないので、これまでを振り返り、自分に見合う人はどんな人かをしっかり考えましょう。相手に何かを望む前に、自分も相手に何かを望まれていることを忘れないでください。相手を選ぶ楽しさも大切ですが、愛される喜びも忘れないようにしましょう。

開運のつぶやき ▶ 何もできなくても「他人の幸せを願う」は誰でも簡単にできるもの。

仕事運

求められる仕事のレベルが一気に上がりそう
さらなるスキルアップを目指して挑戦して

新しい仕事を任されたり、職場の環境が大きく変わったりして、求められる仕事のレベルが一気に上がってくる時期。運気は上り坂の途中であり、今は実力を身につける期間でもあるので、多少の苦労は当然だと思っておきましょう。自ら進んで仕事に取り組み、結果や効率のために知恵を絞って工夫することで、仕事が楽しくなったり、いい仲間ができたりするでしょう。不慣れなことや苦手な仕事にぶつかることもありますが、クリアできない仕事はないと思って前向きに挑戦してみてください。職場や仕事関係の人でいいライバル関係が生まれたり、共に頑張る仲間ができたりして、さらにやる気になれそうです。

早い人では2〜3月ごろに部署異動や新しいチームに変わるといった話が来て、そのための準備が始まることがあるかもしれません。新たな勤務地への異動命令や、役職が変わるといった変化もありそうです。6月には苦手だと思っていた仕事を克服したり、プレッシャーからも少し解放されたりして、本格的に力を発揮できるようになるでしょう。これまで以上に仕事に真剣に向き合うと、9月に予想以上の結果が出せそうです。後の昇格や昇給に響いてくるので、この時期を目標に仕事を頑張ってみるといいでしょう。9月は転職にも良いタイミングなので、ここ1〜2年で現在の仕事が不向きだと感じている場合は、違う仕事に挑戦してみたり、自ら部署異動の希望を出してみるといいでしょう。

また今年は、自分の得意なことをさらに磨き、苦手なことを少しでも克服する努力が必要になります。壁にぶつかって結果がなかなか出ずに苦しんでしまうこともありますが、多少の困難は当然だと思って受け止めるようにしましょう。今年の苦労は成長痛だと思うようにして、ここでの頑張りが明るい未来に繋がると思っておくといいでしょう。仕事に役立つ勉強をしたり、スキルアップを目指すにも良い運気なので挑戦してみてください。少しでも役立ちそうな情報を集めて、本を読んで学んだり、スクールやセミナーに通ってみるといいでしょう。「勉強と学びは一生するもの」ということを忘れないようにして、今年から積み重ねたものが5〜6年後に大きな差になると思って今すぐできることに取り組んでおきましょう。大きな変化がないような職場の場合、動画編集を趣味で始めてみるといいでしょう。

また、今年は仕事相手やグループにも変化が訪れる時期でもあります。仲間を大事にするのは良いですが、昔の仲間を大切にしすぎていると運気の流れを逃してしまう可能性があります。学生時代の友人などといつまでもべったり付き合うのではなく、社会に出てからの友人や知人、仕事関係者との交友を深めるようにしておきましょう。

昨年以上に前進する1年になりますが、まだまだ自分が想像するような結果にはならなかったり、至らない点を指摘されることもあるでしょう。周囲に自分の成長を見せる時期でもあるので、出し惜しみをしないで今ある仕事に全力で取り組んでおきましょう。多少の困難にぶつかっても、逃げたりサボったりしないこと。一生懸命に取り組むことでしか仕事は楽しくならないので、仕事があることに感謝を忘れないようにしましょう。

開運のつぶやき ▶ 👓「知っている程度」の段階で試しにやってみる癖をつけておくといい。

買い物・金運

お金の勉強や使い方の見直しに最適の年
仕事道具を買い替えるのもオススメ

収入が少しアップする可能性のある時期。大幅なアップというよりも、今年の頑張りや積み重ねが後の収入アップに繋がってくるので、お金に関わる勉強をしっかり行っておくといいでしょう。また、「お金は銀行に預けておく」という考えをやめ、NISAやつみたてNISA、投資信託などを少額からでも良いのでスタートさせるのも良さそうです。既に投資信託などをスタートさせている場合は、インデックスファンドやETFなどを始めてみるといいでしょう。「なんとなく怖い感じがするから」「リスクがあるから」と言って避けてばかりいては、金運が上がっても意味がなくなってしまいます。「チャレンジの年」は挑戦することが大事ですから、まずは少額からでいいので始めてみて、どんなものかを知っておくことが大事でしょう。

今年は交友関係を広げるためならケチケチしないようにして、未体験や未経験のことにお金を使うことが大事です。職場の付き合いを少し増やしてみたり、新しい出会いを作るためにサークルやスクールに入ってみるのもいいでしょう。行きつけのお店を作って常連客になり、店員さんや他のお客さんと仲良くなってみるのもオススメです。その他にも、新しくできたお店に入って新メニューを注文してみる、新商品のお菓子や最新家電を購入するなど、とにかく「新しい」ことや物に注目しておくと、いい会話のネタにもなりそうです。

仕事道具を買い替えるのにもいい運気です。スーツや靴、カバン、パソコンなど長く使っているものがあったら、4月、6月、9月に買い替えてみると後の収入アップにも繋がるでしょう。また、2019年、2020年に購入したもので買い替えを考えているものがあるなら、今年買い替えるといいでしょう。

一方で、今年は種まきのような運気でもあるので、浪費や不要なローン、リボ払いなどを始めてしまうと、悪い種を蒔いてしまうことになります。見栄で出費したり派手なものにお金を使ったり、欲望に流されて簡単にお金を使わないようにしましょう。お金の使い方を改めるためにも、家計簿アプリを使うなどして自分の出費がどのようになっているのかをチェックしてみてください。格安スマホに変えてみる、サブスクを整理するなど、月々の固定費を下げられないかのチェックも忘れないようにしましょう。今よりも家賃が安くて良い場所を見つけることができそうなので、3月、4月、8月、9月に引っ越しをするといいでしょう。ただ、少額であっても知り合いや友人とのお金の貸し借りは後の大きなトラブルになるので避けるようにしてください。

また、今年は勉強や資格取得にお金を使うのにいいタイミングでもあります。将来に役立ちそうなことなら、思い切って出費してみましょう。「金のイルカ座」はしっかり仕事をした後、その分のご褒美が欲しいタイプ。連休や休みの日に旅行やライブ、イベントに行く日を事前に決めて、お金を貯めるようにしましょう。買い物は「☆（開運の日）」と「◎（幸運の日）」の日にすることで上手に節約ができ、メリハリを付けることもできそうです。買うか買わないかで悩んだ時は運気カレンダーを見て、運気のいい日かチェックするようにしましょう。特に今年からこの癖をつけておくと、自然とお金を貯められるようになるでしょう。

開運のつぶやき ▶ 🐬 金運のない人は「欲しい」で購入する。金運のある人は「必要」で購入する。

美容・健康運

生活習慣を改め健康的な体作りを
5月と11 〜 12月は体調に気をつけて

　坂道を駆け上がっているような年なので、心身ともに疲れを感じる場合がありそうです。ただ、大きな体調の崩れはなさそうなので、できれば今年から定期的な運動を行ったり、スポーツジムに通い始めてみましょう。肉体改造や基礎体力作り、ダイエットを含めた健康的な体作りを行うようにするといいでしょう。

　2024年の下半期から、体調に注意が必要な期間が待っています。近くになってから焦ったり、その時期が来てから体調の崩れを慌てて整えるよりも、今年から1年掛けてゆっくりと健康的な生活を心がけるようにするといいでしょう。揚げ物や脂っこい食べ物は避け、旬の野菜やフルーツを多めに摂取するなど食事のバランスを意識し、食べ過ぎや飲み過ぎにも気をつけるようにしましょう。特に夜更かしをしがちになっているなら、睡眠時間の改善から始めるとよく、これまでよりも30分でもいいので寝る時間を早くしましょう。また、朝から軽い運動やストレッチをする時間を10分でも作るようにするのもオススメです。

　美意識を高めるにもいい時期です。エステや美容関係のサロンに通うのもいいですが、今年からランニングを始めてみるといいので、近くのスポーツジムに行ってみましょう。他にも、ダンスやヨガの教室に行ってみると、スタイルを良くすることができそうです。髪を切るなら、これまでとは違う美容室に行くのがオススメ。メイク方法を変えてみたり、化粧品を年齢に見合ったものに変更するのもいいでしょう。時間があればメイク教室に通ってみるのも良さそうです。

　一方、今年は気になることが増えたり、人との付き合いも多くなってしまうので、食べ過ぎや飲み過ぎには注意が必要です。そもそも「金のイルカ座」は深酒が運気の乱れの原因になるタイプなので、遅くても23時には家に帰るようにして、お酒を飲むなら同じ量の水を飲むようにしておけば楽しく飲めるようになるでしょう。休肝日もしっかり決めておくことを忘れずに。ストレス発散をするなら、舞台やライブを見に行くと頑張っている人からパワーがもらえて、やる気になるきっかけを掴めそうです。気になるものを見つけたら、チケットを購入しておきましょう。

　体調に気をつけたいのは5月です。新しい環境に疲れてしまい調子を崩したり、ストレスを感じたりすることがありそう。ここはマメに休んだり、休日の予定を早めに決めたりして、ゆっくりする時間を作ってください。7月は、珍しくドジな怪我をするかもしれません。歩きスマホで壁に激突したり、段差で転んだりするなど、予想外の怪我をすることもあるので慎重に行動しましょう。最も注意したいのは11 〜 12月。体調を崩しやすくなるので、飲み会やコンパなどの集まりへの参加は少し控えるか、睡眠時間を普段より増やすことを意識しましょう。

　今年は昨年以上に忙しく、求められることや興味のあることも増える時期です。元気だとしても、しっかり休む日やのんびりする時間を作るようにしましょう。また、今年から不摂生な生活をスタートさせてしまうと、なかなかやめられなくなってしまいます。間食や夜中の食事、甘い物の食べ過ぎなどには注意しましょう。今年太る習慣がついてしまうと、ドンドン体型が崩れてしまうので気をつけてください。

開運のつぶやき ▶ もっと自分と本気で向き合って、今の自分を受け入れることが大切。

親子・家族運

家族と一緒にいる時間を積極的に作って
海水浴や海の見える旅館に行くのもオススメ

交友関係が広がる年なので、家族と一緒にいる時間が減ってしまったり、気がついたら何日もしっかり話をしないままになって距離が空いてしまうことがありそうです。そもそも「金のイルカ座」は家族にべったりというよりも、自分の予定中心で動きがちなところがあります。仕事や趣味や遊びが優先で、家族が二の次になっている場合は、今年から自分の中での家族との関わりのルールを少しでもいいので変えてみるといいでしょう。

とはいっても、急に「家族とべったりしなさい」と言うわけではありません。これまで、自然とあなた中心に家族が動いていたり、あなたのワガママに振り回されないように家族が知恵を身につけていた部分もあったはずです。今年はあなたの方から家族に歩み寄り、家族に合わせることを楽しんでみてください。自分の意見を言うだけではなく、家族の話をしっかり聞く時間も作って、少しでも改善できる部分を見つけてみるといいでしょう。

また、家族旅行や食事に行く計画を早めに立てて準備してみるのも良さそうです。ゴールデンウィークやお盆休みなどの大型連休に、これまで家族で行っていない場所をチョイスするといいので、キャンプやバーベキュー、海や川など気になるところがないか調べてみてください。しばらく海に行っていないなら、今年は海水浴を楽しんだり、海の見える旅館や温泉に泊まってみるといいでしょう。疲れも取れて心も癒すことができそうです。ゆとりがあれば、家族でハワイや沖縄などに旅行に行くのも良さそう。みんなで楽しめそうなことはないか、家族で話をする時間を作ってみましょう。

両親との関係は、友人と遊ぶ時間や趣味の時間を優先しすぎて距離が空いてしまわないように注意しましょう。誕生日や記念日には感謝の気持ちを伝えたり、プレゼントを渡すのを忘れないようにしてください。できれば今年は、例年とは違うものや意外なものを贈るほうが喜ばれたり、後で話のネタになったりして良さそうです。また、2～3年前に些細なことで喧嘩になって気まずい雰囲気のままでいるなら、今年は修復できる時期でもあるので、いつまでも意地を張っていないで素直に謝りましょう。手紙を添えるのもオススメです。

子どもとの関係にも気を配りましょう。気がついたら仕事ばかりでしっかり話を聞いてあげられていなかったり、雑に扱ってしまっていたということがありそうです。「金のイルカ座」は、親になったとしても自分中心の生活からどうしても抜けきれないところがありますが、今年は一緒になって遊んでみたり、話題の場所に遊びに連れていったりするといいでしょう。できれば、未経験のことを子どもに体験させてあげると、あなたにとってもいい思い出になりそうです。釣りやアウトドア、マリンスポーツなどを提案してみるといいでしょう。

問題は、自分が忙しいことを「家族は当然、理解しているだろう」と思い込むこと。家庭のことをおろそかにしていると、みんなの気持ちが離れてしまったり、結束力が弱まってしまうことになり、後の苦労の原因になってしまいます。特に夫婦関係は、忙しいからと言って冷めていいわけではありません。相手の気持ちをもっと考えるようにして、自分のワガママを押し通さないようにしましょう。

開運のつぶやき ▶ 👹 自分の得だけを考えて生きていたら、いつまでもチャンスも運も幸せも手にできない。

年代別 アドバイス

世代が違えば、悩みも変わります。
日々を前向きに過ごすためのアドバイスです。

年代別アドバイス 10代

新しい友達と新しいグループをつくるといい年。これまでの友人関係を大切にするのもいいですが、共通の趣味を持った人を探してみたり、一緒にいて楽しく話せる人を探してみると良いでしょう。みんなで新たな人を紹介し合ったり、部活やサークルなどに入ってみると素敵な出会いがあるでしょう。今後の人生を大きく変える経験もできるので、まずは思い切って体験してみることが大切。漫画以外の本を読む習慣も身につけるようにしましょう。

年代別アドバイス 20代

学生時代の友人やこれまでの仲間に執着しないで、新たな友人関係を作ることが大切。年齢に見合った服装をしたり、大人っぽい雰囲気にイメチェンするなど少し背伸びするくらいの気持ちで、思い切って環境を変化させてみると大きく人生が変わってくるでしょう。フットワークを軽くして、年上の友人を作るくらいの気持ちでいろいろな人に会ってみたり、ハードルが高いと思われそうな場所でも勇気を出して参加してみると良いでしょう。

年代別アドバイス 30代

年齢に見合った魅力を磨くといい年。大人には大人の魅力があるので、無理に若く見せようとせず年齢に見合った服装やメイク、所作などを身につけるようにすると良いでしょう。上下関係や年齢を気にしないで、いろいろな人に会って人脈を広げてみましょう。いろいろな話をするためにも新しい趣味を見つけてみたり、気になる習い事を始めてみるのも良さそう。好奇心の赴くままに行動してみると、自分でも驚くような仲間もできるでしょう。

年代別アドバイス 40代

新しい趣味を見つけることで人脈を広げられたり、学ぶことができる年。「今さら勉強をしても」と思わないで、お金の使い方や投資などの勉強をしっかりして実行に移すと良いでしょう。大人の社交場やジャズバー、ゴルフなどに行ってみるのも良さそうです。少しいいホテルや旅館に泊まってみる経験も良い刺激になりそう。後輩や部下を誘って食事や飲み会やホームパーティーなどを行ってみるのも良いでしょう。

年代別アドバイス 50代

若い人に会う機会を増やして、人脈を広げる努力が大切。これまでの経験を教えるのも良いですが、逆に学べることも多いので、流行や面白いことを教えてもらうと良いでしょう。まだ行ったことのない場所や気になるところにはできるだけ行くようにするといいでしょう。また、趣味の習い事を始めるにも良いタイミングです。スポーツジムで基礎体力作りや肉体改造を始めてみるのも良いでしょう。

年代別アドバイス 60代 以上

気になる場所があったら素直に行ってみたり、旅行に出かけたりお芝居を見に行くといい年。「今からでも遅くない」と思って習い事を始めてみたり、読書の習慣を身につけると、面白い発見があるでしょう。面白い先生に会えるなど良い出会いもありそうです。軽い運動を定期的に行うと良いので、友人を誘って気になるスポーツを始めてみると良いでしょう。食事の量やバランスを整えて1年後に結果を出す目標を立てましょう。

命数別2023年の運勢

頑張り屋で心は高校1年生

【命数】

51

基本性格

負けず嫌いの頑張り屋。ライバルがいることで力を発揮でき、心は高校1年生のスポーツ部員。つい意地を張りすぎてしまったり、「でも」「だって」が多かったりと、やや反発心のあるタイプ。女性は色気がなくなりやすく、男性はいつまでも少年の心のままでいることが多いでしょう。自分が悪くなくても「すみません」と言えるようにすることと、目標をしっかり定めることが最も大事です。

持っている星

★負けず嫌いの頑張り屋な星
★身近な人を好きになる星
★周りにつられて浪費する星
★運動しないとイライラする星
★部活のテンションで生きる星

開運3カ条
1. 新しい友人や仲間をつくる
2. 読書の習慣を身につける
3. 環境を変える

2023年の総合運

新たな友人や仲間をつくるために行動するといい年。今年出会った人とは、学生時代の友人以上に深く長く付き合うことになりそうです。新しい趣味をはじめたり、興味のあることに素直に挑戦してみるといいでしょう。ただし、自己中心的になりすぎないように気をつけること。定期的にスポーツをしたり、1日に数分でも読書をする習慣を身につけるのもオススメです。アウトプットが好きなタイプですが、その前にインプットをもっと大事にしましょう。

2023年の恋愛&結婚運

対等に付き合える異性の友人をつくることが大切。同世代が集まる習い事やサークル、スポーツをはじめてみると、いい出会いがありそうです。身近な人と恋愛に発展することも多いタイプのため、職場に気になる人がいないなら、思い切って転職すると、仕事の悩みもなくなり恋人もできて一石二鳥になるかも。また、色気が年々なくなりやすいので、自分磨きと愛嬌は忘れずに。結婚運は、生意気なことを言っていると、いつまでも進みません。愛されるように生きましょう。

2023年の仕事&金運

よきライバルとよき仲間を見つけることで、やる気とパワーが出てくる年。目標となる人を探したり、同級生で結果を出している人と話してみると、「このままではダメだ！」という思いが芽生えて、やるべきことがいろいろ見えてきそう。がむしゃらに頑張るのもいいですが、効率よく成果や結果を出すには、日々の勉強や地道な努力が必要なことを忘れずに。金運は、「人が持っているから」という理由で買い物をしないよう気をつけましょう。投資は、長期的なものであればはじめてもいいでしょう。

ラッキーカラー ピンク　グリーン　**ラッキーフード** いか納豆　豚しゃぶサラダ　**ラッキースポット** ライブ会場　テーマパーク

頑張りを見せないやんちゃな高校生

【命数】

52

基本性格

頭の回転が速く、合理的に物事を進めることに長けている人。負けず嫌いの頑張り屋で、目立つことが好きですが団体行動は苦手。しかし、普段はそんなそぶりを見せないように上手に生きています。人の話を最後まで聞かなくても、要点をうまくくみとって、瞬時に判断できるタイプ。ときに大胆な行動に出たり、刺激的な事柄に飛び込んだりすることもあるでしょう。ライブや旅行に行くと、ストレスを発散できます。

持っている星

★頭の回転が速い星
★刺激的な恋にハマる星
★団体行動が苦手な星
★健康情報が好きな星
★ライブ好きな星

開運3カ条
1. 好きな人を見つける
2. 団体行動を楽しむ
3. ライブやイベントに行く

2023年の総合運

グループ行動や、べったりした人間関係が苦手なタイプですが、今年はあなたに必要な友人や、向上心を刺激してくれる人に出会える運気。多少面倒に思っても、人脈を広げたり、周囲が嫌がる仕事や苦手な雑用などをあえて引き受けてみると、これまでとは違う人とのつながりができそうです。「急がば回れ」を心がけると、思い出に残るいい年になるでしょう。あなたに味方してくれる人も増えそうです。周りの人への感謝の気持ちも忘れないように。

2023年の恋愛&結婚運

自分でも気がついていると思いますが、あなたは好きな人を見つけるとパワーが出るタイプ。今年は、慌ただしいなかにも気になる相手が現れそうです。好きになるのはいいですが、危険な人や恋人持ちの場合もあるので、理性は忘れないように。格闘技などのスポーツ観戦、ライブやバーに行ってみると、好みの人を見つけられる可能性が高いでしょう。結婚運は、結婚に刺激を求めないようにすれば、話が進展しやすくなります。

2023年の仕事&金運

基本的な部分や初歩的なところをしっかりしたり、雑用と思われることもキッチリやりとげることが大切な時期。ここでの苦労や面倒事はのちに役立つので「やりたくない」と思ったときほど、未来の自分のために頑張ってみるといいでしょう。ただし、向上心のない職場にいたり不向きだとわかっている仕事をしているなら、やりたいことをするために転職しましょう。金運は、一発逆転をねらうよりも、手堅い投資信託を長期保有するのがオススメです。

ラッキーカラー 濃いグリーン　濃いレッド　**ラッキーフード** お好み焼き　冷やしトマト　**ラッキースポット** リゾート地　ライブハウス

さらに細かく自分と相手が理解できる！
生まれ持った命数別に2023年の運気を解説します。

陽気な高校1年生

【命数】

53

基本性格

「楽しいこと」「おもしろいこと」が大好きな楽観主義者。常に「なんとかなる」と明るく前向きに捉えることができますが、空腹になると機嫌が悪くなる傾向が見られます。サービス精神旺盛で、自然と人気者になる場合が多く、友人も多いでしょう。油断するとすぐに太ってしまい、愚痴や不満が出て、わがままが表に出すぎることがあるので気をつけて。基本的に運がよく、不思議と助けられることも多く、常に味方がいる人でしょう。

持っている星
★笑顔の星
★勢いで恋をする星
★ワガママな星
★簡単に太る星
★食べ物に浪費する星

開運3カ条
1. 礼儀やマナーをしっかり守る
2. 派手な服を着る
3. 愚痴よりも相手を楽しませる話をする

2023年の総合運

人の集まりに誘われる機会が増えて、楽しい時間を過ごせそうな年。ただし、そのぶん疲れやすくなったり、一つひとつの出会いが雑になってしまうことも。お礼や挨拶はしっかりして、出会った人にはこまめに連絡をするようにしましょう。今年の出会いは、「楽しい人だった」で終わるともったいないので、ふだん以上に大人のマナーを守ったり敬語を使うなど、きちんとした言葉遣いを意識しておくこと。健康運は、暴飲暴食で太りやすい時期なので注意が必要です。

2023年の恋愛&結婚運

少し行動的になるだけで、簡単に出会いが増える年。明るい服や華やかなものを選んで身につけるとすぐにモテるようになるので、異性を意識した服や髪型をいろいろ試してみるといいでしょう。ただし、ノリがいいだけでは「軽い人」と思われて、大事な出会いを逃してしまいます。ビジネス書や歴史小説を読んで話のネタにしてみると、新たな一面も見せられて相手からの扱いも変わってきそう。結婚運は、真剣な話ができる相手なら勢いで進めてもよさそうです。

2023年の仕事&金運

サービス業や人との関わりの多い仕事、目立つポジションの職業に就いているなら、そのまま続けるといいでしょう。一方で、製造や制作、事務などの仕事の場合は、営業や広報など社外の人と関わる職種に異動願を出したり、転職するのがオススメです。飲食業などでは自分の思った以上に能力を開花させられそう。仕事関係者と仲よくなってみると、「うちの会社にこない？」と誘われることも。金運は、ノリで出費しないで、使う金額を事前に決めておきましょう。

ラッキーカラー レッド　バイオレット　**ラッキーフード** 揚げ出し豆腐　にんにくホイル焼き　**ラッキースポット** イベント会場　中華街

頭の回転が速い頑張り屋

【命数】

54

基本性格

直感がさえていて頭の回転が速い人。アイデアを生み出す能力も高く、表現力と感性が豊かなタイプです。おしゃべりで、目立ってしまう場面も多々あるのですが、ひと言多い発言をしてしまい、反省することも少なくないでしょう。競争することでパワーを出せる面がありますが、短気で攻撃的になりやすく、わがままな言動が見られることも。根は人情家で非常にやさしい人ですが、恩着せがましいところもあるでしょう。

持っている星
★おしゃべりな星
★一目惚れする星
★勘がいい星
★スタミナがない星
★短気な星

開運3カ条
1. 気になることはすぐに挑戦する
2. 前向きな言葉を発する
3. スポーツをはじめる

2023年の総合運

己の勘を信じて気になったことに即挑戦すると、素敵な出会いも増え、いい年になりそうです。「気になるけど……」と機会を待っていないで、考える前に行動するくらいの勇気と度胸が大切。多少の失敗は取り戻せるので、自分の勘がどのくらい当たるのか、悪い勘も含めていろいろ試してみましょう。気になった人には、自ら話しかけてみて。前向きな話やポジティブな言葉を選ぶと、いい縁がさらにつながっていくでしょう。

2023年の恋愛&結婚運

一目惚れするような人が現れる運気ですが、気になる人が複数できて目移りしている間にチャンスを逃してしまうかも。自分のことばかりしゃべりすぎて相手がどんな人かわからず、戦略が立てられなくなることも。今年は、ピンときた相手の話にしっかり耳を傾け、聞き役や盛り上げ役を目指すと、いい関係に進展しやすくなるでしょう。結婚運は、「運命の人」と信じられるなら決断するといいですが、口ゲンカには注意すること。

2023年の仕事&金運

アイデアや企画力を活かせる仕事、交渉や営業をする職種の場合は、そのまま続けてもいいでしょう。ずっと黙って作業するような職場は、あなたには不向きでストレスの原因にもなってしまうので、今年は自分の勘を信じて部署異動を希望したり、転職してもよさそうです。安定した生活のために不向きでも続けたい場合は、ストレス発散にスポーツを趣味にすると体力もつくのでオススメ。金運は、気になる投資信託があるなら思い切って挑戦すると、思った以上にうまくいくかも。

ラッキーカラー オレンジ　ホワイト　**ラッキーフード** 親子丼　ブロッコリーサラダ　**ラッキースポット** コンサート　神社仏閣

社交性がある頑張り屋

【命数】

55

基本性格

段取りと情報収集が好きでフットワークが軽く、交友関係も広く、華のある人。多趣味で多才、器用に物事を進めることができます。注目されることが好きなので、自然と目立つポジションを狙うでしょう。何事も損得勘定で判断し、突然、交友関係や環境が変わることも。興味の範囲が幅広いぶん、部屋に無駄なものが増え、着ない服や履かない靴などがたまってしまいがちです。表面的なトークが多いため、周囲からは軽い人と思われるでしょう。

持っている星

★情報収集が得意な星
★貧乏くさい人が嫌いな星
★トークが軽い星
★お酒に飲まれる星
★買い物が好きな星

開運3カ条

1. 新しい趣味をつくる
2. 「損して得とれ」を心がける
3. 計画を立ててから行動する

2023年の総合運

フットワークが軽くなり、興味のあることや欲しいもの、体験してみたいことが増える年。「気がついたら予定がいっぱい」なんてことも。何事も、もっと効率よくできるよう意識してみると、いろいろな知恵が身につくでしょう。また、損得勘定で判断しないで、「損して得とれ」の精神を忘れないことも大切です。損な役回りをあえて買って出ると、いい経験になって人脈も広がるでしょう。プラスの面があったことにも気がつけそうです。

2023年の恋愛&結婚運

「多趣味・多才な星」をもっているので、その流れに逆らわなければ自然と出会いも増える年。「多趣味ではない」と思うなら、今年から気になることにドンドン挑戦して「多趣味な人」になることで、恋のチャンスも多くなります。ただし、華やかな人ばかりを見てしまう癖があるので、話していて楽な人や、周囲からの評判がいい人にも注目してみるといいでしょう。結婚運は、目移りしやすい時期のため進みにくいかも。「結婚する年齢」を決めてみましょう。

2023年の仕事&金運

段取りをつけることが得意なタイプなので、仕事が忙しいときほどしっかり計画を立てて行動するといいでしょう。損な役回りを避けてしまう癖がありますが、損をするとわかっていても、ときには周囲のために引き受けてみましょう。学べることがあったり、成長するきっかけをつかめそうです。仕事関係者との付き合いも増える年。自ら誘って交流を深めたり、人脈が広がるよう努力するといいでしょう。金運は、趣味にお金を使いすぎてしまいそう。使う金額を決めておきましょう。

ラッキーカラー ホワイト 青緑 **ラッキーフード** 豆腐ステーキ 生春巻き **ラッキースポット** エステサロン プール

現実的な努力家

【命数】

56

基本性格

現実的に物事を考えられ、真面目で几帳面であり、地道に物事を進めることが好きな人。負けず嫌いで意地っ張りな面もあり、陰で努力をするタイプです。些細なことでも、じっくり、ゆっくりと進めるでしょう。何事も時間がかかってしまいますが、最終的にはあらゆることを体得することになります。本心は出たがりの気持ちがありますが、チャンスの場面で緊張しやすく、引いてしまうクセが。遠慮して生きることの多い、断り下手な人でしょう。

持っている星

★真面目で優しい星
★片思いが長い星
★自分に自信がない星
★冷えに弱い星
★小銭が好きな星

開運3カ条

1. 人付き合いではケチケチしない
2. 自分の気持ちは素直に伝える
3. 誘われるまで待たないで、自ら誘う

2023年の総合運

相手を遊びに誘ったり、自分から連絡先を交換するなど、これまで以上に積極的に行動することが大切な年。遠慮したり待ってばかりいても、のちの運気が上がらなくなってしまうだけ。人脈づくりに消極的になっていると5、6年後に後悔することになるでしょう。慎重な性格なのはいいですが、臆病すぎる自分を改善する努力をして。華やかな服を着たり、目立つポジションに立ってみるといいでしょう。ダンスや芝居、ボイトレなどを趣味にすると度胸がつきそうです。

2023年の恋愛&結婚運

気になる人を見つけても片思いのままで終わったり、「告白して嫌われた」などと考えて時間だけがたってしまうタイプ。そのままでは、今後の人生も同じことの繰り返しになるだけです。今年は自分の恋愛のルールを変えるつもりで、気になる人をデートに誘ったり、相手をほめたりして楽しませる努力が大事。緊張するときほど「自分をよく見せようとしすぎている」と思って素直になりましょう。結婚運は、ようすを見る時期です。

2023年の仕事&金運

事務仕事やお金の管理など、やや地味に思われる仕事でもしっかりできるタイプ。人の上に立つことや世話をすることを避けがちなので、今年は上司や先輩を誘って、プライベートでも仲よくなったり、後輩の面倒を見てみるといいでしょう。慣れないことなのでかなり疲れたり、失敗もありますが、「自分を変える1年」だと心に留めて、いいと思ったことを行動に移してみましょう。金運は、少額のNISAをはじめるといい勉強になりそう。

ラッキーカラー グリーン 藤色 **ラッキーフード** 麻婆豆腐 冷しゃぶサラダ **ラッキースポット** 美容室 水族館

ラッキーカラー、フード、スポットはプレゼントやデート、遊ぶときの口実に使ってみて

おだてに弱い高校生

【命数】
57

基本性格

実行力と行動力がある、パワフルな人。おだてに極端に弱く、褒められるとなんでもやってしまうタイプ。やや負けず嫌いで意地っ張りなところがあります。正義感が強いので、自分が正しいと思うと押し通すことが多いでしょう。行動は雑でおっちょこちょいなので、忘れ物やうっかりミスも多くなりがち。後輩や部下の面倒を見ることが好きで、リーダー的存在になりますが、本音は甘えん坊で人まかせにしているほうが好きでしょう。

持っている星

★リーダーになる星
★恋に空回りする星
★おだてに弱い星
★よく転ぶ星
★後輩にご馳走する星

開運3カ条

1. 他人の生き方や考え方を認める
2. 自分が雑だと自覚する
3. 上司や先輩のいい部分を盗む

2023年の総合運

視野が広がり、気になることが増える年。自然と行動範囲も広くなり、楽しい時間が多くなりそうです。ただし、大事な出会いや口約束を上手に次につなげられずチャンスを逃したり、上下関係を気にしすぎて遠慮してしまうことも。自分のやり方だけが正しいわけではないので、いろいろな人の生き方や考え方を認めるようにするといいでしょう。「やさしくて面倒見のいい人」を目指してみると、のちに後輩や部下が助けてくれるようになるでしょう。

2023年の恋愛&結婚運

出会いは多くなる年ですが、一瞬の盛り上がりや最初の勢いだけで終わらないように、こまめに相手と連絡をとるよう心がけましょう。今年から恋に粘りが必要になるので、勝手に諦めたりしないように。自分の言動だけが正しいと思わないで、「雑な部分がある」と自覚することも大切です。あなたが思っているよりも押しつけてしまう癖があるので、相手に合わせる楽しさも学んでみましょう。結婚運は、勢いだけで推し進めないで、計画を立てましょう。

2023年の仕事&金運

先輩や上司の仕事ぶりをしっかり観察して、部下の能力の活かし方などを学んでみるといいでしょう。憧れの人や尊敬できる人を探したり、反面教師になるような人がいても、その人のいい部分だけを上手に盗むことが大切です。将来、会社の経営や独立をするつもりで考えてみると、いまの仕事のやり方や見方も変わってくるはず。経営者からは自分がどんなふうに見えるのか、一度想像してみるといいでしょう。金運は、後輩や部下にご馳走しておくと、のちにうれしい結果につながりそう。

ラッキーカラー グリーン　ホワイト　**ラッキーフード** 担々麺　チーズケーキ　**ラッキースポット** コンサート　動物園

上品な情熱家

【命数】
58

基本性格

礼儀正しい頑張り屋。挨拶を欠かさずマナーをしっかり守り、上品な雰囲気を持っていますが、根はかなりの意地っ張り。自我が強く出すぎるのに、心は繊細なので、些細なことを気にしすぎてしまうことがあるでしょう。常識やルールを守りますが、自分にも他人にも同じようなことを求めるので、他人にイライラすることが多いでしょう。清潔感を大事にし、常にきれいにしているような几帳面な部分があります。

持っている星

★礼儀正しい星
★相手を調べすぎる星
★恥ずかしがり屋の星
★肌が弱い星
★見栄で出費する星

開運3カ条

1. 失敗から学ぶ気持ちを忘れない
2. 小さなことは気にしない
3. 見栄を張るのはほどほどに

2023年の総合運

失敗を恐れたり、「恥ずかしい」を理由にして挑戦を避けないほうがいい年。「多少は失敗したほうが、度胸がつく」と思って飛び込んでみましょう。つまらない見栄を張る癖もやめるように。自分を大きく見せるのもいいですが、それが緊張や疲れの原因になるのなら、「これで嫌われるならそれまで」と思って、もっと素の自分を出して新しい人脈をつくるといいでしょう。雑な人のことをチェックするヒマがあるなら、自分の至らない点や成長が足りない部分を鍛えること。

2023年の恋愛&結婚運

パーティーや知り合いの縁などで、人とのつながりはできそうな年ですが、ようすをうかがってばかりでは平行線をたどるだけ。少しでも気になるなら自ら遊びに誘って、相手の趣味に合わせてみると、進展が早くなるでしょう。些細な点をチェックして避けるよりも、好きなところやいい部分を見るように。相手のマイナス面に引いてしまったら、「本気で好きなわけではなかった」と思って諦めることも肝心です。結婚運は、条件ばかり考えていると進まなくなってしまうでしょう。

2023年の仕事&金運

たんに仕事ができるだけでは、簡単に評価が上がったり、チャンスがめぐってきたりはしないもの。今年は要領よく進めることや、臨機応変な対応をする必要がある時期です。職場の人や仕事関係者との付き合いも大事にして。「面倒だから」「気疲れする」と断らず、会話を盛り上げたり話の聞き役になって、その場を上手に楽しむと、仕事でも助けてもらえ、スムーズに物事が進むようになるでしょう。自分の足りないところも見えて、いい勉強にもなりそう。金運は、見栄で出費するより、投資信託に回しましょう。

ラッキーカラー エメラルドグリーン　オレンジ　**ラッキーフード** 豆腐ハンバーグ　青椒肉絲　**ラッキースポット** イベント会場　花火大会

熱しやすく冷めやすい努力家

[命数]
59

基本性格

根っからの変わり者で、自由人。斬新で新しいことを生み出す才能があり、常に他人と違う発想や生き方をする人です。負けず嫌いの意地っ張りで、素直ではないところがありますが、芸術系やクリエイティブな才能を活かすことで認められる人でしょう。理論と理屈が好きですが、言い訳が多くなりすぎたり、理由がないと行動しないところも。心は中学1年生で止まったまま大人になることが多いでしょう。

持っている星
- ★天才的なアイデアを出す星
- ★才能に惚れる星
- ★飽きっぽい星
- ★目の疲れの星
- ★マニアックなものにお金を使う星

開運3カ条
1. 簡単に飽きない＆諦めない
2. はじめて会う人は「おもしろい人」と思ってみる
3. 素直に人をほめる

2023年の総合運

変化を楽しめたり、興味のあることが多くなって行動や体験が増える年。ただし、「こんなものか」とすぐに飽きることや諦める癖が出てしまいかも。気になることに積極的になれても、その癖のせいで大事なものまで手放してしまう可能性があります。深みのあるものも多いので、簡単に諦めないようにしましょう。おもしろい人脈もできる運気。はじめて会う人のおもしろいところを見つけるようにすると、急激に仲よくなれそうです。

2023年の恋愛＆結婚運

不思議な人や才能のある人、個性的な人を好きになることが多いタイプ。あまのじゃくになったり、言い訳をして恋のチャンスをいつまでも逃す癖もあるので、今年は、恋愛パターンを変えることを楽しんでみるといいでしょう。自分から告白したり、これまでとは違う「真面目でおとなしい感じの人」と仲よくなれるよう努めましょう。あなたの才能や個性を好きになってくれる人と交際してみるのも、予想よりも楽しめるかも。結婚運は、興味が薄れそうです。

2023年の仕事＆金運

新しい仕事が増えますが、「押しつけられている」と思っていると、やる気はいつまでも出てきません。自分なりの方法や、ほかの人とは違うやり方をいろいろ試してみると、自然と仕事がおもしろくなるでしょう。職場の人や仕事関係者との交流も面倒くさがらず、それぞれの人生や個性をおもしろがってみると、深い話ができそう。「なんでそんなことに興味をもったんだろう」と思うような気になる話を聞けたり、好奇心に火をつけてくれる人が現れることも。金運は、海外企業の投資信託に注目するといいかも。

ラッキーカラー レッド　グリーン　**ラッキーフード** ハヤシライス　にんじんサラダ　**ラッキースポット** リゾート地　美術館

理屈が好きな高校生

[命数]
60

基本性格

理論や理屈が大好きで、冷静に物事を考えられる大人なタイプ。知的好奇心が強く、深く物事を考えていて対応力があり、文化や芸術などにも詳しく、頭のいい人でしょう。人付き合いは上手ながら、本音では人間関係が苦手でめったに心を開きません。何事にも評論や批評をするクセがあります。負けず嫌いの意地っ張りでプライドが高く、自分の認めない人はなかなか受け入れません。何かを極める達人や職人、芸術家の才能があるでしょう。

持っている星
- ★冷静な星
- ★アートにハマる星
- ★エラそうな口調になる星
- ★肩こりの星
- ★尊敬できる人を好きになる星

開運3カ条
1. どんな人でも尊敬できるところを探す
2. 読んだ本の話をする
3. フットワークを軽くする

2023年の総合運

知的好奇心が豊富なタイプなので、変化の多い今年は、視野が広がり学べることも増えて楽しく過ごせるでしょう。面倒な人や苦手な人にも出会いそうですが、人脈づくりを避けていると大事な縁を結べなくなってしまうため、「興味がなくてもつながっておく」くらいの距離感を保っておきましょう。資格取得や勉強に打ち込むにもいい時期。いい先生に出会え、考え方を変えるきっかけになることもありそう。年上の友人や知り合いを増やしてみるといいでしょう。

2023年の恋愛＆結婚運

尊敬できる人を好きになるのはいいですが、「尊敬できる幅」を広げることも必要です。理屈や理論ばかりではなく、元気でパワフルなタイプや、みんなを盛り上げるサービス精神をもっている人など、自分にはできないことを得意とする人がたくさんいるもの。そこに気がつけると、素敵な人をすぐに見つけられるでしょう。プライドが邪魔して告白したりデートに誘うことができないのなら、今年から改善することも大切です。自ら誘うなど、きっかけづくりをしましょう。結婚運は、選びすぎに注意。

2023年の仕事＆金運

仕事の幅が広がり、やるべきことが増える時期。自分のことだけに専念するのではなく、もっと会社や職場全体のことを考えるようにすると、仕事がおもしろくなってくるでしょう。人間関係も広がる運気。歴史関係やビジネス書、仕事に役立ちそうな本を読んでおくと、年上の人や上司と仲よくなれるチャンスをつかめそうです。金運は、マネー本を読んで即行動に移すと、いい結果につながるでしょう。

ラッキーカラー 黄緑　パープル　**ラッキーフード** 煮物　ささみサラダ　**ラッキースポット** 神社仏閣　劇場

ラッキーカラー、フード、スポットはプレゼントやデート、遊ぶときの口実に使ってみて

金のイルカ座 2023年 タイプ別相性

気になる人との今年の相性は？　タイプを調べて付き合い方の参考にしましょう。

▶ 金のイルカ座 との相性

お互いに新しい環境に挑戦したり新たな情報を入手しているため、良いライバルになれそう。いい刺激を与えてくれる人だと思っておくといいですが、進む方向が変わってきたり、成長スピードの違いを感じるようになるので、この相手に負けないように努力しましょう。

恋愛相手 盛り上がっている時はどのカップルよりも楽しい時間を過ごせますが、自己主張が強い者同士なので、「私が私が」とワガママになりすぎてしまわないようにしましょう。「相手のことを理解できている」と思った時ほど勘違いの可能性が高いので、思いやりを忘れないようにしましょう。　**仕事相手** 対等な立場での仕事なら良い結果を生み出せる相手ですが、どちらかが先輩か後輩、または上司や部下になると、良い結果を妬んだり、逆に妬まれたりすることがありそう。仕事の目的をしっかり定めておくとトラブルは避けられるでしょう。

今年はじめて出会った人 出会った瞬間に「この人とは相性がいい」と思えそう。一気に盛り上がって親友になったり大恋愛に発展することも。ただ、ワガママがぶつかりやすく、冬場に意地を張ってお互いに引けなくなることがあるので気をつけましょう。

▶ 金のカメレオン座 との相性

あなたにとって学びの多い大事な相手。ただ、今年は相手が優柔不断で悩んでいることも多いので、背中を押してあげましょう。気持ちの切り替え方や、時には自分中心に考えて行動する大切さを教えてあげるといいでしょう。理屈で考える人ですが、気持ちをぶつけてみると、あなたのおかげで前進できそうです。　**恋愛相手** 相手は人との縁が切れる年です。相手の気持ちが離れているなら、あなたと縁を切って次の恋に進もうとするでしょう。特に交際期間が1～2年なら、今年は別れの年かもしれません。5～6年の長い付き合いなら秋に真剣に結婚の話をしておくといいでしょう。　**仕事相手** 上半期は噛み合いませんが夏以降にはいい関係になれそう。相手のやる気に刺激を受けられるでしょう。特に年末や2024年以降、互いに息が合ってきそうです。今年は相手の言葉に振り回されないように気をつけましょう。

今年はじめて出会った人 本来なら必要な相手ですが、出会ったタイミングが悪く、縁が薄くなってしまいそう。一時はいい関係を保てても、やがてあなたの元を離れていくでしょう。一緒にいることで考え方を改められたり、不要な物事から離れるきっかけを与えてくれるでしょう。

▶ 銀のイルカ座 との相性

一緒にいると気持ちが楽になり、前向きな話ができる相手。現状を変えるきっかけをもらえたり、お互いに励まし合ったりできるでしょう。今年はあなたの行動力が増してくる時期なので、相手が動かないことに不満を感じる場合もありますが、先に手本を見せるつもりで行動に移してみるといいでしょう。　**恋愛相手** 一緒にいることで心も体も満たされる相手。リラックスできるので自然と惹かれ合いますが、相手も前進するタイミングなので、自分中心になりすぎると距離を置かれてしまうかもしれません。常に面白い情報を提供できると良い関係が続くでしょう。　**仕事相手** 企画やアイデアを出す時にはいいパートナーになりそう。相手が最も活躍するのは打ち上げや仕事終わりです。真剣に仕事に取り組む時は相手に求めすぎないようにしましょう。仕事の工夫の仕方や考え方を教えてあげると良い関係になれそう。

今年はじめて出会った人 成長するためのいい刺激になる相手。一緒にいるとあなたはリラックスできますが、相手から見てあなたは一歩先を行っているように思えて、行動力の差を感じているかもしれません。一緒にいるときは遊び心を忘れないようにしましょう。

▶ 銀のカメレオン座 との相性

相手は今年「裏運気の年」で、本来の能力や個性とは違うので、今年の言動で相手を判断しない方がいいでしょう。美味しいお店の話をしたり、趣味の話や面白い話の情報を交換したりするなど、友人や知り合い程度の距離感が良さそうです。相手の言葉に振り回されて自分の進むべき道を間違えないように気をつけましょう。

恋愛相手 前進するあなたに惹かれる相手。相手があなたの外見の好みに合えばいい関係に進めますが、裏運気の時期の恋は極端な結果になりやすいので、短く終わるか結婚するか、運命を大きく乱す相手の場合もあるでしょう。人生の楽しみ方を教え合うといいでしょう。　**仕事相手** 昨年、今年となかなか噛み合わない相手ですが、本来なら吸収できることや学べることが多い相手。2025年以降にいい関係になれるように距離をうまく取っておきましょう。大きなミスや白紙に戻るような出来事も起きそうです。　**今年はじめて出会った人** 出会ってからしばらくすると印象が大きく変わる人。長くて2年程度の付き合いになる人だと思って、執着しないように。学べることも多い相手ですが、あなたから誘わないと動かないので、気になるなら誘ってみましょう。

開運のつぶやき ▶ 😷 しっかり喜ぶと、もっと喜べることがくる。もっと喜ぶと、大きく喜べることがくる。

▶ 金の時計座 との相性

最も心が乱れる「乱気の年」の相手。悩みや不安で一杯になっているので話を聞いてあげましょう。人生の楽しみ方を教えてあげると良さそうです。ただし、あなたが良かれと思ってしたことが裏目に出やすいので、深く関わるなら覚悟が必要。仲良くなっても執着されないような距離感を保ちましょう。 恋愛相手 昨年までとは印象が変わりそうな相手。相手の心のブレやネガティブさ、やる気のなさに嫌気が差してしまいそうです。心の支えになってあげることが大事なので、前向きな言葉を投げかけてあげましょう。 仕事相手 相手が上司や先輩なら面倒なことに巻き込まれてしまいそう。間違った指示が出される可能性があるので冷静に判断しましょう。部下や後輩なら、あなたの前向きな言葉がパワハラやモラハラに聞こえてしまいそう。言葉選びやタイミングを間違えないように。 今年はじめて出会った人 短い付き合いで終わるタイミングで会っていますが、一度縁が切れた後でも、数年後に再会すると長い付き合いになる相手。「今年は『乱気の年』で大変かもしれませんが、自分も乗り切れましたから」と、4年前を思い出して相手を励ますといい関係になれそうです。

▶ 金の鳳凰座 との相性

一度仲良くなると自然と付き合いが長くなる相手。相手が「開運の年」なので、一緒にいると運気の流れが良くなり、ラッキーな出来事が起きそうです。運気のいい相手が魅力的に見えるので、あなたがかすんでしまうことがありますが、対抗しないでサポート役に回りましょう。今年は遊ぶ回数を増やしてみるといいでしょう。 恋愛相手 相手に主導権を握られますが、あなたの欠点や弱点を補ってくれるでしょう。結婚を決断するには最高の年ですが、この相手が「結婚しない」と言ったら絶対にあなたとはしないので、魅力的でも別れて次を探しましょう。 仕事相手 自分とは違う考え方をする人。今年はこの人に協力することで、あなたにも恩恵がありそう。頑張りを奪われてしまうことがあっても、気にしないように。この相手からのお願いは多少無理してでもOKしてみるといいでしょう。 今年はじめて出会った人 この人を大事にすることで、仕事運や金運が良くなるなど不思議と運が開けてきそう。相手は第一印象であなたとの今後を決めるところがありますが、ベッタリした関係が嫌いな人なので程良い距離感を保ちましょう。共通の趣味があると長い付き合いになるでしょう。

▶ 銀の時計座 との相性

上半期と下半期では関係が大きく変わる相手。秋まではいい関係を築けてお互いに楽しい時間を過ごせますが、年末に突然縁が切れたり、相手の残念な部分を知ってしまったりするかもしれません。あなたの頑固さが強く出すぎて、お互いの良さが見えなくなる可能性も。深入りせず、程良い距離感を保つようにしましょう。 恋愛相手 1～2年で縁が切れる可能性の高い相手。春に相手の気持ちがブレて面倒に感じることがありそうですが、それを乗り切っても年末にもっと大きな乱れが訪れそう。前進したいあなたにとっては相手の考え方が重たく感じられ、年末に縁が切れるか大喧嘩をしてしまいそうです。 仕事相手 秋までは一緒に仕事をする相手としてはいいですが、考え方の違いなどから年末には疎遠になるかもしれません。上司なら縁が切れたほうがいいので、あなたの転職話が進展しそう。部下や後輩なら、いい関係は年内で終わりになりそうです。 今年はじめて出会った人 この1年が最も仲良くなれる時期で、一緒にいることで得られることも多い相手。親友や結婚相手など一生の付き合いになる可能性もあるので、ドンドン遊びに誘ってみるといいでしょう。

▶ 銀の鳳凰座 との相性

この相手としばらく会っていないなら、今年は突然仲良くなったり、不思議と会う回数が増えそうです。偶然出会った人がこのタイプなら、今年はマメに会えば嬉しいチャンスに恵まれるかも。知り合いの中からこのタイプを探して連絡してみるといい縁になったり、運気の流れが良くなるでしょう。 恋愛相手 付き合いが長いカップルなら今年は盛り上がり、さらにいい関係になる時期です。ただし、相手が仕事で忙しくなるため会える時間が減ってしまいそう。ワガママを言い過ぎたり無理に距離を縮めたりすると、逆に離れていってしまうので強引にならないように。 仕事相手 仕事のテンポが合わない相手ですが、今年の相手は運気が良く、これまでの努力が報われる年でもあるので、近くにいればあなたもいい流れに乗ることができそう。忍耐強く続けることの大切さや仕事へのこだわりを学べる人だと思って観察するといいでしょう。 今年はじめて出会った人 相手の頑固さを扱いにくいと思うのか、ワンパターンで掴みやすいと感じるかで大きく変わります。今年この相手と仲良くなると付き合いは長くなるでしょう。あなたと真逆の考え方をする人なので学ぶことも多いはず。

▶ 金のインディアン座 との相性

一緒にいることで新しい情報を入手でき、これまでとは違う遊びや楽しみ方ができる相手。楽しい時間を過ごせるのでいい友達関係になれますが、今年はこの相手と遊び過ぎてしまうことがあるのでホドホドに。相手をマイペースだと感じますが、実際はあなたのほうが相手を振り回すことが多くなりそうです。　**恋愛相手**　恋を楽しむなら最高の相手。ベッタリするのが嫌いな相手でもあるのでやや淡泊な感じを受けそうですが、一緒にいると明るい気持ちになれるでしょう。語ることの面白さも教えてもらえそう。結婚など先のことを考えるより、今を楽しむといいでしょう。　**仕事相手**　もともと判断力のある相手ですが、今年は判断ミスをしたり、やる気のない感じが伝わってきそう。上司や先輩なら、指示にミスがあるかもしれないので冷静に対応しましょう。部下や後輩ならミスが増えるので、最終チェックは怠らないように。　**今年はじめて出会った人**　一緒にいると新しい世界や面白い情報を与えてくれる相手。気分が乗らない時に連絡をしてみると、前向きな話をしてくれたり、楽しい時間を作ってくれそうです。お金の話や真剣な話題は噛み合わなそうなので、遊び友達と思って接しましょう。

▶ 金の羅針盤座 との相性

あなたに振り回されてヘトヘトになってしまう相手。思っている以上にあなたにテンポを合わせてくれますが、無理をし過ぎて体調を崩してしまうかも。後にあなたにとって必要な人になるので、相手の体調の異変に気づいてあげるといいでしょう。2024年に良い関係になれるので、年内は相手を振り回さないようにしましょう。　**恋愛相手**　本来ならあなたにパワーを与えてくれたり、弱点や欠点を補ってくれる人。ただし、今年は疲れや忙しさから本来の能力や魅力を発揮できない運気。ワガママを言わず、相手の心の支えになってあげることが大切です。一緒にストレス発散をすると喜ばれそう。　**仕事相手**　相手が上司や先輩なら、言われる前にサポートを上手くするといい年。相手はあなたが思っている以上に忙しい状況だったり、手を貸してほしいと思っています。部下や後輩なら、仕事を押しつけすぎると体調を崩したり離職する原因になってしまうでしょう。　**今年はじめて出会った人**　出会ったタイミングは微妙ですが、本来は一緒にいると学べることの多い相手。仲良くなるのは2024年以降だと思って、挨拶やお礼をしっかりして印象のいい人になっておきましょう。

▶ 銀のインディアン座 との相性

無理をしないで気楽に一緒にいられる相手。相手のマイペースな生き方から学べることが多く、視野と人脈を広げるきっかけも作ってもらえそう。束縛が嫌いな人なので、ベッタリしない程度の距離感を忘れないように。相手は「解放の年」なので、人気も出てきて会えない時間が増えるかもしれませんが、感謝を忘れないようにしましょう。　**恋愛相手**　あなたのテンポやリズムに合わせてもらおうとすると関係が悪くなる相手。あなたが相手に合わせたほうが、今年はいい関係を築けそう。楽しい話題を心がけると良い関係が続けられそう。　**仕事相手**　良くも悪くもあなたの仕事のやり方に興味を示さず、いい意味であなたを認めてくれる人。相手はこれまでの苦労が報われて忙しくなる年なので、相手のペースを乱さないように。仕事に関する前向きな話をしっかり聞くといい関係が保てそう。　**今年はじめて出会った人**　今年最も大事にする必要がある相手。運命的な相手で、一緒にいるとあなたの人生にプラスの出来事があり、前向きな気持ちにさせてくれるでしょう。成長できる人なので相手の考え方や生き方を長い目で観察すると学べることが多いでしょう。

▶ 銀の羅針盤座 との相性

あなたの一言で背中を押せて、相手の今後の人生が大きく変わる可能性があります。相手がネガティブな発言をしたら、「でも、逆にいいんじゃないですか？」と視点を変えてあげて、背中を押してあげましょう。上半期はお互いに新たな挑戦が必要な時なので、励まし合ったり褒め合ったりするといいでしょう。　**恋愛相手**　あなたのワガママに振り回されてしまう人。いい意味でコントロールしやすいタイプですが、優しく尽くしてくれた相手に対しての感謝を忘れないようにしましょう。春から夏にかけての盛り上がりによって、今後の関係がどうなるかが見えてくるでしょう。　**仕事相手**　仕事のテンポや考え方は違いますが、上手く補い合える相手。慎重に考えることの大切さや、粘り強く仕事をする姿勢を学べそうです。雑な仕事をしていると、この相手から厳しい指摘を受けるので丁寧に仕事をしましょう。　**今年はじめて出会った人**　相手の個性を認めることで長い付き合いができそうですが、都合が悪くなった時にはあなたから距離を空けてしまいそう。相手の正しいと思う気持ちをしっかり尊重し、そこから学んで自分の気持ちを改められるといい関係が続きそうです。

開運のつぶやき　「楽しい」をサボらない人と、「嬉しい」を独り占めしない人に幸運はやってくる。

金のイルカ座 運気カレンダー

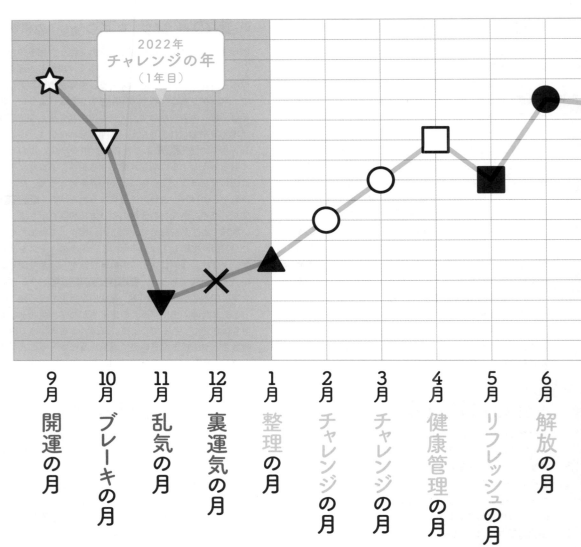

2022年
チャレンジの年
（1年目）

9月	10月	11月	12月	1月	2月	3月	4月	5月	6月
開運の月	ブレーキの月	乱気の月	裏運気の月	整理の月	チャレンジの月	チャレンジの月	健康管理の月	リフレッシュの月	解放の月

▲ 過去に執着しないで気持ちの切り替えが大切な月

○ 出会いを求めて行動して明るく前向きになれる月

○ 注目される機会が増えそう視野も人脈も広がる時期

□ のちの人生を左右しそう今月の行動が

■ のんびりする日を作って疲れがたまっている時期

● 積極的に行動して才能を活かすことができそう

※このページの記号の説明は、「月の運気」を示しています。P.513の「年の運気の概要」とは若干異なります。

毎月の運気がどう変わっていくかチェック！
2023年の過ごし方の参考にしてください。

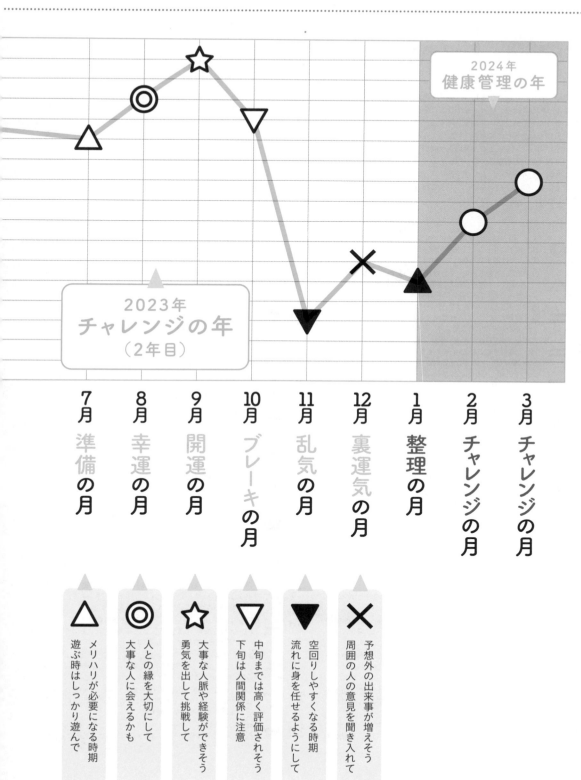

2024年
健康管理の年

2023年
チャレンジの年
（2年目）

| 7月 準備の月 | 8月 幸運の月 | 9月 開運の月 | 10月 ブレーキの月 | 11月 乱気の月 | 12月 裏運気の月 | 1月 整理の月 | 2月 チャレンジの月 | 3月 チャレンジの月 |

△　メリハリが必要になる時期　遊ぶ時はしっかり遊んで

◎　人との縁を大切にして　大事な人に会えるかも

☆　大事な人脈や経験ができそう　勇気を出して挑戦して

▽　中旬までは高く評価されそう　下旬は人間関係に注意

▼　空回りしやすくなる時期　流れに身を任せるようにして

×　予想外の出来事が増えそう　周囲の人の意見を聞き入れて

11月 2022

▼ 乱気の月

総合運

浮かれていられない状況になったり、チャンスがピンチになってしまいそうな月。面倒なことや不運と思えることを自分で招いてしまう可能性が高いので、日頃から謙虚な気持ちを忘れないようにしましょう。思っている以上に、身勝手な判断や自分中心な考えが問題の原因になっているので、サポートに回ったり一歩引いた立場で努めるといいでしょう。健康運は、風邪をひいてしまったり、疲れをためやすいので気をつけましょう。

恋愛＆結婚運

異性の前で空回りしたり、些細なことでケンカや気まずい関係になりそう。わがままな態度を出さないで、相手を喜ばせるように努めましょう。新しい出会い運は微妙。今月はじめて会う人は、意見が合わないけど勉強になる相手だと思いましょう。今月は自分磨きをしたり、異性との会話に困らないような話のネタを用意する時期。結婚運は、話を進めにくい時期なので気楽に考えておきましょう。

仕事＆金運

プレッシャーのかかる仕事をまかされたり、おいしい仕事をライバルに奪われそうな時期。油断しないで一つひとつの仕事に丁寧に取り組みましょう。意地を張ると空回りするので、ときには負けを認めて自分の得意なことで周囲を手助けすると、協力してもらえそう。損して得を取るくらいの気持ちでいましょう。金運は、出費が激しくなりそう。自分よりも他人のために使うといいでしょう。

1 火	●	人との縁が切れたり、気まずい空気になってしまうことがある日。調子に乗らないで相手の気持ちをもっと考えて、言葉を選んだり行動を変えるといいでしょう。
2 水	△	目の前のことを考えていると嫌だという気持ちが膨らむだけ。「仕事が終わったら何しようかな」と考えると頑張れそう。ただ、考えすぎてミスをしないように気をつけましょう。
3 木	=	尊敬できる人のマネをするといい日。自分の考えややり方では進めなくなったり、ムダが増えてしまいそう。少しでもいいので、できそうなところを見つけてマネしてみましょう。
4 金	=	話を聞き逃したり、最後まで聞かないことがトラブルや面倒の原因になりそう。時間とお金をムダにすることのないように、しっかり話を聞いて理解しましょう。
5 土	▽	日中は、思いやりのある人に会えてうれしい出来事がありそうなので、鈍感に生活しないように。夕方以降は、勢いまかせの行動が面倒なことになってしまいそう。
6 日	▼	細やかな気遣いを忘れていることが、苦労や不満の原因。相手のことを考えて、気遣いを忘れず謙虚な心を大切に。身勝手は不幸や不運の原因になるだけでしょう。
7 月	×	不慣れなことをまかされたときこそ、「できない」と諦めないで、時間がかかってもいいので一生懸命に取り組みましょう。相手の期待に応えられるように仕事をしましょう。
8 火	▲	身の回りを片づけるのはいいですが、共有スペースや目に付く場所も気づいたらきれいにしましょう。ゴミが落ちていたら拾っておくと運気もよくなるでしょう。
9 水	=	新しい人との出会いがありそうな日なので、身だしなみにはいつも以上に気を配りましょう。言葉遣いには気をつけて、相手を尊重して丁寧に接すること。
10 木	=	悩んだり困ったときほど、自分と同じようなことで悩んでいる人やそれ以上に困っている人に、今の自分に何ができるか考えて行動してみるといいでしょう。
11 金	■	朝起きたら、まずは今日中にやらなければならないことを紙に書き出してみましょう。課題を明確にすることでやる気を出せたり、気持ちが楽になるでしょう。
12 土	■	しっかり体を休ませるといい日。暴飲暴食を避けて、健康的な食事やストレッチ、ラジオ体操をしましょう。昼寝をしたり、好きな音楽を聴く時間を作りましょう。
13 日	●	うれしい出来事がある日ですが、些細なことなので見逃さないようにしましょう。恩返しではなく次の人に恩送りするようにしましょう。いい縁をつなげるように努めましょう。
14 月	△	すべての人の行動や発言は、善意があると思って受け止めましょう。世の中のことを「よかれと思ってやっている」と思うと、楽しく見られるようになるでしょう。
15 火	=	友人や付き合いの長い人から大切な話を聞けたり、いい時間を過ごせそう。相談や深い話がなくてもいいので、雑談をする時間を作ってみるといい話を聞けそうです。
16 水	=	自分のためにお金や時間を使うのではなく、周囲やお世話になっている人に喜んでもらえるように過ごすといい日。ごちそうをしたりちょっとしたプレゼントをしたりしましょう。
17 木	▽	日中は順調に物事が進みそう。やるべき仕事をどんどん進めましょう。夕方以降は仕事のトラブルに巻き込まれそうなので、少し早く出勤し、予定を前倒しして仕事しましょう。
18 金	▼	不慣れや苦手なことに挑戦してみるといい日。そこから学べたり、自分の成長を実感できるでしょう。本をしばらく読んでいない人は1ページでも読んでみましょう。
19 土	×	言葉使いを丁寧にしたり、他人を丁寧に扱うことで、いい1日になるでしょう。他人を雑に扱っていいことはなく、逆の立場ならどんな風に接してほしいか考えて行動しましょう。
20 日	▲	掃除をするといい日。身の回りにある使わないものや不要なものを思いきって処分したり、データを消してみましょう。間違って大切なものを処分しないように、確認をしっかり。
21 月	=	新しい発見をする癖を身に付けたり、視野を広げる訓練をしましょう。世の中には自分とは違う考え方や生き方で楽しんでいる人がいることを忘れないようにしましょう。
22 火	●	冗談やシャレを理解して、ムッとしたことを笑い飛ばしたり、おもしろい話に変換しましょう。最初はできなくても、後で考え方を変えてひとりでクスッと笑うといいでしょう。
23 水	■	文句や不満を言う前に、自分のできる最善を尽くしたり、努力する方法を変えるための工夫をしてみるといいでしょう。夜は疲れやすいので早めに帰宅しましょう。
24 木	■	体力的な無理を避けて、ペースを少し落としたり、体力を温存するようにしましょう。好きなものを食べたり、心も体も喜ぶご飯を選んでみるといいでしょう。
25 金	●	いい結果が出たら周囲のおかげだと思って感謝すること。結果が振るわなかったら自分の勉強不足だと思いましょう。今日は礼儀や挨拶を必要以上にしっかりやりましょう。
26 土	△	発想を変えてみるにはいい日。何事にも少しの遊び心やいたずら心があると楽しく過ごせそう。真面目に考えすぎたり、自分中心でいると前に進めなくなりそう。
27 日	=	日頃の感謝の思いを込めて、同僚や後輩を食事に誘っておいしいものをごちそうしましょう。人の笑顔のためにお金を使うことで、幸運を引き寄せられるでしょう。
28 月	=	期待に応えることを忘れないようにしましょう。あなたが思っている以上に期待されて望まれている日。一生懸命頑張ってみると簡単に評価が上がるでしょう。
29 火	▽	慣れた仕事でも楽しみながら取り組んでみるといい日。どんな仕事も最初は簡単にできず苦労したことを思い出して、今の成長を認めると楽しく取り組めそうです。
30 水	▼	頑固になりすぎて頭が固くなってしまいそうな日。若い人の意見や、自分とは違う意見の人の考え方も学んでみましょう。疲れもたまりやすいので無理な残業は避けましょう。

2022 12月

✕ 裏運気の月

開運 3 カ条

1. 予想外や意外性を楽しむ
2. 自分よりも相手を楽しませる
3. 礼儀正しくする

総合運

自分でも意外なことにチャレンジしたり、興味のあることが変わりそう。信頼できる人や尊敬できる人からの話なら、受け入れると大きく成長できそう。自分の得だけを考えて行動すると痛い目に遭うので、相手や周囲のことを考えて判断しましょう。健康運は、油断して風邪をひいたり、連日の飲み会や忘年会で体調を崩しやすいので気をつけましょう。湯船にしっかり浸かったり、睡眠時間を普段より長くとることを意識しましょう。

恋愛＆結婚運

過度な期待は禁物。いい感じになったと思ったら振り回されたりもてあそばれたりしそう。期待した分だけ落ち込むので、今月は進展しなくて当然と思いましょう。裏運気なので予想外の人から告白されて、とりあえず付き合うとがっかりする結果になりそう。「寂しいから」で交際を始めないように。結婚運は、話が進まない時期。今は互いを褒め合ったり、いい部分を見るようにしましょう。

仕事＆金運

順調だった仕事にブレーキがかかったり、白紙に戻りそう。重荷になりそうな仕事を急にまかされるなど予想外が多いですが、「期待に応えよう！」と思うとやる気になるでしょう。人間関係で揉めやすいので上下関係を意識して、挨拶やお礼を忘れないように。金運は、予想外の出費やなくし物があるので、大金や高価なものを持ち歩かないように。投資は儲けよりも成長性を期待できる企業を選ぶといいでしょう。

1 木	✕	自分の仕事で笑顔になっている人を想像するといい日。辛いことがあるときほど、自分の仕事がいろいろつながって、たくさんの人を笑顔にしていると思いましょう。
2 金	▲	職場をきれいにすることで、仕事の効率ややる気が増す日。朝からきれいに整えましょう。共有スペースでも散らかったところやゴミは率先して片づけましょう。
3 土	＝	急に暇になったり、予定が乱れそうな日。期待しないで映画を観に行くと、思ったよりもおもしろいことがあるかも。普段避けているお店に行くといい発見がありそうです。
4 日	＝	変化や新しいことを楽しむにはいい日ですが、過剰に期待するとがっかりするだけなので、何事もほどほどの期待がいいでしょう。
5 月	□	会議や打ち合わせには、しっかり事前準備をして臨みましょう。思いつきの発言や行動はトラブルの原因となりやすいので、言葉を選んで話すようにしましょう。
6 火	■	疲れを感じて集中力が途切れてしまいそうですが、その中でもベストを尽くすことが大切。限界に無理に挑戦するのではなく、今の自分ができる最善を尽くしてみましょう。
7 水	●	好きでない人や意外な人から好意を伝えられるのが残念と思うのならば、自分のレベルを上げるときだと思って自分磨きをしましょう。仕事では頼られるように働きましょう。
8 木	△	寝坊や遅刻などうっかりミスをしやすい日。早めに行動すると大きな問題を避けられるので、何事も少し早めに取りかかって時間にゆとりを持っておきましょう。
9 金	＝	自分ひとりだけでは幸福は味わえないもの。一緒に頑張った仲間や、共に笑顔になれる人の存在が必要です。ここまで成長できたことへの感謝と恩返しの気持ちを忘れないように。
10 土	＝	おもしろそうなことは素直に行動するといい日。気になるイベントやライブ、映画を観るといい刺激を受けられそうです。やる気に火が付くこともありそうです。
11 日	▽	順調に進みそうですが、夕方辺りから面倒なことに巻き込まれてしまいそう。「貴重な経験をさせてもらっているな」と前向きに考えてみましょう。
12 月	▼	仕事にやる気が出ないときほど、自分の仕事に感謝してくれている人の存在を想像するといい日。不満や文句を言いたいときほど、「自分の仕事は感謝されている」と思いましょう。
13 火	✕	「困ったときに助けてもらえない」と嘆く前に、日頃周囲で困っている人を助けたり親切にしているのかを考えましょう。足りないのは日頃の自分の行いだと気づくようにしましょう。
14 水	▲	職場やトイレを掃除してくれる人など、あなたの周りをきれいにしてくれている人の存在に「ありがとうございます」と言う気持ちを忘れないようにしましょう。
15 木	＝	今日は今まで見て見ぬふりをしてきた自分の課題に取り組んでみましょう。最初は気が乗らないかもしれませんが、粘り強くやってみると新しい発見があるでしょう。
16 金	＝	いい意味でのライバルを見つけたり、気になる存在を見つけるといい日。同年代で頑張っている人や、スポーツや芸能人でもいいので輝いている人を見ると、やる気に火が付きそう。
17 土	□	遊びの誘いを待たないで、気になる人に自ら連絡をしましょう。これまで遊んだことのないタイプの人に連絡して食事してみるのもいいでしょう。相手のいい部分を見つけられそう。
18 日	■	今日はしっかり体を休める日だと思いましょう。予定が入っている場合はマメに休んだり、ゆとりを持って行動しましょう。予定のない場合は、軽く体を動かして昼寝をしましょう。
19 月	●	急な仕事が増えたり、対応すべきことが増えそうな日。期待に応えようと前向きに考えて楽しく仕事をすると評価されるので、面倒なことでも笑顔で引き受けましょう。
20 火	△	人間関係を楽しむことで仕事のやる気もアップするでしょう。仕事関係の人ともっとコミュニケーションをとれるように雑談したり相手を褒めてみたり、会話を楽しみましょう。
21 水	＝	期待以上の仕事や、指示されたこと以外の仕事を見つけて、先回りして仕事をしましょう。失敗することもありますが、前向きな気持ちで仕事を楽しくさせてくれるでしょう。
22 木	＝	あなたが仕事を頑張れば、他の人が少しでも楽になると思って努めるといい日。その頑張りが信頼や信用につながります。今日の頑張りは後の幸運につながるでしょう。
23 金	▽	少しでも早めに出勤して、仕事にどんどん取りかかりましょう。「時給が」と思っているといつまでも仕事がつまらないまま。夕方以降は判断ミスをしやすいので慎重に。
24 土	▼	予定が急にキャンセルになったり、外出先でがっかりする出来事がありそう。今日はカフェでのんびりお茶をしたり、友人とだらだら過ごすのにいい日です。
25 日	✕	ひとりの時間を楽しむといい日。じっくり本を読むといい勉強になるでしょう。本を読まないといつまでも運気は上がらないので、時間を作って書店に行きましょう。
26 月	▲	どんな小さな約束でも思い出して、忘れていたことや口約束になっていたことを守るようにしましょう。できない約束だった場合は、謝罪のメールを送っておくといいでしょう。
27 火	＝	本日中に達成できそうな目標を掲げて、自分が最終的にどんなふうになっていたいのか、ざっくりした大きな目標を立ててみましょう。明確な目標は掲げないように。
28 水	＝	小さくてもいいので、自分が周囲の人よりも得意なことや役立つことに取り組みましょう。余計なお世話と思われてもいいので、得意なことや知識を活かしましょう。
29 木	□	自分で自分の限界を決めたり、やらない理由や言い訳を先に見つけないように。何も考えないでまずは取り組んでみて、後はやりながら考えて軌道修正しましょう。
30 金	■	寝不足や疲れを感じやすい日。ボーッとしているとケガすることもあるので気をつけましょう。仮眠を取ったり、休むときはしっかり体を休ませるようにしましょう。
31 土	●	本音を話せる友人に連絡して、ご飯やお茶に誘ってみましょう。近況報告をしながら前向きな話ができそうです。予想外の相手から遊びに誘われることもありそうです。

開運のつぶやき 👓 人生を変えたいと思うなら、たくさんの本を読むといい。

1月

2023

▲ 整理の月

総合運 気持ちの切り替えが大切な月 過去に執着しないで

気持ちの切り替えが大切な月。過去に執着しているといつまでも前に進めなくなるので、良くも悪くも思い出にすがらないようにしましょう。交友関係や人間関係の整理も必要です。苦手だと思う人がいるなら離れてみてもいいでしょう。無駄に時間を使っていたアプリやゲーム、ダラダラと惰性で続けている趣味もやめましょう。思い切って手放すことで、のちの人生が大きく変わったり、重い荷物を下ろせたような感じがして、気持ちが楽になりそうです。

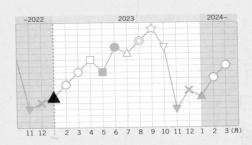

恋愛＆結婚運

好きな気持ちが落ち着いてしまったり、熱が冷めてしまうことがありそうな時期。また、いい関係に進んでいると思っていた相手から距離をおかれたり、タイミングが合わなくなってしまうことも。ケンカから別れ話に発展する可能性もありますが、どこか合わないと感じている相手なら、ここで縁を切って来月から新たな人を探すといいでしょう。結婚運は、話を進めにくい時期なので、過度な期待をしないほうがよさそうです。

仕事運

中旬まではなかなかやる気が出ない時期。自分のすべきことにしっかり向き合い、やり遂げるよう心がけましょう。そして、仕事の不満には不必要に目を向けないようにしてください。下旬になるとやる気がわいてきて、いい意味で吹っ切れるようになりそうです。また、仕事の邪魔になるものは、身の回りに置かないようにしましょう。職場の整理整頓や仕事道具の手入れなどもしておくといいでしょう。

金運＆買い物運

長く使うものや高価なものを買うには不向きな運気です。どうしても必要な場合を除いて、購入は来月に見送りましょう。買っても結果的にゴミになったり、使わないままになる可能性があります。アプリの課金なども「少額だからいいだろう」と思っているうちに、浪費癖がついてしまうので気をつけましょう。不要なものを売ってみると小銭が増えたり、必要な人に譲ってあげることでのちに幸運として返ってきそうです。

美容＆健康運

やる気が出ないときほど、体を動かしておくことが大切な時期です。年末年始で体重が増えてしまったと思うなら、目標を決めて体をしぼるようにしましょう。ダイエットを兼ねた軽い運動をしたり、バランスのとれた食事にするなど、生活リズムを整えるよう努めてみてください。ケガもしやすい運気なので、部屋の掃除をしっかりして、足元には余計なものを置かないようにしましょう。

1 日	△	新年早々、油断してミスが増えてしまったり、間違った判断をしやすい日。ボーッとしてもいいですが、時間や約束は忘れないようにしましょう。
2 月	○	旧友や懐かしい人と会えそうな日。思い出話をして大笑いすることで、やる気がわいてきたり、前向きな気持ちになれたりしそうです。思いついた人がいたら、連絡してみましょう。
3 火	○	買い物をするにはいい日。ずっと前から気になっていたものがあるなら、今日は思い切って購入していいでしょう。ふだんお世話になっている人に、感謝の気持ちを込めてプレゼントを贈るのもオススメです。
4 水	▽	日中は、いいリズムで生活できそうですが、夕方以降は、疲れを感じてしまったり、予定通りに進まなくなってしまうかも。大切な用事は早めに手をつけておきましょう。
5 木	▼	面倒なことやトラブルに巻き込まれるかもしれませんが、「いまの自分にとっていい経験ができた」とポジティブにとらえるようにしましょう。必要以上に落ち込む必要はありません。
6 金	×	周囲の言葉に耳を貸せなくなってしまったり、視野が狭くなりそうな日。意地を張ったり、頑固になりすぎないように気をつけましょう。柔軟な発想を心がけることが大切です。
7 土	▲	昨年末の大掃除で見逃していたところをきれいにしたり、タンスの引き出しなど、つい放置しがちな場所の整理をしてみましょう。くたびれている靴下や下着などもドンドン処分して、新しいものと入れ替えましょう。
8 日	=	小さなことでかまわないので、不慣れなことや苦手なことに挑戦するといい日。珍しいドレッシングやはじめて見る調味料などを購入して使ってみると、驚くほどおいしいこともありそうです。
9 月	=	少しでも興味がわいたことにチャレンジしてみるといい日。不得意だと思い込まないで、まずは一度試してみましょう。「なぜ苦手だと思うのか」を冷静に分析してみると、自分の課題が少しずつ見えてくるはずです。
10 火	□	ハッキリしなかったことに答えが出そうな日。気持ちが離れている相手に別れ話を切り出したり、微妙と思いながらも続けている趣味に区切りをつけると、気持ちがスッキリしそうです。
11 水	■	疲れがたまりやすい日。今日は早めに帰宅するようにしましょう。たまにはパソコンやスマホなどから離れて、好きな音楽を聴きながら温かいものを飲むなどしてみて。ゆっくりと自分の時間を過ごしましょう。
12 木	●	周囲から頼りにされたり、目立つポジションを任されることがありそう。少しくらい失敗をしてもかまわないので、思い切って行動してみると、いい経験になるでしょう。
13 金	△	注意力が散漫になりやすい日。人とぶつかってしまったり、ちょっとした段差で転んでしまうことがありそう。いつも以上に周囲のようすに気を配りましょう。落とし物などにも注意すること。
14 土	○	久しぶりに仲間と楽しい時間を過ごせたり、偶然の出会いがありそう。互いに近況報告をし合ってみると、有意義な話ができて、前向きな気持ちになれそうです。
15 日	○	気になる人がいれば、勇気を出してランチやお茶に誘ってみるといいかも。「自分も相手も笑顔になれるような楽しい時間を過ごそう」と強く意識してみると、いい方向に少し進展するでしょう。
16 月	▽	午前中は頭の回転が速くなり、いい判断ができて、勘も冴えるでしょう。ただし、余計な一言やワガママも出やすいのでほどほどに。夕方あたりからは空回りが増えて、手応えを感じられなくなってしまいそうです。
17 火	▼	執着はすべての不幸のはじまり。ストレスを感じたり、落ち込むようなことがあっても、そのことに執着しないこと。思い切って手放す勇気も必要です。
18 水	×	よかれと思っていたことを悪く受け止められたり、想像とは違う方向に進んでしまったりしそう。誤解されたことはそのまま放っておかないで、ていねいに説明しておきましょう。
19 木	▲	外出前にカバンや財布のなかを整理してみて。不要な書類や紙くず、レシートなどがあれば処分しましょう。間違って、今日使う資料や領収書まで処分しないように気をつけてください。
20 金	=	新しいことに挑戦するときは、「うまくいかなくて当然」と思っておきましょう。今日は少しコツをつかめたり、いい情報を入手できそうです。
21 土	○	気になっていた映画や舞台、イベントなどを観に行くといい日。感動したり、勉強になることがあるでしょう。本屋さんで素敵な本に出会えることも。
22 日	□	「自分が正しい」と思い込んでいると、相手のよさや周囲のやさしさに気づけなくなってしまいそう。いろいろな人の生き方や考え方を認めることで、視野も広がり、楽しくなるでしょう。
23 月	■	体の調子を崩しやすいので、湯船に浸かって体をしっかり温めること。今日の疲れをきちんととることが、翌日の活力につながります。「休むことも仕事のうち」だと思っておきましょう。
24 火	●	やる気になる言葉をもらえたり、素敵な人と出会えることがある日。前向きな話や明るい未来の話をしてみると、モチベーションも上がりそうです。笑顔と挨拶を忘れないようにしましょう。
25 水	△	どんなことでも事前準備を欠かさないようにしましょう。忘れそうなことはメモして目につくところに貼っておくと、トラブルを避けることができそうです。
26 木	○	これまでの経験を活かすことができそうな日。ただし、大きな結果や評価は期待しないように。自分のなかで「少し前進した」と思えるくらいを目指すのがちょうどいいでしょう。
27 金	◎	気になる相手がいるならデートの約束をしてみるといい日。日程の候補をいくつか送ってみましょう。とくにいない場合は、友人に相談をしてみると、素敵な人を紹介してもらえるかも。
28 土	▽	午前中のうちに掃除をしたり、不要なものを処分してみると、気持ちがスッキリしていい1日になるでしょう。夜は、意外な人から誘われるかも。ムッとするような出来事もあるので、短気を起こさないように。
29 日	▼	思い通りに進みにくい日。すぐにイライラせず「そもそも縁がなかったんだ」と思っておくと、気持ちが楽になりそうです。物事のマイナス面ばかりを見ないで、プラスを探したり、ポジティブに受け止める練習をしてみるといいでしょう。
30 月	×	寝坊や遅刻、忘れ物をしたり、久しぶりに大きなミスをしやすいので気をつけましょう。とくに安心しきっていることや、慣れている仕事で失敗をしがちなので、要注意です。
31 火	▲	しばらく使っていないものを片付けたり、不要なアプリなどは消去しましょう。デスク周りや引き出しのなかもきれいに整理整頓すること。置きっぱなしのものは処分しましょう。

☆ 開運の日　◎ 幸運の日　● 解放の日　○ チャレンジの日　□ 健康管理の日　△ 準備の日　▽ ブレーキの日
■ リフレッシュの日　▲ 整理の日　× 裏運気の日　▼ 乱気の日　= 運気の影響がない日

2月

2023

○ チャレンジの月

開運 3 ヵ条

1. 新しいことに挑戦する
2. 人間関係を広げる
3. 生活リズムに変化をもたせる

総合運

明るく前向きになれる月
出会いを求めて行動して

気持ちが楽になり、明るく前向きになれる月。フットワークも軽くなり、興味のあることや視野が自然と広がるでしょう。交友関係もこれまでと少し変わってきて、あなたのノリのよさも出てきそう。自ら友人や知り合いを集めて、飲み会や食事会を主催するなど、楽しい時間をつくってみるのもいいでしょう。今月は、できるだけ新しい出会いを求めて行動してみると、長い付き合いになる人や親友と呼べるような人に会うことができるかも。

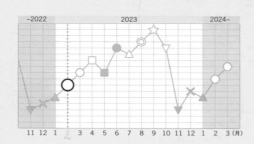

恋愛＆結婚運

新しい出会いを求めて行動するといい時期。出会いのチャンスが自然とやってくる時期でもありますが、待っているのと自ら動くのとでは、出会いの確率が大きく変わります。いい占い結果を自ら当てにいく気持ちで、新しい出会いを増やす努力をしてみましょう。モテを意識してイメチェンしたり、年齢に見合うような服装に変えてみるのもオススメ。結婚運は、望んだ結果にすぐには進まない時期。ひとりの時間を楽しんでおきましょう。

仕事運

新しい仕事や役割を任されそうな時期。一見面倒だと思うような仕事や、雑用を任される可能性もありますが、どんな仕事も一生懸命取り組めば雑用ではなくなるもの。与えられた仕事に前向きに取り組みましょう。出社時間を変えるなど、日々の生活に少し変化を加えてみると、仕事に対する気持ちも変わってきそうです。はじめての相手から学べることも多いので、初対面の人をしっかり観察してみるといいでしょう。

金運＆買い物運

今月は、知り合いや友人からの誘いが増え、出費が多くなってしまいそう。衝動買いも増えそうなので、注意が必要です。ヒマな時間は、本を読んだり、仕事に役立ちそうな情報を集めるといいでしょう。金運は、今月からお金の増やし方や使い方を真剣に学んでみると、のちに役に立ちそうです。インデックスファンドや投資信託について詳しい人に聞いたり、自分で調べてみるといいでしょう。リスクはありますが、少額からはじめてみるのもいいでしょう。

美容＆健康運

気持ちが前向きになる運気なので、ダイエットや定期的な運動をはじめるにはいい時期。ダイエットは、友人と競争してみるのもオススメです。水を飲む量を増やしたり、食事のバランスを整えるためにお弁当をつくるなど、健康的な生活リズムをスタートさせてみるといいでしょう。新しい入浴剤を購入して、ゆっくりお風呂に入り疲れをためないようにするとよさそうです。友人がオススメするリラックス方法も気軽に試してみましょう。

開運のつぶやき ● 過ぎたことをいつまでも気にする人に運は味方しない。

1 水	○	自分のことは、自分ではなかなかわからないもの。今日は、周囲の人からのアドバイスをいつも以上に素直に取り入れてみましょう。人間的に成長するうえで、聞く耳をもつことは非常に大事です。
2 木	○	生活リズムを少し変えるなど、変化を楽しんでみるといい日。いつもと違う時間に出社したり、ふだんなら選ばないようなドリンクを飲んでみるといいでしょう。
3 金	□	今日あなたが口に運ぶものは、明日のあなたをつくります。ふだん選んでいるものと比べて少々値が張るものでも、体にいいものを摂取するよう心がけて。
4 土	■	疲労が原因で些細なことにイライラしたり、意地を張りすぎてしまいそう。恋人や身近な人と気まずい関係になることも。空き時間に昼寝をして疲れをとるといいでしょう。
5 日	●	気分が軽くなる日。ストレスを感じていたことや人と縁が切れて、気持ちが楽になることもあるでしょう。「来る者は拒まず、去る者は追わず」の精神で、何事にも執着しすぎないように。
6 月	△	慣れた仕事ほど注意が必要な日。ドンドン仕事を進めるのはいいですが、細部までこだわって仕事をしないと、上司に突っ込まれて叱られたり、やり直しをするハメになりそうです。
7 火	◎	仕事場など自分の周囲で困っている人を見つけたら、積極的に手を差し伸べましょう。そうすれば、いつの日か自分が困ったときに、助けてくれる人が現れるでしょう。
8 水	☆	これまで頑張ってきた人ほど、いい結果が表れる日。満足するのもいいですが、次の目標を立てたり、もっとレベルの高い仕事を目指してみるといいでしょう。結果に納得できない人は、地道な努力を忘れないように。
9 木	▽	今日は少し早めに出勤するなどして、ドンドン予定を前倒しで、仕事を一つひとつ着実に進めていきましょう。夕方までにはやるべきことをほとんど終わらせて、周囲をサポートするくらいの勢いで取り組むといいでしょう。
10 金	▼	数日いい流れを感じていた人ほど、流れが止まったり、やる気が出なくなりそうな日。今日は頑固になりすぎたり、視野が狭くなりやすいので気をつけて。
11 土	✕	人のためによかれと思って起こした行動が、裏目に出ることがあるでしょう。自分の都合ばかり考えずに、相手の状況や気持ちに立って行動することが大切です。せっかくのやさしさが「押し付け」になってしまわないよう要注意。
12 日	▲	気分が乗らないときほど、身の回りをきれいに整理整頓したり、掃除をすることで気持ちが晴れる日。不要なものを処分するのはいいですが、間違って大事なものまで捨てないよう気をつけましょう。
13 月	○	今日は、ふだんあまり交流のないメンバーともすすんで関わってみましょう。ランチに誘ったり、少し話すだけでもかまいません。こちらから、距離を縮めるための行動を起こすことが大事です。
14 火	○	仕事でいい結果を出している人ほど、何かコツがあったり、考え方や行動に差があるもの。尊敬できる人を観察したり、見習うべき部分を見つけてみるといいでしょう。
15 水	□	今日はいつもより早めに帰宅して、湯船に浸かってしっかり休みましょう。就寝前には白湯を飲んで基礎代謝を上げたり、心休まる音楽を聴いたりして、リラックスした状態でベッドに入りましょう。

16 木	■	疲れを感じたり、肌の調子が悪くなりそうな日。無理をしないで、ゆっくりする時間をつくりましょう。健康的な食事をとるよう意識してみて。
17 金	●	上司などからほめられたときは、あなたの評価をさらに上げるいい機会です。そこで安心せずに、「いまこそチャンスだ！」ととらえて、自分から建設的な提案をするなど積極的な行動を心がけてみましょう。
18 土	△	些細な失敗が増えそうな日。時間を見間違えたり、乗る予定の電車に乗れなかったりするかも。ゆとりをもって行動すると、問題は避けられそうです。
19 日	◎	気になる人がいるなら、思い切ってお気に入りのお店に誘ってみましょう。相手の好みを聞きながら自分のオススメのメニューを紹介して、楽しい時間を過ごしてみると、関係が前進していくはずです。
20 月	☆	満足のいく仕事ができそうな日。ノルマを達成できたり、実力以上の結果を残せそう。よいアイデアも浮かびそうです。目立つポジションを目指すと、さらにいい流れに乗れるでしょう。
21 火	▽	夕方までは、やるべきことをドンドン片付けていきましょう。夕方以降は、多少ストレスを感じるようなことがあるかもしれませんが、そのストレスを楽しむくらいの「心の余裕」をもちましょう。
22 水	▼	周囲のトラブルに巻き込まれたり、無駄な時間を過ごすことになりそうな日。余計な一言を発しないように気をつけましょう。安請け合いもできるだけ避けたほうがよさそうです。
23 木	✕	思い通りにいかないことが起こるかもしれませんが、そこから何を学べるのかを考えて、楽しんでみましょう。イライラして周りに当たったりすることがないよう、自分の機嫌は自分でとりましょう。
24 金	▲	デスクや職場をきれいに整理整頓して、スッキリさせるといい日。余計なものは処分しましょう。引き出しのなかなどふだん目につかないような場所も、時間を見つけて片付けるといいでしょう。
25 土	○	挑戦には、年齢も関係なければ、早い遅いもありません。ダイエットや習い事など、なんでもいいので今日からはじめてみましょう。いまの習慣を変えることが、開運への入り口です。
26 日	○	気になる人がいるなら、勇気を出して遊びに誘ってみるといい日。小さな勇気が2人の関係を変えるでしょう。新しい出会い運もいいので、知り合いの集まりに参加してみましょう。
27 月	□	体のメンテナンスをするといい日。仕事帰りに行きつけのマッサージや整体などで、しっかりほぐしてもらいましょう。行きつけがない人は、知り合いにオススメのお店を聞いてみるといいでしょう。
28 火	■	ドアに指をはさんだり、段差でつまずいたり、小さなケガをしやすい日。動作が思った以上に雑になりがちなので、ていねいな行動を心がけましょう。

☆ 開運の日　◎ 幸運の日　● 解放の日　○ チャレンジの日　□ 健康管理の日　△ 準備の日　▽ ブレーキの日
■ リフレッシュの日　▲ 整理の日　✕ 裏運気の日　▼ 乱気の日　＝ 運気の影響がない日

3月

2023

○ チャレンジの月

開運 3 カ条

1. 挨拶とお礼は自分からする
2. はじめて会う人を増やす
3. 変化を楽しむ

総合運 視野も人脈も広がる時期
注目される機会が増えそう

前向きな気持ちになり、視野も人脈も広がる時期。周囲にもあなたの姿が明るく映るため、自然と人気が出てきたり、注目される機会が増えそうです。出会いも多くなりますが、雑な対応はしないように。適当に口約束をしていると、悪い評判が立ったり、面倒なことが起こってしまう場合もあるので気をつけましょう。また、いい出会いがある一方で、悪友と知り合ってしまうことも。嫌な予感がしたり、「違う」と思ったときは、早めに距離をおきましょう。

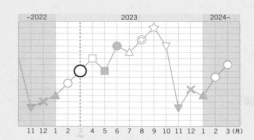

恋愛＆結婚運

出会いが増える運気ですが、何もせずに友人や知人ができることはないので、自ら行動する必要はあるでしょう。気になる習い事をはじめたり、サークルやスポーツをスタートするといいでしょう。異業種交流会や飲み会、食事会などに参加すると、気になる人を見つけられそうです。ただし、同性の友人を大切にしないと、陰口を言われたり、余計なところで足を引っ張られることがあるので気をつけましょう。結婚運は、未来が想像できる人を探してみましょう。

仕事運

新しい仕事を任されたり、仕事内容やポジションが変わることがある時期。不慣れなことでも、「多少の失敗は当然」と思って受け入れることが大切です。苦手だからといって、簡単に断ったり逃げたりしないように。新たなチャレンジが今後の仕事運を大きく左右することになりそうです。新人や初対面の人との交流もうまくいくでしょう。うれしい発見があったり、おもしろい話を聞けることも。挨拶やお礼はしっかりするようにしましょう。

金運＆買い物運

付き合いや誘いが増える時期なので、出費が増えてしまいそう。買い替えたいものや新しい服、気になるものも見つかりそうですが、勢いで購入していると、給料日前に苦しい状況になることもあるので気をつけましょう。ただし、交際費をケチケチしているといい出会いを逃します。しっかり計算して、上手にやりくりすること。資産運用では、新しい銘柄やこれまで注目していなかったものに、少し投資してみるといいでしょう。

美容＆健康運

スポーツジムやエステ、ヨガ教室への入会など、美意識を高めるために行動するにはいい時期。これまで気になりつつも一歩踏み込めなかったことに思い切って飛び込んでみると、予想以上にいい場所を見つけられたり、満足のいく結果につながるでしょう。生活習慣を変えるにもいいタイミングなので、睡眠時間を少し長くして、ストレッチをする時間をつくるのもオススメです。家で簡単にできそうな運動も定期的に行うようにしましょう。

開運のつぶやき ▶ 寝る前くらいはプラスの妄想をする人に幸運はやってくる。

1 水	●	あなたの魅力が輝く1日。周囲と積極的にコミュニケーションをとると、楽しくなれそう。自分から動くことで、いまの状況がよりおもしろくなってくるでしょう。
2 木	△	気が散ってしまったり、目の前のことになかなか集中できない日。気分転換をして、少し違うことを考えてみるといいでしょう。小さなミスをしやすい日なので、確認作業はしっかりと。
3 金	◎	重要な役割を任されることがあるかもしれません。これまで正しい努力をしてきたなら、実力を発揮できるはずなので、あまり怯えないこと。少しくらい失敗してもいい勉強になると思って、気楽に取り組んでみましょう。
4 土	☆	買い物に出かけるにはいい日。春物や流行の服を見に行ってみましょう。家電や家具の新調を考えているなら、今日は購入するのにいいタイミングです。
5 日	▽	何事も、後回しにすればするほど大変になっていきます。今日は面倒で先延ばしにしていた手続きなどを、午前中から積極的に片付けていきましょう。夕方以降は、好きな音楽を聴く時間をつくるといいでしょう。
6 月	▼	自己中心的な発言や行動は控えたほうがいい日。周囲の人からの評判が悪くなったり、陰口や足を引っ張られてしまうことがありそう。謙虚な気持ちと感謝を忘れないようにしましょう。
7 火	✕	「うまくいかないな」と思ったときは、一度深呼吸してから、あらためて考えてみましょう。雑になっていた部分や、自分の弱点や欠点に気づけるはずです。
8 水	▲	思い通りに進まないくらいで、不機嫌になったり落ち込んだりしないように。すべてが思い通りに進んでいる人などいません。今日は少しでも思い通りになっていることに目を向けるようにしましょう。
9 木	○	信頼できる友人に、いまの自分の目標や夢などを聞いてもらいましょう。人に話すことで、自分の課題が明確になりそうです。いいアドバイスをもらえたり、突っ込まれたりすることで、やるべきことがハッキリすることもあるでしょう。
10 金	○	少し苦手意識があったり、不慣れだと思っていても、挑戦してみることが大切な日。失敗や挫折から学んで成長するようにしましょう。うまくいかなかった原因を探すことも忘れずに。
11 土	□	しばらく歯医者に行っていない人は、歯の検診を受けてみましょう。歯石をとったり、虫歯になりそうな箇所をチェックしてもらうといいでしょう。
12 日	■	今日はしっかり休んで、日ごろの疲れをとることが大切。約束や予定がある場合は、無理をしないこと。お酒も控えめにしておきましょう。帰宅も早めにして明日に備えるといいでしょう。
13 月	●	「はじめまして」の機会や素敵な出会いがある日ですが、もともと仲のよかった人を雑に扱ってしまうことがあるので気をつけましょう。恋が進展する運気でもあります。気になる人に連絡するといいでしょう。
14 火	△	簡単にできる仕事でも、しっかり確認することを忘れないように。ていねいな仕事を心がけないと、思わぬ問題を引き起こしてしまうことがありそうです。
15 水	◎	お世話になっている人や知り合いから誘われるかも。相手は何か意図があってあなたに声をかけているはずなので、思い切って顔を出してみましょう。挨拶はしっかりするなど、礼儀正しい振る舞いを。
16 木	☆	協力することで、のちにあなたも協力してもらえるもの。役に立てそうなことは率先して手伝ってみましょう。今日は、買い物運もいいので、長く使えそうなものを買ってみるのもオススメです。
17 金	▽	今日はつねに心にゆとりをもって過ごしましょう。ゆとりがあれば周囲にやさしくできたり、困った人を助けることができるはず。自分のことばかり考えてしまうような、つまらない人間にはならないように。
18 土	▼	予定通りに進みにくい日。約束がなくなって急にヒマになったり、逆に、のんびりするはずが突然の誘いで慌ただしくなってしまうこともありそうです。流れに身を任せて楽しむようにするといいでしょう。
19 日	✕	思うようにいかないことがあっても、粘り強く取り組んでみましょう。諦めそうになったら、「あともうひと踏ん張り」と自分に言い聞かせながら頑張ってみると、いい勉強や発見につながりそうです。
20 月	▲	忘れ物や失くし物をしやすい日。時間にゆとりをもって行動し、どんなこともしっかり確認するように。とくに、約束や用事の日程は、忘れないようにメモをして、見えるところに貼っておくといいでしょう。
21 火	○	誰でも最初は初心者です。自信はあとからついてくるものなので、いまの自分にできるかどうかはあまり気にせず、とりあえずトライしましょう。失敗から学ぶくらいの心持ちでいれば、楽に臨めるでしょう。
22 水	○	少しでもかまわないので、これまでとは違う自分を演出してみるといい日。自分から笑顔で挨拶したり、ふだん関わることがない人に話しかけるなど、意外な行動を楽しんでみましょう。いい出会いや、いい縁につながりそうです。
23 木	□	気持ちよく仕事をするにはコミュニケーションが大切です。今日は、廊下やエレベーターなどで一瞬すれ違った人にも笑顔で挨拶をするくらい、心に余裕をもって過ごしてみましょう。
24 金	■	些細なことでイライラするときは、疲れがたまっている証拠。頑張りすぎには気をつけましょう。ゆっくりする時間を確保したり、仮眠や静かに目を閉じる時間をつくってみるといいでしょう。
25 土	●	気になる人がいるなら、ただ相手の出方を待つのではなく、こちらから連絡をとったり食事に誘うなど、自ら行動を起こしましょう。相手もあなたのことを気にかけている可能性があります。
26 日	△	ノリと勢いが大切な日。楽しい時間を過ごせて、いい思い出ができそうです。ただし、調子に乗りすぎると判断ミスをしやすくなるので、気をつけましょう。
27 月	◎	これまでの仕事ぶりが認められる日。上司にほめられたり評価される場面では、必要以上に謙遜せず、素直によろこびのリアクションをとりましょう。帰りに自分へのご褒美を購入するのもいいでしょう。
28 火	☆	もう一歩成長するために、新たなことに挑戦する必要がある日。仕事道具を新しくしたり、スキルアップや資格取得のための勉強をはじめるにはいい運気です。
29 水	▽	日中は、順調に物事を進められるでしょう。周囲からの応援やサポートも受けられそう。ただし、夕方あたりからは流れが変わるので、今度はあなたが周りの人に協力したり、手助けをするようにしましょう。
30 木	▼	頭の片隅で「今日はつまらないミスをしてしまう可能性がある」と思いながら、慎重に行動しましょう。意識していれば、ほとんどのミスは防げるはず。
31 金	✕	身勝手な人に振り回されるようなことがありそう。相手を反面教師だと思って、「どこがよくないのか」をしっかり学んでおくといいでしょう。嫌いな人ほど、どこか自分と似ているところがあるものです。

☆ 開運の日　◎ 幸運の日　● 解放の日　○ チャレンジの日　□ 健康管理の日　△ 準備の日　▽ ブレーキの日
■ リフレッシュの日　▲ 整理の日　✕ 裏運気の日　▼ 乱気の日　＝ 運気の影響がない日

4月

2023

□ 健康管理の月

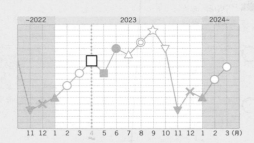

11 12 1 2 3 4 5 6 7 8 9 10 11 12 1 2 3 (月)

開運 3 カ条

1. 人脈を広げる
2. 興味のあることは素直に学ぶ
3. 前向きな発言をする

総合運 — 今月の行動が
のちの人生を左右しそう

自分の新しい魅力や才能を見つけるために、挑戦する必要がある時期。待っているだけでは何も変わりません。些細なことでもいいので、気になることをはじめてみると、人脈が広がり、ここから人生が変わりはじめるでしょう。ほんの少し角度が変わると、その先で大きく差がつくように、今月の行動がのちの人生を左右することになりそうです。環境が悪いと思っているなら変える努力をしたり、生活習慣を整えたりして、いい方向に軌道修正してみましょう。

恋愛＆結婚運

新たな出会いを求めているなら、今月はチャンスが訪れそうです。すぐに進展を望むより、「出会い運がいい月」と思って、知り合いの集まりや食事会、飲み会などに少しでも顔を出しておくといいでしょう。すでに気になる人がいる場合は、同じパターンの誘い方や待ちの姿勢はやめて、これまでと違うアプローチをするといいでしょう。結婚運は、入籍や婚約をするにはいいタイミングです。自分から具体的な話を持ちかけてみましょう。

仕事運

仕事に対して前向きな発言をしたり、希望のポジションやアイデアを伝えてみるといい時期。ただし、文句を言うことと意見を伝えることは違うので、責任感と覚悟をもって発言するようにしましょう。働く目的を明確にするとやるべきこともハッキリしてきます。また、転職に向けて動き出すにはいいタイミング。スキルアップや不慣れなこと、苦手なことを克服するための勉強をはじめるにもいい時期です。今月からさらなるレベルアップを目指してみましょう。

金運＆買い物運

目標金額や購入したいものを決めて貯金をはじめると、希望通りに貯められる運気です。毎月無理のない額を決めて貯金したり、少額の投資信託をはじめるのもいいでしょう。買い物にもオススメな運気ですが、長く使うものはしっかり吟味してから購入しましょう。勉強になるものや本などを買うと、のちに役立ちそうです。人脈を広げるための出費も、ある程度は覚悟しておきましょう。ケチケチして大切な出会いを逃さないように。

美容＆健康運

とくに体調が大きく崩れるような運気ではありませんが、生活習慣の見直しを行うにはいい時期です。定期的に体を動かすようなスケジュールを組んだり、食事のバランスを整えてみましょう。理想のスタイルを見つけて、ダイエットや肉体改造をはじめてみるのもオススメです。無理なダイエットをするより、姿勢を正したり、所作をきれいにするなど、自らの美意識を高めることが大切だということも忘れないようにしましょう。

開運のつぶやき　気長に、気楽に、素直に、素敵に生きれば自然と運も味方する。

1 土	▲	ふだん片付けていない場所や、ついつい掃除をサボっているところをきれいにするといい日。使い古したものは処分して、新しいものと入れ替えましょう。
2 日	○	近所を散歩がてら探索してみましょう。おもしろい発見や、気になるお店を見つけられることがありそうです。新しい出会い運もあるので、急な誘いがあったらOKして顔を出してみて。
3 月	○	些細なことでいいので、続けられそうな努力をはじめるといい日。無理せず「なんとなく続けられる」ようなことを考えてみましょう。スクワットや腕立て、腹筋を10回など、できる範囲でやってみるといいかも。
4 火	□	自分を成長させるために、少しでも勉強したり情報や知識を吸収しておくことが大切。相手の話はしっかり聞くようにし、うまくいっている人をよく観察しておきましょう。
5 水	■	自分が疲れているときは、同じように周囲も疲れていることが多いので、発言にはとくに気をつけましょう。自分のこと以上に、「相手を思いやる気持ち」をつねにもつことが大事です。
6 木	●	自分の意見をしっかり伝えることと、ワガママを言うことは違います。発言するときは、周囲の人や全体のことをもっと考えるようにしましょう。今日は、思った以上に意見が通りやすいでしょう。
7 金	△	気が緩んで恥ずかしい思いをしそうな日。一つひとつの仕事をていねいに進めていきましょう。周囲にチェックしてもらったり、声に出して確認するなど、ミスを防ぐ工夫も必要です。
8 土	◎	親友と楽しく過ごせたり、深い話ができそうな日。愚痴や不満もたまにはいいですが、フォローも忘れないように。片思いの人に連絡をすると進展しやすいので、突然でも気にせずメッセージを送ってみましょう。
9 日	☆	買い物をするといい日。ふだんから支えてくれる人に、感謝の気持ちを込めてプレゼントを購入してみましょう。相手の好みを考えて、よろこんでもらえそうなものを選んでみるといいでしょう。
10 月	▽	日中は、自信をもって行動することが大切。少し強引になるくらいがちょうどよさそうです。ただし、夕方以降は空回りしたり、タイミングが悪くなりそうなので、一歩引いて冷静に判断しましょう。
11 火	▼	頑固さが原因で、人間関係がこじれてしまいそうな日。問題が起きたときこそ、自分を見つめ直すいい機会だと思いましょう。「すべては自分の行いが原因」と思えば、人間的に大きく成長することができるはず。
12 水	✕	視野が狭くなって、決めつけが激しくなりそうな日。相手からどんなふうに見えているのか想像してみたり、「自分の言動は、人から憧れられるものになっているのか」を考えて行動するようにしましょう。
13 木	▲	スマホやパソコン内にある、使わなくなったデータやファイルをまとめたり、削除したりしましょう。画面をスッキリさせて、いつでも見やすい状態にしておけば、無駄な時間をとられなくなります。
14 金	○	ちょっとしたものでもかまわないので、新しいものを使ってみたり、持って出かけたりしてみるといい日。今日は、新商品や新しいことに目を向けると、自然と楽しくなって気分が乗ってくるでしょう。
15 土	○	名作と言われる書籍や映画、周囲からオススメされている作品に触れてみるといいでしょう。不朽の名作は、己に足りなかった考え方や視点を与えてくれ、視野を広げてくれるはず。
16 日	□	習慣を少し変えてみるといい日。ふだんとは違うテレビ番組を見たり、寝る時間を変えてみましょう。本を読む時間や、勉強をする時間をつくってみるのもオススメです。
17 月	■	今日は休憩をこまめにはさむなどして、余裕をもって仕事を進めていきましょう。詰め込みすぎると、周りが見えなくなり大きなミスを招くことがあるので気をつけること。
18 火	●	あなたの力に周囲が期待してくる日。助けを求めてきた人には、できるだけ力や知恵を貸してあげましょう。困っている人を見かけたときは、一言話しかけてみて。いい縁がつながりそうです。
19 水	△	何か疑問が出てきたときには、信頼できる人に積極的に聞いてみましょう。意地を張って知ったかぶりをしたり、自分勝手に歩みを進めると、取り返しのつかない事態になってしまいます。
20 木	◎	いままでの苦労を糧にできている人は、ピンチをチャンスに変えられますが、苦労を避けたり、サボってきてしまった人は、ピンチが大ピンチになってしまいそう。そこから学んで成長するようにしましょう。
21 金	☆	職場での疑問や新たなアイデアがあるなら、伝えてみると流れを変えられそうです。言えないときは、自ら行動して周囲を動かすといいでしょう。恋愛面では、気になる人に連絡してみると、相手を振り向かせることができそうです。
22 土	▽	日中は運を味方につけられるので、買い物やデートに行くといいでしょう。ランチデートを楽しんだり、突然でもかまわないのでホームパーティーを開催して、知り合いや友人を集めてみるのもオススメです。
23 日	▼	落ち込む理由のほとんどは、こちらが勝手に他人に期待しすぎているためです。周囲の人に必要以上に期待することはやめて、いまの自分と、未来の自分に期待してみましょう。
24 月	✕	やる気のない感じが周囲に伝わってしまったり、タイミングの悪さを実感しそうな日。無理に逆らわないで、流れに身を任せておきましょう。今日は、ワガママな発言や態度は控えましょう。
25 火	▲	不必要なレシートやしばらく使っていないポイントカードなどで、財布がパンパンになっていませんか？ 使わない小銭はなるべく貯金箱に入れるなどして、財布をスッキリさせてみましょう。
26 水	○	好奇心旺盛になれる日。ネットや雑誌、本などからいろいろな情報を集めてみたり、周囲の人から話を聞いてみるといいでしょう。今日気になったことは、後日深く調べておきましょう。
27 木	○	やる気が出ないと感じるときほど、まずは手を動かしてみましょう。自然と体も動いてくるでしょう。身の回りを整えたり、スマホを見えない場所にしまうなど、気が散らないための工夫もしておきましょう。
28 金	□	10年後の自分を想像して、いまの自分に何が足りないのか、何を頑張ればいいのかを考えてみましょう。「未来の自分が笑顔になるための行動」が、本当の努力だと思いましょう。
29 土	■	近くの大きな公園に出かけてみましょう。緑を見ながら散歩をしたり、心地よい空気を感じられるベンチに腰かけて、お茶やコーヒーを飲みながら読書をするなど、心癒やされる時間を過ごしてみて。
30 日	●	デートや遊びに出かけるには最高の日。好きな人から告白されたり、交際に発展することもあるかも。異性の友人や、気になる人に連絡してみるといいでしょう。あなたからの告白も、うれしい結果につながりそうです。

☆ 開運の日　◎ 幸運の日　● 解放の日　○ チャレンジの日　□ 健康管理の日　△ 準備の日　▽ ブレーキの日
■ リフレッシュの日　▲ 整理の日　✕ 裏運気の日　▼ 乱気の日　＝ 運気の影響がない日

5月

2023

■ リフレッシュの月

開運 3 カ条

1. 昼寝をする
2. 軽い運動をする
3. 夜更かしをしない

総合運 疲れがたまっている時期 のんびりする日を作って

思っている以上に疲れがたまっている時期。些細なことでイラッとしたときは、しっかり体を休ませるようにしましょう。自分では周囲にバレていないと思っていても、疲れが顔に出ていることもあるので、不機嫌な態度はとらないように。スケジュールにゆとりをもたせたり、のんびりする日をあらかじめ決めておくといいでしょう。下旬になるとあなたに注目が集まってきて、出会いや仕事でのチャンスもめぐってくるので、心の準備をしておきましょう。

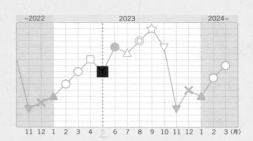

恋愛＆結婚運

好きな人との距離がなかなか縮まらない時期。相手の気持ちや状況を考えずに焦って行動すると、「面倒な人」と思われてしまいそう。メールを送るタイミングや内容は、冷静に考えましょう。新しい出会い運は、下旬にいい流れがありそうです。来月も期待できるので、髪を切ったり、フェイスマッサージをして顔の疲れをとっておくといいでしょう。結婚運は、恋人の前でイライラしていると相手が冷めてしまうので、疲れているときは会わない判断も大切です。

仕事運

頑張りすぎに注意が必要な時期。周囲に影響されて一生懸命に取り組むのはいいですが、無理は続かないので、ペースを少し落としたほうがいいでしょう。体調の心配をされたときは、疲れが顔に出ていたり小さなミスが続いているときなので、迷惑をかけないように休憩することも大切。急に重いものを持って腰を痛めたり、職場でケガをすることもあるので注意が必要です。集中力が下がりやすい時期なので、慎重に行動しましょう。

金運＆買い物運

ストレス発散や、疲れをとるための出費が増えそうな月。リフレッシュするにはいい時期ですが、無計画にお金を使ったり、暴飲暴食したりすると、逆に疲れがたまって、ストレスになる場合があるので気をつけましょう。イライラしたときに買い物をするのではなく、いいことがあった日に「思い出」として買い物をするのがオススメです。投資も判断ミスをしやすい月。自分のお金の使い方から、世の中のお金の動きを予測してみるといいでしょう。

美容＆健康運

体調を崩しやすい時期なので、異変を感じたときは無理をせず、早めに病院に行って検査を受けましょう。とくに問題のない人でも、予定を詰め込んだり、体に負担をかけすぎないように。睡眠時間を増やすためにも、夜更かしはできるだけ避けるようにしましょう。ストレス発散を兼ねて軽い運動をするといいですが、頑張りすぎるとケガをしたり、筋を痛めてしまうことがあるので、「楽しみながらできる」くらいのものがいいでしょう。

544 　開運のつぶやき ▶ どんな言葉も経験も受け止め方でプラスにできるもの。

1月	△	油断からくる不注意で、つまらないケガをしないように気をつけましょう。ドアや引き出しに指をはさんだり、段差で転んでしまうことなどもありそう。車を運転する人は、慌てると事故につながりやすいので気をつけましょう。
2火	○	実力のある人は楽しい1日を過ごせそうですが、努力が足りていない人には苦労や困難がやってきそう。視点を変えて、「自分がどう成長するべきなのか」をじっくり考えてみましょう。
3水	○	大事な決断をするにはいい日なので、将来の自分や、周囲がよろこぶようすを想像しながら、何かをはじめてみましょう。どんなことであっても、「はじめるのに遅すぎる」ということはありません。
4木	▽	自信をもって行動するのはいいですが、過信は失敗や問題の原因になりそう。日中は順調に進められても、夕方あたりからトラブルに巻き込まれたり、面倒なことになってしまうかも。
5金	▼	心身の疲れが顔に出たり、些細なことにイライラしそう。相手や周囲のことをもっと考えて、どんな態度でいる人が「素敵な人」と思われるのかを想像してみましょう。人から憧れられないような態度はとらないように。
6土	✕	遊びに行くのはいいですが、疲れをためてしまったり、油断してケガをしてしまうこともあるので気をつけましょう。できれば、のんびりゆっくりできる場所を選ぶといいでしょう。
7日	▲	天気がよければ各部屋のカーテンを洗ってみましょう。カーテンがきれいになると部屋がワントーン明るくなり、自分の気持ちも軽くなってくるでしょう。ふだん掃除しない場所もきれいにしておきましょう。
8月	=	連休明けでボーッとしたり、やる気が出ないときほど、目の前のことから手をつけてみるといいでしょう。簡単な作業でも手を動かしはじめると、自然とやる気になれたり、仕事に集中できそうです。
9火	=	あなたが信頼している人からのアドバイスは、少々耳が痛い内容でもしっかり聞いて、ひとまず実践してみましょう。万が一うまくいかなかったとしても、「経験」という財産は確実に残ります。
10水	■	計画的に行動することが大事。疲れをためないように工夫し、無駄な動きを減らすようにしましょう。効率的で合理的な仕事のやり方を考えてみるといいでしょう。
11木	■	たまには早めに帰宅して、スマホから離れ、時間を忘れて没頭できる趣味に打ち込んでみましょう。これといった趣味がない人は、ゆっくり湯船に浸かって疲れをとるのもよさそうです。
12金	●	自分中心に物事を考えていると、不満がたまってしまうだけ。もっと全体のことを考えて、「みんなで笑顔になるためには何を頑張ればいいのか」「楽しんでもらうにはどうすればいいのか」を考えてみるといいでしょう。
13土	△	うっかりミスをしやすい日。待ち合わせの場所や時間などの確認は、怠らないようにしましょう。長年かけて築き上げてきた信頼を、つまらないことで一瞬にして壊すことがないように。
14日	○	親友と話すことで気持ちが軽くなったり、楽しい時間を過ごせる日。不満や愚痴よりも、前向きな話や未来の希望、笑える話をするように意識しましょう。
15月	○	今日出会った初対面の人を大切に。勇気を出して、こちらから積極的に話しかけてみてもいいでしょう。意外な共通点から話が盛り上がって、親密な関係に発展することも。

16火	▽	日中は笑顔で仕事ができても、夕方あたりからは疲れが顔に出てしまいそう。集中力が切れていると感じるときほど、少し休憩したり、温かいお茶を飲んでゆっくりしてみましょう。
17水	▼	実力以上のことや、時間内に終えられない量の仕事を任されそうな日。断れる空気ではなく、やらざるを得ない感じになるかも。相手のためにも、できるだけ早く仕事を片付けるようにしましょう。
18木	✕	疲れを感じそうな日。今日は無理をしないで、ペースダウンさせたり、最低限の仕事をするだけにしておきましょう。悩み事はひとりで抱えないで、周囲に相談してみるといいでしょう。
19金	▲	日中は判断ミスをしやすいので、いつもより慎重に仕事をしましょう。ていねいに進めることで、自分だけでなく、周囲のミスにも気づきやすくなるでしょう。気づいたことは積極的にアドバイスしてあげて。
20土	=	マッサージやスパに行って、のんびりするといい日。ほかにもリラックスできそうな場所があれば、足を運んでみるといいでしょう。お気に入りのお店を見つけられることもありそうです。
21日	=	たまには仲のいい後輩たちを自分の家に招いてみましょう。ふだんなかなか聞くことができない本音などが飛び出すかも。楽しい会になるように、細かいところまで気を配ってみるといいでしょう。
22月	■	自ら率先して挨拶をすることで、相手との距離が縮まったり、心を開いてもらえるようになるでしょう。自分が心を閉ざして挨拶しないままでいると、いつまでも世界が閉ざされて、暗く苦しくなるだけ。まずは自分から心を開くように。
23火	■	自分でも気づかないうちに疲れがたまっているので、決して無理をしないこと。しっかりと栄養がとれる健康的な食事を心がけましょう。足りない栄養分はサプリメントなどで補ってもいいでしょう。
24水	●	突然大事な仕事に大抜擢されたり、注目されるポジションを任されそうな日。勇気を出して思い切って取り組んでみると、いい結果や、次につながるいい流れをつくれそうです。
25木	△	今日は「どんなことがあってもイライラしない」と決めて1日を過ごしてみましょう。少し腹の立つことがあったときこそ、「これは口角を上げるゲームだ」と自分に言い聞かせ、笑顔で乗り切りましょう。
26金	○	読みかけの本を最後まで読んでみたり、中途半端で止まっている趣味を最後までやり切ってみましょう。使いかけで置きっぱなしの調味料などは、使い切るか、処分するといいでしょう。
27土	○	憧れている人や気になっている人との距離を縮めるにはいい日。待ちの姿勢では、お近づきになれる可能性は低いので、自ら積極的に話しかけてみましょう。その際に失礼のないよう、最低限の礼儀は意識すること。
28日	▽	ランチデートをするにはいい日。カフェで話したり、映画を観るくらいがちょうどいいでしょう。夜は疲れを感じたり、気分が乗らなくなってしまうことがあるので、早めに帰宅しましょう。
29月	▼	元々フィーリングが合わなかったり、違和感のある相手とは、上手に距離をとりましょう。甘い言葉をかけて近寄ってくる知り合いにも要注意。しっかり本質を見極めて。
30火	✕	陰口や嫌なウワサを耳にしてしまいそうな日。世の中には、面倒な人やソリの合わない人がいるものだと思っておきましょう。上手に流せるようになることも大切です。
31水	▲	衣替えの時期を機に、ここ1年ほど着ていない服は処分してしまいましょう。買ってからそのままタンスに眠らせている新品同様のものは、後輩や知り合いに譲ってもいいでしょう。

☆ 開運の日　◎ 幸運の日　● 解放の日　○ チャレンジの日　□ 健康管理の日　△ 準備の日　▽ ブレーキの日
■ リフレッシュの日　▲ 整理の日　✕ 裏運気の日　▼ 乱気の日　= 運気の影響がない日

2023 6月

● 解放の月

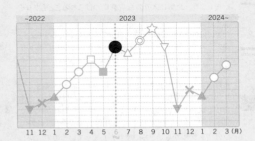

11 12 1 2 3 4 5 6 7 8 9 10 11 12 1 2 3（月）

~2022 　2023 　2024~

開運 3 ヵ条

1. 目立つ服を買う
2. 人付き合いを大切にし、人脈を広げる
3. どんなことにも積極的に参加する

総合運　才能を活かすことができそう　積極的に行動して

あなたの魅力や才能を活かすことができそうな月。いい意味で目立てる場面もあるでしょう。遠慮しないで自分をアピールしたり、積極的に行動することで運を味方につけられます。「目新しい」と思うことや興味がわいたことがあったら、素直に行動に移してみるといいでしょう。今後を左右するような人に出会える可能性が高い運気なので、人付き合いも大切に。初対面の人には礼儀正しく接し、連絡先を交換してマメに連絡をするといいでしょう。

恋愛＆結婚運

しばらく恋のチャンスがなかった人も、気になる相手を見つけられたり、好みに近い人と出会えそうです。遠慮するとチャンスを逃してしまうので、勢いでデートに誘ってみて。知り合ってから短期間で告白されて、交際に発展する可能性もある時期です。片思いをしている人は、今月は押しが肝心。相手の話でたくさん笑い、一緒にいる時間を楽しむようにしましょう。結婚運は、勢いで入籍を決めるにはいいタイミング。来月になると話が流れてしまうかも。

仕事運

あなたの能力を買われて、大事な仕事を任せてもらえることがありそうです。これまで以上に本気で取り組んでみると、コツをつかめたり、いい結果につながって仕事が楽しくなる場合もあるでしょう。職場の人とのコミュニケーションも上手にとれそうですが、調子に乗りすぎてしまうこともあるので、発言には注意が必要です。任される仕事は増えますが、「押しつけられた」などと思わないで、「期待されている」と前向きにとらえましょう。

金運＆買い物運

「解放の月」は調子に乗って、勢いで散財しやすい時期。ものを買う前に、「本当に必要か」を考えることが大切です。しっかり仕事を頑張っていると思えるなら、そのぶんしっかり遊びやストレス発散にお金を使いましょう。服や靴などを購入するにもいいタイミング。これまでとは少し雰囲気を変えてみるのもいいでしょう。職場での付き合いはケチケチしないこと。投資は、少し強気になるといい結果につながるでしょう。

美容＆健康運

健康面では問題の少ない時期ですが、運気がいいため、遊びの誘いや付き合いも増えてしまいそうです。ノリや勢いでOKしていると、疲れが一気にたまってしまうので、事前にしっかり体を休ませる日を決めておくといいでしょう。ダイエットや定期的な運動をはじめるにもいい時期です。体がなまっていると感じるなら、ストレッチや屈伸、家でできる軽い筋トレをはじめてみるのがオススメ。いい感じで続けられそうです。

1 木	○	今日新たな経験を積むことが、将来的に大きな意味をもってくるので、まずは挑戦してみましょう。万が一、うまくいかなかった場合には、失敗をそのままにせずに、「なぜ失敗をしたのか」までしっかり分析するといいでしょう。
2 金	○	新しい出会いがあったり、新たな経験ができる日。周囲にある「新しいこと」にもっと敏感になってみると、運気の流れをいい方向に変えられるでしょう。楽しみながらも、ふだんとは少し違った行動をとってみて。
3 土	□	あれこれと手を出さずに、まずはいま自分がやらなければならない仕事を着実に遂行しましょう。目の前の仕事を完璧に仕上げられた人にだけ、次の大きな仕事がやってきます。
4 日	■	今日はしっかり体を休ませるといい日ですが、友人や知人から急な遊びの誘いがありそう。無理な行動はしないよう用心して、早めに帰宅しましょう。
5 月	●	突然でもいいので、気になる人を自分のオススメのお店に誘ってみましょう。積極的になると、いい感じであなたの誠実さや想いが伝わりそう。勢いで交際がスタートすることもありそうです。
6 火	△	小さな判断ミスをしやすい日。「あ〜、こっちのほうがよかったかも」と、小さな後悔が続いたり、操作ミスや確認忘れなどもしやすいので気をつけましょう。今日のドジは、のちに笑い話になることもありそうです。
7 水	◎	上司や同僚から日ごろの頑張りを評価してもらえそうな日。評価されたときこそ、さらによくなるためのアドバイスを積極的に求めると、現状から一歩も二歩も前進できるでしょう。
8 木	☆	手応えを感じられそうな日。チャンスをつかめたり、周囲からの期待に応えられそう。本気で物事に取り組みつつ、先のこともっと考えて行動してみると、いい結果につながるでしょう。
9 金	▽	日中は、いい勢いで仕事ができて、よい判断もできそうです。ただし、夕方以降のお誘いには少し注意が必要。他人を悪く言う人とはうまく距離をとりましょう。一緒になって悪口を言ったり同調したりして、自分の評価を下げないように。
10 土	▼	予定通りに物事が進まず、ガッカリしたり、イライラすることになりそうな日。過度な期待をしないで、流れを楽しんでみることが大切です。あなたの裏側にある「頑固さ」が出てしまうと、視野が狭くなりそうです。
11 日	✕	少々耳の痛いことを言ってくれる人は、あなたにとってとても大切な人なので、感謝しましょう。反発したり口論に発展させたりせず、言われたことは謙虚に受け止めましょう。
12 月	▲	何事も、順番や手順が大切な日。基本に忠実になることを忘れると、大きなミスにつながってしまうでしょう。仕事があることに感謝して、目的や目標を見失わないようにしましょう。
13 火	○	なんとなく見て見ぬふりをしてきた自分の課題と、きちんと向き合ってみましょう。いまの自分に何が一番足りないのかが見えてくれば、いま、もっともやらなければならないことが自然とわかってくるはずです。
14 水	○	些細なことでも、気になることに挑戦してみましょう。好奇心の赴くままに行動することで、いい出会いがあったり、あなたに必要な体験ができそうです。
15 木	□	背筋を伸ばし、気持ちのいい挨拶から1日をスタートさせてみましょう。ちょっと苦手だなと思う人にも、ゲームだと思ってこちらから挨拶を。最初は苦しくても、習慣にしてしまえばそのうち平気になってきます。
16 金	■	疲れを感じるときは、ゆっくりする時間をとったり、休憩時間に目を閉じて、目の周りをマッサージしておくといいでしょう。頑張りすぎると、最後まで集中力が続かなくなってしまいそうです。
17 土	●	いい出会いがある日なので、友人や知人の集まる場所に顔を出してみましょう。仲よくなりたいと思った人には、自分から積極的に声をかけて連絡先を交換しましょう。今日は、髪を切ったり、イメチェンをするにもいい日です。
18 日	△	異性と楽しい時間を過ごせたり、チヤホヤされることがありそう。今日はふだんより少し目立つ服装を意識して、周囲の人に突っ込まれそうな小物を持つのがオススメ。予想以上に注目されたり、楽しい時間を過ごせそうです。
19 月	◎	人のためにお金を使うにはいい日。ふだんお世話になっている同僚や後輩を食事に誘ってみたり、ちょっとしたプレゼントを贈ってみるといいでしょう。感謝をかたちにすることはとても大切です。
20 火	☆	いい仕事ができたり、実力以上の結果を出せることがありそう。今日は、何事にも自信をもって取り組み、遠慮しないことが大切です。数字や時間にもっとこだわってみるといいでしょう。
21 水	▽	日中は、満足できる結果が出て、集中力も続きそう。周囲のサポートに注意。根を詰めすぎるとミスをしそうなので、少し疲れたら、気分転換に散歩や軽い体操をしてみるといいでしょう。
22 木	▼	調子に乗りすぎて空回りしたり、珍しいミスを連発してしまいそう。失敗を他人のせいにしていると、いつまでも成長できません。「100%自分が悪い」と反省して、今後の改善方法を考えましょう。
23 金	✕	自己中心的な考えの人のもとには幸運は訪れません。自分の損得ばかりを考えずに、どうしたら周りが幸せになるのかを考えてみると、現状から一歩抜け出せるでしょう。
24 土	▲	今日は、予定があっても必ず部屋の片付けをしてから出かけてください。散らかったままの部屋では、運気はよくならないでしょう。不要なものはドンドン処分するように。
25 日	○	新しくオープンしたお店や、気になっていたけれど入ったことのなかったお店に行ってみるといい日。欲しいものを見つけられたり、いい商品に出会えそうです。今日をきっかけに、お気に入りの場所になることも。
26 月	○	生活リズムを少し変えてみるといい日。起きる時間や出社時間を変えたり、ふだん食べないようなものを選んでみるなど、ちょっとしたことを試してみると、いい発見や素敵な出会いにもつながりそうです。
27 火	□	良くも悪くも勘が当たりそうな日。嫌な予感がして、不運を上手に避けることもできるでしょう。いい勘が働いているときは、少し強気になってみたり、積極的に行動してみるといいでしょう。
28 水	■	誰かの失敗のしわ寄せがきそうな日。無駄に疲れたり、気を使いすぎてしまうことも。休憩時間には気分転換をし、しっかり休むようにしましょう。
29 木	●	気になる相手がいる場合は、休み時間に何気ないメッセージを送ってみると、いい返事がもらえそう。逆に、相手からメッセージが届く場合もあるので、勢いでデートや食事に誘ってみるといいでしょう。
30 金	△	肩の力が抜ける感じがする日ですが、力を抜きすぎて、ミスをすることもありそうです。大きな問題にはなりませんが、ドジなところを周囲に見られてしまうかも。意外にも、「いいキャラ」として人から好かれるようになるでしょう。

☆ 開運の日　◎ 幸運の日　● 解放の日　○ チャレンジの日　□ 健康管理の日　△ 準備の日　▽ ブレーキの日
■ リフレッシュの日　▲ 整理の日　✕ 裏運気の日　▼ 乱気の日　＝ 運気の影響がない日

7月

△ 準備の月

総合運　メリハリが必要になる時期
遊ぶ時はしっかり遊んで

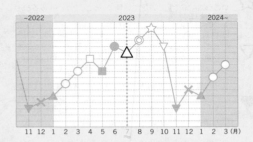

運気の流れはいいですが、珍しいミスやドジな失敗が増えそうな時期。自分でも笑ってしまうようなミスをしてしまったり、遅刻や寝坊などいつもならしないドジを連発することも。時間の確認や事前の準備、最終チェックを怠らないようにしましょう。また、何事もメリハリが必要になる時期。遊ぶ時はしっかり遊んでストレスを発散しましょう。自分だけでなく友人や仲間を誘って、楽しい時間を過ごすといいでしょう。

恋愛＆結婚運

テクニックのある人や陽気な感じの人に惹かれてしまいそうな時期。勢いで関係を深めてしまうこともありそうですが、今月の恋は遊びで終わったり、「真面目だな」と思っていた人が予想外に冷たかったりする場合も。相手にもてあそばれて終わってしまうケースもありそうです。特に、お酒の勢いだけで関係を進めないように注意しましょう。結婚運は、話を固めにくい時期。相手に好きな人ができてしまう場合もあるので油断しないように。

仕事運

少し力を抜いて仕事ができる時期ですが、力を抜きすぎてサボったり、仕事に感謝がなくなって適当な感じで終えてしまうこともありそうです。しっかり仕事をしたぶんは、しっかり遊んだり自分にご褒美をあげるといいでしょう。珍しいミスが増えるので、数字や日付、時間などのチェックはこれまで以上にキッチリ行うこと。スケジュールの確認も怠らないようにしましょう。勘違いで大失敗する場合もあるので注意しましょう。

金運＆買い物運

誘惑に負けて余計な出費が増えてしまったり、不要なものを購入してしまいそう。うっかり契約をして後悔することもあるので気をつけましょう。甘い話や簡単な儲け話には特に注意が必要です。遊びにお金を使うのはいいですが、しっかり計画を立てて、予算を決めてから遊ぶように。投資などの資産運用は「ゲーム感覚」といえるくらいの少額ならいいですが、大金は動かさないほうがよさそうです。数百円でできるものを試してみるといいでしょう。

美容＆健康運

階段で転んだり段差でつまずくなどして、小さなケガや打撲をすることがあるので、気をつけましょう。急いでいるときでも落ち着いて行動すること。また、食事はしっかり噛んで食べるようにしましょう。お酒を飲みすぎたり、食べすぎで太ってしまうこともあるので、油断しないように。ダイエットや運動をするなら、楽しみながらできるものがオススメです。ダンスをしたり、音楽を聴きながらストレッチをするといいでしょう。

1
土
○
最近知り合った人と距離が縮まりやすい日。こちらから食事や遊びに積極的に誘ってみましょう。あなたが緊張していると相手にも伝わってしまうので、自然体を心がけるといいでしょう。

2
日
○
買い物に行くのはいいですが、欲しいものを決めてから出かけるようにしましょう。勢いで不要なものまで買ってしまったり、丼勘定になりやすいので気をつけて。

3
月
▽
日中は積極的に仕事を見つけてドンドン動きましょう。夕方以降に、周囲と噛み合わなくなることがあるかも。自分と違う考えや意見をもっている人を、尊重することも忘れずに。

4
火
▼
恥ずかしい失敗をしやすい日。隠したりごまかしたりしないで、周囲に報告や相談をしましょう。早い段階で謝罪することで、問題が大きくならずに済む場合もありそうです。

5
水
✕
イライラしてしまう出来事があるかもしれませんが、すべては己に原因があるはず。決して周囲に当たり散らさないこと。スッキリしないときは、深呼吸をして心を落ち着かせましょう。

6
木
▲
受けた恩や愛を忘れないように。感謝の気持ちを忘れていると、苦労や困難が増えてしまいます。自分中心に考えないで、「周囲や相手のために己ができること」を考えて動きましょう。

7
金
＝
今日は七夕なので、「いま叶えたい願い事」はなんなのか自問自答してみるいい機会です。些細なことでかまわないので、願いを叶えるための第一歩を踏み出す日にしましょう。

8
土
＝
気晴らしに、これまで行ったことのない場所やお店に足を運んでみましょう。いい発見があったり、お気に入りの場所になったりしそう。食事を注文するなら、「新メニュー」を選んでみるといいでしょう。

9
日
□
「なんとなくスマホをいじっていたら1日が終わってしまった」ということがないように。平日になかなかできないことを計画的に済ませて、有意義な1日にしましょう。

10
月
■
昨日の疲れが残って、ボーッとしやすい日。小さなケガや失敗もしやすいので気をつけましょう。夜は、急な誘いやうれしい報告があるかも。

11
火
●
たまには周囲の視線を気にせず、思い切って大胆な行動をとってみるといいでしょう。仕事でもプライベートでも、新たな展開が見えてきそう。ただし、大胆に行動することと自分勝手に行動することは違うので、間違えないように。

12
水
△
家を出る前に持ち物のチェックを忘れずに。仕事でも、準備と最終確認をしっかり行いましょう。日時や数字、金額や名前などを見間違えていないか、よく確認すること。

13
木
○
人との縁を大切にすることで運気の流れがよくなります。「同じ時代に生きて会えること」の奇跡を、もっとよろこんで楽しんでみるといいでしょう。親友や仲よくしてくれる人の存在に感謝を忘れないようにしましょう。

14
金
○
目の前の仕事に、真剣に取り組む姿勢が大切な日。仕事の効率をよくしたり、結果を出せるように、もっと考えて取り組みましょう。本気になってみると、仕事が自然と楽しくなってくるでしょう。

15
土
▽
日中は気持ちよく過ごせそう。ただし夕方以降は、出かけた先でトラブルに巻き込まれる可能性があるので、早めに帰宅しましょう。帰宅後は、好きな音楽を聴くことや趣味に時間を使うなどして、ゆっくり過ごしましょう。

16
日
▼
ワガママな発言や愛のない言葉を発してしまいそうな日。魅力ある言葉をもっと意識してみると、いい人生を送れるようになります。今日は書店に行って、気になる本を購入して読んでみるといいでしょう。

17
月
✕
「運が悪かった」で終わらせるのではなく、何が原因でその状況に陥ったのかを分析することがとても重要です。きちんと総括できれば、今日の出来事は必ず意味のあるものになります。

18
火
▲
大事なものを忘れて周囲に迷惑をかけてしまったり、雑な確認のせいで問題が起きてしまうことがありそう。今日は、いつも以上にていねいに行動するように心がけましょう。

19
水
＝
ふだんあまり一緒に行動しない知り合いと同じ時間を過ごしてみると、おもしろい発見があるでしょう。自分では思いつきもしなかったアイデアに触れられるかも。新鮮さを味わえ、いい刺激にもなりそうです。

20
木
＝
行動範囲を広げることで、楽しいことやおもしろいことを見つけられる日。行く前に「つまらない」などと決めつけて避けてしまわないように。どんな場所で、どんなお店なのかと、好奇心をもっと膨らませてみるといいでしょう。

21
金
□
夕方以降は、体調を崩しやすくなるので気をつけましょう。ついつい物事に没頭して、こまめに水分をとることを忘れてしまいそうです。のどが渇く前に、水分補給をしておきましょう。

22
土
■
今日は、しっかり体を休ませるといい日。家でのんびりするのはいいですが、ダラダラするのは禁物です。軽い運動やストレッチをしておきましょう。予定が入っている場合は、こまめに休憩をはさみましょう。

23
日
●
気になる相手がいる人は、地元のお祭りやイベントに誘ってみましょう。デートの約束ができたり、勢いで今日会える場合もありそう。自分がリードするくらいの気持ちで積極的に行動すると、ふたりの関係に進展があるかも。

24
月
△
寝坊や遅刻をしやすい日。今日は、何事も「15分前行動」を意識して、時間にゆとりをもって行動しましょう。忘れ物をしないように、事前にしっかり準備もしておきましょう。

25
火
○
いままで地道にコツコツ努力してきたことが、やっと評価されそう。自分が関わっているすべての人に感謝しましょう。終業後は、感謝の気持ちを込めて後輩たちと飲みに出かけるのもいいでしょう。

26
水
○
お金のことを真剣に考えるにはいい日。ポイ活や数百円からできる投資を、ゲーム感覚ではじめてみるといいでしょう。詳しい人に教えてもらうと、楽しくはじめられそうです。

27
木
▽
やり慣れた仕事にこそ落とし穴があるもの。今日は、より意識して確認作業を行いましょう。しっかり仕事をしたあとは、気の合う友人とおいしいものを食べて、楽しい時間を過ごしましょう。

28
金
▼
大きな失敗をしやすい日。「確認したつもり」ではなく、「完璧」と言えるくらいしっかりチェックしておきましょう。自分では伝えたつもりが、伝え忘れている場合も。やるべき仕事はメモしておくこと。

29
土
✕
お酒の席でのトラブルに気をつけましょう。お互い気分が高揚しているときは、つい口が滑りやすいもの。酒量を調整するなどして、未然に防ぐようにしましょう。せっかくの楽しい時間を、台無しにすることがないように。

30
日
▲
部屋の掃除をするのはいいですが、間違って大事なものを処分しないように。手を滑らせて食器を割ってしまうことや、大切なものを壊してしまうこともありそうです。壊れたときは「自分の身代わりになってくれた」と思いましょう。

31
月
○
何においてもマイナスのことばかり考えていると、視野が狭くなってドンドン行動できなくなってしまいます。プラスの面にも目を向けて、ポジティブな言葉を発するようにしましょう。

☆ 開運の日　◎ 幸運の日　● 解放の日　○ チャレンジの日　□ 健康管理の日　△ 準備の日　▽ ブレーキの日
■ リフレッシュの日　▲ 整理の日　✕ 裏運気の日　▼ 乱気の日　＝ 運気の影響がない日

2023 8月

◎ 幸運の月

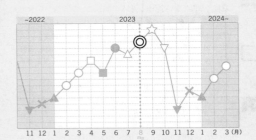

~2022　　2023　　2024~

11 12 1 2 3 4 5 6 7 8 9 10 11 12 1 2 3 (月)

開運 **3** ヵ条

1. 求められたことに全力で応える
2. 人との縁を大切にする
3. 知り合いからのアドバイスを聞く

総合運 — 人との縁を大切にして大事な人に会えるかも

自分中心に判断しないで、あなたのことを信じてくれる人や頼りにしてくれる人を信じて行動してみるといい時期。自分の才能や魅力は「周囲が知っているもの」だと忘れずに、付き合いの長い人からのアドバイスはしっかり聞き入れましょう。今月は人との縁を大切にするといいので、知り合いや友人から誘われたときは顔を出しておきましょう。今後の人生を左右する大事な人に出会えたり、あなたに必要な体験ができそうです。

恋愛＆結婚運

すでに気になっている人がいるなら、頑張って今月3回以上デートをしてみると交際に発展させられる可能性があるでしょう。タイミングが合わず1度も会えない場合は縁が薄い可能性が高いので、知り合いや友人からの紹介に期待したほうがよさそう。習い事をはじめたり行きつけのお店を作るといい縁がつながる確率が高まるので、フットワークを軽くしておきましょう。結婚運は、婚約をするにはいい運気です。

仕事運

仕事に真剣に向き合っていた人には大事なチャンスがめぐってきますが、なんとなくこなしていた人には学ぶべき流れがやってくる時期。信頼してくれている人のために、自分の力やこれまでの経験を出しきってみましょう。結果はしっかり受け止めつつ、「まだ通過点」と思って、「さらにいい成果を出すにはどうすべきか」を考えてみるといいでしょう。人との縁で仕事がつながる場合もあるので、付き合いは大切に。

金運＆買い物運

収入を増やそうと思うなら、今月は仕事に本気で取り組みましょう。儲けやお金、数字や時間にもっとシビアになることが大切です。不要なサブスクを解約するなど、浪費にもブレーキをかけましょう。家賃が高いなら引っ越しをして、固定費を下げることも必要です。資格取得やスキルアップのための勉強もスタートしましょう。投資にもオススメの時期なので、長く続けられるものを選んで少額からでもはじめてみるといいでしょう。

美容＆健康運

長く続けられそうな運動をはじめるといい時期。できれば過去に少しかじっていたスポーツや、部活でやったことのあるトレーニングなど、経験を活かせるもののほうがいいでしょう。ダイエットをはじめるにもいいタイミングです。友人と競ってみると結果につながりやすいので、「一緒に痩せない？」と誘ってみるといいかも。美意識を高めるなら「若返り」をテーマにして、服装や髪型を少し変えてみるといいでしょう。

開運のつぶやき 〜 何事にもプラスとマイナスがあることを忘れない人に幸運はやってくる。

1火	○	自らすすんで仕事に取り組むことが大切な日。失敗してもいいので、つねに全力を出していきましょう。周囲は、あなたが仕事に取り組む姿勢をしっかり見ています。大事な仕事を任せてもらえるような存在になれるよう努力しましょう。
2水	□	自分の課題にしっかり向き合うことが大切な日。「苦手だから」といつまでも同じことから逃げていては、成長できないでしょう。不慣れなことや苦手なことを少しでも克服するための努力を忘れないようにしましょう。
3木	■	夏バテ防止のためにスタミナ重視の食事を心がけましょう。発汗を促すものを食べるのもいいでしょう。たとえ食欲がなくても、栄養をしっかり摂ることが大事。自分の体や体力を過信しないこと。
4金	●	先延ばしにしないことが大事。好きな人との連絡が途切れているなら、そのままにしないで、メッセージを送ったりデートに誘ってみましょう。その勢いで、夜に会えることも。
5土	△	遊ぶときは、思い切り遊ぶといいでしょう。真剣に遊べる人は、仕事も恋もうまくいくものです。ただし、ドジな失敗や思わぬケガには十分に気をつけて。
6日	◎	しばらく行っていないお店に買い物に行くと、欲しいものやお得なものを見つけられそう。以前から欲しいと思っていたものを手に入れることもできそうです。
7月	☆	あなたの能力が輝く日なので、今日は周囲に遠慮せず、ドンドン意見を言ってみましょう。ただし、自分の発言に対してはしっかり責任をもつこと。責任感が人の成長速度をより速めます。
8火	▽	午前中は、頭の回転が速くなって、いい決断ができそう。物事をスムーズに進められ、いい結果も残せるでしょう。午後からは視野が狭くなったり、自己中心的な考えが強くなってしまうかも。
9水	▼	人間関係がこじれそうになったときは、感情的になる前に、一度こちらから謝るなど、相手に歩み寄ってみましょう。今日は「謝ったほうが勝ち」というルールで生きてみるといいでしょう。
10木	×	私たちは、自分に与えられた時間をつねに失っています。「時間は命」だと忘れずに。サボりたくなったときほど、いまやるべきことから逃げず、しっかり向き合いましょう。ゆっくりでも成長し続け、その準備も続けていきましょう。
11金	▲	財布やカバンのなかに、不要なレシートや書類が入っていないかをチェックして、整理整頓しましょう。ふだん使いするものの中身は、できる限りシンプルにしておくと、運が向いてくるでしょう。
12土	○	大事な人に会える運気。知り合いや友人の集まりに参加したり、自分でも人を集めてみるといいでしょう。新しい人に会えるよう、自分なりに工夫してみて。
13日	○	いつもとは少し違った休日の過ごし方をしてみると、おもしろくなってくるでしょう。ふだん仲間と一緒に過ごす人は、自分と向き合う1日に。ひとりでいることが多い人は、友人を誘ってワイワイ楽しんでみるといいでしょう。
14月	□	今日できることは、今日中に終わらせるようにしましょう。「明日でいいや」と思っていると、後悔することになりそうです。恋も仕事も、今日は本気で取り組みましょう。
15火	■	部屋の冷やしすぎで体調を崩さないよう、エアコンの設定温度に気をつけましょう。自分でコントロールできない場合は、上着を1枚羽織ったり、常温の飲み物を飲むなどして工夫を。
16水	●	気持ちが楽になり、一歩前に進める日。本来の能力や魅力を出すことができる運気なので、遠慮しないで自分をアピールしてみましょう。ときには相手を押し切ってみるくらいの強い気持ちも大切でしょう。
17木	△	準備不足が表に出てしまう日。どんな仕事でも、しっかりこなすためにはちゃんとした準備が必要です。予想外のことが起きても焦らず対応できるように、事前のチェックや備えを怠らないようにしましょう。
18金	◎	どんな人でも、必ず人の役に立つことを積み重ねているもの。些細なことでもいいので、周囲の人の手助けをしてみましょう。協力できることはなんでもやっておくと、いい人間関係を築けるようになります。
19土	☆	買い物をするといい日。長く使うものを購入するといいでしょう。また、ふだんお世話になっている人への贈り物を購入するのもオススメ。相手のよろこぶ顔を想像しながらプレゼントを選ぶと、さらにいいでしょう。
20日	▽	日中は運気がいいので、気になる人を誘ってランチデートをしたり、遊びに出かけてみましょう。いい話ができて気持ちが満たされそうです。夜は早めに帰宅して、早めに寝るようにしましょう。
21月	▼	嫌なことや耳の痛いことを言われたとしても、それをプラスにとるかマイナスにとるかは、あなたの考え方次第。相手に対して負の感情をぶつけるのではなく、むしろ感謝をすることが大事です。
22火	×	自分を通そうとしないで、今日は流れに身を任せておきましょう。流れに逆らうから苦しく感じるだけなので、流されながら、求められたことに素直に応えてみるといいでしょう。
23水	▲	日中の判断ミスには十分気をつけましょう。凡ミスを未然に防ぐためにも、こまめに休憩をとったり、自分以外の誰かにチェックしてもらうといいでしょう。
24木	○	時間の使い方を工夫するといい日。いつもと同じ1日を漫然と過ごすのではなく、「5分前行動」をするなど、時間をもっと意識して行動するといいでしょう。効率よく動くことを心がけましょう。
25金	○	「これくらいでいいだろう」と思ったときに、もう一歩努力する癖をつけましょう。少しつらくて苦しいかもしれませんが、その努力の積み重ねが、未来の自分の笑顔につながります。
26土	□	予定をしっかり立てて行動するといい日。1日の終わりに、自分の考えていた予想とどのくらい違っていたかを振り返ってみて。自分が計算できていなかった部分をしっかり分析しておくといいでしょう。
27日	■	予定を詰め込むと疲れてしまう日。家でゆっくり本を読んだり、映画やドラマ、音楽などを楽しむといいでしょう。「いま世間では、どういうものが流行っているのか」と、時流に敏感になることは大事です。
28月	●	良くも悪くも注目される日。チャンスがめぐってきますが、実力不足の人は不運に感じてしまうかも。自分を信じてくれる人のために頑張ってみると、いい結果につながるでしょう。
29火	△	集中力が欠けてしまう日。無駄な時間を過ごしたり、ミスも増えやすいので気をつけましょう。やる気が出ないと感じるときほど、「どう考えたら、いまを楽しめるのか」を想像してみて。
30水	◎	昔のことを考えても何も変わりません。「過去のおかげで、いまの幸せがある」と、気持ちや考え方を変えてみると、人生が前に進みはじめるでしょう。後悔するのではなく、現実をプラスに受け止めましょう。
31木	☆	新しい出会いと体験を大切に。苦手だと勝手に判断しないで、勇気を出して飛び込んでみると、いい縁がつながったり貴重な体験ができそうです。清潔感のあるファッションを心がけておくといいでしょう。

☆ 開運の日　◎ 幸運の日　● 解放の日　○ チャレンジの日　□ 健康管理の日　△ 準備の日　▽ ブレーキの日
■ リフレッシュの日　▲ 整理の日　× 裏運気の日　▼ 乱気の日　＝ 運気の影響がない日

9月

2023

☆ 開運の月

開運 3 カ条

1. 新しい出会いを求めて行動する
2. 仕事に役立つ事やお金の勉強をする
3. 長期的に使うものを購入する

総合運 　大事な人脈や経験ができそう
勇気を出して挑戦して

多少お金がかかっても気になることにチャレンジすることで、運気の流れを大きく変えられたり、大事な人脈や経験ができる時期。大きなチャンスとまではいかなくても、いい勉強になったりあなたの人生に必要な体験となる可能性が高いので、なんとなく避けていたことでも勇気を出して挑戦したり気になった場所に行ってみるといいでしょう。イメチェンや引っ越し、環境を思いきって変える決断をするにも最適な時期です。

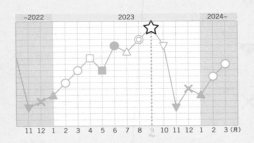

恋愛＆結婚運

新しい出会い運がいいので、飲み会やコンパなど、出会いがありそうな場所に出向いてみましょう。数年恋人がいない場合は、結婚相談所に登録したりマッチングアプリを使うなどして、出会いを求めて行動するといいでしょう。条件を気にするよりも、まずは実際に短時間でも会って話をしてから判断すること。気になる人がいるなら押しが大事なので、遠慮しないで連絡してみましょう。結婚運は、入籍に向けて話を進めるにはいい運気です。

仕事運

チャンスがやってきそうな時期。仕事関係者と仲良くなることで、仕事の幅が広がったりのちに役立つことがあるので、終業後の付き合いも大事にしてみましょう。実力以上の仕事を任されてプレッシャーを感じる場面もありますが、自分のことだけを考えないで、周囲や会社の利益を考えて判断しましょう。数年前から不向きな仕事だと思っている場合は、今月から転職活動をはじめると、いい会社に移れる可能性が高まるでしょう。

金運＆買い物運

長く使うものを購入すると、金運がアップする時期。財布や仕事道具などを優先的に購入したり、お金の勉強になる本を読むなど、できることを即行動に移すといいでしょう。つみたてNISAや投資信託などを少額でも実践してみたり、ポイ活をするのもいいでしょう。無駄遣いをやめることも大事なので、サブスクやスマホでの課金はやめて、勉強になることにお金を使いましょう。今月は、引っ越しを決断するにもいい時期です。

美容＆健康運

美意識を高めるのはいいですが、お金をかけすぎたり、歯の矯正やエステなどの高額な契約をしやすいので、自分の収入に見合うかどうか冷静に判断しましょう。スポーツジムや格闘技の習い事などに入会してみると、いい出会いもあり、やる気になれそうです。体験教室をのぞいて雰囲気を見てから判断するといいでしょう。美容院を新しく変えるのもオススメです。話題のお店や最近オープンしたお店を探してみるといいでしょう。

　開運のつぶやき ▶ イルカ座は、漫画以外の本を読む習慣を身につけたら最強。

1 金	▽	日中は順調に物事が進んでいくので、前向きな姿勢でドンドン取り組んでいきましょう。何事もなく進んだとしても、決して自分だけの力ではないので、周囲への感謝は忘れずに。
2 土	▽	ワガママな態度や言葉が出そうな日。自分のことばかり考えないで、相手のことをもっと真剣に考えたり、自分の言動がどう思われているのかを冷静に判断するようにしましょう。
3 日	✕	周囲に予定を狂わされることがありそうですが、イライラしたり落ち込んだりせずに、むしろその状況を逆手にとってどう楽しむかを考えるといいでしょう。どんなときでも笑顔を忘れずに。
4 月	▲	悪習慣と思いながらもやめられないことがあるなら、今日、思い切って断ち切るといいでしょう。心を惑わすSNSやゲームのアプリは消去し、昔の思い出の品は見えないところにしまいましょう。
5 火	○	今日は、自分にとって苦手なことに向き合う1日にしてみましょう。長所を伸ばすのも大事ですが、自分の活動範囲や視野を広げるためにも、短所や苦手な部分を克服する努力をしてみるといいでしょう。
6 水	○	頑張れば頑張るほどやる気が出てくる日。余計なことを考えないで、まずは目の前の仕事を進めるよう手を動かすといいでしょう。片付けをしたり、すぐに終わりそうなことをドンドンこなしましょう。
7 木	□	ぼんやりした目標では自分の力を100%出すことは難しいもの。まずは小さくても明確な目標を立てましょう。いまやらなければならないことが、自然とわかってくるはずです。
8 金	■	ここ数日の頑張りが響いて、疲れが出やすい日。今日は、しっかり仕事をしたらしっかり休むようにしましょう。休憩時間に仮眠をとったり、仕事終わりにマッサージに行くのもオススメ。夜は、ゆっくり湯船に浸かるといいでしょう。
9 土	●	いい出会いがありそうなので、知り合いに誘われたら出かけてみましょう。誘いがない場合は、自分から誘ってもいいでしょう。初対面の人には笑顔で挨拶をするなど、礼儀をしっかり意識しておきましょう。
10 日	△	うっかりしやすい日。忘れ物をしたり、連絡を忘れてしまいそう。買い物に行ったのに、目的の品を買い忘れて帰ってきてしまう、なんてことも。大事なことは、メモをしておくといいでしょう。
11 月	◎	行動しない理由は、周囲には「ただの言い訳」にしか聞こえないもの。つべこべ言わずに取り組んでみると、思ったよりも前に進んだり、順調にいきそうです。
12 火	☆	実力をうまく発揮できる日。遠慮しないで自分をアピールしたり、進んで仕事に取り組むといいでしょう。「余計なことかも」と思っても、過剰なくらいにサービスしてみて。
13 水	▽	自分に対して厳しいことを言ってくれる人こそ、大切にしましょう。アドバイスをいきなり全部実行するのはなかなか難しいかもしれませんが、少しずつ挑戦し、成長する姿を見せていくことが何より大事です。
14 木	▼	相手の言葉を善意として受け止められなくなりそうな日。相手に悪意があると思ったときは、あなたのなかに悪意があるだけ。態度や言い方が悪い人にも、家族や友達がいると思って、やさしい目で見てみることが大切です。
15 金	✕	思い込みや勘違いが原因で、トラブルになることがある日。相手の話は最後までしっかり聞くこと。気まずくなってもつまらないだけなので、何かあった場合は、こちらから誠心誠意、謝るようにしましょう。
16 土	▲	大掃除をしたり、身の回りを片付けるといい日。悪友や、あなたを振り回す人、心を乱す人との別れを決断するにもいいタイミングです。昔の恋人や、縁を切りたい人からの連絡はブロックするといいでしょう。
17 日	○	今日は、ふだんあまり連絡をとらない友人や知人に、自ら連絡をとってみましょう。タイミングが合えば、ランチやディナーに誘ってみてもいいでしょう。新鮮な刺激を受けられるチャンスです。
18 月	○	なんとなく苦手と感じる人に自ら話しかけたり、挨拶をしてみるといい日。思わぬ話が聞けたり、相手は思ったよりいい人の可能性があるでしょう。新しい仲間ができやすい運気なので、人との交流を楽しみましょう。
19 火	□	いま置かれている環境は、現状の自分とリンクしています。上品な人には上品な人が集まり、下品な人にはそういう人が集まってくるでしょう。今日はとくにきれいな言葉遣いや、ていねいな振る舞いを心がけましょう。
20 水	■	油断をしているとケガをしたり、仕事の成果を横取りされることもある日。思ったよりも集中力が低下しているので、ていねいに行動し、きちんと確認するようにしましょう。
21 木	●	いまのあなたの才能を少しでも評価してくれている人に対して、感謝と恩返しを忘れないようにしましょう。周囲の人のおかげでいまの自分があることを忘れてしまうと、大きな苦労と困難がやってくるでしょう。
22 金	△	判断ミスをしやすい日ですが、大きな間違いよりも些細なミスが増えそう。「あ〜、あっちの店に行けばよかった」「こっちのレジのほうが遅い」など、小さなイライラで済んだなら、ラッキーだと思いましょう。
23 土	◎	どんなに相性がよくても、こちらから好意を伝えなければ、なかなか距離は縮まりません。気になる人がいるなら、自然なかたちで食事や遊びに誘って、楽しい時間を演出してみましょう。
24 日	☆	買い物をするにはいい日。買い替えをしたり、気になるものを購入するといいので、時間をつくってショッピングに出かけましょう。ネットでもアリですが、できれば行ったことのないお店に行くと、いいものを見つけられそうです。
25 月	▽	午前中は運を味方につけられ、ラッキーな流れがある日。少し強気に行動してみるといいでしょう。夕方以降は、流れに逆らわずに身を任せると、新しい発見があるかもしれません。
26 火	▼	現実が答えなので、不満があるなら、あなたに問題があるだけ。思い通りに進まなかったり、想定外だと思うなら、想像と計算が甘かっただけ。考え方を改めるきっかけだと思って、現実をもっと素直に受け止めましょう。
27 水	✕	何をやってもやる気が起きないときは、「この行動が誰かの笑顔につながっている」と、思い込んでみるといいでしょう。少し気持ちが楽になるはず。
28 木	▲	無駄なものを処分するといい日。職場やデスクに置きっぱなしになっている不要なものや、ゴミは処分しましょう。拭き掃除をしてピカピカにするのもいいでしょう。スッキリすると、仕事や目の前のことに集中できるようになるでしょう。
29 金	○	交流の幅を広げるには、自身の積極的な行動がカギとなります。初対面でも「また会いたいな」と思う人に出会ったら、勇気を出して、こちらから連絡先の交換をお願いしてみましょう。
30 土	○	「自分にはまだ早いかな」と思えるような場所に行ってみるといい日。高級なレストランやホテルのラウンジでお茶をすると、一流のサービスから学べることがあるでしょう。新たな体験が視野を広げてくれます。

☆ 開運の日　◎ 幸運の日　● 解放の日　○ チャレンジの日　□ 健康管理の日　△ 準備の日　▽ ブレーキの日
■ リフレッシュの日　▲ 整理の日　✕ 裏運気の日　▼ 乱気の日　＝ 運気の影響がない日

10月 2023

▽ ブレーキの月

開運 3 カ条

1. 忙しいことを楽しむ
2. 新しい出会いを増やす
3. 笑顔で挨拶とお礼をする

総合運

**中旬までは高く評価されそう
下旬は人間関係に注意**

中旬までは、あなたの魅力や才能を思った以上に周囲に伝えられたり、高く評価される時期。遠慮せずに自分をアピールしましょう。周りの人を楽しませるトークをしたり仲間に協力するなどして、新たな人脈や出会いを求めてみるといいでしょう。今月の頑張り次第ではあなたのイメージを変えられるので、挨拶やお礼などは丁寧にしておくこと。下旬は、嫉妬がらみのいざこざや人間関係のトラブルに気をつけましょう。

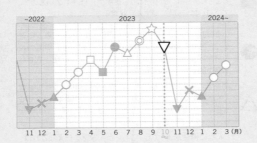

恋愛＆結婚運

出会いが多くなる運気。積極的に行動すると素敵な人に出会えるでしょう。会うだけで終わらせないで、今月中に交際まで進められるようにもう一押しするなど、自らきっかけを作りましょう。遊ぶ日の候補は複数出して相手に伝えること。すでに気になっている人がいるなら運気のいい日にメッセージを送ってみましょう。髪を少し切って雰囲気を変えるのもオススメ。結婚運は、入籍を決めてもいい運気ですが、下旬になると話が流れてしまうかも。

仕事運

あなた中心に仕事が動くような流れがあるでしょう。思った以上に重要な仕事を任されるなど周囲から期待される時期です。すべてに応えられなくても、今の実力を出しきるつもりで取り組むと、いい結果につながったり、職場をうまく盛り上げることができるでしょう。人の個性を認めて褒めるようにすると、いいチームワークで仕事を進められそうです。下旬には不満がたまりやすくなりますが、「改善点を見つけられた」と前向きに受け止めましょう。

金運＆買い物運

付き合いが増える時期なので、自然と出費も増えるでしょう。一方で、上司や先輩にご馳走してもらえるなど、ラッキーなこともありそうです。服や靴を購入するのはいいですが、不要な課金やサブスク、日ごろのお茶代など、よく考えたら浪費しているところは削りましょう。下旬は予想外の出費が増えるので、心の準備をしておくこと。投資などは、中旬までは強気に、気になるものをはじめてみるといいでしょう。

美容＆健康運

中旬までは健康的に過ごせる月。今月の行動は周囲に強い印象を残すので、挨拶やお礼の所作をきちんとするなど、普段よりも丁寧に品よく振る舞っておくと素敵な人と思われそうです。鏡の前で笑顔やおじぎの練習をしてみたり、丁寧な言葉遣いを意識しましょう。美容面では、髪型をきれいに整えたり、エステやホワイトニングなどに行くにもいいタイミング。下旬は、油断すると暴飲暴食をしやすいので気をつけること。

開運のつぶやき ▶ 成功者とは、他人を笑顔にできた数が多い人のこと。

1 日	☐	必要以上にスマホをいじって、せっかくの1日をダラダラ過ごさないように気をつけましょう。時間があるなら、友人や少しでも気になる人に連絡をして、遊びに誘ってみましょう。相手も、誰かからの連絡を待っているかも。
2 月	■	メリハリが大切な日。しっかり仕事をしたら、しっかり休むようにしましょう。集中力が続かないと思ったら、お茶を飲んで気持ちを切り替えるとよさそう。
3 火	●	能力を求められる日。求められたときには、惜しみなく自分の力を出しつくしましょう。全力で期待に応えようとすることで、信頼を得られるようになるはず。自分のことだけでなく、「全体の得」を考えて行動しましょう。
4 水	△	勘が鈍ってしまう日。ふだんなら避けられるようなミスをしたり、珍しい失敗をして周囲に迷惑をかけてしまうことがあるでしょう。いつも以上に、目の前の物事に集中するようにしましょう。
5 木	◎	自分中心に考えないで、「相手から見える自分」をもっと想像して行動するといい日。自分の発言や行動に魅力があるのか、冷静に判断しましょう。身勝手な言動をしていたと思うなら、反省して、今後は気をつけるようにしましょう。
6 金	☆	頑張りを認めてくれる人に出会えたり、しっかり評価してもらえそうな日。頑張りが足りないときは厳しい言葉をもらいそうですが、きちんと受け止めて、もっと成長するように努めましょう。
7 土	▽	日中は物事がサクサク進みそう。夕方以降は、自分の勝手な思い込みによる判断ミスをしやすくなるので、より慎重に行動しましょう。欲張らないことも大事です。
8 日	▼	文句や不満がつい口から出そうな日。人に過剰な期待をしないようにしましょう。「体の調子が悪いのかな?」と相手を思いやる気持ちや、やさしい想像力を身につけておくといいでしょう。
9 月	✕	サポート役に回るといい日。困っている人を助けるのはいいですが、「助けている自分」に酔って満足しないように。まずはどうしたら相手がよろこぶのかを考え、相手に響く言葉を選ぶようにしましょう。
10 火	▲	手応えがないと感じるときは、やり方や方法を変えてみるといいでしょう。何事も工夫することが大切なので、うまくいっていない方法にこだわりすぎないように。ときには手放したり、早めに諦める判断も大切です。
11 水	○	自分が「面倒だな」と思って避けてきたことにこそ、挑戦してみるといいでしょう。学ぶ気持ちさえあれば、今日の経験はのちに活かすことができるはず。失敗もいい経験になりそうです。
12 木	○	決めつけをやめて、新しいことに目を向けてみるといい日。「理解できないから」といって簡単に否定しないこと。どんなものなのか少しでも理解しようと努力してみると、視野が広がっていくでしょう。
13 金	☐	日中は頑張っても問題はなさそうですが、夕方あたりから疲れがたまってきそう。仕事帰りにマッサージなどに行って、体のメンテナンスをするといいでしょう。今日は、湯船にしっかり浸かってから寝るようにしましょう。
14 土	■	予定を詰め込まないで、ゆとりをもっておくといいでしょう。慌てるとケガや疲労の原因になってしまうので、ゆっくりする時間をつくっておくこと。体によさそうなものを選んで食べるのもオススメです。
15 日	●	意外な人から遊びやデートに誘われそう。急な誘いでもOKしてみると、うれしい流れになるかも。素直な気持ちを伝えると、交際に発展する場合もありそうです。新しい出会い運もいいので、知人の集まりには参加してみて。
16 月	△	自分でも恥ずかしくなってしまうようなミスをしやすい日。しっかり考えてから発言しないと、周囲から「大丈夫?」と思われてしまうことも。
17 火	◎	実力を発揮できそうな日。今日は、思い切り自分をアピールすることを心がけてみましょう。遠慮はしなくていいですが、周囲に配慮する気持ちは忘れないようにしましょう。
18 水	☆	今日出た結果をしっかり受け止めることが大切な日。相手に満足してもらえないときは、実力不足や至らない点を認めて、今後の課題にしましょう。自己満足のためではなく、相手や周囲のことを考えて行動することが大事です。
19 木	▽	日中はいい流れなので、勢いに乗って、やるべきことをドンドン片付けてしまいましょう。夕方以降は、想定外の出来事が起きることがあるかも。何があってもいいように、用心深く行動しましょう。
20 金	▼	頑固になりすぎてしまいそうな日。いろいろな人の考え方や生き方があるので、「自分だけが正しい」とは思わないようにしましょう。「相手も正義」だと思えば、あなたの考えも変わってくるでしょう。
21 土	✕	他人と比べて焦ったり、自らテンションを下げないように気をつけましょう。昨日の自分や、過去の自分と比べて成長しているかどうかが大事なので、他人との差をマイナスに考えないこと。
22 日	▲	掃除をするにはいい日。不要なものはドンドン捨てて、置きっぱなしのものは片付けるようにしましょう。何年も着ていない服や履いていない靴も処分して、クローゼットのなかをスッキリさせましょう。
23 月	○	少しでもいいので、新しい方法を試したり、生活習慣を変えてみるといい日。朝から軽く体を動かすことや、ストレッチをするのもオススメです。食事内容も意識して変えてみるといいでしょう。
24 火	○	不慣れな仕事や、これまでとは違う感じの仕事を任されることがありそうな日。変化は前向きにとらえるといいでしょう。面倒だからといって、簡単に避けないように。
25 水	☐	しばらく歯医者に行っていなければ、今日は予約を入れて、歯石をとってもらったり、ホワイトニングをするといいでしょう。体調に異変を感じているなら、診察や検査の予約をしておきましょう。
26 木	■	やる気が出ない感じがするときは、疲れがたまっている証拠です。こまめに休憩をとるなどして、しっかり体を休ませましょう。朝からストレッチをすると、頭がスッキリしそうです。
27 金	●	上司や先輩と仲よくなれる日。誘いは即OKするようにしましょう。せっかくの機会なので、自分から距離を縮められるようアドバイスを聞きにいくのもオススメ。ためになる助言がもらえそうです。
28 土	△	自分ではなかなか選ばないような場所に、あえて出かけてみましょう。自分のなかの常識を疑い、新しい場所に足を踏み入れてみると、いままで見たことのない光景が目の前に広がるでしょう。
29 日	◎	気になる人に思い切って好意を伝えてみましょう。すでに仲のいい友人のような関係なら、恋愛関係に進めることができそう。恥ずかしがったり、自分のプライドを守ってばかりいると、いつまでも恋のチャンスをつかめないでしょう。
30 月	◎	雑用や地味な仕事ほど一生懸命に取り組みましょう。ここでの頑張りは、いずれ後輩や部下に教えるときに役立つでしょう。どんな仕事も大事だということを忘れないように。
31 火	▽	日中は、いい流れで仕事や生活ができそうですが、夕方以降は、周囲とのタイミングが合わなくなるかも。流れに逆らおうと心身ともにいっそう疲れてしまうので、身を任せるようにしましょう。

☆ 開運の日　◎ 幸運の日　● 解放の日　○ チャレンジの日　☐ 健康管理の日　△ 準備の日　▽ ブレーキの日
■ リフレッシュの日　▲ 整理の日　✕ 裏運気の日　▼ 乱気の日　＝ 運気の影響がない日

2023 11月

▼ 乱気の月

開運 3 カ条

1. 大きな決断はしない
2. 他人を雑に扱わない
3. 本を読む

総合運 空回りしやすくなる時期
流れに身を任せるようにして

視野が狭くなり頑固になってしまったり、空回りしやすくなる時期。人間関係も面倒に感じてしまいそうです。思い通りに進まなくなることが増えてくるうえに、いろいろな問題が発生する場合も。大きな決断には不向きな時期なので流れに身を任せるようにしましょう。自分のことよりも相手や周囲にとっての最善を考えて行動すると、不要なトラブルを避けられそうです。ひとりの時間を楽しむことも大切なので、読書や勉強をする時間を作りましょう。

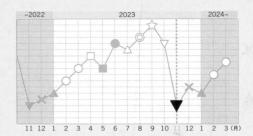

恋愛＆結婚運

恋人がいる人は、無神経な態度や言葉が出たり相手を雑に扱ったりして、ケンカや別れの原因を作ってしまいそう。相手を思いやる気持ちを忘れないようにしましょう。新しい出会い運は、刺激的な人やこれまでとは違うタイプの人が現れそうですが、あなたを振り回したり疲れる原因になる相手の可能性が高いので、深入りはオススメできません。今月は、すでに出会っている異性の友人と仲良くするくらいがよさそうです。結婚運も期待できない運気です。

仕事運

職場や仕事に疑問を感じてしまい、やる気が起きなくなる時期。不慣れなことや苦手な作業を押しつけられたり、誰かのミスのシワ寄せで自分の仕事にも影響が出てしまうこともありそうです。時間をかけて取り組んでいた案件が急になくなってガッカリすることも。職場の人間関係でも苦労しやすい時期ですが、相手に過度な期待をするよりも、自分のやるべきことをキッチリ行うように努めましょう。雑用こそ「雑」に済まさないように。

金運＆買い物運

無駄遣いが増えそうな時期。普段なら「必要ない」と諦められるものも、つい欲しくなって衝動買いをしたり、無理をしてローンで購入してしまうこともありそうです。後悔することにならないよう冷静に判断しましょう。ご馳走してもらったり、少しお小遣いをもらえて「ラッキー」と調子に乗っていると、かえって出費が増える場合もあるので気をつけること。投資は無理にはじめないで、今月は節約生活を楽しんでみましょう。

美容＆健康運

体調を崩しやすい時期。例年この時期に調子が悪くなりがちな人は、特に気をつけたほうがいいでしょう。のどを痛めたり、風邪をひいてしまうこともありそうです。珍しく飲みすぎて、二日酔いで苦しむことや、胃もたれで調子を崩してしまうことも。ストレスがたまりやすい時期でもあるので、遊ぶ日や体を休める日を事前に決めておくといいでしょう。美意識も落ちやすいので、鏡でこまめに調子を確認しておきましょう。

556 開運のつぶやき 「どうせ変わらないだろう」と思って何もしなかった人と、やった人の差は大きい。

1 水	▽	よかれと思ってした行動が裏目に出ることがありそうです。自分の都合ばかりを考えないで、「相手がどう思い、どう感じるのか」を想像しながら行動すると、よりよい結果につながるでしょう。
2 木	✕	「自分だけが正しい」と思っていると苦しくなってしまう日。相手にも立場や状況があるので、自分の価値観を押しつけないようにしましょう。ケンカになると、引けなくなるので気をつけること。
3 金	▲	引き出しのなかをきれいにしたり、名刺の整理をしておきましょう。ふだん使っているお金の流れも、家計簿をつけてみると見えてくるでしょう。便利なアプリを活用するのもオススメです。
4 土	＝	変化が多く感じられ楽しめる日。最新映画を観たり、気になるライブやイベントなどに行ってみるといいでしょう。ただし、勢いでグッズを買いすぎないように要注意。
5 日	＝	本屋さんで気になる本を探してみると、いまのあなたに必要なものを見つけられそう。お金持ちには、ふだんから本を読んでいる人が多いもの。いろいろな本を読んで勉強する癖をつけましょう。
6 月	■	ふだんならやらないような判断ミスをしやすい日。「絶対に間違えない」と思ったときほど、違う考え方をしてみたり、「ほかに正しい意見がないか?」と冷静に調べるようにしましょう。
7 火	■	たまっていた疲れが一気に出てしまいそうなので、日中は決して無理をしないこと。しっかり休むことも仕事のうちです。帰宅したら湯船に浸かって温まり、早めにベッドに入って体力の回復に努めましょう。
8 水	●	話の中心になれそうですが、今日は上手に相手の話を引き出したり、聞き役になってみるといいでしょう。自分の話をするよりも、人の話を聞くことで学べることがあるはず。話すときは、要点をまとめてコンパクトに伝えてみましょう。
9 木	△	時間に余裕をもって行動するといい日。時間の余裕は心の余裕にもつながるので、焦ってもイライラせずに全体を見渡してみましょう。確認作業や最終チェックを入念に行うと、ミスを見つけられることもありそうです。
10 金	＝	悪友や面倒な人に振り回されやすい日。たとえ遊びの誘いであっても、嫌な予感がするときはすぐにOKしないほうがいいでしょう。仕事のお願いなども、保留しておいたほうがよさそうです。
11 土	＝	「当たり前」や「当然」と思うことに感謝を忘れないように。感謝できることをひとつ見つけると、いろいろな物事に感謝できるようになり人生が豊かになるでしょう。消耗品を買うにもいい日。ものをつくる人にも感謝しましょう。
12 日	▽	おいしいランチを食べに出かけたり、散歩をするにはいい日。好きな音楽を聴きながら読書をしてみるのもいいでしょう。夜は、自分勝手な判断をすると、不満につながってしまうので気をつけましょう。
13 月	▼	「親しき仲にも礼儀あり」を忘れないこと。仲がいいからといって、その関係に甘えすぎないように気をつけましょう。自ら笑顔で挨拶をして、どんな相手に対しても尊敬の念をもって接しましょう。
14 火	✕	嫌なところに目がいってしまう日。気にしないようにしても、一度気になり出すと頭から離れなくなってイライラしそう。気持ちの切り替えが大切なので、お茶を飲んでひと休みしたり、好きな音楽を聴いて気分転換してみて。
15 水	▲	判断ミスをしやすい日。勢いで決めると、後悔したり失うものが増えてしまいます。間違って大事なものを捨てることや、必要なデータを消してしまうこともあるので気をつけましょう。

16 木	＝	「教えてくれないから」ではなく、自分が学ぼうとしていないだけ。苦労や困難は、いまの自分に足りないものや、学ぶべきことを教えてくれていると思えば、なんでも前向きに受け入れられるでしょう。
17 金	＝	何事も「難しい」と思って避けないように。今日はチャレンジすることで成長をつかめるでしょう。これまでの経験や学んできたことを人にも教えてみると、教える難しさを実感するなど、新たに学べることがありそうです。
18 土	■	本屋さんに寄って、「いまベストセラー」といわれている本を手に取り読んでみましょう。流行のものには必ず理由があるはず。何かに活かせるヒントが隠れていることもあるでしょう。
19 日	■	家でのんびりするとよさそうな日。パソコンやスマホから少し離れて、目を休めましょう。好きな音楽を聴きながらハーブティーを飲むなど、「優雅な時間」を意識するといいでしょう。
20 月	●	好き嫌いで判断していると、大切なことを見落としてしまいます。何事も、その経験ができたことに感謝すると、前向きになれるでしょう。支えてくれた人や、やさしい人の存在も忘れないようにしましょう。
21 火	△	なんとなく仕事をしていると、なんとなくミスをしてしまう日。適当な仕事をした結果の失敗からは、反省も学びもないでしょう。ボーッとしやすい運気なので、短時間で集中して作業したり、こまめに休憩するようにしましょう。
22 水	＝	仲のいい人からの相談ならいいですが、関わりが少ない人からの相談や儲け話は危険なので、簡単に信用しないようにしましょう。判断が必要な場合は、後日返事をするように。
23 木	＝	財布のヒモが緩くなる日。無駄なことにお金を使ってしまいそうなので、必要なものをメモしたり、1日に使う金額を決めてから出かけるようにしましょう。
24 金	▽	午前中は問題なく進んでも、午後からは風向きが変わってしまいそう。朝礼で言っていたこととは違う方向に進んだり、仕事をやり直す流れになるようなことも。
25 土	▼	「出会いがない」と嘆くなら、まずは自分自身が人から紹介されるような人間になることがとても大切です。素敵な生き方をしていれば、周囲の人がほうっておかないので、必ずいい出会いに恵まれるはず。
26 日	✕	頑固な考え方が苦労の原因になってしまう日。あなたは自分で思っているよりも、自分のことだけを考えて判断してしまう部分があります。自分のことよりも、相手や周囲が笑顔になる方法を考えてみましょう。
27 月	▲	身の回りにある不要なものを処分しましょう。「いつか使うだろう」と思って残してあるものは使わないことが多いので、思い切って捨ててしまいましょう。必要なときにまた購入したほうが効率的です。
28 火	＝	言葉遣いや人との関わり方、ルールやマナーを学ぶ必要性が身にしみてわかる日。学校で教わったことをただ覚えているよりも、教養と人間性を身につけて実感できることが大切だと忘れないように。
29 水	＝	自分がずっと避け続けている、不慣れなことや苦手なことに取り組むといい日。すぐに結果を得ることは難しいかもしれませんが、いまの自分より少しでも成長しようと粘り強くなることがもっとも重要です。
30 木	□	他人の価値観を楽しむといい日。自分の価値観だけで世の中を見ていると、理解に苦しむだけ。「いろいろな人がいるから自分が生きていられる」ことを、忘れないようにしましょう。

☆ 開運の日　◎ 幸運の日　● 解放の日　○ チャレンジの日　□ 健康管理の日　△ 準備の日　▽ ブレーキの日
■ リフレッシュの日　▲ 整理の日　✕ 裏運気の日　▼ 乱気の日　＝ 運気の影響がない日

2023 12月

✕ 裏運気の月

開運 3 カ条

1. 周囲の意見を素直に聞く
2. 夜更かしをしない
3. 相手のいい部分を見つけてほめる

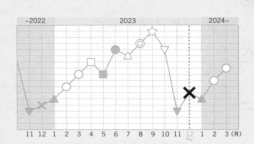

総合運 — 予想外の出来事が増えそう
周囲の人の意見を聞き入れて

予想外の出来事が増えて焦ったり、不安になったりしやすい時期。家族や身近な人のトラブルに巻き込まれてしまうこともあるため、先月あたりから嫌な予感がしている場合は事前に対処しておきましょう。あなたの独断と偏見が苦労の原因になってしまうので、周囲の人の意見やアドバイスを素直に聞き入れることが大切です。そうすれば大きな問題を回避できたり、いい勉強になることも増えるでしょう。自分の決めつけを信じすぎないように。

恋愛＆結婚運

普段なら興味を持たないような人にときめいてしまう時期。「裏運気の月」だからこそ見えてくる相手の魅力に注目するのはいいですが、のちに好みではない部分に気づいて冷めてしまったり、それが原因でケンカにもなりそうです。惹かれたところ以外もしっかり見て、周囲の意見や評判もちゃんと聞くように。相手が振り向かないからといって意地になると、ややこしい恋になるでしょう。結婚運は、結婚願望がなかった人ほど気持ちが盛り上がりそうです。

仕事運

進んでいた仕事が突然、方向転換することになったり、やり直しになるなど、面倒なことが起きそうです。人間関係に問題が生じてイライラすることも。自分ではどうすることもできない場合は、流れに任せて感情的にならずに冷静に対応しましょう。一方で、根気強くなれる運気でもあります。自分の得意な仕事をさらに極めるために勉強や工夫をしてみると、新たな技術を習得できそう。「人は苦労することで最も成長できる」ということを忘れないように。

金運＆買い物運

「世の中に簡単な儲け話はない」ことを覚えておきましょう。お金の勉強をするにはいいタイミングなので、話題のマネー本を読んで情報を集め、自分なりに整理しておくといいでしょう。お試しで少額の投資信託をはじめてみるのはいいですが、欲張らないように。また、余計な出費がないか、これまでよりも厳しくチェックすることも大切です。家計簿アプリを利用して、必要ないものにお金を使っていないか確認してみるといいでしょう。

美容＆健康運

ストレスを感じる出来事が多く、体調を崩したり疲労がたまりやすい時期。夜更かしは特に避けたほうがいいので、友人や会社の人との付き合いが連日連夜にならないように気をつけましょう。寝る前にスマホで動画やSNSを見たりゲームをしたりして、睡眠時間を減らさないこと。疲れが顔に出ることで、美意識も低下しやすいので要注意。油断して一気に体型を崩してしまわないよう、食事にも気を使いましょう。

開運のつぶやき 〜 運は素敵な言葉を発する人のところに集まるもの。

1 金	■	疲れから、よい判断ができなかったり、余計なことを考えすぎてしまいそうな日。こまめに気分転換をしたり、好きな音楽を聴いてゆっくりするといいでしょう。昼食の食べすぎには気をつけましょう。
2 土	●	楽しいデートができたり、好きな人との関係が進展しやすい日。相手からの誘いを待っていないで、気になる人には自分から連絡するといいでしょう。ダメ元で告白してみると、いい返事が聞けることもありそうです。
3 日	△	お礼や挨拶はキッチリ行い、約束はしっかり守るように心がけましょう。今日は思った以上に雑な対応をしてしまったり、行儀の悪さが出てしまいそう。自分の至らない部分を認めて、改善しましょう。
4 月	=	昔なんとなく交わした約束でも、思い出したらしっかり守ること。「今度食事に行きましょう」と言ってそのままにしている人がいれば、連絡してみるといいでしょう。些細な約束こそ、キッチリ果たすことが大切です。
5 火	=	体力も気力も満ちあふれ、充実した1日になりそう。自分中心になりがちなタイプですが、今日は「周囲の人と笑顔で過ごすために、何ができるのか」を考えて行動するといいでしょう。
6 水	▽	頑張るのはいいですが、出しゃばりすぎると、評判を落としたり面倒な人に突っ込まれてしまいそう。謙虚な気持ちや、感謝の心を忘れないように。
7 木	▼	「自分の意見だけが正しい」と思うことがトラブルのはじまりです。相手の考えや生き方を尊重しながら、ときには譲ることが大切。一歩引いて、相手を包み込むように対応するといいでしょう。
8 金	✕	行き詰まったときは、自分の憧れの人ならこの状況をどう打破するか考えてみるといいでしょう。解決策やよい方法が見つかるかもしれません。ときには、周囲の人に助けを求めることも大事です。
9 土	▲	今日は少し早起きをして、トイレを掃除するといいでしょう。時間があれば、ほかの水回りやシンクの清掃まで手を伸ばしてもよさそうです。蛇口などの金属部分をピカピカに磨くと、1日気持ちよく過ごせるでしょう。
10 日	=	軽く体操をしたり、体を動かすといい日。気になる場所に行ってみると、おもしろいことを発見できそうです。ただし、無駄な出費には注意しておきましょう。
11 月	=	初対面の人と話すときには、相手のいいところを探しながら会話をしてみるといいでしょう。気づいた魅力は、素直に伝えてほめるようにすると、いいコミュニケーションがとれそうです。
12 火	□	後悔するような判断ミスをしそうな日。軽はずみな行動や感情的な判断は、大きな問題になったり、自ら現状を壊すことにつながります。今日は一歩引いて冷静になり、落ちついた状態で判断してから動くようにしましょう。
13 水	■	寝不足や疲労から、周囲にイライラをぶつけたり、不機嫌にならないように気をつけましょう。少しでも疲れを感じたら、早めに帰宅してしっかり休み、明日に備えるようにしましょう。
14 木	●	急に任されることが増えて、予想よりも慌ただしくなりそうな日。面倒なことほど先に手をつけて終わらせておくと、いい流れで進められるでしょう。今日は、これまでと違うタイプの人と仲よくなることもありそうです。
15 金	△	外出先にマフラーや手袋を忘れたり、ちょっとしたケガをするなど、うっかりミスをしそうな日。確認を怠らなければ防げることばかりなので、今日は慎重に行動するよう心がけましょう。
16 土	=	お気に入りだったけれど、しばらく行っていないお店に足を運んでみるといいでしょう。学生時代の思い出があるお店で、懐かしい味を楽しんでみるのもオススメ。友人を誘って行ってみるといいかも。
17 日	=	余計な出費が増えてしまう日。ものよりも体験や経験にお金を使うといいでしょう。後輩や部下、気になる人にご馳走してみると、いい関係に進むこともありそうです。
18 月	▽	午前中は集中力が高まっていい仕事ができますが、昼食後からは疲れを感じてしまいそう。大事な用事は早めに片付けておきましょう。夜は頑固になりすぎてしまうかも。
19 火	▼	周囲の人に振り回されたり、雑に扱われてイライラしそうな日。あらがうとさらに面倒なことになるので、上手に受け流すといいでしょう。憧れない人に変に影響されないようにしましょう。
20 水	✕	視野が狭くなってしまいそうな日。自分の考えを通そうとするよりも、周囲の意見をうまく取り入れたり、流れに任せてみるといいでしょう。不要なプライドを捨てると、一気に楽になるでしょう。
21 木	▲	友人や周囲の人と意見がぶつかってしまうことがありそう。つまらない意地を張ると、引っ込みがつかなくなって、気まずい関係になることも。ときには、あなたが大人の対応をすることも大事です。
22 金	=	不慣れなことに、少しでも挑戦してみるといい日。「おもしろくない」「できない」などと、やる前から勝手に決めつけないことが大事。一歩でも踏み出してみることで、経験値を上げられるでしょう。
23 土	=	髪を切ったり、いままであまり選ばなかったタイプの服を着てみるなど、思い切ってイメチェンするといい日。せっかくなので友人を誘って、いま話題のお店に出かけてみるのもオススメです。
24 日	□	のんびりしたクリスマスイブを過ごすといいでしょう。暴飲暴食をすると次の日に響いてしまいます。軽い運動をして体をほぐしたり、早めに寝て明日に備えておくといいでしょう。
25 月	■	寒さに負けて体調を崩したり、のどの調子を悪くしそうな日。忘年会や飲み会は無理をしないほうがよさそうです。今日は、胃腸にやさしそうなものを選ぶようにしましょう。
26 火	●	友人や身近な人から告白されたり、好意を寄せられそうです。まったく好みではない場合や、苦手な人の可能性もあるので、断るときはハッキリ言ったほうがいいでしょう。「さみしいから」という理由で交際すると、後悔しそう。
27 水	△	片付けをするのはいいですが、間違って大事なものを処分したり、どこかに置き忘れたりしないように気をつけましょう。お気に入りの食器を割ることや、機械を壊してしまうこともあるので、慎重に行動すること。
28 木	=	身の回りをきれいにすると、失くしたと思っていたものが出てきそう。しまい忘れていたお金が出てくるなど、ラッキーなこともあるかも。夜は少し贅沢な食事をするといいでしょう。
29 金	=	年末年始の準備や年賀状などがまだの人は、今日中に終わらせるようにしましょう。不要なものをフリマアプリで売ってみると、思ったよりもすぐに売れることがあります。ただ、今日は出費も増えがちなので気をつけましょう。
30 土	▽	買い物や用事は午前中に終わらせるように努めるといいでしょう。夜は体調を崩したり、行列や渋滞にハマって疲れてしまいそうなので、家でのんびりしておくのが安心です。
31 日	▼	今日は極力、自宅でゆっくり年越しをするといいでしょう。年越しそばを食べたり、まだ書き終えていない場合は年賀状を書いたりしてのんびり過ごし、気持ちよく新年を迎えましょう。

☆ 開運の日　◎ 幸運の日　● 解放の日　○ チャレンジの日　□ 健康管理の日　△ 準備の日　▽ ブレーキの日
■ リフレッシュの日　▲ 整理の日　✕ 裏運気の日　▼ 乱気の日　= 運気の影響がない日

銀の イルカ座

持っている 星

★ 人当たりがいい星　　★ 華やかな星　　★ 遊び心を持っている星
★ 話術がある星　　　　★ 本当はサボる星　★ 根は甘えん坊な星
★ 心は高校2、3年生の星　★ 毒舌の星

12年周期の運気グラフ

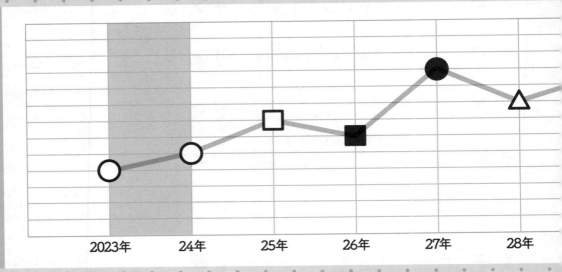

2023年　24年　25年　26年　27年　28年

✍ 銀のイルカ座はこんな人 ✍

基本の総合運

明るく陽気で華やかな印象を与える人。人当たりもよく、ユーモアセンスや話術もあり、自然と人を引き寄せる魅力があります。イルカが船と競って遊ぶように、常に遊び心を持って生きているため、真面目な感じや束縛や同じことの繰り返しの生活からは抜け出したくなるでしょう。変化や楽しい空気を感じる場所に自然と向かってしまうところや、大事なことは人まかせになってしまうところもあるでしょう。愛嬌があるため、挨拶やお礼などマナーをしっかり身につけると助けてくれる人が増えて楽しく生きられそうです。

基本の恋愛＆結婚運

恋は、ノリと勢いと華やかさに弱いタイプ。地味でおとなしい感じの人に目を向けることは少なく、自然と外見や服装のセンスのいい人や、才能を発揮している人に惹かれてしまいます。異性の扱いが上手な人と関係を結ぶことも多いので、「恋愛は遊び」などと割りきってしまうことも。結婚後は家庭を大事にしたいという思いはありますが、遊び心を理解してもらえない相手とはうまくいかなくなったり、ノリや勢いだけで先を考えずに籍を入れてしまったりすることもあるでしょう。

基本の仕事＆金運

仕事と趣味が連動すると驚くような能力を開花させます。仕事にゲーム感覚で取り組んでみるのもいいので、どう考えたら楽しくおもしろくなるか、いろいろと試してみるといいでしょう。楽しくない仕事はすぐにやる気を失い、労働意欲は低くなりますが、職場に気の合う人がいると続くでしょう。金運は、楽しくお金を使うタイプ。チマチマ貯めたりケチケチすることは性に合いません。派手に使ったり、流行や話題の服を手に入れるために使ってしまったりすることも多いでしょう。

〇チャレンジの年（1年目）

「銀のイルカ座」の2023年は、「チャレンジの年（1年目）」。山登りで言うなら入り口あたり。2023〜2024年は、新しいことへの挑戦を増やし人脈を広げることが大切な年。新しい体験をすればするほど、2025年以降の選択肢が広がります。2027年には山の中腹を越え、いったん努力の結果が出ます。それを受けてさらなる決断をし、2028〜2029年には仕事も遊びも充実。美しい山の景色を楽しみながら、2030年に山頂へ。

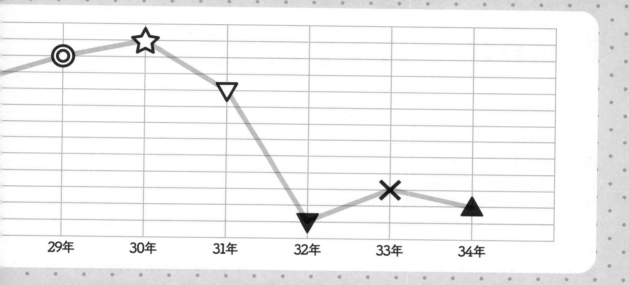

| 29年 | 30年 | 31年 | 32年 | 33年 | 34年 |

年の運気の概要

● **解放の年**
プレッシャーや嫌なこと、相性の悪いことから解放されて気が楽になり、才能や魅力が輝きはじめる年。

△ **準備の年**
遊ぶことで運気の流れがよくなる年。些細なミスが増える時期でもあるので、何事も準備を怠らないことが大事。

▲ **整理の年**
前半は、人間関係や不要なものの整理が必要。後半は、チャレンジして人脈を広げることが大事です。

☆ **開運の年**
過去の努力や積み重ねが評価される最高の年。積極的な行動が大事で、新たなスタートを切ると幸運が続きます。

〇 **チャレンジの年**
「新しい」と感じることに挑戦をして体験や経験を増やすことが大事な年。過去の出来事に縛られないこと。

▽ **ブレーキの年**
「前半は攻め、後半は守り」と入れ替わる年。前半は行動力と決断力が大事。後半は、貯金と現状維持を。

✕ **裏運気の年**
自分の思いとは真逆に出る年。予想外なことや学ぶべきことが多く、成長できるきっかけをつかめます。

◎ **幸運の年**
前半は、忙しくも充実した時間が増え、経験を活かすことで幸運をつかめる年。後半は新たな挑戦が必要です。

□ **健康管理の年**
前半は、覚悟を決めて行動し、今後の目標を定める必要がある年。後半は、健康に注意が必要です。

■ **リフレッシュの年**
求められることが増え慌ただしくなる年。体を休ませたり、ゆっくりしたりする時間をつくることが大切。

▼ **乱気の年**
決断に不向きな年。流されながら、求められることに応えることが大事。体調を崩しやすいため、無理は避けて。

2023年の運気

○ チャレンジの年（1年目）

2023年開運 3ヵ条

1. 新しい交友関係を作る
2. 生活リズムを変える
3. 情報を集める

ラッキーカラー　黄緑　ピンク
ラッキーフード　焼き肉　プリン　ラッキースポット　映画館　都会

総合運

今年から9年間は運気が上り調子
未経験のことにドンドン挑戦して

「チャレンジの年」の1年目である今年は、視野が広がり興味のあることが増える運気。「銀のイルカ座」本来の社交性を活かして、人脈を広げられる良いきっかけを掴めたり、新しい趣味をスタートさせていい友人を作ることができるでしょう。まずはしっかりと情報を集めて、少しでも「新しい」と思えることがあったら素直に挑戦してみるといいですが、多少の失敗や想像とは違う部分が多いことも覚悟しておいてください。「銀のイルカ座」は友人や知人を巻き込むのが上手なので、気になる習い事やイベントがあるなら友人を誘ってみるのもオススメ。華やかな世界に興味があるなら、思い切って飛び込んでみると不思議な人脈もできるので、フットワークは軽くしておきましょう。

今年は、未体験や未経験など「新しい」で判断するといい1年になります。既に体験していることは避け、同じようなことだったとしても少しでも違う部分に目を向けるようにしましょう。行ったことのないお店に入る、新商品のお菓子やドリンクを選ぶ、新メニューを注文してみるなど、見渡せば世の中には「新しい」が溢れていることにも気づけそうです。また、思い

切って環境を変えるために引っ越しをするのもいいですが、ここ数年はお金を貯められなかった人も多いと思うので、2024年の4～5月か9～10月の引っ越しを目標にすると後の人生が良くなっていくでしょう。転職もオススメなので、この時期に新しい環境になるようにしっかり計画を立ててみてください。

「銀のイルカ座」は甘えん坊で人任せなところがあるので、文句を言いながらも甘えられるような環境だといつまでも成長できず、苦しい状況から抜け出せなくなってしまいます。特に実家にいると運気の波を逃すので、成人しているなら家を出る準備を即始めましょう。変化を嫌がってしまったり、2020年の「乱気の年」や2021年の「裏運気の年」に始めたことに執着していると、それが足かせとなり前に進めなくなってしまいます。その期間に出会った人が悪友になる可能性もあるので、違うと思ったら距離を置く判断は早いほうがいいでしょう。

「銀のイルカ座」は、もともと遊び心とサービス精神があるタイプ。ここ数年それを上手に活かせず、人との距離が空いてしまったという人ほど、今年は新しく会う人を増やし、本来のあ

開運のつぶやき　少しくらい面倒だと思ってもチャレンジすることが大切。

なたらしい明るく元気で華やかな部分を見せていきましょう。友人や仲間を新たに作り直すくらいの気持ちで行動すると、忙しくも楽しい1年になります。人見知りをしていると運気の波に乗れなくなってしまうので、初対面の人に会うゲームをする年だと思って過ごしてみるといいでしょう。「銀のイルカ座」で人間関係が苦手だと思い込んでいる人は、裏の「鳳凰座」の影響が強いタイプ。思い込みが強いだけなので、嘘でもいいから「人が好き」「人に会うのが楽しい」と言葉に出すと、今年から人脈作りを楽しめるようになるでしょう。

　1～2月中旬は昨年までの運気の影響を少し受けてしまったり、あなたの裏側にある「鳳凰座」の頑固さが出てしまいそうです。1人の時間を好み、視野を広げるなど考えられないような時期ですが、2月下旬辺りから気持ちが前向きになってくるでしょう。3～5月は少しくらい無鉄砲と思われても人の集まりに参加してみましょう。気になる人を見つけられたり、いい感じで甘えられる人に会うことができそうです。この期間は外見を明るく華やかにイメチェンするといいので、ここ1～2年の感じとは違う雰囲気にしてみましょう。昨年辺りから気になっている習い事があるなら思い切って挑戦し、イベントやサークルにも参加してみるといいでしょう。7月と10月は大きく前進する流れなので、やる気になれるきっかけやいい情報を掴めそう。面白そうと思えることにチャレンジするといい時期なので、スポーツや芸事、気になる資格の取得に動き出すといいでしょう。また、コンサートやライブ、舞台などを観に行くのもいい刺激を受けられるのでオススメです。特に気になることが見つからない人は、5月、7月、10月は友人の誘いを断らず、勧められたことに挑戦してみると考え方が大きく変わりそうです。仕事や人生に役立ちそうな本を

読むのもいいでしょう。

　今年になってもやる気が出ない場合は、異性との出会いや関わりを増やしてみてください。「銀のイルカ座」は恋をしている時のほうが魅力や才能が伸びるので、異性が多い習い事に飛び込んでみたり、モテるための自分磨きをするといいでしょう。

　また、生活リズムを変えるにもいい時期ですが、今年は固定するよりもいろいろ試すことが大事です。早起きをする、寝る時間を変える、運動を習慣にする、ダイエットに挑戦するなど、昨年までと同じようなリズムで生活しないように工夫しましょう。さらに、10分前行動をする、笑顔で挨拶をする、エスカレーターをやめて階段を使うなど、周囲から気づかれなくてもいいので、自分の中での些細な変化を楽しんでみてください。三日坊主になっても気にせず、今の自分に合った習慣を見つけるためのお試し期間だと思っておくといいでしょう。

　問題は、「チャレンジの年」に入っているのに現状維持をすることです。生活リズムを変えず、新しいことに目を向けないでその場にとどまろうとすると、前進する流れを止めてしまい後の人生に大きく影響してしまいます。運気的には、昨年から一段上に上がっていて、新たな土地を耕さなければならない期間に入っています。ここで何もせず2024年に突入すると、カチカチの土地に種を蒔くことになり、いい芽が出ず、豊かな実りも期待できなくなってしまうでしょう。今年は「自分がどんな土地を耕すのか」「どんな山に登るのか」を遠くから眺めて探す時期でもあります。いろいろなものを見なければならない時期に、過去の成功や失敗に執着していても意味はないので、「過去は過去」と割り切って、昨年の段階で手放せなかったことは2月中に縁を切るようにしましょう。なかなか切り替えられない人は、年度替わりの3月

か、夏のボーナスをもらった後に次のステップに進むための準備をしてください。また、いつまでも学生時代や昔の仲間に執着していると、不運や不幸の原因になってしまいます。「この仲間とは飽きたな」「いつも同じ話だな」とマンネリを感じるなら、ゆっくりでいいので距離を空けて新たな仲間を作るようにしましょう。

また、無目的に遊ぶのはやめて、目標を持って真剣に遊ぶことが大事です。自分で世界を狭めないで、「絶対楽しめない」と思い込んでいることでも一度は体験してみるといいでしょう。「銀のイルカ座」は遊びに真剣にならないと運気が良くなりません。ゲームの動画をアップする、ネット動画を作る、流行のSNSで友人を作ってみるなど、楽しめそうなことがあったらドンドン挑戦してみてください。もし否定してくるような人がいたら、その人とは距離を空けるか、もしくは楽しみ方を教えてあげるといいでしょう。

今年はあなた本来の魅力がゆっくりと出てくる年ですが、スポットライトが当たる2027年の「解放の年」まではあと４年あります。それまでに何を身につけ、どんな魅力や才能を磨き、何を積み重ねていくかによって人生が大きく変わるでしょう。運気的には坂道を上がり始めた時期に入るので、不慣れなことや苦手なことにも直面しやすいですが、マイナスの苦労ではなく、前に進むための力を付ける期間が始まったと考えてください。2029年の「幸運の年」と2030年の「開運の年」には、新たなことに目を向けて良かったと思えるような流れになるので、今年は人生で最も大事な時期だと思って頑張りましょう。気になる場所に行き、いろいろな人と話し、生活リズムや交友関係をドンドン変えていってください。そのためにも「新しい」に敏感になり、未体験なことはとりあえず挑戦してから自分に合うか合わないかを判断するといいでしょう。

何よりも今年はたくさん失敗をしておいてください。失敗を恥ずかしがって何も挑戦しないほうが、人生には大きなマイナスです。多少の恥ずかしい思いは自分を強くしてくれますし、前向きな失敗を笑う人は「人生に大切なことは何か」がわかっていないだけなので、勇気を出して挑戦を続けるようにしましょう。「銀のイルカ座」は「人生は壮大な遊びだ」と思ったほうがいいくらい、遊びから学んで成長できるタイプ。仕事も遊び、恋愛も遊び、人生全てが遊びでありゲームだと思うようにしましょう。難しいことにぶつかった時は「1面のボスだな」「このゲームの攻略方法はなんだろう」と、何事もゲーム感覚で捉えることで人生を上手に生きられるようになります。真面目に取り組み過ぎたり、正義感で人とぶつかったりしないようにしましょう。

今年はこれまでの数年とは大きく違います。人生を本気で変えようと思うなら、ここから大きな幸せを掴める大事な運気が始まったと信じて動き出してください。「チャレンジの年」は来年も続くので、時間のかかることは1年かけて挑戦してもいいでしょう。「このままでいいや」と諦めモードになったり現状維持になってしまうことだけは絶対にやめてください。ここから9年間は運気が上り調子だと思って、未来の自分のために楽しみながら努力できることや遊びながら続けられることを見つけるようにしましょう。そして、いい仲間や友人を新たに作るように意識して過ごしてください。時には投げ出すこと、逃げ出すことがあっても、その判断は悪くありません。苦しくてつまらなくて自分らしくないと感じるなら、もっと自分らしくなれる場所や、居心地のいい土地を探す良いタイミングです。「世界は広い」ということを忘れずに1年を過ごすようにしましょう。

開運のつぶやき 素直に遊ぶ人に運は味方する。人生に大切なのは常に遊び心。

恋愛運

7月、9月、10月は恋人ができるチャンス
はじめて会う人を増やして

気持ちが前向きになり、興味のあることが増えて行動力もアップしてくるので、自然と出会いも増えてくるでしょう。「チャレンジの年」1年目の今年は、恋愛相手を探そうとするよりも、いろいろな人に会っておくことが大切。「好みではないから」「恋愛対象の年齢ではないから」などと、自分のルールで可能性を狭めないようにしてください。今年はじめて会った人が、後に運命の人になったり、もしくはその人が相性のいい相手を紹介してくれる可能性もあるので、微妙な感じの相手でも「とりあえず繋がっておく」くらいの気持ちでいることが大事です。初対面の人を増やすために、定期的に行くお店を作ったり、サークル活動や習い事を始めてみるなど、気になったことにはドンドン挑戦するといいでしょう。

ここ数年、残念な恋愛をしてしまっていたという人ほど、今年はしっかり学習するようにしてください。今年になってもこれまでと同じような恋愛を繰り返してしまうと、恋愛だけではなく結婚相手も遠ざけてしまう可能性があるので、ノリだけの恋や体だけの関係で終わる相手を選ばないように気をつけましょう。

昨年まで1〜2年ほど異性との関わりがなく、1人の時間が増えてしまったという人は、裏側にある「鳳凰座」の力が強く出てしまったのかもしれません。孤独を楽しめてしまったり、恋の縁が全くなかったという人もいると思いますが、今年は「銀のイルカ座」本来の社交性を活かせば、7月、9月、10月に新たな恋人ができそうです。そのためにも、3〜5月はフットワークを軽くしておき、異性を意識したイメチェンをしたり、華やかな服装にしたり、明るく振る舞って元気をアピールしたりするといいでしょう。ただ、ここ数年さみしい思いをしたからといって、今年に入って出会った相手と簡単に交際を進めたり、関係を深めたりするのは避けるべきです。あなたが浮気相手だったり、不倫関係になってしまう場合もあるので、条件がいい人や外見がいい人、派手な感じがする人には特に注意が必要。相手にとって「都合のいい人」にならないように気をつけて、先がないと感じたら早い段階で縁を切って他の人を見るようにしましょう。

また、出会いが多いぶん目移りが激しくなり、大事な人を逃したり、ガッカリされて恋のチャンスを逃す場合があるので要注意。特に8月は、失言や約束のすっぽかしやドタキャンをして、相手と気まずい雰囲気になって別れてしまう可能性もあるので気をつけてください。

今年から異性を見る目に変化が生じ、少しですがストライクゾーンが広がりそうです。素直になってみると素敵な恋ができる場合もあるので、「今年は昨年までとは大きく違う」と信じて、勝手に諦めたり、自分磨きをサボったりしないようにしましょう。年齢に見合った服装や髪型を心がけ、趣味を広げて恋愛を楽しむスイッチをしっかりオンにすることが大切です。「銀のイルカ座」は、異性の前でよく笑ったり楽しい空気を出すだけで思った以上にモテるタイプなので、恋愛をゲームの1つだと捉えていろいろな異性との関わり方を楽しんでみるといいでしょう。ただ、余計な言葉で関係を壊してしまったり、喧嘩別れになってしまうことがあるので、あなたのワガママを受け入れてくれる人に甘えすぎないように気をつけましょう。

開運のつぶやき　👓　大切なのは語り合う力ではなく、相手を喜ばせる力。

結婚運

結婚したいなら自分から段取りを進めて
相手任せにしすぎると白紙に戻るかも

今年は一歩前進する運気なので、「違う世界に飛び込む」という意味では婚約や結婚をするにはいい年です。ただ、仕事や趣味や人脈作りなどやるべきことが増える時期でもあるので、結婚の話がなかなか固まらずに流れてしまったり、婚約の話は進んでも入籍日が決まらないでズルズルしてしまうかもしれません。相手に任せてばかりだと「結婚する気はないのかな？」と思われてしまうので、本気で結婚をするつもりなら両親への挨拶の日取りなど段取りをドンドン決めていくといいでしょう。途中で相手に丸投げしたり、ワガママを言って相手を振り回してばかりだと白紙に戻る可能性もあるので、仕切るなら最後までしっかりとやりましょう。相手の運気がいい場合は結婚に踏み切っても問題ないので、一度調べてみてからプロポーズの予約をしてみるといいかもしれません。

今は恋人はいないけれど結婚を望んでいるという人は、7月、10月に入籍する可能性があります。恋人を作るための「最後の手段」と思っている方法があるなら、3～4月には実行するといいでしょう。結婚相談所に行って紹介してもらうのもいいですが、紹介は最大でも3人までにしましょう。それより多いと見比べるだけになってしまい、無駄な時間を過ごしてしまいます。また、本気で結婚をしたいなら相手に望むポイントは1つだけに絞っておくといいでしょう。条件が2つも3つもある時は、結婚から遠のいていると思ってください。

2020年、2021年、2022年上半期にはじめて出会った人と交際して今年結婚する流れになった場合や、相手が「金のカメレオン座」「銀のカメレオン座」の場合は、今年結婚に話が進んでも離婚率が非常に高いので、周囲の評判を聞いて冷静に判断しましょう。特に2020年、2021年からの交際相手の場合は、昨年末頃から「好みではない」「この人じゃない」という感じがしていたり、年末年始に大喧嘩をして気持ちが離れたりしているかもしれません。そういう相手とは遅かれ早かれ縁が切れるので、結婚を焦らないほうがよさそうです。

交際期間が4年以上あるカップルで、2020年の「乱気の年」と2021年の「裏運気の年」を乗り越え、最も別れる可能性が高かった2022年の「整理の年」も乗り越えられたという場合は、今年は結婚に話を進めても問題ないでしょう。特に裏運気の時期は気持ちが離れやすく、仕事のストレスなど2人以外の問題も多かったと思いますが、それを乗り越えたということは強い愛情がある証です。3～4月から真剣に話を進め、7月、9月、10月に入籍するといいでしょう。一度相手の運気を調べて、お互いに運気のいい月がないかをチェックしてみてください。なかなか合わない場合は、運気のいいほうに合わせるといいでしょう。

「銀のイルカ座」は、結婚をしているほうが仕事や趣味にも集中できて気持ちも安定するタイプです。恋愛をまだまだ楽しみたいなら焦って入籍する必要はありませんが、周囲に既婚者が増えて少し焦っているなら、結婚相手はどんな人がいいのかを考えたり、結婚後に必要なお金を貯めたりといった、現実的なことを真剣に考え始めるにはいい時期でしょう。自分の理想を語るのはいいですが、相手の理想に自分が当てはまっているかも考えることを忘れないようにしましょう。

開運のつぶやき ▶ 相手を理解する気持ちが愛というもの。

仕事運

**環境や状況が変わり、前に進み始める年
本当に自分がやりたい仕事は何か考えてみて**

昨年末あたりから仕事に対して少しやる気になれたり、いい意味で吹っ切れた感じがしている人もいるでしょう。もしくは、今年の「チャレンジの年」の影響を早くも受けて新年早々に動き出している人もいるかもしれません。今年は環境を変えて勝負するにもいい年なので転職をするのもいいのですが、この1年様子を見て、本当に自分のやりたい仕事や楽しく仕事のできる職場を見つけることも大事。まだ自分の成長が足りていない可能性もあるので、まずは今の職場の人ともっと仲良くなったり、仕事関係者との交流を深めてみましょう。そうすると仕事に対する考え方が変わり、周りからの扱いやサポートも変わってくるので、気分で判断しないようにしましょう。

また、新たな部署への異動やポジションの変化など、任される仕事の重さが変わってくる年でもあります。それによって自分の不勉強や至らない点も見えてくるので、仕事に役立つ本を読んだりして日々の勉強をゆっくりでもいいので行うようにしましょう。楽しみながらゲーム感覚で工夫してやってみると、成長が早まり、仕事にも楽しく取り組めるようになりそうです。仕事のリズムを変えるためにも出社時間を変えてみたり、なんとなく避けていたことや雑用を自ら進んで行ってみるといいでしょう。

ただ、不向きな仕事に就いている場合は、運気の流れに乗るどころか苦しい状況が続いてしまう可能性があります。人との関わりが多い仕事や営業職、サービス業、エンタメ業界など、華やかな感じのする職場に転職をするといいでしょう。夜勤のある仕事も不向きなので、無理をしないほうがよさそうです。そもそも「銀の

イルカ座」はしっかり仕事をして、しっかり遊ぶことが大事なタイプ。もし不向きな仕事に就いてしまっているなら、その分しっかりプライベートを充実させましょう。そうすれば仕事も頑張れるので、今年から新しい趣味を始めてみるといいでしょう。

3～4月の年度替わりに急な異動があり、新たな仕事を任されることがあるかもしれません。焦ってしまわないよう心構えをして、「どんな新しい風が吹くのかな」と考えるようにすると、変化を楽しく受け止められるでしょう。多少、不慣れなことや苦手なことだったとしても面白がってやってみるとクリアできそうです。7月頃からはあなたらしい仕事ができるようになり、少しずつですが評価され始めるでしょう。ここでは自分をしっかりとアピールし、遠慮せずに押し通すくらいの気持ちで仕事をするようにしてください。職場の人たちや仕事関係者とも交流を深めてみると、後で仕事のいい流れに繋がっていきそうです。10月の頑張りは収入アップや出世に繋がるので、真剣に仕事に取り組むというよりもサービス精神を爆発させる感じで楽しく仕事に取り組みましょう。

大きな結果が出たり大満足するような運気ではないですが、環境や状況が変わり、前に進み始める年になります。多少の失敗は気にせず、自分なりの仕事方法を追求し、もっと工夫して仕事に取り組んだり考え方を変えてみると、仕事のプラス面がいろいろと見えてくるでしょう。新しい人との関わりが増えれば増えるほどあなたにとっていい方向に進んでいるので、遠慮や人見知りをしないで、図々しいくらい自己アピールをして仕事をしましょう。

開運のつぶやき　👓 自発的に苦労に突き進んでみると、成長や楽しさに繋がることが多い。

買い物・金運

収入が上がりそう
人間関係を広げるための出費はケチらないで

昨年よりも運気の流れが良くなり、収入が上がりそうです。ただ、興味のあることや人脈も広がる年なので、出費も増えて貯金が減ってしまうかもしれません。不要な出費も多くなりそうですが、「チャレンジの年」である今年は新たな経験や視野を広げることにケチケチするタイミングではないので、お金の使い方やお金の価値を考えながらも、ある程度の出費は覚悟しておきましょう。特に人間関係を広げるための出費は後の金運に大きく影響することにもなりそうなので、仕事関係者との付き合いは大事にしておいてください。また、仕事に使う道具は、最新のアイテムや自分の年齢に見合った物に買い換えるといいでしょう。

「銀のイルカ座」は、他のタイプよりも遊び心があるため、自然と浪費しやすい傾向があります。特に、子どもの頃に浪費癖がついてしまうとなかなか直らないタイプなので、今年からお金に関わる勉強をしっかり行っておきましょう。苦手な家計簿やお小遣い帳など、最近ならスマホのアプリで簡単にできるので試しにやってみるといいでしょう。また、現金で買い物をするのではなく「○○Pay」などのキャッシュレス決済を上手に使いながら、ポイ活をゲーム感覚で始めてみるのもオススメです。いろいろなクーポンや割引を駆使することの面白さに気がつくと、上手にポイントを集めることができるでしょう。始めるにあたっていろいろ調べる手間はかかりますが、周囲に詳しい人がいるなら聞いてみるといいでしょう。

気をつけたいのは、今年から不要な浪費癖をつけてしまうことです。昨年の「整理の年」辺りから固定費の見直しができている場合はいいですが、「必要な物だけに出費する」ことをもっと意識するといいでしょう。ゲームの課金や動画のサブスク、見栄を張ったエリアへの引っ越しなど、新しく固定費を増やさないように気をつけてください。「これは今の私に必要な物だ」と思い込みで判断をするのではなく、「生きるために必要かどうか」を一度考えるようにすることが大事です。それでもなかなか出費がおさまらない場合は、運気の良い「☆（開運の日）」や「◎（幸運の日）」の日だけに買い物や契約をするようにすると、無駄な出費を自然と抑えられるようになるでしょう。

「チャレンジの年」1年目の今年は、来年の「チャレンジの年」2年目に行動するための大事な年でもあります。しっかりお金を貯めて、来年に身動きが取りやすいよう準備しましょう。「夢に向けて動き出したかったけど2023年はお金がなくて諦めてしまった」ということになるくらいなら、この1年で真剣にお金のことを考えて2024年7月までに目標金額を貯めるようにしてください。その後、専門学校に通ったり資格取得を目指すなど、夢に向けて本格的に動き出すといいでしょう。

特に大きな変化を求めない人は、NISAやつみたてNISAや投資信託がどんなものかを理解するためにも、生活に支障をきたさない程度の額でいいので始めてみましょう。「銀のイルカ座」はマメに貯金をすることが苦手なタイプです。また、今年は思った以上にお金を増やすことができそうなタイミングでもあります。長期的にお金を増やすことを目的にして、お試しでもいいので3〜4月、遅くても7月か10月には始めてみましょう。

開運のつぶやき 何も起きていないのに、心配や恐れはいらないもの。

美容・健康運

今年は夜更かしをしないように
美意識を高めて思い切ったイメチェンを

予想以上に予定が増えて忙しい1年になる運気。楽しい時間を過ごすのはいいのですが、夜更かしは体調を崩す原因になってしまうので気をつけましょう。昨年までは平気だったとしても、今年からは夜型をやめて睡眠時間をしっかり取るように切り替えてください。2022年まではあなたの裏側にある「鳳凰座」の影響が強く出て、夜に強くなったり、寝付けない感じになった人もいると思いますが、「銀のイルカ座」は、そもそもは太陽の下で能力がアップするタイプです。南の島や暖かい場所が運気アップや健康的な生き方ができる場所なので、雪が積もる寒い土地に住んでいる人ほど、冬や連休には暖かい場所に行くような生活を心がけるといいでしょう。

1〜2月中旬は、寒さで体調を崩してしまうことがありそう。この時期は無理をしないで、寒さ対策をしっかり行うようにしておきましょう。自分の体調が崩れるパターンを今年から学んでおくといいので、体調が悪くなった前日にはどんな生活をしていたかを思い返してみてください。6月は「リフレッシュの月」です。ゆっくり過ごすといいですが、遊び過ぎたり予定を詰め込み過ぎると体調を崩す原因となってしまいます。また、無謀な行動は怪我の原因にもなるので気をつけましょう。11月末と12月も油断から体調を崩してしまう可能性があるので、旬の食材を食べたり、健康的な生活リズムを作るようにしておきましょう。

2020年の「乱気の年」や2021年の「裏運気の年」に不摂生な習慣が身についてしまっている場合は、今年から体調を崩してしまったり、体形が崩れてしまうことになるので気をつ

けてください。今年から生活習慣を整えてバランスのいい食事をとるようにするなど、これまでと同じ習慣にしないように心がけましょう。いつまでも若い時と同じような食べ方をしている人は要注意。年とともに代謝が落ちていたり、運動不足になっていたり、筋力がドンドン落ちたりしているので、気持ちは若くてもゆっくり老いていくものだと覚えておきましょう。できれば、今年から体力作りを始めてみたり、ストレッチなど家でできる運動を行うといいでしょう。朝は早く起きて、ウォーキングやランニング、ヨガなどをやっておくと健康的な体作りが期待できます。既に2021年辺りから体重が一気に増えたと思うなら、少しハードな運動を7月まで頑張ってみましょう。思った以上にいいスタイルになれそうですが、8月になると油断して一気にリバウンドしてしまう可能性があるので、1〜2年かけてゆっくりとダイエットするほうがよさそうです。

今年は美意識を高めるにもいい時期です。昨年までと違う美容室に行ってみたり、思い切ったイメチェンをするといいでしょう。「髪型をよく変えますね」と周囲に言われるくらいコロコロ変えてみると自分に合うスタイルが見つかりそうです。エステやネイルや美肌、小顔矯正など、周囲からオススメされたものにも挑戦してみましょう。筋トレやスポーツジムなど、なかなか続かないことは、頑張ったご褒美をあらかじめ決めてから始めてみてください。最も効果的なのは恋をすることです。好きな人に日々見られていると思うと気が引き締まり、自然とスタイルも良くなっていくので、気になる人を複数人見つけておくといいでしょう。

開運のつぶやき　▶　笑顔を心がけている人に幸運はやってくる。

親子・家族運

あなたが中心になることで明るい家庭を作れそう
家族みんなが笑顔になれることを考えて

ここ数年とは流れが変わって元のあなたらしさが戻ってきますが、家族がいても遊びたい気持ちが勝り、誘惑に負けてしまいそう。しっかり予定をたてて家族との時間を作り、自分の時間も作れるような新たなルールを決めるようにすると、家族も安心するでしょう。

家族はもちろん大切だと思いますが、「自分はもっと大切」という気持ちを持つことは決して悪いことではありません。今年は「自分も家族もみんな笑顔で明るく過ごすためにはどうすればいいか？」を考えて行動をすると充実した1年を過ごすことができそうです。そうはいっても「銀のイルカ座」らしい甘え上手なところが出てしまうので、あなたが自然と家族を振り回してしまっていることには早めに気がついておくといいでしょう。

夫婦関係は、昨年の「整理の年」までは喧嘩が絶えなかったり、気まずい空気になったりして、離婚を考えた人もいたかもしれません。今年は夫婦の問題が一山越えた感じになり、全てが解決していなくても関係が少し前進し、いい距離感を保てそうです。デートをしたり一緒に買い物をする時間を作ったり、これまでとは違う場所に旅行に出かけたりすると、さらに関係性が良くなるでしょう。ただ、相手からの要求やワガママが多すぎると、やがて限界を感じてしまいます。自分の時間を作って買い物をしたり、友人と遊びに行くといいでしょう。

お子さんとの関係では、昨年までとは気持ちに変化が生じます。関心が強くなり、時には執着する感じにもなってしまいそう。お子さんが成長すると、あなたのワガママに突っ込んできたり、あなたの言うことを素直に受け入れなく

なったりするので、自分中心の考えは少し改めたほうがよさそうです。ただ、それだと窮屈に感じてストレスになってしまうので、お子さんとは友達くらいの距離感で接するという気持ちでいるといいでしょう。また、あなたの浪費癖がお子さんにも影響する可能性があるので、一緒に楽しく貯金をしたり、お金について勉強をしたりするとよさそうです。

両親は、甘え上手なあなたの要領の良さを理解していて、あなたがこっそりサボったり、時にはずる賢く立ち回ったりすることもわかっているでしょう。また、ここ数年イライラしていたり、空回りしたり、元気のない感じだったりで両親に心配をかけてしまった人もいるかもしれません。今年は両親に楽しんでもらうことを考え、旅行や食事会などを催してみましょう。急に真面目な態度で接するよりも前向きな話や面白い話などをして、両親を安心させてあげることが大切です。

今年はあなたが中心になることで明るい家庭を作ることができ、家族も自然と笑顔になるでしょう。特にここ数年、家族に苦労や迷惑をかけてしまった人も多いと思うので、家族がいることに改めて感謝しましょう。「銀のイルカ座」は基本受け身で相手任せなところがありますが、「相手は何をしたら喜ぶかな？」と考えることを楽しんでみてください。話題の場所に誘ったり、美味しいお店を教えたり、お土産を買ってきたり、両親にときどき食べ物を送ってみたりするなど、あなたのサービス精神で家族が元気になるはずです。あなた自身も、家族や夫婦で過ごす時間をいっそう楽しめるようになるでしょう。

年代別 アドバイス

世代が違えば、悩みも変わります。
日々を前向きに過ごすためのアドバイスです。

年代別アドバイス 10代

新しい友達をつくったり、興味が湧いたことに素直に行動してみるといい年。周囲に合わせていないで、自分の考えで行動して挑戦することが大切です。ここ1〜2年で仲よくなった友人に執着せず、ゆっくりで良いので距離を空けてみて。自分の将来のために必要と思うことを勉強したり、好きなことをもっと極めてみると良いでしょう。イメチェンすると運命が大きく変わってくるので、髪型や服装を明るく華やかにしてみましょう。

年代別アドバイス 20代

「環境を変えたい」という気持ちに素直になるといい時期。昨年までとは状況も変わってきますが、自ら行動することが大切です。明るい感じにイメチェンしたり、新しい友人や知り合いを作るために積極的になりましょう。コンサートやライブや舞台などを観に行くことで良い刺激を受けたり、同世代で頑張っている人からいいパワーをもらえたり背中を押してもらえることもあるでしょう。昔の交友関係に縛られないようにすることも大事です。

年代別アドバイス 30代

やることや求められることが最も増える年。多少の面倒や失敗は当然だと思って、新しいことに挑戦してみると良いでしょう。これまでの人生に納得できないなら思い切って引っ越しをしたり、環境を変えてみるなどして、生活リズムをこれまでとは違う感じにすると良いでしょう。交友関係においても、ここ数年よく遊んでいる人とは違うタイプと遊んだほうがあなたの運気も良くなるので、過去の人脈に執着しないようにしましょう。

年代別アドバイス 40代

興味のあることに素直に行動して人脈を広げることで良い年になる運気。才能や向き不向き、好き嫌いを考えるよりも、「急に興味が湧いた」と思ったら調べてみたり、チャレンジしてみると、良い人脈ができて本気で取り組みたいと思えることが見つけられるでしょう。年齢差のある友人や知人もできて長い付き合いになる場合もあるので、気になった人には積極的に話しかけてみましょう。若い子から学ぶ気持ちも忘れないようにしましょう。

年代別アドバイス 50代

変化や新しい流れに素直に乗ることが大切。自分の好奇心に素直になってみると、素敵な出会いや新たな経験ができて面白いことが見つかり、良い趣味を始めることができそう。苦手だと決めつけたり、「今さら」と思わないで、足を運んでみたり、行動範囲を広げてみると良いでしょう。もう一山登るスタートの年でもあるので、10年後に笑顔でいられるために今からできることをいろいろ楽しんでおきましょう。

年代別アドバイス 60代以上

興味が少しでも湧いたことがあるなら即行動をしてみたり調べてみることで、新しい趣味を見つけられたり、お気に入りの場所を見つけられそう。年齢を重ねても遊び心を持っているタイプなので、健康のために歩いたり運動をするよりも、遊びながら体を動かせることに挑戦をしてみると良いでしょう。少しでも若く見えるような服装や髪型をしてみたり、エステなどに行くと日々を楽しく過ごせるようになるでしょう。

命数別2023年の運勢

【命数】

51

基本性格

華やかで心は高校生

負けず嫌いの頑張り屋で、目立つことや華やかな雰囲気を好みます。やや受け身ながら、意地を張りすぎずに柔軟な対応ができ、誰とでもフレンドリーで仲よくなれます。心は高校1年生のまま、気さくで楽な感じでしょう。女性は色気があまりなく、男性の場合は少年の心のまま大人になった印象です。仲間や身近な人を楽しませることが好きなので、自然と人気者になれるタイプ。学生時代の友達や仲間をいつまでも大事にするでしょう。

持っている星

★サッパリとした性格の星
★お金に執着がない星
★負けを認められない星
★胃腸が弱い星
★異性の友達を好きになる星

開運3カ条
1. 新しい目標と仲間をつくる
2. 定期的な運動をはじめる
3. 色気を出す努力を怠らない

2023年の総合運

気持ちが前向きになり、やる気になれたり、新しい友人や仲間ができる1年。興味がわいたことに挑戦するといいので、資格取得やスキルアップのためのスクール通い、気になるスポーツなどを趣味としてはじめてみましょう。いい出会いが増えて人生が楽しくなりそうです。過去の友人や、ここ1、2年で出会った付き合いの浅い人に振り回されるくらいなら、今年は新たな出会いを求めて、自ら動きましょう。

2023年の恋愛&結婚運

出会いが増えますが、ただの友達止まりになるパターンが多そうです。焦って交際に走ると、浅い付き合いで終わってしまうことも。恋にも努力と反省が必要なことを忘れないようにしましょう。今年から、話しやすい異性の友人をつくってみると、のちにいい人を紹介してもらえるなど、縁をつないでくれる存在になりそうです。年々色気がなくなってくるタイプなので、自分磨きも忘れずに。結婚運は、相手が同級生や職場の同僚など、身近な人の場合は話を進めやすいでしょう。

2023年の仕事&金運

職場のメンバーが変わったり、異動になるなど、変化が多くなる年。新たな環境で働くことで、やる気になれるでしょう。よきライバルとなる仲間や、プライベートで仲よくできる人とも出会えそうです。趣味の話をしたり、気楽に誘ってみるといいでしょう。仕事では至らない点が見えてくるので、弱点や欠点を素直に認めて成長につなげるように。金運は、仕事に役立つものを、優先して購入しておくのがオススメです。

ラッキーカラー イエロー　オレンジ　**ラッキーフード** いかフライ　大根サラダ　**ラッキースポット** 遊園地　劇場

【命数】

52

基本性格

刺激が好きな高校生

家族の前と外や人前とで、キャラを切り替えることが上手な役者タイプ。目立つことが好きですが、それを前面に出すか、または秘めているか両極端な人でしょう。何事も合理的に進めるため、無駄と地味なことが嫌いで、団体行動も苦手。一方で、刺激や変化を好むため話題が豊富で、周囲から人気を集めます。頭の回転が速くトークも上手ですが、「人の話の前半しか聞かない星」を持っているため、先走りすぎることも多いでしょう。

持っている星

★合理的な星
★刺激的な遊びに飛び込む星
★旅行で浪費する星
★やけ食いで体調を崩す星
★野心のある人を好きになる星

開運3カ条
1. イベントやライブ、旅行に行く
2. 品を意識したイメチェンをする
3. 団体行動を楽しむ

2023年の総合運

本来の頭の回転の速さを活かせたり、好奇心に素直に従って行動できるようになる年。気になっていたライブやイベント、旅行に行けて楽しい時間を過ごせそう。これまで興味のなかった舞台などを観に行ってみると、意外とハマったり、「生きる原動力」になることも。そこで新しい知り合いや仲間ができることもありそう。運気が前に進むのはいいですが、せっかちになりやすく、団体行動も苦手になってしまうので、新たな環境や変化を楽しむことも忘れないようにしましょう。

2023年の恋愛&結婚運

ここ数年とは違ったタイプの人が気になる年。ワクワクやドキドキ感を求めるのはいいですが、そのぶん危険な人を引き寄せたり、追いかけすぎて失敗もしやすい運気です。遊びだと割り切ったら強いですが、結婚を見据えたパートナーを探しているなら、品のある服装や髪型を意識して、相手の話をしっかり最後まで聞くようにすると、素敵な縁がつながるでしょう。結婚運は、興味あることが増えすぎると、結婚に目が向かなくなってしまうかも。

2023年の仕事&金運

現状の職場に満足できないなら、今年中に、自分が情熱を燃やせることやおもしろそうと思える仕事を探してみるといいでしょう。うわべの情報だけでなく、マイナス面やリスクもしっかり調べておくことが大事です。いまの仕事のままでも本来の頭の回転の速さを活かせますが、他人に甘えて、雑用や不要に感じる仕事を周囲に押しつけないようにしましょう。金運は、今年から投資信託をはじめてみるとうまくいくかも。

ラッキーカラー オレンジ　レッド　**ラッキーフード** かれいの煮付け　冷や奴　**ラッキースポット** イベント会場　競技場

陽気な遊び人

【命数】
53

基本性格

楽しいことやおもしろいことが大好きな、陽気な人気者。人付き合いやおしゃべりが上手で、周囲を楽しませることが好きなタイプ。目立つことが好きで、音楽やダンスの才能があります。「空腹になると機嫌が悪くなる星」を持っているので、お腹が空くと苛立ちや不機嫌さが周囲に伝わってしまいます。欲望に素直に行動し、つい余計なことをしゃべりすぎてしまうところがありますが、人間関係のトラブルは少ないほうでしょう。

持っている星
- ★遊びが大好きな星
- ★体の相性を大事にする星
- ★文句が多い星
- ★体が丸くなる星
- ★かわいいものを買いすぎる星

開運3カ条
1. 自分から元気に挨拶する
2. 遊びに誘う
3. ポジティブな発言をする

2023年の総合運

あなた本来の陽気なところや前向きな気持ち、サービス精神が復活してくる年。ノリがよくなるのはいいですが、そのぶん予定を詰め込みすぎたり、出費が増えてしまうかも。何事も計画や計算をしてから楽しむようにしましょう。はじめて会う人には、元気に挨拶して明るく振る舞うと、楽しい関係になれることや、親友と呼べる人に会える場合もありそうです。ただし、余計なことをしゃべりすぎないよう気をつけて。健康運は、太りやすくなるので、食べすぎにも注意が必要です。

2023年の恋愛&結婚運

気持ちが前向きになり、恋に積極的になれて、気になる人にたくさん会うことができそうです。勢いやノリも大切ですが、それだけだと「軽い人」と思われてしまうので要注意。これまでの恋愛の反省を活かして、相手選びを間違えないようにしましょう。「もっと素敵な人に出会いたい」と思うなら、自分の知識レベルをアップさせるといいので、本を読むなどして勉強しておくのがオススメです。結婚運は、押しの強い恋人ができると一気に話が進みそう。

2023年の仕事&金運

楽しく仕事ができたり、職場の雰囲気ややるべきことが変わりそうな時期。そもそも労働意欲が高くないタイプのあなた。ノルマがあったり、人と競わなければならない仕事をしている場合は、今年1年かけて転職先を探してみるといいでしょう。サービス業や人との関わりが多い職業が向いているので、イベントや企画会社などをチェックしてみるのもオススメです。現状とくに問題がない場合は、職場のムードメーカーを目指してみましょう。金運は、浪費に気をつけること。

ラッキーカラー パープル　朱色　**ラッキーフード** ジンギスカン　ココア　**ラッキースポット** 食のテーマパーク　喫茶店

遊び好きの人情家

【命数】
54

基本性格

頭の回転が速く、何事も直感で決めるタイプ。遊び心が常にあり、目立つことが大好き。トークが上手で、周囲を楽しませることが得意でしょう。しゃべりすぎて余計な一言が出てしまい、「毒舌家」と呼ばれることもありますが、根は人情家で純粋な心を持っています。困っている人を見ると放っておけず、手助けをすることも多いでしょう。ストレートな意見を言えるため周囲からの相談も多く、自然と人脈が広がっていくでしょう。

持っている星
- ★感性が豊かな星
- ★デブが嫌いな星
- ★一言多い星
- ★ストレスをためやすい星
- ★気がついたら浪費している星

開運3カ条
1. ポジティブな話をする
2. こまめに運動する
3. 美術館や舞台に足を運ぶ

2023年の総合運

あなた本来の勘のよさや、頭の回転の速さが戻ってくる年。芸術や美術、神社仏閣など、これまで興味の薄かったことに目がいくようになり、視野が広がって、出会う人や関わる人も自然と変わってくるでしょう。ノリよく楽しく振る舞って場を盛り上げるのはいいですが、余計な一言がトラブルに発展する場合があるので要注意。健康運は、基礎体力をつけるために、時間を見つけて定期的に運動をするといいでしょう。

2023年の恋愛&結婚運

出会いが多くなる年。一目惚れから恋をするあなたにとっては、気になる人が増えて楽しい1年になるでしょう。ただし、ワガママな発言や短気が原因で、あっという間に関係が終わったり、あなたの浮気心にも火がつきやすくなるので要注意。しっかりとした人を見つけたいなら、勘をあてにするだけでなく、周囲の評判や意見も聞くようにしましょう。結婚運は、結婚相手に望むことが変化しはじめるとき。多くを求めすぎないようにしましょう。

2023年の仕事&金運

変化が多い1年になるでしょう。勘のよさと機転をきかせて、うまく問題を避けることができたり、「いい経験になった」と前向きにとらえられそうです。場を盛り上げるのはいいですが、愚痴や不満が多くなることも。自らのマイナス発言が原因で仕事が嫌になってしまう場合があるので、文句を言わないよう、自分を成長させることが大切です。過去を言い訳にしないで、これからに期待するように。金運は、ピンときた投資があれば、今年からはじめるといいでしょう。

ラッキーカラー あんず色　ホワイト　**ラッキーフード** とん平焼き　海鮮サラダ　**ラッキースポット** 劇場　デパート

ラッキーカラー、フード、スポットはプレゼントやデート、遊ぶときの口実に使ってみて

華やかな情報屋

【命数】

55

基本性格

人当たりがよく、情報収集が好きで流行に敏感なタイプ。おしゃれでフットワークが軽く、楽しそうな場所にはどんどん顔を出す人です。華やかで目立つことが好きなので、遊びや趣味の幅もとても広いでしょう。損得勘定で判断することが多いのですが、周囲の人間関係とのバランスをとるのもうまく、ウソやおだても得意です。トークも達者で、周囲を自然と楽しませる会話ができるため、いつの間にか人気者になっているでしょう。

持っている星

★おしゃれで華のある星
★流行に弱い星
★トークが薄っぺらい星
★膀胱炎になりやすい星
★ものが増える星

開運3カ条
1. 新しい情報を集める
2. 新しい趣味を見つける
3. 買い物の日を決める

2023年の総合運

人脈が広がり、欲しいものや興味のわくことが増えすぎてしまいそうな年。すぐに行動に移さず、情報をしっかり集め、プラスとマイナス両方の側面を調べてから動いたほうがいいでしょう。フットワークも軽くなり、いい人脈もできるため新たな出会いを楽しめそうです。ただし、物事を損得勘定で判断していると、大事な出会いや経験を逃す場合があるので、多少の損は気にしないように。予定を詰め込みすぎて疲れをためないよう、工夫も必要です。

2023年の恋愛&結婚運

異性から視線を集めるのが上手なタイプ。3、4月にイメチェンすると、自信をもって出会いを求めた行動をすることができそうです。ただし、あなたの外見だけを好きになって近づいてくる人がいたり、中身のない人に惚れられることも。「恋は遊び」と割り切れるならいいですが、大事な人を見落とさないようにしましょう。軽い気持ちで交際をOKせず、関係を深めても後悔のない人を選ぶように。結婚運は、交際期間が短い場合は、考え直したほうがよさそうです。

2023年の仕事&金運

仕事を楽しむ工夫はうまくできそうな年。欲しいものや新しい趣味を見つけられると、自然と仕事にも集中できるでしょう。目的がないままなんとなく働き続けていても不満がたまるだけなので、仕事終わりに遊びに行ったり、頑張った自分へご褒美を用意しておくといいでしょう。飲み会に参加するなど、職場の人との付き合いを増やしてみると、職場の雰囲気がガラッとよくなりそうです。金運は、運気のいい日に買い物に行きましょう。

ラッキーカラー スカイブルー　パープル　**ラッキーフード** 牡蠣バターソテー　しじみの味噌汁　**ラッキースポット** 森林浴　温泉

真面目な目立ちたがり屋

【命数】

56

基本性格

陽気で明るい性格でありつつ、とても真面目で受け身です。本音では目立ちたいと思っていますが、遠慮するクセがあり、自分を押し殺しているタイプでもあります。親切で、誰かのために役立つことで生きたいと思っていますが、根は遊びが大好きで、お酒を飲むとキャラが変わってしまうことも。几帳面で気が利くので人に好かれ、交友関係も広げられますが、臆病になっているとチャンスを逃す場合もあります。

持っている星

★やさしい星
★キスが好きな星
★チャンスに弱い星
★むくみやすい星
★少しでも安物に目がいく星

開運3カ条
1. 好きな音楽のジャンルを増やす
2. 気になる人を遊びに誘う
3. 真剣にポイ活をはじめる

2023年の総合運

勇気を出して新しいことに挑戦するといい年。真面目で慎重ですが、遊びたい気持ちや、誘惑に弱いところのある自分をグッと抑えていて、突然無謀な行動に走りやすいタイプ。今年は、聴く音楽のジャンルを広げたり、気になるコンサートなどに行ってみると、いい経験ができそうです。ケチケチして経験の幅を狭めないように。人付き合いでは聞き役ばかりに回らずに、自分の言いたいことを口に出すよう意識してみましょう。

2023年の恋愛&結婚運

気になる人を見つけられる運気ですが、過去の恋を反省し続けていたり、いつまでも片思いをしていると、今年の新たな出会いを逃してしまいそう。いざいい人を見つけても、「自分とは合わない」と遠慮したり、相手の周りをチョロチョロして誘いを待っているだけでは進展しません。今年は、これまでの恋愛観を壊すつもりで、勇気を出して自ら誘ってみましょう。イメチェンして自分に自信をもつことも大事。結婚運は、慎重に相手を見る時期です。

2023年の仕事&金運

言われたことをしっかりできるタイプのあなた。新たな仕事が増えて忙しくなりすぎたり、断ったほうがいいことまで引き受けてしまいそうです。今年は少し大変な思いをしたとしても、自分の成長につながるのでひと踏ん張りしてみるといいでしょう。楽しみながら仕事に取り組むといい仲間もできるので、苦しいときほど明るく振る舞ってみましょう。金運は、「ポイ活」をしたり、ポイントで投資をしてみると、うまく増やすことができそうです。

ラッキーカラー ホワイト　イエロー　**ラッキーフード** 豚のしょうが焼き　豆腐サラダ　**ラッキースポット** アウトレット　温泉

華やかなリーダー

【命数】57

基本性格

面倒見がよくパワフルで、他人から注目されることが大好きな人。おだてに極端に弱く、褒められるとなんでもやってしまうタイプ。行動力があり、リーダー気質ですが、本音は甘えん坊で人まかせで雑なところがあります。それでもサービス精神があるので、自然と人気を集めるでしょう。注目されたくて、どんどん前に出てしまうところも持っています。正義感が強く、正しいことは「正しい」と強く主張するところがあるでしょう。

持っている星

★ドジな星
★押しに弱い星
★どんぶり勘定な星
★転びやすい星
★仕切りたがりの甘えん坊な星

開運3カ条

1. 素直に行動する
2. はじめて会う人にはマメに接する
3. 自分のやり方や考えだけが正しいと思わない

2023年の総合運

行動力が増し、視野も広がって、人脈がこれまでと大きく変わってくる年。好奇心の赴くままに動いたほうが、後悔も少ないので、興味あることに素直に挑戦するといいでしょう。ただ、先走りすぎたり雑にならないよう注意が必要です。多少の失敗があっても、いい経験になるので、臆病にならないように。先輩や年上の人に振り回されることもありそうです。付き合う相手を間違えないように気をつけつつも、「自分の考えだけが正しい」と思い込まないことが大事です。

2023年の恋愛&結婚運

今年は恋に積極的になれそうです。出会いが増えますが、一人ひとりにていねいに関わるようにしましょう。仲よくなってもマメさが足りなくて関係が続かなくなったり、雑な感じが伝わって距離があいてしまうことが。せっかく素敵な人に会えても、あなたがせっかちになって交際まで待てなくなる場合もあるかも。7月にイメチェンをすると、いい感じで異性の心をつかめるようになりそうです。結婚運は、自分が正しいと思うことを、相手に押しつけないようにしましょう。

2023年の仕事&金運

新たなポジションを任されることがありますが、勉強や能力が足りずに苦労しそう。ガッカリしないで、「どうすれば人を動かすことができるのか」「目標の数字や結果に近づくためには何が必要か」を考えてみましょう。自分のやり方や考えだけが正しいと思っていると、いつまでも壁は乗り越えられません。もっと仕事を楽しめるように工夫したり、得意な人に素直に頭を下げて教えてもらったり、相手をほめて伸ばすように努めてみましょう。金運は、仕事に役立つ本を読んで、会話に活かすといいでしょう。

ラッキーカラー レッド ホワイト **ラッキーフード** 焼きビーフン バターチキンカレー **ラッキースポット** テーマパーク 競技場

常識を守る遊び人

【命数】58

基本性格

上品で華があり、ルールやマナーをしっかり守るタイプ。遊び心や他人を楽しませる気持ちがあり、少し臆病な面はありますが社交性があり、年上の人やお金持ちから好かれることが多いでしょう。そして、下品な人を自然と避けます。やわらかな印象がありますが、根は負けず嫌いの頑張り屋で意地っ張り。自己分析能力が高く、自分の至らない部分を把握している人です。しかし、見栄を張りすぎてしまうことも多いでしょう。

持っている星

★清潔感のある星
★上品な人を好きになる星
★打たれ弱い星
★肌荒れで悩む星
★品のあるものを欲しがる星

開運3カ条

1. 多少の恥ずかしい思いは「いい経験」と思う
2. 他人の欠点や弱点を許す
3. みんなが楽しくなる方法を考える

2023年の総合運

環境や状況が変わる年ですが、遠慮したり臆病なままでいると、流れに乗り遅れてしまいます。失敗を恥ずかしがって何も挑戦をしないでいると、いつまでも同じことを繰り返すだけ。人脈を広げる努力を少しでもはじめると、背中を押してくれる人や勇気を与えてくれる人に会えるでしょう。マイナス思考の人や批判的な人とは、友人や家族だとしても距離をおいて、新たな方向に進みましょう。明るい感じにイメチェンすると、評判が上がりそうです。

2023年の恋愛&結婚運

ノリはいいのに人に対するチェックは厳しいタイプですが、今年は相手の欠点や弱点を少し許せるようになりそうです。小さなことを気にしなくなれば、相手からも選ばれやすくなるでしょう。勇気が出なくてチャンスを逃すことが多いので、しばらく恋人がいない人ほど、思い切ってみるといいでしょう。相手に好意を伝えたり、「顔が好み」と言ってみて。結婚運は、自分の欠点を補ってくれる人を探すのがオススメです。

2023年の仕事&金運

責任のある立場を任されてやる気になれそうですが、自分のことばかり考えていると苦労が増えてしまいます。「どうしたらみんなが楽しく働けるのか」「自分の仕事ぶりは上司からどう見えているのか」を一度冷静に考えてから仕事に取り組んでみましょう。思ったよりもいいチームワークを発揮できたり、自らのやるべき仕事が見えてきそうです。金運は、エステや美肌サロンにお金を使うと、癒やされ効果もあって日々頑張れるようになるでしょう。

ラッキーカラー オレンジ ブルー **ラッキーフード** 豆乳鍋 ちらし寿司 **ラッキースポット** 劇場 お祭り

屁理屈が好きな遊び人

【命数】

59

基本性格

人と違う生き方や発想をする変わり者。美術など芸術が好きでほかの人とは違う感性を持っています。新しいことに敏感で、斬新なものを見つけたり生み出したりできるタイプ。理屈や屁理屈が多いですが、人当たりやノリがよくおもしろいことが好きなので、自然と周囲に人が集まるでしょう。他人への興味は薄く、熱しやすく冷めやすく、自由と遊びを好みます。芸能の仕事や海外での生活など、周囲とは違った生き方を自然と選ぶでしょう。

持っている星

★独自の美意識がある星
★浪費癖の星
★言い訳が多い星
★食事のバランスが悪い星
★不思議な人を好きになる星

開運3カ条

1. はじめて会う人をほめる
2. ライブや旅行に行く
3. 行動する前によく調べる

2023年の総合運

環境の変化や、新しい流れを楽しく受け入れられるタイプなので、気になることにドンドン挑戦するのはいいですが、継続力の低下や飽きっぽさが出て、いい縁も簡単に切ってしまいそう。今年は目的がコロコロ変わってしまうことがありますが、それでも体験と経験を増やしておきましょう。できれば海外など、行ったことのない土地に出かけたり、引っ越しをするのもオススメです。2023年は、人生を変える大きな1年になるでしょう。

2023年の恋愛&結婚運

おもしろそうな人や個性的な人にハマりやすいタイプですが、今年は気になる人を見つけてもすぐに冷めたり、趣味に熱中したりと、恋愛以外の物事に目が向いてしまいそう。告白されたのに、あまのじゃくな性格が出て答えをしぶっていては、いつまでも関係は変わりません。周囲にすすめられた人と素直に付き合ってみると、思ったよりも楽しい時間を過ごせそうです。ただし、相手に束縛されるとすぐに逃げたくなってしまうかも。結婚運は、結婚願望がドンドン弱くなるでしょう。

2023年の仕事&金運

興味がわく仕事を見つけられる年です。ただ、先のことを考えずに離職だけして、あとで困ってしまうことがありそう。転職活動をするなら、夏ごろまではようすをうかがって、しっかり手順を踏むようにしましょう。いまの職場でのポジションや仕事内容が変わって、やる気がわいてくることもありそうです。新たな人間関係ができて、あなたの才能や個性を認めてくれる人に出会える場合も。金運は、浪費が激しくなるので、一定額はつみたてNISAなどに回すといいでしょう。

ラッキーカラー オレンジ ホワイト **ラッキーフード** タイカレー いちご **ラッキースポット** 科学館 劇場

プライドの高い遊び人

【命数】

60

基本性格

やわらかな印象を持たれる人ですが、根は完璧主義の理屈人間です。好きなことをとことん突き詰める力があり、すぐに「なんで？ なんで？」と言うのがログセ。人間関係を作ることが上手ですが、本音は他人には興味がなく、尊敬できない人には深入りしないでしょう。最初は仲よくしていても、しだいに距離をとってしまうことも。冗談のつもりでも上から目線の言葉が出やすいので、やさしい言葉を選ぶ心がけが必要でしょう。

持っている星

★知的好奇心豊かな星
★渋いものにお金を使う星
★上から目線の言葉を使う星
★肩こりや目の疲れに悩む星
★尊敬できる人を好きになる星

開運3カ条

1. はじめて会う人をほめる
2. すべての人を尊敬する
3. 年上の友達をつくる

2023年の総合運

やるべきことや、研究・探究したいことを見つけられる年。気になる習い事をはじめると、長い付き合いになる先生や先輩、尊敬できる人に出会えそうです。美術館や古都、神社仏閣めぐりなどの趣味が合う人とも知り合える運気なので、人の集まりには興味がなくても参加するようにしましょう。相手の話をじっくり聞いて、自分とは違う生き方や考え方を楽しんでみると、いい1年を過ごせるでしょう。

2023年の恋愛&結婚運

尊敬できる人を見つけるまでに時間がかかってしまうタイプですが、すべての人に尊敬できる部分があることに気がつくと、素敵な人をすぐに見つけられそう。出会いを避けてばかりいたり、相手を選びすぎていると、何事も進展しません。年上の人や、自分とはまったく違う仕事をしている人とデートしてみると、いい恋に発展する可能性があるでしょう。ただし、人を小馬鹿にするような発言はほどほどに。結婚運は、真剣に考えているなら、お見合いをするといいでしょう。

2023年の仕事&金運

行き詰まっていた問題がゆっくり解決に向かったり、手応えを得られずにいた仕事のコツをつかめて、やっとおもしろさを感じられそうです。一方で、実力不足に気づくことや、今後やるべきことが増えてしまうかも。上司や上層部、経営者と突然仲よくなれる流れもあるので、年上の人に仕事の疑問や改善点を伝えたり、前向きな話をしてみるといいでしょう。職場や仕事関係者との付き合いも楽しんでおきましょう。金運は、趣味に使う金額をあらかじめ決めておくこと。

ラッキーカラー オレンジ パープル **ラッキーフード** ロールキャベツ チーズボール **ラッキースポット** 森林浴 神社仏閣

銀のイルカ座 2023年 タイプ別相性

気になる人との今年の相性は？　タイプを調べて付き合い方の参考にしましょう。

▶ 金のイルカ座 との相性

あなたの一歩先を行く相手。あなたはじっくり情報を集めて様子を窺う必要もある時期なので、相手のパワーを面倒に感じそう。春から夏にかけてはいいテンションで互いに盛り上がりそうですが、寒い時期は互いに頑固になり、合わない部分が見えてきそうなので、無理に合わせなくてもよさそうです。　恋愛相手 ノリが似ているので気が合って価値観も一致していますが、互いに自分の道を進む年なので興味のあることや好みが変わっていきそう。噛み合わないと思ったら少し距離を空けるなど、ベッタリしない関係がよさそうです。　仕事相手 判断力と行動力はあなたよりも一歩先を行っている相手。尊敬できる部分があるといい関係になれそう。上司か先輩なら、相手のテンポに上手に合わせていきましょう。部下か後輩なら、先走ったり身勝手な判断で突き進むところをチェックしましょう。　今年はじめて出会った人 新しい世界を教えてくれるなど、視野を広げるために必要な相手。ただし、長い付き合いになると振り回されて疲れてしまうかも。考え方の違いが年々開いていきそうです。一緒にストレス発散をしたり、遊び友達くらいの距離感ならいい関係を保てそうです。

▶ 金のカメレオン座 との相性

昨年までのあなたと同じ「整理の年」の相手。年末くらいに気持ちが晴れてきたりやる気が出てくるので、それまでは少しでも励ましてあげるといいでしょう。悩みや不安を聞くよりも一緒に遊んだり、楽しい時間を過ごしてみてください。今年はあなたから誘ってみたり、新しい世界を共に楽しんでみるといいでしょう。　恋愛相手 本来なら甘えたいタイプですが、今年はまだ気持ちの余裕がないので、過度に期待しないようにしましょう。秋から年末は楽しい時間が次第に増えそうですが、相手を振り回し過ぎると、縁が切れてしまうことがあるので気をつけましょう。　仕事相手 仕事関係でないほうが、いい付き合いができるタイプ。突然、仕事を辞めたり離れたりすることもある人なので、話す機会を増やしておきましょう。上司や先輩なら、優柔不断な欠点が見えそう。部下や後輩なら、強く言いすぎると離れてしまいそう。　今年はじめて出会った人 いい友達になれる運気の相手ですが、もし出会ったタイミングが上半期ならゆっくり離れてしまいそう。下半期に出会った場合は、いい関係を長く保てるので、前向きな話や面白い話をして相手を楽しませておくといいでしょう。

▶ 銀のイルカ座 との相性

似た者同士なので、お互いに背中を押せるといい関係になれる年。「価値観が合う」「相性がいい」と感じることも多いので、面白いと思ったことを教えるなど情報交換をするといいでしょう。互いに相手任せになると進まなくなるので、気楽に連絡して遊びに誘ってみるといいでしょう。　恋愛相手 相手もあなたもここ数年の苦労を乗り越え、晴れやかな気持ちになっているので、運命を感じるかもしれません。これまでと違うデートプランを試すなど、変化を一緒に楽しめそう。旅行やライブや舞台を一緒に観に行くと関係がさらに深まりそうです。　仕事相手 遊びとノリは合うので、プライベートでなら仲良くなれそうです。波長が合うのはいいのですが、お互いに仕事をするフリが上手いので一緒にサボらないようにしましょう。上司や先輩なら、サボるところを見抜かれるので注意。部下や後輩なら、要領良く進めるコツを教えておきましょう。　今年はじめて出会った人 一緒にいると楽しいことが多く、いい刺激と勉強になる相手。気分が乗らない時に連絡してみると楽しい時間や明るい気持ちを共有できそう。物事が順調に進みすぎている時は、疎遠になるかもしれません。

▶ 銀のカメレオン座 との相性

相手は「裏運気の年」なので、本来の魅力や才能、個性を見抜くのが難しく、ノリが合う感じがしても短期間で終わってしまったり、最初のイメージと数年後とでは全く違う感じの人になるでしょう。今年のこの相手は苦労から学んでいる時期なので、あなたのほうから人生の楽しみ方や前向きな考え方を教えてあげるといいでしょう。　恋愛相手 あなたが相手の気持ちを大きく乱したり、振り回す流れになってしまいそう。相手の心のブレや不安定な感じにイラッとしやすいですが、温かい気持ちで見守りましょう。仕事の悩みが増えているので相談に乗ってあげましょう。　仕事相手 ミスや空回りすることの多い相手なので、一緒にいると面倒なことに巻き込まれてしまいそう。上司の場合は、ダメな部分が見える年。手助けすると一生感謝されるかも。部下ならやる気のなさが伝わってきそう。仕事終わりにフォローしてあげましょう。　今年はじめて出会った人 あなたからは縁があっても「裏運気の年」の相手からは繋がりが弱いので、1〜2年の付き合いで、数年後には疎遠になることが多いでしょう。過度に期待せず、人生に悩んでいる時期の相手なので優しく接してあげましょう。

開運のつぶやき 🥸 苦手な人や嫌いな人を反面教師と前向きに捉えられる人に運は味方する。

▶ 金の時計座との相性

昨年までとは印象が変わってくる相手。「乱気の年」に入って不安定な気持ちや不慣れな状況になっているので、愚痴や不満を聞いてあげて、一緒に遊んで悩みを忘れる時間を作ってあげるといいでしょう。この相手に何度も救われたり、優しくしてもらった恩を返す時期だと思っておきましょう。 恋愛相手 大切にするべき人とわかりながらも今年は相手の魅力が欠けて見え、ネガティブな発言やきつく聞こえる言葉に気持ちが離れてしまいそう。相手の裏側を見られる時期なので、裏の部分も好きになれるかが試されていると思っておきましょう。 仕事相手 同じ職場なら相手の不安定さに振り回される覚悟が必要。取引先の場合は面倒な仕事を押しつけられる可能性が。相手の気持ちや考え方が理解できず苦しみそうですが、いろいろな角度から物事を考える勉強だと思って受け止めましょう。 今年はじめて出会った人 「出会ったタイミングが悪い」としか言いようがありませんが、長く付き合えば数年後に仲良くなれることも。出会った時の印象とは変わってくる人だと思っておくといいでしょう。今年や来年だけでこの相手を評価したり決めつけたりしないようにしましょう。

▶ 金の鳳凰座との相性

運気が絶好調の相手。今年悪い印象を与えると一生不仲になったり面倒な関係になる可能性があるので、ワガママを通そうとせず相手に合わせたり、相手の考えに賛同しておくといいでしょう。この相手の前では、今年だけでいいのでイエスマンになってみると面白い関係になれそうです。 恋愛相手 魅力が輝く年の相手なので、恋のライバルが増えてしまいそう。ワガママを言い過ぎると浮気をされたり、別れることになってしまうかも。好意を持たれていると思って振り回すと、後で痛い目にあうので注意が必要です。 仕事相手 仕事のやり方やテンポが全く違う相手ですが、今年は相手が評価される運気。文句を言わずに相手に上手く合わせておきましょう。相手が上司なら、フォローしたりやる気を見せるとよさそう。部下なら応援して長所を褒めて伸ばしましょう。 今年はじめて出会った人 大切にすることで学べることがある相手。「銀のイルカ座」にとっての「裏側の自分」を観察する相手だと思い、冷静に分析してみるといいでしょう。弱点や欠点が似ているなら、あなたがどうするべきか見えてくるはず。一度嫌われたら関係性が終わりになるので、距離感を間違えないように。

▶ 銀の時計座との相性

一緒にいると心が満たされるような感じになる相手。一緒に新しいことに目を向ければいい発見があり、お互いに違う面白さを教えられるので、価値観の違いを楽しめそうです。対等な付き合いを好む人なので偉そうにしたり強引にリードしたりせず、友人だと思う気持ちを忘れないようにしましょう。 恋愛相手 恋の駆け引きをしないで素直に接することが大事な相手。油断していると他の人に奪われてしまうので、甘えすぎないように気をつけること。下半期に結婚する運気が来るので、将来を覚悟してみるといいでしょう。 仕事相手 この相手と一緒に仕事ができるだけでもラッキーと思えることがある年。相手が予想外に出世をしたり、高く評価されるため、一緒に仕事をしているあなたにも恩恵がありそう。上司ならあなたが押し上げて出世させるくらいの気持ちで仕事をしましょう。部下なら学ぶ気持ちを忘れないように。 今年はじめて出会った人 お互いに支え合うことのできる大事な相手。一度仲良くなれば、一時離れてもまた再会して良い関係を保てそう。ワガママを言い過ぎたり、相手に甘えすぎないようにして、持ちつ持たれつの気持ちを忘れないようにしましょう。

▶ 銀の鳳凰座との相性

一度不仲になると仲良くなるのはかなり難しい相手。たとえ相手が悪くても、あなたから一度謝罪をしてでも今年は仲良くなっておくといいでしょう。特に問題がないなら今年からマメに会ったり連絡をすると、いいパワーをもらえそう。辛抱強く続けることの大切さや、芯をしっかり持つことの大事さを学べるでしょう。 恋愛相手 相手が一目惚れしてくれたらチャンスはありますが、興味がないと思われたら、ひっくり返すのは非常に難しい相手。交際相手なら今年は全力で相手を楽しませて、いい思い出のある場所へ一緒に出かけるといいでしょう。 仕事相手 言葉で何か伝えるよりも仕事の結果や行動で伝えることが大事な相手。相手は年末に向けて仕事が忙しくなり、才能や努力が評価され始めるでしょう。相手が上司なら、協力することや古いやり方も大切だと思いましょう。部下なら良さを周囲に伝えましょう。 今年はじめて出会った人 年末に出会ったなら長い付き合いになりそうですが、年始から秋までの出会いなら、短く終わってしまうか、理解に苦しむ相手になってしまいそう。あなたのノリが裏目に出てしまうことがあるので、挨拶やお礼、礼儀はキッチリしておきましょう。

開運のつぶやき ▶ 相手が理解できる言葉を選べる人が人生で成功する。

▶ 金のインディアン座との相性

遊び仲間として最高の相手。学べることは少ないですが、人生を楽しむコツを互いに教えられ、一緒にいると笑いが絶えない感じになりそう。ただ、ふざけすぎたり気が緩みすぎてしまうので、調子に乗せすぎないようにしましょう。社会的ルールやマナーはしっかり守るようにしましょう。 **恋愛相手** 明るい感じのノリが合う相手。相手が積極的になってくれたり、頻繁に会うことができるといい恋愛ができそうですが、先のことを考えると欲望を満たされるだけで終わってしまうこともありそう。今年だけの恋と思って割り切れるならいい相手かも。 **仕事相手** 相手のミスに振り回されてしまいそうですが、あなたも相手に強く言えるほど仕事に一生懸命になっていないところを見抜かれてしまいそうです。相手が上司なら、うまい話は話半分で聞くようにしましょう。部下ならミスのサポートが必要になりそう。 **今年はじめて出会った人** 遊び相手としては最高の相手だと思っておくといいですが、短い付き合いで終わってしまいそう。会いたくなったらまた連絡する人だと思うくらいが良さそうです。無理に執着すると逃げられるので、面白い情報や楽しい情報だけ伝えておきましょう。

▶ 金の羅針盤座との相性

あなたからするとキッチリしているように見えますが、神経質にも思えてしまいそう。相手は疲れからイライラや不機嫌が出る年なので、ポジティブな言葉を投げかけたり、前向きになるような話をしたりするといい関係が続きそう。面白い話をして相手を笑わせると、あなたのおかげで元気になれたことに感謝してくれるでしょう。 **恋愛相手** 簡単に関係を進められたり、思い通りになったりする相手ではありません。今年はあなたが振り回して相手を疲れさせてしまうので、いつも以上に気遣うことが大切。喧嘩も増えやすいので、先を考えられる相手なら今年は優しく接しましょう。 **仕事相手** お互いに空回りしやすく、相手を疲れさせてしまう年。仕事に対する考え方が大きく違うので、あなたの意見を押しつけないほうがいいでしょう。相手が上司なら、想像以上に神経質になっている時なので気苦労をかけないように。部下なら結果よりも頑張りを評価してあげましょう。 **今年はじめて出会った人** あなたが縁を繋ぎたいと思っても、相手を疲れさせてしまうかもしれません。慌てて関係を深めようとせず、来年辺りから本格的に仲良くできるように礼儀正しくしておきましょう。

▶ 銀のインディアン座との相性

一緒にいる時間が楽しくなる相手。良い距離感を保てる人でもあり、無理に合わせなくてもいいでしょう。努力が報われる時期でもあるので、一緒に新しいことに挑戦するいいパートナーにもなれそうです。戸惑ったり悩んだりしている時は背中を押してあげると、逆にあなたも押してもらえそうです。 **恋愛相手** 一緒にいると前向きになれたり、友達のようなカップルになれる相手。かなりマイペースなタイプなので、情熱的な恋を求めると上手くいかないでしょう。自分の趣味の時間や1人の時間を楽しめるようにすると、いい関係が続きそうです。 **仕事相手** 野心がそれほどない相手ですが、今年はいい結果やチャンスに恵まれる運気なので、背中を押してきっかけを作ってあげるといいでしょう。相手が上司なら、一緒に気持ちよく仕事ができそう。部下は、才能が開花して結果を出し始めるので自由に仕事をさせてあげましょう。 **今年はじめて出会った人** ノリも考え方も理解できる相手。無理につなぎ止めようとしないほうが自然と仲良くなれて、長い付き合いになれそう。前向きな気持ちにさせてくれる人なので、大切にしてマメに会えるように連絡を怠らないようにしましょう。

▶ 銀の羅針盤座との相性

考え方は違いますが、好きなことしかやりたくないという本質的な部分が似ている相手。今年は一緒の時間を増やすと、価値観を変えるきっかけを得られそう。上半期は、思い切った挑戦を一緒に楽しむにはいい相手。下半期は相手を疲れさせてしまうこともあるので距離感を間違えないように。 **恋愛相手** あなたの要望を伝えることでいい関係を保てる相手。何も伝えないでいると、相手の優しさが次第にズレてしまうかも。嬉しい時はしっかり喜んで相手に感謝を伝えると長く続きますが、マイナスに受け止められたらしっかりと訂正しましょう。 **仕事相手** 仕事を一生懸命するフリが上手いあなたと、好きな仕事以外はサボるタイプの相手は考えがどこか似ていて、そこが目につきそう。相手が上司の場合、仕事を押しつけられたと思わずにゲーム感覚でやってみるとよさそう。部下なら仕事の楽しさを伝えるといいでしょう。 **今年はじめて出会った人** なんとなく長い付き合いになり、節目に会うことになる人。あなたから連絡をしなくなると離れていくので、面白そうな情報を伝えたり、遊びに誘うといいでしょう。相手のセンスや個性から学べることが多く、良い刺激も得られそうです。

開運のつぶやき ▶ 他人を励ます人に運は味方する。

銀のイルカ座 運気カレンダー

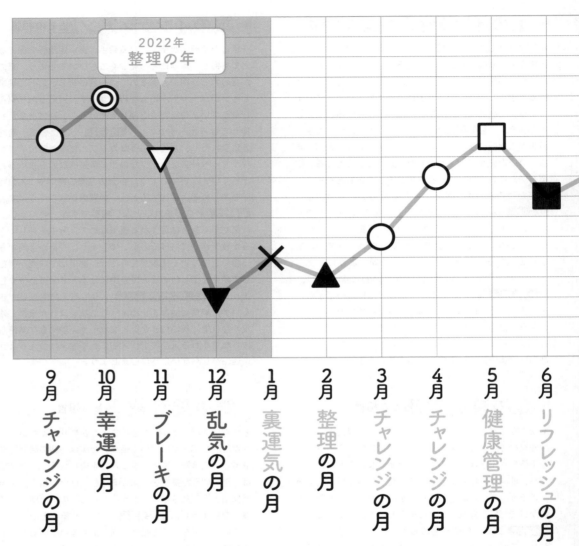

		2022年 整理の年							

9月 **チャレンジの月**

10月 **幸運の月**

11月 **ブレーキの月**

12月 **乱気の月**

1月 **裏運気の月**

2月 **整理の月**

3月 **チャレンジの月**

4月 **チャレンジの月**

5月 **健康管理の月**

6月 **リフレッシュの月**

× 意地を張りすぎないで 視野が狭くなりそうな時期

▲ 口角を上げて笑顔の練習を ゆっくりと前向きになれそう

○ 未体験なことに挑戦してみて 明るくイメチェンもオススメ

○ 失敗からも学ぶことが大切 行動力が増してくる時期

□ 挑戦すると良縁に繋がりそう 将来の夢を言葉にしてみて

■ きちんと体も休ませて しっかり遊ぶことが大事

※このページの記号の説明は、「月の運気」を示しています。P.561の「年の運気の概要」とは若干異なります。

毎月の運気がどう変わっていくかチェック！
2023年の過ごし方の参考にしてください。

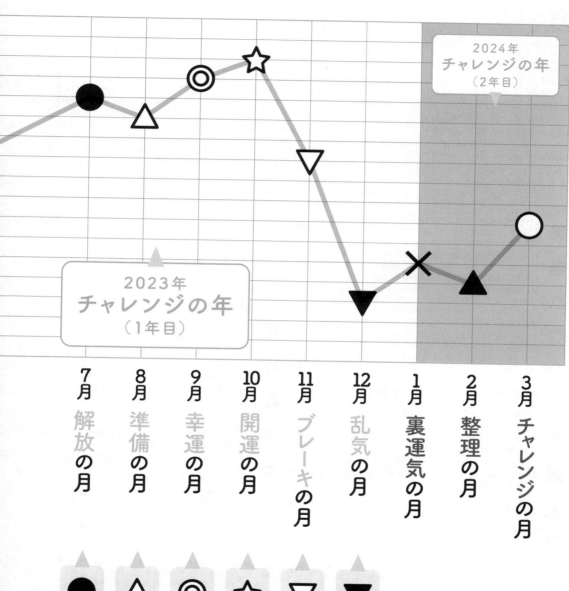

2024年
チャレンジの年
（2年目）

2023年
チャレンジの年
（1年目）

7月 解放の月

8月 準備の月

9月 幸運の月

10月 開運の月

11月 ブレーキの月

12月 乱気の月

1月 裏運気の月

2月 整理の月

3月 チャレンジの月

● 思わぬチャンスがくるかも
何事も全力で取り組んで

△ 油断するとダラダラしそう
準備と最終確認はしっかり

◎ 本来の遊び心に火がつきそう
前に進む感じがする時期

☆ 運を味方につけられる時期
出会いを求めて動いてみて

▽ 中旬までは積極的に
下旬は見込み違いが増えそう

▼ 空回りすることが多い時期
失うものに執着しないで

11月 2022

▽ ブレーキの月

開運 3 カ条

1. 別れや失恋の覚悟をする
2. チャンスには飛びつく
3. 執着をしない

総合運

よくも悪くも諦めが付く月。やる気になることを見つけたり、次の目標に向かって突き進んだり、今の自分に不要なことがはっきりして手放せそうです。安心していたポジションを奪われる場合もありますが、結果的にはやる気につながりそう。下旬になると人間関係に変化が現れますが、ここで切れる縁は相性が微妙か、そもそも縁が薄かったと割り切りましょう。健康運は、下旬に疲れを感じたり、体調を崩しやすいので気をつけて。

恋愛＆結婚運

先月辺りから仲良くなれた人がいる場合は、中旬までに気持ちを伝えておくといいでしょう。曖昧な関係を続けてしまうと次の出会いを逃してしまうかも。新しい出会い運はいいですが、モタモタしていると他の人と交際が始まってしまう場合もありそうです。結婚運は、ここ1～2年を乗り切ったカップルは今月中に入籍をするといいでしょう。付き合いの浅いカップルは、話が進んでも周囲からの評判をしっかり聞くようにしましょう。

仕事＆金運

ここ1～2年を勉強期間だと思って自分を成長させてきた人にはうれしい流れになるでしょう。部署異動やこれまでと違う仕事をまかされるなどで、考え方が変わりやる気になれそう。努力を怠っていた人は厳しい状況に追い込まれたり、安心できるポジションを外されそう。よくも悪くも気持ちが切り替わる時期だと思っておきましょう。金運は、大金を使わず節約して必要なものだけ買うように。

日		運勢
1 火	■	しばらく歯の定期検診をしていない人は、仕事帰りに歯医者へ行きましょう。虫歯がなくても歯のクリーニングをしてもらうだけで気分が上昇するでしょう。
2 水	●	若い人や自分の仕事に関係ない人の話を聞くといいヒントを聞けたり、アイデアにつながりそう。専門知識がないからこその考えもあるので、あなたも専門外の仕事に一言発してみて。
3 木	△	長い時間をかけて己が積み上げてきた信用をつまらないミスで失わないように気をつけましょう。面倒だなと思っても確認作業をしましょう。失言にも注意しましょう。
4 金	◎	自分の頑張りは褒めてもらいたいもの。それは他人も同じだということを忘れないように。結果よりも、頑張っていることを褒めたり認めてみるといい人間関係が作れるでしょう。
5 土	☆	今日は家族や恋人など身内へのプレゼントを買ってみましょう。何をもらったら相手が一番喜ぶのか想像してみましょう。ご飯をごちそうするのもいいアイデアです。
6 日	▽	価値観の基準は常に曖昧で、情報提供者の都合のいいように変えられてしまうものだと思っておきましょう。自分でしっかり価値を判断できるように心がけて過ごしましょう。
7 月	▼	やる気を失う出来事がある日。マイナスに受け止めないで、いい意味で開き直るきっかけと思ったり、自分の向き不向きや人間関係が見えてよかったと思うといいでしょう。
8 火	✕	急な仕事をまかされたり、困ってしまう案件が回ってきそうな日。嫌々やると不運を招くだけ。期待に応えようと前向きに取り組むと学べることを見つけられるでしょう。
9 水	▲	時間を作って靴を整理しましょう。履かない靴を処分したり、汚れた靴は週末にきれいにするといいでしょう。壊れた靴は修理に出してみるのもいいでしょう。
10 木	○	いい意味で鈍感でいることが大切な日。余計な一言を言う人にいちいち怒らないで、聞き流したり、「いつもどおり」と思うようにしましょう。短気を起こさないよう意識しましょう。
11 金	○	頑張ってもすぐに結果につながらないことが多いですが、今日の頑張りや苦労は未来に必ずつながるので真剣に取り組みましょう。人との出会いも大切にしましょう。
12 土	□	気になる相手や好きな人に連絡するといい日。告白したり好意を伝えておくといい関係に進めるでしょう。「異性の友達」と思っていると縁は切れるでしょう。
13 日	■	気楽に話せる友人や仲間とランチに行くといい日。カラオケに行ったり楽しい時間を過ごすと、ストレスの発散になります。調子に乗りすぎて転んでケガをしないように気をつけましょう。
14 月	●	自分の得だけを考えないで、相手も周囲も得することを考えて行動しましょう。損したことばかりに注目しないで、得ていることが何かを見つけてみることも大切。
15 火	△	自分中心に考えていると、うまくいかないことが増えそう。周囲に協力して、あなたも協力してもらえるように仕事に取り組むといいでしょう。ひとりではミスが多くなりそう。
16 水	○	経験を活かせる日ですが、成功体験ばかり気にしていると視野を狭めてしまうので、経験をどう活かすかを考えて工夫や応用を意識するといい1日になるでしょう。
17 木	◎	目の前のことを頑張るのもいいですが、3年後、5年後、10年後のために、どんな力や能力を身に付けたらいいのか考えましょう。小さくても大きくてもいいので目標を決めましょう。
18 金	▽	日中は順調に進む流れになるので、積極的に仕事に取り組みましょう。夕方辺りから面倒なことに巻き込まれそうですが、修羅場をくぐってきた人ほどダメージは小さいでしょう。
19 土	▼	うまい話や甘い言葉であなたに近づいてくる人物に要注意。トラブルに巻き込まれないように、はっきり断りましょう。ノリや勢いで飛び込むと後悔するでしょう。
20 日	✕	自分のことだけを考えていると苦しくなる日。今日は周囲を笑顔にさせたり、協力できることを見つけて手伝いましょう。失敗もありますが、善意があれば感謝されるでしょう。
21 月	▲	小さな失敗が続きますが、叱られても「命までは取られない」と思っておきましょう。外出前に食器をきちんと台所へ片づけること。時間に余裕があれば洗ってから外出しましょう。
22 火	＝	妥協することを楽しむといい日。何事も「このくらいで丁度良かった」と思えるように日々生きることが大切で、過剰に期待すると自分が苦しむだけになるでしょう。
23 水	＝	新しいものを見つけて楽しむといい日。周囲からオススメされる前に、新しいものに飛びついてみるといいでしょう。新商品を誰よりも先に手に入れてみましょう。
24 木	□	切り替えや手放しをするにはいい日。なんとなく続けているアプリや時間のムダになっていると思える趣味をここでストップするといいでしょう。
25 金	■	疲れを感じたら少しでもいいので昼寝して体を休めましょう。これはサボりではなく、きちんとした仕事をするために必要な時間です。体力をうまく温存して過ごしましょう。
26 土	●	好きな人に連絡するといい日。偶然相手が暇な日や時間があれば、ラッキーだと思って食事に誘いましょう。交際まで進めなくてもいいので、仲良くなれることを楽しみましょう。
27 日	△	常に人の気持ちを考えながら発言しましょう。己の軽はずみな発言で無意識に人を傷つけることがないように。どこまでも相手を尊重した言葉選びを心がけましょう。
28 月	○	嫌な人や苦手な人から学んで、自分も同じような人間にならないように気をつけましょう。気づいたら子供のころに嫌いだった大人に自分がなっているかもしれません。
29 火	○	実力を発揮できる日。些細なことでも一生懸命仕事に取り組んでみましょう。本気で取り組むからこそ、学べたり、自分の至らない部分を知ることもできるでしょう。
30 水	▽	日中は順調に進むので、大事なことには先に取り組みましょう。夕方辺りから思い通りに進まなくなりそうですが、うまく進まないことも楽しめるように考え方を変えましょう。

☆ 開運の日　◎ 幸運の日　● 解放の日　○ チャレンジの日
□ 健康管理の日　△ 準備の日　▽ ブレーキの日　○ リフレッシュの日
▲ 整理の日　✕ 裏運気の日　▼ 乱気の日　＝ 運気の影響がない日

582

2022 12月 ▼ 乱気の月

銀のイルカ座 ／ 2022年11月／12月の運気カレンダー

開運 3 カ条
1. 縁の切れ目だと覚悟する
2. 流れに逆らわないで流される
3. 睡眠時間をしっかり取れるように調整する

総合運
よくも悪くも縁が切れる月。人間関係のイザコザに巻き込まれることがありますが、そこで相手の本質や自分のやるべきことが見えてきます。何かから離れる必要があるのか判断する時期でもあるので、執着したり意地を張らないようにしましょう。裏切る人が現れる場合もあるので覚悟すること。健康運は、油断すると肌や胃腸の調子が悪くなりそう。睡眠時間をしっかり取るためにも遊び過ぎに注意。運動は体を温める程度にしましょう。

恋愛＆結婚運
失恋をしやすい時期。片思いの恋は上旬に押しきって結果を待つことが大切。中旬までにいい返事が来ない場合、縁がないことを認めるか振られる覚悟を。新しい出会い運は、ノリが合っても価値観が合わない相手が現れる時期なので、周囲の評判もしっかり聞きましょう。勢いまかせで交際に進まないほうが後のためにもいいでしょう。結婚運は、縁のない月なので諦めて自分磨きに努めましょう。

仕事＆金運
大事な仕事で失敗して信用や評価を落とす時期。予想外に忙しくなってヘトヘトになることも。苦手な上司に仕事のやり方を突っ込まれてイライラしたり、職場での人間関係が嫌になることがあるので、今月は自分よりも周囲のために仕事をしましょう。金運は、余計な出費が増える時期。ネット広告に注意しましょう。裏目に出やすい時期なので儲けようと思わず、周囲が喜ぶお金の使い方を。

1 木	▼	物事がうまくいかなかったときは、自分の至らなさを素直に認めましょう。今日の経験を活かすには、謙虚になることが最も大事。ヘこんだアピールはしないようにしましょう。
2 金	×	「相手も人間なんだ」と思えば、どう対応するのがよくて、何を評価すればいいのか見えてくるもの。自分のことばかり考えないで相手の気持ちや考えをもっと想像しましょう。
3 土	▲	冷蔵庫の中身をすっきりさせましょう。賞味期限切れのものや使わない調味料の小袋などをどんどん処分しましょう。残り物で料理をして気分転換してもいいでしょう。
4 日	=	楽しいことを求めて行動するといい日。何がおもしろいのか自分でいろいろ考えてみると見えてくるもの。売れているものや評価されているものには必ずいい部分があるので見つけてみましょう。
5 月	=	どんな状況においても多少の失敗は起こり得るものです。失敗したことに落ち込むのではなく、まずは挑戦をした自分を褒めてあげましょう。
6 火	■	過剰に期待するとがっかりするだけなので、評価を気にしないで目の前の仕事に楽しんで取り組むと予想外に評価されそう。夜は疲れやすいので無理はほどほどに。
7 水	■	体調を崩しやすいので注意。今日は早めに帰宅して、ひとりでゆっくりできる時間を作りましょう。好きな映画や音楽に触れて豊かな時間を過ごすことが、明日からの活力になります。
8 木	●	しっかり努力してきたことに結果が出る日。間違った努力をしたり、目的と違う方向に進んでいた人はがっかりする出来事がありますが、軌道修正するタイミングだと受け止めましょう。
9 金	△	充分な確認もせずに突っ走ると面倒なことになりそう。些細なことでもしっかりと確認するようにしましょう。不安なときは周囲の人にも確認してもらう工夫をしましょう。
10 土	=	親友や仲のいい人と遊ぶのはいいですが、悪友や面倒な人から強引に誘われそう。はっきり断らないとムダな時間を過ごしそう。ダメなことはダメだときっちりさせましょう。
11 日	=	周囲に評価される結果が出たときには、必要以上に満足することなく、もう一度新たな目標を設定してさらなる高みを目指すといいでしょう。
12 月	▽	午前中は、気分よく仕事ができそう。周囲が少しでも楽になるくらい仕事をしておきましょう。夕方以降は、慌ててしまうと失敗しそう。落ち着いて行動するようにしましょう。
13 火	▼	他人の不注意で不愉快な思いをしやすい日。自分にも落ち度はあるので、イライラしないで今後は似たような状況に気をつけるようにしましょう。
14 水	×	準備の大切さを知ることになる日。事前に準備してあったり、日ごろから積み重ねてきたことが活きてくるそう。運や他人まかせにしていた人にはがっかりする問題が起きそう。
15 木	▲	1日の予定を先に確認しましょう。思わぬことが抜けていたり、忘れている可能性があるでしょう。急な予定が入っている場合もあるので気をつけましょう。
16 金	=	「楽勝だ」と思っているなら、不慣れや苦手なことに挑戦する時間ができたと思って、チャレンジしてみましょう。手応えがなくても一歩踏み出すことが大切です。
17 土	=	普段なら行かないような場所やお店に行くといい日。高級なお店やハードルが高く感じられる場所に行ってみるといい経験ができそうです。一流を知って学んでみましょう。
18 日	■	体を休めることが大切な日。自分で思っている以上に体が悲鳴を上げている可能性があります。胃腸にいいものを食べたり、お風呂に入って昼寝をするなどして疲れを取りましょう。
19 月	■	頑張りすぎに注意が必要な日。悪習慣を避けて、生活リズムを見直しましょう。食べすぎや飲みすぎに気をつけて。油ものや高カロリーのものはほどほどにして、野菜も摂りましょう。
20 火	●	最後まで油断をしないことが大切な日。気を引き締めて仕事に取り組むといい結果や評価につながりそうです。満足できなくても信頼を得られることがあるでしょう。
21 水	△	計画の甘さが出そうな日。最終的にどうなりたいのかしっかり考えて、自分の向かう先を忘れないようにしましょう。楽ばかり望んでいると痛い目に遭う場合もあるでしょう。
22 木	=	何事も通過点だと思って、いろいろ経験するといい日。失敗を避けると成功から遠のいてしまうので、うまくいかないことや成功している人を観察して学びましょう。
23 金	=	クリスマスプレゼントを買い忘れているならネットでもいいので買っておきましょう。恋人や気になる人がいない場合は、職場の人やお世話になった人にお菓子を配る準備を。
24 土	▽	日中は運気がいいので、楽しい時間やランチデートができそう。調子に乗りすぎると、夕方からは空回りしたり余計な一言で気まずい空気になってしまうので気をつけましょう。
25 日	▼	少しでも自分に落ち度があると思ったら、自分から素直に謝りましょう。つまらない意地を張って、今まで築いてきた人間関係にヒビが入らないようにしましょう。
26 月	×	予定が変わって振り回されたり、テンションが下がってしまう出来事がある日。過剰な期待をしないで、流れに身をまかせてみるといいでしょう。
27 火	▲	大掃除をするにはいい日。この1年を振り返って使っていないものはどんどん捨てましょう。年齢に合わないものから優先して処分するようにしましょう。
28 水	○	年賀状や年末年始の準備で忘れていることを一気に終わらせましょう。例年とは少し違うものを選んで買ったり、普段行かないお店に行ってみるといいでしょう。
29 木	○	忘年会や飲み会に呼ばれたら、少々気が乗らなくても行ってみましょう。「今日はどんなことがあっても存分に楽しむ」というテーマを持って参加することが大事です。
30 金	■	年始に人と会う予定を立てるにはいい日。友人に連絡して、新年会の予定や会う約束をしてみましょう。夜更かしすると体調を崩しやすいので気をつけましょう。
31 土	■	大晦日はのんびりして外出も控えましょう。無理をすると風邪をひいてしまったり、体調を崩しそう。お酒も控えて早く寝て新年を迎えましょう。

開運のつぶやき ▶ 自分が褒められた時のことを思い出す人に運が味方する。

583

1月 2023

× 裏運気の月

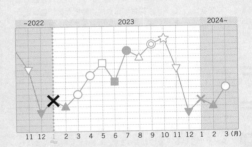

~2022   2023   2024~

11 12 1 2 3 4 5 6 7 8 9 10 11 12 1 2 3 (月)

開運 3カ条

1. いろいろな考え方を受け止める
2. 自分よりも「相手の気持ち」を大切に
3. 感謝できることを見つける

総合運

視野が狭くなりそうな時期 意地を張りすぎないで

視野が狭くなったり、自分の進むべき道が見えなくなってしまいそうな時期。1つのことに集中するのはいいですが、頑固になりすぎると、無駄な時間や空回りすることが増えてしまいそうです。周囲からのアドバイスは素直に聞いて、意地を張りすぎないようにしましょう。予想外の突っ込みを受けてしまうこともありますが、自分の弱点や欠点を認めて、今後の課題にするといいでしょう。

恋愛＆結婚運

空回りしやすい時期。「思い通りに進まなくて当たり前」と思っておくといいでしょう。好きな人やパートナーの雑な部分やマイナス面が目についた時は、自分も欠点を見られているかもと思って気をつけること。進展は難しい時期ですが、予想外の人から好かれることがあるかも。意外な場所で新しい出会いがありそうですが、軽はずみに関係を進めるのはやめておきましょう。結婚運は、「自分に足りないところは何か」をじっくり考えてみるといいでしょう。

仕事運

仕事への不満がたまったり、苦しい選択を迫られてしまうことがある時期。今月を乗り切ることができれば、2月以降は前向きになれそうです。いまは安易に転職を考えたり、離職したりしないようにしましょう。自分の至らない部分を認めて、成長できるよう努力したり、仕事が楽しくなるように工夫することが大切です。他人任せにしていたり、これまでサボっていたところは突っ込まれることがあるので、覚悟しておきましょう。

金運＆買い物運

勉強になるものを買うにはいい時期ですが、軽はずみに購入すると、結果的に無駄遣いになってしまいそうです。買い物で失敗する可能性が高い時期なので、お金を使う前にしっかり考えるようにしましょう。セールで「安いから」と買った服も、結局着なかったり、あとになって「なんでこれ買ったんだっけ？」と思うこともあるので気をつけること。今月は、機械トラブルや急な買い替えなど、予想外の出費も増えそうです。節約を意識しておきましょう。

美容＆健康運

夜更かしが続いて、肌の調子が崩れたり、疲れが残ってしまいやすい時期。新年会や飲み会など、付き合いも増えそうです。その場のノリに合わせることも大切ですが、ときには断る勇気も必要です。突然太ってしまったり、体力の低下を感じることもある運気。面倒だと思っても、スクワットやストレッチなどの軽い運動をするようにしましょう。動画を見ながら、ダンスやヨガ、体を動かすゲームなどに挑戦してみるのもオススメです。

1 日 ● 気分よく過ごせる日ですが、ワガママを通そうとすると、イラッとすることになってしまいそう。今日は、流れに身を任せてみたほうが楽しめるでしょう。

2 月 △ 冗談や、よかれと思った発言で空気を悪くしたり、叱られてしまうことがあるかも。新年早々に「失敗した」と反省することも起きそうなので、気をつけましょう。

3 火 ○ まだ新年の挨拶をしていない人には、こちらから連絡してみましょう。年賀状を出せなかった人は、SNSなどを通じてメッセージを送ってみるといいでしょう。

4 水 ○ 予想外の出費が増えてしまったり、不要なものを購入しやすい日。お金を使うときは慎重に判断するようにしましょう。ネットショッピングにはとくに気をつけること。

5 木 ▽ 日中は問題がなくても、夕方以降、周りに振り回されることがあるかも。「貴重な経験ができた」と、その状況を楽しんでみましょう。イライラして周囲の人に八つ当たりすることのないように。

6 金 ▼ 否定的なことを言われたり、不機嫌になってしまう出来事がありそうな日。「上機嫌でいる訓練」だと思って、どんなことが起きても笑顔でうまく流すように努めてみましょう。

7 土 ✕ 想像と違う結果が出たときには、落ち込むのではなく「おもしろくなってきた!」くらいの気持ちで向き合ってみましょう。どんな状況でも、楽しもうとする人に幸運が舞い込みます。

8 日 ▲ 昨年末の大掃除で処分するか悩んだものがあるなら、今日思い切って捨てるといいでしょう。年齢に見合わないものや、しばらく着ていない服、もう履かない靴もまとめて処分しましょう。

9 月 ＝ 後輩や部下にご馳走をすると、いい話やおもしろい情報を得られそう。高価なものでなくてもいいので、コミュニケーションをとるつもりで誘ってみるといいでしょう。

10 火 ＝ 変化を楽しむといい日。「生活リズムを少し変える」「ふだんと違う時間に出かける」「自ら挨拶をする」など、前向きな変化に挑戦してみるといいでしょう。

11 水 □ 一つひとつのことにていねいに取り組み、計画的に過ごしてみましょう。予定にないことを思いつきですると、疲れてしまったり、無駄な時間が増えてしまいそうです。

12 木 ■ のどの調子を悪くしたり、鼻風邪をひいてしまうなど、油断すると体調を崩しやすい日。無理はしないで体を温めたり、ゆっくりする時間をつくりましょう。食べすぎで、胃腸の調子も崩してしまいそうなので注意すること。

13 金 ● 評価してくれる人には、素直に感謝することが大切な日。アドバイスをくれる人の言葉もしっかり受け止めるようにしましょう。「お節介だ」とは思わないこと。

14 土 △ 約束や予定を忘れたり、時間を間違えてしまいそうな日。事前確認を徹底し、時間にはゆとりをもって行動するようにしましょう。ギリギリで動くと焦ってしまうことになりそうです。

15 日 ○ 「会いたい」と思う人からの連絡を待っていないで、自ら連絡するといいでしょう。具体的な候補日をいくつか送ってみると、会える流れになりそうです。

16 月 ○ 職場で求められることが増える日。「仕事を押しつけられている」と思わないで、人から頼りにされることをもっとよろこびましょう。いい意味で、利用されるように生きてみるといいでしょう。

17 火 ▽ 自分の足りないところを教えてくれる先輩や上司は、あなたにとってすごく貴重な存在です。耳の痛いことを言われたとしても、現状から目をそらさずに、しっかり聞くようにしましょう。

18 水 ▼ 意地を張ったり、頑固になりすぎると、ますます悪い方向に進んでしまいそう。今日は無理に逆らわず、周囲に譲るよう心がけ、流れに身を任せておきましょう。

19 木 ✕ 少々嫌なことがあったとしても、むしろ「貴重な経験ができた」と受け止めましょう。そう思えれば、今日の出来事は、のちに自分の成長の栄養分になるはずです。

20 金 ▲ 目の前の仕事に集中することが大切な日。余計なことを考えたり、無理をしすぎないようにしましょう。今日は、「シンプル」をテーマにしてみるといいでしょう。

21 土 ＝ 友人や知り合いから誘われるようなことがあれば、少々気が乗らなくても顔を出してみて。意外な人と知り合えて、自分の世界が広がることがありそうです。

22 日 ＝ ふだんなら行かない場所や避けているお店に、あえて足を運んでみると、おもしろい発見やいい体験ができそう。残念な思いをする場合もありますが、「何事も勉強だ」ととらえましょう。

23 月 □ 今日は「正午までが勝負だ」と決めて、目の前のことに一生懸命取り組むこと。いつもより仕事を任されることが多くなるかもしれないので、キャパオーバーにならないよう、量は自分で調整しましょう。

24 火 ■ 集中力が途切れたり、疲れを感じやすい日。出かける前に軽くストレッチなどをして、体をほぐしておくといいでしょう。こまめに休憩をとる必要もありそうです。

25 水 ● 嫌なことから少し解放されたり、苦手な人と離れられそうな日。ちょっと贅沢をしておいしいものを食べてみることや、友人と楽しい話をしてみることで、気分もよくなりそうです。

26 木 △ 自分でも「あっ!」と思うようなミスが続いてしまいそう。時間や数字を間違えたり、忘れ物をしやすいので気をつけましょう。ミスが多くなる1日ですが、そのぶん、他人のミスを許せるようにもなりそうです。

27 金 ○ 少しいい流れに乗れそうな日。得意なことなら、遠慮せずチャンスをつかみにいくこと。変に空気を読みすぎて、機会を逃すことがないようにしましょう。

28 土 ○ 日用品や消耗品を買いに行くにはいい日。新商品を試しに購入してみると、お気に入りになりそう。気になったお菓子を買ってみると、話のネタもつくれそうです。

29 日 ▽ 大事なことは日中に終えておきましょう。夕方以降になると、予定が乱れてしまったり、思い通りに進まない感じになってしまいそうです。

30 月 ▼ 困難な状況になったときは、自分ひとりで無理に解決しようとせず、周囲に相談しましょう。相談する人がいない場合は、自分の行動をもう一度振り返り、改めるきっかけにしましょう。

31 火 ✕ 空回りをしやすい日。自分中心で物事を判断していると、うまくいかなくなってしまいます。友人や周りの人の笑顔を優先してみることで、いい流れになるでしょう。

☆ 開運の日　◎ 幸運の日　● 解放の日　○ チャレンジの日　□ 健康管理の日　△ 準備の日　▽ ブレーキの日　■ リフレッシュの日　▲ 整理の日　✕ 裏運気の日　▼ 乱気の日　＝ 運気の影響がない日

2023 2月

▲ 整理の月

開運 3 カ条

1. プラス面を見つける
2. 過去を引きずらない
3. 背筋を伸ばして歩く

総合運 ゆっくりと前向きになれそう
口角を上げて笑顔の練習を

気持ちの切り替わりがはじまり、ゆっくりですが、前向きになれることや、興味のあることが増えてくる時期です。口角を上げて笑顔の練習をしたり、背筋を伸ばして歩くなど、少し意識を変えるだけでもっと前向きになれたり、パワーが出てくることがあるでしょう。物事のマイナス部分ばかりに目を向けずに、どんなことにもプラス面があると思って、見方や考え方を変えてみるといいでしょう。

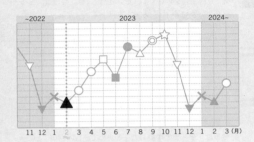

恋愛＆結婚運

合わない感じがする相手とは距離があいてしまう時期。すでに失恋していたり、1つの恋を諦めた人も、今月から気持ちがスッキリしてくるでしょう。ほかの人のいい部分に目を向けられるようになったり、別れたことを前向きにとらえられるようにもなりそうです。新しい出会い運は少しありますが、期待は薄いので気楽に話しかけてみるくらいの気持ちでいるといいでしょう。結婚運は、すれ違いが増えやすい時期。愛情があればカバーできそうです。

仕事運

気持ちの切り替えが大切な時期。失敗や思い通りに進まないことがあっても、自分の至らない点を認めて、次につなげようと思うこと。ゆっくりでかまわないので、成長できるよう努力しましょう。職場の空気がよくなるように、笑顔で挨拶したり、楽しそうに仕事に取り組んでみるといいでしょう。ムードメーカーになってみると、仕事を楽しめたり、職場の人との交流も活発になりそうです。

金運＆買い物運

気分転換やストレス発散のための出費が増えてしまいそうです。暴飲暴食は体調を崩す原因になってしまうので、気をつけましょう。少し体を動かすような趣味をはじめたり、本を読んだり、芝居や美術鑑賞などにお金を使うのがオススメです。金運は、小さな出費が重なって、なかなか貯金ができない感じになりそうです。ゲーム感覚で節約をはじめてみると、思いのほか小銭を貯められたり、節約のおもしろさに気がつけるでしょう。

美容＆健康運

気持ちが切り替わって前向きになりはじめる時期ですが、モヤモヤした気持ちが続いてしまう場合もあるので、気分転換はしっかりしておくことが大切です。家でストレッチをしたり、軽い運動をして少し汗を流すと、ストレスを発散できるでしょう。整体やヨガなどに行って、きれいなスタイルや姿勢を意識してみると、美意識も高められそうです。背筋を伸ばして歩いたり、ていねいな所作を意識してみましょう。

1 水	▲	デスク周りが散らかっていると、大事な書類が見当たらなかったり、仕事の効率が悪くなってしまいます。今日は、仕事場を整理整頓してスッキリさせておきましょう。「どういう人に仕事を任せたくなるか」を考えて行動してみて。
2 木	＝	楽しいことやおもしろいことを見つけられる日。気になることをいろいろ調べてみたり、周囲の人にオススメを聞いてみるといいでしょう。
3 金	＝	「自分と合わない」と思う上司や同僚にこそ、自ら笑顔で挨拶するよう心がけましょう。はじめは大変かもしれませんが、一度慣れてしまえば、職場でも気持ちよく過ごすことができるでしょう。
4 土	□	日中は楽しく過ごせそうですが、テンションを上げすぎると、夕方に疲れが出てしまいそう。ペース配分を間違えないようにしましょう。
5 日	■	近場でもいいので、気の合う友人を遊びに誘ってみましょう。自然と触れ合えるような場所でのんびり過ごして、息抜きをするのがオススメです。帰りは、体が温まるようなものを食べるといいでしょう。
6 月	●	スムーズに仕事が進む日。ゆとりがあるときは、求められた以上の仕事をやってみましょう。気になる人にメールを送っておくと、いい返事がきそうです。
7 火	△	今日は、上司や周囲に頼まれそうな仕事を予想して、先回りして取り組んでみましょう。同じ仕事でも、頼まれてからやるのと、頼まれる前にやっておくのとでは、印象がまったく違うものです。
8 水	○	引き出しの奥から忘れていたものが出てきたり、失くしたと思っていたものを見つけられそうな日。昔のメモやアイデアが役に立つこともありそうです。
9 木	○	気になる人がいるなら、デパートなどで少し高級なバレンタインデーのチョコレートを選んでみましょう。とくに相手がいない人も、職場のみんなが笑顔になるようなチョコを買ってみるといいでしょう。
10 金	▽	日中は、数字や時間、金額などにいつもよりシビアになってみるといいでしょう。仕事が雑になっていないか確認することも大事です。夕方以降は、時間に追われてしまうかも。
11 土	▼	周囲の人との関係性というものは、いままでのあなたの行動を表しているものです。もし現在、人間関係で困っていることがあるのなら、いまが自分の行動を見直すいい機会なのかもしれません。
12 日	✕	よかれと思ってとった行動が裏目に出やすい日。片付けるつもりで掃除をしたら、逆に散らかってしまったり、大事なものを壊してしまう場合もあるので、気をつけましょう。
13 月	▲	傘立てにずっと使っていないビニール傘があるなら、今日処分しましょう。1年以上履いていないホコリをかぶった靴や、かかとがすり減った靴なども、思い切って捨ててよいでしょう。
14 火	＝	ひとりのやり方に縛られるより、少しでも新しい方法を試してみるといい日。多少の失敗に臆病にならないようにしましょう。
15 水	＝	「何事も経験」と腹を決めることが大事です。何をするにしても、誰でも最初は不慣れで下手なもの。結果は気にせず、思い切って挑戦しましょう。一生懸命取り組んだ人には、いいアドバイスをしてくれる人が必ず現れるでしょう。
16 木	□	頑張ることも大事ですが、今日は少し肩の力を抜いて仕事に取り組むといいでしょう。視野が広がったり、ゆとりをもって働けるようになりそうです。
17 金	■	夕方以降、突然の誘いがあるかもしれませんが、自分の体調とよく相談してから返事をすること。あまり体調がよくなければ無理せず、次回の約束をするなどして、うまく調整しましょう。
18 土	●	連絡や誘いが増える日。いままで接点がなかった人とも、みんなまとめて会ってみると、思った以上に盛り上がることがありそうです。素敵な出会いにつながる可能性も。
19 日	△	外出する際は、集合場所や時間、持ち物などをしっかり確認しましょう。電車では、スマホやマフラーなどの忘れ物に気をつけること。降りるときに一度振り返るなど、注意しておきましょう。
20 月	○	やる気が出ないときは、懐かしい音楽や一生懸命頑張っていたころに聴いていた曲をかけてみると、気持ちを切り替えられそうです。元気になれる曲を探してみるといいでしょう。
21 火	◎	自分の調子がいいときこそ、いつもより周囲の人を気遣いましょう。調子に乗って、不用意な発言や配慮のない行動をしたりして、友人や知人を雑に扱わないように。
22 水	▽	日中は、満足のいく仕事ができそう。夕方以降は急な仕事が増えたり、思った以上にバタバタすることがあるでしょう。
23 木	▼	己の自我の強さが、不運の原因になってしまうかも。どんなトラブルに見舞われても、笑顔で柳のようにしなやかにかわせるよう、柔軟な姿勢を心がけましょう。
24 金	✕	頑固になりすぎたり、視野が狭くなってしまいそうな日。人間関係も悪くなりやすいので、余計な一言を言ったり、感情的にならないよう、「平常心」を意識しておきましょう。
25 土	▲	先のことを見据えて、身の回りを整理するといい日。いつくるかわからないスマホの不調にも備えておきましょう。動画や写真のデータなどをパソコンに転送したり、プリントするなどして、バックアップをとっておくといいでしょう。
26 日	○	はじめて遊びに行く場所で、いい思い出ができそうな日。気になるイベントや美術館などへ足を運んでみましょう。気になる人を誘って、話題の映画を観に行くのもよさそうです。
27 月	○	ふだんは手に取らないような、最近話題のコンビニスイーツやお菓子などを試してみましょう。ちょっと余分に買って周りにオススメしてみると、いい話のネタになるかも。
28 火	□	些細なことでも最善をつくしてみるといい日。一所懸命取り組むと、仕事が楽しくなったり、コツをつかむこともできそうです。

☆ 開運の日　◎ 幸運の日　● 解放の日　○ チャレンジの日　□ 健康管理の日　△ 準備の日　▽ ブレーキの日
■ リフレッシュの日　▲ 整理の日　✕ 裏運気の日　▼ 乱気の日　＝ 運気の影響がない日

3月 2023

○ チャレンジの月

開運 **3** カ条

1. 未経験のことに挑戦する
2. 出会いを増やす
3. 生活リズムを変える

総合運 ── 未体験なことに挑戦してみて
明るくイメチェンもオススメ

視野が広がり、いろいろなことに興味が出てくる時期。気になることを積極的に調べてみたり、新しい趣味や習い事をスタートさせてみるといいでしょう。些細なことでもいいので、これまで体験や経験をしていなかったことに挑戦すると、考え方や生き方、交友関係が変わりそうです。あなたは華やかな星の持ち主でもあるので、明るい感じにイメチェンしたり、服装の雰囲気を思い切って変えてみるのもオススメです。

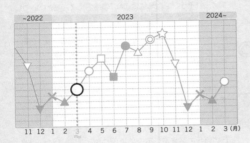

恋愛＆結婚運

予想外に忙しくなったり、興味のあることが増える時期。そのため、恋愛をするタイミングや出会いのチャンスを逃してしまうことがありそうです。気になる人と偶然会えても、「また今度遊ぼう」と先延ばしにしていると、そのまま会わなくなってしまうかも。少しでも興味がある人には、具体的な候補日をいくつか提案すると進展がありそうです。結婚運は、前向きな気持ちになれる時ですが、具体的な話は出づらい時期です。

仕事運

初心に返った気持ちで、ていねいに仕事に取り組むことが大切です。環境が変化する時期なので、部署異動を命じられたり、仕事内容や人間関係が大きく変わることもありそうです。状況が変化することは、あなたがいい流れに乗っている証拠なので、焦らないように。自ら新たな仕事に志願したり、挑戦してみるのもいいでしょう。出社時間を変えたり、目標や目的を再設定してみると、楽しく仕事ができるようになるでしょう。

金運＆買い物運

買い替えをするにはいい運気ですが、ゆとりのない時に買いすぎて生活が苦しくならないように。長年使っているものや、古くなったものから順に買い替えましょう。ゆとりがある人は、思い切った模様替えや引っ越しをして、環境をガラリと変えるくらいがオススメです。服を新調したり、身の回りのものを華やかにするのもいいですが、幼稚にならないよう年齢に見合ったものを選びましょう。投資の勉強をするにもいい時期です。

美容＆健康運

前向きに行動できる時期なので、ダイエットや肉体改造、定期的な運動をはじめたり、エステなどに行ってみるのもいいでしょう。すぐに契約や入会を決めず、まずは体験教室で試してみましょう。強引な営業をかけられても、ハッキリ断って、いろいろと比べてから決めること。新しい化粧品や新発売の美容液などを使ってみると、肌に合うものやお気に入りのアイテムを見つけられそうです。

1 水	■	疲れがたまってしまいそうな日。休憩時間には、なんとなくスマホをいじるのはやめて、軽い体操や散歩などで気分転換をしましょう。スッキリした状態で午後の仕事に取り組めるでしょう。
2 木	●	気になったことは積極的に調べたり、おもしろそうな人にも率先して話しかけてみるといいでしょう。素敵な出会いもありますが、恋愛に発展するというより、学びにつながる人と出会えそうです。
3 金	△	運気がいい人は、「仕事も遊びも両立できる人」です。今日は、終業時間まで目いっぱい働いたら、1週間の労をねぎらうために同僚や後輩を食事に誘って、楽しい時間を過ごしてみましょう。
4 土	○	友人と近況報告をしたり、話す時間をつくってみましょう。しばらく会っていない人を呼んでみると、思った以上に盛り上がりそう。買い物をするなら、行きつけのお店がオススメです。
5 日	◎	「自分を中心に世の中が動いている」と思えるような日。運気のいい日だからこそ、周囲の人にきちんと感謝の思いを伝えましょう。身近にいる家族や友人を大切にすることで、あなたも周囲からよりいっそう大切にされるでしょう。
6 月	▽	午前中は、スムーズに仕事ができたり、手応えを感じられそう。少しくらい困難なことがあっても、逃げずに取り組むとやりがいを得られるでしょう。ただし、夕方あたりからは集中力が下がりそうなので、ミスには気をつけて。
7 火	▼	ふだんから悪口を言っているような人とは、上手に距離をとりましょう。相手のペースに流されて、あなたまで一緒になって悪口を言っていると、己の評価を落とすことになるので要注意。
8 水	✕	周囲の人の不機嫌な態度に振り回されたり、取引先やお客さんから無理な要求をされてしまうかも。誠意をもって接すれば、問題を解決でき、自分の成長にもつながりそうです。
9 木	▲	デスクの引き出しなど、ふだんほったらかしにしている場所を整頓しましょう。いらない書類を処分しておくと、つまらないミスを未然に防げるはず。欲しいものはすぐ手に取れる状態にしておきましょう。
10 金	○	いつもなら気にならないことに目がいく日。興味をもったことを調べたり、気になるお店に行ってみましょう。好奇心に素直になってみると、いい発見がありそうです。
11 土	○	知り合いなどに声をかけて、小さな集まりを主催してみましょう。少し大変かもしれませんが、楽しい時間を過ごしてもらうために、仲間の笑顔を想像しながら準備をしてみるといいでしょう。
12 日	□	計画的に行動するといい日。事前に帰る時間や寝る時間を決めておき、明日に備えましょう。暴飲暴食にも注意すること。
13 月	■	疲れがたまりやすい日。休憩時間に少し散歩をして、体を温めるといいでしょう。周りの風景を見ながらゆっくり歩くと、脳がリフレッシュされ、午後の仕事の効率も上がるはず。
14 火	●	あなたに注目が集まる日。いいかたちで目立つためにも、些細な仕事もていねいに取り組みましょう。その仕事ぶりを見て、評価してくれる人が現れるはず。
15 水	△	仕事が雑になったり、うっかりミスをしやすい日。慣れた仕事ほど小さなミスが出てしまうので気をつけて。忘れ物、時間や数字の間違いにも要注意。
16 木	◎	上司にいつ声をかけられても対応できるように、つねに準備しておきましょう。「どんなときにお願いしても快く引き受けてくれる人」という印象をつけておくことは、将来の自分にとって大きなプラスになります。
17 金	◎	仕事やプライベートでいい結果が出そうな日。うれしいときはしっかりよろこびましょう。終業後、後輩たちに、自分の行きつけのお店でご馳走してみるのもいいでしょう。
18 土	▽	日中に買い物に出かけるといい日。身の回りで必要なものを買いに行くといいでしょう。午後は、ゆっくり映画を観たり、音楽を聴いたりしてのんびりする時間をつくっておきましょう。
19 日	▼	やる気がなかなか出ないときは、無理やり行動したり、必要以上に考えすぎたりせず、流れに身を任せてみましょう。今夜は、早めにベッドに入ってしっかり休み、明日からの1週間に備えること。
20 月	✕	上司や先輩の言葉がキツく聞こえたり、マイナスに受け止めてしまいそうな日。自分のなかでプラスに変換して、前向きにとらえられるように工夫してみましょう。
21 火	▲	今日は少しだけ早起きをして、トイレ掃除をしてみましょう。自分がよく使う場所こそ、日々気持ちよく使える空間にしておくことが大切です。帰りに花を一輪買ってきて、飾るのもいいでしょう。
22 水	○	仕事での疑問や気になることは、詳しい人に話を聞いてみるとスッキリしそう。ただし、尋ねる前に自分で少し調べてみることも大切。本屋さんに行くと、いい勉強になる本を見つけられそうです。
23 木	○	最寄り駅のひとつ前で降りていつもより多く歩いたり、ふだんと違うルートで帰ってみましょう。その際に新しいお店などをチェックして、後日、知り合いを誘って行ってみてもいいでしょう。
24 金	□	日中は、些細なことにも全力で取り組んでおくといいでしょう。たとえ結果につながらなくても、本気で取り組むことが大事です。夜は、疲れがたまりやすいので、付き合いはほどほどにしておきましょう。
25 土	■	遊びに出かけるのはいいですが、体調には十分注意しておきましょう。うれしい誘いだからとテンションを上げすぎて、ケガをすることもあるので気をつけること。
26 日	●	デートや、異性と遊ぶにはいい日。気になる人を誘ってみたり、突然の誘いにもOKするといいでしょう。イメチェンをするにもよい運気なので、美容院に行って明るい感じにしてもらいましょう。
27 月	△	仕事で失敗したときは、いつまでもクヨクヨせず、原因を冷静に分析しましょう。「なぜこのミスが起きたのか」と振り返って、どうしたらこの経験をプラスに変えられるのか、よく考えてみるといいでしょう。
28 火	◎	経験をうまく活かせる日。あのとき苦労してよかったと思えることがあったり、過去に聞いた話が役立ったりしそうです。自分の失敗談やドジな話でたくさん笑いをとれることもあるでしょう。
29 水	☆	仕事でいい結果が出そうな日。アイデアや意見が少し通ることがあるので、言い方や伝え方を工夫してみましょう。買い物運もいいため、自分へのご褒美を購入するのもオススメです。
30 木	▽	一生懸命頑張るのはいいですが、楽しく仕事をするために、周囲と協力したりコミュニケーションをとることも大切です。話の聞き役になって、いいリアクションをするように心がけてみましょう。
31 金	▼	言葉遣いに注意が必要な日。汚い言葉や乱暴な言葉を使っていると、不運の原因になってしまいます。愚痴や不満を言う人との距離感を間違えると、あなたも悪口を言っているように誤解されることがあるので、気をつけましょう。

☆ 開運の日　◎ 幸運の日　● 解放の日　○ チャレンジの日　□ 健康管理の日　△ 準備の日　▽ ブレーキの日
■ リフレッシュの日　▲ 整理の日　✕ 裏運気の日　▼ 乱気の日　＝ 運気の影響がない日

4月 2023

○ チャレンジの月

開運 3 ヵ条

開運 3 ヵ条

1. 変化を楽しんでみる
2. 至らない点を認めて成長につなげる
3. 人脈を広げる

総合運

行動力が増してくる時期 失敗からも学ぶことが大切

前向きな気持ちや挑戦しようとする行動力が増してくる時期。ただ、実力が足りないところを突っ込まれたり、自分の至らない点が見えてくる場合もありそうです。失敗から学ぶことが大切なので、ミスを恐れて、挑戦すること自体をやめないように。少し恥ずかしい思いをするくらいが、自分の成長につながるでしょう。人脈も広がり、これまで関わりがなかったタイプの人とも仲よくなれることがあるので、フットワークは軽くしておきましょう。

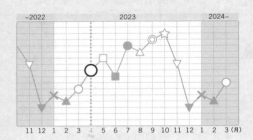

恋愛&結婚運

出会い運はいいですが、仕事やプライベートが忙しくなる時期。いい出会いがあってもマメに連絡できなかったり、デートのタイミングが合わなくなったりしそうです。ただ、待っていても何も変わらないので、気になる人を見つけたら積極的に遊びに誘ってみましょう。行きつけのお店をつくったり、習い事をはじめてみると、素敵な人に会えることも。結婚運は、進展に時間がかかりそうです。焦らずに、恋人との関係を楽しみましょう。

仕事運

新しい仕事を任されたり、変化が多くなりそうな時期。新人やはじめて会う人と仲よくなれる機会も増えるでしょう。うまく楽しめない時間もありそうですが、実力を身につける時期でもあるので、工夫したり知恵をしぼってみましょう。スキルアップの勉強に挑戦してみるのもよさそうです。仕事を遊びやゲームだととらえてみると、突然楽しく感じられるようになったり、不慣れなことや苦手なことを少し克服できる場合もあるでしょう。

金運&買い物運

買い物に出かけるなら、はじめてのお店がオススメ。気になったお店に行ってみると、いいものを見つけられそうです。「こんなところにお店あった?」と見つけたところにも立ち寄ってみましょう。また、新しく通帳をつくったり、財布を買い替えるにもいいタイミングです。目標金額を決めて貯金するのもいいでしょう。少額の投資について勉強をしたり、実際にはじめるのもよさそうです。詳しい友人に教えてもらって、試しにやってみましょう。

美容&健康運

自分の体型と向き合って、ダイエットが必要かどうか冷静に判断するといい時期。体力の低下などを感じている場合は、定期的に軽いスポーツをするのがいいでしょう。楽しくないと続かないタイプなので、ダンスやゲーム感覚でできる運動がオススメです。新しい美容法を試すにもいいタイミング。化粧品や洗顔料、シャンプーやトリートメントなどをこれまでとは違うブランドにしてみると、お気に入りを見つけられそうです。

開運のつぶやき 挨拶は相手より先にするほうが運気が上がる。笑顔で挨拶するとさらに少し上がる。

1 土	✕	エイプリルフールだからと、みんなが楽しくなるウソをついたつもりが、周囲を混乱させたり、困らせるようなことになってしまいそう。冗談が通じない人もいるので気をつけましょう。
2 日	▲	季節に合わないものは片付けて、部屋を春らしくしてみましょう。何年も使い続けているものや、とりあえず置いてあるだけのものも一気に処分すると、スッキリしそうです。
3 月	○	新年度ならではの新しい出会いがありそう。やはり第一印象は大事なので、相手の目を見て、さわやかな挨拶を心がけてみて。身だしなみと礼儀もしっかりするように。
4 火	○	何事も積極的に行動することが大切な日。考えてばかりではなく、すぐ行動に移す意識しておきましょう。ダメ元で、交渉や相談してみるのもいいでしょう。
5 水	□	自分の力では、どうにもできそうにないことを頼まれたときは、うやむやな返事をせず、事情を説明して誠実に対応しましょう。あいまいな返答をしたり、中途半端な態度をとったりして、後々トラブルを招かないよう気をつけること。
6 木	■	頑張りすぎて疲れてしまいそうな日。一生懸命に力をつくすのはいいですが、ペース配分を考えたり、こまめに休憩をとることも忘れないように。スマホを見る時間を減らすと、少し楽になりそうです。
7 金	●	仕事終わりは、恋人や気になる人と夜のデートを楽しんでみたり、会えない場合は電話をしてみるといいでしょう。相手の発する言葉に笑ったり頷いたりして、きちんとリアクションをとってみると、仲が深まるきっかけになるかも。
8 土	△	遊びに出かけるにはいい日ですが、ドジなことをしやすい運気でもあるので気をつけましょう。忘れ物や失くし物、食べこぼしなどをして焦ったり、恥ずかしい思いをすることも。今日1日は、ていねいな行動を心がけておきましょう。
9 日	◎	人間はひとりでは生きていけないもの。人との縁を大切にすることはとても重要です。今日は、パッと思い浮かんだ昔からの知り合いに連絡をとって、交流を深めてみるといいでしょう。
10 月	☆	仕事運のいい日ですが、実力がまだまだな人は、厳しい指摘を受けてしまうかも。言ってくれることへの感謝を忘れないようにしましょう。実力が十分身についている人は、一押しで大きな結果につながりそうです。
11 火	▽	日中は、やりがいを感じられたり、楽しい時間を過ごせそう。夕方あたりからは、空回りしたり、視野が狭くなってしまうことがありそう。頑固にならずに、柔軟な発想や寛大な気持ちを忘れないようにしましょう。
12 水	▼	世の中、ソリの合わない人はいるもの。無理に合わせようとしないで、流れに身を任せてみて。相手をじっくり観察して、機嫌のよさそうなタイミングで話しかけるようにしてみましょう。
13 木	✕	何事も「運が悪かった」で済ませないこと。何が原因でこの状況に陥ったのか、しっかり考えることが重要です。失敗を次につなげることができれば、その失敗はただの失敗ではなく、よい経験へと変わります。
14 金	▲	仕事をはじめる前に身の回りを整理整頓したり、部屋をきれいに片付けてから出かけるようにしましょう。そのためにも、時間にゆとりをもって行動するといいでしょう。
15 土	○	今日の経験は、のちに話のネタになったり、役立つ場面がありそうです。思い切って新しいことに挑戦してみたり、積極的に行動してみるといいでしょう。誰かに誘われるまで待っているのではなく、自ら動く癖をつけましょう。
16 日	○	フットワークを軽くすることで、いい出会いやおもしろい体験ができる日。気になる人を急に誘ってみたり、家に遊びに行ってみるといいかも。いい友人ができることもありそうです。
17 月	□	時間を確認しながら行動することが大切な日。ダラダラすると疲れがたまってしまうので、何事も、少し早めに切り上げるくらいがちょうどよさそうです。
18 火	■	少しずつ疲労がたまってしまいそうなので、イライラを周囲にぶつけたり八つ当たりしたりしないように気をつけましょう。軽い体操や運動をしたり、甘いものを口にするなどして、ストレスを解消しておいて。
19 水	●	仕事終わりに上司や同僚に誘われたら、急だとしても積極的に顔を出してみましょう。隣の席に座った人が誰であっても、こちらから好意をもって接してみれば、自然と盛り上がっていい話が聞けるかも。
20 木	△	事前に確認しておけば失敗を避けられる日。何事も「なんとなく」で動き出さないようにしましょう。失敗したときは隠さないで、早く報告して対応することが大事です。
21 金	◎	実力を評価されて、周囲から注目される日。自信をもって行動し、これまでの経験を活かせるよう工夫してみましょう。後輩や部下、若い人に教えることも忘れずに。
22 土	☆	買い物運がいい日。買い替えを考えているものがあれば、見に行ってみるといいでしょう。家電や家具など長く使うものを購入したり、引っ越し先を決めるにもいいタイミングです。
23 日	▽	ランチデートをしたり、バーベキューなどで友人や仲間と楽しい時間を過ごしてみるといいでしょう。あなたの体験談や失敗話で、みんなを笑わせそう。夜は調子に乗りすぎてしまいそうなので、早めに帰宅しましょう。
24 月	▼	自分にとって新しい課題が出てきたときは、「ラッキー」と思って、逃げずに正面から向き合ってみましょう。自分の弱点を正しく理解することは、今後の人生においても非常に重要なことです。
25 火	✕	一流の人間ほど、自分の過ちに気づいたときには、すばやく素直に謝るもの。相手の立場に立って考えてみたり、「自分がされたらどう感じるか」という視点で、行動してみましょう。
26 水	▲	不要なものは処分しておくことが大切。どう見てもゴミだと思うものは、ドンドン片付けてしまいましょう。ただし、他人のものは勝手にいじらないように。あとで大きな問題になってしまうことがありそうです。
27 木	○	恋愛においても仕事においても、今日は、考えすぎずにまず行動してみましょう。頭でっかちになりすぎて動かないままでいると、限りなく自分の可能性を閉ざすことになるので、気をつけること。
28 金	○	とくに理由もなく避けてきたことに挑戦するといい日。ランチで思い切ったメニューを選んでみたり、ふだんはあまり話さない人に話しかけてみるのもよさそう。些細な勇気が、今後の人生を変えることになるでしょう。
29 土	□	気になる人には、遠回しでも好意を伝えておくといいでしょう。とくにいない場合は、イメチェンをしたり新しい趣味をはじめてみるのがオススメです。気になる本を読むにもいい日です。
30 日	■	家でリラックスすることは大事ですが、脂っこいものの食べすぎや、お酒の飲みすぎはしないこと。また、いたずらにスマホをいじって夜更かしをしないように気をつけましょう。今日は早めに就寝しましょう。

☆ 開運の日　◎ 幸運の日　● 解放の日　○ チャレンジの日　□ 健康管理の日　△ 準備の日　▽ ブレーキの日
■ リフレッシュの日　▲ 整理の日　✕ 裏運気の日　▼ 乱気の日　＝ 運気の影響がない日

5月 2023

開運 3 カ条

1. 夢を語ってみる
2. 仕事は工夫して取り組む
3. 長期的に使うものを購入する

総合運
**将来の夢を言葉にしてみて
挑戦すると良縁に繋がりそう**

自己主張が強そうに見えても、相手任せだったり甘えん坊なところがある「銀のイルカ座」。今月は、将来の夢や希望を言葉にしたり、それに向かって努力や勉強をはじめるといい時期です。気になる資格やスキルアップに繋がることに挑戦すると、素敵な出会いや、いい縁に繋がることも。今年に入ってまだやる気が出ない場合は、思い切って環境を変える決断をすることが大事。生活リズムに変化をつけたり、イメチェンをしてみるのもいいでしょう。

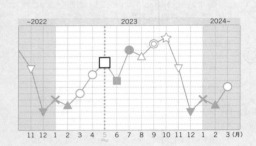

恋愛＆結婚運

気になる人や好きな人に告白まではできなくても、好意を伝えたり、連絡をして、気持ちがある雰囲気を匂わせておくことが大事な時期。できればデートや食事に誘ってみると、いい関係に発展しそうです。向こう任せにしないで、行きたいお店や観たい映画の話などをして、相手がデートプランを立てやすいような流れをつくっておきましょう。結婚運は、前向きな話をするにはいい時期です。休日はダラダラせず、楽しく過ごす工夫を忘れないように。

仕事運

楽しい仕事をしたいと思うのはいいですが、一生懸命取り組むことで自然といまの仕事が楽しくなってくるでしょう。言われたことだけをやっていると、不満がたまるだけ。自分で工夫してやり方を変えてみたり、「何が目的か」をハッキリさせてみるといいでしょう。いますぐでなくてもいいので、将来的にやってみたい仕事や関わりたいことの話をしておくと、導いてくれる人や協力者が現れやすくなるでしょう。

金運＆買い物運

長期的に使うものを購入するにはいい時期。家電や家具など、身の回りで買い替えを考えているものがあるなら、思い切って購入してみましょう。家やマンション、土地、車などの契約や購入にもいい時期なので、まずは情報を調べたり、価格を比べることからはじめてみましょう。投資をはじめとした資産運用をスタートさせるにもいい時期です。勇気が出ない人は、つみたてNISAや、少額からできる投資アプリを試してみるといいでしょう。

美容＆健康運

中旬までは体調が大きく崩れるような運気ではないですが、下旬になると、疲れがたまったり異変を感じることがあるかも。暴飲暴食は避け、生活リズムや食事のバランスを整えるようにしましょう。ダイエットや肉体改造をはじめるにはいい時期です。目標の体重を決めたり、達成した時のご褒美を考えておくと、やる気になれそうです。ダンスを習いはじめると、スタイルの調整や美意識を高めることもできそうです。

1 月	●	周囲から意見を求められたら、自分の意見を堂々と述べてみましょう。遠慮しないほうが、あなたにとっても周囲にとってもいいでしょう。ただし、言葉選びには気をつけて。下品な言葉遣いは控えましょう。
2 火	△	確認ミスをしたり、人の話をなんとなく聞いていて、大事なことを聞き逃してしまうことがあります。とくに、金額や数字はしっかり見ておくことが大切です。時間を間違えて、遅刻などもしやすいので気をつけましょう。
3 水	◎	いままで地道に頑張ってきたことが評価されそうな日。その評価の陰には自分だけではなく、何人もの人が関わってくれていることを決して忘れないように。感謝の気持ちをつねにもちましょう。
4 木	☆	出費が多くなりそうな日ですが、楽しむことにしっかりお金を使うといいでしょう。自分だけでなく、周囲の人も笑顔になるお金の使い方を意識してみて。部下や後輩にご馳走するのもよさそうです。
5 金	▽	日中は、予定通りに物事が進んで楽しく過ごせそう。夕方あたりからは、ちょっとしたミスが多くなるので、いつもより慎重に行動しましょう。困ったときは、周囲の人に助けてもらったりアドバイスをもらうといいでしょう。
6 土	▼	出かけた先で、トラブルや渋滞に巻き込まれてしまいそう。順調に物事が進まなくても、イライラしないようにしましょう。
7 日	✕	人間関係のトラブルがありそうな日。こちらがどんなに誠実に接していても、世の中には残念な人も存在するもの。何度か歩み寄ってもわかり合えなさそうなら、うまく距離をおきましょう。
8 月	▲	スマホを落として画面を割ったり、不注意で大事なものを壊してしまうことがあるでしょう。食べこぼしでお気に入りの服を汚してしまい、ガッカリすることもあるかも。
9 火	○	ふだんとは少し違う道で仕事に行ってみたり、変化を楽しむといい日。仕事帰りに気になるお店に入ってみると、「常連になりたい」と思える場所を見つけることもできそうです。
10 水	○	周囲に助けを求めている人がいるなら、すぐに協力するといい日。「困ったときはお互いさま」ということを忘れないように。面倒だからと避けていると、自分が困ったときに誰も助けてくれないでしょう。
11 木	□	何事もていねいに行うことを心がけるといい日。挨拶やお礼も含めて、仕事は最後までキッチリ行いましょう。相手や周囲から「ていねいですね」と言われたら、運気が少し上がると思っておきましょう。
12 金	■	自分でも気づかないうちに疲れがたまっているので、仕事のあとに整体やマッサージに行くなどして、体のメンテナンスを行いましょう。脂っこいものや高カロリーの食べ物は、ほどほどにしておくこと。
13 土	●	気になる人との関係に進展がありそうな日。今日は、思い切って相手をデートに誘ってみましょう。最近話題のお店や、自分の行きつけの場所に案内してみてもいいでしょう。相手の話をよく聞いて、楽しい雰囲気を演出してみて。
14 日	△	珍しいミスをしやすい日。友人との約束を忘れたり、財布やスマホを置き忘れて焦ってしまうことがありそうです。落ち着いて行動することや、確認作業を忘れないようにしましょう。
15 月	◎	これまでの頑張りが評価されるような出来事がありそう。評価されたときこそ、次へ次へと向上心をもって臨むことが大事です。いい流れを手放さないよう、いつもより少し積極的に行動してみましょう。
16 火	☆	周囲から期待されたり、大事な仕事を任せてもらえることがある。チャンスと思えなくても、一生懸命に取り組んでみると評価されそうです。今日は、どんな仕事も真剣に行いましょう。
17 水	▽	日中は順調に進む流れなので、大事な用事は早めに片付けておくこと。夕方以降は、予定を乱されても「タダでは転ばない精神」で乗り切りましょう。どうすれば状況をプラスに変えられるか考え、楽しんで行動してみて。
18 木	▼	苦手な人と一緒にいる時間が増えてしまったり、厳しいことを言ってくる人と関わることが多くなりそう。学ぶ気持ちがあれば、相手の言葉をプラスに変えられるでしょう。足りないのは、己の「学ぼうとする心」かもしれません。
19 金	✕	己の実力不足を感じたときこそ、自分を鍛え直すチャンスです。いつまでも落ち込んでいないで、現状を冷静に分析して、いま何をすれば自分のステップアップにつながるかを考えてみましょう。
20 土	▲	大掃除をするといい日。使っていないものや、年齢に見合わないものは処分するように。時間を無駄に使うアプリやゲームも消去すると、気持ちが晴れそう。「もったいない」で止まっていると、人生を無駄にしてしまいます。
21 日	○	美容室に行ってイメチェンをするにはいい日。ふだんあまり身につけないデザインや色の服を着たり、凝ったアクセサリーをして、お出かけを楽しんでみましょう。
22 月	○	笑顔で挨拶をしたり、ふだん話さない人にも自ら挨拶に行くようにしましょう。相手が挨拶を返してくれなくても気にしないこと。憧れるところがない人に影響されないようにしましょう。
23 火	□	気持ちのいい1日をスタートするためにも、相手より先にこちらから挨拶することを心がけましょう。どんな相手でも、こちらから歩み寄っていけば、距離はおのずと縮まってくるはずです。
24 水	■	疲れから集中力が途切れてしまいそうな日。こまめに休んだり、昼休みに少し仮眠をとると、午後も頑張れそうです。段差で転んでしまったり、ケガをしやすいので気をつけましょう。
25 木	●	しばらく気になっていた胸のつかえがとれるようなことがありそう。周囲とも良好に過ごせる日なので、これを機にさまざまな情報を交換してみてもいいでしょう。新しい発見がありそうです。
26 金	△	気が緩んでしまいそうな日。ボーッとしていてミスを連発することがあるので、気をつけましょう。失敗談など、周囲を笑わせるような話をすると、運気がよくなるでしょう。
27 土	◎	今日は、恋愛においても仕事においても、一歩前進することを心がけてみましょう。気になる人がいるなら、自分のお気に入りのお店に誘ってみてもいいでしょう。
28 日	☆	買い物をするにはいい日。長く使えるものを購入したり、高価なものを契約するにもいいタイミングです。買い替えを考えているものがあるなら、思い切って購入するといいでしょう。
29 月	▽	日中はさまざまなことが順調に進みますが、夕方あたりからは急な仕事を任されたり、周囲に振り回されたりすることがありそう。これも「幸せのための試練」だと思って、笑顔を忘れずに、全力で取り組んでみましょう。
30 火	▼	頑固になって、視野が狭くなってしまう日。周囲からの善意を素直に受け取れなくなってしまうかも。肩の力を抜いて、上手に流されるようにするといいでしょう。
31 水	✕	己の意見ばかり通そうとせず、自分が話したいと思ったときこそ、周囲の人の意見をよく聞くよう心がけて。「違う視点からの意見」というものは、思わぬヒントになることが多いものです。

☆ 開運の日　◎ 幸運の日　● 解放の日　○ チャレンジの日　□ 健康管理の日　△ 準備の日　▽ ブレーキの日
■ リフレッシュの日　▲ 整理の日　✕ 裏運気の日　▼ 乱気の日　＝ 運気の影響がない日

6月 2023

■ リフレッシュの月

総合運 しっかり遊ぶことが大事
きちんと体も休ませて

仕事も人生も、遊び心や遊ぶ時間をもつことが大切なタイプ。仕事ばかりになり、「なんのために働いているのか」と思ってしまう前に、しっかり遊んで、自分にご褒美を与えるといいでしょう。ただし、予定を詰めすぎて休息を忘れると、一気に体調を崩したり、疲れがたまってしまうことがあるので要注意。今月は、遊びの予定を入れたら、そのぶんきちんと体も休ませて、リフレッシュできることにお金や時間を使いましょう。

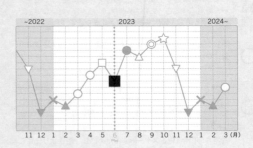

11 12 1 2 3 4 5 6 7 8 9 10 11 12 1 2 3 (月)

恋愛&結婚運

疲れている時にデートをしても、印象が悪くなったり、楽しい会話もできずノリが悪くなってしまいそうです。今月は、約束の前日は睡眠を8時間以上とり、疲れないようなデートプランにするといいでしょう。新しい出会い運は、下旬に素敵な人に会える可能性があるので、髪を少し切って、ヘアスタイルを整えておくとよさそうです。結婚運は、大きな進展は難しい時期。恋人の前で不機嫌になったり、ワガママな態度をとるのはほどほどに。

仕事運

楽しく仕事をしたいところですが、求められることが増えたり、時間や実力が足りず、苦しい状況に追い込まれる場合がありそうです。困難を感じる時ほど考え方を変えて、「クリアの難しいゲームだ」と思いましょう。仕事後のご褒美を用意しておくのもいいでしょう。仕事の付き合いを大切にするのはいいですが、飲み会に参加するなどして体調を崩さないよう、ほどほどを心がけておくこと。下旬には、大抜擢される流れも。

金運&買い物運

ストレス発散になるなら、気になるものを購入してもいいですが、長期的に使うものや高価なものを買うタイミングではありません。大事な買い物は来月にするほうがいいので、価格を比べるくらいにしておきましょう。今月は、エステやマッサージ、整体など、体を整えることにお金を使うといいでしょう。温泉やスパに行くのもオススメです。投資などの資産運用は、下旬からいい流れに進みそうなので、金額を少し増やしてもいいかも。

美容&健康運

油断すると体調を崩したり、日ごろの疲れが一気に出てしまいそうな時期。事前に体を休ませる日をつくっておき、夜更かしや深酒はできるだけ避けるようにしましょう。ただ、遊ぶ時間を削ってしまうとかえってストレスがたまってしまうので、しっかり遊ぶことも忘れないように。また、美意識がやや低下して、肌の調子が悪くなってしまうこともありそうです。食物繊維の多い食べ物を意識してとるようにするといいでしょう。

開運のつぶやき　今に満足してホドホドに楽しめたら常に幸福。

1 木	▲	今日は、寝る前にしっかりお風呂に入って、疲れをとるようにしましょう。忙しいからといってシャワーだけで済ませると、疲労がたまり、体調を崩す原因になってしまいそうです。
2 金	＝	笑顔で挨拶をしたり、明るい感じを意識して過ごすと、周囲から助けてもらえることや、ラッキーな出来事が起きるでしょう。ノリのよさをアピールしてみることも大切です。
3 土	＝	少し体を動かすにはいい日。ストレッチや筋トレ、軽く汗を流すくらいの運動をしてみましょう。体に悪そうな食べ物は避けて、健康的な食事を意識しておくといいでしょう。
4 日	■	日中は予定を詰め込んでもかまいませんが、夕方以降はゆっくり過ごしたほうがいいでしょう。明日の準備をしっかりして、湯船に浸かってから寝ること。
5 月	■	寝不足になったり、体が重たい感じになりそう。屈伸やストレッチをしてから仕事をはじめるといいでしょう。急な仕事を任されたり、残業をする場合もあるので、体力を温存しておきましょう。
6 火	●	辛抱して頑張ってきたことに、いい結果が出る日。ただし、自己満足のために行動していた人と、目的に向かって努力していた人とでは、差が出るでしょう。結果がイマイチなときは、あらためて目的を定めるといいでしょう。
7 水	△	なんとなくで見切り発車したり、目の前のことに集中できなくなりそうな日。小さなミスを重ねてしまうこともあるので、事前確認や最終チェックを怠らないようにしましょう。
8 木	○	付き合いの長い人に振り回されやすい日。最初は問題なくても、徐々に面倒なことになる場合があるので、軽はずみにOKしないように。相手の相談に乗るくらいはよさそうです。
9 金	○	自分でも「ちょっと大胆かな?」と感じるくらいの、思い切った決断をしてもいい日。少し高価なアクセサリーなど、「身につけるもの」を購入してラッキーアイテムにするのもいいでしょう。
10 土	▽	大切な用事は、先に済ませることが大切な日。買い物も午前中にしておくといいでしょう。夕方あたりからは、疲れやすくなったり、予定通りに物事が進まない感じになりそうです。
11 日	▼	自分のやってきたことを否定されたり、反論されることがありそうな日。「むしろいいアドバイスをもらえた」くらいの気持ちで、前向きに受け止めるといいでしょう。感情的にならないように気をつけて。
12 月	✕	頑固になってしまったり、視野が狭くなりそうな日。柔軟な発想や対応を忘れないようにしましょう。臨機応変に行動できる人を真似してみるとよいかも。
13 火	▲	ここ数年着なかった服は、思い切って処分してしまいましょう。状態のいいものは、リサイクルショップやオークションに出すなどして、身の回りをスッキリさせるといいでしょう。
14 水	＝	気になるお店に入ってみると、「ここに来てよかった」と思えるようなサービスを受けられたり、新たな発見がありそう。自分の勘を信じて行動してみるといいでしょう。仕事でも新しい方法を取り入れてみるといいでしょう。
15 木	＝	新しくはじめたいと思っていることがあるなら、行動に移すといい日。気になっていた習い事をスタートさせたり、本を買って読みはじめるのもいいでしょう。スポーツやダイエットをはじめるにもいい運気です。
16 金	■	集中力が続く日ですが、頑張りすぎると次の日に響いてしまいそう。仕事終わりに遊んだり、付き合いで飲みに行くのもいいですが、ほどよい時間で切り上げるようにしましょう。
17 土	■	今日はスマホを意識的に遠ざけて、のんびりしてみましょう。おいしいランチを食べに行ったり、自宅で好きな音楽を聴くなど、「気持ちのよい休日」を演出してみるといいでしょう。
18 日	●	恋愛運のいい日。異性から突然遊びに誘われたり、友人の集まりに誘ってもらえることがありそうです。外出は、長時間になると雑なところが出てしまいそうなので、短めにしておいたほうがいいかも。
19 月	△	思い込みで物事を進めずに、情報を集めてから慎重に取り組みましょう。やみくもに突っ走らないで、一度立ち止まって、周りに意見を聞くのもいいでしょう。気づかないうちに間違った方向に進んでしまうこともあるので、気をつけて。
20 火	○	実力をうまく発揮できる日。何事も自信をもって堂々と取り組んでみると、いい結果につながりそう。自分の得意なことを、さらに伸ばせるよう努力するにもいい日です。
21 水	○	自分の運がいい日だからこそ、周囲の人に幸運をお裾分けする気持ちで行動しましょう。相手に対して気づいたことは、ドンドン惜しみなくアドバイスしてあげるといいでしょう。
22 木	▽	午前中は、いい判断ができる運気です。勘を信じて行動してみると、いい結果につながったり、いい人間関係をつくれそう。夕方以降は、疲れから集中力が途切れやすいので気をつけましょう。
23 金	▼	よかれと思ったことでも空回りしたり、思いが伝わらないことがありそうな日。世の中にはソリの合わない人もいるものなので、距離感を間違えないようにしましょう。
24 土	✕	小さな失敗が続いてしまう日。不要なものを購入したり、ふだんとは違うことにチャレンジして、後悔することがありそうです。今日は、無難なほうを選ぶようにするとよさそうです。
25 日	▲	休日の人はのんびり過ごすといいですが、疲れを感じていないなら、家や身の回りの掃除をしてみましょう。朝から人のために動いてみると、1日を気持ちよく過ごせそうです。
26 月	＝	いい情報を入手できそうな日。自分とは違う考え方や発想をもつ人から、いろいろなことを学べそうです。知らないことを素直に教えてもらうことも大切でしょう。
27 火	＝	いい出会いに恵まれそうな日なので、話しかけられやすいよう、笑顔を絶やさずに過ごしましょう。いつもニコニコしている人のもとには、さまざまな分野の人がドンドン集まってくるはずです。
28 水	■	気になる相手がいる場合は、お昼くらいにメッセージを送ってみると、週末にデートができる流れになりそう。とくに相手がいなければ、美容室を予約しておくといいでしょう。
29 木	■	夕方以降にお誘いを受けたら、楽しい時間を過ごせそうなので、顔を出してみましょう。お酒を飲む場合は、体調と相談して無理しない程度に楽しむことが大事。お酒の席での言葉遣いには気をつけて。
30 金	●	あなたに注目が集まったり、良くも悪くも目立ってしまうことになる日。どんな仕事でも楽しみながら取り組んでみると、いい空気に変えることができそうです。

☆ 開運の日　◎ 幸運の日　● 解放の日　○ チャレンジの日　□ 健康管理の日　△ 準備の日　▽ ブレーキの日
■ リフレッシュの日　▲ 整理の日　✕ 裏運気の日　▼ 乱気の日　＝ 運気の影響がない日

7月

2023

● 解放の月

開運 3 ヵ条

1. 何事も手を抜かずに本気で取り組む
2. リアクションをよくする
3. 新しい出会いを求めて行動する

総合運

思わぬチャンスがくるかも
何事も全力で取り組んで

実力を上手に発揮できて、評価もされる時期。思わぬチャンスもめぐってくるので、何事も手を抜かずに全力で取り組んでおくことが大切です。自分が楽しむだけでなく、周囲の人を喜ばせるよう努力したり、ムードメーカーになるつもりで場を盛り上げてみましょう。いい味方が集まり、今後の流れをいい方向に進めることもできそうです。新しい出会い運もいいので、人脈を広げる努力をしつつ、フットワークも軽くしておきましょう。

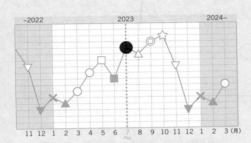

恋愛＆結婚運

すでにいい関係の人と、付き合うことになったり、告白される可能性が高い時期。待っているより、あなたからデートや遊びに誘ってきっかけを作ると、いい展開がありそうです。新しい出会い運もいいので、マッチングアプリや結婚相談所に登録したり、飲み会や食事会などに積極的に参加すると、素敵な人を見つけられるでしょう。ノリをよくしておくことで、すぐに深い関係に進めそうです。結婚運もいいので、婚約にもオススメの時期です。

仕事運

自信を取り戻せたり、コツをつかんでやる気になれる時期。大きな結果を望むよりも、目の前のことに集中して、自分の役割をしっかり果たすといいでしょう。本気で仕事に取り組んでみると、楽しさやおもしろさを発見できたり、周囲からの協力も得られます。職場では、愚痴や不満を漏らすより、前向きな発言を意識してみましょう。厳しい指摘も受けやすい時期ですが、「自分の成長に必要な言葉だ」と受け止めることが大切です。

金運＆買い物運

お金の使い方を真剣に考える必要がある時期です。あなたは、楽しいことや趣味、興味のあることについつい出費しやすいタイプ。今を楽しむのもいいですが、「本当に価値があるものなのか」「必要な出費なのか」を冷静に考えることも大切です。また、お金について本気で学ぶことも大事。マネーの本を読んで実践することで、お金を増やすきっかけにもなるでしょう。買い物は、仕事に役立つものを優先して購入するといいでしょう。

美容＆健康運

美意識を高めるにはいい時期。運動やエステ、ダイエットや肉体改造をスタートさせるとうまくいきそうです。今月だけで終わらせないで、1〜2年楽しく続けられそうなことを選んだり、達成感を得られるようにできるだけ細かく目標を設定するといいでしょう。いい健康情報や美容法を教えてもらえるので、詳しい人にドンドン聞いてみるのもオススメです。少し目立つ時期でもあるため、周囲の目をもっと意識して過ごすように。

開運のつぶやき ▶ 「若い時にやっておけばよかった」と思う努力は、今すぐやること。

1 土	△	音楽やお笑い、芝居などを観にライブハウスや劇場に足を運んでみましょう。人を楽しませるエンターテインメントの「間」とはどういうものなのか、実際に体感することは非常に大事です。
2 日	◎	友人に合わせてみるといい日。相手の行きたい場所に行ったり、オススメのものを食べてみて。知らなかったことや興味のなかった世界を知れ、おもしろさを感じられそう。自分の価値観だけでは世界が広がらないと学びましょう。
3 月	☆	仕事でいい結果が出そうな日。さらにいい結果を残したいと思うなら、「都合の悪いこともすべて聞き入れる」という気持ちを胸に、「ダメ出しをしてもらいましょう。意見を聞くときは、どこまでも謙虚になることが大切です。
4 火	▽	小さなミスをしやすい日。うっかり書類を汚したり、操作ミスで周囲に迷惑をかけてしまうことがありそう。今日はていねいに行動して、余計なことには手を出さないようにしておきましょう。
5 水	▼	まだ起きてもいないことで不安になってもしかたがないので、楽観的にいきましょう。何事もマイナス面ばかりに注目せずに、プラス面にもきちんと目を向けることが大事です。
6 木	✕	「自分だけが正しい」と思っているとイライラするだけ。相手にも事情があり、これから成長する部分があるもの。ムッとしたときほど、温かい気持ちを忘れないようにしましょう。
7 金	▲	元々ソリが合わなかった人と縁が切れることがありそうです。愚痴や文句が多い人とは、これを機に離れたほうがいいでしょう。一緒にいて前向きになれる友人との時間を大切に過ごしましょう。
8 土	○	人の集まりに参加したり、新しい出会いを求めて行動しましょう。知り合いや仲よくなった人に自ら声をかけ、「友人の友人」や「知り合いの知り合い」をつないでみると、いい縁が結べるでしょう。
9 日	○	メディアで話題の商品や作品に触れてみましょう。流行しているものには必ず理由があるので、自分の仕事に活かせるような発見もあるはずです。時代の流れには敏感になっておきましょう。
10 月	□	目の前のことに一生懸命になるといい日。情熱を燃やしてみると、自然と楽しくなったり、仕事のおもしろさを発見できそう。周囲からの協力も得られるようになりそうです。
11 火	■	仕事帰りに、スパや健康ランド、サウナや銭湯、温泉などに寄って、気持ちのいい汗を流してみて。湯船にしっかり浸かり、今日の疲れは今日のうちにとるよう心がけましょう。
12 水	●	気になる人には昼休みに連絡すると、デートの約束ができそう。試しにメッセージを送ってみるといいでしょう。仕事では周囲から頼りにされて、楽しく仕事ができそうです。
13 木	△	今日は「何があっても楽しむ」というテーマで過ごしてみましょう。小さなドジや失敗も、話のネタにするくらいの気持ちで受け止めること。迷惑をかけてしまったときは、すぐに謝ることが大事です。
14 金	◎	片思いの恋に進展がありそうな日。共通の友人に何気ないメッセージを送ってみると、いい情報を得られるかも。仕事でも、偶然の出会いからいい縁がつながることがありそうです。
15 土	☆	買い物をするにはとてもいい日。店舗でじっくり検討して買うのも、ネットで購入するのもいいでしょう。今日は、店員さんのオススメではなく、自分の意思で購入するようにしましょう。
16 日	▽	日中は運気がいいので、外出したり遊びに行くといいでしょう。ランチデートや、気になる場所に行ってみるのもオススメです。夜は早めに帰宅して、のんびりする時間をつくっておきましょう。
17 月	▼	気持ちが少し不安定になることがあるかも。そんなときは深く考えずに、目の前のことに集中しましょう。冷静になれば、時間が解決してくれるような出来事だと気づけるでしょう。
18 火	✕	頑固になってしまい、周囲の声が耳に入らなくなりそうな日。相手の言い方が悪くても、伝えたいことを善意で受け止めれば、上手に変換できるでしょう。世の中には、ストレートな物言いをする人がいることを忘れないように。
19 水	▲	今日は少し早起きをして、キッチンやトイレなど水回りを掃除してから出かけましょう。余裕があれば、玄関を掃いて清めてもいいでしょう。職場もきれいにしてから仕事をはじめると、いい流れに乗れるでしょう。
20 木	○	少しくらい面倒に思っても、チャレンジすることが大切な日。面倒なことを避けていると、いつまでも成長できないまま。「いい思い出とは、面倒を乗り越えた先にある」ことを忘れないようにしましょう。
21 金	○	はじめてのことに挑戦して失敗したとしても、能力がないのではなく、単純に経験が足りないだけ。たった一度の失敗でめげる必要はまったくないので、気にせずドンドントライしましょう。
22 土	□	計画的に行動するといい日。お店に行くなら予約をし、外出するなら帰りの時間を決めておきましょう。ダラダラ過ごすと、時間を無駄にしたり、疲れをためてしまうことになりそうです。
23 日	■	仲のいい友人を誘って、ライブやイベントなど、ストレス発散ができそうな場所に出かけてみましょう。帰り道に、いつも行くお店とは違う雰囲気のところに入ってみるのもオススメです。
24 月	●	あなたに注目が集まる日。笑顔で元気に挨拶をして、場の空気を明るくできるように努めてみましょう。いいムードメーカーになれたり、周囲があなたに感謝して、力を貸してくれるようになりそうです。
25 火	△	今日は、些細なミスを見落とさないよう、慎重に行動しましょう。違和感を覚えたり、「あれ?」と思うことがあったら、周囲に相談したりして、その場での解決を心がけましょう。
26 水	◎	久しぶりに会う人に助けられたり、いい情報を教えてもらえそう。外出先では、スマホばかり見ていないで、周囲をよく観察しておきましょう。付き合いが長い人からの指摘はしっかり聞くようにしましょう。
27 木	☆	周囲で本当に困っている人を見つけたら、自分ができる範囲でいいので手助けしましょう。その気持ちで行動していれば、いつか自分が大変な目に遭っても、助けてくれる人が現れるはずです。
28 金	▽	いい仕事ができたり、思った以上の結果を出せそうな日。自分へのご褒美に、おいしいディナーを食べるのもいいでしょう。ただし、食べすぎや飲みすぎには気をつけて。次の日に体調を崩す原因になってしまいそうです。
29 土	▼	「世の中には、自分の思い通りにならないこともある」と理解することが重要。意外なことや予想外なことが起きたときにこそ、楽しむ余裕が大切です。
30 日	✕	自分の気持ちがうまく伝わりにくい日。意地を張ったり、自分の考えを通しすぎないよう気をつけて。今日は、自分のことよりも、「相手にどうしたらよろこんでもらえるのか」を考えて行動しましょう。
31 月	▲	身の回りをきれいに整えるといい日。冷蔵庫や冷凍庫のなかを整理整頓してみましょう。賞味期限切れの調味料やドレッシングなどは、その場で処分すること。職場でも、不要なものはドンドン片付けておきましょう。

☆ 開運の日　◎ 幸運の日　● 解放の日　○ チャレンジの日　□ 健康管理の日　△ 準備の日　▽ ブレーキの日
■ リフレッシュの日　▲ 整理の日　✕ 裏運気の日　▼ 乱気の日　＝ 運気の影響がない日

8月

△ 準備の月

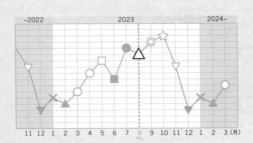

開運 3 ヵ条

1. 人付き合いを大切にする
2. しっかり仕事をしてしっかり遊ぶ
3. 丁寧に行動する

総合運

**油断するとダラダラしそう
準備と最終確認はしっかり**

よく言えば肩の力が抜けてリラックスして過ごせる時期ですが、悪く言えばやる気がおきず誘惑に負けてしまう時期。油断するとダラダラして1か月を無駄にする場合があるので、メリハリをしっかりつけるようにしましょう。遊ぶ時は全力で遊び、仕事も「遊び」だと思って真剣に取り組むといい方向に進めそうです。ドジな失敗も増えるタイミングなので、恥ずかしい思いをしないように、事前準備と最終チェックはしっかり行いましょう。

恋愛＆結婚運

ノリがよくなって異性との関係を進めやすくなる時期ですが、遊び目的の人や、体だけ求めてくる人に引っかかってしまうことも多くなりそうです。人を見る目がなくなる時期でもあるので、相手選びは間違えないように。今月出会う人よりも、先月に出会った人や仲良くなった人を遊びに誘うほうがいいでしょう。お酒の席で失態をさらすこともありそうなので注意すること。結婚運は、期待が薄いので進展は望まず恋人と楽しく過ごすようにしましょう。

仕事運

人との関わりが多い仕事の場合は、職場や取引先、お客さんと楽しく接することができそうですが、失言や珍しいドジもしやすいので気をつけましょう。人との関わりが少ない仕事でも、ややミスが多くなりやすいので、与えられた業務に集中するようにしましょう。終業後や休日に、ストレス発散や遊びの予定をあらかじめ組み込んでおくと、やる気を維持できそうです。突然転職したい気持ちも湧いてきますが、今月は踏みとどまりましょう。

金運＆買い物運

食事会や飲み会など、付き合いでの出費が多くなったり、誘惑に負けて衝動買いをしてしまいそうな運気。勢いで買い物をしないで、本当に必要なものなのかよく考えてから購入や契約をするようにしましょう。今月新しいサブスクに入っても、不要なお金が出ていくだけになりそうです。投資も、判断ミスをしやすいので注意しましょう。小さな損をする可能性が高い時期ですが、おもしろそうなところに投資するのは少しならよさそう。

美容＆健康運

遊び心に火がつく時期。ストレスをうまく発散できると、体調もよくなってくる運気です。ただし、遊びすぎて疲れをためる場合もあるので、連日連夜のお酒の付き合いや夜遊びは避けましょう。また、ドジなケガや、調子に乗りすぎての事故や大ケガをしないよう気をつけて。今月は慎重に行動することを忘れないように。美容運は、ダンスやカラオケ、ヨガなど、楽しみながら体を動かせる場所に行くと、いい汗を流せて効果も感じられるでしょう。

開運のつぶやき ▶ 愛想よく、ほんの少し図々しく、感謝を忘れない人に幸運はやってくる。

| 1 火 | = | 第一印象をよくする工夫が、今後の運気を左右します。新たな出会いに備えて、清潔感と品を意識しましょう。挨拶やお礼は、相手よりも先にするよう心がけておくこと。「また会いたい」と思われる人になる努力を忘れずに。 |

| 2 水 | = | 自分の仕事や役割に感謝して、いまできる最善をつくしてみましょう。今後やるべきことや、至らない点を見つけることができそうです。適当に取り組んでいると、進むべき道が見えなくなってしまうので気をつけて。 |

| 3 木 | □ | 夕方以降に疲れがドッと出てきそうですが、笑顔だけは忘れないこと。無意識のうちに険しい顔になっている場合もあるので、疲れているときこそ口角を上げるよう、意識してみるといいでしょう。 |

| 4 金 | ■ | 疲れを感じたり、集中力が途切れやすい時期ですが、ダラダラ仕事をしていると、さらに疲れてしまいます。やるべきことは短時間で一気に片付けて、しっかり休憩をとるなど、メリハリをつけましょう。 |

| 5 土 | ● | 気になる人がいるなら、食事に誘ってみましょう。真剣に誘うよりも、ノリや勢いで、「今日あいてます?」と連絡してみるのがオススメ。断られても「タイミングが悪かっただけ」なので、気にしないように。 |

| 6 日 | △ | ドジなミスをしやすい日。失敗したとしても、人生が終わるわけでも未来がなくなるわけでもありません。笑い話に変えたり、反省を今後に活かすようにすればいいでしょう。 |

| 7 月 | ○ | あなたの力を必要とする人が現れる日。あなたが先に気づいたら、お願いされる前に手助けしてみるといいでしょう。何かを頼まれたときはよろこんで引き受け、「お願いしてよかったな」と思われるような仕事をしましょう。 |

| 8 火 | ○ | 仕事を楽しくする工夫を忘れないように。自分のなかでいいので、ゲーム感覚で取り組んでみると、一生懸命になれたり、いいアイデアが浮びそうです。 |

| 9 水 | ▽ | 今日は予定を前倒しして、ていねいに素早く仕事を進めましょう。そうすれば、夕方以降にちょっとしたトラブルが起きても、余裕をもって対処できるでしょう。 |

| 10 木 | ▼ | 不満や文句が出てしまいそうな日。思い通りに進まないときや、他人の欠点に目がいってしまうときほど、「プラス面やいいところを見つける試練」だと思うようにしましょう。気持ちの切り替えも大切に。 |

| 11 金 | ✕ | 耳の痛いことを言ってくれる人こそ、大切にしましょう。あなたの成長を期待してくれていることに感謝を忘れないように。都合のいい言葉だけを受け止めないこと。 |

| 12 土 | ▲ | 時間を無駄に消費するアプリやゲームは消去しましょう。無駄なことを積み重ねても、何も残りません。ダラダラと動画を観るのもやめて、時間を無駄にする原因から離れるようにしましょう。 |

| 13 日 | = | 距離を縮めたいと思っている人や、仲よくなりたい人を、食事や遊びに誘ってみましょう。「迷惑かな?」などと考えずに、まずは自分から積極的に連絡してみること。想像していなかった展開が待っているかも。 |

| 14 月 | = | 自分中心になってしまうタイプですが、今日は、相手のことをもっと考えてみましょう。「相手や周囲によろこんでもらうには、何を頑張るべきか」、いつもより考えて行動するといいでしょう。 |

| 15 火 | □ | 「いまの自分がやるべきこと」を書き出してみるといい日。何が足りないのかを明確にすると、やるべきことが見えてくるでしょう。深刻に考えずに、ゲーム感覚で一つひとつクリアしていくと、1日を無理なく楽しめるはず。 |

| 16 水 | ■ | 余計な情報を得ても、心配や不安が増えるだけ。いまの自分には活かしようがない情報なら、入手しないようにすることも大切です。無意味なストレスを自分でつくらないように工夫しましょう。 |

| 17 木 | ● | いままでの努力が実を結び、うれしい知らせがありそうですが、自分の調子がいいときこそ、謙虚な姿勢を忘れないことが大事です。決して自分ひとりで出した結果ではないことを、心に留めておくといいでしょう。 |

| 18 金 | △ | うっかりミスをしやすい日。寝坊や遅刻、連絡忘れや記入漏れなどをしがちなので、些細なことでもしっかりチェックするようにしましょう。確認を怠ると、恥ずかしい思いをしそうです。 |

| 19 土 | ○ | 人との縁を大切にしましょう。偶然出会った人とも仲よくするように心がけるといいでしょう。最初はそんなつもりがなくても、後々縁がつながることもあるので、聞き手に回りながら楽しい時間を演出してみて。 |

| 20 日 | ○ | 体験や経験にお金を使うといい日。ライブや舞台、映画を観に行くといいでしょう。体験教室などに行ってみるのもよさそうです。デートをするにも最適な日なので、おいしいごはんに誘ってみましょう。 |

| 21 月 | ▽ | 日中しっかり仕事ができたら、夕方以降は早めに帰宅してのんびりしましょう。頑張りすぎると、次の日に疲れが残ってしまいそうです。お酒は控えて、ゆっくりお風呂に入るようにしましょう。 |

| 22 火 | ▼ | 余計な一言を漏らしたり、不機嫌が表情や態度に出てしまいそう。ワガママにならないように気をつけて、お世話になった人のために過ごしてみましょう。今日は、「我慢強くなる訓練をする日」だと割り切りましょう。 |

| 23 水 | ✕ | 軽はずみな意見を言わないように。無意識に言ったことでも、相手によっては重く受け止めてしまうこともあるので注意しましょう。つねに人の気持ちを考え、思いやりのある発言を心がけて。 |

| 24 木 | ▲ | ちょっとした行動で信頼を失う可能性がある日。何事も誠意をもって取り組み、相手の笑顔やよろこびにつながることを考えて、行動するようにしましょう。自分の満足感やよろこびは、後回しにすること。 |

| 25 金 | = | 冒険心が大事な日なので、いつもとは違うアプローチで仕事をしてみましょう。すると、同じものでも違う角度から見ると見え方が変わるように、いままで見えていなかったものが見えてくるでしょう。大きな発見や学びもあるはずです。 |

| 26 土 | = | フットワークを軽くすることで楽しく過ごせる日。友人や知人の集まるところに顔を出したり、気になるイベントや場所へ積極的に足を運んでみるといいでしょう。 |

| 27 日 | □ | 「自分はいまどこに向かっているのか」をもう一度確認してみるといい日。目標をあいまいにせず、できるだけ明確にすることが大事。「達成するには、いま、どんな努力が必要なのか」をしっかり分析して、行動してみましょう。 |

| 28 月 | ■ | 疲れを感じそうな日。集中力が低下して、指をはさんだり、段差でつまずいたりしやすいので気をつけましょう。お茶やコーヒーで、一息つく時間をつくっておくといいでしょう。 |

| 29 火 | ● | 一生懸命取り組むことで、楽しく過ごせて、いい結果にもつながりそうです。1日の終わりには自分で自分をほめると、今後も頑張れるようになるでしょう。気になる相手がいるなら、今日連絡しておくといいでしょう。 |

| 30 水 | △ | 忘れ物をしやすい日。出かけるときや席を立つ前には、持ち物の確認をすること。連絡や報告を忘れてしまう場合もあるので、大事な用事はメモをして、目の前に貼っておくといいでしょう。 |

| 31 木 | ○ | 現状に不満があるなら、過去の自分がサボっただけ。まずはしっかり受け止めることが大切です。いまに満足できているなら、自分の頑張りを認めて、もっと効率よく結果を出す方法を考えてみましょう。 |

☆ 開運の日　◆ 幸運の日　● 解放の日　○ チャレンジの日　□ 健康管理の日　△ 準備の日　▽ ブレーキの日
■ リフレッシュの日　▲ 整理の日　✕ 裏運気の日　▼ 乱気の日　= 運気の影響がない日

9月

2023

◎ 幸運の月

開運 **3** ヵ条

1. 気の合う仲間と遊ぶ
2. 行きつけのお店に行く
3. 相手を喜ばせる

総合運　前に進む感じがする時期
本来の遊び心に火がつきそう

やっと運気のよさを実感できるようになり、前に進む感じがする時期。周囲から頼られたり、求められることもありそうです。久しぶりに大はしゃぎできる機会もあり、本来の遊び心に火がつきはじめるでしょう。親友や付き合いの長い人と語って遊ぶとやる気が湧いてくるので、特に努力して結果を出している友人に会ってみましょう。実力も発揮できますが、まだ本調子ではない時期。焦らず現状を楽しむと、いい縁がつながりそうです。

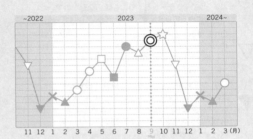

恋愛＆結婚運

友人や知り合いの集まりに参加すると、素敵な人を紹介してもらえたり、いい出会いがありそうです。久しぶりに本気で好きになれる人に会えることや、片思いの恋がはじまることも。積極的になるのはいいですが、まずは相手を喜ばせたり、楽しい時間を過ごす工夫をしてみましょう。身勝手になると失敗を繰り返してしまうので気をつけること。結婚運は、結婚に向けて真剣な話をするよりも、明るい未来の話を冗談半分でしてみるといいでしょう。

仕事運

楽しく働けたり、周囲から信頼されて頑張れるようになる時期。プライベートの付き合いも大切にするとさらにやる気が湧き、仕事がおもしろく感じられることも。長く続けていた仕事ほど多くのチャンスに恵まれそうです。仲間を信じて、周囲のためにも真剣に取り組んでみるといいでしょう。諦めていた部署への異動や嬉しい機会を作ってもらえる場合もあります。仕事があることへの感謝を忘れないようにしましょう。

金運＆買い物運

すでに先月から遊び心に火がついて出費が激しくなっている人は、注意が必要。今月は仕事以外の付き合いや急な友人からの誘いが増えて、予想外の出費がさらに増えてしまいそうです。ノリのよさは大切ですが、お金のない時は先輩や年上に甘えてみるのもいいかも。買い物は、よく行くお店に足を運ぶとお得なサービスを受けられたり、いい品を手に入れられそうです。投資などは、すでに行っているものに追加するのはいいでしょう。

美容＆健康運

しばらく体を動かしていない人は、今月から定期的に軽い運動をしたり、家で動画を見ながらヨガやダンスをするといいでしょう。ゲームをしながら散歩するアプリを導入してみると、思った以上にたくさん歩けていいかも。夏を満喫するのはいいですが、遊びすぎて体調を崩したり、調子に乗りすぎて擦り傷などのケガをすることもあるでしょう。お酒を飲んでいる時は特に注意を。周囲から「また？」と言われるような失態を晒さないように気をつけて。

1 金	☆	仕事でいい結果が出やすい日。遠慮せずに、力を出し切るつもりで取り組んでみましょう。買い物をするにもいい日です。仕事で使うものを購入するなら、多少値が張っても、品質のいいものを選びましょう。
2 土	▽	片思いの相手がいるなら、午前中に連絡してみると、急に会えることになるかも。今日が難しい場合は、後日デートができそうです。夕方からは、頑固になりすぎないよう気をつけること。柔軟な気持ちを忘れないようにしましょう。
3 日	▽	「自分の言動に魅力があるのか」を冷静に判断してみましょう。自分本位の発言は、周囲から「残念な人」と思われてしまうこと。相手の話をよく聞いてみると、「本当のやさしさとは何か」を真剣に考えるきっかけがありそう。
4 月	✕	簡単に人から教えてもらおうと思わないで、もっとじっくり考えたり、自分で調べるようにしましょう。一方の考えだけでなく、反対の意見や違う考え方も取り入れるようにすること。
5 火	▲	今日は少しだけ早めに出勤して、職場の共用部分を掃除してみましょう。みんなが気持ちよく仕事に臨めるように気を配ることは、自分にも必ずプラスになるでしょう。
6 水	○	待っているだけでは、何も変わりません。取引先や仕事相手の動きを待っているなら、自分から連絡してみるといいでしょう。お願いしたことを相手が忘れていたり、後回しにしている場合もありそうです。
7 木	○	仕事終わりなどに誘いを受けたら、少々気が乗らなくても顔を出してみましょう。せっかく自分の時間を割くのだから、存分に楽しむ気持ちで、周囲と調和し、有意義な時間を過ごしましょう。
8 金	□	集中力を高めるために、ゲームや遊び感覚で仕事に取り組んでみるといい日。「この仕事を5分以内で終わらせたら5点」「笑顔で挨拶をしないと1点マイナス」など、自分のなかで設定して遊んでみて。
9 土	■	思ったよりも疲れがたまっていることに気がつきそうな日。今日は、予定を詰め込まないで、ゆとりをもって行動しましょう。温泉やスパに行って、のんびりする時間をつくってみるのもオススメです。
10 日	●	好きな人や、大好きな仲間と楽しい時間を過ごせそうな日。不思議といい縁がつながってくるので、家でのんびりしていないで、外出するといいでしょう。パッと思い浮かんだ人がいれば、連絡を入れてみましょう。
11 月	△	不要なミスやトラブルを未然に防ぐためにも、大事なことは他人任せにするのではなく、自分で確認すること。しっかり責任感をもっておけば、問題を回避することができそうです。
12 火	◎	経験や反省をうまく活かせる日。嫌な予感がするときは、いったん立ち止まって、冷静に判断するようにしましょう。学んだことを周囲に教えると感謝されるので、遠慮しないで伝えてみるといいでしょう。
13 水	☆	いまの実力を発揮できる日。目先の結果も大事ですが、今日の経験がのちに大きな結果につながってくるので、まずは行動するように。大事な人に会う場合があるので、人脈づくりも大切にしましょう。
14 木	▽	午前中は勢いやノリが大切ですが、午後はじっくりゆっくりていねいに取り組みましょう。夜は、急に予定が変わったり、さみしい思いをすることがあるかも。
15 金	▼	なかなか思うようにいかないときは、自分のやりたいことばかりに目を向けないで。「いま周囲に求められていることに応える」という気持ちで向き合うといいでしょう。

16 土	✕	予想が外れる日。過度な期待をしないほうが気持ちも楽になるでしょう。店員の対応に不満を抱く前に、「疲れているのかも?」「新人さんかな?」と想像するやさしさを忘れないようにしましょう。
17 日	▲	クローゼットやタンスのなかを整頓しましょう。夏物の服などを整理して、くたびれてきたものは処分しましょう。状態のいいものは、オークションサイトなどに出品すると、うれしい臨時収入になることも。
18 月	○	同じような日々を繰り返していると思うなら、今日はいつもと違うリズムで生活したり、ふだんは選ばないようなことに挑戦してみましょう。知らない道を歩いたり、知ってはいるけど食べたことのないものを口にしてみるのもオススメ。
19 火	○	「少し行き詰まったかも」と感じたときは、自分より若い人の意見を積極的に取り入れてみましょう。まったく別の視点や考え方に触れると、大きなヒントを得られる場合もあるでしょう。
20 水	□	目的や目標が何かを思い出したり、1から定めてみるといい日。「イルカ座」は、自分も周囲も楽しく過ごすことを意識すると、いい人生を送れるタイプだということを忘れないようにしましょう。
21 木	■	疲れて仕事が雑になってしまう日。いい仕事をするには、心にも体にも余裕が必要です。調子が出ないと感じるときは、テンションが上がる曲を聴いたり、甘いものを食べて一息つく時間をとりましょう。
22 金	●	頑張りが認められて信頼されるようになる日。あなたも周囲の人を信じることが大切です。信頼してくれる人の期待に応えてみると、仕事が楽しくなってくるでしょう。どんな仕事にも責任感をもつように。
23 土	△	今日は、気の合う仲間を誘って思い切り遊んでみましょう。予想以上に楽しい時間を過ごせそうです。ただし、食事中に食べこぼすことや、ドリンクを倒して大慌てすることもありそうなので、気をつけましょう。
24 日	◎	久しぶりに会う人と楽しめたり、しばらく行っていなかったお店で素敵な時間を過ごせそうな日。いい思い出話や、明るい未来の話をしてみましょう。
25 月	☆	もっと周囲の人達に興味をもって接するといいでしょう。あなたが興味をもてば、相手もこちらに興味をもつようになるはずです。出会いのチャンスは、いつだって自分のそばにあるもの。
26 火	▽	日中は、ピンチがチャンスに変わる瞬間が訪れたり、いい流れをつかめたりしそう。勇気を出して、思い切った行動をとるといいでしょう。逆に、夜はチャンスがピンチになってしまうことがあるので、調子に乗りすぎないように。
27 水	▼	人間関係が嫌になるようなことが起きそうな日。自分が反省すべきところは反省したうえで、「広い世界には、ソリの合わない人がひとりくらいいてもおかしくない」という気持ちで過ごすと、心が軽くなるでしょう。
28 木	✕	孤独に慣れるのはいいことですが、孤立はしないようにしましょう。自分のことばかり考えないで、周囲に合わせて過ごすことも大切です。今日は、自分の話をするよりも、相手の話を上手に聞くように心がけましょう。
29 金	▲	いつまでも過去のことを引きずっていたり、執着しないようにしましょう。相手を許して、認めると、こちらの気持ちも楽になって、いまよりも一歩前に進めるでしょう。
30 土	○	ダラダラ過ごすと、無駄な1日になってしまいます。午前中からテキパキ行動するようにしましょう。連絡先を交換したまま遊んだことのない人に連絡してみたり、「初体験」を求めて動いてみるといいでしょう。

☆ 開運の日　◎ 幸運の日　● 解放の日　○ チャレンジの日　□ 健康管理の日　△ 準備の日　▽ ブレーキの日
■ リフレッシュの日　▲ 整理の日　✕ 裏運気の日　▼ 乱気の日　＝ 運気の影響がない日

10月 2023

☆ 開運の月

開運 3 ヵ条

1. 何事もおもしろがる
2. 人脈を広げる
3. 疲れをためない工夫をする

総合運　運を味方につけられる時期　出会いを求めて動いてみて

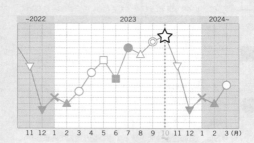

大小さまざまなラッキーが舞い込んでくる「運を味方につけられる」時期。待っているだけでは運をつかめないので、まずは行動して、人と会うことや現状を楽しむ必要があります。新しい人脈が今後の運命を変える可能性もあるので、出会いを求めて動きましょう。間違った道に進んでいたり、身勝手すぎる人には厳しい結果が出る場合もありますが、自分の間違いを認めることが大切です。軌道修正するきっかけが得られたことを幸運だと思いましょう。

恋愛＆結婚運

忙しいからといって恋のチャンスを逃さないように、出会いを求めて行動する意識が必要な時期。あなたに見合う人や、相性のいい人に会える可能性があるでしょう。あなたの魅力が輝くタイミングでもあるので、遠慮しないで行動しましょう。少し贅沢なデートをしたり、大人の雰囲気がある場所に行くと、いい距離感になれたり、交際のきっかけをつかめそうです。結婚運は、昨年タイミングを逃したカップルにとって、今月は決断するのにいい時期です。

仕事運

手応えを感じられたり、仕事が楽しくなりそうな時期。真剣に取り組むとドンドン楽しくなって、工夫するおもしろさも実感できそうです。言われるまで待っていないで、「失敗してもいい」と思って積極的に仕事に向き合いましょう。忙しくなる時期でもありますが、仕事を遊びや趣味だと思うと、自分でも驚くような集中力を発揮できるでしょう。楽しめないと感じるなら転職を考えてもいいですが、好き嫌いではなく、自分の向き不向きを分析すること。

金運＆買い物運

臨時収入があったり、ご馳走してもらえる機会がありそうです。ポイントが多くもらえるなどお得なサービスを受けられたりクジで当たりを引いたりと、うれしいことも多い時期。まずは行動することが大事なので、人に会って、気になったことには挑戦してみましょう。買い物運もいい月。明るいものや目立つものを選んだり、家電や家具など、長く使うものを購入するのがオススメです。投資にもいい運気なので、少額でもはじめてみるといいでしょう。

美容＆健康運

忙しくも元気に過ごせる時期。「疲れた」を言い訳にして行動せずにいると、運を逃すだけなので、しっかり体を休ませながら1日を上手に使えるように工夫しましょう。ダンスやヨガなど、スポーツやダイエットをはじめるにもいい時期です。少しでも気になるものがあるなら習いに行ってみるといいでしょう。エステやネイル、脱毛や歯の矯正、ホワイトニングなど、お金がかかるケアはこの時期からはじめるのがオススメです。

開運のつぶやき　幸せの欠片は小さく見つけにくいから、日々掃除をして綺麗にすることは大切。

1 日	○	気になる人をおいしいと評判のお店に誘ってみると、いい関係に進めたり、交際するきっかけをつかめそう。自分ばかり話さないで、聞き上手になってみるといいでしょう。
2 月	□	「苦手だ」「難しい」と思い込むと、さらにうまくいかなくなってしまう日。何事も「簡単」と思うと、本当に簡単にできるようになってくるもの。苦手だと思っている人にも、気軽に話しかけてみるといいでしょう。
3 火	■	今日は無理をしないで、こまめに休んだり、軽い体操をするといいでしょう。休憩中にチョコレートなどの甘いものを食べると、頭がスッキリして、ミスを減らすことができそうです。
4 水	●	あなたが話の中心になれる日。思った以上に目立ったり、意見が通ることもありそうです。言葉を上手に選べば、いい味方も集まってくるので、伝え方を工夫してみるといいでしょう。
5 木	△	メールやメッセージは早めに返信するといいですが、今日は雑になったり、相手が聞きたい返事とは違う答えを送ってしまう場合がありそう。パッと読んですぐ返さないで、しっかり読んで、よく考えてから返事をするようにしましょう。
6 金	◎	しばらく会っていなかった人と偶然再会することがあるかも。付き合いの長い人からいい情報をもらえたり、いまのあなたに必要な指摘を受けることも。人を好き嫌いだけで判断しないようにしましょう。
7 土	☆	買い物をしたり、髪を切るにはいい日。気になるお店に行ってみると、ちょうど欲しかったものを見つけられそう。いい気分転換にもなりますが、お金の使いすぎには気をつけましょう。
8 日	▽	好意は、思っているだけでは伝わりません。気になる人がいるなら、自分から連絡をして、進展のきっかけをつくりましょう。こちらから距離を縮めようと努力することは、とても重要です。大人のデートをするといいかも。
9 月	▼	周囲の雑なところが目についてしまう日。ペースやタイミングが合わないことがあってもイライラしないように。思い通りにいかないことを楽しんでみると、新しい展開に恵まれるでしょう。
10 火	×	今日は、あなたの悪い部分が目立ってしまいそう。できるだけおとなしくしているほうがいいかも。弱点や欠点を指摘してくれる人に感謝をして、その人の役に立てるよう心がけるといいでしょう。
11 水	▲	執着していることから離れるといい日。人との縁が切れそうになる場合もありますが、執着しないで流れに身を任せましょう。SNSで不愉快な気持ちになったときは、やめるタイミングだと思いましょう。
12 木	○	いつもと少しでも違うことに挑戦したり、視野を広げる努力をしてみましょう。多少面倒なこともありますが、いい勉強や刺激になりそうです。新しい情報を教えてくれる人を大切にしましょう。
13 金	○	たまには、最寄りのひとつ手前の駅や、ひとつ先の停留所で降りて、いつもとは違うルートで通勤を楽しんでみるといいでしょう。ちょうどいい運動になって、気分転換もできそうです。
14 土	□	ふだんなら聞かないようなジャンルの音楽を聴いたり、理由もなく避けている映画を観に行ってみるといい日。舞台やお笑いのライブなどに足を運んでみるのもオススメです。
15 日	■	少し遠くへ旅行をしてみるといい日。温泉や秋の紅葉を満喫するのがオススメですが、予定を詰めずに、のんびりゆっくりできるスケジュールにしましょう。遠出ができそうになければ、おいしいものを食べに行くといいでしょう。
16 月	●	ラッキーと思えることが多い日。小さな幸運に気づけると、さらにうれしい出来事が起きるようになります。些細なことでもしっかりよろこんで、感謝を忘れないようにしましょう。
17 火	△	気づいたときには、自分のミスが周囲にバレてしまっていそう。少しでも疑問を感じたら、確認を怠らないようにしましょう。ランチ後に、食べこぼしがついていたりして、恥ずかしい思いをすることもあるので気をつけて。
18 水	◎	なんとなく後回しにしていたことがあるなら、不慣れなことや苦手なことでも、今日のうちにとりかかるようにしましょう。ここまた後回しにすると、のちに不運の原因になってしまう場合がありそうです。
19 木	☆	仕事に真剣になると、いい結果につながる日。今日は、何事も細部にまでこだわって、一生懸命取り組みましょう。頑張ったぶん、帰りに買い物をしたり、ネットで気になるものを購入するといいでしょう。
20 金	▽	日中は、人に協力してもらえて、スムーズに仕事ができそう。夕方以降は、お世話になった人にお礼をしたり、相手をよろこばせるために時間を使うといいでしょう。欲張ると痛い目に遭うことがあるので、気をつけましょう。
21 土	▼	判断ミスをしやすい日。不要なものを買ったり、契約などで失敗しそう。恋人や家族など、身近な人に余計なことを言ってしまわないよう、注意が必要です。気分のいいときや、調子に乗っているときほど気をつけて。
22 日	×	予定通りに物事が進まない日。渋滞に巻き込まれたり、行列に並ぶことになるなどして、ヘトヘトになりそう。今日は、予定を変更してでもゆっくりするほうがいいかも。
23 月	▲	少し早めに起き、掃き掃除をして玄関周りをスッキリさせるといい日。下駄箱のなかもチェックして、しばらく履いていなかったり、底がすり減っている靴があったら処分しましょう。
24 火	○	新しいことに興味がわく日。好奇心の赴くままに行動してみると、いい発見があったり、話のネタを見つけられそう。新しい出会いも期待できるので、仕事関係者や、知り合いからの紹介を大切にしましょう。
25 水	○	周囲にオススメされたことを試すといい日。仕事のやり方や、趣味に関することなど、なんとなく避けていたことにも挑戦してみましょう。若い人の話を聞いてみると、最近の流行を学ぶ機会になっていいでしょう。
26 木	□	生活習慣の見直しをするにはいい日。なんとなく日々に変化がないと思うなら、軽い運動や筋トレ、ダイエットに挑戦したり、生活リズムや食事のバランスを変えてみましょう。
27 金	■	疲れから集中力が途切れたり、相手の些細なミスや、自分の失敗にもイライラしてしまいそう。休憩時間はしっかり体を休ませて、数分でもいいので仮眠をとってみるといいでしょう。
28 土	●	劇場に足を運んでみるといい日。芝居やお笑い、音楽などの「芸術の世界」に触れてみて。テレビやネットで見るよりも、生で体験するほうが何倍もいい刺激になり、パワーももらえるでしょう。
29 日	△	約束を忘れたり、うっかりミスをしやすい日。買ったものをどこかに置き忘れることや、財布を忘れたまま買い物に出かけてしまうことがありそう。チャージ金額が足りなくて焦ってしまうこともあるかも。
30 月	◎	信頼や信用は、日々の積み重ねによって構築されていくもの。小さな約束でもしっかり守ることで、信じてもらえるようになるでしょう。軽い口約束をしたことを思い出したら、連絡してみるといいでしょう。
31 火	☆	大きな結果を残せたり、頑張りが認められる日。思い切った行動や決断が必要になりそうです。仲間を大切にすることで、自分が思っていた以上の結果につながることもあるでしょう。

☆ 開運の日　◎ 幸運の日　● 解放の日　○ チャレンジの日　□ 健康管理の日　△ 準備の日　▽ ブレーキの日
■ リフレッシュの日　▲ 整理の日　× 裏運気の日　▼ 乱気の日　＝ 運気の影響がない日

603

11月

▽ ブレーキの月

総合運　中旬までは積極的に
下旬は見込み違いが増えそう

中旬までは、「新しい」と思えることに積極的に挑戦することで楽しく過ごせ、交友関係も広がるでしょう。忙しくなる時期ですが、遊ぶ時間をしっかりつくるようにすると、いい情報やいい人脈が手に入りそうです。家族や仲間を大切にすることも忘れないようにしましょう。下旬になると、予想が外れたり、見込み違いが増えてきて、無駄な時間を過ごすことがありそうです。急な方向転換や、無謀な行動には走らないように気をつけましょう。

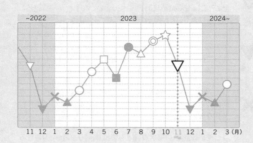

恋愛＆結婚運

気になる人には中旬までに会う約束をしたり飲みや食事に誘うなど、自分でも強引だと思えるくらい積極的になりましょう。明るく元気に振る舞うことも大切です。新しい出会い運も中旬まではよさそうです。少し目立つ華やかな服を着たり、髪型を少し変えてみると、飲み会などで注目を浴びるでしょう。下旬になると、「タイミングを逃したかな」と感じることが増えてしまいそう。結婚運は、話がまとまっているなら中旬までに入籍してもいいでしょう。

仕事運

いい意味で忙しくなり、大満足とまではいかなくても、いい結果を出せるようになる時期。嫌々仕事をしていると、運を味方につけられません。ゲーム感覚や遊び心を忘れずに取り組むと、満足度も上がってくるでしょう。仕事関係者との付き合いも大切になるので、自ら誘ってみるといいでしょう。下旬になると急な仕事が入ったり、予想よりも作業に時間がかかってしまうことがありそうです。他人の仕事のシワ寄せがくる場合も。

金運＆買い物運

欲しいものがあるなら中旬までに購入を決断するといいでしょう。ただし、誘惑に負けやすいタイプなので、不要なものを買いすぎないように注意してください。年末年始に着る服を、今月中に購入しておくのもオススメです。下旬になると「なんでこんなものを？」と思うような買い物をしてしまう場合があるので気をつけること。投資などは中旬まではいいですが、下旬以降はしばらく様子を見るだけにしたほうがいいでしょう。

美容＆健康運

やや忙しい時期ですが、中旬までは問題なく過ごせそうです。ただし、休日に予定を詰め込みすぎたり、連日の飲酒や夜更かしをすると、下旬に体調を崩す原因になるので要注意。ノリを大事にするのもいいですが、ほどほどにしておきましょう。下旬は、外出先で擦り傷などのケガをしてしまう場合があるので気をつけておくこと。中旬までは美意識を高めるにもいい時期なので、エステやサロンに行ったり、きれいなネイルをしてみるのもよさそうです。

開運のつぶやき　挫折と失敗と恥ずかしい思いをするから人は強くなれる。

1 水	▽	日中は順調に物事が進みやすいので、楽しく仕事ができそうです。夕方以降は予定が変更になったり、予想外の出来事がありそうですが、イライラせずに笑顔で落ち着いて対処しましょう。
2 木	▼	周囲と意見やタイミングが合わない感じになる日。みんなの代表のつもりで発言しても、賛同してもらえないことがあるので気をつけましょう。今日は、一歩身を引き、サポート役に回るといいでしょう。
3 金	✕	「不慣れ」を楽しむといい日。苦手だと思って避けていたアイスやお菓子を食べてみると、思ったよりもおいしくて、長年売れ続けている理由がわかるかも。「意外なこと」を楽しんでみましょう。
4 土	▲	大事にしていたものを傷つけたり、壊してしまうことがある日。ふだんから身の回りを片付けているなら、不運は避けられそうです。少しでも整理しておくようにしましょう。
5 日	○	遊ぶ約束をしたのに、まだ実現していない人がいるなら、思い切って連絡をしてみるといい日。食事に行くことになったり、遊ぶことができたりして、いい1日になりそうです。相手が異性の場合は、恋に発展する可能性も。
6 月	○	謙虚な気持ちを忘れないようにしましょう。世の中、わからないことや知らないことのほうが多いものです。人様のおかげで自分が生きていられることを忘れないようにしましょう。
7 火	□	所作や行儀、食事のマナーは、密かにチェックされているもの。どんな場所でも油断せずに、きちんと振る舞うことが大事です。周りの人は、あなたを見ていないようで、意外と見ているものなので気をつけましょう。
8 水	■	少し疲れがたまりやすい日なので、無理はほどほどに。とくに、大ケガや大きな病気をしたことがある人は、体調を崩しやすくなるため気をつけましょう。今日は、こまめに休憩をとるようにしましょう。
9 木	●	人が助けを求めてきたときには、惜しみなくやさしく手を差し伸べましょう。「困ったときは、お互いさま」と親身に話を聞いて、解決策を一緒に考えてあげるといいでしょう。
10 金	△	話をするのはいいですが、適当なことを言いすぎて信用を失うことがあるので気をつけましょう。知らないときは素直に教えてもらい、相手と意地を張り合わないように。
11 土	◎	縁がつながる日。気になる人がいるならデートに誘ってみましょう。相手を楽しませようという気持ちと笑顔さえあれば、素敵な時間が過ごせるはず。友人の紹介で素敵な人に出会えることもありそうです。
12 日	☆	買い物をするにはいい日。長く使えそうなものや、冬物をまとめ買いするといいでしょう。買い替えを考えているものがあるなら、購入しておくのがオススメです。気になるお店に行ってみると、お得なものを見つけられそうです。
13 月	▽	日中は周囲の協力も得られて、いい流れで仕事ができそう。夕方以降は、逆に周りの人にペースを乱されることがあるかも。何があっても動揺しないで、自分のペースをしっかり守り、やるべきことを淡々とやっていくといいでしょう。
14 火	▼	浮気心や、やましいことがある人には注意が必要な日。変なウワサが出回ったり、友人が口を滑らせてしまうことも。冗談のつもりで言ったことが、悪口として広まってしまうケースもあるので、誤解は早めに解いておきましょう。
15 水	✕	余計なことを言われたり、嫌な気持ちになる場面がありそう。ヘコんでいないで「これでメンタルが鍛えられる」と前向きにとらえるようにすること。「苦手な人と一緒に過ごす修行」だと思うといいでしょう。

16 木	▲	タイミングが悪いことや、噛み合わない感じがするなど、物事が思い通りに進みにくい日。身の回りを整え、磨けるものはきれいにしておくといいでしょう。周辺が整うと心もスッキリするでしょう。
17 金	○	新たな経験や出会いに恵まれる日。新しいことに敏感になってみることで、いい発見がありそう。集まりに顔を出したり、自分で食事会を開くのもオススメ。人のいいところを見つけてみると、より楽しい時間が過ごせるでしょう。
18 土	○	頑張っている自分に「ご褒美」をあげるといい日。急遽、一泊旅行をしてもいいかも。おいしそうなお店を予約してみたら、特典をつけてもらえるなどのラッキーもありそう。友人を誘ってみると楽しい1日になるでしょう。
19 日	□	日中は、平日になかなかできなかった細かいことを片付けてしまいましょう。夜は、飲みすぎや食べすぎで体調を崩しやすいので、付き合いはほどほどに。翌日に影響が出ないように気をつけましょう。
20 月	■	昨日の疲れが出てしまうことや、体が重く感じることがありそう。ランチは軽めにし、休憩時間には仮眠をとったり、ストレッチなどをするといいでしょう。
21 火	●	仕事で活躍できる日。いつも以上に一生懸命取り組むといいでしょう。恋愛運もいいので、気になる人に連絡をとってみるのもオススメ。思い切って、仕事後に自分の行きつけのお店に誘うと、一気に距離が縮まりそうです。
22 水	△	調子に乗りすぎて大失敗をしたり、恥ずかしい思いをするかも。見栄を張りすぎて、余計な出費が増えてしまうこともあるので気をつけましょう。
23 木	◎	付き合いの長い人や、昔からの友人と縁がある日。会う約束をしていないのに、出かけた先で偶然出会うことも。縁がある証拠なので、お茶や食事に誘ってみるといいでしょう。いい話ができて満足できそうです。
24 金	☆	儲けや数字、時間などを気にして、真剣に仕事をしたほうがいい日。今日の頑張りが、のちの収入や評価に響いてくることになるでしょう。急な仕事にも、指示された以上の結果を残せそうです。
25 土	▽	日中は積極的に行動するといい日。ランチデートにもいい運気です。夕方以降は、少し予定が乱れてしまいそう。流れに身を任せながらも、「変化を楽しむ」くらいの余裕をもつといいでしょう。
26 日	▼	ひとりの時間を楽しむといい日。ワガママを通そうとすると、思い通りにならなくてイライラしたり、身近な人とケンカになってしまいます。読書やゲームをして、のんびりする時間をつくりましょう。
27 月	✕	いままであまり気にならなかったことに興味をもつことがあるでしょう。長くは続かないかもしれませんが、興味をもったその気持ちを大事にすると、意外といい人生経験になりそうです。
28 火	▲	小さな部品を失くしたり、大事な書類をしまい忘れてしまうことがありそう。今日はうっかりミスをしやすいので、気をつけて行動するように。失く物をしないためにも、身の回りはきれいに整えておきましょう。
29 水	＝	新しいことに挑戦すると、学べることを見つけられる日。気になった人に話しかけたり、詳しい人に教えてもらうといいでしょう。小さなことでもかまわないので、「未体験のこと」にチャレンジしてみましょう。
30 木	＝	ノリや勢いを大切にするといい日。少しくらい面倒でも、求められたらその流れに合わせてみるといいでしょう。楽しい時間を過ごせたり、いい思い出もできそうです。やる前から否定しないようにしましょう。

☆ 開運の日　◎ 幸運の日　● 解放の日　○ チャレンジの日　□ 健康管理の日　△ 準備の日　▽ ブレーキの日
■ リフレッシュの日　▲ 整理の日　✕ 裏運気の日　▼ 乱気の日　＝ 運気の影響がない日

12月 2023

▼ 乱気の月

開運 **3** ヵ条

1. 慎重に行動する
2. 去る者は追わない
3. お金と仕事に役立つ勉強をする

総合運 空回りすることが多い時期
失うものに執着しないで

気持ちは前向きでも、現実に動きがない感じがしたり、空回りすることが多い時期。いい意味で吹っ切れて、考え方に変化が起きたり我慢強くもなれそうですが、そのぶん失うものや諦めるべきこともハッキリするでしょう。執着するといつまでも堂々めぐりしてしまうので、流れに身を任せるように。年齢に見合わないことや自分に不要な物事は離れていくと諦めることも大切です。危険な誘惑にも負けやすい時期なので注意しましょう。

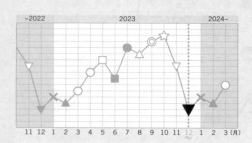

恋愛&結婚運

先月までいい関係だと思っていた人が離れてしまったり、タイミングを逃した感じになりそうな月。相手にはすでに気になる人や恋人ができている場合も。気になる人や片思いの人がいるなら春までいい距離感で接していると、縁があればつながるでしょう。新しい出会い運は、もてあそばれたり、振り回されるだけで終わることがある時期。予想外の裏切りに遭う場合もあるので注意が必要です。結婚運は、話が前に進まなくなってしまいそうです。

仕事運

サボったり手を抜いていた人ほど、厳しい突っ込みを受けることや、苦しい状況に陥りそうな時期。ミスを反省することは大事ですが、向き不向きや自分の強みがわかってくる時期でもあるので、執着しすぎないようにしましょう。特に問題がない場合は、今の仕事が自分に合っていたり、真面目に取り組んできた証。仕事に役立つ勉強をしてスキルアップを目指すと、この先大きく成長できるでしょう。

金運&買い物運

カードの引き落とし額を気にせず買い物をして急にお金が足りなくなったり、不要な出費が増えてしまいそうです。節約を心がけるきっかけだと思って、日ごろのお金の使い方を真剣に見直しましょう。家計簿アプリなどを利用すると、何に出費しているか把握できそうです。儲け話や「金運が上がる」などの誘惑には注意して、投資などの基礎を勉強しておくといいでしょう。欲しいものがあっても、すぐに必要のないものなら簡単に買わないこと。

美容&健康運

今月もっとも注意が必要なのは体調です。油断していると風邪をひいてしまったり、慌てて行動してケガをすることもあるので気をつけましょう。期待外れな出来事も多くなり、イライラやストレスがたまることも。できるだけ趣味の時間や気分転換する日を作っておくといいでしょう。美意識も低下しやすい時期なので、遊びを兼ねたスポーツで少し汗を流すのがオススメです。エステの体験プランなどに行ってみるのもいいかも。

606 開運のつぶやき 必要なのは運ではなく、対応力と柔軟な発想。

1 金　□	自分で予定を詰め込みすぎて、疲れをためないよう気をつけておきましょう。帰り道は階段を使ったり、少し遠回りしてみるなど、ちょっとした運動を心がけて。帰宅後は、湯船にゆっくり浸かるといいでしょう。
2 土　■	軽い運動をしたり、時間をつくって散歩やストレッチをするといい日。面倒だからと運動を避けていると、数年後に後悔することになってしまいます。未来の自分のために、少しでも体を動かしておきましょう。
3 日　●	気になる人を、夜のデートに誘うといいでしょう。テンションが上がりすぎ相手が引いてしまわないように気をつけていれば、グッと距離が縮まるかも。テーブルマナーにも十分注意しましょう。
4 月　△	自分中心に行動するのではなく、周囲と歩幅を合わせることが大切な日。「自分、自分」となってしまうのは、和を乱す原因になるだけ。一歩引くくらいがちょうどいいでしょう。
5 火　＝	以前、自分が上司や先輩にしてもらってうれしかったことや楽しかったことを、部下や後輩にもしてあげるといいでしょう。受けた恩を次の世代に送って、みんなを笑顔にするのは非常に大事なこと。
6 水　＝	「割引、お得、いまだけ、儲かる」などの安易な言葉に引っかかってしまいそうな日。無駄に時間がかかったり、逆に出費が増えることもあるかも。「世の中に甘い話はない」と思って気をつけておきましょう。
7 木　▽	午前中から、ていねいな仕事や行動をすることが大切。漫然と過ごしていると、夕方あたりに厳しい突っ込みを受けることがありそうです。目的をもって仕事に取り組むことで、周囲からの評価も上がるでしょう。
8 金　▼	他人に過度な期待をしていると、ガッカリする出来事や期待外れなことがある日。「相手にも事情がある」と割り切るといいでしょう。そもそも、相手との関係や距離感に問題があったのかも。
9 土　✕	問題を他人の責任にしていると、いつまでも解決しません。「自分にも原因があるのかも」と、考え方を変えるといいでしょう。同じような失敗を繰り返さないためにも、「自分事」としてとらえることが大事。
10 日　▲	縁が切れることがある日。あなたの意思とは関係なく離れる人がいても、去る者は追わないように。良くも悪くも区切りをつけて、次に進むタイミングだと割り切るといいでしょう。
11 月　＝	今日は帰り道に本屋さんに寄って、名作や話題の本を手に取ってみましょう。人生を豊かにしたいなら、読書はもっともいい方法のひとつ。いい作品だと感じたら、友人にも薦めてみるといいでしょう。
12 火　＝	多少不慣れなことや面倒なことでも、新しい物事に挑戦してみるといい日。手応えを感じたところや、逆に苦手な部分がどこなのか、しっかり分析しておくといいでしょう。
13 水　■	日中は、問題なく過ごせそう。得意なことで周囲を助けたり、盛り上げ役になるといいでしょう。夕方以降は、油断していると体調を崩してしまいそうです。体を冷やすのは万病のもとなので、栄養のある温かいものを食べておきましょう。
14 木　■	疲労やストレスをためやすい日。ダラダラ仕事をしていると余計に疲れてしまいそうです。何事もテキパキ進めて、心にゆとりをもっておくといいでしょう。ストレス発散の時間もつくっておきましょう。
15 金　●	たまには部下や後輩を食事に誘ってみましょう。なんでも意見しやすい空気をつくってあげると、ふだんはなかなか聞けなかった思いを知ることができるでしょう。楽しいひとときを過ごすことも。
16 土　△	しっかり遊ぶことでストレスを発散でき、仕事も頑張れるようになりそう。余計な出費も増えやすい日ですが、少しくらいなら予算をオーバーしてもいいでしょう。今日は、楽しむことを優先しましょう。
17 日　＝	しばらく会っていない友人に連絡してみましょう。タイミングよく会える流れになったら、自分の行きつけのお店に連れて行ってみて。看板メニューをオススメすると、楽しい時間を過ごせるはず。
18 月　＝	余計な出費をすることになりそうな日。約束の時間に遅れそうになってタクシーに乗ったり、定期を忘れて切符を買うハメになるかも。小さな出費なら「これで不運が消化できた」と前向きにとらえておきましょう。
19 火　▽	日中は、スムーズに仕事を進められそうです。ただし、夕方あたりからはミスをしやすくなり、周囲に迷惑をかけてしまうことが。言い訳をしないで、素直に謝ることが大切です。失敗から学んで成長しましょう。
20 水　▼	自分が正しいと思った意見が、ただのワガママに受け取られてしまう日。発言する前に、みんなの得になるか冷静に考えるようにしましょう。自分だけが得をしようとすると、悪く思われる場合もあるので気をつけて。
21 木　✕	裏目に出やすい日。よかれと思った行動でも、タイミングや言い方を間違えると逆効果になる場合があります。まずは、受け手の気持ちを考えて、自分よりも相手が笑顔になったり、よろこぶことを目指して行動するようにしましょう。
22 金　▲	不要なものを片付けるといい日。カバンや財布のなか、ふだん手をつけていない場所、職場や身の回りなど、あらゆる場所をきれいにするといいでしょう。爪を切ったり、ムダ毛の処理をするにもいいタイミングです。
23 土　＝	周囲から勧められたことはドンドン取り入れて、自分をアップデートさせていきましょう。最初は少し違和感があるかもしれませんが、自分のなかに「新しい風」を吹かせることは、新たな展開を呼び起こすうえで大切です。
24 日　＝	いつもと違うクリスマスイブを過ごすといい日。恋人がいない友人を誘って、ふだんなら行かないようなお店に入ってみると、おもしろい発見がありそう。ノリと勢いで行動することで、いい体験もできそうです。
25 月　■	年内に終わらせたい仕事や用事をチェックしておくといい日。年越しや大掃除、年賀状などの準備をまだ終えていない場合は、今日のうちに計画を立てて、準備しはじめるといいでしょう。
26 火　■	寝不足や疲れを感じてしまいそうな日。急な仕事も多く、焦ってしまうかも。無理に進めると、ミスをしてやり直しになる場合も。ゆっくりでもいいので、ていねいに取り組むようにしましょう。
27 水　●	「また会いたいな」と思われる人はどういう人か、考えてみるといいでしょう。人は、笑顔で楽しい空気をつくってくれる人のもとに集まってくるもの。少しでも自分がそういう空気をつくれるよう、心がけるといいでしょう。
28 木　△	今年最後の大きな失敗をしそうな日。すでに仕事が休みなのに出社してしまったり、財布を忘れて買い物に行くなど、恥ずかしいことをしてしまうかも。今日は、ドジに気をつけて過ごしましょう。
29 金　＝	大掃除をすると、大事なものや忘れていたものが出てくることがあるでしょう。ふだん掃除しない場所を片付けたり、コートや服のポケットをチェックしてみるといいでしょう。意外なものが見つかることもありそうです。
30 土　＝	年内で期限が切れるポイントがないかチェックしてみて。思った以上に見つけられるかも。ポイントを使った運用をはじめてみたり、買い物をするといいですが、買いすぎには気をつけましょう。
31 日　▽	日中は楽しく過ごせて、「いい正月を迎えられそう」と思えることも。夕方以降に買い物に行くと、欲しかったものが買えなかったり、ヘトヘトになってしまうので、早めに出かけるか、キッパリ諦めて来年にするといいでしょう。

☆ 開運の日　◎ 幸運の日　● 解放の日　○ チャレンジの日　□ 健康管理の日　△ 準備の日　▽ ブレーキの日
■ リフレッシュの日　▲ 整理の日　✕ 裏運気の日　▼ 乱気の日　＝ 運気の影響がない日

ゲッターズ飯田
げったーずいいだ

これまで6万5千人を超える人を無償で占い続け、「人の紹介がないと占わない」というスタンスが業界で話題に。20年以上占ってきた実績をもとに「五星三心占い」を編み出し、芸能界最強の占い師としてテレビ、ラジオに出演するほか、雑誌やwebなどにも数多く登場する。メディアに出演するときは、自分の占いで「顔は出さないほうがいい」と出たことから赤いマスクを着けている。LINE公式アカウントの登録者数は175万人を超え、著書の累計発行部数も800万部を超えている（2022年9月現在）。『ゲッターズ飯田の金持ち風水』『ゲッターズ飯田の運の鍛え方』『ゲッターズ飯田の裏運気の超え方』『ゲッターズ飯田の「五星三心占い」決定版』（以上、朝日新聞出版）、『ゲッターズ飯田の運命の変え方』（ポプラ社）、『開運レッスン』（セブン&アイ出版）はいずれも10万部突破。『ゲッターズ飯田の五星三心占い2019年版』『同 2020年版』（セブン&アイ出版）『同 2021年版』『同 2022年版』（朝日新聞出版）はすべて100万部を突破している。2020年から刊行している『五星三心占い 完全版』（幻冬舎）は「1冊で全12タイプの運勢がわかってお得」と話題に。

ゲッターズ飯田オフィシャルブログ
https://ameblo.jp/koi-kentei/

ゲッターズ飯田の五星三心占い
2023完全版
2022年11月6日　第1刷発行

著　者	ゲッターズ飯田	企画協力：中込圭介　川端彩華	
発行人	見城 徹	（Gオフィス）	
編集人	菊地朱雅子	編集協力：説話社	
編集者	有馬大樹　森村繭子	校正：ぷれす　円水社	
発行所	株式会社 幻冬舎	装丁・イラスト：秋山具義　山口百合香	

〒151-0051
東京都渋谷区千駄ヶ谷4-9-7
電話　03-5411-6211（編集）
　　　03-5411-6222（営業）
公式HP　https://www.gentosha.co.jp/

装丁・イラスト：秋山具義　山口百合香
　　　　　（デイリーフレッシュ）
本文デザイン：坂上恵子　丸岡葉月
　　　　　（I'll Products）

印刷・製本所　中央精版印刷株式会社